ORIGINAL

입시플라이

6월 학력평가
모의고사 ⊕ 기말고사
고1 전과목

Contents

● **모바일 영어 듣기 MP3 이용하기**

[이용 방법 안내]
① 스마트폰으로 **QR** 코드 스캔하기
② 입시플라이 or **www.ipsifly.com** 입력
   모바일 홈페이지 **[듣기 자료실]** 이용

● **[정답과 해설]**   • 책속의 책 •

한 권으로 고1 「6월 학력평가」와 「1학기 기말고사」 준비 끝!

6월 학력평가가 진짜 고1·1학기 학습 과정이므로 이 한 권의 교재로 6월 학력평가와 1학기 기말고사까지 대비할 수 있습니다.

01

실제 시험지와 똑같은 문제지

고1 6월 전국연합 모의고사는 총 21회분의 문제가 수록되어
있으며, 실전과 동일하게 학습할 수 있습니다.

❶ 리얼 오리지널 모의고사는 실제 시험지의 크기와 느낌을 그대로
살려 실전과 동일한 조건 속에서 문제를 풀 볼 수 있습니다.

❷ 문제를 풀기 전에 먼저 학습 체크 표에 학습 날짜와 시간을 기록
하고, 타이머를 작동해 실전처럼 문제를 풀어 보십시오.

02

6월 학력평가 + 1학기 기말고사 대비

6월 시행되는 학력평가와 학교시험을 대비해 최신 3개년 6월
학력평가 고1 전과목 기출 문제를 수록했습니다.

❶ 6월 전국연합 학력평가를 대비해 전과목 18회분의 기출문제를 풀어
보면 실제 6월 학력평가에서 실력을 마음껏 발휘할 수 있습니다.

❷ 고1 학력평가 문제를 학교시험에 변형해 출제하는 학교 선생님들이
많아 1학기 학교시험까지 동시에 대비할 수 있습니다.

03

6월 학력평가 대비 [실전 모의고사] 3회

고1 6월 전국연합 학력평가를 대비해 실전 모의고사 [국어·
수학·영어] 3회분을 제공합니다.

❶ 고1 6월 전국연합 학력평가를 대비할 수 있도록 [실전 모의고사]
[국어·수학·영어]를 제공해 시험 직전에 풀어 볼 수 있습니다.

❷ 실제 시험과 동일한 조건 속에서 풀어보면 6월 학력평가 실전에서
당황하지 않는 자신감까지 얻을 수 있습니다.

★ 모의고사를 실전과 똑같이 풀어보면
내 실력과 점수는 반드시 올라갈 수밖에 없습니다.

04

회분별 등급 컷 & 명쾌한 해설 제공

문제를 푼 후 자신의 등급을 바로 확인할 수 있는 등급 컷과
혼자서도 학습이 가능한 명쾌한 해설을 수록했습니다.

❶ 회차별로 등급 컷을 제공하므로 문제를 풀고 바로 자신의 실력을
확인할 수 있고, 등급 컷은 학습 Check 표에 수록되어 있습니다.

❷ 혼자서도 학습이 충분하도록 왜 정답인지? 왜 오답인지? 명쾌한
해설을 수록해 답답함이 없습니다.

05

실전과 동일한 OMR 체크카드

정답 마킹을 위한 OMR 체크카드는 실전력을 높여주며 부록
형태로 모의고사 문제편 뒷부분에 수록되었습니다.

❶ OMR 체크카드는 실전과 동일한 형태로 제공되며, 모의고사에서
마킹 연습은 또 하나의 실전 연습입니다.

❷ 답을 밀려 썼을 때 교체하는 연습도 중요하며, 추가로 OMR 체크
카드가 필요하면 홈페이지 자료실에서 다운로드 받을 수 있습니다.

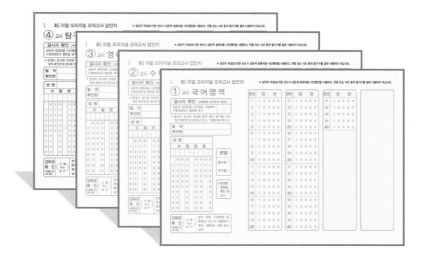

06

영어영역 듣기 [QR 코드] 수록

❶ 전 회차에 듣기 QR 코드 수록

6월 학력평가 영어영역 듣기 3회분 및 실전 모의고사에 듣기 파일
QR 코드를 수록하여 효과적인 학습이 가능합니다.

❷ 듣기 방송 MP3 파일 무료 다운

영어영역의 문제지 상단에 영어 듣기 QR 코드가 수록되어 있으며,
MP3 파일은 홈페이지에서도 무료 다운이 가능합니다.

회분별 학습 체크 & 등급 컷

● 6월 학력평가 모의고사 | 과목별 배점

과목(만점)	국어(100점)	수학(100점)	영어(100점)	한국사(50점)	통합사회(50점)	통합과학(50점)
문항별 점수	2점, 3점	2점, 3점, 4점	2점, 3점	2점, 3점	2점, 3점	2점, 3점
문항별 점수 표기	• 3점 문항에 점수 표시 • 점수 표시 없는 문항 모두 2점	• 각 문항 끝에 점수 표시 • 2점, 3점, 4점	• 3점 문항에 점수 표시 • 점수 표시 없는 문항 모두 2점	• 3점 문항에 점수 표시 • 점수 표시 없는 문항 모두 2점	• 3점 문항에 점수 표시 • 점수 표시 없는 문항 모두 2점	• 3점 문항에 점수 표시 • 점수 표시 없는 문항 모두 2점

● 6월 학력평가 모의고사

※ 과목별 학습 시간 : 국어 80분 / 수학 100분 / 영어 70분 / 한국사 • 사회 • 과학 과목당 30분

회분	학습 날짜	학습 시간	틀린 문제	채점 결과 점수	채점 결과 등급	1등급	2등급	3등급	4등급	5등급	6등급	7등급	8등급
01회 국어 2023학년도 6월	월 일	시 분 ~ 시 분				87	78	68	57	46	36	27	21
02회 국어 2022학년도 6월	월 일	시 분 ~ 시 분				91	83	73	62	49	37	26	20
03회 국어 2021학년도 6월	월 일	시 분 ~ 시 분				92	85	75	64	52	39	28	20
04회 수학 2023학년도 6월	월 일	시 분 ~ 시 분				88	76	65	53	39	24	16	12
05회 수학 2022학년도 6월	월 일	시 분 ~ 시 분				85	76	65	52	35	22	15	10
06회 수학 2021학년도 6월	월 일	시 분 ~ 시 분				84	75	63	49	35	24	16	12
07회 영어 2023학년도 6월	월 일	시 분 ~ 시 분				90	80	70	60	50	40	30	20
08회 영어 2022학년도 6월	월 일	시 분 ~ 시 분				90	80	70	60	50	40	30	20
09회 영어 2021학년도 6월	월 일	시 분 ~ 시 분				90	80	70	60	50	40	30	20
10회 한국사 2023학년도 6월	월 일	시 분 ~ 시 분				40	35	30	25	20	15	10	5
11회 한국사 2022학년도 6월	월 일	시 분 ~ 시 분				40	35	30	25	20	15	10	5
12회 한국사 2021학년도 6월	월 일	시 분 ~ 시 분				40	35	30	25	20	15	10	5
13회 통합사회 2023학년도 6월	월 일	시 분 ~ 시 분				40	35	30	25	20	15	10	5
14회 통합사회 2022학년도 6월	월 일	시 분 ~ 시 분				40	35	30	25	20	15	10	5
15회 통합사회 2021학년도 6월	월 일	시 분 ~ 시 분				40	35	30	25	20	15	10	5
16회 통합과학 2023학년도 6월	월 일	시 분 ~ 시 분				40	35	30	25	20	15	10	5
17회 통합과학 2022학년도 6월	월 일	시 분 ~ 시 분				40	35	30	25	20	15	10	5
18회 통합과학 2021학년도 6월	월 일	시 분 ~ 시 분				40	35	30	25	20	15	10	5

※ 영어영역, 한국사, 사회, 과학은 절대 평가에 의한 등급 구분 점수입니다.

※ 등급 컷 원점수는 추정치입니다. 실제와 다를 수 있으니 학습 참고용으로 활용하십시오.

● [특별 부록] 6월 실전 모의고사

※ 과목별 학습 시간 : 국어 80분 / 수학 100분 / 영어 70분

회분	학습 날짜	학습 시간	채점 결과	틀린 문제	시간 부족 문제
19회 국어 6월 실전 모의고사	월 일	시 분 ~ 시 분			
20회 수학 6월 실전 모의고사	월 일	시 분 ~ 시 분			
21회 영어 6월 실전 모의고사	월 일	시 분 ~ 시 분			

국어 영역

● 문항수 45개 | 배점 100점 | 제한 시간 80분

● 점수 표시가 없는 문항은 모두 2점

[1 ~ 3] 다음은 학생의 발표이다. 물음에 답하시오.

(화면1)역사 동아리 친구들과 고분 답사를 갔다가 화면에서 보시는 도자기 조각 같은 것을 발견했습니다. 알고 보니 화단 장식물 파편이었는데, 만약 진짜 문화재라면 어떻게 행동해야 하는지 궁금했습니다. 혹시 여러분 중에 이런 경우에 어떻게 해야 하는지 아시는 분 있나요? (반응을 확인하고) 대부분 잘 모르시는 것 같군요. 자료 조사를 하면서 '매장 문화재 발견 신고 제도'가 마련되어 있음을 알게 되었는데, 저는 오늘 이에 대해 발표해 볼까 합니다.

땅속이나 수중, 건조물 등에 묻혀 있던 유형의 문화재를 매장 문화재라고 합니다. (화면2)일반적으로 이런 문화재는 화면과 같이 문화재청이나 학술 단체 등 전문 기관의 발굴 조사를 통해 세상에 나옵니다. 그런데 최근에는 매장 문화재의 발견 양상이 다양해졌고, 특히 일상생활이나 여가 활동 중에 문화재를 발견하는 경우가 늘고 있다고 합니다. (화면3)왼쪽에 보시는 것은 텃밭에서 농사를 짓다가 발견한 청동기 시대의 돌도끼, 오른쪽에 보시는 것은 등산 중에 발견한 백제의 기와입니다.

(화면4)이런 현실을 반영해 만들어진 매장 문화재 발견 신고 제도의 절차를 화면으로 보고 계시는데요, 어떤 단계들이 있는지 함께 살펴봅시다. 우선 매장 문화재를 발견하게 되면 7일 이내에 관할 지방 자치 단체나 경찰서로 신고를 해야 합니다. 신고를 받은 기관은 발견 신고서를 문화재청으로 제출하고, 해당 물건의 소유자를 찾기 위해 90일간 공고를 해야 합니다. 다음으로 문화재청은 해당 물건이 문화재인지 확인하기 위해 예비 감정 평가를 실시하고, 필요에 따라 발견 지역에 대한 현장 조사도 진행합니다.

문화재로 판명되었는데도 정당한 소유자가 나타나지 않으면 국가에 귀속시켜 보관·관리하게 됩니다. 국가는 귀속된 문화재의 가치를 최종 감정하여 신고자에게 보상금을 지급하며, 이 신고로 인근에 발굴 조사가 이루어졌다면 포상금도 지급할 수 있습니다.

(화면5)주의할 점도 정리해 보았는데요, 화면에 붉게 표시한 부분들에 특히 유의해야 합니다. 발견이란 우연한 기회에 드러난 문화재를 찾은 것을 말합니다. 따라서 땅속에 묻혀 있는 것을 일부러 파내어 신고하는 것은 범죄 행위인 도굴에 해당됩니다. 또한 발견하고도 신고하지 않는 경우에는 은닉죄 등이 적용되어 처벌을 받게 된다는 것도 기억해야 합니다.

매장 문화재 발견 신고는 소중한 문화재를 보호하는 데 힘이 됩니다. 그리고 무엇보다 일반 국민의 신고로 우리 문화재를 지키고 남길 수 있다는 데도 큰 의미가 있습니다. 여러분도 주변 사물들과 문화재에 더 많은 주의를 기울였으면 합니다. 끝까지 들어주셔서 감사합니다.

1. 위 발표에 활용된 말하기 방식으로 적절하지 않은 것은?

① 발표 주제를 선정하게 된 동기를 밝히며 발표를 시작하고 있다.
② 발표 내용과 관련된 질문을 하여 청중의 관심을 유도하고 있다.
③ 구체적인 예를 활용하여 발표 내용을 효과적으로 전달하고 있다.
④ 발표 주제와 관련된 용어의 개념을 설명하여 청중의 이해를 돕고 있다.
⑤ 발표 내용을 친숙한 소재에 빗대어 표현하여 청중의 흥미를 유발하고 있다.

2. 위 발표에서 자료를 활용한 방식에 대한 설명으로 가장 적절한 것은?

① 자신이 발굴한 문화재를 소개하기 위해 '화면 1'에 발견한 것의 실물 사진을 제시하였다.
② 일반적으로 매장 문화재가 세상에 나오는 상황을 보여 주기 위해 '화면 2'에 문화재청의 발굴 조사 장면을 제시하였다.
③ 발견된 문화재의 시대적 층위를 부각하기 위해 '화면 3'에 고대와 근대의 문화재를 대비하여 제시하였다.
④ 제도를 세부적으로 파악할 수 있도록 하기 위해 '화면 4'에 감정 평가의 세부 단계들을 정리하여 제시하였다.
⑤ 주의할 점을 부각하여 전하기 위해 '화면 5'에 제도 운영의 핵심 취지 부분에 강조 표시를 해서 제시하였다.

3. 위 발표를 들은 학생이 <보기>와 같이 반응했다고 할 때, 이에 대한 설명으로 가장 적절한 것은?

< 보 기 >

할아버지 친구분께서 집을 새로 짓다가 비석을 발견해서 신고하셨는데 신라 시대 문화재로 밝혀졌다는 이야기를 들었던 게 떠올랐어. 이 비석이 어떤 절차를 밟아 문화재로 인정을 받게 되었는지 이전부터 궁금했는데, 알게 되어 유익했어. 수중에도 매장 문화재가 있다고 했는데, 구체적인 사례를 발표에서 다루지 않은 점은 아쉬웠어.

① 자신이 직접 당사자가 되었던 경험과 관련지어 발표 내용에 공감하고 있군.
② 발표를 듣기 전에 지니고 있었던 의문을 발표 내용을 통해 해소하고 있군.
③ 발표의 내용을 구조적으로 파악하여 전체 내용을 간략하게 정리하고 있군.
④ 발표의 내용이 발표 목적에 부합하고 있는지를 객관적으로 분석하고 있군.
⑤ 발표 내용 중에서 사실과 다른 부분을 판단하며 비판적으로 평가하고 있군.

[4 ~ 7] (가)는 학교 홈페이지에 게시된 글이고, (나)는 (가)를 게시한 후에 열린 회의이다. 물음에 답하시오.

(가)

○○고등학교 학생 여러분, 안녕하세요. ○○고등학교 학생회입니다. 학교 공간을 사용자 중심의 공간으로 만들자는 취지에서 학교 공간 개선에 대한 논의를 진행하고 있습니다. 그 일환으로 실시된 우리 학교 공간 중 개선이 필요한 장소에 대한 온라인 투표가 여러분들의 협조 덕분에 잘 마무리되었습니다. 그 결과를 공유하고, 구체적인 개선 방안에 대한 설문 조사를 안내하기 위해 글을 쓰게 되었습니다.

투표 실시 전에 안내가 된 것처럼, 학생들이 가장 개선이 필요하다고 생각하는 학교 공간을 학생들의 의견을 적극적으로 반영하여 정비하겠다고 학교 측과 사전에 협의가 되었습니다. 전교생 중 90%가 투표에 참여였고, 그중 83%가 화장실 공간 개선을 요구하였습니다. 이에 화장실 공간 개선에 대한 구체적인 의견을 수렴하기 위해 설문 조사를 실시하고자 합니다.

오늘부터 일주일간 진행되는 설문 조사는 크게 두 가지 항목으로 이루어져 있습니다. 첫 번째로 여러분들이 생각하는 우리 학교 화장실의 문제점과 여기에 대한 해결 방안을 제안해 주십시오. 두 번째로 첨부 파일에 있는 우리 학교 각 층 화장실 도면을 참고하여 화장실의 구체적인 공간 구성에 대한 의견도 제시해 주시기 바랍니다.

학교 공간 디자인 전문가의 힘도 빌려야 하겠지만, 더 중요한 것은 학생 여러분의 의견입니다. '손이 많으면 일도 쉽다.'라는 말이 있습니다. 무슨 일이나 여러 사람이 힘을 합하면 쉽게 잘 이룰 수 있다는 이 말처럼 우리가 원하는 학교 화장실을 만들기 위해서 학생 여러분의 많은 관심과 적극적인 참여가 필요합니다.

┌─────────────────────────────┐
│   ㉠   │
└─────────────────────────────┘

(나)

선생님 : 많은 학생들이 요구했던 화장실 공간 개선에 대한 회의를 시작하겠습니다. 설문 조사 기간이 일주일이었지요? 회의를 통해 화장실 개선에 대한 설문 조사 결과를 살피고, 학교 공간 디자인 전문가에게 전달할 내용들을 정리해 봅시다. 학생들은 개선이 필요한 점이 무엇이라고 이야기했는지 말해 볼까요?

학생 1 : 네, 설문 조사 결과 여러 학생이 가장 불편함을 느꼈던 부분은 화장실 환기가 잘 되지 않는다는 점이었습니다. 습기가 빠지지 않아 눅눅하다는 의견, 공기 정화가 잘 되지 않는다는 의견 등이 나왔습니다.

학생 2 : 맞습니다. 또 세면대 이용이 불편하다는 의견도 많았습니다. 세면대 개수가 부족하고 높이가 모두 같기에 본인의 키에 맞지 않아 불편함을 느낀다고 하였습니다.

선생님 : 그렇군요. 정리하자면 학생들이 생각하는 우리 학교 화장실의 문제점은 화장실의 환기가 제대로 되지 않는다는 것과 세면대 개수와 높이에 문제가 있다는 것이네요. 그렇다면 학생들은 이러한 문제점에 대해 어떤 해결 방안을 제시하였나요?

학생 1 : 화장실 환기 문제를 해결하기 위한 방안으로는, 낡고 오래되어 여닫기 힘든 창문을 교체해 달라는 의견이 있었습니다. 또한 환풍기를 추가로 설치하고 공기 정화 장치를 새롭게 설치했으면 좋겠다는 의견도 있었습니다.

학생 2 : 공기 정화 장치를 설치하자는 것은 좋은 의견이 [A] 네요. 세면대에 대한 해결 방안으로, 먼저 학생들은 세면대가 지금보다 더 많았으면 좋겠다고 답했습니다. 또한 두세 가지 정도의 다양한 높이로 되어 있다면 자신의 키에 맞게 사용할 수 있어서 좋을 것 같다고 하였습니다.

선생님 : 그렇군요. 학생들이 생각하는 해결 방안을 잘 들었습니다. 참, 학생들에게 우리 학교 각 층 화장실의 도면도 제시했다고 알고 있는데, 이와 관련된 의견이 있었나요?

학생 2 : 네, 우리 학교 1층 화장실의 도면을 참고하여 의 견을 낸 학생들이 있었습니다. 다른 층에 비해 1층 화장실의 내부 공간이 여유로우니 여기에 탈의 공간을 만들어 체육복을 갈아입을 수 있도록 하면 좋겠다는 의견이 있었습니다. 저도 이 의견에 동의합니다. [B]

학생 1 : 이미 체육관 앞에 탈의 공간이 따로 있으니 탈의 공간보다는 그곳에 세면대를 더 두면 어떨까요? 저도 1층 화장실을 이용할 때 불편을 겪은 적이 있었기 때문에, 세면대를 두는 것이 넓은 공간을 잘 활용하는 방안이 될 것 같습니다.

선생님 : 학교 도면이 복잡해서 잘 파악했을지 걱정이 좀 되었는데, 잘 이해하고 좋은 의견을 내어 주었네요. 그 외에 다른 의견들은 없었나요?

학생 1 : 화장실 벽면에 학생들의 추천을 받아 그림이나 글귀를 부착하자는 의견도 있었습니다.

선생님 : 여러 의견이 나왔네요. 이 의견들이 충분히 고려되어야 하므로 회의 내용을 학교 측과 학교 공간 디자인 전문가에게 전달하겠습니다. 그럼 다음 회의에는 학교 공간 디자인 전문가도 함께 모셔서 구체적인 시안을 바탕으로 화장실 공간 디자인을 검토하도록 합시다.

4. (가)를 이해한 내용으로 적절하지 **않은** 것은?

① 예상 독자를 명시한 후 글을 쓴 이유를 드러내고 있다.

② 사전 협의 내용을 밝히며 이후 진행될 과정을 제시하고 있다.

③ 온라인 투표 결과를 수치로 나타내어 독자와 결과를 공유하고 있다.

④ 설문 항목을 안내하고 설문 참여 시에 주의할 점을 덧붙이고 있다.

⑤ 관용 표현의 의미를 풀어 설명하여 독자의 참여를 유도하고 있다.

5. <조건>에 따라 ㉠에 마지막 문장을 추가한다고 할 때 가장 적절한 것은?

─── < 조 건 > ───

○ 서두에 제시된 학교 공간 개선의 취지를 다시 강조할 것.
○ 비유적 표현을 활용하여 맥락에 맞게 마무리할 것.

① 전문가도 인정하는 새로운 공간이 가득한 우리 학교는 사랑입니다.
② 편안하고 쾌적한 공원 같은 우리 학교 공간을 여러분에게 소개합니다.
③ 사용자인 우리의 편의를 두루 고려한 내 집 같은 학교 공간을 함께 만듭시다.
④ 공간을 바라보는 틀에 박힌 생각에서 벗어나 우리 학교를 새롭게 바꾸어 봅시다.
⑤ 학생도 선생님도 만족하며 사용하는 학교 공간을 우리의 노력으로 만들어 봅시다.

6. (나)의 '선생님'에 대한 설명으로 적절하지 <u>않은</u> 것은? [3점]

① (가)에서 언급한 설문 조사 기간을 확인하고, 회의에서 논의해야 할 사항을 안내하고 있다.
② (가)에서 제시한 첫 번째 설문 항목과 관련하여 설문 조사의 결과를 모아 온 학생들의 발화를 정리하고 있다.
③ (가)에서 두 번째로 제시한 설문 항목과 관련하여 조사 결과에 대해 질문하고 있다.
④ (가)에서 언급한 설문 참고 자료를 잘 파악했는지 점검한 후 학생의 설명에 대한 자신의 이해가 적절한지 확인하고 있다.
⑤ (가)에서 언급한 관련 분야 전문가가 다음 회의 참여자임을 밝히며 다음 회의를 예고하고 있다.

7. [A], [B]에 대한 설명으로 가장 적절한 것은?

① [A] : '학생 1'은 '학생 2'의 발언과 달리 전달할 내용을 제시한 후 자신의 의견을 덧붙이고 있다.
② [A] : '학생 2'는 '학생 1'의 발언을 구체화하며 자신의 견해를 수정하고 있다.
③ [A] : '학생 2'는 '학생 1'의 발언의 일부를 긍정하며 추가적인 정보 제공을 요청하고 있다.
④ [B] : '학생 1'은 '학생 2'의 발언과 달리 조사한 내용을 말하고 그에 동의하고 있다.
⑤ [B] : '학생 1'은 '학생 2'의 발언 내용과는 다른 의견을 자신의 경험을 바탕으로 제안하고 있다.

[8 ~ 10] 다음을 읽고 물음에 답하시오.

[작문 상황]
○ 작문 목적 : 새롭게 주목받는 직업에 대한 정보를 전달하는 글을 씀.
○ 예상 독자 : 우리 학교 학생들

[학생의 초고]

　최근 도시 경관을 아름답게 해 주고 소음과 미세 먼지를 줄이는 데에 효과가 있는 생활권 도시림이 주목받으면서, 이를 구성하는 가로수와 조경수 등을 체계적으로 관리하는 '나무의사'라는 직업이 관심을 끌고 있습니다.

　나무의사는 나무의 병해충을 예방하거나 진료하는 전문가를 일컫습니다. 몇몇 나라는 우리보다 먼저 나무의사와 유사한 제도를 시행하고 있었고, 우리나라는 2018년부터 '나무의사 자격 제도'를 두어 아파트 단지나 공원, 학교 등에 있는 생활권 수목의 치료를 나무의사가 맡도록 하고 있습니다.

　이전에는 '생활권 수목 병해충 방제 사업' 대부분을 비전문가가 실행하여 여러 가지 부작용이 발생했습니다. 이런 부작용을 해소하고 관리의 전문성을 더욱 강화할 필요성이 제기되면서 이 제도를 도입했다고 합니다. 특히 생활권 도시림이 해마다 증가하고 있는 것도 중요한 이유 중 하나입니다.

　나무의사가 되려면 자격시험에 응시해야 하는데, 응시를 위해서는 일정한 자격 조건을 갖추어야 합니다. 수목 진료 관련 석박사 학위를 소지하고 있거나, 산림 및 농업 분야 특성화고를 졸업한 후 3년 이상의 경력이 필요합니다. 자격시험에서 1차 시험은 필기시험이고, 2차 시험은 수목 및 병해충의 분류와 약제 처리, 외과 수술로 이루어져 있습니다. 여러 단계에 거쳐 정교하게 생명을 다루어야 하기에 실제 합격률은 저조한 편이라고 합니다.

　이 제도가 전면 시행되는 2023년부터는 나무의사가 없이는 나무병원을 운영할 수 없기 때문에 나무의사에 대한 수요는 계속 늘 것으로 보입니다. 자격증의 공신력도 높은 편이라서 자격증을 취득하면 관련 분야에 진출하기가 쉬워집니다. ㉠나무가 내뿜는 피톤치드가 우리 몸을 건강하게 하기에 나무를 잘 가꾸고 지켜야 우리의 삶이 윤택해집니다. 새로운 시대 상황에서 나무의사가 주목받는 것처럼 여러분도 사회의 변화에 관심을 갖고 다양하게 직업을 탐색했으면 좋겠습니다.

8. 학생이 글을 쓰기 전에 떠올린 생각 중 글에 반영된 것은?

ㄱ. 나무의사 제도 도입의 이유를 언급해야겠어.
ㄴ. 나무의사 총인원의 연간 증가율을 객관적 수치로 제시해야겠어.
ㄷ. 나무의사 자격증의 공신력이 과거에 비해 높아진 이유를 제시해야겠어.
ㄹ. 나무의사 자격 제도에 응시할 수 있는 요건을 구체적으로 언급해야겠어.

① ㄱ, ㄴ　② ㄱ, ㄹ　③ ㄴ, ㄷ　④ ㄴ, ㄹ　⑤ ㄷ, ㄹ

9. <보기>는 초고를 보완하기 위해 수집한 자료들이다. 자료의 활용 방안으로 적절하지 <u>않은</u> 것은? [3점]

─────── < 보 기 > ───────

(가) 통계 자료

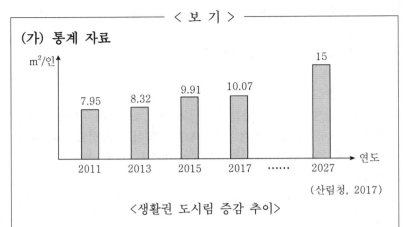

<생활권 도시림 증감 추이>

(산림청, 2017)

(나) 나무의사 김○○ 씨 인터뷰

　예전부터 '나무의사'와 유사한 제도를 운영하고 있는 나라들이 있습니다. 중국의 '수예사(樹藝師)', 일본의 '수목의(樹木醫)'라는 제도가 대표적입니다. 나무는 여러 오염 물질의 정화, 온실가스 저감, 홍수나 산사태 방비 등의 기능을 합니다. 그래서 이를 관리할 나무의사의 역할이 중요해졌습니다. 나무의사의 필요성이 커지는 만큼 자격시험 응시생도 꾸준히 늘고 있으나 4회의 시험 동안 최종 합격률 평균은 응시생 대비 8% 수준에 불과합니다.

(다) 신문 기사

　산림청이 실시한 '생활권 수목 병해충 관리 실태 조사' 결과에 따르면 비전문가에 의한 수목 방제 사례가 90% 이상이었다. 그로 인해 살포된 농약 중 69%는 부적절하게 사용됐고, 독한 농약과 해당 수목에 알맞지 않은 약제를 살포한 것은 78%에 달하는 것으로 나타나 시민들의 건강과 산림 자원에 위협이 되고 있다. 특히 가로수 방제용 약제 중 발암 물질을 함유하고 있는 것도 있어 전문가의 손길이 필요하다.

① (가)를 3문단에서 활용하여, 생활권 수목이 증가하고 있음을 뒷받침하는 근거로 제시한다.
② (나)를 2문단에서 활용하여, 나무의사와 유사한 제도를 이미 운영하고 있는 나라들이 있다는 내용을 뒷받침하는 근거로 제시한다.
③ (나)를 4문단에서 활용하여, 나무의사 자격시험 합격률이 저조하다는 내용을 뒷받침하기 위해 구체적인 수치를 제시한다.
④ (다)를 3문단에서 활용하여, 비전문가가 수목을 치료하는 현황과 그 부작용의 사례를 제시한다.
⑤ (다)를 5문단에서 활용하여, 나무의사가 없이는 나무병원을 운영할 수 없기 때문에 나무의사에 대한 수요가 증가한다는 근거로 제시한다.

10. <보기>는 선생님의 조언에 따라 ㉠을 수정한 것이다. 선생님이 조언했음 직한 내용으로 가장 적절한 것은?

─────── < 보 기 > ───────

　자연환경 보호와 삶의 질 향상이 중시되는 시대이므로, 생활권 수목에 대한 관리 대책도 과거와는 달라져야 합니다. 거대한 산소 공장인 나무와 숲을 살리는 나무의사라는 전문 인력이 그 무엇보다 필요한 때입니다.

① 오늘날 나무의사의 역할이 과거와는 어떻게 달라졌는지를 알려주면 좋겠구나.
② 국가적 차원에서 나무의사를 관리해야 전문성이 향상된다는 것을 강조하면 좋겠구나.
③ 나무의사가 등장하게 된 사회적 배경을 바탕으로 하여 나무의사의 역할을 강조하면 좋겠구나.
④ 나무의사라는 직업에 대한 소개이니, 나무의사가 되어서 하는 구체적인 업무들을 소개하면 좋겠구나.
⑤ 나무의사가 가로수와 조경수를 잘 관리해서 인간이 자연으로부터 얻을 수 있는 혜택을 구체화하면 좋겠구나.

[11 ~ 12] 다음 글을 읽고 물음에 답하시오.

보조사는 앞말에 붙어 특별한 뜻을 더해 주는 기능을 한다. 격조사가 문법적 관계를 나타내 주는 것과 달리, 보조사는 앞말에 결합되어 의미를 첨가하는 기능을 한다.

ㄱ. 소설만 읽지 말고 시도 읽어라.
ㄴ. 소설만을 읽지 말고 시도 읽어라.

위의 ㄱ에서 '만'은 앞 체언에 '한정'의 의미를 더해 주고 있으며, '도'는 앞 체언에 '역시, 또한'의 의미를 더해 주고 있다. 한편 ㄴ의 '만을'에서 확인할 수 있듯이, 보조사와 격 조사가 함께 나타날 수 있다. 이때 문법적 관계는 격 조사가 담당하고 보조사는 앞말에 특정한 의미를 더해 주는 기능을 한다.

보조사의 다른 특징은 결합할 수 있는 앞말이 체언에 국한되지 않고, 부사, 어미 등의 뒤에도 결합할 수 있다는 것이다. 또한 '격 조사+보조사' 혹은 '보조사+보조사'의 형태로도 결합할 수 있고, 격 조사 자리에 보조사가 나타날 수도 있다.

[A]
> 한편 ⓐ보조사 중에서 ⓑ의존 명사 또는 어미와 그 형태가 동일한 경우가 있어 헷갈릴 수 있다.
>
> ㄱ. 나는 나대로 계획이 있다.
> ㄴ. 네가 아는 대로 말해라.
>
> 위 ㄱ에서 '대로'는 대명사 '나'에 결합되었기 때문에 보조사로, ㄴ에서 '대로'는 관형어의 수식을 받기 때문에 의존 명사로 본다.

11. 윗글을 참고하여 <보기>의 ㉠ ~ ㉢을 이해한 것으로 적절하지 <u>않은</u> 것은? [3점]

< 보 기 >
㉠ 라면마저도 품절됐네.
㉡ 형도 동생만을 믿었다.
㉢ 그는 아침에만 운동했다.

① ㉠ : 격 조사 뒤에 '역시, 또한'의 의미를 더해 주는 보조사가 덧붙고 있다.
② ㉡ : 주격 조사 자리에 '도'라는 보조사가 나타나고 있다.
③ ㉡ : 보조사 '만'과 격 조사 '을'이 함께 나타나고 있다.
④ ㉢ : '에'는 체언에 결합하여 문법적 관계를 나타낸다.
⑤ ㉢ : '만'은 보조사가 결합할 수 있는 앞말이 체언에 국한되지 않음을 보여 준다.

12. [A]에서 설명하는 ⓐ, ⓑ의 예에 해당하는 것은?

① ⓐ : 너만큼 아는 사람은 드물다.
　 ⓑ : 너는 먹을 만큼만 먹어라.
② ⓐ : 그는 그냥 서 있을 뿐이다.
　 ⓑ : 날 알아주는 사람은 너뿐이다.
③ ⓐ : 그녀는 뛸 듯이 기뻐했다.
　 ⓑ : 사람마다 생김새가 다르듯이 생각도 다르다.
④ ⓐ : 나는 사과든지 배든지 아무거나 좋다.
　 ⓑ : 노래를 부르든지 춤을 추든지 해라.
⑤ ⓐ : 불규칙한 식습관은 건강에 좋지 않다.
　 ⓑ : 친구를 만난 지도 꽤 오래되었다.

13. <보기>의 [활동]을 수행한 결과로 적절하지 <u>않은</u> 것은?

< 보 기 >
[활동] 제시된 단어의 발음을 [자료]와 연결해 보자.

신라, 칼날, 생산량, 물난리, 불놀이

[자료]
㉠ 'ㄹ'의 앞에서 'ㄴ'이 [ㄹ]로 발음되는 경우
㉡ 'ㄹ'의 뒤에서 'ㄴ'이 [ㄹ]로 발음되는 경우
㉢ 'ㄴ'의 뒤에서 'ㄹ'이 [ㄴ]으로 발음되는 경우

① '신라'는 ㉠에 따라 [실라]로 발음하는군.
② '칼날'은 ㉡에 따라 [칼랄]로 발음하는군.
③ '생산량'은 ㉢에 따라 [생산냥]으로 발음하는군.
④ '물난리'는 ㉠, ㉡에 따라 [물랄리]로 발음하는군.
⑤ '불놀이'는 ㉡, ㉢에 따라 [불로리]로 발음하는군.

14. 밑줄 친 ㉠의 예로 적절한 것은?

> 우리말의 문장 유형은 평서문, 의문문, 명령문, 청유문, 감탄문으로 나뉘는데, 대개 특정한 종결 어미를 통해 실현된다. 그런데 경우에 따라 ㉠동일한 형태의 종결 어미가 서로 다른 문장 유형을 실현하기도 한다.

① −니
- 너는 무엇을 먹었니?
- 아버님은 어디 갔다 오시니?

② −ㄹ게
- 오늘은 내가 먼저 나갈게.
- 내가 나중에 다시 전화할게.

③ −구나
- 그것 참 그럴듯한 생각이구나.
- 올해도 과일이 많이 열리겠구나.

④ −ㅂ시다
- 지금부터 함께 청소를 합시다.
- 밥을 먹고 공원에 놀러 갑시다.

⑤ −어라
- 늦을 것 같으니까 어서 씻어라.
- 그 사람을 몹시도 만나고 싶어라.

15. <보기>는 '사전 활용하기 학습 자료'의 일부이다. 이에 대해 탐구한 내용으로 적절하지 **않은** 것은?

> ─── < 보 기 > ───
>
> **갈다¹** 동 갈아[가라] 가니[가니]
> 【…을, …을 …으로】 이미 있는 사물을 다른 것으로 바꾸다.
> ¶ 컴퓨터의 부속품을 좋은 것으로 갈았다.
>
> **갈다²** 동 갈아[가라] 가니[가니]
> ① 【…을】 날카롭게 날을 세우거나 표면을 매끄럽게 하기 위하여 다른 물건에 대고 문지르다.
> ¶ 옥돌을 갈아 구슬을 만든다.
> ② 【…을】 잘게 부수기 위하여 단단한 물건에 대고 문지르거나 단단한 물건 사이에 넣어 으깨다.
> ¶ 무를 강판에 갈아 즙을 낸다.
>
> **갈다³** 동 갈아[가라] 가니[가니]
> ① 【…을】 쟁기나 트랙터 따위의 농기구나 농기계로 땅을 파서 뒤집다.
> ¶ 논을 갈다.
> ② 【…을】 주로 밭작물의 씨앗을 심어 가꾸다.
> ¶ 밭에 보리를 갈다.

① '갈다¹', '갈다²', '갈다³'은 동음이의어이군.
② '갈다³'은 여러 가지 뜻을 가지므로 다의어이군.
③ '갈다²−②'의 용례로 '무딘 칼을 날카롭게 갈다.'를 추가할 수 있겠군.
④ '갈다¹'은 '갈다²', '갈다³'과 달리 부사어를 요구할 수도 있는 동사로군.
⑤ '갈다¹', '갈다²', '갈다³'은 '갈−'에 '−니'가 결합할 때 표기와 발음이 같군.

[16 ~ 20] 다음 글을 읽고 물음에 답하시오.

> 상담 이론이자 상담 기법인 '현실요법'에서는 인간의 다섯 가지 기본 욕구를 제시하고 있다. 이 이론에서는 개인의 모든 행동은 기본 욕구를 충족시키기 위해서 그 자신이 선택하는 것이라 보았다. 만약 이러한 선택으로 문제가 발생한다면 다섯 가지 기본 욕구를 실현 가능한 수준으로 타협하고 조절해 새로운 선택을 할 필요가 있다고 ⓐ제안했다.
>
> 다섯 가지 기본 욕구 중 첫째는 '생존의 욕구'로, 자신의 삶을 유지하려는 생물학적인 속성이다. 사회적 규칙이나 상식을 지키려는 욕구이며, 생존에 필요한 것을 아끼고 모으려는 욕구이기도 하다. 이 욕구가 강한 사람은 건강과 안전을 중시하는 편이다. 둘째는 '사랑의 욕구'로, 사랑하고 나누며 함께하고자 하는 욕구이다. 이 욕구가 강한 사람은 타인을 잘 돕고, 사랑을 주는 만큼 받는 것도 중요하게 여기기에 인간관계에서 힘들어하기도 한다. 셋째는 '힘의 욕구'로, 경쟁하여 성취하고 인정받고 싶어 하는 욕구이다. 이 욕구가 강한 사람은 직장에서의 성공과 명예를 중시하고 높은 사회적 지위에 ⓑ도달하기 위해 노력한다. 또한 자기가 옳게 여기는 것에 대한 의지가 있어 자기주장이 강하며 타인에게 지시하는 일에 능하다. 넷째는 '자유의 욕구'로, 무언가에 얽매이지 않고 벗어나고 싶어 하는 욕구이다. 이 욕구가 강한 사람은 상대방을 구속하는 것, 자신을 구속시키는 것을 싫어한다. 그래서 상대방에게 대체로 관대하고, 혼자 하는 것을 좋아하며, 사람들과 적정한 거리를 유지하는 것을 편하게 여긴다. 다섯째는 '즐거움의 욕구'로, 새로운 것을 배우고 놀이를 통해 즐기고 싶어하는 욕구이다. 이 욕구가 강한 사람은 취미 생활을 즐기며, 잘 웃고 긍정적 태도를 취한다. 또한 호기심이 많기에 배우는 것을 좋아한다.
>
> 현실요법에서는 이 다섯 가지 욕구들의 강도가 개인마다 달라 행동 양상이 다양하게 나타나고, 여러 가지 갈등을 겪을 수도 있다고 보았다. 현실요법은 우선 내담자*가 자신의 욕구를 들여다 볼 수 있도록 한 다음, 약한 욕구를 북돋아 주거나 강한 욕구들 사이에서 타협과 조절을 하여 새로운 선택을 하도록 이끄는 단계를 밟는다. 예를 들어 사랑의 욕구가 강하고 힘의 욕구가 약한 사람이 타인의 부탁에 불편함을 느끼면서도 거절하지 못해 괴로워한다고 가정해 보자. 이 경우 현실요법에서는 ㉠힘의 욕구를 북돋아 자기주장을 표현할 수 있도록 도울 수 있다. 또 자유의 욕구와 힘의 욕구 모두가 강한 사람은 자신이 ⓒ선호하는 것을 우선시하고 이것이 방해받으면 불편해하며 주변 사람들과 갈등을 일으킬 수 있다. 이 경우 힘의 욕구를 조절하도록 이끌 수 있는데, 타인과의 사소한 의견 충돌 상황에서 자기주장을 강조하기 보다는 타인의 마음을 헤아리고 그 의견을 ⓓ겸허하게 수용하는 연습을 하게 할 수 있다.
>
> 현실요법은 타인의 욕구 충족을 방해하지 않으면서 효과적인 선택을 통해 자신의 욕구를 충족시키려 한다. 이는 내담자가 외부 요인에 의해 통제되는 존재가 아니라 스스로 자신의 욕구를 조절할 수 있는 주체라고 보는 관점을 기반으로 한다. 현재 현실요법은 상담 분야에서 호응을 얻어 심리 상담에 널리 ⓔ활용되고 있다.

* 내담자: 상담실 따위에 자발적으로 찾아와서 이야기하는 사람.

16. 윗글에 대한 설명으로 가장 적절한 것은?

① 이론의 주요 개념을 밝히고 그 이론의 구체적 적용 사례를 들고 있다.

② 이론을 소개하고 장점을 밝힌 후 그 이론이 지닌 한계를 덧붙이고 있다.

③ 이론이 등장하게 된 사회적 배경과 이론이 발전하는 과정을 드러내고 있다.

④ 하나의 이론과 다른 관점의 이론을 대조하여 둘의 차이점을 부각하고 있다.

⑤ 이론의 주요 개념을 여러 유형으로 나눈 다음 추가할 새로운 유형을 소개하고 있다.

17. 윗글의 내용과 일치하지 <u>않는</u> 것은?

① 약한 욕구를 강한 욕구로 대체해야 갈등에서 벗어날 수 있다.

② 개인이 지닌 욕구들의 강도에 따라 다양한 행동 양상이 나타난다.

③ 현실요법에서는 내담자는 외부 요인에 의해 통제되는 존재가 아니라고 본다.

④ 현실요법에 따르면 인간은 기본 욕구를 충족시키기 위해 스스로 행동을 선택한다.

⑤ 현실요법은 기본 욕구들을 실현 가능한 수준으로 타협하는 것이 가능하다고 본다.

18. ㉠의 구체적인 방법으로 가장 적절한 것은?

① 자신과 다른 의견을 경청하는 연습을 하도록 이끈다.

② 부탁을 거절하거나 자신의 불편함을 표출하도록 이끈다.

③ 혼자 어디론가 떠나거나 혼자만의 시간을 갖도록 권한다.

④ 타인과 약속을 잘 지킬 수 있는 원칙을 만들도록 권한다.

⑤ 사람들과 어울려 새로운 취미 생활을 즐길 수 있도록 권한다.

19. 윗글을 바탕으로 <보기>를 이해한 내용으로 적절하지 <u>않은</u> 것은? [3점]

< 보 기 >

A, B 학생의 욕구 강도 프로파일
(5점: 매우 강하다, 4점 : 강하다, 3점 : 보통이다,
2점 : 약하다, 1점 : 매우 약하다)

다섯 가지 기본 욕구 측정 항목		욕구 강도 A	욕구 강도 B
(가)	• 남의 지시와 잔소리를 싫어한다. • 자신의 방식대로 살고 싶다. ⋮	5	5
(나)	• 다른 사람의 잘못을 잘 짚어 준다. • 내 분야에서 최고가 되고 싶다. ⋮	4	1
(다)	• 친구를 위한 일에 기꺼이 시간을 낸다. • 친절을 베푸는 것을 좋아한다. ⋮	5	1
(라)	• 큰 소리로 웃는 것을 좋아한다. • 여가 활동으로 알찬 휴일을 보낸다. ⋮	1	3
(마)	• 균형 잡힌 식생활을 하려고 노력한다. • 저축을 중요하게 생각한다. ⋮	2	5

① A는 '즐거움의 욕구'보다 '힘의 욕구'가 더 강하다고 할 수 있겠군.

② B는 '힘의 욕구'가 '생존의 욕구'보다 더 약하다고 할 수 있겠군.

③ A는 B보다 '힘의 욕구'가 더 약하다고 할 수 있겠군.

④ A와 B는 모두 '자유의 욕구'가 매우 강하다고 할 수 있겠군.

⑤ A는 '사랑의 욕구'가 '즐거움의 욕구'보다 강하지만, B는 '즐거움의 욕구'가 '사랑의 욕구'보다 강하다고 할 수 있겠군.

20. ⓐ ~ ⓔ의 사전적 의미로 적절하지 <u>않은</u> 것은?

① ⓐ : 안이나 의견으로 내놓음.

② ⓑ : 사람이나 동식물 따위가 자라서 점점 커짐.

③ ⓒ : 여럿 가운데서 특별히 가려서 좋아함.

④ ⓓ : 스스로 자신을 낮추고 비우는 태도가 있음.

⑤ ⓔ : 충분히 잘 이용함.

[21 ~ 25] 다음 글을 읽고 물음에 답하시오.

물이 담긴 욕조의 마개를 빼면 물이 배수구 주변에서 회전하며 소용돌이를 일으킨다. 배수구에서 멀리 떨어져 있으면 빨려 들어가는 속도의 크기가 0에 가깝고, 배수구 중앙에 가까울수록 속도가 빨라진다. 원운동을 하는 물체의 이동 거리, 즉 호의 길이가 시간에 따라 변하는 비율을 원주속도라고 한다. 욕조의 소용돌이 중심과 가장 가까운 부분에서 최대 원주속도가 나오고, 소용돌이 중심에서 멀어져 반지름이 커짐에 따라 원주속도가 감소한다. 이 소용돌이를 '자유 소용돌이'라 하는데, 배수구로 들어간 물은 물체의 자유낙하처럼 중력의 영향 아래 물 자체의 에너지로 운동을 유지한다.

이와 달리 컵 속의 물을 숟가락으로 강하게 휘젓거나 컵의 중심선을 회전축으로 하여 컵과 물을 함께 회전시키는 상황을 생각해 보자. 이때 원심력 등이 작용해 중심의 물 입자들이 컵 가장자리로 쏠려 컵 중앙에 있는 물의 압력이 낮아지면서 ㉠가운데가 오목한 소용돌이가 만들어진다. 회전이 충분히 안정되면 물 전체의 회전 속도, 즉 회전하는 물체의 단위 시간당 각도 변화 비율인 ㉡각속도가 똑같아져 마치 팽이가 돌듯이 물 전체가 고체처럼 회전한다. 이때 물은 팽이의 회전과 같이 회전 중심은 원주속도가 0이 되고 중심에서 멀어질수록 반지름에 비례하여 원주속도가 증가하는 분포를 보인다. 이 소용돌이를 '강제 소용돌이'라 하는데, 용기 안의 물이 회전 운동을 유지하려면 에너지를 외부에서 인위적으로 제공해야 한다.

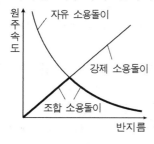

숟가락으로 컵 안에 강제 소용돌이를 만든 후 숟가락을 빼고 일정한 시간 동안 관찰하면 가운데에는 강제 소용돌이, 주변에는 자유 소용돌이가 발생한다. <그림>에서 보는 것처럼 이를 '랭킨의 조합 소용돌이'라고 한다. 이는 전체를 강제로 회전시킨 힘을 제거했을 때 바깥쪽에서는 원주속도가 서서히 떨어지고, 중심에서는 원주속도가 유지되는 상태의 소용돌이다. 조합 소용돌이에서는 소용돌이 중심에서 원주속도가 최소가 되고, 강제 소용돌이에서 자유 소용돌이로 전환되는 점에서 원주속도가 최대가 된다. 조합 소용돌이의 예로 ㉢태풍의 소용돌이를 들 수 있다.

이러한 원리를 적용한 분체 분리기는 기체나 액체의 흐름으로 분진 등 혼합물을 분리하는 장치이다. 혼합물에 작용하는 원심력도 이용하기 때문에 원심 분리기, 공기의 흐름이 기상 현상의 사이클론과 비슷해서 사이클론 분리기라고도 한다. 그 예로 쓰레기용 필터가 없는 가정용, 산업용 ㉣사이클론식 청소기를 들 수 있다. 원통 아래에 원추 모양의 통을 붙이고 원추 아래에 혼합물 상자를 두는데, 내부 중앙에는 별도의 작은 원통인 내통이 있다. 혼합물을 함유한 공기를 원통부 가장자리를 따라 소용돌이를 만들어 시계 방향으로 흘려보내면, 혼합물은 원통부와 원추부 벽면에 충돌하여 떨어져 바닥에 쌓인다. 유입된 공기는 아래쪽 원추부로 향할수록 원주속도를 증가시키는 자유 소용돌이를 만들고, 원추부 아래쪽에서는 강해진 자유 소용돌이가 돌면서 강제 소용돌이를 만들어 낸다. 강제 소용돌이는 용기 중앙의 내통에서 혼합물이 없는 공기로 흐르게 되어 반시계 방향으로 돌며 배기된다.

21. 윗글의 내용과 일치하지 않는 것은?

① 자연에서 발생하는 소용돌이는 모두 자유 소용돌이이다.
② 배수구에서 멀어지면 원운동을 하는 물의 속도는 느려진다.
③ 강제 소용돌이는 고체처럼 회전하고 회전 중심의 속도는 0이다.
④ 분체 분리기는 자유 소용돌이로 강제 소용돌이를 만들어 낼 수 있는 기계 장치이다.
⑤ 용기 안의 강제 소용돌이는 외부에서 가해지는 힘이 있어야 운동을 유지할 수 있다.

22. ㉠에 대한 설명으로 적절한 것은?

① 물이 회전할 때 원심력과 압력은 서로 관련이 없다.
② 컵 중앙 부분으로 갈수록 물 입자의 양이 많아진다.
③ 컵 반지름이 클수록 물을 회전시키는 에너지 크기는 작아진다.
④ 컵 속에서 회전하는 물의 압력이 커진 부분은 수면이 높아진다.
⑤ 외부 에너지를 더 가하더라도 회전 중심의 수면 높이는 변화가 없다.

23. ㉡을 통해 알 수 있는 것은?

① 각속도가 시간이 지남에 따라 점점 빨라지겠군.
② 단위 시간당 각도가 변하는 비율이 수시로 달라지겠군.
③ 각속도는 회전 중심에서 가깝든 멀든 상관없이 일정하겠군.
④ 강제 소용돌이의 수면 어느 지점에서나 원주속도는 항상 같겠군.
⑤ 강제 소용돌이는 자유 소용돌이와 같은 원주속도 분포를 보이겠군.

24. 윗글을 바탕으로 ©을 이해할 때, <보기>의 ⓐ~ⓒ에 들어갈 말로 적절한 것은?

> ── < 보 기 > ──
>
> 　태풍 중심 부분은 '태풍의 눈'이라 하고 (ⓐ)의 중심에 해당한다. 강제 소용돌이와 자유 소용돌이의 경계층에 해당하는 부분은 '태풍의 벽'이라고 하여 바람이 (ⓑ). 이는 윗글 <그림>의 (ⓒ)에 해당한다.

	ⓐ	ⓑ	ⓒ
①	자유 소용돌이	강하다	자유 소용돌이와 강제 소용돌이의 교차점
②	자유 소용돌이	약하다	반지름이 가장 큰 자유 소용돌이의 지점
③	강제 소용돌이	강하다	반지름이 가장 작은 자유 소용돌이의 지점
④	강제 소용돌이	약하다	반지름이 가장 큰 강제 소용돌이의 지점
⑤	강제 소용돌이	강하다	자유 소용돌이와 강제 소용돌이의 교차점

25. <보기>는 ㉣의 구조를 그림으로 나타낸 것이다. 윗글을 읽은 학생의 반응으로 적절하지 않은 것은? [3점]

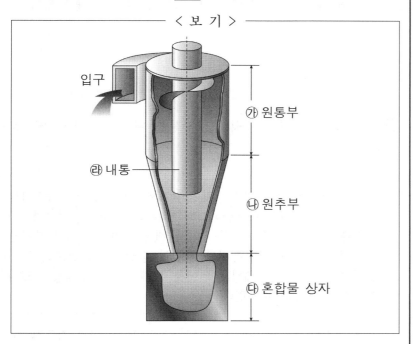

> ── < 보 기 > ──
>
> 입구
> ㉮ 원통부
> ㉱ 내통
> ㉯ 원추부
> ㉰ 혼합물 상자

① ㉮에서는 소용돌이가 시계 방향으로 돌아 혼합물에 원심력이 작용하겠군.

② ㉮보다 ㉯에서 소용돌이의 원주속도가 상대적으로 빠르겠군.

③ ㉰에 모인 쓰레기나 혼합물이 ㉱ 내부에서 도는 소용돌이를 통해 외부로 배출되겠군.

④ ㉱의 반지름이 커지면 ㉱에서 반시계 방향으로 도는 소용돌이의 원주속도는 빨라지겠군.

⑤ 산업용으로 돌조각을 분리한다면 ㉮와 ㉯에 충격이나 마모에 강한 소재를 써야겠군.

[26 ~ 28] 다음 글을 읽고 물음에 답하시오.

> **[앞부분의 줄거리]** '나'는 취재 차 중앙아시아로 향하면서 강제 이주된 고려인 동포들의 삶을 목격한다. 또한 한국을 그리며 '말 배우는 아이'라는 글을 쓴 고려인 '류다'를 만나길 희망한다. 알마아타에 도착한 '나'는 인근 우슈토베 지역을 여행하며 고려인 '미하일'로부터 류다가 이식쿨 호수 근처에 살고 있음을 듣게 된다.

　"여기 사람들이 말하는데, 그 호수 밑에 옛날 도시가 가라앉아 있다고 그렇게 말합니다."

　내가 그 호수에 관심을 보이자 미하일이 말했다. 그는 드물게도 서울 동숭동에 있는 해외동포교육원의 초청을 받아 어느새 한국에도 갔다 왔다고 했는데, **우리말을 꽤 정확하게 구사하고 있었다.** 그의 말에 나는 더욱 흥미를 갖지 않을 수 없었다.

　"호수 밑에……"

　나는 음료수와 함께 나온 깡통 맥주를 한 모금 마시며 그 먼 호수를 머릿속에 그렸다. 미하일의 말에 의하면 키르기스말로 이식쿨의 이식은 뜨겁다는 뜻이며, 쿨은 호수라고 했다. 또, 이식쿨의 물은 위는 민물, 아래는 짠물이며, 이에 비교되어 발하슈 호수는 한쪽이 민물, 다른 쪽이 짠물로서, 서로 차이를 보인다는 것이었다. 그리고 키르기스스탄의 소설가 아이트마토프가 쓴 《하얀 배》라는 소설까지 들먹거렸다. 부모가 이혼하는 바람에 그 호숫가의 할아버지 집으로 와 살고 있는 한 소년이 호수를 떠가는 **하얀 배**를 보면서, 커다란 물고기가 되어 **배를 따라가기를 꿈꾸는** 이야기라는 것이었다. 그의 말을 들으면서 나는 나대로 학교 시절에 읽은 독일 소설가 슈토름의 소설 《이멘 호수》를 떠올리고도 있었다.

　㉠"하얀 배라……"

　신비하고 아름다운 광경이 내 머리를 자극했다.

　그러던 나는 한글 선생이나 미하일 누구에게랄 것 없이 그곳까지 가볼 수는 없느냐고 조심스럽게 물었다. 미하일이 들려주는 이야기는 모두 그 호수를 향한 내 마음을 한층 북돋기에 부족함이 없는 것이었다.

　그러나 미하일에 의하면, 알마아타에서 호수까지는 직선거리는 그리 멀지 않지만 천산 산맥이 가로막혀 있어서 서남쪽 고갯길이 뚫린 곳으로 빙 돌아가야 하기 때문에 상당히 멀다는 것이었다.

　㉡"꼭 거길 가봤으면 하는데……무슨 방법이 없었을까요?"

　나는 한글 선생과 미하일을 번갈아 쳐다보며 간청하다시피 했다. 내 말에 미하일은 한참 동안 생각을 하는 듯하다가 마침내 자기도 이 기회에 비탈리를 찾아가서 한번 만날 겸 같이 가보자고 말했다. 알마아타로 가서 차편을 알아보자는 것이었다. 이렇게 되어 나는 정말 뜻하지 않게 그 호수를 향하여 떠나게 된 것이었다.

　우슈토베에의 여행에서 얻은 것은 적지 않은 셈이었다. 다른 것은 그렇다 치더라도 무엇보다 우리 동포들의 무덤을 보았고, 그들이 저 1937년에 내동댕이쳐 버려졌던 처절한 삶의 뿌리를 내리기 위해 **광야에 파놓은 갈대 움막집의 흔적**을 보았다. 오늘날 그곳에 문을 연 한글학교도 보았다. ㉢그러나 무엇보다도 내 가슴을 뛰게 한 것은 새로운 세계, 산속의 호수를 향해 가게 된 것이었다.

<중략>

그 호수를 보겠다고 해서, 카라가지나무와 주다나무와 미루나무와 버드나무를 이정표로 달려왔고, 드디어 보았다. 그러나······

나는 머리에 '그러나'가 꼬리표처럼 따라붙는 것을 어쩌지 못했다. 서울에서의 문제들은 서울에 가서의 일이다. ㉣나는 그 꼬리표를 떼어내려고 머리를 흔들었다. 그러나······

그때였다. 유원지의 돌 축대를 바라보던 나는 거기 웬 나무가 한 그루 우뚝 서 있는 것을 보았다. 들어올 때는 눈에 띄지 않은 까닭을 알 수 없었다. 아니다. 그 나무만 서 있었다면 그냥 스쳐 지나갔을지도 모른다. 그러니까 나는 그 나무만을 본 것이 아니라 그 옆에 서 있는 한 여자를 함께 본 것이었다. 젊고 환한 얼굴이 나무 그늘에 묻혀 있었다.

"류다!"

미하일이 소리쳤다. 우리는 돌 축대를 올라가 그 나무 아래로 걸음을 옮겼다. 서로 몇 마디의 러시아말이 오가고 난 뒤 내가 소개되었다.

"안녕하십니까."

맑은 눈동자가 나를 바라보았다. 순간, 나는 **너무나 또렷한 우리말**에 놀라지 않을 수 없었다. 중앙아시아에서 처음 들어보는 또렷한 우리말이었다. 그리고 그 말 뒤에 '이 말은 우리 민족 말입니다'하는 말이 소리 없이 뒤따르고 있음도 또렷이 느낄 수 있었다.

"아, 안녕하십니까."

㉤나는 엉겁결에 똑같이 따라하고 말았다. 그와 함께 나는 그 단순한 인사말이 왜 그렇게 깊은 울림으로 온몸을 떨리게 하는지 형언할 수 없는 감동에 휩싸였다. ⓐ개양귀비 꽃밭이 수런거리고, 숲 속의 들고양이들이 귀를 쫑긋거리고, 커다란 까마귀들이 전나무 가지를 치고 날았으며, 사막쥐들이 이리 뛰고 저리 뛰고, 돌소금이 하얗게 깔린 사막으로 큰바람이 이는 광경이 눈에 어른거렸다. 천산에서 빙하가 우르르르 무너지는 소리가 들린다고도 생각되었다.

나는 호수 건너 눈 덮인 천산을 바라보았다. '그러나'라고 미진했던 마음이 그녀의 "안녕하십니까"에 눈 녹듯 스러지는 듯 싶었다. 건너편의 천산이 내게 "안녕하십니까"의 새로운 의미를 배워 주고 있다고 받아들여졌다. **멀리 동방의 조상 나라**를 동경하며 하얀 배를 그리는 모습이 거기 있음을 알 수 있었다.

그녀가 그 그늘에 서 있던 나무가 바로 러시아말로 '키파리스'인 사이프러스였다. 스타니슬라브는 그 나무가 본래 중앙아시아에는 없는 나무로서 그루지야에나 가야 많다고 설명해 주었다. 아마도 유원지가 북적거리던 시절, 무슨 기념으로 심은 나무일 것이라고도 했다.

그날 그녀를 만나서 이야기를 나눈 시간은 매우 짧을 수밖에 없었다. 우리는 곧 알마아타로 돌아가야 했고, 또 내가 그녀와 오랫동안 함께 있어야 할 이유도 특별히 없는 것이었다. 그러나 나는 그 어느 때보다도 많은 느낌을 받았다.

ⓑ키르기스스탄의 사이프러스나무 아래 우리 민족의 말인 "안녕하십니까"의 의미를 전혀 새롭게 말하는 처녀가 있었다. 나는 돌아오는 차 안에서도 내내 그 모습이 머리에서 떠나지를 않았다. 그리고 그 나무 아래서 호수를 바라보았을 때 물에 비치던 하얀 만년설의 산봉우리를 눈에 그렸다. 그리고 그것이 바로 하얀 배의 또 다른 모습이라고 깨달은 나는 입속으로 가만히 "안녕하십니까"를 되뇌었다.

– 윤후명, 「하얀 배」–

26. ㉠ ~ ㉤에 대한 이해로 적절하지 **않은** 것은?

① ㉠: 이식쿨 호수와 관련된 이야기를 듣고 흥미를 느끼고 있음이 드러난다.

② ㉡: 이식쿨 호수에 가고 싶어 하는 간절한 마음을 확인할 수 있다.

③ ㉢: 계획에 없었던 새로운 여정에 대한 기대감과 설렘이 나타난다.

④ ㉣: 이식쿨 호수만을 생각하며 달려왔던 것을 반성하는 마음이 드러난다.

⑤ ㉤: 놀라움에 자신도 생각지 못한 반응이 나타났음을 확인할 수 있다.

27. ⓐ와 ⓑ에 대한 설명으로 가장 적절한 것은?

① ⓐ는 상상 속 장면을 활용하여, ⓑ는 과거 회상을 활용하여 인물의 내면 상황을 드러내고 있다.

② ⓐ는 내적 독백을 사용하여, ⓑ는 구어체를 사용하여 인물 사이의 대립 양상을 제시하고 있다.

③ ⓐ는 전해 들은 이야기를 통해, ⓑ는 직접 경험한 사건을 통해 인물의 성격을 구체적으로 보여 주고 있다.

④ ⓐ는 외부 세계를 묘사하여, ⓑ는 인물 간의 대화를 서술하여 인물이 처한 상황을 객관적으로 전달하고 있다.

⑤ ⓐ는 앞으로 일어날 일들을 제시하여, ⓑ는 이전에 일어난 일들을 제시하여 인물의 심리 변화 과정을 나타내고 있다.

28. <보기>를 바탕으로 윗글을 감상한 내용으로 적절하지 **않은** 것은? [3점]

< 보 기 >

이 작품에서 '하얀 배'는 외부 세계에 대한 동경을 상징하는 것으로, 중앙아시아 동포들의 고국에 대한 그리움을 서정적으로 드러내는 기능을 한다. '나'는 하얀 배를 그리는 소년과 류다를 연결지어 이해하면서, 류다를 포함한 중앙아시아 동포들이 시련이 연속되는 삶 속에서도 언어를 통해 민족의 정체성을 잃지 않으려는 모습에 주목한다.

① '호수 밑에 옛날 도시'는 소년이 '하얀 배'를 타고 가고자 하는 동경의 공간으로 '나'가 지향하는 곳이군.

② 미하일이 '우리말을 꽤 정확하게 구사하'는 것은 민족의 정체성을 잃지 않으려는 동포들의 모습으로 볼 수 있군.

③ '광야에 파놓은 갈대 움막집의 흔적'은 중앙아시아 동포들이 겪었던 시련을 증명하는 것이겠군.

④ '나'는 류다의 '너무나 또렷한 우리말'에서 동포들의 고국에 대한 그리움을 읽어 내고 있군.

⑤ '나'는 '멀리 동방의 조상 나라'를 꿈꾸는 류다와 '배를 따라 가기를 꿈꾸는' 소년을 연관지었군.

[29 ~ 32] 다음 글을 읽고 물음에 답하시오.

ㄱ황성에 병란(兵亂)이 일어났고, 살기(殺氣)가 등등하며, 천자는 피신한 모양이라. 국진은 재빨리 방으로 들어와 무장을 갖추고, 머리에 황금 투구를 쓰고, 몸에 풍운갑을 입고, 좌수에 절륜도와 우수에 청학선, 이런 식으로 무장을 갖추자 잠시도 지체없이 말에 뛰어오르리라.

그리하여 국진은 필마단기(匹馬單騎)*로 나는 듯이 달렸고, 달리면서도 자기의 중대한 임무를 잊지 않은 터라. 그의 빛나는 준마는 순식간에 그를 황성으로 옮겨 주니, 그의 마음과 몸과 말은 실로 혼연일체가 된 듯하더라.

아니나 다르랴, 그가 읽은 천기는 정확하였으니, 달마국의 수십만 대군은 명나라 군을 무찔러 없애고, 이 때 황성으로 쳐들어와 황성의 운명은 경각에 달하였으니, 국진은 즉시 궐내로 들어가 어전에 꿇어 엎드려 가로되,

[A] ┌ "소신이 중임을 맡아 원방(遠方)에 갔사와 폐하께 근심을 │ 끼쳤사오니 이것은 모두가 신의 죄인 줄로 아뢰오. 적병을 └ 파한 후에 죄를 당하여지이다."

하고 아뢰더라.

절망한 천자는 그것이 누군가 처음에는 잘 모르시는 듯하다가 장국진이라는 것을 아시자 놀라시며, 계하로 뛰어내려가 그의 손을 잡고 반가워서 어쩔 줄을 몰라 하시며,

[B] ┌ "경이 있었으면 무슨 근심을 하리오. 경은 힘을 다하여 사 └ 직(社稷)을 안보(安保)하고 짐의 근심을 덜라."

하고는 눈물을 뿌리며 애걸하듯이 하교하시더라.

적은 어느새 도성에 다다르고 도성의 백성들은 아우성치니, 이는 지옥을 상상하게 하더라. 그것은 도무지 구할 도리가 없는 완전한 파멸을 보는 듯하더라. 이것을 어느 누구의 힘으로 구원하여 밝은 빛을 뿌려 터인가.

국진은 다시 말에 오르자, **한 손에 절륜도, 또 한 손에 청학선을 흔들며** 성문을 빠져나가 물밀 듯 밀려드는 수십만 ㄴ적군의 진영으로 비호처럼 달리더라. 그의 절륜도가 닿는 곳마다 번갯불이 번쩍 일더니 적장과 적 군사는 **추풍낙엽같이 쓰러**지니, 적군에게는 전혀 예상하지 못한 일대 혼란이 일더라. 그들의 시체는 산을 이루고 피가 바다를 이루면서 물러가니라.

[중략 부분의 줄거리] 국진은 달마국을 정벌하기로 결심하고 이를 위해 전장으로 떠난다. 달마국은 천원국과 합력하여 국진을 대적한다.

결국 국진이 병을 얻어 누운 것도 당연한 이치일 터라. 이것은 전투 중에 치명적인 일로, 국진은 군중에 엄명을 내려 진문을 굳게 닫게 하고 이 어려운 지경을 어찌 구할 것인지 궁리에 궁리를 더하더라. 적은 몇 번이고 도전하니, 이쪽의 진 앞에서 호통을 지르곤 하더라. 그러나 국진의 진에서 아무런 답이 없자 백운도사와 오금도사는 장국진에게 중대한 곡절이 있음을 의심하기 시작하더라.

며칠이 지나도 국진의 **신병은 조금도 차도가 없**으니, 이 위급함을 무엇으로 해결하여야 한단 말인가.

이 때 어려서부터 닦아 온 천문지리가 누구보다 능통한 이 부인이 천기를 보고 있던 터라, 남편의 이런 사실을 깨닫고는 놀라움을 금치 못하더라. 더욱이 옆에 있던 유 부인 역시 남편의 위험에 애통해 하니, 장 승상이나 왕씨도 이 소식을 듣고 달려와 울 따름이더라. 육도삼략과 손오병법에도 능통한 이 부인은 생각 끝에 결연히 일어서더니, ㄷ달마국 전장으로 달려가 병을 앓는 남편을 구하고 이 싸움을 결단 지으리라 결심하더라.

이 부인은 즉시 남장을 하고 머리에 용인 투구를 쓰고, 몸에 청사 전포를 입고, 왼손에 비린도, 오른손에 홀기를 들고는, 시부모와 유 부인과 주위 사람들에게 이별을 고하고 필마단기로 달마국을 향하여 ㄹ길을 떠나리라. 유 부인은 멀리 전송을 나와 이 부인의 전도를 근심하며, 봉서 한 통과 바늘 한 쌍을 유 부인의 품속에서 내어 주더라.

그리고 이 부인에게 말하되,

"이것을 가지고 동정호 물 건널 제 물에 던지면 용왕 부인이 청할 것이니, 들어가 보옵소서. 동정호 용왕은 첩의 전생 부모이니 부모가 보오면 반가워할 터요, 이제 **가장 좋은 선약(仙藥)을 얻어** 가야 승상의 목숨을 구할 것이오. 다음은 선녀 한 쌍을 얻어 가야 천원 왕과 달마 왕을 잡으리다."

하니, 이 부인은 그것을 받아 가지고 질풍처럼 달리더라.

동정호에 왔을 때 이 부인은 유 부인이 시킨 대로 하여 ㅁ용궁에 인도되어 들어가자, 용왕 내외가 반가워하며 만년주(萬年酒)를 권하더라. 그리고는 유 부인의 말대로 선약과 선녀 한 쌍을 이 부인에게 내리시며,

"천원 왕과 달마 왕은 욕이나 뵈옵되 죽이지는 마옵소서. 두 사람은 천상 선관으로 인간에 적거(謫居)*하였으니, 만일 죽이면 일후에 원(怨)이 되리라."

하고 교시하더라.

또한 용왕 부인은 선녀들에게 분부하여 **이 부인을 잘 모시고 가서 공을 이루라고 특별히 당부**하더라.

이렇게 하여 이 부인은 용궁에서 나와 전장으로 질풍같이 달려가니, 마음이 든든하기만 하더라.

이때 명나라 진영은 **적병들에 의해 완전히 포위**되고 있었으며, 진문은 열지 않고 굳게 닫혀 있었으니, 적병은 이것을 깨칠 속셈으로 그 준비에 분주하더라. 명나라 군의 운명은 경각에 있음이더라.

이를 본 이 부인은 잠시도 지체할 여유가 없으니, 투구를 고쳐 쓰고, 비린도를 높이 들어 만리청총의 고삐를 바싹 쥐어 잡고, 좌우에 따라온 선녀들은 앞에 서서 길을 인도하라고 분부하고 즉시 급하게 채찍질을 하니, 만리 청총마는 화살처럼 적의 포위를 일직선으로 밟아 넘어서며 명나라 진문으로 향하여 달리더라.

적병들은 이 돌발적인 사태를 만나 몹시 어리둥절할 뿐이더라. 난데없이 천지에 소나기가 퍼붓고 **번갯불과 천둥이 무섭게 진동**하니 어느 누구든 **공포 속에서 정신을 잃는** 것은 당연한 일이라, 적병들이라고 해서 무섭지 않으랴. 그들은 이 사태를 운명에 맡길 뿐이더라.

－작자 미상, 「장국진전(張國振傳)」－

---

* 필마단기 : 혼자 한 필의 말을 탐. 또는 그렇게 하는 사람.
* 적거: 귀양살이를 하고 있음.

---

29. 윗글의 서술상 특징으로 적절한 것은?

① 연속되는 대화를 활용해 인물 간의 갈등을 고조시키고 있다.
② 과거와 현재의 빈번한 교체로 인물의 내력을 소개하고 있다.
③ 한 인물의 동일한 행위를 반복함으로써 사건의 전환을 예고하고 있다.
④ 서술자의 개입을 통해 작중 상황에 대한 주관적 판단을 제시하고 있다.
⑤ 특정 인물의 외양이나 행동을 과장되게 표현하여 인물을 희화화하고 있다.

30. ㉠~㉤을 중심으로 윗글을 이해한 내용으로 적절하지 <u>않은</u> 것은?

① ㉠에서의 병란은 국진이 자신의 중대한 임무를 수행하기 위해 이동하는 계기가 된다.

② ㉡에서 국진은 고통에 시달리는 도성의 백성들을 구원하기 위해 적병과 맞서 싸운다.

③ ㉢에서 국진에게 일어나는 일은 이 부인이 남장을 결심하는 원인이 된다.

④ ㉣에서 이 부인은 미래를 예측하여 위기에 대비할 수 있는 방법을 국진에게 알려 주고 있다.

⑤ ㉤에서 용왕 내외는 적장의 전생 신분을 밝힘으로써 앞날을 경계하고 있다.

31. [A], [B]에 대한 설명으로 가장 적절한 것은?

① [A]는 자신의 실망감을 우회적으로 표현하고 있고, [B]는 상대에 대한 원망을 직설적으로 표현하고 있다.

② [A]는 자신의 목적을 달성하기 위해 거짓으로 말하고 있고, [B]는 상대의 질문에 답하기 위해 사건 내용을 밝히고 있다.

③ [A]는 자신의 손해를 줄이기 위해 상대의 요청을 거절하고 있고, [B]는 상대의 손해를 줄이기 위해 상대를 설득하고 있다.

④ [A]는 상대에 대한 호감을 바탕으로 상대를 격려하고 있고, [B]는 사건 해결을 위해 상대에게 용기를 북돋워 주고 있다.

⑤ [A]는 상대의 근심을 덜기 위해 그 원인을 자신의 탓으로 돌리고 있고, [B]는 상대에 대한 믿음을 바탕으로 명령하고 있다.

32. <보기>를 바탕으로 윗글을 감상한 내용으로 적절하지 <u>않은</u> 것은? [3점]

< 보 기 >

　이 작품은 장국진이라는 영웅의 일생을 다룬 영웅소설이다. 주인공의 영웅적 활약과 더불어 여성 영웅의 활약도 중요하게 나타나고, 이들은 위기 상황에서 주변 인물이나 초월적 존재의 도움으로 위기를 극복해 간다. 이 과정에서 초월적 세계와 현실 세계의 상호 작용, 남성과 여성의 상호 작용을 통해 영웅성이 강화되고 있다.

① 국진이 말에 올라 '한 손에 절륜도, 또 한 손에 청학선을 흔들며' 수십만 적군을 '추풍낙엽같이 쓰러'뜨리는 데에서, 주인공의 영웅적 활약상을 확인할 수 있다.

② 전투 중 '신병은 조금도 차도가 없'는 국진이 '적병들에 의해 완전히 포위'된 장면에서, 영웅이 처한 위기 상황을 확인할 수 있다.

③ '가장 좋은 선약(仙藥)을 얻어' 국진의 병을 구하려는 데에서, 초월적 존재의 도움으로 위기를 극복해 나간다는 점을 확인할 수 있다.

④ 용왕 부인이 선녀들에게 '이 부인을 잘 모시고 가서 공을 이루라고 특별히 당부하'는 장면에서, 초월적 세계와 현실 세계의 상호 작용을 확인할 수 있다.

⑤ 이 부인이 국진을 구하기 위해 '번갯불과 천둥이 무섭게 진동'하여 '공포 속에서 정신을 잃는' 상황을 이겨 내는 데에서, 남성과 여성의 상호 작용을 확인할 수 있다.

[33 ~ 37] 다음 글을 읽고 물음에 답하시오.

(가)

옥설이 차갑게 대나무를 누르고	玉屑寒堆壓
얼음같이 둥근 달 휘영청 밝도다	氷輪逈映徹
여기서 알겠노라 **군건한** 그 절개를	從知苦節堅
더욱이 깨닫노라 **깨끗한** 그 빈 마음	轉覺虛心潔

　　　　　　　　　　　　　－이황, 「설월죽(雪月竹)」－

(나)

㉠모첨(茅簷)*의 달이 진 제 첫 잠을 얼핏 깨여
반벽 잔등(半壁殘燈)을 의지 삼아 누었으니
일야(一夜) 매화가 발하니 **님**이신가 하노라　　　<제1수>

아마도 이 벗님이 풍운(風韻)*이 그지없다
옥골 빙혼(玉骨氷魂)*이 냉담도 하는구나
풍편(風便)*의 **그윽한 향기**는 세한 불개(歲寒不改)* 하구나
　　　　　　　　　　　　　　　　　　　　　<제2수>

천기(天機)도 묘할시고 네 먼저 **춘휘(春暉)***로다
한 가지 꺾어 내어 이 소식 전(傳)차 하니
님께서 너를 보시고 반기실까 하노라　　　　　<제3수>

㉡님이 너를 보고 반기실까 아니실까
기년(幾年)* 화류(花柳)의 ⓐ취한 잠 못 깨었는가
두어라 다 각각 정이니 나와 늙자 하노라　　　<제4수>

　　　　　　　　　　　　　－권섭, 「매화(梅花)」－

* 모첨: 초가지붕의 처마.
* 풍운: 풍류와 운치를 아울러 이르는 말.
* 옥골 빙혼: 매화의 별칭. '옥골'은 고결한 풍채를, '빙혼'은 얼음과 같이 맑고 깨끗한 넋을 의미함.
* 풍편: 바람결.
* 세한 불개 : 매우 심한 한겨울의 추위에도 바뀌지 않음.
* 춘휘: 봄의 따뜻한 햇빛.
* 기년: 몇 해.

(다)

　휴전이 되던 해 음력 정월 초순께, 해가 설핏한 강 나루터에 아버지와 나는 서 있었다. 작은증조부께 세배를 드리러 가는 길이었다. 강만 건너면 바로 작은댁인데, 배가 강 건너편에 있었다. 아버지가 입에 두 손을 나팔처럼 모아 대고 강 건너에다 소리를 지르셨다.

　"사공—, 강 건너 주시오."

　건너편 강 언덕 위에 뱃사공의 오두막집이 납작하게 엎드려 있었다. **노랗게 식은 햇살**에 동그마니 드러난 외딴집, 지붕 위로 하얀 연기가 저녁 강바람에 산란하게 흩어지고 있었다. 그 오두막집 삽짝 앞에 능수버들나무가 맨 몸뚱이로 비스듬히 서 있었다. 둥치에 비해서 가지가 부실한 것으로 보아 고목인 듯싶었다. 나루터의 세월이 느껴졌다.

　강심만 남기고 강은 얼어붙어 있었고, 해가 넘어가는 쪽 컴컴한 산기슭에는 **적설**이 쌓여서 **하얗게 번쩍거렸다**. 나루터의 마른 갈대는 '서걱서걱' 아픈 소리를 내면서 언 몸을 회리바람에 부대끼고 있었다. 마침내 해는 서산으로 떨어지고 **갈대는 아픈 소리를 신음처럼** 질렀다.

나룻배는 건너오지 않았다. 나는 ⓒ뱃사공이 나오나 하고 추워서 발을 동동거리며 사공네 오두막집 삽짝을 바라보고 있었다. 아버지는 팔짱을 끼고 부동의 자세로 사공 집 삽짝 앞의 **버드나무 등치처럼 꿈쩍도 않**으셨다. '사공—, 강 건너 주시오.' 나는 아버지가 그 소리를 한 번 더 질러 주시기를 바랐다. 그러나 아버지는 **두 번 다시 그 소리를 지르지 않**으셨다. 그걸 아버지는 치사(恥事)*로 여기신 것일까. 사공은 분명히 ⓑ**따뜻한 방** 안에서 방문의 쪽유리를 통해서 건너편 나루터에 우리 부자가 하얗게 서 있는 것을 보았을 것이다. 그러나 도선의 효율성과 사공의 존재가치를 높이기 위해서 나루터에 ⓔ선객이 더 모일 때를 기다렸기 쉽다. 그게 사공의 도선 방침일지는 모르지만 엄동설한에서 있는 사람에 대한 옳은 처사는 아니다. 이 점이 아버지는 못마땅하셨으리라. 힘겨운 시대를 견뎌 내신 아버지의 완강함과 사공의 존재가치 간의 이념적 대치였다.

아버지는 주루막을 지고 계셨다. 주루막 안에는 정성 들여 ⓜ한지에 싼 육적(肉炙)과 술 항아리에 용수를 질러서 뜬, 제주(祭酒)로 쓸 술이 한 병 들어 있었다. 작은증조부께 올릴 세의(歲儀)다. **엄동설한 저문 강변**에 세의를 지고 **꿋꿋하게 서** 계시던 분의 모습이 보인다.

－목성균, 「세한도(歲寒圖)」－

* 치사: 행동이나 말 따위가 쩨쩨하고 남부끄러움.

33. (가) ~ (다)의 공통점으로 가장 적절한 것은?

① 설의적 표현으로 대상이 지닌 속성을 강조하고 있다.
② 명암의 대비를 통해 작품의 주제를 형상화하고 있다.
③ 구체적 사물이나 상황을 통해 내면적 가치를 발견하고 있다.
④ 직유법을 활용하여 대상의 외양을 구체적으로 묘사하고 있다.
⑤ 풍자적 기법으로 사회 현실에 대한 비판 의식을 보여 주고 있다.

34. <보기>를 참고하여 (가)와 (나)를 감상한 내용으로 적절하지 않은 것은? [3점]

─────< 보 기 >─────
　(가)와 (나)는 추운 계절을 이겨 내는 강인한 속성이 있어 예로부터 예찬의 대상이었던 대나무와 매화를 각각 시적 대상으로 삼고 있다. (가)의 화자는 사철 푸르고 속이 빈 대나무를 고매한 인품에 빗대고 있고, (나)의 화자는 이른 봄 피어난 매화를 통해 임을 떠올리고 매화에 대한 긍정적 인식과 임에 대한 정서를 함께 드러내고 있다.

① (가)의 화자는 '옥설'에 눌려도 푸름을 유지하는 대나무를 통해 '굳건한' 지조를 떠올리고 있군.
② (가)의 화자는 대나무의 속이 빈 속성을 긍정적으로 인식하여 대나무를 내면이 '깨끗한' 인품에 비유하고 있군.
③ (나)의 화자는 '옥골 빙혼(玉骨氷魂)'의 자태를 가진 매화를 '님'으로 착각한 것을 깨닫고 서러워하고 있군.
④ (나)의 화자는 추운 계절에도 굴하지 않고 '그윽한 향기'를 풍기는 매화의 강인함을 예찬하고 있군.
⑤ (나)의 화자는 '춘휘(春暉)'를 먼저 느끼게 해 준 매화의 소식을 '님'에게 전달하고 싶은 소망을 드러내고 있군.

35. ㉠ ~ ㉤에 대한 설명으로 적절하지 않은 것은?

① ㉠: 매화를 발견할 당시 화자의 상황과 시간적 배경이 드러나 있다.
② ㉡: 매화를 대할 임의 반응이 어떠할지를 궁금해하는 마음이 드러나 있다.
③ ㉢: 아버지와 대비되는 글쓴이의 행동에서 추위에서 벗어나고 싶어 하는 마음이 드러나 있다.
④ ㉣: 선객들의 모습을 비판적으로 바라보는 아버지의 생각이 드러나 있다.
⑤ ㉤: 작은댁에 세배하러 가면서 준비한 음식으로 아버지의 정성이 드러나 있다.

36. <보기>를 바탕으로 (다)를 감상한 내용으로 적절하지 않은 것은?

─────< 보 기 >─────
　(다)의 제목이기도 한 '세한도'는, 한겨울 풍경을 통해 선비의 지조를 드러낸 추사 김정희의 그림이다. (다)의 글쓴이는 혹독하게 추운 겨울에 뜻을 굽히지 않던 아버지의 모습에서 선비적 면모를 발견하고 이날의 경험을 회화적으로 형상화하고 있다. 글쓴이는 아버지가 사공의 처사를 부당하게 여겼고 이에 맞서는 의미로 추위를 견디며 꿋꿋이 서 있었다고 본 것이다.

① '노랗게 식은 햇살'과 '하얗게 번쩍거'리는 '적설'을 통해 매섭게 추운 겨울 강가를 회화적으로 형상화하고 있군.
② '아픈 소리를 신음처럼' 지르는 '갈대'는 사공의 부당한 처사에 맞서려는 글쓴이의 내면을 표상하고 있군.
③ 글쓴이는 '버드나무 둥치처럼 꿈쩍도 않'는 아버지의 모습에서 지조를 지키려는 선비적 면모를 발견하고 있군.
④ '두 번 다시 그 소리를 지르지 않'는 모습을 통해 자신의 뜻을 꺾지 않으려는 아버지의 태도를 드러내고 있군.
⑤ '엄동설한 저문 강변'에서 '꿋꿋하게 서' 있던 아버지의 모습은 추사의 그림 '세한도'의 이미지와 연결되는군.

37. ⓐ와 ⓑ를 이해한 내용으로 가장 적절한 것은?

① ⓐ에는 임이 처한 상황에 대한 연민이, ⓑ에는 사공이 처한 상황에 대한 추측이 담겨 있다.
② ⓐ에는 화자가 지향하는 행동이, ⓑ에는 글쓴이가 지향하는 공간의 속성이 구체화되고 있다.
③ ⓐ에는 돌아오지 않는 임에 대한 원망이, ⓑ에는 곧 돌아올 사공에 대한 기대감이 내포되어 있다.
④ ⓐ에는 자신의 처지에 대해 자조하는 태도가, ⓑ에는 사공의 몰인정함에 대해 비판하는 태도가 드러나 있다.
⑤ ⓐ에는 화자의 처지와 대비되는 임의 모습이, ⓑ에는 글쓴이가 있는 공간과 대비되는 공간이 제시되어 있다.

[38 ~ 42] 다음 글을 읽고 물음에 답하시오.

어떤 안건을 대하는 집단 구성원들의 생각은 각기 다르므로, 상이한 생각들을 집단적 합의에 이르게 하는 의사 결정 과정이 필요하다. 공공 선택 이론은 이처럼 집단을 구성하는 개인의 의사가 집단의 의사로 통합되는 과정을 다룬다. 직접 민주주의 하에서의 의사 결정 방법으로 단순 과반수제, 최적 다수결제, 점수 투표제, 보르다(Borda) 투표제 등이 있다.

㉠단순 과반수제는 투표자의 과반수가 지지하는 안건이 채택되는 다수결 제도이다. 효율적으로 의사 결정이 이루어져 많이 사용되고 있으나, 각 투표자는 찬반 여부를 표시할 뿐 투표 결과에는 선호 강도가 드러나지 않아 안건 채택 시 사회 전체의 후생*이 감소할 가능성이 있다. 이는 다수의 횡포에 의해 소수의 이익이 침해되는 상황이 발생할 수 있음을 의미한다. 또한 어떤 대안들을 먼저 비교하는가에 따라 그 결과가 달라지는 ⓐ'투표의 역설' 현상이 나타날 수 있다. 예를 들어, 갑, 을, 병 세 사람이 사는 마을에 정부에서 병원, 학교, 경찰서 중 하나를 지어 줄 테니 투표를 통해 선택하라고 제안하였고, 이때 세 사람의 선호 순위가 다음 <표>와 같다고 하자. 세 가지 대안을 동시에 투표에 부치면 하나의 대안으로 결정되지 않는다. 그래서 먼저 병원, 학교, 경찰서 중 두 대안을 선정하여 다수결로 결정한 후 남은 한 가지 대안과 다수결로 승자를 결정하면 최종적으로 하나의 대안이 결정된다. 즉, 비교하는 대안의 순서에 따라 <표>의 투표 결과는 달라지게 된다.

선호 순위 투표자	1순위	2순위	3순위
갑	병원	학교	경찰서
을	학교	경찰서	병원
병	경찰서	병원	학교

<표>

[A] 최적 다수결제는 투표에 따르는 총비용이 최소화되는 지점을 산정한 후, 안건의 찬성자 수가 그 이상이 될 때 안건이 통과되는 제도이다. 이때의 총비용은 의사 결정 비용과 외부 비용의 합으로 결정된다. 의사 결정 비용은 투표자들의 동의를 구하는 데 드는 시간과 노력에 따른 비용을 의미하며, 찬성표의 비율이 높을수록 증가한다. 외부 비용은 어떤 안건이 통과됨에 따라 그 안건에 반대하였던 사람들이 느끼는 부담을 의미하며, 찬성표의 비율이 높아질수록 낮아지며 모든 사람이 찬성할 경우에는 0이 된다. 안건 통과에 필요한 투표자 수가 증가할수록 의사 결정 비용이 증가하므로 의사 결정 비용 곡선은 우상향한다. 이와 달리 외부 비용은 감소하므로 외부 비용 곡선은 우하향하며, 두 곡선을 합한 총비용 곡선은 U자 형태로 나타난다. 이때 총비용이 최소화되는 곳이 최적 다수결제에서의 안건 통과의 기준이 되는 최적 다수 지점이 된다. 이 제도는 의사 결정 과정을 이론적으로 명쾌하게 설명할 수 있지만, 최적 다수결의 기준을 정하는 데 시간을 지나치게 소비하게 된다는 단점이 있다.

㉡점수 투표제는 각 투표자에게 일정한 점수를 주고 각 투표자가 자신의 선호에 따라 각 대안에 대하여 주어진 점수를 배분하여 투표하는 제도로, 합산하여 가장 많은 점수를 얻은 대안이 선택된다. 투표자의 선호 강도에 따라 점수를 배분하므로 투표자의 선호 강도가 잘 반영된다. 소수의 의견도 투표 결과에 잘 반영되며, 투표의 역설이 나타나지 않는다는 장점이

있다. 하지만 전략적 행동에 취약하여 투표 결과가 불규칙하게 바뀔 수 있다는 단점이 있다. 전략적 행위란 어떤 투표자가 다른 투표자의 투표 성향을 예측하고 자신의 행동을 이에 맞춰 변화시킴으로써 자기가 원하는 것을 얻으려 하는 태도를 뜻한다. 이 행위는 어떤 투표 제도에서든 나타날 수 있으나, 점수 투표제에서 나타날 가능성이 높다.

㉢보르다 투표제는 n개의 대안이 있을 때 가장 선호하는 대안부터 순서대로 n, (n-1), …, 1점을 주고, 합산하여 가장 높은 점수를 받은 대안을 선택하는 투표 방식으로, 점수 투표제와 달리 오로지 순서에 의해서만 선호 강도를 표시한다. 이 제도하에서는 일부에게 선호도가 아주 높은 대안보다는 투표자 모두에게 어느 정도 차선이 될 수 있는 ⓑ중도의 대안이 채택될 가능성이 높으며, 점수 투표제와 마찬가지로 투표의 역설이 발생하지 않는다.

* 후생: 사회 구성원들의 복지 수준.

38. 윗글에 대한 이해로 적절하지 <u>않은</u> 것은?

① 어떤 투표제에서든 투표자의 전략적 행위가 나타날 수 있다.
② 보르다 투표제에서는 가장 선호하지 않는 대안에 0점을 부여한다.
③ 단순 과반수제에서는 채택된 대안으로 인해 사회의 후생이 감소되기도 한다.
④ 점수 투표제는 최적 다수결제와 달리 대안에 대한 선호 강도를 표시할 수 있다.
⑤ 최적 다수결제는 단순 과반수제와 달리 안건 통과의 기준이 안건에 따라 달라질 수 있다.

39. ⓐ와 관련하여 <표>를 이해한 것으로 적절하지 <u>않은</u> 것은?

① '병원'과 '학교'를 먼저 비교할 경우, '병원'과 '경찰서'의 다수결 승자가 최종의 대안으로 결정된다.
② '학교'와 '경찰서'를 먼저 비교할 경우, '갑'과 '을'이 '학교'에 투표하여 최종적으로 '학교'가 결정된다.
③ '병원'과 '학교'를 먼저 비교하는지, '학교'와 '경찰서'를 먼저 비교하는지에 따라 투표의 결과가 달라진다.
④ '병원', '학교', '경찰서'를 동시에 투표에 부치면, 모두 한 표씩 얻어 어떤 대안도 과반수가 되지 않는다.
⑤ 대안에 대한 '갑', '을', '병' 세 사람의 선호 순위는 바뀌지 않아도, 투표의 결과가 바뀌는 현상이 나타난다.

40. ⓑ의 이유로 가장 적절한 것은?

① 주어진 점수를 투표자가 임의대로 배분할 수 있기 때문이다.
② 투표자는 중도의 대안에 관해서만 자신의 의사를 표현할 수 있기 때문이다.
③ 점수 투표제와 달리 투표자의 전략적 행동을 유발하여 투표 결과를 조작할 수 있기 때문이다.
④ 일부에게만 선호도가 높은 대안이 다수에게 선호도가 매우 낮으면 점수 합산 면에서 불리하기 때문이다.
⑤ 순서로만 선호 강도를 표시할 경우, 모든 투표자에게 선호도가 가장 높은 대안이라도 최종 승자가 아닐 수 있기 때문이다.

42. 대안 Ⅰ~Ⅲ에 대한 투표자 A~E의 선호 강도가 <보기>와 같다고 할 때, ㉠ ~ ㉢을 통해 채택될 대안으로 적절한 것은? [3점]

<보 기>

투표자 대안	A	B	C	D	E
Ⅰ	3	1	1	3	1
Ⅱ	1	7	6	2	5
Ⅲ	6	2	3	5	4

(단, 표 안의 수치가 높을수록 더 많이 선호함을 나타내며, 투표에 미치는 외부적인 요인과 투표자들의 전략적 행동은 없다고 가정한다.)

	㉠	㉡	㉢
①	Ⅰ	Ⅲ	Ⅱ
②	Ⅱ	Ⅱ	Ⅱ
③	Ⅱ	Ⅱ	Ⅲ
④	Ⅲ	Ⅰ	Ⅲ
⑤	Ⅲ	Ⅱ	Ⅱ

41. <보기>가 [A]의 각 비용들에 대한 그래프라고 할 때, 이에 대한 이해로 적절하지 <u>않은</u> 것은?

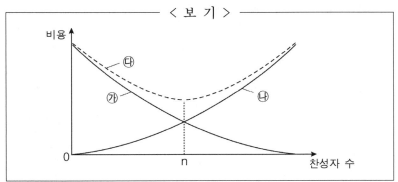

① ㉮는 외부 비용으로, 반대하는 투표자 수가 많아질수록 그 값이 커진다.
② ㉯는 의사 결정 비용으로, 투표 참가자들을 설득하는 데 드는 시간과 노력이 적을수록 그 값이 작아진다.
③ ㉰는 총비용으로, ㉮와 ㉯를 합한 값이 최소가 되는 지점 n이 최적 다수 지점이 된다.
④ 투표에 참가하는 모든 사람이 찬성하면 ㉮의 값은 0이 된다.
⑤ 안건 통과에 필요한 투표자가 많아지게 되면 ㉯는 이동하지만 ㉮는 이동하지 않는다.

[43 ~ 45] 다음 글을 읽고 물음에 답하시오.

(가)

　여기저기서 단풍잎 같은 슬픈 가을이 뚝뚝 떨어진다. 단풍잎 떨어져 나온 자리마다 봄을 마련해 놓고 나뭇가지 위에 하늘이 펼쳐 있다. 가만히 ⊙하늘을 들여다보려면 **눈썹에 파란 물감이 든다.** 두 손으로 따뜻한 볼을 쓸어보면 손바닥에도 파란 물감이 묻어난다. 다시 손바닥을 들여다본다. 손금에는 **맑은 강물**이 흐르고, 맑은 강물이 흐르고, 강물 속에는 사랑처럼 슬픈 얼굴—아름다운 **순이(順伊)**의 얼굴이 어린다. **소년(少年)**은 황홀히 눈을 감아 본다. 그래도 맑은 강물은 흘러 사랑처럼 슬픈 얼굴—아름다운 순이(順伊)의 얼굴은 어린다.

-윤동주, 「소년(少年)」-

(나)

자라면 뭐가 되고 싶니
의자가 되고 싶니
누군가의 **책상**이 되고 싶니
밟으면 삐걱 소리가 나는 계단도 있겠지
그 계단을 따라 올라가는 다락방
별빛이 들고 나는 창문들도 있구나
누군가 그 창문을 통해 바다를
생각할지도 몰라
수평선을 넘어가는 목선을 그리워할지도 몰라
ⓒ**바다를 보는 게 꿈이라면**
배가 되고 싶겠구나
어쩌면 그 무엇도 되지 못하고
아궁이 속 **장작**으로 눈을 감을지도 모르지
잊지 마렴 **한 줌 재**가 되었지만
넌 그때도 하늘을 날고 있는 거야
누군가의 **몸을 데워**주고 난 뒤
춤을 추듯 피어오르는 거야
하지만, 지금은
다만 네 잎사귀를 스치고 가는
저 **바람 소리**를 들어보렴
너는 지금 바람을 만나고 있구나
바람의 춤을 따라 흔들리고 있구나
지금이 바로 너로구나

- 손택수, 「나무의 꿈」-

43. (가), (나)의 표현상 특징으로 가장 적절한 것은?

① (가)는 (나)와 달리 반어적 표현을 통해 시적 긴장을 고조시키고 있다.
② (나)는 (가)와 달리 동일한 종결 어미의 반복으로 운율감을 형성하고 있다.
③ (가)와 (나) 모두 대상을 의인화하여 화자의 연민을 드러내고 있다.
④ (가)와 (나) 모두 시어의 연쇄적 활용을 통해 시상을 발전시켜 나가고 있다.
⑤ (가)와 (나) 모두 시선의 이동을 통해 장소가 지닌 의미를 다양하게 제시하고 있다.

44. ⊙, ⓒ에 대한 이해로 가장 적절한 것은?

① ⊙은 '소년(少年)'의 정서를 환기하는 기능을 하고 있다.
② ⊙은 '소년(少年)'이 거부하고자 하는 세계를 상징하고 있다.
③ ⊙은 '소년(少年)'이 자신의 한계를 인식하는 계기가 되고 있다.
④ ⓒ은 '너'가 처한 긍정적 상황을 드러내는 역할을 한다.
⑤ ⓒ은 '너'의 성찰이 이루어진 이후의 모습을 표상하고 있다.

45. <보기>를 참고하여 (가)와 (나)를 감상한 내용으로 적절하지 않은 것은? [3점]

< 보 기 >

　(가), (나)는 시간의 흐름 속에서 성장하는 존재의 순수한 정서와 인식에 대해 표현하고 있다. (가)는 소년이 자연물에 동화되는 과정을 감각적으로 드러내면서 과거의 사랑을 그리워하는 소년의 정서를 보여 준다. (나)는 대상이 품을 수 있는 다양한 꿈을 제시하고, 꿈을 이루지 못한 상황에서도 대상이 존재 가치가 있다는 것을 역설적으로 보여 주고 있다. 또 미래보다 현재 상황과 모습에 주목하는 자세를 강조하며 마무리한다.

---

① (가)의 '파란 물감이 든' '눈썹'은 '소년(少年)'이 자연물에 동화되는 것을 감각적으로 표현하는군.
② (가)의 '맑은 강물'에 어린 얼굴에는 '순이(順伊)'에 대한 '소년(少年)'의 그리움이 투영되어 있군.
③ (나)의 '의자', '책상', '한 줌 재' 등은 대상이 품을 수 있는 다양한 꿈을 보여 주는군.
④ (나)의 '장작'은 꿈을 이루지 못한 상황에서도 '몸을 데워' 줄 수 있다는 존재 가치에 대한 역설적 인식을 보여 주는군.
⑤ (나)의 '바람 소리'는 대상에게 '지금'의 상황과 모습을 주목하게 하는 계기가 될 수 있겠군.

---

* 확인 사항
○ 답안지의 해당란에 필요한 내용을 정확히 기입(표기)했는지 확인하시오.

2022학년도 6월 고1 전국연합학력평가 문제지

국어 영역

제 1 교시

02회

1

● 문항수 45개 | 배점 100점 | 제한 시간 80분

● 점수 표시가 없는 문항은 모두 2점

[1 ~ 3] 다음은 학생의 발표이다. 물음에 답하시오.

안녕하세요? 이번 시간 발표를 맡은 ○○○입니다.

여러분은 성적표를 확인할 때 무엇부터 보시나요? (대답을 듣고) 네. 많은 친구들이 자신이 받은 원점수를 평균 점수와 비교해 보며 본인이 시험을 잘 친 편인지 아닌지 판단해 보네요. 그런데 평균 점수가 자신의 실력을 정확하게 판단하는 기준이 될 수 있을까요? ㉠ 다음 자료를 보시죠.

	A반 학생들의 원점수	평균 점수	표준편차
국어	70, 67, 65, 63, 60	65	3.4
수학	100, 63, 60, 52, 50	65	18.2

이 자료를 보면 A반의 국어와 수학 시험 평균 점수가 65점으로 같습니다. 단순히 원점수와 평균 점수만 비교한다면 각 과목에서 63점을 받은 학생은 평균 점수보다 낮은 점수를 받아 시험을 못 쳤다고 판단할 수 있습니다. 하지만 수학의 평균 점수는 100점이라는 점수로 인해 왜곡된 면이 있습니다. 실제 수학에서 63점을 받은 학생은 반에서 수학 시험을 두 번째로 잘 친 학생입니다.

집단 내의 이러한 상대적 위치를 점수화한 것을 백분위라고 합니다. 백분위는 자신보다 낮은 점수를 받은 학생의 비율을 백분율로 나타내는데요, 국어 시험의 백분위가 96이라면 본인은 상위 4%에 해당한다고 할 수 있습니다. 백분위는 평균의 영향을 받지 않기 때문에 시험의 난이도와 상관없이 집단에서의 상대적 위치를 파악할 수 있습니다.

그런데 백분위에서는 원점수의 차이 정도가 반영되지 않기 때문에 성적표에서는 백분위와 더불어 표준점수를 활용하기도 합니다. ㉡ 다음 자료를 보시죠.

$$표준점수 = \frac{원점수 - 평균점수}{표준편차} \times 20 + 100$$

이 자료를 보면 알 수 있듯이, 원점수가 평균 이상일 때 동일한 원점수를 받더라도 평균 점수가 낮고 표준편차가 작을수록 표준점수는 높아집니다. 지난번 시험에서 국어 만점의 표준점수가 125점이고, 수학 만점의 표준점수는 140점이었습니다. 같은 원점수인데 왜 수학의 표준점수가 더 높을까요? (대답을 듣고) 네. 수학 시험이 상대적으로 어려워 표준점수가 더 높게 나온 것입니다.

지금까지 살펴본 것처럼 단순히 원점수만 보고 성적이 낮게 나왔다고 실망할 필요는 없습니다. 성적표를 통해 얻은 정보를 바탕으로 본인의 성장을 위한 학습 전략을 세우는 것이 중요합니다. 우리에게 많은 정보를 주는 성적표, 이제부터라도 꼼꼼하게 살펴보는 것은 어떨까요?

이상으로 발표를 마치겠습니다.

1. 위 발표에 활용된 말하기 방식으로 적절한 것은?

① 자료의 출처를 밝혀 발표 내용의 신뢰성을 높이고 있다.

② 발표 내용과 관련된 질문을 하여 청중의 주의를 환기하고 있다.

③ 발표 내용을 친숙한 소재에 빗대어 표현하여 청중의 흥미를 유발하고 있다.

④ 발표 내용의 순서를 안내하여 청중이 발표 내용을 예측할 수 있도록 돕고 있다.

⑤ 발표 내용에 대한 청중의 이해도를 점검하며 발표를 마무리하여 주제를 강조하고 있다.

2. 학생이 제시한 자료 ㉠, ㉡에 대한 설명으로 가장 적절한 것은?

① 평균 점수가 실력을 평가하는 기준이 되는 이유를 제시하기 위해 ㉠을 활용하고 있다.

② 평균 점수가 특정 점수에 의해 왜곡될 수도 있음을 보여 주기 위해 ㉠을 활용하고 있다.

③ 표준점수와 백분위의 장단점을 비교하기 위해 ㉡을 활용하고 있다.

④ 자신보다 낮은 점수를 받은 집단의 비율을 구하는 방법을 소개하기 위해 ㉡을 활용하고 있다.

⑤ 평균 점수와 표준편차에 따라 원점수가 변할 수 있다는 것을 설명하기 위해 ㉡을 활용하고 있다.

3. <보기>는 학생들이 발표를 들은 후 보인 반응이다. 이를 바탕으로 학생의 듣기 활동을 이해한 내용으로 적절하지 <u>않은</u> 것은? [3점]

─── <보 기> ───

학생 1 : 이번 시험에서 지난번 시험보다 국어의 원점수가 낮았는데도 표준점수가 높은 이유를 알 수 있어서 좋았어.

학생 2 : 표준점수와 백분위가 성적표 외에 활용되는 분야도 있지 않을까? 발표자가 이 부분에 대해서도 언급해 줬으면 좋았을 것 같아. 자료를 한번 검색해 봐야겠어.

학생 3 : 표준점수와 백분위를 반영하는 방법이 대학마다 다르다는 기사를 본 적이 있어. 내가 가고 싶은 대학교에서는 어떻게 반영하고 있을까? 대학 홈페이지에서 관련 정보를 찾아봐야겠어

① '학생 1'은 발표를 통해 접한 정보의 유용성에 대해 긍정적으로 인식하고 있다.

② '학생 2'는 발표 내용과 관련한 추가적인 정보가 제공되지 않은 것에 아쉬움을 느끼고 있다.

③ '학생 1'과 '학생 2'는 발표에서 언급되지 않은 내용을 바탕으로 새로운 관점을 제시하고 있다.

④ '학생 1'과 '학생 3'은 발표 내용과 관련된 자신의 경험을 떠올리고 있다.

⑤ '학생 2'와 '학생 3'은 발표 내용과 관련된 의문점을 해결하기 위해 추가 활동을 계획하고 있다.

[4 ~ 7] (가)는 환경 동아리 학생들이 실시한 인터뷰이고, (나)는 이를 바탕으로 '학생 1'이 작성한 초고이다. 물음에 답하시오.

(가)

학생 1 : 안녕하세요? 해양 생태계의 보전에 대한 관심과 노력을 촉구하는 글을 동아리 소식지에 싣기 위해 박사님을 찾아 뵈었습니다.

박사 : 네. 만나서 반가워요.

학생 1 : 그럼, 저희가 준비한 질문을 드리겠습니다. 얼마 전에 바다 사막화로 인한 해양 생태계의 위기가 심각하다는 TV 뉴스를 보며, 바다 사막화가 무엇인지 궁금했던 적이 있습니다. 바다 사막화의 개념부터 설명을 부탁드려도 될까요?

박사 : 물론이죠. 바다 사막화란 바닷속에 녹아 있는 탄산 칼슘이 석출되어 해저나 바위를 하얗게 뒤덮는 현상을 말해요. 탄산 칼슘으로 뒤덮인 곳은 해조류가 살 수 없는 환경이 됩니다. 이로 인해 해조류가 사라지면서 바다가 황폐화되기 때문에 바다 사막화라고 부르는 것이에요.

학생 1 : 그렇군요. 그럼, 바다 사막화는 탄산 칼슘의 영향이 크기 때문이라고 봐도 될까요?

박사 : 네. 그렇습니다.

학생 2 : 그러면 탄산 칼슘이 왜 이렇게 많이 석출되는 것인지 궁금한데, 설명해 주시겠어요?

박사 : 그러죠. 탄산 칼슘이 석출되는 원인으로는 우선 도시화나 연안 개발에 따른 해양 오염을 들 수 있어요. 연안 개발을 위해 사용하는 콘크리트 원료의 약 63%가 탄산 칼슘으로 이루어져 있는데, 이 콘크리트가 바다로 흘러 들어가서 탄산 칼슘이 증가하는 것이죠. 또 전문가들은 지구 온난화로 인한 수온 상승 때문에 탄산 칼슘의 석출이 증가하고 있다고 보고 있어요. [A]

학생 2 : 수온 상승으로 탄산 칼슘의 석출이 증가한다는 말이 잘 이해가 안 되는데, 좀 더 자세히 알려 주시겠어요?

박사 : 네. 탄산 칼슘은 이산화 탄소가 들어있는 물에 잘 용해되는데, 바닷물에는 다량의 이산화 탄소가 있어 탄산 칼슘이 많이 녹아 있습니다. 그런데 지구 온난화에 따라 수온이 상승하면서 이산화 탄소의 용해도가 낮아져 탄산 칼슘의 석출이 가속화되는 것입니다.

학생 1 : 그렇군요. 탄산 칼슘이 많이 석출되는 것은 이산화 탄소의 용해도가 낮아진 것 때문이군요. 그러면 바다 사막화로 인한 해양 생태계의 위기에 대해 말씀해 주시고, 이를 막기 위한 노력들도 말씀해 주시겠어요?

박사 : 네. 해조류는 바다 생태계의 1차 생산자 역할을 담당하면서 다양한 해양 생물의 서식처를 제공합니다. 바다 사막화로 이러한 해조류가 사라지게 되면 해조류를 먹이로 삼거나 서식처로 삼는 해양 생물들이 살 수 없기 때문에 해양 생태계의 파괴로 이어지게 됩니다.

학생 2 : 심각한 문제군요.

박사 : 그렇죠. 그래서 육지의 사막화를 막기 위해 나무를 심는 것처럼 바다의 사막화를 막기 위해서 바다 숲을 조성하고 있습니다. 또한 국민들에게 해양 생태계 보전의 중요성을 알리기 위해 '바다 식목일'을 제정하여 적극적으로 홍보도 하고 있습니다. [B]

학생 2 : 듣고 보니 더 많은 관심을 가져야겠다는 생각이

듭니다. 저희도 힘을 보탤 수 있게 생활 속에서 실천할 수 있는 방법이 있다면 알려주세요.

박사 : 네. 불필요한 전기 사용 줄이기, 재활용품 분리배출 등 온실가스를 줄이기 위한 노력들이라면 모두 사막화된 바다를 되살리는 중요한 실천이 될 수 있습니다.

학생 1, 2 : 좋은 말씀 감사합니다.

(나)

　최근 바다 사막화 현상의 확산으로 해양 생태계의 위기가 심각해지고 있다. 바다 사막화는 바닷속에 녹아 있는 탄산 칼슘이 석출되어 해저나 암반을 뒤덮어 해양 생태계의 근간이 되는 해조류들이 줄어들거나 사라지는 현상을 말한다.

　탄산 칼슘은 바다 환경을 황폐화시켜 해조류가 생존할 수 없는 환경으로 만든다. 이러한 탄산 칼슘의 석출이 증가하는 이유에 대해서는 지구 온난화, 해양 오염, 해조류의 남획, 해조류를 먹고 사는 해양 동물의 급증 등의 요인이 복합적으로 작용한다고 알려져 있다. 전문가들은 특히 바다 사막화의 주요 원인으로 지구 온난화에 따른 해수 온도의 상승을 지목하고 있다. 탄산 칼슘은 온도가 낮은 바닷물에 많이 녹아 있는데, 지구 온난화로 인해 수온이 상승하면서 탄산 칼슘의 석출이 많아지고 바다 사막화의 진행 속도가 빨라진다는 것이다.

　바다 사막화는 생태계의 파괴로 이어질 수 있다는 점에서 그 심각성이 매우 크다. 바다 사막화로 해조류가 줄어들거나 사라진다면 해조류를 먹이로 삼고, 거처로 삼는 해양 동물들 역시 생존할 수 없게 되기 때문이다. 따라서 해양 생태계의 보전을 위해서 바다 사막화에 대한 대책 마련이 절실한 상황이다.

　이러한 문제를 인식하고 우리나라에서도 여러 대책을 세워 추진하고 있다. 대표적으로 사막화된 바다를 복원하기 위한 바다 숲 조성 사업이 있다. 2009년부터 현재까지 211개소에 26,644ha의 바다 숲을 조성했다고 한다. 또한 바다 사막화의 심각성과 해양 생태계 보전의 중요성을 국민들에게 알리기 위해 세계 최초로 지난 2013년에 5월 10일을 바다 식목일로 제정하여 적극적으로 홍보하고 있다.

4. (가)의 '학생 1'에 대한 이해로 적절하지 <u>않은</u> 것은?

① 상대방에게 인터뷰를 하게 된 목적을 밝히고 있다.

② 자신의 경험을 바탕으로 알고 싶은 정보를 상대방에게 질문하고 있다.

③ 상대방이 설명한 내용에 대한 자신의 이해가 적절한지 확인하고 있다.

④ 상대방이 발언한 내용을 재진술하면서 추가적인 질문을 이어가고 있다.

⑤ 상대방이 언급한 정보를 바탕으로 자신이 가졌던 생각이 수정되었음을 드러내고 있다.

5. [A], [B]에 대한 설명으로 가장 적절한 것은?

① [A]에서 '학생 2'는 질문을 통해 '박사'가 설명한 내용의 타당성에 의문을 제기하고 있다.

② [A]에서 '박사'는 '학생 2'의 요청에 따라 앞서 자신이 설명한 내용을 보충하고 있다.

③ [A]에서 '박사'는 '학생 2'의 이해를 돕기 위해 관련 설문 자료를 활용하고 있다.

④ [B]에서 '학생 2'는 '박사'가 소개한 내용을 요약하고 이를 긍정적으로 평가하고 있다.

⑤ [B]에서 '박사'는 '학생 2'의 배경지식을 점검하여 용어의 개념에 대해 추가 설명을 하고 있다.

6. (가)를 바탕으로 '학생 1'이 세운 작문 계획 중 (나)에 반영되지 <u>않은</u> 것은?

- 바다 사막화의 개념을 서두에 제시해야겠어. ········· ①
- 바다 숲 조성 사업과 관련하여 사업 추진 현황을 제시해야겠어. ···················· ②
- 바다 식목일의 제정 취지와 함께 바다 식목일로 제정된 날을 구체적으로 제시해야겠어. ··················· ③
- 바다의 탄산 칼슘을 증가시키는 연안 개발 실태를 보여 줄 수 있는 자료를 제시해야겠어. ···················· ④
- 탄산 칼슘이 석출되는 원인 중 박사님께서 말씀하신 것 외에 다른 원인들을 조사하여 추가로 제시해야겠어. ··· ⑤

7. 다음은 (나)를 읽은 '학생 2'의 조언이다. 이를 고려하여 (나)에 내용을 추가하고자 할 때, 가장 적절한 것은?

> 예상 독자가 우리 학교 학생들임을 고려할 때, 글의 끝부분에 바다 사막화가 우리의 삶과 관련된 문제라는 점을 강조하고, 바다 사막화를 막기 위한 구체적인 실천 방안을 제시하면서 마무리하면 글의 의도가 잘 전달될 것 같아.

① 바다 사막화로 인한 해조류의 소멸은 해양 생물들의 생존을 크게 위협하고 있다. 해양 생물들을 지키기 위해서는 해양 생물들의 서식처에 대한 보전이 이루어져야 한다.

② 바다 사막화는 해양 생태계의 근간을 송두리째 파괴할 수 있다는 점에서 그 문제가 심각하다. 바다 사막화를 막기 위한 우리의 노력은 결국 해양 생태계를 보전하는 일이 될 것이다.

③ 바다 사막화의 문제는 해양 생물들의 위기로만 그치는 것이 아니라 우리의 생존에도 큰 위협이 되고 있다. 이를 막기 위해서는 불필요한 전등 끄기 등과 같은 생활 속 작은 일들부터 실천하는 것이 필요하다.

④ 바다는 우리 모두가 지켜야 할 소중한 자원이다. 사막화로 황폐해진 바다를 되살리기 위한 정책과 제도적 장치가 뒷받침된다면 건강한 해양 생태계의 재건을 통해 소중한 해양 자원의 가치를 지켜갈 수 있을 것이다.

⑤ 지구 온난화로 인한 급격한 기후 변화는 해양 생태계뿐 아니라 전지구적 생태계 파괴의 주요 원인이라 할 수 있다. 지구 온난화를 줄이기 위해서는 에너지 절약하기처럼 생활 속에서 실천할 수 있는 작은 습관부터 바꿔 나가야 한다.

[8 ~ 10] 다음 글을 읽고 물음에 답하시오.

> **[작문 상황]**
> ○ 작문 목적 : 교내 축제 운영에 대한 건의문 쓰기
> ○ 예상 독자 : 교장 선생님
>
> **[학생의 초고]**
>   안녕하세요? 저는 미래기술연구 동아리 부장 □□□입니다. 얼마 전 동아리 담당 선생님으로부터 학교에서 올해 축제를 어떻게 운영할 것인지 고민하고 있다고 들었습니다. 그래서 저는 이전에 ㉠열려진 축제의 형태가 아닌 메타버스를 활용한 새로운 형태의 학교 축제를 건의드립니다.
>   메타버스를 활용하면 실제 학교와 유사한 가상 공간 속에서 학생들이 가상 인물인 아바타로 다양한 활동을 수행할 수 있습니다. 제 주변 친구들은 메타버스에 관심이 많고, 이를 활용하여 학교 축제를 운영하는 것에 긍정적인 반응을 보이고 있습니다. 저는 중학생 때 메타버스 제작 체험을 해 본 적이 있는데, ㉡이 경험이 학생들도 메타버스를 충분히 만들 수 있다는 생각을 하게 되었습니다.
>   메타버스로 학교 축제를 운영하는 것에 대해 비용 문제와 학생들의 저조한 참여를 걱정하실 수도 있습니다. 하지만 지난달 저희 동아리에서 전문가와의 만남 행사를 통해 메타버스를 만드는 활동을 해 본 결과 학생들이 제작에 참여하면 많은 비용이 들지 않는다는 것을 알게 되었습니다. ㉢저희 동아리 부원들은 전문가와의 만남 행사가 유지되었으면 합니다. 또한 이미 주변 학교에서 메타버스로 개최된 축제가 전교생의 큰 호응을 얻어 화제가 된 사례가 있습니다. 저희도 학생들의 참여를 이끌어 내기 위해 다양한 온라인 행사를 실시하여 메타버스 축제를 적극적으로 홍보할 계획입니다.
>   메타버스를 활용하여 축제를 운영하면 학생들이 시·공간의 제약 없이 자유롭게 만나 소통할 수 있습니다. 또한 메타버스에는 미래 사회의 핵심 기술들이 활용되어 ㉣있지만, 학교 축제를 즐기면서 변화하는 미래 사회에 대응할 수 있는 역량도 기를 수 있습니다. 축제를 기대하는 학생들의 ㉤바램이 이루어질 수 있도록 건의를 수용해 주시면 좋겠습니다. 감사합니다.

8. 학생의 초고에 활용된 글쓰기 전략으로 가장 적절한 것은?

① 예상 독자와 함께했던 경험을 언급하며 공감대를 형성한다.
② 건의 사항이 받아들여지지 않을 경우 발생할 수 있는 문제점을 제시한다.
③ 건의 사항과 관련된 통계 자료를 활용함으로써 예상 독자의 이해를 돕는다.
④ 속담을 활용하여 건의 사항이 실현되었을 때 기대할 수 있는 긍정적인 효과를 부각한다.
⑤ 예상되는 우려와 그것을 해소할 수 있는 방안을 제시하여 건의 사항이 실현 가능함을 나타낸다.

9. <보기>는 초고를 보완하기 위해 추가로 수집한 자료이다. 자료의 활용 방안으로 적절하지 <u>않은</u> 것은? [3점]

> ───────── <보 기> ─────────
>
> **ㄱ. 우리 학교 학생 100명 대상 설문 조사**
> 1. 메타버스에 대해 관심이 있나요?   2. 메타버스를 경험한 적이 있나요?
>
>
>
> **ㄴ. 전문가 인터뷰**
> "다양한 원인으로 대면 만남이 힘든 상황에서 메타버스는 새로운 사회적 소통의 공간이 될 수 있습니다. 메타버스 내의 공간에서 학생들이 언제 어디서든 자유롭게 만나 학급 회의를 하거나 동아리 박람회와 같은 행사를 개최하는 것이 그 예라고 할 수 있습니다. 이러한 메타버스에서의 활동 내용은 데이터로 남아 있으므로 활동과 관련된 자료를 영구적으로 보관하여 활용할 수 있습니다."
>
> **ㄷ. 신문 기사**
>   ○○고는 메타버스를 활용하여 학교 축제를 성공적으로 개최하였다. ○○고는 학생들이 직접 메타버스를 만듦으로써 절감한 예산을 축제 활동 지원금으로 사용하여 학생들의 긍정적인 반응을 이끌어 내었다. 학생들은 "친구들이 자유롭게 모여 소통할 수 있었고, 축제 자료를 내년에도 활용할 수 있어서 매우 만족스럽다."라는 소감을 밝혔다.

① ㄱ-1을 활용하여 둘째 문단에 학생들이 메타버스에 대해 많은 관심을 보이고 있음을 수치로 구체화하여 제시한다.
② ㄴ을 활용하여 넷째 문단에 메타버스가 시·공간의 제약 없이 소통하는 공간으로 활용될 수 있는 예를 제시한다.
③ ㄷ을 활용하여 셋째 문단에 학생들이 직접 메타버스를 만들어 비용을 절감한 사례를 제시한다.
④ ㄴ, ㄷ을 활용하여 넷째 문단에 메타버스로 축제를 운영할 경우, 관련 자료를 이후에도 활용할 수 있다는 장점을 추가한다.
⑤ ㄱ-2, ㄷ을 활용하여 첫째 문단에서 메타버스를 경험해 보지 못한 학생들이 기존의 축제보다 메타버스를 활용한 축제를 선호한다는 점을 부각한다.

10. ㉠ ~ ㉤을 고쳐 쓰기 위한 방안으로 적절하지 <u>않은</u> 것은?

① ㉠ : 이중 피동 표현이 사용되었으므로 '열린'으로 수정한다.
② ㉡ : 문장의 호응을 고려하여 '이 경험을'로 수정한다.
③ ㉢ : 글의 흐름에 맞지 않는 문장이므로 삭제한다.
④ ㉣ : 연결 어미가 어색하기 때문에 '있으므로'로 수정한다.
⑤ ㉤ : 어법에 맞지 않는 어휘이므로 '바람'으로 수정한다.

[11 ~ 12] 다음 글을 읽고 물음에 답하시오.

우리말에는 다양한 유형의 된소리되기가 존재하는데, 우선 특정 음운 환경에서 예외 없이 일어나는 경우가 있다. 받침 'ㄱ, ㄷ, ㅂ' 뒤에 'ㄱ, ㄷ, ㅂ, ㅅ, ㅈ'이 올 때에는 예외 없이 된소리되기가 일어난다. '국밥'이 [국빱]으로, '(길을) 걷다'가 [걷따]로 발음되는 것이 그 예이다.

음운 환경이 같더라도 된소리되기가 일정하지 않은 경우가 있는데, 이때에는 다른 조건이 충족될 때 된소리되기가 일어난다. 첫째, 용언의 어간 받침 'ㄴ(ㄵ), ㅁ(ㄻ)' 뒤에 'ㄱ, ㄷ, ㅅ, ㅈ'으로 시작하는 어미가 올 때 된소리되기가 일어나는데, '나는 신발을 신고 갔다.'에서 '신고'가 [신꼬]로 발음되는 것이 그 예이다. '습득물 신고'의 '신고'는 음운 환경이 같음에도 불구하고 용언이 아니기 때문에 된소리되기가 일어나지 않는다. 둘째, 한자어에서 'ㄹ' 받침 뒤에 'ㄷ, ㅅ, ㅈ'이 연결될 때 된소리되기가 일어나는데, '물질(物質)'이 [물찔]로 발음되는 것이 그 예이다. '물잠자리'는 음운 환경이 같음에도 불구하고 고유어이기 때문에 된소리되기가 일어나지 않는다. 셋째, 관형사형 어미 '-(으)ㄹ' 뒤에 'ㄱ, ㄷ, ㅂ, ㅅ, ㅈ'로 시작하는 체언이 올 때 된소리되기가 일어나는데, '살 것'이 [살 껃]으로 발음 되는 것이 그 예이다. 이러한 유형의 된소리되기는 음운 환경 외에도 '용언의 어간', '한자어', '관형사형 어미'라는 조건이 충족되어야 음운 변동이 일어난다는 특징이 있다.

[A] 한편, 명사와 명사가 결합하여 합성 명사가 될 때 된소리되기가 일어나는 경우도 있다. 예를 들어 '코+등'은 [코뜽/콛뜽]으로, '손+바닥'은 [손빠닥]으로 발음된다. 이때 '코+등'처럼 앞의 말이 모음으로 끝나고, 한자어끼리의 결합이 아닐 때에는 '콧등'과 같이 사이시옷을 표기한다. 이러한 된소리되기는 두 단어가 대등한 관계일 때는 잘 일어나지 않지만, 앞말이 뒷말의 '시간, 장소, 용도' 등을 나타낼 때는 잘 일어난다. 그 이유는 중세 국어의 관형격 조사 'ㅅ'과 관련이 있다. '손바닥'은 중세 국어에서 '솑바당'으로 표기가 되는데, 이는 '손+ㅅ+바당' 즉, '손의 바닥'으로 분석된다. 이 'ㅅ'의 흔적이 '손빠당'을 거쳐 [손빠닥]이라는 발음으로 남게 된 것이다. 음운 환경이 같은 '손발'에서는 이러한 현상이 일어나지 않는데, 그 이유는 '손'과 '발'은 관형격 조사로 연결되는 관계가 아니기 때문이다.

11. 윗글을 바탕으로 '된소리되기'를 이해한 내용으로 적절하지 <u>않은</u> 것은?

① '(밥을) 먹다'와 '(눈을) 감다'에서 일어난 된소리되기는 용언에서만 일어나는 유형이다.
② '말다툼'과 달리 '밀도(密度)'에서 된소리되기가 일어나는 이유는 한자어이기 때문이다.
③ '납득'과 같이 'ㅂ' 받침 뒤에 'ㄷ'이 오는 음운 환경에서는 예외 없이 된소리되기가 일어난다.
④ '솔개'와 달리 '줄 것'에서 된소리되기가 일어나는 이유는 '관형사형 어미'라는 조건 때문이다.
⑤ '삶과 죽음'의 '삶과'와 달리 '(고기를) 삶고'에서 된소리되기가 일어나는 이유는 '삶고'가 용언이기 때문이다.

12. [A]를 바탕으로 <보기>의 단어를 분석한 내용으로 적절하지 <u>않은</u> 것은?

―― <보 기> ――
○ 공부방(工夫房) [공부빵]
○ 아랫집 [아래찝/아랟찝]
○ 콩밥[콩밥], 아침밥[아침빱]
○ 논밭[논받], 논바닥[논빠닥]
○ 불고기[불고기], 물고기[물꼬기]

① '공부방'에서 된소리되기가 일어나는 이유는 '공부'가 뒷말의 용도를 나타내기 때문이겠군.
② '아랫집'에 'ㅅ'을 받침으로 표기한 것은 '콧등'에서 사이시옷을 표기한 것과 같은 이유 때문이겠군.
③ '콩밥'과 달리 '아침밥'에서 된소리되기가 일어나는 이유는 '아침'이 뒷말의 시간을 나타내기 때문이겠군.
④ '논바닥'과 달리 '논밭'에서 된소리되기가 일어나지 않는 이유는 결합하는 두 단어가 대등한 관계를 가지기 때문이겠군.
⑤ '불고기'에서 '물고기'와 달리 된소리되기가 일어나지 않는 이유는 중세 국어에서 '불+ㅅ+고기'로 분석되기 때문이겠군.

13. <보기>의 설명을 참고할 때, ㉠을 분석한 내용으로 적절하지 <u>않은</u> 것은?

―― <보 기> ――
형태소란 뜻을 가진 가장 작은 말의 단위이다. 가장 작은 말의 단위라는 것은 더 이상 나눌 수 없으며, 더 나눌 경우 원래의 뜻이 사라지는 것을 말한다.

㉠ 우리 아기만 맨발로 잔디밭에서 놀았다.

① '우리'는 '우'와 '리'로 나누면 뜻이 사라지므로 하나의 형태소이다.
② '아기만'은 '아기'와 '만'으로 나눌 수 있으므로 두 개의 형태소이다.
③ '맨발'은 '맨-'과 '발'로 나눌 수 있으므로 두 개의 형태소이다.
④ '잔디밭'은 '잔디'와 '밭'으로 나눌 수 있으므로 두 개의 형태소이다.
⑤ '놀았다'는 '놀았-'과 '-다'로 나눌 수 있으므로 두 개의 형태소이다.

14. <보기>의 설명을 참고하여 ⓐ ~ ⓒ의 밑줄 친 안긴문장에 대해 이해한 것으로 적절한 것은?

───────── <보 기> ─────────

다른 문장 속에 들어가 하나의 문장 성분처럼 쓰이는 문장을 안긴문장이라고 하며, 이 안긴문장을 포함하는 문장을 안은 문장이라고 한다.

ⓐ 그가 소리도 없이 밖으로 나갔다.
ⓑ 나는 그가 이 사건의 범인임을 깨달았다.
ⓒ 어머니께서 시장에서 산 수박은 매우 달았다.

① ⓐ의 안긴문장에는 주어가 생략되어 있다.
② ⓑ의 안긴문장은 조사와 결합하여 부사어의 기능을 한다.
③ ⓒ의 안긴문장에는 체언을 수식하는 관형어가 있다.
④ ⓐ의 안긴문장은 용언을 수식하고, ⓒ의 안긴문장은 체언을 수식한다.
⑤ ⓑ의 안긴문장에는 목적어가 있고, ⓒ의 안긴문장에는 목적어가 생략되어 있다.

15. <보기>는 '사전 활용하기' 학습 활동을 위한 자료이다. 이에 대해 탐구한 내용으로 적절하지 <u>않은</u> 것은? [3점]

───────── <보 기> ─────────

묻다² 동 [묻고, 묻어, 묻으니]
① 【…에 …을】 물건을 흙이나 다른 물건 속에 넣어 보이지 않게 쌓아 덮다.
  ¶ 화단에 거름을 묻어 주다.
② 【…에 …을】 / 【…을 …으로】 일을 드러내지 아니하고 속 깊이 숨기어 감추다.
  ¶ 그는 자신이 한 일을 과거의 일로 묻어 두고 싶어 했다.
③ 【…에 …을】 / 【…을 …으로】 얼굴을 수그려 손으로 감싸거나 다른 물체에 가리듯 기대다.
  ¶ 나는 베개에 얼굴을 묻었다.

묻다³ 동 [묻고, 물어, 물으니]
【…에/에게 …을】 무엇을 밝히거나 알아내기 위하여 상대편의 대답이나 설명을 요구하는 내용으로 말하다.
  ¶ 모르는 문제를 친구에게 물었다.

① '묻다²'는 목적어와 부사어를 필수적으로 요구하는 동사로군.
② '묻다²'와 '묻다³'은 별개의 표제어로 기술된 것을 보니 동음이의어겠군.
③ '묻다²-①'의 용례로 '아우는 형의 말을 비밀로 묻어 두었다.'를 추가할 수 있겠군.
④ '묻다²'와 '묻다³'은 모음으로 시작하는 어미가 결합할 때 활용 형태가 서로 다르게 나타나는군.
⑤ '묻다³'의 용례에서 '물었다'는 '질문했다'로 바꾸어 쓸 수 있겠군.

[16 ~ 20] 다음 글을 읽고 물음에 답하시오.

㉠중화(中華)사상은 한족(漢族)이 자신들을 세계의 중심을 의미하는 중화로 생각하고, 주변국들이 자신들의 발달된 문화와 예법을 받아들여야 한다고 생각한 사상이다. 조선은 중화사상을 수용하여 한족 왕조인 명나라의 문화를 받아들이는 것을 당연시하였다. 17세기에 이민족이 ⓐ세운 청나라가 중국 땅을 차지하였지만, 조선은 청나라를 중화라고 생각하지 않고 명나라의 부활을 고대하였다. 당시 송시열은 '오랑캐는 중국을 차지할 수 없고 금수(禽獸)는 인류와 한 부류가 될 수 없다.'라고 하였는데, 이는 청나라를 공격하자는 북벌론과 청나라를 배척하자는 척화론으로 이어졌다.

18세기에 청나라가 정치적 안정을 이루고 조선이 북벌을 통해 명나라를 회복하기 어렵게 되자, 조선의 유학자들 사이에서는 조선이 중화의 계승자라는 인식이 보편화되었다. 이때 청나라가 가진 발달된 문물을 도입하자는 북학파가 등장하였다. 그중 홍대용은 청나라의 발달된 문물은 오랑캐인 청나라가 만든 것이 아니라, 청나라가 중국 땅을 차지하며 가지게 된 한족의 문물로 보았다. 이런 생각은 청나라와 청나라의 문물을 구별한 것으로, 그가 저술한 「을병연행록」에서도 발견된다. 이를 통해 이때까지도 그는 조선이 중화의 계승자라는 인식과 중화사상에서 벗어나지 못했음을 알 수 있다. 하지만 청나라 여행을 계기로 그곳에서 만난 학자들과 교류를 이어 가며 선진 문물과 새로운 학문을 탐구한 결과, 사상적 전환을 이루었고 이를 바탕으로 「의산문답」을 저술하였다.

홍대용의 사상적 전환을 잘 보여 주는 것은 「의산문답」에 실려 있는 ㉡지구설과 무한 우주설이다. 그는 하늘이 둥글고 땅이 모나다는 전통적인 천지관을 비판하고, 땅이 둥글다는 지구설을 주장하면서 그 근거로 일식과 월식을 이야기하였다. 일식과 월식이 둥글게 나타나는 것은 달과 우리가 사는 땅이 둥글기 때문이라는 것이다. 우리가 사는 땅은 둥글기 때문에 상하나 동서남북은 정해져 있지 않고, 개개인이 서 있는 곳이 각각 기준이 될 수 있다고 주장하였다. 또한 그는 하늘은 무한하여 형체를 알 수 없고 지구와 같은 땅이 몇 개가 되는지 알 수 없다는 무한 우주설을 주장하였다.

지구설과 무한 우주설은 세상의 중심과 그 주변을 구별하는 중화사상과 다른 생각이다. 홍대용은 하늘에서 우리가 사는 세상을 본다면 이 땅이 무한한 우주에 비해 티끌만큼도 안 되며, 안과 밖을 구별하거나 중심과 주변을 나눌 수 없다고 보았다. 따라서 중국 안과 밖을 구별할 수 없고 중화와 오랑캐라는 구별도 상대적이라고 생각했다. 이에 따라 중화와 오랑캐로 여겨졌던 국가가 모두 동등하며, 사람들이 각자 제 나라와 제 문화를 기준으로 살아가는 것이 당연하다고 생각하였다. 이러한 그의 생각은 모든 사람들이 중심이 될 수 있고 존재 가치가 있다는 생각으로 이어졌고, 이를 바탕으로 그는 당시 유교적 명분을 내세우며 특권을 누리려 했던 양반들을 비판하였다. 또한 재주와 학식이 있는 자는 신분이 낮은 농부의 자식이라도 높은 관직에 오를 수 있어야 한다고 주장하였다.

어떤 국가와 문화, 사람도 각자 중심이 될 수 있고 존재 가치가 있다고 생각한 홍대용의 사상은 평등주의와 다원주의를 우리 역사에서 선구적으로 보여 주었다는 점에서 의의가 있다.

16. 다음은 학생이 윗글을 읽는 중 작성한 독서 활동지이다. 학생의 활동 내용 중 적절하지 <u>않은</u> 것은?

◈ 2문단까지 읽고 내용을 정리한 후, 이어질 내용을 예측하고 확인하며 읽어 보자.

읽은 내용 정리
○ 청나라가 중국 땅을 차지한 후 조선에서는 북벌론과 척화론이 나타남. ·· ①
○ 청나라가 정치적 안정을 이루고 북벌이 힘들어지자 조선의 유학자들은 조선이 중화의 계승자라고 생각함. ·········· ②
○ 청의 문물을 배우자는 북학파가 등장하였고, 그중 홍대용은 선진 문물과 새로운 학문을 탐구하여 사상을 전환하고 「의산문답」을 저술함.

↓

이어질 내용 예측	확인 결과
○ 홍대용이 선진 문물과 새로운 학문을 탐구하여 깨달은 점이 언급될 것이다.	하늘이 둥글다는 것을 깨달음. ·········· ③
○ 「의산문답」의 내용이 언급될 것이다.	지구설과 무한 우주설을 설명함. ·········· ④
○ 홍대용이 아닌 다른 북학파 학자들의 사상이 언급될 것이다.	언급되지 않음. ···· ⑤

17. <보기>의 대화를 윗글과 관련지어 이해한 것으로 적절하지 <u>않은</u> 것은?

<보 기>

갑 : 천지 사이의 생물 가운데 오직 사람만이 귀합니다. 동물과 초목은 지혜가 없고 깨달음도 없으며, 오륜도 모릅니다. 그러므로 사람은 동물보다 귀하고, 초목은 동물보다 천합니다.

을 : 오륜은 사람의 예의입니다. 무리 지어 다니고 소리를 내어 새끼들을 불러 먹이는 것은 동물의 예의입니다. 그리고 떨기로 나서 무성해지는 것은 초목의 예의입니다. 사람의 관점을 기준으로 하면 사람이 귀하고 사물이 천하지만, 사물의 관점을 기준으로 하면 사물이 귀하고 사람이 천한 것입니다. 하늘에서 보면 사람과 사물은 똑같습니다.

① 갑은 귀한 대상과 천한 대상을 나누어 생각한다는 점에서 송시열과 공통점이 있다.
② 갑이 동물보다 사람을 높게 평가한 것은 신분이 낮은 농부의 자식이라도 높은 관직에 오를 수 있어야 한다는 생각으로 이어질 수 있다.
③ 을이 동물과 초목이 각자의 예의가 있다고 한 것은 세상 사람들이 자기 나라와 자기 문화를 기준으로 살아가는 것이 당연하다는 생각과 연결될 수 있다.
④ 을이 사물의 관점을 기준으로 하면 사물이 귀하다고 한 것은 모든 사람이 존재 가치가 있다는 생각과 연결될 수 있다.
⑤ 을이 하늘에서 보면 사람과 사물이 똑같다고 한 것은 우리가 사는 이 땅에서 중심과 주변을 나눌 수 없다는 홍대용의 생각과 일맥상통한다.

18. ㉠과 ㉡을 이해한 것으로 가장 적절한 것은?

① ㉠은 ㉡을 통해 조선의 중심 사상으로 자리 잡았다.
② ㉠과 ㉡은 청을 오랑캐라 여기는 생각의 근거가 되었다.
③ ㉠은 북벌론의 바탕이 되었고, ㉡은 척화론의 바탕이 되었다.
④ ㉡은 홍대용이 ㉠에서 벗어났음을 보여 주는 학설이다.
⑤ ㉡은 조선의 유학자들이 가지고 있던 ㉠을 홍대용이 발전시킨 것이다.

19. <보기>는 심화 학습을 위해 조사한 자료이다. (가), (나)에 대해 보인 반응으로 적절하지 <u>않은</u> 것은? [3점]

<보 기>

(가)
　중국 의관이 변한 지 이미 100년이 넘은지라 지금 천하에 오직 우리 조선만이 오히려 명나라의 제도를 지키거늘, 청나라에 들어오니 무식한 부류들이 우리를 보고 웃지 않는 사람이 없으니 어찌 가련치 않겠는가? (중략) 슬프다! 번화한 문물을 오랑캐에게 맡기고 백 년이 넘도록 회복할 방법이 없구나.
　　　　　　　　　　　　　　　　　－ 홍대용, 「을병연행록」 －

(나)
　피와 살이 있으면 다 똑같은 사람이고, 강토를 지키고 있으면 다 동등한 국가이다. 공자는 주나라 사람이므로 그가 쓴 『춘추』에서 주나라 안과 밖을 구분한 것은 당연하다. 그가 바다를 건너 주나라 밖에 살았더라면 주나라 밖에서 도를 일으켰을 것이고, 그곳을 기준으로 생각하는 『춘추』가 나왔을 것이다.
　　　　　　　　　　　　　　　　　　　－ 홍대용, 「의산문답」 －

① (가) : 청나라를 오랑캐라고 말하고 있는 것에서, 홍대용이 중화 사상을 가진 적이 있었다는 것을 확인할 수 있군.
② (가) : 조선만이 명나라의 제도를 지킨다는 것에서, 홍대용이 조선을 중화의 계승자라고 생각했었음을 알 수 있군.
③ (가) : 번화한 문물을 오랑캐에게 맡겼다고 한 것에서, 홍대용이 청나라와 청나라가 가지고 있는 문물을 구별하려 했음을 확인할 수 있군.
④ (나) : 『춘추』에서 주나라 안과 밖을 구분한 것이 당연하다는 것에서, 중국 안과 밖을 구별하려는 홍대용의 생각이 드러나는군.
⑤ (나) : 공자가 주나라 밖에 살았다면 그곳에서 도를 일으켰을 것이라는 부분에서, 중화와 오랑캐의 구별이 상대적이라는 홍대용의 생각이 드러나는군.

20. 문맥상 ⓐ와 의미가 가장 유사한 것은?

① 그는 새로운 회사를 <u>세웠다</u>.
② 국가의 기강을 바로 <u>세워야</u> 한다.
③ 집을 지을 구체적인 방안을 <u>세웠다</u>.
④ 두 귀를 쫑긋 <u>세우고</u> 말소리를 들었다.
⑤ 도끼날을 잘 <u>세워야</u> 나무를 쉽게 벨 수 있다.

[21 ~ 25] 다음 글을 읽고 물음에 답하시오.

전자 녹음 장치에 녹음된 자신의 목소리를 스피커를 통해 들으면 어색하게 느껴진다. 그 이유를 이해하기 위해서는 소리가 무엇이며 어떤 과정을 통해 들리게 되는지 살펴볼 필요가 있다.

소리는 물체의 진동에 의해 발생하고 매질의 진동으로 전달되는 파동이다. 소리가 들린다는 것은 매질의 진동이 내이에 도달하여 달팽이관 속 림프액을 진동시켜 섬모가 흔들리고, 이로 인해 발생한 전기 신호가 청각 신경을 따라 뇌에 전달됨을 의미한다. 이때 소리가 내이에 도달하는 방식으로는 외이와 중이를 거치는 공기 전도와 이를 거치지 않는 골전도가 있다.

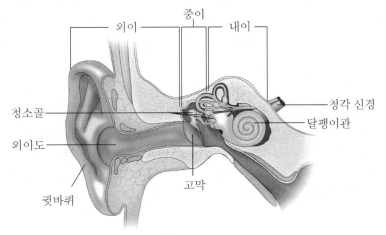

공기 전도는 공기를 매질로 소리가 내이에 전달되는 것을 의미한다. 물체의 진동이 주변 공기를 진동시키면 귓바퀴가 이 진동을 모아 귓속으로 보내고, 그 결과 진동은 외이도를 지나게 된다. 귓바퀴와 외이도 등 진동이 지나가는 각 지점에서는 소리의 공명이 발생한다. 공명이란 공명 주파수*에서 진폭이 커지는 현상을 말하는데 외이도의 경우 공명 주파수는 성인 기준으로 2,500 ~ 2,700Hz이다. 공명 주파수는 외이도의 길이에 반비례하기 때문에, 외이도의 길이가 성인보다 짧은 유아는 공명 주파수가 더 높다. 이러한 공명에 의해 증폭된 진동은 고막을 진동시키고 고막의 진동은 청소골에서 더욱 증폭되어 내이에 전달된다.

이에 반해 골전도는 귀 주변 뼈를 매질로 소리가 내이에 바로 전달되는 것이다. 대화할 때 들리는 자신의 목소리에는 성대에서 발생한 진동이 공기 전도를 통해 전달된 소리와 골전도를 통해 전달된 소리가 함께 있다. 자신의 목소리 중에서 20 ~ 1,000Hz의 소리는 골전도로는 잘 전달이 되지만, 외이와 중이에서 공명이 잘 일어나지 않아 공기 전도로는 잘 전달되지 않는다. 녹음된 자신의 목소리를 스피커를 통해 들으면 골전도를 통해 듣던 소리는 잘 들리지 않으므로 어색함을 느끼게 되는 것이다.

한편 외이와 중이에 이상이 있는 사람도 골전도를 통해서는 소리를 들을 수 있는데, 이를 이용한 보청기도 사용되고 있다. 최근에는 이어폰에도 골전도의 원리가 이용되고 있다. 이어폰 내부에는 일반적으로 내부 자기장을 형성하는 자석과 보이스코일이 있다. 보이스코일에 교류 전류를 가하면 내부 자기장에 의해 보이스코일에 인력과 척력이 교대로 작용하여 보이스코일에 진동이 발생한다. 이때 전류의 방향이 바뀌는 주기를 짧게 할수록 주파수가 높아져 높은 음의 소리가 난다. 또 전류를 세게 할수록 진폭이 커져 음량이 높아진다. ㉠일반적인 이어폰은 이러한 진동을 공기를 통해 전달하는데, ㉡골전도 이어폰은

귀 주변 뼈에 진동판을 밀착하여 진동을 내이로 직접 전달한다.

골전도 이어폰은 일반적인 이어폰과 달리 귀를 막지 않고 사용하기 때문에 다양한 장점이 있다. 우선 귀 내부가 습해지는 것을 방지할 수 있고 고막을 직접 자극하지 않는다. 또 야외 활동 시 착용해도 주변 소리를 들을 수 있어 위험 상황에 잘 대처할 수 있다. 그러나 골전도 이어폰을 사용해도 내이는 자극이 되므로 장시간 사용하면 청각 신경이 손상될 수 있어 주의해야 한다.

* 공명 주파수 : 공명 현상이 일어나거나 공명에 의해 강해지는 주파수.

21. 윗글에 대한 설명으로 가장 적절한 것은?

① 소리가 전달되는 두 가지 방식을 제시하고 이와 관련한 기술을 소개하고 있다.
② 이어폰 기술의 과학적 원리를 살펴보고 앞으로 전개될 발전 방향을 예측하고 있다.
③ 청각에 대한 두 가지 관점을 언급하고 이를 절충한 새로운 관점을 제시하고 있다.
④ 골전도 현상이 일어나는 과정을 제시하고 이에 대한 서로 다른 견해를 분석하고 있다.
⑤ 청각에 이상이 생기는 사례를 소개하고 이를 예방하기 위한 구체적인 방안을 제시하고 있다.

22. 윗글을 읽고 알 수 있는 내용으로 적절하지 <u>않은</u> 것은?

① 주파수가 낮아지면 낮은 음의 소리가 난다.
② 고막의 진동은 청소골을 통과할 때 증폭된다.
③ 외이도의 길이가 짧을수록 공명 주파수는 높아진다.
④ 이어폰의 보이스코일에 흐르는 전류가 세지면 음량이 높아진다.
⑤ 20 ~ 1,000Hz의 소리는 물체의 진동에 의해서는 발생할 수 없다.

23. 윗글의 내용을 고려할 때, 그 이유로 가장 적절한 것은?

① 평소에 골전도로 전달되는 소리를 들을 기회가 적었으므로
② 스피커에서 나온 녹음된 목소리는 내이를 거치지 않고 뇌에 전달되므로
③ 전자 장치의 전기적 에너지로 인해 청각 신경이 받는 자극의 크기가 커졌으므로
④ 녹음된 소리를 들을 때에는 골전도로 전달되는 주파수의 소리가 잘 들리지 않으므로
⑤ 자신이 말할 때 듣는 목소리에는 녹음된 목소리와 달리 외이에서 공명이 일어나는 소리가 빠져 있으므로

[해설편 p.014]

24. 윗글을 바탕으로 <보기>에 대해 보인 반응으로 가장 적절한 것은? [3점]

<보 기>

　난청이란 소리가 잘 들리지 않거나 전혀 들리지 않는 증상으로 외이도에서 뇌에 이르기까지 소리가 전달되는 과정 중 특정 부분에 문제가 생기면 발생한다. 그 중 전음성 난청은 외이와 중이에 문제가 있어 발생하는 증상으로, 이 경우 소리가 커지면 알아듣는 정도가 좋아질 수 있다.

　이와 달리 감각 신경성 난청은 달팽이관까지 소리가 잘 전달되었음에도 소리가 잘 들리지 않는 것으로 달팽이관의 청각 세포나, 청각 자극을 뇌로 전달하는 청각 신경 또는 중추 신경계 이상 등으로 발생한다. 이 경우 소리가 커져도 그것을 알아듣는 정도가 좋아지지 않는다.

① 골전도 이어폰은 장시간 사용해도 감각 신경성 난청을 유발하지는 않겠군.

② 청각 신경의 이상으로 인한 난청이 있는 사람의 경우 이어폰의 음량을 높이면 잘 들을 수 있겠군.

③ 자신이 말하는 목소리가 전혀 들리지 않는 사람은 감각 신경성 난청 증상이 있다고 볼 수 있겠군.

④ 고막의 이상으로 난청이 있는 경우 골전도의 원리를 이용한 보청기는 사용해도 효과가 없겠군.

⑤ 전음성 난청이 있는 사람은 골전도 이어폰의 소리는 들을 수 없지만 일반적인 이어폰의 소리는 들을 수 있겠군.

25. ㉠, ㉡에 대한 설명으로 적절하지 않은 것은?

① ㉠은 교류 전류를 진동으로 바꾸고 공기를 통해 그 진동을 내이에 전달한다.

② ㉡은 진동판을 통해 뼈에 진동을 발생시켜 소리를 내이로 전달한다.

③ ㉠은 ㉡과 달리 섬모의 흔들림을 유발하여 전기 신호를 발생시킨다.

④ ㉡은 ㉠과 달리 야외 활동 시 사용해도 주변 소리를 들을 수 있어 위험 상황에 잘 대처할 수 있다.

⑤ ㉠과 ㉡은 모두 내부 자기장과 교류 전류로 인해 인력과 척력이 발생한다.

[26 ~ 28] 다음 글을 읽고 물음에 답하시오.

[아니리] 우리 세상 같고 보면 일품 제상님네가 먼저 차례로 들어오실 터인데, 수국(水國)이라 물고기 등물이 각각 벼슬 이름을 맡아 가지고 들어오는데, 용국의 벼슬 이름이 사기(史記)에 있던 바라, 꼭 이렇게 들어오것다.

[자진모리]

[A] ┌ 승상은 거북, 승지는 도미, 판서 민어, 주서 오징어, 한림 박대, 대사성 도루묵, 방첨사 조개, 해운공 방게, 병사 청어, 군수 해구, 현감 홍어, 조부장 조기, 비변랑 낭청 장대, 성대, 청달이, 가오리, 좌우 나졸, 금군 모조리, 상어, 솔치, 눈치, 준치, 삼치, 멸치, 미끈 장어, 사수, 자가사리며, 꺽지, 금리어, 장뚱어, 망둥이, 빠각 빠각 들어와서 대왕전에 절을 └ 꾸벅 꾸벅 꾸벅 꾸벅 하는구나.

[아니리] 용왕이 요만하고 보시더니, "경들 중에 세상을 나가서 ㉠천년 토끼 간을 얻어 짐의 병을 구원할 자 뉘 있나뇨?"

　좌우 신하들이 서로 보기만 하고 묵묵부답이 되었것다. 용왕이 또다시 탄식하시는데,

[중모리] 왕이 똘똘 탄식헌다.

　"남의 나라는 충신이 있어서, 할고사군 개자추와 광초망신 기신*이는 죽을 임금을 살렸건마는, 우리나라는 충신이 있어도 어느 누가 날 살리로?"

　정언 잉어가 여짜오되,

　"세상이라 허는 곳은 인심이 박하여 지혜 용맹 없는 자는 성공하지를 못하리다."

　"좌승상 거북이 어떠하뇨."

　"승상 거북은 지략이 넓사오나 복판이 모두 다 대모*인 고로, 세상에를 나가오면 인간들이 잡어다가 복판 떼어 대모장도, 밀이개살짝, 탕건 묘또기, 쥘쌈지 끈까지 대모가 아니면은 할 줄을 모르니 보내지는 못하리다."

[아니리] 이때 해운공 방게가 열 발을 쩍 벌리고 살살 기어 들어와서 공손히 엎드리더니, 장담하여 말을 하는데,

[중중모리] "신의 고향 세상이오. 신의 고향 세상이라. 청림벽계(靑林碧溪) 산천수 가만히 몸 담그고 천봉만학(千峯萬壑)을 바라보니, 산토끼 달토끼 안면이 있사오니, 소신의 엄지발로 토끼놈의 가는 허리를 바드드드득 안어다가 대왕전 바치리다."

[아니리] "네 말은 그러하나, 너 생긴 눈이 허망하게 폭 솟았기로 왔다갔다를 잘하니, 가다가 뒷걸음질을 잘할 테니, 저리 물렀거라."

[중모리] "방첨사 조개가 어떠하뇨?"

　정언이 여짜오되,

　"방첨사 조개는 철갑이 꿋꿋 방신제도*가 좋사오나, 옛글에 이르기를, 휼조와 싸우다가 어부의 공이 된다 하였으니, 세상에를 나가오면, 휼조라는 새가 있어, 수루루 펄펄 펄펄 날아들어, 휼조는 조개를 물고, 조개는 휼조를 물고, 서로 놓지를 못하다가 어부에게 잡히어 속절없이 죽을 터이니, 보내지를 못하리다."

[아니리] "그리하면 어찌하면 옳단 말이냐?"

[자진모리] "그럼 수문장 메기가 어떠한고?"

　정언이 여짜오되,

　"메기는 수염 길고 입 크고 풍채 좋거니와, 아가리가 너무 커서 식량이 너룬 고로, 세상을 나가오면 요깃감을 얻으려고 조그마한 산천수 이리저리 기댈 제, 사립 쓴 어옹들이 비바람이

불어도 돌아가지 않는지라, 입감 꿰어서 물에 풍, 탐식으로 덜컥 삼켜 꼼짝없이 죽게 되면 탁 채어 낚어다가 인간의 이질, 복질, 설사, 배앓이 하는 데 약으로 먹사오니 보내지는 못하리라.”

[아니리] 한참 이리 결정을 못하고 있을 적에, 저 영덕전 뒤에서 한 신하가 들어오는데,

[진양조] 영덕전 뒤로 한 신하가 들어온다. 눈 작고 다리 짧고, 목 길고 주둥이는 까마귀 부리 같구나. 등에다 방패를 지고 앙금앙금 기어 들어오더니, 몸을 굽혀 재배하고 상소를 올리거늘,

[아니리] 왕이 상소를 받아 보시니, 별주부 자라였다.

(중략)

[아니리] 용왕이 상소 받아 보시고 칭찬 왈,

“신하라! 별주부가 신하다, 충신이라! 별주부가 충신이로다. 참으로 충신일다. 그러나 우리 수국 충신이 다 세상 사람의 고기밥이 된다 하니, 그 아니 원통한고?”

별주부 여짜오되,

“소신은 네 발이 갖춰 있어 강상(江上)에 높이 떠 망보기를 잘하와 인간에게 잡힐 걱정은 없사오나, 바닷속에 태어나 토끼 얼굴을 모르오니, 화상(畫像)을 하나 그려주사이다.”

“글랑은 그리 하여라.”

[중중모리] “화공을 불러라.”

화공을 불러 들여 토끼 화상을 그린다. 동정호 유리로 만든 벼루에 비단같은 물결 담은 거북 연적 오징어로 먹 갈아, 붓을 풀어 단청 채색을 두루 묻히어서 이리저리 그린다.

[B]

　천하명산승지간의 경개 보던 눈 그리고, 두견앵무 지지 울제 소리 듣던 귀 그리고, 난초지초 온갖 향초 꽃 따먹던 입 그리고, 봉래 방장 운무* 중의 냄새 잘 맡던 코 그리고, 대한엄동 설한풍 어한(禦寒)*하던 털 그리고, 만화방창 꽃밭에서 펄펄 뛰던 발 그리고, 두 귀는 쫑긋, 눈은 도리도리, 허리는 늘씬, 꼬리가 뭉툭, 좌편 청산이요, 우편은 녹순데, 녹수청산의 애굽은 장송, 휘느러진 버드나무, 들랑달랑 오락가락 엉거주춤 기는 토끼 산토끼 달토끼 얼픗 그려, 아미산 위에 뜬 반달이 가을이 되었다는 말이 이에서 더할 쏘냐.

“아나, 엿다, 별주부야. 어서 가지고 나가거라.”

– 유성준 창본, 「수궁가」 –

---

* 할고사군 개자추와 광초망신 기신: 임금을 위해 희생한 고사 속 충신들.
* 대모: 바다거북의 등껍질. 장식품이나 공예품을 만드는 데 쓰임.
* 방신제도 : 제 몸을 지키는 방법.
* 봉래 방장 운무: 신선이 사는 산의 안개.
* 어한: 추위를 막아주는.

---

26. 윗글에 대한 이해로 적절한 것은?

① 용왕은 자신에게 신임을 얻기 위해 다투는 신하들을 못마땅하게 생각한다.

② 잉어는 지혜와 용맹이 있는 인물이 토끼의 간을 얻어 올 수 있을 것이라고 생각한다.

③ 잉어는 승상인 거북이 다양한 재주가 있으나 지략이 없는 것을 한탄한다.

④ 방게는 수국에서 벼슬을 얻지 못하자 자신의 고향인 육지로 돌아가고 싶어 한다.

⑤ 화공은 토끼의 모습을 모르는 자라를 돕기 위해 육지로 동행한다.

27. [A]와 [B]에 대한 이해로 가장 적절한 것은?

① [A]는 용궁의 모습을, [B]는 육지의 모습을 묘사하여 공간적 배경을 대비하고 있다.

② [A]는 수국의 신하를, [B]는 토끼의 신체 부위를 열거하여 장면을 구체화하고 있다.

③ [A]는 신하들의 생활 모습을, [B]는 토끼의 생활 모습을 제시하여 인물의 성격을 보여 주고 있다.

④ [A]는 용왕이 처한 문제를, [B]는 이에 대한 해결책을 제시하여 사건의 전개 방향을 예고하고 있다.

⑤ [A]는 용궁을 긍정적으로, [B]는 토끼를 부정적으로 평가하여 인물에 대한 작가의 태도를 드러내고 있다.

28. ㉠을 선정하는 과정을 다음과 같이 정리할 때, 이에 대한 설명으로 적절하지 <u>않은</u> 것은? [3점]

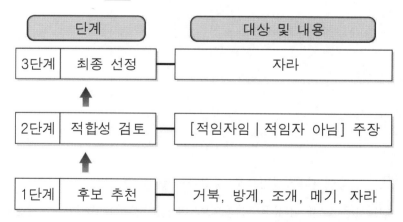

① ‘1단계’에서 방게와 자라는 스스로 후보로 나선다.

② ‘2단계’에서 용왕은 방게의 눈이 솟아 있어 다른 동물들 눈에 띄기 쉬우므로 적임자가 아니라고 주장한다.

③ ‘2단계’에서 잉어는 조개가 황조와 서로 물고 싸우다가 인간에게 잡힐 것이므로 적임자가 아니라고 주장한다.

④ ‘2단계’에서 잉어는 메기가 탐식 때문에 돌아다니다가 인간들에게 잡힐 것이므로 적임자가 아니라고 주장한다.

⑤ ‘3단계’에서 자라가 선정된 것은, 망보기를 잘하여 인간에게 잡힐 염려가 없다는 자라의 주장이 받아들여졌기 때문이다.

[29 ~ 31] 다음 글을 읽고 물음에 답하시오.

(가)

모란이 피기까지는
나는 아직 나의 봄을 기둘리고 있을 테요
모란이 뚝뚝 떨어져 버린 날
나는 비로소 봄을 여읜 설움에 잠길 테요
오월 ⓐ어느 날 그 하루 무덥던 날
떨어져 누운 꽃잎마저 시들어 버리고는
천지에 모란은 자취도 없어지고
뻗쳐오르던 내 보람 서운케 무너졌느니
모란이 지고 말면 그뿐 내 한 해는 다 가고 말아
삼백예순 날 하냥 **섭섭해 우옵네다**
모란이 피기까지는
나는 **아직 기둘리고 있을 테요 찬란한 슬픔**의 봄을
　　　　　　　　　　　　　 – 김영랑, 「모란이 피기까지는」 –

(나)

아래층에서 물 틀면 단수가 되는
좁은 계단을 올라야 하는 전세방에서
만학을 하는 나의 등록금을 위해
사글셋방으로 이사를 떠나는 형님네
달그락거리던 밥그릇들
베니어판으로 된 농짝을 리어카로 나르고
집안 형편을 적나라하게 까 보이던 이삿짐
가슴이 한참 덜컹거리고 이사가 끝났다
형은 시장 골목에서 자장면을 시켜주고
쉽게 정리될 살림살이를 정리하러 갔다
나는 전날 친구들과 깡소주를 마신 대가로
냉수 한 대접으로 조갈증을 풀면서
자장면을 앞에 놓고
이상한 중국집 젊은 부부를 보았다
바쁜 점심시간 맞춰 잠자주는 아기를 고마워하며
젊은 부부는 밀가루, 그 **연약한 반죽**으로
튼튼한 미래를 꿈꾸듯 명랑하게 전화를 받고
서둘러 배달을 나아갔다
나는 그 모습이 **눈물처럼 아름다워**
물배가 부른데도 자장면을 남기기 미안하여
마지막 면발까지 다 먹고 나니
더부룩하게 배가 불렀다, 살아간다는 게

　　ⓑ그날 나는 분명 **슬픔도 배불렀다**
　　　　　　　　　　　　 – 함민복, 「그날 나는 슬픔도 배불렀다」 –

29. (가)에 대한 설명으로 적절하지 <u>않은</u> 것은?

① 색채어를 활용하여 대상의 불변성을 부각하고 있다.
② 변형된 수미상관의 구조를 통해 시의 주제를 강조하고 있다.
③ 도치의 방식으로 시상을 마무리하여 시적 의미를 강조하고 있다.
④ 음성 상징어를 통해 대상의 움직임에서 느끼는 인상을 드러내고 있다.
⑤ 작품의 표면에 나타난 화자가 자신의 정서를 직접적으로 드러내고 있다.

30. ⓐ와 ⓑ에 대한 설명으로 가장 적절한 것은?

① ⓐ는 대상과의 소통이 확대된 시간이고, ⓑ는 대상과의 소통이 단절된 시간이다.
② ⓐ는 대상과의 유대감을 느끼는 시간이고, ⓑ는 대상과의 거리감을 느끼는 시간이다.
③ ⓐ는 대상을 통해 삶의 희망을 찾게 된 시간이고, ⓑ는 대상을 통해 삶의 권태를 느낀 시간이다.
④ ⓐ는 대상의 소멸로 인해 슬픔을 느낀 시간이고, ⓑ는 슬픔 속에서도 아름다움을 발견한 시간이다.
⑤ ⓐ는 현실에 대한 비판적 태도가 드러나는 시간이고, ⓑ는 미래에 대한 희망이 드러나는 시간이다.

31. <보기>를 참고하여 (가)와 (나)를 감상한 것으로 적절하지 <u>않은</u> 것은? [3점]

---< 보 기 >---

시에서 대비되는 정서나 태도, 이미지가 제시될 때, 화자가 처한 상황이나 대상에 대한 인식이 강조되는 효과가 있다. 그런데 상반되거나 이질적인 정서나 태도, 이미지들이 함께 나타날 때는 표면적으로 모순이 있는 것처럼 보이기도 한다. 하지만 시인은 모순적으로 보이는 것들을 통해서 표면적 진술 너머에 있는 보다 높은 차원의 인식을 보여 준다.

---

① (가): '섭섭해 우옵네다'와 '아직 기둘리고 있을 테요'에서는 꽃이 사라진 것에 대한 화자의 태도가 대비되면서 화자의 기다림이 강조되는군.
② (가): '찬란한 슬픔'은 모순된 진술처럼 보이지만, 표면적 진술 너머에 슬픔을 극복하려는 화자의 인식이 담겨 있음을 볼 수 있군.
③ (나): '연약한 반죽'과 '튼튼한 미래'에서는 이미지의 대비를 통해 희망을 잃지 않는 중국집 젊은 부부의 건강한 삶을 강조하고 있군.
④ (나): '이상한'과 '눈물처럼 아름다워'에서는 중국집 젊은 부부를 향한 태도가 대비되면서 중국집 젊은 부부에 대한 화자의 긍정적인 인식이 부각되고 있군.
⑤ (나): '슬픔도 배불렀다'는 모순된 진술을 통해 중국집 젊은 부부의 고단한 삶과의 대비에서 느끼는 화자 자신의 삶에 대한 만족감을 강조하고 있군.

[32 ~ 35] 다음 글을 읽고 물음에 답하시오.

(가)

저기 가는 저 [각시] 본 듯도 하구나
천상 백옥경(白玉京)*을 어찌하여 이별하고
해 다 져 저문 날에 누굴 보러 가시는고
어와 [너]로구나 이 내 사설 들어 보오
내 얼굴 이 거동이 **임** 사랑 받을 만할까만
어쩐 일로 날 보시고 너로다 여기시니
나도 임을 믿어 군뜻이 전혀 없어
아양이야 교태야 어지러이 하였더니
반기시는 낯빛이 전과 어찌 다르신고
누워 생각하고 일어나 앉아 헤아리니
내 몸의 지은 죄 산같이 쌓였으니
하늘이라 원망하며 사람이라 허물하랴
서러워 풀어 헤아리니 **조물*****의 탓**이로다
그리 생각 마오
맺힌 일이 있소이다
임을 모셔 있어 임의 일을 내 알거니
물 같은 얼굴이 편하실 적 몇 날일꼬
(중략)
반벽 푸른 등은 누굴 위하여 밝았는고
오르며 내리며 헤매며 오락가락하니
어느덧 힘이 다해 풋잠을 잠깐 드니
정성이 지극하여 꿈에 임을 보니
옥 같던 얼굴이 반이 넘게 늙었어라
마음에 먹은 말씀 실컷 사뢰자 하니
눈물이 이어져 나니 말씀인들 어이 하며
정을 못다 풀고 목조차 메어 오니
방정맞은 닭 울음에 잠을 어찌 깨었던고
어와 허사로다 이 임이 어디 간고
바로 일어나 앉아 창을 열고 바라보니
불쌍한 그림자 날 좇을 뿐이로다
차라리 사라져 **낙월(落月)**이나 되어서
임 계신 창 안에 번듯이 비추리라
각시님 달이야커녕 궂은 비나 되소서
　　　　　　　　　　　－ 정철, 「속미인곡(續美人曲)」 －

* 백옥경 : 옥황상제가 지내는 궁궐.
* 조물 : 조물주.

(나)

[손(客)]이 [주옹(舟翁)]에게 물었다.

"그대가 배에서 사는데, 고기를 잡는다 하자니 낚시가 없고, 장사를 한다 하자니 팔 것이 없고, 뱃사공 노릇을 한다 하자니 물 가운데만 있어 오고감이 없구려. 변화불측한 물에 조각배 하나를 띄워 가없는 ⊙넓은 바다를 헤매다가, 바람 미치고 물결 놀라 돛대는 기울고 노까지 부러지면, 정신과 혼백이 흩어지고 두려움에 싸여 목숨이 지척에 있게 될 것이로다. 이는 지극히 험한 데서 위태로움을 무릅쓰는 일이거늘, 그대는 도리어 이를 즐겨 오래오래 물에 떠가기만 하고 돌아오지 않으니 무슨 재미인가?"

주옹이 대답했다.

"아아, 그대는 생각하지 못하는가? 대개 사람의 마음이란 변덕스러운 것이어서, ⓛ평탄한 땅을 디디면 느긋해지고, 험한 지경에 처하면 두려워 조심하는 법이다. 두려워 조심하면 든든하게 살지만, 느긋하면 반드시 흐트러져 위태롭게 되나니, 내 차라리 위험을 딛고서 항상 조심할지언정, 편안한 데 살아 스스로 쓸모없게 되지 않으려 한다. 하물며 내 배는 정해진 꼴이 없이 떠도는 것이니, 혹시 무게가 한쪽에 치우치면 그 모습이 반드시 기울어지게 된다. 왼쪽으로도 오른쪽으로도 기울지 않고, 무겁지도 가볍지도 않게끔 내가 배 한가운데서 평형을 잡아야만 기울어지지도 뒤집히지도 않아 내 배의 평온을 지킬 수 있다. 비록 ⓒ풍랑이 거세게 인다 한들 편안한 내 마음을 어찌 흔들 수 있겠는가? 또, 무릇 인간 세상이란 한 거대한 물결이요, 인심(人心)이란 ⓔ한바탕 큰 바람이니, 하잘것없는 내 한 몸이 아득한 그 가운데 떴다 잠겼다 하는 것보다는, 오히려 ⓜ한 잎 조각배로 만 리의 부슬비 속에 떠 있는 것이 낫지 않은가? 내가 배에서 살면서 세상 사람을 보니, 안전한 때는 후환을 생각지 못하고, 욕심을 부리느라 나중을 돌보지 못하다가, 마침내는 빠지고 뒤집혀 죽는 자가 많다. 그대는 어찌 이를 두려워하지 않고 도리어 나를 위태롭다 하는가?"

　　　　　　　　　　　－ 권근, 「주옹설(舟翁說)」 －

32. (가)와 (나)의 공통점으로 가장 적절한 것은?

① 설의적 표현을 활용하여 의미를 강조하고 있다.
② 점층적 방식을 활용하여 주제를 부각하고 있다.
③ 다양한 감각적 심상을 사용하여 대상을 예찬하고 있다.
④ 반어적 진술을 통해 대상에 대한 태도를 드러내고 있다.
⑤ 명령적 어조를 통해 현실에 대한 비판 의식을 드러내고 있다.

33. <보기>를 바탕으로 (가)를 이해한 내용으로 적절하지 않은 것은?

<보 기>
　　연군 가사는 임금과 떨어진 신하가 임금을 그리워하고 걱정하며 충성심을 드러낸 가사 작품들을 가리킨다. 「속미인곡」은 정철이 정쟁(政爭)으로 인해 관직에서 물러난 후 낙향하였을 때 쓴 연군 가사의 대표적 작품이다.

① '천상 백옥경'은 화자가 '임'과 지냈던 곳으로 임금이 있는 궁궐에 대응된다.
② '내 몸의 지은 죄'가 '조물의 탓'이라는 화자의 한탄을 통해 작가가 자신을 관직에서 물러나게 한 사람들을 원망하고 있음을 알 수 있다.
③ 화자가 꿈속에서 '임'의 모습을 보고 '눈물이 이어져'난다고 하는 것에서 임금에 대한 작가의 걱정과 그리움의 깊이를 짐작할 수 있다.
④ '임'과 헤어지게 된 화자가 자신의 그림자를 '불쌍한'으로 표현한 것에서 임금과 떨어져 지내야 하는 것에 대한 작가의 안타까운 심정을 알 수 있다.
⑤ '낙월'이 되어서라도 '임 계신 창 안에 번듯이 비추'려는 화자의 모습에서 임금에 대한 작가의 충성심을 알 수 있다.

34. 다음은 수업의 일부이다. 선생님의 설명에 따라 (가)와 (나)의 인물을 분석한 내용으로 적절하지 <u>않은</u> 것은? [3점]

> **선생님** : 시나 수필을 창작할 때 주제 의식을 효과적으로 표현하기 위해 인물 간의 대화로 작품을 구성하기도 합니다. 이 경우 인물들은 중심 인물과 주변 인물로 나누어 볼 수 있는데, 중심 인물은 대화를 주도하며, 작가 의식을 대변하는 역할을 합니다. 주변 인물은 중심 인물의 말을 이끌어내거나 중심 인물을 위로하고 대안을 제시하는 보조적 인물, 중심 인물과 대립하면서 중심 인물에게 문제 제기를 하는 대립적 인물로 나눌 수 있습니다.

	인물	특징적 발화	인물 유형	인물의 역할	
(가)	각시	내 사설 들어 보오	중심 인물	대화를 주도함.	
	너	누굴 보러 가시는고	주변 인물	중심 인물의 말을 이끌어냄.	①
		그리 생각 마오	주변 인물	중심 인물과 대립함.	②
		궂은 비나 되소서	주변 인물	대안을 제시함.	③
(나)	주옹	그대는 어찌 이를 두려워하지 않고 도리어 나를 위태롭다 하는가?	중심 인물	작가 의식을 드러냄.	④
	손	그대는 도리어 이를 즐겨 오래 오래 물에 떠가기만 하고 돌아오지 않으니 무슨 재미인가?	주변 인물	중심 인물에게 문제 제기를 함.	⑤

35. (나)의 ㉠ ~ ㉤을 이해한 내용으로 적절하지 <u>않은</u> 것은?

① ㉠ : 변화불측한 특성을 가진 곳으로, '세상 사람들'이 위험하다고 생각하는 공간이다.

② ㉡ : '주옹'이 사는 곳과 대비되는 장소로, '세상 사람들'이 안전하다고 생각하는 공간이다.

③ ㉢ : 조각배의 돛대를 기울게 하고 노를 부러뜨릴 수 있는 바람과 물결로, '주옹'이 위태로움을 느끼는 외적 요인이다.

④ ㉣ : 욕심을 부리는 세상 사람들의 마음을 비유한 것으로, 그들의 삶을 위태롭게 만드는 요인이다.

⑤ ㉤ : 바람에 쉽게 흔들릴 수 있는 곳이지만, 인간 세상과 비교했을 때 오히려 '주옹'이 안전함을 느끼는 곳이다.

[36 ~ 40] 다음 글을 읽고 물음에 답하시오.

어떤 제약 회사에서 특정한 병에 효과가 있는 새로운 약을 만들고 있다고 가정해 보자. 신약 개발은 엄청난 자본이 들어가는 일이기 때문에 경영자는 신중하게 판단을 해야 한다. 경영자는 신약이 효과가 있다는 것을 확인하기 위해 가설 검정의 방법을 사용할 수 있다. 가설 검정은 ⓐ모순된 관계에 있는 두 개의 가설을 세우고 실험을 통해 얻은 통계 자료로 가설의 참 또는 거짓을 판단하는 것이다. 가설 검정을 위해 경영자는 '신약이 효과가 있다.'와 '신약이 효과가 없다.'라는 가설을 설정한다. 전자는 판단하는 이가 주장하려는 가설로 '대립(對立)가설'이라 하고 후자는 주장하고 싶은 내용과는 반대되는 가설인 '귀무(歸無)가설'이라 한다.

'신약이 효과가 있다.'라는 대립가설을 입증하기 위해서는 특정 질병을 겪고 있는 모든 환자에게 신약을 투약해 보면 된다. 하지만 전체를 대상으로 실험하는 것은 현실적으로 불가능하기 때문에 대립가설을 기준으로 가설 검정을 하지는 않는다. 대신 가설 검정에서는 귀무가설이 참이라고 가정한 상태에서, 일부 환자에게 투약해서 얻은 자료를 바탕으로 확률에 근거하여 귀무가설의 기각 여부를 결정한다. '신약이 효과가 없다.'라는 귀무가설 아래에서 투약하였는데 관찰한 결과 ⓑ병이 호전된 경우가 많았다고 하자. 이는 '신약이 효과가 없다.'가 타당하지 않은 것이므로, 경영자는 ⓒ귀무가설을 버리고 대립가설을 채택하면 된다. 한편 '신약이 효과가 없다.'라는 귀무가설 아래에서 투약하였고, 관찰 결과 병이 낫지 않은 경우가 더 많았다고 하자. 이때는 귀무가설을 버릴 수 없다. 이처럼 가설 검정은 '귀무가설을 기각한다.' 또는 '귀무가설을 기각하지 못한다.'라는 의사 결정을 중심으로 대립가설의 채택 여부가 결정된다.

경영자가 의사 결정을 하는 과정에서는 두 가지 오류가 발생할 수 있다. 귀무가설이 참인데도 불구하고 귀무가설을 기각하는 결정을 내린 것을 '1종 오류'라고 한다. 앞선 예에서 실제로는 약효가 없는데도 약효가 있다고 판단하는 것이다. 그리고 귀무가설이 참이 아닌데 귀무가설을 기각하지 못한 결정을 내린 것을 '2종 오류'라고 한다. 실제로는 약효가 있지만 약효가 없다고 판단하는 것이다. 이러한 오류는 판결에서도 나타날 수 있다. 증거에 의해 '피고인은 유죄이다.'라는 대립가설이 채택되기 전까지는 '피고인은 무죄이다.'라고 가정한다. 판사는 확보된 증거를 바탕으로 ⓓ귀무가설의 기각 여부를 판단해야 한다. 이때 판사가 무죄인 사람에게 유죄를 선고하는 것은 1종 오류, 유죄인 사람에게 무죄를 선고하는 것은 2종 오류에 해당한다.

오류들 중 상대적으로 더 심각한 문제를 초래하는 것은 1종 오류이다. 효과가 있는 약을 출시하지 못해서 기업이 수익을 창출할 기회를 잃어버리는 상황에 비해, 시장에 출시했는데 약의 효능이 없어서 회사가 신뢰를 잃는 위험이 더 크다. 또한 죄가 있는데 무죄 판결을 내리는 것보다 결백한 사람에게 유죄 판결을 내리는 것이 더 심각한 문제이다. 그런데 ⓔ두 가지 오류를 동시에 줄일 수는 없다. 한쪽 오류를 줄이면 그만큼 반대쪽 오류는 늘어나기 때문이다. 만약 경영자가 약의 효능과는 무관하게 일단 약을 출시하기로 결정했다면 2종 오류는 배제할 수 있지만 그만큼 1종 오류는 늘어나게 된다.

따라서 가설 검정 과정에서는 1종 오류가 발생할 확률의 최대 허용 범위인 ㉠유의 수준을 가급적 낮게 정한다. 예를 들어 유의 수준이 5%라면 백 번의 시행 중 다섯 번 이내로 1종 오류가 발생하더라도 우연히 일어난 일로 보고 대립가설을 채택하지만, 이 값을 넘어서면 귀무가설을 기각하지 못한다는 것이다. 또한 유의 수준은 실험을 하기 전에 미리 정하며, 사람의 생명이나 인권과 결부된 것이라면 유의 수준은 더 낮게 잡아야 한다.

36. 가설 검정에 대하여 윗글을 통해 답을 찾을 수 없는 질문은?

① 귀무가설을 기각할 때 새롭게 설정하는 가설은 무엇인가?
② 대립가설을 기준으로 가설을 검정하지 않는 이유는 무엇인가?
③ 대립가설의 채택 여부를 판단하기 위해 사용하는 가설은 무엇인가?
④ 1종 오류와 2종 오류를 함께 줄일 수 없는 이유는 무엇인가?
⑤ 1종 오류와 2종 오류 중 더 심각한 문제를 초래하는 오류는 무엇인가?

37. 윗글의 내용과 일치하는 것은?

① 귀무가설이 기각되면 대립가설은 채택될 수 없다.
② 판결에서 대립가설의 기각 여부는 피고인이 판단한다.
③ 귀무가설은 대립가설이 채택될 때 받아들여지는 가설이다.
④ 귀무가설은 참과 거짓을 알기 전까지는 거짓으로 간주한다.
⑤ 신약 개발을 하는 경영자가 채택하고 싶은 것은 대립가설이다.

38. 윗글을 바탕으로 <보기>를 이해할 때, A ~ D에 대한 설명으로 적절하지 않은 것은? [3점]

<보 기>

구분		실제 상황	
		귀무가설 참	귀무가설 거짓
의사 결정	귀무가설 기각 못함	A	B
	귀무가설 기각함	C	D

① 실제로 피고인이 죄를 저지르지 않은 것은 A와 C의 경우에 해당한다.
② 경영자가 신약의 효능이 없다고 판단하는 것은 A와 B의 경우에 해당한다.
③ A와 D는 피고인에 대해 판사가 내린 판결에 오류가 발생하지 않은 경우에 해당한다.
④ 법원이 B를 줄이면, 실제로 죄를 저지른 피고인을 무죄로 판결해서 사회로 돌려보내는 수가 늘어난다.
⑤ 제약 회사가 C를 줄이려는 이유는 약의 효능이 없어 시장에서 신뢰를 잃는 상황을 심각하게 생각하기 때문이다.

39. ㉠에 대한 설명으로 적절한 것은?

① 인권과 관련된 판단일수록 값을 크게 설정한다.
② 귀무가설이 참일 확률과 거짓일 확률의 차이를 의미한다.
③ 값을 낮게 정할수록 대립가설을 채택할 확률이 낮아진다.
④ 실험이 이루어진 후에 자료를 분석할 때 결정하는 값이다.
⑤ 가설을 판단할 때 사용할 자료 개수의 최대 허용 범위이다.

40. 문맥상 ⓐ ~ ⓔ와 바꿔 쓰기에 적절하지 않은 것은?

① ⓐ : 동시에 참이 되거나 동시에 거짓이 될 수 없는
② ⓑ : 귀무가설과 어긋난
③ ⓒ : '신약이 효과가 없다.'라는 가설을 기각하고
④ ⓓ : '피고인은 유죄이다.'라는 가설
⑤ ⓔ : 1종 오류와 2종 오류

[41 ~ 45] 다음 글을 읽고 물음에 답하시오.

(가)

[앞부분 줄거리] 시골 학교로 전학 온 '나'는 힘으로 학급을 장악하고 있던 석대에게 저항하다 이내 굴복한다. 그러나 김 선생이 부임한 후 아이들이 석대의 비행을 폭로하고 석대는 학교를 떠난다. 학교를 떠난 석대는 학교 밖에서 아이들을 괴롭힌다.

　교실 안에서 우리에게 가장 많은 혼란과 소모를 강요한 것은 의식의 파행이었다. 선생님의 격려와 근거 없는 승리감에 취한 우리 중의 일부는 지나치게 앞으로 내달았고, 아직도 ⓐ석대의 질서가 주던 중압에서 깨어나지 못한 아이들은 또 너무 뒤처져 미적거렸다. 임원진으로 뽑힌 아이들도 마찬가지였다. 어른들의 식으로 표현하자면, 한쪽은 너무도 민주의 대의에 충실히 우왕좌왕하는 다수와 함께 우왕좌왕했고, 또 한쪽은 석대 식의 권위주의를 청산하지 못해 은근히 작은 석대를 꿈꾸었다. 거기다가 새로 생긴 건의함은 올바른 국민 탄핵제도의 기능을 하기보다는 밀고와 모함으로 일주일에 하나씩은 임원들을 갈아치웠다.

(중략)

　그렇지만 시간이 흐르면서 ㉠안팎의 도전들은 차츰 해결되어 갔다.

　먼저 해결된 것은 석대 쪽이었는데, 그 해결을 유도한 담임선생님의 방식은 좀 특이했다. 우리에게는 거의 불가항력적이었건만 어찌 된 셈인지 담임선생님은 석대 때문에 결석한 아이들을 그 어느 때보다 호된 매질과 꾸지람으로 다루었다.

　"다섯 놈이 하나한테 하루 종일 끌려 다녀? 병신 같은 자식들."
　"너희들은 두 손 묶어 놓고 있었어? 멍청한 놈들."
　그렇게 소리치며 마구잡이 매질을 해댈 때는 마치 사람이 갑자기 변한 것처럼 보였다. 우리는 영문을 몰랐으나 그 효과는

오래잖아 나타났다. ⓛ우리 중에서 좀 별나고 당찬 소전거리 아이들 다섯이 마침내 석대와 맞붙은 것이었다. 석대는 전에 없이 표독을 떨었지만 상대편 아이들도 이판사판으로 덤비자 결국은 혼자서 다섯을 당해내지 못하고 꽁무니를 뺐다. 선생님은 그 아이들에게 그 당시 한창 인기 있던 케네디 대통령의 『용기 있는 사람들』이란 ⓒ책 한 권씩을 나눠 주며 우리 모두가 부러워할 만큼 여럿 앞에서 그들을 추켜세웠다. 그러자 다음날 미창 쪽에서도 똑같은 일이 벌어지고 그 뒤 석대는 두 번 다시 아이들 앞에 나타나지 않았다.

거기 비해 우리 **내부에서 일어나는 혼란**을 대하는 담임선생님의 태도는 또 앞서와 전혀 달랐다. 잘못된 이해나 엇갈리는 의식 때문에 아무리 교실 안이 시끄럽고 **학급의 일이 갈팡질팡해도 담임선생님은 철저하게 모르는 척**했다. 토요일 오후 **자치회가 끝없는 입씨름으로 서너 시간씩 계속**돼도, 급장 부급장이 건의함을 통해 밀고된 대단치 않은 잘못으로 한 달에 한 번씩 갈리는 소동이 나도 언제나 가만히 지켜보고 있을 뿐 충고 한 마디 하는 법이 없었다.

[A] ┌ 그 바람에 우리 학급이 정상으로 돌아가는 데는 거의 한 학기가 다 소비된 뒤였다. 여름방학이 지나자 벌써 서너 달 앞으로 닥친 중학 입시가 말깨나 할 만한 아이들의 주의를 온통 그리로 끌어들인 까닭도 있지만, 그보다는 경험의 교훈이 자정 능력을 길러 준 덕분이 아닌가 한다. 서로 다투고 따지고 부대끼고 시달리는 그 대여섯 달 동안에 우리는 **차츰 스스로가 스스로를 규율**한다는 게 어떤 것인가를 배우게 된 것이었다. 하지만 그때껏 그런 우리를 지켜보기만 했던 담임선생님의 깊은 뜻을 이해하는 데는 아직도 훨씬 └ 더 많은 세월이 지나야 했다.

학교 생활이 정상으로 돌아감과 아울러 **굴절되었던 내 의식도** 차츰 원래대로 회복되어 갔다. 다시 어른들 식으로 표현하면, **새로운 급장 선거에서 기권표를 던질** 때만 해도 머뭇거리던 내 시민 의식은 오래잖아 자신과 희망을 가지게 되고 자유와 합리에 대한 예전의 믿음도 이윽고는 되살아 났다. 가끔씩—이를테면, 내가 듣기에는 더할 나위 없는 의견 같은데도 공연히 떠드는 게 좋아 씨알도 먹히지 않는 따지기로 회의만 끝없이 늘여 놓는 아이들을 볼 때나, **다 같이 힘을 합쳐야 할 작업에 요리조리 빠져나가** 우리 반이 딴 반에 뒤지게 만드는 아이들을 보게 될 때와 같은 때—석대의 질서가 가졌던 **편의와 효용성**을 떠올릴 때가 있었지만 그것도, 금지돼 있기에 더 커지는 유혹 같은 것에 지나지 않았다.

석대는 미창 쪽 아이들과의 싸움이 있고 난 뒤 우리들뿐만 아니라 그 작은 읍에서도 사라져버렸다. 얼마 후 들리는 소문으로는 서울에 있는 어머니를 찾아갔다는 것이었다.

　　　　　　　　　　　　　　　 — 이문열, 「우리들의 일그러진 영웅」 —

(나)

S#136 교실 (아침)

얼굴들에 상처 난 아이들 몇 명을 중심으로 모여 수군거리는 아이들. 그 교실의 소란스러운 분위기를 뚫고 들어오는 김 선생. 급히 자기 자리를 찾아가는 아이들로 우당탕거리던 교실이 갑자기 쥐죽은 듯 조용해진다. 교실 안을 휘 휘둘러보는 김 선생. 군데군데 비어 있는 몇 개의 자리. 김 선생과 시선이 마주친 상처 난 얼굴의 아이들이 얼굴을 숙인다.

김 선생 : 언제까지 이럴 거야. 너희들! (갑작스런 김 선생의 높아진 음성에 아이들의 고개가 더 숙여진다.) 이렇게 매일 얻어맞고 그게 무서워 결석을 하고... (고개를 숙인 채 기가 죽은 아이들을 굳은 얼굴로 둘러보는 김 선생.) 석대가 그렇게 무서워? 난 너희들 같은 겁쟁이들은 가르치고 싶지 않다. 절대 피하지 마라. 맨손으로 안 되면 돌이라도 들고 싸워라. 한 사람이 안 되면 두 사람, 그래도 안 되면 전부 다들 덤벼라. 내 말 알아듣겠나? (아이들 중 몇 명이 죽어가는 소리로 겨우 대답한다.) 다시! 알아듣겠나?

아이들 : (조금 커진 소리로) 네.

김 선생 : 다시.

아이들 : (일제히 힘차게) 네!

S#137 교실 (밤)

나무 의자와 책상 등이 불길에 싸여 있다.

S#138 동 밖 (밤)

물을 길어와 교실 안에다 끼얹는 동네 사람들. 서서히 불길이 잡힌다. (F.O)

S#139 (F.I) 같은 장소 (아침)

웅성거리며 모여 드는 아이들. 입을 꽉 다문 병태도 섞여 있다. 급하게 뛰어온 김 선생. 주먹을 불끈 쥔다. 병태, 시커먼 병이 나무둥치 밑에 숨겨져 있는 것을 발견한다. 화단에 흐드러지게 피어 있는 철쭉과 진달래의 붉은 색이 눈을 어지럽힌다. 교문 쪽으로 먼 시선을 주고 있던 병태. 다시 한번 쓰러져 있는 병을 본다.

병태(내레이션) : 그날 이후 엄석대를 본 사람은 아무도 없었다. 들리는 소문으로는 개가한 서울의 어머니를 찾아갔다던가?

S#140 교실 (오후)

칠판에는 ⓒ제7차 급장 선거라는 글씨와 후보들의 이름, 개표 결과가 써 있다. 김 선생 교단 위로 올라서면서

김 선생 : 좀 혼란했던 기간이 있긴 했지만 이제는 너희들이 제자리를 찾은 것 같구나. 각자의 일들을 알아서 처리하고 공동의 일들은 서로 협력해서 처리하는 새로운 6학년 2반이 돼주길 바란다. 급장!

황영수 : (ⓜ단상에 오르지 않고 앞에 나와 서서) 잘 부탁드리겠습니다. 어려운 일이 있으면 언제든지 절 불러 주세요. 기꺼이 여러분께 봉사하는 급장이 되겠습니다.

박수 치는 아이들. 전에와는 다른 모습이다. 이를 쳐다보는 병태.

병태(내레이션) : 그 후 학교 생활은 정상으로 돌아갔고 굴절되었던 내 의식도 원래대로 회복되었다. 그리고 석대에 대한 기억은 희미해져 갔다.

　　　　　 — 이문열 원작, 박종원 각색, 「우리들의 일그러진 영웅」 —

41. [A]의 서술상 특징으로 가장 적절한 것은?

① 독백을 통해 대상에 대한 의문과 해답을 제시하고 있다.
② 감각적인 묘사를 통해 인물 간의 대립을 부각하고 있다.
③ 공간의 이동을 통해 인물의 심리 변화를 드러내고 있다.
④ 회상의 방식을 통해 과거 사건의 의미에 대해 서술하고 있다.
⑤ 들은 바를 전달하는 형식을 통해 사건의 전모를 밝히고 있다.

42. <보기>를 참고할 때, (가)를 (나)로 각색하는 과정에 대해 이해한 것으로 적절하지 않은 것은? [3점]

─────── <보 기> ───────

소설을 시나리오로 각색할 경우, 갈래의 차이에 따라 여러 가지 변화가 일어나는데 예를 들면 소설에서는 인물의 내면 심리나 대상의 변화를 직접 서술할 수 있으나 시나리오는 이를 장면으로 시각화하거나 영화적 기법을 통해 표현한다. 또한 갈래적 차이에 따른 변화 외에도 각색 과정에서 창작자의 의도에 따라 특정 내용을 삭제 혹은 다른 장면으로 대체하거나 소설에 없던 장면을 추가하기도 한다.

① (가)에서 김 선생이 아이들을 꾸짖는 모습이 S#136에서는 '다시'를 반복하는 장면으로 대체되어 아이들의 변화에 비관적인 그의 모습을 부각하고 있군.
② (가)에서 아이들이 석대와 맞붙을 수 있게 된 것이 S#136에서는 '일제히 힘차게' 대답하는 모습으로 대체되고 있군.
③ S#137의 '불길에 싸'인 교실과 S#139의 '시커먼 병' 등을 통해 (가)에 나오지 않는 석대의 방화를 추가하여 그의 보복을 암시하고 있군.
④ (가)에서 직접적으로 서술된 병태의 내면을 S#140에서는 내레이션 기법을 통해 드러내고 있군.
⑤ (가)에서 학급이 정상으로 돌아가게 되었다는 것을 S#140에서는 '박수 치는 아이들'의 모습을 통해 드러내고 있군.

43. ⓐ에 대한 이해로 적절하지 않은 것은?

① 학급의 일부 임원들이 '작은 석대를 꿈꾸'는 것은 아직 ⓐ에서 벗어나지 못했기 때문이다.
② '내부에서 일어나는 혼란'을 쉽게 해결하지 못한 것은 ⓐ를 대체할 수 있는 것을 마련하지 못했기 때문이다.
③ ⓐ는 석대가 아이들 '스스로가 스스로를 규율'할 수 있도록 하기 위하여 만든 것이다.
④ '내 의식'이 '굴절되었던' 이유는 ⓐ에 익숙해져 있었기 때문이다.
⑤ '나'는 ⓐ가 학급에 '편의와 효용성'을 제공했었지만 지금은 되돌릴 수 없는 것이라고 생각한다.

44. ㉠ ~ ㉤에 대한 설명으로 적절하지 않은 것은?

① ㉠: 석대가 떠난 후 학급이 맞닥뜨린 문제 상황들을 의미한다.
② ㉡: 석대와 처음으로 맞붙은 인물들의 특성을 나타낸다.
③ ㉢: 다른 아이들도 석대와 맞붙을 수 있도록 하는 효과를 가져왔다.
④ ㉣: 그동안 학급에 여러 차례 혼란이 거듭되어 왔음을 보여준다.
⑤ ㉤: 새 급장이 아직 완전히 인정받지 못하고 있음을 나타낸다.

45. <보기>는 윗글의 심화 학습을 위해 찾은 자료이다. 이를 참고하여 (가)를 이해한 내용으로 적절하지 않은 것은?

─────── <보 기> ───────

철학자 마이클 샌델은 올바른 사회를 위해서는 시민이 덕성을 바탕으로 자기 통치에 참여해야 한다고 말했다. 자기 통치에 참여한다는 것은 공동선(共同善)에 대하여 동료 시민들과 함께 고민하고 그것을 실현하기 위해 적극적으로 참여하는 것을 뜻한다. 그는 공동선에 대한 토론에서 시민들이 자신의 목표를 잘 선택하고 다른 사람의 선택권을 존중해야 한다고 주장하였다.

① '새로 생긴 건의함'은 아이들의 적극적인 참여를 통해 학급의 공동선을 실현하기 위한 기능을 수행하였군.
② '학급의 일이 갈팡질팡해도 담임선생님은 철저하게 모르는 척'한 것은 아이들이 자기 통치를 할 수 있는 능력을 스스로 기르도록 하기 위해서였겠군.
③ '자치회가 끝없는 입씨름으로 서너 시간씩 계속'된 것은 아이들이 공동선을 위한 토론에 익숙하지 않은 모습을 나타낸 것이겠군.
④ '내'가 '새로운 급장 선거에서 기권표를 던'졌던 것은 아직 자기 통치에 참여할 준비가 되지 않아서였겠군.
⑤ '다 같이 힘을 합쳐야 할 작업에 요리조리 빠져나가'는 아이들은 동료 시민들과 함께하는 것에 대해 적극적이지 않은 시민에 해당하겠군.

┌──────────────────────────────┐
│ ※ **확인 사항**   │
│ 답안지의 해당란에 필요한 내용을 정확히 기입(표기)했는지 확인하시오. │
└──────────────────────────────┘

2021학년도 6월 고1 전국연합학력평가 문제지

1

제 1 교시

국어 영역

03회

● 문항수 45개 | 배점 100점 | 제한 시간 80분

● 점수 표시가 없는 문항은 모두 2점

03회

[1~3] 다음은 학생의 발표이다. 물음에 답하시오.

안녕하세요? 저는 수행평가 과제인 '생활 속 기호 찾기' 중 '도로 표지판'에 대해 발표를 하겠습니다. 도로에는 도로의 종류, 속도 제한, 주의 사항 등을 알려주는 다양한 종류의 표지판이 있는데요, 그중에서도 도로에 대한 정보가 담겨 있는 대표적인 세 개의 표지판을 보며, 표지판의 모양과 번호의 의미에 대해 설명해 보겠습니다.

(자료1을 보여주며) 첫 번째 자료는 고속도로 표지판입니다. 고속도로란 주요 도시와 거점 지역을 빠르게 통행할 수 있게 만든 자동차 전용 도로입니다. 보시는 것처럼 전체적으로 방패 모양과 비슷하게 생겼으며 중앙에 적힌 번호에는 고속도로에 대한 정보가 담겨 있습니다. 우선 홀수는 고속도로가 남북으로 연결되어 있음을, 짝수는 동서로 연결되어 있음을 의미합니다. 그리고 남북으로 연결된 고속도로는 국토를 기준으로 왼쪽에서 오른쪽으로 갈수록, 동서로 연결된 고속도로는 아래쪽에서 위쪽으로 갈수록 큰 번호가 부여됩니다. 자료처럼 60번인 서울양양고속도로와 10번인 남해고속도로는 모두 짝수이기 때문에 동서로 연결되어 있고, 번호가 더 큰 서울양양고속도로가 남해고속도로보다 더 위쪽에 있음을 알 수 있습니다.

(자료2를 보여주며) 두 번째로 보여 드리는 표지판은 타원 모양을 하고 있는데요, 일반국도를 가리킵니다. 일반국도란 전국의 주요 도시와 공항, 관광지 등을 연결하는 도로로, 번호는 고속도로와 마찬가지로 홀수는 남북으로 연결된 도로를, 짝수는 동서로 연결된 도로를 의미합니다. 다만 일반국도 중 자료처럼 한 자리 번호가 적힌 경우는 두 자리 이상의 번호가 부여된 일반국도보다 중심적인 역할을 담당합니다.

(자료3을 보여주며) 마지막으로 보여 드리는 직사각형 모양의 표지판은 지방도를 가리킵니다. 지방도는 도내의 시·군청 소재지들을 연결하고 있는 도로로, 앞의 두 도로와 달리 도지사가 직접 관리합니다. 지방도의 번호 중 백의 자리와 천의 자리 숫자는 각 도의 고유 번호를 나타내는데요, 자료처럼 백의 자리가 3인 경우는 경기도를 의미합니다. 참고로 4××는 강원도, 5××는 충청남도, 8××는 전라남도, 10××는 경상남도를 의미하며, 뒷자리의 ××는 앞서 언급한 도로들처럼 홀수는 남북 방향을, 짝수는 동서 방향을 의미합니다.

지금까지 도로 표지판에 대해 알아보았습니다. 앞으로는 차를 타고 가다 도로 표지판을 보면 어떤 종류의 도로를 지나가고 있는지 알 수 있겠죠? 이상 발표를 마치겠습니다.

1. 위 발표자의 말하기 방식으로 가장 적절한 것은?

① 발표 자료의 출처를 밝혀 청중에게 신뢰감을 주고 있다.
② 발표 중간중간 청중에게 질문을 던지며 청중의 반응을 확인하고 있다.
③ 발표 내용의 역사적 유래와 가치를 언급하여 청중의 관심을 유도하고 있다.
④ 발표 내용과 관련된 자신의 경험을 이야기하여 청중의 흥미를 유발하고 있다.
⑤ 발표에서 언급된 화제에 대한 구체적인 예를 제시하여 청중의 이해를 돕고 있다.

2. 위 발표 내용을 바탕으로 (가) ~ (다)의 표지판을 이해한 내용으로 적절하지 <u>않은</u> 것은?

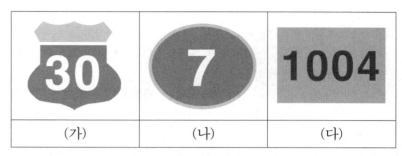

(가)	(나)	(다)

① (가)가 가리키는 도로는 남해고속도로와 서울양양고속도로 사이에 위치하고 있겠군.
② (나)가 가리키는 도로는 두 자리 번호가 적힌 같은 종류의 도로보다 중심적인 역할을 하겠군.
③ (다)가 가리키는 도로는 경상남도 내의 시·군청 소재지들을 연결하고 있는 도로들 중 하나이겠군.
④ (나)가 가리키는 도로는 (가)와 (다)가 가리키는 도로와는 달리 동서로 연결되어 있겠군.
⑤ (다)가 가리키는 도로는 (가)와 (나)가 가리키는 도로와는 달리 도지사가 직접 관리하겠군.

3. <보기>는 위 발표를 들은 학생의 반응이다. 이를 이해한 내용으로 가장 적절한 것은?

> ─── <보 기> ───
>
> 얼마 전 여행을 갔을 때가 생각이 나. 도로를 지날 때마다 번호들이 적혀 있는 방패 모양, 타원 모양, 직사각형 모양의 표지판들을 보았는데, 발표를 듣고 모두 의미가 있다는 것을 알게 되었어. 가기 전에 알았으면 더 좋았을 텐데……. 그런데 그때 삼각형과 육각형 모양의 표지판도 본 것 같은데, 그것들도 어떤 의미가 있는지 인터넷으로 검색해 봐야겠어.

① 발표 내용을 객관적 사실과 발표자의 의견으로 구분하고 있다.
② 발표했던 경험을 떠올리며 발표자의 발표 태도에 대해 아쉬워하고 있다.
③ 발표를 듣고 난 후 생긴 궁금증을 적극적으로 해결하려는 태도를 보이고 있다.
④ 발표에서 언급하지 않은 정보에 대해 발표자에게 질문을 해야겠다고 생각하고 있다.
⑤ 발표 내용과 자신이 알고 있던 사실을 비교하며 발표에서 제시한 정보에 의문을 품고 있다.

[4~7] (가)는 텔레비전 방송의 인터뷰이고, (나)는 (가)를 시청한 후 행복 나눔 장터를 다녀온 학생이 학교 홈페이지에 올리기 위해 쓴 건의문의 초고이다. 물음에 답하시오.

(가)

진행자 : 오늘은 '행복 나눔 장터'를 성공적으로 운영하고 있는 △△시의 시장님을 모시고 말씀을 나눠보겠습니다. 시장님, 안녕하세요.

△△시 시장 : 안녕하세요.

진행자 : ㉠시청자 분들께 행복 나눔 장터를 운영하게 된 배경을 말씀해 주시겠어요?

△△시 시장 : 그동안 우리 시에서는 재활용이 가능한 다양한 중고품이 쓰레기와 함께 버려지는 경우가 많았고, 이는 환경오염을 심화시켜 늘 골칫거리였습니다. (사진1 화면) 보시다시피 주변에 버려진 전자제품과 가구가 오랫동안 방치되어 환경을 오염시키고 있습니다. 그런데 한 시민의 제안으로 시작한 행복 나눔 장터 덕분에 지금은 중고품의 재활용이 증가하여 쓰레기 배출량도 많이 줄었습니다.

진행자 : 네, 그렇군요. 행복 나눔 장터가 주말마다 열린다고 들었는데, ㉡장터의 모습을 잠시 보여 주실 수 있나요?

△△시 시장 : (동영상 화면) 지난 주말의 장터 모습을 촬영한 것인데, 많은 시민들이 행복 나눔 장터를 찾았습니다.

진행자 : (동영상을 보고 나서) 행복 나눔 장터의 열기가 여기까지 전해지는 듯하네요. 시장님, ㉢올해는 운영 면에서 지난해와 달라진 점이 있나요?

△△시 시장 : 지난해까지는 나눔 마당을 통해 시민들로부터 기증 받은 중고품을 필요한 사람들에게 나눠주거나 중고품을 교환하는 행사에 치중했습니다. (사진2 화면) 하지만 올해는 화면에서 보시는 것처럼 실속 마당을 새롭게 마련하여 우리 지역에서 생산되는 토마토, 참외, 버섯 등의 농산물을 저렴하게 구입할 수 있도록 했습니다. (사진3 화면) 뿐만 아니라 행사장 가장자리에 체험 마당도 마련하여 폐식용유를 활용한 비누 만들기 체험을 해 볼 수 있게 하였습니다.

진행자 : 올해는 나눔 마당, 실속 마당, 체험 마당으로 구성하여 운영한다는 말씀이죠?

△△시 시장 : 네, 그렇습니다.

진행자 : 그동안 행복 나눔 장터를 운영하면서 힘들었던 일도 많았을 것 같은데, 소개해 주시겠습니까?

△△시 시장 : 행복 나눔 장터를 열던 첫해에는 시민들의 관심도 적었고, 기증 받은 중고품도 많지 않아 큰 어려움을 겪었습니다. 또 행사 진행을 도와 줄 자원봉사자들이 부족하여 무척 힘들었죠.

진행자 : 그렇군요. 그런데 시장님, ㉣기증 받은 중고품에는 어떤 것들이 있나요? 또 행사장에 가면 누구나 원하는 만큼 중고품을 무료로 받을 수 있는 건가요?

△△시 시장 : (표 화면) 이 표를 보시면 아시겠지만 가구, 가전 제품, 학용품, 옷, 신발, 완구 등 시민들로부터 기증 받은 중고품이 굉장히 많습니다. 행사장에 도착한 순서대로 번호표를 배부한 후 그 순서에 따라 필요한 물품을 선택할 수 있는 기회를 부여합니다. 하지만 물품 선택은 한 세대당 하나만 가능하죠.

진행자 : 그렇군요. 시장님, 행사가 열리는 장소는 어디죠?

△△시 시장 : 시청에서 5분 거리에 있는 시민운동장입니다. 다른 지역에서 오시는 분들은 지하철을 이용하시면 시민운동장까지 편안하게 이동할 수 있습니다.

진행자 : ㉤시민들이 중고품을 기증하려면 어떻게 해야 하나요?

△△시 시장 : (사진4 화면) △△시 홈페이지 게시판입니다. 이 게시판을 이용하여 기증할 물품과 기증자의 연락처만 남겨 주시면 업무 담당자가 직접 연락하여 기증자가 원하는 날짜에 수거할 것입니다.

진행자 : 끝으로 시청자 분들께 한 말씀 해 주시죠.

△△시 시장 : 행복 나눔 장터에는 다양한 종류의 중고품과 지역 농산물들이 준비되어 있습니다. 이번 주말에 가족과 함께 행복 나눔 장터를 방문해 주세요.

진행자 : 네, 오늘 좋은 말씀 감사합니다.

(나) 학생의 초고

　교장 선생님, 안녕하십니까? 저는 1학년 김○○입니다. 제가 교장 선생님께 글을 쓰게 된 이유는 우리 학교에도 중고품을 교환할 수 있는 나눔 장터를 마련해 달라고 건의하기 위해서입니다.

　저는 지난 주말에 가족들과 함께 시민운동장에서 열린 '행복 나눔 장터'를 다녀왔습니다. 이곳에서는 누구나 자유롭게 중고품을 교환할 수도 있고, 자신에게 필요한 물품을 무료로 제공받을 수 있습니다. 그러다 보니 시민들에게도 인기가 많을 뿐만 아니라 다른 도시에서도 소문을 듣고 이 장터를 찾는 사람들이 있다고 합니다. 저는 행복 나눔 장터를 다녀온 후 우리 학교에도 중고품을 교환할 수 있는 나눔 장터가 있으면 좋겠다고 느꼈습니다.

　제가 환경 동아리 부원들과 함께 전교생을 대상으로 사용하지 않는 물건들의 종류와 그 처리 방법을 알아보기 위해 설문조사를 했습니다. 사용하지 않는 물건에는 학용품을 비롯하여 참고서, 책, 가방, 자전거, 전자시계 등 종류가 다양했습니다. 이러한 물건들은 모두 쓸 만한 것들이지만 마땅히 처리할 방법을 잘 몰라 그냥 버리거나 집에 방치하고 있다는 응답이 상당수를 차지했습니다.

　이러한 현실을 감안할 때, ⓐ우리 학교에 중고품을 교환할 수 있는 장터가 생긴다면, 분명 긍정적인 효과가 발생할 것이라 생각합니다. 그러므로 중고품 나눔 장터를 마련해 주셨으면 좋겠습니다. 감사합니다.

4. (가)에 나타난 말하기 방식으로 적절한 것은?

① '진행자'는 '△△시 시장'에게 인터뷰할 내용의 순서를 안내하고 있다.

② '진행자'는 '△△시 시장'에게 자신이 이해한 내용이 맞는지 확인하고 있다.

③ '진행자'는 친숙한 소재에 빗대어 인터뷰 내용을 요약하여 시청자들에게 전달하고 있다.

④ '△△시 시장'은 '진행자'의 질문에 전문가의 말을 인용하여 답변하고 있다.

⑤ '△△시 시장'은 기대되는 긍정적인 결과를 언급하며 인터뷰를 마무리하고 있다.

5. <보기>는 '△△시 시장'이 인터뷰를 위해 준비한 자료이다. ㉠~㉤에 답변을 하기 위한 자료 활용 계획 중, (가)에서 확인할 수 없는 것은?

───── <보 기> ─────
• 사진1 : 주변에 버려진 냉장고의 모습
• 동영상 : 행복 나눔 장터의 사람들 모습
• 사진2 : 지역 농산물을 판매하는 모습
• 사진3 : 폐식용유로 비누 만들기를 하는 모습
• 표 : 2021년 △△시 시민들이 기증한 중고품 목록
• 사진4 : △△시 홈페이지의 게시판 화면

① ㉠에 대한 답변에서 '사진 1'을 제시하여, 행복 나눔 장터의 운영이 자원 재활용 및 환경 보호와 관련이 있음을 전달해야 겠어.

② ㉡에 대한 답변에서 '동영상'을 제시하여, 행복 나눔 장터를 찾은 사람들의 모습을 생생하게 보여줘야겠어.

③ ㉢에 대한 답변에서 '사진 2'와 '사진 3'을 제시하여, 행복 나눔 장터에서 판매하는 지역 농산물과 시민들이 참여할 수 있는 체험 활동을 언급해야겠어.

④ ㉣에 대한 답변에서 '표'를 제시하여, 기증 받은 중고품의 목록과 기증자에게 돌아갈 다양한 혜택을 언급해야겠어.

⑤ ㉤에 대한 답변에서 '사진4'를 제시하여, 중고품의 기증 방법과 절차를 안내해야겠어.

6. 다음은 학생이 (나)를 쓰기 전 떠올린 생각이다. (나)에 반영되지 않은 것은?

┌─────────────────────────────────┐
│ ○ 글을 쓰는 사람이 누구인지를 먼저 밝혀야겠어. ……… ㉠
│ ○ 행복 나눔 장터를 직접 방문한 후의 느낀 점을 언급해야 겠어. ……………………… ㉡
│ ○ 다른 지역의 학교에서 운영하고 있는 중고품 나눔 장터의 현황을 소개해야겠어. ……………… ㉢
│ ○ 우리 학교 학생들이 사용하지 않고 있는 물건을 어떻게 처리하는지 언급해야겠어.…………… ㉣
│ ○ 중고품 나눔 장터를 마련해 달라고 건의하며 글을 마무리 해야겠어. ……………………… ㉤
└─────────────────────────────────┘

① ㉠   ② ㉡   ③ ㉢   ④ ㉣   ⑤ ㉤

7. 다음을 고려할 때, ⓐ를 보완한 내용으로 가장 적절한 것은?

[3점]

┌─────────────────────────────────┐
│ **[글쓰기 과정에서의 자기 점검]**
│   긍정적인 효과가 무엇인지 잘 드러나지 않았네. 우리 학교 학생들이 얻을 수 있는 교육적 효과와 학교가 얻을 수 있는 홍보 효과도 함께 강조하면 설득력이 더 높아질 것 같아.
└─────────────────────────────────┘

① 우리 학교에 중고품을 교환할 수 있는 장터가 생긴다면, 학생들 뿐만 아니라 지역 주민들도 분명 동참하게 될 것입니다.

② 우리 학교에 중고품을 교환할 수 있는 장터가 생긴다면, 학생들도 자신의 물건을 함부로 버리지 않고 더 애정을 가지게 될 것입니다.

③ 우리 학교에 중고품을 교환할 수 있는 장터가 생긴다면, 환경 보호에도 도움이 될 것이고 학생들도 자원 절약의 정신을 배우게 될 것입니다.

④ 우리 학교에 중고품을 교환할 수 있는 장터가 생긴다면, 우리 지역의 중학생들도 이 소문을 듣게 될 것이므로 자연스럽게 학교 홍보가 될 것입니다.

⑤ 우리 학교에 중고품을 교환할 수 있는 장터가 생긴다면, 학생들은 나눔의 정신을 배울 것이고 학교는 자원 절약을 실천하는 배움터 라는 이미지를 얻을 것입니다.

[8~10] 다음을 읽고 물음에 답하시오.

(가) 작문 상황

○ 작문 목적 : 디지털 기기의 사용이 지구 환경에 미치는 영향을 알려, 디지털 탄소발자국 줄이기에 동참할 것을 권유함.

○ 예상 독자 : 학교 학생들

(나) 학생의 초고

　최근 '기후변화'와 '지속가능'의 개념들이 뉴스에서도 언급되는 등 지구적인 관심사가 되면서 다양한 분야에서 탄소발자국을 ㉠ 감소시키고 줄이려는 노력이 이어지고 있다. '탄소발자국'은 제품의 생산에서 소비, 폐기에 이르는 전 과정에서 직간접적으로 발생하는 이산화탄소의 총량으로, 한마디로 우리가 살아가면서 지구에 남기는 흔적이다.

　그런데 탄소발자국 줄이기와 관련하여 간과해서는 안 될 분야가 바로 디지털 영역이다. 디지털 기기는 사용 흔적이 눈에 보이지 않아 대수롭지 않게 여기는 경우가 많은데 실제로는 그렇지 않기 때문이다. 디지털 기기와 데이터 센터에 있는 서버를 연결하는 과정에서 이산화탄소가 발생하며, 데이터 센터의 적정 온도를 유지하는 데에도 이산화탄소가 많이 발생한다. ㉡ 그러나 스마트폰과 노트북 등 디지털 기기를 사용하는 것만으로도 지구를 병들게 할 수 있는 것이다.

　그렇다면 이러한 디지털 탄소발자국을 줄이기 위해 우리가 실천할 수 있는 일에는 무엇이 있을까? 우리의 일상과 떼려야 뗄 수 없는 스마트폰과 관련지어 생각해 보자. 우선, 스마트폰 사용 시간을 줄이는 것이다. 통화를 하거나 데이터를 사용하는 것뿐만 아니라 습관적으로 화면을 켜는 행위도 그만큼 전력을 소모해 이산화탄소를 발생시킨다고 하니, 환경을 위해 ⑤ 조금 멀리하는 것이 필요하다. 다음으로, 콘텐츠를 스트리밍하는 대신에 다운로드하는 것이다. 스트리밍은 인터넷을 사용하면서 발생하는 트래픽의 상당 부분을 차지하므로, 자주 듣고 보는 음악과 영상을 미리 다운로드하는 것이 탄소발자국을 줄이는 좋은 방법이 된다. 끝으로, 스마트폰을 자주 바꾸지 않는 것이다. ㉢ 스마트폰 한 대를 생산할 때 배출되는 이산화탄소의 양은 스마트폰 한 대를 약 10년 동안 사용할 때의 양과 같다고 한다. 스마트폰의 교체가 잦을수록 이산화탄소 발생량이 점점 증가하므로 스마트폰의 교체 주기를 늘리는 것이 탄소발자국을 줄이는 방법이 될 수 있다.

　이처럼 디지털 탄소발자국을 줄이는 것은 개개인의 작은 실천에서 시작될 수 있다. 고개 숙여 스마트폰을 보는 대신 앞에 앉아 있는 사람과 눈 ㉤ 마추며 대화를 나누는 것은 어떨까? 어쩌면 스마트폰을 잠시 내려놓는 일은 사람들 간의 관계를 회복할 뿐만 아니라 지구의 건강을 지키는 일일 것이다.

8. (나)에 활용된 글쓰기 전략으로 적절하지 <u>않은</u> 것은?

① 비유적 표현을 활용하여 독자의 경각심을 높인다.
② 서두에 시사 용어를 사용하여 독자의 관심을 유도한다.
③ 묻고 답하는 방식을 통해 전달하려는 내용을 강조한다.
④ 다양한 실천 방안을 제시하여 독자의 참여를 이끌어낸다.
⑤ 예상되는 반론을 언급하여 글의 내용에 공정성을 부여한다.

9. <보기>는 (나)를 쓴 '학생'이 '초고'를 보완하기 위해 추가로 수집한 자료들이다. 자료의 활용 방안으로 적절하지 <u>않은</u> 것은? [3점]

──────── <보 기> ────────

ㄱ. 통계 자료

1. 스마트폰의 디지털 탄소발자국　2. 디지털 탄소발자국의 비율(%)

데이터 8.6MB 사용　＝　자동차 1km 주행

CO₂ 95g 배출

구분	디지털탄소발자국 / 탄소발자국
2013년	2.5%
2018년	3%
2020년	3.7%
2040년	14% 초과 추정

ㄴ. 신문 기사

　○○구는 지속가능한 지역 사회를 만들고 기후변화에 대응하기 위해 '디지털 탄소발자국 줄이기 5대 지침'을 시행한다고 밝혔다. 세부 지침은 컴퓨터 절전 프로그램 사용, 스팸 메일·쪽지 차단, 북마크 활용, 스트리밍 대신 다운로드, 전자기기 교체 주기 늘리기 등이다.

ㄷ. 전문가 인터뷰 자료

　"2020년 7월 한 달 동안 스마트폰 가입자가 사용한 데이터는 1인당 평균 12.5GB 정도 되는데요, 이것은 한 달 동안 1인당 137.5kg의 이산화탄소를 배출한 셈이 됩니다. 실제 한 대학교 연구진은 개인이 스마트폰을 사용하면서 발생하는 이산화탄소가 다른 디지털 기기를 사용하는 과정에서 나온 이산화탄소의 총량을 넘어설 것이라고 지적하기도 했죠."

① ㄱ-1을 활용하여, CO₂ 배출량을 자동차 주행과 비교함으로써 스마트폰 데이터의 사용이 탄소발자국을 남기고 있다는 것을 강조해야겠어.
② ㄱ-2를 활용하여, 탄소발자국에서 디지털 탄소발자국이 차지하는 비중이 앞으로 더 늘어날 것임을 알려야겠어.
③ ㄴ을 활용하여, 디지털 탄소발자국을 줄여 기후변화에 대응하는 실천 방안을 추가로 제시해야겠어.
④ ㄱ-1과 ㄷ을 활용하여, 스마트폰 데이터의 사용으로 발생하는 디지털 탄소발자국을 구체적인 수치로 나타내야겠어.
⑤ ㄱ-2와 ㄴ을 활용하여, 디지털 탄소발자국을 줄이기 위해 현행 제도의 문제점을 지적하고 이를 개선해야 함을 부각해야겠어.

10. ㉠~㉤을 고쳐 쓰기 위한 방안으로 적절하지 <u>않은</u> 것은?

① ㉠ : 의미가 중복되므로 '감소시키고'를 삭제한다.
② ㉡ : 문맥을 고려하여 '그래서'로 고친다.
③ ㉢ : 필요한 문장 성분이 생략되어 있으므로 '스마트폰을'을 첨가한다.
④ ㉣ : 글의 통일성을 해치는 내용이므로 삭제한다.
⑤ ㉤ : 맞춤법에 어긋나므로 '맞추며'로 고친다.

11. <보기>의 ㉠과 ㉡이 모두 일어나는 단어로 적절한 것은?

─── <보 기> ───

음운의 변동에는 한 음운이 다른 음운으로 바뀌는 ㉠'교체', 원래 있던 음운이 없어지는 '탈락', 두 개의 음운이 하나로 합쳐지는 ㉡'축약', 없던 음운이 새로 생기는 '첨가'가 있다.

① 굳히다[구치다]　　　　② 미닫이[미다지]
③ 빨갛다[빨가타]　　　　④ 솜이불[솜니불]
⑤ 잡히다[자피다]

[12~13] 다음 글을 읽고 물음에 답하시오.

일반적으로 문장은 주어와 서술어의 관계에 따라 홑문장과 겹문장으로 나눌 수 있다. 홑문장은 '주어-서술어'의 관계가 한 번만 나타나는 문장이고, 겹문장은 '주어-서술어'의 관계가 두 번 이상 나타나는 문장이다. 겹문장은 문장의 짜임새에 따라 다시 안은문장과 이어진문장으로 나뉜다.

다른 문장 속에 들어가 하나의 성분처럼 쓰이는 문장을 안긴문장이라고 하며, 이 문장을 포함한 문장을 안은문장이라고 한다. 안긴문장은 문법 단위로는 '절'에 해당하며, 이는 크게 명사절, 관형절, 부사절, 서술절, 인용절의 다섯 가지로 나뉜다.

명사절은 '우리는 <u>그가 돌아오기</u>를 기다린다.'의 밑줄 친 부분과 같이 절 전체가 명사처럼 쓰이는 것으로, 문장에서 주어, 목적어, 보어, 부사어 등의 역할을 한다. 관형절은 절 전체가 관형어의 기능을 하는 것으로, '<u>아이들이 들어오는</u> 소리를 들었다.'의 밑줄 친 부분과 같이 체언 앞에 위치하여 체언을 수식하는 역할을 한다. 부사절은 절 전체가 부사어의 기능을 하는 것으로, '하늘이 <u>눈이 시리도록</u> 푸르다.'의 밑줄 친 부분과 같이 서술어를 수식하는 역할을 한다. 서술절은 '나는 <u>국어가 좋아</u>.'의 밑줄 친 부분과 같이 절 전체가 서술어의 기능을 하는 것이다. 인용절은 '담당자가 "<u>서류는 내일까지 제출하세요</u>."라고 말했다.'의 밑줄 친 부분과 같이 화자의 생각 혹은 느낌이나 다른 사람의 말을 인용한 것이 절의 형식으로 안기는 경우로, '고', '라고'와 결합하여 나타난다.

이어진문장은 둘 이상의 절이 연결 어미에 의해 결합된 문장을 말한다. 절이 이어지는 방법에 따라 대등하게 이어진문장과 종속적으로 이어진문장으로 나뉜다. 대등하게 이어진문장은 앞절과 뒤 절이 '-고', '-지만' 등의 연결 어미에 의해 이어지며, 각각 '나열', '대조' 등의 대등한 의미 관계로 해석된다. 종속적으로 이어진문장은 앞 절과 뒤 절이 '-아서/-어서', '-(으)면', '-(으)러' 등의 연결 어미에 의해 이어지며, 앞 절이 뒤 절에 대해 각각 '원인', '조건', '목적' 등의 종속적인 의미 관계로 해석된다.

12. 윗글을 바탕으로 <보기>를 탐구한 내용으로 적절하지 <u>않은</u> 것은?

─── <보 기> ───

㉠오랫동안 여행을 떠났던 친구가 ㉡자신이 돌아왔음을 알리며 ㉢곧장 나를 만나러 오겠다고 ㉣기분 좋게 약속해서 나는 ㉤마음이 설렜다.

① ㉠은 뒤에 오는 명사 '친구'를 수식하므로 관형절로 안긴문장으로 볼 수 있군.
② ㉡은 서술어 '알리며'의 부사어 역할을 하므로 명사절로 안긴문장으로 볼 수 있군.
③ ㉢은 '고'를 사용하여 친구의 말을 인용하고 있으므로 인용절로 안긴문장으로 볼 수 있군.
④ ㉣은 서술어 '약속해서'를 수식하고 있으므로 부사절로 안긴문장으로 볼 수 있군.
⑤ ㉤은 주어 '나'의 상태를 서술하는 역할을 하므로 서술절로 안긴문장으로 볼 수 있군.

13. 윗글을 바탕으로 이어진문장을 구분한 내용으로 적절한 것은?

	예문	종류	의미 관계
①	무쇠도 갈면 바늘이 된다.	종속	목적
②	하늘도 맑고, 바람도 잠잠하다.	대등	대조
③	나는 시험공부를 하러 학교에 간다.	종속	조건
④	함박눈이 내렸지만 날씨가 따뜻하다.	대등	나열
⑤	갑자기 문이 열려서 사람들이 놀랐다.	종속	원인

14. <보기>를 바탕으로 ㉠~㉢을 이해한 내용으로 적절하지 <u>않은</u> 것은? [3점]

―――――――― <보 기> ――――――――

'동사'는 동작이나 작용을 나타내는 단어이고, '형용사'는 성질이나 상태를 나타내는 단어이다. 동사와 형용사는 활용하는 양상이 다른데, 일반적으로 동사 어간에는 현재 시제 선어말어미 '-ㄴ-/-는-', 현재 시제의 관형사형 어미 '-는', 명령형 어미 '-아라/-어라', 청유형 어미 '-자' 등이 붙지만, 형용사 어간에는 붙지 않는다.

㉠ 지훈이가 야구공을 멀리 <u>던졌다</u>.
㉡ 해가 떠오르며 점차 날이 <u>밝는다</u>.
㉢ 그 친구는 <u>아는</u> 게 참 많다.
㉣ 날씨가 더우니 한복을 <u>입어라</u>.
㉤ *올해도 우리 모두 <u>건강하자</u>.

※ '*'는 비문법적인 문장임을 나타냄.

① ㉠의 '던졌다'는 대상의 동작을 나타내므로 동사이다.
② ㉡의 '밝는다'는 대상의 상태를 나타내므로 형용사이다.
③ ㉢의 '아는'은 현재 시제의 관형사형 어미 '-는'이 결합하였으므로 동사이다.
④ ㉣의 '입어라'는 명령형 어미 '-어라'가 결합하였으므로 동사이다.
⑤ ㉤의 '건강하자'의 기본형 '건강하다'는 청유형 어미 '-자'가 결합할 수 없으므로 형용사이다.

15. <보기>를 바탕으로 단어의 의미를 이해하려 할 때, ㉠과 ㉡의 예로 바르게 짝지어진 것은?

―――――――― <보 기> ――――――――

다의어는 두 가지 이상의 뜻을 가진 단어를 가리킨다. 다의어는 단어가 원래 뜻하는 ㉠중심적 의미와 중심적 의미에서 파생된 ㉡주변적 의미를 갖는다. '날아가는 새를 보다'에서 '보다'는 '눈으로 대상의 존재, 형태를 알다'라는 중심적 의미로 사용되었다. 그러나 '의사가 환자를 보다'에서 '보다'는 '진찰하다'라는 주변적 의미로 사용되었다.

	㉠	㉡
①	창문을 <u>열어</u> 환기를 하자.	회의를 <u>열어</u> 그를 회장으로 추천하자.
②	마음을 굳게 <u>먹고</u> 열심히 연습했다.	국이 매워서 많이 <u>먹지</u> 못하겠다.
③	미리 숙소를 <u>잡고</u> 여행지로 출발했다.	오디션에 참가할 기회를 <u>잡았다</u>.
④	그는 이번 인사발령으로 총무과로 <u>갔다</u>.	그는 아침 일찍 일터로 <u>갔다</u>.
⑤	창밖을 내다보니 동이 트려면 아직도 <u>멀었다</u>.	학교에서 버스정류장까지가 매우 <u>멀었다</u>.

[16~20] 다음 글을 읽고 물음에 답하시오.

'식욕'은 음식을 먹고 싶어 하는 욕망으로, 인간이 살아가는 데 필요한 영양분을 얻기 위해서 반드시 필요하다. 식욕은 기본적으로 뇌의 시상 하부*에 있는 식욕 중추*의 영향을 받는데, 이 중추에는 배가 고픈 느낌이 들게 하는 '섭식 중추'와 배가 부른 느낌이 들게 하는 '포만 중추'가 함께 있다. 우리 몸이 영양분을 필요로 하는 상태가 되면 섭식 중추는 뇌 안의 다양한 곳에 신호를 보낸다. 그러면 식욕이 느껴져 침의 분비와 같이 먹는 일과 관련된 무의식적인 행동이 촉진된다. 그러다 영양분의 섭취가 늘어나면, 포만 중추가 작용해서 식욕이 억제된다.

[A]
그렇다면 뇌에 있는 섭식 중추나 포만 중추는 어떻게 몸 속 영양분의 상태에 따라 식욕을 조절하는 것일까? 여기에서 중요한 역할을 하는 것이 혈액 속을 흐르는 영양소인데, 특히 탄수화물에서 분해된 '포도당'과 지방에서 분해된 '지방산'이 중요하다. 먼저 탄수화물은 식사를 통해 섭취된 후 소장에서 분해되면, 포도당으로 변해 혈액 속으로 흡수된다. 그러면 혈중 포도당의 농도가 높아지고, 이를 줄이기 위해 췌장에서 '인슐린'이라는 호르몬이 분비된다. 이 포도당과 인슐린이 혈액을 타고 시상 하부로 이동하여 포만 중추의 작용은 촉진하고 섭식 중추의 작용은 억제한다. 반면에 지방은 피부 아래의 조직에 중성지방의 형태로 저장되어 있다가 공복 상태가 길어지면 혈액 속으로 흘러가 간(肝)으로 운반된다. 그러면 부족한 에너지를 보충하기 위해 간에서 중성지방이 분해되고, 이 과정에서 생긴 지방산이 혈액을 타고 시상 하부로 이동하여 섭식 중추의 작용은 촉진하고 포만 중추의 작용은 억제한다. 이와 같은 작용 원리에 따라 우리의 식욕은 자연스럽게 조절된다.

그런데 우리는 온전히 영양분 섭취만을 목적으로 식욕을 느끼는 것은 아니다. 예를 들어, '스트레스를 받으니까 매운 음식이 먹고 싶어.'처럼 영양분의 섭취와 상관없이 취향이나 기분에 좌우되는 식욕도 있다. 이와 같은 식욕은 대뇌의 앞부분에 있는 '전두 연합 영역'에서 조절되는데, 본래 이 영역은 정신적이고 지적인 활동을 담당하는 곳이지만 식욕에도 큰 영향을 미친다. 이곳에서는 음식의 맛, 냄새 등 음식에 관한 다양한 감각 정보를 정리해 종합적으로 기억한다. 또한 맛이 없어도 건강을 위해 음식을 섭취하는 것과 같이, 먹는 행동을 이성적으로 조절하는 일도 이곳에서 담당하는데, 전두 연합 영역의 지령은 신경 세포의 신호를 통해 섭식 중추와 포만 중추로 전해진다.

한편 전두 연합 영역의 기능을 알면, ⓐ음식을 먹은 후 '이젠 더 이상 못 먹겠다.'라고 생각하면서도 디저트를 먹는 현상을 쉽게 이해할 수 있다. 흔히 사람들이 '이젠 더 이상 못 먹겠다.'고 생각하는 이유는 ⓑ실제로 배가 찼기 때문일 수도 있고, 배가 차지는 않았지만 특정한 맛에 질렸기 때문일 수도 있다. 그런데 이런 상황에도 불구하고 디저트를 먹는 현상은 모두 전두 연합 영역의 영향을 받는다. 먼저, 배가 찬 상태에서는 전두 연합 영역의 영향으로 위(胃) 속에 디저트가 들어갈 공간을 마련할 수 있다. 전두 연합 영역의 신경 세포가 '맛있다'와 같은 신호를 섭식 중추로 보내면, 거기에서 '오렉신'이라는 물질이 나온다. 오렉신은 위(胃)의 운동에 관련되는 신경 세포에 작용해서, 위(胃)의 내용물을 밀어내고 다시 새로운 음식이 들어갈 공간을 마련하는 것이다. 다음으로, 배가 차지 않은 상태이지만 전두 연합 영역의 영향으로 특정한 맛에 질릴 수 있다. 그래서 식사가 끝난 후에는 대개 단맛의 음식을 먹고 싶어 하게 되는데, 이는 주식이나 반찬에는 그 정도의 단맛을 내는 음식이 없기 때문이다. 따라서 우리가 "디저트 먹을 배는 따로 있다."라고 하는 것은 생물학적으로 충분히 설득력 있는 표현이 되는 것이다.

* 시상 하부 : 사람이 의식적으로 통제하지 못하는 다양한 신체 시스템을 감시하고 조절하는 뇌의 영역.
* 중추 : 신경 기관 가운데, 신경 세포가 모여 있는 부분.

16. 윗글의 표제와 부제로 가장 적절한 것은?

① 식욕의 작용 원리
  – 식욕 중추와 전두 연합 영역을 중심으로
② 식욕의 개념과 특성
  – 영양소의 종류와 역할을 중심으로
③ 식욕이 생기는 이유
  – 탄수화물과 지방의 영향 관계를 중심으로
④ 전두 연합 영역의 특성
  – 디저트의 섭취와 소화 과정을 중심으로
⑤ 전두 연합 영역의 여러 기능
  – 포도당과 지방산의 작용 관계를 중심으로

17. 윗글을 이해한 내용으로 적절하지 <u>않은</u> 것은?

① 식욕은 인간이 살아가는 데 반드시 필요한 욕망이다.
② 인간의 뇌에 있는 시상 하부는 인간의 식욕에 영향을 끼친다.
③ 위(胃)의 운동에 관여하는 오렉신은 전두 연합 영역에서 분비된다.
④ 음식의 특정한 맛에 질렸을 때 더 이상 먹을 수 없다고 생각할 수 있다.
⑤ 전두 연합 영역은 정신적이고 지적인 활동뿐만 아니라 식욕에도 관여한다.

18. ⓑ와 '식욕 중추의 작용'을 고려하여 ⓐ를 이해한 내용으로 적절한 것은?

① 섭식 중추의 작용이 억제되므로 ⓐ는 타당하다.
② 섭식 중추의 작용이 활발하므로 ⓐ는 모순적이다.
③ 포만 중추의 작용이 억제되므로 ⓐ는 모순적이다.
④ 포만 중추의 작용이 활발하므로 ⓐ는 모순적이다.
⑤ 섭식 중추와 포만 중추의 작용이 반복되므로 ⓐ는 타당하다.

19. [A]를 바탕으로 <보기>에 대해 설명한 내용으로 가장 적절한 것은?

<보 기>
다음은 탄수화물이 포함된 식사 전후에 혈액 속을 흐르는 물질이 식욕 중추에 끼치는 영향 관계를 표현한 모식도이다.

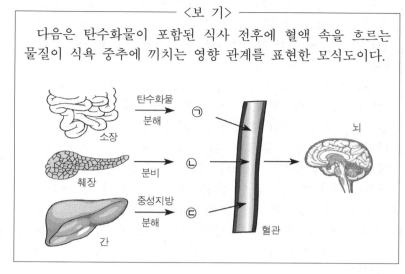

① 혈관 속에 ㉠의 양이 줄어들면 ㉡이 분비된다.
② 혈관 속에 ㉠과 ㉡의 양이 많아지면 배가 고픈 느낌이 든다.
③ 공복 상태가 길어지면 ㉠과 ㉢은 시상 하부의 명령을 식욕 중추에 전달한다.
④ 공복 상태가 길어지면 혈관 속에 ㉠의 양은 줄어들고 ㉢의 양은 늘어난다.
⑤ 식사를 하는 동안에 ㉡은 ㉢의 도움으로 피부 아래의 조직에 중성지방으로 저장된다.

20. 윗글을 바탕으로 <보기>를 이해한 내용으로 적절하지 <u>않은</u> 것은? [3점]

<보 기>
(뷔페에서 음식을 먹은 후)
A : 너무 많이 먹어서 배가 터질 것 같아.
B : 나도 배가 부르기는 한데, 그래도 내가 좋아하는 떡볶이를 좀 더 먹어야겠어.
(잠시 후 디저트를 둘러보며)
A : 예전에 여기서 이 과자 먹어 봤는데 정말 달고 맛있었어. 오늘도 먹어 볼까?
B : 너 조금 전에 배가 터질 것 같다고 하지 않았니?
A : 후식 먹을 배는 따로 있다는 말도 못 들어 봤어?
B : 와! 그게 또 들어가? 진짜 대단하다. 나는 입맛에는 안 맞지만 건강을 위해 녹차나 마셔야겠어.

① A는 오렉신의 영향으로 위(胃)에 후식이 들어갈 공간이 더 마련되었겠군.
② A는 섭식 중추의 작용으로 뷔페의 과자가 맛있었다고 떠올릴 수 있었겠군.
③ B는 영양분의 섭취와는 무관하게 떡볶이가 먹고 싶다고 생각했겠군.
④ B는 전두 연합 영역의 작용으로 건강을 위해 입맛에 맞지 않는 녹차를 마셨겠군.
⑤ A와 B는 디저트를 둘러보기 전까지 섭식 중추의 작용이 점점 억제되었겠군.

[21~25] 다음 글을 읽고 물음에 답하시오.

정약용은 조선 후기의 실학자로, 인간의 본성에 대한 탐구를 통해 인간의 선한 행위를 설명하고자 하였다. 그는 이전까지 절대적 권위를 가지고 있던 주희(朱熹)의 주자학을 비판하며 인간의 본성에 대한 자신의 이론을 정립했다는 점에서 주희와는 다른 관점을 보여 주었다.

주희는 인간의 본성을 '본연지성(本然之性)'과 '기질지성(氣質之性)'으로 설명하였다. '본연지성'은 인간이 하늘로부터 부여받은 순수하고 선한 본성이고, '기질지성'은 본연지성에 사람마다 다른 기질이 더해진 것으로 사람에 따라 다양하게 나타난다. 그래서 주희는 인간의 기질이 맑으면 선한 행위를 하고 탁하면 악한 행위를 할 수 있다고 보았다. 그러나 정약용은 선한 행위와 악한 행위의 원인을 기질이라는 선천적 요인으로 본다면 행위에 인간의 의지가 개입되지 않으므로 악한 행위를 한 사람에게 윤리적 책임을 물을 수 없다고 주희의 관점을 비판하였다.

정약용은 인간의 본성을 '기호(嗜好)'라고 보았다. 기호란 즐기고 좋아한다는 뜻으로, 생명이 있는 모든 존재는 각각의 기호를 본성으로 갖는다고 보았다. 꿩은 산을 좋아하는 경향성을 갖고 벼는 물을 좋아하는 경향성을 갖는 것처럼, 인간도 어떤 경향성을 갖는다는 것이다. 정약용은 인간에게 ㉠'감각적 욕구에서 비롯된 기호'와 ㉡'도덕적 욕구에서 비롯된 기호'가 있다고 보았다. 먼저, 감각적 욕구에서 비롯된 기호는 생명이 있는 모든 존재가 지니는 육체의 경향성으로, 맛있는 것을 좋아하고 맛 없는 것을 싫어하는 것을 예로 ⓐ들 수 있다. 다음으로, 도덕적 욕구에서 비롯된 기호는 인간만이 지니는 영혼의 경향성으로, 선을 좋아하거나 악을 싫어하는 것을 예로 들 수 있다. 정약용은 감각적 욕구가 생존에 필요하고 삶의 원동력이 된다는 점에서 일부 긍정했으나, 감각적 욕구에서 비롯된 기호를 제어하지 못할 경우 악한 행위가 나타날 수 있고, 도덕적 욕구에서 비롯된 기호를 따를 경우 선한 행위가 나타난다고 보았다. 정약용은 선한 행위를 하거나 악한 행위를 하는 것이 온전히 인간의 자유 의지에 달려 있으므로, 악한 행위를 한 사람에게 윤리적 책임을 물을 수 있다고 보았다.

그래서 정약용은 자유 의지로 선한 행위를 선택하고 이를 실천하는 것이 중요하다고 보았는데, 구체적인 실천 원리로 '서(恕)'를 강조하였다. 그는 '서'를 용서(容恕)와 추서(推恕)로 구분하고, 추서를 특히 강조하였다. 용서는 타인을 다스리는 것과 관련되어 '타인의 악을 너그럽게 보아줌'을 의미하고, 추서는 자신을 다스리는 것과 관련되어 '내가 대접받고 싶은 대로 타인을 대우함'을 의미한다. 친구가 거짓말을 했을 때 잘못을 덮어 주는 행위는 용서이고, 내가 아우의 존중을 받고 싶을 때 내가 먼저 형을 존중하는 모습을 보여주는 행위는 추서인 것이다. 그런데 용서는 타인의 악한 행위를 용인해 주는 문제가 발생할 수 있지만, 추서는 자신의 마음을 미루어 타인의 마음을 이해할 수 있으므로, 정약용은 추서에 따라 선한 행위를 실천해야 한다고 보았다.

21. 윗글의 내용 전개 방식으로 가장 적절한 것은?

① 인간의 본성에 대한 여러 관점이 사회에 미친 영향을 설명하고 있다.
② 인간의 본성에 대한 기존의 관점을 비판하는 다른 관점을 소개하고 있다.
③ 인간의 본성에 대한 관점의 타당성 여부를 다양한 입장에서 분석하고 있다.
④ 인간의 본성에 대한 상반된 관점을 절충한 새로운 관점의 특징을 밝히고 있다.
⑤ 인간의 본성에 대해 대비되는 관점이 등장하게 된 시대적 배경을 설명하고 있다.

22. 윗글의 내용과 일치하지 않는 것은?

① 주희는 인간에게 하늘로부터 부여 받은 본연지성이 있다고 보았다.
② 주희는 기질의 맑고 탁함에 따라 선하거나 악한 행위가 나타날 수 있다고 보았다.
③ 정약용은 추서에 따라 선한 행위를 실천하는 것이 중요하다고 보았다.
④ 정약용은 감각적 욕구가 악한 행위를 유도하므로 제거해야 한다고 보았다.
⑤ 정약용은 주희의 관점으로는 악한 행위를 한 사람에게 윤리적 책임을 물을 수 없다고 보았다.

23. ㉠과 ㉡에 대한 이해로 가장 적절한 것은?

① ㉠은 인간이 제어할 수 없는 기호이다.
② ㉡은 생존에 필요한 욕구에서 비롯된 것이다.
③ ㉠은 ㉡과 달리 생명이 있는 모든 존재가 지닌다.
④ ㉡은 ㉠과 달리 욕구를 즐기고 좋아하는 경향성이다.
⑤ ㉠과 ㉡은 모두 타인의 잘못을 덮어 주는 행위와 직결된다.

24. 윗글을 바탕으로 <보기>를 이해한 내용으로 적절하지 <u>않은</u> 것은? [3점]

<보 기>

학급에서 복도 청소를 맡은 학생 A와 B가 있었다. A는 평소 청소를 잘 하지 않았고, B는 항상 성실히 청소를 하였다. 복도가 깨끗한 것을 본 선생님이 복도 청소 담당인 두 학생을 모두 칭찬하였는데, 이때 A는 자신이 B보다 더 열심히 청소를 했다고 거짓말을 하였다. B는 A가 거짓말을 했다는 것을 알고 있었지만 이를 내색하지 않고 평소대로 열심히 청소하였고 A는 그러한 B를 보면서 부끄러움을 느꼈다. 이후, A는 B에게 자신의 행동을 사과하였으며, 책임감을 갖고 청소하였다.

① 주희는 거짓말을 한 것과 무관하게 A에게는 순수하고 선한 본성이 있다고 보겠군.
② 주희는 평소 청소를 잘 하지 않는 A와 항상 성실히 청소하는 B의 기질이 서로 다르다고 보겠군.
③ 정약용은 A가 책임감 있게 청소하게 된 것이 A의 자유 의지에 의한 것이라고 보겠군.
④ 정약용은 A가 도덕적 욕구에서 비롯된 기호를 따랐기 때문에 행동의 변화가 나타났다고 보겠군.
⑤ 정약용은 B가 추서로 A의 마음을 이해해 주었기 때문에 A의 거짓말을 용인하게 되었다고 보겠군.

25. ⓐ와 문맥적 의미가 가장 유사한 것은?

① 명확한 증거를 들었다.
② 감기가 들어 약을 먹었다.
③ 마음에 드는 사람이 있다.
④ 우리 집은 햇볕이 잘 든다.
⑤ 상자 안에 선물이 들어 있다.

[26~28] 다음 글을 읽고 물음에 답하시오.

안 초시는 한나절이나 화투패를 떼다 안 떨어지면 그 화풀이로 박희완 영감이 들고 중얼거리는 『속수국어독본』을 툭 채어 행길로 팽개치며 그랬다.
"넌 또 무슨 재술 바라구 밤낮 화투패나 떨어지길 바라니?"
"난 심심풀이지."
그러나 속으로는 박희완 영감보다 더 세상에 대한 야심이 끓었다. 딸이 평양으로 대구로 다니며 지방 순회까지 하여서 제법 돈냥이나 걷힌 것 같으나 연구소를 내느라고, 집을 뜯어 고친다, 유성기를 사들인다, 교제를 하러 돌아다닌다 하느라고, 더구나 귀찮게만 아는 이 아비를 위해 쓸 돈은 예산에부터 들지 못하는 모양이었다.

"애? 낡은 솜이 돼 그런지, 삯바느질이 돼 그런지 바지 솜이 모두 치어서 어떤 덴 홑옷이야. 암만해두 샤쯔 한 벌 사입어야겠다."
하고 딸의 눈치만 보아 오다 한번은 입을 열었더니,
"어렵히 인제 사드릴라구요."
하고 딸은 대답은 선선하였으나 셔츠는 그해 겨울이 다 지나도록 구경도 못 하였다. ⓐ 셔츠는커녕 안경다리를 고치겠다고 돈 1원만 달래도 1원짜리를 굳이 바꿔다가 50전 한 닢만 주었다. 안경은 돈을 좀 주무르던 시절에 장만한 것이라 테만 오륙 원 먹는 것이어서 50전만으로 그런 다리는 어림도 없었다. 50전 짜리 다리도 있지만 살 바에는 조촐한 것을 택하던 초시의 성미라 더구나 면상에서 짝짝이로 드러나는 것을 사기가 싫었다. ⓛ 차라리 종이 노끈인 채 쓰기로 하고 50전은 담뱃값으로 나가고 말았다.

"왜 안경다린 안 고치셨어요?"
딸이 그날 저녁으로 물었다.
"흥……."
초시는 말은 하지 않았다. 딸은 며칠 뒤에 또 50전을 주었다. 그러면서 어떻게 들으라고 하는 소리인지,
"아버지 보험료만 해두 한 달에 3원 80전씩 나가요."
하였다. 보험료나 타 먹게 어서 죽어 달라는 소리로도 들리었다.
"그게 내게 상관있니?"
"아버지 위해 들었지, 누구 위해 들었게요 그럼?"

[A] 초시는 '정말 날 위해 하는 거면 살아서 한 푼이라두 다오. 죽은 뒤에 내가 알 게 뭐냐' 소리가 나오는 것을 억지로 참았다.
"50전이문 왜 안경다릴 못 고치세요?"
초시는 설명하지 않았다.
"지금 아버지가 좋고 낮은 것을 가리실 처지야요?"
그러나 50전은 또 마코* 값으로 다 나갔다. 이러기를 아마 서너 번째다.
"자식도 소용없어. 더구나 딸자식…… 그저 내 수중에 돈이 있어야……."
초시는 돈의 긴요성을 날로날로 더욱 심각하게 느끼었다.

(중략)

초시는 이날 저녁에 박희완 영감에게서 들은 이야기를 딸에게 하였다. 실패는 했을지라도 그래도 십수 년을 상업계에서 논안 초시라 **출자(出資)를 권유하는 수작**만은 딸이 듣기에도 딴 사람인 듯 놀라웠다. 딸은 즉석에서는 가부를 말하지 않았으나 그의 머릿속에서도 이내 잊혀지지는 않았던지 다음 날 아침에는, ⓒ 딸 편이 먼저 이 이야기를 다시 꺼내었고, 초시가 박희완 영감에게 묻던 이상을 시시콜콜히 캐어물었다. 그러면 초시는 또 박희완 영감 이상으로 손가락으로 가리키듯 소상히 설명하였고 1년 안에 청장*을 하더라도 최소한도로 **50배 이상의 순이익이 날 것이라 장담 장담**하였다.
딸은 솔깃했다. 사흘 안에 **연구소 집**을 어느 신탁 회사에 넣고 **3천 원**을 돌리기로 하였다. 초시는 금시발복*이나 된 듯 뛰고 싶게 기뻤다.
"서 참위 이놈, 날 은근히 멸시했것다. 내 군이 널 시켜 네 집보다 난 집을 살 테다. 네깟 놈이 천생 가쾌*지 별거냐……."
그러나 신탁 회사에서 돈이 되는 날은 웬 처음 보는 청년

하나가 초시의 앞을 가리며 나타났다. 그는 딸의 청년이었다. ㉣딸은 아버지의 손에 단 1전도 넣지 않았고 꼭 그 청년이 나서 돈을 쓰며 처리하게 하였다. 처음에는 팩 나오는 노염을 참을 수가 없었으나 며칠 밤을 지내고 나니, 적어도 3천 원의 순이익이 오륙만 원은 될 것이라, 만 원 하나야 어디로 가랴 하는 타협이 생기어서 안 초시는 으슬으슬 그, 이를테면 사위 녀석 격인 청년의 뒤를 따라나섰다.

[B]
    1년이 지났다.
    모두 꿈이었다. 꿈이라도 너무 악한 꿈이었다. 3천 원 어치 땅을 사놓고 날마다 신문을 훑어보며 수소문을 하여도 거기는 축항*이 된단 말이 신문에도, 소문에도 나지 않았다. 용당포(龍塘浦)와 다사도(多獅島)에는 땅값이 30배가 올랐느니 50배가 올랐느니 하고 졸부들이 생겼다는 소문이 있어도 여기는 감감소식일 뿐 아니라 나중에 역시 이것도 박희완 영감을 통해 알고 보니 그 관변 모씨에게 박희완 영감부터 속아 떨어진 것이었다. **축항 후보지로** 측량까지 하기는 하였으나 무슨 결점으로인지 중지되고 마는 바람에 너무 기민하게 거기다 땅을 샀던, 그 모씨가 그 땅 처치에 곤란하여 꾸민 **연극**이었다.

돈을 쓸 때는 1원짜리 한 장 만져도 못 봤지만 벼락은 초시에게 떨어졌다. ㉤ 서너 끼씩 굶어도 밥 먹을 정신이 나지도 않았거니와 밥을 먹으러 들어갈 수도 없었다.

"재물이란 **친자 간의 의리도 배추 밑 도리듯** 하는 건가?"

탄식할 뿐이었다. 밥보다는 술과 담배가 그리웠다. 물론 안경 다리는 그저 못 고치었다. 그러나 이제는 50전짜리는커녕 단 10전짜리도 얻어 볼 길이 없다.

추석 가까운 날씨는 해마다의 그때와 같이 맑았다. 하늘은 천 리같이 트였는데 조각구름들이 여기저기 널리었다. 어떤 구름은 깨끗이 바래 말린 옥양목*처럼 흰빛이 눈이 부시다. 안 초시는 이번에도 자기의 때 묻은 적삼 생각이 났다. 그러나 이번에는 소매 끝을 불거나 떨지는 않았다. 고요히 흘러내리는 눈물을 그 더러운 소매로 닦았을 뿐이다.

                                                    — 이태준, 「복덕방」 —

*마코 : 일제 강점기 때의 담배 이름.
*청장 : 장부를 청산한다는 뜻으로, 빚 따위를 깨끗이 갚음을 이르는 말.
*금시발복 : 어떤 일을 한 다음 이내 복이 돌아와 부귀를 누리게 되는 것.
*가쾌 : 집 흥정을 붙이는 일을 직업으로 가진 사람.
*축항 : 항구를 구축함. 또는 그 항구.
*옥양목 : 빛이 썩 희고 얇은 무명의 한 가지.

26. [A]와 [B]에 대한 설명으로 가장 적절한 것은?

① [A]는 외양 묘사를 통해 인물의 성격을 드러내고 있고, [B]는 배경 묘사를 통해 인물의 처지를 드러내고 있다.
② [A]는 대화와 서술을 통해 인물 간의 갈등이 드러나고 있고, [B]는 요약적 서술을 통해 사건의 전모가 드러나고 있다.
③ [A]는 작품 속 서술자가 사건에 대해 평가하고 있고, [B]는 작품 밖 서술자가 앞으로 전개될 사건을 예측하고 있다.
④ [A]는 시간의 흐름에 역행하여 사건이 진행되고 있고, [B]는 시간의 흐름에 따라 사건이 순차적으로 진행되고 있다.
⑤ [A]는 향토적인 소재를 통해 주제 의식을 드러내고 있고, [B]는 상징적인 소재를 통해 사건의 의미를 드러내고 있다.

27. ㉠ ~ ㉤에 대한 설명으로 적절하지 <u>않은</u> 것은?

① ㉠ : 형편이 어려운 안 초시를 인색하게 대하는 딸의 모습이 드러나 있다.
② ㉡ : 저렴한 안경다리는 사지 않겠다는 안 초시의 자존심이 드러나 있다.
③ ㉢ : 안 초시가 전해준 이야기에 적극적으로 관심을 보이는 딸의 모습이 드러나 있다.
④ ㉣ : 안 초시의 수고로움을 덜어 주려는 딸의 심리가 드러나 있다.
⑤ ㉤ : 예상 밖의 결과로 딸과 마주할 자신이 없는 안 초시의 모습이 드러나 있다.

28. 다음은 윗글이 창작될 당시 신문 기사의 일부이다. 이를 참고 하여 윗글을 감상한 내용으로 적절하지 <u>않은</u> 것은? [3점]

○○ **일보**

부동산 투기 열풍으로 전국은 지금 …

일본의 축항 사업 발표 후, 전국이 부동산 투기 열풍으로 떠들썩하다. 한탕주의에 빠진 많은 사람들이 제2의 황금광 사업으로 불리는 축항 사업에 몰려들고 있다. 1932년 8월, 중국 동북부와 연결되는 철도의 종착지이자 축항지로 나진이 결정되자, 빠르게 정보를 입수한 브로커들로 나진은 북새통을 이루고 있다. 하지만 누구나 투자에 성공하는 것은 아니어서, 잘못된 소문으로 투자에 실패하여 전 재산을 잃은 사람들, 이로 인해 가족들에게 외면받는 사람들, 자신의 피해를 사기로 만회하려는 사람들까지 등장하여 사회적 혼란이 커지고 있다. 이러한 모습은 물질 만능주의가 만연한 우리 사회의 어두운 단면을 보여준다는 비판이 일고 있다.

① 딸에게 '출자를 권유하는 수작'으로 보아 안 초시는 건설 사업이 확정된 부지에 빠르게 투자하였겠군.
② 안 초시가 '50배 이상의 순이익이 날 것이라 장담 장담하'며 부추기는 모습에서 한탕주의에 빠져 있음을 알 수 있군.
③ 안 초시의 딸이 '연구소 집'을 담보로 '3천 원'을 마련한 것은 당시의 투기 열풍과 관련이 있겠군.
④ 모씨가 '축항 후보지'에 대해 '연극'을 꾸민 것은 자신의 피해를 사기로 만회하기 위한 것이었겠군.
⑤ 안 초시가 '친자 간의 의리도 배추 밑 도리듯' 한다고 '탄식' 하는 모습에서 물질 만능주의의 어두운 모습을 엿볼 수 있군.

[29~32] 다음 글을 읽고 물음에 답하시오.

"여보 마누라, 슬퍼 마오. 가난 구제는 나라에서도 못한다하니 형님인들 어찌하시겠소? 우리 부부가 품이나 팔아 살아갑시다."

흥부 아내 이 말에 순종하여 서로 나가서 품을 팔기로 하였다. 흥부 아내는 방아 찧기, 술집의 술 거르기, 초상난 집 제복 짓기, 대사 치르는 집 그릇 닦기, 굿하는 집의 떡 만들기, 얼음이 풀릴 때면 나물 캐기, 봄보리 갈아 보리 놓기. 흥부는 이월 동풍에 가래질하기, 삼사월에 부침질하기, 일등 전답의 무논 갈기, 이 집 저 집 돌아가며 이엉 엮기 등 이렇게 내외가 **온갖 품을 다 팔았다.** 그러나 역시 **살기는 막연**하였다.

(중략)

큰 구렁이가 제비 새끼를 모조리 잡아먹고 남은 한 마리가 허공으로 뚝 떨어져 피를 흘리며 발발 떠는 것이었다. 흥부 아내가 명주실을 급히 찾아내어 주니 흥부는 얼른 받아 제비 새끼의 상한 다리를 곱게 감아 매어 찬 이슬에 얹어 두었다. 그랬더니 하루 지나고 이틀 지나고 이리하여 십여 일이 지나자 상한 다리가 제대로 소생되어 날아다니게 되니, 줄에 앉아 재잘거리며 울고 둥덩실 떠서 날아갈 때 소상강 기러기는 왔노라 하고 강남 가는 제비는 가노라 하직하는 것이었다.

이리하여 제비가 강남 수천 리를 훨훨 날아가서 **제비 왕**을 뵈러 가니 제비 왕이 물었다.

"경은 어찌하여 다리를 절며 들어오느냐?"

"신의 부모가 조선국에 나가 흥부의 집에 깃들었는데 뜻밖에 큰 구렁이의 화를 입어 다리가 부러져 죽을 것을 흥부의 구조를 받아 살아서 돌아왔습니다. 흥부의 가난을 면케 해주신다면 소신은 그 은공을 만분의 일이라도 갚을까 합니다."

"흥부는 과연 어진 사람이다. 공 있는 자에게 보은함은 군자의 도리이니, 그 은혜를 어찌 아니 갚으랴? 내가 **박씨** 하나를 줄 테니 경은 가지고 나가 은혜를 갚도록 하라."

제비가 왕께 감사드리고 물러 나와서 그럭저럭 그 해를 넘기고 이듬해 춘삼월을 맞으니 모든 제비가 타국으로 건너갈 때였다. 그 제비 허공 중천에 높이 떠서 박씨를 입에 물고 너울너울 자주자주 바삐 날아 흥부네 집 동네를 찾아들어 너울너울 넘노는 거동은 마치 북해 흑룡이 여의주를 물고 오색구름 사이로 넘는 듯, 단산의 어린 봉이 대씨를 물고 오동나무에서 노니는 듯, 황금 같은 꾀꼬리가 봄빛을 띠고 수양버들 사이를 오가는 듯하였다. 이리 기웃 저리 기웃 넘노는 거동을 흥부 아내가 먼저 보고 반긴다.

"여보, 아이 아버지, 작년에 왔던 제비가 입에 무엇을 물고 와서 저토록 넘놀고 있으니 어서 나와 구경하오."

흥부가 나와 보고 이상히 여기고 있으려니 그 제비가 머리 위를 날아들며 입에 물었던 것을 앞에다 떨어뜨린다. 집어 보니 한가운데 '보은(報恩)박'이란 글 석 자가 쓰인 박씨였다.

그것을 울타리 밑에 터를 닦고 심었더니 이삼일에 싹이 나고, **사오일**에 순이 뻗어 마디마디 잎이 나고, 줄기마다 꽃이 피어 박 네 통이 열린 것이다. 추석날 아침이었다. 배가 고파 죽겠으니 영근 박 한 통을 따서 박속이나 지져 먹자하고 박을 따서 먹줄을 반듯하게 긋고서 흥부 내외는 톱을 마주 잡고 켰다. 이렇게 밀거니 당기거니 켜서 툭 타 놓으니 오색 채운이 서리며 청의동자 한 쌍이 나오는 것이었다.

왼손에 약병을 들고 오른손에 쟁반을 눈 위로 높이 받쳐 들고 나온 그 동자들은,

"이것을 값으로 따지면 억만 냥이 넘으니 팔아서 쓰십시오."

라고 말하며 홀연히 사라져 버렸다.

박 한 통을 또 따놓고 슬근슬근 톱질이다. 쓱삭 쿡칵 툭 타 놓으니 속에서 온갖 **세간붙이**가 나왔다.

또 한 통을 따서 먹줄 쳐서 톱을 걸고 툭 타 놓으니 **순금궤**가 하나 나왔다. 금거북 자물쇠를 채웠는데 열어 보니 황금, 백금, 밀화, 호박, 산호, 진주, 주사, 사향 등이 가득 차 있었다. 그런데 쏟으면 또 가득 차고 또 가득 차고 해서 밤낮 쏟고 나니 큰 부자가 된 것이다.

다시 한 통을 툭 타 놓으니 일등 목수들과 **각종 곡식**이 나왔다. 그 목수들은 우선 명당을 가려 터를 잡고 집을 지었다. 그다음 또 사내종, 계집종, 아이종이 나오며 온갖 것을 여기저기 다 쌓고 법석이니 흥부 내외는 좋아하고 춤을 추며 돌아다녔다.

이리하여 흥부는 좋은 집에서 즐거움으로 세월을 보내게 되었다.

이런 소문이 놀부 귀에 들어가니,

"이놈이 도둑질을 했나? 내가 가서 욱대기면* 반재산을 뺏어 낼 것이다."

벼락같이 건너가 닥치는 대로 살림살이를 쳐부수는 것이었다.

한참 이렇게 소란을 피우고 있을 때 마침 출타 중이던 흥부가 들어왔다.

"네 이놈, 도둑질을 얼마나 했느냐?"

"형님 그 말씀이 웬 말씀이오?"

흥부가 앞뒷일을 자세히 말하자, 그럼 네 집 구경을 자세히 하자고 놀부가 나섰다.

흥부는 형을 데리고 돌아다니며 집 구경을 시키는데 놀부가 재물이 나오는 **화초장***을 달라고 했다. 그러고는 흥부가 화초장을 하인을 시켜 보내주겠다는 것도 마다하고 **스스로 짊어지고** 가서 집에 이르니 놀부 아내는 눈이 휘둥그레진다. 그리고 그 출처와 흥부가 부자가 된 연유를 알게 되자,

"우리도 다리 부러진 제비 하나 만났으면 그 아니 좋겠소?"

라며, 그해 동지섣달부터 제비를 기다렸다.

– 작자 미상, 「흥부전」 –

* 욱대기면 : 난폭하게 윽박질러 협박하면.
* 화초장 : 문짝에 유리를 붙이고 화초 무늬를 채색한 옷장.

29. 윗글에 대한 설명으로 가장 적절한 것은?

① 인물의 반복적 행위와 결과를 나열하여 극적 효과를 높이고 있다.
② 서술자를 작중 인물로 설정하여 사건의 현장감을 조성하고 있다.
③ 전기(傳奇)적인 요소를 활용하여 주인공의 영웅성을 부각하고 있다.
④ 권위 있는 새로운 인물이 등장하여 인물 간의 갈등을 해소하고 있다.
⑤ 꿈과 현실을 교차적으로 서술하여 사건을 입체적으로 구성하고 있다.

30. 윗글에 대한 이해로 적절하지 <u>않은</u> 것은?

① 흥부 부부는 먹고 살기 위해 온갖 노력을 다하였다.
② 박에서 나온 목수들은 흥부 부부를 위해 좋은 터에 집을 지어 주었다.
③ 흥부는 자신이 치료해 준 제비가 박씨를 물고 온 사실을 알아채고 그를 매우 반겼다.
④ 제비는 다리를 다친 사연을 제비 왕에게 말하며 흥부에게 받은 은혜를 갚기를 원하였다.
⑤ 놀부는 흥부의 집을 방문하기 전까지 흥부가 어떻게 부자가 되었는지를 정확히 알지 못했다.

31. <보기>를 참고하여 윗글을 감상한 내용으로 적절하지 <u>않은</u> 것은? [3점]

<보 기>

조선 후기에는 잦은 자연재해와 관리들의 횡포 때문에 백성들은 아무리 노력해도 가난에서 벗어날 수 없었다. 이러한 시대적 배경에서 창작된 「흥부전」은 최소한의 의식주라도 해결하고 싶었던 당시 백성들의 소망이 반영된 작품으로 볼 수 있다. 특히 당시의 백성들은 성품이 착한 흥부 내외가 초월적인 존재의 도움으로 가난을 벗어나는 장면을 통해 대리만족을 얻기도 하였다. 하지만 착한 흥부에게 주어지는 보상이 환상성(幻想性)을 띠고 있다는 점은 가난이 실제 현실에서는 극복되기 어렵다는 것을 우회적으로 보여주고 있다.

① 흥부 내외가 '온갖 품을 다 팔았'지만 여전히 '살기는 막연'했던 것은 창작 당시의 시대적 배경과 관련이 있겠군.
② 흥부 집을 찾아간 놀부가 '화초장'을 '스스로 짊어지고' 간 것은 가난을 극복하기 위한 백성들의 노력으로 볼 수 있겠군.
③ '제비 왕'이 제비에게 준 '박씨'를 통해 흥부가 가난을 벗어날 수 있었다는 점에서 초월적 존재의 도움을 확인할 수 있겠군.
④ 흥부가 타는 박 속에서 '세간붙이'와 '각종 곡식'이 나온 것은 의식주 문제를 해결하고 싶었던 백성들의 소망과 관련이 있겠군.
⑤ '사오일' 만에 열린 박에서 '순금 궤'가 나와 부자가 된다는 점에서 흥부에게 주어진 보상이 환상성을 띠고 있음을 알 수 있겠군.

32. 윗글의 놀부를 평가하는 말로 가장 적절한 것은?

① 불난 집에 부채질하는 인물이군.
② 소 잃고 외양간 고치는 인물이군.
③ 사촌이 땅을 사면 배 아파하는 인물이군.
④ 간에 붙었다 쓸개에 붙었다 하는 인물이군.
⑤ 오르지 못할 나무는 쳐다도 보지 않는 인물이군.

[33~37] 다음 글을 읽고 물음에 답하시오.

수요의 법칙에 따르면 어떤 상품의 가격 변화에 따라 그 상품의 수요량은 변화한다. 수요의 가격탄력성은 가격이 변할 때 수요량이 변하는 정도를 나타내는 지표다. 가격 변화에 따른 수요량의 변화가 ㉠민감하면 탄력적이라 하고, 가격 변화에 따른 수요량의 변화가 민감하지 않으면 비탄력적이라고 한다.

수요의 가격탄력성에 영향을 주는 대표적인 요인에는 세 가지가 있다. 첫째, 대체재의 존재 여부이다. 어떤 상품에 ㉡밀접한 대체재가 있으면, 소비자들은 그 상품 대신에 대체재를 사용할 수 있으므로 그 상품 수요의 가격탄력성은 탄력적이다. 예를 들어 버터는 마가린이라는 밀접한 대체재가 있기 때문에 버터 가격이 오르면 버터의 수요량은 크게 감소하므로 버터 수요의 가격탄력성은 탄력적이다. 반면에 달걀은 마땅한 대체재가 없으므로, 달걀 수요의 가격탄력성은 비탄력적이다. 둘째, 필요성의 정도이다. 필수재 수요의 가격탄력성은 대체로 비탄력적인 반면에, 사치재 수요의 가격탄력성은 대체로 탄력적이다. 예를 들어 필수재인 휴지의 가격이 오르면 아껴 쓰기는 하겠지만 그 수요량이 ㉢급격하게 줄어들지는 않는다. 그러나 사치재인 보석의 가격이 상승하면 그 수요량이 감소한다. 셋째, 소득에서 지출이 차지하는 비중이다. 해당 상품을 구매하기 위한 지출이 소득에서 차지하는 비중이 높을수록 수요의 가격탄력성은 커진다. 소득에서 차지하는 비중이 큰 상품의 가격이 인상되면 개인의 소비 생활에 지장을 ㉣초래할 수 있으므로 그만큼 가격 변화에 민감하게 반응할 수밖에 없다.

그렇다면 수요의 가격탄력성은 어떻게 계산할 수 있을까? 수요의 가격탄력성은 수요량의 변화율을 가격의 변화율로 나눈 값이다.

$$\text{수요의 가격탄력성} = \left|\frac{\text{수요량의 변화율}}{\text{가격의 변화율}}\right| = \left|\frac{\text{수요량 변화분}/\text{기존 수요량}}{\text{가격 변화분}/\text{기존 가격}}\right|$$

[A]

예를 들어 아이스크림 가격이 10% 인상되었는데, 아이스크림 수요량이 20% 감소했다고 하자. 이 경우 수요량의 변화율이 가격 변화율의 2배에 해당하므로 수요의 가격탄력성은 2가 된다. 일반적으로 수요의 가격탄력성이 1보다 크면 탄력적, 1보다 작으면 비탄력적이라 하고, 수요의 가격탄력성이 1이면 단위탄력적이라 한다.

수요의 가격탄력성은 총수입에 큰 영향을 미친다. 총수입은 상품 판매자의 판매 수입이며 동시에 상품에 대한 소비자의 지출액인데, 이는 상품의 가격에 거래량을 곱한 수치로 ㉤산출할 수 있다. 일반적으로 수요의 가격탄력성이 비탄력적인 경우 가격이 상승하면 총수입도 증가하지만, 수요의 가격탄력성이 탄력적인 경우 가격이 상승하면 총수입은 감소한다. 예를 들어 어느 상품의 가격이 500원에서 600원으로 20% 상승할 때 수요량이 100개에서 90개로 10% 감소했다면, 이 상품 수요의 가격탄력성은 비탄력적이다. 이때 총수입은 상품의 가격에 거래량을 곱한 수치이므로 가격 인상 전 50,000원에서 인상 후 54,000원으로 4,000원 증가하게 되는 것이다. 그러므로 ⓐ<u>수요의 가격탄력성을 파악하는 것은 판매자에게 매우 중요한 일이다.</u>

33. 윗글을 통해 알 수 있는 내용으로 적절하지 <u>않은</u> 것은?

① 수요의 가격탄력성 개념
② 수요의 가격탄력성 산출 방법
③ 상품 판매자의 판매 수입 산출 방법
④ 대체재의 유무가 수요의 가격탄력성에 미치는 영향
⑤ 수요의 가격탄력성에 영향을 주는 요인들 간의 관계

34. 윗글을 참고할 때, <보기>의 ㉮ ~ ㉰에 들어갈 말을 바르게 짝지은 것은?

─── <보 기> ───

쌀을 주식으로 하는 갑국은 밀을 주식으로 하는 나라에 비해 쌀 수요의 가격탄력성은 (㉮)이고, 자동차보다 저렴한 오토바이가 주요 이동 수단인 을국은 자동차가 주요 이동 수단인 나라에 비해 자동차를 (㉯)로 인식하여 자동차 수요의 가격탄력성은 (㉰)이다.

	㉮	㉯	㉰
①	비탄력적	사치재	비탄력적
②	비탄력적	사치재	탄력적
③	비탄력적	필수재	탄력적
④	탄력적	사치재	비탄력적
⑤	탄력적	필수재	탄력적

35. ⓐ의 이유로 가장 적절한 것은?

① 수요의 가격탄력성으로 소비자의 소득 규모를 판단할 수 있기 때문에
② 수요의 가격탄력성으로 판매 상품의 문제점을 파악할 수 있기 때문에
③ 수요의 가격탄력성이 판매 상품의 생산 단가를 예측 가능하게 하기 때문에
④ 수요의 가격탄력성이 판매자의 총수입 증가 여부에 영향을 미칠 수 있기 때문에
⑤ 수요의 가격탄력성으로 판매자의 판매 수입과 소비자의 지출액 차이를 파악할 수 있기 때문에

36. <보기>는 김밥과 영화 관람권의 가격 인상 이후 하루 동안의 수요량 감소를 나타낸 표이다. [A]를 바탕으로 <보기>를 탐구한 내용으로 적절한 것은? [3점]

─── <보 기> ───

구분	김밥	영화 관람권
기존 가격	2,000원	10,000원
가격 변화분	500원	2,000원
기존 수요량	100개	2,500장
수요량 변화분	20개	1,000장

※ 단, 김밥과 영화 관람권의 가격과 수요량에 영향을 끼치는 다른 요인은 없는 것으로 한다.

① 김밥은 가격의 변화율이 수요량의 변화율보다 작다.
② 영화 관람권은 가격의 변화율이 수요량의 변화율보다 크다.
③ 김밥과 영화 관람권 수요의 가격탄력성은 모두 1보다 작다.
④ 김밥과 영화 관람권은 가격의 변화율에 대한 수요량의 변화율이 같다.
⑤ 김밥 수요의 가격탄력성은 비탄력적이고, 영화 관람권 수요의 가격탄력성은 탄력적이다.

37. ㉠ ~ ㉭의 사전적 의미로 적절하지 <u>않은</u> 것은?

① ㉠ : 자극에 빠르게 반응을 보이거나 쉽게 영향을 받음.
② ㉡ : 아주 가깝게 맞닿아 있음.
③ ㉢ : 변화의 움직임 따위가 급하고 격렬함.
④ ㉣ : 일의 결과로서 어떤 현상을 생겨나게 함.
⑤ ㉤ : 어떤 일에 필요한 돈이나 물자 따위를 내놓음.

[38~42] 다음 글을 읽고 물음에 답하시오.

(가)

십 년(十年)을 경영(經營)ᄒ여 초려삼간(草廬三間) 지여 내니
나 ᄒ 간 ᄃᆞᆯ ᄒ 간에 청풍(淸風) ᄒ 간 맛져 두고
강산(江山)은 들일 듸 업스니 둘러 두고 보리라

– 송순 –

(나)

서산의 아침볕 비치고 구름은 낮게 떠 있구나
비 온 뒤 묵은 풀이 뉘 밭에 더 짙었든고
두어라 차례 정한 일이니 매는 대로 매리라 　　〈제1수〉

둘러내자* 둘러내자 긴 고랑 둘러내자
바라기 역고*를 고랑마다 둘러내자
잡초 짙은 긴 사래 마주 잡아 둘러내자 　　〈제3수〉

땀은 듣는 대로 듣고 볕은 쬘대로 쬔다
청풍에 옷깃 열고 긴 휘파람 흘리 불 때
어디서 길 가는 손님네 아는 듯이 머무는고 　　〈제4수〉

밥그릇에 보리밥이요 사발에 콩잎 나물이라
내 밥 많을세라 네 반찬 적을세라
먹은 뒤 한 숨 졸음이야 너나 나나 다를소냐 　　〈제5수〉

돌아가자 돌아가자 해 지거든 돌아가자
냇가에 손발 씻고 호미 메고 돌아올 제
어디서 우배초적(牛背草笛)*이 함께 가자 재촉하는고 　　〈제6수〉

– 위백규, 「농가구장(農歌九章)」 –

* 둘러내자 : 휘감아서 뽑자.
* 바라기 역고 : 잡초의 일종.
* 우배초적 : 소의 등에 타고 가면서 부는 풀피리 소리.

(다)

우리 집 뒷동산에 복숭아나무가 하나 있었다. 그 꽃은 빛깔이 시원치 않고 그 열매는 맛이 없었다. 가지에도 부스럼이 돋고 잔가지는 무더기로 자라 참으로 볼 것이 없었다. 지난 봄에 이웃에 박 씨 성을 가진 이의 손을 빌어 홍도 가지를 접붙여 보았다. 그랬더니 그 꽃이 아름답고 열매도 아주 튼실하였다. 애초에 한창 잘 자라는 나무를 베어 버리고 잔가지 하나를 접붙였을 때에 나는 그것을 보고 '대단히 어긋난 일을 하는구나'하고 생각하였다. 그런데 어느새 밤낮으로 싹이 나 자라고 비와 이슬이 그것을 키워 눈이 트고 가지가 뻗어 얼마 지나지 않아 울창하게 자라 제법 그늘을 드리우게 되었다. 올봄에는 꽃과 잎이 많이 피어서 붉고 푸른 비단이 찬란하게 서로 어우러진 듯하니 그 경치가 진실로 볼 만하였다.

오호라, 하나의 복숭아나무, 이것이 심은 땅의 흙도 바꾸지 않고 그 뿌리의 종자도 바꾸지 않았으며 단지 접붙인 한 줄기의 기운으로 줄기도 되고 가지도 되어 아름다운 꽃이 밖으로 피어나 그 자태가 돌연히 다른 모습으로 바뀌니 보는 이로 하여금 눈을 씻게 하고 지나가는 이가 많이 찾아 오솔길을 내게 되었다. 이러한 기술을 가진 이는 그 조화의 비밀을 아는 이가 아닌가! 신기하고 또 신기하도다.

내가 여기에 이르러 느낀 바가 있었다. 사물이 변화하고 바뀌어 개혁을 하게 되는 것은 오로지 초목에 국한한 것이 아니오, 내 몸을 돌이켜 본다 하여도 그런 것이니 어찌 그 관계가 멀다 할 것인가! 악한 생각이 나는 것을 결연히 내버리는 일은 나무의 옛 가지를 잘라 내버리듯 하고 착한 마음의 실마리 싹을 끊임없이 움터 나오게 하기를 새 가지로 접붙이듯 하여, 뿌리를 북돋아 잘 기르듯 마음을 닦고 가지를 잘 자라게 하듯 깊은 진리에 이른다면 이것은 시골 사람에서 성인에 이르기까지 나무 접붙임과 다른 것이 무엇이겠는가!

『주역』에 이르기를 ㉠"땅에서 나무가 자라나는 것은 승괘(升卦)*이니 군자가 이로써 덕을 순하게 하여 작은 것을 쌓아 높고 크게 한다." 하였으니, 이것을 보고 어찌 스스로 힘쓰지 아니하겠는가. 그리고 또 느낀 바가 있다. 오늘부터 지난 봄을 돌이켜 보면 겨우 추위와 더위가 한 번 바뀐 것뿐인데 한 치 가지를 손으로 싸매어 놓은 것이 저토록 지붕 위로 높이 자라 꽃을 보게 되었고, 또 장차 그 열매를 먹게 되었으니 만약 앞으로 내가 몇 해를 더 살게 된다면 이 나무를 즐김이 그 얼마나 더 많을 것인가! 세상 사람들은 자기가 늙는 것만 자랑하여 팔다리를 게을리 움직이고 그 마음 씀도 별로 소용되는 바가 없다. 이로 미루어 보면 또한 어찌 마음을 분발하여 뜻을 불러일으키기를 권하지 아니하겠는가. 이 모든 것은 다 이 늙은이를 경계함이 있으니 이렇게 글을 지어 마음에 새기노라.

– 한백겸, 「접목설(接木說)」 –

* 승괘 : 육십사괘의 하나. 땅에 나무가 자라남을 상징함.

38. (가) ~ (다)에 대한 설명으로 적절한 것은?

① (가)는 공간의 이동에 따라 시상을 전개하고 있다.
② (나)는 색채어의 대비를 활용하여 주제를 강조하고 있다.
③ (다)는 음성 상징어를 사용하여 생동감을 드러내고 있다.
④ (가)와 (나)는 시어의 반복을 통해 리듬감을 형성하고 있다.
⑤ (가)와 (다)는 구체적인 묘사를 통해 계절감을 부각하고 있다.

39. (나)를 활용하여 '전원일기'라는 제목으로 영상시를 제작하기 위해 학생들이 협의한 내용으로 적절하지 <u>않은</u> 것은?

① <제1수>는 아침부터 농기구를 가지고 밭을 가는 농부의 모습을 보여주면 좋겠어.

② <제3수>는 농부들이 함께 잡초를 뽑고 있는 모습을 보여주면 좋겠어.

③ <제4수>는 옷깃을 열고 바람을 쐬고 있는 농부의 모습을 보여주면 좋겠어.

④ <제5수>는 농부들이 모여 식사하고 있는 모습을 보여주면 좋겠어.

⑤ <제6수>는 해 질 무렵에 농사일을 마치고 마을로 돌아오는 농부의 모습을 보여주면 좋겠어.

40. <보기>를 참고하여 (가)와 (나)를 감상한 내용으로 적절하지 <u>않은</u> 것은? [3점]

──────── <보 기> ────────

조선 시대 사대부들의 시조에는 자연이 자주 등장하는데, 작품 속 자연에 대한 인식이 같지는 않다. (가)에서의 자연은 속세를 벗어난 화자가 동화되어 살고 싶어 하는 공간이자 안빈낙도(安貧樂道)의 공간으로 그려져 있다. 반면에 (나)에서의 자연은 소박하게 살아가는 삶의 현장이자 건강한 노동 속에서 흥취를 느끼는 공간으로 그려져 있다.

① (가)의 '초려삼간'은 화자가 안빈낙도하며 사는 공간으로 볼 수 있군.

② (가)의 화자는 '강산'에서 벗어나 '둘', '청풍'과 하나가 되어 살아가려는 태도를 보이고 있군.

③ (나)의 '묵은 풀'이 있는 '밭'은 화자가 땀 흘리며 일해야 하는 공간으로 볼 수 있군.

④ (나)의 '보리밥'과 '콩잎 나물'은 노동의 현장에서 맛보는 소박한 음식으로 볼 수 있군.

⑤ (나)의 화자가 '호미 메고 돌아올' 때에 듣는 '우배초적'에서 농부들의 흥취를 느낄 수 있군.

41. (다)의 글쓴이가 ㉠을 인용한 이유로 가장 적절한 것은?

① 자신이 깨달은 바를 뒷받침하기 위해

② 자신의 상황을 반어적으로 드러내기 위해

③ 자신의 지식이 보잘것없음을 성찰하기 위해

④ 자신과 군자의 삶이 다르지 않음을 강조하기 위해

⑤ 자신이 살고 있는 세태를 지난날과 비교하기 위해

42. 다음은 학생이 (다)를 읽고 정리한 메모이다. ⓐ ~ ⓔ 중 적절하지 <u>않은</u> 것은?

접목설(接木說)

ⓐ 글쓴이는 '빛깔이 시원치 않'은 꽃과 '부스럼이 돋'은 가지가 달린 복숭아나무를 소재로 글을 썼다.

ⓑ 글쓴이는 이웃에 사는 박 씨의 도움으로 '홍도 가지'를 접붙인 후 자라난 꽃과 열매를 본 경험을 제시하였다.

ⓒ 글쓴이는 사물이 '자태가 돌연히 다른 모습'으로 바뀌기 위해서는 근본의 변화가 중요함을 강조하였다.

ⓓ 글쓴이는 사물이 변화하는 이치를 사람들이 깨달아 실천하게 되면, '악한 생각'을 버리고 '착한 마음'을 자라게 하는 변화가 가능하다고 여겼다.

ⓔ 글쓴이는 '늙는 것만 자랑하여 팔다리를 게을리 움직이'는 사람들에게 삶의 태도를 바꾸도록 권하고 싶어 한다.

① ⓐ　　　② ⓑ　　　③ ⓒ　　　④ ⓓ　　　⑤ ⓔ

[43~45] 다음 글을 읽고 물음에 답하시오.

(가)

어두운 ⊙방 안엔
빠알간 숯불이 피고,

외로이 늙으신 할머니가
애처로이 잦아드는 어린 목숨을 지키고 계시었다.

이윽고 **눈 속을**
아버지가 **약**을 가지고 돌아오시었다.

아 아버지가 눈을 헤치고 따 오신
그 붉은 산수유 열매—

나는 한 마리 어린 짐승,
젊은 아버지의 서느런 옷자락에
열로 상기한 볼을 말없이 부비는 것이었다.

이따금 뒷문을 눈이 치고 있었다.
그날 밤이 어쩌면 성탄제의 밤이었을지도 모른다.

어느새 나도
그때의 아버지만큼 나이를 먹었다.

옛것이라곤 찾아볼 길 없는
성탄제 가까운 도시에는
이제 **반가운 그 옛날의 것**이 내리는데,

서러운 서른 살 나의 이마에
불현듯 아버지의 **서느런 옷자락**을 느끼는 것은,

눈 속에 따 오신 산수유 붉은 알알이
아직도 **내 혈액 속에 녹아 흐르는** 까닭일까.
　　　　　　　　　　　　－김종길, 「성탄제」－

(나)

나는 당신의 옷을 다 지어 놓았습니다.
심의도 짓고 도포도 짓고 자리옷도 지었습니다.
짓지 아니한 것은 작은 주머니에 수놓는 것뿐입니다.

그 주머니는 나의 손때가 많이 묻었습니다.
짓다가 놓아두고 짓다가 놓아두고 한 까닭입니다.
다른 사람들은 나의 바느질 솜씨가 없는 줄로 알지마는
그러한 비밀은 나밖에는 아는 사람이 없습니다.
나의 마음이 아프고 쓰린 때에 주머니에 수를 놓으려면
나의 마음은 수놓는 금실을 따라서 바늘구멍으로 들어가고
주머니 속에서 맑은 노래가 나와서 나의 마음이 됩니다.
그리고 아직 ⓛ이 세상에는 그 주머니에 넣을 만한 무슨 보
물이 없습니다.
이 작은 주머니는 짓기 싫어서 짓지 못하는 것이 아니라 짓
고 싶어서 다 짓지 않는 것입니다.
　　　　　　　　　　　　－ 한용운, 「수(繡)의 비밀」－

43. (가)와 (나)에 대한 설명으로 가장 적절한 것은?

① (가)는 수미상관의 방식을 통해, (나)는 설의적 표현을 통해
　화자의 의지를 드러내고 있다.
② (가)는 (나)와 달리 동일한 종결 표현을 사용하여 구조적 안
　정감을 부여하고 있다.
③ (나)는 (가)와 달리 역설적 표현을 통해 대상에 대한 화자의
　정서를 부각하고 있다.
④ (가)와 (나)는 모두 후각적 이미지를 통해 시적 상황을 구체화
　하고 있다.
⑤ (가)와 (나)는 모두 시간의 흐름에 따라 시상을 전개하여 화자의
　태도 변화를 드러내고 있다.

44. ⊙과 ⓛ에 대한 설명으로 가장 적절한 것은?

① ⊙은 화자가 자아를 성찰하는 공간이다.
② ⊙은 화자와 대상과의 관계가 단절된 공간이다.
③ ⓛ은 화자의 소망이 실현되지 못하고 있는 공간이다.
④ ⓛ은 화자가 일상의 삶에서 벗어난 초월적인 공간이다.
⑤ ⊙과 ⓛ은 모두 화자가 추구하는 이상적 공간이다.

45. <보기>를 참고하여 (가)를 감상한 내용으로 적절하지 <u>않은</u>
것은? [3점]

> ──── <보 기> ────
> 　김종길 시인의 작품에 가족에 대한 시가 많은 것은 어린
> 시절 어머니의 부재 속에서도 가족의 보호를 받으며 자란 그
> 의 성장 과정과 연관이 깊다. 「성탄제」에도 삼대로 이어지는
> 따뜻한 가족애가 다양한 소재를 통해 형상화되어 있다. 이러한
> 가족애는 개인의 경험을 넘어 현대인의 메마른 삶을 극복 할
> 수 있는 인간애로 확장됨으로써 공감을 얻고 있다.

① '외로이 늙으신 할머니'가 어린 화자를 돌보고 있는 모습은
　시인의 성장 배경과 관련이 있겠군.
② '눈 속'을 헤치고 '약'을 구해 온 아버지의 사랑은 삭막한
　현실을 극복할 수 있는 인간애로 확장될 수 있겠군.
③ '반가운 그 옛날의 것'은 화자에게 어린 시절을 떠올리게
　하는 역할을 하겠군.
④ '서느런 옷자락'은 화자가 경험하는 현대인의 메마른 삶을
　형상화한 것이겠군.
⑤ '내 혈액 속에 녹아 흐르는' 산수유는 과거에서 현재까지
　이어져 온 가족애를 의미한다고 볼 수 있겠군.

※ **확인 사항**
답안지의 해당란에 필요한 내용을 정확히 기입(표기)했는지 확인하시오.

제 2 교시

수학 영역

04회

● 문항수 30개 | 배점 100점 | 제한 시간 100분

● 배점은 2점, 3점 또는 4점

04회

5 지 선 다 형

1. $i(1-i)$의 값은? (단, $i = \sqrt{-1}$) [2점]

① $-1-i$ ② $-1+i$ ③ i ④ $1-i$ ⑤ $1+i$

2. 두 다항식 $A = 2x^2 - 4x + 3$, $B = -x^2 + 9x + 6$에 대하여 $A+B$를 간단히 하면? [2점]

① $x^2 + 5x + 9$ ② $x^2 + 5x - 9$ ③ $x^2 - 5x + 9$
④ $-x^2 + 5x + 9$ ⑤ $-x^2 - 5x + 9$

3. x에 대한 다항식 $x^3 - 2x^2 - 8x + a$가 $x-3$으로 나누어떨어질 때, 상수 a의 값은? [2점]

① 6 ② 9 ③ 12 ④ 15 ⑤ 18

4. 등식

$$x^2 + ax - 3 = x(x+2) + b$$

가 x에 대한 항등식일 때, $a+b$의 값은? (단, a, b는 상수이다.) [3점]

① -5 ② -4 ③ -3 ④ -2 ⑤ -1

5. 부등식 $|2x-3| < 5$의 해가 $a < x < b$일 때, $a+b$의 값은?

[3점]

① 2   ② $\dfrac{5}{2}$ ③ 3   ④ $\dfrac{7}{2}$ ⑤ 4

7. $\dfrac{2022 \times (2023^2 + 2024)}{2024 \times 2023 + 1}$의 값은? [3점]

① 2018   ② 2020   ③ 2022   ④ 2024   ⑤ 2026

6. 이차함수 $y = x^2 + 5x + 9$의 그래프와 직선 $y = x + k$가 만나지 않도록 하는 자연수 k의 개수는? [3점]

① 1   ② 2   ③ 3   ④ 4   ⑤ 5

8. $x = 1 - 2i$, $y = 1 + 2i$일 때, $x^3y + xy^3 - x^2 - y^2$의 값은? (단, $i = \sqrt{-1}$) [3점]

① -24 ② -22 ③ -20 ④ -18 ⑤ -16

9. 연립방정식

$$\begin{cases} 4x^2 - y^2 = 27 \\ 2x + y = 3 \end{cases}$$

의 해를 $x = \alpha$, $y = \beta$라 할 때, $\alpha - \beta$의 값은? [3점]

① 2　　② 4　　③ 6　　④ 8　　⑤ 10

10. x에 대한 이차방정식 $2x^2 + ax + b = 0$의 한 근이 $2 - i$일 때, $b - a$의 값은? (단, a, b는 실수이고, $i = \sqrt{-1}$이다.) [3점]

① 12　　② 14　　③ 16　　④ 18　　⑤ 20

11. 최고차항의 계수가 1인 이차다항식 $P(x)$가 다음 조건을 만족시킬 때, $P(4)$의 값은? [3점]

> (가) $P(x)$를 $x-1$로 나누었을 때의 나머지는 1이다.
> (나) $xP(x)$를 $x-2$로 나누었을 때의 나머지는 2이다.

① 6　　　② 7　　　③ 8　　　④ 9　　　⑤ 10

12. x에 대한 삼차방정식 $x^3-(2a+1)x^2+(a+1)^2x-(a^2+1)=0$의 서로 다른 두 허근을 α, β라 하자. $\alpha+\beta=8$일 때, $\alpha\beta$의 값은? (단, a는 실수이다.) [3점]

① 16　　　② 17　　　③ 18　　　④ 19　　　⑤ 20

13. x에 대한 다항식 $x^5 + ax^2 + (a+1)x + 2$를
$x-1$로 나누었을 때의 몫은 $Q(x)$이고 나머지는 6이다.
$a + Q(2)$의 값은? (단, a는 상수이다.) [3점]

① 33   ② 35   ③ 37   ④ 39   ⑤ 41

14. 분자 사이에 인력이나 반발력이 작용하지 않고 분자의
크기를 무시할 수 있는 가상의 기체를 이상 기체라 한다.
강철 용기에 들어 있는 이상 기체의 부피를 $V(\text{L})$,
몰수를 $n(\text{mol})$, 절대 온도를 $T(\text{K})$, 압력을 $P(\text{atm})$이라 할 때,
다음과 같은 관계식이 성립한다.

$$V = R\left(\frac{nT}{P}\right) \quad \text{(단, } R \text{는 기체 상수이다.)}$$

강철 용기 A와 강철 용기 B에 부피가 각각 V_A, V_B인
이상 기체가 들어 있다. 강철 용기 A에 담긴 이상 기체의
몰수는 강철 용기 B에 담긴 이상 기체의 몰수의 $\frac{1}{4}$배이고,
강철 용기 A에 담긴 이상 기체의 압력은 강철 용기 B에 담긴
이상 기체의 압력의 $\frac{3}{2}$배이다.

강철 용기 A와 강철 용기 B에 담긴 이상 기체의 절대 온도가
같을 때, $\dfrac{V_A}{V_B}$의 값은? [4점]

① $\dfrac{1}{6}$ ② $\dfrac{1}{3}$ ③ $\dfrac{1}{2}$ ④ $\dfrac{2}{3}$ ⑤ $\dfrac{5}{6}$

15. 그림과 같이 직선 $x=t\,(0<t<3)$이
두 이차함수 $y=2x^2+1$, $y=-(x-3)^2+1$의 그래프와
만나는 점을 각각 P, Q라 하자. 두 점 $A(0,\,1)$, $B(3,\,1)$에
대하여 사각형 PAQB의 넓이의 최솟값은? [4점]

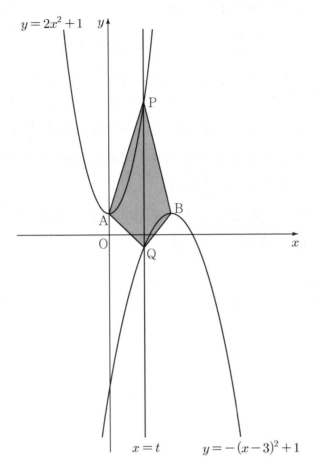

① $\dfrac{15}{2}$ ② 9 ③ $\dfrac{21}{2}$ ④ 12 ⑤ $\dfrac{27}{2}$

16. x에 대한 삼차방정식 $(x-a)\{x^2+(1-3a)x+4\}=0$이
서로 다른 세 실근 1, α, β를 가질 때, $\alpha\beta$의 값은?
(단, a는 상수이다.) [4점]

① 4 ② 6 ③ 8 ④ 10 ⑤ 12

17. 그림과 같이 이차함수 $y=ax^2(a>0)$의 그래프와 직선 $y=x+6$이 만나는 두 점 A, B의 x좌표를 각각 α, β라 하자. 점 B에서 x축에 내린 수선의 발을 H, 점 A에서 선분 BH에 내린 수선의 발을 C라 하자. $\overline{BC}=\dfrac{7}{2}$일 때, $\alpha^2+\beta^2$의 값은? (단, $\alpha<\beta$) [4점]

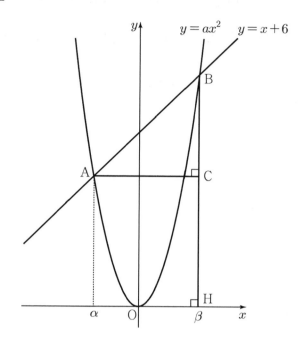

① $\dfrac{23}{4}$ ② $\dfrac{25}{4}$ ③ $\dfrac{27}{4}$ ④ $\dfrac{29}{4}$ ⑤ $\dfrac{31}{4}$

18. 다음은 자연수 n에 대하여 x에 대한 사차방정식

$$4x^4-4(n+2)x^2+(n-2)^2=0$$

이 서로 다른 네 개의 정수해를 갖도록 하는 20 이하의 모든 n의 값을 구하는 과정이다.

$P(x)=4x^4-4(n+2)x^2+(n-2)^2$이라 하자.
$x^2=X$라 하면 주어진 방정식 $P(x)=0$은
$4X^2-4(n+2)X+(n-2)^2=0$이고
근의 공식에 의해 $X=\dfrac{n+2\pm\sqrt{\boxed{(가)}}}{2}$이다.

그러므로 $X=\left(\sqrt{\dfrac{n}{2}}+1\right)^2$ 또는 $X=\left(\sqrt{\dfrac{n}{2}}-1\right)^2$에서

$x=\sqrt{\dfrac{n}{2}}+1$ 또는 $x=-\sqrt{\dfrac{n}{2}}-1$ 또는 $x=\sqrt{\dfrac{n}{2}}-1$

또는 $x=-\sqrt{\dfrac{n}{2}}+1$이다.

방정식 $P(x)=0$이 정수해를 갖기 위해서는 $\sqrt{\dfrac{n}{2}}$ 이 자연수가

되어야 한다.
따라서 자연수 n에 대하여 방정식 $P(x)=0$이 서로 다른 네 개의 정수해를 갖도록 하는 20 이하의 모든 n의 값은 $\boxed{(나)}$, $\boxed{(다)}$ 이다.

위의 (가)에 알맞은 식을 $f(n)$이라 하고, (나), (다)에 알맞은 수를 각각 a, b라 할 때, $f(b-a)$의 값은? (단, $a<b$) [4점]

① 48　② 56　③ 64　④ 72　⑤ 80

19. 그림과 같이 선분 AB를 빗변으로 하는 직각삼각형 ABC가 있다. 점 C에서 선분 AB에 내린 수선의 발을 H라 할 때, $\overline{CH}=1$이고 삼각형 ABC의 넓이는 $\dfrac{4}{3}$이다.

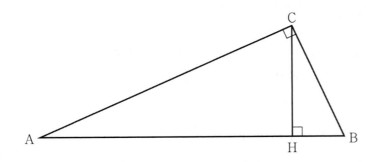

$\overline{BH}=x$라 할 때, $3x^3-5x^2+4x+7$의 값은? (단, $x<1$) [4점]

① $13-3\sqrt{7}$ ② $14-3\sqrt{7}$ ③ $15-3\sqrt{7}$

④ $16-3\sqrt{7}$ ⑤ $17-3\sqrt{7}$

20. 실수 a에 대하여 이차함수 $f(x)=(x-a)^2$이 다음 조건을 만족시킨다.

> (가) $2\le x\le 10$에서 함수 $f(x)$의 최솟값은 0이다.
> (나) $2\le x\le 6$에서 함수 $f(x)$의 최댓값과
> $6\le x\le 10$에서 함수 $f(x)$의 최솟값은 같다.

$f(-1)$의 최댓값을 M, 최솟값을 m이라 할 때, $M+m$의 값은? [4점]

① 34   ② 35   ③ 36   ④ 37   ⑤ 38

21. 1이 아닌 양수 k에 대하여 직선 $y=k$와 이차함수 $y=x^2$의 그래프가 만나는 두 점을 각각 A, B라 하고, 직선 $y=k$와 이차함수 $y=x^2-6x+6$의 그래프가 만나는 두 점을 각각 C, D라 할 때, <보기>에서 옳은 것만을 있는 대로 고른 것은? (단, 점 A의 x좌표는 점 B의 x좌표보다 작고, 점 C의 x좌표는 점 D의 x좌표보다 작다.) [4점]

< 보 기 >

ㄱ. $k=6$일 때, $\overline{CD}=6$이다.

ㄴ. k의 값에 관계없이 $\overline{CD}^2-\overline{AB}^2$의 값은 일정하다.

ㄷ. $\overline{CD}+\overline{AB}=4$일 때, $k+\overline{BC}=\dfrac{17}{16}$이다.

---

① ㄱ   ② ㄱ, ㄴ   ③ ㄱ, ㄷ

④ ㄴ, ㄷ   ⑤ ㄱ, ㄴ, ㄷ

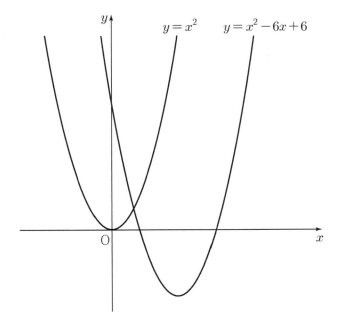

[04회]

단 답 형

22. 다항식 $(4x-y-3z)^2$의 전개식에서 yz의 계수를 구하시오. [3점]

23. x에 대한 부등식 $x^2+ax+b\le 0$의 해가 $-2\le x\le 4$일 때, ab의 값을 구하시오. (단, a, b는 상수이다.) [3점]

24. 다항식 x^3+2를 $(x+1)(x-2)$로 나누었을 때의 나머지를 $ax+b$라 할 때, $a+b$의 값을 구하시오. (단, a, b는 상수이다.) [3점]

25. 이차방정식 $x^2-6x+11=0$의 서로 다른 두 허근을 α, β라 할 때, $11\left(\dfrac{\overline{\alpha}}{\alpha}+\dfrac{\overline{\beta}}{\beta}\right)$의 값을 구하시오.

(단, $\overline{\alpha}$, $\overline{\beta}$는 각각 α, β의 켤레복소수이다.) [3점]

26. 다음은 삼차다항식 $P(x)=ax^3+bx^2+cx+11$을 $x-3$으로 나누었을 때의 몫과 나머지를 조립제법을 이용하여 구하는 과정의 일부를 나타낸 것이다.

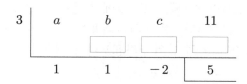

$P(x)$를 $x-4$로 나누었을 때의 나머지를 구하시오.
(단, a, b, c는 상수이다.) [4점]

27. 자연수 n에 대하여 x에 대한 연립부등식

$$\begin{cases} |x-n| > 2 \\ x^2 - 14x + 40 \le 0 \end{cases}$$

을 만족시키는 자연수 x의 개수가 2가 되도록 하는 모든 n의 값의 합을 구하시오. [4점]

28. 그림과 같이 이차함수 $y = x^2 - 4x + \dfrac{25}{4}$의 그래프가

직선 $y = ax(a > 0)$과 한 점 A에서만 만난다.

이차함수 $y = x^2 - 4x + \dfrac{25}{4}$의 그래프가 y축과 만나는 점을 B,

점 A에서 x축에 내린 수선의 발을 H라 하고, 선분 OA와 선분 BH가 만나는 점을 C라 하자.

삼각형 BOC의 넓이를 S_1, 삼각형 ACH의 넓이를 S_2라 할 때,

$S_1 - S_2 = \dfrac{q}{p}$이다. $p + q$의 값을 구하시오. (단, O는 원점이고, p와 q는 서로소인 자연수이다.) [4점]

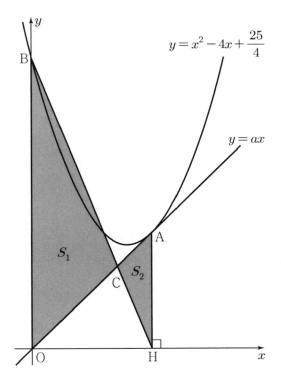

29. 49 이하의 두 자연수 m, n이

$$\left\{\left(\frac{1+i}{\sqrt{2}}\right)^m - i^n\right\}^2 = 4$$

를 만족시킬 때, $m+n$의 최댓값을 구하시오. (단, $i = \sqrt{-1}$)

[4점]

30. 두 이차함수 $f(x)$, $g(x)$가 다음 조건을 만족시킨다.

> (가) 함수 $y = f(x)$의 그래프는 x축과 한 점 $(0, 0)$에서만 만난다.
> (나) 부등식 $f(x) + g(x) \geq 0$의 해는 $x \geq 2$이다.
> (다) 모든 실수 x에 대하여 $f(x) - g(x) \geq f(1) - g(1)$이다.

x에 대한 방정식 $\{f(x) - k\} \times \{g(x) - k\} = 0$이 실근을 갖지 않도록 하는 정수 k의 개수가 5일 때, $f(22) + g(22)$의 최댓값을 구하시오. [4점]

* 확인 사항
○ 답안지의 해당란에 필요한 내용을 정확히 기입(표기) 했는지 확인하시오.

2022학년도 6월 고1 전국연합학력평가 문제지

1

제 2 교시

수학 영역

05회

● 문항수 30개 | 배점 100점 | 제한 시간 100분

● 배점은 2점, 3점 또는 4점

05회

5 지 선 다 형

1. $1+2i+i(1-i)$의 값은? (단, $i=\sqrt{-1}$ 이다.) [2점]

① $-2+3i$　② $-1+3i$　③ $-1+4i$　④ $2+3i$　⑤ $2+4i$

2. 두 다항식 $A=4x^2+2x-1$, $B=x^2+x-3$에 대하여 $A-2B$를 간단히 하면? [2점]

① x^2+2　　　② x^2+5　　　③ $2x^2+5$

④ x^2-x+4　　⑤ $2x^2-x+4$

3. 다항식 x^3+x^2+x+1을 $2x-1$로 나눈 나머지는? [2점]

① $\dfrac{9}{8}$　　② $\dfrac{11}{8}$　　③ $\dfrac{13}{8}$　　④ $\dfrac{15}{8}$　　⑤ $\dfrac{17}{8}$

4. x에 대한 이차부등식 $x^2+ax+b<0$의 해가 $-4<x<3$일 때, 두 상수 a, b에 대하여 $a-b$의 값은? [3점]

① 5　　② 7　　③ 9　　④ 11　　⑤ 13

5. 부등식 $|x-2|<5$를 만족시키는 모든 정수 x의 개수는? [3점]

① 5   ② 6   ③ 7   ④ 8   ⑤ 9

6. $101^3 - 3 \times 101^2 + 3 \times 101 - 1$의 값은? [3점]

① 10^5 ② 3×10^5 ③ 10^6 ④ 3×10^6 ⑤ 10^7

7. 어느 가족이 작년까지 한 변의 길이가 10m인 정사각형 모양의 밭을 가꾸었다. 올해는 그림과 같이 가로의 길이를 xm 만큼, 세로의 길이를 $(x-10)$m만큼 늘여서 새로운 직사각형 모양의 밭을 가꾸었다. 올해 늘어난 ⌐_ 모양의 밭의 넓이가 500m^2일 때, x의 값은? (단, $x > 10$) [3점]

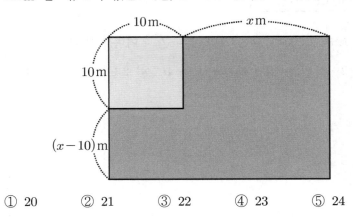

① 20   ② 21   ③ 22   ④ 23   ⑤ 24

8. 다항식 $Q(x)$에 대하여 등식

$$x^3 - 5x^2 + ax + 1 = (x-1)Q(x) - 1$$

이 x에 대한 항등식일 때, $Q(a)$의 값은? (단, a는 상수이다.) [3점]

① -6 ② -5 ③ -4 ④ -3 ⑤ -2

9. $x=2+i$, $y=2-i$일 때, $x^4+x^2y^2+y^4$의 값은?
 (단, $i=\sqrt{-1}$ 이다.) [3점]

① 9   ② 10   ③ 11   ④ 12   ⑤ 13

10. 이차함수 $y=x^2+2(a-1)x+2a+13$의 그래프가 x축과 만나지 않도록 하는 모든 정수 a의 값의 합은? [3점]

① 12   ② 14   ③ 16   ④ 18   ⑤ 20

11. x에 대한 이차방정식 $x^2+k(2p-3)x-(p^2-2)k+q+2=0$이
실수 k의 값에 관계없이 항상 1을 근으로 가질 때,
두 상수 p, q에 대하여 $p+q$의 값은? [3점]

① -5 ② -2 ③ 1 ④ 4 ⑤ 7

12. 연립방정식

$$\begin{cases} x+y+xy=8 \\ 2x+2y-xy=4 \end{cases}$$

의 해를 $x=\alpha$, $y=\beta$라 할 때, $\alpha^2+\beta^2$의 값은? [3점]

① 8 ② 10 ③ 12 ④ 14 ⑤ 16

13. 삼차방정식

$$x^3 + 2x^2 - 3x - 10 = 0$$

의 서로 다른 두 허근을 α, β라 할 때, $\alpha^3 + \beta^3$의 값은? [3점]

① -2 ② -3 ③ -4 ④ -5 ⑤ -6

14. x에 대한 이차방정식 $x^2 - 2kx - k + 20 = 0$이 서로 다른 두 실근 α, β를 가질 때, $\alpha\beta > 0$을 만족시키는 모든 자연수 k의 개수는? [4점]

① 14   ② 15   ③ 16   ④ 17   ⑤ 18

15. 이차다항식 $P(x)$가 다음 조건을 만족시킬 때, $P(-1)$의 값은? [4점]

> (가) 부등식 $P(x) \geq -2x-3$의 해는 $0 \leq x \leq 1$이다.
> (나) 방정식 $P(x) = -3x-2$는 중근을 가진다.

① -3 ② -4 ③ -5 ④ -6 ⑤ -7

16. 그림과 같이 한 변의 길이가 2인 정삼각형 ABC에 대하여 변 BC의 중점을 P라 하고, 선분 AP 위의 점 Q에 대하여 선분 PQ의 길이를 x라 하자. $\overline{AQ}^2 + \overline{BQ}^2 + \overline{CQ}^2$은 $x=a$에서 최솟값 m을 가진다. $\dfrac{m}{a}$의 값은? (단, $0 < x < \sqrt{3}$이고, a는 실수이다.) [4점]

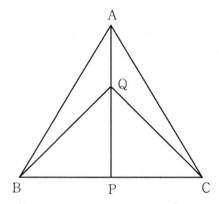

① $3\sqrt{3}$ ② $\dfrac{7}{2}\sqrt{3}$ ③ $4\sqrt{3}$ ④ $\dfrac{9}{2}\sqrt{3}$ ⑤ $5\sqrt{3}$

17. x에 대한 다항식 x^3+x^2+ax+b가 $(x-1)^2$으로 나누어떨어질 때의 몫을 $Q(x)$라 하자. 두 상수 a, b에 대하여 $Q(ab)$의 값은? [4점]

① -15 ② -14 ③ -13 ④ -12 ⑤ -11

18. 그림과 같이 빗변의 길이가 c이고 둘레의 길이가 10인 직각삼각형 ABC가 있다.

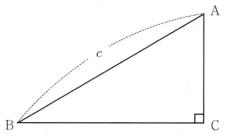

다음은 직각삼각형 ABC의 빗변의 길이 c의 범위를 구하는 과정이다.

$\overline{BC}=a$, $\overline{CA}=b$라 하면

삼각형 ABC의 둘레의 길이가 10이고 $\overline{AB}=c$이므로

$a+b=\boxed{\text{(가)}}$ ······ ㉠

이다. 삼각형 ABC가 직각삼각형이므로

$a^2+b^2=c^2$에서 $(a+b)^2-2ab=c^2$ ······ ㉡

이다. ㉠을 ㉡에 대입하면 $ab=\boxed{\text{(나)}}$ 이다.

a, b를 두 실근으로 가지고 이차항의 계수가 1인 x에 대한 이차방정식은

$x^2-(\boxed{\text{(가)}})x+\boxed{\text{(나)}}=0$ ······ ㉢

이고 ㉢의 판별식 $D \geq 0$이다.

빗변의 길이 c는 양수이므로

부등식 $D \geq 0$의 해를 구하면 $c \geq \boxed{\text{(다)}}$ 이다.

㉢의 두 실근 a, b는 모두 양수이므로

두 근의 합 $\boxed{\text{(가)}}$ 와 곱 $\boxed{\text{(나)}}$ 는 모두 양수이다.

따라서 빗변의 길이 c의 범위는 $\boxed{\text{(다)}} \leq c < 5$이다.

위의 (가), (나)에 알맞은 식을 각각 $f(c)$, $g(c)$라 하고 (다)에 알맞은 수를 k라 할 때, $\dfrac{k}{25} \times f\left(\dfrac{9}{2}\right) \times g\left(\dfrac{9}{2}\right)$의 값은? [4점]

① $10(\sqrt{2}-1)$ ② $11(\sqrt{2}-1)$ ③ $12(\sqrt{2}-1)$
④ $10(\sqrt{2}+1)$ ⑤ $11(\sqrt{2}+1)$

19. 이차함수 $y = x^2 - 3x + 1$의 그래프와 직선 $y = x + 2$로 둘러싸인 도형의 내부에 있는 점 중에서 x좌표와 y좌표가 모두 정수인 점의 개수는? [4점]

① 6 　　② 7 　　③ 8 　　④ 9 　　⑤ 10

20. 모든 실수 x에 대하여 다항식 $P(x)$가

$$\{P(x) + 2\}^2 = (x - a)(x - 2a) + 4$$

를 만족시킬 때, 모든 $P(1)$의 값의 합은? (단, a는 실수이다.) [4점]

① -9 　　② -8 　　③ -7 　　④ -6 　　⑤ -5

21. $1 \le x \le 2$에서 이차함수 $f(x) = (x-a)^2 + b$의 최솟값이 5일 때, 두 실수 a, b에 대하여 옳은 것만을 <보기>에서 있는 대로 고른 것은? [4점]

―――――――― < 보 기 > ――――――――

ㄱ. $a = \dfrac{3}{2}$일 때, $b = 5$이다.

ㄴ. $a \le 1$일 때, $b = -a^2 + 2a + 4$이다.

ㄷ. $a + b$의 최댓값은 $\dfrac{29}{4}$이다.

① ㄱ 　　　　② ㄱ, ㄴ 　　　　③ ㄱ, ㄷ
④ ㄴ, ㄷ 　　　　⑤ ㄱ, ㄴ, ㄷ

단 답 형

22. 다항식 $(x+2y)^3$을 전개한 식에서 xy^2의 계수를 구하시오.

[3점]

23. $(3+ai)(2-i) = 13 + bi$를 만족시키는 두 실수 a, b에 대하여 $a+b$의 값을 구하시오. (단, $i = \sqrt{-1}$ 이다.) [3점]

24. 연립방정식

$$\begin{cases} x-y=-5 \\ 4x^2+y^2=20 \end{cases}$$

의 해를 $x=\alpha$, $y=\beta$라 할 때, $\alpha+\beta$의 값을 구하시오. [3점]

25. x에 대한 이차방정식 $x^2-3x+k=0$의 두 근을 α, β라 할 때,

$\dfrac{1}{\alpha^2-\alpha+k}+\dfrac{1}{\beta^2-\beta+k}=\dfrac{1}{4}$을 만족시키는 실수 k의 값을

구하시오. [3점]

26. x에 대한 사차방정식 $x^4-(2a-9)x^2+4=0$이 서로 다른 네 실근 α, β, γ, δ $(\alpha<\beta<\gamma<\delta)$를 가진다. $\alpha^2+\beta^2=5$일 때, 상수 a의 값을 구하시오. [4점]

27. 100 이하의 자연수 n에 대하여

$$(1-i)^{2n} = 2^n i$$

를 만족시키는 모든 n의 개수를 구하시오.
(단, $i = \sqrt{-1}$ 이다.) [4점]

28. x에 대한 연립부등식

$$\begin{cases} x^2 - (a^2-3)x - 3a^2 < 0 \\ x^2 + (a-9)x - 9a > 0 \end{cases}$$

을 만족시키는 정수 x가 존재하지 않기 위한 실수 a의
최댓값을 M이라 하자. M^2의 값을 구하시오. (단, $a > 2$) [4점]

29. 삼차다항식 $P(x)$와 일차다항식 $Q(x)$가 다음 조건을 만족시킨다.

> (가) $P(x)Q(x)$는 $(x^2-3x+3)(x-1)$로 나누어떨어진다.
>
> (나) 모든 실수 x에 대하여 $x^3-10x+13-P(x)=\{Q(x)\}^2$ 이다.

$Q(0)<0$일 때, $P(2)+Q(8)$의 값을 구하시오. [4점]

30. 두 이차함수 $f(x)$, $g(x)$는 다음 조건을 만족시킨다.

> (가) 모든 실수 x에 대하여 $f(x) \geq f(0)$, $g(x) \leq g(0)$이다.
>
> (나) $f(0)$은 정수이고, $g(0)-f(0)=4$이다.

x에 대한 방정식 $f(x)+p=k$의 서로 다른 실근의 개수와
x에 대한 방정식 $g(x)-p=k$의 서로 다른 실근의 개수가
같게 되도록 하는 정수 k의 개수가 1일 때,
실수 p의 최솟값을 m, 최댓값을 M이라 하자.
$m+10M$의 값을 구하시오. [4점]

* 확인 사항
○ 답안지의 해당란에 필요한 내용을 정확히 기입(표기)
했는지 확인하시오.

2021학년도 6월 고1 전국연합학력평가 문제지 1

제 2 교시

수학 영역

06회

● 문항수 30개 | 배점 100점 | 제한 시간 100분

● 배점은 2점, 3점 또는 4점

06회

5 지 선 다 형

1. $3i+(1-2i)$의 값은? (단, $i=\sqrt{-1}$) [2점]

① $1-3i$ ② $1-2i$ ③ $1-i$ ④ 1 ⑤ $1+i$

2. 두 다항식 $A=2x^2+3xy+2y^2$, $B=x^2+5xy+3y^2$에 대하여 $A-B$를 간단히 하면? [2점]

① $x^2+2xy-y^2$ ② $x^2-2xy-y^2$ ③ $x^2-2xy+y^2$

④ $-x^2+2xy+y^2$ ⑤ $-x^2-2xy-y^2$

3. 이차함수 $y=x^2+4x+a$의 그래프가 x축과 접할 때, 상수 a의 값은? [2점]

① 4 ② 5 ③ 6 ④ 7 ⑤ 8

4. 부등식 $|x-2|<3$을 만족시키는 정수 x의 개수는? [3점]

① 1 ② 2 ③ 3 ④ 4 ⑤ 5

5. x의 값에 관계없이 등식

$$3x^2 + ax + 4 = bx(x-1) + c(x-1)(x-2)$$

가 항상 성립할 때, $a+b+c$의 값은? (단, a, b, c는 상수이다.)

[3점]

① -6 ② -5 ③ -4 ④ -3 ⑤ -2

6. 두 복소수 $x = \dfrac{1-i}{1+i}$, $y = \dfrac{1+i}{1-i}$에 대하여 $x+y$의 값은?

(단, $i = \sqrt{-1}$) [3점]

① $-4i$ ② $2i$ ③ 0 ④ 2 ⑤ 4

7. 그림과 같이 겉넓이가 148이고, 모든 모서리의 길이의 합이 60인 직육면체 ABCD$-$EFGH가 있다.

$\overline{BG}^2 + \overline{GD}^2 + \overline{DB}^2$의 값은? [3점]

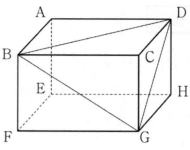

① 136   ② 142   ③ 148   ④ 154   ⑤ 160

8. 다항식 $f(x) = x^3 + ax^2 + bx + 6$을 $x-1$로 나누었을 때의 나머지는 4이다. $f(x+2)$가 $x-1$로 나누어떨어질 때, $b-a$의 값은? (단, a, b는 상수이다.) [3점]

① 4 ② 5 ③ 6 ④ 7 ⑤ 8

9. $x = -2 + 3i$, $y = 2 + 3i$일 때, $x^3 + x^2y - xy^2 - y^3$의 값은?
(단, $i = \sqrt{-1}$) [3점]

① 144 ② 150 ③ 156 ④ 162 ⑤ 168

10. 이차함수 $y = x^2 + 6x - 3$의 그래프와 직선 $y = kx - 7$이 만나지 않도록 하는 자연수 k의 개수는? [3점]

① 3 ② 4 ③ 5 ④ 6 ⑤ 7

11. x에 대한 이차방정식 $x^2-2(m+a)x+m^2+m+b=0$이 실수 m의 값에 관계없이 항상 중근을 가질 때, $12(a+b)$의 값은? (단, a, b는 상수이다.) [3점]

① 9　　　　② 10　　　　③ 11　　　　④ 12　　　　⑤ 13

12. 삼차방정식 $x^3+x-2=0$의 서로 다른 두 허근을 α, β라 할 때, $\dfrac{\beta}{\alpha}+\dfrac{\alpha}{\beta}$ 의 값은? [3점]

① $-\dfrac{7}{2}$　　② $-\dfrac{5}{2}$　　③ $-\dfrac{3}{2}$　　④ $-\dfrac{1}{2}$　　⑤ $\dfrac{1}{2}$

13. 연립방정식 $\begin{cases} 2x-3y=-1 \\ x^2-2y^2=-1 \end{cases}$ 의 해를 $x=\alpha$, $y=\beta$라 할 때, $\alpha+\beta$의 값은? (단, $\alpha\neq\beta$) [3점]

① 9   ② 10   ③ 11   ④ 12   ⑤ 13

14. 물체가 등속 원운동을 하기 위해 원의 중심방향으로 작용하는 일정한 크기의 힘을 구심력이라 한다.
질량이 m인 물체가 반지름의 길이가 r인 원의 궤도를 따라 v의 속력으로 등속 원운동을 할 때 작용하는 구심력의 크기 F는 다음과 같다.

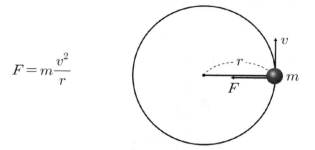

$$F=m\frac{v^2}{r}$$

물체 A와 물체 B는 반지름의 길이가 각각 r_A, r_B인 원의 궤도를 따라 등속 원운동을 한다.
물체 A의 질량은 물체 B의 질량의 3배이고, 물체 A의 속력은 물체 B의 속력의 $\frac{1}{2}$배이다. 물체 A와 물체 B의 구심력의 크기가 같을 때, $\dfrac{r_A}{r_B}$의 값은? [4점]

① $\dfrac{3}{8}$ ② $\dfrac{1}{2}$ ③ $\dfrac{5}{8}$ ④ $\dfrac{3}{4}$ ⑤ $\dfrac{7}{8}$

15. 그림과 같이 윗면이 개방된 원통형 용기에 높이가 h인 지점까지 물이 채워져 있다.

용기에 충분히 작은 구멍을 뚫어 물을 흘려보내는 동시에 물을 공급하여 물의 높이를 h로 유지한다. 구멍의 높이를 a, 구멍으로부터 물이 바닥에 떨어지는 지점까지의 수평거리를 b라 하면 다음과 같은 관계식이 성립한다.

$$b = \sqrt{4a(h-a)} \quad (\text{단, } 0 < a < h)$$

$h = 10$일 때, b^2의 최댓값은? [4점]

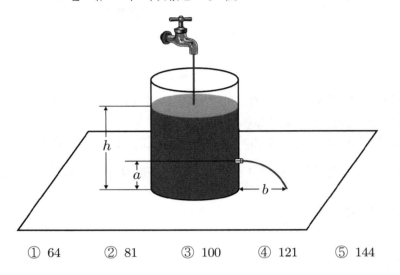

① 64　　② 81　　③ 100　　④ 121　　⑤ 144

16. 최고차항의 계수가 1인 삼차다항식 $f(x)$가 다음 조건을 만족시킨다.

(가) $f(0) = 0$

(나) $f(x)$를 $(x-2)^2$으로 나눈 나머지가 $2(x-2)$이다.

$f(x)$를 $x-1$로 나눈 몫을 $Q(x)$라 할 때, $Q(5)$의 값은? [4점]

① 3　　② 6　　③ 9　　④ 12　　⑤ 15

17. 그림과 같이 이차함수 $y = x^2 - (a+4)x + 3a + 3$의 그래프가 x축과 만나는 서로 다른 두 점을 각각 A, B라 하고, y축과 만나는 점을 C라 하자.

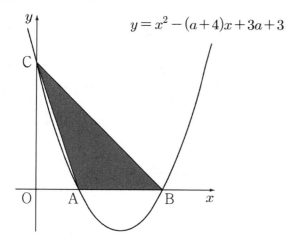

$$y = x^2 - (a+4)x + 3a + 3$$

삼각형 ABC의 넓이의 최댓값은? (단, $0 < a < 2$) [4점]

① $\dfrac{13}{4}$ ② $\dfrac{27}{8}$ ③ $\dfrac{7}{2}$ ④ $\dfrac{29}{8}$ ⑤ $\dfrac{15}{4}$

18. 다음은 2022^{10}을 505로 나누었을 때의 나머지를 구하는 과정이다.

다항식 $(4x+2)^{10}$을 x로 나누었을 때의 몫을 $Q(x)$, 나머지를 R라고 하면

$(4x+2)^{10} = xQ(x) + R$이다.

이때, $R =$ ☐ (가) ☐ 이다.

등식 $(4x+2)^{10} = xQ(x) +$ ☐ (가) ☐ 에

$x = 505$를 대입하면

$2022^{10} = 505 \times Q(505) +$ ☐ (가) ☐

$\qquad = 505 \times \{ Q(505) +$ ☐ (나) ☐ $\} +$ ☐ (다) ☐ 이다.

따라서 2022^{10}을 505로 나누었을 때의 나머지는

☐ (다) ☐ 이다.

위의 (가), (나), (다)에 알맞은 수를 각각 a, b, c라 할 때, $a + b + c$의 값은? [4점]

① 1038 ② 1040 ③ 1042 ④ 1044 ⑤ 1046

19. 복소수 z에 대하여 $z+\bar{z}=-1$, $z\bar{z}=1$일 때,

$$\frac{\bar{z}}{z^5}+\frac{(\bar{z})^2}{z^4}+\frac{(\bar{z})^3}{z^3}+\frac{(\bar{z})^4}{z^2}+\frac{(\bar{z})^5}{z}$$의 값은?

(단, $\bar{z}$는 z의 켤레복소수이다.) [4점]

① 2 　　② 3 　　③ 4 　　④ 5 　　⑤ 6

20. 그림과 같이 한 변의 길이가 1인 정오각형 ABCDE가 있다. 두 대각선 AC와 BE가 만나는 점을 P라 하면 $\overline{\text{BE}}:\overline{\text{PE}}=\overline{\text{PE}}:\overline{\text{BP}}$가 성립한다.

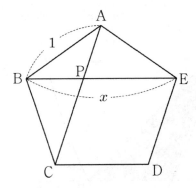

대각선 BE의 길이를 x라 할 때,
$1-x+x^2-x^3+x^4-x^5+x^6-x^7+x^8=p+q\sqrt{5}$ 이다.
$p+q$의 값은? (단, p, q는 유리수이다.) [4점]

① 22 　　② 23 　　③ 24 　　④ 25 　　⑤ 26

21. 두 이차함수 $f(x)$, $g(x)$는 다음 조건을 만족시킨다.

> (가) $f(x)g(x) = (x^2-4)(x^2-9)$
>
> (나) $f(\alpha) = f(\alpha+5) = 0$인 실수 α가 존재한다.

<보기>에서 옳은 것만을 있는 대로 고른 것은? [4점]

> ─── < 보 기 > ───
>
> ㄱ. $f(2) = 0$일 때, $g(3) = 0$이다.
>
> ㄴ. $g(2) > 0$일 때, $f\left(\dfrac{5}{2}\right) < g\left(\dfrac{5}{2}\right)$이다.
>
> ㄷ. x에 대한 방정식 $f(x) - g(x) = 0$이 서로 다른 두 정수 m, n을 근으로 가질 때, $|m+n| = 5$이다.

① ㄱ   ② ㄱ, ㄴ   ③ ㄱ, ㄷ

④ ㄴ, ㄷ   ⑤ ㄱ, ㄴ, ㄷ

단 답 형

22. 다항식 $(x+4)(2x^2-3x+1)$의 전개식에서 x^2의 계수를 구하시오. [3점]

23. x에 대한 이차방정식 $x^2+ax-4=0$의 두 근이 -4, b일 때, 두 상수 a, b에 대하여 $a+b$의 값을 구하시오. [3점]

24. x에 대한 이차부등식 $x^2+8x+(a-6)<0$이 해를 갖지 않도록 하는 실수 a의 최솟값을 구하시오. [3점]

25. x, y에 대한 이차식 $x^2+kxy-3y^2+x+11y-6$이 x, y에 대한 두 일차식의 곱으로 인수분해 되도록 하는 자연수 k의 값을 구하시오. [3점]

26. 이차함수 $f(x)=ax^2+bx+5$가 다음 조건을 만족시킬 때, $f(-2)$의 값을 구하시오. [4점]

(가) a, b는 음의 정수이다.
(나) $1 \leq x \leq 2$일 때, 이차함수 $f(x)$의 최댓값은 3이다.

27. $\left(\dfrac{\sqrt{2}}{1+i}\right)^{n}+\left(\dfrac{\sqrt{3}+i}{2}\right)^{n}=2$를 만족시키는 자연수 n의 최솟값을 구하시오. (단, $i=\sqrt{-1}$) [4점]

28. x에 대한 이차방정식 $x^2+2ax-b=0$의 두 근을 α, β라 할 때, $|\alpha-\beta|<12$를 만족시키는 두 자연수 a, b의 모든 순서쌍 (a, b)의 개수를 구하시오. [4점]

29. 두 이차함수 $f(x) = x^2 + 2x + 1$, $g(x) = -x^2 + 5$에 대하여
함수 $h(x)$를

$$h(x) = \begin{cases} f(x) & (x \leq -2 \text{ 또는 } x \geq 1) \\ g(x) & (-2 < x < 1) \end{cases}$$

이라 하자.
직선 $y = mx + 6$과 $y = h(x)$의 그래프가 서로 다른 세 점에서
만나도록 하는 모든 실수 m의 값의 합을 S라 할 때,
$10S$의 값을 구하시오. [4점]

30. 5 이상의 자연수 n에 대하여 다항식

$$P_n(x) = (1+x)(1+x^2)(1+x^3)\cdots(1+x^{n-1})(1+x^n) - 64$$

가 $x^2 + x + 1$로 나누어떨어지도록 하는 모든 자연수 n의 값의
합을 구하시오. [4점]

---

* 확인 사항
○ 답안지의 해당란에 필요한 내용을 정확히 기입(표기)
했는지 확인하시오.

● 문항수 45개 | 배점 100점 | 제한 시간 70분
● 점수 표시가 없는 문항은 모두 2점

1번부터 17번까지는 듣고 답하는 문제입니다. 1번부터 15번까지는 한 번만 들려주고, 16번부터 17번까지는 두 번 들려줍니다. 방송을 잘 듣고 답을 하시기 바랍니다.

MP3

1. 다음을 듣고, 여자가 하는 말의 목적으로 가장 적절한 것을 고르시오.

① 체육대회 종목을 소개하려고
② 대회 자원봉사자를 모집하려고
③ 학생 회장 선거 일정을 공지하려고
④ 경기 관람 규칙 준수를 당부하려고
⑤ 학교 홈페이지 주소 변경을 안내하려고

2. 대화를 듣고, 남자의 의견으로 가장 적절한 것을 고르시오.

① 산책은 창의적인 생각을 할 수 있게 돕는다.
② 식사 후 과격한 운동은 소화를 방해한다.
③ 지나친 스트레스는 집중력을 감소시킨다.
④ 독서를 통해 창의력을 증진할 수 있다.
⑤ 꾸준한 운동은 기초체력을 향상시킨다.

3. 대화를 듣고, 두 사람의 관계를 가장 잘 나타낸 것을 고르시오.

① 고객 – 우체국 직원
② 투숙객 – 호텔 지배인
③ 여행객 – 여행 가이드
④ 아파트 주민 – 경비원
⑤ 손님 – 옷가게 주인

4. 대화를 듣고, 그림에서 대화의 내용과 일치하지 <u>않는</u> 것을 고르시오.

5. 대화를 듣고, 남자가 할 일로 가장 적절한 것을 고르시오.

① 초대장 보내기
② 피자 주문하기
③ 거실 청소하기
④ 꽃다발 준비하기
⑤ 스마트폰 사러 가기

6. 대화를 듣고, 여자가 지불할 금액을 고르시오. [3점]

① $54
② $60
③ $72
④ $76
⑤ $80

7. 대화를 듣고, 남자가 록 콘서트에 갈 수 <u>없는</u> 이유를 고르시오.

① 일을 하러 가야 해서
② 피아노 연습을 해야 해서
③ 할머니를 뵈러 가야 해서
④ 친구의 개를 돌봐야 해서
⑤ 과제를 아직 끝내지 못해서

8. 대화를 듣고, Eco Day에 관해 언급되지 <u>않은</u> 것을 고르시오.

① 행사 시간
② 행사 장소
③ 참가비
④ 준비물
⑤ 등록 방법

9. Eastville Dance Contest에 관한 다음 내용을 듣고, 일치하지 <u>않는</u> 것을 고르시오.

① 처음으로 개최되는 경연이다.
② 모든 종류의 춤이 허용된다.
③ 춤 영상을 8월 15일까지 업로드 해야 한다.
④ 학생들은 가장 좋아하는 영상에 투표할 수 있다.
⑤ 우승팀은 상으로 상품권을 받게 될 것이다.

10. 다음 표를 보면서 대화를 듣고, 두 사람이 구입할 정수기를 고르시오.

Water Purifiers

	Model	Price	Water Tank Capacity(liters)	Power-saving Mode	Warranty
①	A	$570	4	×	1 year
②	B	$650	5	○	1 year
③	C	$680	5	×	3 years
④	D	$740	5	○	3 years
⑤	E	$830	6	○	3 years

11. 대화를 듣고, 남자의 마지막 말에 대한 여자의 응답으로 가장 적절한 것을 고르시오.

① Great. We don't have to wait in line.
② All right. We can come back later.
③ Good job. Let's buy the tickets.
④ No worries. I will stand in line.
⑤ Too bad. I can't buy that car.

12. 대화를 듣고, 여자의 마지막 말에 대한 남자의 응답으로 가장 적절한 것을 고르시오.

① Yes. You can register online.
② Sorry. I can't see you next week.
③ Right. I should go to his office now.
④ Fantastic! I'll take the test tomorrow.
⑤ Of course. I can help him if he needs my help.

13. 대화를 듣고, 여자의 마지막 말에 대한 남자의 응답으로 가장 적절한 것을 고르시오. [3점]

Man: _____

① I agree. You can save a lot by buying secondhand.
② Great idea! Our message would make others smile.
③ Sorry. I forgot to write a message in the book.
④ Exactly. Taking notes during class is important.
⑤ Okay. We can arrive on time if we leave now.

14. 대화를 듣고, 남자의 마지막 말에 대한 여자의 응답으로 가장 적절한 것을 고르시오. [3점]

Woman: _____

① Why not? I can bring some food when we go camping.
② I'm sorry. That fishing equipment is not for sale.
③ I don't think so. The price is most important.
④ Really? I'd love to meet your family.
⑤ No problem. You can use my equipment.

15. 다음 상황 설명을 듣고, Violet이 Peter에게 할 말로 가장 적절한 것을 고르시오.

Violet: _____

① Will you join the science club together?
② Is it okay to use a card to pay for the drinks?
③ Why don't we donate our books to the library?
④ How about going to the cafeteria to have lunch?
⑤ Can you borrow the books for me with your card?

[16~17] 다음을 듣고, 물음에 답하시오.

16. 남자가 하는 말의 주제로 가장 적절한 것은?

① different causes of sleep disorders
② various ways to keep foods fresh
③ foods to improve quality of sleep
④ reasons for organic foods' popularity
⑤ origins of popular foods around the world

17. 언급된 음식이 <u>아닌</u> 것은?

① kiwi fruits   ② milk   ③ nuts
④ tomatoes   ⑤ honey

> 이제 듣기 문제가 끝났습니다. 18번부터는 문제지의 지시에 따라 답을 하시기 바랍니다.

18. 다음 글의 목적으로 가장 적절한 것은?

ACC Travel Agency Customers:

Have you ever wanted to enjoy a holiday in nature? This summer is the best time to turn your dream into reality. We have a perfect travel package for you. This travel package includes special trips to Lake Madison as well as massage and meditation to help you relax. Also, we provide yoga lessons taught by experienced instructors. If you book this package, you will enjoy all this at a reasonable price. We are sure that it will be an unforgettable experience for you. If you call us, we will be happy to give you more details.

① 여행 일정 변경을 안내하려고
② 패키지 여행 상품을 홍보하려고
③ 여행 상품 불만족에 대해 사과하려고
④ 여행 만족도 조사 참여를 부탁하려고
⑤ 패키지 여행 업무 담당자를 모집하려고

19. 다음 글에 드러난 'I'의 심경 변화로 가장 적절한 것은?

When I woke up in our hotel room, it was almost midnight. I didn't see my husband nor daughter. I called them, but I heard their phones ringing in the room. Feeling worried, I went outside and walked down the street, but they were nowhere to be found. When I decided I should ask someone for help, a crowd nearby caught my attention. I approached, hoping to find my husband and daughter, and suddenly I saw two familiar faces. I smiled, feeling calm. Just then, my daughter saw me and called, "Mom!" They were watching the magic show. Finally, I felt all my worries disappear.

① anxious → relieved
② delighted → unhappy
③ indifferent → excited
④ relaxed → upset
⑤ embarrassed → proud

20. 다음 글에서 필자가 주장하는 바로 가장 적절한 것은?

Research shows that people who work have two calendars: one for work and one for their personal lives. Although it may seem sensible, having two separate calendars for work and personal life can lead to distractions. To check if something is missing, you will find yourself checking your to-do lists multiple times. Instead, organize all of your tasks in one place. It doesn't matter if you use digital or paper media. It's okay to keep your professional and personal tasks in one place. This will give you a good idea of how time is divided between work and home. This will allow you to make informed decisions about which tasks are most important.

① 결정한 것은 반드시 실행하도록 노력하라.
② 자신이 담당한 업무에 관한 전문성을 확보하라.
③ 업무 집중도를 높이기 위해 책상 위를 정돈하라.
④ 좋은 아이디어를 메모하는 습관을 길러라.
⑤ 업무와 개인 용무를 한 곳에 정리하라.

21. 밑줄 친 become unpaid ambassadors가 다음 글에서 의미하는 바로 가장 적절한 것은?

Why do you care how a customer reacts to a purchase? Good question. By understanding post-purchase behavior, you can understand the influence and the likelihood of whether a buyer will repurchase the product (and whether she will keep it or return it). You'll also determine whether the buyer will encourage others to purchase the product from you. Satisfied customers can become unpaid ambassadors for your business, so customer satisfaction should be on the top of your to-do list. People tend to believe the opinions of people they know. People trust friends over advertisements any day. They know that advertisements are paid to tell the "good side" and that they're used to persuade them to purchase products and services. By continually monitoring your customer's satisfaction after the sale, you have the ability to avoid negative word-of-mouth advertising.

① recommend products to others for no gain
② offer manufacturers feedback on products
③ become people who don't trust others' words
④ get rewards for advertising products overseas
⑤ buy products without worrying about the price

22. 다음 글의 요지로 가장 적절한 것은?

The promise of a computerized society, we were told, was that it would pass to machines all of the repetitive drudgery of work, allowing us humans to pursue higher purposes and to have more leisure time. It didn't work out this way. Instead of more time, most of us have less. Companies large and small have off-loaded work onto the backs of consumers. Things that used to be done for us, as part of the value-added service of working with a company, we are now expected to do ourselves. With air travel, we're now expected to complete our own reservations and check-in, jobs that used to be done by airline employees or travel agents. At the grocery store, we're expected to bag our own groceries and, in some supermarkets, to scan our own purchases.

* drudgery: 고된 일

① 컴퓨터 기반 사회에서는 여가 시간이 더 늘어난다.
② 회사 업무의 전산화는 업무 능률을 향상시킨다.
③ 컴퓨터화된 사회에서 소비자는 더 많은 일을 하게 된다.
④ 온라인 거래가 모든 소비자들을 만족시키기에는 한계가 있다.
⑤ 산업의 발전으로 인해 기계가 인간의 일자리를 대신하고 있다.

23. 다음 글의 주제로 가장 적절한 것은?

We tend to believe that we possess a host of socially desirable characteristics, and that we are free of most of those that are socially undesirable. For example, a large majority of the general public thinks that they are more intelligent, more fair-minded, less prejudiced, and more skilled behind the wheel of an automobile than the average person. This phenomenon is so reliable and ubiquitous that it has come to be known as the "Lake Wobegon effect," after Garrison Keillor's fictional community where "the women are strong, the men are good-looking, and all the children are above average." A survey of one million high school seniors found that 70% thought they were above average in leadership ability, and only 2% thought they were below average. In terms of ability to get along with others, *all* students thought they were above average, 60% thought they were in the top 10%, and 25% thought they were in the top 1%!

* ubiquitous: 도처에 있는

① importance of having a positive self-image as a leader
② our common belief that we are better than average
③ our tendency to think others are superior to us
④ reasons why we always try to be above average
⑤ danger of prejudice in building healthy social networks

24. 다음 글의 제목으로 가장 적절한 것은?

Few people will be surprised to hear that poverty tends to create stress: a 2006 study published in the American journal *Psychosomatic Medicine*, for example, noted that a lower socioeconomic status was associated with higher levels of stress hormones in the body. However, richer economies have their own distinct stresses. The key issue is time pressure. A 1999 study of 31 countries by American psychologist Robert Levine and Canadian psychologist Ara Norenzayan found that wealthier, more industrialized nations had a faster pace of life — which led to a higher standard of living, but at the same time left the population feeling a constant sense of urgency, as well as being more prone to heart disease. In effect, fast-paced productivity creates wealth, but it also leads people to feel time-poor when they lack the time to relax and enjoy themselves.

* prone: 걸리기 쉬운

① Why Are Even Wealthy Countries Not Free from Stress?
② In Search of the Path to Escaping the Poverty Trap
③ Time Management: Everything You Need to Know
④ How Does Stress Affect Human Bodies?
⑤ Sound Mind Wins the Game of Life!

25. 다음 도표의 내용과 일치하지 <u>않는</u> 것은?

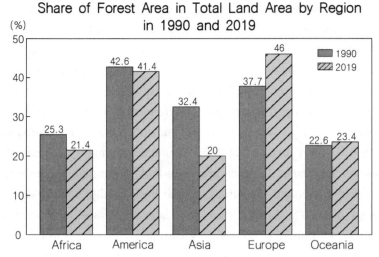

Share of Forest Area in Total Land Area by Region in 1990 and 2019

The above graph shows the share of forest area in total land area by region in 1990 and 2019. ① Africa's share of forest area in total land area was over 20% in both 1990 and 2019. ② The share of forest area in America was 42.6% in 1990, which was larger than that in 2019. ③ The share of forest area in Asia declined from 1990 to 2019 by more than 10 percentage points. ④ In 2019, the share of forest area in Europe was the largest among the five regions, more than three times that in Asia in the same year. ⑤ Oceania showed the smallest gap between 1990 and 2019 in terms of the share of forest area in total land area.

26. Gary Becker에 관한 다음 글의 내용과 일치하지 <u>않는</u> 것은?

Gary Becker was born in Pottsville, Pennsylvania in 1930 and grew up in Brooklyn, New York City. His father, who was not well educated, had a deep interest in financial and political issues. After graduating from high school, Becker went to Princeton University, where he majored in economics. He was dissatisfied with his economic education at Princeton University because "it didn't seem to be handling real problems." He earned a doctor's degree in economics from the University of Chicago in 1955. His doctoral paper on the economics of discrimination was mentioned by the Nobel Prize Committee as an important contribution to economics. Since 1985, Becker had written a regular economics column in *Business Week*, explaining economic analysis and ideas to the general public. In 1992, he was awarded the Nobel Prize in economic science.

* discrimination: 차별

① New York City의 Brooklyn에서 자랐다.
② 아버지는 금융과 정치 문제에 깊은 관심이 있었다.
③ Princeton University에서의 경제학 교육에 만족했다.
④ 1955년에 경제학 박사 학위를 취득했다.
⑤ *Business Week*에 경제학 칼럼을 기고했다.

27. 2023 Drone Racing Championship에 관한 다음 안내문의 내용과 일치하지 <u>않는</u> 것은?

2023 Drone Racing Championship

Are you the best drone racer? Then take the opportunity to prove you are the one!

When & Where
● 6 p.m. — 8 p.m., Sunday, July 9
● Lakeside Community Center

Requirements
● Participants: High school students only
● Bring your own drone for the race.

Prize
● $500 and a medal will be awarded to the winner.

Note
● The first 10 participants will get souvenirs.

For more details, please visit www.droneracing.com or call 313 - 6745 - 1189.

① 7월 9일 일요일에 개최된다.
② 고등학생만 참가할 수 있다.
③ 자신의 드론을 가져와야 한다.
④ 상금과 메달이 우승자에게 수여될 것이다.
⑤ 20명의 참가자가 기념품을 받을 것이다.

28. Summer Scuba Diving One-day Class에 관한 다음 안내문의 내용과 일치하는 것은?

Summer Scuba Diving One-day Class

Join our summer scuba diving lesson for beginners, and become an underwater explorer!

Schedule
● 10:00 - 12:00 Learning the basics
● 13:00 - 16:00 Practicing diving skills in a pool

Price
● Private lesson: $150
● Group lesson (up to 3 people): $100 per person
● Participants can rent our diving equipment for free.

Notice
● Participants must be 10 years old or over.
● Participants must register at least 5 days before the class begins.

For more information, please go to www.ssdiver.com.

① 오후 시간에 바다에서 다이빙 기술을 연습한다.
② 그룹 수업의 최대 정원은 4명이다.
③ 다이빙 장비를 유료로 대여할 수 있다.
④ 연령에 관계없이 참가할 수 있다.
⑤ 적어도 수업 시작 5일 전까지 등록해야 한다.

29. 다음 글의 밑줄 친 부분 중, 어법상 <u>틀린</u> 것은? [3점]

Although praise is one of the most powerful tools available for improving young children's behavior, it is equally powerful for improving your child's self-esteem. Preschoolers believe what their parents tell ① <u>them</u> in a very profound way. They do not yet have the cognitive sophistication to reason ② <u>analytically</u> and reject false information. If a preschool boy consistently hears from his mother ③ <u>that</u> he is smart and a good helper, he is likely to incorporate that information into his self-image. Thinking of himself as a boy who is smart and knows how to do things ④ <u>being</u> likely to make him endure longer in problem-solving efforts and increase his confidence in trying new and difficult tasks. Similarly, thinking of himself as the kind of boy who is a good helper will make him more likely to volunteer ⑤ <u>to help</u> with tasks at home and at preschool.

* profound: 뜻 깊은 ** sophistication: 정교화(함)

30. 다음 글의 밑줄 친 부분 중, 문맥상 낱말의 쓰임이 적절하지 <u>않은</u> 것은?

Advertisers often displayed considerable facility in ① <u>adapting</u> their claims to the market status of the goods they promoted. Fleischmann's yeast, for instance, was used as an ingredient for cooking homemade bread. Yet more and more people in the early 20th century were buying their bread from stores or bakeries, so consumer demand for yeast ② <u>increased</u>. The producer of Fleischmann's yeast hired the J. Walter Thompson advertising agency to come up with a different marketing strategy to ③ <u>boost</u> sales. No longer the "Soul of Bread," the Thompson agency first turned yeast into an important source of vitamins with significant health ④ <u>benefits</u>. Shortly thereafter, the advertising agency transformed yeast into a natural laxative. ⑤ <u>Repositioning</u> yeast helped increase sales.

* laxative: 완하제(배변을 쉽게 하는 약·음식·음료)

[31~34] 다음 빈칸에 들어갈 말로 가장 적절한 것을 고르시오.

31. Individuals who perform at a high level in their profession often have instant credibility with others. People admire them, they want to be like them, and they feel connected to them. When they speak, others listen — even if the area of their skill has nothing to do with the advice they give. Think about a world-famous basketball player. He has made more money from endorsements than he ever did playing basketball. Is it because of his knowledge of the products he endorses? No. It's because of what he can do with a basketball. The same can be said of an Olympic medalist swimmer. People listen to him because of what he can do in the pool. And when an actor tells us we should drive a certain car, we don't listen because of his expertise on engines. We listen because we admire his talent. _____ connects. If you possess a high level of ability in an area, others may desire to connect with you because of it.

* endorsement: (유명인의 텔레비전 등에서의 상품) 보증 선전

① Patience
② Sacrifice
③ Honesty
④ Excellence
⑤ Creativity

32. Think of the brain as a city. If you were to look out over a city and ask "where is the economy located?" you'd see there's no good answer to the question. Instead, the economy emerges from the interaction of all the elements — from the stores and the banks to the merchants and the customers. And so it is with the brain's operation: it doesn't happen in one spot. Just as in a city, no neighborhood of the brain _____. In brains and in cities, everything emerges from the interaction between residents, at all scales, locally and distantly. Just as trains bring materials and textiles into a city, which become processed into the economy, so the raw electrochemical signals from sensory organs are transported along superhighways of neurons. There the signals undergo processing and transformation into our conscious reality.

[3점]

* electrochemical: 전기화학의

① operates in isolation
② suffers from rapid changes
③ resembles economic elements
④ works in a systematic way
⑤ interacts with another

33. Someone else's body language affects our own body, which then creates an emotional echo that makes us feel accordingly. As Louis Armstrong sang, "When you're smiling, the whole world smiles with you." If copying another's smile makes us feel happy, the emotion of the smiler has been transmitted via our body. Strange as it may sound, this theory states that _____. For example, our mood can be improved by simply lifting up the corners of our mouth. If people are asked to bite down on a pencil lengthwise, taking care not to let the pencil touch their lips (thus forcing the mouth into a smile-like shape), they judge cartoons funnier than if they have been asked to frown. The primacy of the body is sometimes summarized in the phrase "I must be afraid, because I'm running." [3점]

* lengthwise: 길게 ** frown: 얼굴을 찡그리다

① language guides our actions
② emotions arise from our bodies
③ body language hides our feelings
④ what others say affects our mood
⑤ negative emotions easily disappear

34. _____ boosts sales. Brian Wansink, Professor of Marketing at Cornell University, investigated the effectiveness of this tactic in 1998. He persuaded three supermarkets in Sioux City, Iowa, to offer Campbell's soup at a small discount: 79 cents rather than 89 cents. The discounted soup was sold in one of three conditions: a control, where there was no limit on the volume of purchases, or two tests, where customers were limited to either four or twelve cans. In the unlimited condition shoppers bought 3.3 cans on average, whereas in the scarce condition, when there was a limit, they bought 5.3 on average. This suggests scarcity encourages sales. The findings are particularly strong because the test took place in a supermarket with genuine shoppers. It didn't rely on claimed data, nor was it held in a laboratory where consumers might behave differently. [3점]

* tactic: 전략

① Promoting products through social media
② Reducing the risk of producing poor quality items
③ Restricting the number of items customers can buy
④ Offering several options that customers find attractive
⑤ Emphasizing the safety of products with research data

35. 다음 글에서 전체 흐름과 관계 <u>없는</u> 문장은?

Although technology has the potential to increase productivity, it can also have a negative impact on productivity. For example, in many office environments workers sit at desks with computers and have access to the internet. ① They are able to check their personal e-mails and use social media whenever they want to. ② This can stop them from doing their work and make them less productive. ③ Introducing new technology can also have a negative impact on production when it causes a change to the production process or requires workers to learn a new system. ④ Using technology can enable businesses to produce more goods and to get more out of the other factors of production. ⑤ Learning to use new technology can be time consuming and stressful for workers and this can cause a decline in productivity.

[36~37] 주어진 글 다음에 이어질 글의 순서로 가장 적절한 것을 고르시오.

36.

> Up until about 6,000 years ago, most people were farmers. Many lived in different places throughout the year, hunting for food or moving their livestock to areas with enough food.

(A) For example, priests wanted to know when to carry out religious ceremonies. This was when people first invented clocks — devices that show, measure, and keep track of passing time.

(B) There was no need to tell the time because life depended on natural cycles, such as the changing seasons or sunrise and sunset. Gradually more people started to live in larger settlements, and some needed to tell the time.

(C) Clocks have been important ever since. Today, clocks are used for important things such as setting busy airport timetables — if the time is incorrect, aeroplanes might crash into each other when taking off or landing! [3점]

① (A) − (C) − (B)　　　② (B) − (A) − (C)
③ (B) − (C) − (A)　　　④ (C) − (A) − (B)
⑤ (C) − (B) − (A)

37.

Managers are always looking for ways to increase productivity, which is the ratio of costs to output in production. Adam Smith, writing when the manufacturing industry was new, described a way that production could be made more efficient, known as the "division of labor."

(A) Because each worker specializes in one job, he or she can work much faster without changing from one task to another. Now 10 workers can produce thousands of pins in a day — a huge increase in productivity from the 200 they would have produced before.

(B) One worker could do all these tasks, and make 20 pins in a day. But this work can be divided into its separate processes, with a number of workers each performing one task.

(C) Making most manufactured goods involves several different processes using different skills. Smith's example was the manufacture of pins: the wire is straightened, sharpened, a head is put on, and then it is polished.

* ratio: 비율

① (A) − (C) − (B) ② (B) − (A) − (C)
③ (B) − (C) − (A) ④ (C) − (A) − (B)
⑤ (C) − (B) − (A)

[38~39] 글의 흐름으로 보아, 주어진 문장이 들어가기에 가장 적절한 곳을 고르시오.

38.

Yet we know that the face that stares back at us from the glass is not the same, cannot be the same, as it was 10 minutes ago.

Sometimes the pace of change is far slower. (①) The face you saw reflected in your mirror this morning probably appeared no different from the face you saw the day before — or a week or a month ago. (②) The proof is in your photo album: Look at a photograph taken of yourself 5 or 10 years ago and you see clear differences between the face in the snapshot and the face in your mirror. (③) If you lived in a world without mirrors for a year and then saw your reflection, you might be surprised by the change. (④) After an interval of 10 years without seeing yourself, you might not at first recognize the person peering from the mirror. (⑤) Even something as basic as our own face changes from moment to moment.

* peer: 응시하다

39.

As children absorb more evidence from the world around them, certain possibilities become much more likely and more useful and harden into knowledge or beliefs.

According to educational psychologist Susan Engel, curiosity begins to decrease as young as four years old. By the time we are adults, we have fewer questions and more default settings. As Henry James put it, "Disinterested curiosity is past, the mental grooves and channels set." (①) The decline in curiosity can be traced in the development of the brain through childhood. (②) Though smaller than the adult brain, the infant brain contains millions more neural connections. (③) The wiring, however, is a mess; the lines of communication between infant neurons are far less efficient than between those in the adult brain. (④) The baby's perception of the world is consequently both intensely rich and wildly disordered. (⑤) The neural pathways that enable those beliefs become faster and more automatic, while the ones that the child doesn't use regularly are pruned away. [3점]

* default setting: 기본값 ** groove: 고랑 *** prune: 가지치기하다

40. 다음 글의 내용을 한 문장으로 요약하고자 한다. 빈칸 (A), (B)에 들어갈 말로 가장 적절한 것은?

Nearly eight of ten U.S. adults believe there are "good foods" and "bad foods." Unless we're talking about spoiled stew, poison mushrooms, or something similar, however, no foods can be labeled as either good or bad. There are, however, combinations of foods that add up to a healthful or unhealthful diet. Consider the case of an adult who eats only foods thought of as "good" — for example, raw broccoli, apples, orange juice, boiled tofu, and carrots. Although all these foods are nutrient-dense, they do not add up to a healthy diet because they don't supply a wide enough variety of the nutrients we need. Or take the case of the teenager who occasionally eats fried chicken, but otherwise stays away from fried foods. The occasional fried chicken isn't going to knock his or her diet off track. But the person who eats fried foods every day, with few vegetables or fruits, and loads up on supersized soft drinks, candy, and chips for snacks has a bad diet.

↓

Unlike the common belief, defining foods as good or bad is not ___(A)___ ; in fact, a healthy diet is determined largely by what the diet is ___(B)___ .

	(A)		(B)
①	incorrect	······	limited to
②	appropriate	······	composed of
③	wrong	······	aimed at
④	appropriate	······	tested on
⑤	incorrect	······	adjusted to

[41~42] 다음 글을 읽고, 물음에 답하시오.

Early hunter-gatherer societies had (a) <u>minimal</u> structure. A chief or group of elders usually led the camp or village. Most of these leaders had to hunt and gather along with the other members because the surpluses of food and other vital resources were seldom (b) <u>sufficient</u> to support a full-time chief or village council. The development of agriculture changed work patterns. Early farmers could reap 3-10 kg of grain from each 1 kg of seed planted. Part of this food/energy surplus was returned to the community and (c) <u>limited</u> support for nonfarmers such as chieftains, village councils, men who practice medicine, priests, and warriors. In return, the nonfarmers provided leadership and security for the farming population, enabling it to continue to increase food/energy yields and provide ever larger surpluses.

With improved technology and favorable conditions, agriculture produced consistent surpluses of the basic necessities, and population groups grew in size. These groups concentrated in towns and cities, and human tasks (d) <u>specialized</u> further. Specialists such as carpenters, blacksmiths, merchants, traders, and sailors developed their skills and became more efficient in their use of time and energy. The goods and services they provided brought about an (e) <u>improved</u> quality of life, a higher standard of living, and, for most societies, increased stability.

* reap: (농작물을) 베어들이다 ** chieftain: 수령, 두목

41. 윗글의 제목으로 가장 적절한 것은?

① How Agriculture Transformed Human Society
② The Dark Shadow of Agriculture: Repetition
③ How Can We Share Extra Food with the Poor?
④ Why Were Early Societies Destroyed by Agriculture?
⑤ The Advantages of Large Groups Over Small Groups in Farming

42. 밑줄 친 (a)~(e) 중에서 문맥상 낱말의 쓰임이 적절하지 <u>않은</u> 것은? [3점]

① (a)　　② (b)　　③ (c)　　④ (d)　　⑤ (e)

[43~45] 다음 글을 읽고, 물음에 답하시오.

(A)

A nurse took a tired, anxious soldier to the bedside. "Jack, your son is here," the nurse said to an old man lying on the bed. She had to repeat the words several times before the old man's eyes opened. Suffering from the severe pain because of heart disease, he barely saw the young uniformed soldier standing next to him. (a) <u>He</u> reached out his hand to the soldier.

(B)

Whenever the nurse came into the room, she heard the soldier say a few gentle words. The old man said nothing, only held tightly to (b) <u>him</u> all through the night. Just before dawn, the old man died. The soldier released the old man's hand and left the room to find the nurse. After she was told what happened, she went back to the room with him. The soldier hesitated for a while and asked, "Who was this man?"

(C)

She was surprised and asked, "Wasn't he your father?" "No, he wasn't. I've never met him before," the soldier replied. She asked, "Then why didn't you say something when I took you to (c) <u>him</u>?" He said, "I knew there had been a mistake, but when I realized that he was too sick to tell whether or not I was his son, I could see how much (d) <u>he</u> needed me. So, I stayed."

(D)

The soldier gently wrapped his fingers around the weak hand of the old man. The nurse brought a chair so that the soldier could sit beside the bed. All through the night the young soldier sat there, holding the old man's hand and offering (e) <u>him</u> words of support and comfort. Occasionally, she suggested that the soldier take a rest for a while. He politely said no.

43. 주어진 글 (A)에 이어질 내용을 순서에 맞게 배열한 것으로 가장 적절한 것은?

① (B) - (D) - (C)　　　② (C) - (B) - (D)
③ (C) - (D) - (B)　　　④ (D) - (B) - (C)
⑤ (D) - (C) - (B)

44. 밑줄 친 (a)~(e) 중에서 가리키는 대상이 나머지 넷과 <u>다른</u> 것은?

① (a)　　② (b)　　③ (c)　　④ (d)　　⑤ (e)

45. 윗글에 관한 내용으로 적절하지 <u>않은</u> 것은?

① 노인은 심장병으로 극심한 고통을 겪고 있었다.
② 군인은 간호사를 찾기 위해 병실을 나갔다.
③ 군인은 노인과 이전에 만난 적이 있다고 말했다.
④ 간호사는 군인이 앉을 수 있도록 의자를 가져왔다.
⑤ 군인은 잠시 쉬라는 간호사의 제안을 정중히 거절하였다.

★ 확인 사항

○ 답안지의 해당란에 필요한 내용을 정확히 기입(표기)했는지 확인하시오.

2022학년도 6월 고1 전국연합학력평가 문제지　　1

영어 영역

제 3 교시

08회

● 문항수 45개 | 배점 100점 | 제한 시간 70분

● 점수 표시가 없는 문항은 모두 2점

08회

1번부터 17번까지는 듣고 답하는 문제입니다. 1번부터 15번까지는 한 번만 들려주고, 16번부터 17번까지는 두 번 들려줍니다. 방송을 잘 듣고 답을 하시기 바랍니다.

1. 다음을 듣고, 남자가 하는 말의 목적으로 가장 적절한 것을 고르시오.
① 사생활 보호의 중요성을 강조하려고
② 건물 벽 페인트 작업을 공지하려고
③ 회사 근무시간 변경을 안내하려고
④ 새로운 직원 채용을 공고하려고
⑤ 친환경 제품 출시를 홍보하려고

2. 대화를 듣고, 여자의 의견으로 가장 적절한 것을 고르시오.
① 운전자는 제한 속도를 지켜야 한다.
② 교통경찰을 더 많이 배치해야 한다.
③ 보행자의 부주의가 교통사고를 유발한다.
④ 교통사고를 목격하면 즉시 신고해야 한다.
⑤ 대중교통을 이용하면 이동시간을 줄일 수 있다.

3. 대화를 듣고, 두 사람의 관계를 가장 잘 나타낸 것을 고르시오.
① 작가 – 출판사 직원　　② 관람객 – 박물관 해설사
③ 손님 – 주방장　　④ 탑승객 – 항공 승무원
⑤ 학생 – 사서

4. 대화를 듣고, 그림에서 대화의 내용과 일치하지 <u>않는</u> 것을 고르시오

5. 대화를 듣고, 남자가 할 일로 가장 적절한 것을 고르시오.
① 보고서 제출하기　　② 티켓 예매하기
③ 자전거 수리하기　　④ 축구 연습하기
⑤ 팝콘 구입하기

6. 대화를 듣고, 여자가 지불할 금액을 고르시오. [3점]
① $40　② $60　③ $80　④ $100　⑤ $120

7. 대화를 듣고, 남자가 음식 부스에 갈 수 <u>없는</u> 이유로 가장 적절한 것을 고르시오.
① 밴드 오디션 연습을 해야 해서
② 보드게임 부스를 설치해야 해서
③ 영어 프로젝트를 끝내야 해서
④ 샌드위치를 준비해야 해서
⑤ 친구를 만나러 가야 해서

8. 대화를 듣고, Spanish culture class에 관해 언급되지 <u>않은</u> 것을 고르시오.
① 강사　　② 활동 종류　　③ 수업 요일
④ 준비물　　⑤ 수강료

9. Summer Flea Market에 관한 다음 내용을 듣고, 일치하지 <u>않는</u> 것을 고르시오. [3점]
① 일주일 동안 진행된다.
② 학교 주차장에서 열린다.
③ 장난감, 양초와 같은 물품을 살 수 있다.
④ 상태가 좋은 중고 물품을 판매할 수 있다.
⑤ 첫날 방문하면 할인 쿠폰을 선물로 받는다.

10. 다음 표를 보면서 대화를 듣고, 여자가 구입할 운동화를 고르시오.

Sneakers

	Model	Price	Style	Waterproof	Color
①	A	$50	casual	×	black
②	B	$60	active	×	white
③	C	$65	casual	○	black
④	D	$70	casual	○	white
⑤	E	$85	active	○	white

11. 대화를 듣고, 여자의 마지막 말에 대한 남자의 응답으로 가장 적절한 것을 고르시오.
① All children's books are 20% off.
② It takes time to write a good article.
③ I like to read action adventure books.
④ There are too many advertisements on TV.
⑤ The store has been closed since last month.

12. 대화를 듣고, 남자의 마지막 말에 대한 여자의 응답으로 가장 적절한 것을 고르시오.
① You're welcome. I'm happy to help you.
② That's not true. I made it with your help.
③ Okay. Good food always makes me feel better.
④ Really? You should definitely visit the theater later.
⑤ Never mind. You'll do better on the next presentation.

13. 대화를 듣고, 여자의 마지막 말에 대한 남자의 응답으로 가장 적절한 것을 고르시오.

Man: _____

① I'm excited to buy a new guitar.
② Summer vacation starts on Friday.
③ You can find it on the school website.
④ Let's go to the school festival together.
⑤ You can get some rest during the vacation.

14. 대화를 듣고, 남자의 마지막 말에 대한 여자의 응답으로 가장 적절한 것을 고르시오.

Woman: _____

① I agree. There are many benefits of exercising at the gym.
② You're right. Not all exercise is helpful for your brain.
③ Don't worry. It's not too difficult for me to exercise.
④ That sounds great. Can I join the course, too?
⑤ That's too bad. I hope you get well soon.

15. 다음 상황 설명을 듣고, Ted가 Monica에게 할 말로 가장 적절한 것을 고르시오. [3점]

Ted: _____

① Can I draw your club members on the poster?
② Are you interested in joining my drawing club?
③ Could you tell me how to vote in the election?
④ Can you help me make posters for the election?
⑤ Would you run in the next school president election?

[16~17] 다음을 듣고, 물음에 답하시오.

16. 여자가 하는 말의 주제로 가장 적절한 것은?

① downsides of fatty food
② healthy foods for breakfast
③ ways to avoid eating snacks
④ easy foods to cook in 5 minutes
⑤ the importance of a balanced diet

17. 언급된 음식이 아닌 것은?

① eggs　　② cheese　　③ potatoes
④ yogurt　　⑤ berries

이제 듣기 문제가 끝났습니다. 18번부터는 문제지의 지시에 따라 답을 하시기 바랍니다.

18. 다음 글의 목적으로 가장 적절한 것은?

Dear Boat Tour Manager,

On March 15, my family was on one of your Glass Bottom Boat Tours. When we returned to our hotel, I discovered that I left behind my cell phone case. The case must have fallen off my lap and onto the floor when I took it off my phone to clean it. I would like to ask you to check if it is on your boat. Its color is black and it has my name on the inside. If you find the case, I would appreciate it if you would let me know.

Sincerely,
Sam Roberts

① 제품의 고장 원인을 문의하려고
② 분실물 발견 시 연락을 부탁하려고
③ 시설물의 철저한 관리를 당부하려고
④ 여행자 보험 가입 절차를 확인하려고
⑤ 분실물 센터 확장의 필요성을 건의하려고

19. 다음 글에 드러난 Matthew의 심경 변화로 가장 적절한 것은?

One Saturday morning, Matthew's mother told Matthew that she was going to take him to the park. A big smile came across his face. As he loved to play outside, he ate his breakfast and got dressed quickly so they could go. When they got to the park, Matthew ran all the way over to the swing set. That was his favorite thing to do at the park. But the swings were all being used. His mother explained that he could use the slide until a swing became available, but it was broken. Suddenly, his mother got a phone call and she told Matthew they had to leave. His heart sank.

① embarrassed → indifferent
② excited → disappointed
③ cheerful → ashamed
④ nervous → touched
⑤ scared → relaxed

20. 다음 글에서 필자가 주장하는 바로 가장 적절한 것은?

Meetings encourage creative thinking and can give you ideas that you may never have thought of on your own. However, on average, meeting participants consider about one third of meeting time to be unproductive. But you can make your meetings more productive and more useful by preparing well in advance. You should create a list of items to be discussed and share your list with other participants before a meeting. It allows them to know what to expect in your meeting and prepare to participate.

① 회의 결과는 빠짐없이 작성해서 공개해야 한다.
② 중요한 정보는 공식 회의를 통해 전달해야 한다.
③ 생산성 향상을 위해 정기적인 평가회가 필요하다.
④ 모든 참석자의 동의를 받아서 회의를 열어야 한다.
⑤ 회의에서 다룰 사항은 미리 작성해서 공유해야 한다.

21. 밑줄 친 put the glass down이 다음 글에서 의미하는 바로 가장 적절한 것은? [3점]

A psychology professor raised a glass of water while teaching stress management principles to her students, and asked them, "How heavy is this glass of water I'm holding?" Students shouted out various answers. The professor replied, "The absolute weight of this glass doesn't matter. It depends on how long I hold it. If I hold it for a minute, it's quite light. But, if I hold it for a day straight, it will cause severe pain in my arm, forcing me to drop the glass to the floor. In each case, the weight of the glass is the same, but the longer I hold it, the heavier it feels to me." As the class nodded their heads in agreement, she continued, "Your stresses in life are like this glass of water. If you still feel the weight of yesterday's stress, it's a strong sign that it's time to put the glass down."

① pour more water into the glass
② set a plan not to make mistakes
③ let go of the stress in your mind
④ think about the cause of your stress
⑤ learn to accept the opinions of others

22. 다음 글의 요지로 가장 적절한 것은?

Your emotions deserve attention and give you important pieces of information. However, they can also sometimes be an unreliable, inaccurate source of information. You may feel a certain way, but that does not mean those feelings are reflections of the truth. You may feel sad and conclude that your friend is angry with you when her behavior simply reflects that she's having a bad day. You may feel depressed and decide that you did poorly in an interview when you did just fine. Your feelings can mislead you into thinking things that are not supported by facts.

① 자신의 감정으로 인해 상황을 오해할 수 있다.
② 자신의 생각을 타인에게 강요해서는 안 된다.
③ 인간관계가 우리의 감정에 영향을 미친다.
④ 타인의 감정에 공감하는 자세가 필요하다.
⑤ 공동체를 위한 선택에는 보상이 따른다.

23. 다음 글의 주제로 가장 적절한 것은?

Every day, children explore and construct relationships among objects. Frequently, these relationships focus on how much or how many of something exists. Thus, children count — "One cookie, two shoes, three candles on the birthday cake, four children in the sandbox." Children compare — "Which has more? Which has fewer? Will there be enough?" Children calculate — "How many will fit? Now, I have five. I need one more." In all of these instances, children are developing a notion of quantity. Children reveal and investigate mathematical concepts through their own activities or experiences, such as figuring out how many crackers to take at snack time or sorting shells into piles.

① difficulties of children in learning how to count
② how children build mathematical understanding
③ why fingers are used in counting objects
④ importance of early childhood education
⑤ advantages of singing number songs

24. 다음 글의 제목으로 가장 적절한 것은?

Only a generation or two ago, mentioning the word *algorithms* would have drawn a blank from most people. Today, algorithms appear in every part of civilization. They are connected to everyday life. They're not just in your cell phone or your laptop but in your car, your house, your appliances, and your toys. Your bank is a huge web of algorithms, with humans turning the switches here and there. Algorithms schedule flights and then fly the airplanes. Algorithms run factories, trade goods, and keep records. If every algorithm suddenly stopped working, it would be the end of the world as we know it.

① We Live in an Age of Algorithms
② Mysteries of Ancient Civilizations
③ Dangers of Online Banking Algorithms
④ How Algorithms Decrease Human Creativity
⑤ Transportation: A Driving Force of Industry

25. 다음 도표의 내용과 일치하지 <u>않는</u> 것은?

Percent of U.S. Households with Pets

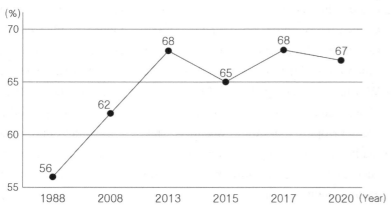

The graph above shows the percent of households with pets in the United States (U.S.) from 1988 to 2020. ① In 1988, more than half of U.S. households owned pets, and more than 6 out of 10 U.S. households owned pets from 2008 to 2020. ② In the period between 1988 and 2008, pet ownership increased among U.S. households by 6 percentage points. ③ From 2008 to 2013, pet ownership rose an additional 6 percentage points. ④ The percent of U.S. households with pets in 2013 was the same as that in 2017, which was 68 percent. ⑤ In 2015, the rate of U.S. households with pets was 3 percentage points lower than in 2020.

26. Claude Bolling에 관한 다음 글의 내용과 일치하지 <u>않는</u> 것은?

Pianist, composer, and big band leader, Claude Bolling, was born on April 10, 1930, in Cannes, France, but spent most of his life in Paris. He began studying classical music as a youth. He was introduced to the world of jazz by a schoolmate. Later, Bolling became interested in the music of Fats Waller, one of the most excellent jazz musicians. Bolling became famous as a teenager by winning the Best Piano Player prize at an amateur contest in France. He was also a successful film music composer, writing the music for more than one hundred films. In 1975, he collaborated with flutist Rampal and published *Suite for Flute and Jazz Piano Trio*, which he became most well-known for. He died in 2020, leaving two sons, David and Alexandre.

① 1930년에 프랑스에서 태어났다.
② 학교 친구를 통해 재즈를 소개받았다.
③ 20대에 Best Piano Player 상을 받았다.
④ 성공적인 영화 음악 작곡가였다.
⑤ 1975년에 플루트 연주자와 협업했다.

27. Kids Taekwondo Program에 관한 다음 안내문의 내용과 일치하지 <u>않는</u> 것은?

Kids Taekwondo Program

Enjoy our taekwondo program this summer vacation.

□ **Schedule**
- Dates: August 8th − August 10th
- Time: 9:00 a.m. − 11:00 a.m.

□ **Participants**
- Any child aged 5 and up

□ **Activities**
- Self-defense training
- Team building games to develop social skills

□ **Participation Fee**
- $50 per child (includes snacks)

□ **Notice**
- What to bring: water bottle, towel
- What not to bring: chewing gum, expensive items

① 8월 8일부터 3일간 운영한다.
② 5세 이상의 어린이가 참가할 수 있다.
③ 자기 방어 훈련 활동을 한다.
④ 참가비에 간식비는 포함되지 않는다.
⑤ 물병과 수건을 가져와야 한다.

28. Moonlight Chocolate Factory Tour에 관한 다음 안내문의 내용과 일치하는 것은?

Moonlight Chocolate Factory Tour

Take this special tour and have a chance to enjoy our most popular chocolate bars.

□ **Operating Hours**
- Monday − Friday, 2:00p.m. − 5:00 p.m.

□ **Activities**
- Watching our chocolate-making process
- Tasting 3 types of chocolate (dark, milk, and mint chocolate)

□ **Notice**
- Ticket price: $30
- Wearing a face mask is required.
- Taking pictures is not allowed inside the factory.

① 주말 오후 시간에 운영한다.
② 초콜릿 제조 과정을 볼 수 있다.
③ 네 가지 종류의 초콜릿을 시식한다.
④ 마스크 착용은 참여자의 선택 사항이다.
⑤ 공장 내부에서 사진 촬영이 가능하다.

29. 다음 글의 밑줄 친 부분 중, 어법상 <u>틀린</u> 것은?

Despite all the high-tech devices that seem to deny the need for paper, paper use in the United States ① <u>has</u> nearly doubled recently. We now consume more paper than ever: 400 million tons globally and growing. Paper is not the only resource ② <u>that</u> we are using more of. Technological advances often come with the promise of ③ <u>using</u> fewer materials. However, the reality is that they have historically caused more materials use, making us ④ <u>dependently</u> on more natural resources. The world now consumes far more "stuff" than it ever has. We use twenty-seven times more industrial minerals, such as gold, copper, and rare metals, than we ⑤ <u>did</u> just over a century ago. We also each individually use more resources. Much of that is due to our high-tech lifestyle.

* copper: 구리

30. 다음 글의 밑줄 친 부분 중, 문맥상 낱말의 쓰임이 적절하지 <u>않은</u> 것은? [3점]

Do you sometimes feel like you don't love your life? Like, deep inside, something is missing? That's because we are living someone else's life. We allow other people to ① <u>influence</u> our choices. We are trying to meet their expectations. Social pressure is deceiving — we are all impacted without noticing it. Before we realize we are losing ownership of our lives, we end up ② <u>ignoring</u> how other people live. Then, we can only see the greener grass — ours is never good enough. To regain that passion for the life you want, you must ③ <u>recover</u> control of your choices. No one but yourself can choose how you live. But, how? The first step to getting rid of expectations is to treat yourself ④ <u>kindly</u>. You can't truly love other people if you don't love yourself first. When we accept who we are, there's no room for other's ⑤ <u>expectations</u>.

[31~34] 다음 빈칸에 들어갈 말로 가장 적절한 것을 고르시오.

31. One of the big questions faced this past year was how to keep innovation rolling when people were working entirely virtually. But experts say that digital work didn't have a negative effect on innovation and creativity. Working within limits pushes us to solve problems. Overall, virtual meeting platforms put more constraints on communication and collaboration than face-to-face settings. For instance, with the press of a button, virtual meeting hosts can control the size of breakout groups and enforce time constraints; only one person can speak at a time; nonverbal signals, particularly those below the shoulders, are diminished; "seating arrangements" are assigned by the platform, not by individuals; and visual access to others may be limited by the size of each participant's screen. Such _____ are likely to stretch participants beyond their usual ways of thinking, boosting creativity.

① restrictions　　　　　② responsibilities
③ memories　　　　　　④ coincidences
⑤ traditions

32. The law of demand is that the demand for goods and services increases as prices fall, and the demand falls as prices increase. *Giffen goods* are special types of products for which the traditional law of demand does not apply. Instead of switching to cheaper replacements, consumers demand more of giffen goods when the price increases and less of them when the price decreases. Taking an example, rice in China is a giffen good because people tend to purchase less of it when the price falls. The reason for this is, when the price of rice falls, people have more money to spend on other types of products such as meat and dairy and, therefore, change their spending pattern. On the other hand, as rice prices increase, people _____. [3점]

① order more meat
② consume more rice
③ try to get new jobs
④ increase their savings
⑤ start to invest overseas

33. In a study at Princeton University in 1992, research scientists looked at two different groups of mice. One group was made intellectually superior by modifying the gene for the glutamate receptor. Glutamate is a brain chemical that is necessary in learning. The other group was genetically manipulated to be intellectually inferior, also done by modifying the gene for the glutamate receptor. The smart mice were then raised in standard cages, while the inferior mice were raised in large cages with toys and exercise wheels and with lots of social interaction. At the end of the study, although the intellectually inferior mice were genetically handicapped, they were able to perform just as well as their genetic superiors. This was a real triumph for nurture over nature. Genes are turned on or off _____. [3점]

* glutamate: 글루타민산염   ** manipulate: 조작하다

① by themselves for survival
② free from social interaction
③ based on what is around you
④ depending on genetic superiority
⑤ so as to keep ourselves entertained

34. Researchers are working on a project that asks coastal towns how they are preparing for rising sea levels. Some towns have risk assessments; some towns even have a plan. But it's a rare town that is actually carrying out a plan. One reason we've failed to act on climate change is the common belief that _____. For decades, climate change was a prediction about the future, so scientists talked about it in the future tense. This became a habit — so that even today many scientists still use the future tense, even though we know that a climate crisis is ongoing. Scientists also often focus on regions most affected by the crisis, such as Bangladesh or the West Antarctic Ice Sheet, which for most Americans are physically remote. [3점]

① it is not related to science
② it is far away in time and space
③ energy efficiency matters the most
④ careful planning can fix the problem
⑤ it is too late to prevent it from happening

35. 다음 글에서 전체 흐름과 관계 <u>없는</u> 문장은?

According to Marguerite La Caze, fashion contributes to our lives and provides a medium for us to develop and exhibit important social virtues. ① Fashion may be beautiful, innovative, and useful; we can display creativity and good taste in our fashion choices. ② And in dressing with taste and care, we represent both self-respect and a concern for the pleasure of others. ③ There is no doubt that fashion can be a source of interest and pleasure which links us to each other. ④ Although the fashion industry developed first in Europe and America, today it is an international and highly globalized industry. ⑤ That is, fashion provides a sociable aspect along with opportunities to imagine oneself differently — to try on different identities.

* virtue: 가치

[36~37] 주어진 글 다음에 이어질 글의 순서로 가장 적절한 것을 고르시오.

36.

> Mrs. Klein told her first graders to draw a picture of something to be thankful for. She thought that most of the class would draw turkeys or Thanksgiving tables. But Douglas drew something different.

(A) The class was so responsive that Mrs. Klein had almost forgotten about Douglas. After she had the others at work on another project, she asked Douglas whose hand it was. He answered softly, "It's yours. Thank you, Mrs. Klein."

(B) Douglas was a boy who usually spent time alone and stayed around her while his classmates went outside together during break time. What the boy drew was a hand. But whose hand? His image immediately attracted the other students' interest.

(C) So, everyone rushed to talk about whose hand it was. "It must be the hand of God that brings us food," said one student. "A farmer's," said a second student, "because they raise the turkeys." "It looks more like a police officer's," added another, "they protect us."

① (A) − (C) − (B)   ② (B) − (A) − (C)
③ (B) − (C) − (A)   ④ (C) − (A) − (B)
⑤ (C) − (B) − (A)

37.

> According to legend, once a vampire bites a person, that person turns into a vampire who seeks the blood of others. A researcher came up with some simple math, which proves that these highly popular creatures can't exist.

(A) In just two-and-a-half years, the original human population would all have become vampires with no humans left. But look around you. Have vampires taken over the world? No, because there's no such thing.

(B) If the first vampire came into existence that day and bit one person a month, there would have been two vampires by February 1st, 1600. A month later there would have been four, the next month eight, then sixteen, and so on.

(C) University of Central Florida physics professor Costas Efthimiou's work breaks down the myth. Suppose that on January 1st, 1600, the human population was just over five hundred million. [3점]

① (A) − (C) − (B)　　　　② (B) − (A) − (C)

③ (B) − (C) − (A)　　　　④ (C) − (A) − (B)

⑤ (C) − (B) − (A)

[38~39] 글의 흐름으로 보아, 주어진 문장이 들어가기에 가장 적절한 곳을 고르시오.

38.

> For example, if you rub your hands together quickly, they will get warmer.

Friction is a force between two surfaces that are sliding, or trying to slide, across each other. For example, when you try to push a book along the floor, friction makes this difficult. Friction always works in the direction opposite to the direction in which the object is moving, or trying to move. So, friction always slows a moving object down. (①) The amount of friction depends on the surface materials. (②) The rougher the surface is, the more friction is produced. (③) Friction also produces heat. (④) Friction can be a useful force because it prevents our shoes slipping on the floor when we walk and stops car tires skidding on the road. (⑤) When you walk, friction is caused between the tread on your shoes and the ground, acting to grip the ground and prevent sliding.

* skid: 미끄러지다 ** tread: 접지면, 바닥

39.

> But, a blind person will associate the same friend with a unique combination of experiences from their non-visual senses that act to represent that friend.

Humans born without sight are not able to collect visual experiences, so they understand the world entirely through their other senses. (①) As a result, people with blindness at birth develop an amazing ability to understand the world through the collection of experiences and memories that come from these non-visual senses. (②) The dreams of a person who has been without sight since birth can be just as vivid and imaginative as those of someone with normal vision. (③) They are unique, however, because their dreams are constructed from the non-visual experiences and memories they have collected. (④) A person with normal vision will dream about a familiar friend using visual memories of shape, lighting, and colour. (⑤) In other words, people blind at birth have similar overall dreaming experiences even though they do not dream in pictures.

40. 다음 글의 내용을 한 문장으로 요약하고자 한다. 빈칸 (A), (B)에 들어갈 말로 가장 적절한 것은? [3점]

> According to a study of Swedish adolescents, an important factor of adolescents' academic success is how they respond to challenges. The study reports that when facing difficulties, adolescents exposed to an authoritative parenting style are less likely to be passive, helpless, and afraid to fail. Another study of nine high schools in Wisconsin and northern California indicates that children of authoritative parents do well in school, because these parents put a lot of effort into getting involved in their children's school activities. That is, authoritative parents are significantly more likely to help their children with homework, to attend school programs, to watch their children in sports, and to help students select courses. Moreover, these parents are more aware of what their children do and how they perform in school. Finally, authoritative parents praise academic excellence and the importance of working hard more than other parents do.

⬇

> The studies above show that the children of authoritative parents often succeed academically, since they are more ___(A)___ to deal with their difficulties and are affected by their parents' ___(B)___ involvement.

	(A)		(B)
①	likely	······	random
②	willing	······	minimal
③	willing	······	active
④	hesitant	······	unwanted
⑤	hesitant	······	constant

[41~42] 다음 글을 읽고, 물음에 답하시오.

U.K. researchers say a bedtime of between 10 p.m. and 11 p.m. is best. They say people who go to sleep between these times have a (a) lower risk of heart disease. Six years ago, the researchers collected data on the sleep patterns of 80,000 volunteers. The volunteers had to wear a special watch for seven days so the researchers could collect data on their sleeping and waking times. The scientists then monitored the health of the volunteers. Around 3,000 volunteers later showed heart problems. They went to bed earlier or later than the (b) ideal 10 p.m. to 11 p.m. timeframe.

One of the authors of the study, Dr. David Plans, commented on his research and the (c) effects of bedtimes on the health of our heart. He said the study could not give a certain cause for their results, but it suggests that early or late bedtimes may be more likely to disrupt the body clock, with (d) positive consequences for cardiovascular health. He said that it was important for our body to wake up to the morning light, and that the worst time to go to bed was after midnight because it may (e) reduce the likelihood of seeing morning light which resets the body clock. He added that we risk cardiovascular disease if our body clock is not reset properly.

* disrupt: 혼란케 하다　** cardiovascular: 심장 혈관의

41. 윗글의 제목으로 가장 적절한 것은?

① The Best Bedtime for Your Heart
② Late Bedtimes Are a Matter of Age
③ For Sound Sleep: Turn Off the Light
④ Sleeping Patterns Reflect Personalities
⑤ Regular Exercise: A Miracle for Good Sleep

42. 밑줄 친 (a)~(e) 중에서 문맥상 낱말의 쓰임이 적절하지 <u>않은</u> 것은?

① (a)　　② (b)　　③ (c)　　④ (d)　　⑤ (e)

[43~45] 다음 글을 읽고, 물음에 답하시오.

(A)

Once, a farmer lost his precious watch while working in his barn. It may have appeared to be an ordinary watch to others, but it brought a lot of happy childhood memories to him. It was one of the most important things to (a) him. After searching for it for a long time, the old farmer became exhausted.

* barn: 헛간(곡물·건초 따위를 두는 곳)

(B)

The number of children looking for the watch slowly decreased and only a few tired children were left. The farmer gave up all hope of finding it and called off the search. Just when the farmer was closing the barn door, a little boy came up to him and asked the farmer to give him another chance. The farmer did not want to lose out on any chance of finding the watch so let (b) him in the barn.

(C)

After a little while the boy came out with the farmer's watch in his hand. (c) He was happily surprised and asked how he had succeeded to find the watch while everyone else had failed. He replied "I just sat there and tried listening for the sound of the watch. In silence, it was much easier to hear it and follow the direction of the sound." (d) He was delighted to get his watch back and rewarded the little boy as promised.

(D)

However, the tired farmer did not want to give up on the search for his watch and asked a group of children playing outside to help him. (e) He promised an attractive reward for the person who could find it. After hearing about the reward, the children hurried inside the barn and went through and round the entire pile of hay looking for the watch. After a long time searching for it, some of the children got tired and gave up.

43. 주어진 글 (A)에 이어질 내용을 순서에 맞게 배열한 것으로 가장 적절한 것은?

① (B) − (D) − (C)　　　② (C) − (B) − (D)
③ (C) − (D) − (B)　　　④ (D) − (B) − (C)
⑤ (D) − (C) − (B)

44. 밑줄 친 (a) ~ (e) 중에서 가리키는 대상이 나머지 넷과 <u>다른</u> 것은?

① (a)　　② (b)　　③ (c)　　④ (d)　　⑤ (e)

45. 윗글에 관한 내용으로 적절하지 <u>않은</u> 것은?

① 농부의 시계는 어린 시절의 행복한 기억을 불러일으켰다.
② 한 어린 소년이 농부에게 또 한 번의 기회를 달라고 요청했다.
③ 소년이 한 손에 농부의 시계를 들고 나왔다.
④ 아이들은 시계를 찾기 위해 헛간을 뛰쳐나왔다.
⑤ 아이들 중 일부는 지쳐서 시계 찾기를 포기했다.

* 확인 사항
○ 답안지의 해당란에 필요한 내용을 정확히 기입(표기)했는지 확인하시오.

2021학년도 6월 고1 전국연합학력평가 문제지

영어 영역

제 3 교시

09회

● 문항수 45개 | 배점 100점 | 제한 시간 70분

● 점수 표시가 없는 문항은 모두 2점

1

09회

1번부터 17번까지는 듣고 답하는 문제입니다. 1번부터 15번까지는 한 번만 들려주고, 16번부터 17번까지는 두 번 들려줍니다. 방송을 잘 듣고 답을 하시기 바랍니다.

1. 다음을 듣고, 남자가 하는 말의 목적으로 가장 적절한 것을 고르시오.
   ① 건강 검진 일정을 공지하려고
   ② 독감 예방 접종을 권장하려고
   ③ 개인 위생 관리를 당부하려고
   ④ 보건소 운영 기간을 안내하려고
   ⑤ 독감 예방 접종 부작용을 경고하려고

2. 대화를 듣고, 여자의 의견으로 가장 적절한 것을 고르시오.
   ① 독서 습관을 기르자.
   ② 지역 서점을 이용하자.
   ③ 지역 특산품을 애용하자.
   ④ 중고 서점을 활성화시키자.
   ⑤ 온라인을 통한 도서 구입을 늘리자.

3. 대화를 듣고, 두 사람의 관계를 가장 잘 나타낸 것을 고르시오.
   ① 호텔 직원 – 투숙객   ② 열쇠 수리공 – 집주인
   ③ 경비원 – 입주민   ④ 은행원 – 고객
   ⑤ 치과의사 – 환자

4. 대화를 듣고, 그림에서 대화의 내용과 일치하지 <u>않는</u> 것을 고르시오.

5. 대화를 듣고, 남자가 여자를 위해 할 일로 가장 적절한 것을 고르시오. [3점]
   ① 부엌 청소하기   ② 점심 준비하기
   ③ 카메라 구매하기   ④ 딸 데리러 가기
   ⑤ 요리법 검색하기

6. 대화를 듣고, 여자가 지불할 금액을 고르시오.
   ① $30   ② $50   ③ $63   ④ $65   ⑤ $70

7. 대화를 듣고, 남자가 공연장에 갈 수 <u>없는</u> 이유로 가장 적절한 것을 고르시오.
   ① 출장을 가야 해서
   ② 숙제를 끝내야 해서
   ③ 조카를 돌봐야 해서
   ④ 이사 준비를 해야 해서
   ⑤ 친구와 만날 약속을 해서

8. 대화를 듣고, 강아지 키우기에 관해 언급되지 <u>않은</u> 것을 고르시오.
   ① 산책시키기   ② 먹이 주기
   ③ 목욕시키기   ④ 배변 훈련시키기
   ⑤ 소변 패드 치우기

9. Sharing Friday Movement에 관한 다음 내용을 듣고, 일치하지 <u>않는</u> 것을 고르시오. [3점]
   ① 매주 금요일에 2달러씩 기부하는 운동이다.
   ② 2001년 핀란드에서 시작되었다.
   ③ 기부금은 가난한 지역에 깨끗한 물을 공급하는 데 쓰인다.
   ④ 올해 20명의 학생에게 장학금을 지급했다.
   ⑤ 추가 정보는 홈페이지를 통해 얻을 수 있다.

10. 다음 표를 보면서 대화를 듣고, 여자가 구입할 모델을 고르시오.

Selfie Sticks

	Model	Weight	Maximum Length	Bluetooth Remote Control	Price
①	A	150g	60cm	×	$10
②	B	150g	80cm	○	$30
③	C	180g	80cm	○	$20
④	D	180g	100cm	×	$15
⑤	E	230g	100cm	○	$25

11. 대화를 듣고, 남자의 마지막 말에 대한 여자의 응답으로 가장 적절한 것을 고르시오.
    ① Again? You've lost your bag twice.
    ② You're right. I'll take a warm jacket.
    ③ Why? I know you prefer cold weather.
    ④ What? I finished packing a present for you.
    ⑤ Sorry. But you can't join the trip at this point.

12. 대화를 듣고, 여자의 마지막 말에 대한 남자의 응답으로 가장 적절한 것을 고르시오.
    ① No thank you. I've had enough.
    ② Great. I'll book for five people at six.
    ③ That's a good choice. The food is wonderful.
    ④ Okay. I'll set a place and time for the meeting.
    ⑤ Sorry to hear that. I'll cancel the reservation now.

13. 대화를 듣고, 남자의 마지막 말에 대한 여자의 응답으로 가장 적절한 것을 고르시오.

Woman: _____

① I'm in charge of giving the presentation.
② I think you're the right person for that role.
③ It's important to choose your team carefully.
④ The assignment is due the day after tomorrow.
⑤ I hope we don't stay up late to finish the project.

14. 대화를 듣고, 여자의 마지막 말에 대한 남자의 응답으로 가장 적절한 것을 고르시오.

Man: _____

① I'm good at public speaking.
② I'm sorry for forgetting my assignment.
③ Unfortunately, my alarm doesn't wake me up.
④ The speech contest is just around the corner.
⑤ It helps me keep deadlines to complete specific tasks.

15. 다음 상황 설명을 듣고, Harold가 Kate에게 할 말로 가장 적절한 것을 고르시오. [3점]

Harold: _____

① Okay. You'd better put your best effort into the match.
② I see. You should play the match instead of her.
③ Take it easy. Take good care of yourself first.
④ You deserve it. Practice makes perfect.
⑤ Don't worry. You'll win this match.

[16~17] 다음을 듣고, 물음에 답하시오.

16. 여자가 하는 말의 주제로 가장 적절한 것은?

① problems with illegal hunting
② characteristics of migrating animals
③ effects of light pollution on wild animals
④ various ways to save endangered animals
⑤ animal habitat change due to water pollution

17. 언급된 동물이 아닌 것은?

① sea turtles   ② fireflies   ③ salmon
④ honey bees   ⑤ tree frogs

이제 듣기 문제가 끝났습니다. 18번부터는 문제지의 지시에 따라 답을 하시기 바랍니다.

18. 다음 글의 목적으로 가장 적절한 것은?

Dear Mr. Jones,

I am James Arkady, PR Director of KHJ Corporation. We are planning to redesign our brand identity and launch a new logo to celebrate our 10th anniversary. We request you to create a logo that best suits our company's core vision, 'To inspire humanity.' I hope the new logo will convey our brand message and capture the values of KHJ. Please send us your logo design proposal once you are done with it. Thank you.

Best regards,
James Arkady

① 회사 로고 제작을 의뢰하려고
② 변경된 회사 로고를 홍보하려고
③ 회사 비전에 대한 컨설팅을 요청하려고
④ 회사 창립 10주년 기념품을 주문하려고
⑤ 회사 로고 제작 일정 변경을 공지하려고

19. 다음 글에 드러난 Cindy의 심경 변화로 가장 적절한 것은?

One day, Cindy happened to sit next to a famous artist in a café, and she was thrilled to see him in person. He was drawing on a used napkin over coffee. She was looking on in awe. After a few moments, the man finished his coffee and was about to throw away the napkin as he left. Cindy stopped him. "Can I have that napkin you drew on?", she asked. "Sure," he replied. "Twenty thousand dollars." She said, with her eyes wide-open, "What? It took you like two minutes to draw that." "No," he said. "It took me over sixty years to draw this." Being at a loss, she stood still rooted to the ground.

① relieved → worried   ② indifferent → embarrassed
③ excited → surprised   ④ disappointed → satisfied
⑤ jealous → confident

20. 다음 글에서 필자가 주장하는 바로 가장 적절한 것은?

Sometimes, you feel the need to avoid something that will lead to success out of discomfort. Maybe you are avoiding extra work because you are tired. You are actively shutting out success because you want to avoid being uncomfortable. Therefore, overcoming your instinct to avoid uncomfortable things at first is essential. Try doing new things outside of your comfort zone. Change is always uncomfortable, but it is key to doing things differently in order to find that magical formula for success.

① 불편할지라도 성공하기 위해서는 새로운 것을 시도해야 한다.
② 일과 생활의 균형을 맞추는 성공적인 삶을 추구해야 한다.
③ 갈등 해소를 위해 불편의 원인을 찾아 개선해야 한다.
④ 단계별 목표를 설정하여 익숙한 것부터 도전해야 한다.
⑤ 변화에 적응하기 위해 직관적으로 문제를 해결해야 한다.

21. 밑줄 친 want to use a hammer가 다음 글에서 의미하는 바로 가장 적절한 것은? [3점]

We have a tendency to interpret events selectively. If we want things to be "this way" or "that way" we can most certainly select, stack, or arrange evidence in a way that supports such a viewpoint. Selective perception is based on what seems to us to stand out. However, what seems to us to be standing out may very well be related to our goals, interests, expectations, past experiences, or current demands of the situation — "with a hammer in hand, everything looks like a nail." This quote highlights the phenomenon of selective perception. If we want to use a hammer, then the world around us may begin to look as though it is full of nails!

① are unwilling to stand out
② make our effort meaningless
③ intend to do something in a certain way
④ hope others have a viewpoint similar to ours
⑤ have a way of thinking that is accepted by others

22. 다음 글의 요지로 가장 적절한 것은?

Rather than attempting to punish students with a low grade or mark in the hope it will encourage them to give greater effort in the future, teachers can better motivate students by considering their work as incomplete and then requiring additional effort. Teachers at Beachwood Middle School in Beachwood, Ohio, record students' grades as *A*, *B*, *C*, or *I* (Incomplete). Students who receive an *I* grade are required to do additional work in order to bring their performance up to an acceptable level. This policy is based on the belief that students perform at a failure level or submit failing work in large part because teachers accept it. The Beachwood teachers reason that if they no longer accept substandard work, students will not submit it. And with appropriate support, they believe students will continue to work until their performance is satisfactory.

① 학생에게 평가 결과를 공개하는 것은 학습 동기를 떨어뜨린다.
② 학생에게 추가 과제를 부여하는 것은 학업 부담을 가중시킨다.
③ 지속적인 보상은 학업 성취도에 장기적으로 부정적인 영향을 준다.
④ 학생의 자기주도적 학습 능력은 정서적으로 안정된 학습 환경에서 향상된다.
⑤ 학생의 과제가 일정 수준에 도달하도록 개선 기회를 주면 동기 부여에 도움이 된다.

23. 다음 글의 주제로 가장 적절한 것은?

Curiosity makes us much more likely to view a tough problem as an interesting challenge to take on. A stressful meeting with our boss becomes an opportunity to learn. A nervous first date becomes an exciting night out with a new person. A colander becomes a hat. In general, curiosity motivates us to view stressful situations as challenges rather than threats, to talk about difficulties more openly, and to try new approaches to solving problems. In fact, curiosity is associated with a less defensive reaction to stress and, as a result, less aggression when we respond to irritation.

* colander: (음식 재료의 물을 빼는 데 쓰는) 체

① importance of defensive reactions in a tough situation
② curiosity as the hidden force of positive reframes
③ difficulties of coping with stress at work
④ potential threats caused by curiosity
⑤ factors that reduce human curiosity

24. 다음 글의 제목으로 가장 적절한 것은?

When people think about the development of cities, rarely do they consider the critical role of vertical transportation. In fact, each day, more than 7 billion elevator journeys are taken in tall buildings all over the world. Efficient vertical transportation can expand our ability to build taller and taller skyscrapers. Antony Wood, a Professor of Architecture at the Illinois Institute of Technology, explains that advances in elevators over the past 20 years are probably the greatest advances we have seen in tall buildings. For example, elevators in the Jeddah Tower in Jeddah, Saudi Arabia, under construction, will reach a height record of 660m.

① Elevators Bring Buildings Closer to the Sky
② The Higher You Climb, the Better the View
③ How to Construct an Elevator Cheap and Fast
④ The Function of the Ancient and the Modern City
⑤ The Evolution of Architecture: Solutions for Overpopulation

25. 다음 도표의 내용과 일치하지 <u>않는</u> 것은?

Health Spending as a Share of GDP for Selected OECD Countries [2018]

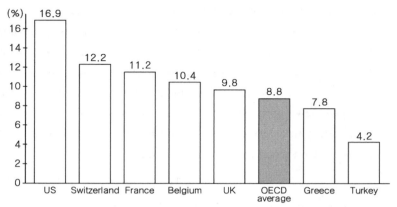

The above graph shows health spending as a share of GDP for selected OECD countries in 2018. ① On average, OECD countries were estimated to have spent 8.8 percent of their GDP on health care. ② Among the given countries above, the US had the highest share, with 16.9 percent, followed by Switzerland at 12.2 percent. ③ France spent more than 11 percent of its GDP, while Turkey spent less than 5 percent of its GDP on health care. ④ Belgium's health spending as a share of GDP sat between that of France and the UK. ⑤ There was a 3 percentage point difference in the share of GDP spent on health care between the UK and Greece.

26. Lithops에 관한 다음 글의 내용과 일치하지 <u>않는</u> 것은?

Lithops are plants that are often called 'living stones' on account of their unique rock-like appearance. They are native to the deserts of South Africa but commonly sold in garden centers and nurseries. Lithops grow well in compacted, sandy soil with little water and extreme hot temperatures. Lithops are small plants, rarely getting more than an inch above the soil surface and usually with only two leaves. The thick leaves resemble the cleft in an animal's foot or just a pair of grayish brown stones gathered together. The plants have no true stem and much of the plant is underground. Their appearance has the effect of conserving moisture.

* cleft: 갈라진 틈

① 살아있는 돌로 불리는 식물이다.
② 원산지는 남아프리카 사막 지역이다.
③ 토양의 표면 위로 대개 1인치 이상 자란다.
④ 줄기가 없으며 땅속에 대부분 묻혀 있다.
⑤ 겉모양은 수분 보존 효과를 갖고 있다.

27. "Go Green" Writing Contest에 관한 다음 안내문의 내용과 일치하지 <u>않는</u> 것은?

> ### "Go Green" Writing Contest
> **Share your talents & conserve the environment**
>
> ☐ **Main Topic:** Save the Environment
> ☐ **Writing Categories**
>   • Slogan   • Poem   • Essay
> ☐ **Requirements:**
> • Participants: High school students
> • Participate in one of the above categories
>   (only one entry per participant)
> ☐ **Deadline: July 5th, 2021**
> • Email your work to apply@gogreen.com.
> ☐ **Prize for Each Category**
>   • 1st place: $80   • 2nd place: $60   • 3rd place: $40
> ☐ The winners will be announced only on the website on July 15th, 2021. No personal contact will be made.
> ☐ For more information, visit www.gogreen.com.

① 대회 주제는 환경 보호이다.
② 참가자는 한 부문에만 참가해야 한다.
③ 마감 기한은 7월 5일이다.
④ 작품은 이메일로 제출해야 한다.
⑤ 수상자는 개별적으로 연락받는다.

28. Virtual Idea Exchange에 관한 다음 안내문의 내용과 일치하는 것은?

> ### Virtual Idea Exchange
> Connect in real time and have discussions about the upcoming school festival.
>
> ☐ **Goal**
> • Plan the school festival and share ideas for it.
> ☐ **Participants:** Club leaders only
> ☐ **What to Discuss**
>   • Themes   • Ticket sales   • Budget
> ☐ **Date & Time:** 5 to 7 p.m. on Friday, June 25th, 2021
> ☐ **Notes**
> • Get the access link by text message 10 minutes before the meeting and click it.
> • Type your real name when you enter the chatroom.

① 동아리 회원이라면 누구나 참여 가능하다.
② 티켓 판매는 논의 대상에서 제외된다.
③ 회의는 3시간 동안 열린다.
④ 접속 링크를 문자로 받는다.
⑤ 채팅방 입장 시 동아리명으로 참여해야 한다.

29. 다음 글의 밑줄 친 부분 중, 어법상 틀린 것은? [3점]

There have been occasions ① in which you have observed a smile and you could sense it was not genuine. The most obvious way of identifying a genuine smile from an insincere ② one is that a fake smile primarily only affects the lower half of the face, mainly with the mouth alone. The eyes don't really get involved. Take the opportunity to look in the mirror and manufacture a smile ③ using the lower half your face only. When you do this, judge ④ how happy your face really looks — is it genuine? A genuine smile will impact on the muscles and wrinkles around the eyes and less noticeably, the skin between the eyebrow and upper eyelid ⑤ are lowered slightly with true enjoyment. The genuine smile can impact on the entire face.

30. 다음 글의 밑줄 친 부분 중, 문맥상 낱말의 쓰임이 적절하지 않은 것은? [3점]

Detailed study over the past two or three decades is showing that the complex forms of natural systems are essential to their functioning. The attempt to ① straighten rivers and give them regular cross-sections is perhaps the most disastrous example of this form-and-function relationship. The natural river has a very ② irregular form: it curves a lot, spills across floodplains, and leaks into wetlands, giving it an ever-changing and incredibly complex shoreline. This allows the river to ③ prevent variations in water level and speed. Pushing the river into tidy geometry ④ destroys functional capacity and results in disasters like the Mississippi floods of 1927 and 1993 and, more recently, the unnatural disaster of Hurricane Katrina. A $50 billion plan to "let the river loose" in Louisiana recognizes that the ⑤ controlled Mississippi is washing away twenty-four square miles of that state annually.

* geometry: 기하학 ** capacity: 수용능력

[31~34] 다음 빈칸에 들어갈 말로 가장 적절한 것을 고르시오.

31. In a culture where there is a belief that you can have anything you truly want, there is no problem in choosing. Many cultures, however, do not maintain this belief. In fact, many people do not believe that life is about getting what you want. Life is about doing what you are *supposed* to do. The reason they have trouble making choices is they believe that what they may want is not related to what they are supposed to do. The weight of outside considerations is greater than their _____. When this is an issue in a group, we discuss what makes for good decisions. If a person can be unburdened from their cares and duties and, just for a moment, consider what appeals to them, they get the chance to sort out what is important to them. Then they can consider and negotiate with their external pressures.

① desires ② merits ③ abilities
④ limitations ⑤ worries

32. Research has confirmed that athletes are less likely to participate in unacceptable behavior than are non-athletes. However, moral reasoning and good sporting behavior seem to decline as athletes progress to higher competitive levels, in part because of the increased emphasis on winning. Thus winning can be _____ in teaching character development. Some athletes may want to win so much that they lie, cheat, and break team rules. They may develop undesirable character traits that can enhance their ability to win in the short term. However, when athletes resist the temptation to win in a dishonest way, they can develop positive character traits that last a lifetime. Character is a learned behavior, and a sense of fair play develops only if coaches plan to teach those lessons systematically.

* trait: 특성

① a piece of cake
② a one-way street
③ a bird in the hand
④ a fish out of water
⑤ a double-edged sword

33. Due to technological innovations, music can now be experienced by more people, for more of the time than ever before. Mass availability has given individuals unheard-of control over their own sound-environment. However, it has also confronted them with the simultaneous availability of countless genres of music, in which they have to orient themselves. People start filtering out and organizing their digital libraries like they used to do with their physical music collections. However, there is the difference that the choice lies in their own hands. Without being restricted to the limited collection of music-distributors, nor being guided by the local radio program as a 'preselector' of the latest hits, the individual actively has to _____.
The search for the right song is thus associated with considerable effort. [3점]

* simultaneous: 동시의

① choose and determine his or her musical preferences
② understand the technical aspects of recording sessions
③ share unique and inspiring playlists on social media
④ interpret lyrics with background knowledge of the songs
⑤ seek the advice of a voice specialist for better performances

34. It is common to assume that creativity concerns primarily the relation between actor(creator) and artifact(creation). However, from a sociocultural standpoint, the creative act is never "complete" in the absence of a second position — that of an audience. While the actor or creator him/herself is the first audience of the artifact being produced, this kind of distantiation can only be achieved by _____.
This means that, in order to be an audience to your own creation, a history of interaction with others is needed. We exist in a social world that constantly confronts us with the "view of the other." It is the view we include and blend into our own activity, including creative activity. This outside perspective is essential for creativity because it gives new meaning and value to the creative act and its product. [3점]

* artifact: 창작물

① exploring the absolute truth in existence
② following a series of precise and logical steps
③ looking outside and drawing inspiration from nature
④ internalizing the perspective of others on one's work
⑤ pushing the audience to the limits of its endurance

35. 다음 글에서 전체 흐름과 관계 <u>없는</u> 문장은? [3점]

Health and the spread of disease are very closely linked to how we live and how our cities operate. The good news is that cities are incredibly resilient. Many cities have experienced epidemics in the past and have not only survived, but advanced. ① The nineteenth and early-twentieth centuries saw destructive outbreaks of cholera, typhoid, and influenza in European cities. ② Doctors such as Jon Snow, from England, and Rudolf Virchow, of Germany, saw the connection between poor living conditions, overcrowding, sanitation, and disease. ③ A recognition of this connection led to the replanning and rebuilding of cities to stop the spread of epidemics. ④ In spite of reconstruction efforts, cities declined in many areas and many people started to leave. ⑤ In the mid-nineteenth century, London's pioneering sewer system, which still serves it today, was built as a result of understanding the importance of clean water in stopping the spread of cholera.

* resilient: 회복력이 있는 ** sewer system: 하수 처리 시스템

[36~37] 주어진 글 다음에 이어질 글의 순서로 가장 적절한 것을 고르시오.

36.

Starting from birth, babies are immediately attracted to faces. Scientists were able to show this by having babies look at two simple images, one that looks more like a face than the other.

(A) These changes help the organisms to survive, making them alert to enemies. By being able to recognize faces from afar or in the dark, humans were able to know someone was coming and protect themselves from possible danger.

(B) One reason babies might like faces is because of something called evolution. Evolution involves changes to the structures of an organism(such as the brain) that occur over many generations.

(C) By measuring where the babies looked, scientists found that the babies looked at the face-like image more than they looked at the non-face image. Even though babies have poor eyesight, they prefer to look at faces. But why?

① (A) − (C) − (B) 　② (B) − (A) − (C)
③ (B) − (C) − (A) 　④ (C) − (A) − (B)
⑤ (C) − (B) − (A)

37.

> People spend much of their time interacting with media, but that does not mean that people have the critical skills to analyze and understand it.

(A) Research from New York University found that people over 65 shared seven times as much misinformation as their younger counterparts. All of this raises a question: What's the solution to the misinformation problem?

(B) One well-known study from Stanford University in 2016 demonstrated that youth are easily fooled by misinformation, especially when it comes through social media channels. This weakness is not found only in youth, however.

(C) Governments and tech platforms certainly have a role to play in blocking misinformation. However, every individual needs to take responsibility for combating this threat by becoming more information literate.

* counterpart: 상대방

① (A) － (C) － (B)
② (B) － (A) － (C)
③ (B) － (C) － (A)
④ (C) － (A) － (B)
⑤ (C) － (B) － (A)

[38~39] 글의 흐름으로 보아, 주어진 문장이 들어가기에 가장 적절한 곳을 고르시오.

38.

> As the sticks approach each other, the air immediately in front of them is compressed and energy builds up.

Sound and light travel in waves. An analogy often given for sound is that of throwing a small stone onto the surface of a still pond. Waves radiate outwards from the point of impact, just as sound waves radiate from the sound source. (①) This is due to a disturbance in the air around us. (②) If you bang two sticks together, you will get a sound. (③) When the point of impact occurs, this energy is released as sound waves. (④) If you try the same experiment with two heavy stones, exactly the same thing occurs, but you get a different sound due to the density and surface of the stones, and as they have likely displaced more air, a louder sound. (⑤) And so, a physical disturbance in the atmosphere around us will produce a sound.

* analogy: 비유 ** radiate: 사방으로 퍼지다

39.

> It has been observed that at each level of transfer, a large proportion, 80 － 90 percent, of the potential energy is lost as heat.

Food chain means the transfer of food energy from the source in plants through a series of organisms with the repeated process of eating and being eaten. (①) In a grassland, grass is eaten by rabbits while rabbits in turn are eaten by foxes. (②) This is an example of a simple food chain. (③) This food chain implies the sequence in which food energy is transferred from producer to consumer or higher trophic level. (④) Hence the number of steps or links in a sequence is restricted, usually to four or five. (⑤) The shorter the food chain or the nearer the organism is to the beginning of the chain, the greater the available energy intake is. [3점]

* trophic: 영양의

40. 다음 글의 내용을 한 문장으로 요약하고자 한다. 빈칸 (A), (B)에 들어갈 말로 가장 적절한 것은?

> A woman named Rhonda who attended the University of California at Berkeley had a problem. She was living near campus with several other people — none of whom knew one another. When the cleaning people came each weekend, they left several rolls of toilet paper in each of the two bathrooms. However, by Monday all the toilet paper would be gone. It was a classic tragedy-of-the-commons situation: because some people took more toilet paper than their fair share, the public resource was destroyed for everyone else. After reading a research paper about behavior change, Rhonda put a note in one of the bathrooms asking people not to remove the toilet paper, as it was a shared item. To her great satisfaction, one roll reappeared in a few hours, and another the next day. In the other note-free bathroom, however, there was no toilet paper until the following weekend, when the cleaning people returned.

↓

> A small __(A)__ brought about a change in the behavior of the people who had taken more of the __(B)__ goods than they needed.

	(A)		(B)
①	reminder	……	shared
②	reminder	……	recycled
③	mistake	……	stored
④	mistake	……	borrowed
⑤	fortune	……	limited

[41~42] 다음 글을 읽고, 물음에 답하시오.

If you were afraid of standing on balconies, you would start on some lower floors and slowly work your way up to higher ones. It would be easy to face a fear of standing on high balconies in a way that's totally controlled. Socializing is (a) trickier. People aren't like inanimate features of a building that you just have to be around to get used to. You have to interact with them, and their responses can be unpredictable. Your feelings toward them are more complex too. Most people's self-esteem isn't going to be affected that much if they don't like balconies, but your confidence can (b) suffer if you can't socialize effectively.

It's also harder to design a tidy way to gradually face many social fears. The social situations you need to expose yourself to may not be (c) available when you want them, or they may not go well enough for you to sense that things are under control. The progression from one step to the next may not be clear, creating unavoidable large (d) decreases in difficulty from one to the next. People around you aren't robots that you can endlessly experiment with for your own purposes. This is not to say that facing your fears is pointless when socializing. The principles of gradual exposure are still very (e) useful. The process of applying them is just messier, and knowing that before you start is helpful.

41. 윗글의 제목으로 가장 적절한 것은?

① How to Improve Your Self-Esteem
② Socializing with Someone You Fear: Good or Bad?
③ Relaxation May Lead to Getting Over Social Fears
④ Are Social Exposures Related with Fear of Heights?
⑤ Overcoming Social Anxiety Is Difficult; Try Gradually!

42. 밑줄 친 (a)~(e) 중에서 문맥상 낱말의 쓰임이 적절하지 <u>않은</u> 것은?

① (a)　　② (b)　　③ (c)　　④ (d)　　⑤ (e)

[43~45] 다음 글을 읽고, 물음에 답하시오.

(A)

When I was 17, I discovered a wonderful thing. My father and I were sitting on the floor of his study. We were organizing his old papers. Across the carpet I saw a fat paper clip. Its rust dusted the cover sheet of a report of some kind. I picked it up. I started to read. Then I started to cry.

(B)

"Daddy," I said, handing him the pages, "this speech — how did you ever get permission to give it? And weren't you scared?" "Well, honey," he said, "I didn't ask for permission. I just asked myself, 'What is the most important challenge facing my generation?' I knew immediately. Then (a) I asked myself, 'And if I weren't afraid, what would I say about it in this speech?'"

(C)

It was a speech he had written in 1920, in Tennessee. Then only 17 himself and graduating from high school, he had called for equality for African Americans. (b) I marvelled, proud of him, and wondered how, in 1920, so young, so white, and in the deep South, where the law still separated black from white, (c) he had had the courage to deliver it. I asked him about it.

(D)

"I wrote it. And I delivered it. About half way through I looked out to see the entire audience of teachers, students, and parents stand up — and walk out. Left alone on the stage, (d) I thought to myself, 'Well, I guess I need to be sure to do only two things with my life: keep thinking for myself, and not get killed.'" He handed the speech back to me, and smiled. "(e) You seem to have done both," I said.

43. 주어진 글 (A)에 이어질 내용을 순서에 맞게 배열한 것으로 가장 적절한 것은?

① (B) - (D) - (C)　　　② (C) - (B) - (D)
③ (C) - (D) - (B)　　　④ (D) - (B) - (C)
⑤ (D) - (C) - (B)

44. 밑줄 친 (a)~(e) 중에서 가리키는 대상이 나머지 넷과 <u>다른</u> 것은?

① (a)　　② (b)　　③ (c)　　④ (d)　　⑤ (e)

45. 윗글에 관한 내용으로 적절하지 <u>않은</u> 것은?

① 아버지와 나는 서류를 정리하고 있었다.
② 나는 서재에서 발견한 것을 읽고 나서 울기 시작했다.
③ 아버지는 연설을 하기 위한 허락을 구하지 않았다.
④ 아버지가 연설문을 썼을 당시 17세였다.
⑤ 교사, 학생, 학부모 모두 아버지의 연설을 끝까지 들었다.

* 확인 사항
○ 답안지의 해당란에 필요한 내용을 정확히 기입(표기)했는지 확인하시오.

2023학년도 6월 고1 전국연합학력평가 문제지

1

한국사 영역

제 4 교시

10회

● 문항수 20개 | 배점 50점 | 제한 시간 30분

● 점수 표시가 없는 문항은 모두 2점

10회

1. (가) 시대의 사회 모습으로 가장 적절한 것은?

> ## 유적으로 보는 한국사
>
> 사진은 부산 동삼동 발굴 현장으로, 농경과 목축이 시작된 (가) 시대를 대표하는 유적 가운데 하나이다. 이곳에서는 덧무늬 토기, 빗살무늬 토기 등이 발견되었고, 사람 얼굴 형상을 표현한 조개껍질이나 예술품도 출토되었다.

① 율령이 반포되었다.
② 간석기가 사용되었다.
③ 고인돌이 축조되었다.
④ 철제 농기구가 보급되었다.
⑤ 고분 벽화로 사신도가 그려졌다.

2. (가) 국가에 대한 설명으로 옳은 것은?

> 압록강 부근의 졸본 지역에서 주몽이 건국한 (가) 은/는 5부족 연맹체로, 계루부가 왕위를 세습하였다. … (중략) … 여러 대가는 스스로 사자, 조의, 선인을 두었는데, 마치 중국에서 경과 대부가 가신을 둔 것과 같았다.

① 8조법을 마련하였다.
② 집현전을 설치하였다.
③ 5도 양계를 정비하였다.
④ 기벌포 전투에서 승리하였다.
⑤ 제가 회의에서 중대사를 결정하였다.

3. (가) 인물에 대한 설명으로 옳은 것은? [3점]

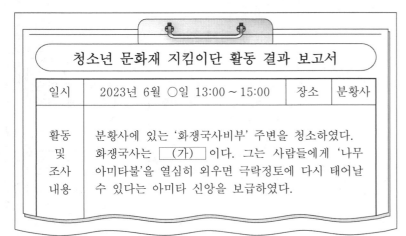

> ### 청소년 문화재 지킴이단 활동 결과 보고서
>
> | 일시 | 2023년 6월 ○일 13:00 ~ 15:00 | 장소 | 분황사 |
> |---|---|---|---|
> | 활동 및 조사 내용 | 분황사에 있는 '화쟁국사비부' 주변을 청소하였다. 화쟁국사는 (가) 이다. 그는 사람들에게 '나무아미타불'을 열심히 외우면 극락정토에 다시 태어날 수 있다는 아미타 신앙을 보급하였다. | | |

① 동학을 창시하였다.
② 경복궁을 중건하였다.
③ 금국 정벌을 주장하였다.
④ 불교 대중화에 기여하였다.
⑤ 왕오천축국전을 저술하였다.

4. 밑줄 친 '나라'에 대한 설명으로 옳은 것은?

> 근래 들어 나라 안의 지방 세력들이 수도 경주의 땅 기운이 다했다고 주장하거나 군사를 모아 스스로 성주나 장군을 칭한다고 하옵니다.

① 지계를 발급하였다.
② 골품제를 운영하였다.
③ 당백전을 발행하였다.
④ 과거제를 시행하였다.
⑤ 전국을 8도로 나누었다.

5. (가) 국가에 대한 설명으로 옳은 것은? [3점]

> 교수님, 이 불상의 특징과 만든 사람들에 관해 말씀해 주세요.

> 이불병좌상은 대조영이 건국한 (가) 에서 유행했던 불상의 양식입니다. 화면의 불상은 그 후손들이 고려로 망명하여 문경 지역에 집단 거주하면서 만든 것으로 추정됩니다.

괴산 원풍리 마애이불병좌상

① 낙랑군을 축출하였다.
② 단발령을 시행하였다.
③ 해동성국이라 불렸다.
④ 군국기무처를 설치하였다.
⑤ 독서삼품과를 실시하였다.

6. (가)에 들어갈 내용으로 가장 적절한 것은?

[역사 다큐멘터리 제작 기획안]

○ 제목 : 왕건, 새로운 세상을 꿈꾸다

○ 기획 의도 : 고려를 건국하고 후삼국을 통일한 왕건이
　　　　　　　　추진한 정책의 내용을 알아본다.

○ 편성 제목

　　－1부 : 사심관 제도를 시행하다.

　　－2부 : 　　　(가)　　

　　－3부 : 훈요 10조를 남기다.

① 북진 정책을 추진하다.
② 서원 철폐를 명령하다.
③ 당의 산둥반도를 공격하다.
④ 경국대전을 완성하여 반포하다.
⑤ 여진을 공격하여 동북 9성을 축조하다.

7. (가) 국왕에 대한 설명으로 옳은 것은?

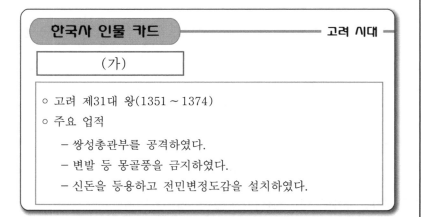

한국사 인물 카드　　　　　　　　　　고려 시대

(가)

○ 고려 제31대 왕(1351 ~ 1374)
○ 주요 업적

　　－ 쌍성총관부를 공격하였다.
　　－ 변발 등 몽골풍을 금지하였다.
　　－ 신돈을 등용하고 전민변정도감을 설치하였다.

① 사비로 천도하였다.
② 대마도를 정벌하였다.
③ 호포제를 실시하였다.
④ 금관가야를 병합하였다.
⑤ 정동행성 이문소를 폐지하였다.

8. 밑줄 친 '그들'에 대한 설명으로 옳은 것은? [3점]

　　4월 그들의 세력이 왕성해지자 고부, 백산의 전투에서 관군이 패배하여 200여 명이 죽거나 다쳤다. … (중략) … 관군은 장성 황룡촌 전투에서도 패배하였다. 결국 그들은 27일에 전주성을 점령하였다.

① 북학론을 제기하였다.
② 빈공과에 응시하였다.
③ 집강소를 설치하였다.
④ 비변사를 장악하였다.
⑤ 고구려 부흥을 주장하였다.

9. 다음 자료를 활용한 탐구 활동으로 가장 적절한 것은? [3점]

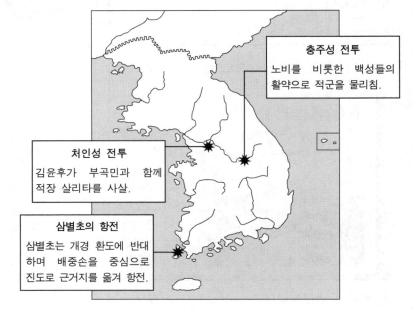

충주성 전투
노비를 비롯한 백성들의 활약으로 적군을 물리침.

처인성 전투
김윤후가 부곡민과 함께 적장 살리타를 사살.

삼별초의 항전
삼별초는 개경 환도에 반대하며 배중손을 중심으로 진도로 근거지를 옮겨 항전.

① 정묘호란의 발생 배경을 파악한다.
② 나당 전쟁의 전개 과정을 살펴본다.
③ 홍건적과 왜구의 침입 경로를 알아본다.
④ 몽골의 침입과 고려의 항쟁을 조사한다.
⑤ 서구 열강의 침략과 관련된 사건을 찾아본다.

10. (가)에 들어갈 내용으로 가장 적절한 것은? [3점]

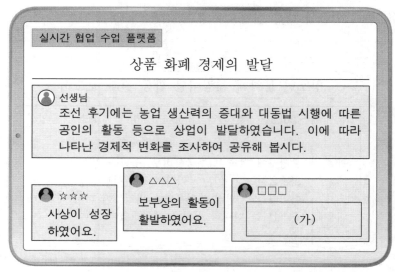

실시간 협업 수업 플랫폼

상품 화폐 경제의 발달

선생님
조선 후기에는 농업 생산력의 증대와 대동법 시행에 따른 공인의 활동 등으로 상업이 발달하였습니다. 이에 따라 나타난 경제적 변화를 조사하여 공유해 봅시다.

☆☆☆
사상이 성장하였어요.

△△△
보부상의 활동이 활발하였어요.

□□□
(가)

① 녹읍이 폐지되었어요.
② 진대법이 시행되었어요.
③ 전시과 제도가 마련되었어요.
④ 벽란도가 무역항으로 번성하였어요.
⑤ 상평통보가 전국적으로 유통되었어요.

11. 다음 승려가 활동한 국가에서 있었던 사실로 옳은 것은?

그림 속 인물은 불교 통합을 위해 노력했던 지눌입니다. 그는 세속화된 불교를 정화하기 위해 수선사 결사 운동에도 힘썼습니다.

① 영정법이 실시되었다.
② 삼국사기가 편찬되었다.
③ 통리기무아문이 설치되었다.
④ 황룡사 9층 목탑이 건립되었다.
⑤ 화랑도가 국가적 조직으로 개편되었다.

12. 다음 상황이 나타난 시기를 연표에서 옳게 고른 것은? [3점]

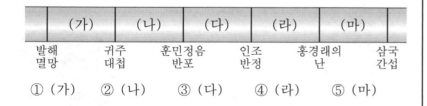

칠천량에서 패배한 이래로 병선과 무기가 흩어져서 거의 사라졌는데 … (중략) … 삼도 수군통제사 이순신이 수사 김억추, 조방장 배홍립, 거제 현령 안위 등을 거느리고 각기 병선을 정돈하여 진도 울돌목 앞바다에서 적과 교전하여 죽음을 무릅쓰고 힘껏 싸웠다.

	(가)		(나)		(다)		(라)		(마)	

발해 멸망　귀주 대첩　훈민정음 반포　인조 반정　홍경래의 난　삼국 간섭

① (가)　② (나)　③ (다)　④ (라)　⑤ (마)

13. (가)에 들어갈 내용으로 가장 적절한 것은?

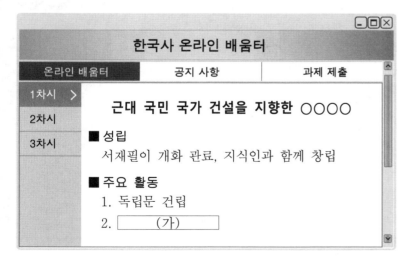

한국사 온라인 배움터

온라인 배움터 | 공지 사항 | 과제 제출

1차시
2차시
3차시

근대 국민 국가 건설을 지향한 ○○○○

■성립
서재필이 개화 관료, 지식인과 함께 창립

■주요 활동
1. 독립문 건립
2. _____(가)_____

① 태양력 채택　　② 우산국 정벌
③ 조사 시찰단 파견　④ 9서당 10정 설치
⑤ 만민 공동회 개최

14. 밑줄 친 '조약'에 대한 설명으로 옳은 것은? [3점]

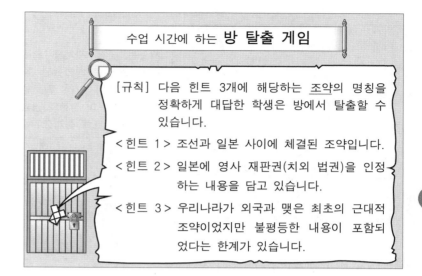

수업 시간에 하는 방 탈출 게임

[규칙] 다음 힌트 3개에 해당하는 조약의 명칭을 정확하게 대답한 학생은 방에서 탈출할 수 있습니다.

<힌트 1> 조선과 일본 사이에 체결된 조약입니다.
<힌트 2> 일본에 영사 재판권(치외 법권)을 인정하는 내용을 담고 있습니다.
<힌트 3> 우리나라가 외국과 맺은 최초의 근대적 조약이었지만 불평등한 내용이 포함되었다는 한계가 있습니다.

① 청일 전쟁의 결과로 체결되었다.
② 조선책략 유포에 영향을 받았다.
③ 운요호 사건을 계기로 맺어졌다.
④ 최혜국 대우 조항을 포함하였다.
⑤ 일본 공사관에 경비병 주둔을 허용하였다.

15. 다음 대화의 주제가 된 사건으로 옳은 것은?

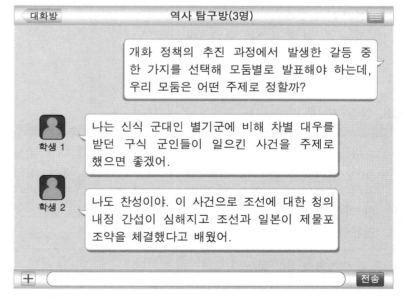

대화방 | 역사 탐구방(3명)

개화 정책의 추진 과정에서 발생한 갈등 중 한 가지를 선택해 모둠별로 발표해야 하는데, 우리 모둠은 어떤 주제로 정할까?

학생 1
나는 신식 군대인 별기군에 비해 차별 대우를 받던 구식 군인들이 일으킨 사건을 주제로 했으면 좋겠어.

학생 2
나도 찬성이야. 이 사건으로 조선에 대한 청의 내정 간섭이 심해지고 조선과 일본이 제물포 조약을 체결했다고 배웠어.

① 기묘사화　　② 병인양요
③ 갑오개혁　　④ 임오군란
⑤ 무신정변

16. 교사의 질문에 대한 학생의 답변으로 가장 적절한 것은? [3점]

지도는 군신 관계를 요구하며 조선을 침입했던 청나라 군대의 이동 경로를 보여줍니다. 이 전쟁의 영향에 대해 발표해 볼까요?

① 북벌론이 대두되었어요.
② 척화비가 건립되었어요.
③ 천리장성이 축조되었어요.
④ 권문세족이 성장하였어요.
⑤ 팔만대장경이 제작되었어요.

17. (가) 국왕에 대한 설명으로 옳은 것은?

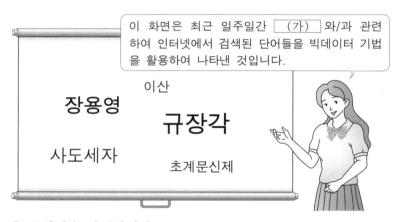

이 화면은 최근 일주일간 (가) 와/과 관련하여 인터넷에서 검색된 단어들을 빅데이터 기법을 활용하여 나타낸 것입니다.

이산
장용영
규장각
사도세자
초계문신제

① 균역법을 마련하였다.
② 탕평책을 실시하였다.
③ 홍범 14조를 반포하였다.
④ 위화도 회군을 단행하였다.
⑤ 기철 등 친원 세력을 제거하였다.

18. 밑줄 친 '황국'에 대한 설명으로 옳은 것은?

　경운궁에서 시작하여 환구단까지 길가 좌우로 각 대대 군사들이 질서정연하게 배치되었다. 순검들도 몇백 명이 벌여서서 밑줄친황국의 위엄을 나타내었다. … (중략) … 고종 황제가 탄 가마 앞에는 태극 국기가 먼저 지나갔고, 황제는 황룡포에 면류관을 쓰고 금으로 채색한 가마를 탔다.

① 광무개혁을 추진하였다.
② 노비안검법을 시행하였다.
③ 22담로에 왕족을 파견하였다.
④ 9주 5소경 체제를 정비하였다.
⑤ 명과 후금 사이에서 중립 외교를 실시하였다.

19. (가) 세력에 대한 설명으로 옳은 것은? [3점]

(가) 의 성장과 붕당의 형성

성종 때 3사에 진출하여 훈구 세력을 견제하면서 공론을 주도했어.

대부분 도덕과 의리를 바탕으로 하는 왕도 정치를 강조했어.

선조 때 중앙 정치의 주도권을 잡고 붕당을 형성했어.

① 사출도를 다스렸다.
② 화백 회의에 참여하였다.
③ 서경 천도를 주장하였다.
④ 서원과 향약을 기반으로 세력을 확대하였다.
⑤ 도병마사와 식목도감에서 국가 중대사를 논의하였다.

20. (가) 사건에 대한 설명으로 옳은 것은? [3점]

우리는 이곳 우정총국의 개국 축하연을 이용하여 (가) 을/를 일으켰습니다. 이후 개혁 정강을 마련하여 내각 중심의 자주 국가를 수립하고자 하였습니다.

① 급진 개화파가 주도하였다.
② 태학 설립의 계기가 되었다.
③ 삼국 통일에 영향을 주었다.
④ 임술 농민 봉기로 이어졌다.
⑤ 구본신참의 원칙을 표방하였다.

＊ 확인 사항

◦ 답안지의 해당란에 필요한 내용을 정확히 기입(표기)했는지 확인하시오.

1. (가) 시대에 대한 설명으로 가장 적절한 것은?

> ### ○○ 박물관 테마 전시
> – 한국 최초의 환호* 유적, 검단리 –
>
>
> <발굴 현장>
>
>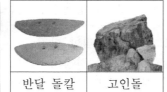
> 반달 돌칼　고인돌
> <유물·유적>
>
> 이번 전시에서는 환호를 주제로 검단리에 살았던 사람들의 일상 생활을 복원하였다. 검단리에서는 (가) 시대의 대표적인 유물과 유적인 반달 돌칼, 민무늬 토기, 고인돌 등이 출토되었다.
>
> * 환호 : 방어를 위해 마을을 둘러싸게 설치된 구덩이

① 주로 동굴과 막집에서 살았다.
② 철제 농기구로 농사를 지었다.
③ 동맹이라는 제천 행사가 열렸다.
④ 계급이 분화되고 국가가 출현하였다.
⑤ 농경이 시작되고 정착 생활을 하였다.

2. 밑줄 친 '이곳'을 지도에서 옳게 고른 것은?

> 고구려 장수왕의 군대가 쳐들어와 궁성을 공격하니, 개로왕이 죽고 문주왕이 즉위하였다. 문주왕은 고구려군을 피해 이곳으로 도읍을 옮겼다. 이곳은 성왕이 사비로 도읍을 옮길 때까지 64년 간 백제의 수도였다.

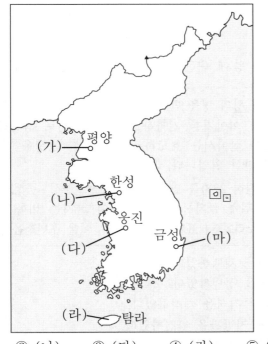

① (가)　② (나)　③ (다)　④ (라)　⑤ (마)

3. (가) 인물에 대한 설명으로 옳은 것은?

> ○ (가) 이/가 아뢰기를, "신이 적에게 패배한 까닭은 그들은 기병이고 우리는 보병이기 때문입니다." … (중략) … 말을 가진 자는 신기군, 말이 없는 자는 신보군, 승려 중 선발된 자는 항마군으로 삼았다.
> ○ (가) 이/가 동북 9성을 완성하였다. 의주성, 통태성, 평융성의 3성을 쌓아 함주, 영주, 웅주, 길주, 복주, 공험진과 함께 9성으로 삼았다.
>
> –『고려사절요』–

① 살수에서 수를 물리쳤다.
② 삼정이정청을 설치하였다.
③ 별무반을 이끌고 여진을 정벌하였다.
④ 서역을 순례하고 왕오천축국전을 지었다.
⑤ 유교 이념을 바탕으로 한 시무 28조를 올렸다.

4. 다음 상황이 전개된 시기를 연표에서 옳게 고른 것은? [3점]

> 궁예가 북원에서 하슬라로 들어올 때 무리가 6백여 명에 이르니 스스로 장군이라 일컬었다. 30여 성을 차지하고 송악에 도읍하였으며, 효공왕 5년에 스스로 왕을 칭하였다.

	(가)		(나)		(다)		(라)		(마)	
삼국통일		고려건국		귀주대첩		이자겸의난		무신정변		위화도회군

① (가)　② (나)　③ (다)　④ (라)　⑤ (마)

5. (가) 국가에 대한 설명으로 옳은 것은? [3점]

> (가) 은/는 고구려의 전통을 계승하고, 당의 문물을 수용하여 문화를 발전시켰다. 수도였던 상경을 비롯한 (가) 의 옛 도시에는 아래와 같은 유물과 유적이 남아있다.
>
>
> 이불병좌상　정효 공주 묘지석
>
>
> 영광탑

① 녹읍을 폐지하였다.
② 대조영이 건국하였다.
③ 사심관 제도를 시행하였다.
④ 조사 시찰단을 파견하였다.
⑤ 중앙군으로 9서당을 두었다.

6. (가) 국가에 대한 설명으로 옳은 것은?

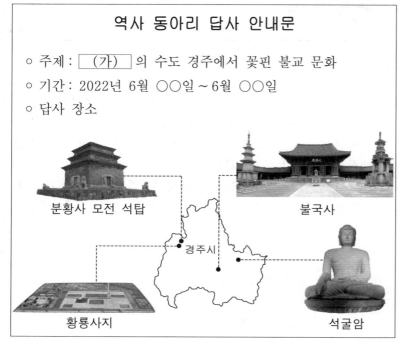

역사 동아리 답사 안내문

○ 주제 : ⬚ (가) ⬚ 의 수도 경주에서 꽃핀 불교 문화

○ 기간 : 2022년 6월 ○○일 ~ 6월 ○○일

○ 답사 장소

분황사 모전 석탑   불국사

경주시

황룡사지   석굴암

① 경국대전을 반포하였다.
② 도병마사를 설치하였다.
③ 전국을 8도로 나누었다.
④ 화백 회의를 운영하였다.
⑤ 22담로에 왕족을 파견하였다.

7. 밑줄 친 '왕'이 실시한 정책으로 옳은 것은? [3점]

한국사 신문   ○○○년 ○○월 ○○일

관리 선발에 새로운 제도가 도입되다.

왕은 공신과 호족을 누르고 왕권을 강화할 방법을 고민하였다. 이에 중국에서 귀화한 쌍기의 건의를 받아들여 과거제를 실시하기로 하였다. 이로써 유교적 소양과 능력을 갖춘 관리가 왕권을 뒷받침하고, 공신과 호족의 역할은 약화될 것으로 보인다.

① 균역법을 시행하였다.
② 화랑도를 개편하였다.
③ 노비안검법을 시행하였다.
④ 쌍성총관부를 공격하였다.
⑤ 의정부 서사제를 실시하였다.

8. (가)에 들어갈 내용으로 가장 적절한 것은? [3점]

<한국사 모둠 활동 안내>

○ 탐구 주제 : ⬚⬚⬚⬚ (가) ⬚⬚⬚⬚

○ 모둠별 탐구 활동
 - 1모둠 : 교종과 선종의 특징을 비교한다.
 - 2모둠 : 해동 천태종의 창시 목적을 파악한다.
 - 3모둠 : 정혜쌍수와 돈오점수의 의미를 조사한다.

① 조선의 성리학 발전
② 고대 천신 신앙의 역할
③ 삼국 시대 도교의 확산
④ 고려의 불교 통합 노력
⑤ 신라 말 풍수지리설의 유행

9. (가) 신분에 대한 설명으로 옳은 것은?

○ 만적 등이 북산에 올라 ⬚(가)⬚ 들을 모아 놓고 "장수와 재상이 될 수 있는 사람이 어찌 따로 있겠는가. 때가 오면 누구나 할 수 있는 것이다."라고 하였다.

○ 신돈이 "권세가들이 토지와 백성을 빼앗아 모두 차지하였다. 전민변정도감을 두어 이를 바로 잡고자 한다."라고 하였다. 이에 권세가들이 빼앗았던 토지를 주인에게 돌려주고 억울하게 ⬚(가)⬚ 이/가 된 백성을 원래 신분으로 되돌리니, 백성들이 기뻐하였다.

① 고려에서는 백정으로 불렸다.
② 유향소에서 수령을 보좌하였다.
③ 조세, 공납, 역의 의무를 지녔다.
④ 대를 이어 음서와 공음전의 특권을 누렸다.
⑤ 재산으로 여겨 매매, 상속의 대상이 되었다.

10. 밑줄 친 '왕'에 대한 설명으로 옳은 것은? [3점]

○ 정초가 왕의 명을 받아 지은 삼강행실도 서문에 "충신, 효자, 열녀의 이야기를 기록하고, 그림과 시로 칭찬하였습니다. 부모가 살아서는 효도하고, 죽어서는 정성을 다하니 이는 권할 만한 일입니다."라고 하였다.

○ 왕이 친히 28자를 만들었는데, 초성·중성·종성으로 나누어 합한 후에 글자를 이루었다. 이 글자는 비록 간단하지만 모든 소리를 다 표기할 수 있으니, 이를 훈민정음이라 불렀다.

① 태양력을 채택하였다.
② 우산국을 정벌하였다.
③ 4군 6진 지역을 개척하였다.
④ 12목에 지방관을 파견하였다.
⑤ 정복한 지역에 순수비를 세웠다.

11. (가) 사건에 대한 설명으로 옳은 것은? [3점]

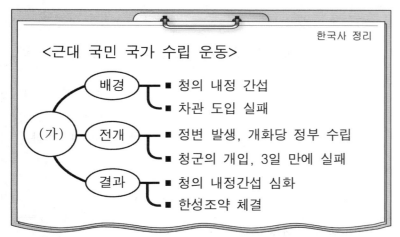

한국사 정리

<근대 국민 국가 수립 운동>

(가)
- 배경
  - 청의 내정 간섭
  - 차관 도입 실패
- 전개
  - 정변 발생, 개화당 정부 수립
  - 청군의 개입, 3일 만에 실패
- 결과
  - 청의 내정간섭 심화
  - 한성조약 체결

① 나·당 동맹을 체결하는 배경이 되었다.
② 문벌 폐지 등의 개혁 정강이 발표되었다.
③ 신라에서 불교가 공인되는 결과를 낳았다.
④ 평안도 지역 차별에 대한 반발로 일어났다.
⑤ 비변사가 국정 운영의 중심이 되는 계기가 되었다.

12. (가) 인물에 대한 설명으로 옳은 것은? [3점]

<역사 인물 4컷 만화>

(가) 의 행적을 따라서

1. 서원 철폐로 사제 간의 의리가 끊어졌으며, 당백전 남발은 백성의 큰 재앙입니다.

2. 저들이 비록 일본인이지만 실제로는 서양 오랑캐와 다르지 않습니다.

3. 상투를 자르는 것은 정신을 좀먹는 것이므로 목숨과도 바꿀 수 없습니다.

4. 쓰시마섬에 잡혀 온 후 입과 배를 더럽힐 수 없어 일본인이 주는 물과 음식을 거부합니다.

① 북벌 운동을 추진하였다.
② 위정척사 운동을 전개하였다.
③ 조선의 중립국화를 주장하였다.
④ 삼별초의 대몽 항쟁을 이끌었다.
⑤ 대동법의 확대 실시를 건의하였다.

13. 다음 자료를 활용한 탐구 주제로 가장 적절한 것은?

○ 연산군 4년 유자광이 "김일손이 사초에 넣은 「조의제문」은 세조가 단종의 왕위를 빼앗은 일을 비방한 것입니다. 김일손을 엄히 처벌하십시오."라고 말하였다.

○ 조광조가 반정 공신 중 자격 없는 자의 위훈을 삭제하자, 훈신들이 "조광조가 당파를 만들어 높은 관직을 독차지하고 임금을 속였습니다."라고 상소를 올렸다. 이에 중종은 조광조와 그 일파를 죽이거나 귀양을 보냈다.

① 독립 협회의 활동
② 세도 정치의 영향
③ 훈구와 사림의 대립
④ 서경 천도 운동의 전개
⑤ 팔만대장경판의 제작 배경

14. (가), (나) 시기 사이에 있었던 사실로 옳은 것은?

(가) 고부의 동학 지도자에게 격문을 전달하여 … (중략) … 다음과 같이 결의한다.
  1. 고부성을 격파하고 조병갑의 목을 베어 매달 것.
  1. 군수에게 아부하여 백성을 침탈한 탐관오리를 엄벌할 것.

(나) 일본 군대가 밤에 경복궁에 쳐들어와 임금을 핍박하고 … (중략) … 우리 동학도가 의병을 일으켜 일본을 물리치고 사직을 보전하려 한다.

① 태학이 설립되었다.
② 홍문관이 설치되었다.
③ 삼국사기가 편찬되었다.
④ 전주 화약이 체결되었다.
⑤ 대한국 국제가 반포되었다.

15. 밑줄 친 '조약'에 대한 설명으로 옳은 것은? [3점]

운요호 사건 이후 강화도에서 진행된 일본 대신과의 협상은 어떻게 되었는가?

명에 따라 일본과 협상하여 조약을 체결했습니다. 비록 대등한 내용은 아니나, 우리의 요구도 반영하였습니다.

① 영사 재판권이 포함되어 있다.
② 청 상인의 내륙 진출이 허용되었다.
③ 강동 6주 지역을 획득하는 결과를 낳았다.
④ 교역품에 관세를 부과하는 계기가 되었다.
⑤ 청·일 군대가 조선에서 철수하는 배경이 되었다.

16. (가) 왕에 대한 설명으로 옳은 것은?

> ○ (가) 은/는 역대 왕의 글과 그림을 모셔둘 곳이 없다
> 하여 궁궐 안에 규장각을 설치하고 … (중략) … 왕의 초상을
> 규장각의 주합루에 봉안하였다.
>
> ○ (가) 은/는 초계문신제를 시행하였다. 나이 37세 이하인
> 신하를 뽑아 매달 경전을 토론하고 열흘에 한 번 시험을
> 보게 하여 성적에 따라 상과 벌을 주었다.

① 과전법을 시행하였다.
② 교정도감을 설치하였다.
③ 금관가야를 병합하였다.
④ 수원 화성을 건설하였다.
⑤ 홍범 14조를 반포하였다.

17. (가)에 들어갈 내용으로 옳은 것은? [3점]

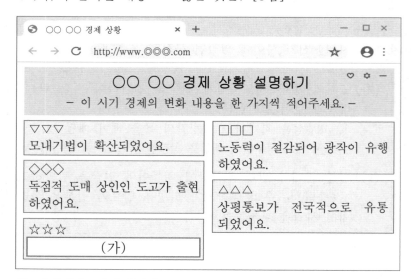

① 진대법을 실시하였어요.
② 전시과 제도를 시행하였어요.
③ 낙랑과 왜에 철을 수출하였어요.
④ 벽란도가 국제 무역항으로 번성하였어요.
⑤ 담배, 인삼 등 상품 작물이 재배되었어요.

18. (가) 사건이 끼친 영향으로 가장 적절한 것은?

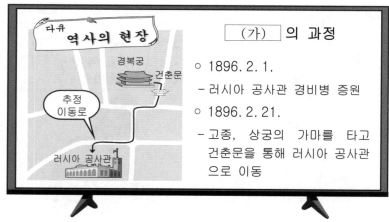

① 영선사가 파견되었다.
② 전국에 척화비가 세워졌다.
③ 신흥 무인 세력이 성장하였다.
④ 권문세족이 권력을 장악하였다.
⑤ 열강의 이권 침탈이 가속화되었다.

19. (가)에 들어갈 내용으로 옳은 것은?

> <프로젝트 수업 계획>
>
> ### 역사 사건을 주제로 영상 제작하기
>
> ○ 주제 : ☐☐☐☐ (가) ☐☐☐☐
> ○ 장면 구성 계획
> #1 인조는 청군이 침략해 오자 남한산성으로 피신한다.
> #2 인조는 김상헌의 척화론과 최명길의 주화론을 듣고
>   고민에 빠진다.
> #3 인조는 삼전도에서 항복 의식을 행한다.

① 병자호란의 과정
② 임오군란의 배경
③ 임진왜란의 결과
④ 안시성 전투의 의의
⑤ 청·일 전쟁의 영향

20. (가) 사건에 대한 설명으로 옳은 것은? [3점]

① 3포를 개항하는 계기가 되었다.
② 당군을 물리치는 결과를 낳았다.
③ 예송이 발생하는 원인이 되었다.
④ 천리장성이 축조되는 배경이 되었다.
⑤ 제너럴 셔먼호 사건을 배경으로 일어났다.

> * 확인 사항
>
> ○ 답안지의 해당란에 필요한 내용을 정확히 기입(표기)했는지 확인
> 하시오.

2021학년도 6월 고1 전국연합학력평가 문제지

한국사 영역

1

제 4 교시

12회

● 문항수 20개 | 배점 50점 | 제한 시간 30분　　● 점수 표시가 없는 문항은 모두 2점

12회

1. (가) 시대에 대한 설명으로 옳은 것은?

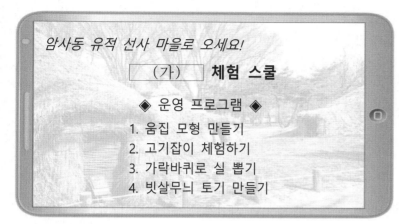

암사동 유적 선사 마을로 오세요!

[(가)] **체험 스쿨**

◆ 운영 프로그램 ◆
1. 움집 모형 만들기
2. 고기잡이 체험하기
3. 가락바퀴로 실 뽑기
4. 빗살무늬 토기 만들기

① 고인돌을 축조하였다.
② 농경과 목축을 시작하였다.
③ 철제 농기구를 사용하였다.
④ 지방에 경당을 설치하였다.
⑤ 8조법으로 사회 질서를 유지하였다.

2. (가)에 들어갈 내용으로 옳은 것은?

탐구 활동 보고서

1학년 ○반 이름 □□□

○ 탐구 주제 : 신라 촌락 문서로 본 농민 지배
○ 탐구 자료

　이 문서에는 서원경(충북 청주) 부근에 있는 4개 촌락의 이름과 각 촌락의 둘레, 호구(戶口) 수, 말과 소의 수, 토지의 종류와 면적, 뽕나무·가래나무·잣나무의 수 등이 기록되어 있다.

○ 탐구 결과
　신라는 이 문서를 바탕으로 인구와 경제 상황을 정확하게 파악하여 [(가)]

① 세금을 징수하였다.
② 화폐를 발행하였다.
③ 사창제를 실시하였다.
④ 전시과를 운영하였다.
⑤ 균역법을 시행하였다.

3. (가), (나) 시기 사이에 있었던 사실로 옳은 것은? [3점]

(가) 장수왕은 수도를 국내성에서 평양으로 옮기고 남진 정책을 추진하였다.
(나) 진흥왕은 한강 유역을 차지하고 함경도 지역까지 진출하였다.

① 홍경래가 난을 일으켰다.
② 신라가 당과 동맹을 맺었다.
③ 백제가 웅진으로 천도하였다.
④ 대조영이 발해를 건국하였다.
⑤ 최승로가 시무 28조를 건의하였다.

4. 밑줄 친 '전쟁'의 영향으로 옳은 것은?

답사 계획서

○ 날짜 : 2021년 ○○월 ○○일
○ 경로 : 남한산성(수어장대, 행궁) → 삼전도비
○ 목적 : 청의 침입으로 시작된 전쟁의 흔적을 살펴보고, 이 전쟁이 당시 조선에 끼친 영향에 대해 생각해 본다.

① 북벌론이 제기되었다.
② 개경으로 환도하였다.
③ 수신사를 파견하였다.
④ 삼국 간섭이 일어났다.
⑤ 9서당과 10정을 편성하였다.

5. (가)에 들어갈 내용으로 옳은 것은?

고대 사회의 종교와 사상

1. [(가)]
○ 개념 : 하늘을 신격화하여 최고의 신으로 믿음
○ 역할
 - 지배 집단이 자신의 조상을 하늘과 연결시켜 통치의 정당성을 확보함
 - 국가 차원의 제천 행사를 열어 지배층의 권위를 과시함
○ 사례 : 혁거세의 건국 이야기, 수로의 건국 이야기, 부여의 영고, 고구려의 동맹 등

① 실학　　　　　　　② 불교
③ 성리학　　　　　　④ 천신 신앙
⑤ 풍수지리설

6. (가)에 들어갈 내용으로 가장 적절한 것은?

○ 학습 주제 : 공민왕의 개혁 정치
○ 학습 활동 : 육각형 카드에 공민왕의 개혁 내용을 적고 관련 있는 단어 카드끼리 분류해 보세요.

공민왕의 개혁
왕권 강화
반원 자주
정방 폐지
전민변정 도감 설치
친원 세력 숙청
(가)

① 장용영 운영
② 위화도 회군
③ 동북 9성 축조
④ 쌍성총관부 공격
⑤ 군국기무처 설치

7. (가)에 들어갈 주장으로 가장 적절한 것은? [3점]

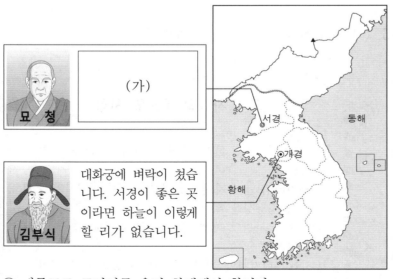

묘청

김부식
대화궁에 벼락이 쳤습니다. 서경이 좋은 곳이라면 하늘이 이렇게 할 리가 없습니다.

서경
동해
개경
황해

① 제주도로 근거지를 옮겨 항쟁해야 합니다.
② 명과 후금 사이에서 중립 외교를 해야 합니다.
③ 황제의 칭호를 사용하고 금을 정벌해야 합니다.
④ 천리장성을 쌓아 당의 침입에 대비해야 합니다.
⑤ 러시아의 남하를 막기 위해 미국과 수교해야 합니다.

8. 밑줄 친 '왕'에 대한 설명으로 옳은 것은?

○ 왕이 포정전에서 즉위하니 국호를 고려라 하고 연호를 고쳐 천수(天授)라 하였다.
○ 발해국의 세자 대광현이 수만 명의 무리를 거느리고 들어오자, 왕은 그에게 성과 이름을 하사하였다.

① 집현전을 설치하였다.
② 별무반을 조직하였다.
③ 경국대전을 완성하였다.
④ 교육입국 조서를 반포하였다.
⑤ 호족 세력과 혼인 관계를 맺었다.

9. (가) 국가에서 있었던 사실로 옳은 것은? [3점]

강동 6주를 확보한 (가) 의 사회 모습을 말해볼까?

자녀에게 재산을 균등하게 분배하였고, 여성도 호주가 될 수 있었어.

향·부곡·소라는 특수 행정 구역이 존재하였어.

① 직역이 없는 농민을 백정이라 불렀다.
② 여러 가(加)가 사출도를 다스렸다.
③ 공명첩을 발급하였다.
④ 단발령을 실시하였다.
⑤ 공인이 등장하였다.

10. (가) 왕의 업적으로 옳은 것은? [3점]

한 국 사 신 문

조선, 압록강과 두만강까지 국경을 넓히다!

(가) 은/는 압록강과 두만강 유역의 여진족을 정벌하여 4군과 6진을 완성하였다. 이로써 조선의 국경선이 압록강과 두만강까지 확대되었다. 앞으로 정부는 넓어진 땅을 지키기 위해 남쪽 지역의 백성들을 이곳으로 이주시킬 계획이라고 한다.

① 태학을 설립하였다.
② 훈요 10조를 남겼다.
③ 과거제를 도입하였다.
④ 사심관 제도를 시행하였다.
⑤ 의정부 서사제를 실시하였다.

11. (가) 국가의 문화유산에 대한 설명으로 옳은 것은?

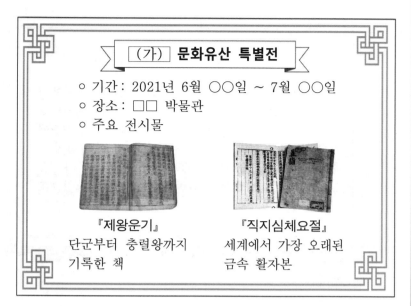

[(가)] 문화유산 특별전

○ 기간 : 2021년 6월 ○○일 ~ 7월 ○○일
○ 장소 : □□ 박물관
○ 주요 전시물

『제왕운기』
단군부터 충렬왕까지
기록한 책

『직지심체요절』
세계에서 가장 오래된
금속 활자본

① 경복궁이 중건되었다.
② 불국사가 만들어졌다.
③ 상경성이 건설되었다.
④ 무령왕릉이 축조되었다.
⑤ 삼국유사가 편찬되었다.

12. 다음 가상 드라마에서 볼 수 있는 장면으로 가장 적절한 것은?
[3점]

드라마 '정약용' 기획안

○ 기획 의도 : 정약용의 일생을 통해 조선 후기 시대
상을 살펴본다.
○ 등장 인물 : 정약용, 정조, 채제공, 심환지 등
○ 줄거리

정약용은 거중기를 활용하여 수원에 화성을 건설
하는 등 정조의 개혁 정책들을 실현하기 위해 많은
활약을 한다. 그러나 정조의 죽음 이후 천주교를
믿었다는 이유로 전라도 강진에서 18년간 유배
생활을 하게 된다.

① 빈공과에 응시하는 6두품
② 정사암 회의에 참여하는 귀족
③ 규장각에서 학문을 연구하는 학자
④ 을미사변에 반발하여 의병을 일으키는 유생
⑤ 한산도 앞바다에서 일본군과 싸우는 조선 수군

13. 밑줄 친 '이 법'을 실시한 배경으로 가장 적절한 것은? [3점]

자네 들었나? 이제 우리
고을에서도 이 법이 실시
된다지?

그렇다네. 공물로 바치던 특산물
대신 쌀이나 옷감 등으로 낼
수 있다네.

① 방납의 폐단
② 권문세족의 성장
③ 조선책략의 유포
④ 홍건적과 왜구의 침입
⑤ 진골 귀족들의 왕위 다툼

14. (가)에 대한 설명으로 옳은 것은?

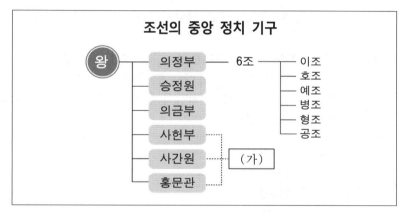

조선의 중앙 정치 기구

왕 ─ 의정부 ── 6조 ── 이조
└ 호조
└ 예조
└ 병조
└ 형조
└ 공조
승정원
의금부
사헌부
사간원 ┄┄ (가)
홍문관

① 최고 교육 기관이다.
② 무신들의 합의 기구이다.
③ 일본 원정을 위해 설치하였다.
④ 국가 재정의 출납과 회계를 담당하였다.
⑤ 언론 활동을 통해 권력의 독점을 방지하였다.

15. 다음 사건이 일어난 시기를 연표에서 옳게 고른 것은? [3점]

광성보 전투의 현장

조선군은 낡은 무기를 가지고
미군의 근대적인 총포에 맞서
싸웠다. 조선군은 결사적으로 그
들의 진지를 사수하다가 장렬하
게 전사하였다.
– 슐리, 『깃발 아래 45년』–

	(가)	(나)	(다)	(라)	(마)	
조선 건국		임진 왜란	인조 반정	임술 농민 봉기	강화도 조약	대한 제국 수립

① (가)　② (나)　③ (다)　④ (라)　⑤ (마)

12회

16. 밑줄 친 '아문'이 운영된 시기의 정책으로 옳은 것은?

> 의정부에서 <u>아문</u>(衙門)을 설치하는 일에 대한 규정을 마련하여 아뢰었다.
> 一. <u>아문</u>의 칭호는 통리기무아문으로 한다.
> …(중략)…
> 一. 이 <u>아문</u>은 국가의 중요 사무를 통솔하고 대신 중에서 총리를 삼아 일을 총괄하게 한다.
>
> —『고종실록』—

① 국학을 설립하였다.
② 별기군을 창설하였다.
③ 22담로를 설치하였다.
④ 초계문신제를 운영하였다.
⑤ 6조 직계제를 시행하였다.

17. (가), (나) 시기 사이에 있었던 사실로 옳은 것은? [3점]

> (가) 고부 군수 조병갑은 농민들을 강제 동원하여 만석보를 쌓은 뒤 물세를 징수하고, 갖은 죄목을 씌워 농민들을 괴롭혔다. 이에 전봉준은 사발통문을 돌려 사람들을 모아 고부 관아를 점령하고 만석보를 무너뜨렸다.
> (나) 일본은 경복궁을 점령하고 청·일 전쟁을 일으켰다. 이에 동학 농민군은 일본을 몰아내기 위해 다시 봉기하였다. 그러나 우금치 전투에서 최신식 무기를 가진 일본군에게 결국 패하고 말았다.

① 현량과를 실시하였다.
② 청해진을 설치하였다.
③ 집강소를 운영하였다.
④ 천태종을 창시하였다.
⑤ 쓰시마를 정벌하였다.

18. 다음 규정을 마련한 정부의 정책으로 옳은 것은? [3점]

> ### 지계아문 규정
>
> 제1조 지계아문은 한성부와 13도의 각 부와 군의 산림, 토지, 전답, 가옥의 지계를 정리하기 위하여 임시로 설치한다.
> 제11조 산림, 토지, 전답, 가옥 소유주가 지계를 발급받지 않았다가 적발되었을 때는 벌금을 물리고 지계를 발급한다.
>
> —『대한 제국 관보』—

지계

① 탕평책을 시행하였다.
② 원수부를 설치하였다.
③ 과전법을 실시하였다.
④ 도병마사를 운영하였다.
⑤ 9주 5소경 체제를 완성하였다.

19. 밑줄 친 '이 사건'으로 옳은 것은?

> 1884년 10월 ○○일
>
> 지난 17일에 우정총국 개국 축하 연회장 근처에서 불길이 일어났다. 이에 놀란 민영익이 먼저 뛰쳐나갔다가 칼을 맞고 피투성이가 되었고, 연회장은 순식간에 아수라장이 되었다고 한다. 알아보니 김옥균, 박영효, 홍영식, 서재필 등 개화당 세력이 주도하여 '이 사건'을 일으킨 것이라고 한다. 격변하는 이 시대에 앞으로 어떻게 살아야 할지 무척 두렵고 혼란스럽다.

① 갑오개혁
② 갑신정변
③ 기묘사화
④ 무신정변
⑤ 안시성 전투

20. 다음 자료를 활용한 탐구 활동으로 가장 적절한 것은? [3점]

독립문가

우리 조선 신민들은 독립가를 들어보오
병자지수 설치하고 자주독립 좋을시고
독립문을 지은 후에 독립가를 불러보세
…(중략)…
연주문*을 쇄파하고 독립문이 높아지네
우리 성주 수만세요 우리 창생 화합이라
오백년래 좋은 일은 독립문이 좋을시고

—『독립신문』(1896.7.16.) —

* 연주문: 영은문의 별칭

① 팔관회를 실시한 이유를 파악한다.
② 임오군란의 발생 배경을 찾아본다.
③ 사림이 향약을 보급한 목적을 살펴본다.
④ 삼별초가 전개한 대몽항쟁 과정을 조사한다.
⑤ 만민 공동회를 개최한 단체의 활동을 알아본다.

> * 확인 사항
> o 답안지의 해당란에 필요한 내용을 정확히 기입(표기)했는지 확인하시오.

2023학년도 6월 고1 전국연합학력평가 문제지

1

제 4 교시

탐구 영역[통합사회]

13회

● 문항수 20개 | 배점 50점
● 제한 시간 30분

성명 [   ] 수험 번호 [| | | | | — | | | |]

● 점수 표시가 없는 문항은 모두 2점

1. 그림에 나타난 문제를 해결하기 위해 A~D의 관점에서 제기할 수 있는 질문으로 적절한 것만을 <보기>에서 고른 것은?

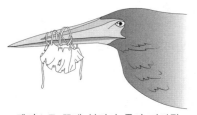

A. 시간적 관점	B. 공간적 관점
	통합적 관점
C. 사회적 관점	D. 윤리적 관점

<폐마스크 끈에 부리가 묶인 지빠귀>

─── <보 기> ───

ㄱ. A – 폐마스크를 수거하는 바람직한 방법은 무엇인가요?
ㄴ. B – 폐마스크로 동물의 피해가 집중된 지역은 어디인가요?
ㄷ. C – 폐마스크의 무단 투기를 막을 제도는 무엇인가요?
ㄹ. D – 폐마스크로 인한 동물의 피해는 언제부터 증가했나요?

① ㄱ, ㄴ　② ㄱ, ㄷ　③ ㄴ, ㄷ　④ ㄴ, ㄹ　⑤ ㄷ, ㄹ

2. 다음은 두 기후 지역의 전통 가옥을 나타낸 것이다. (가), (나) 기후 지역의 상대적 특성을 그래프로 나타낼 때, A, B에 들어갈 항목으로 옳은 것은? [3점]

(가)	(나)

순록의 유목을 위한 이동식 가옥	습기와 해충을 피하기 위한 고상 가옥

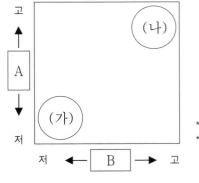

* 고: 높음, 많음, 큼, 멈
* 저: 낮음, 적음, 작음, 가까움

	A	B
①	식생 밀도	기온의 연교차
②	연 강수량	기온의 연교차
③	연평균 기온	연 강수량
④	연평균 기온	적도와의 거리
⑤	적도와의 거리	식생 밀도

3. 다음의 대화에서 (가)에 들어갈 내용으로 가장 적절한 것은?

삶의 궁극적 목적인 행복은 지적 활동을 통해 얻는 것이라고 하셨습니다. 행복해지기 위해서는 구체적으로 어떻게 해야 합니까?

인간이 행복해지기 위해서는 동·식물에 없는, 인간만이 지닌 탁월성을 발휘해야 합니다. 구체적인 방법은 (가)

① 감각적 쾌락을 추구하는 삶을 살아야 합니다.
② 이성의 기능을 발휘하여 지혜를 얻어야 합니다.
③ 부와 권력을 최우선시하는 삶을 살아야 합니다.
④ 인간의 본능에 충실하여 욕구를 만족시켜야 합니다.
⑤ 공동체와 관계없이 사적인 이익을 추구해야 합니다.

4. 지역 조사 과정 중 (가) 단계에 해당하는 활동으로 가장 적절한 것은? [3점]

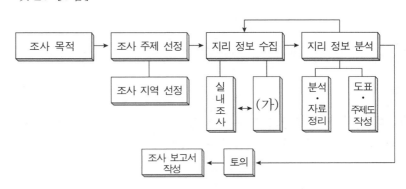

① ○○ 지역의 교통량과 상권 변화를 주제로 정한다.
② 수집한 자료를 유형별로 분류하고 시각적으로 표현한다.
③ ○○ 지역의 시청을 방문하여 담당자와 면담을 실시한다.
④ 도서관에서 교통량과 상권 변화에 관한 문헌을 조사한다.
⑤ 교통량과 상권 변화에 대한 ○○ 지역 답사 일정을 수립한다.

5. 행복의 기준에 대한 강연자의 입장으로 가장 적절한 것은?

21세기에도 먹을 것이 부족한 지역에서는 음식을 얻으면 행복을 느낄 것이고, 민주주의가 실현되지 않은 국가에서는 정치적 자유를 누릴 때 행복을 느낄 것입니다. 또한 전쟁이 발생한 지역에서는 평화가 행복의 기준이 될 수 있습니다.

① 행복의 기준은 자신이 처해 있는 환경과 무관하다.
② 모든 사람에게 행복의 기준은 획일적으로 적용된다.
③ 지역 여건에 따라 행복의 기준은 다양하게 나타난다.
④ 시대적 상황과 무관하게 행복의 객관적 기준은 동일하다.
⑤ 진정한 행복은 현세(現世)가 아닌 내세(來世)에서 실현된다.

6. 자료를 통해 추론할 수 있는 사회의 일반적인 변화 내용으로 가장 적절한 것은?

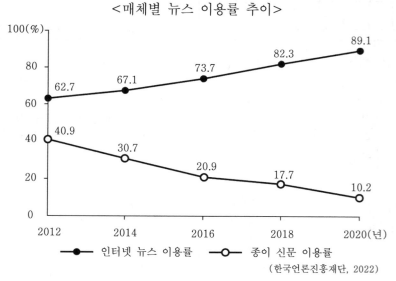

<매체별 뉴스 이용률 추이>

(한국언론진흥재단, 2022)

① 쌍방향 통신매체의 영향력이 증가할 것이다.
② 개인 정보 유출에 의한 사생활 침해 빈도가 감소할 것이다.
③ 재택근무의 축소로 가정과 직장의 분리가 뚜렷해질 것이다.
④ 익명성을 악용한 사이버 범죄의 발생 가능성이 낮아질 것이다.
⑤ 시·공간의 제약으로 전자 상거래 관련 업종이 쇠퇴할 것이다.

7. 다음은 인권 확장의 역사적 전개 과정에서 발표된 문서의 일부이다. 이에 대한 옳은 설명만을 <보기>에서 고른 것은? [3점]

(가)	(나)
권리 장전 (1689년) 1. '국왕은 의회의 동의 없이 법의 효력을 정지하거나 법의 집행을 정지할 수 있는 권력이 있다.'는 주장은 위법이다. 4. 국왕의 대권을 구실로 의회의 승인 없이 … (중략) … 국왕이 쓰기 위한 금전을 징수하는 것은 위법이다.	**인간과 시민의 권리 선언** (1789년) 제1조 인간은 자유롭게, 그리고 평등한 권리를 가지고 태어난다. 제2조 모든 정치적 결사의 목적은 인간의 자연적이고 침해할 수 없는 권리를 보존하는 데 있다. 제3조 모든 주권 원칙은 국민에게 있다.

─────── <보 기> ───────
ㄱ. (가)는 사회권이 명시된 최초의 문서이다.
ㄴ. (나)는 천부 인권과 국민 주권의 원리를 반영하고 있다.
ㄷ. (가)와 (나)는 모두 계몽사상의 영향을 받았다.
ㄹ. (가)는 (나)와 달리 사회 계약설을 근거로 하고 있다.

① ㄱ, ㄴ　② ㄱ, ㄷ　③ ㄴ, ㄷ　④ ㄴ, ㄹ　⑤ ㄷ, ㄹ

8. 자료는 어느 지역 여행기의 일부이다. 이 기후 지역 주민들의 전통적인 생활 모습에 대한 설명으로 옳은 것은?

모래 언덕을 뜨겁게 달군 강렬한 햇볕과 숨을 들이쉴 때마다 들어오는 모래 알갱이……. 밤하늘을 수놓은 별은 총총 빛났고, 서늘한 밤공기가 텐트 안으로 들어왔다. 그렇게 사막의 밤은 저물었다.

#사막투어 #낙타 #지구별여행

① 오아시스 주변에서 대추야자를 재배한다.
② 계절풍 기후를 이용하여 쌀과 차를 재배한다.
③ 땔감을 구하기 어려워 날고기를 주로 섭취한다.
④ 풍부한 침엽수를 이용해 통나무집을 짓고 산다.
⑤ 이동식 화전 농업을 통해 카사바 등을 재배한다.

9. (가), (나)에서 공통적으로 강조하는 행복한 삶을 위한 자세로 가장 적절한 것은?

> (가) 고대 그리스 철학자 소크라테스는 "반성하지 않는 삶은 살 가치가 없다."라고 하였다. 그는 자신의 삶을 끊임없이 돌아보고 무지(無知)를 깨달아 도덕적인 삶을 사는 것이 행복이라고 주장하였다.
>
> (나) 고등학생 ○○은 사회적으로 인정받는 직업과 자신이 원하는 직업 사이에서 고민하였다. 이후 자신이 소중히 여기는 가치를 인식하고, 자신에게 진정으로 행복감을 주는 직업을 선택하기로 하였다.

① 세속적 성공을 도덕적인 가치보다 우선시해야 한다.
② 개인의 행복보다 타인의 요구를 먼저 고려해야 한다.
③ 육체적인 쾌락을 정신적인 만족감보다 중시해야 한다.
④ 삶에 필요한 도구적 가치를 우선적으로 추구해야 한다.
⑤ 삶을 스스로 점검하고 성찰하는 태도를 함양해야 한다.

10. 그래프는 우리나라의 산업별 종사자 비중과 도시 인구 비율 변화를 나타낸 것이다. 1960년과 비교한 2020년의 상대적 특성으로 옳은 것은?

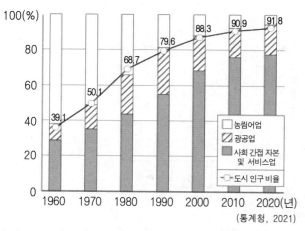

(통계청, 2021)

① 직업의 종류가 다양하다.
② 촌락 인구의 비율이 높다.
③ 토지 이용의 집약도가 낮다.
④ 1차 산업 종사자 비중이 높다.
⑤ 개인주의적 가치관이 약화된다.

11. (가)에 들어갈 내용으로 옳은 것은? [3점]

수업 주제 : 카르스트 지형의 형성과 주민 생활

· 사례 지역: 중국 구이린
　　　　　　　베트남 할롱 베이
· 형성 과정: [(가)] 형성된다.
· 주민 생활: 지형을 활용한 관광업
　　　　　　　종사자 비율이 높다.

① 빙하에 의해 기반암이 깎이는 과정에서
② 용암이 급격하게 식어 수축되는 과정에서
③ 파랑에 의해 운반된 모래가 쌓이는 과정에서
④ 빗물과 지하수에 의해 석회암이 녹는 과정에서
⑤ 바람이 운반한 모래가 기반암을 깎는 과정에서

12. 자료를 통해 파악할 수 있는 환경 문제가 심화될 경우 예상되는 변화로 가장 적절한 것은? [3점]

<북극해 빙하 분포 면적의 변화>

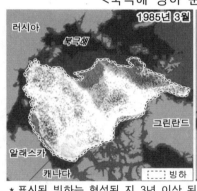

* 표시된 빙하는 형성된 지 3년 이상 된 것임.

① 북극해의 해수 염도가 높아질 것이다.
② 동아시아의 겨울철 지속 기간이 길어질 것이다.
③ 한반도의 침엽수림 분포 면적이 확대될 것이다.
④ 남태평양 해안 저지대의 침수 위험이 증가할 것이다.
⑤ 알프스산맥에 분포하는 만년설 범위가 확대될 것이다.

13. 자료는 (가), (나)의 이동 경로를 나타낸 것이다. 이에 대한 옳은 설명만을 <보기>에서 고른 것은? (단, (가), (나)는 각각 태풍, 황사 중 하나임.)

(가)의 이동 경로　　　　　(나)의 이동 경로

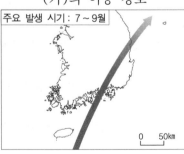
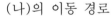

―――――< 보 기 >―――――
ㄱ. (가)는 지형적 요인에 의해 발생한다.
ㄴ. (가)는 주로 강풍과 폭우를 동반한다.
ㄷ. (나)는 열대 해상에서 발생하여 고위도로 이동한다.
ㄹ. (나)로 인해 호흡기 질환과 같은 신체적 피해가 발생한다.

① ㄱ, ㄴ　② ㄱ, ㄷ　③ ㄴ, ㄷ　④ ㄴ, ㄹ　⑤ ㄷ, ㄹ

14. 지도는 어느 지역의 토지 이용 변화를 나타낸 것이다. (가) 시기와 비교한 (나) 시기의 상대적 특성을 그림의 A~E에서 고른 것은? [3점]

(가)　　　　　　　　　(나)

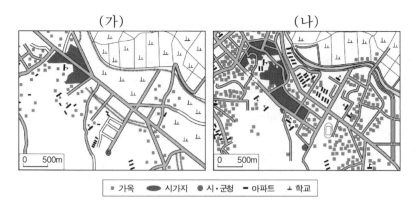

■ 가옥　● 시가지　● 시·군청　― 아파트　± 학교

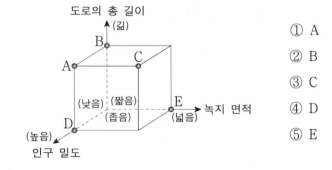

① A
② B
③ C
④ D
⑤ E

15. 표는 현대 사회의 인권 (가), (나)와 관련된 사례를 나타낸 것이다. 이에 대한 옳은 설명만을 <보기>에서 고른 것은? (단, (가), (나)는 각각 주거권, 환경권 중 하나임.) [3점]

인권	사 례
(가)	프랑스 파리의 일부 청년들은 9㎡ 크기의 '하녀방(Chambre de bonne)'에 살고 있다. 이는 소설 소공녀의 세라가 하녀로 전락했을 때 머문 다락방과 비슷하다고 붙여진 별명이다. 이 방은 엘리베이터나 화장실도 없고 주택이나 아파트 건물의 꼭대기 층에 있다. 여름에 옥탑방 온도는 40℃까지 올라간다. 파리도 런던과 마찬가지로 소득 대비 임대료가 비싼 도시 중 하나이다. – ○○ 신문, ○월 ○일 –
(나)	◇◇ 지역 산업단지에서 화석연료 대량 사용으로 대기 오염이 심각하게 발생하였고, 이와 관련된 사망자가 약 500명에 이른다고 △△ 환경단체연합이 밝혔다. 이 단체는 호흡기 질환 등으로 인한 사회적 손실을 금액으로 환산하면 2022년 기준 약 3조 원에 이를 것으로 추산했다. 또한 화석연료에 계속 의존할 경우, 대기오염 물질로 인한 누적 사망자가 2050년에는 2만여 명까지 증가할 것이라고 주장하였다. – □□ 신문, □월 □일 –

―――――< 보 기 >―――――
ㄱ. (가)는 (나)와 달리 천부 인권적 성격을 가진다.
ㄴ. (가)와 (나)는 모두 현대 사회에서 확장된 인권이다.
ㄷ. (가)의 사례에서 쾌적한 주거환경이 보장되고 있음을 알 수 있다.
ㄹ. (나)의 사례를 통해 과거에 비해 환경권이 더 강조될 것으로 예상할 수 있다.

① ㄱ, ㄴ　② ㄱ, ㄷ　③ ㄴ, ㄷ　④ ㄴ, ㄹ　⑤ ㄷ, ㄹ

16. 자료와 관련된 문제를 해결하기 위한 각 주체의 노력으로 옳은 것만을 <보기>에서 고른 것은?

<환경 위기 시계>

2000년 8:56 → 2005년 9:05 → 2010년 9:19 → 2015년 9:27 → 위험 2020년 9:47

* 환경 위기 시계 : 지구환경 파괴에 대한 위기감을 표현한 것으로 12시에 가까울수록 지구 환경이 극도로 위험해짐을 나타냄.

─────── <보 기> ───────

ㄱ. 정부는 환경 관련 국제 협약을 탈퇴한다.
ㄴ. 시민 단체는 친환경 제품을 인증하는 법률을 제정한다.
ㄷ. 소비자는 친환경 제품을 사용하여 에너지를 절약한다.
ㄹ. 기업은 노후 생산 시설을 정비하는 친환경 경영을 실천한다.

① ㄱ, ㄴ　② ㄱ, ㄷ　③ ㄴ, ㄷ　④ ㄴ, ㄹ　⑤ ㄷ, ㄹ

17. 다음 글의 관점에 부합하는 진술에만 모두 '√'를 표시한 학생은? [3점]

　자연을 인간의 이익을 위한 대상으로만 평가해서는 안 되며, 생태계 내의 모든 존재는 그 자체로 존중받아야 한다. 인간과 자연은 공존하는 관계에 있으므로 생태계를 도덕적으로 대우해야 한다.

진술＼학생	갑	을	병	정	무
생태계 전체는 하나의 유기체이다.	√	√		√	
인간과 자연은 동등하지 않으며 위계 관계에 있다.	√			√	√
인간은 자연과 조화를 이루며 더불어 살아가는 존재이다.			√	√	√
자연은 있는 그대로가 아닌 인간을 위한 도구적 가치만을 지닌다.			√	√	√

① 갑　② 을　③ 병　④ 정　⑤ 무

18. (가)에 들어갈 학생의 답변으로 가장 적절한 것은?

교사 : 서울 – 춘천 고속 국도, 경춘선 복선 전철, 도시 간 특급 열차(ITX)의 개통으로 서울 – 춘천 간 교통 수단이 확충되었습니다. 두 지역에 나타날 수 있는 변화에 대해 의견을 나눠볼까요?

학생 : ＿＿＿＿＿＿ (가) ＿＿＿＿＿＿

① 서울의 대학 병원 기능이 약화됩니다.
② 물류의 평균 이동 시간이 증가합니다.
③ 여가를 즐길 공간의 범위가 축소됩니다.
④ 서울에서 춘천을 찾는 관광객이 감소합니다.
⑤ 서울 – 춘천 간 통근·통학 비율이 증가합니다.

19. 다음은 학생의 탐구 활동 계획서이다. (가), (나)에 대한 답변으로 옳은 것은? [3점]

탐구 목표	지리적 관점으로 미술 작품을 분석할 수 있다.		
작품명	커피(Coffee)	작가	칸디도 포르티나리
탐구 작품			
탐구 활동	·작품 속 사람들은 무엇을 하고 있는가? ········ 커피콩 수확 ·작품 속 작물은 주로 어떤 기후에서 재배되는가? ······· (가) ·작품 속 농업 방식은 무엇인가? ·························· (나)		

	(가)	(나)
①	열대 기후	이동식 화전 농업
②	열대 기후	플랜테이션 농업
③	건조 기후	오아시스 농업
④	건조 기후	플랜테이션 농업
⑤	온대 기후	오아시스 농업

20. 다음 자료에 대한 분석으로 옳은 것은? [3점]

　표는 ○○시 「학생 인권 실태 조사」에서 '학생이 동의하지 않은 개인정보가 공개되고 있는가?'라는 항목에 대한 조사 결과이다. 단, 조사 대상인 중학생의 수와 고등학생의 수는 두 시기 각각 동일하며, 무응답이나 복수 응답은 없다.

(단위: %)

연도＼응답 구분	2015년				2019년			
	전혀 그렇지 않다	그렇지 않다	그렇다	매우 그렇다	전혀 그렇지 않다	그렇지 않다	그렇다	매우 그렇다
중학생	43.6	34.8	15.7	5.9	40.0	48.7	6.7	4.6
고등학생	32.7	42.8	18.5	6.0	38.2	51.9	7.8	2.1

① 2019년이 2015년보다 '전혀 그렇지 않다'에 응답한 중학생의 수가 많다.
② 2019년이 2015년보다 '그렇지 않다'에 응답한 중학생의 비율이 낮다.
③ 2015년과 비교하여 2019년의 '그렇다' 응답 비율 감소 폭은 고등학생보다 중학생이 크다.
④ 2015년이 2019년보다 '매우 그렇다'에 응답한 고등학생의 수가 적다.
⑤ 2015년 대비 2019년의 '매우 그렇다' 응답 비율은 중학생이 고등학생보다 높다.

* 확인 사항

○ 답안지의 해당란에 필요한 내용을 정확히 기입(표기)했는지 확인하시오.

2022학년도 6월 고1 전국연합학력평가 문제지 1

제 4 교시

탐구 영역[통합사회]

14회

● 문항수 20개 | 배점 50점
● 제한 시간 30분

성명 □□□

수험 번호 □□□□□ — □□□□

● 점수 표시가 없는 문항은 모두 2점

1. 밑줄 친 ㉠을 바탕으로 <사례>와 관련한 내용을 탐구하고자 한다. 탐구 활동으로 가장 적절한 것은?

> 세상을 바라보는 관점에는 시간적, 공간적, 사회적, 윤리적 관점이 있다. 이들 네 가지 중 ㉠○○적 관점에서는 사회에서 발생하는 다양한 현상을 도덕적 가치 판단과 규범적 방향성에 초점을 두고 바라본다.
>
> <사례>
> 서아프리카의 카카오 농장주들은 초콜릿의 원료가 되는 카카오를 조금이라도 저렴하게 생산하고자 싼값에 아동을 고용하고 있다. 이 과정에서 아동을 학대하는 일이 벌어지기도 한다.

① 아동 노동의 역사와 시대적 배경 파악하기
② 아동 노동이 발생한 지역의 자연환경 조사하기
③ 아동 인권 보호를 위한 올바른 가치관 탐색하기
④ 아동을 학대한 농장주의 법적 처벌 절차 확인하기
⑤ 아동 인권 침해가 빈번한 지역의 사회구조 분석하기

2. 그림은 A, B 사회의 일반적인 특징을 비교한 것이다. 이에 대한 설명으로 옳은 것은? (단, A, B는 각각 산업 사회, 정보 사회 중 하나임.) [3점]

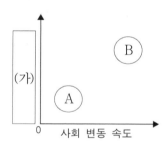

* 0에서 멀어질수록 그 정도가 높음.

① A는 지식과 정보가 가장 중요한 생산 요소이다.
② B는 산업 구조에서 1차 산업이 차지하는 비중이 가장 높다.
③ A는 B에 비해 인간관계를 맺는 방식이 다양하다.
④ B는 A에 비해 정치 참여의 기회가 축소되었다.
⑤ (가)에는 '쌍방향 매체의 활용 정도'가 들어갈 수 있다.

3. (가), (나)에서 공통적으로 강조하는 삶의 태도로 가장 적절한 것은?

> (가) 만족할 줄 모르는 것보다 더 큰 재앙은 없고, 얻기만 바라는 욕심보다 더 큰 허물은 없다. 그래서 만족할 줄 아는 데에서 얻는 만족이야말로 영원한 만족이다.
> (나) 우리는 자연적이고 필수적인 욕구를 최소한으로 추구하는 소박한 삶을 살아야 한다. 결핍으로 인한 고통이 제거된다면, 단순한 음식에서도 큰 만족감을 얻을 수 있다.

① 노동을 통한 물질적 풍요를 추구해야 한다.
② 사회에서 성공하여 높은 지위를 획득해야 한다.
③ 지나친 욕구를 절제하여 검소하게 생활해야 한다.
④ 모든 욕구를 제거하고 자연의 이치를 탐구해야 한다.
⑤ 권력 획득을 위해 정치 활동에 적극적으로 참여해야 한다.

4. '공공 기관 이전에 따른 ○○군의 변화'를 주제로 지역 조사를 하고자 한다. (가), (나) 단계에 해당하는 활동으로 옳은 것만을 <보기>에서 있는 대로 고른 것은?

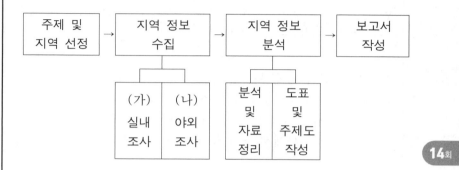

> <보 기>
> ㄱ. (가) : ○○군으로 이전한 공공 기관 주변의 상인을 찾아가 설문 조사를 한다.
> ㄴ. (가) : ○○군청 누리집에서 공공 기관 이전 전후의 ○○군 산업별 취업자 통계 자료를 수집한다.
> ㄷ. (나) : ○○군 항공 사진에서 식별하기 어려웠던 건물을 현장에 가서 직접 촬영한다.
> ㄹ. (나) : ○○군으로 이전한 공공 기관 앞 도로에 가서 지나가는 차량의 수를 세어 기록한다.

① ㄱ, ㄴ
② ㄱ, ㄹ
③ ㄷ, ㄹ
④ ㄱ, ㄴ, ㄷ
⑤ ㄴ, ㄷ, ㄹ

5. 다음 글의 입장에 부합하는 진술에만 모두 '√'를 표시한 학생은? [3점]

> 인간과 자연은 상호 의존적인 존재이다. 인간은 생명 공동체의 평범한 구성원으로서 공동체 자체를 존중해야 한다. 이는 인간의 바람직한 대지 이용을 오직 경제적 문제로만 생각하지 말아야 함을 의미하며, 도덕적 고려의 범위를 동물, 식물, 토양, 물까지 확대 적용하는 것이다. 어떤 것이 생명 공동체의 온전성, 안정성, 아름다움의 보전에 이바지한다면 그것은 옳고, 그렇지 않다면 그르다.

진술 \ 학생	갑	을	병	정	무
인간은 생명 공동체의 안정과 균형에 기여해야 한다.	√	√		√	
인간은 자연으로부터 분리된 존재이며, 자연보다 우월한 존재이다.			√	√	√
자연은 그 자체로 가치를 지니며, 인간은 생명 공동체의 한 구성원이다.	√		√		√
인간 이외의 모든 존재는 인간의 행복과 복지를 위한 도구에 불과하다.		√		√	√

① 갑
② 을
③ 병
④ 정
⑤ 무

6. 다음 자료는 현지에서 촬영한 영화의 장면들이다. (가) 지역에 대한 설명으로 옳은 것만을 <보기>에서 고른 것은? [3점]

<(가) 지역에서 촬영한 영화 장면>

#20	#21	#22
일상에서 벗어나 사막으로 여행을 떠난 주인공	모래 언덕에 앉아 피라미드를 보던 중	운명의 여인을 만나게 되는데…

─── <보 기> ───
ㄱ. 침엽수림이 넓게 분포한다.
ㄴ. 주민들은 전통적으로 순록을 유목한다.
ㄷ. 흙으로 벽을 두껍게 만든 전통 가옥이 나타난다.
ㄹ. 오아시스 주변에서 농사를 짓는 주민을 볼 수 있다.

① ㄱ, ㄴ   ② ㄱ, ㄷ   ③ ㄴ, ㄷ   ④ ㄴ, ㄹ   ⑤ ㄷ, ㄹ

7. 다음 가상 편지를 쓴 사람이 강조하는 내용으로 가장 적절한 것은?

○○에게
　행복한 삶을 위해서는 의식주가 어느 정도 충족되어야 한다는 자네의 의견에 공감하네. 경제적 풍요로움은 삶을 윤택하게 하는 데 도움이 되기 때문일세. 그러나 물질적인 요소에 얽매여 바람직한 삶에 대한 숙고와 인간으로서 마땅히 행해야 할 바를 결코 잊어서는 안 되네. 공자는 예(禮)가 아니면 보지도 말며, 듣지도 말며, 말하지도 말며, 움직이지도 말라고 하셨네. 자네가 공자의 가르침을 되새기며 진정으로 행복한 삶이 어떠한 삶인지 고민해 보기 바라네. … (후략).

① 명예와 부의 축적은 행복한 삶의 궁극적 목표이다.
② 윤리적 성찰과 실천은 행복한 삶의 핵심을 이룬다.
③ 정치적으로 안정되지 않으면 행복한 삶이 불가능하다.
④ 질 높은 정주 환경은 행복한 삶의 유일한 선결 조건이다.
⑤ 경제적 안정이 보장되면 행복한 삶은 필연적으로 실현된다.

8. 그래프는 온라인쇼핑의 판매 매체별 거래액 변화를 나타낸 것이다. 이에 대한 분석 및 추론으로 옳은 것만을 <보기>에서 고른 것은? (단, 온라인쇼핑은 모바일쇼핑과 인터넷쇼핑으로만 구분함.) [3점]

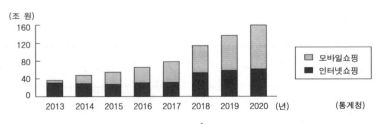

(조 원)
■ 모바일쇼핑
■ 인터넷쇼핑
2013 2014 2015 2016 2017 2018 2019 2020 (년)
(통계청)

─── <보 기> ───
ㄱ. 택배 산업의 성장이 동반되었을 것이다.
ㄴ. 상품을 구매할 때 시공간의 제약이 커졌을 것이다.
ㄷ. 2017년에는 모바일쇼핑 거래액이 인터넷쇼핑 거래액보다 많다.
ㄹ. 온라인쇼핑 거래액에서 인터넷쇼핑 거래액이 차지하는 비중은 2020년이 2015년보다 높다.

① ㄱ, ㄴ   ② ㄱ, ㄷ   ③ ㄴ, ㄷ   ④ ㄴ, ㄹ   ⑤ ㄷ, ㄹ

9. 다음 자료는 여행 중인 두 학생이 주고받은 휴대전화 문자 내용이다. 밑줄 친 ㉠~㉢에 대한 설명으로 옳지 않은 것은? [3점]

안녕? ○○야! 나는 오늘 ㉠노르웨이에 도착했어. 여기서 제일 신기했던 것은 ㉡지붕에 풀이 자라는 전통 가옥이었어. 이 모습을 통해 노르웨이의 기후를 예상해 볼 수 있었지. 점심을 먹은 후에는 유람선을 타고 ㉢피오르 관광을 다녀왔는데, 경치가 멋있었어.

그래! □□야! 나도 오늘 카르스트 지형으로 유명한 베트남 할롱 베이로 이동했어. ㉣할롱 베이 바다에 솟아 있는 크고 작은 기암괴석을 봤는데 감탄사가 절로 나왔어. 오후에는 ㉤베트남 전통 의상인 아오자이를 입어 보았는데, 얇고 바람이 잘 통했어.

① ㉠은 베트남보다 고위도에 위치한다.
② ㉡은 추운 겨울에 보온성을 높이는 데 도움이 된다.
③ ㉢은 빙하의 침식으로 형성된 골짜기에 바닷물이 들어와 만들어졌다.
④ ㉣은 지하 깊은 곳의 마그마가 지표로 분출하여 형성되었다.
⑤ ㉤은 고온 다습한 기후에 적합한 옷이다.

10. 다음 자료에서 게임 규칙에 따라 말을 이동시켰을 때, 말의 최종 위치로 옳은 것은? (단, 말의 최종 위치는 A~E 중 한 칸임.)

<인권의 특징 알아보기>

※ 게임 규칙
ㅇ 인권의 특징에 관한 진술 (가) ~ (마)를 순서대로 읽고, 옳고 그름을 판단한다.
ㅇ 각 진술이 옳으면 말을 오른쪽으로 한 칸만 이동시키고, 틀리면 말을 이동시키지 않는다.

(가) 인간이라면 누구나 누릴 수 있다.
(나) 일정 기간에 한시적으로 보장된다.
(다) 태어나면서부터 자연스럽게 가진다.
(라) 필요한 경우 타인에게 양도할 수 있다.
(마) 국가나 다른 사람이 침해해서는 안 된다.

출발점 ▶ A ▶ B ▶ C ▶ D ▶ E

① A   ② B   ③ C   ④ D   ⑤ E

11. 다음 자료에 대한 옳은 설명만을 <보기>에서 고른 것은? [3점]

(가) <바이마르 헌법>	(나) <인종 차별 철폐 협약>
제109조 모든 국민은 법률 앞에 평등하다. 남녀는 원칙적으로 국민으로서의 동일한 권리를 가지며 의무를 진다. 제111조 모든 국민은 전 국가 내에서 이전의 자유를 가진다. 제159조 노동 조건 및 거래 조건의 유지 및 개선을 위한 결사의 목적은 누구에 대하여도 또한 어떠한 직업에 대하여도 보장한다.	제1조 1. ㉠<u>인종 차별</u>은 인종, 피부색 등에 근거를 둔 어떠한 구별, 배척, 제한 또는 우선권을 말하며, … 제2조 2. 협약 체결국은 … 사회적, 경제적, 문화적 등에 있어서 특정 인종 집단 또는 개인의 적절한 발전과 보호를 보증하는 특수하고 구체적인 조치를 취하여 이들에게 완전하고 평등한 인권과 기본적 자유의 향유를 보장토록 한다.

──── <보 기> ────

ㄱ. ㉠은 후천적 차이에 의한 불평등이다.
ㄴ. (가)는 사회권이 문서에 명시된 최초의 헌법이다.
ㄷ. (가)와 달리 (나)에는 합리적인 이유 없이 차별받지 않을 권리가 반영되어 있다.
ㄹ. (가), (나) 모두 국가 권력의 간섭에서 벗어나 자유롭게 생활할 수 있는 권리가 반영되어 있다.

① ㄱ, ㄴ ② ㄱ, ㄷ ③ ㄴ, ㄷ ④ ㄴ, ㄹ ⑤ ㄷ, ㄹ

12. 다음은 어떤 자연재해를 대비한 개인 안전 점검표의 일부이다. 이 자연재해에 대한 설명으로 가장 적절한 것은?

점검 항목	예	아니요
○ ○○ 피해를 예방하기 위해 크고 무거운 물건을 선반에 올려 두지 않고, 선반은 벽에 단단히 고정시켜 두십니까?	☐	☐
○ ○○이 발생하면 문틀이 틀어져 문이 안 열리게 되는 경우가 있으므로, 문을 열어서 출구를 확보해 두어야 한다는 사실에 대해서 알고 있습니까?	☐	☐
○ 번화가(빌딩가)에서는 떨어지는 물체(유리 파편, 간판 등)가 가장 위험하므로 우선 갖고 있는 소지품으로 머리를 보호하면서 건물과 떨어진 넓은 장소로 대피하거나, 대형 건물 안으로 대피하는 방법에 대해서 알고 있습니까?	☐	☐

(국민재난안전포털)

① 열대 해상에서 발생하며 강풍과 폭우를 동반한다.
② 신속한 제설 작업으로 교통 혼란을 줄일 수 있다.
③ 무더위로 인한 일사병과 열사병을 유발할 수 있다.
④ 오랫동안 비가 오지 않아 각종 용수가 부족해진다.
⑤ 내진 설계 기준을 강화함으로써 피해를 줄일 수 있다.

13. (가), (나) 사례에 해당하는 정보 사회의 문제점으로 가장 적절한 것은?

(가) 인터넷, 스마트 기기를 이용한 비대면 금융 거래가 보편화되면서 오프라인 점포 수를 줄이는 금융 기관이 많아지고 있다. 이에 따라 인터넷과 모바일을 활용한 금융 거래에 익숙하지 않은 노년층이 불편함을 겪고 있다. (나) 인터넷상에서 '신상털기'가 무분별하게 이뤄지면서 사건 당사자의 안전을 위협하거나 심리적 고통을 야기하기도 한다.

	(가)	(나)
①	정보 격차	인터넷 중독
②	정보 격차	사생활 침해
③	저작권 침해	인터넷 중독
④	저작권 침해	사생활 침해
⑤	인터넷 중독	저작권 침해

14회

14. 다음은 학생 필기 내용의 일부이다. ㉠~㉤ 중 옳지 <u>않은</u> 것은?

> <환경 문제의 발생 원인과 각 주체의 해결 노력>
> 1. 발생 원인 : 산업화와 인구 증가로 인한 자원 소비량 증가 ⋯ ㉠
> 2. 각 주체의 해결 노력
>   ○ 정부 : 환경 문제 해결을 위한 정책 시행 ⋯⋯⋯⋯ ㉡
>   ○ 시민 단체 : 정부의 환경 정책에 대한 감시와 비판 ⋯⋯ ㉢
>   ○ 기업 : 환경 보호을 위한 법률 제정 ⋯⋯⋯⋯⋯⋯⋯ ㉣
>   ○ 개인 : 일상생활에서 녹색 소비 실천 ⋯⋯⋯⋯⋯⋯⋯ ㉤

① ㉠ ② ㉡ ③ ㉢ ④ ㉣ ⑤ ㉤

15. 그림은 지도에 표시된 A~C 지역을 질문에 따라 구분한 것이다. (가), (나)에 들어갈 질문으로 옳은 것을 <보기>에서 고른 것은? [3점]

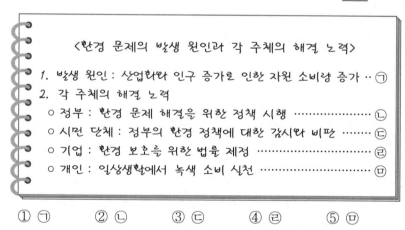

──── <보 기> ────

ㄱ. 백야 현상이 나타나는가?
ㄴ. 계절풍의 영향으로 벼농사가 발달하였는가?
ㄷ. 연중 온화하고, 일교차가 큰 고산 기후가 나타나는가?

	(가)	(나)			(가)	(나)
①	ㄱ	ㄴ		②	ㄱ	ㄷ
③	ㄴ	ㄱ		④	ㄴ	ㄷ
⑤	ㄷ	ㄴ				

16. 그래프는 우리나라 ○○시의 용도별 토지 면적 변화를 나타낸 것이다. 1995년과 비교한 2019년의 상대적 특징을 그림의 A~E 에서 고른 것은? (단, ○○시의 연도별 총면적은 유의미한 차이가 없음.) [3점]

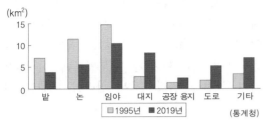

* 밭은 과수원의 면적을 포함함.
** 대지는 주거용 및 상업용 건물을 짓는 데 활용되는 땅임.

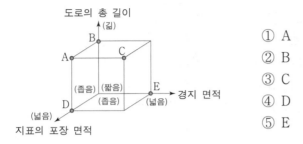

① A
② B
③ C
④ D
⑤ E

17. 다음 글의 입장에서 지지할 내용으로 적절한 것만을 <보기>에서 고른 것은?

> 기근의 원인을 홍수와 가뭄에서 찾는 사람들이 있지만, 실제로 많은 국가에서는 그와 같은 자연재해를 겪고도 기근이 일어나지 않았다. 왜냐하면, 민주적 선거가 이뤄지고 정부에 대한 비판과 언론의 자유가 보장된 국가는 굶주림의 고통을 방지하고자 신속하고 체계적으로 대응했기 때문이다.

<보 기>

ㄱ. 기근을 피할 수 있는 국가는 없다.
ㄴ. 민주주의 국가는 굶주림의 고통에 적극적으로 대처한다.
ㄷ. 사회 안전망이 갖추어지면 홍수와 가뭄이 발생하지 않는다.
ㄹ. 시민의 활발한 정치 참여는 정부의 기근 방지 노력에 기여한다.

① ㄱ, ㄴ ② ㄱ, ㄷ ③ ㄴ, ㄷ ④ ㄴ, ㄹ ⑤ ㄷ, ㄹ

18. 밑줄 친 ㉠에 대한 옳은 설명만을 <보기>에서 고른 것은?

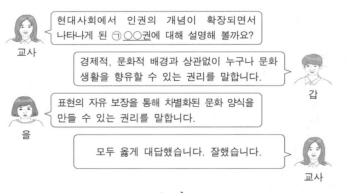

교사: 현대사회에서 인권의 개념이 확장되면서 나타나게 된 ㉠○○권에 대해 설명해 볼까요?

갑: 경제적, 문화적 배경과 상관없이 누구나 문화 생활을 향유할 수 있는 권리를 말합니다.

을: 표현의 자유 보장을 통해 차별화된 문화 양식을 만들 수 있는 권리를 말합니다.

교사: 모두 옳게 대답했습니다. 잘했습니다.

<보 기>

ㄱ. 사회의 다양성 확대에 기여하는 권리이다.
ㄴ. 문화적 정체성 확립에 도움을 주는 권리이다.
ㄷ. 쾌적한 주거 환경 조성을 강조하는 권리이다.
ㄹ. 전염병으로부터 자신의 안전을 보장해 주는 권리이다.

① ㄱ, ㄴ ② ㄱ, ㄷ ③ ㄴ, ㄷ ④ ㄴ, ㄹ ⑤ ㄷ, ㄹ

19. 다음 자료는 세미나 개최 안내 포스터이다. (가)에 대한 설명으로 옳은 것은? [3점]

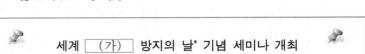

> 세계 __(가)__ 방지의 날* 기념 세미나 개최
>
> 1. 일시 : 2022.6.17.(금) 13:30 ~ 16:00
> 2. 장소 : ○○대학교 □□회의실
> 3. 발표 내용
> ○ 원인 분석 : 장기간의 가뭄, 과도한 방목 및 개간을 중심으로
> ○ 발생 지역 소개 : 사헬 지대, 아랄해, 몽골
> ○ 성과 공유 : 아시아 지역의 토지 황폐화 방지 사업
>   몽골 △△ 희망의 숲 조성 사업
>
> * 매년 6월 17일은 국제 연합(UN)에서 __(가)__ 방지 협약 채택일을 기념하기 위해 정한 날입니다.

① 농경지 확대, 상업적 벌목 등으로 인해 열대림이 파괴되는 현상이다.
② 황산화물과 질소산화물 등의 대기 오염 물질이 비와 섞여 내리는 현상이다.
③ 연기(smoke)와 안개(fog)의 합성어로 대기 오염에 의하여 나타나는 연무 현상이다.
④ 염화 플루오린화 탄소(CFCs)의 사용량 증가로 성층권의 오존층이 파괴되는 현상이다.
⑤ 자연적 또는 인위적 요인에 의해 기존에 사막이 아니던 곳이 점차 사막으로 변해가는 현상이다.

20. 갑, 을의 입장에 대한 설명으로 옳은 것만을 <보기>에서 있는 대로 고른 것은? [3점]

> 갑 : 정보 사회에서는 개인이 자신의 정보가 포털 사이트 등을 통해 타인에게 알려지길 원하지 않을 경우, 자신의 정보를 통제할 수 있는 '잊힐 권리'가 보장되어야 한다.
> 을 : 정보 사회에서는 누구나 자유롭게 정보에 접근할 수 있어야 하고, 공동체에 유익하거나 사람들이 알아야 할 정보라면 삭제를 금지할 수 있는 '알 권리'가 보장되어야 한다.

<보 기>

ㄱ. 갑은 개인에게 자신의 정보에 대한 삭제권이 주어져야 한다고 본다.
ㄴ. 갑은 개인 정보 유출로부터 인권을 보호할 수 있는 장치가 마련되어야 한다고 본다.
ㄷ. 을은 공동체의 이익을 위한 정보는 열람 가능해야 한다고 본다.
ㄹ. 을은 자신의 정보 공개 여부에 대한 모든 권한은 자신에게 있어야 한다고 본다.

① ㄱ, ㄴ   ② ㄱ, ㄹ   ③ ㄷ, ㄹ
④ ㄱ, ㄴ, ㄷ   ⑤ ㄴ, ㄷ, ㄹ

> * 확인 사항
> ○ 답안지의 해당란에 필요한 내용을 정확히 기입(표기)했는지 확인 하시오.

● 문항수 20개 | 배점 50점
● 제한 시간 30분

성명

수험 번호

● 점수 표시가 없는 문항은 모두 2점

1. 다음 사례와 관련하여 A~D의 관점에서 탐구할 수 있는 적절한 활동만을 <보기>에서 고른 것은?

> 최근 ○○ 지역에서 공공시설인 화장장 건립을 둘러싸고 갈등이 심해지고 있다. 장례 문화의 변화로 인해 화장장 건립의 필요성이 증가했지만, 건립 예정지 주민들은 유해 물질로 인한 피해를 입는다며 반발하고 있다.

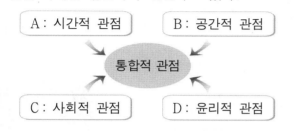

A : 시간적 관점   B : 공간적 관점

통합적 관점

C : 사회적 관점   D : 윤리적 관점

<보 기>

ㄱ. A: 화장장 건립의 입지 조건 조사하기
ㄴ. B: 연도별 화장 비율의 변화 조사하기
ㄷ. C: 화장장 건립 예정지 주민을 위한 보상 제도 알아보기
ㄹ. D: 갈등 해결을 위한 바람직한 시민 태도 알아보기

① ㄱ, ㄴ   ② ㄱ, ㄷ   ③ ㄴ, ㄷ   ④ ㄴ, ㄹ   ⑤ ㄷ, ㄹ

2. 밑줄 친 '이 지역'의 특성으로 옳은 것은? [3점]

#페루 #쿠스코 #하늘도시 #세계문화유산

쿠스코

<판초를 입은 원주민과 알파카>

이 지역은 연중 봄과 같이 온화하지만 아침, 저녁으로 쌀쌀하여 일교차가 큰 편입니다. 그래서 원주민들은 보온을 위해 알파카나 라마의 털로 만든 판초를 즐겨 입습니다.

① 고위도에 위치한다.
② 열대림이 넓게 분포한다.
③ 해발 고도가 높은 곳이다.
④ 바다와 가까워서 어업에 유리하다.
⑤ 계절풍의 영향으로 벼농사가 발달한다.

3. 그림은 어느 사상가와 나눈 가상 대화이다. (가)에 들어갈 내용으로 가장 적절한 것은? [3점]

1 스승님, 행복이란 무엇인가요?

2 행복은 쾌락이며, 몸의 고통이 없고 마음의 혼란에서 벗어난 평온한 상태입니다.

3 그렇다면 행복을 실현하기 위해서는 어떻게 해야 하나요?

4 자연적이고 필수적인 욕구를 최소한으로 충족하면서 (가)

① 모든 욕구를 부정하는 삶을 살아야 합니다.
② 부와 명예만을 획득하도록 노력해야 합니다.
③ 과도한 욕심을 버리는 절제된 태도를 지녀야 합니다.
④ 정신적인 쾌락이 아닌 육체적인 쾌락만을 추구해야 합니다.
⑤ 몸의 고통이 계속되어도 경쟁에 집착하는 태도를 지녀야 합니다.

4. 인간과 자연의 관계에 대한 강연자의 입장으로 가장 적절한 것은?

> 토양에서 식물이 자라고 동물은 그 식물을 먹고 그들의 배설물은 토양의 영양분이 되는 것처럼, 여러 고리로 연결된 자연은 하나의 유기적인 전체입니다. 인간도 자연의 평범한 구성원 중 하나로서 자연 속 다른 존재들과 유기적 관계를 맺으며 살아갑니다.

① 인간은 자연보다 우월한 존재이다.
② 인간과 자연은 서로 관계없는 별개의 존재이다.
③ 자연은 인간의 풍요로운 삶을 위한 도구에 불과하다.
④ 자연의 가치는 인간의 경제적 이익에 따라 평가된다.
⑤ 인간을 포함한 자연 전체의 조화와 균형을 고려해야 한다.

5. (가)에 들어갈 내용으로 가장 적절한 것은?

> 중세에는 종교적 절대자나 군주의 뜻을 따르는 데 개인의 행복이 있다고 여겼다. 근대에 들어 산업화가 시작되면서는 물질적 기반을 확보하고 개인의 권리를 보장 받는 것이 행복의 중요한 기준이라고 보았다. 오늘날에는 물질적 풍요 외에도 자신이 부여한 삶의 가치와 심리적 만족감 등이 중시되고 있다. 결론적으로 행복의 기준은 (가)

① 시대적 상황에 따라 다르게 나타난다.
② 지역을 초월하여 보편타당하게 정해진다.
③ 타인과의 비교를 통해 절대적으로 결정된다.
④ 의식주 등 기본적 욕구와 상관없이 정해진다.
⑤ 소수 지배자의 통치 목적을 실현하기 위해 정해진다.

6. 다음은 학생 필기 내용의 일부이다. (가)~(마)에 들어갈 내용으로 적절하지 <u>않은</u> 것은?

★ 도시 문제와 해결 방안
1. 발생 원인 : ＿＿＿＿＿＿(가)＿＿＿＿＿＿
2. 문제점과 해결 방안

문제점	해결 방안	
	개인적 차원	사회적 차원
수질 오염	샴푸, 세제 등의 사용 자제	(나)
교통 체증	(다)	(라)
사회적 유대감 약화	이웃을 배려하는 태도 함양	(마)

① (가) - 인구와 기능의 과도한 도시 집중
② (나) - 생활 오·폐수 배출 및 처리 기준 완화
③ (다) - 버스, 지하철 등 대중교통 수단의 이용
④ (라) - 승용차 요일제 실시 및 혼잡통행료 부과
⑤ (마) - 마을 공동체 회복을 위한 지원 정책 시행

7. 밑줄 친 ㉠~㉣에 대한 옳은 설명만을 <보기>에서 있는 대로 고른 것은? [3점]

　　과거에는 신분제에 따른 차별에서 벗어나거나 정치적 권리를 보장받는 것 등과 관련된 ㉠<u>인권</u>이 강조되었다. 현대 사회에서는 사회·경제적 환경이 변화하면서 ㉡<u>주거권</u>, ㉢<u>문화권</u>, 안전권, 환경권 등 다양한 분야에서의 인권이 중시되고 있다. 또한 국가와 개인의 관계를 넘어서 국제적 연대와 협력을 중시하는 ㉣<u>연대권</u>도 강조되고 있다.

─────── <보 기> ───────
ㄱ. 자유권, 평등권은 ㉠에 해당한다.
ㄴ. 층간 소음 피해 구제 방안은 ㉡의 보장과 관련 있다.
ㄷ. ㉢은 재난, 사고의 위험으로부터 안전을 보장 받을 권리이다.
ㄹ. 인종, 국적 등과 관계없이 인도주의적 구제를 받을 권리는 ㉣에 해당한다.

① ㄱ, ㄴ 　　② ㄱ, ㄷ 　　③ ㄷ, ㄹ
④ ㄱ, ㄴ, ㄹ 　　⑤ ㄴ, ㄷ, ㄹ

8. 교사의 질문에 적절한 답변을 한 학생만을 고른 것은? [3점]

① 갑, 을 　② 갑, 병 　③ 을, 병 　④ 을, 정 　⑤ 병, 정

9. 다음은 여행 안내서의 일부이다. (가)에 들어갈 옳은 내용만을 <보기>에서 고른 것은? [3점]

뉴질랜드 북섬, 타우포 여행 안내
지구가 살아 있다는 증거! 마그마가 지각의 갈라진 틈을 뚫고 분출하여 형성된 지형과 관련된 다양한 경관들을 만나 보세요.

[추천 장소 1]

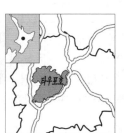

분화구가 함몰된 후 물이 고여 형성된 타우포 호수

[추천 장소 2]
(가)

─────── <보 기> ───────

ㄱ.

석회암이 물에 녹아 만들어진 기암괴석

ㄴ.

최대 20m 높이로 솟아오르는 간헐천

ㄷ.

땅속의 열에너지로 전력을 생산하는 발전소

ㄹ.

빙하의 침식과 해수면 상승으로 형성된 피오르

① ㄱ, ㄴ 　② ㄱ, ㄷ 　③ ㄴ, ㄷ 　④ ㄴ, ㄹ 　⑤ ㄷ, ㄹ

10. 다음은 어느 자연재해에 대한 긴급 재난 문자의 일부이다. 이 자연재해에 대한 설명으로 옳은 것은?

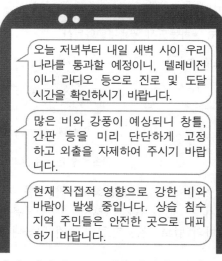

① 대기 중 미세 먼지 농도를 상승시킨다.
② 열대 저기압이 이동할 때 주로 발생한다.
③ 우리나라에서는 한랭건조한 겨울에 나타난다.
④ 두 지각판이 분리되는 경계에서 발생 빈도가 높다.
⑤ 해저 지진으로 발생한 거대한 파도가 육지로 밀려오는 현상이다.

11. (가)~(다)에 해당하는 지역을 지도의 A~E에서 고른 것은? [3점]

(가) 　　　　　(나) 　　　　　(다)

| 강수량보다 증발량이 많아 건조한 지역으로 강한 햇볕을 막기 위해 예로부터 온몸을 감싸는 헐렁한 옷인 '깐두라'를 입었다. | 연중 고온다습한 지역으로 음식이 쉽게 상하기 때문에 향신료와 고기 등으로 속을 채워 넣고 튀긴 만두인 '빠스테우'를 즐겨 먹는다. | 여름과 겨울의 기온 차이가 매우 큰 지역으로 '타이가'라는 침엽수림이 넓게 분포하여 통나무로 만든 '이즈바'라는 전통 가옥이 발달했다. |

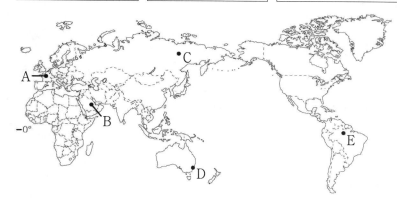

	(가)	(나)	(다)		(가)	(나)	(다)
①	A	B	C	②	A	D	E
③	B	A	D	④	B	E	C
⑤	C	E	D				

12. 환경 문제 해결을 위한 (가), (나)의 활동만을 <보기>에서 고른 것은? (단, (가), (나)는 각각 정부, 시민 단체 중 하나임.) [3점]

과도한 일회용 플라스틱 포장재를 제조업체나 유통업체에 반납하는 '플라스틱 어택(Plastic Attack)' 운동이 우리 사회에 변화를 불러오고 있다. 환경 문제에 관심을 가진 사람들이 자발적으로 조직한 　(가)　 은/는 길거리에 버려진 일회용 컵을 주워 해당 매장에 반납하고 일회용품 사용 규제를 촉구하는 서명 운동을 진행하였다. 이에 　(나)　 은/는 일회용 컵 보증금제를 2022년 6월부터 부활시키는 등 자원 재사용과 재활용 촉진을 위한 제도를 마련하겠다고 밝혔다.

─<보 기>─
ㄱ. (가)는 환경과 관련된 법을 만들고 집행한다.
ㄴ. (나)는 이윤 추구를 위해 친환경 상품을 생산·유통한다.
ㄷ. (가)는 여론을 형성하여 (나)의 환경 정책 결정 과정에 영향을 미친다.
ㄹ. (가), (나)는 환경 보호 실천 방안 등에 관한 홍보 및 교육 활동을 한다.

① ㄱ, ㄴ 　② ㄱ, ㄷ 　③ ㄴ, ㄷ 　④ ㄴ, ㄹ 　⑤ ㄷ, ㄹ

13. 다음 신문 기사를 바탕으로 예상할 수 있는 지역 변화로 적절하지 않은 것은? [3점]

> **○○ 신문**
>
> **중부 내륙, 본격적 고속 열차 시대 열려**
>
> 2021년 1월, 서울 청량리역과 안동역 사이에 고속 열차 노선이 개통되었다. 최대 시속 260km의 고속 열차가 원주, 영주 등 8개 역을 거치면서 중부 내륙 지역에도 고속 철도 시대가 열리게 되었다. 청량리에서 안동까지 무궁화호 열차로 3시간 54분 걸리던 이동 시간이 2시간 3분으로 크게 단축되었다.

① 지역 간 접근성이 향상될 것이다.
② 주민들의 일상생활 범위가 확대될 것이다.
③ 철도의 여객 수송 분담률이 증가할 것이다.
④ 경제 활동의 시·공간적 제약이 커질 것이다.
⑤ 신규 정차역 주변에 새로운 상권이 형성될 것이다.

14. 다음 자료의 (가)에 들어갈 내용으로 가장 적절한 것은?

'세상의 끝'이라는 의미의 야말반도는 짧은 여름철에만 푸른 땅이 드러나며 1년 중 약 9개월은 얼어 있는 수많은 호수가 있다. 이 지역의 주민들은 호수의 얼음을 깨서 식수로 사용하기도 하고, 　(가)　 하며 생활하였다. 그러나 최근에는 천연가스 개발로 인해 철도와 도로가 생기면서 다양한 변화를 겪고 있다.

① 오아시스 주변에서 대추야자를 수확
② 고기와 가죽을 얻기 위해 순록을 유목
③ 이동식 경작을 통해 카사바, 얌 등을 재배
④ 낙타를 타고 무리 지어 이동하면서 물자를 운반
⑤ 지면에서 올라오는 열기를 피하기 위해 고상 가옥에서 거주

15. (가), (나)에 대한 옳은 설명만을 <보기>에서 고른 것은?

(가) 프랑스 인권 선언(1789) 　　(나) 세계 인권 선언(1948)

| 제1조 인간은 태어나면서부터 자유로우며 평등한 권리를 가진다.
제17조 소유권은 신성불가침의 권리이므로 법에서 규정한 공공의 필요에 의해 명백히 요구되는 때 이외에는 누구도 박탈할 수 없다. | 제1조 모든 사람은 태어날 때부터 자유롭고 존엄하며 평등하다.
제22조 모든 사람에게는 사회의 일원으로서 사회 보장을 요구할 권리가 있으며 …
제26조 ① 모든 사람에게는 교육을 요구할 권리가 있다. |

─<보 기>─
ㄱ. (가)는 사유 재산 제도를 부정하고 있다.
ㄴ. (나)의 인권 범위에는 사회권이 포함되어 있다.
ㄷ. (나)로 인해 국가의 필요에 따라 임의로 인권을 제한할 수 있게 되었다.
ㄹ. (가), (나) 모두에서 천부 인권이 나타나 있다.

① ㄱ, ㄴ 　② ㄱ, ㄷ 　③ ㄴ, ㄷ 　④ ㄴ, ㄹ 　⑤ ㄷ, ㄹ

16. 다음 사례를 통해 공통적으로 추론할 수 있는 정보 사회의 문제점으로 가장 적절한 것은?

> ○ 코로나19로 인한 '사회적 거리 두기'로 등교 수업이 제한 되면서 비대면 원격 수업이 늘어나고 있다. 정보화 기기와 인터넷이 마련되어 있는 학생들에 비해 그렇지 못한 소외 계층 가정의 학생들은 수업에 참여하기 어려워졌다.
>
> ○ 무인 주문 기계를 활용하는 식당이나 매장이 늘어나고 있다. 기기 조작에 능숙한 젊은 세대에 비해 노인 세대 등 기기 조작을 어려워하는 사람들은 주문에 불편함을 겪고 있다.

① 정보 접근 및 이용에서 격차가 발생하고 있다.
② 타인의 지적 재산권 침해 현상이 심화되고 있다.
③ 허위 정보의 유포로 인한 사회적 혼란이 증대되고 있다.
④ 개인 정보 유출로 인한 사생활 침해 문제가 확산되고 있다.
⑤ 정보화 기기에 대한 과도한 의존으로 인해 인터넷 중독 문제가 심각해지고 있다.

17. 그래프는 우리나라의 도시화율과 산업별 취업자 현황을 나타낸 것이다. 1970년과 비교한 2015년의 상대적 특성으로 옳지 <u>않은</u> 것은? [3점]

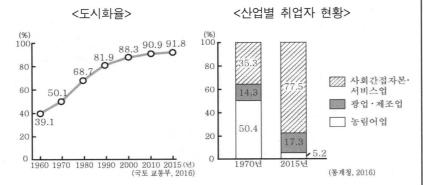

① 도시 인구 비율이 높다.
② 직업의 분화 정도가 높다.
③ 이촌 향도 현상이 활발하다.
④ 도시의 시가지 면적이 넓다.
⑤ 3차 산업 종사자 비율이 높다.

18. 그림이 공통적으로 다루고 있는 환경 문제에 대한 설명으로 옳지 <u>않은</u> 것은?

① 대기 오염 물질이 빗물과 결합하여 내리는 현상이다.
② 해수면이 상승하여 저지대의 침수 위험성이 높아진다.
③ 이산화 탄소 등 온실가스 배출량 증가가 주요 원인이다.
④ 전 지구적으로 이상 기후 현상의 발생 빈도를 증가시킨다.
⑤ 문제 해결을 위한 국제 협력으로 파리 기후 협약이 체결되었다.

19. 그림은 지역 조사 과정을 나타낸 것이다. A ~ C 단계에서 실시하는 활동을 <지역 조사 계획서>의 ㄱ~ㄷ에서 고른 것은?

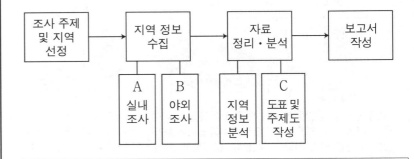

> <지역 조사 계획서>
>
> ○ 조사 주제 : ○○시 마을 기업 운영 이후 지역 변화
> ○ 주요 활동 계획
> 　ㄱ. 마을 기업 설립이 지역에 미친 영향을 주민과의 면담을 통해 조사한다.
> 　ㄴ. 연도별 마을 기업 설립 현황 등과 관련된 문헌 및 통계 자료를 수집한다.
> 　ㄷ. 수집한 시기별 지역 총생산 자료를 막대 그래프로 표현한다.

	A	B	C			A	B	C
①	ㄱ	ㄴ	ㄷ		②	ㄱ	ㄷ	ㄴ
③	ㄴ	ㄱ	ㄷ		④	ㄴ	ㄷ	ㄱ
⑤	ㄷ	ㄱ	ㄴ					

20. 다음 자료에 대한 옳은 분석만을 <보기>에서 고른 것은? [3점]

> 연구자 갑은 A와 B 지역의 주민 각각 1,000명씩, 총 2,000명을 대상으로 '인권 의식 실태 조사'를 실시하였다. 표는 '국내 체류 외국인에게 기본적인 사회 보장을 해주어야 한다.' 항목에 대한 조사 결과를 나타낸 것이다. 단, 무응답이나 복수 응답은 없었다.
>
> (단위 : %)

지역 성별 응답	A 지역			B 지역		
	그렇다	보통이다	그렇지 않다	그렇다	보통이다	그렇지 않다
남성	49	29	22	65	20	15
여성	48	30	22	67	19	14

> ──── <보 기> ────
>
> ㄱ. A 지역 응답자의 절반 이상이 '그렇다'에 응답하였다.
> ㄴ. '그렇지 않다'에 응답한 사람은 A 지역이 B 지역보다 많다.
> ㄷ. A 지역이 B 지역보다 국내 체류 외국인에 대한 사회 보장 정책 수립에 긍정적이다.
> ㄹ. 응답 항목별 비율에서 지역별 차이는 성별 차이보다 크다.

① ㄱ, ㄴ　② ㄱ, ㄷ　③ ㄴ, ㄷ　④ ㄴ, ㄹ　⑤ ㄷ, ㄹ

> * 확인 사항
>
> ○ 답안지의 해당란에 필요한 내용을 정확히 기입(표기)했는지 확인 하시오.

2023학년도 6월 고1 전국연합학력평가 문제지

탐구 영역[통합과학]

1

제 4 교시

16회

● 문항수 20개 | 배점 50점
● 제한 시간 30분

성명 ☐ 수험 번호 ☐☐☐☐☐☐ ─ ☐☐☐☐

● 점수 표시가 없는 문항은 모두 2점

1. 그림은 2중 나선 구조인 DNA의 일부를 나타낸 것이다.

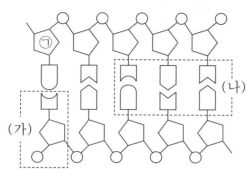

이에 대한 설명으로 옳은 것만을 <보기>에서 있는 대로 고른 것은?

─── <보 기> ───
ㄱ. ㉠은 인산이다.
ㄴ. (가)는 뉴클레오타이드이다.
ㄷ. (나)에서 아데닌(A)의 수와 타이민(T)의 수는 같다.

① ㄱ   ② ㄴ   ③ ㄱ, ㄷ   ④ ㄴ, ㄷ   ⑤ ㄱ, ㄴ, ㄷ

2. 다음은 태양계와 지구가 형성되는 과정의 일부를 나타낸 것이다.

(가)	태양계 성운과 원시 태양 형성	우리 은하의 나선팔에 위치한 거대한 성운에서 ㉠가스와 먼지가 모여 태양계 성운이 형성되었고, 태양계 성운의 중심부에 원시 태양이 탄생하였다.
(나)	원시 지구 형성	미행성체들이 충돌하고 결합하여 원시 지구가 형성되었다.
(다)	마그마 바다 형성	미행성체의 충돌열 때문에 지구의 온도가 상승하여 마그마 바다가 형성되었고, 지구 내부는 핵과 맨틀로 분리되었다.
(라)	원시 지각과 원시 바다 형성	지표가 식어 원시 지각이 만들어졌고, 빗물이 낮은 곳으로 모여 원시 바다가 만들어졌다.
(마)	최초의 생물체 출현	바다에서 최초의 ㉡생명체가 출현하였다.

이에 대한 설명으로 옳은 것만을 <보기>에서 있는 대로 고른 것은? [3점]

─── <보 기> ───
ㄱ. ㉠을 이루는 원소 중 일부는 결합하여 ㉡의 구성 성분이 된다.
ㄴ. (나)에서 원시 태양계의 미행성체 수는 줄어든다.
ㄷ. (다)에서 지구 중심의 밀도는 작아진다.

① ㄱ   ② ㄷ   ③ ㄱ, ㄴ   ④ ㄴ, ㄷ   ⑤ ㄱ, ㄴ, ㄷ

3. 그림은 프레드 호일이 주장한 우주의 모형을 모식적으로 나타낸 것이다.

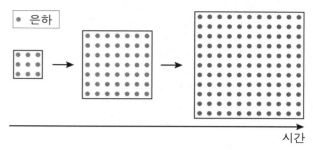

이 모형에서 시간의 흐름에 따라 일정하게 유지되는 값만을 <보기>에서 있는 대로 고른 것은?

─── <보 기> ───
ㄱ. 우주의 질량   ㄴ. 우주의 밀도   ㄷ. 우주의 크기

① ㄱ   ② ㄴ   ③ ㄱ, ㄷ   ④ ㄴ, ㄷ   ⑤ ㄱ, ㄴ, ㄷ

4. 그림은 깨지기 쉬운 제품의 충격을 완화하기 위해 공기가 충전된 포장재로 제품을 포장한 모습이다.

이와 같은 원리가 적용된 것만을 <보기>에서 있는 대로 고른 것은? [3점]

─── <보 기> ───

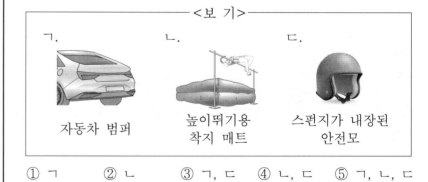

ㄱ. 자동차 범퍼   ㄴ. 높이뛰기용 착지 매트   ㄷ. 스펀지가 내장된 안전모

① ㄱ   ② ㄴ   ③ ㄱ, ㄷ   ④ ㄴ, ㄷ   ⑤ ㄱ, ㄴ, ㄷ

5. 그림은 탄소 원자 사이의 다양한 화학 결합 방식을 모형으로 나타낸 것이다.

● 탄소 원자

탄소 원자에 대한 설명으로 옳은 것만을 <보기>에서 있는 대로 고른 것은?

─── <보 기> ───
ㄱ. 원자가 전자 수는 4이다.
ㄴ. 다른 탄소 원자와 2중 결합을 할 수 있다.
ㄷ. 여러 탄소 원자와 결합하여 고리 모양을 만들 수 있다.

① ㄱ   ② ㄷ   ③ ㄱ, ㄴ   ④ ㄴ, ㄷ   ⑤ ㄱ, ㄴ, ㄷ

6. 다음은 공기를 이루는 물질에 관한 원격 수업의 일부이다.

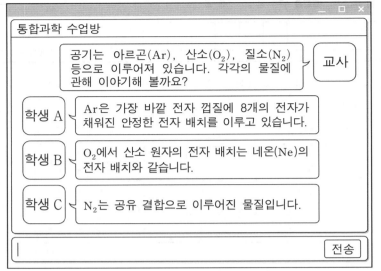

교사의 질문에 답변한 내용이 옳은 학생만을 있는 대로 고른 것은?

① A   ② C   ③ A, B   ④ B, C   ⑤ A, B, C

7. 그림은 질량이 각각 5kg, 1kg인 물체 A와 B를 수평면으로부터 같은 높이에서 동시에 가만히 놓은 것을 나타낸 것이다.

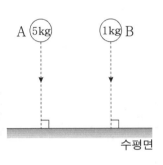

A와 B가 수평면에 도달할 때까지 A가 B보다 큰 물리량만을 <보기>에서 있는 대로 고른 것은? (단, 물체의 크기와 공기 저항은 무시한다.)

─── <보 기> ───

ㄱ. 중력의 크기

ㄴ. 수평면에 도달하는 데 걸리는 시간

ㄷ. 단위 시간 동안 속도 변화량의 크기

① ㄱ   ② ㄴ   ③ ㄱ, ㄷ   ④ ㄴ, ㄷ   ⑤ ㄱ, ㄴ, ㄷ

8. 다음은 일상생활에서 사용하는 제품과 이와 관련된 물질에 대한 자료이다.

수산화 나트륨($NaOH$)은 비누를 만드는 재료이다.

손 소독제의 주성분은 에탄올(C_2H_5OH)이다.

습기 제거제의 주성분은 염화 칼슘($CaCl_2$)이다.

이에 대한 설명으로 옳은 것만을 <보기>에서 있는 대로 고른 것은?

─── <보 기> ───

ㄱ. $NaOH$에는 금속 이온이 포함되어 있다.

ㄴ. C_2H_5OH과 $CaCl_2$은 같은 종류의 화학 결합으로 이루어져 있다.

ㄷ. $CaCl_2$ 수용액은 전기 전도성이 없다.

① ㄱ   ② ㄴ   ③ ㄷ   ④ ㄴ, ㄷ   ⑤ ㄱ, ㄴ, ㄷ

9. 그림 (가)는 우주의 탄생과 진화의 과정을, (나)의 ㉠과 ㉡은 각각 A와 B 시기에 해당하는 우주의 일부를 순서 없이 나타낸 것이다.

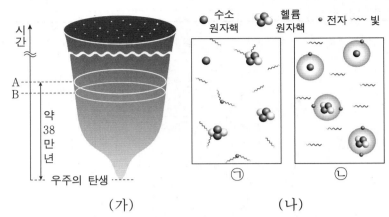

이에 대한 설명으로 옳은 것만을 <보기>에서 있는 대로 고른 것은? [3점]

─── <보 기> ───

ㄱ. ㉠은 A 시기에 해당한다.

ㄴ. A 시기 이후에 우주 배경 복사의 파장은 점차 길어졌다.

ㄷ. B 시기에 빛과 물질이 분리되어 우주는 투명해졌다.

① ㄱ   ② ㄴ   ③ ㄱ, ㄷ   ④ ㄴ, ㄷ   ⑤ ㄱ, ㄴ, ㄷ

10. 그림은 질량이 동일한 물체 A와 B를 수평면으로부터 같은 높이에서 수평 방향으로 각각 속력 v_A, v_B로 동시에 던졌더니, A와 B가 포물선 경로를 따라 운동한 모습을 나타낸 것이다. 물체는 수평 방향으로 각각 d, $3d$만큼 이동하였다.

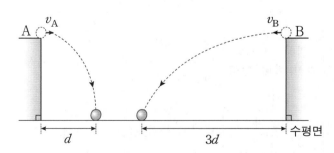

이에 대한 설명으로 옳은 것만을 <보기>에서 있는 대로 고른 것은? (단, 물체의 크기와 공기 저항은 무시한다.) [3점]

─── <보 기> ───

ㄱ. 낙하하는 동안 A와 B에 작용하는 힘의 방향은 서로 같다.

ㄴ. 수평면에 도달하는 순간 연직 방향의 속력은 A가 B보다 작다.

ㄷ. v_B는 v_A의 3배이다.

① ㄱ   ② ㄴ   ③ ㄷ   ④ ㄱ, ㄷ   ⑤ ㄴ, ㄷ

11. 그림은 원자 A ~ C의 전자 배치를 모형으로 나타낸 것이다.

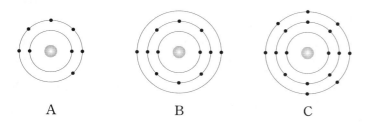

A   B   C

이에 대한 설명으로 옳은 것만을 <보기>에서 있는 대로 고른 것은? (단, A ~ C는 임의의 원소 기호이다.) [3점]

——— <보 기> ———
ㄱ. BA는 이온 결합 물질이다.
ㄴ. 공유하는 전자쌍의 수는 C_2가 A_2의 2배이다.
ㄷ. B와 C가 화학 결합할 때 전자는 C에서 B로 이동한다.

① ㄱ   ② ㄷ   ③ ㄱ, ㄴ   ④ ㄱ, ㄷ   ⑤ ㄴ, ㄷ

12. 표는 18족 원소를 제외한 원자 A ~ C에 대한 자료이다.

원자	A	B	C
원자가 전자 수		1	
전자가 들어 있는 전자 껍질 수	1	3	
전자 수	㉠		7

이에 대한 설명으로 옳은 것만을 <보기>에서 있는 대로 고른 것은? (단, A ~ C는 임의의 원소 기호이다.) [3점]

——— <보 기> ———
ㄱ. ㉠은 1이다.
ㄴ. A와 B는 같은 족 원소이다.
ㄷ. B와 C는 전자가 들어 있는 전자 껍질 수가 같다.

① ㄱ   ② ㄷ   ③ ㄱ, ㄴ   ④ ㄴ, ㄷ   ⑤ ㄱ, ㄴ, ㄷ

13. 그림 (가)와 (나)는 사람과 지각을 구성하는 원소의 질량비를 순서 없이 나타낸 것이다. ㉠ ~ ㉢은 각각 규소, 산소, 수소 중 하나이다.

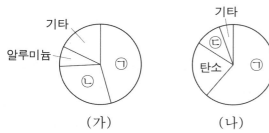

(가)   (나)

이에 대한 설명으로 옳은 것만을 <보기>에서 있는 대로 고른 것은?

——— <보 기> ———
ㄱ. 사람을 구성하는 원소의 질량비를 나타낸 것은 (나)이다.
ㄴ. 규산염 사면체의 구성 원소는 ㉠과 ㉡이다.
ㄷ. ㉢은 산소이다.

① ㄱ   ② ㄷ   ③ ㄱ, ㄴ   ④ ㄴ, ㄷ   ⑤ ㄱ, ㄴ, ㄷ

14. 그림은 고온 고밀도의 광원에서 나온 빛을 분광기로 관찰하는 과정을 모식적으로 나타낸 것이다. 스펙트럼 ㉠은 방출 스펙트럼과 흡수 스펙트럼 중 하나이다.

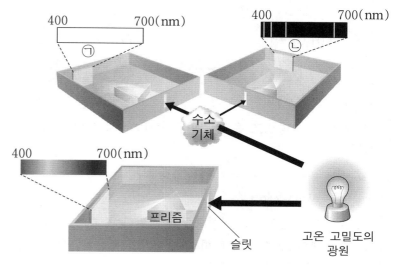

이에 대한 설명으로 옳은 것만을 <보기>에서 있는 대로 고른 것은? (단, 수소 기체 이외에 다른 기체는 없으며, 빛은 슬릿을 통해서만 분광기 내부로 들어간다.) [3점]

——— <보 기> ———
ㄱ. ㉠은 수소 기체 방전관에서 나온 빛의 스펙트럼과 같다.
ㄴ. ㉠과 ㉡에 나타나는 선의 위치는 같다.
ㄷ. 태양에서 나온 빛이 태양의 대기를 통과하여 나타나는 스펙트럼의 종류는 ㉡과 같다.

① ㄱ   ② ㄴ   ③ ㄱ, ㄷ   ④ ㄴ, ㄷ   ⑤ ㄱ, ㄴ, ㄷ

15. 그림은 우리 주변에서 볼 수 있는 신소재를 분류한 것이다. A ~ C는 각각 그래핀, 초전도체, 탄소 나노 튜브 중 하나이다.

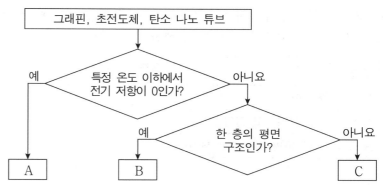

이에 대한 설명으로 옳은 것만을 <보기>에서 있는 대로 고른 것은?

——— <보 기> ———
ㄱ. A는 자기 공명 영상 장치(MRI)에 이용된다.
ㄴ. B는 휘어지는 디스플레이 소재로 이용된다.
ㄷ. C는 탄소 나노 튜브이다.

① ㄱ   ② ㄷ   ③ ㄱ, ㄴ   ④ ㄴ, ㄷ   ⑤ ㄱ, ㄴ, ㄷ

16회

16. 그림은 단위체의 결합으로 단백질이 형성되는 과정을 나타낸 것이다.

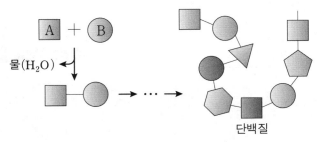

이에 대한 설명으로 옳은 것만을 <보기>에서 있는 대로 고른 것은?

───<보 기>───
ㄱ. A는 아미노산이다.
ㄴ. A와 B는 펩타이드 결합으로 연결된다.
ㄷ. 단위체의 배열 순서에 따라 단백질의 종류가 달라진다.

① ㄱ   ② ㄷ   ③ ㄱ, ㄴ   ④ ㄴ, ㄷ   ⑤ ㄱ, ㄴ, ㄷ

17. 그림은 어느 주계열성의 탄생과 진화 과정을 나타낸 것이다.

이에 대한 설명으로 옳은 것만을 <보기>에서 있는 대로 고른 것은?

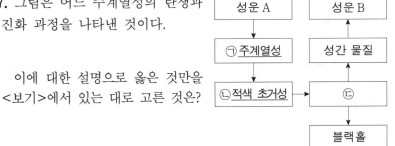

───<보 기>───
ㄱ. ⊙과 태양은 질량이 같다.
ㄴ. ⓛ에서 철보다 무거운 원소가 생성된다.
ㄷ. 초신성 폭발은 ⓒ에 해당한다.

① ㄱ   ② ㄷ   ③ ㄱ, ㄴ   ④ ㄴ, ㄷ   ⑤ ㄱ, ㄴ, ㄷ

18. 표는 생명체를 구성하는 물질 A ~ C의 특징을 나타낸 것이다. A ~ C는 각각 단백질, 탄수화물, 핵산 중 하나이다.

특징 \ 물질	A	B	C
탄소 화합물이다.	○	⊙	○
유전 정보를 저장하고 전달한다.	○	×	×
포도당, 녹말 등의 형태로 존재한다.	×	×	○

(○ : 있음, × : 없음)

이에 대한 설명으로 옳은 것만을 <보기>에서 있는 대로 고른 것은? [3점]

───<보 기>───
ㄱ. ⊙은 '×' 이다.
ㄴ. A는 핵산이다.
ㄷ. 효소와 호르몬의 주성분은 C이다.

① ㄱ   ② ㄴ   ③ ㄱ, ㄷ   ④ ㄴ, ㄷ   ⑤ ㄱ, ㄴ, ㄷ

19. 다음은 나트륨(Na)의 성질을 알아보기 위한 실험이다.

┌─────────────────────────────────┐
│ [실험 과정 및 결과]
│ (가) 물기가 없는 유리판에 Na을 올려놓고 칼로 자른 후 단면을 살펴보았더니, 은백색 광택이 곧 사라졌다.
│ (나) 물이 들어 있는 비커에 쌀알 크기의 Na을 넣었더니, 격렬하게 반응하였다.
│ (다) (나)의 비커에 들어 있는 ⊙수용액에 페놀프탈레인 용액 2 ~ 3 방울을 떨어뜨렸더니, 붉은색으로 변하였다.
└─────────────────────────────────┘

이에 대한 설명으로 옳은 것만을 <보기>에서 있는 대로 고른 것은? [3점]

───<보 기>───
ㄱ. Na은 공기 중의 산소와 반응한다.
ㄴ. Na은 물에 닿지 않도록 보관해야 한다.
ㄷ. ⊙은 산성이다.

① ㄱ   ② ㄷ   ③ ㄱ, ㄴ   ④ ㄴ, ㄷ   ⑤ ㄱ, ㄴ, ㄷ

20. 그림 (가)는 질량이 5 kg인 정지해 있는 물체에 수평면과 나란한 방향으로 힘 F가 작용하는 것을, (나)는 힘 F의 크기를 시간에 따라 나타낸 것이다.

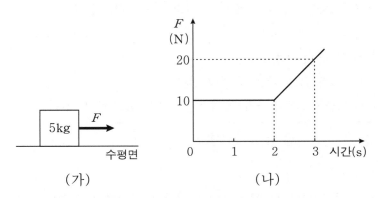

(가)   (나)

이에 대한 설명으로 옳은 것만을 <보기>에서 있는 대로 고른 것은? (단, 모든 마찰과 공기 저항은 무시한다.) [3점]

───<보 기>───
ㄱ. 물체가 받은 충격량의 크기는 0 ~ 2초까지와 2 ~ 3초까지가 같다.
ㄴ. 물체의 운동량의 크기는 2초일 때가 1초일 때의 2배이다.
ㄷ. 3초일 때 물체의 속력은 7m/s이다.

① ㄱ   ② ㄴ   ③ ㄱ, ㄷ   ④ ㄴ, ㄷ   ⑤ ㄱ, ㄴ, ㄷ

* 확인 사항
○ 답안지의 해당란에 필요한 내용을 정확히 기입(표기)했는지 확인 하시오.

탐구 영역[통합과학]

제 4 교시   **17회**

● 문항수 **20개** | 배점 **50점**
● 제한 시간 **30분**

성명 ☐   수험 번호 ☐☐☐☐☐☐ — ☐☐☐☐

● 점수 표시가 없는 문항은 모두 2점

1. 다음은 신소재 A에 대한 과학 탐구 보고서의 일부이다.

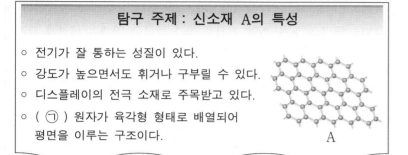

탐구 주제 : 신소재 A의 특성

○ 전기가 잘 통하는 성질이 있다.
○ 강도가 높으면서도 휘거나 구부릴 수 있다.
○ 디스플레이의 전극 소재로 주목받고 있다.
○ (㉠) 원자가 육각형 형태로 배열되어 평면을 이루는 구조이다.

A와 ㉠으로 가장 적절한 것은?

	A	㉠			A	㉠
①	그래핀	산소		②	그래핀	탄소
③	초전도체	규소		④	초전도체	산소
⑤	초전도체	탄소				

2. 다음은 물체 A~C의 운동에 대한 설명이다.

사과 A가 사과나무에서 아래로 떨어진다. / 공 B가 곡선 경로를 따라 운동한다. / 인공위성 C가 지구 주위를 돈다.

A~C 중에서 중력의 영향을 받아 운동하는 것만을 있는 대로 고른 것은?

① A   ② B   ③ A, C   ④ B, C   ⑤ A, B, C

3. 그림은 빅뱅 이후 초기 우주에서부터 태양계가 형성되기까지의 과정 중 일부를 나타낸 것이다.

㉠기본 입자의 생성 → 원자의 생성 → ㉡별(주계열성)의 탄생 → 태양계 성운의 형성 → A → 태양계의 형성

이에 대한 설명으로 옳은 것만을 <보기>에서 있는 대로 고른 것은? [3점]

― <보 기> ―
ㄱ. 쿼크는 ㉠에 속한다.
ㄴ. ㉡에서 수소 핵융합 반응이 일어난다.
ㄷ. A 과정에서 태양계 성운은 수축하면서 회전한다.

① ㄱ   ② ㄷ   ③ ㄱ, ㄴ   ④ ㄴ, ㄷ   ⑤ ㄱ, ㄴ, ㄷ

4. 그림은 태양의 스펙트럼과 원소 ㉠, ㉡의 방출 스펙트럼을 나타낸 것이다.

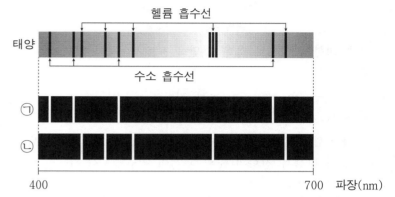

헬륨 흡수선 / 태양 / 수소 흡수선 / ㉠ / ㉡ / 400 ... 700 파장(nm)

이에 대한 설명으로 옳은 것만을 <보기>에서 있는 대로 고른 것은? [3점]

― <보 기> ―
ㄱ. ㉠은 헬륨이다.
ㄴ. 태양의 대기에는 ㉡이 있다.
ㄷ. 우주를 구성하고 있는 천체의 스펙트럼을 분석하면 우주를 구성하고 있는 원소의 종류를 알 수 있다.

① ㄱ   ② ㄴ   ③ ㄱ, ㄷ   ④ ㄴ, ㄷ   ⑤ ㄱ, ㄴ, ㄷ

5. 다음은 우주론에 대한 두 과학자의 서로 다른 주장이다.

우주는 팽창하면서 온도와 밀도가 계속 감소합니다.

우주는 팽창하면서 생기는 빈 공간에 물질이 계속 만들어집니다.

조지 가모프   프레드 호일

두 과학자가 주장하는 우주론을 모형으로 나타낼 때 가장 적절한 것을 <보기>에서 고른 것은?

― <보 기> ―

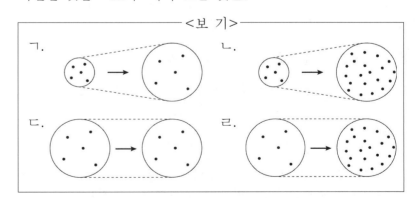

ㄱ. / ㄴ. / ㄷ. / ㄹ.

	조지 가모프	프레드 호일
①	ㄱ	ㄴ
②	ㄱ	ㄷ
③	ㄴ	ㄱ
④	ㄷ	ㄱ
⑤	ㄹ	

6. 그림은 별의 탄생과 진화의 순환 과정 일부를 단계별로 나타낸 것이다.

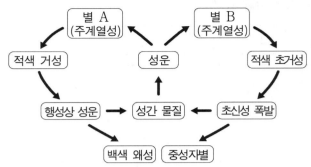

이에 대한 설명으로 옳은 것만을 <보기>에서 있는 대로 고른 것은? [3점]

─── <보 기> ───
ㄱ. 별의 질량은 B가 A보다 크다.
ㄴ. 초신성 폭발 과정에서 철보다 무거운 원소가 생성된다.
ㄷ. 별의 탄생과 진화의 순환 과정이 거듭될수록 우주 전체의 수소의 양은 증가한다.

① ㄱ   ② ㄷ   ③ ㄱ, ㄴ   ④ ㄴ, ㄷ   ⑤ ㄱ, ㄴ, ㄷ

7. 그림 (가)는 어느 별의 진화 과정에서 중심부의 핵융합 반응이 끝난 직후 별의 내부 구조를, (나)는 지구를 구성하는 원소의 질량비를 나타낸 것이다. ㉠~㉢은 각각 규소, 산소, 철 중 하나이다.

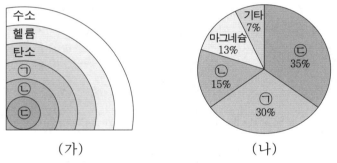

(가)   (나)

이에 대한 설명으로 옳은 것만을 <보기>에서 있는 대로 고른 것은?

─── <보 기> ───
ㄱ. ㉠은 규소이다.
ㄴ. 별의 진화 과정에서 ㉡은 ㉢보다 먼저 만들어졌다.
ㄷ. 별의 진화 과정에서 생성된 물질들의 일부는 지구를 형성하는 재료가 되었다.

① ㄱ   ② ㄴ   ③ ㄱ, ㄷ   ④ ㄴ, ㄷ   ⑤ ㄱ, ㄴ, ㄷ

8. 그림은 주기율표의 일부를 나타낸 것이다.

	1족	2족	13족	14족	15족	16족	17족
2주기	A			B			C
3주기		D				E	

이에 대한 설명으로 옳은 것만을 <보기>에서 있는 대로 고른 것은? (단, A~E는 임의의 원소 기호이다.) [3점]

─── <보 기> ───
ㄱ. 원자가 전자 수는 A와 C가 같다.
ㄴ. 전자가 들어 있는 전자 껍질 수는 B와 C가 같다.
ㄷ. D와 E가 화학 결합할 때 전자는 E에서 D로 이동한다.

① ㄱ   ② ㄴ   ③ ㄷ   ④ ㄱ, ㄴ   ⑤ ㄴ, ㄷ

9. 다음은 학생 A가 같은 족의 세 금속 리튬(Li), 나트륨(Na), 칼륨(K)의 성질을 알아보기 위해 수행한 실험이다.

[가설]
┌──────────────────────────┐
│   ㉠   │
└──────────────────────────┘

[실험 과정]
(가) Li, Na, K을 각각 칼로 자른 후 단면의 변화를 관찰한다.
(나) Li, Na, K을 쌀알 크기로 잘라 물이 든 3개의 비커에 각각 넣고 변화를 관찰한다.
(다) (나)의 비커에 페놀프탈레인 용액을 각각 2~3방울 떨어뜨리고 변화를 관찰한다.

[실험 결과]
○ (가)에서 모든 금속에서 단면의 광택이 사라졌다.
○ (나)에서 모든 금속은 물과 잘 반응했다.
○ (다)에서 모든 수용액은 붉은색으로 변했다.

[결론]
○ 가설은 옳다.

학생 A의 결론이 타당할 때, 이에 대한 설명으로 옳은 것만을 <보기>에서 있는 대로 고른 것은?

─── <보 기> ───
ㄱ. (가)에서 금속은 산소와 반응한다.
ㄴ. (다)에서 수용액은 산성이다.
ㄷ. '같은 족의 금속 원소들은 화학적 성질이 비슷하다.'는 ㉠으로 적절하다.

① ㄱ   ② ㄷ   ③ ㄱ, ㄴ   ④ ㄱ, ㄷ   ⑤ ㄴ, ㄷ

10. 그림 (가)와 (나)는 사람과 지각을 구성하는 원소의 질량비를 순서 없이 나타낸 것이다. ㉠~㉢은 각각 규소, 산소, 탄소 중 하나이다.

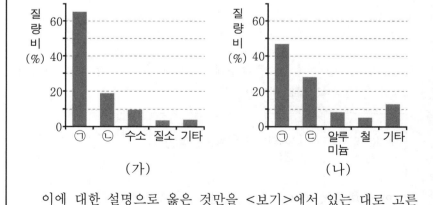

(가)   (나)

이에 대한 설명으로 옳은 것만을 <보기>에서 있는 대로 고른 것은? [3점]

─── <보 기> ───
ㄱ. (가)는 지각을 구성하는 원소의 질량비이다.
ㄴ. ㉡은 산소이다.
ㄷ. 규산염 광물은 ㉠과 ㉢을 포함한다.

① ㄱ   ② ㄴ   ③ ㄱ, ㄴ   ④ ㄴ, ㄷ   ⑤ ㄱ, ㄴ, ㄷ

11. 표는 물질 (가)~(다)에 대한 자료이다. (가)~(다)는 각각 염화 나트륨(NaCl), 염화 칼슘($CaCl_2$), 포도당($C_6H_{12}O_6$) 중 하나이다.

물질	(가)	(나)	(다)
고체 상태에서의 전기 전도성	없음	없음	없음
수용액 상태에서의 전기 전도성	없음	있음	㉠

이에 대한 설명으로 옳은 것만을 <보기>에서 있는 대로 고른 것은?

─── <보 기> ───
ㄱ. (가)는 포도당이다.
ㄴ. (나)는 이온 결합 물질이다.
ㄷ. ㉠은 '없음'이다.

① ㄱ   ② ㄴ   ③ ㄷ   ④ ㄱ, ㄴ   ⑤ ㄴ, ㄷ

12. 다음은 탄소 원자의 다양한 결합 방식에 대한 온라인 수업 내용 중 일부이다.

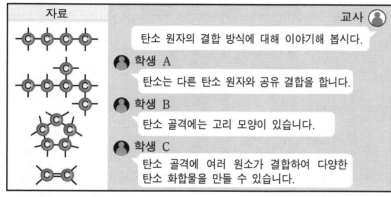

제시한 내용이 옳은 학생만을 있는 대로 고른 것은?

① A   ② B   ③ A, C   ④ B, C   ⑤ A, B, C

13. 다음은 다양한 단백질이 만들어지는 원리를 알아보는 탐구 활동이다.

[준비물]
○ ㉠단백질의 단위체를 알파벳으로 나타낸 카드 4종류 각 10장, 실

[A] [E] [M] [T] 🧶

[탐구 과정]
○ 카드를 실로 연결하여 영어 단어를 만든다.

[탐구 결과]
○ 다른 뜻을 가진 여러 개의 단어가 만들어졌다.

[M][E][A][T]   [E][A][T]   [A][T]
[T][E][A][M]   [T][E][A]   [M][E]
......

이에 대한 설명으로 옳은 것만을 <보기>에서 있는 대로 고른 것은?

─── <보 기> ───
ㄱ. ㉠은 아미노산이다.
ㄴ. 카드와 카드를 연결한 실은 펩타이드 결합을 의미한다.
ㄷ. 단위체의 종류와 수, 결합 순서에 따라 다양한 단백질이 만들어진다.

① ㄱ   ② ㄷ   ③ ㄱ, ㄴ   ④ ㄴ, ㄷ   ⑤ ㄱ, ㄴ, ㄷ

14. 그림은 생명체를 구성하는 물질 A~C의 공통점과 차이점을 나타낸 것이다. A~C는 각각 단백질, 탄수화물, 핵산 중 하나이다.

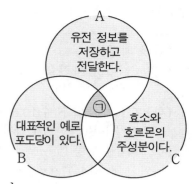

이에 대한 설명으로 옳은 것만을 <보기>에서 있는 대로 고른 것은?

─── <보 기> ───
ㄱ. A는 핵산이다.
ㄴ. B와 C는 에너지원으로 이용된다.
ㄷ. '탄소 화합물이다.'는 ㉠에 해당한다.

① ㄱ   ② ㄷ   ③ ㄱ, ㄴ   ④ ㄴ, ㄷ   ⑤ ㄱ, ㄴ, ㄷ

17회

15. 그림은 생명체를 구성하는 핵산의 일부를 모형으로 나타낸 것이다. G는 구아닌, T는 타이민이고, ㉠과 ㉡은 각각 A(아데닌)와 C(사이토신) 중 하나이며, (가)는 핵산의 단위체이다.

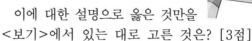

이에 대한 설명으로 옳은 것만을 <보기>에서 있는 대로 고른 것은? [3점]

─── <보 기> ───
ㄱ. 이 핵산은 DNA이다.
ㄴ. (가)는 뉴클레오타이드이다.
ㄷ. ㉠은 A(아데닌), ㉡은 C(사이토신)이다.

① ㄱ   ② ㄷ   ③ ㄱ, ㄴ   ④ ㄴ, ㄷ   ⑤ ㄱ, ㄴ, ㄷ

16. 그림은 3가지 이온의 전자 배치 모형을 나타낸 것이다.

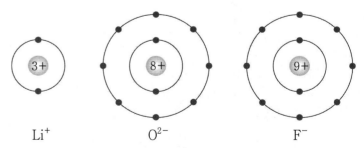

이에 대한 설명으로 옳은 것만을 <보기>에서 있는 대로 고른 것은? [3점]

─── <보 기> ───
ㄱ. Li과 F은 같은 주기의 원소이다.
ㄴ. Li_2O은 공유 결합 물질이다.
ㄷ. 공유 전자쌍 수는 F_2이 O_2보다 크다.

① ㄱ   ② ㄴ   ③ ㄱ, ㄷ   ④ ㄴ, ㄷ   ⑤ ㄱ, ㄴ, ㄷ

17. 다음은 스타이로폼 공으로 화합물 모형을 만드는 탐구 활동이다.

[탐구 과정]
(가) C(탄소), N(질소), O(산소)가 각각 새겨진 스타이로폼 공을 1개씩 준비한다.
(나) (가)의 공에 H(수소)가 새겨진 스타이로폼 공을 이쑤시개로 연결하여 C, N, O가 각각 Ne(네온)과 같은 전자 배치를 갖는 화합물 모형 ㉠~㉢을 만든다.
(다) 각 모형에 사용된 공의 종류와 개수를 확인한다.

[탐구 결과]
ㅇ 만들어진 화합물 모형

ㅇ 각 모형에 사용된 공의 종류 및 개수

화합물 모형	㉠		㉡		㉢	
공의 종류	C	H	N	H	O	H
공의 개수	1	a	1	b	1	c

이에 대한 설명으로 옳은 것만을 <보기>에서 있는 대로 고른 것은? [3점]

─────<보 기>─────
ㄱ. 이쑤시개는 공유 전자쌍을 의미한다.
ㄴ. ㉠은 메테인(CH_4) 모형이다.
ㄷ. $b < c$이다.

① ㄱ　　② ㄷ　　③ ㄱ, ㄴ　　④ ㄴ, ㄷ　　⑤ ㄱ, ㄴ, ㄷ

18. 그림은 마찰이 없는 수평면에서 일정한 속력으로 직선 운동하는 물체 A, B가 장애물 P, Q에 각각 충돌하여 정지한 모습을, 표는 물체가 충돌한 순간부터 정지할 때까지 걸린 시간 t와 장애물로부터 받은 평균 힘의 크기 $F_{평균}$을 나타낸 것이다. A와 B의 질량은 m으로 같고, 충돌 전 속력은 v로 같다.

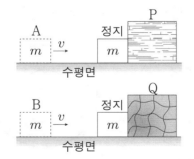

물체	t	$F_{평균}$
A	t_0	F_0
B	㉠	$\frac{1}{3}F_0$

이에 대한 설명으로 옳은 것만을 <보기>에서 있는 대로 고른 것은? [3점]

─────<보 기>─────
ㄱ. 충돌 전 A의 운동량의 크기는 mv 이다.
ㄴ. 충돌하는 동안, A가 P로부터 받은 충격량의 크기는 B가 Q로부터 받은 충격량의 크기보다 크다.
ㄷ. ㉠은 t_0보다 작다.

① ㄱ　　② ㄴ　　③ ㄱ, ㄷ　　④ ㄴ, ㄷ　　⑤ ㄱ, ㄴ, ㄷ

19. 그림은 자동차의 안전장치를 나타낸 것이다.

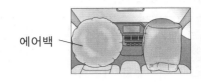
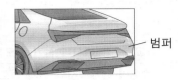

에어백　　　　　　　　　　　　　　범퍼

이에 대한 설명으로 옳은 것만을 <보기>에서 있는 대로 고른 것은?

─────<보 기>─────
ㄱ. 에어백은 충돌 시간을 길게 한다.
ㄴ. 범퍼는 충돌할 때 받는 충격량의 크기를 증가시킨다.
ㄷ. 에어백과 범퍼는 충돌할 때 받는 힘의 크기를 줄여준다.

① ㄱ　　② ㄴ　　③ ㄱ, ㄷ　　④ ㄴ, ㄷ　　⑤ ㄱ, ㄴ, ㄷ

20. 다음은 중력을 받는 물체의 운동에 대한 실험이다.

[실험 과정]
(가) 그림과 같이 수평면으로부터 일정한 높이에 쇠구슬 발사 장치를 고정한다.
(나) 쇠구슬을 수평 방향으로 발사한 후, 쇠구슬의 운동을 0.1초 간격으로 촬영하여 수평 방향 구간 거리 R와 연직 방향 구간 거리 H를 측정한다.
(다) 쇠구슬을 발사하는 속력만을 다르게 하여 (나)를 반복한다.

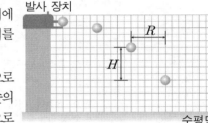

[실험 결과]

과정	시간(s)	0~0.1	0.1~0.2	0.2~0.3
(나)	$R(m)$	0.25	0.25	0.25
	$H(m)$	0.05	0.15	0.25
(다)	$R(m)$	0.40	0.40	0.40
	$H(m)$	0.05	0.15	0.25

이에 대한 설명으로 옳은 것만을 <보기>에서 있는 대로 고른 것은? (단, 쇠구슬의 크기 및 공기 저항은 무시한다.) [3점]

─────<보 기>─────
ㄱ. 쇠구슬에 작용하는 중력의 방향은 연직 아래 방향이다.
ㄴ. 쇠구슬을 발사한 속력은 (나)에서가 (다)에서보다 크다.
ㄷ. 쇠구슬이 발사된 순간부터 수평면에 도달할 때까지 걸린 시간은 (나)에서가 (다)에서보다 크다.

① ㄱ　　② ㄴ　　③ ㄱ, ㄷ　　④ ㄴ, ㄷ　　⑤ ㄱ, ㄴ, ㄷ

＊ 확인 사항
ㅇ 답안지의 해당란에 필요한 내용을 정확히 기입(표기)했는지 확인하시오.

2021학년도 6월 고1 전국연합학력평가 문제지

1

제 4 교시

탐구 영역[통합과학]

18회

● 문항수 20개 | 배점 50점
● 제한 시간 30분

성명 ☐   수험 번호 ☐☐☐☐☐☐☐ — ☐☐☐☐

● 점수 표시가 없는 문항은 모두 2점

1. 다음은 지구로부터 받는 중력에 대한 학생 A~C의 대화이다.

질량이 작을수록 물체가 받는 중력의 크기는 커.

지구 중심으로부터의 거리에 관계없이 물체가 받는 중력의 크기는 일정해.

달의 공전은 중력에 의해 나타나는 현상이야.

학생 A   학생 B   학생 C

제시한 내용이 옳은 학생만을 있는 대로 고른 것은?

① A   ② C   ③ A, B   ④ B, C   ⑤ A, B, C

2. 표는 인체를 구성하는 물질 (가)~(다)에 대한 자료이다. (가)~(다)는 각각 단백질, 탄수화물, 핵산 중 하나이다.

물질	내용
(가)	대표적인 예로 녹말이 있다.
(나)	유전 정보를 저장하고 전달한다.
(다)	물질대사를 조절하는 효소의 주성분으로 근육, 항체를 구성한다.

이에 대한 설명으로 옳은 것만을 <보기>에서 있는 대로 고른 것은? [3점]

─── <보 기> ───
ㄱ. (가)는 단백질이다.
ㄴ. RNA는 (나)에 해당한다.
ㄷ. (다)의 구성 원소에는 수소(H)가 있다.

① ㄱ   ② ㄷ   ③ ㄱ, ㄴ   ④ ㄴ, ㄷ   ⑤ ㄱ, ㄴ, ㄷ

3. 그림 (가)와 (나)는 DNA와 RNA 모형을 순서 없이 나타낸 것이다.

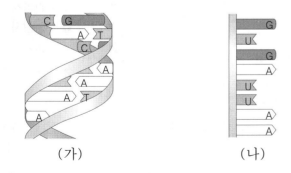

(가)   (나)

이에 대한 설명으로 옳은 것만을 <보기>에서 있는 대로 고른 것은?

─── <보 기> ───
ㄱ. (가)는 DNA 모형이다.
ㄴ. (나)는 단일 가닥 구조이다.
ㄷ. (가)와 (나)를 구성하는 단위체는 뉴클레오타이드이다.

① ㄱ   ② ㄷ   ③ ㄱ, ㄴ   ④ ㄴ, ㄷ   ⑤ ㄱ, ㄴ, ㄷ

4. 그림은 자석 위에 떠 있는 초전도체 A를 나타낸 것이다.

이에 대한 설명으로 옳은 것만을 <보기>에서 있는 대로 고른 것은?

─── <보 기> ───
ㄱ. A의 전기 저항은 0이다.
ㄴ. A에 전류가 흐를 때 전기 에너지 손실이 없다.
ㄷ. 이 현상을 자기 부상 열차에 활용할 수 있다.

① ㄱ   ② ㄷ   ③ ㄱ, ㄴ   ④ ㄴ, ㄷ   ⑤ ㄱ, ㄴ, ㄷ

5. 그림은 원자 A~C의 전자 배치를 모형으로 나타낸 것이다.

        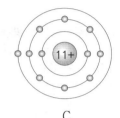

A   B   C

이에 대한 설명으로 옳은 것만을 <보기>에서 있는 대로 고른 것은? (단, A~C는 임의의 원소 기호이다.)

─── <보 기> ───
ㄱ. A는 C보다 전자를 잃기 쉽다.
ㄴ. B의 원자가 전자 수는 7이다.
ㄷ. B와 C가 화학 결합할 때 B는 전자를 얻는다.

① ㄱ   ② ㄷ   ③ ㄱ, ㄴ   ④ ㄴ, ㄷ   ⑤ ㄱ, ㄴ, ㄷ

6. 다음은 우주론이 확립되는 과정에서 중요한 역할을 한 과학자 A~C에 대한 설명이다.

○ A : 현재 우주를 이루고 있는 기본적인 입자들은 빅뱅 직후에 만들어졌다고 주장하였다.
○ B : 우주가 팽창하면서 생기는 빈 공간에서 새로운 물질이 계속 만들어진다고 주장하였다.
○ C : 통신 실험을 하던 중 빅뱅 우주론을 지지하는 결정적인 증거인 우주 배경 복사를 발견했다.

이에 대한 설명으로 옳은 것만을 <보기>에서 있는 대로 고른 것은?

─── <보 기> ───
ㄱ. A는 우주의 온도가 점점 낮아진다고 설명하였다.
ㄴ. B는 우주의 밀도가 점점 작아진다고 설명하였다.
ㄷ. C가 발견한 우주 배경 복사는 우주의 온도가 약 2.7K일 때 생성되었다.

① ㄱ   ② ㄴ   ③ ㄱ, ㄴ   ④ ㄴ, ㄷ   ⑤ ㄱ, ㄴ, ㄷ

7. 그림은 물질 (가) ~ (다)의 모형을 나타낸 것이다.

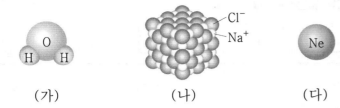

(가)　　　　　　(나)　　　　　　(다)

이에 대한 설명으로 옳은 것만을 <보기>에서 있는 대로 고른 것은?

―――――< 보 기 >―――――

ㄱ. (가)는 공유 결합 물질이다.

ㄴ. (나)의 수용액은 전기 전도성이 있다.

ㄷ. (나)에서 나트륨 이온(Na^+)은 (다)와 같은 전자 배치를 갖는다.

① ㄱ　　② ㄷ　　③ ㄱ, ㄴ　　④ ㄴ, ㄷ　　⑤ ㄱ, ㄴ, ㄷ

8. 다음은 규산염 광물의 결합 방식에 대한 탐구 활동이다.

[탐구 과정]

(가) 도면과 끈을 이용하여 규산염 사면체(Si-O 사면체) 모형을 만든다.

도면　　　　　　Si-O 사면체 모형

(나) Si-O 사면체 모형을 규칙성이 있도록 연결한다.

[탐구 결과]

○ ㉠사슬 모양으로 연결된 구조와 ㉡사슬 모양 2개가 연결된 구조가 만들어졌다.

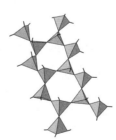

사슬 모양으로　　　　사슬 모양 2개가
연결된 구조　　　　　연결된 구조

이에 대한 설명으로 옳은 것만을 <보기>에서 있는 대로 고른 것은? [3점]

―――――< 보 기 >―――――

ㄱ. 흑운모는 ㉠과 같은 결합 구조로 되어 있다.

ㄴ. Si-O 사면체 사이에 공유하는 산소(O)의 수는 ㉠이 ㉡보다 많다.

ㄷ. Si-O 사면체가 다양한 형태로 결합하여 규산염 광물이 만들어진다.

① ㄱ　　② ㄷ　　③ ㄱ, ㄴ　　④ ㄴ, ㄷ　　⑤ ㄱ, ㄴ, ㄷ

9. 다음은 학생 A가 알칼리 금속을 석유에 넣어 보관해야 하는 이유를 알아보기 위해 수행한 탐구 활동이다.

[가설]

　㉠　은 물, 산소와 반응하기 쉬울 것이다.

[탐구 과정]

(가) 물기 없는 유리판 위에 　㉠　을 올려놓고 칼로 자른 후 단면을 관찰한다.

(나) 비커에 물을 $\frac{1}{3}$ 정도 넣고 쌀알 크기의 　㉠　 조각을 넣은 후 물과 반응하는 모습을 관찰한다.

[탐구 결과]

○ (가)에서 단면의 광택이 사라졌다.

○ (나)에서 　㉡　 기체가 발생하였다.

[결론]

가설이 타당하므로, 　㉠　 은 석유에 넣어 보관해야 한다.

학생 A의 탐구 결과가 사실과 일치하고 결론이 타당할 때, 이에 대한 설명으로 옳은 것만을 <보기>에서 있는 대로 고른 것은? [3점]

―――――< 보 기 >―――――

ㄱ. 리튬은 ㉠으로 적절하다.

ㄴ. ㉡은 산소이다.

ㄷ. 석유는 알칼리 금속이 물, 산소와 접촉하는 것을 막아줄 수 있다.

① ㄱ　　② ㄴ　　③ ㄱ, ㄷ　　④ ㄴ, ㄷ　　⑤ ㄱ, ㄴ, ㄷ

10. 그림 (가)와 (나)는 원자가 생성되기 전과 후의 우주의 일부를 각각 나타낸 것이다.

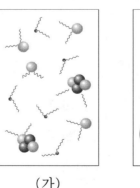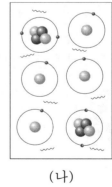

● : 양성자
● : 중성자
· : 전자
〜 : 빛

(가)　　　　　　(나)

이에 대한 설명으로 옳은 것만을 <보기>에서 있는 대로 고른 것은? [3점]

―――――< 보 기 >―――――

ㄱ. 우주의 온도는 (가)일 때가 (나)일 때보다 높다.

ㄴ. (나) 초기에 우주로 퍼져 나간 빛은 현재 우주 배경 복사로 관측된다.

ㄷ. 우주에 존재하는 수소 원자핵과 헬륨 원자핵의 질량비가 일정하게 고정된 시기는 (나) 이후이다.

① ㄱ　　② ㄷ　　③ ㄱ, ㄴ　　④ ㄴ, ㄷ　　⑤ ㄱ, ㄴ, ㄷ

11. 다음은 충격량에 대한 탐구 활동이다.

> **[탐구 과정]**
>
> (가) <그림 1>과 같이 빨대 A의 끝 부분에 구슬을 넣고, 수평으로 강하게 불 때와 약하게 불 때 구슬이 날아가는 거리를 측정한다.
>
> <그림 1>
>
> (나) <그림 2>와 같이 A에 구슬을 입과 가까운 부분에 넣고, 수평으로 불 때 구슬이 날아가는 거리를 측정한다.
>
> <그림 2>
>
> (다) A의 길이를 반으로 자른 빨대 B에 구슬을 입과 가까운 부분에 넣고, (나)와 같은 세기로 수평으로 불 때 구슬이 날아가는 거리를 측정한다.
>
> **[탐구 결과]**
> ○ (가)에서 빨대를 강하게 불 때 구슬이 더 멀리 날아간다.
> ○ (나)에서가 (다)에서보다 구슬이 더 멀리 날아간다.

이에 대한 설명으로 옳은 것만을 <보기>에서 있는 대로 고른 것은?

> ─── <보 기> ───
> ㄱ. (가)에서 구슬이 받은 충격량의 크기는 강하게 불 때가 약하게 불 때보다 크다.
> ㄴ. (나)와 (다)를 통해 구슬이 힘을 받은 시간에 따른 충격량의 크기를 비교할 수 있다.
> ㄷ. 구슬이 받은 충격량의 크기는 (나)에서가 (다)에서보다 크다.

① ㄱ   ② ㄷ   ③ ㄱ, ㄴ   ④ ㄴ, ㄷ   ⑤ ㄱ, ㄴ, ㄷ

12. 그림은 같은 높이에서 수평 방향으로 던진 두 물체 A와 B의 위치를 일정한 시간 간격으로 나타낸 것이다.

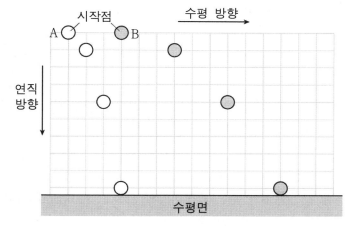

시작점에서 수평면에 도달할 때까지, A와 B의 운동에 대한 설명으로 옳은 것만을 <보기>에서 있는 대로 고른 것은? (단, 물체의 크기와 공기 저항은 무시한다.) [3점]

> ─── <보 기> ───
> ㄱ. A와 B에 작용하는 힘의 방향은 서로 같다.
> ㄴ. 수평 방향의 속력은 A가 B보다 크다.
> ㄷ. 연직 방향의 가속도 크기는 A가 B보다 크다.

① ㄱ   ② ㄷ   ③ ㄱ, ㄴ   ④ ㄴ, ㄷ   ⑤ ㄱ, ㄴ, ㄷ

13. 그림은 산소(O_2)와 암모니아(NH_3) 분자를 화학 결합 모형으로 나타낸 것이다.

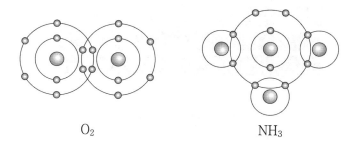

O_2 NH_3

이에 대한 설명으로 옳은 것만을 <보기>에서 있는 대로 고른 것은? [3점]

> ─── <보 기> ───
> ㄱ. NH_3는 이온 결합 물질이다.
> ㄴ. 질소(N)와 산소(O)는 같은 주기 원소이다.
> ㄷ. 공유하는 전자쌍 수는 NH_3가 O_2보다 적다.

① ㄱ   ② ㄴ   ③ ㄱ, ㄷ   ④ ㄴ, ㄷ   ⑤ ㄱ, ㄴ, ㄷ

14. 그림은 단백질을 구성하는 단위체 A와 B 사이의 결합 과정을 모식적으로 나타낸 것이다.

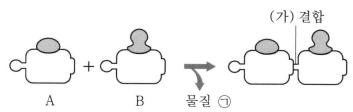

(가) 결합

A   B   물질 ㉠

이에 대한 설명으로 옳은 것만을 <보기>에서 있는 대로 고른 것은? [3점]

> ─── <보 기> ───
> ㄱ. A와 B는 포도당이다.
> ㄴ. ㉠은 탄소(C)와 산소(O)로 구성된다.
> ㄷ. (가) 결합은 펩타이드 결합이다.

① ㄱ   ② ㄷ   ③ ㄱ, ㄴ   ④ ㄴ, ㄷ   ⑤ ㄱ, ㄴ, ㄷ

15. 그림 (가)~(다)는 서로 다른 탄소 골격의 형태를 나타낸 것이다.

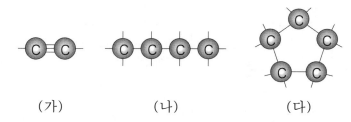

(가)   (나)   (다)

이에 대한 설명으로 옳은 것만을 <보기>에서 있는 대로 고른 것은?

> ─── <보 기> ───
> ㄱ. (가)에는 3중 결합이 존재한다.
> ㄴ. (나)는 고리 모양이다.
> ㄷ. 탄소 한 개와 결합하는 최대 원자 수는 (나)가 (다)보다 적다.

① ㄱ   ② ㄴ   ③ ㄱ, ㄷ   ④ ㄴ, ㄷ   ⑤ ㄱ, ㄴ, ㄷ

16. 그림 (가)는 백열전구, (나)는 수소 기체 방전관, (다)는 헬륨 기체 방전관에서 나온 빛의 스펙트럼이다.

이에 대한 설명으로 옳은 것만을 <보기>에서 있는 대로 고른 것은?

─── <보 기> ───

ㄱ. (가)는 흡수 스펙트럼이다.

ㄴ. (나)와 (다)는 스펙트럼에 나타나는 선의 위치가 다르다.

ㄷ. 선 스펙트럼을 통해 원소의 종류를 확인할 수 있다.

① ㄱ ② ㄷ ③ ㄱ, ㄴ ④ ㄴ, ㄷ ⑤ ㄱ, ㄴ, ㄷ

17. 그림은 중심부의 핵융합 반응이 끝난 두 별 (가)와 (나)의 내부 구조를 나타낸 것이다.

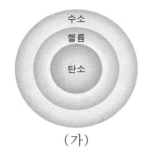

(가) (나)

이에 대한 설명으로 옳은 것만을 <보기>에서 있는 대로 고른 것은?

─── <보 기> ───

ㄱ. 질량은 (가)가 (나)보다 크다.

ㄴ. 중심부의 온도는 (가)가 (나)보다 낮다.

ㄷ. (나)가 초신성 폭발을 하면서 철보다 무거운 원소가 생성된다.

① ㄱ ② ㄷ ③ ㄱ, ㄴ ④ ㄴ, ㄷ ⑤ ㄱ, ㄴ, ㄷ

18. 다음은 주기율표의 빗금 친 부분에 위치하는 원소 A∼E에 대한 자료이다.

주기 \ 족	1	2	16	17	18
1					
2					
3					

○ A와 D는 같은 족 원소이다.
○ B와 D는 전자가 들어 있는 전자 껍질 수가 같다.
○ C와 E는 화학적 성질이 비슷하다.
○ E는 충치 예방용 치약에 사용된다.

이에 대한 설명으로 옳은 것만을 <보기>에서 있는 대로 고른 것은? (단, A∼E는 임의의 원소 기호이다.) [3점]

─── <보 기> ───

ㄱ. 원자 번호는 A가 B보다 크다.

ㄴ. A와 C는 같은 주기 원소이다.

ㄷ. 원자가 전자 수는 D가 E보다 크다.

① ㄱ ② ㄷ ③ ㄱ, ㄴ ④ ㄴ, ㄷ ⑤ ㄱ, ㄴ, ㄷ

19. 다음은 태양계와 지구가 형성되는 과정의 일부를 설명한 것이다.

(가) 태양계 성운 형성: 우리 은하의 나선팔에 위치한 거대한 성운에서 가스와 먼지가 모여 태양계 성운이 형성되었다.

(나) 원시 행성계 형성: 미행성체가 충돌하고 결합하여 원시 지구와 같은 원시 행성들이 형성되었다.

(다) 원시 지구의 진화: 미행성체의 충돌열 때문에 지구의 온도가 상승하여 마그마 바다가 형성되었다. 이후 지구 표면 온도는 점차 낮아졌다.

이에 대한 설명으로 옳은 것만을 <보기>에서 있는 대로 고른 것은? [3점]

─── <보 기> ───

ㄱ. (가)의 태양계 성운은 주로 수소와 헬륨으로 구성되어 있다.

ㄴ. (나)에서 원시 행성계는 수소와 헬륨이 고르게 분포하였다.

ㄷ. (다)에서 규소, 산소 등 가벼운 물질은 떠올라 맨틀과 지각을 형성한다.

① ㄱ ② ㄴ ③ ㄱ, ㄷ ④ ㄴ, ㄷ ⑤ ㄱ, ㄴ, ㄷ

20. 그림 (가)는 수평한 얼음판에서 질량 60kg인 선수 A와 질량 40kg인 선수 B가 각각 6m/s, 2m/s의 속력으로 운동하는 모습을 나타낸 것이다. 그림 (나)는 B의 속력을 시간에 따라 나타낸 것으로, 2초일 때 A는 B를 밀었다. 밀기 전후에 두 선수의 운동 방향은 같다.

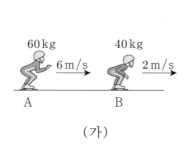
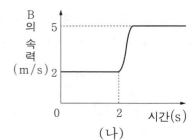

(가) (나)

이에 대한 설명으로 옳은 것만을 <보기>에서 있는 대로 고른 것은? (단, 모든 마찰은 무시한다.) [3점]

─── <보 기> ───

ㄱ. 밀면서 받은 충격량의 크기는 A가 B보다 작다.

ㄴ. 밀기 전후 B의 운동량 변화량의 크기는 120kg·m/s이다.

ㄷ. 밀고 난 후 A의 속력은 3m/s이다.

① ㄱ ② ㄴ ③ ㄱ, ㄷ ④ ㄴ, ㄷ ⑤ ㄱ, ㄴ, ㄷ

* 확인 사항

○ 답안지의 해당란에 필요한 내용을 정확히 기입(표기)했는지 확인 하시오.

[1~3] 다음은 강의의 일부이다. 물음에 답하시오.

여러분 안녕하세요? 여러분들은 연극이나 콘서트 같은 공연을 좋아하시나요? (청중의 반응을 보고) 네, 저도 여러분들처럼 아이돌 가수의 공연을 즐겨 보는 편입니다. 공연을 다채롭게 만드는 다양한 요소들이 있을 텐데요. 그중에서도 오늘은 관객과 공연자의 소통 공간인 무대에 대해 알아보겠습니다.

무대는 공연자가 공연을 하는 곳으로 공연장의 일정 부분을 비워 관객에게 잘 보이도록 설치된 공간을 말하는데, 형태에 따라 원형 무대, 프로시니엄 무대, 돌출 무대로 나눌 수 있습니다.

(사진을 보여 주며) 음악 교과서에서 본 적이 있으시죠? (청중의 대답을 듣고) 네, 매년 여름 이탈리아에서 열리고 있는 오페라 축제의 무대인 '아레나'인데요. 이것이 바로 원형 무대 입니다. 원형 무대는 중앙에 원형 또는 사각형의 무대가 있고 그 둘레를 객석이 둘러싸고 있는 형태로, 사방에서 관객과 공연자가 접촉할 수 있기 때문에 규모가 큰 공연장이라 해도 관객과 공연자의 거리가 매우 가깝게 느껴집니다. 그래서 관객과 공연자가 직접적으로 소통하거나 관객의 참여를 유도하는 데에 이상적인 형태입니다. 그러나 무대 전체가 개방되어 있기 때문에 공연자가 등장할 때나 퇴장할 때 관객에게 노출될 뿐 아니라 조명을 숨기거나 다양한 무대 장치를 사용하는 데 제약이 있어서 연출에 어려움이 따릅니다.

(사진을 보여 주며) 이런 형태의 무대는 연극이나 뮤지컬 공연장에서 많이 보셨을 겁니다. 이런 무대를 프로시니엄 무대 혹은 액자 무대라고 합니다. 그런데 '프로시니엄'은 무슨 뜻일까요? (청중의 반응을 보고) 네, 아무래도 생소하게 들리실 텐데요. 프로시니엄은 '객석과 무대를 갈라놓는 뚫린 벽'을 의미합니다. 이 무대는 액자의 틀에 해당하는 프로시니엄 아치가 객석과 무대를 분리하고 있으며, 무대 양쪽에서 창고 역할을 하는 윙, 무대의 앞부분인 에이프런, 그리고 음악 연주자들을 위해 무대 앞쪽에 바닥을 낮추어 설치한 공간인 오케스트라 피트로 구성되어 있습니다. 객석에서는 프로시니엄 아치를 통해서 무대의 정면으로만 공연을 볼 수 있기 때문에 관객이 공연에 집중할 수 있으며, 연출가는 보이지 않는 곳에 설치된 다양한 무대 장치를 활용하여 장면을 화려하게 연출할 수 있습니다. 하지만 무대의 세계와 관객의 세계가 분리되기 때문에 원형 무대와 달리 관객과 공연자의 소통이 제한적입니다.

프로시니엄 무대의 단점을 보완한 형태가 돌출 무대입니다. (사진을 보여 주며) 보시다시피 무대의 에이프런 부분이 반도(半島) 모양으로 객석을 향하여 돌출되어 있고, 객석이 삼면 또는 반원형으로 무대를 둘러싸고 있는 형태입니다. 패션쇼에서 자주 볼 수 있는 무대이지요. 돌출 무대의 이러한 형태는 프로시니엄 무대에 비해 관객과 공연자의 소통을 원활하게 하며, 강한 시각적 효과를 만들어 내기 때문에 관객은 공연 후 그 느낌을 오랫동안 간직할 수 있습니다. 그렇지만 이 무대는 프로시니엄 무대에 비해 관객에게 개방되는 정도가 크기 때문에 무대 장치를 활용해 장면을 전환하는 등 화려한 연출을 시도하는 데에는 제약이 있습니다.

1. 강의자의 말하기 전략으로 적절하지 <u>않은</u> 것은?

① 강의 내용의 출처를 밝혀 신뢰성을 높이고 있다.
② 강의 중 질문을 하며 청중의 반응을 확인하고 있다.
③ 중심 화제의 개념을 정의하여 청중의 이해를 돕고 있다.
④ 중심 화제를 하위 개념으로 나누고 예를 들어 설명하고 있다.
⑤ 시각 자료를 활용하여 강의 내용을 효과적으로 전달하고 있다.

2. 강의 내용을 고려할 때 <보기>의 '한국 탈판'의 무대 형태로 가장 적절한 것은?

> ─────── <보 기> ───────
> '한국 탈판'은 서구 근대극 무대와 달리 '객석과 무대를 갈라놓는 뚫린 벽'이 없고, 노는 자(공연자)와 보는 자(관객)가 한 호흡을 이루는 한국적 무대 형태이다. 노는 자와 보는 자가 함께 소통하기도 하고, 보는 자가 공연에 직접 참여하기도 하는 민중놀이의 놀이판인 것이다.

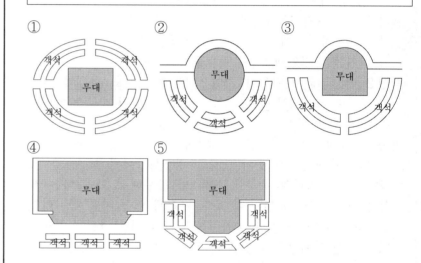

3. 다음은 학생이 강의를 들으며 떠올린 생각이다. 이를 바탕으로 학생의 듣기 활동을 이해한 내용으로 가장 적절한 것은?

> 지난번 우리 학생회가 주최한 축제 무대가 프로시니엄 무대였구나. 공연 기획사에서 다양한 무대 장치를 사용할 수 있는 장점이 있다고 했고, 우리도 학생들이 집중하기에 적합하다고 판단해서 그런 무대 형태로 결정했지. 그런데 학생들은 공연자와 가까이에서 소통할 수 없어서 아쉬워했어. 내년부터는 다양한 무대 장치를 사용하는 것이 다소 어렵더라도, 공연자와 학생들이 직접적으로 소통할 수 있도록 돌출 무대를 설치하는 게 좋겠어.

① 설문 자료를 바탕으로 중심 화제의 가치를 판단하고 있다.
② 강의를 통해 새롭게 알게 된 사실에 의문을 제기하고 있다.
③ 강의 내용을 구조적으로 파악하여 전체 내용을 정리하고 있다.
④ 강의 내용에 대해 자신이 이해한 것을 구체적 상황에 적용하고 있다.
⑤ 강의 내용 중에서 사실과 다른 부분에 대해 비판적으로 평가하고 있다.

[4~7] (가)는 학생들이 나눈 대화이고, (나)는 (가)에서 언급된 내용을 바탕으로 작성한 모집 안내문이다. 물음에 답하시오.

(가)

학생 1 : 어제 천문대 견학을 가서 새롭게 알게 된 게 있었어. 병찬아, 너 어떤 것을 별이라고 하는지 알아?

학생 2 : 밤하늘에 반짝이는 것들이 모두 별이 아니라는 것은 알지만, 어떤 것이 별이고 어떤 것이 아닌지는 잘 모르겠어.

학생 1 : 스스로 빛을 내는 천체들만 별이라고 하고, 별의 빛을 반사하는 것은 행성이야. ㉠예를 들어 태양은 스스로 빛을 내니까 별이고 지구는 태양의 빛을 반사하니까 별이 아니라 행성인 거야. 그리고 계절에 따라 잘 보이는 별자리가 다르다는 거 알고 있니?

학생 2 : ㉡응, 지구가 태양 주위를 1년에 걸쳐 한 바퀴씩 돌기 때문에 계절에 따라 잘 보이는 별자리가 다르다는 것을 책에서 읽은 적이 있어.

학생 1 : 정확하게 알고 있네. 천문대에서 해설을 맡은 분에게 들은 별자리의 유래도 재미있었어. 옛날 아라비아반도 초원에서 목동들이 늦은 밤에 양떼를 지키며 밤하늘의 밝은 별들을 서로 연결해 여러 가지 모양을 상상했대. 목동들은 주로 양, 황소, 사자 등 동물의 이름을 따 별자리 이름을 붙였다는 거야. 그러다가 15세기에 배를 타고 남반구까지 항해하면서 선원들은 북반구에서 보지 못한 별들을 발견하고 새로운 별자리 이름을 지었대. 어떤 이름을 지었을까?

학생 2 : ㉢글쎄. 선원들이 지었으니까 아무래도 항해와 관련된 것이나 바다에서 볼 수 있는 것들로 별자리 이름을 지었을 것 같은데, 맞아?

학생 1 : 그래, 맞아. 선원들은 남반구에서 발견한 별자리에 고래자리, 나침반자리 등의 이름을 붙였대. 어제 천문대를 견학하면서 별자리와 우주에 대해 더 공부해 보고 싶다는 생각을 했어. 그래서 말인데, 우리가 천체 연구 자율 동아리를 만들면 어떨까? ㉣자율 동아리를 만들면 네가 관심을 가지고 있는 천체 물리학도 공부할 수 있으니까 좋을 거 같은데.

학생 2 : 그래. 정말 좋은 생각이다. 나도 함께 할게.

학생 1 : 그럼, 자율 동아리에서 어떤 활동을 할지 같이 생각해 보자. 천체 연구 자율 동아리의 성격을 잘 보여 주는 활동이 중심이 되어야 할 거 같은데.

학생 2 : 별과 우주를 깊이 있게 이해하기 위해서는 전문 서적을 선택해서 함께 읽고 공부하는 것은 어떨까?

학생 1 : 전문 서적을 가지고 공부하면 동아리 부원들에게는 너무 어렵지 않을까? 별과 우주를 이해하기 쉽고 재미있게 설명한 교양서적이나 과학 잡지면 좋을 것 같은데. 또 한 가지 활동만 하면 단조로울 수 있으니까 정기적으로 천문대로 가서 별자리를 관측하는 프로그램도 넣으면 어떨까? 　[A]

학생 2 : 천문대는 우리 학교에서 가깝지 않으니까 부원들이 가기가 쉽지 않을 거야. 대신 학교 운동장에서 별자리를 관측하면 어떨까? 과학 선생님께 말씀드리면 학교에 있는 천체 망원경을 빌릴 수 있을 것 같은데.

학생 1 : 그래. 그리고 카메라로 별자리 사진을 찍어서 사진전 같은 것도 하면 좋겠다.

학생 2 : 좋은 생각이야. 이제 동아리 부원을 어떻게 모집할지 생각해 보자. 동아리 모집 안내문을 써서 학교 게시판에 붙이면 될 것 같은데, 어떻게 쓸까?

학생 1 : 자율 동아리 부원 모집을 알리는 글이라는 것이 분명히 드러나도록 해야 할 것 같아. 자율 동아리 이름도 함께 알리고. 본문에서는 천체 연구 자율 동아리를 어떤 목적으로 만들었는지, 누구를 모집하는지, 그리고 어떤 활동을 할 것인지 밝혀 주자. 　[B]

학생 2 : 그리고 천체 연구 자율 동아리 활동이 가진 의미를 강조하자. 마지막에는 지원 방법도 소개하고.

학생 1 : 좋아. ㉤요즘 블로그를 통해 지원을 받는 동아리들도 많은데, 우리도 그렇게 하는 건 어때?

학생 2 : 그래. 지원자들이 블로그에 댓글을 달아 신청하도록 하면 되겠다.

(나)

'별바라기' 부원을 모집합니다.

안녕하세요. 깊어 가는 밤, 반짝이는 별들이 가득한 하늘을 바라보면서 감동했던 기억이 있으신가요? 별들로 가득 찬 밤하늘의 아름다움을 느끼며, 별자리와 우주에 대해 공부하기 위해 천체 연구 자율 동아리 '별바라기'를 만들려고 합니다.

우리 '별바라기'는 천문학과 우주에 관심이 있는 친구뿐만 아니라 별을 좋아하는 친구라면 누구나 함께할 수 있습니다. 자율 동아리가 구성되면 천체와 우주 관련 추천 도서를 읽으며 함께 이야기를 나누고자 합니다. 그리고 학교 운동장에서 망원경으로 별자리를 관측할 것입니다. 또한 동아리 활동을 하며 찍은 별자리 사진을 모아 학교 축제 때 천체 사진전도 열 계획입니다.

별자리와 우주에 대해 자유롭게 공부하며 다양한 활동을 할 수 있는 '별바라기'는 학창 시절의 소중한 추억이 될 것입니다. '별바라기' 활동에 관심이 있는 친구들의 많은 참여를 기대합니다. 동아리 활동을 함께하고 싶은 친구들은 블로그를 방문해 지원해 주시기 바랍니다. 스마트폰을 이용해 오른쪽에 있는 QR 코드를 찍거나 인터넷 주소창에 https://blog.star□□□.com 을 직접 입력하면 블로그에 연결됩니다.

---

4. 대화의 흐름을 고려할 때, ㉠~㉤에 대한 설명으로 적절하지 **않은** 것은?

① ㉠ : 자신이 던진 질문과 관련하여 상대방의 이해를 돕기 위해 구체적인 예를 제시하는 발화이다.

② ㉡ : 상대방이 한 질문에 대해 배경지식을 바탕으로 답을 하는 발화이다.

③ ㉢ : 상대방이 한 말을 근거로 한 자신의 추측이 맞는지 확인하기 위한 발화이다.

④ ㉣ : 상대방의 관심사를 언급하며 자신의 제안에 대한 동의를 이끌어 내기 위한 발화이다.

⑤ ㉤ : 상대방의 말을 듣고 추가 질문을 통해 구체적인 설명을 요청하는 발화이다.

5. [A]에 대한 이해로 가장 적절한 것은?

① 학생 1은 학생 2와 달리 상대방이 제안한 방안에 대한 자신의 이해가 정확한지 확인하고 있다.

② 학생 2는 학생 1과 달리 물음의 형식으로 자신이 제안한 방안의 타당성을 강조하고 있다.

③ 학생 1은 자신이 제안한 방안의 장단점을, 학생 2는 상대방이 제안한 방안의 장단점을 설명하고 있다.

④ 학생 1과 학생 2는 모두 상대방의 말을 듣고 자신이 제안한 방안을 일부 수정하고 있다.

⑤ 학생 1과 학생 2는 모두 상대방이 제안한 방안의 문제점을 지적한 후 이에 대한 대안을 언급하고 있다.

6. 다음은 (나)를 바탕으로 만든 '별바라기' 블로그이다. '작성 방법'을 고려할 때, 댓글 내용으로 적절하지 <u>않은</u> 것은? [3점]

천체 연구 자율 동아리 '별바라기'로 오세요.

❖ **지원 기간**: 3월 7일 ~ 14일
❖ **지원 방법**: <작성 방법>을 고려하여 블로그에 댓글을 남겨 주세요.

< 작성 방법 >
1. 자율 동아리 지원 동기나 활동 각오를 적어 주세요.
2. 별자리나 우주에 대한 자신의 생각을 비유의 방식으로 표현해 주세요.

	미리내	2019. 03. 08. 19 : 52

지루하게 반복되는 일상에 활력소가 되어 줄 '별바라기'. 별을 사랑하는 마음으로 열심히 활동하겠습니다. ······································· ㄱ

	예하사랑	2019. 03. 09. 12 : 10

우주는 깊이를 알 수 없는 신비한 우물입니다. 우주를 더 많이 공부하고 싶어서 '별바라기'에 지원합니다. ······································· ㄴ

	개밥바라기별	2019. 03. 09. 14 : 27

밤하늘에 빛나는 별자리는 보석처럼 아름답습니다. '별바라기'에서 아름다움을 사진으로 남기는 별밤지기가 될게요. ······································· ㄷ

	초록밤	2019. 03. 10. 18 : 16

불꽃놀이같이 화려한 밤하늘의 별자리. '별바라기'에서 별자리를 관측하며 천문학자가 되고자 하는 꿈에 다가서겠습니다. ······················· ㄹ

	어린 왕자	2019. 03. 11. 11 : 31

세상에서 가장 아름다운 미술관은 우주입니다. 우주의 아름다움을 '별바라기'와 함께 찾아가고 싶어요. ······································· ㅁ

① ㄱ   ② ㄴ   ③ ㄷ   ④ ㄹ   ⑤ ㅁ

7. [B]를 고려할 때, (나)에 반영된 내용으로 적절하지 <u>않은</u> 것은?

① 자율 동아리를 어떤 목적으로 만들었는지를 밝혀 주자는 의견에 따라, 밤하늘의 아름다움을 느끼고 별자리와 우주에 대해 공부하기 위해 자율 동아리를 만들었다는 내용을 담았다.

② 자율 동아리에서 누구를 모집하는지를 밝혀 주자는 의견에 따라, 천문학과 우주에 관심을 가졌거나 별을 좋아하는 친구들은 누구나 지원할 수 있다는 내용을 담았다.

③ 자율 동아리에서 어떤 활동을 할 것인지를 밝혀 주자는 의견에 따라, 독서와 별자리 관측을 하고, 사진전을 열 계획이라는 내용을 담았다.

④ 자율 동아리 활동의 의미를 강조하자는 의견에 따라, 관심사를 자유롭게 공부하는 과정에서 진로를 탐색할 수 있다는 내용을 담았다.

⑤ 자율 동아리에 지원하는 방법을 소개하자는 의견에 따라, QR 코드를 찍거나 인터넷 주소를 직접 입력하여 방문한 블로그에서 지원할 수 있다는 내용을 담았다.

[8 ~ 10] 다음 글을 읽고 물음에 답하시오.

[작문 상황]

○ 작문 과제: 우리 주변의 문제를 찾고, 그에 대한 자신의 생각을 밝히는 글 쓰기.

○ 글의 목적: 학교 건물의 문제점을 알리고 개선 방안을 제시하려고 함.

[학생의 초고]

　여러분은 학교에서 얼마나 많은 시간을 보내고 있는지 생각해 본 적이 있습니까? 학생들이 오래 머무는 공간인 학교는 학생들의 생활에 많은 영향을 끼칩니다. 그만큼 학교는 학생에게 중요한 곳이지만 현재 학교 건물의 공간에는 문제가 있다고 생각합니다. 그래서 저는 학교 건물의 문제점을 살펴보고 이를 개선할 수 있는 방안에 대해 이야기해 보려고 합니다.

　특별 활동실, 강당, 식당, 도서관 등의 다양한 시설이 학교 건물 안에 생겨나면서 학생들이 사용하는 실내 건물 면적은 점점 늘어났습니다. 하지만 학교가 들어선 땅의 면적은 그대로이기 때문에 학교 건물은 점차 고층화될 수밖에 없었습니다. 저는 이러한 학교의 고층화로 인해 몇 가지 문제가 생겼다고 생각합니다.

　우선 학생들이 쉬는 시간을 활용하는 데 제약이 생깁니다. 제한된 시간 안에 매번 몇 층의 계단을 내려가 밖에 나갔다 오기는 어렵습니다. 이렇다 보니 학생들은 거의 교실에서만 지내게 되었고, 운동장에 나가거나 야외 활동을 할 기회도 자연스럽게 줄어들게 되었습니다.

　또한 학교의 고층화로 인해 교실의 천장 높이도 제한적일 수밖에 없습니다. 높은 천장이 학생들의 창의력을 향상시키는 데 도움이 된다는 사실을 아십니까? 그런데 우리나라의 교실은 보통 2.6미터 정도의 높이로 동일하다고 합니다. 천장 높이를 높게 하면 층간 높이도 같이 높아지기 때문에 지금보다 높은 천장을 만들기가 어려웠던 것입니다.

　학교의 고층화로 인해 생긴 문제점을 해결하려면 건물을 새로 짓는 방법밖에 없다고 생각할 수도 있습니다. 그러나 최근 학생 수가 줄고 빈 교실이 생기면서 학교 건물이 달라질 수 있는 기회가 생겼습니다. 그래서 저는 학급의 교실을 되도록 저층에 배치하는 방안을 제안합니다. 그러면 학생들이 좀 더 쉽게 운동장에 나가서 공놀이를 하거나 학교 정원을 거닐며 가볍게 산책을 즐길 수도 있을 것입니다. 또한 일부 빈 교실은 천장을 기존보다 높게 만들어 이러한 공간에서 학생들이 다양하고 창의적인 활동을 할 수 있게 하려는 시도도 필요하다고 생각합니다.

8. '학생의 초고'에 대한 설명으로 가장 적절한 것은?

① 새로운 이론들을 비교하며 주제를 부각하고 있다.

② 질문의 방식을 활용하여 독자의 관심을 끌고 있다.

③ 용어의 개념을 정의하며 현상에 대해 설명하고 있다.

④ 자료의 출처를 언급하며 내용의 신뢰성을 높이고 있다.

⑤ 관용 표현을 사용하여 상황의 심각성을 드러내고 있다.

9. <보기>는 '학생의 초고'를 보완하기 위해 추가로 수집한 자료이다. 이를 활용할 방안으로 적절하지 <u>않은</u> 것은? [3점]

─── <보 기> ───

(가) 통계 자료 및 설문 조사 분석 자료

1. 고등학교 학생 1인당 학교 실내 건물 면적(㎡)

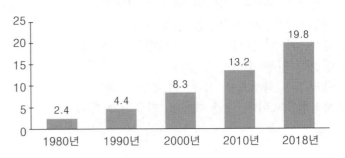

　2. 쉬는 시간 활용에 대한 설문 조사 분석 자료

　A고등학교 학생들을 상대로 조사한 '쉬는 시간에 주로 어디에 있나요?'라는 질문에 '교실 등 실내'라고 답한 학생이 73%, '운동장 등 실외'라고 답한 학생이 27%였음. '교실 등 실내'라고 답한 학생들에게 그 이유를 물은 결과 '교실에서 운동장까지 내려가기 너무 멀어서'라는 답변이 57%로 가장 높은 비율을 차지함.

(나) 신문 기사

　천장의 높이와 창의력 사이에 상관관계가 있다는 연구 결과가 발표되었다. 조운 메이어스–레비 교수의 연구에 의하면 각각 2.4미터, 2.7미터, 3미터의 천장이 있는 공간에서 학생들에게 시험을 보게 한 결과, 3미터 천장의 공간에서 시험을 본 학생들이 낮은 천장의 공간에서 시험을 본 학생들에 비해 창의적 문제를 2배나 더 많이 해결한 것으로 나타났다.

(다) 전문가 인터뷰

　학생들은 하루의 대부분을 교실이나 복도 등 주로 실내에서 생활하는 경우가 많습니다. '지식은 책에서 배우고, 지혜는 자연에서 배운다.'라는 말이 있습니다. 학생들이 학교에서 자주 실외로 나가 바깥 풍경을 만날 수 있도록 공간을 개선할 필요가 있습니다.

① (가)–1을 학생들이 학교에서 사용하는 실내 건물 면적이 늘어났다는 내용의 보충 자료로 활용한다.

② (가)–2를 학교의 고층화로 인해 학생들이 쉬는 시간에도 주로 교실에서 지내게 된다는 내용을 뒷받침하는 자료로 활용한다.

③ (나)를 교실 천장의 높이가 학생들의 창의력 향상에 영향을 준다는 내용의 근거 자료로 활용한다.

④ (가)–1과 (나)를 학교 실내 건물의 활용도를 높이는 것보다 천장 높이를 개선하는 것이 더 시급함을 밝히는 추가 자료로 활용한다.

⑤ (가)–2와 (다)를 교실에서 실외로 이동하는 시간을 줄이기 위한 공간 개선의 필요성을 강조하는 자료로 활용한다.

10. <보기>는 초고를 쓴 학생이 선생님에게 보낸 이메일의 일부이다. ㉠에 들어갈 내용으로 가장 적절한 것은?

— < 보 기 > —

선생님께서 조언해 주신 내용 중에서 '(　㉠　)'을 반영하여 초고의 마지막에 아래의 문단을 추가하였습니다.

> 프랑스는 공간이 생활에 미치는 영향을 중요하게 여깁니다. 그래서 다양한 공간 디자인의 학교 건축물을 만들고 그 속에서 학생들이 인성과 창의성을 키우며 자라나게 합니다. 우리도 공간과 생활의 관계를 생각해 학교 건물의 변화를 위해 노력한다면, 학생들의 학교생활에 긍정적인 변화가 일어나고 학생들의 창의적 사고력을 기르는 데에도 도움을 줄 수 있을 것입니다.

① 주장을 구체화하는 계획과 개선 방안을 요약할 것.
② 주장의 실현 가능성과 개선 방안의 문제점을 추가할 것.
③ 주장의 원인이 되는 배경과 개선 방안의 한계를 밝힐 것.
④ 주장을 강화하는 사례와 개선 방안의 기대 효과를 포함할 것.
⑤ 주장에 대한 예상 반응과 개선 방안의 긍정적 결과를 제시할 것.

[11 ~ 12] 다음 글을 읽고 물음에 답하시오.

> 서술어에 따라 완전한 문장을 이루기 위해 필요로 하는 문장 성분의 개수가 다른데, 이를 '서술어의 자릿수'라 한다.
> '한 자리 서술어'는 주어만을 필요로 한다.
> 예 아기가 운다.
> '두 자리 서술어'는 주어 외에 목적어, 보어, 필수적 부사어 중에서 하나의 문장 성분을 더 필요로 한다.
> 예 경찰이 도둑을 잡았다.
> 　　물이 얼음이 되었다.
> 　　아들이 아빠와 닮았다.
> '세 자리 서술어'는 주어, 목적어, 필수적 부사어를 반드시 필요로 한다.
> 예 그녀는 그 아이를 제자로 삼았다.
> 위 문장에서 부사어인 '아빠와', '제자로'는 필수적 성분으로서, 생략되었을 경우 불완전한 문장이 된다. 이러한 부사어를 ㉠필수적 부사어라 한다.
> 한편 문장에서 사용되는 의미의 차이에 따라 그 자릿수를 달리하는 서술어도 있다.
> 예 ㉮ 나는 그녀를 생각한다.
> 　　㉯ 나는 그녀를 선녀로 생각한다.
> ㉮의 '생각하다'는 '사람이나 일 따위에 대하여 기억하다'는 뜻으로 주어와 목적어를 필요로 하는 두 자리 서술어이다. 이에 비해 ㉯의 '생각하다'는 '의견이나 느낌을 가지다'는 뜻으로 주어, 목적어, 부사어를 필요로 하는 세 자리 서술어이다.

11. <보기>는 국어사전의 일부이다. 윗글을 바탕으로 ⓐ ~ ⓓ를 이해한 것으로 적절한 것은?

— < 보 기 > —

듣다01 [-따] [들어, 들으니, 듣는[든-]]
「동사」
[1] 【…을】
　사람이나 동물이 소리를 감각 기관을 통해 알아차리다.
¶ 나는 숲에서 새소리를 ⓐ듣는다.
[2] 【…에게 …을】
　주로 윗사람에게 꾸지람을 맞거나 칭찬을 듣다.
¶ 그 아이는 누나에게 칭찬을 자주 ⓑ듣는다.
[3] 【…을 …으로】
　어떤 것을 무엇으로 이해하거나 받아들이다.
¶ 그들은 고지식해서 농담을 진담으로 ⓒ듣는다.

듣다02 [-따] [들어, 들으니, 듣는[든-]]
「동사」
【…에】
　눈물, 빗물 따위의 액체가 방울져 떨어지다.
¶ 차가운 빗방울이 지붕에 ⓓ듣는다.

① ⓐ는 세 자리 서술어이다.
② ⓑ는 주어와 목적어만을 필수적으로 요구하는 서술어이다.
③ ⓒ는 주어 외에 두 개의 문장 성분을 더 필요로 한다.
④ ⓐ와 ⓓ는 필요로 하는 문장 성분이 서로 같다.
⑤ ⓑ와 ⓓ는 의미에 차이가 있지만 서술어 자릿수는 같다.

12. 밑줄 친 부분이 ㉠에 해당되지 않는 것은?

① 그 아이는 매우 영리하게 생겼다.
② 승윤이는 통나무로 식탁을 만들었다.
③ 이 지역의 기후는 벼농사에 적합하다.
④ 나는 이 일을 친구와 함께 의논하겠다.
⑤ 작년에 부모님께서 나에게 큰 선물을 주셨다.

13. <보기>의 (ㄱ)과 (ㄴ)에 나타나는 음운 변동으로 적절한 것은?
[3점]

— < 보 기 > —

음운 변동은 한 음운이 다른 음운으로 바뀌는 '교체', 원래 있던 음운이 없어지는 '탈락', 없던 음운이 추가되는 '첨가', 두 개의 음운이 합쳐져서 하나로 되는 '축약'으로 분류할 수 있다.
단어에 따라 아래 예와 같이 한 단어에서 두 가지 음운 변동이 일어나는 경우도 있다.

(예) 물약 → [물냑] → [물략]
　　　　　 (ㄱ)　　　 (ㄴ)

	(ㄱ)	(ㄴ)
①	첨가	교체
②	첨가	탈락
③	탈락	교체
④	교체	첨가
⑤	교체	축약

14. 다음은 수업의 일부이다. 이를 참고할 때, 띄어쓰기가 바르게 된 문장은?

> **학생** : 선생님, '뿐'은 앞말에 붙여 쓰는 경우도 있고 띄어 쓰는 경우도 있던데 어떻게 띄어 써야 하나요?
> **선생님** : 품사에 따라 띄어쓰기가 달라져요. '나에게는 너뿐이야.'에서처럼 '너'라는 체언 뒤에 붙어서 한정의 뜻을 나타낼 때의 '뿐'은 조사이기 때문에 앞말에 붙여 써야 해요. 그런데 '그녀는 조용히 웃을 뿐이었다.'에서의 '뿐'은 체언을 수식하는 관형어 '웃을' 뒤에 붙어서 '따름'이라는 뜻을 나타내는 의존 명사이기 때문에 앞말과 띄어 써야 해요.
> **학생** : '뿐'과 같이 띄어쓰기가 달라지는 예가 더 있나요?
> **선생님** : 대표적인 예로 '대로, 만큼'이 있어요.

① 아는**대로** 모두 말하여라.
② 마음이 약해질**대로** 약해졌다.
③ 모든 것이 자기 생각 **대로** 되었다.
④ 손님들은 먹을 **만큼** 충분히 먹었다.
⑤ 그 사람은 말 **만큼**은 누구보다 앞선다.

15. <보기>는 단어를 학습하기 위해 활용한 사전 자료이다. 이에 대한 탐구 내용으로 옳지 <u>않은</u> 것은?

> ─── <보 기> ───
> **어리다¹** 「동사」
> ㉠ 【…에】 눈에 눈물이 조금 괴다.
> ¶ 갑순이의 두 눈에 어느덧 눈물이 어리고 있었다.
> ㉡ 【…에】 어떤 현상, 기운, 추억 따위가 배어 있거나 은근히 드러나다.
> ¶ 밤을 새우고 난 그의 얼굴에 피로한 기색이 어렸다.
>
> **어리다²** 「형용사」
> ㉠ 나이가 적다. 10대 전반을 넘지 않은 나이를 이른다.
> ¶ 나는 어린 시절을 시골에서 보냈다.
> ㉡ 생각이 모자라거나 경험이 적거나 수준이 낮다.
> ¶ _____

① '어리다¹'과 '어리다²'는 모두 다의어이다.
② '어리다¹'은 목적어가 필요한 동사이다.
③ '어리다¹'과 '어리다²'는 동음이의 관계에 있다.
④ '어리다¹'의 ㉡에 해당하는 또 다른 용례로, '입가에 미소가 어리다.'를 추가할 수 있다.
⑤ '어리다²'의 ㉡에 들어갈 예로, '저의 어린 소견을 경청해 주셔서 고맙습니다.'와 같은 문장을 들 수 있다.

[16~20] 다음을 읽고 물음에 답하시오.

(가)

잠아 잠아 짙은 잠아 이내 눈에 쌓인 잠아
염치 불구 이내 잠아 검치 두덕* 이내 잠아
어제 간밤 오던 잠이 오늘 아침 다시 오네
잠아 잠아 무삼 잠고 가라 가라 멀리 가라
세상 사람 무수한데 구태 너는 간 데 없어
원치 않는 이내 눈에 이렇듯이 자심(滋甚)*하뇨
주야에 한가하여 월명 동창 혼자 앉아
삼사경 깊은 밤을 허도(虛度)이 보내면서
잠 못 들어 한하는데 그런 사람 있건마는
㉠무상불청(無常不請)* 원망 소래 온 때마다 듣난고니
석반(夕飯)*을 거두치고 황혼이 대듯마듯
㉡낮에 못 한 남은 일을 밤에 할랴 마음먹고
언하당(言下當)* 황혼이라 섬섬옥수(纖纖玉手)* 바삐 들어
등잔 앞에 고개 숙여 실 한 바람 불어 내어
드문드문 질긋 바늘 두엇 뜸 뜨듯마듯
난데없는 이내 ⓐ잠이 소리 없이 달려드네
㉢눈썹 속에 숨었는가 눈알로 솟아 온가
이 눈 저 눈 왕래하며 무삼 요수 피우든고
맑고 맑은 이내 눈이 절로 절로 희미하다

　　　　　　　　　　　　　－ 작자 미상, 「잠노래」－

* 검치 두덕 : 욕심 언덕.
* 자심(滋甚) : 더욱 심함.
* 무상불청(無常不請) : 청하지 않은.
* 석반(夕飯) : 저녁밥.
* 언하당(言下當) : 말이 끝나자마자 바로. 여기서는 '그런 생각을 하자마자 바로'의 뜻임.
* 섬섬옥수(纖纖玉手) : 가냘프고 고운 여자의 손.

(나)

귓도리 저 귓도리 어여쁘다 저 귓도리
　어인 귓도리 지는 달 새는 밤의 긴 소리 쟈른 소리 ㉣절절(節節)이 슬픈 소리 제 혼자 우러 녜어 사창(紗窓) ⓑ여윈 잠을 살뜰히도* 깨우는구나
　두어라 제 비록 미물(微物)이나 ㉤무인동방(無人洞房)에 내 뜻 알 이는 너뿐인가 하노라

　　　　　　　　　－ 작자 미상, 「귓도리 저 귓도리~」－

* 살뜰히도 : 알뜰하게도, 여기서는 '얄밉게도'의 뜻임.

(다)

　물은 하나의 국가요, 용은 그 나라의 군주다. 물고기 가운데 큰 것으로 고래, 곤어, 바닷장어 같은 것은 군주를 안팎에서 모시는 여러 신하이다. 그 다음으로 메기, 잉어, 다랑어, 자가사리 같은 것은 서리나 아전의 무리다. 이밖에 크기가 한 자 못 되는 것들은 물나라의 만백성이라 할 수 있다. 상하가 서로 차례가 있고 큰 놈이 작은 놈을 통솔하니, 그것이 어찌 사람과 다르겠는가?
　그러므로 용은 물나라를 다스리면서, 날이 가물어 마르면 반드시 비를 내려 주고, 사람이 물고기를 다 잡아 버릴까 염려하여서는 큰 물결을 겹쳐 일어나게 하여 덮어 준다. 그러한 것이 물고기에 대해서 은혜를 끼침이 아닌 것은 아니다.
　하지만 물고기에게 인자하게 베푸는 것은 한 마리 용뿐이요,

물고기를 학대하는 것은 수많은 큰 물고기들이다. 고래와 암코래는 조류를 들이마셔서 작은 물고기를 잡아먹는 일을 자신의 시서(詩書)로 삼고, 교룡과 악어는 물결을 헤치며 삼키고 씹어 먹어 작은 물고기를 잡아먹는 것을 거친 땅의 농사일로 삼으며, 문절망둑, 쏘가리, 두렁허리, 가물치의 족속은 틈을 타서 발동을 해서 작은 물고기를 자신의 은이요 옥으로 삼는다. 강자는 약자를 삼키고, 지위가 높은 자는 아랫것을 약탈하니, 진실로 강한 자, 높은 자가 싫증 내지 않는다면 작은 물고기는 반드시 남아나지 않을 것이다.

슬프다! 작은 물고기가 없다면 용이 누구와 더불어 군주가 되며, 저 큰 물고기들이 어찌 으스댈 수 있겠는가? 그러므로 용의 도리란 작은 물고기들에게 구구한 은혜를 베풀어 주는 것보다, 차라리 먼저 그들을 해치는 족속들을 물리치는 것만 못하리라!

아아, 사람들은 물고기에게만 큰 물고기가 있는 줄 알고 사람에게도 큰 물고기가 있는 줄을 알지 못하니, 물고기가 사람을 슬퍼하는 것이 어찌 사람이 물고기를 슬퍼하는 것보다 심하지 않다고 하랴?

― 이옥, 「어부(魚賦)」 ―

16. (가) ~ (다)의 공통점으로 가장 적절한 것은?

① 대상의 부재로 인한 그리움의 심정을 드러내고 있다.
② 현실의 어려움을 극복하려는 의지적 태도를 보이고 있다.
③ 이상과 현실의 괴리에 대해 절망적인 심경을 표출하고 있다.
④ 부정적인 현재 상황에 대해 탄식하는 태도를 드러내고 있다.
⑤ 일상생활과 관련된 사물의 속성에서 삶의 교훈을 이끌어 내고 있다.

17. (가), (나)에 대한 설명으로 적절한 것은?

① (가)와 달리 (나)는 동일한 시어의 반복을 통해 운율을 형성하고 있다.
② (나)와 달리 (가)는 청각적 심상을 통해 계절감을 드러내고 있다.
③ (가)와 (나)는 모두 시간적 배경을 통해 시적 상황을 구체화하고 있다.
④ (가)와 (나)는 모두 설의적 표현을 통해 시적 의미를 강조하고 있다.
⑤ (가)와 (나)는 모두 색채의 대비를 통해 표현 효과를 높이고 있다.

18. ⓐ, ⓑ에 대한 이해로 가장 적절한 것은?

① ⓐ는 화자의 목적을 이루기 위한 보조적 수단이다.
② ⓑ는 외부적 요인으로 인해 방해 받고 있다.
③ ⓐ와 달리 ⓑ는 화자가 현실로부터 벗어나기 위한 행위이다.
④ ⓑ와 달리 ⓐ는 화자의 고통을 해소시키고 있다.
⑤ ⓐ와 ⓑ는 모두 화자가 거부하는 대상이다.

19. ㉠ ~ ㉢을 감상한 내용으로 적절하지 <u>않은</u> 것은?

① ㉠ : 화자와 상반된 처지에 있는 사람이 '잠'에게 불만을 드러내고 있다.
② ㉡ : 쉬지도 못하고 밤늦게까지 일을 해야 하는 화자의 고달픈 삶이 나타나 있다.
③ ㉢ : '잠'을 의인화하여 잠이 쏟아지는 화자의 현재 상황을 해학적으로 표현하고 있다.
④ ㉣ : 화자의 내면적 슬픔을 '귓도리'의 울음소리를 통해 간접적으로 드러내고 있다.
⑤ ㉤ : 혼자 살아가는 자신의 외로운 처지를 알아주는 유일한 대상이 '귓도리'라는 화자의 인식이 드러나 있다.

20. <보기>를 바탕으로 (다)를 감상한 내용으로 적절하지 <u>않은</u> 것은? [3점]

<보 기>

「어부」는 국가의 상황을 물속의 세계에 빗대고, 군주를 '용'에, 여러 신하를 '큰 물고기'에, 백성을 '작은 물고기'에 빗대어 현실 세계를 비판하고 있다. 글쓴이는 나라의 근본은 '작은 물고기'인 백성이므로 백성들을 수탈하는 '큰 물고기', 즉 관리들을 잘 다스리는 것이 군주로서 해야 할 가장 중요한 일임을 강조하고 있다.

① 용이 큰 물결을 일어나게 하여 물고기를 덮어 주는 것은 백성을 어질게 살피는 군주의 모습으로 볼 수 있군.
② 교룡과 악어가 작은 물고기를 잡아먹는 것은 백성을 수탈하는 관리들의 모습으로 볼 수 있군.
③ 작은 물고기가 없으면 용이 군주가 될 수 없다고 하는 것은 나라의 근본이 백성에게 있다는 글쓴이의 인식을 보여 주는군.
④ 작은 물고기를 해치는 족속을 물리치는 것이 용의 도리라고 하는 것은 군주가 해야 할 가장 중요한 일이 관리를 잘 다스리는 일임을 말해 주는군.
⑤ 사람들이 사람에게도 큰 물고기가 있는 줄을 알지 못한다고 하는 것은 관리들의 수탈에 적극적으로 저항하지 않는 백성의 태도를 비판하는 것이군.

[21 ~ 24] 다음 글을 읽고 물음에 답하시오.

　희소성 높은 최고급 커피의 생두 가격은 어떻게 결정 될까? 그것은 바로 경매이다. 경매를 통한 가격 결정 방식은 수요자들이 해당 재화의 가치를 서로 다르게 평가하고 있거나, 해당 재화의 가치를 정확히 ⓐ가늠할 수 없을 때 주로 사용된다. 커피나무는 환경에 ⓑ민감한 식물로, 일조량과 온도와 토질에 따라서 생두의 맛과 품질이 천차만별이다. 그래서 같은 지역이라 하더라도 매년 커피 생두의 품질이 달라지는 것이다. 이처럼 생두의 품질이 매년 다양한 이유로 달라지는 상황에서 해당 커피 생두의 가치를 결정하는 가장 수월한 방법은 단연 경매라 할 수 있다.

　경매를 통한 가격 결정 방식을 사용하는 또 다른 이유는 구매자와 판매자의 숫자가 극단적으로 불일치할 때 가격을 결정하는 유용한 방법이기 때문이다. 특정 재화의 판매자가 한 명인데, 이를 구매하고자 하는 사람이 여러 명이라면 경매를 통해 가장 높은 가격을 ⓒ지불하고자 하는 사람에게 판매할 수 있다. 최고급 커피 생두 역시 이러한 이유에서 경매로 가격을 결정한다. 이 밖에도 골동품, 미술품 등은 현재 동일한 이유로 경매를 통해 가격을 결정하고 있다. 이와는 반대로 특정 재화의 구매자는 한 명인데, 이를 판매하고자 하는 사람이 여러 명일 경우에도 경매는 유용한 방식이다. 가장 저렴한 가격을 제시한 사람에게서 구매하면 되기 때문이다. 현재 전투기와 같이 정부만이 유일한 구매자라 할 수 있는 국방 관련 물품이 일종의 경매인 경쟁 입찰로 결정된다.

　경매는 입찰* 방식의 공개 ⓓ여부에 따라 공개 구두 경매와 밀봉 입찰 경매로 구분할 수 있다. 먼저 공개 구두 경매는 경매에 참여하는 사람들을 모두 한 자리에 모아 놓고 누가 어떠한 조건으로 경매에 응하는지를 공개적으로 진행하는 방식을 말한다. 이러한 공개 구두 경매는 다시 영국식 경매와 네덜란드식 경매로 구분할 수 있다. ㉠영국식 경매는 오름 경매 방식으로, 우리가 가장 흔히 접하는 낮은 가격부터 시작해서 가장 높은 가격을 제시한 사람이 낙찰자*가 되는 방식을 말한다. 이러한 영국식 경매를 통해 가격을 결정하고 있는 대표적인 품목으로는 와인과 앞서 소개한 최고급 생두가 여기에 해당한다.

　이와는 반대로 판매자가 높은 가격부터 제시해 가격을 점점 낮추면서 가장 먼저 응찰*한 사람을 낙찰자로 정하는 방식이 ㉡네덜란드식 경매다. 이것이 내림 경매 방식이다. 내림 경매 방식은 튤립 재배로 유명한 네덜란드에서 오래 전부터 이용해 오던 방식이며, 국내에서도 수산물 도매시장에서 생선 가격을 결정할 때 이 방식을 통해 가격을 결정한다.

　공개적으로 진행되는 경매와는 달리 경매 참여자들이 서로 어떠한 가격에 응찰했는지를 확인할 수 없는 밀봉 입찰 경매가 있다. 밀봉 입찰 경매는 낙찰자가 지불하는 금액을 어떻게 결정하느냐에 따라 최고가 밀봉 경매와 차가 밀봉 경매로 ⓔ구분된다. 최고가 밀봉 경매는 응찰자 중 가장 높은 가격을 적어 냈을 때 낙찰이 되는 것으로 낙찰자는 자신이 적어 낸 금액을 지불한다. 차가 밀봉 경매의 낙찰자 결정 방식은 최고가 밀봉 경매와 동일하다. 그러나 낙찰자가 지불하는 금액은 자신이 적어 낸 금액이 아니라 응찰자가 적어 낸 금액 중 두 번째로 높은 금액이다.

---

　* 입찰 : 경매 참가자에게 각자의 희망 가격을 제시하게 하는 일.
　* 낙찰자 : 경매나 경쟁 입찰 따위에서 물건이나 일을 받기로 결정된 사람.
　* 응찰 : 입찰에 참가함.

21. 윗글의 '경매'에 대한 설명으로 적절하지 <u>않은</u> 것은?

① 재화의 가치를 정확하게 평가할 수 없을 때 주로 쓴다.
② 오름 경매 방식에서는 최고가를 제시한 사람에게 낙찰된다.
③ 수요자가 재화의 가치를 서로 다르게 평가할 때 주로 쓴다.
④ 구매자와 판매자의 수가 극단적으로 불일치할 때 유용하다.
⑤ 내림 경매 방식은 구매자가 입찰금액을 제시해 경매가 시작된다.

22. ㉠과 ㉡에 대한 이해로 적절하지 <u>않은</u> 것은? [3점]

① ㉠은 경매에 참여한 사람이 경쟁자가 제시한 입찰 금액을 알 수 있다.
② 희소성이 있는 최고급 생두는 ㉠의 방식을 통해 가격을 결정하는 대표적 품목이다.
③ ㉡ 방식에서 낙찰 가격은 경매에서 최초로 제시된 금액보다 높아질 수 없다.
④ ㉠과 ㉡ 모두 경매에 나온 재화의 낙찰 가격을 알 수 있다.
⑤ 경매에 참가한 사람이 다수일 경우 ㉠과 ㉡ 모두 가장 먼저 응찰한 사람이 낙찰자가 된다.

23. 윗글을 바탕으로 할 때, <보기>의 ㉠ ~ ㉣에 들어갈 내용으로 적절한 것은?

<보 기>

　'밀봉 입찰 경매'로 진행되는 경매에 A, B, C 세 사람이 각각 10만 원, 8만 원, 6만 원으로 입찰에 참가하였다. 이 경매가 '최고가 밀봉 경매'라면 낙찰자는 (㉠)이며 낙찰자가 지불할 금액은 (㉡)이다. '차가 밀봉 경매'라면 낙찰자는 (㉢)이며 낙찰자가 지불할 금액은 (㉣)이다.

	㉠	㉡	㉢	㉣
①	A	10만 원	A	10만 원
②	A	10만 원	A	8만 원
③	A	8만 원	B	10만 원
④	B	8만 원	B	6만 원
⑤	B	8만 원	C	6만 원

24. ⓐ ~ ⓔ의 사전적 의미로 적절하지 <u>않은</u> 것은?

① ⓐ : 목표나 기준에 맞고 안 맞음을 헤아려 봄.
② ⓑ : 자극에 빠르게 반응을 보이거나 쉽게 영향을 받음.
③ ⓒ : 어떠한 것을 받아들임.
④ ⓓ : 그러함과 그러하지 아니함.
⑤ ⓔ : 일정한 기준에 따라 전체를 몇 개로 갈라 나눔.

[25~27] 다음 글을 읽고 물음에 답하시오.

미안하구나.

아버진 그렇게 얘기했다. 또 그 소리. 내가 일만 한다 하면 늘 같은 소리였다. 처음엔 들을 만했는데, 결국 들으나마나가 돼버린 지 오래다. 나이 마흔다섯에 시간당 삼천오백 원, 즉 그것이 아버지의 산수였다. 여하튼 무슨 상사(商社)에 다녔는데, 여하튼 '무슨 상사'라고밖에 말할 수 없는 직장이었다. 딱 한 번 나는 그곳을 찾아간 적이 있다. 중학생 때의 일인데 도시락을 갖다 주는 심부름이었다. 약도가 틀렸나? 엄마가 그려준 약도를 몇 번이고 확인하며 근처의 골목을 서성이고 서성였다. 간신히 찾아낸 아버지의 사무실은—여하튼 그곳에 있기는 한, 그런 ⓐ사무실이었다. 쥐들이 다닐 것 같은 어둑한 복도와, 형광등과, 칠이 벗겨진 목조의 문. 혹시 외국(外國)인가? 라는 생각이 들 만큼이나 '을씨년'스러운 곳이었다. 깜짝이야. 그런 단어가 머릿속에 있었다니. 넉넉한 환경은 아니어도, 제법 메탈리카 같은 걸 듣던 시절이었다. 그래도 세상은 뭔가 ESP 플라잉브이('메탈리카'가 사용한 기타의 모델명)와 같은 게 아닐까, 막연한 생각을 나는 했었다. 했는데, 해서 문을 열고 들어서자—꼬박꼬박 도시락만 먹어온 얼굴의 아버지가 가냘픈 표정으로 사무를 보고 있었다. 아버지, 저 왔어요.

원래 좀 노는 편이었는데, 이상하게 그날 이후 나는 조용한 소년이 되어 버렸다. 뭐랄까, 그때는 몰랐지만—그 순간 마음속에 <나의 산수>와 같은 게 생겨났기 때문이었다. 아마도 그랬다고, 지금의 나는 생각한다. 그것은 슬픈 일도 기쁜 일도 아니었으며, 누구를 원망할 성질의 것은 더더욱 아니었다. 그저, 말 그대로 수(數)였던 것이다. 말수가 줄어든 대신, 나는 열심히 알바를 하고 돈을 모으기 시작했다. 야, 세상은 한 방이야.—어울리던 친구들이 안쓰럽단 투로 말했지만, 나는 알고 있었다. 결국 이들도 같은 산수를 할 수밖에 없단 사실을. 넌 뭘 할 건데? 나? 글쎄 요샌 연예계가 어떨까 싶어.

(중략)

그 겨울의 어느 날이었다.

아버지가 사라졌다.

정말로 사라진 것이었다. 어떤 조짐도 보이지 않았고, 어떤 짐작도 할 수 없었다. 처음엔 사고가 아닌가 백방으로 뛰어다녔지만, 사고의 흔적은 어디에도 없었다. 행적에 대해 말해줄 수 있습니까? 아버지를 마지막으로 본 것은 나였으므로, 당연히 나는 그에 대해 할 말이 있었다. 그날 아침 ⓑ전철역에서 만났습니다. 전철역에서요? 네, 아버지는 출근을 하는 길이었고, 저는 그곳에서 아르바이트를 하고 있었습니다. 종종 만나는 편인데, 늘 그랬듯 그날도 역시 아버지를 밀어 드렸습니다. 뭐 특이한 점은 없었나요? 글쎄요… ㉠그러고 보니 '잠깐만, 다음 걸 타자'하고 몸을 한 번 뺐습니다. 그런 적은 처음이었나요? 네, 아마도. 그래서 어떻게 했나요? 힘드신가 보다, 라고 쉽게 생각했습니다. 그래서 다음 열차에 태워 보냈습니다. 순순히 타던가요? 그런, 편이었습니다.

그리고 그것이, 아버지의 마지막 모습이었다. 아버지는 회사에도 가지 않았고, 집으로도 오지 않았다. 말 그대로의, 실종. ㉡경찰은 요즘 그런 사람들이 꽤 있다는 말로 나를 위로했지만,

그런 사람들이 꽤 있다고 해서 위로가 될 리 없었다. 그 후의 기억은… 잘 정리가 되지 않는다. 나는 아버지의 회사를 상대로 밀렸던 두 달치 임금을 받아냈고, 이는 보통 힘든 일이 아니었고, 이런저런 서류를 마련해 할머니를 관인 '사랑의 집'에 보내고, 이 또한 정말 까다롭고 힘든 일이었으며, 경찰서와 병원을 꾸준히 오고, 가고, 또 여전히 일을 했다, 해야만 했다. 때로 새벽의 전철에 지친 몸을 실으면, 그래서 나는 어둠 속의 누군가에게 몸을 떠밀리는 기분이었다. 밀지 마, 그만 밀라니까. 왜 세상은 온통 '푸시'인가. 왜 세상엔 <풀맨>이 없는 것인가. 그리고 왜, 이 열차는

삶은, 세상은, 언제나 흔들리는가. 그렇게

흔들리던 겨울이 가고, 봄이 왔다. 봄은 금성인과 화성인이 모두 부러워할 만큼이나 근사한 계절이었다. 끝내 아버지는 돌아오지 않았지만, 대신 어머니의 의식이 기적처럼 돌아왔다. ㉢의식이 돌아왔다는 사실보다도, 퇴원을 할 수 있다는 사실이 기뻐 나는 울었다. 글쎄 그 정도의 서러운 이유라면, 누구나 눈물이 나오지 않았을까? 이제 재활 치료만 받으면 됩니다. 의사란 사람이, 그렇게 얘기했다. 재활 치료만 받으면 되는 거겠지. 의사란 사람이, 그렇게 말했으니.

그렇게 우리 집은 다시금 숨을 트고 있었다. 아버지가 사라졌지만 할머니란 짐을 덜게 된 까닭으로, 또 엄마가 스스로 자신의 병원비를 번 까닭으로—그대로, 그렇게. 근처의 지붕에서 지켜본다면, 아마도 그것은 잔디의 작은 싹이 움을 튼 모습과 비슷한 광경이었을 것이다. 살아, 있다. ㉣무사하진 않았지만, 그래도 유사한 산수를 할 수 있단 것은 얼마나 큰 삶의 축복인가. 사라지기 전에, 사라지기 전에 말이다.

봄이 얼마나 완연한 날이었을까. 일을 마친 나는 잠시 역사의 벤치에서 졸다가—깊고, 완연한 잠을 자 버리고 말았다. 그리고 눈을 떴다. 목이 말랐다. 여느 때처럼 미린다 한 잔을 마시고 나자, 탄산수처럼 쏘는 느낌의 봄볕이 피부를 찔러 왔다. 당연히 <얼음 없음>인 봄볕 속에는, 그래서 그만큼의 온기가 더 스며 있었다. 아아, 마치 기지개처럼 나는 다릴 뻗고 고갤 젖혔다. 여전히 구름은 흘러가고 지구는 돌고, 그리고 다시 고개를 들었는데—건너편 플랫폼의 지붕 부근에 떠 있는 이상한 얼굴 하나가 눈에 들어왔다. 저것은 설마

기린이 아닌가. 그것은 정말 한 마리의 기린이었다. 기린은 단정한 차림새의 양복을 입고, 플랫폼의 이곳저곳을 천천히 거닐고 있었다. 오전의 역사는 한가했고, 아무리 한가해도 그렇지—사람들은 그럴 수도 있지 뭐,의 표정으로 그닥 신경을 쓰지 않는 눈치였다. 이거야 원, 누군가 한 사람은 긴장을 해야 하는 게 아닌가,란 생각으로 나는 기린을 예의, 주시했다. 끄덕끄덕 머리를 흔들며 걷던 기린이 코너 근처의 벤치 앞에서 멈춰 섰다. 그리고, 앉았다. 그것은 그리고, 앉았다,라고 해야 할 만큼이나 분리되고, 모션이 큰 동작이었다. 이상하게도 그 순간, 나는 기린이 아버지란 생각을 했다. 이유는 알 수 없지만 그런 확신이 들었다. 나는 이미 통로를 뛰어가고 있었다. 사라지기 전에, 사라지기 전에.

다행히 기린은 꼼짝 않고 앉아 있었다. 주저주저 그 곁으로 다가간 나는, 주저주저 기린의 곁에 조심스레 앉았다. 막상 앉

으니-기린은 앉은키가 엄청나고, 전체적으로 다소곳하고 무신경한 느낌이었다. 기린은 이쪽을 쳐다보지도 않는데, 나는 혼자 울고 있었다. ⓜ이상하게도 자꾸만 눈물이 나오는 것이었다. 아버지… 곧장 나는 가슴 속의 말을 꺼냈고, 기린의 무릎 위에 내 손을 올려놓았다.

– 박민규, 「그렇습니까? 기린입니다」 –

25. ⓐ와 ⓑ에 대한 이해로 적절하지 <u>않은</u> 것은?

① ⓐ는 아버지의 초라한 삶이 나타나는 공간이다.
② ⓐ에서 본 아버지의 모습은 '나'가 정신적으로 성장하는 계기가 된다.
③ ⓑ는 현실적 요소와 환상적 요소가 뒤섞인 공간이다.
④ ⓐ와 ⓑ는 각각 아버지와 '나'가 서로에게 자신의 삶을 보여주는 공간이다.
⑤ ⓐ에서의 아버지와는 달리 ⓑ에서의 '나'는 자신이 처한 현실에 절망감을 느끼고 있다.

26. ㉠~㉤에 대한 이해로 적절한 것은?

① ㉠ : 아버지가 사라진 후에야 아버지의 행동이 평소와 달랐음을 '나'가 알아차린 것으로 볼 수 있다.
② ㉡ : 경찰이 '나'의 아버지의 실종에 대해 큰 관심을 두고 있다는 것을 알 수 있다.
③ ㉢ : 병원비가 줄었다는 사실보다는 어머니의 병세가 호전되었다는 것에 기뻐하는 '나'의 심리가 나타나 있다.
④ ㉣ : 이전보다 집안의 경제 사정이 나아졌다는 사실에 대한 '나'의 자부심이 드러나 있다.
⑤ ㉤ : '나'를 외면하는 아버지의 냉정한 태도에 대한 원망의 심리가 드러나 있다.

27. <보기>는 윗글을 쓴 작가의 말이다. <보기>를 바탕으로 윗글을 감상한 내용으로 적절하지 <u>않은</u> 것은? [3점]

> ───── <보 기> ─────
>
> 우리는 살벌한 현실 속에서 살아가고 있습니다. 현실의 무게에 짓눌려 자신만의 '산수'조차 감당하지 못하고 현실로부터 도피하는 '아버지'의 모습은 어쩌면 이 땅 모든 아버지의 또 다른 내면의 욕망인지도 모릅니다. 현실이 더욱 팍팍해지기에 자신이 감당해야 하는 삶의 무게는 점점 무거워집니다. 또 인간은 마치 짐짝처럼 '푸시맨'이 밀면 밀리는 대로 구겨지듯 그저 전동차 안으로 들어갑니다. 그 혼잡한 곳에 들어가야 현실과 연결될 수 있음을 알기에 스스로 인간이기를 포기하고 짐짝처럼 머리를 들이밀고 몸을 쑤셔 넣어야 하는 것입니다. 이 무한 경쟁의 시대에 적응하지 못한 자는 아무도 신경 쓰지 않는 '기린'으로 살아갑니다.

① '아버지'가 사라진 것은 자신이 져야 할 현실의 무게를 감당하지 못하고 현실로부터 도피한 것으로 볼 수 있군.
② '아버지'의 가출로 인해 '나'가 집안에서 해야 할 일이 많아진 것은 '나'가 감당해야 하는 삶의 무게가 더 무거워졌다는 것을 의미하는군.
③ 플랫폼에서 '나'가 발견한 '기린'은 경쟁의 시대에 적응하지 못하고 누구의 관심도 받지 못하는 '아버지'의 모습을 상징적으로 나타내고 있군.
④ 전동차 안으로 밀리는 대로 짐짝처럼 들어가는 '아버지'의 모습에서 어쩔 수 없이 현실 속으로 들어가야만 하는 현대인의 모습을 발견할 수 있군.
⑤ 마흔다섯의 나이에 시간당 삼천오백 원을 받는 '아버지'와 어린 나이에 아르바이트를 하며 돈을 모으는 '나'의 모습은 자신만의 산수조차 감당하지 못하는 현실을 보여주고 있군.

[28~31] 다음 글을 읽고 물음에 답하시오.

사람들은 하루에도 수많은 일들을 판단하면서 살아간다. 판단을 할 때마다 필요한 모든 정보를 수집하여 이용하고자 하면, 정보를 수집하는 것도 힘들뿐더러 그 정보를 처리하는 것도 부담이 된다. 그렇기 때문에 사람들은 과거 경험을 바탕으로 어림짐작을 하게 되는데, 이를 휴리스틱이라고 한다. 이러한 휴리스틱에는 대표성 휴리스틱과 회상 용이성 휴리스틱, 그리고 시뮬레이션 휴리스틱 등이 있다.

대표성 휴리스틱은 어떤 대상이 특정 집단에 속할 가능성을 판단할 때, 그 대상이 특정 집단의 전형적인 이미지와 얼마나 닮았는지에 따라 판단하는 경향을 말한다. 우리는 키 198㎝인 사람이 키 165㎝인 사람보다 농구 선수일 가능성이 높을 것이라 판단한다. 이와 같이 대표성 휴리스틱은 흔히 첫인상을 형성할 때나 타인에 대해 판단을 할 때 작용한다. 그런데 대표성 휴리스틱에 따른 판단은 그 대상이 가지고 있는 특정 집단의 전형적인 속성에만 주목하여 이루어진 것이다. 따라서 이러한 판단은 신속한 결정을 내리는 데 도움이 되기도 하지만, 항상 정확하고 객관적인 것이라고 보기는 어렵다.

회상 용이성 휴리스틱은 당장 머릿속에 잘 떠오르는 정보에 의존하여 판단하는 경향을 말한다. 사람들에게 작년 겨울 독감에 걸린 환자들이 얼마나 많았는지 물어보면, 일단 자기 주변에서 발생한 사례들을 떠올려 추정하게 된다. 이러한 추정은 적절할 수도 있지만, 실제 발생 확률과는 다를 수도 있다. 사람들은 최근에 자신이 경험한 사례, 생동감 있는 사례, 충격적이거나 극적인 사례들을 더 쉽게 회상한다. 그래서 비행기 사고 장면을 담은 충격적인 뉴스 보도 영상을 접하게 되면, 그 장면이 자꾸 떠올라 자동차보다 비행기가 더 위험하다고 생각하게 되는 것이다. 그러나 이것은 실제 사고 발생 확률을 고려하지 못한 잘못된 판단이다.

시뮬레이션 휴리스틱은 과거에 발생한 특정 사건이나 미래에 일어날 일들을 마음속에 떠올려 그 장면을 상상해 보는 것이다. 범죄 용의자를 심문하는 경찰관이 그 용의자의 진술에 기초해서 범죄 장면을 머릿속에 그려보는 것이 이에 해당한다. 이때 경찰관은 그 용의자를 범인으로 가정해야만 그가 범죄를 저지르는 장면을 머릿속에 떠올려 볼 수 있다. 이러한 가상적 장면을 자꾸 머릿속에 떠올리다 보면, 그 용의자가 정말 범인인 것처럼 생각하게 된다. 그래서 그가 범인임을 입증하는 객관적인 증거를 충분히 수집하기도 전에 그를 범인이라고 판단할 가능성이 높아지는 것이다.

이처럼 휴리스틱은 종종 판단 착오를 낳기도 하지만, 경험에 기반하여 답을 찾는 효율적인 방법이라고 ⓐ볼 수도 있다. 일상생활에서 우리의 판단과 추론이 항상 합리적인 사고 과정을 거쳐 일어나는 것은 아니다. 우리는 '결정을 위한 시간이 많지 않다.'는 가정을 무의식적으로 하고 있다. 휴리스틱은 우리가 쓰고 싶지 않아도 거의 자동적으로 작용한다. 그리고 수많은 대안 중 순식간에 몇 가지 혹은 단 한 가지의 대안만을 남겨 판단하기 쉽게 만들어 준다. 이런 점에서 인간은 ㉠'인지적 구두쇠'라고 할 만하다.

28. 윗글의 내용과 일치하지 <u>않는</u> 것은?

① 일상생활 속에서 사람들은 과거 경험을 바탕으로 어림짐작을 하게 된다.
② 사람들은 충격적인 경험을 충격적이지 않은 경험보다 더 쉽게 회상한다.
③ 휴리스틱에 따른 판단은 사실에 부합하는 판단일 수도 있고 그렇지 않을 수도 있다.
④ 가상적인 상황을 반복하여 상상하면 마치 그 상황이 실제 사실인 것처럼 느껴질 수 있다.
⑤ 다른 사람의 입장이 되어 가상적인 상황을 생각함으로써 정확하고 객관적인 판단을 내릴 수 있다.

29. ㉠의 의미를 가장 잘 나타내고 있는 것은?

① 인간은 세상의 수많은 일들을 판단할 때 가능하면 노력을 덜 들이려는 경향이 있다.
② 인간은 주변 세계에 의미를 부여하고 앞으로 일어날 일을 예측하려는 욕구를 가지고 있다.
③ 인간은 과학적이고 체계적으로 정보를 처리하여 정확하고 객관적인 판단을 하려는 경향이 있다.
④ 인간은 판단에 필요한 정보나 판단하기 위한 시간이 부족하기 때문에 휴리스틱을 의도적으로 사용한다.
⑤ 인간은 일상생활 속에서 판단이나 결정을 할 때 가능한 모든 대안의 장점과 단점을 분석하여 결론을 도출한다.

30. 다음은 휴리스틱과 관련한 실험 내용이다. 윗글로 보아 <보기>의 ㉮에 들어갈 내용으로 가장 적절한 것은?

< 보 기 >

한 심리학 실험에서 연구자들은 사람들에게 '영미는 31세로 감성적이며 새로운 곳에 대한 호기심이 많은 여성이다. 대학에서 국어국문학을 전공하였고 사진 동아리에서 꾸준히 활동하였다.'라는 정보를 제시한 후, 영미가 현재 어떤 모습일지 A와 B 중 가능성이 높은 순서대로 배열하도록 하였다.

A. 영미는 은행원이다.
B. 영미는 여행 블로그를 운영하는 은행원이다.

B는 A의 부분집합이므로, 적어도 B보다 A일 가능성이 높다. 그러나 대부분의 사람들은 A보다 B일 가능성이 더 높다고 판단했다. 이에 대해 연구자들은 대표성 휴리스틱이 이러한 판단을 유도한 것이라고 보았다. 사람들이 (㉮) 보고, B의 '영미는 여행 블로그를 운영'에 주목했기 때문이라는 것이다.

① 최근에 여행 블로그가 유행하고 있다는 점을 고려해
② 대표적인 여행 블로그는 어떤 특징이 있는지 판단해
③ 영미가 은행원보다는 여행 블로그 운영자에 더 어울린다고
④ 가고 싶은 장소를 여행 블로그에서 검색했던 경험을 떠올려
⑤ 영미가 은행원이 되어 고객들에게 친절하게 대하는 모습을 상상해

31. ⓐ와 가장 유사한 의미로 사용된 것은?

① 김 씨는 오십이 넘어 늦게 아들을 <u>보았다</u>.
② 나는 날씨가 좋을 것으로 <u>보고</u> 세차를 했다.
③ 그녀는 남편이 사업에 실패할까 <u>봐</u> 걱정했다.
④ 다른 사람의 흄을 <u>보는</u> 것은 좋지 못한 습관이다.
⑤ 그는 <u>보던</u> 신문을 끊고 다른 신문을 새로 신청했다.

[32 ~ 34] 다음 글을 읽고 물음에 답하시오.

(가)

산비알에 돌밭에 저절로 나서
저희들끼리 자라면서
재재발거리고 떠들어 쌓고
밀고 당기고 간지럼질도 시키고
시새우고 토라지고 다투고
시든 잎 생기면 서로 떼어주고
아픈 곳은 만져도 주고
끌어안기도 하고 기대기도 하고
이렇게 저희들끼리 자라서는
늙으면 동무나무 썩은 가질랑
슬쩍 잘라주기도 하고
세월에 곪고 터진 상처는
긴 혀로 핥아주기도 하다가
열매보다 아름다운 이야기들을
머리와 어깨와 다리에
가지와 줄기에
주렁주렁 달았다는
별 많은 밤을 골라 그것들을
하나하나 떼어 온 고을에 뿌리는
우리 동네 늙은 느티나무들

    – 신경림, 「우리 동네 느티나무들」 –

(나)

나는 구부러진 길이 좋다.
구부러진 길을 가면
나비의 밥그릇 같은 **민들레**를 만날 수 있고
감자를 심는 **사람**을 만날 수 있다.
날이 저물면 울타리 너머로 밥 먹으라고 부르는
어머니의 목소리도 들을 수 있다.
구부러진 하천에 물고기가 많이 모여 살듯이
들꽃도 많이 피고 별도 많이 뜨는 **구부러진 길**.
구부러진 길은 산을 품고 마을을 품고
구불구불 간다.
그 구부러진 길처럼 살아온 사람이 나는 또한 좋다.
반듯한 길 쉽게 살아온 사람보다
흙투성이 감자처럼 ⓐ<u>울퉁불퉁</u> 살아온 사람의
ⓑ<u>구불구불</u> 구부러진 삶이 좋다.   [A]
구부러진 주름살에 **가족을 품고 이웃을 품고 가는**
구부러진 길 같은 사람이 좋다.

    – 이준관, 「구부러진 길」 –

32. (가)와 (나)의 표현상의 특징에 대한 설명으로 가장 적절한 것은?

① (가)와 (나)는 모두 시간의 흐름을 따라 시상을 전개하고 있다.
② (가)와 (나)는 모두 화자가 대상에 말을 건네는 방식으로 친근한 분위기를 만들고 있다.
③ (가)는 역설적 표현으로, (나)는 반어적 표현으로 의미를 강조하고 있다.
④ (가)는 시각적 심상을 중심으로, (나)는 청각적 심상을 중심으로 대상을 묘사하고 있다.
⑤ (가)는 특정 어미의 반복을 통해, (나)는 특정 시어들의 반복을 통해 리듬감을 살리고 있다.

33. <보기>를 참조하여 (가)와 (나)를 감상한 내용으로 적절하지 <u>않은</u> 것은? [3점]

< 보 기 >
 자연의 순리를 파괴하고 건설된 현대 문명사회는 과도한 경쟁과 강자에 의한 약자 지배가 심화되고 있다. 그러나 자연의 다양한 생명들은 생겨난 그대로의 모습으로 조화를 이루고 있으며, 서로 의존하면서 하나의 생명 공동체를 이룬다. 문학은 이러한 자연의 모습에서 현대 문명사회의 문제들을 극복할 수 있는 대안으로서의 삶의 원리와 인간형을 성찰하고 있는데, (가)와 (나)는 이러한 관점에서 살펴볼 수 있다.

① (가)의 '산비알에 돌밭에 저절로 나서'는 생겨난 그대로의 모습으로 존재하는 자연을 형상화한 것으로 볼 수 있다.
② (가)의 '아픈 곳은 만져도 주고 / 끌어안기도 하고 기대기도 하고'에서는 서로 의존하면서 살아가는 공생의 원리를 찾아볼 수 있다.
③ (가)의 '우리 동네 늙은 느티나무들'은 강자에 의한 약자 지배가 심화되면서 다양성이 훼손된 자연 공동체를 상징적으로 보여준다고 할 수 있다.
④ (나)의 '구부러진 길'은 '민들레', '사람', '들꽃' 등의 다양한 생명이 조화를 이루는 생명 공동체의 원리를 발견하는 공간으로 볼 수 있다.
⑤ (나)의 '가족을 품고 이웃을 품고 가는 / 구부러진 길 같은 사람'은 과도한 경쟁으로 생겨난 현대 문명사회의 문제들을 극복할 수 있는 대안으로서의 인간형으로 볼 수 있다.

34. [A]의 시적 맥락을 고려할 때, ⓐ와 ⓑ에 대한 이해로 가장 적절한 것은?

① ⓐ는 '흙투성이 감자'의 긍정적 의미와 어울리고, ⓑ는 '구부러진 삶'의 부정적 측면과 어울린다.
② ⓐ는 ⓑ와 더불어 '반듯한 길 쉽게'와 의미상 대비를 이루며 '흙투성이 감자'의 이미지와 어울린다.
③ ⓐ는 ⓑ와 더불어 '흙투성이 감자'의 이미지를 강화하면서 '구부러진 삶'에 대한 비관적 인식을 드러낸다.
④ ⓐ는 '구부러진 길처럼 살아온 사람'의 내면을 드러내고, ⓑ는 '반듯한 길 쉽게 살아온 사람'의 내면을 드러낸다.
⑤ ⓐ는 '반듯한 길'을 소극적으로 수용하는 태도를 반영하고, ⓑ는 '구부러진 길'을 적극적으로 예찬하는 태도를 반영한다.

[35~38] 다음 글을 읽고 물음에 답하시오.

　과학에서 관심을 갖는 대상을 '계(system)'라고 하고, 계를 제외한 우주의 나머지 부분은 '주위(surroundings)', 계와 주위 사이는 '경계(boundary)'라고 한다. 계는 주위와 에너지나 물질의 교환이 모두 일어나지 않는 '고립계', 주위와 물질 교환 없이 에너지 교환만 일어나는 '닫힌계', 주위와 물질 및 에너지 교환이 모두 일어나는 '열린계'로 나눌 수 있다.

　열역학 제1법칙에 따르면 우주의 에너지 총량은 일정하므로, 계와 주위의 에너지 합 또한 일정하다. 계와 주위 사이에 에너지 교환이 있다면, 계의 에너지가 감소할 때 주위의 에너지는 증가하며, 계의 에너지가 증가할 때 주위의 에너지는 감소하게 된다. 계와 주위 사이에 에너지 교환이 일어날 때, 계의 에너지가 증가하면 +로, 계의 에너지가 감소하면 −로 표시한다. 한편, 계가 열을 흡수하는 과정은 흡열 과정, 계가 열을 방출하는 과정은 발열 과정이라고 하는데, 열은 에너지의 대표적인 형태이므로, 흡열 과정에 관련된 열은 $+Q$로, 발열 과정에 관련된 열은 $-Q$로 나타낼 수 있다.

　계의 에너지는 온도, 압력, 부피 등의 열역학적 변수들에 의해 결정되므로, 열역학적 변수들이 ㉠같은 계들은 같은 '상태'에 있다고 할 수 있다. <그림>과 같이 피스톤이 연결된 실린더가 있고, 실린더에는 보일-샤를의 법칙을 만족하는 기체가 들어 있다고 가정해 보자. 먼저, 피스톤을 고정하지 않은 채 실린더 속 기체의 압력이 P_1로 일정하도록 유지한 상태에서 실린더를 가열하여 실린더 속 기체의 온도가 T_1에서 T_2가 되도록 하면, 온도가 높아짐에 따라 실린더 속 기체의 부피는 증가하게 된다. 한편, 피스톤을 고정하여 실린더 속 기체의 부피를 일정하게 하고 실린더를 가열하면, 실린더 속 기체의 온도가 T_1에서 T_2가 되는 동안 실린더 속 기체의 압력은 P_1에서 P_2로 증가하는데, 온도가 T_2인 상태를 유지하면서 고정시켰던 피스톤을 풀면 실린더 속 기체의 압력이 P_1이 될 때까지 실린더 속 기체의 부피는 증가하게 된다.

피스톤

실린더

[가]

　전자의 경우를 A, 후자의 경우를 B라고 하면, A는 T_1, P_1인 초기 상태에서 T_2, P_1인 최종 상태가 되었고, B는 T_1, P_1인 초기 상태에서 T_2, P_2인 상태를 거쳐 T_2, P_1인 최종 상태가 되었다고 할 수 있다. 그리고 두 계라 할 수 있는 A와 B가 같은 상태에 있으면, A와 B의 실린더 속 기체의 내부 에너지*는 서로 같다고 할 수 있다.

　이때 A의 초기 상태와 B의 초기 상태, A의 최종 상태와 B의 최종 상태는 각각 같지만, 초기 상태에서 최종 상태에 이르는 경로는 다르다. 따라서 두 계가 같은 상태에 있다고 해서 두 계가 만들어진 과정이 같다고 할 수는 없다. 또한 어떤 계의 변화가 일어나는 경로는 초기 상태에서 최종 상태로 진행하면서 거치는 일련의 상태들로 이루어져 있으며, 이 두 상태를 연결하는 경로는 무한히 많다.

---

*기체의 내부 에너지 : 기체가 가지고 있는 에너지를 의미하며, 기체의 부피가 일정할 때 기체의 내부 에너지는 온도에 의해 결정된다.

---

35. 윗글의 내용과 일치하지 <u>않는</u> 것은?

① 열역학적 변수들이 같은 두 계는 같은 상태에 있다.
② 열역학 제1법칙에 따르면 우주의 에너지 총량은 일정하다.
③ 열린계에서는 주위와 물질 교환 없이 에너지 교환만 일어난다.
④ 어떤 계가 초기 상태에서 최종 상태로 진행하면서 거칠 수 있는 경로는 무한히 많다.
⑤ 계와 주위 사이에 에너지 교환이 일어날 때 계의 에너지가 증가하면 주위의 에너지는 감소한다.

36. 윗글을 바탕으로 <보기>를 이해한 내용으로 가장 적절한 것은?

< 보 기 >

　물이 담긴 수조에 절반 정도 잠기도록 놓인 비커 속 물에 진한 황산을 넣어서 묽은 황산 용액을 만들면, 묽은 황산 용액은 물론 비커 주위의 수조 속 물의 온도까지 높아진다. 이는 황산이 이온으로 되면서 열이 방출되고, 이 열이 수조 속 물에도 전달되기 때문이다.

---

① 묽은 황산 용액이 만들어지는 과정은 발열 과정으로, 이 과정과 관련된 열은 $-Q$로 표시되겠군.
② 진한 황산을 넣은 물은 주위와 물질 및 에너지 교환이 일어나는 고립계에 해당하겠군.
③ 비커 속 물의 에너지와 수조 속 물의 에너지는 모두 감소했겠군.
④ 묽은 황산 용액은 수조 속의 물로부터 에너지를 흡수했겠군.
⑤ 비커 속의 물과 수조 속의 물은 모두 경계에 해당하겠군.

37. <보기>는 [가]를 그래프로 표시한 것이다. <보기>를 참고하여 [가]를 이해한 내용으로 적절하지 <u>않은</u> 것은? [3점]

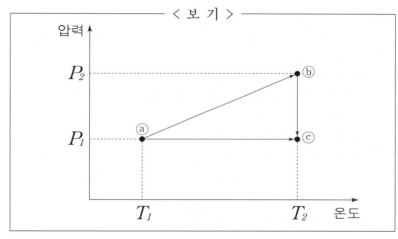

< 보 기 >

① A의 경우 ⓐ 상태에서 ⓒ 상태가 되는 경로에서 실린더 속 기체의 부피가 증가한다.
② B의 경우 ⓐ 상태에서 ⓑ 상태가 되는 경로에서 온도가 점차 높아진다.
③ B의 경우 ⓑ 상태에서 ⓒ 상태가 되는 경로에서 실린더 속 기체의 부피가 증가한다.
④ ⓐ 상태에서 실린더 속 기체의 내부 에너지는 A의 경우와 B의 경우가 같을 것이다.
⑤ ⓒ 상태에서 실린더 속 기체의 내부 에너지는 A의 경우보다 B의 경우가 클 것이다.

38. 문맥을 고려할 때 ㉠과 바꾸어 쓰기에 가장 적절한 것은?

① 동일한　② 동반한　③ 동화한　④ 균일한　⑤ 유일한

[39 ~ 42] 다음 글을 읽고 물음에 답하시오.

[앞부분 줄거리] 선관의 점지로 태어난 신유복은 어려서 부모를 잃고 유리걸식한다. 유복의 인물됨을 알아본 상주 목사는 호장의 딸 경패를 유복과 혼인하게 한다. 그러나 유복은 가난하다는 이유로 호장 부부, 경패의 두 언니, 그 남편 유소현, 김평의 미움을 받고 경패와 함께 쫓겨난다.

해는 서산에 걸렸다. 처녀가 저녁연기를 쫓아 밥을 빌러 다녔다. 유복이 처녀와 마을로 들어가 밥을 빌어먹고 방앗간을 찾아가 거적을 얻어다 깔고 둘이 마주 누워 팔을 베고 같이 자니 신세가 궁했다. 유복은 활달한 영웅이요, 처녀 역시 여자 중의 군자였다. 고어에 흥이 다하면 슬픔이 오고 괴로움이 다하면 즐거움이 온다고 하였는데 하늘이 어찌 어진 사람을 곤궁 속에 던져두시겠는가. 처녀도 유복의 늠름한 풍채와 잘 생긴 용모를 대하니 정이 깊이 들었다. 그러므로 고생을 어찌 한탄할 것인가. 이튿날 밥을 빌어먹고 처녀가 유복에게 말했다.

"슬프도다. 이 세상에서 가장 귀한 것이 사람인데, 사람만 못한 짐승도 집이 있건만, 우리는 어째서 의지할 곳조차 없나하고 생각하면 애달픈 생각이 듭니다. 저 건너 북쪽 돌각 담이 임자가 없는 것이니 돌각담을 헐고 움이나 한 간 묻어 봅시다."

동리로 재목과 이엉을 구걸하니 사람들이 불쌍히 여겨 서로 다투어가며 주었다. 처녀가 유복과 더불어 움을 묻고 거적을 얻어 깔고 밥을 빌어다가 나눠 먹고 그 밤을 지내니, 마치 커다란 저택에서 좋은 음식을 먹은 것같이 흐뭇하였다. 그러나 깊은 정이야 어디다 비할 수 있으랴. 남의 방앗간에서 잠자던 것은 한바탕 꿈이었다. 인근 사람들이 유복의 가련한 정상과 경패의 지극한 정성을 불쌍히 여겨 음식을 아끼지 않고 주며, 호장 부부를 욕하지 않는 사람이 없었다. 유복이 남의 집의 물도 길어주고 방아질도 해주니 허기를 면하였다. 그러나 의복이 없어 초라하였다.

처녀가 하루는 유복에게 말했다.

[A]
"옛글에 '장부 세상에 나서 입신하여 세상에 이름을 드날려 문호를 빛나게 하며, 조상 향불을 빛나게 하라' 하였으니 문필을 배우지 않으면 공명을 어떻게 바라겠습니까? 그래서 옛 사람도 낮이면 밭 갈고, 밤이면 글을 읽어, 성공하여 길이 길이 기린각에 화상을 그린 족자가 붙어 훗날에 유전하는 것을 장부다운 일로 여겼습니다. 무식한 사람으로 영웅호걸이 되었다는 말은 듣지 못했습니다."

유복이 처녀의 말을 듣고 감동되어 말했다.

[B]
"내 어려서 글자나 읽었지만 어찌 이런 마음이 없겠소마는 글을 배우려 한들 어디서 배우며 책 한 권도 없으니 어찌겠소. 또한 장차 외로운 당신은 누구를 의지한단 말이요?"

낭자가 말했다.

"그것은 염려 마십시오. 나는 혼자라도 이 움을 떠나지 않을 것이오. 내가 양식을 당할 것이니 아무 염려 마십시오. 들리는 말에 의하면 뒤 절에 원강 대사라 하는 중이 도승이며, 또한 천하 문장이라 하니 거기 가서 간절히 부탁하면 글을 가르쳐 줄 듯하오니 올라가십시오."

낭자는 바로 나아가 책 한 권을 얻어다가 주며 말했다.

"공자의 나이 열세 살이니 팔 년을 공부하여 이십이 되거든 내려오십시오. 그렇게 하시면 반가이 맞아들이겠지만 만일 그 전에 내려오시면, 절대로 세상에 있지 않겠습니다."

이렇듯 가기를 재촉하였다. 유복이 낭자의 정성을 거절 못하여 책을 옆에 끼고 절로 올라갔다. 그리고 대사를 보고 자초지종을 말하니 대사는 유복을 보고 놀라며 위로하였다.

"십삼 년 전에 규성이 무주 땅에 떨어졌기 때문에 영웅이 난 줄 알았으나 다시 광명이 없기에 분명히 곤란이 있다는 것을 짐작했지만, 오늘에야 겨우 만나게 되었군. 장부의 초년 고생은 영웅호걸의 사업 재료가 되는 법, 사람이 고초를 겪지 못하면 교만한 사람이 되리라."

그 날부터 글을 가르쳐 주니 유복은 본래 하늘의 선동이라 한 자를 가르치면 백 자를 능통하였다.

(중략)

유복은 그럭저럭 과거 날이 당도하여 과거 보는 장소의 기구를 차려 가지고 과거 보는 곳으로 들어갔다. 자리를 얻지 못하고 민망해 하다가 한 곳을 바라보니 유소현, 김평이 자리를 넓게 점령하고 앉았다. 그러나 저네들이 제 글을 짓지 못하여 남의 손을 빌려 과거를 보려고 주안을 많이 차려 같이 과거 보는 이를 관대히 대하고 있었다. 유복이 속마음에 반가워 그 옆으로 들어갔다. 세상에 용서받지 못할 놈이 유복을 보고 벌컥 화를 내며 꾸짖었다.

"이 거지 놈이 어디로 들어왔냐? 저놈을 어서 잡아내라. 사람이 많이 모인 것을 보고 쫓아 왔으니 빨리 잡아내라. 눈앞에서 썩 없어져라."

유복이 분한 마음을 먹고 다른 곳으로 가서 헌 거적을 얻어 깔고 앉았다. 이윽고 글 제목이 내어 걸리었다. 유복이 한번 보고 한숨에 줄기차게 써 내려가서 순식간에 제일 먼저 바치고 여관으로 돌아와 방 붙기를 기다리고 있었다.

그런데 유소현, 김평 두 놈이 겨우 남에게 글장이나 얻어 보고는 방 기다릴 염치가 없었던지 곧 출발하여 내려갔다. 이때 호장 부부와 경옥 경란이 반기며 나와 영접하였다. 술상을 차려 놓고 술을 권하니 그 두 놈이 널리 친구를 청하여 흥청댔다. 이때 경패 그 두 사람이 과거에 갔다가 무사히 돌아온 것을 알고 행여나 낭군을 과거 보는 장소에서 만나 보았는가 궁금히 여겨 소식을 들으러 갔었다. 마침 흘러나오는 소리를 들었다. 유소현, 김평이 바깥사랑에서 호장더러 '유복을 과거 보는 장소에서 만나 끌어 쫓아냈다.'는 말을 하니까 호장이 듣고 큰소리로 '그 놈을 잘 박대하였네.'하고 손뼉을 치며 말했다. 이때 낭자는 그 지껄이는 말을 듣고 낭군이 과거 보는 장소에 무사히 간 것을 알고 기뻐했으나 그 두 놈의 소위를 생각하면 괘씸하기 짝이 없었다. 움집으로 돌아와 탄식하며 말했다.

"세상에 몹쓸 놈도 있구나. ㉠낭군이 타인과 달라 찾아갔으면 함께 과거를 볼 것이지 도리어 많은 사람 앞에서 모욕을 주다니! 낭군인들 오죽이나 분통이 터졌나?"

겨죽을 쑤어 놓고 먹으려 하나 목이 메어 못 먹고 하늘을 우러러 축원하였다.

"유유히 공중 높이 솟아 있는 일월은 굽어 살피소서. 낭군의 몸이나 무사히 돌아오게 하여 주옵소서."

낭자는 몹시 서러워하였다.

유복이 궐문 밖에서 기다리고 있었다. 이 날 전하께서 시험 관을 데리고 글을 고르시더니 갑자기 유복의 글을 보시고 칭찬하시었다.

"이 글은 만고의 충효를 겸하였으니 만장 중에 제일이라."

급히 비밀히 봉한 것을 뜯어보시니 전라도 무주 남면 고비촌 신유복이라 있었다. 그래서 장원랑의 신유복을 대궐에 입시시키라고 하교를 전달하는 전명사알에게 하교하시었다.

– 작자 미상, 「신유복전(申遺腹傳)」 –

39. 윗글의 서술상 특징으로 가장 적절한 것은?

① 순간적으로 장면을 전환하여 사건의 환상적 면모를 부각하고 있다.

② 서술자가 등장인물이나 사건에 대한 자신의 생각을 직접 드러내고 있다.

③ 장면마다 서술자를 달리 설정하여 사건의 전모를 명확히 드러내고 있다.

④ 시대적 배경에 대한 요약적 설명을 통해 사건의 인과 관계를 드러내고 있다.

⑤ 인물의 외양을 과장되게 묘사하여 부정적 인물에 대한 풍자를 드러내고 있다.

40. [A]와 [B]에 나타난 인물의 말하기에 대한 설명으로 적절하지 <u>않은</u> 것은?

① [A]에서 경패는 옛글을 인용하여 상대방의 각성을 촉구하고 있다.

② [A]에서 경패는 상대방의 동정심에 호소해 자신의 결정을 따르도록 유도하고 있다.

③ [A]에서 경패는 설의적 물음을 구사하여 자신의 의중을 상대방에게 드러내고 있다.

④ [B]에서 유복은 자신의 현재 처지를 들어 답답한 심경을 토로하고 있다.

⑤ [B]에서 유복은 상대방이 처하게 될 상황을 우려하여 행동에 나서기를 주저하고 있다.

41. ㉠에 나타난 '경패'의 마음을 속담으로 표현할 때, 가장 적절한 것은?

① '선무당이 사람 잡는다'라고 어설픈 행동을 마구 일삼아 낭군을 곤경에 빠뜨리려 했군.

② '믿는 도끼에 발등 찍힌다'라고 낭군이 철석같이 믿었던 사람들인데 도리어 배신하고 괴로움을 주었군.

③ '달면 삼키고 쓰면 뱉는다'라고 베풀어 준 은혜도 모르고 낭군이 어려울 때 헌신짝처럼 도리를 저버렸군.

④ '동냥은 못 줘도 쪽박은 깨지 마라'라고 도움을 주지는 못할 망정 낭군을 곤란한 지경에 처하게 만들었군.

⑤ '닭 잡아먹고 오리발 내민다'라고 얕은꾀로 자신들의 이익을 취하고도 낭군에게 아무 잘못이 없는 척했군.

42. <보기>를 바탕으로 윗글을 정리할 때, ⓐ~ⓔ에 대한 설명으로 적절하지 <u>않은</u> 것은? [3점]

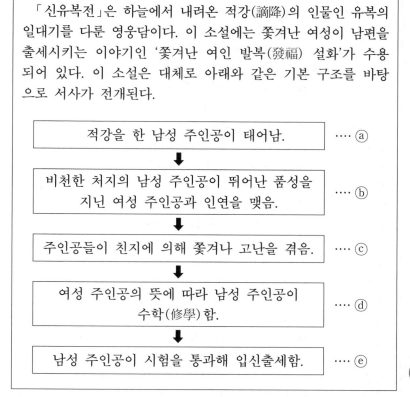

> ─── < 보 기 > ───
>
> 「신유복전」은 하늘에서 내려온 적강(謫降)의 인물인 유복의 일대기를 다룬 영웅담이다. 이 소설에는 쫓겨난 여성이 남편을 출세시키는 이야기인 '쫓겨난 여인 발복(發福) 설화'가 수용되어 있다. 이 소설은 대체로 아래와 같은 기본 구조를 바탕으로 서사가 전개된다.

적강을 한 남성 주인공이 태어남. …… ⓐ
↓
비천한 처지의 남성 주인공이 뛰어난 품성을 지닌 여성 주인공과 인연을 맺음. …… ⓑ
↓
주인공들이 친지에 의해 쫓겨나 고난을 겪음. …… ⓒ
↓
여성 주인공의 뜻에 따라 남성 주인공이 수학(修學) 함. …… ⓓ
↓
남성 주인공이 시험을 통과해 입신출세함. …… ⓔ

① ⓐ : 규성이 무주 땅에 떨어져서 영웅이 난 줄 알았다는 원강 대사의 말에서 유복이 적강의 인물임이 제시된다.

② ⓑ : 떠돌아다니는 처지였던 유복이 여자 중의 군자인 경패와 부부가 되어 서로 사랑하며 살아간다.

③ ⓒ : 호장 부부에 의해 쫓겨나고 인근 동리 사람들에게조차 외면을 당하여 움집에서 곤궁하게 살아간다.

④ ⓓ : 이십이 될 때까지는 절에서 내려오지 말라는 경패의 뜻에 따라 유복이 원강 대사에게 글을 배운다.

⑤ ⓔ : 유복이 과거 시험에서 뛰어난 실력을 발휘하여 장원 급제하고 전하의 명령으로 대궐에 입시하게 된다.

[43 ~ 45] 다음 글을 읽고 물음에 답하시오.

지휘자와 오케스트라가 베토벤의 교향곡을 소리로 재현해 내지 않는다면 베토벤의 명곡은 결코 우리 앞에 '생생한 소리'로서 존재할 수 없다. 지휘자와 오케스트라가 작곡가의 악보를 소리로 바꾸는 과정에서 '**음악 해석**'이라는 것이 이루어진다. 지휘자는 자신의 음악적 관점을 리허설을 통해 전달하고, 여러 가지 손동작과 표정, 몸짓 등으로 감정을 표현하거나 음악의 느낌을 단원들에게 전달하며 훌륭한 연주를 이끌어 낸다. 그 순간 지휘자는 단지 박자만 맞추는 것이 아니라 음악을 해석하고 있는 것이다.

일반인들에게 음악 해석이란 말은 조금 낯설지도 모른다. 엄연히 작곡가가 남긴 악보가 있고, 지휘자나 연주자는 악보에 써 있는 대로 음악을 지휘하거나 연주를 하면 될 테니 연주의 차이도 거기서 거기 아니냐고 할 수도 있다. 하지만 막상 악보를 보고 연주를 해보면 이것이 간단한 문제가 아니라는 것을 알게 된다. 가령 '점점 느리게 연주하라'는 뜻의 '리타르단도'라든가 '점점 빠르게 연주하라'는 뜻의 '스트린젠도'라는 기호가 나타났을 때 과연 어디서부터 어떻게 느려져야 하고 어떻게 빨라져야 할까? 작곡가가 아무리 악보를 정교하게 그린다 해도 작곡가는 연주자들에게 자신이 의도한 음악을 정확하게 전달해 낼 수 없다. 이것이 바로 '악보의 불완전성'이며 이 불완전성이야말로 다양한 음악 해석을 가능하게 한다.

그럼 베토벤의 「교향곡 5번」이 지휘자의 관점에 따라 얼마나 다르게 연주될 수 있는지 살펴보자. 1악장 도입부만 해도 지휘자마다 천차만별이다. 베토벤 「교향곡 5번」을 여는 '따따따 딴~'의 네 음은 베토벤의 운명이 문을 두드리는 소리라고 해서 흔히 '운명의 동기'라고 불린다. 운명의 동기가 나타나는 1악장의 첫 페이지에 베토벤은 '알레그로 콘 브리오' 즉 '빠르고 활기 있게' 연주하라고 적어 놓았다. 그리고 그 옆에는 정확한 템포를 지시하기 위해 2분 음표를 메트로놈 108로 연주하라고 적어 놓았다. 1악장은 2/4박자의 곡이므로 2분 음표의 템포는 곧 한 마디의 템포인 셈인데, 한 마디를 메트로놈 108의 속도로 연주한다는 것은 연주자들을 긴장시킬 만한 매우 빠른 템포이다.

하지만 정확하고 무자비하기로 유명한 지휘자 토스카니니는 정확하게 베토벤이 원하는 템포 그대로 운명의 동기를 연주한다. 그리고 운명의 동기를 반복적으로 구축하며 운명이 추적해오는 것 같은 뒷부분도 사정없이 몰아친다. 그의 해석으로 베토벤 음악의 추진력은 더욱 돋보인다.

반면 음악을 주관적으로 해석하기로 유명한 푸르트벵글러는 베토벤이 적어 놓은 메트로놈 기호에 별로 신경을 쓰지 않았다. 푸르트벵글러의 지휘로 재탄생한 운명의 노크 소리는 매우 느린 템포로 연주된다. 그럼에도 불구하고 한 음 한 음 힘 있고 또렷하게 표현된 그 소리는 그 어느 노크 소리보다 가슴을 울리는 웅장함을 담고 있다. 두 번째 노크 소리의 여운이 끝나기가 무섭게 시작되는 '운명의 추적' 부분에서도 푸르트벵글러는 이 작품에 대한 독특한 시각을 보여 준다. 그는 여기서 도입부의 느린 템포와는 전혀 다른 매우 빠른 템포로 음악을 이끌어 가면서 웅장하게 표현된 운명의 동기와는 대조적으로 더욱 긴박감 넘치는 운명의 추적을 느끼게 한다. 푸르트벵글러는 비록 1악장 도입부에서 베토벤이 적어 놓은 메트로놈 기호를 지키지는 않았다. 하지만 도입부에 나타난 두 번의 노크 소리를 느리고 웅장하게 연주한 후 뒷부분의 음악은 빠르고 긴박감 넘치게 이끌어 감으로써 베토벤 음악이 지닌 웅장함과 역동성을 더욱 잘 부각시키고 있다. 그렇다면 푸르트벵글러의 해석이 틀렸다고 할 수 있을까? 악보에 충실하고자 했던 토스카니니와 악보 너머의 음악적 느낌에 더 충실하고자 했던 푸르트벵글러 중 누가 옳은 것일까?

음악에선 틀린 음을 연주하는 것 이외에 틀린 것이란 없다. 틀린 것이 아니라 다른 것이다. 여러 가지 '다름'을 허용하는 것이야말로 클래식 음악을 더욱 생동감 넘치는 현재의 음악으로 재현하는 원동력이 된다.

43. 윗글의 논지 전개 방식으로 가장 적절한 것은?

① 화제의 변천 과정을 역사적으로 살펴보고 있다.
② 낯선 개념을 익숙한 대상에 빗대어 설명하고 있다.
③ 다양한 관점을 소개하면서 절충안을 모색하고 있다.
④ 구체적인 사례를 들어 화제에 대한 이해를 돕고 있다.
⑤ 대상에 대한 서로 다른 관점의 장·단점을 비교하고 있다.

44. '음악 해석'에 대한 이해로 적절하지 <u>않은</u> 것은?

① 동일한 곡이라도 지휘자마다 연주자에게 다른 요구를 할 수 있다.
② 악보를 통해 작곡가의 의도를 연주자에게 완벽하게 전달하기는 어렵다.
③ 작곡가가 악보에 자신의 의도를 정확하게 담았다면 음악 해석은 불필요하다.
④ 음악 해석은 지휘자나 연주자가 작곡가의 악보를 소리로 재현할 때 이루어진다.
⑤ 지휘자는 동작이나 표정을 통해 연주자들에게 자신이 해석한 음악의 느낌을 전달한다.

45. 윗글을 바탕으로 <보기>에 대해 보인 반응으로 적절하지 <u>않은</u> 것은? [3점]

─── <보 기> ───

베토벤 당시의 호른으로는 재현부에서 C장조로 낮아진 제2주제의 팡파르를 연주할 수 없었다. 그래서 베토벤은 자신의 「교향곡 5번」 1악장 재현부에서 제2주제 팡파르를 호른과 음색이 가장 유사한 목관 악기인 바순으로 연주하도록 했다. 그러나 19세기에 관악기의 개량이 이루어지면서 어떤 음이든 연주할 수 있는 호른이 널리 보급되었다. 그러자 어떤 지휘자들은 베토벤 「교향곡 5번」 1악장의 재현부에서 제2주제 팡파르를 호른으로 연주해야 한다고 주장했다. 하지만 어떤 지휘자들은 베토벤이 악보에 적어 놓은 그대로 바순의 연주를 고집했다.

① 베토벤은 당시 악기의 한계 때문에 자신이 의도한 바를 정확하게 구현하지 못했겠군.
② 토스카니니는 베토벤이 악보에 적어 놓은 그대로 바순으로 연주하는 데 동조했겠군.
③ 자신의 음악 해석에 따라 호른이나 바순 이외의 악기로 연주하는 지휘자도 있을 수 있겠군.
④ 호른으로 연주를 해야 한다고 주장한 지휘자들은 악보에 충실한 음악 해석을 중요시했겠군.
⑤ 윗글의 글쓴이는 바순과 호른 중 어떤 악기로 연주해도 그 지휘자의 연주가 틀렸다고는 생각하지 않겠군.

---

* 확인 사항
◦ 답안지의 해당란에 필요한 내용을 정확히 기입(표기)했는지 확인하시오.

수학 영역

제 2 교시

● 문항수 **30**개 | 배점 **100**점 | 제한 시간 **100**분

● 배점은 2점, 3점 또는 4점   ● 출처 : 고1 학력평가

5 지 선 다 형

1. $(-2+4i)-3i$의 값은? (단, $i=\sqrt{-1}$ 이다.) [2점]

① $-2-i$ ② $-2+i$ ③ $3-i$ ④ $3+i$ ⑤ $2i$

2. 두 다항식 $A=3x^2+4x-2$, $B=x^2+x+3$에 대하여 $A-B$를 간단히 하면? [2점]

① $2x^2+3x-5$ ② $2x^2+3x-3$ ③ $2x^2+3x-1$
④ $2x^2-3x+3$ ⑤ $2x^2-3x+5$

3. x에 대한 다항식 x^3+ax-8이 $x-1$로 나누어떨어지도록 하는 상수 a의 값은? [2점]

① 1   ② 3   ③ 5   ④ 7   ⑤ 9

4. 모든 실수 x에 대하여 등식

$$x^2+5x+a=(x+4)(x+b)$$

가 성립할 때, $a+b$의 값은? (단, a, b는 상수이다.) [3점]

① 1   ② 2   ③ 3   ④ 4   ⑤ 5

5. 다음은 조립제법을 이용하여 다항식 $x^3 - 3x^2 + 5x - 5$를 $x - 2$로 나누었을 때, 나머지를 구하는 과정을 나타낸 것이다.

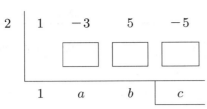

위 과정에 들어갈 세 상수 a, b, c에 대하여 abc의 값은? [3점]

① -6 ② -5 ③ -4 ④ -3 ⑤ -2

6. 부등식 $|x - 3| \le 2$를 만족시키는 모든 정수 x의 값의 합은? [3점]

① 13   ② 14   ③ 15   ④ 16   ⑤ 17

7. 그림과 같이 한 변의 길이가 $a + 6$인 정사각형 모양의 색종이에서 한 변의 길이가 a인 정사각형 모양의 색종이를 오려 내었다. 오려낸 후 남아 있는 ▢ 모양의 색종이의 넓이가 $k(a + 3)$일 때, 상수 k의 값은? [3점]

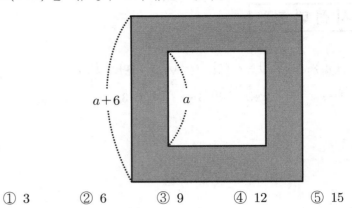

① 3   ② 6   ③ 9   ④ 12   ⑤ 15

8. 다항식 $x^4 + 7x^2 + 16$ 이

$$(x^2 + ax + b)(x^2 - ax + b)$$

로 인수분해될 때, 두 양수 a, b 에 대하여 $a + b$ 의 값은? [3점]

① 5　　　② 6　　　③ 7　　　④ 8　　　⑤ 9

9. $2016 \times 2019 \times 2022 = 2019^3 - 9a$ 가 성립할 때, 상수 a 의 값은?

[3점]

① 2018　　② 2019　　③ 2020　　④ 2021　　⑤ 2022

10. 이차함수 $y = x^2 + 5x + 2$ 의 그래프와 직선 $y = -x + k$ 가 서로 다른 두 점에서 만나도록 하는 정수 k 의 최솟값은? [3점]

① -10　　② -8　　③ -6　　④ -4　　⑤ -2

11. 이차함수 $y = -2x^2 + 5x$ 의 그래프와 직선 $y = 2x + k$ 가 적어도 한 점에서 만나도록 하는 실수 k 의 최댓값은? [3점]

① $\dfrac{3}{8}$　　② $\dfrac{3}{4}$　　③ $\dfrac{9}{8}$　　④ $\dfrac{3}{2}$　　⑤ $\dfrac{15}{8}$

12. $x - y = 3$, $x^3 - y^3 = 18$ 일 때, $x^2 + y^2$ 의 값은? [3점]

① 7　　② 8　　③ 9　　④ 10　　⑤ 11

13. 두 복소수 $\alpha = \dfrac{1-i}{1+i}$, $\beta = \dfrac{1+i}{1-i}$ 에 대하여

$(1-2\alpha)(1-2\beta)$ 의 값은? (단, $i = \sqrt{-1}$ 이다.) [3점]

① 1   ② 2   ③ 3   ④ 4   ⑤ 5

14. 망원경에서 대물렌즈 지름의 길이를 구경이라 하고 천체로부터 오는 빛을 모으는 능력을 집광력이라 한다. 구경이 $D\,(\mathrm{mm})$인 망원경의 집광력 F는 다음과 같은 관계식이 성립한다.

$$F = kD^2 \quad (\text{단, } k \text{는 양의 상수이다.})$$

구경이 40인 망원경 A의 집광력은 구경이 x인 망원경 B의 집광력의 2배일 때, x의 값은? [4점]

① $10\sqrt{2}$ ② $15\sqrt{2}$ ③ $20\sqrt{2}$ ④ $25\sqrt{2}$ ⑤ $30\sqrt{2}$

15. 그림과 같이 유리수 a, b에 대하여 두 이차함수

$y = x^2 - 3x + 1$과 $y = -x^2 + ax + b$의 그래프가 만나는 두 점을 각각 P, Q라 하자. 점 P의 x좌표가 $1 - \sqrt{2}$일 때, $a + 3b$의 값은? [4점]

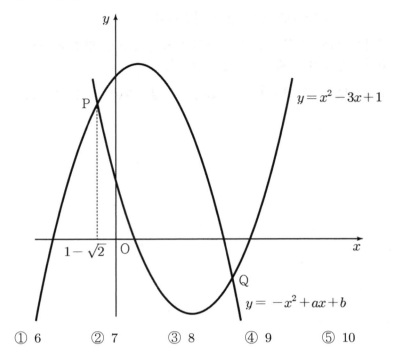

① 6　　　　② 7　　　　③ 8　　　　④ 9　　　　⑤ 10

16. 이차방정식 $x^2 + x - 1 = 0$의 서로 다른 두 근을 α, β라 하자. 다항식 $P(x) = 2x^2 - 3x$에 대하여 $\beta P(\alpha) + \alpha P(\beta)$의 값은? [4점]

① 5　　　　② 6　　　　③ 7　　　　④ 8　　　　⑤ 9

17. 직선 $y = -\dfrac{1}{4}x + 1$이 y축과 만나는 점을 A, x축과 만나는 점을 B라 하자. 점 P(a, b)가 점 A에서 직선 $y = -\dfrac{1}{4}x + 1$을 따라 점 B까지 움직일 때, $a^2 + 8b$의 최솟값은? [4점]

① 5　　② $\dfrac{17}{3}$　　③ $\dfrac{19}{3}$　　④ 7　　⑤ $\dfrac{23}{3}$

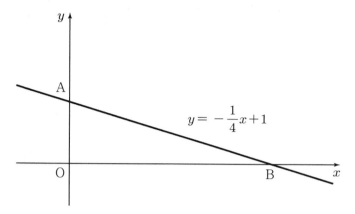

18. 한 변의 길이가 a인 정사각형 ABCD와 한 변의 길이가 b인 정사각형 EFGH가 있다. 그림과 같이 네 점 A, E, B, F가 한 직선 위에 있고 $\overline{EB} = 1$, $\overline{AF} = 5$가 되도록 두 정사각형을 겹치게 놓았을 때, 선분 CD와 선분 HE의 교점을 I라 하자. 직사각형 EBCI의 넓이가 정사각형 EFGH의 넓이의 $\dfrac{1}{4}$일 때, b의 값은? (단, $1 < a < b < 5$) [4점]

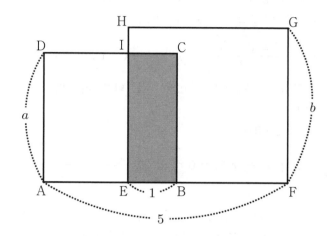

① $-2 + \sqrt{26}$　　② $-2 + 3\sqrt{3}$　　③ $-2 + 2\sqrt{7}$

④ $-2 + \sqrt{29}$　　⑤ $-2 + \sqrt{30}$

19. 다음은 x에 대한 방정식

$$(x^2+ax+a)(x^2+x+a)=0$$

의 근 중 서로 다른 허근의 개수가 2이기 위한 실수 a의 값의 범위를 구하는 과정이다.

---

(1) $a=1$인 경우

주어진 방정식은 $(x^2+x+1)^2=0$이다.

이 때, 방정식 $x^2+x+1=0$의 근은

$$x=\frac{-1\pm\sqrt{\boxed{(가)}}\,i}{2}\quad(단, i=\sqrt{-1}\,)$$이므로

방정식 $(x^2+x+1)^2=0$의 서로 다른 허근의 개수는 2이다.

(2) $a\neq 1$인 경우

방정식 $x^2+ax+a=0$의 근은 $x=\dfrac{-a\pm\sqrt{\boxed{(나)}}}{2}$

이다.

(ⅰ) $\boxed{(나)}<0$일 때, 방정식 $x^2+x+a=0$은 실근을 가져야 하므로 실수 a의 값의 범위는

$$0<a\leq\frac{1}{4}$$

이다.

(ⅱ) $\boxed{(나)}\geq 0$일 때, 방정식 $x^2+x+a=0$은 허근을 가져야 하므로 실수 a의 값의 범위는

$$a\geq\boxed{(다)}$$

이다.

따라서 (1)과 (2)에 의하여

방정식 $(x^2+ax+a)(x^2+x+a)=0$의 근 중 서로 다른 허근의 개수가 2이기 위한 실수 a의 값의 범위는

$$0<a\leq\frac{1}{4}\ \ 또는\ a=1\ \ 또는\ a\geq\boxed{(다)}$$

이다.

위의 (가), (다)에 알맞은 수를 각각 p, q라 하고, (나)에 알맞은 식을 $f(a)$라 할 때, $p+q+f(5)$의 값은? [4점]

① 8   ② 9   ③ 10   ④ 11   ⑤ 12

20. x에 대한 연립부등식

$$\begin{cases} x^2-a^2x\geq 0 \\ x^2-4ax+4a^2-1<0 \end{cases}$$

을 만족시키는 정수 x의 개수가 1이 되기 위한 모든 실수 a의 값의 합은? (단, $0<a<\sqrt{2}$) [4점]

① $\dfrac{3}{2}$ ② $\dfrac{25}{16}$ ③ $\dfrac{13}{8}$ ④ $\dfrac{27}{16}$ ⑤ $\dfrac{7}{4}$

21. 두 이차함수

$$f(x) = (x-a)^2 - a^2,$$

$$g(x) = -(x-2a)^2 + 4a^2 + b$$

가 다음 조건을 만족시킨다.

> (가) 방정식 $f(x) = g(x)$는 서로 다른 두 실근 α, β를 갖는다.
> (나) $\beta - \alpha = 2$

<보기>에서 옳은 것만을 있는 대로 고른 것은?
(단, a, b는 상수이다.) [4점]

---- <보 기> ----

ㄱ. $a = 1$일 때, $b = -\dfrac{5}{2}$

ㄴ. $f(\beta) - g(\alpha) \le g(2a) - f(a)$

ㄷ. $g(\beta) = f(\alpha) + 5a^2 + b$이면 $b = -16$

---

① ㄱ   ② ㄱ, ㄴ   ③ ㄱ, ㄷ
④ ㄴ, ㄷ   ⑤ ㄱ, ㄴ, ㄷ

단 답 형

22. 다항식 $(x+3)^3$을 전개한 식에서 x^2의 계수를 구하시오.
[3점]

23. x에 대한 이차방정식 $x^2 - 2x + a - 6 = 0$이 중근을 갖도록 하는 상수 a의 값을 구하시오. [3점]

24. 연립부등식

$$\begin{cases} 2x+1 < x-3 \\ x^2+6x-7 < 0 \end{cases}$$

의 해가 $\alpha < x < \beta$일 때, $\beta - \alpha$의 값을 구하시오. [3점]

25. 이차방정식 $x^2+4x-3=0$의 두 실근을 α, β라 할 때,

$\dfrac{6\beta}{\alpha^2+4\alpha-4} + \dfrac{6\alpha}{\beta^2+4\beta-4}$의 값을 구하시오. [3점]

26. 실수 a에 대하여 복소수 $z=a+2i$가 $\bar{z} = \dfrac{z^2}{4i}$을 만족시킬 때, a^2의 값을 구하시오.

(단, $i=\sqrt{-1}$이고, $\bar{z}$는 z의 켤레복소수이다.) [4점]

27. 최고차항의 계수가 a $(a > 0)$인 이차함수 $f(x)$가 다음 조건을 만족시킨다.

> (가) 직선 $y = 4ax - 10$과 함수 $y = f(x)$의 그래프가 만나는 두 점의 x좌표는 1과 5이다.
>
> (나) $1 \le x \le 5$에서 $f(x)$의 최솟값은 -8이다.

$100a$의 값을 구하시오. [4점]

28. 두 이차다항식 $P(x)$, $Q(x)$가 다음 조건을 만족시킨다.

> (가) 모든 실수 x에 대하여 $2P(x) + Q(x) = 0$이다.
>
> (나) $P(x)Q(x)$는 $x^2 - 3x + 2$로 나누어떨어진다.

$P(0) = -4$일 때, $Q(4)$의 값을 구하시오. [4점]

29. $-2 \leq x \leq 5$에서 정의된 이차함수 $f(x)$가

$$f(0)=f(4), \ f(-1)+|f(4)|=0$$

을 만족시킨다. 함수 $f(x)$의 최솟값이 -19일 때, $f(3)$의 값을 구하시오. [4점]

30. 선분 AB를 지름으로 하는 반원이 있다. 그림과 같이 호 AB 위의 점 P에서 선분 AB에 내린 수선의 발을 Q라 하고, 선분 AQ와 선분 QB를 지름으로 하는 반원을 각각 그린다. 호 AB, 호 AQ 및 호 QB로 둘러싸인 〰 모양 도형의 넓이를 S_1, 선분 PQ를 지름으로 하는 반원의 넓이를 S_2라 하자. $\overline{AQ} - \overline{QB} = 8\sqrt{3}$ 이고 $S_1 - S_2 = 2\pi$일 때, 선분 AB의 길이를 구하시오. [4점]

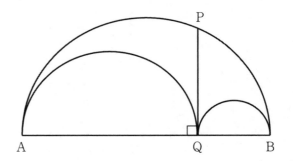

영어 영역

● 문항수 45개 | 배점 100점 | 제한 시간 70분

● 점수 표시가 없는 문항은 모두 2점 ● 출처 : 고1 학력평가

1번부터 17번까지는 듣고 답하는 문제입니다. 1번부터 15번까지는 한 번만 들려주고, 16번부터 17번까지는 두 번 들려줍니다. 방송을 잘 듣고 답을 하시기 바랍니다.

MP3

1. 다음을 듣고, 여자가 하는 말의 목적으로 가장 적절한 것을 고르시오.

① 개관 시간 연장을 알리려고
② 작가 초청 행사를 안내하려고
③ 사진 촬영 자제를 당부하려고
④ 미술 강좌 회원을 모집하려고
⑤ 전시 장소 변경을 공지하려고

2. 대화를 듣고, 남자의 의견으로 가장 적절한 것을 고르시오.

① 다양한 영양소의 섭취는 성장에 필수적이다.
② 식품 구매 시 영양 성분의 확인이 필요하다.
③ 새우를 섭취하는 것은 건강에 도움이 된다.
④ 체중 관리는 균형 잡힌 식단에서 비롯된다.
⑤ 음식을 조리할 때 위생 관리가 중요하다.

3. 대화를 듣고, 두 사람의 관계를 가장 잘 나타낸 것을 고르시오.

① 교사 — 학부모 ② 의사 — 환자
③ 간병인 — 보호자 ④ 상담사 — 학생
⑤ 편집장 — 신문 기자

4. 대화를 듣고, 그림에서 대화의 내용과 일치하지 않는 것을 고르시오.

5. 대화를 듣고, 남자가 여자에게 부탁한 일로 가장 적절한 것을 고르시오.

① 음식 만들기 ② 꽃 사러 가기
③ 친구 초대하기 ④ 거실 청소하기
⑤ 식료품 구입하기

6. 대화를 듣고, 남자가 지불할 금액을 고르시오.

① $15 ② $30 ③ $48 ④ $54 ⑤ $60

7. 대화를 듣고, 여자가 남자와 함께 뮤지컬을 보러 갈 수 없는 이유를 고르시오.

① 표를 구하지 못해서
② 회사에 출근해야 해서
③ 해외여행을 가기로 해서
④ 다른 친구를 만나기로 해서
⑤ 부모님과 주말을 보내야 해서

8. 대화를 듣고, Career Vision Camp에 관해 언급되지 않은 것을 고르시오.

① 참가 대상 ② 등록 비용 ③ 지원 마감일
④ 기념품 ⑤ 행사 장소

9. Book Review Contest에 관한 다음 내용을 듣고, 일치하지 않는 것을 고르시오. [3점]

① 독서의 달을 기념하는 행사이다.
② 학생들은 누구나 참여할 수 있다.
③ 지정 도서에 대한 독후감을 작성해야 한다.
④ 독후감은 이달 말까지 제출해야 한다.
⑤ 우수작 세 편은 학교 잡지에 실릴 것이다.

10. 다음 표를 보면서 대화를 듣고, 여자가 구입할 전기면도기를 고르시오.

Electric Shaver

	Model	Price	Battery Life	Waterproof	Color
①	A	$ 55	20 minutes	×	black
②	B	$ 70	40 minutes	×	white
③	C	$ 85	60 minutes	○	black
④	D	$ 90	70 minutes	○	white
⑤	E	$ 110	80 minutes	○	black

11. 대화를 듣고, 여자의 마지막 말에 대한 남자의 응답으로 가장 적절한 것을 고르시오.

① I've never been there.
② I really liked the food.
③ It sounds like a good idea.
④ I didn't eat breakfast today.
⑤ It wasn't open last weekend.

12. 대화를 듣고, 남자의 마지막 말에 대한 여자의 응답으로 가장 적절한 것을 고르시오.

① Okay. I'll take the subway then.
② No. I didn't take your umbrella.
③ Right. It was too much work.
④ Yes. It will rain tomorrow.
⑤ Sorry. I can't drive a car.

13. 대화를 듣고, 남자의 마지막 말에 대한 여자의 응답으로 가장 적절한 것을 고르시오. [3점]

Woman: _____

① I told her a scary story.
② I said goodbye to her mother.
③ I asked her to do the homework.
④ I apologized for my silly mistake.
⑤ I thanked her for helping me study.

14. 대화를 듣고, 여자의 마지막 말에 대한 남자의 응답으로 가장 적절한 것을 고르시오.

Man: _____

① You're welcome. I'm glad that you really enjoyed the gift.
② Don't worry about that. Everyone can learn from mistakes.
③ Yeah, I've sung the song. I want to sing in harmony now.
④ Okay, I'll sing for you. I hope you won't expect too much.
⑤ I don't think so. It's not easy to choose a wedding ring.

15. 다음 상황 설명을 듣고, Julie가 Eric에게 할 말로 가장 적절한 것을 고르시오. [3점]

Julie: _____

① That's great. I've always wanted to meet your parents.
② Sure, you can bring him. The more people, the better.
③ Please don't bring anything. I'll get everything ready.
④ Never mind. Let's have dinner together another time.
⑤ Thank you for the invitation. I'll be there on time.

[16 ~ 17] 다음을 듣고, 물음에 답하시오.

16. 남자가 하는 말의 주제로 가장 적절한 것은?

① foods at risk due to climate change
② reasons why sea temperatures rise
③ animals and plants in the water
④ requirements of growing crops
⑤ ways to solve global warming

17. 언급된 음식이 <u>아닌</u> 것은?

① coffee   ② avocados   ③ apples
④ strawberries   ⑤ coconuts

이제 듣기 문제가 끝났습니다. 18번부터는 문제지의 지시에 따라 답을 하시기 바랍니다.

---

18. 다음 글의 목적으로 가장 적절한 것은?

Dear Parents,

  As you know, Sandy Brown, our after-school swimming coach for six years, retired from coaching last month. So, Virginia Smith, who swam for Bredard Community College and has won several awards in national competitions, has been named the school's new swimming coach. This is her first job as a coach, and she is going to start working from next week. She will teach her class in the afternoons, and continue with our summer program. By promoting the health benefits of swimming, she hopes that more students will get healthy through her instruction.

Sincerely,

Fred Wilson

Principal, Riverband High School

① 새로운 수영 코치를 소개하려고
② 수영 강좌의 폐강을 통보하려고
③ 수영 코치의 퇴임식을 공지하려고
④ 수영부의 대회 입상을 축하하려고
⑤ 수영의 건강상 이점을 홍보하려고

19. 다음 글에 드러난 Rowe의 심경 변화로 가장 적절한 것은?

  Rowe jumps for joy when he finds a cave because he loves being in places where so few have ventured. At the entrance he keeps taking photos with his cell phone to show off his new adventure later. Coming to a stop on a rock a few meters from the entrance, he sees the icy cave's glittering view. He says, "Incredibly beautiful!" stretching his hand out to touch the icy wall. Suddenly, his footing gives way and he slides down into the darkness. He looks up and sees a crack of light about 20 meters above him. 'Phone for help,' he thinks. But he realizes there's no service this far underground. He tries to move upward but he can't. He calls out, "Is anyone there?" There's no answer.

① delighted → grateful
② disappointed → ashamed
③ indifferent → regretful
④ bored → frightened
⑤ excited → desperate

20. 다음 글에서 필자가 주장하는 바로 가장 적절한 것은?

  Language play is good for children's language learning and development, and therefore we should strongly encourage, and even join in their language play. However, the play must be owned by the children. If it becomes another educational tool for adults to use to produce outcomes, it loses its very essence. Children need to be able to delight in creative and immediate language play, to say silly things and make themselves laugh, and to have control over the pace, timing, direction, and flow. When children are allowed to develop their language play, a range of benefits result from it.

① 아이들이 언어 놀이를 주도하게 하라.
② 아이들의 질문에 즉각적으로 반응하라.
③ 아이들에게 다양한 언어 자극을 제공하라.
④ 대화를 통해 아이들의 공감 능력을 키워라.
⑤ 언어 놀이를 통해 자녀와의 관계를 회복하라.

21. 밑줄 친 at the "sweet spot"이 다음 글에서 의미하는 바로 가장 적절한 것은? [3점]

For almost all things in life, there can be too much of a good thing. Even the best things in life aren't so great in excess. This concept has been discussed at least as far back as Aristotle. He argued that being virtuous means finding a balance. For example, people should be brave, but if someone is too brave they become reckless. People should be trusting, but if someone is too trusting they are considered gullible. For each of these traits, it is best to avoid both deficiency and excess. The best way is to live at the "sweet spot" that maximizes well-being. Aristotle's suggestion is that virtue is the midpoint, where someone is neither too generous nor too stingy, neither too afraid nor recklessly brave.

* excess: 과잉 ** gullible: 잘 속아 넘어가는

① at the time of a biased decision
② in the area of material richness
③ away from social pressure
④ in the middle of two extremes
⑤ at the moment of instant pleasure

22. 다음 글의 요지로 가장 적절한 것은?

If you walk into a room that smells of freshly baked bread, you quickly detect the rather pleasant smell. However, stay in the room for a few minutes, and the smell will seem to disappear. In fact, the only way to reawaken it is to walk out of the room and come back in again. The exact same concept applies to many areas of our lives, including happiness. Everyone has something to be happy about. Perhaps they have a loving partner, good health, a satisfying job, a roof over their heads, or enough food to eat. As time passes, however, they get used to what they have and, just like the smell of fresh bread, these wonderful assets disappear from their consciousness. As the old proverb goes, you never miss the water till the well runs dry.

① 새로움을 추구하는 삶이 가치 있다.
② 작은 행복이 모여서 큰 행복이 된다.
③ 즐거움은 어느 정도의 고통을 수반한다.
④ 익숙함이 소중한 것의 가치를 잊게 한다.
⑤ 결과보다 과정에 집중하는 삶이 행복하다.

23. 다음 글의 주제로 가장 적절한 것은?

If you've ever seen a tree stump, you probably noticed that the top of the stump had a series of rings. These rings can tell us how old the tree is, and what the weather was like during each year of the tree's life. Because trees are sensitive to local climate conditions, such as rain and temperature, they give scientists some information about that area's local climate in the past. For example, tree rings usually grow wider in warm, wet years and are thinner in years when it is cold and dry. If the tree has experienced stressful conditions, such as a drought, the tree might hardly grow at all during that time. Very old trees in particular can offer clues about what the climate was like long before measurements were recorded.

* stump: 그루터기

① use of old trees to find direction
② traditional ways to predict weather
③ difficulty in measuring a tree's age
④ importance of protecting local trees
⑤ tree rings suggesting the past climate

24. 다음 글의 제목으로 가장 적절한 것은?

Many people suppose that to keep bees, it is necessary to have a large garden in the country; but this is a mistake. Bees will, of course, do better in the midst of fruit blossoms in May and white clovers in June than in a city where they have to fly a long distance to reach the open fields. However, bees can be kept with profit even under unfavorable circumstances. Bees do very well in the suburbs of large cities since the series of flowers in the gardens of the villas allow a constant supply of honey from early spring until autumn. Therefore, almost every person — except those who are seriously afraid of bees — can keep them profitably and enjoyably.

① The Best Season for Honey Harvest in Cities
② Myth and Truth about Where to Keep Bees
③ How Can We Overcome Fear of Bees?
④ Benefits of Bee Farming on Nature
⑤ Bee Farming: Not an Easy Job

25. 다음 도표의 내용과 일치하지 <u>않는</u> 것은?

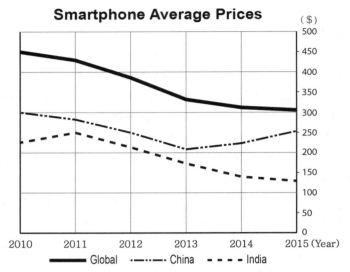

Smartphone Average Prices

2010 2011 2012 2013 2014 2015 (Year)
— Global ·—·— China - - - India

The above graph shows the smartphone average prices in China and India between 2010 and 2015, compared with the global smartphone average price during the same period. ① The global smartphone average price decreased from 2010 to 2015, but still stayed the highest among the three. ② The smartphone average price in China dropped between 2010 and 2013. ③ The smartphone average price in India reached its peak in 2011. ④ From 2013, China and India took opposite paths, with China's smartphone average price going down and India's going up. ⑤ The gap between the global smartphone average price and the smartphone average price in China was the smallest in 2015.

26. Nauru에 관한 다음 글의 내용과 일치하지 <u>않는</u> 것은?

Nauru is an island country in the southwestern Pacific Ocean. It is located about 800 miles to the northeast of the Solomon Islands; its closest neighbor is the island of Banaba, some 200 miles to the east. Nauru has no official capital, but government buildings are located in Yaren. With a population of about 10,000, Nauru is the smallest country in the South Pacific and the third smallest country by area in the world. The native people of Nauru consist of 12 tribes, as symbolized by the 12-pointed star on the Nauru flag, and are believed to be a mixture of Micronesian, Polynesian, and Melanesian. Their native language is Nauruan, but English is widely spoken as it is used for government and business purposes.

① 솔로몬 제도로부터 북동쪽에 위치해 있다.
② 공식 수도는 없으나 Yaren에 정부 건물이 있다.
③ 면적이 세계에서 세 번째로 작은 국가이다.
④ 원주민은 12개의 부족으로 구성되어 있다.
⑤ 모국어가 있어 다른 언어는 사용하지 않는다.

27. Summer Camp 2019에 관한 다음 안내문의 내용과 일치하는 것은?

Summer Camp 2019

This is a great opportunity
for developing social skills and creativity!

Period & Participation
• July 1−5 (Monday−Friday)
• 8−12 year olds (maximum 20 students per class)
Programs
• Cooking
• Outdoor Activities (hiking, rafting, and camping)
Cost
• Regular: $100 per person
• Discounted: $90 (if you register by June 15)
Notice
• The programs will run regardless of weather conditions.
• To sign up, email us at summercamp@standrews.com.

For more information, visit our website: www.standrews.com.

① 참가 연령 제한이 없다.
② 야외 프로그램은 운영되지 않는다.
③ 할인된 가격은 100달러이다.
④ 기상 조건에 관계없이 프로그램이 진행될 것이다.
⑤ 이메일을 통해 등록을 할 수 없다.

28. Family Activities at the Basque Museum에 관한 다음 안내문의 내용과 일치하지 <u>않는</u> 것은?

Family Activities at the Basque Museum

Whether you are a new or regular visitor, this is your guide to the family activities coming up at the Basque Museum.

■ **Dates & Hours**
• June 1 − 30
• Weekdays: 9:00 a.m. − 5:00 p.m.
• Weekends: 10:00 a.m. − 6:00 p.m.

■ **Activities**
• **Treasure Hunt**
 - Age 5+, lasts 30 minutes, 3 times a day
• **Making History Books**
 - For kids of all ages, weekends only

■ **Notices**
• All activities are free, donations are welcome.
• Reservations are required for all activities.
• Children must be accompanied by an adult.

① 주중과 주말 운영 시간이 다르다.
② 보물찾기 활동은 하루에 세 번 진행한다.
③ 역사 책 만들기 활동은 주중에만 운영한다.
④ 모든 활동은 예약이 필수이다.
⑤ 어린이들은 성인과 함께 와야 한다.

[해설편 p.151]

29. 다음 글의 밑줄 친 부분 중, 어법상 틀린 것은? [3점]

Are you honest with yourself about your strengths and weaknesses? Get to really know ① yourself and learn what your weaknesses are. Accepting your role in your problems ② mean that you understand the solution lies within you. If you have a weakness in a certain area, get educated and do ③ what you have to do to improve things for yourself. If your social image is terrible, look within yourself and take the necessary steps to improve ④ it, TODAY. You have the ability to choose how to respond to life. Decide today to end all the excuses, and stop ⑤ lying to yourself about what is going on. The beginning of growth comes when you begin to personally accept responsibility for your choices.

30. 다음 글의 밑줄 친 부분 중, 문맥상 낱말의 쓰임이 적절하지 않은 것은?

The overabundance of options in today's marketplace gives you more freedom of choice. However, there may be a price to pay in terms of happiness. According to research by psychologists David Myers and Robert Lane, all this choice often makes people ① depressed. Researchers gave some shoppers 24 choices of jams to taste and others only 6 choices. Those who had ② fewer choices were happier with the tasting. Even more surprisingly, the ones with a smaller selection purchased jam 31% of the time, while those with a wider range of choices only purchased jam 3% of the time. The ironic thing about this is that people nearly always say they want ③ more choices. Yet, the more options they have, the more ④ relieved they become. Savvy restaurant owners provide fewer choices. This allows customers to feel more relaxed, ⑤ prompting them to choose easily and leave more satisfied with their choices.

* savvy: 사리에 밝은

[31 ~ 34] 다음 빈칸에 들어갈 말로 가장 적절한 것을 고르시오.

31. Creativity is a skill we usually consider uniquely human. For all of human history, we have been the most creative beings on Earth. Birds can make their nests, ants can make their hills, but no other species on Earth comes close to the level of creativity we humans display. However, just in the last decade we have acquired the ability to do amazing things with computers, like developing robots. With the artificial intelligence boom of the 2010s, computers can now recognize faces, translate languages, take calls for you, write poems, and beat players at the world's most complicated board game, to name a few things. All of a sudden, we must face the possibility that our ability to be creative is not _____.

[3점]

① unrivaled　　② learned　　③ universal
④ ignored　　⑤ challenged

32. In 1995, a group of high school students in Miner County, South Dakota, started planning a revival. They wanted to do something that might revive their dying community. Miner County had been failing for decades. Farm and industrial jobs had slowly dried up, and nothing had replaced them. The students started investigating the situation. One finding in particular disturbed them. They discovered that half of the residents had been shopping outside the county, driving an hour to Sioux Falls to shop in larger stores. Most of the things that could improve the situation were out of the students' control. But they did uncover one thing that was very much in their control: inviting the residents to _____ . They found their first slogan: Let's keep Miner dollars in Miner County. [3점]

* resident: 주민

① work out regularly
② spend money locally
③ drive their cars safely
④ treat strangers nicely
⑤ share work equally

33. The mind is essentially a survival machine. Attack and defense against other minds, gathering, storing, and analyzing information — this is what it is good at, but it is not at all creative. All true artists create from a place of no-mind, from inner stillness. Even great scientists have reported that their creative breakthroughs came at a time of mental quietude. The surprising result of a nationwide inquiry among America's most famous mathematicians, including Einstein, to find out their working methods, was that thinking "plays only a subordinate part in the brief, decisive phase of the creative act itself." So I would say that the simple reason why the majority of scientists are *not* creative is not because they don't know how to think, but because they don't know how to _____!

* quietude: 정적　** subordinate: 부수적인

① organize their ideas
② interact socially
③ stop thinking
④ gather information
⑤ use their imagination

34. One real concern in the marketing industry today is how to _____ in the age of the remote control and mobile devices. With the growing popularity of digital video recorders, consumers can mute, fast-forward, and skip over commercials entirely. Some advertisers are trying to adapt to these technologies, by planting hidden coupons in frames of their television commercials. Others are desperately trying to make their advertisements more interesting and entertaining to discourage viewers from skipping their ads; still others are simply giving up on television advertising altogether. Some industry experts predict that cable providers and advertisers will eventually be forced to provide incentives in order to encourage consumers to watch their messages. These incentives may come in the form of coupons, or a reduction in the cable bill for each advertisement watched. [3점]

* mute: 음소거하다

① guide people to be wise consumers
② reduce the cost of television advertising
③ keep a close eye on the quality of products
④ make it possible to deliver any goods any time
⑤ win the battle for broadcast advertising exposure

35. 다음 글에서 전체 흐름과 관계 <u>없는</u> 문장은?

Words like 'near' and 'far' can mean different things depending on where you are and what you are doing. If you were at a zoo, then you might say you are 'near' an animal if you could reach out and touch it through the bars of its cage. ① Here the word 'near' means an arm's length away. ② If you were telling someone how to get to your local shop, you might call it 'near' if it was a five-minute walk away. ③ It seems that you had better walk to the shop to improve your health. ④ Now the word 'near' means much longer than an arm's length away. ⑤ Words like 'near', 'far', 'small', 'big', 'hot', and 'cold' all mean different things to different people at different times.

[36~37] 주어진 글 다음에 이어질 글의 순서로 가장 적절한 것을 고르시오.

36.

In early 19th century London, a young man named Charles Dickens had a strong desire to be a writer. But everything seemed to be against him.

(A) Moreover, he had so little confidence in his ability to write that he mailed his writings secretly at night to editors so that nobody would laugh at him. Story after story was refused.

(B) He had never been able to attend school for more than four years. His father had been in jail because he couldn't pay his debts, and this young man often knew the pain of hunger.

(C) But one day, one editor recognized and praised him. The praise that he received from getting one story in print changed his whole life. His works have been widely read and still enjoy great popularity.

① (A) — (C) — (B)　　　② (B) — (A) — (C)
③ (B) — (C) — (A)　　　④ (C) — (A) — (B)
⑤ (C) — (B) — (A)

37.

The next time you're out under a clear, dark sky, look up. If you've picked a good spot for stargazing, you'll see a sky full of stars, shining and twinkling like thousands of brilliant jewels.

(A) It might be easier if you describe patterns of stars. You could say something like, "See that big triangle of bright stars there?" Or, "Do you see those five stars that look like a big letter W?"

(B) But this amazing sight of stars can also be confusing. Try and point out a single star to someone. Chances are, that person will have a hard time knowing exactly which star you're looking at.

(C) When you do that, you're doing exactly what we all do when we look at the stars. We look for patterns, not just so that we can point something out to someone else, but also because that's what we humans have always done. [3점]

① (A) − (C) − (B)   ② (B) − (A) − (C)
③ (B) − (C) − (A)   ④ (C) − (A) − (B)
⑤ (C) − (B) − (A)

[38 ~ 39] 글의 흐름으로 보아, 주어진 문장이 들어가기에 가장 적절한 곳을 고르시오.

38.

Throw away your own hesitation and forget all your concerns about whether you are musically talented or whether you can sing or play an instrument.

Music appeals powerfully to young children. (①) Watch preschoolers' faces and bodies when they hear rhythm and sound — they light up and move eagerly and enthusiastically. (②) They communicate comfortably, express themselves creatively, and let out all sorts of thoughts and emotions as they interact with music. (③) In a word, young children think music is a lot of fun, so do all you can to make the most of the situation. (④) They don't matter when you are enjoying music with your child. (⑤) Just follow his or her lead, have fun, sing songs together, listen to different kinds of music, move, dance, and enjoy.

39.

Instead of that, say to them, 'I can't deal with that now but what I can do is I can ask Brian to give you a hand and he should be able to explain them.'

Whenever you say what you can't do, say what you can do. This ends a sentence on a positive note and has a much lower tendency to cause someone to challenge it. (①) Consider this situation — a colleague comes up to you and asks you to look over some figures with them before a meeting they are having tomorrow. (②) You simply say, 'No, I can't deal with this now.' (③) This may then lead to them insisting how important your input is, increasing the pressure on you to give in. (④) Or, 'I can't deal with that now but I can find you in about half an hour when I have finished.' (⑤) Either of these types of responses are better than ending it with a negative. [3점]

40. 다음 글의 내용을 한 문장으로 요약하고자 한다. 빈칸 (A)와 (B)에 들어갈 말로 가장 적절한 것은?

According to an Australian study, a person's confidence in the kitchen is linked to the kind of food that he or she tends to enjoy eating. Compared to the average person, those who are proud of the dishes they make are more likely to enjoy eating vegetarian food and health food. Moreover, this group is more likely than the average person to enjoy eating diverse kinds of food: from salads and seafood to hamburgers and hot chips. In contrast, people who say "I would rather clean than make dishes." don't share this wide-ranging enthusiasm for food. They are less likely than the average person to enjoy different types of food. In general, they eat out less than the average person except for when it comes to eating at fast food restaurants.

↓

In general, people who are confident in _____(A)_____ are more likely to enjoy _____(B)_____ foods than those who are not.

     (A)   (B)
① cooking ······ various
② cooking ······ specific
③ tasting ······ organic
④ dieting ······ healthy
⑤ dieting ······ exotic

[41 ~ 42] 다음 글을 읽고, 물음에 답하시오.

Many advertisements cite statistical surveys. But we should be (a) <u>cautious</u> because we usually do not know how these surveys are conducted. For example, a toothpaste manufacturer once had a poster that said, "More than 80% of dentists recommend *Smiley Toothpaste*." This seems to say that most dentists (b) <u>prefer</u> *Smiley Toothpaste* to other brands. But it turns out that the survey questions allowed the dentists to recommend more than one brand, and in fact another competitor's brand was recommended just as often as *Smiley Toothpaste*! No wonder the UK Advertising Standards Authority ruled in 2007 that the poster was (c) <u>misleading</u> and it could no longer be displayed.

A similar case concerns a well-known cosmetics firm marketing a cream that is supposed to rapidly reduce wrinkles. But the only evidence provided is that "76% of 50 women agreed." But what this means is that the evidence is based on just the personal opinions from a small sample with no objective measurement of their skin's condition. Furthermore, we are not told how these women were selected. Without such information, the "evidence" provided is pretty much (d) <u>useful</u>. Unfortunately, such advertisements are quite typical, and as consumers we just have to use our own judgment and (e) <u>avoid</u> taking advertising claims too seriously.

41. 윗글의 제목으로 가장 적절한 것은?

① The Link between Advertisements and the Economy
② Are Statistical Data in Advertisements Reliable?
③ Statistics in Advertisements Are Objective!
④ The Bright Side of Public Advertisements
⑤ Quality or Price, Which Matters More?

42. 밑줄 친 (a)~(e) 중에서 문맥상 낱말의 쓰임이 적절하지 <u>않은</u> 것은?

① (a) ② (b) ③ (c) ④ (d) ⑤ (e)

[43 ~ 45] 다음 글을 읽고, 물음에 답하시오.

(A)

It was evening when I landed in Kuching, Malaysia. I felt alone and homesick. I was a 19-year-old Dubai-raised kid away from home for the first time to start my university studies in mechanical engineering. I took my luggage and headed to the airport exit. I looked around and found my driver waiting for me in front of (a) <u>his</u> gray van with the name of my university on it.

(B)

With a sigh of relief, I took my wallet and thanked him. I could imagine a horrible scenario if he had not returned it. The man welcomed me to Kuching and drove away. As my driver dropped me off, (b) <u>he</u> smiled and wished me luck with my university studies. Thanks to the kindness of these strangers, the initial doubt I had had about my decision to study away from home was replaced with hope and excitement.

(C)

This continued more aggressively and my driver started to panic. Honks and more flashes followed, so (c) <u>he</u> pulled the van over to the roadside. My heart was pounding as the man from the car behind approached us. As he reached my window, I lowered it and then looked down at (d) <u>his</u> hands to see that he was holding my wallet. I had left it in the airport and I realized he had been trying to return it to me ever since we had left the airport.

* honk: 경적 소리

(D)

As we left the airport, he began talking about the city and its people. As I loved driving very much, we moved onto talking about cars and driving in Kuching. "Never make Kuching people angry," (e) <u>he</u> warned. "No road rage. Very dangerous!" He then went on to list his experiences of road rage and advised me to drive very cautiously. A bit later, the car behind started to flash its lights at us.

* road rage: 도로에서 벌어지는 운전자의 난폭 행동

43. 주어진 글 (A)에 이어질 내용을 순서에 맞게 배열한 것으로 가장 적절한 것은?

① (B) − (D) − (C)　　② (C) − (B) − (D)
③ (C) − (D) − (B)　　④ (D) − (B) − (C)
⑤ (D) − (C) − (B)

44. 밑줄 친 (a)~(e) 중에서 가리키는 대상이 나머지 넷과 <u>다른</u> 것은?

① (a) ② (b) ③ (c) ④ (d) ⑤ (e)

45. 윗글의 'I'에 관한 내용으로 적절하지 <u>않은</u> 것은?

① 기계 공학을 공부하려고 집을 떠나왔다.
② 처음에는 유학 결정에 대해 의구심을 가졌다.
③ 지갑을 자동차에 두고 내렸다.
④ 운전하는 것을 매우 좋아했다.
⑤ 조심스럽게 운전하라는 충고를 들었다.

* 확인 사항
○ 답안지의 해당란에 필요한 내용을 정확히 기입(표기)했는지 확인하시오.

※ 답안지 작성(표기)은 반드시 검은색 컴퓨터용 사인펜만을 사용하고, 연필 또는 샤프 등의 필기구를 절대 사용하지 마십시오.

② 교시 수 학 영 역

결시자 확인 (수험생은 표기하지 말것.)

검은색 컴퓨터용 사인펜을 사용하여 수험번호란과 옆란을 표기 ○

※ 문제지 표지에 안내된 필적 확인 문구를 아래 '필적 확인란'에 정자로 반드시 기재하여야 합니다.

필 적	
확인란	

성 명

수 험 번 호

문형

홀수형 ○

짝수형 ○

※문제의 문형을 확인 후 표기

감독관 확인
(수험생은 표기 하지 말것)

서 명 또는 날 인

본인 여부, 수험번호 및 문형의 표기가 정확한지 확인, 옆란에 서명 또는 날인

문번	답 란	문번	답 란	문번	답 란
1	① ② ③ ④ ⑤	10	① ② ③ ④ ⑤	19	① ② ③ ④ ⑤
2	① ② ③ ④ ⑤	11	① ② ③ ④ ⑤	20	① ② ③ ④ ⑤
3	① ② ③ ④ ⑤	12	① ② ③ ④ ⑤	21	① ② ③ ④ ⑤
4	① ② ③ ④ ⑤	13	① ② ③ ④ ⑤		
5	① ② ③ ④ ⑤	14	① ② ③ ④ ⑤		
6	① ② ③ ④ ⑤	15	① ② ③ ④ ⑤		
7	① ② ③ ④ ⑤	16	① ② ③ ④ ⑤		
8	① ② ③ ④ ⑤	17	① ② ③ ④ ⑤		
9	① ② ③ ④ ⑤	18	① ② ③ ④ ⑤		

22번, 23번, 24번 (백 십 일)

25번, 26번, 27번, 28번, 29번, 30번 (백 십 일)

※ 단답형 답란 표기방법

- 십진법에 의하되, 반드시 자리에 맞추어 표기
- 정답이 한 자리인 경우 일의 자리에만 표기하거나, 십의 자리에 ⓪을 표기하고 일의 자리에 표기

※ 예시
- 정답 100 → 백의 자리 ①, 십의 자리 ⓪, 일의 자리 ⓪
- 정답 98 → 십의 자리 ⑨, 일의 자리 ⑧
- 정답 5 → 일의 자리 ⑤, 또는 십의 자리 ⓪, 일의 자리 ⑤

리얼 오리지널 | 고1 〈6월 학력평가〉

✂ ─ 절취선

[회] 리얼 오리지널 모의고사 답안지

※ 답안지 작성(표기)은 반드시 검은색 컴퓨터용 사인펜만을 사용하고, 연필 또는 샤프 등의 필기구를 절대 사용하지 마십시오.

② 교시 수 학 영 역

결시자 확인 (수험생은 표기하지 말것.)

검은색 컴퓨터용 사인펜을 사용하여 수험번호란과 옆란을 표기 ○

※ 문제지 표지에 안내된 필적 확인 문구를 아래 '필적 확인란'에 정자로 반드시 기재하여야 합니다.

필 적	
확인란	

성 명

수 험 번 호

문형

홀수형 ○

짝수형 ○

※문제의 문형을 확인 후 표기

감독관 확인
(수험생은 표기 하지 말것)

서 명 또는 날 인

본인 여부, 수험번호 및 문형의 표기가 정확한지 확인, 옆란에 서명 또는 날인

문번	답 란	문번	답 란	문번	답 란
1	① ② ③ ④ ⑤	10	① ② ③ ④ ⑤	19	① ② ③ ④ ⑤
2	① ② ③ ④ ⑤	11	① ② ③ ④ ⑤	20	① ② ③ ④ ⑤
3	① ② ③ ④ ⑤	12	① ② ③ ④ ⑤	21	① ② ③ ④ ⑤
4	① ② ③ ④ ⑤	13	① ② ③ ④ ⑤		
5	① ② ③ ④ ⑤	14	① ② ③ ④ ⑤		
6	① ② ③ ④ ⑤	15	① ② ③ ④ ⑤		
7	① ② ③ ④ ⑤	16	① ② ③ ④ ⑤		
8	① ② ③ ④ ⑤	17	① ② ③ ④ ⑤		
9	① ② ③ ④ ⑤	18	① ② ③ ④ ⑤		

22번, 23번, 24번 (백 십 일)

25번, 26번, 27번, 28번, 29번, 30번 (백 십 일)

※ 단답형 답란 표기방법

- 십진법에 의하되, 반드시 자리에 맞추어 표기
- 정답이 한 자리인 경우 일의 자리에만 표기하거나, 십의 자리에 ⓪을 표기하고 일의 자리에 표기

※ 예시
- 정답 100 → 백의 자리 ①, 십의 자리 ⓪, 일의 자리 ⓪
- 정답 98 → 십의 자리 ⑨, 일의 자리 ⑧
- 정답 5 → 일의 자리 ⑤, 또는 십의 자리 ⓪, 일의 자리 ⑤

리얼 오리지널 | 고1 〈6월 학력평가〉

※ 답안지 작성(표기)은 반드시 검은색 컴퓨터용 사인펜만을 사용하고, 연필 또는 샤프 등의 필기구를 절대 사용하지 마십시오.

② 교시 **수 학 영 역**

결시자 확인 (수험생은 표기하지 말것.)

검은색 컴퓨터용 사인펜을 사용하여
수험번호란과 옆란을 표기 ○

※ 문제지 표지에 안내된 필적 확인 문구를 아래
'필적 확인란'에 정자로 반드시 기재하여야 합니다.

필 적
확인란

성 명

수 험 번 호

문형

홀수형 ○

짝수형 ○

※문제의
문형을
확인 후
표기

감독관 확인
(수험생은 표기 하지 말것)

서 명
또는
날 인

본인 여부, 수험번호 및
문형의 표기가 정확한지
확인, 옆란에 서명 또는
날인

문번	답 란	문번	답 란	문번	답 란
1	① ② ③ ④ ⑤	10	① ② ③ ④ ⑤	19	① ② ③ ④ ⑤
2	① ② ③ ④ ⑤	11	① ② ③ ④ ⑤	20	① ② ③ ④ ⑤
3	① ② ③ ④ ⑤	12	① ② ③ ④ ⑤	21	① ② ③ ④ ⑤
4	① ② ③ ④ ⑤	13	① ② ③ ④ ⑤		
5	① ② ③ ④ ⑤	14	① ② ③ ④ ⑤		
6	① ② ③ ④ ⑤	15	① ② ③ ④ ⑤		
7	① ② ③ ④ ⑤	16	① ② ③ ④ ⑤		
8	① ② ③ ④ ⑤	17	① ② ③ ④ ⑤		
9	① ② ③ ④ ⑤	18	① ② ③ ④ ⑤		

22번 / 23번 / 24번 (백 십 일)

25번 / 26번 / 27번 / 28번 / 29번 / 30번 (백 십 일)

※ 단답형 답란 표기방법

• 십진법에 의하되,
반드시 자리에 맞추어 표기

• 정답이 한 자리인 경우
일의 자리에만 표기하거나,
십의 자리에 ⓪을 표기하고
일의 자리에 표기

※ 예시

• 정답 100 → 백의 자리 ①,
십의 자리 ⓪, 일의 자리 ⓪

• 정답 98 → 십의 자리 ⑨,
일의 자리 ⑧

• 정답 5 → 일의 자리 ⑤,
또는 십의 자리 ⓪, 일의
자리 ⑤

✂ 절취선

[회] 리얼 오리지널 모의고사 답안지

※ 답안지 작성(표기)은 반드시 검은색 컴퓨터용 사인펜만을 사용하고, 연필 또는 샤프 등의 필기구를 절대 사용하지 마십시오.

② 교시 **수 학 영 역**

결시자 확인 (수험생은 표기하지 말것.)

검은색 컴퓨터용 사인펜을 사용하여
수험번호란과 옆란을 표기 ○

※ 문제지 표지에 안내된 필적 확인 문구를 아래
'필적 확인란'에 정자로 반드시 기재하여야 합니다.

필 적
확인란

성 명

수 험 번 호

문형

홀수형 ○

짝수형 ○

※문제의
문형을
확인 후
표기

감독관 확인
(수험생은 표기 하지 말것)

서 명
또는
날 인

본인 여부, 수험번호 및
문형의 표기가 정확한지
확인, 옆란에 서명 또는
날인

문번	답 란	문번	답 란	문번	답 란
1	① ② ③ ④ ⑤	10	① ② ③ ④ ⑤	19	① ② ③ ④ ⑤
2	① ② ③ ④ ⑤	11	① ② ③ ④ ⑤	20	① ② ③ ④ ⑤
3	① ② ③ ④ ⑤	12	① ② ③ ④ ⑤	21	① ② ③ ④ ⑤
4	① ② ③ ④ ⑤	13	① ② ③ ④ ⑤		
5	① ② ③ ④ ⑤	14	① ② ③ ④ ⑤		
6	① ② ③ ④ ⑤	15	① ② ③ ④ ⑤		
7	① ② ③ ④ ⑤	16	① ② ③ ④ ⑤		
8	① ② ③ ④ ⑤	17	① ② ③ ④ ⑤		
9	① ② ③ ④ ⑤	18	① ② ③ ④ ⑤		

22번 / 23번 / 24번 (백 십 일)

25번 / 26번 / 27번 / 28번 / 29번 / 30번 (백 십 일)

※ 단답형 답란 표기방법

• 십진법에 의하되,
반드시 자리에 맞추어 표기

• 정답이 한 자리인 경우
일의 자리에만 표기하거나,
십의 자리에 ⓪을 표기하고
일의 자리에 표기

※ 예시

• 정답 100 → 백의 자리 ①,
십의 자리 ⓪, 일의 자리 ⓪

• 정답 98 → 십의 자리 ⑨,
일의 자리 ⑧

• 정답 5 → 일의 자리 ⑤,
또는 십의 자리 ⓪, 일의
자리 ⑤

리얼 오리지널 I 고1 〈6월 학력평가〉

③ 교시 **영어영역**

※ 답안지 작성(표기)은 반드시 검은색 컴퓨터용 사인펜만을 사용하고, 연필 또는 샤프 등의 필기구를 절대 사용하지 마십시오.

결시자 확인 (수험생은 표기하지 말것.)

검은색 컴퓨터용 사인펜을 사용하여
수험번호란과 옆란을 표기   ○

※ 문제지 표지에 안내된 필적 확인 문구를 아래
'필적 확인란'에 정자로 반드시 기재하여야 합니다.

필 적
확인란

성 명

수 험 번 호

문형

홀수형 ○

짝수형 ○

※문제의
문형을
확인 후
표기

감독관 확인
(수험생은 표기
하지 말것)
(서 명
또는
날 인)
본인 여부, 수험번호 및
문형의 표기가 정확한지
확인, 옆란에 서명 또는
날인

문번	답 란	문번	답 란	문번	답 란
1	① ② ③ ④ ⑤	21	① ② ③ ④ ⑤	41	① ② ③ ④ ⑤
2	① ② ③ ④ ⑤	22	① ② ③ ④ ⑤	42	① ② ③ ④ ⑤
3	① ② ③ ④ ⑤	23	① ② ③ ④ ⑤	43	① ② ③ ④ ⑤
4	① ② ③ ④ ⑤	24	① ② ③ ④ ⑤	44	① ② ③ ④ ⑤
5	① ② ③ ④ ⑤	25	① ② ③ ④ ⑤	45	① ② ③ ④ ⑤
6	① ② ③ ④ ⑤	26	① ② ③ ④ ⑤		
7	① ② ③ ④ ⑤	27	① ② ③ ④ ⑤		
8	① ② ③ ④ ⑤	28	① ② ③ ④ ⑤		
9	① ② ③ ④ ⑤	29	① ② ③ ④ ⑤		
10	① ② ③ ④ ⑤	30	① ② ③ ④ ⑤		
11	① ② ③ ④ ⑤	31	① ② ③ ④ ⑤		
12	① ② ③ ④ ⑤	32	① ② ③ ④ ⑤		
13	① ② ③ ④ ⑤	33	① ② ③ ④ ⑤		
14	① ② ③ ④ ⑤	34	① ② ③ ④ ⑤		
15	① ② ③ ④ ⑤	35	① ② ③ ④ ⑤		
16	① ② ③ ④ ⑤	36	① ② ③ ④ ⑤		
17	① ② ③ ④ ⑤	37	① ② ③ ④ ⑤		
18	① ② ③ ④ ⑤	38	① ② ③ ④ ⑤		
19	① ② ③ ④ ⑤	39	① ② ③ ④ ⑤		
20	① ② ③ ④ ⑤	40	① ② ③ ④ ⑤		

리얼 오리지널 I 고1 〈6월 학력평가〉

절취선

[회] 리얼 오리지널 모의고사 답안지

③ 교시 **영어영역**

※ 답안지 작성(표기)은 반드시 검은색 컴퓨터용 사인펜만을 사용하고, 연필 또는 샤프 등의 필기구를 절대 사용하지 마십시오.

결시자 확인 (수험생은 표기하지 말것.)

검은색 컴퓨터용 사인펜을 사용하여
수험번호란과 옆란을 표기   ○

※ 문제지 표지에 안내된 필적 확인 문구를 아래
'필적 확인란'에 정자로 반드시 기재하여야 합니다.

필 적
확인란

성 명

수 험 번 호

문형

홀수형 ○

짝수형 ○

※문제의
문형을
확인 후
표기

감독관 확인
(수험생은 표기
하지 말것)
(서 명
또는
날 인)
본인 여부, 수험번호 및
문형의 표기가 정확한지
확인, 옆란에 서명 또는
날인

문번	답 란	문번	답 란	문번	답 란
1	① ② ③ ④ ⑤	21	① ② ③ ④ ⑤	41	① ② ③ ④ ⑤
2	① ② ③ ④ ⑤	22	① ② ③ ④ ⑤	42	① ② ③ ④ ⑤
3	① ② ③ ④ ⑤	23	① ② ③ ④ ⑤	43	① ② ③ ④ ⑤
4	① ② ③ ④ ⑤	24	① ② ③ ④ ⑤	44	① ② ③ ④ ⑤
5	① ② ③ ④ ⑤	25	① ② ③ ④ ⑤	45	① ② ③ ④ ⑤
6	① ② ③ ④ ⑤	26	① ② ③ ④ ⑤		
7	① ② ③ ④ ⑤	27	① ② ③ ④ ⑤		
8	① ② ③ ④ ⑤	28	① ② ③ ④ ⑤		
9	① ② ③ ④ ⑤	29	① ② ③ ④ ⑤		
10	① ② ③ ④ ⑤	30	① ② ③ ④ ⑤		
11	① ② ③ ④ ⑤	31	① ② ③ ④ ⑤		
12	① ② ③ ④ ⑤	32	① ② ③ ④ ⑤		
13	① ② ③ ④ ⑤	33	① ② ③ ④ ⑤		
14	① ② ③ ④ ⑤	34	① ② ③ ④ ⑤		
15	① ② ③ ④ ⑤	35	① ② ③ ④ ⑤		
16	① ② ③ ④ ⑤	36	① ② ③ ④ ⑤		
17	① ② ③ ④ ⑤	37	① ② ③ ④ ⑤		
18	① ② ③ ④ ⑤	38	① ② ③ ④ ⑤		
19	① ② ③ ④ ⑤	39	① ② ③ ④ ⑤		
20	① ② ③ ④ ⑤	40	① ② ③ ④ ⑤		

리얼 오리지널 I 고1 〈6월 학력평가〉

※ 답안지 작성(표기)은 반드시 검은색 컴퓨터용 사인펜만을 사용하고, 연필 또는 샤프 등의 필기구를 절대 사용하지 마십시오.

③ 교시 영어영역

결시자 확인 (수험생은 표기하지 말것.)

검은색 컴퓨터용 사인펜을 사용하여
수험번호란과 옆란을 표기　○

※ 문제지 표지에 안내된 필적 확인 문구를 아래
　'필적 확인란'에 정자로 반드시 기재하여야 합니다.

필 적	
확인란	

성 명

수 험 번 호

문형

홀수형 ○

짝수형 ○

※문제의
문형을
확인 후
표기

감독관 확인

(수험생은 표기
하지 말것)

서 명
또는
날 인

본인 여부, 수험번호 및
문형의 표기가 정확한지
확인, 옆란에 서명 또는
날인

문번	답　란	문번	답　란	문번	답　란
1	① ② ③ ④ ⑤	21	① ② ③ ④ ⑤	41	① ② ③ ④ ⑤
2	① ② ③ ④ ⑤	22	① ② ③ ④ ⑤	42	① ② ③ ④ ⑤
3	① ② ③ ④ ⑤	23	① ② ③ ④ ⑤	43	① ② ③ ④ ⑤
4	① ② ③ ④ ⑤	24	① ② ③ ④ ⑤	44	① ② ③ ④ ⑤
5	① ② ③ ④ ⑤	25	① ② ③ ④ ⑤	45	① ② ③ ④ ⑤
6	① ② ③ ④ ⑤	26	① ② ③ ④ ⑤		
7	① ② ③ ④ ⑤	27	① ② ③ ④ ⑤		
8	① ② ③ ④ ⑤	28	① ② ③ ④ ⑤		
9	① ② ③ ④ ⑤	29	① ② ③ ④ ⑤		
10	① ② ③ ④ ⑤	30	① ② ③ ④ ⑤		
11	① ② ③ ④ ⑤	31	① ② ③ ④ ⑤		
12	① ② ③ ④ ⑤	32	① ② ③ ④ ⑤		
13	① ② ③ ④ ⑤	33	① ② ③ ④ ⑤		
14	① ② ③ ④ ⑤	34	① ② ③ ④ ⑤		
15	① ② ③ ④ ⑤	35	① ② ③ ④ ⑤		
16	① ② ③ ④ ⑤	36	① ② ③ ④ ⑤		
17	① ② ③ ④ ⑤	37	① ② ③ ④ ⑤		
18	① ② ③ ④ ⑤	38	① ② ③ ④ ⑤		
19	① ② ③ ④ ⑤	39	① ② ③ ④ ⑤		
20	① ② ③ ④ ⑤	40	① ② ③ ④ ⑤		

리얼 오리지널 | 고1 〈6월 학력평가〉

✄ 절취선

[　회] 리얼 오리지널 모의고사 답안지

※ 답안지 작성(표기)은 반드시 검은색 컴퓨터용 사인펜만을 사용하고, 연필 또는 샤프 등의 필기구를 절대 사용하지 마십시오.

③ 교시 영어영역

결시자 확인 (수험생은 표기하지 말것.)

검은색 컴퓨터용 사인펜을 사용하여
수험번호란과 옆란을 표기　○

※ 문제지 표지에 안내된 필적 확인 문구를 아래
　'필적 확인란'에 정자로 반드시 기재하여야 합니다.

필 적	
확인란	

성 명

수 험 번 호

문형

홀수형 ○

짝수형 ○

※문제의
문형을
확인 후
표기

감독관 확인

(수험생은 표기
하지 말것)

서 명
또는
날 인

본인 여부, 수험번호 및
문형의 표기가 정확한지
확인, 옆란에 서명 또는
날인

문번	답　란	문번	답　란	문번	답　란
1	① ② ③ ④ ⑤	21	① ② ③ ④ ⑤	41	① ② ③ ④ ⑤
2	① ② ③ ④ ⑤	22	① ② ③ ④ ⑤	42	① ② ③ ④ ⑤
3	① ② ③ ④ ⑤	23	① ② ③ ④ ⑤	43	① ② ③ ④ ⑤
4	① ② ③ ④ ⑤	24	① ② ③ ④ ⑤	44	① ② ③ ④ ⑤
5	① ② ③ ④ ⑤	25	① ② ③ ④ ⑤	45	① ② ③ ④ ⑤
6	① ② ③ ④ ⑤	26	① ② ③ ④ ⑤		
7	① ② ③ ④ ⑤	27	① ② ③ ④ ⑤		
8	① ② ③ ④ ⑤	28	① ② ③ ④ ⑤		
9	① ② ③ ④ ⑤	29	① ② ③ ④ ⑤		
10	① ② ③ ④ ⑤	30	① ② ③ ④ ⑤		
11	① ② ③ ④ ⑤	31	① ② ③ ④ ⑤		
12	① ② ③ ④ ⑤	32	① ② ③ ④ ⑤		
13	① ② ③ ④ ⑤	33	① ② ③ ④ ⑤		
14	① ② ③ ④ ⑤	34	① ② ③ ④ ⑤		
15	① ② ③ ④ ⑤	35	① ② ③ ④ ⑤		
16	① ② ③ ④ ⑤	36	① ② ③ ④ ⑤		
17	① ② ③ ④ ⑤	37	① ② ③ ④ ⑤		
18	① ② ③ ④ ⑤	38	① ② ③ ④ ⑤		
19	① ② ③ ④ ⑤	39	① ② ③ ④ ⑤		
20	① ② ③ ④ ⑤	40	① ② ③ ④ ⑤		

리얼 오리지널 | 고1 〈6월 학력평가〉

④ 교시 **탐구영역**

※ 답안지 작성(표기)은 반드시 검은색 컴퓨터용 사인펜만을 사용하고, 연필 또는 샤프 등의 필기구를 절대 사용하지 마십시오.

결시자 확인 (수험생은 표기하지 말것.)

검은색 컴퓨터용 사인펜을 사용하여
수험번호란과 옆란을 표기

○

※ 문제지 표지에 안내된 필적 확인 문구를 아래
'필적 확인란'에 정자로 반드시 기재하여야 합니다.

필 적
확인란

성 명

수 험 번 호

※탐구 영역은
문형(홀수형
/짝수형)구분
없음

※수험표에
부착된
스티커의
선택과목
순서대로
답란에 표기

감독관 확인

(수험생은 표기
하지 말것)

서 명
또는
날 인

본인 여부, 수험번호의
표기가 정확한지 확인,
옆란에 서명 또는 날인

통 합 사 회

문번	답 란
1	① ② ③ ④ ⑤
2	① ② ③ ④ ⑤
3	① ② ③ ④ ⑤
4	① ② ③ ④ ⑤
5	① ② ③ ④ ⑤
6	① ② ③ ④ ⑤
7	① ② ③ ④ ⑤
8	① ② ③ ④ ⑤
9	① ② ③ ④ ⑤
10	① ② ③ ④ ⑤
11	① ② ③ ④ ⑤
12	① ② ③ ④ ⑤
13	① ② ③ ④ ⑤
14	① ② ③ ④ ⑤
15	① ② ③ ④ ⑤
16	① ② ③ ④ ⑤
17	① ② ③ ④ ⑤
18	① ② ③ ④ ⑤
19	① ② ③ ④ ⑤
20	① ② ③ ④ ⑤

통 합 과 학

문번	답 란
1	① ② ③ ④ ⑤
2	① ② ③ ④ ⑤
3	① ② ③ ④ ⑤
4	① ② ③ ④ ⑤
5	① ② ③ ④ ⑤
6	① ② ③ ④ ⑤
7	① ② ③ ④ ⑤
8	① ② ③ ④ ⑤
9	① ② ③ ④ ⑤
10	① ② ③ ④ ⑤
11	① ② ③ ④ ⑤
12	① ② ③ ④ ⑤
13	① ② ③ ④ ⑤
14	① ② ③ ④ ⑤
15	① ② ③ ④ ⑤
16	① ② ③ ④ ⑤
17	① ② ③ ④ ⑤
18	① ② ③ ④ ⑤
19	① ② ③ ④ ⑤
20	① ② ③ ④ ⑤

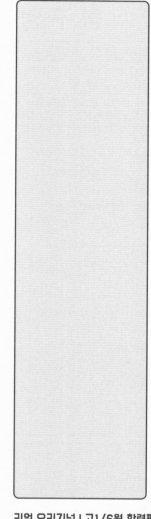

리얼 오리지널 I 고1 〈6월 학력평가〉

✂ 절취선

[회] 리얼 오리지널 모의고사 답안지

④ 교시 **탐구영역**

※ 답안지 작성(표기)은 반드시 검은색 컴퓨터용 사인펜만을 사용하고, 연필 또는 샤프 등의 필기구를 절대 사용하지 마십시오.

결시자 확인 (수험생은 표기하지 말것.)

검은색 컴퓨터용 사인펜을 사용하여
수험번호란과 옆란을 표기

○

※ 문제지 표지에 안내된 필적 확인 문구를 아래
'필적 확인란'에 정자로 반드시 기재하여야 합니다.

필 적
확인란

성 명

수 험 번 호

※탐구 영역은
문형(홀수형
/짝수형)구분
없음

※수험표에
부착된
스티커의
선택과목
순서대로
답란에 표기

감독관 확인

(수험생은 표기
하지 말것)

서 명
또는
날 인

본인 여부, 수험번호의
표기가 정확한지 확인,
옆란에 서명 또는 날인

통 합 사 회

문번	답 란
1	① ② ③ ④ ⑤
2	① ② ③ ④ ⑤
3	① ② ③ ④ ⑤
4	① ② ③ ④ ⑤
5	① ② ③ ④ ⑤
6	① ② ③ ④ ⑤
7	① ② ③ ④ ⑤
8	① ② ③ ④ ⑤
9	① ② ③ ④ ⑤
10	① ② ③ ④ ⑤
11	① ② ③ ④ ⑤
12	① ② ③ ④ ⑤
13	① ② ③ ④ ⑤
14	① ② ③ ④ ⑤
15	① ② ③ ④ ⑤
16	① ② ③ ④ ⑤
17	① ② ③ ④ ⑤
18	① ② ③ ④ ⑤
19	① ② ③ ④ ⑤
20	① ② ③ ④ ⑤

통 합 과 학

문번	답 란
1	① ② ③ ④ ⑤
2	① ② ③ ④ ⑤
3	① ② ③ ④ ⑤
4	① ② ③ ④ ⑤
5	① ② ③ ④ ⑤
6	① ② ③ ④ ⑤
7	① ② ③ ④ ⑤
8	① ② ③ ④ ⑤
9	① ② ③ ④ ⑤
10	① ② ③ ④ ⑤
11	① ② ③ ④ ⑤
12	① ② ③ ④ ⑤
13	① ② ③ ④ ⑤
14	① ② ③ ④ ⑤
15	① ② ③ ④ ⑤
16	① ② ③ ④ ⑤
17	① ② ③ ④ ⑤
18	① ② ③ ④ ⑤
19	① ② ③ ④ ⑤
20	① ② ③ ④ ⑤

리얼 오리지널 I 고1 〈6월 학력평가〉

[　회] 리얼 오리지널 모의고사 답안지

④ 교시 탐구영역

결시자 확인 (수험생은 표기하지 말것.)

검은색 컴퓨터용 사인펜을 사용하여
수험번호란과 옆란을 표기

※ 문제지 표지에 안내된 필적 확인 문구를 아래
　'필적 확인란'에 정자로 반드시 기재하여야 합니다.

필 적
확인란

성 명

수 험 번 호

※탐구 영역은
문형(홀수형
/짝수형)구분
없음

※수험표에
부착된
스티커의
선택과목
순서대로
답란에 표기

감독관
확 인
(수험생은 표기
하지 말것)

（ 서 명
또는
날 인 ）

본인 여부, 수험번호의
표기가 정확한지 확인,
옆란에 서명 또는 날인

※ 답안지 작성(표기)은 반드시 검은색 컴퓨터용 사인펜만을 사용하고, 연필 또는 샤프 등의 필기구를 절대 사용하지 마십시오.

통 합 사 회

문번	답 란
1	① ② ③ ④ ⑤
2	① ② ③ ④ ⑤
3	① ② ③ ④ ⑤
4	① ② ③ ④ ⑤
5	① ② ③ ④ ⑤
6	① ② ③ ④ ⑤
7	① ② ③ ④ ⑤
8	① ② ③ ④ ⑤
9	① ② ③ ④ ⑤
10	① ② ③ ④ ⑤
11	① ② ③ ④ ⑤
12	① ② ③ ④ ⑤
13	① ② ③ ④ ⑤
14	① ② ③ ④ ⑤
15	① ② ③ ④ ⑤
16	① ② ③ ④ ⑤
17	① ② ③ ④ ⑤
18	① ② ③ ④ ⑤
19	① ② ③ ④ ⑤
20	① ② ③ ④ ⑤

통 합 과 학

문번	답 란
1	① ② ③ ④ ⑤
2	① ② ③ ④ ⑤
3	① ② ③ ④ ⑤
4	① ② ③ ④ ⑤
5	① ② ③ ④ ⑤
6	① ② ③ ④ ⑤
7	① ② ③ ④ ⑤
8	① ② ③ ④ ⑤
9	① ② ③ ④ ⑤
10	① ② ③ ④ ⑤
11	① ② ③ ④ ⑤
12	① ② ③ ④ ⑤
13	① ② ③ ④ ⑤
14	① ② ③ ④ ⑤
15	① ② ③ ④ ⑤
16	① ② ③ ④ ⑤
17	① ② ③ ④ ⑤
18	① ② ③ ④ ⑤
19	① ② ③ ④ ⑤
20	① ② ③ ④ ⑤

리얼 오리지널 l 고1 〈6월 학력평가〉

✂ 절취선

[　회] 리얼 오리지널 모의고사 답안지

④ 교시 탐구영역

결시자 확인 (수험생은 표기하지 말것.)

검은색 컴퓨터용 사인펜을 사용하여
수험번호란과 옆란을 표기

※ 문제지 표지에 안내된 필적 확인 문구를 아래
　'필적 확인란'에 정자로 반드시 기재하여야 합니다.

필 적
확인란

성 명

수 험 번 호

※탐구 영역은
문형(홀수형
/짝수형)구분
없음

※수험표에
부착된
스티커의
선택과목
순서대로
답란에 표기

감독관
확 인
(수험생은 표기
하지 말것)

（ 서 명
또는
날 인 ）

본인 여부, 수험번호의
표기가 정확한지 확인,
옆란에 서명 또는 날인

※ 답안지 작성(표기)은 반드시 검은색 컴퓨터용 사인펜만을 사용하고, 연필 또는 샤프 등의 필기구를 절대 사용하지 마십시오.

통 합 사 회

문번	답 란
1	① ② ③ ④ ⑤
2	① ② ③ ④ ⑤
3	① ② ③ ④ ⑤
4	① ② ③ ④ ⑤
5	① ② ③ ④ ⑤
6	① ② ③ ④ ⑤
7	① ② ③ ④ ⑤
8	① ② ③ ④ ⑤
9	① ② ③ ④ ⑤
10	① ② ③ ④ ⑤
11	① ② ③ ④ ⑤
12	① ② ③ ④ ⑤
13	① ② ③ ④ ⑤
14	① ② ③ ④ ⑤
15	① ② ③ ④ ⑤
16	① ② ③ ④ ⑤
17	① ② ③ ④ ⑤
18	① ② ③ ④ ⑤
19	① ② ③ ④ ⑤
20	① ② ③ ④ ⑤

통 합 과 학

문번	답 란
1	① ② ③ ④ ⑤
2	① ② ③ ④ ⑤
3	① ② ③ ④ ⑤
4	① ② ③ ④ ⑤
5	① ② ③ ④ ⑤
6	① ② ③ ④ ⑤
7	① ② ③ ④ ⑤
8	① ② ③ ④ ⑤
9	① ② ③ ④ ⑤
10	① ② ③ ④ ⑤
11	① ② ③ ④ ⑤
12	① ② ③ ④ ⑤
13	① ② ③ ④ ⑤
14	① ② ③ ④ ⑤
15	① ② ③ ④ ⑤
16	① ② ③ ④ ⑤
17	① ② ③ ④ ⑤
18	① ② ③ ④ ⑤
19	① ② ③ ④ ⑤
20	① ② ③ ④ ⑤

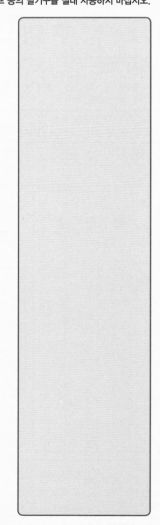

리얼 오리지널 l 고1 〈6월 학력평가〉

01회 2023학년도 06월 전국연합 국어

01⑤ 02② 03② 04④ 05③ 06④ 07⑤ 08② 09⑤ 10③
11① 12① 13⑤ 14⑤ 15③ 16① 17① 18② 19③ 20②
21① 22④ 23③ 24⑤ 25③ 26④ 27① 28① 29④ 30④
31⑤ 32⑤ 33③ 34③ 35④ 36② 37⑤ 38② 39② 40④
41⑤ 42④ 43④ 44① 45③

02회 2022학년도 06월 전국연합 국어

01② 02② 03③ 04⑤ 05② 06④ 07③ 08⑤ 09⑤ 10②
11① 12⑤ 13⑤ 14④ 15③ 16③ 17② 18④ 19④ 20①
21① 22⑤ 23④ 24③ 25③ 26② 27② 28② 29① 30④
31⑤ 32① 33② 34② 35③ 36① 37⑤ 38④ 39③ 40④
41④ 42① 43③ 44⑤ 45①

03회 2021학년도 06월 전국연합 국어

01⑤ 02④ 03③ 04② 05④ 06③ 07⑤ 08⑤ 09⑤ 10④
11① 12② 13⑤ 14② 15① 16① 17③ 18④ 19④ 20②
21② 22④ 23③ 24⑤ 25① 26② 27④ 28① 29① 30③
31② 32③ 33⑤ 34② 35④ 36⑤ 37⑤ 38④ 39① 40②
41① 42③ 43③ 44① 45④

04회 2023학년도 06월 전국연합 수학

01⑤ 02① 03④ 04⑤ 05③ 06④ 07③ 08① 09③ 10④
11② 12① 13③ 14① 15② 16③ 17② 18⑤ 19④ 20①
21⑤ 22 6 23 16 24 7 25 14 26 23 27 21 28 91 29 94 30 120

05회 2022학년도 06월 전국연합 수학

01② 02③ 03④ 04⑤ 05⑤ 06③ 07① 08① 09③ 10②
11② 12① 13③ 14② 15① 16③ 17④ 18② 19⑤ 20②
21⑤ 22 12 23 18 24 3 25 6 26 7 27 25 28 10 29 13 30 31

06회 2021학년도 06월 전국연합 수학

01⑤ 02② 03① 04⑤ 05③ 06③ 07④ 08② 09① 10⑤
11① 12③ 13④ 14④ 15③ 16⑤ 17② 18② 19④ 20①
21⑤ 22 5 23 4 24 22 25 2 26 3 27 24 28 120 29 45 30 38

07회 2023학년도 06월 전국연합 영어

01② 02① 03① 04④ 05⑤ 06③ 07④ 08③ 09⑤ 10④
11① 12③ 13② 14⑤ 15⑤ 16③ 17④ 18② 19① 20⑤
21① 22③ 23② 24① 25④ 26④ 27⑤ 28⑤ 29④ 30②
31④ 32① 33② 34③ 35④ 36② 37⑤ 38② 39⑤ 40②
41① 42③ 43④ 44② 45③

08회 2022학년도 06월 전국연합 영어

01② 02① 03⑤ 04⑤ 05① 06③ 07① 08⑤ 09⑤ 10④
11① 12③ 13④ 14① 15④ 16② 17③ 18⑤ 19② 20⑤
21③ 22① 23② 24① 25⑤ 26③ 27④ 28② 29④ 30②
31① 32② 33③ 34② 35④ 36③ 37⑤ 38④ 39⑤ 40③
41① 42④ 43④ 44② 45④

09회 2021학년도 06월 전국연합 영어

01② 02② 03② 04⑤ 05④ 06① 07③ 08③ 09④ 10③
11② 12⑤ 13① 14⑤ 15④ 16③ 17④ 18① 19③ 20①
21③ 22⑤ 23② 24① 25⑤ 26③ 27⑤ 28④ 29⑤ 30③
31① 32⑤ 33① 34④ 35④ 36⑤ 37② 38③ 39④ 40①
41⑤ 42④ 43② 44② 45⑤

10회 2023학년도 06월 전국연합 한국사

01② 02⑤ 03④ 04② 05③ 06① 07⑤ 08③ 09④ 10⑤
11② 12③ 13⑤ 14③ 15④ 16① 17② 18① 19④ 20①

11회 2022학년도 06월 전국연합 한국사

01④ 02③ 03③ 04① 05② 06④ 07③ 08④ 09⑤ 10③
11① 12② 13① 14① 15① 16④ 17⑤ 18⑤ 19① 20⑤

12회 2021학년도 06월 전국연합 한국사

01② 02① 03③ 04① 05④ 06④ 07③ 08⑤ 09① 10⑤
11⑤ 12③ 13① 14⑤ 15④ 16② 17③ 18② 19② 20⑤

13회 2023학년도 06월 전국연합 통합사회

01③ 02③ 03② 04③ 05③ 06① 07③ 08① 09⑤ 10①
11④ 12④ 13④ 14① 15④ 16⑤ 17② 18⑤ 19② 20⑤

14회 2022학년도 06월 전국연합 통합사회

01③ 02⑤ 03③ 04⑤ 05① 06⑤ 07② 08② 09④ 10③
11④ 12⑤ 13② 14④ 15③ 16① 17④ 18① 19⑤ 20④

15회 2021학년도 06월 전국연합 통합사회

01⑤ 02③ 03③ 04⑤ 05① 06② 07④ 08⑤ 09③ 10②
11④ 12⑤ 13④ 14② 15④ 16① 17⑤ 18① 19③ 20④

16회 2023학년도 06월 전국연합 통합과학

01④ 02③ 03② 04⑤ 05⑤ 06⑤ 07① 08① 09② 10④
11① 12③ 13④ 14② 15⑤ 16⑤ 17② 18③ 19③ 20④

17회 2022학년도 06월 전국연합 통합과학

01② 02⑤ 03⑤ 04④ 05① 06③ 07④ 08④ 09④ 10②
11④ 12⑤ 13⑤ 14⑤ 15③ 16① 17③ 18① 19③ 20①

18회 2021학년도 06월 전국연합 통합과학

01② 02④ 03⑤ 04⑤ 05④ 06① 07⑤ 08② 09③ 10③
11⑤ 12① 13② 14② 15① 16④ 17④ 18② 19③ 20②

[특별 부록] 6월 대비 실전 모의고사 3회

19회 2024학년도 06월 대비 실전 모의고사 국어

01① 02① 03④ 04⑤ 05⑤ 06① 07④ 08② 09④ 10④
11③ 12② 13① 14④ 15② 16④ 17③ 18② 19① 20⑤
21⑤ 22⑤ 23④ 24⑤ 25② 26① 27⑤ 28⑤ 29① 30③
31② 32⑤ 33③ 34② 35③ 36① 37⑤ 38① 39② 40②
41④ 42③ 43④ 44③ 45④

20회 2024학년도 06월 대비 실전 모의고사 수학

01② 02① 03④ 04⑤ 05④ 06③ 07④ 08① 09② 10③
11③ 12① 13⑤ 14③ 15⑤ 16④ 17④ 18③ 19⑤ 20①
21⑤ 22 9 23 7 24 3 25 24 26 12 27 50 28 24 29 11 30 16

21회 2024학년도 06월 대비 실전 모의고사 영어

01② 02③ 03① 04⑤ 05④ 06④ 07⑤ 08④ 09③ 10③
11② 12① 13④ 14④ 15② 16① 17⑤ 18① 19⑤ 20①
21④ 22④ 23④ 24② 25④ 26② 27④ 28③ 29② 30④
31⑤ 32④ 33③ 34⑤ 35② 36③ 37② 38④ 39④ 40①
41② 42④ 43② 44④ 45③

리얼 오리지널

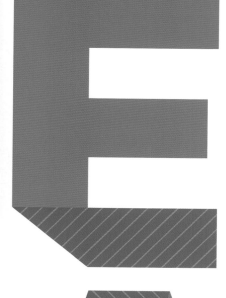

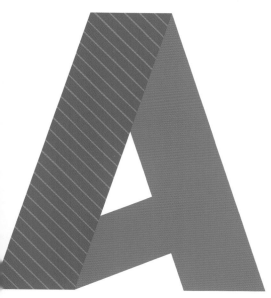

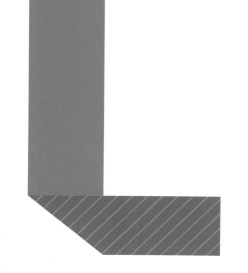

545만권
베스트셀러
리얼 오리지널 시리즈 누적 판매
2006~2023

6 월 학 력 평 가 + 기 말 고 사 대 비

6월
학력평가
+ 모의고사
기말고사

21회 [6월 학력평가 18회]
실전 모의고사 3회

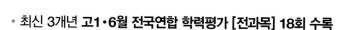

- 최신 3개년 고1·6월 전국연합 학력평가 [전과목] 18회 수록
- 고1·1학기 전과목 총정리 & 1학기 기말고사 대비
- 혼자서도 학습이 가능한 **꿀~팁** & **자세하고 명쾌한 해설**
- 회차별 **등급 컷** · **SPEED** 정답 체크 · **정답률** 수록
- 실전 마킹 연습에 꼭 필요한 OMR 체크카드 제공
- 듣기 파일 QR 코드 & MP3 파일 제공
- **[특별 부록]** 고1 6월 실전 모의고사 [국어·수학·영어] 3회

고1 전과목

국어 · 수학 · 영어 · 한국사 · 사회 · 과학

· 해설편 ·

수능 모의고사 전문 출판
입시플라이

SPEED 정답 체크 6월 학력평가 모의고사 + 기말고사 | 고1·전과목

01회 2023학년도 06월 전국연합 국어
01⑤ 02② 03② 04④ 05③ 06④ 07⑤ 08② 09⑤ 10③
11① 12① 13⑤ 14⑤ 15③ 16① 17① 18② 19③ 20②
21① 22④ 23③ 24⑤ 25③ 26④ 27① 28① 29④ 30④
31⑤ 32⑤ 33③ 34③ 35④ 36② 37⑤ 38② 39② 40④
41⑤ 42③ 43④ 44① 45③

02회 2022학년도 06월 전국연합 국어
01② 02② 03③ 04⑤ 05② 06④ 07③ 08⑤ 09⑤ 10②
11① 12⑤ 13⑤ 14④ 15③ 16③ 17② 18④ 19④ 20①
21① 22⑤ 23④ 24③ 25③ 26② 27② 28② 29① 30④
31⑤ 32① 33② 34② 35③ 36① 37⑤ 38④ 39③ 40④
41④ 42① 43③ 44⑤ 45①

03회 2021학년도 06월 전국연합 국어
01⑤ 02④ 03③ 04② 05④ 06③ 07⑤ 08⑤ 09⑤ 10④
11① 12② 13⑤ 14② 15① 16① 17③ 18④ 19④ 20②
21② 22④ 23③ 24⑤ 25① 26② 27④ 28① 29① 30③
31② 32③ 33⑤ 34② 35④ 36⑤ 37⑤ 38④ 39① 40②
41① 42③ 43③ 44③ 45④

04회 2023학년도 06월 전국연합 수학
01⑤ 02① 03④ 04⑤ 05③ 06④ 07③ 08① 09③ 10④
11② 12② 13③ 14① 15② 16③ 17② 18⑤ 19④ 20①
21⑤ 22 6 23 16 24 7 25 14 26 23 27 21 28 91 29 94 30 120

05회 2022학년도 06월 전국연합 수학
01④ 02③ 03④ 04⑤ 05⑤ 06③ 07① 08① 09③ 10②
11② 12① 13③ 14② 15① 16③ 17④ 18② 19⑤ 20②
21⑤ 22 12 23 18 24 3 25 6 26 7 27 25 28 10 29 13 30 31

06회 2021학년도 06월 전국연합 수학
01⑤ 02② 03① 04⑤ 05③ 06③ 07④ 08② 09① 10⑤
11① 12③ 13④ 14④ 15③ 16⑤ 17② 18② 19④ 20①
21⑤ 22 5 23 4 24 22 25 2 26 3 27 24 28 120 29 45 30 38

07회 2023학년도 06월 전국연합 영어
01② 02① 03① 04⑤ 05⑤ 06③ 07④ 08③ 09⑤ 10④
11① 12③ 13① 14⑤ 15⑤ 16③ 17④ 18② 19① 20⑤
21① 22③ 23② 24① 25④ 26③ 27⑤ 28⑤ 29④ 30②
31④ 32① 33② 34③ 35④ 36② 37⑤ 38② 39⑤ 40②
41① 42③ 43④ 44② 45③

08회 2022학년도 06월 전국연합 영어
01② 02① 03⑤ 04⑤ 05① 06③ 07① 08⑤ 09⑤ 10④
11① 12③ 13③ 14④ 15④ 16② 17③ 18② 19② 20⑤
21③ 22① 23② 24① 25⑤ 26③ 27④ 28② 29④ 30②
31① 32① 33⑤ 34② 35④ 36③ 37⑤ 38④ 39⑤ 40③
41① 42④ 43④ 44② 45④

09회 2021학년도 06월 전국연합 영어
01② 02② 03② 04④ 05④ 06① 07③ 08③ 09④ 10③
11② 12⑤ 13① 14⑤ 15③ 16③ 17④ 18① 19③ 20①
21③ 22⑤ 23② 24① 25⑤ 26③ 27⑤ 28④ 29⑤ 30③
31① 32⑤ 33① 34④ 35③ 36⑤ 37② 38③ 39④ 40①
41⑤ 42④ 43② 44② 45⑤

10회 2023학년도 06월 전국연합 한국사
01② 02⑤ 03④ 04② 05③ 06① 07⑤ 08③ 09④ 10⑤
11② 12③ 13⑤ 14③ 15④ 16① 17② 18① 19④ 20①

11회 2022학년도 06월 전국연합 한국사
01④ 02③ 03③ 04① 05② 06④ 07③ 08④ 09⑤ 10③
11② 12② 13③ 14④ 15① 16④ 17⑤ 18⑤ 19① 20⑤

12회 2021학년도 06월 전국연합 한국사
01② 02① 03③ 04① 05④ 06④ 07③ 08⑤ 09① 10⑤
11⑤ 12③ 13① 14⑤ 15④ 16② 17③ 18② 19② 20⑤

13회 2023학년도 06월 전국연합 통합사회
01③ 02③ 03② 04③ 05③ 06① 07③ 08① 09⑤ 10①
11④ 12④ 13④ 14① 15④ 16⑤ 17② 18⑤ 19② 20⑤

14회 2022학년도 06월 전국연합 통합사회
01③ 02⑤ 03③ 04⑤ 05① 06⑤ 07② 08② 09④ 10③
11④ 12⑤ 13② 14④ 15③ 16① 17④ 18① 19⑤ 20④

15회 2021학년도 06월 전국연합 통합사회
01⑤ 02③ 03③ 04⑤ 05① 06② 07④ 08⑤ 09③ 10②
11④ 12⑤ 13④ 14② 15④ 16① 17③ 18① 19③ 20④

16회 2023학년도 06월 전국연합 통합과학
01④ 02③ 03② 04⑤ 05⑤ 06⑤ 07① 08① 09② 10④
11① 12③ 13③ 14② 15⑤ 16⑤ 17② 18② 19③ 20④

17회 2022학년도 06월 전국연합 통합과학
01② 02⑤ 03⑤ 04④ 05① 06③ 07④ 08② 09④ 10②
11④ 12⑤ 13⑤ 14⑤ 15③ 16① 17③ 18① 19③ 20①

18회 2021학년도 06월 전국연합 통합과학
01② 02④ 03⑤ 04⑤ 05④ 06① 07⑤ 08② 09③ 10③
11⑤ 12① 13④ 14② 15① 16④ 17④ 18③ 19③ 20②

[특별 부록] 6월 대비 실전 모의고사 3회

19회 2024학년도 06월 대비 실전 모의고사 국어
01① 02① 03④ 04⑤ 05⑤ 06① 07④ 08② 09④ 10④
11③ 12② 13① 14④ 15② 16④ 17③ 18② 19① 20⑤
21⑤ 22⑤ 23② 24④ 25⑤ 26① 27⑤ 28⑤ 29① 30③
31② 32⑤ 33③ 34③ 35③ 36① 37⑤ 38① 39② 40②
41④ 42③ 43④ 44③ 45④

20회 2024학년도 06월 대비 실전 모의고사 수학
01② 02① 03④ 04⑤ 05④ 06③ 07④ 08① 09② 10③
11③ 12① 13⑤ 14③ 15⑤ 16④ 17④ 18③ 19⑤ 20①
21③ 22 9 23 7 24 3 25 24 26 12 27 50 28 24 29 11 30 16

21회 2024학년도 06월 대비 실전 모의고사 영어
01② 02③ 03① 04⑤ 05④ 06④ 07⑤ 08④ 09③ 10③
11② 12① 13④ 14④ 15② 16① 17⑤ 18① 19⑤ 20①
21④ 22④ 23⑤ 24② 25④ 26⑤ 27④ 28③ 29② 30④
31② 32② 33③ 34① 35③ 36② 37⑤ 38④ 39④ 40①
41② 42④ 43⑤ 44④ 45③

REAL
ORIGINAL

수능 모의고사 전문 출판

6월학력평가
모의고사 ➕ 기말고사

고1 전과목 해설편

Contents

REAL
ORIGINAL

※ 수록된 정답률은 실제와 차이가 있을 수 있습니다. 문제 난도를 파악하는데 참고용으로 활용하시기 바랍니다.

• 정답 •

01 ⑤	02 ②	03 ②	04 ④	05 ③	06 ④	07 ⑤	08 ②	09 ⑤	10 ③
11 ①	12 ①	13 ⑤	14 ⑤	15 ③	16 ①	17 ①	18 ②	19 ③	20 ②
21 ①	22 ④	23 ②	24 ⑤	25 ③	26 ④	27 ①	28 ①	29 ④	30 ④
31 ⑤	32 ⑤	33 ④	34 ③	35 ④	36 ②	37 ⑤	38 ②	39 ④	40 ④
41 ⑤	42 ③	43 ④	44 ①	45 ③					

★ 표기된 문항은 [등급을 가르는 문제]에 해당하는 문항입니다.

[01~03] 화법

01　발표 전략의 파악　정답률 80% | 정답 ⑤

위 발표에 활용된 말하기 방식으로 적절하지 <u>않은</u> 것은?

① 발표 주제를 선정하게 된 동기를 밝히며 발표를 시작하고 있다.
　1문단에서 고분 답사를 가서 화단 장식물 파편을 발견한 개인적 경험을 밝히면서 '매장 문화재 신고 제도'라는 발표 주제를 말하고 있다. 따라서 발표자는 발표 주제를 선정하게 된 동기를 밝히며 발표를 시작하고 있음을 알 수 있다.

② 발표 내용과 관련된 질문을 하여 청중의 관심을 유도하고 있다.
　1문단의 '혹시 여러분 중에 이런 경우에 어떻게 해야 하는지 아시는 분 있나요?'를 통해, 발표자는 청중에게 질문을 하여 관심을 유도하고 있음을 알 수 있다.

③ 구체적인 예를 활용하여 발표 내용을 효과적으로 전달하고 있다.
　2문단에서 일상생활이나 여가 활동 중에 문화재를 발견하는 사례를 언급하여 발표 내용을 효과적으로 전달하고 있음을 알 수 있다.

④ 발표 주제와 관련된 용어의 개념을 설명하여 청중의 이해를 돕고 있다.
　2문단에서 '매장 문화재'의 개념을 설명하고 있는데, 이러한 개념 설명은 청중의 이해를 도울 수 있으므로 적절하다.

☑ 발표 내용을 친숙한 소재에 빗대어 표현하여 청중의 흥미를 유발하고 있다.
　이 발표를 통해 학생이 발표 내용을 친숙한 소재에 빗대어 표현한 부분은 찾아볼 수 없다.

02　자료 활용의 적절성 파악　정답률 53% | 정답 ②

위 발표에서 자료를 활용한 방식에 대한 설명으로 가장 적절한 것은?

① 자신이 발굴한 문화재를 소개하기 위해 '화면 1'에 발견한 것의 실물 사진을 제시하였다.
　'화면 1'은 발표자가 고분 답사를 갔다가 발견한 화단 장식물 파편에 해당하므로, 자신이 발굴한 문화재를 소개하기 위해 '화면 1'을 제시하였다는 설명은 적절하지 않다.

☑ 일반적으로 매장 문화재가 세상에 나오는 상황을 보여 주기 위해 '화면 2'에 문화재청의 발굴 조사 장면을 제시하였다.
　'화면 2'는 전문 기관의 발굴 조사 장면을 제시한 것이므로, 일반적으로 매장 문화재가 세상에 나오는 상황을 보여 주기 위해 '화면 2'에 문화재청의 발굴 조사 장면을 제시하였다는 설명은 적절하다.

③ 발견된 문화재의 시대적 층위를 부각하기 위해 '화면 3'에 고대와 근대의 문화재를 대비하여 제시하였다.
　'화면 3'은 일상생활, 여가 생활 중에 발견한 문화재에 관련된 것이므로 고대와 근대의 문화재를 대비하여 제시하였다는 설명은 적절하지 않다.

④ 제도를 세부적으로 파악할 수 있도록 하기 위해 '화면 4'에 감정 평가의 세부 단계들을 정리하여 제시하였다.
　'화면 4'는 '매장 문화재 발견 신고 제도'의 절차들을 담고 있으므로 감정 평가의 세부 단계들을 정리하여 제시하였다는 설명은 적절하지 않다.

⑤ 주의할 점을 부각하여 전하기 위해 '화면 5'에 제도 운영의 핵심 취지 부분에 강조 표시를 해서 제시하였다.
　'화면 5'는 매장 문화재 발견 신고와 관련하여 유의할 점을 부각하고 있으므로 제도 운영의 핵심 취지 부분에 강조 표시를 해서 제시하였다는 설명은 적절하지 않다.

03　청중의 반응 분석　정답률 74% | 정답 ②

위 발표를 들은 학생이 〈보기〉와 같이 반응했다고 할 때, 이에 대한 설명으로 가장 적절한 것은?

〈 보 기 〉
할아버지 친구분께서 집을 새로 짓다가 비석을 발견해서 신고하셨는데 신라 시대 문화재로 밝혀졌다는 이야기를 들었던 게 떠올랐어. 이 비석이 어떤 절차를 밟아 문화재로 인정을 받게 되었는지 이전부터 궁금했는데, 알게 되어 유익했어. 수중에도 매장 문화재가 있다고 했는데, 구체적인 사례를 발표에서 다루지 않은 점은 아쉬웠어.

① 자신이 직접 당사자가 되었던 경험과 관련지어 발표 내용에 공감하고 있군.
　〈보기〉에서 발표자는 할아버지 친구분이 비석을 발견한 상황을 전해 들은 내용을 떠올리고 있으므로, 자신이 직접 당사자가 되었던 경험이라고 할 수 없다.

☑ 발표를 듣기 전에 지니고 있었던 의문을 발표 내용을 통해 해소하고 있군.
　〈보기〉의 '비석이 어떤 절차를 밟아 문화재로 인정을 받게 되었는지 궁금'하다는 내용은 학생이 듣기 전에 지니고 있었던 의문에 해당한다. 그리고 '알게 되어 유익했어.'는 이러한 의문이 해소되었음을 드러낸 것이라 할 수 있다.

③ 발표의 내용을 구조적으로 파악하여 전체 내용을 간략하게 정리하고 있군.
　〈보기〉의 학생의 반응에서 발표의 내용을 구조적으로 파악하여 정리한 부분은 찾아볼 수 없다.

④ 발표의 내용이 발표 목적에 부합하고 있는지를 객관적으로 분석하고 있군.
　〈보기〉의 학생의 반응에서 발표 내용이 발표 목적에 부합하는지 분석하는 부분은 찾아볼 수 없다.

⑤ 발표 내용 중에서 사실과 다른 부분을 판단하며 비판적으로 평가하고 있군.
　〈보기〉에서 수중의 매장 문화재 사례를 다루지 않은 점을 아쉬워하고 있지만, 사실과 다른 부분을 비판하지는 않고 있다.

[04~07] 화법과 작문

04　글쓰기 전략의 파악　정답률 80% | 정답 ④

(가)를 이해한 내용으로 적절하지 <u>않은</u> 것은?

① 예상 독자를 명시한 후 글을 쓴 이유를 드러내고 있다.
　1문단에서는 '○○고등학교 학생 여러분, 안녕하세요.'에서 알 수 있듯이 예상 독자를 명시하면서, '그 결과를 공유하고, 구체적인 개선 방안에 대한 설문 조사를 안내하기 위해 글을 쓰게 되었습니다.'라고 글을 쓴 이유를 드러내고 있다.

② 사전 협의 내용을 밝히며 이후 진행될 과정을 제시하고 있다.
　2문단에서는 학교 측과의 사전 협의 내용을 밝히면서, '이에 화장실 공간 개선에 대한 구체적인 의견을 수렴하기 위해 설문 조사를 실시하고자 합니다.'라고 이후 진행될 과정을 제시하고 있다.

③ 온라인 투표 결과를 수치로 나타내어 독자와 결과를 공유하고 있다.
　2문단에서는 '전교생 중 90%가 투표에 참여했고, 그중 83%가 화장실 공간 개선을 요구하였습니다.'라고 온라인 투표 결과를 수치로 나타내어 독자와 결과를 공유하고 있다.

☑ 설문 항목을 안내하고 설문 참여 시에 주의할 점을 덧붙이고 있다.
　(가)의 3문단에서 설문 항목을 안내하고 있지만, (가)에서 설문 참여 시 주의할 점을 덧붙인 부분은 찾아볼 수 없다.

⑤ 관용 표현의 의미를 풀어 설명하여 독자의 참여를 유도하고 있다.
　4문단에서는 '손이 많으면 일도 쉽다.'라는 관용 표현의 의미를 풀어 설명하면서, '이 말처럼 우리가 원하는 학교 화장실을 만들기 위해서 학생 여러분의 많은 관심과 적극적인 참여가 필요합니다.'라고 독자의 참여를 유도하고 있다.

05　조건에 맞게 표현하기　정답률 81% | 정답 ③

〈조건〉에 따라 ㉠에 마지막 문장을 추가한다고 할 때 가장 적절한 것은?

〈 조 건 〉
○ 서두에 제시된 학교 공간 개선의 취지를 다시 강조할 것.
○ 비유적 표현을 활용하여 맥락에 맞게 마무리할 것.

① 전문가도 인정하는 새로운 공간이 가득한 우리 학교는 사랑입니다.
　〈조건〉에 제시된 비유적 표현은 사용되고 있지만, 개선의 취지는 포함되어 있지 않다.

② 편안하고 쾌적한 공원 같은 우리 학교 공간을 여러분에게 소개합니다.
　〈조건〉에 제시된 비유적 표현은 사용되고 있지만, 개선의 취지는 포함되어 있지 않고 글의 맥락에 맞게 마무리하지도 않았다.

☑ 사용자인 우리의 편의를 두루 고려한 내 집 같은 학교 공간을 함께 만듭시다.
　1문단에 제시된 '사용자 중심의 공간'이라는 학교 공간 개선의 취지가 '사용자인 우리의 편의를 두루 고려한'에서 나타나고 있다. 또한 '내 집 같은'이라는 비유적 표현을 활용하여 맥락에 맞게 마무리하였다.

④ 공간을 바라보는 틀에 박힌 생각에서 벗어나 우리 학교를 새롭게 바꾸어 봅시다.
　〈조건〉에 제시된 개선의 취지와 비유적 표현이 포함되어 있지 않다.

⑤ 학생도 선생님도 만족하며 사용하는 학교 공간을 우리의 노력으로 만들어 봅시다.
　〈조건〉에 제시된 개선의 취지는 포함되어 있지만, 비유적 표현은 사용되지 않고 있다.

06　참여자의 역할 파악　정답률 80% | 정답 ④

(나)의 '선생님'에 대한 설명으로 적절하지 <u>않은</u> 것은? [3점]

① (가)에서 언급한 설문 조사 기간을 확인하고, 회의에서 논의해야 할 사항을 안내하고 있다.
　선생님의 첫 번째 발화를 통해 (가)에서 언급한 설문 조사 기간을 확인하고 있으며, 회의에서 논의해야 할 사항을 안내하고 있음을 알 수 있다.

② (가)에서 제시한 첫 번째 설문 항목과 관련하여 설문 조사의 결과를 모아 온 학생들의 발화를 정리하고 있다.
　선생님의 두 번째 발화를 통해 (가)에서 언급한 첫 번째 설문 항목과 관련하여 설문 조사의 결과를 모아 온 학생들의 발화를 정리하고 있음을 알 수 있다.

③ (가)에서 두 번째로 제시한 설문 항목과 관련하여 조사 결과에 대해 질문하고 있다.
　선생님의 세 번째 발화를 통해 (가)에서 언급한 두 번째 설문 항목과 관련하여 조사 결과에 대해 질문하고 있음을 알 수 있다.

☑ (가)에서 언급한 설문 참고 자료를 잘 파악했는지 점검한 후 학생의 설명에 대한 자신의 이해가 적절한지 확인하고 있다.
　'선생님'의 네 번째 발화를 통해 설문 조사를 위한 참고 자료를 잘 파악했는지 점검하고 있음을 알 수 있다. 하지만 학생의 설명에 대한 자신의 이해가 적절한지 확인하고 있지는 않다.

⑤ (가)에서 언급한 관련 분야 전문가가 다음 회의 참여자임을 밝히며 다음 회의를 예고하고 있다.
　선생님의 다섯 번째 발화를 통해 (가)에서 언급한 관련 분야 전문가가 다음 회의 참여자임을 밝히면서 다음 회의를 예고하고 있음을 알 수 있다.

07　말하기 방식 파악　정답률 75% | 정답 ⑤

[A], [B]에 대한 설명으로 가장 적절한 것은?

① [A] : '학생 1'은 '학생 2'의 발언과 달리 전달할 내용을 제시한 후 자신의 의견을 덧붙이고 있다.
　[A]에서 '학생 1'은 자신의 의견을 덧붙이고 있지 않으므로 적절하지 않다.

② [A] : '학생 2'는 '학생 1'의 발언을 구체화하며 자신의 견해를 수정하고 있다.

[A]에서 '학생 2'는 '학생 1'의 발언을 구체화하고 있지 않으며, 자신의 견해를 수정하고 있지 않으므로 적절하지 않다.

③ [A] : '학생 2'는 '학생 1'의 발언의 일부를 긍정하며 추가적인 정보 제공을 요청하고 있다.

[A]에서 '학생 2'는 '학생 1'의 발언의 일부를 긍정하고 있지만, 추가적인 정보 제공을 요청하지는 않고 있으므로 적절하지 않다.

④ [B] : '학생 1'은 '학생 2'의 발언과 달리 조사한 내용을 말하고 그에 동의하고 있다.

[B]에서 '학생 2'는 '학생 1'의 발언과는 다르게 조사한 내용을 말하고 그에 동의하고 있으므로 적절하지 않다.

☑ [B] : '학생 1'은 '학생 2'의 발언 내용과는 다른 의견을 자신의 경험을 바탕으로 제안하고 있다.

[B]에서 '학생 1'은 1층 화장실을 이용하며 불편을 겪은 자신의 경험을 근거로 하여, '학생 2'의 발언 내용과는 다른 의견을 제안하고 있다.

[08~10] 작문

08 글쓰기 계획 파악
정답률 90% | 정답 ②

학생이 글을 쓰기 전에 떠올린 생각 중 글에 반영된 것은?

ㄱ. 나무의사 제도 도입의 이유를 언급해야겠어.
ㄴ. 나무의사 총인원의 연간 증가율을 객관적 수치로 제시해야겠어.
ㄷ. 나무의사 자격증의 공신력이 과거에 비해 높아진 이유를 제시해야겠어.
ㄹ. 나무의사 자격 제도에 응시할 수 있는 요건을 구체적으로 언급해야겠어.

① ㄱ, ㄴ ☑ ㄱ, ㄹ ③ ㄴ, ㄷ ④ ㄴ, ㄹ ⑤ ㄷ, ㄹ

ㄱ. 나무의사 제도 도입의 이유를 언급해야겠어.
'학생의 초고' 2문단에서 '나무의사'라는 직업에 대해 설명하면서, 3문단에서 '나무의사' 제도가 도입하게 된 이유를 설명하고 있다.

ㄴ. 나무의사 총인원의 연간 증가율을 객관적 수치로 제시해야겠어.
〈보기〉에서 나무의사의 총인원의 연간 증가율을 객관적 수치로 드러내지는 않고 있다.

ㄷ. 나무의사 자격증의 공신력이 과거에 비해 높아진 이유를 제시해야겠어.
〈보기〉에서 '나무의사' 자격증의 공신력이 높다고 언급하고 있지만, '나무의사' 자격증의 공신력이 과거와 비교해서 높아진 이유는 찾아볼 수 없다.

ㄹ. 나무의사 자격 제도에 응시할 수 있는 요건을 구체적으로 언급해야겠어.
'학생의 초고' 4문단에서 '나무의사' 자격 제도에 응시할 수 있는 요건, 즉 수목 진료 관련 석박사 학위를 소지하고 있거나, 산림 및 농업 분야 특성화고를 졸업한 후 3년 이상의 경력이 필요하다는 요건을 제시하고 있다.

09 자료 활용의 적절성 파악
정답률 69% | 정답 ⑤

〈보기〉는 초고를 보완하기 위해 수집한 자료들이다. 자료의 활용 방안으로 적절하지 않은 것은? [3점]

─────〈보 기〉─────

(가) 통계 자료

〈생활권 도시림 증감 추이〉

(나) 나무의사 김○○ 씨 인터뷰
예전부터 '나무의사'와 유사한 제도를 운영하고 있는 나라들이 있습니다. 중국의 '수예사(樹藝師)', 일본의 '수목의(樹木醫)'라는 제도가 대표적입니다. 나무는 여러 오염 물질의 정화, 온실가스 저감, 홍수나 산사태 방비 등의 기능을 합니다. 그래서 이를 관리할 나무의사의 역할이 중요해졌습니다. 나무의사의 필요성이 커지는 만큼 자격시험 응시생도 꾸준히 늘고 있으나 4회의 시험 동안 최종 합격률 평균은 응시생 대비 8% 수준에 불과합니다.

(다) 신문 기사
산림청이 실시한 '생활권 수목 병해충 관리 실태 조사' 결과에 따르면 비전문가에 의한 수목 방제 사례가 90% 이상이었다. 그로 인해 살포된 농약 중 69%는 부적절하게 사용됐고, 독한 농약과 해당 수목에 알맞지 않은 약제를 살포한 것은 78%에 달하는 것으로 나타나 시민들의 건강과 산림 자원에 위협이 되고 있다. 특히 가로수 방제용 약제 중 발암 물질을 함유하고 있는 것도 있어 전문가의 손길이 필요하다.

① (가)를 3문단에서 활용하여, 생활권 수목이 증가하고 있음을 뒷받침하는 근거로 제시한다.
(가)는 '생활권 도시림 증감 추이' 자료에 해당하므로, 3문단에서 생활권 수목이 증가하고 있음을 뒷받침하는 근거로 제시한다는 자료 활용 방안은 적절하다.

② (나)를 2문단에서 활용하여, 나무의사와 유사한 제도를 이미 운영하고 있는 나라들이 있다는 내용을 뒷받침하는 근거로 제시한다.
(나)의 '예전부터 '나무의사'와 유사한 제도를 운영하고 있는 나라들이 있습니다. 중국의 '수예사(樹藝師)', 일본의 '수목의(樹木醫)'라는 제도가 대표적입니다.'는 '나무의사'와 유사한 다른 나라의 제도와 관련된 내용이다. 따라서 이를 2문단에서 나무의사와 유사한 제도를 이미 운영하는 나라들이 있다는 내용을 뒷받침하는 근거로 제시한다는 자료 활용 방안은 적절하다.

③ (나)를 4문단에서 활용하여, 나무의사 자격시험 합격률이 저조하다는 내용을 뒷받침하기 위해 구체적인 수치를 제시한다.
(나)의 '나무의사의 필요성이 커지는 만큼 자격시험 응시생도 꾸준히 늘고 있으나 4회의 시험 동안 최종 합격률 평균은 응시생 대비 8% 수준에 불과합니다.'는 나무의사 자격시험 합격률이 저조하다는 내용이다. 따라서 이를 4문단에서 나무의사 자격시험 합격률이 저조하다는 내용을 뒷받침하기 위해 구체적인 수치를 제시한다는 자료 활용 방안은 적절하다.

④ (다)를 3문단에서 활용하여, 비전문가가 수목을 치료하는 현황과 그 부작용의 사례를 제시한다.
(다)는 생활권 수목 방제를 비전문가가 시행하여 여러 부작용이 나타났음을 드러내고 있다. 따라서 이를 3문단에서 비전문가가 수목을 치료하는 현황과 그 부작용의 사례를 제시한다는 자료 활용 방안은 적절하다.

☑ (다)를 5문단에서 활용하여, 나무의사가 없이는 나무병원을 운영할 수 없기 때문에 나무의사에 대한 수요가 증가한다는 근거로 제시한다.
〈보기〉의 (다)는 생활권 수목 방제를 비전문가가 시행하여 여러 부작용이 나타났음을 드러내는 신문 기사이다. 그런데 이 부작용을 나무의사에 대한 수요 증가의 근거로 볼 수 없으므로 적절하지 않다.

10 고쳐쓰기의 의도 파악
정답률 68% | 정답 ③

〈보기〉는 선생님의 조언에 따라 ㉠을 수정한 것이다. 선생님이 조언했음 직한 내용으로 가장 적절한 것은?

─────〈보 기〉─────
자연환경 보호와 삶의 질 향상이 중시되는 시대이므로, 생활권 수목에 대한 관리 대책도 과거와는 달라져야 합니다. 거대한 산소 공장인 나무와 숲을 살리는 나무의사라는 전문 인력이 그 무엇보다 필요한 때입니다.

① 오늘날 나무의사의 역할이 과거와는 어떻게 달라졌는지를 알려 주면 좋겠구나.
㉠과 〈보기〉를 비교해 보면, 〈보기〉에서 오늘날 나무의사의 역할이 과거와는 어떻게 달라졌는지를 알려 주는 내용은 없으므로 적절하지 않다.

② 국가적 차원에서 나무의사를 관리해야 전문성이 향상된다는 것을 강조하면 좋겠구나.
㉠과 〈보기〉를 비교해 보면, 국가적 차원에서 나무의사를 관리해야 전문성이 향상된다는 내용은 없으므로 적절하지 않다.

☑ 나무의사가 등장하게 된 사회적 배경을 바탕으로 하여 나무의사의 역할을 강조하면 좋겠구나.
㉠과 〈보기〉를 비교해 보면, 〈보기〉의 '자연환경 보호와 삶의 질 향상이 중시되는 시대'라는 부분에서 나무의사가 등장하게 되는 배경을 알 수 있다. 그리고 '나무와 숲을 살리는 전문 인력이 필요하다'는 부분에서 나무의사의 역할을 강조하고 있음이 드러나 있다. 따라서 선생님은 나무의사가 등장하게 된 사회적 배경을 바탕으로 하여 나무의사의 역할을 강조하면 좋겠다고 조언했음을 알 수 있다.

④ 나무의사라는 직업에 대한 소개이니, 나무의사가 되어서 하는 구체적인 업무들을 소개하면 좋겠구나.
㉠과 〈보기〉를 비교해 보면, 나무의사가 되어서 하는 구체적인 업무들을 소개하는 내용은 없으므로 적절하지 않다.

⑤ 나무의사가 가로수와 조경수를 잘 관리해서 인간이 자연으로부터 얻을 수 있는 혜택을 구체화하면 좋겠구나.
㉠과 〈보기〉를 비교해 보면, 나무의사가 가로수와 조경수를 잘 관리해서 인간이 자연으로부터 얻을 수 있는 혜택을 구체화하는 내용은 없으므로 적절하지 않다.

[11~15] 문법

★★★ 등급을 가르는 문제!

11 보조사의 이해
정답률 32% | 정답 ①

윗글을 참고하여 〈보기〉의 ㉠ ~ ㉢을 이해한 것으로 적절하지 않은 것은? [3점]

─────〈보 기〉─────
㉠ 라면마저도 품절됐네.
㉡ 형도 동생만을 믿었다.
㉢ 그는 아침에만 운동했다.

☑ ㉠ : 격 조사 뒤에 '역시, 또한'의 의미를 더해 주는 보조사가 덧붙고 있다.
㉠의 '라면마저도'에서 '마저'는 '이미 어떤 것이 포함되고 그 위에 더함'의 뜻을 더해 주는 보조사에 해당하고, '도'는 '역시, 또한'의 뜻을 더해 주는 보조사에 해당한다. 따라서 '마저도'는 '보조사 + 보조사'로 결합된 형태이므로 적절하지 않다.

② ㉡ : 주격 조사 자리에 '도'라는 보조사가 나타나고 있다.
㉡의 '형도'에서 '도'는 '역시, 또한'의 뜻을 더해 주는 보조사에 해당한다. 따라서 주격 조사 자리에 '도'라는 보조사가 나타나고 있음을 알 수 있다.

③ ㉡ : 보조사 '만'과 격 조사 '을'이 함께 나타나고 있다.
㉡의 '동생만을'에서 보조사 '만'과 격 조사 '을'이 함께 나타나고 있다.

④ ㉢ : '에'는 체언에 결합하여 문법적 관계를 나타낸다.
㉢의 '아침에만'의 '에'는 체언에 결합하여 문법적 관계를 나타내는 격조사에 해당한다.

⑤ ㉢ : '만'은 보조사가 결합할 수 있는 앞말이 체언에 국한되지 않음을 보여 준다.
㉢의 '아침에만'의 '만'은 격조사 '에'와 결합하여 사용되고 있다. 따라서 이를 통해 보조사가 결합할 수 있는 앞말이 체언에 국한되지 않음을 알 수 있다.

★★ 문제 해결 꿀~팁 ★★

▶ 많이 틀린 이유는?
이 문제는 글의 내용을 정확히 이해하지 못한 채, 실제 사례에 적용하는 과정에서 어려움을 겪어 오답률이 높았던 것으로 보인다.
▶ 문제 해결 방법은?
이 문제를 해결하기 위해서는 기본적으로 글에 제시된 보조사와 격조사의 의미 및 기능이 무엇인지 정확히 파악할 수 있어야 한다. 그런 다음 〈보기〉의 사례에 대해 설명한 선택지의 내용을 정확히 읽어서 글의 어느 부분과 관련이 있는지 알아야 한다. 이때 주의할 점은 격조사에 해당하는 것에 무엇이 있는지 배경지식이 있어야 한다는 것이다. 즉, 주격 조사, 목적격 조사, 부사격 조사 등과 각각의 대표적인 조사에 대해 배경지식으로 알고 있어야 한다. 그렇게 되면 이 문제는 쉽게 해결할 수 있는데, 정답인 ①의 경우, '라면마저도'에서 '마저도'의 '도'가 보조사임을 알 수 있고, '마저' 역시 격 조사에 해당하지 않으므로 보조사임을 알 수 있으므로 적절하지 않은 것이다. 마찬가지로 오답률이 높았던 ④의 경우에도 이를 통해 적절함을 알았을 것이다.

▶ 오답인 ⑤를 많이 선택한 이유는?
이 문제의 경우 학생들이 ⑤가 적절하지 않다고 하여 오답률이 높았는데, 이는 '만'이 사용된 ⓒ과 ⓒ을 보면 쉽게 해결할 수 있었을 것이다. 즉, ⓒ에서 보조사 '만'은 체언에 붙고 있고, ⓒ에서 보조사 '만'은 격 조사에 붙고 있으므로 적절함을 알 수 있었을 것이다. 이처럼 사례에 제시된 내용을 비교하는 것만으로 문제를 해결할 수 있으므로, 사례로 제시된 것을 보다 정확히 이해할 수 있도록 해야 한다.

---

12 보조사와 의존 명사의 구별   정답률 75% | 정답 ①

[A]에서 설명하는 ⓐ, ⓑ의 예에 해당하는 것은?

✓① ⓐ : 너만큼 아는 사람은 드물다.
   ⓑ : 너는 먹을 만큼만 먹어라.
[A]를 통해 대명사, 즉 체언과 결합하면 보조사이고, 관형어의 수식을 받으면 의존 명사임을 알 수 있다. 이를 볼 때, ⓐ의 '만큼'은 '너'라는 체언 뒤에 결합하여 특별한 의미를 더해 주고 있으므로 보조사에 해당하고, ⓑ의 '만큼'은 '먹을'이라는 관형어의 수식을 받고 있으므로 의존 명사에 해당한다.

② ⓐ : 그는 그냥 서 있을 뿐이다.
   ⓑ : 날 알아주는 사람은 너뿐이다.
ⓐ의 '뿐'은 관형어의 수식을 받고 있으므로 의존 명사이고, ⓑ의 '뿐'은 체언 뒤에 붙어서 사용되고 있으므로 보조사이다.

③ ⓐ : 그녀는 뛸 듯이 기뻐했다.
   ⓑ : 사람마다 생김새가 다르듯이 생각도 다르다.
ⓐ의 '듯이'는 관형어의 수식을 받고 있으므로 의존 명사이고, ⓑ의 '-듯이'는 용언의 뒤에 붙어 사용되고 있으므로 어미에 해당한다.

④ ⓐ : 나는 사과든지 배든지 아무거나 좋다.
   ⓑ : 노래를 부르든지 춤을 추든지 해라.
ⓐ의 '든지'는 체언 뒤에 붙어서 사용되고 있으므로 보조사이고, ⓑ의 '-든지'는 용언의 뒤에 붙어 사용되고 있으므로 어미에 해당한다.

⑤ ⓐ : 불규칙한 식습관은 건강에 좋지 않다.
   ⓑ : 친구를 만난 지도 꽤 오래되었다.
ⓐ의 '-지'는 용언의 뒤에 붙어 사용되고 있으므로 어미에 해당하고, ⓑ의 '지'는 관형어의 수식을 받고 있으므로 의존 명사에 해당한다.

---

13 음운 변동의 이해   정답률 76% | 정답 ⑤

〈보기〉의 [활동]을 수행한 결과로 적절하지 않은 것은?

― 〈 보 기 〉 ―
[활동] 제시된 단어의 발음을 [자료]와 연결해 보자.

신라, 칼날, 생산량, 물난리, 불놀이

[자료]
ⓒ 'ㄹ'의 앞에서 'ㄴ'이 [ㄹ]로 발음되는 경우
ⓒ 'ㄹ'의 뒤에서 'ㄴ'이 [ㄹ]로 발음되는 경우
ⓒ 'ㄴ'의 뒤에서 'ㄹ'이 [ㄴ]으로 발음되는 경우

① '신라'는 ⓒ에 따라 [실라]로 발음하는군.
'신라'는 'ㄹ'의 앞에서 'ㄴ'이 [ㄹ]로 발음되는 경우인 ⓒ이 적용되어 'ㄴ'이 'ㄹ' 앞에서 [ㄹ]로 바뀌어 [실라]로 발음된다.

② '칼날'은 ⓒ에 따라 [칼랄]로 발음하는군.
'칼날'은 'ㄹ'의 뒤에서 'ㄴ'이 [ㄹ]로 발음되는 경우인 ⓒ이 적용되어 'ㄴ'이 'ㄹ' 뒤에서 [ㄹ]로 바뀌어 [칼랄]로 발음된다.

③ '생산량'은 ⓒ에 따라 [생산냥]으로 발음하는군.
'생산량'은 'ㄴ'의 뒤에서 'ㄹ'이 [ㄴ]으로 발음되는 경우인 ⓒ이 적용되어 'ㄹ'이 'ㄴ' 뒤에서 [ㄴ]으로 바뀌어 [생산냥]으로 발음된다.

④ '물난리'는 ⓒ, ⓒ에 따라 [물랄리]로 발음하는군.
'물난리'는 'ㄹ'의 앞에서 'ㄴ'이 [ㄹ]로 발음되는 경우인 ⓒ과, 'ㄹ'의 뒤에서 'ㄴ'이 [ㄹ]로 발음되는 경우인 ⓒ이 모두 적용되어 'ㄴ'이 'ㄹ'의 앞과 뒤에서 [ㄹ]로 바뀌어 [물랄리]로 발음된다.

✓⑤ '불놀이'는 ⓒ, ⓒ에 따라 [불로리]로 발음하는군.
'불놀이'는 'ㄹ'의 뒤에서 'ㄴ'이 [ㄹ]로 발음되는 경우인 ⓒ이 적용되어 [불로리]로 발음되므로 적절하지 않다.

---

14 문장 유형의 이해   정답률 85% | 정답 ⑤

밑줄 친 ㉠의 예로 적절한 것은?

우리말의 문장 유형은 평서문, 의문문, 명령문, 청유문, 감탄문으로 나뉘는데, 대개 특정한 종결 어미를 통해 실현된다. 그런데 경우에 따라 ㉠ 동일한 형태의 종결 어미가 서로 다른 문장 유형을 실현하기도 한다.

① -니 ┌ 너는 무엇을 먹었니?
     └ 아버님은 어디 갔다 오시니?
종결 어미 '-니'로 인해 의문문이 실현되고 있다.

② -ㄹ게 ┌ 오늘은 내가 먼저 나갈게.
       └ 내가 나중에 다시 전화할게.
종결 어미 '-ㄹ게'로 인해 평서문이 실현되고 있다.

③ -구나 ┌ 그것 참 그럴듯한 생각이구나.
       └ 올해도 과일이 많이 열리겠구나.
종결 어미 '-구나'로 인해 감탄문이 실현되고 있다.

④ -ㅂ시다 ┌ 지금부터 함께 청소를 합시다.
         └ 밥을 먹고 공원에 놀러 갑시다.
종결 어미 '-ㅂ시다'로 인해 청유문이 실현되고 있다.

✓⑤ -어라 ┌ 늦을 것 같으니까 어서 씻어라.
       └ 그 사람을 몹시도 만나고 싶어라.
'늦을 것 같으니까 어서 씻어라.'는 종결 어미 '-어라'로 인해 명령문이 실현되고, '그 사람을 몹시도 만나고 싶어라.'는 종결 어미 '-어라'로 인해 감탄문이 실현된다. 따라서 종결 어미 '-어라'는 동일한 형태가 다른 문장 유형을 실현하고 있음을 알 수 있다.

---

15 사전 활용의 이해   정답률 70% | 정답 ③

〈보기〉는 '사전 활용하기 학습 자료'의 일부이다. 이에 대해 탐구한 내용으로 적절하지 않은 것은?

― 〈 보 기 〉 ―
갈다¹ 〔동〕 갈아[가라] 가니[가니]
【…을, …을 …으로】 이미 있는 사물을 다른 것으로 바꾸다.
¶ 컴퓨터의 부속품을 좋은 것으로 갈았다.

갈다² 〔동〕 갈아[가라] 가니[가니]
①【…을】 날카롭게 날을 세우거나 표면을 매끄럽게 하기 위하여 다른 물건에 대고 문지르다.
¶ 옥돌을 갈아 구슬을 만든다.
②【…을】 잘게 부수기 위하여 단단한 물건에 대고 문지르거나 단단한 물건 사이에 넣어 으깨다.
¶ 무를 강판에 갈아 즙을 낸다.

갈다³ 〔동〕 갈아[가라] 가니[가니]
①【…을】 쟁기나 트랙터 따위의 농기구나 농기계로 땅을 파서 뒤집다.
¶ 논을 갈다.
②【…을】 주로 밭작물의 씨앗을 심어 가꾸다.
¶ 밭에 보리를 갈다.

① '갈다¹', '갈다²', '갈다³'은 동음이의어이군.
'갈다¹', '갈다²', '갈다³'은 서로 글자의 음은 같으나 뜻이 다르므로 동음이의어에 해당한다.

② '갈다³'은 여러 가지 뜻을 가지므로 다의어이군.
'갈다³'은 의미 ①과 ②를 가지고 있으므로 다의어에 해당한다.

✓③ '갈다²-②'의 용례로 '무딘 칼을 날카롭게 갈다.'를 추가할 수 있겠군.
'무딘 칼을 날카롭게 갈다.'의 '갈다'는 【…을】 날카롭게 날을 세우거나 표면을 매끄럽게 하기 위하여 다른 물건에 대고 문지르다.'의 의미로 쓰였으므로, '갈다²-①'의 용례에 해당한다.

④ '갈다¹'은 '갈다²', '갈다³'과 달리 부사어를 요구할 수도 있는 동사로군.
'갈다¹'은 '…을 …으로'라는 문형 정보를 통해 부사어를 요구할 수도 있음을 알 수 있다.

⑤ '갈다¹', '갈다²', '갈다³'은 '갈-'에 '-니'가 결합할 때 표기와 발음이 같군.
'갈다¹', '갈다²', '갈다³'은 '가니[가니]'라는 활용 정보를 통해 '갈-'에 '-니'가 결합할 때 표기와 발음이 같음을 확인할 수 있다.

[16~45] 독서·문학

16~20 인문

현실요법(재구성)

해제 이 글은 상담 기법인 현실요법에 대해 설명하고 있다. 현실요법에서는 인간의 다섯 가지 기본 욕구로 생존, 사랑, 힘, 자유, 즐거움의 욕구를 제시한다. 또한 개인마다 욕구들의 강도가 달라 다양한 행동 양상이 나타나는데, 이 양상에 따라 갈등을 겪을 수도 있다고 한다. 그래서 현실요법에서는 강한 욕구와 강한 욕구 사이의 갈등에서는 타협과 조절이 필요하다고 보고 있고, 강한 욕구와 약한 욕구 사이의 갈등에서는 약한 것을 북돋울 수 있는 연습이 필요하다고 보고 있다. 타인의 욕구 충족을 방해하지 않고 내담자가 스스로 자신의 욕구를 조절할 수 있는 존재라고 보는 관점을 기반으로 하는 현실요법은 심리 상담에 널리 활용되고 있다.

주제 상담 기법인 현실요법의 이해

문단 핵심 내용

1문단	인간의 다섯 가지 기본 욕구를 제시한 '현실요법'
2문단	인간의 다섯 가지 기본 욕구의 이해
3문단	현실요법을 활용한 심리 상담 방법
4문단	현실요법에서 내담자를 바라보는 관점

---

16 내용 전개 방식 파악   정답률 79% | 정답 ①

윗글에 대한 설명으로 가장 적절한 것은?

✓① 이론의 주요 개념을 밝히고 그 이론의 구체적 적용 사례를 들고 있다.
이 글의 2문단에서는 현실요법에서 제시한 다섯 가지 기본 욕구의 개념을 밝히면서, 3문단의 '예를 들어'에서 알 수 있듯이 현실요법의 적용 사례를 들고 있다.

② 이론을 소개하고 장점을 밝힌 후 그 이론이 지닌 한계를 덧붙이고 있다.
이 글을 통해 현실요법 이론이 지닌 한계는 찾아볼 수 없다.

③ 이론이 등장하게 된 사회적 배경과 이론이 발전하는 과정을 드러내고 있다.
이 글을 통해 현실요법 이론이 등장하게 된 사회적 배경이나 이러한 이론이 발전하는 과정은 제시되어 있지 않다.

④ 하나의 이론과 다른 관점의 이론을 대조하여 둘의 차이점을 부각하고 있다.

이 글을 통해 현실요법 이론과 다른 관점을 지닌 이론은 제시되지 않고 있다.

⑤ 이론의 주요 개념을 여러 유형으로 나눈 다음 추가할 새로운 유형을 소개하고 있다.

이 글을 통해 현실요법 이론의 주요 개념인 욕구를 다섯 가지로 나누고 있음을 알 수 있다. 하지만 추가할 새로운 유형을 소개한 내용은 제시되어 있지 않다.

17 내용의 사실적 이해
정답률 80% | 정답 ①

윗글의 내용과 일치하지 않는 것은?

☑ 약한 욕구를 강한 욕구로 대체해야 갈등에서 벗어날 수 있다.
3문단을 통해 약한 욕구는 강한 욕구로 대체해야 하는 것이 아니라 북돋아 주어야 함을 알 수 있으므로 적절하지 않다.

② 개인이 지닌 욕구들의 강도에 따라 다양한 행동 양상이 나타난다.
3문단을 통해 다섯 가지 욕구들의 강도는 개인마다 달라 다양한 양상으로 나타남을 알 수 있다.

③ 현실요법에서는 내담자는 외부 요인에 의해 통제되는 존재가 아니라고 본다.
4문단을 통해 현실요법에서 내담자를 외부 요인에 의해 통제되는 존재가 아니라고 보았음을 알 수 있다.

④ 현실요법에 따르면 인간은 기본 욕구를 충족시키기 위해 스스로 행동을 선택한다.
1문단을 통해 인간은 기본 욕구를 충족시키기 위해서 행동을 그 자신이 스스로 선택함을 알 수 있다.

⑤ 현실요법은 기본 욕구들을 실현 가능한 수준으로 타협하는 것이 가능하다고 본다.
1문단을 통해 현실요법에서는 기본 욕구들을 실현 가능한 수준으로 타협하는 것이 가능하다고 보았음을 알 수 있다.

18 내용의 구체적 사례에의 적용
정답률 88% | 정답 ②

㉠의 구체적인 방법으로 가장 적절한 것은?

① 자신과 다른 의견을 경청하는 연습을 하도록 이끈다.
자신과 다른 의견을 경청하는 연습을 하는 것은 힘의 욕구가 높은 경우 활용할 수 있는 구체적 방법이라 할 수 있다.

☑ 부탁을 거절하거나 자신의 불편함을 표출하도록 이끈다.
㉠은 사랑의 욕구가 강하고 힘의 욕구가 약한 사람의 갈등 해결을 도와주는 방법이다. 이 경우 타인의 부탁에 불편해하면서도 거절하지 못할 수 있으므로, 이를 거절하거나 불편하다는 자기주장을 할 수 있게 도와줄 수 있다.

③ 혼자 어디론가 떠나거나 혼자만의 시간을 갖도록 권한다.
혼자 훌쩍 떠나거나 혼자만의 시간을 갖는 것은 자유의 욕구가 낮을 때 활용할 수 있는 구체적 방법이라 할 수 있다.

④ 타인과 약속을 잘 지킬 수 있는 원칙을 만들도록 권한다.
타인과 약속을 지킬 수 있는 원칙을 만드는 것은 생존의 욕구가 낮을 때 활용할 수 있는 구체적 방법이라 할 수 있다.

⑤ 사람들과 어울려 새로운 취미 생활을 즐길 수 있도록 권한다.
사람들과 어울리는 것은 사랑의 욕구가 낮을 때에, 취미 생활을 즐기는 것은 즐거움의 욕구가 낮을 때에 활용할 수 있는 구체적 방법이라 할 수 있다.

19 구체적인 사례에의 적용
정답률 83% | 정답 ③

윗글을 바탕으로 〈보기〉를 이해한 내용으로 적절하지 않은 것은? [3점]

〈보 기〉
A, B 학생의 욕구 강도 프로파일
(5점 : 매우 강하다. 4점 : 강하다. 3점 : 보통이다. 2점 : 약하다. 1점 : 매우 약하다)

다섯 가지 기본 욕구 측정 항목		욕구 강도	
		A	B
(가)	• 남의 지시와 잔소리를 싫어한다. • 자신의 방식대로 살고 싶다. ⋮	5	5
(나)	• 다른 사람의 잘못을 잘 짚어 준다. • 내 분야에서 최고가 되고 싶다. ⋮	4	1
(다)	• 친구를 위한 일에 기꺼이 시간을 낸다. • 친절을 베푸는 것을 좋아한다. ⋮	5	1
(라)	• 큰 소리로 웃는 것을 좋아한다. • 여가 활동으로 알찬 휴일을 보낸다. ⋮	1	3
(마)	• 균형 잡힌 식생활을 하려고 노력한다. • 저축을 중요하게 생각한다. ⋮	2	5

① A는 '즐거움의 욕구'보다 '힘의 욕구'가 더 강하다고 할 수 있겠군.
A는 즐거움의 욕구 강도는 1, 힘의 욕구 강도는 4로, 즐거움의 욕구보다 힘의 욕구가 더 강하다고 할 수 있다.

② B는 '힘의 욕구'가 '생존의 욕구'보다 더 약하다고 할 수 있겠군.
B는 힘의 욕구 강도가 1, 생존의 욕구 강도가 5로, 힘의 욕구가 생존의 욕구보다 더 약하다.

☑ A는 B보다 '힘의 욕구'가 더 약하다고 할 수 있겠군.
(가)는 자유의 욕구, (나)는 힘의 욕구, (다)는 사랑의 욕구, (라)는 즐거움의 욕구, (마)는 생존의 욕구에 해당하는 항목들이다. 힘의 욕구 강도가 A는 4, B는 1이므로, A는 B보다 힘의 욕구가 더 강하다고 할 수 있다.

④ A와 B는 모두 '자유의 욕구'가 매우 강하다고 할 수 있겠군.
A와 B 모두 자유의 욕구 강도는 5로, 매우 강하다고 할 수 있다.

⑤ A는 '사랑의 욕구'가 '즐거움의 욕구'보다 강하지만, B는 '즐거움의 욕구'가 '사랑의 욕구'보다 강하다고 할 수 있겠군.

A는 사랑의 욕구 강도가 5로 즐거움의 욕구 강도 1보다 강하지만, B는 즐거움의 욕구 강도가 3으로 사랑의 욕구 강도 1보다 강하다.

20 단어의 사전적 의미 파악
정답률 90% | 정답 ②

ⓐ~ⓔ의 사전적 의미로 적절하지 않은 것은?

① ⓐ : 안이나 의견으로 내놓음.

☑ ⓑ : 사람이나 동식물 따위가 자라서 점점 커짐.
ⓑ의 사전적 의미는 '목표로 정한 곳이나 어떤 수준에 이르러 다다름.'이다. '사람이나 동식물 따위가 자라서 점점 커짐'은 '성장'의 의미이므로 적절하지 않다.

③ ⓒ : 여럿 가운데서 특별히 가려서 좋아함.

④ ⓓ : 스스로 자신을 낮추고 비우는 태도가 있음.

⑤ ⓔ : 충분히 잘 이용함.

21~25 과학

'소용돌이의 종류와 특성(재구성)'

해제 이 글은 실생활에서 접할 수 있는 소용돌이의 종류를 세 가지로 나누어 설명하고 있다. 욕조 배수구를 빠져나가는 **자유 소용돌이**는 중심에 가까울수록 원주속도가 빠르다. 컵의 물을 휘젓거나 컵 자체를 회전시켜 만든 **강제 소용돌이**는 수면 어디에서나 각속도가 일정하지만, 원주속도는 반지름에 비례하여 증가한다. 이 둘이 합쳐진 랭킨의 **조합 소용돌이**는 가운데에 강제 소용돌이가, 주변에 자유 소용돌이가 발생하는 것이다. 중심에서 원주속도가 최소가 되고 강제 소용돌이가 자유 소용돌이로 전환되는 지점에서 원주속도가 최대가 된다. **자유 소용돌이와 강제 소용돌이의 원리를 활용해 만든 것이 분체 분리기**인데, 그 예로 쓰레기 필터가 없는 사이클론식 청소기가 있다.

주제 실생활에서 접할 수 있는 소용돌이의 종류의 이해

문단 핵심 내용

1문단	자유 소용돌이의 이해
2문단	강제 소용돌이의 이해
3문단	랭킨의 조합 소용돌이 원리의 이해
4문단	랭킨의 조합 소용돌이 원리를 적용한 분체 분리기

21 내용의 사실적 이해
정답률 64% | 정답 ①

윗글의 내용과 일치하지 않는 것은?

☑ 자연에서 발생하는 소용돌이는 모두 자유 소용돌이이다.
이 글에서 확인할 수 있는 자연의 소용돌이는 태풍으로, 3문단을 통해 태풍은 랭킨의 조합 소용돌이에 해당함을 알 수 있다. 따라서 자연에서 발생하는 소용돌이가 모두 자유 소용돌이라 할 수 없다.

② 배수구에서 멀어지면 원운동을 하는 물의 속도는 느려진다.
1문단을 통해 배수구 중심에 가까워질수록 원주속도가 빨라지지만, 멀어질수록 느려짐을 알 수 있다.

③ 강제 소용돌이는 고체처럼 회전하고 회전 중심의 속도는 0이다.
2문단을 통해 강제 소용돌이는 팽이의 회전과 같이 중심은 원주속도가 0임을 알 수 있다.

④ 분체 분리기는 자유 소용돌이로 강제 소용돌이를 만들어 낼 수 있는 기계 장치이다.
4문단을 통해 분체 분리기, 사이클론 분리기의 예로 사이클론식 청소기를 들고 있음을 알 수 있다. 그리고 분체 분리기는 자유 소용돌이를 강제 소용돌이(내통)로 바꿀 수 있는 기계 장치임을 알 수 있다.

⑤ 용기 안의 강제 소용돌이는 외부에서 가해지는 힘이 있어야 운동을 유지할 수 있다.
2문단 마지막 문장을 통해 용기 안의 강제 소용돌이는 외부에서 가해지는 힘이 있어야 운동을 유지할 수 있음을 알 수 있다.

22 핵심 정보의 이해
정답률 58% | 정답 ④

㉠에 대한 설명으로 적절한 것은?

① 물이 회전할 때 원심력과 압력은 서로 관련이 없다.
원심력이 커지면 압력도 커져 비례 관계를 보인다.

② 컵 중앙 부분으로 갈수록 물 입자의 양이 많아진다.
컵 중앙 부분에는 물 입자의 양이 적고, 가장자리에 많다.

③ 컵 반지름이 클수록 물을 회전시키는 에너지 크기는 작아진다.
컵의 반지름이 커질수록 물의 양이 많아 물을 회전시키는 에너지의 크기는 커져야 한다.

☑ 컵 속에서 회전하는 물의 압력이 커진 부분은 수면이 높아진다.
㉠은 물 입자가 컵 가장자리로 쏠려 컵 중앙의 물이 줄어들어 압력이 낮아지면서 만들어진다. 반대로 가장자리로 쏠린 물의 양은 많아져 압력은 커지고 수면은 높아진다.

⑤ 외부 에너지를 더 가하더라도 회전 중심의 수면 높이는 변화가 없다.
외부 에너지를 더 가하면 중심은 더 오목해지고 가장자리의 수면은 더 높아진다.

23 세부 내용의 추론
정답률 57% | 정답 ③

㉡을 통해 알 수 있는 것은?

① 각속도가 시간이 지남에 따라 점점 빨라지겠군.
팽이는 물 전체가 고체처럼 회전하는 것과 같으므로 물 표면의 각속도는 일정하다. 따라서 시간이 지날수록 속도는 느려질 것임을 알 수 있다.

② 단위 시간당 각도가 변하는 비율이 수시로 달라지겠군.
각속도는 단위 시간당 각속도가 변하는 비율이 수시로 달라지면 각속도가 빨라졌다 느려졌다 한다는 의미이므로, ㉡으로 알 수 있는 것이 아니다.

✓ 각속도는 회전 중심에서 가깝든 멀든 상관없이 일정하겠군.
각속도가 똑같아지고 물 전체가 고체처럼 회전하면 수면의 어느 지점에서나 각속도는 같다. 따라서 회전 중심에서 가깝든 멀든 각속도는 일정한 값을 가진다고 할 수 있다.

④ 강제 소용돌이의 수면 어느 지점에서나 원주속도는 항상 같겠군.
강제 소용돌이는 반지름에 비례하여 원주속도가 빨라진다. ㉠으로 수면 어느 지점에서나 원주속도가 항상 같다는 것을 알 수 없다.

⑤ 강제 소용돌이는 자유 소용돌이와 같은 원주속도 분포를 보이겠군.
강제 소용돌이의 원주속도는 반지름에 비례하여 중심에서 멀어질수록 빨라지지만, 자유 소용돌이의 원주속도는 중심에 가까워질수록 빨라진다. 그러므로 둘은 같은 분포를 보이지 않는다.

24 내용의 추론   정답률 70% | 정답 ⑤

윗글을 바탕으로 ㉢을 이해할 때, 〈보기〉의 ⓐ~ⓒ에 들어갈 말로 적절한 것은?

〈보 기〉
태풍 중심 부분은 '태풍의 눈'이라 하고 (ⓐ)의 중심에 해당한다. 강제 소용돌이와 자유 소용돌이의 경계층에 해당하는 부분은 '태풍의 벽'이라고 하여 바람이 (ⓑ). 이는 윗글 〈그림〉의 (ⓒ)에 해당한다.

	ⓐ	ⓑ	ⓒ
①	자유 소용돌이	강하다	자유 소용돌이와 강제 소용돌이의 교차점

ⓐ에는 자유 소용돌이가 아니라 강제 소용돌이가 제시되어야 한다.

| ② | 자유 소용돌이 | 약하다 | 반지름이 가장 큰 자유 소용돌이의 지점 |

반지름이 가장 큰 자유 소용돌이의 지점은 원주속도가 최소이고 바람이 약하다. 두 소용돌이의 경계층은 원주속도가 최대로 바람이 강하다.

| ③ | 강제 소용돌이 | 강하다 | 반지름이 가장 작은 자유 소용돌이의 지점 |

반지름이 가장 작은 자유 소용돌이의 지점은 원주속도가 최대이지만 태풍의 중심 부분은 강제 소용돌이에 해당한다. 또 강제 소용돌이가 자유 소용돌이로 전환되는 지점, 즉 경계층이 아니다.

| ④ | 강제 소용돌이 | 약하다 | 반지름이 가장 큰 강제 소용돌이의 지점 |

경계층은 바람이 강하다. 강제 소용돌이는 반지름에 비례하여 원주속도가 증가한다. 태풍에서 반지름이 커지면 태풍 주변부는 자유 소용돌이에 해당한다.

| ✓⑤ | 강제 소용돌이 | 강하다 | 자유 소용돌이와 강제 소용돌이의 교차점 |

3문단을 통해 조합 소용돌이의 예로 태풍의 소용돌이를 들고 있고, 조합 소용돌이는 가운데가 강제 소용돌이, 주변이 자유 소용돌이임을 알 수 있다. 또 강제 소용돌이의 중심에서 원주속도가 최소가 되는데, 태풍의 눈은 '강제 소용돌이'의 중심에 해당함을 알 수 있다.(ⓐ). 그리고 두 소용돌이의 경계층은 강제 소용돌이가 자유 소용돌이로 전환되는 지점으로 원주속도가 최대가 되기 때문에 바람이 '강하'고(ⓑ), 〈그림〉에서 강한 바람이 부는 곳은 두 소용돌이가 교차하는 지점임을 알 수 있다(ⓒ).

★★★ 등급을 가르는 문제!
25 구체적인 사례에의 적용   정답률 46% | 정답 ③

〈보기〉는 ⓐ의 구조를 그림으로 나타낸 것이다. 윗글을 읽은 학생의 반응으로 적절하지 <u>않은</u> 것은? [3점]

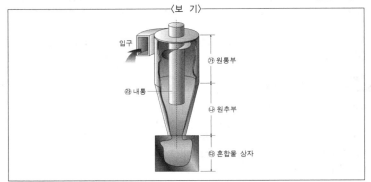

〈보 기〉

① ㉮에서는 소용돌이가 시계 방향으로 돌아 혼합물에 원심력이 작용하겠군.
혼합물의 원심력을 활용하여 원심 분리기라고 한다고 했으므로 적절하다.

② ㉮보다 ㉯에서 소용돌이의 원주속도가 상대적으로 빠르겠군.
㉮, ㉯에는 자유 소용돌이가 발생한다. 따라서 반지름이 작고 중심에 가장 가까운 부분에서 최대 원주속도가 나타나며, ㉮보다 반지름이 작아지는 ㉯에서 원주속도가 더 빠르다고 할 수 있다.

✓③ ㉱에 모인 쓰레기나 혼합물이 ㉰ 내부에서 도는 소용돌이를 통해 외부로 배출되겠군.
4문단을 통해 혼합물은 원통부 측면에 충돌하여 혼합물 상자(㉱)에 쌓임을 알 수 있다. 따라서 내통(㉰)을 통해 외부로 배출된다는 진술은 적절하지 않다.

④ ㉰의 반지름이 커지면 ㉰에서 반시계 방향으로 도는 소용돌이의 원주속도는 빨라지겠군.
㉰에는 강제 소용돌이가 발생함을 알 수 있고, 강제 소용돌이는 반지름에 비례하여 원주속도가 증가한다. 따라서 반지름이 커지면 원주속도는 증가하므로 원주속도가 빨라진다는 진술은 적절하다.

⑤ 산업용으로 돌조각을 분리한다면 ㉮와 ㉯에 충격이나 마모에 강한 소재를 써야겠군.
㉮, ㉯ 벽면에 돌조각이 충돌한다면 강한 소재를 사용해야 함을 알 수 있다.

★★ 문제 해결 꿀~팁 ★★

▶ 많이 틀린 이유는?
이 문제는 〈보기〉에 제시된 '사이클론식 청소기'의 각 구성 요소를 글을 통해 이해하는 데서 어려움을 겪어 오답률이 높았던 것으로 보인다. 특히 제시된 지문이 기술 지문이라서 학생들의 글의 내용을 이해하는 데 어려움을 겪었을 것으로 보인다.

▶ 문제 해결 방법은?
글의 내용을 바탕으로 그림의 각 구성 요소를 이해하는 이러한 문제 해결 방법은 글의 내용 이해에 있다. 즉, '원통부, 원추부, 혼합물 상자, 내통'에 대해 설명한 선택지의 내용과 이러한 구성 요소에 대한 글의 내용을 비교하면 문제를 해결할 수 있다. 가령 정답인 ③의 경우 4문단을 통해 혼합물은 원통부 측면에 충돌하여 혼합물 상자에 쌓인다는 내용을 확인하게 되면 적절하지 않음을 알 수 있었을 것이다. 이처럼 기술 지문의 자료 제시 문제를 해결하는 핵심은 내용 이해에 있으므로, 자료가 글의 어느 부분에 제시되어 있는지 확인할 수 있도록 한다.

▶ 오답인 ④를 많이 선택한 이유는?
이 문제의 경우 학생들이 ④가 적절하지 않다고 하여 오답률이 높은데, 이는 내통에서 일어나는 상황을 정확히 파악하지 못했기 때문으로 보인다. 또한 소용돌이의 원주속도가 빨라진다는 것에 대한 이해 부족도 정답으로 착각한 요인이 되었다. 이 문제 역시 글을 통해 내통에는 강제 소용돌이가 발생하고, 2문단을 통해 이러한 강제 소용돌이는 반지름에 비례하여 원주속도가 증가한다는 내용을 확인하면 적절한 반응임을 알 수 있었을 것이다.

26~28 현대 소설

윤후명, 「하얀 배」

감상 이 작품은 고려인의 삶을 통해 민족어의 소중함을 일깨우는 중편 소설이다. 서술자인 '나'는 카자흐스탄의 문류다라는 사람의 글을 받은 것이 계기가 되어 카자흐스탄에서 키르기스스탄 이식쿨 호수에 이르는 여정을 그리면서, 강제 이주된 고려인 동포가 힘든 삶 속에서도 모국어를 통해 민족의 정체성을 잃지 않으려는 모습을 보게 된다. 또한 고려인 소년의 고국에 대한 그리움과 한국말을 배우는 과정을 담은 '말 배우는 아이'라는 글을 쓴 '류다'를 만나길 희망하고, 현지 사정으로 많은 어려움을 겪지만, 이식쿨 호수에서 류다를 만나게 되고, 그녀의 평범한 인사말에서 하얀 배를 떠올린다. 이 글의 '하얀 배'는 **이식쿨 호수를 배경으로 한 소설 작품이자 외부 세계에 대한 동경을 상징하는 소재**라 할 수 있다.

주제 민족의 얼과 민족어의 소중함, 고국을 그리워하는 마음

작품 줄거리 '나'는 새로 이사해 온 세검정 거처의 축대에 심긴 사이프러스나무를 통해 여행의 기억을 떠올린다. '나'는 카자흐스탄의 알마아타 한국 교육원으로부터 '말 배우는 아이'라는 글을 받는다. 이 글을 쓴 사람은 고려인 '문류다'이며, 중앙아시아에 사는 한인 3세로 한국말을 배우는 과정을 담고 있다. '나'는 그 글 속에 그려진 풍경과 그 글을 쓴 류다에 대한 끌림에 카자흐스탄의 수도 알마아타로 향한다. 그곳에 도착해 유민사의 중요 지역인 우슈토베에 다녀오라는 권유를 받고 그곳으로 간다. 우슈토베까지 동행한 한글 학교 선생이 마침 류다를 알고 있어, 우슈토베에서 류다의 오빠 친구인 미하일을 소개해 준다. 미하일로부터 류다의 근황을 알게 된 '나'는 미하일에게 류다가 살고 있다는 키르기스스탄의 이식쿨 호수까지 가야겠다는 결심을 말하며 동행해 달라고 부탁한다. 미하일의 도움을 받아 류다가 있는 곳으로 가는 도중 배고픔과 차량의 기름 부족 등으로 어려움을 겪지만 결국 류다가 살고 있는 거대한 이식쿨 호수를 마주한다. 이식쿨 호수를 등지고 떠나오려는 순간에 류다를 만나게 되는데, 류다는 '나'에게 '안녕하십니까'라는 인사말을 한다. 이 단순한 인사말에 '나'는 큰 감명을 받는다.

26 구절의 이해   정답률 85% | 정답 ④

㉠~㉤에 대한 이해로 적절하지 <u>않은</u> 것은?

① ㉠ : 이식쿨 호수와 관련된 이야기를 듣고 흥미를 느끼고 있음이 드러난다.
㉠은 이식쿨 호수의 하얀 배와 관련된 이야기를 되뇌고 있는 것으로, '나'가 이식쿨 호수의 하얀 배에 흥미를 보이고 있음을 알 수 있다.

② ㉡ : 이식쿨 호수에 가고 싶어 하는 간절한 마음을 확인할 수 있다.
㉡은 '나'가 이식쿨 호수에 가는 방법을 묻는 것으로, '꼭 거길 가봤으면 하는데'를 통해 그곳에 가고 싶어 하는 '나'의 간절한 마음을 알 수 있다.

③ ㉢ : 계획에 없었던 새로운 여정에 대한 기대감과 설렘이 나타난다.
㉢의 '내 가슴을 뛰게 한 것'을 통해, 이식쿨 호수에 가게 된 '나'의 기대감과 설렘이 담겨 있음을 알 수 있다.

✓④ ㉣ : 이식쿨 호수만을 생각하며 달려왔던 것을 반성하는 마음이 드러난다.
'나'는 이식쿨 호수만을 생각하며 달려온 것이 아니라 류다를 만나기도 원하고 있으므로 ㉣에 반성하는 마음이 드러난다고 보기 어렵다. ㉣은 류다를 만나지 못한 상태에서 느끼는 미진한 마음에서 나온 행동이라고 할 수 있다.

⑤ ㉤ : 놀라움에 자신도 생각지 못한 반응이 나타났음을 확인할 수 있다.
"안녕하십니까."라고 말하는 류다를 만난 놀라움에 '나'는 "아, 안녕하십니까."라고 엉겁결에 똑같이 따라 하고 있다. 따라서 ㉤은 류다를 만난 놀라움에 '나'가 자신도 생각지 못한 반응이 나타났음을 드러낸 것이라 할 수 있다.

27 장면의 특성 파악   정답률 81% | 정답 ①

ⓐ와 ⓑ에 대한 설명으로 가장 적절한 것은?

✓① ⓐ는 상상 속 장면을 활용하여, ⓑ는 과거 회상을 활용하여 인물의 내면 상황을 드러내고 있다.
ⓐ는 류다를 만나 인사말을 듣고 받게 된 감동을 상상적 장면으로 표현한 것이라 할 수 있고, ⓑ는 류다와의 만남을 회상하며 만남의 의미를 생각하고 깨달음에 이르는 내면 상황을 드러낸 것이라 할 수 있다.

② ⓐ는 내적 독백을 사용하여, ⓑ는 구어체를 사용하여 인물 사이의 대립 양상을 제시하고 있다.
ⓐ는 '나'가 상상하여 생각한 것이므로 내적 독백을 사용하였다고 볼 수 없고, ⓑ에서 구어체를 사용하였다고 볼 수 없다. 또한 ⓐ, ⓑ를 통해 인물 사이의 대립 양상은 찾아볼 수 없으므로 적절하지 않다.

③ ⓐ는 전해 들은 이야기를 통해, ⓑ는 직접 경험한 사건을 통해 인물의 성격을 구체적으로 보여 주고 있다.
ⓐ는 '나'가 상상하여 생각한 것이므로 전해 들은 이야기라 할 수 없지만, ⓑ는 '나'가 류다와의 만남을 회상하고 있으므로 직접 경험한 사건을 드러낸 것이라 볼 수 있다. 하지만 ⓐ, ⓑ를 통해 인물의 성격을 구체적으로 보여 준다고 할 수 없다.

④ ⓐ는 외부 세계를 묘사하여, ⓑ는 인물 간의 대화를 서술하여 인물이 처한 상황을 객관적으로 전달하고 있다.

ⓐ에서는 상상 속의 모습을 드러낸 것이므로 외부 세계를 묘사하였다고 할 수 없고, ⓑ에서 인물 간의 대화가 드러난다고 할 수 없다.

⑤ ⓐ는 앞으로 일어날 일들을 제시하여, ⓑ는 이전에 일어난 일들을 제시하여 인물의 심리 변화 과정을 나타내고 있다.

ⓐ는 '나'가 상상하여 생각한 것이므로 앞으로 일어날 일들을 제시하였다고 볼 수 없다. 그리고 ⓑ는 류다와의 만남을 회상하고 있으므로 이전에 일어난 일들을 제시하였다고 볼 수 있지만, 이를 통해 인물의 심리 변화 과정을 나타내지는 않고 있다.

★★★ 등급을 가르는 문제!

28 외적 준거에 따른 작품의 감상　정답률 39% | 정답 ①

〈보기〉를 바탕으로 윗글을 감상한 내용으로 적절하지 않은 것은? [3점]

─〈 보 기 〉─

이 작품에서 '하얀 배'는 외부 세계에 대한 동경을 상징하는 것으로, 중앙아시아 동포들의 고국에 대한 그리움을 서정적으로 드러내는 기능을 한다. '나'는 하얀 배를 그리는 소년과 류다를 연결 지어 이해하면서, 류다를 포함한 중앙아시아 동포들이 시련이 연속되는 삶 속에서도 언어를 통해 민족의 정체성을 잃지 않으려는 모습에 주목한다.

☑ '호수 밑에 옛날 도시'는 소년이 '하얀 배'를 타고 가고자 하는 동경의 공간으로 '나'가 지향하는 곳이군.

'호수 밑에 옛날 도시'는 미하일이 이식쿨 호수와 관련해 들려준 이야기의 일부로, '나'가 지향하는 공간으로 볼 수 없다.

② 미하일이 '우리말을 꽤 정확하게 구사하는' 것은 민족의 정체성을 잃지 않으려는 동포들의 모습으로 볼 수 있군.

미하일이 고려인으로서 한국에 와서 우리말을 배운 것은 언어를 통해 민족의 정체성을 잃지 않으려는 모습으로 볼 수 있다.

③ '광야에 파놓은 갈대 움막집의 흔적'은 중앙아시아 동포들이 겪었던 시련을 증명하는 것이겠군.

'광야에 파놓은 갈대 움막집의 흔적'은 동포들이 겪었던 역사적 시련을 보여 주는 소재이다.

④ '나'는 류다의 '너무나 또렷한 우리말'에서 동포들의 고국에 대한 그리움을 읽어 내고 있군.

류다의 '안녕하십니까'라는 '너무나 또렷한 우리말'에서 고국에 대한 그리움을 읽어 내고 있다.

⑤ '나'는 '멀리 동방의 조상 나라'를 꿈꾸는 류다와 '배를 따라 가기를 꿈꾸는' 소년을 연관지었군.

'나'는 외부 세계에 대한 동경을 지니고 있는 류다와 소년을 연결지어 이해하고 있다. 류다는 '동방의 조상 나라'를 지향하고, 소년은 배를 따라가기를 바라고 있다.

★★ 문제 해결 꿀~팁 ★★

▶ 많이 틀린 이유는?
이 문제는 작품을 〈보기〉와 연관하여 이해하는 과정에서 작품에 제시된 구절의 의미를 작품 내용을 바탕으로 이해하지 못하여 오답률이 높았던 것으로 보인다.

▶ 문제 해결 방법은?
이 문제를 해결하기 위해서는 〈보기〉에 제시된 내용을 정확히 이해하고, 이러한 〈보기〉와 작품과 연결하여 제시된 선택지의 적절성을 판단하여야 한다. 이때 주의해야 할 점은 선택지에 제시된 구절의 의미를 정확히 작품 내용을 바탕으로 이해하고 있는지를 파악해야 한다. 가령 정답인 ①의 경우 '호수 밑에 옛날 도시'가 동경하는 공간이라 할 수 있지만, '나'가 이 공간을 지향하는지는 글을 통해 확인할 수 없으므로 적절하지 않다. 이 문제에서 알 수 있듯이 작품 내용 이해 자체에 대한 잘못된 선택지도 있을 수 있으므로, 작품 내용 이해의 정확성 여부도 반드시 확인할 수 있도록 한다.

29~32 고전 소설

작자 미상, 「장국진전(張國振傳)」

해제 이 작품은 명나라를 배경으로 하여 장국진이라는 영웅의 일생을 다룬 영웅 소설로, 군주에 대한 충의(忠義)를 주제로 한 군담 소설이기도 하다. 명나라의 적국인 달마국이 여러 차례 쳐들어와 전쟁을 하게 되고 장국진은 영웅적 활약을 하게 된다. 그 과정에서 여러 위기를 겪지만 여성 영웅인 이 부인과 더불어 주변 인물이나 초월적 존재의 도움으로 이를 극복해 나가고, 결국 달마국을 정벌한다. 한편 이 작품은 다른 영웅 소설과 달리 남성 영웅과 더불어 여성 영웅의 활약상이 부각되는 특징이 있다.

주제 장국진의 영웅적 활약상

작품 줄거리 명나라 때, 전 승상 장경구는 늦도록 자식이 없다가 부처께 발원하여 장국진을 얻는다. 7세 때 장국진은 달마국의 침입으로 부모를 잃고 술집에서 말을 먹이는 등의 고생을 한다. 이때 달마국의 백원 도사가 장국진의 영웅성을 보고는 잡아다가 강물에 던져 죽이려고 한다. 그러나 청의 동자의 구함을 얻어 여학 도사의 제자가 되어 경서와 도술을 익힌다. 7년 후 속세로 돌아와 수소문 끝에 부모와 상봉하고 천장 배필인 이창옥의 딸 계양에게 구혼하나 거절당한다. 그 후 국진은 장원급제하여 천자의 주선으로 계양과 혼인하고 병부상서 유봉의 딸과도 혼인한다. 국진은 서주 어사가 되어 백성을 진휼하고, 달마왕의 침입을 물리친다. 천자가 승하하여 태자가 즉위하자, 장국진은 이참의 참소로 유배를 가다가 달마국에 잡혀 갇힌다. 달마왕이 재차 침입하나, 국진이 탈출하여 막는다. 이때 국진이 병이 들어 위험에 처하자, 계양이 남장을 하고 나아가 남편의 병을 고치고 적군과 싸워 승리를 거둔다. 개선하여 국진은 호왕에 봉해지고, 두 부인은 왕비로 봉해져 행복한 삶을 산다.

29 서술상 특징 파악　정답률 57% | 정답 ④

윗글의 서술상 특징으로 적절한 것은?

① 연속되는 대화를 활용해 인물 간의 갈등을 고조시키고 있다.

이 글에서 인물 간의 연속되는 대화는 찾아볼 수 없다.

② 과거와 현재의 빈번한 교체로 인물의 내력을 소개하고 있다.

이 글에서 과거와 현재의 빈번한 교체를 통해 인물 간의 내력을 소개하지는 않고 있다.

③ 한 인물의 동일한 행위를 반복함으로써 사건의 전환을 예고하고 있다.

이 글에서 한 인물의 동일한 행위가 반복되지 않고 있고, 또한 사건의 전환이 예고되어 있지도 않다.

☑ 서술자의 개입을 통해 작중 상황에 대한 주관적 판단을 제시하고 있다.

'이는 지옥을 상상하게 하더라.', '이것을 어느 누구의 힘으로 구원하여 밝은 빛을 뿌려 터인가.', '이 위급함을 무엇으로 해결하여야 한단 말인가.' 등에서 서술자의 개입이 나타나고, 이를 통해 작중 상황에 대한 서술자의 주관적 판단이 나타나고 있다.

⑤ 특정 인물의 외양이나 행동을 과장되게 표현하여 인물을 희화화하고 있다.

이 글을 통해 특정 인물의 외양을 과장하여 표현하여 희화화하는 내용은 찾아볼 수 없다.

30 작품 내용의 이해　정답률 63% | 정답 ④

㉠~㉤을 중심으로 윗글을 이해한 내용으로 적절하지 않은 것은?

① ㉠에서의 병란은 국진이 자신의 중대한 임무를 수행하기 위해 이동하는 계기가 된다.

국진은 황성에서의 병란을 알아차린 후 나라를 구하는 임무를 수행하기 위해 이동하고 있으므로 적절하다.

② ㉡에서 국진은 고통에 시달리는 도성의 백성들을 구원하기 위해 적병과 맞서 싸운다.

국진은 도성 가까이에 온 적병 때문에 아우성치는 도성의 백성을 구원하기 위해 적군의 진영으로 나아가고 있으므로 적절하다.

③ ㉢에서 국진에게 일어나는 일은 이 부인이 남장을 결심하는 원인이 된다.

달마국 전장에서 국진이 신병을 얻어 어려운 지경이 된 것은 이 부인이 남장을 결심하는 원인이 되고 있으므로 적절하다.

☑ ㉣에서 이 부인은 미래를 예측하여 위기에 대비할 수 있는 방법을 국진에게 알려 주고 있다.

㉣에서 이 부인은 위기 상황을 알고 직접 전장으로 향하고 있으므로, ㉣에서 이 부인이 미래를 예측하여 위기에 대비할 수 있는 방법을 국진에게 알려 준다는 이해는 적절하지 않다.

⑤ ㉤에서 용왕 내외는 적장의 전생 신분을 밝힘으로써 앞날을 경계하고 있다.

용궁에서 용왕 내외는 천원 왕과 달마 왕이 천상 선관이었음을 밝히며, 그렇기 때문에 그들을 죽이면 앞날의 원(怨)이 될 것이라 경계하고 있으므로 적절하다.

31 인물의 말하기 방식 이해　정답률 77% | 정답 ⑤

[A], [B]에 대한 설명으로 가장 적절한 것은?

① [A]는 자신의 실망감을 우회적으로 표현하고 있고, [B]는 상대에 대한 원망을 직설적으로 표현하고 있다.

[A]에서 자신의 실망감을 우회적으로 표현하지 않고 있고, [B]에서 상대에 대한 원망을 직설적으로 표현하지 않고 있다.

② [A]는 자신의 목적을 달성하기 위해 거짓으로 말하고 있고, [B]는 상대의 질문에 답하기 위해 사건 내용을 밝히고 있다.

[A]에서 국진이 거짓으로 말하고 있지 않고 있고, [B]에서 천자가 국진에게 사건 내용을 밝히지 않고 있다.

③ [A]는 자신의 손해를 줄이기 위해 상대의 요청을 거절하고 있고, [B]는 상대의 손해를 줄이기 위해 상대를 설득하고 있다.

[A]에서 국진이 천자의 요청을 거절하거나 [B]에서 국진의 손해를 줄이기 위해 천자가 국진을 설득하지는 않고 있다.

④ [A]는 상대에 대한 호감을 바탕으로 상대를 격려하고 있고, [B]는 사건 해결을 위해 상대에게 용기를 북돋워 주고 있다.

[A]에서 국진이 천자를 격려하는 모습이나 [B]에서 국진에게 용기를 용기를 북돋워 주는 천자의 모습은 찾아볼 수 없다.

☑ [A]는 상대의 근심을 덜기 위해 그 원인을 자신의 탓으로 돌리고 있고, [B]는 상대에 대한 믿음을 바탕으로 명령하고 있다.

[A]에서 국진은 천자의 근심의 원인이 자신에게 있다고 말하며 상대의 근심을 덜어 내고 있다. 그리고 [B]에서 천자는 국진의 능력을 믿고 나라를 구하라고 명령하고 있다. 따라서 [A]에서는 상대의 근심을 덜기 위해 그 원인을 자신의 탓으로 돌리고 있음을, [B]에서는 상대에 대한 믿음을 바탕으로 명령하고 있음을 알 수 있다.

32 외적 준거에 따른 작품의 감상　정답률 57% | 정답 ⑤

〈보기〉를 바탕으로 윗글을 감상한 내용으로 적절하지 않은 것은? [3점]

─〈 보 기 〉─

이 작품은 장국진이라는 영웅의 일생을 다룬 영웅소설이다. 주인공의 영웅적 활약과 더불어 여성 영웅의 활약도 중요하게 나타나고, 이들은 위기 상황에서 주변 인물이나 초월적 존재의 도움으로 위기를 극복해 간다. 이 과정에서 초월적 세계와 현실 세계의 상호 작용, 남성과 여성의 상호 작용을 통해 영웅성이 강화되고 있다.

① 국진이 말에 올라 '한 손에 절륜도, 또 한 손에 청학선을 흔들며' 수십만 적군을 '추풍낙엽같이 쓰러'뜨리는 데에서, 주인공의 영웅적 활약상을 확인할 수 있다.

전쟁 중에 국진이 무기를 들고 적군을 쓰러뜨리는 데에서 영웅적 활약상을 확인할 수 있다.

② 전투 중 '신병은 조금도 차도가 없'는 국진이 '적병들에 의해 완전히 포위'된 장면에서, 영웅이 처한 위기 상황을 확인할 수 있다.

전투 중에 국진이 신병을 앓으며 적에게 포위당하여 명나라 군의 운명이 경각에 달렸다는 장면에서 영웅이 처한 위기 상황을 확인할 수 있다.

③ '가장 좋은 선약(仙藥)을 얻어' 국진의 병을 구하려는 데에서, 초월적 존재의 도움으로 위기를 극복해 나간다는 점을 확인할 수 있다.

이 부인이 용왕에게서 국진을 살릴 수 있는 '가장 좋은 선약(仙藥)'을 얻은 것은 초월적 존재의 도움을 받은 것에 해당한다.

④ 용왕 부인이 선녀들에게 '이 부인을 잘 모시고 가서 공을 이루라고 특별히 당부하'는 장면에서, 초월적 세계와 현실 세계의 상호 작용을 확인할 수 있다.

용왕 부인이 선녀들에게 당부하는 장면을 통해 초월적 세계와 현실 세계의 상호 작용을 확인할 수 있다.

✓ 이 부인이 국진을 구하기 위해 '번갯불과 천둥이 무섭게 진동'하여 '공포 속에서 정신을 잃는' 상황을 이겨 내는 데에서, 남성과 여성의 상호 작용을 확인할 수 있다.
'번갯불과 천둥이 무섭게 진동'하여 '공포 속에서 정신을 잃는' 사람들은 적병들이다. 이를 이겨 내는 사람이 이 부인이라고 볼 수 없다.

33~37 고전시가 복합

(가) 이황, 「설월죽(雪月竹)」

[감상] 이 작품은 눈 내린 밤 푸른 대나무를 보고 그것을 곧고 속이 **깨끗한 선비의 인품에 빗대어 예찬한 한시**이다. 1행과 2행은 겨울과 달밤이라는 시적 배경을 제시하고 있고, 3행과 4행에서는 배경 묘사에 대한 화자의 내적 정서를 드러내고 있다. 이 작품은 이처럼 **선경 후정의 시상 전개 방식**을 통해 화자의 대나무에 대한 예찬적 태도를 보여 주고 있다.
[주제] 대나무 예찬

(나) 권섭, 「매화(梅花)」

[감상] 이 작품은 **한밤중 문득 매화가 핀 것을 보고 임을 떠올리며 임에 대한 그리움과 매화에 대한 애정을 드러내고 있는 연시조**이다. 즉 화자는 이른 봄 피어난 매화를 통해 임을 떠올리고 매화에 대한 긍정적 인식과 임에 대한 정서를 함께 드러내고 있다.
[주제] 임에 대한 그리움

[현대어 풀이]

초가지붕의 처마에 달이 질 때 첫 잠을 얼핏 깨어
벽에 걸린 희미한 등잔불에 의지하여 누웠으니
하룻밤 매화가 피어나니 임이신가 하노라 〈제1수〉

아마도 이 벗님(매화)의 풍류와 운치가 끝이 없다.
얼굴과 같이 맑고 깨끗한 넋은 서늘도 하는구나.
바람결 그윽한 향기는 추운 한겨울에도 바뀌지 않는구나. 〈제2수〉

하늘의 이치도 묘하구나. 네가 먼저 봄의 따뜻한 햇빛이구나.
한 가지 꺾어 내어 이 소식을 전하려 하니
임께서 너를 보고 반기실까 하노라. 〈제3수〉

임이 너를 보고 반기실까 반기지 않으실까.
몇 년 동안 꽃과 버들에 취해 잠을 못 깨었는가.
두어라. 다 각각의 정이니 나와 함께 늙자꾸나. 〈제4수〉

(다) 목성균, 「세한도(歲寒圖)」

[감상] 인정이 없는 사공과 대치하며 뜻을 굽히지 않던 유년 시절 아버지의 모습을 회고적으로 그리고 있는 현대 수필이다. 이 글에서 글쓴이는 혹독하게 추운 겨울에 뜻을 굽히지 않던 아버지의 모습에서 선비적 면모를 발견하고 이날의 경험을 회화적으로 형상화하고 있다. 글쓴이는 아버지가 사공의 처사를 부당하게 여겼고 이에 맞서는 의미로 추위를 견디며 꿋꿋이 서 있었다고 본 것이다.
[주제] 아버지의 굽힐 수 없는 자존심

---

33 표현상 공통점 파악
정답률 70% | 정답 ③

(가)~(다)의 공통점으로 가장 적절한 것은?

① 설의적 표현으로 대상이 지닌 속성을 강조하고 있다.
(가), (다)에서는 설의법이 드러나지 않고 있다. (나)에서 설의적 표현이 나타난다고 볼 수 있지만, 이를 통해 대상이 지닌 속성을 강조하지는 않고 있다.

② 명암의 대비를 통해 작품의 주제를 형상화하고 있다.
(다)의 '컴컴한 산기슭'과 '하얀 적설'에서 명암 대비가 드러난다고 할 수 있지만, 이를 통해 주제를 형상화한다고 보기는 어렵다. 또한 (가), (나)에서 명암 대비가 드러나는 부분은 찾아보기 어렵다.

✓ 구체적 사물이나 상황을 통해 내면적 가치를 발견하고 있다.
(가)는 대나무, (나)는 매화를 통해 추위 속에서의 절개 등 내면적 가치를 발견하고 있다. 그리고 (다)에서는 글쓴이가 어린 시절 경험했던 일을 통해 아버지의 꿋꿋한 삶의 태도라는 내면적 가치를 발견하고 있다. 따라서 (가)~(다)는 구체적 사물이나 상황을 통해 내면적 가치를 발견한 공통점이 있다고 할 수 있다.

④ 직유법을 활용하여 대상의 외양을 구체적으로 묘사하고 있다.
(가)의 '얼굴같이', (다)의 '나팔처럼', '신음처럼', '버드나무 둥치처럼' 등에서 직유법이 드러나지만, (나)에는 드러나지 않는다.

⑤ 풍자적 기법으로 사회 현실에 대한 비판 의식을 보여 주고 있다.
(가), (나), (다) 모두 풍자적 기법으로 사회 현실에 대한 비판 의식을 보여 주지는 않고 있다.

---

34 외적 준거에 따른 작품의 감상
정답률 76% | 정답 ③

〈보기〉를 참고하여 (가)와 (나)를 감상한 내용으로 적절하지 않은 것은? [3점]

> **─〈보 기〉─**
> (가)와 (나)는 추운 계절을 이겨 내는 강인한 속성이 있어 예로부터 예찬의 대상이었던 대나무와 매화를 각각 시적 대상으로 삼고 있다. (가)의 화자는 사철 푸르고 속이 빈 대나무를 고매한 인품에 빗대고 있고, (나)의 화자는 이른 봄 피어난 매화를 통해 임을 떠올리고 매화에 대한 긍정적 인식과 임에 대한 정서를 함께 드러내고 있다.

① (가)의 화자는 '옥설'에 눌려도 푸름을 유지하는 대나무를 통해 '굳건한' 지조를 떠올리고 있군.
〈보기〉에서 (가)의 화자는 사철 푸르고 속이 빈 대나무를 고매한 인품에 빗대고 있음을 알 수 있다. 따라서 (가)의 '여기서 알겠노라 굳건한 그 절개를'은 화자가 '옥설'에 눌려도 푸름을 유지하는 대나무를 통해 '굳건한' 지조를 떠올린 것이라 할 수 있다.

② (가)의 화자는 대나무의 속이 빈 속성을 긍정적으로 인식하여 대나무를 내면이 '깨끗한' 인품에 비유하고 있군.
〈보기〉에서 (가)의 화자는 사철 푸르고 속이 빈 대나무를 고매한 인품에 빗대고 있음을 알 수 있다. 따라서 (가)의 '더욱 아끼노라 깨끗한 그 빈 마음'은 화자가 대나무의 속이 빈 속성을 긍정적으로 인식하여 대나무를 내면이 '깨끗한' 인품에 비유한 것이라 할 수 있다.

✓ (나)의 화자는 '옥골 빙혼(玉骨氷魂)'의 자태를 가진 매화를 '님'으로 착각한 것을 깨닫고 서러워하고 있군.
〈제1수〉에서 화자가 매화를 임으로 착각했지만, 〈제2수〉에서 화자는 '옥골빙혼(매화)'을 임으로 착각하지는 않고 있다. 또한 〈제2수〉를 통해 서러워하는 화자의 정서도 드러나지 않고 있다.

④ (나)의 화자는 추운 계절에도 굴하지 않고 '그윽한 향기'를 풍기는 매화의 강인함을 예찬하고 있군.
〈보기〉를 통해 (나)의 화자는 매화에 대한 긍정적 인식, 즉 예찬적 인식을 드러내고 있음을 알 수 있다. 따라서 (나)의 '풍편(風便)의 그윽한 향기는 세한 불개(歲寒不改) 하거늘'은, 화자가 추운 계절에도 굴하지 않고 '그윽한 향기'를 풍기는 매화의 강인함을 예찬한 것이라 할 수 있다.

⑤ (나)의 화자는 '춘휘(春暉)'를 먼저 느끼게 해 준 매화의 소식을 '님'에게 전달하고 싶은 소망을 드러내고 있군.
〈보기〉를 통해 (나)의 화자는 이른 봄 피어난 매화를 통해 임을 떠올리고 임에 대한 정서를 드러내고 있음을 알 수 있다. 따라서 '천기(天機)도 묘할시고 네 먼저 춘휘(春暉)로다 / 한 가지 꺾어 내어 이 소식 전(傳)차 하니'는 '춘휘(春暉)'를 먼저 느끼게 해 준 매화의 소식을 '님'에게 전달하고 싶은 화자의 소망을 드러낸다고 할 수 있다.

---

35 구절의 의미 파악
정답률 78% | 정답 ④

㉠~㉤에 대한 설명으로 적절하지 않은 것은?

① ㉠ : 매화를 발견할 당시 화자의 상황과 시간적 배경이 드러나 있다.
'모첨의 달이 진 제'에서 '매화'를 발견한 시간이 드러나고, '첫 잠을 얼핏 깨어'에서 문득 잠에서 깨어난 화자의 상황이 드러난다.

② ㉡ : 매화를 대할 임의 반응이 어떠할지를 궁금해하는 마음이 드러나 있다.
'너'는 매화를 지칭한 것으로, '너'를 임이 반길지 반기지 않을지 확신하지 못하고 있다.

③ ㉢ : 아버지와 대비되는 글쓴이의 행동에서 추위에서 벗어나고 싶어 하는 마음이 드러나 있다.
아버지가 팔짱을 낀 채 부동의 자세를 유지하고 있는 모습은 추위에서 벗어나고 싶어 발을 동동거리는 글쓴이의 행동과 대비된다.

✓ ㉣ : 선객들의 모습을 비판적으로 바라보는 아버지의 생각이 드러나 있다.
㉣은 글쓴이가 사공의 의도를 추측한 내용이다. 아버지가 사공을 비판적으로 보고 있지만, 선객을 비판적으로 바라본다고 할 수 없다.

⑤ ㉤ : 작은댁에 세배하러 가면서 준비한 음식으로 아버지의 정성이 드러나 있다.
'육적'과 '술'은 작은댁에 세배하러 가서 드릴 정성이 담긴 음식이다.

---

36 외적 준거에 따른 작품의 감상
정답률 65% | 정답 ②

〈보기〉를 바탕으로 (다)를 감상한 내용으로 적절하지 않은 것은?

> **─〈보 기〉─**
> (다)의 제목이기도 한 '세한도'는, 한겨울 풍경을 통해 선비의 지조를 드러낸 추사 김정희의 그림이다. (다)의 글쓴이는 혹독하게 추운 겨울에 뜻을 굽히지 않던 아버지의 모습에서 선비적 면모를 발견하고 이날의 경험을 회화적으로 형상화하고 있다. 글쓴이는 아버지가 사공의 처사를 부당하게 여겼고 이에 맞서는 의미로 추위를 견디며 꿋꿋이 서 있었다고 본 것이다.

① '노랗게 식은 햇살'과 '하얗게 번쩍거'리는 '적설'을 통해 매섭게 추운 겨울 강가를 회화적으로 형상화하고 있군.
'노랗게', '하얗게' 등의 색채 이미지를 사용하여 겨울 강가의 풍경을 회화적으로 형상화하고 있다.

✓ '아픈 소리를 신음처럼' 지르는 '갈대'는 사공의 부당한 처사에 맞서려는 글쓴이의 내면을 표상하고 있군.
'갈대'는 겨울의 스산한 분위기를 더욱 부각하고 있는 자연물이라 할 수 있을 뿐, 사공의 처사에 맞서려는 글쓴이의 내면을 표상한다고 볼 수는 없다.

③ 글쓴이는 '버드나무 둥치처럼 꿈쩍도 않'는 아버지의 모습에서 지조를 지키려는 선비적 면모를 발견하고 있군.
아버지는 '버드나무 둥치처럼 꿈쩍도 않'고 있는데, 이는 사공의 부당함에 맞서려는 뜻을 드러낸 행동이라 할 수 있다. 따라서 이러한 아버지의 모습은 지조를 지키려는 선비적 면모를 드러낸다고 할 수 있다.

④ '두 번 다시 그 소리를 지르지 않'는 모습을 통해 자신의 뜻을 꺾지 않으려는 아버지의 태도를 드러내고 있군.
아버지가 서서 두 번 다시 사공을 부르지도 않았던 이유는 사공의 부당함에 맞서려는 뜻이 있었기 때문이라고 글쓴이는 추측하고 있다.

⑤ '엄동설한 저문 강변'에서 '꿋꿋하게 서' 있던 아버지의 모습은 추사의 그림 '세한도'의 이미지와 연결되는군.
김정희의 '세한도'는 한겨울 풍경을 통해 선비의 지조를 드러낸 그림인데, 이는 (다)의 제목이기도 하다. 글쓴이는 '엄동설한'에도 '꿋꿋한' 태도를 유지한 아버지의 모습에서 그림 '세한도'에서 제시된 것과 유사한 의미를 발견하고 있다.

---

37 대상의 의미 비교
정답률 49% | 정답 ⑤

ⓐ와 ⓑ를 이해한 내용으로 가장 적절한 것은?

① ⓐ에는 임이 처한 상황에 대한 연민이, ⓑ에는 사공이 처한 상황에 대한 추측이 담겨 있다.
ⓐ는 화자가 임에 대한 연민을 느끼는 상황이라고 할 수 없다.

② ⓐ에는 화자가 지향하는 행동이, ⓑ에는 글쓴이가 지향하는 공간의 속성이 구체화되고 있다.
ⓐ를 화자가 지향하는 행동이라고 볼 수 없다.

③ ⓐ에는 돌아오지 않는 임에 대한 원망이, ⓑ에는 곧 돌아올 사공에 대한 기대감이 내포되어 있다.
ⓑ에는 곧 돌아올 사공에 대한 기대감이 드러나지 않는다.

④ ⓐ에는 자신의 처지에 대해 자조하는 태도가, ⓑ에는 사공의 몰인정함에 대해 비판하는 태도가 드러나 있다.
ⓐ는 임의 상황을 표현한 시어로, 화자가 스스로를 비웃는 자조적 태도라 볼 수 없다.

☑ ⓐ에는 화자의 처지와 대비되는 임의 모습이, ⓑ에는 글쓴이가 있는 공간과 대비되는 공간이 제시되어 있다.
ⓐ는 자신을 잊고 다른 것에 빠져 있는 임의 모습, ⓑ는 글쓴이, 아버지와 달리 사공이 머무는 공간에 해당한다. 따라서 ⓐ는 임을 생각하는 자신과 대비되고, ⓑ는 추위에 떨고 있는 나루터의 글쓴이와 대비된다고 할 수 있다.

38~42 사회

'공공 선택 이론(재구성)'

[해제] 이 글은 선택 이론에서의 의사 결정 방법을 나열하여 설명하고 있다. 이 글에서는 **집단을 구성하는 개인들의 의사를 집단의 의사로 통합하기 위한 의사 결정 과정**으로 공공 선택 이론을 다루는데, 의사 결정 방법으로 단순 과반수제, 최적 다수결제, 점수 투표제, 보르다(Borda) 투표제가 있다. **단순 과반수제**는 투표자의 과반수가 지지하는 안건이 채택되는 다수결 제도이다. 이 제도에서는 어떤 대안을 먼저 비교하느냐에 따라 결과가 달라지는, 이른바 투표의 역설이 발생할 수 있다. **최적 다수결제**는 투표에 따르는 총비용이 최소화되는 지점을 산정한 후 안건의 찬성자 수가 그 이상이 될 때 안건이 통과되는 제도이다. **점수 투표제**는 각 투표자에게 일정한 점수를 주고 각 투표자가 자신의 선호도에 따라 대안들에 대해 주어진 점수를 배분하여 투표하는 제도로서, 합산 점수가 많은 대안이 선택된다. 소수의 의견도 잘 반영되며 투표의 역설이 나타나지 않는 하지만 전략적 행동에 취약하여 결과가 불규칙하게 나타날 수 있다. **보르다 투표제**는 대안의 수를 기준으로 점수를 부여하여 가장 높은 점수를 받은 대안을 선택한다.

[주제] 공공 선택 이론에서의 의사 결정 방법의 이해

문단 핵심 내용

1문단	공공 선택 이론의 의미 및 의사 결정 방법의 종류
2문단	의사 결정 방법 1 – 단순 과반수제
3문단	의사 결정 방법 2 – 최적 다수결제
4문단	의사 결정 방법 3 – 점수 투표제
5문단	의사 결정 방법 4 – 보르다 투표제

38 내용의 이해
정답률 75% | 정답 ②

윗글에 대한 이해로 적절하지 않은 것은?

① 어떤 투표제에서든 투표자의 전략적 행위가 나타날 수 있다.
4문단을 통해 투표의 전략적 행위는 어떤 투표자가 다른 투표자의 투표 성향을 예측하고 자신의 행동을 이에 맞춰 변화시킴으로써 자기가 원하는 것을 얻으려 하는 태도임을 알 수 있다. 따라서 투표자의 전략적 행위는, 어떤 투표제에서든지 나타날 수 있다고 할 수 있다.

☑ 보르다 투표제에서는 가장 선호하지 않는 대안에 0점을 부여한다.
5문단을 통해 보르다 투표제에서는 가장 선호하는 대안부터 순서대로 n점에서 시작해서 차례대로 n–1점, n–2점으로 점수를 부여하여 최하 1점을 줌을 알 수 있다. 따라서 가장 선호하지 않는 대안에 0점을 부여한다는 진술은 적절하지 않다.

③ 단순 과반수제에서는 채택된 대안으로 인해 사회의 후생이 감소되기도 한다.
2문단을 통해 어느 대안이 채택되면 이로 인해 채택이 되지 않은 안건을 지지한 사람들을 포함하여 사회 전체의 후생이 감소할 가능성이 있음을 알 수 있다.

④ 점수 투표제는 최적 다수결제와 달리 대안에 대한 선호 강도를 표시할 수 있다.
4문단을 통해 점수 투표제는 선호 강도에 따라 점수를 배분함을 알 수 있으므로, 투표자의 선호 강도가 잘 반영된다고 할 수 있다.

⑤ 최적 다수결제는 단순 과반수제와 달리 안건 통과의 기준이 안건에 따라 달라질 수 있다.
2문단을 통해 단순 과반수제는 안건 통과의 기준은 몇 가지 대안이든 과반수를 얻는 안이 통과됨을 알 수 있다. 그리고 3문단을 통해 최적 다수결제에서는 투표에 들어가는 총비용이 최소화되는 곳이 안건 통과의 기준이 되는 최적 다수 지점이 됨을 알 수 있다. 따라서 최적 다수결제는 단순 과반수제와 달리 안건 통과의 기준이 안건에 따라 달라질 수 있음을 알 수 있다.

★★★ 등급을 가르는 문제!

39 내용을 통한 자료의 이해
정답률 44% | 정답 ②

ⓐ와 관련하여 〈표〉를 이해한 것으로 적절하지 않은 것은?

① '병원'과 '학교'를 먼저 비교할 경우, '병원'과 '경찰서'의 다수결 승자가 최종의 대안으로 결정된다.
병원과 학교를 먼저 비교한다면 갑은 병원, 을은 학교, 병은 병원을 투표할 것이므로, 병원이 채택될 것이다. 그 이후에는 최종 결정을 위해 투표한다면 병원과 경찰서의 다수결 승자가 최종적인 대안으로 결정된다(갑은 병원, 을은 경찰서, 병은 경찰서를 택하게 되어 최종적으로는 경찰서가 최종적인 대안으로 결정된다.).

☑ '학교'와 '경찰서'를 먼저 비교할 경우, '갑'과 '을'이 '학교'에 투표하여 최종적으로 '학교'가 결정된다.
학교와 경찰서를 먼저 비교한다면, 갑은 학교, 을은 학교, 병은 경찰서를 택할 것이므로, 다수결로 보면 학교가 두 표를 얻어 먼저 채택이 될 것이다. 이후에는 학교와 병원이 최종 투표에 부쳐지는데, 갑은 병원, 을은 학교, 병은 병원에 투표할 것이므로 최종적인 대안으로는 두 표를 얻어 병원이 결정된다. 그러므로 학교가 최종적으로 결정된다는 설명은 적절하지 않다.

③ '병원'과 '학교'를 먼저 비교하는지, '학교'와 '경찰서'를 먼저 비교하는지에 따라 투표의 결과가 달라진다.

투표의 역설이란 개념은 어떤 대안들을 먼저 비교하느냐에 따라 결과가 달라진다는 것이다. 병원과 학교를 먼저 비교할 경우와 학교와 경찰서를 먼저 비교할 경우 결과가 달라지므로 투표의 역설이 나타난다.

④ '병원', '학교', '경찰서'를 동시에 투표에 부치면, 모두 한 표 씩 얻어 어떤 대안도 과반수가 되지 않는다.
동시에 세 안건을 투표에 부치면 세 사람이 병원, 학교, 경찰서에 각 한 표씩 투표하게 되어 세 안건 중 어떤 대안도 과반수가 되지 않는다.

⑤ 대안에 대한 '갑', '을', '병' 세 사람의 선호 순위는 바뀌지 않아도, 투표의 결과가 바뀌는 현상이 나타난다.
갑, 을, 병의 선호 순위는 바뀌지 않더라도 어떤 대안을 먼저 비교하느냐에 따라 최종 투표 결과는 바뀌는 현상이 나타난다.

★★ 문제 해결 꿀~팁 ★★

▶ 많이 틀린 이유는?
이 문제는 '표'를 이해하는 과정, 특히 '1순위, 2순위, 3순위'의 '선호 순위'에 대한 이해를 정확히 하지 못하여 오답률이 높았던 것으로 보인다.

▶ 문제 해결 방법은?
이 문제를 해결하기 위해서는 2문단에 제시된 내용을 바탕으로 표를 이해하면 되는데, 이때 주의해야 할 점은 1순위로 선호하는 것이 없을 경우 선호 순위에 따라 2순위에 있는 내용이 선호하는 것임을 이해해야 한다. 정답인 ②를 보면, 학교와 경찰서를 먼저 비교했을 경우, 갑은 1순위가 병원이나 2순위가 학교이므로 갑은 학교를 택할 것이라 판단해야 한다. 그렇게 되면 갑은 학교, 을은 학교, 병은 경찰서를 택할 것이므로, 다수결에 따라 학교가 두 표를 얻어 먼저 채택이 되는 것이다. 이후에는 이런 방식을 고려하여 학교와 병원이 최종 투표를 하게 되고, 병원이 최종적인 대안으로 결정되어 적절하지 않음을 알 수 있다. 이 문제처럼 문제 의도만 정확히 이해하고 있었으면 문제를 비교적 수월하게 풀 수 있으므로, 문제를 접할 때는 반드시 출제 의도가 무엇인지 이해할 수 있도록 한다.

40 세부 정보의 추론
정답률 51% | 정답 ④

ⓑ의 이유로 가장 적절한 것은?

① 주어진 점수를 투표자가 임의대로 배분할 수 있기 때문이다.
주어진 점수를 투표자가 임의대로 배분할 수 있는 것은 점수 투표제에 해당하므로 이유로 적절하지 않다.

② 투표자는 중도의 대안에 관해서만 자신의 의사를 표현할 수 있기 때문이다.
투표자는 중도의 대안에 관해서만 자신의 의사를 표현하는 것이 아니라 어떤 대안에 관해서도 점수를 배분하여 의사를 표현할 수 있다.

③ 점수 투표제와 달리 투표자의 전략적 행동을 유발하여 투표 결과를 조작할 수 있기 때문이다.
점수 투표제에서도 투표자의 전략적 행동이 드러날 수 있으나 이로 인해 투표 결과를 조작할 수 있는 것은 아니다.

☑ 일부에게만 선호도가 높은 대안이 다수에게 선호도가 매우 낮으면 점수 합산 면에서 불리하기 때문이다.
5문단을 통해 보르다 투표제에서는 일부에게 선호가 아주 높은 대안보다는 투표자 모두에게 어느 정도 차선이 될 수 있는 중도의 대안이 채택될 가능성이 있음을 알 수 있다. 그 이유는 다수에 의해 중도의 대안으로 부여된 점수들의 합산 점수보다 선호도가 아주 높은 대안들의 합산 점수가 낮을 수 있기 때문이라 할 수 있다.

⑤ 순서로만 선호 강도를 표시할 경우, 모든 투표자에게 선호도가 가장 높은 대안이라도 최종 승자가 아닐 수 있기 때문이다.
보르다 투표제에서 순서로만 선호 강도를 표시할 경우, 모든 투표자에게 선호도가 가장 높은 대안이 나올 수도 있으므로, 이는 ⓑ의 이유로 적절하지 않다.

41 구체적인 상황에의 적용
정답률 58% | 정답 ⑤

〈보기〉가 [A]의 각 비용들에 대한 그래프라고 할 때, 이에 대한 이해로 적절하지 않은 것은?

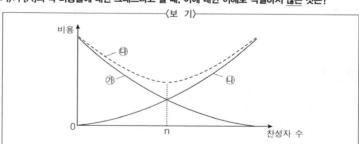

① ㉮는 외부 비용으로, 반대하는 투표자 수가 많아질수록 그 값이 커진다.
㉮는 외부 비용을 나타낸다. 이는 안건에 반대하였던 사람들이 느끼는 부담을 의미하므로 찬성표의 비율이 높아질수록 외부 비용은 낮아지고, 반대표의 비율이 높아지면 외부 비용은 값이 커진다.

② ㉯는 의사 결정 비용으로, 투표 참가자들을 설득하는 데 드는 시간과 노력이 적을수록 그 값이 작아진다.
㉯는 의사 결정 비용으로, 이는 투표 참가자들의 동의를 구하는 데에 드는 시간과 노력에 따른 비용을 의미한다. 그러므로 투표 참가자들을 설득하는 데에 드는 시간과 노력이 적을수록 그 값은 작아진다.

③ ㉰는 총비용으로, ㉮와 ㉯를 합한 값이 최소가 되는 지점 n이 최적 다수 지점이 된다.
㉰는 총비용이다. n은 ㉮와 ㉯를 합한 값이 최소화되는 지점인데 이 지점은 안건 통과의 기준이 되는 최적 다수 지점이 된다.

④ 투표에 참가하는 모든 사람이 찬성하면 ㉮의 값이 0이 된다.
투표에 참가하는 모든 사람이 찬성하면 ㉮의 값은 0이 된다.

☑ 안건 통과에 필요한 투표자가 많아지게 되면 ㉯는 이동하지만 ㉮는 이동하지 않는다.
최적 다수결제에 따르면 ㉮는 외부 비용이고, ㉯는 의사 결정 비용이다. ㉰는 A와 B의 곡선을 합한 총비용을 의미하며 U자 형태로 나타낸다. n은 ㉮와 ㉯의 교차점으로서 최적 다수 지점을 가리킨다. 이는 총비용이 가장 적게 드는 지점이다. 그런데 안건 통과에 필요한 투표자 수가 많아진다는 것은 의사 결정 비용은 증가하고 외부 비용은 감소한다는 것을 의미한다. 그러므로 안건 통과에 필요한 투표자가 많아지게 되면 ㉮와 ㉯는 이동하게 된다. 그러므로 ㉯는 이동하지만 ㉮가 이동하지 않는다는 진술은 적절하지 않다.

---

42 구체적인 사례에의 적용 정답률 53% | 정답 ③

대안 Ⅰ～Ⅲ에 대한 투표자 A～E의 선호 강도가 〈보기〉와 같다고 할 때, ㉠～㉢을 통해 채택될 대안으로 적절한 것은? [3점]

─〈보 기〉─

투표자 대안	A	B	C	D	E
Ⅰ	3	1	1	3	1
Ⅱ	1	7	6	2	5
Ⅲ	6	2	3	5	4

(단, 표 안의 수치가 높을수록 더 많이 선호함을 나타내며, 투표에 미치는 외부적인 요인과 투표자들의 전략적 행동은 없다고 가정한다.)

	㉠	㉡	㉢
①	Ⅰ	Ⅲ	Ⅱ
②	Ⅱ	Ⅰ	Ⅱ
✓③	Ⅱ	Ⅱ	Ⅲ
④	Ⅲ	Ⅰ	Ⅲ
⑤	Ⅲ	Ⅱ	Ⅱ

〈보기〉는 대안 Ⅰ, Ⅱ, Ⅲ에 대해 투표자 A～E의 선호 강도를 표시하고 있다. 이 안건들을 ㉠(단순 과반수제), ㉡(점수 투표제), ㉢(보르다 투표제)으로 투표에 부칠 때 각각의 경우에 채택될 대안이 무엇일지를 살펴보아야 한다.

• ㉠ : 단순히 과반수가 되면 채택되는데, 선호 강도에 따라 투표하면 Ⅱ는 B, C, E가 지지하고, Ⅲ은 A, D가 지지하는 지지자는 없다. 따라서 ㉠에서는 대안 Ⅱ가 선택된다.
• ㉡ : 각 투표자가 선호에 따라 대안에 대해 주어진 점수를 배분하여 투표하는 제도이므로, 현재의 선호 강도에 따라 부여한 점수를 합산해 보면 Ⅱ가 21점, Ⅲ이 20점, Ⅰ이 9점이 되어 최종적으로 Ⅱ가 채택된다.
• ㉢ : 선호 순서대로 n점, n−1점, n−2점으로 점수를 부여하고 이를 합산하여 가장 높은 점수를 받은 안이 채택된다. n은 대안의 개수이므로 3이 된다. 그러면 A의 경우 선호 강도가 가장 높은 Ⅲ에 3점, Ⅰ에 2점, Ⅱ에 1점을 부여한다. 이와 같은 방법으로 B～E가 점수를 부여하면 합산 점수는 Ⅰ이 7점, Ⅱ가 11점, Ⅲ은 12점이 되어 최종적으로 Ⅲ이 채택된다.

43~45 현대시

(가) 윤동주, 「소년(少年)」

감상 이 시는 **시어의 연쇄적 반복을 통해 정서를 부각하고 운율을 형성하는 산문시**이다. 이 시에서는 계절과 관련된 감각적 이미지 사용을 통해 '순이'에 대한 '소년'의 순수하고 진실한 그리움을 자연스럽게 드러내고 있다.

주제 순수한 세계에의 동경

표현상의 특징
• '단풍잎', '하늘', '파란 물감', '손바닥', '맑은 강물'이라는 시어를 연쇄적으로 활용하고 있음.
• '−ㄴ다'라는 종결 어미를 반복하여 운율을 형성함.
• 현재 시제를 사용하여 시적 상황을 드러냄.

(나) 손택수, 「나무의 꿈」

감상 이 시에서 **화자는 의인화된 '나무'에 애정 어린 시선을 보내며 말을 건네는 방식으로 그 꿈과 가능성에 대해 이야기**하고 있다. 나아가 그 꿈과 가능성이 실현되지 못한 상황에 처하더라도 그 존재 가치가 있음을 따뜻한 어조로 일깨워 주고 있다.

주제 꿈과 현재의 중요성

표현상의 특징
• '계단', '창문', '바다'라는 시어를 연쇄적으로 활용하고 있음.
• '−니', '−구나' 등의 종결 어미를 반복하여 운율을 형성하고 있음.
• 시적 대상인 '나무'를 의인화된 청자로 설정하고 말을 건네는 어조로 시상을 전개함.

★★★ 등급을 가르는 문제!
43 표현상 특징 파악 정답률 35% | 정답 ④

(가), (나)의 표현상 특징으로 가장 적절한 것은?

① (가)는 (나)와 달리 반어적 표현을 통해 시적 긴장을 고조시키고 있다.
　(가), (나) 모두 반어적 표현으로 시적 긴장이 고조되지 않았다.

② (나)는 (가)와 달리 동일한 종결 어미의 반복으로 운율감을 형성하고 있다.
　(가)는 '−ㄴ다'라는 종결 어미를 반복하여, (나)에서 '−니', '−구나' 등의 종결 어미를 반복하여 운율을 형성하고 있다.

③ (가)와 (나) 모두 대상을 의인화하여 화자의 연민을 드러내고 있다.
　(가)에서 대상을 의인화한 표현은 사용되지 않았고, (나)에서 시적 대상인 '나무'를 '너'라는 의인화된 청자로 설정하고 말을 건네는 어조로 시상을 전개하였다.

✓④ (가)와 (나) 모두 시어의 연쇄적 활용을 통해 시상을 발전시켜 나가고 있다.
　(가)에서는 '단풍잎', '하늘', '파란 물감', '손바닥', '맑은 강물'이라는 시어를 연쇄적으로 활용하였고, (나)에서는 '계단', '창문', '바다'라는 시어를 연쇄적으로 활용하였다.

⑤ (가)와 (나) 모두 시선의 이동을 통해 장소가 지닌 의미를 다양하게 제시하고 있다.
　(나)에서 화자의 시선 이동은 드러나지 않는다.

★★ 문제 해결 꿀~팁 ★★

▶ 많이 틀린 이유는?
이 문제는 작품을 통해 표현상 특징을 정확히 파악하지 못하였거나, 표현상 특징에 대한 이해를 정확히 하지 못해서 오답률이 높았던 것으로 보인다.

▶ 문제 해결 방법은?
이 문제를 해결하기 위해서는 기본적으로 표현상 특징에 대해 이해하고 있어야 한다. 즉 반어적 표현, 동일한 종결 어미의 반복, 대상을 의인화, 시어의 연쇄적 활용, 시선의 이동에 대한 정확한 이해가 필요하다. 정답인 ④의 경우, 연쇄적 표현(앞 구절의 끝 어구를 다음 구절의 첫머리에 이어받아 표현하는 방법)에 대해 정확히 알고 있었으면 (가), (나) 모두 연쇄적 표현을 사용하고 있음을 알았을 것이다. 마찬가지로 오답률이 높았던 '동일한 종결 어미의 반복'에 대해 정확히 알고 있었다면 (가), (나) 모두 종결 어미를 반복하고 있음을 알 수 있었을 것이다. 한편 표현상 공통점이나 차이점을 묻는 문제의 경우 (가)를 통해 먼저 표현상 특징을 찾을 수 있는지 확인한 다음, (가)에서 찾을 수 있는 것 중에서 (나)에서 확인하는 방법을 사용하게 되면 시간적으로나 정확성 측면에 효과적일 수 있다.

---

44 시어의 의미 파악 정답률 62% | 정답 ①

㉠, ㉡에 대한 이해로 가장 적절한 것은?

✓① ㉠은 '소년(少年)'의 정서를 환기하는 기능을 하고 있다.
　(가)에서 '하늘'을 들여다보면 '눈썹에 파란 물감이 들고 손바닥에도 파란 물감이 묻어난다. 그리고 손바닥을 들여다보면 손금에는 맑은 강물이 흐르고, 강물 속에는 사랑처럼 슬픈 얼굴 — 아름다운 순이(順伊)의 얼굴이 어림을 알 수 있다. 따라서 ㉠은 '소년'의 '순이'에 대한 그리움이라는 정서를 환기해 준다고 할 수 있다.

② ㉠은 '소년(少年)'이 거부하고자 하는 세계를 상징하고 있다.
　㉠은 '소년'의 '순이'에 대한 그리움이라는 정서를 환기해 주므로, '소년'이 거부하는 세계를 상징한다고 할 수 없다.

③ ㉠은 '소년(少年)'이 자신의 한계를 인식하는 계기가 되고 있다.
　㉠은 '소년'의 '순이'에 대한 그리움이라는 정서를 환기해 주므로, '소년'이 자신의 한계를 인식하는 계기가 된다고 할 수 없다.

④ ㉡은 '너'가 처한 긍정적 상황을 드러내는 역할을 한다.
　㉡은 화자가 '너'가 지향할 것이라고 가정한 대상이라고 볼 수 있으므로, '너'가 처한 긍정적 상황을 드러내는 역할을 한다고 할 수 없다.

⑤ ㉡은 '너'의 성찰이 이루어진 이후의 모습을 표상하고 있다.
　㉡은 화자가 '너'가 지향할 것이라고 가정한 대상이라고 볼 수 있으므로, ㉡은 너의 성찰이 이루어진 이후의 모습을 표상한 것이라 할 수 없다.

---

45 외적 준거에 따른 작품의 감상 정답률 49% | 정답 ③

〈보기〉를 참고하여 (가)와 (나)를 감상한 내용으로 적절하지 않은 것은? [3점]

─〈보 기〉─
(가), (나)는 시간의 흐름 속에서 성장하는 존재의 순수한 정서와 인식에 대해 표현하고 있다. (가)는 소년이 자연물에 동화되는 과정을 감각적으로 드러내면서 과거의 사랑을 그리워하는 소년의 정서를 보여 준다. (나)는 대상이 품을 수 있는 다양한 꿈을 제시하고, 꿈을 이루지 못한 상황에서도 대상이 존재 가치가 있다는 것을 역설적으로 보여 주고 있다. 또 미래보다 현재 상황과 모습에 주목하는 자세를 강조하며 마무리한다.

① (가)의 '파란 물감이 든' '눈썹'은 '소년(少年)'이 자연물에 동화되는 것을 감각적으로 표현하는군.
　(가)에서는 '가만히 하늘을 들여다 보'고 '눈썹에 파란 물감이 든다'는 것을 통해 자연물인 하늘과 점차 동화되는 과정을 감각적으로 표현하고 있다.

② (가)의 '맑은 강물'에 어린 얼굴에는 '순이(順伊)'에 대한 '소년(少年)'의 그리움이 투영되어 있군.
　(가)의 '소년'은 '맑은 강물' 속에서 사랑처럼 슬픈 얼굴을 발견하고 있으므로, '맑은 강물'에는 현재 부재하는 '순이'에 대한 그리움이 투영되었다고 할 수 있다.

✓③ (나)의 '의자', '책상', '한 줌 재' 등은 대상이 품을 수 있는 다양한 꿈을 보여 주는군.
　(나)의 '의자', '책상'은 대상이 품을 수 있는 다양한 꿈으로 이해할 수 있지만, '한 줌 재'는 그 꿈을 이루지 못한 상황을 의미한다.

④ (나)의 '장작'은 꿈을 이루지 못한 상황에서도 '몸을 데워' 줄 수 있다는 존재 가치에 대한 역설적 인식을 보여 주는군.
　(나)의 '장작'이 한 줌 재가 된 것은 '너'의 '꿈'이 좌절된 상태라고 할 수 있으며, 누군가의 '몸을 데워' 준다는 것은 새롭게 발견한 존재 가치라 할 수 있다. 그러므로 대상의 존재 가치를 역설적으로 보여 준 것이라 할 수 있다.

⑤ (나)의 '바람 소리'는 대상에게 '지금'의 상황과 모습을 주목하게 하는 계기가 될 수 있겠군.
　(나)의 '바람 소리'는 '너'가 '지금 바람을 만나' '바람의 춤을 따라 흔들리고 있'음과 이어지므로, '너'의 현재 상황을 주목하게 하는 계기가 될 수 있다.

• 정답 •

01 ② 02 ② 03 ③ 04 ⑤ 05 ② 06 ④ 07 ③ 08 ⑤ 09 ⑤ 10 ② 11 ① 12 ⑤ 13 ⑤ 14 ④ 15 ③
16 ③ 17 ② 18 ④ 19 ④ 20 ① 21 ② 22 ⑤ 23 ④ 24 ③ 25 ③ 26 ② 27 ② 28 ② 29 ① 30 ④
31 ⑤ 32 ① 33 ② 34★ ③ 35 ③ 36 ① 37 ⑤ 38 ④ 39 ④ 40 ④ 41 ④ 42 ① 43 ③ 44 ⑤ 45 ①

★ 표기된 문항은 [등급을 가르는 문제]에 해당하는 문제입니다.

[01~03] 화법

01 | 말하기 방식 파악   정답률 80% | 정답 ②

위 발표에 활용된 말하기 방식으로 적절한 것은?

① 자료의 출처를 밝혀 발표 내용의 신뢰성을 높이고 있다.
이 발표에서 발표자는 자신이 활용한 발표 자료의 출처를 언급하지 않고 있다.

☑ 발표 내용과 관련된 질문을 하여 청중의 주의를 환기하고 있다.
2문단의 '여러분은 성적표를 확인할 때 무엇부터 보시나요?', 6문단의 '같은 원점수인데 왜 수학의 표준 점수가 더 높을까요?' 등에서 알 수 있듯이 발표자는 청중에게 발표 내용과 관련된 질문을 하면서 발표를 전개하고 있다. 이러한 발표자의 질문은 청중들로 하여금 관심을 유발하여 주의를 환기해 주는 효과가 있다.

③ 발표 내용을 친숙한 소재에 빗대어 표현하여 청중의 흥미를 유발하고 있다.
이 발표에서 발표자가 청중이 친숙하게 느끼는 소재에 빗대어 표현하지는 않고 있다.

④ 발표 내용의 순서를 안내하여 청중이 발표 내용을 예측할 수 있도록 돕고 있다.
이 발표에서 발표자는 청중에게 질문을 제시하면서 발표를 시작하고 있지만, 발표 순서를 안내하지는 않고 있다.

⑤ 발표 내용에 대한 청중의 이해도를 점검하며 발표를 마무리하여 주제를 강조하고 있다.
이 발표에서 발표자가 자신의 발표 내용에 대한 청중의 이해도를 점검하는 부분을 찾을 수 없다.

02 | 자료 활용 방식의 이해   정답률 84% | 정답 ②

학생이 제시한 자료 ㉠, ㉡에 대한 설명으로 가장 적절한 것은?

① 평균 점수가 실력을 평가하는 기준이 되는 이유를 제시하기 위해 ㉠을 활용하고 있다.
발표자가 ㉠을 활용하면서 평균 점수를 실력 평가의 기준이 되는 값으로 설정하는 이유를 이야기하지는 않고 있으므로 적절하지 않다.

☑ 평균 점수가 특정 점수에 의해 왜곡될 수도 있음을 보여 주기 위해 ㉠을 활용하고 있다.
발표자는 ㉠을 제시하면서 '수학의 평균 점수는 100점이라는 점수로 인해 왜곡된 면이 있습니다.'고 말하고 있다. 이를 통해 발표자는 평균 점수가 특정 점수에 의해 왜곡될 수도 있음을 보여 주기 위해 ㉠을 활용하고 있음을 알 수 있다.

③ 표준점수와 백분위의 장단점을 비교하기 위해 ㉡을 활용하고 있다.
발표자는 ㉡을 활용하면서 표준점수와 백분위의 장단점을 비교하지는 않고 있으므로 적절하지 않다.

④ 자신보다 낮은 점수를 받은 집단의 비율을 구하는 방법을 소개하기 위해 ㉡을 활용하고 있다.
이 발표를 통해 ㉡은 표준점수를 설명하기 위한 자료임을 알 수 있다. 따라서 자신보다 낮은 점수를 받은 집단의 비율, 즉 백분위를 구하는 방법과는 상관이 없으므로 적절하지 않다.

⑤ 평균 점수와 표준편차에 따라 원점수가 변할 수 있다는 것을 설명하기 위해 ㉡을 활용하고 있다.
이 발표를 통해 평균 점수와 표준편차에 따라 원점수 자체가 변하지 않음을 알 수 있으므로 ㉡과는 상관없는 내용이어서 적절하지 않다.

03 | 청중 반응의 분석   정답률 93% | 정답 ③

〈보기〉는 학생들이 발표를 들은 후 보인 반응이다. 이를 바탕으로 학생의 듣기 활동을 이해한 내용으로 적절하지 않은 것은? [3점]

〈 보 기 〉
학생 1 : 이번 시험에서 지난번 시험보다 국어의 원점수가 낮았는데도 표준점수가 높은 이유를 알 수 있어서 좋았어.
학생 2 : 표준점수와 백분위가 성적표 외에 활용되는 분야도 있지 않을까? 발표자가 이 부분에 대해서도 언급했으면 좋겠다 싶은데, 자료를 한번 검색해 봐야겠어.
학생 3 : 표준점수와 백분위를 반영하는 방법이 대학마다 다르다는 기사를 본 적이 있어. 내가 가고 싶은 대학교에서는 어떻게 반영하고 있을까? 대학 홈페이지에서 관련 정보를 찾아봐야겠어

① '학생 1'은 발표를 통해 접한 정보의 유용성에 대해 긍정적으로 인식하고 있다.
'학생 1'은 국어의 원점수가 낮았음에도 표준점수가 높은 이유를 알게 되어 좋았음을 언급하고 있으므로, '학생 1'은 발표 내용이 자신에게 도움이 되었음을 긍정적으로 인식하고 있음을 알 수 있다.

② '학생 2'는 발표 내용과 관련한 추가적인 정보가 제공되지 않은 것에 아쉬움을 느끼고 있다.
'학생 2'는 '발표자가 이 부분에 대해서도 언급해 줬으면 좋았을 것 같아.'라고 이야기하고 있으므로, '학생 2'는 추가적인 정보가 제공되지 않은 데 대해 아쉬움을 표현하고 있음을 알 수 있다.

☑ '학생 1'과 '학생 2'는 발표에서 언급되지 않은 내용을 바탕으로 새로운 관점을 제시하고 있다.
'학생 1'은 국어의 원점수가 낮았음에도 표준점수가 높은 이유를 알게 되어 좋았음을 언급하고 있지, 언급되지 않은 내용을 바탕으로 새로운 관점을 제시하지는 않고 있다. 그리고 '학생 2'는 표준점수와 백분위가

활용되는 분야에 대한 언급이 없는 것에 아쉬움을 드러내며 이와 관련하여 자료를 찾아보겠다 하고 있지, 언급되지 않은 내용을 바탕으로 새로운 관점을 제시하지는 않고 있다.

④ '학생 1'과 '학생 3'은 발표 내용과 관련된 자신의 경험을 떠올리고 있다.
'학생 1'은 지난번 시험의 경험을 떠올리고 있고, '학생 3'은 '표준점수와 백분위를 반영하는 방법이 대학마다 다르다는 기사를 본' 경험을 떠올리고 있다. 따라서 '학생 1'과 '학생 3'은 발표 내용과 관련된 자신의 경험을 떠올리고 있음을 알 수 있다.

⑤ '학생 2'와 '학생 3'은 발표 내용과 관련된 의문점을 해결하기 위해 추가 활동을 계획하고 있다.
'학생 2'와 '학생 3' 모두 발표 내용과 관련하여 의문점을 갖고 자신의 의문점을 해결하기 위해 추가 활동을 계획하고 있음을 알 수 있다.

[04~07] 화법과 작문

04 | 인터뷰 전략의 파악   정답률 88% | 정답 ⑤

(가)의 '학생 1'에 대한 이해로 적절하지 않은 것은?

① 상대방에게 인터뷰를 하게 된 목적을 밝히고 있다.
'학생 1'의 첫 번째 발화를 통해 인터뷰를 하게 된 목적을 밝히고 있음을 확인할 수 있다.

② 자신의 경험을 바탕으로 알고 싶은 정보를 상대방에게 질문하고 있다.
'학생 1'의 두 번째 발화를 통해, '학생 1'이 TV 뉴스를 보며 궁금했던 바다 사막화의 개념을 박사님께 질문하고 있음을 알 수 있다.

③ 상대방이 설명한 내용에 대한 자신의 이해가 적절한지 확인하고 있다.
'학생 1'의 세 번째 발화를 통해, '학생 1'이 바다 사막화의 발생이 탄산 칼슘의 영향이 크기 때문이라고 봐도 되는지에 대해 질문하며 자신의 이해가 적절한지 확인하고 있음을 알 수 있다.

④ 상대방이 발언한 내용을 재진술하면서 추가적인 질문을 이어가고 있다.
'학생 1'의 네 번째 발화를 통해, '학생 1'은 상대방이 발언한 내용을 재진술하면서 추가적인 질문을 이어가고 있음을 알 수 있다.

☑ 상대방이 언급한 정보를 바탕으로 자신이 가졌던 생각이 수정되었음을 드러내고 있다.
'학생 1'은 면담 목적을 밝히면서 박사에게 질문하고 있고, 박사의 답을 듣고 자신의 이해가 적절한지 추가적인 질문을 하고 있다. 하지만 '학생 1'의 말을 통해, 박사가 언급한 정보를 바탕으로 자신의 생각을 수정한 말은 찾아볼 수 없다.

05 | 말하기 방식 파악   정답률 92% | 정답 ②

[A], [B]에 대한 설명으로 가장 적절한 것은?

① [A]에서 '학생 2'는 질문을 통해 '박사'가 설명한 내용의 타당성에 의문을 제기하고 있다.
[A]에서 '학생 2'는 탄산 칼슘의 석출 원인과 증가에 대해 궁금한 점을 '박사'에게 질문하고 있다. 하지만 '박사'가 설명한 내용의 타당성에 의문을 제기하지는 않고 있으므로 적절하지 않다.

☑ [A]에서 '박사'는 '학생 2'의 요청에 따라 앞서 자신이 설명한 내용을 보충하고 있다.
[A]에서 '학생 2'가 수온 상승으로 탄산 칼슘의 석출이 증가한다는 말이 이해가 되지 않는다고 하면서 자세히 알려 줄 것을 요청하자, '박사'는 이에 대해 앞서 자신이 설명한 내용을 보충한 추가 설명을 하고 있다.

③ [A]에서 '박사'는 '학생 2'의 이해를 돕기 위해 관련 설문 자료를 활용하고 있다.
[A]에서 '박사'는 '학생 2'의 이해를 돕기 위해 추가 설명을 하고 있지만, 관련 설문 자료를 활용하고 있지는 않고 있으므로 적절하지 않다.

④ [B]에서 '학생 2'는 '박사'가 소개한 내용을 요약하고 이를 긍정적으로 평가하고 있다.
[B]에서 '학생 2'는 '박사'가 소개한 내용을 요약하지는 않고 있으므로 적절하지 않다.

⑤ [B]에서 '박사'는 '학생 2'의 배경지식을 점검하여 용어의 개념에 대해 추가 설명을 하고 있다.
[B]에서 '박사'는 '학생 2'의 배경지식을 점검하고 있지는 않고 있으므로 적절하지 않다.

06 | 글쓰기 계획의 적절성 파악   정답률 85% | 정답 ④

(가)를 바탕으로 '학생 1'이 세운 작문 계획 중 (나)에 반영되지 않은 것은?

○ 바다 사막화의 개념을 서두에 제시해야겠어. ·························· ①
○ 바다 숲 조성 사업과 관련하여 사업 추진 현황을 제시해야겠어. ········· ②
○ 바다 식목일의 제정 취지와 함께 바다 식목일로 제정된 날을 구체적으로 제시해야겠어. ···· ③
○ 바다의 탄산 칼슘을 증가시키는 연안 개발 실태를 보여 줄 수 있는 자료를 제시해야겠어. ··· ④
○ 탄산 칼슘이 석출되는 원인 중 박사님께서 말씀하신 것 외에 다른 원인들을 조사하여 추가로 제시해야겠어. ·········· ⑤

① 바다 사막화의 개념을 서두에 제시해야겠어.
(가)의 '박사'가 설명한 바다 사막화의 개념은 (나)의 1문단에서 제시하고 있다.

② 바다 숲 조성 사업과 관련하여 사업 추진 현황을 제시해야겠어.
(가)에서 '박사'는 바다 사막화를 막기 위한 노력으로 바다 숲 조성을 이야기하고 있고, (나)의 4문단에서 바다 숲 조성의 현황을 구체적인 수치로 제시하고 있다. 따라서 바다 숲 조성 사업과 관련하여 사업 추진 현황을 제시해야겠다는 계획이 반영되었음을 알 수 있다.

③ 바다 식목일의 제정 취지와 함께 바다 식목일로 제정된 날을 구체적으로 제시해야겠어.
(가)에서 '박사'는 바다 식목일의 제정 취지를 언급하고 있고, (나)의 마지막 문단에서 바다 식목일의 제정 취지와 함께 바다 식목일이 제정된 날을 구체적으로 제시하고 있으므로 적절하다.

☑ 바다의 탄산 칼슘을 증가시키는 연안 개발 실태를 보여 줄 수 있는 자료를 제시해야겠어.
(나)에서 바다의 탄산 칼슘을 증가시키는 연안 개발 실태를 보여 줄 수 있는 자료는 찾아볼 수 없다.

⑤ 탄산 칼슘이 석출되는 원인 중 박사님께서 말씀하신 것 외에 다른 원인들을 조사하여 추가로 제시해야겠어.

(가)에서 '박사'는 해양 오염과 지구 온난화로 인한 바다 사막화를 이야기하고 있고, (나)의 2문단에서 탄산 칼슘의 석출이 증가하는 이유로 해조류의 남획과 해조류를 먹고 사는 해양 동물의 급증을 추가로 제시하고 있다. 따라서 탄산 칼슘이 석출되는 원인 중 박사님께서 말씀하신 것 외에 다른 원인들을 조사하여 추가로 제시해야겠다는 계획이 반영되었음을 알 수 있다.

---

07 조건을 고려한 내용 추가　정답률 91% | 정답 ③

다음은 (나)를 읽은 '학생 2'의 조언이다. 이를 고려하여 (나)에 내용을 추가하고자 할 때, 가장 적절한 것은?

> 예상 독자가 우리 학교 학생들임을 고려할 때, 글의 끝부분에 바다 사막화가 우리의 삶과 관련된 문제라는 점을 강조하고, 바다 사막화를 막기 위한 구체적인 실천 방안을 제시하면서 마무리하면 글의 의도가 잘 전달될 것 같아.

① 바다 사막화로 인한 해조류의 소멸은 해양 생물들의 생존을 크게 위협하고 있다. 해양 생물들을 지키기 위해서는 해양 생물들의 서식처에 대한 보전이 이루어져야 한다.
우리의 삶과 관련된 문제라는 점을 언급하고 있지 않으며, 구체적인 실천 방안도 나타나지 않는다.

② 바다 사막화는 해양 생태계의 근간을 송두리째 파괴할 수 있다는 점에서 그 문제가 심각하다. 바다 사막화를 막기 위한 우리의 노력은 결국 해양 생태계를 보전하는 일이 될 것이다.
우리의 삶과 관련된 문제라는 점을 언급하고 있지 않으며, 구체적인 실천 방안도 나타나지 않는다.

✔ 바다 사막화의 문제는 해양 생물들의 위기로만 그치는 것이 아니라 우리의 생존에도 큰 위협이 되고 있다. 이를 막기 위해서는 불필요한 전등 끄기 등과 같은 생활 속 작은 일들부터 실천하는 것이 필요하다.
〈보기〉의 조언을 잘 반영한 것은 ③으로, ③의 '바다 사막화의 문제는 해양 생물들의 위기로만 그치는 것이 아니라 우리의 생존에도 큰 위협이 되고 있다.'는 바다 사막화가 우리의 삶과 관련된 문제라는 점을 강조하고 있는 내용으로 볼 수 있다. 그리고 '불필요한 전등 끄기 등과 같은 생활 속 작은 일들부터 실천하는 것이 필요하다.'라고 한 것은 구체적인 실천 방안을 이야기하며 학생들의 관심과 노력을 촉구한 것이라고 볼 수 있다.

④ 바다는 우리 모두가 지켜야 할 소중한 자원이다. 사막화로 황폐해진 바다를 되살리기 위한 정책과 제도적 장치가 뒷받침 된다면 건강한 해양 생태계의 재건을 통해 소중한 해양 자원의 가치를 지켜갈 수 있을 것이다.
우리의 삶과 관련된 문제라는 점을 언급하고 있지만, 바다 사막화를 막기 위한 구체적인 실천 방안이 나타나지 않는다.

⑤ 지구 온난화로 인한 급격한 기후 변화는 해양 생태계뿐 아니라 전지구적 생태계 파괴의 주요 원인이라 할 수 있다. 지구 온난화를 줄이기 위해서는 에너지 절약하기처럼 생활 속에서 실천 할 수 있는 작은 습관부터 바꿔 나가야 한다.
바다 사막화로 인한 해양 생태계의 위기가 아닌 지구 온난화로 인한 전지구적 생태계 파괴를 언급하고 있으므로 (나) 글의 의도에서 벗어난 내용이다. 또한 바다 사막화를 막기 위한 구체적인 실천 방안도 나타나지 않는다.

[08~10] 작문

08 글쓰기 전략 파악　정답률 88% | 정답 ⑤

학생의 초고에 활용된 글쓰기 전략으로 가장 적절한 것은?

① 예상 독자와 함께했던 경험을 언급하며 공감대를 형성한다.
'학생의 초고'에서 학생이 경험한 내용은 언급되어 있지만, 예상 독자와 함께했던 경험은 언급되지 않고 있다.

② 건의 사항이 받아들여지지 않을 경우 발생할 수 있는 문제점을 제시한다.
'학생의 초고'에서 건의 사항이 받아들여지지 않을 경우 발생할 수 있는 문제점은 찾아볼 수 없다.

③ 건의 사항과 관련된 통계 자료를 활용함으로써 예상 독자의 이해를 돕는다.
'학생의 초고'에서 건의 사항과 관련된 통계 자료를 활용한 부분은 찾아볼 수 없다.

④ 속담을 활용하여 건의 사항이 실현되었을 때 기대할 수 있는 긍정적인 효과를 부각한다.
'학생의 초고'에서 속담을 활용한 부분은 찾아볼 수 없다.

✔ 예상되는 우려와 그것을 해소할 수 있는 방안을 제시하여 건의 사항이 실현 가능함을 나타낸다.
'학생의 초고' 3문단에서 '학생'은 메타버스로 학교 축제를 운영하는 것에 대한 비용 문제와 학생들의 저조한 참여를 걱정할 수도 있다는 예상되는 학교 측의 우려를 언급하고 있다. 그러면서 '학생'은 학생들이 제작에 참여하면 많은 비용이 들지 않는다는 점, 학생들의 참여를 이끌어 내기 위한 다양한 온라인 행사를 실시하여 홍보할 계획이라는 점을 언급하여 학교 측의 우려를 해소할 수 있는 방안을 제시하고 있다. 이러한 '학생'의 해결 방안 제시는 건의 사항이 실현 가능한 것임을 드러낸 것이다.

---

09 자료 활용의 적절성 판단　정답률 77% | 정답 ⑤

〈보기〉는 초고를 보완하기 위해 추가로 수집한 자료이다. 자료의 활용 방안으로 적절하지 않은 것은? [3점]

〈보기〉

ㄱ. 우리 학교 학생 100명 대상 설문 조사

1. 메타버스에 대해 관심이 있나요?
없음 10%
모름 15%
있음 75%

2. 메타버스를 경험한 적이 있나요?
있음 28%
없음 72%

ㄴ. 전문가 인터뷰
"다양한 원인으로 대면 만남이 힘든 상황에서 메타버스는 새로운 사회적 소통의 공간이 될 수 있습니다. 메타버스 내의 공간에서 학생들이 언제 어디서든 자유롭게 만나 학급 회의를 하거나 동아리 박람회와 같은 행사를 개최하는 것이 그 예라고 할 수 있습니다. 이러한 메타버스에서의 활동 내용은 데이터로 남아 있으므로 활동과 관련된 자료를 영구적으로 보관하여 활용할 수 있습니다."

ㄷ. 신문 기사
○○고는 메타버스를 활용하여 학교 축제를 성공적으로 개최하였다. ○○고는 학생들이 직접 메타버스를 만듦으로써 절감한 예산을 축제 활동 지원금으로 사용하여 학생들의 긍정적인 반응을 이끌어 내었다. 학생들은 "친구들이 자유롭게 모여 소통할 수 있었고, 축제 자료를 내년에도 활용할 수 있어서 매우 만족스럽다."라는 소감을 밝혔다.

① ㄱ-1을 활용하여 둘째 문단에 학생들이 메타버스에 대해 많은 관심을 보이고 있음을 수치로 구체화하여 제시한다.
ㄱ-1을 통해 메타버스에 관심이 있는 학생들이 75%이므로 적절한 자료 활용 계획이라 할 수 있다.

② ㄴ을 활용하여 넷째 문단에 메타버스가 시·공간의 제약 없이 소통하는 공간으로 활용될 수 있는 예를 제시한다.
ㄴ의 '메타버스 내의 공간에서 ~ 그 예라고 할 수 있습니다.'에서 메타버스의 사례를 제시하고 있으므로 적절한 자료 활용 계획이라 할 수 있다.

③ ㄷ을 활용하여 셋째 문단에 학생들이 직접 메타버스를 만들어 비용을 절감한 사례를 제시한다.
ㄷ의 '○○고는 학생들이 ~ 반응을 이끌어 내었다.'에서 메타버스를 만들어 비용을 절감한 사례가 언급되어 있으므로 적절한 자료 활용 계획이라 할 수 있다.

④ ㄴ, ㄷ을 활용하여 넷째 문단에 메타버스로 축제를 운영할 경우, 관련 자료를 이후에도 활용할 수 있다는 장점을 추가한다.
ㄴ의 '이러한 메타버스에서의 활동 ~ 활용할 수 있습니다.'와 ㄷ의 학생들의 말을 통해 메타버스의 관련 자료를 이후에도 활용할 수 있음을 알 수 있으므로 적절한 자료 활용 계획이라 할 수 있다.

✔ ㄱ-2, ㄷ을 활용하여 첫째 문단에서 메타버스를 경험해 보지 못한 학생들이 기존의 축제보다 메타버스를 활용한 축제를 선호한다는 점을 부각한다.
〈보기〉의 ㄱ-2는 학생들의 메타버스에 대한 경험 여부를 나타내는 것일 뿐, 학생들이 기존의 축제보다 메타버스를 활용한 축제를 선호한다는 점을 나타내는 것은 아니다. 또한 〈보기〉의 ㄷ에서도 이러한 내용은 확인할 수 없다.

---

10 고쳐쓰기의 적절성 판단　정답률 81% | 정답 ②

㉠~㉤을 고쳐 쓰기 위한 방안으로 적절하지 않은 것은?

① ㉠ : 이중 피동 표현이 사용되었으므로 '열린'으로 수정한다.
'열려진'은 '열리＋어진'으로 분석되어 이중 피동 표현이 사용되었음을 알 수 있으므로 '열린'으로 수정하는 것은 적절하다.

✔ ㉡ : 문장의 호응을 고려하여 '이 경험을'로 수정한다.
㉡을 '이 경험을'로 수정해도 문장의 호응이 맞지 않으므로, 문장의 호응을 고려할 때 '이 경험을 통해'로 수정해야 한다.

③ ㉢ : 글의 흐름에 맞지 않는 문장이므로 삭제한다.
메타 버스로 학교 축제를 운영하는 데 있어서의 비용 문제와 관련된 내용이므로, ㉢은 이러한 글의 흐름에 맞지 않는 문장이므로 삭제한다는 고쳐 쓰기 방안은 적절하다.

④ ㉣ : 연결 어미가 어색하기 때문에 '있으므로'로 수정한다.
'-지만'은 앞뒤가 대조되는 내용을 드러내 주는 연결 어미에 해당하므로, 연결 어미가 어색하기 때문에 '있으므로'로 수정한다는 고쳐 쓰기 방안은 적절하다.

⑤ ㉤ : 어법에 맞지 않는 어휘이므로 '바람'으로 수정한다.
㉤은 '바라다'의 의미로 쓰였으므로, 어법에 맞게 '바람'으로 수정한다는 고쳐 쓰기 방안은 적절하다.

[11~15] 문법

11 음운 변동 이해하기　정답률 61% | 정답 ①

윗글을 바탕으로 '된소리되기'를 이해한 내용으로 적절하지 않은 것은?

✔ '(밥을) 먹다'와 '(눈을) 감다'에서 일어난 된소리되기는 용언에서만 일어나는 유형이다.
주어진 글의 1문단을 통해 받침 'ㄱ, ㄷ, ㅂ' 뒤에 'ㄱ, ㄷ, ㅂ, ㅅ, ㅈ'이 올 때는 예외 없이 된소리가 일어남을 알 수 있으므로, '(밥을) 먹다'가 '(밥을) [먹따]'로 된소리되기가 일어나는 것은 'ㄱ' 뒤에 'ㄷ'이 오기 때문이라 할 수 있다. 따라서 '(밥을) 먹다'에서 일어나는 된소리되기를 용언에서만 일어나는 유형이라고 볼 수 없다. 한편 '(눈을) 감다'는 2문단의 '용언의 어간 받침 'ㄴ(ㄵ), ㅁ(ㄻ)' 뒤에 'ㄱ, ㄷ, ㅅ, ㅈ'으로 시작하는 어미가 올 때 된소리되기가 일어나는데'를 통해 용언에서만 일어나는 유형임을 알 수 있다.

② '말다툼'과 달리 '밀도(密度)'에서 된소리되기가 일어나는 이유는 한자어이기 때문이다.
2문단의 '한자어에서 'ㄹ' 받침 뒤에 'ㄷ, ㅅ, ㅈ'이 연결될 때 된소리되기가 일어나는데'를 통해, '밀도(密度)'에서 일어나는 된소리되기는 한자어이기 때문임을 알 수 있다.

③ '납득'과 같이 'ㅂ' 받침 뒤에 'ㄷ'이 오는 음운 환경에서는 예외 없이 된소리되기가 일어난다.
1문단을 통해 받침 'ㄱ, ㄷ, ㅂ' 뒤에 'ㄱ, ㄷ, ㅂ, ㅅ, ㅈ'이 올 때는 예외 없이 된소리가 일어남을 알 수 있으므로, '납득'처럼 'ㅂ' 받침 뒤에 'ㄷ'이 오는 음운 환경에서는 예외 없이 된소리되기가 일어난다고 할 수 있다.

④ '솔개'와 달리 '줄 것'에서 된소리되기가 일어나는 이유는 '관형사형 어미'라는 조건 때문이다.
2문단의 '관형사형 어미 '-(으)ㄹ' 뒤에 'ㄱ, ㄷ, ㅂ, ㅅ, ㅈ'으로 시작하는 체언이 올 때 된소리되기가 일어나는데'를 통해, '솔개'와 달리 '줄 것'에서 된소리되기가 일어나는 이유는 '줄'의 '-ㄹ'이 관형사형 어미이기 때문이라 할 수 있다.

⑤ '삶과 죽음'의 '삶과'와 달리 '(고기를) 삶고'에서 된소리되기가 일어나는 이유는 '삶고'가 용언이기 때문이다.

2문단의 '용언의 어간 받침 'ㄴ(ㄵ), ㅁ(ㄻ)' 뒤에 'ㄱ, ㄷ, ㅅ, ㅈ'으로 시작하는 어미가 올 때 된소리되기가 일어나는데'를 통해, '(고기를) 삶고'에서 된소리되기가 일어나는 이유는 '삶고'가 용언이기 때문임을 알 수 있다.

---

12 합성어의 된소리되기 이해 정답률 71% | 정답 ⑤

[A]를 바탕으로 〈보기〉의 단어를 분석한 내용으로 적절하지 않은 것은?

─〈보 기〉─

○ 공부방(工夫房)[공부빵]
○ 아랫집[아래찝/아랟찝]
○ 콩밥[콩밥], 아침밥[아침빱]
○ 논밭[논받], 논바닥[논빠닥]
○ 불고기[불고기], 물고기[물꼬기]

① '공부방'에서 된소리되기가 일어나는 이유는 '공부'가 뒷말의 용도를 나타내기 때문이겠군.
　제시된 글에서 앞말이 뒷말의 '시간, 장소, 용도' 등을 나타낼 때 된소리되기가 일어남을 알 수 있다. 따라서 '공부방'에서 된소리되기가 일어나는 이유는 '공부'가 뒷말의 용도를 나타내기 때문이라 할 수 있다.

② '아랫집'에 'ㅅ'을 받침으로 표기한 것은 '콧등'에서 사이시옷을 표기한 것과 같은 이유 때문이겠군.
　제시된 글에서 '코+등'처럼 앞의 말이 모음으로 끝나고, 한자어끼리의 결합이 아닐 때에 '콧등'과 같이 사이시옷을 표기함을 알 수 있다. 그리고 '아랫집'은 '아래＋ㅅ＋집'으로 분석되어 앞의 말이 모음으로 끝나고, 한자어끼리의 결합이 아님을 알 수 있다. 따라서 '아랫집'에 'ㅅ'을 받침으로 표기한 것은 '콧등'에서 사이시옷을 표기한 것과 같은 이유라고 할 수 있다.

③ '콩밥'과 달리 '아침밥'에서 된소리되기가 일어나는 이유는 '아침'이 뒷말의 시간을 나타내기 때문이겠군.
　제시된 글에서 앞말이 뒷말의 '시간, 장소, 용도' 등을 나타낼 때 된소리되기가 일어남을 알 수 있다. 따라서 '아침밥'에서 된소리되기가 일어나는 이유는 '아침'이 뒷말의 시간을 나타내기 때문이라 할 수 있다.

④ '논바닥'과 달리 '논밭'에서 된소리되기가 일어나지 않는 이유는 결합하는 두 단어가 대등한 관계를 가지기 때문이겠군.
　제시된 글에서 된소리되기는 두 단어가 대등한 관계일 때는 잘 일어나지 않음을 알 수 있다. 따라서 '논밭'에서 된소리되기가 일어나지 않는 이유는 결합하는 두 단어가 대등한 관계를 가지기 때문이라 할 수 있다.

✔ '불고기'에서 '물고기'와 달리 된소리되기가 일어나지 않는 이유는 중세 국어에서 '불＋ㅅ＋고기'로 분석되기 때문이겠군.
　제시된 글을 통해 사이시옷을 표기하는 된소리되기가 중세 국어의 관형격 조사 'ㅅ'과 관련이 있음을 알 수 있다. 그리고 〈보기〉를 통해 '불고기'는 된소리되기가 일어나지 않음을 알 수 있다. 따라서 '불고기'는 중세 국어의 관형격 조사 'ㅅ'과 관련이 없으므로, '불고기'는 중세 국어에서 '불＋ㅅ＋고기'로 분석될 수 없다.

13 형태소의 이해 정답률 71% | 정답 ⑤

〈보기〉의 설명을 참고할 때, ㉠을 분석한 내용으로 적절하지 않은 것은?

─〈보 기〉─

형태소란 뜻을 가진 가장 작은 말의 단위이다. 가장 작은 말의 단위라는 것은 더 이상 나눌 수 없으며, 더 나눌 경우 원래의 뜻이 사라지는 것을 말한다.

㉠ 우리 아기만 맨발로 잔디밭에 놀았다.

① '우리'는 '우'와 '리'로 나누면 뜻이 사라지므로 하나의 형태소이다.
　〈보기〉에서 형태소가 뜻을 가진 가장 작은 말의 단위이고, 작은 단위라는 것이 더 나눌 경우 원래의 뜻이 사라진다 하고 있다. 따라서 '우리'를 '우'와 '리'로 나누면 원래의 뜻이 사라지므로, '우리'는 '우'와 '리'로 나눌 수가 없는 하나의 형태소라 할 수 있다.

② '아기만'은 '아기'와 '만'으로 나눌 수 있으므로 두 개의 형태소이다.
　'아기만'은 명사 '아기'와 조사 '만'으로 나눌 수 있으므로 두 개의 형태소로 이루어졌다고 할 수 있다.

③ '맨발'은 '맨-'과 '발'로 나눌 수 있으므로 두 개의 형태소이다.
　'맨발'은 접두사 '맨-'과 체언 '발'로 나눌 수 있는 파생어이므로 두 개의 형태소로 이루어졌다고 할 수 있다.

④ '잔디밭'은 '잔디'와 '밭'으로 나눌 수 있으므로 두 개의 형태소이다.
　'잔디밭'은 '잔디'와 '밭'으로 나눌 수 있는 합성어이므로 두 개의 형태소로 이루어졌다고 할 수 있다.

✔ '놀았다'는 '놀았-'과 '-다'로 나눌 수 있으므로 두 개의 형태소이다.
　'놀았다'는 '놀-', '-았-', '-다'로 나눌 수 있으므로, '놀았다'는 세 개의 형태소로 이루어진 말이라 할 수 있다.

14 안은문장의 이해 정답률 54% | 정답 ④

〈보기〉의 설명을 참고하여 ⓐ～ⓒ의 밑줄 친 안긴문장에 대해 이해한 것으로 적절한 것은?

─〈보 기〉─

다른 문장 속에 들어가 하나의 문장 성분처럼 쓰이는 문장을 안긴문장이라고 하며, 이 안긴문장을 포함하는 문장을 안은문장이라고 한다.

ⓐ 그가 소리도 없이 밖으로 나갔다.
ⓑ 나는 그가 이 사건의 범인임을 깨달았다.
ⓒ 어머니께서 시장에서 산 수박은 매우 달았다.

① ⓐ의 안긴문장에는 주어가 생략되어 있다.
　ⓐ의 안긴문장 '소리도 없이'는 부사절로, 주어는 '소리도'이다. '도'는 보조사에 해당한다.

② ⓑ의 안긴문장은 조사와 결합하여 부사어의 기능을 한다.
　ⓑ의 안긴문장 '그가 이 사건의 범인임'은 명사절로, '범인임에서' 알 수 있듯이 목적격 조사 '을'과 결합하고 있으므로 해당 문장의 목적어 기능을 수행한다.

③ ⓒ의 안긴문장에는 체언을 수식하는 관형어가 있다.

ⓒ의 안긴문장 '어머니께서 시장에서 산'을 보면 '사다'라는 용언을 수식하는 부사어 '시장에서'가 있음을 알 수 있지만, 체언을 수식하는 관형어는 찾아볼 수 없다.

✔ ⓐ의 안긴문장은 용언을 수식하고, ⓒ의 안긴문장은 체언을 수식한다.
　ⓐ에서 안긴문장은 '소리도 없이'라는 부사절이므로, 용언 '나갔다'를 수식한다고 할 수 있다. 그리고 ⓒ에서 안긴문장은 '어머니께서 시장에서 산'이라는 관형절이므로 체언 '수박'을 수식한다고 할 수 있다.

⑤ ⓑ의 안긴문장에는 목적어가 있고, ⓒ의 안긴문장에는 목적어가 생략되어 있다.
　ⓑ의 안긴문장은 '나는 깨달았다.'와 '그가 이 사건의 범인이다.'가 결합한 문장이므로, 이를 통해 목적어가 사용되지 않았음을 알 수 있다. 하지만 ⓒ는 '어머니께서 시장에서 수박을 샀다.'와 '수박은 매우 달았다.'가 결합한 문장이므로, '목적어인 '수박'이 생략되어 있음을 알 수 있다.

15 사전의 활용 정답률 83% | 정답 ③

〈보기〉는 '사전 활용하기' 학습 활동을 위한 자료이다. 이에 대해 탐구한 내용으로 적절하지 않은 것은? [3점]

─〈보 기〉─

묻다² 동 〔묻고, 묻어, 묻으니〕
① 【…에 …을】 물건을 흙이나 다른 물건 속에 넣어 보이지 않게 쌓아 덮다.
　¶ 화단에 거름을 묻어 주다.
② 【…에 …을】/【…을 …으로】 일을 드러내지 아니하고 속 깊이 숨기어 감추다.
　¶ 그는 자신이 한 일을 과거의 일로 묻어 두고 싶어 했다.
③ 【…에 …을】/【…을 …으로】 얼굴을 수그려 손으로 감싸거나 다른 물체에 가리듯 기대다.
　¶ 나는 베개에 얼굴을 묻었다.

묻다³ 동 〔묻고, 물어, 물으니〕
【…에/에게 …을】 무엇을 밝히거나 알아내기 위하여 상대편의 대답이나 설명을 요구하는 내용으로 말하다.
　¶ 모르는 문제를 친구에게 물었다.

① '묻다²'는 목적어와 부사어를 필수적으로 요구하는 동사로군.
　사전의 정보 【…에 …을】, 【…에 …을】/【…을 …으로】를 통해 주어 외에도 목적어와 부사어를 필수적으로 요구하는 서술어임을 알 수 있다.

② '묻다²'와 '묻다³'은 별개의 표제어로 기술된 것을 보니 동음이의어겠군.
　'묻다²'와 '묻다³'은 다른 표제어로 기술되어 있으므로 동음이의어에 해당한다.

✔ '묻다²-①'의 용례로 '아우는 형의 말을 비밀로 묻어 두었다.'를 추가할 수 있겠군.
　'아우는 형의 말을 비밀로 묻어 두었다.'의 '묻다'는 '일을 드러내지 아니하고 속 깊이 숨기어 감추다.'의 의미로 사용되었으므로 '묻다²-②'의 용례에 해당한다고 할 수 있다.

④ '묻다²'와 '묻다³'은 모음으로 시작하는 어미가 결합할 때 활용 형태가 서로 다르게 나타나는군.
　'묻다³'은 '묻다²'와 달리 모음으로 시작하는 어미가 결합할 때, [물어, 물으니]와 같이 불규칙 활용이 일어난다.

⑤ '묻다³'의 용례에서 '물었다'는 '질문했다'로 바꾸어 쓸 수 있겠군.
　'질문하다'는 '알고자 하는 바를 얻기 위해 묻다.'라는 의미이므로 '묻다³'의 '물었다'와 바꾸어 쓸 수 있다.

[16~45] 독서·문학

16~20 인문

'홍대용의 사상과 그 의의(재구성)'

해제 이 글은 홍대용의 사상과 그 의의를 설명하고 있다. 홍대용은 중화사상을 가지고 있었지만 청나라 여행을 계기로 그곳에서 만난 학자들과 교류하며 사상을 전환하였고, 지구설과 무한 우주설이 실려 있는 「의산문답」을 저술하였다. 지구설은 우리가 사는 땅이 둥글다는 것으로, 개인이 있는 곳이 각각 기준이 될 수 있다는 생각으로 이어졌고, 무한 우주설은 우주가 무한하다는 것으로, 세상의 중심과 주변을 구별할 수 없다는 생각으로 이어졌다. 홍대용의 사상은 현대 사회에 필요한 평등주의와 다원주의를 우리 역사에서 선구적으로 보여 주었다는 점에서 의의가 있다.

주제 홍대용의 사상과 그의 사상이 지닌 의의

문단 핵심 내용

1문단	한족의 중화사상을 수용한 조선
2문단	홍대용의 중화사상과 사상적 전환
3문단	지구설과 무한 우주설을 주장한 홍대용
4문단	지구설과 무한 우주설에 담긴 홍대용의 생각
5문단	홍대용 사상의 의의

16 세부 내용의 이해 정답률 80% | 정답 ③

다음은 학생이 윗글을 읽는 중 작성한 독서 활동지이다. 학생의 활동 내용 중 적절하지 않은 것은?

◈ 2문단까지 읽고 내용을 정리한 후, 이어질 내용을 예측하고 확인하며 읽어 보자.

읽은 내용 정리

○ 청나라가 중국 땅을 차지한 후 조선에서는 북벌론과 척화론이 나타남. ·············· ①
○ 청나라가 정치적 안정을 이루고 북벌이 힘들어지자 조선의 유학자들은 조선이 중화의 계승자라고 생각함. ·············· ②
○ 청의 문물을 배우자는 북학파가 등장하였고, 그중 홍대용은 선진 문물과 새로운 학문을 탐구하여 사상을 전환하고 「의산문답」을 저술함.

↓

이어질 내용 예측	확인 결과
○ 홍대용이 선진 문물과 새로운 학문을 탐구하여 깨달은 점이 언급될 것이다.	하늘이 둥글다는 것을 깨달음. ·········· ③
『의산문답』의 내용이 언급될 것이다.	지구설과 무한 우주설을 설명함. ·········· ④
○ 홍대용이 아닌 다른 북학파 학자들의 사상이 언급될 것이다.	언급되지 않음. ·········· ⑤

① 청나라가 중국 땅을 차지한 후 조선에서는 북벌론과 척화론이 나타남.
1문단을 통해 청나라가 중국 땅을 차지하자 조선에서는 청나라를 공격하자는 북벌론과 청나라를 배척하자는 척화론이 나왔음을 알 수 있다.

② 청나라가 정치적 안정을 이루고 북벌이 힘들어지자 조선의 유학자들은 조선이 중화의 계승자라고 생각함.
2문단을 통해 청나라가 정치적 안정을 이루자 조선의 유학자들은 조선이 중화의 계승자라고 인식했음을 알 수 있다.

☑ 하늘이 둥글다는 것을 깨달음.
3문단의 '하늘이 둥글고 땅이 모나다는 전통적인 천지관을 비판하고'를 통해, 하늘이 둥글다는 것은 전통적인 천지관임을 알 수 있다. 따라서 홍대용이 청나라 여행을 계기로 하늘이 둥글다는 것을 깨달았다고 볼 수 없다.

④ 지구설과 무한 우주설을 설명함.
3문단을 통해 『의산문답』에 실려 있는 지구설과 무한 우주설을 설명하고 있음을 알 수 있다.

⑤ 언급되지 않음.
이 글을 통해 홍대용이 아닌 다른 북학파 학자들의 사상은 찾아볼 수 없다.

17 구체적인 사례에의 적용 정답률 78% | 정답 ②

〈보기〉의 대화를 윗글과 관련지어 이해한 것으로 적절하지 않은 것은?

─〈 보 기 〉─
갑 : 천지 사이의 생물 가운데 오직 사람만이 귀합니다. 동물과 초목이 지혜가 없고 깨달음도 없으며, 오륜도 모릅니다. 그러므로 사람은 동물보다 귀하고, 초목은 동물보다 천합니다.
을 : 오륜은 사람의 예의입니다. 무리 지어 다니고 소리를 내어 새끼들을 불러 먹이는 것은 동물의 예의입니다. 그리고 떨기로 나서 무성해지는 것은 초목의 예의입니다. 사람의 관점을 기준으로 하면 사람이 귀하고 사물이 천하지만, 사물의 관점을 기준으로 하면 사물이 귀하고 사람이 천한 것입니다. 하늘에서 보면 사람과 사물은 똑같습니다.

① 갑은 귀한 대상과 천한 대상을 나누어 생각한다는 점에서 송시열과 공통점이 있다.
〈보기〉를 통해 갑이 사람을 귀한 대상으로 생각하고 동물과 초목은 천한 대상으로 생각하고 있음을 알 수 있다. 그리고 1문단을 통해 송시열이 중국과 인류를 귀한 대상으로 생각하고, 오랑캐와 금수는 천한 대상으로 생각하고 있음을 알 수 있다. 따라서 귀한 대상과 천한 대상을 나누어 생각한다는 점에서 갑과 송시열은 공통점이 있다고 할 수 있다.

☑ 갑이 동물보다 사람을 높게 평가한 것은 신분이 낮은 농부의 자식이라도 높은 관직에 오를 수 있어야 한다는 생각으로 이어질 수 있다.
〈보기〉를 통해 갑은 사람은 귀한 존재요 동물은 천한 존재라 여기고 있으므로, 갑은 사람과 동물이 같을 수가 없다고 인식하고 있음을 알 수 있다. 그런데 4문단에 언급된 신분이 낮은 자도 높은 관직에 오를 수 있어야 한다는 홍대용의 주장은 천한 신분이라도 능력에 따라 중요한 존재가 될 수 있다는 생각에 해당하므로 갑의 생각과는 다르다고 할 수 있다.

③ 을이 동물과 초목이 각자의 예의가 있다고 한 것은 세상 사람들이 자기 나라와 자기 문화를 기준으로 살아가는 것이 당연하다는 생각과 연결될 수 있다.
〈보기〉를 통해 을이 동물과 초목도 각자 기준이 될 수 있다고 생각하고 있음을 알 수 있다. 그리고 5문단을 통해 홍대용이 모든 국가와 문화, 사람이 각자 중심이 될 수 있고 존재 가치가 있다고 생각했음을 알 수 있다. 이렇게 볼 때, 을의 생각은 홍대용의 사상과 연결된다고 할 수 있다.

④ 을이 사물의 관점을 기준으로 하면 사물이 귀하다고 한 것은 모든 사람이 존재 가치가 있다는 생각과 연결될 수 있다.
〈보기〉를 통해 을이 정해진 관점과 기준이 있는 것이 아니라 각자가 기준이 될 수 있다고 생각했음을 알 수 있다. 그리고 5문단을 통해 홍대용이 모든 국가와 문화, 사람이 각자 중심이 될 수 있고 존재 가치가 있다고 생각했음을 알 수 있다. 이렇게 볼 때, 을의 생각은 홍대용의 생각과 연결된다고 할 수 있다.

⑤ 을이 하늘에서 보면 사람과 사물이 똑같다고 한 것은 우리가 사는 이 땅에서 중심과 주변을 나눌 수 없다는 홍대용의 생각과 일맥상통한다.
〈보기〉를 통해 을이 하늘에서 우리가 사는 땅을 보면 특정 대상을 중심으로 생각할 수가 없다고 생각했음을 알 수 있다. 그리고 4문단을 통해 홍대용이 안과 밖을 구별하거나 중심과 주변을 나눌 수 없다고 보았음을 알 수 있다. 이렇게 볼 때, 갑의 생각과 우리가 사는 이 땅에서 중심과 주변을 나눌 수 없다는 홍대용의 생각이 공통점이 있다고 할 수 있다.

18 핵심 개념의 이해 정답률 86% | 정답 ④

㉠과 ㉡을 이해한 것으로 가장 적절한 것은?

① ㉠은 ㉡을 통해 조선의 중심 사상으로 자리 잡았다.
㉠이 조선의 중심 사상으로 자리 잡은 것은 맞지만, ㉡은 ㉠에 어긋나는 학설이므로 적절하지 않다.

② ㉠과 ㉡은 청을 오랑캐라 여기는 생각의 근거가 되었다.
㉠은 청을 오랑캐로 여기는 생각의 근거가 되지만, ㉡은 청을 오랑캐로 여기는 생각의 근거가 아니므로 적절하지 않다.

③ ㉠은 북벌론의 바탕이 되었고, ㉡은 척화론의 바탕이 되었다.
㉠은 북벌론의 바탕이 되지만, ㉡은 척화론과 관련이 없으므로 적절하지 않다.

☑ ㉡은 홍대용이 ㉠에서 벗어났음을 보여 주는 학설이다.
2, 3문단의 내용을 통해 홍대용은 '중화사상'에서 벗어나 사상적 전환을 이루었음을 알 수 있다. 그리고 이러한 홍대용의 사상적 전환을 대표적으로 보여 주는 것이 ㉡임을 알 수 있다. 따라서 ㉡은 홍대용이 ㉠에서 벗어났음을 보여 주는 학설이라 할 수 있다.

⑤ ㉡은 조선의 유학자들이 가지고 있던 ㉠을 홍대용이 발전시킨 것이다.
㉠은 조선의 유학자들이 가지고 있던 것이 맞지만, ㉡이 ㉠을 발전시킨 것은 아니므로 적절하지 않다.

19 구체적 사례에의 적용 정답률 65% | 정답 ④

〈보기〉는 심화 학습을 위해 조사한 자료이다. (가), (나)에 대해 보인 반응으로 적절하지 않은 것은? [3점]

─〈 보 기 〉─
(가)
중국 의관이 변한 지 이미 100년이 넘은지라 지금 천하에 오직 우리 조선만이 오히려 명나라의 제도를 지키거늘, 청나라에 들어오니 무식한 부류들이 우리를 보고 웃지 않는 사람이 없으니 어찌 가련치 않겠는가? (중략) 슬프다! 번화한 문물을 오랑캐에게 맡기고 백 년이 넘도록 회복할 방법이 없구나.
– 홍대용, 「을병연행록」 –

(나)
피와 살이 있으면 다 똑같은 사람이고, 강토를 지키고 있으면 다 동등한 국가이다. 공자는 주나라 사람이므로 그가 쓴 『춘추』에서 주나라 안과 밖을 구분한 것은 당연하다. 그가 바다를 건너 주나라 밖에 살았더라면 주나라 밖에서 도를 일으켰을 것이고, 그곳을 기준으로 생각하는 『춘추』가 나왔을 것이다.
– 홍대용, 「의산문답」 –

① (가) : 청나라를 오랑캐라고 말하고 있는 것에서, 홍대용이 중화사상을 가진 적이 있었다는 것을 확인할 수 있군.
(가)에서 홍대용이 청나라를 오랑캐로 보고 있는데, 이는 중화사상을 바탕으로 한 것이라 할 수 있다. 이를 통해 홍대용이 중화사상을 가진 적이 있었다는 것을 알 수 있다.

② (가) : 조선만이 명나라의 제도를 지킨다는 것에서, 홍대용이 조선을 중화의 계승자라고 생각했었음을 알 수 있군.
(가)에서 홍대용이 조선만이 명나라의 제도를 지킨다고 언급하고 있는데, 이를 통해 홍대용이 조선을 중화의 계승자로 생각했었음을 알 수 있다.

③ (가) : 번화한 문물을 오랑캐에게 맡겼다고 한 것에서, 홍대용이 청나라와 청나라가 가지고 있는 문물을 구별하려 했음을 확인할 수 있군.
(가)에서 홍대용이 번화한 문물을 오랑캐에게 맡겼다고 언급하고 있는데, 이는 오랑캐로 여겼던 청나라와 그들이 가지고 있는 문물을 구별하는 것이라 할 수 있다.

☑ (나) : 『춘추』에서 주나라 안과 밖을 구분한 것이 당연하다는 것에서, 중국 안과 밖을 구별하려는 홍대용의 생각이 드러나는군.
(나)에서 홍대용은 『춘추』에서 주나라 안과 밖을 구분한 것이 당연하다고 여기고 있는데, 이는 공자가 주나라 사람이므로 주나라를 기준으로 생각하는 것이 당연하다는 생각을 드러낸 것이라 할 수 있다. 그리고 4문단을 통해 홍대용은 제 나라를 기준으로 살아가는 것이 당연하다는 생각을 지니고 있음을 알 수 있다. 따라서 홍대용의 생각은 중국 안과 밖을 구별하려는 중화사상과는 다른 것이라 할 수 있다.

⑤ (나) : 공자가 주나라 밖에 살았다면 그곳에서 도를 일으켰을 것이라는 부분에서, 중화와 오랑캐의 구별이 상대적이라는 홍대용의 생각이 드러나는군.
(나)에서 공자가 주나라 밖에 살았다면 그곳에서 도를 일으켰을 것이라고 언급한 것은 주나라가 아닌 다른 곳에서도 도가 나올 수 있다는 홍대용의 생각을 드러낸 것이라 할 수 있다. 이를 통해 홍대용이 중화와 오랑캐의 구별이 상대적이라 생각했음을 알 수 있다.

20 단어의 문맥적 의미 파악 정답률 93% | 정답 ①

문맥상 ⓐ와 의미가 가장 유사한 것은?

☑ 그는 새로운 회사를 세웠다.
ⓐ와 ①의 '세우다'는 '나라나 기관 따위를 처음으로 생기게 하다.'라는 의미로 사용되었다.

② 국가의 기강을 바로 세워야 한다.
'질서나 체계, 규율 따위를 올바르게 하거나 짜다.'라는 의미로 사용되었다.

③ 집을 지을 구체적인 방안을 세웠다.
'계획, 방안 따위를 정하거나 짜다.'라는 의미로 사용되었다.

④ 두 귀를 쫑긋 세우고 말소리를 들었다.
'처져 있던 것을 똑바로 위를 향하여 곧게 하다.'라는 의미로 사용되었다.

⑤ 도끼날을 잘 세워야 나무를 쉽게 벨 수 있다.
'무딘 것을 날카롭게 하다.'라는 의미로 사용되었다.

21~25 과학

'청각의 원리(재구성)'

해제 이 글은 인간이 소리를 듣게 되는 과정을 공기 전도와 골전도로 나누어 설명하고 골전도의 원리가 적용된 골전도 이어폰에 대해 살펴보고 있다. 공기 전도는 소리가 외이, 중이를 거쳐 내이에 도달하는 방식이고 골전도는 소리가 뼈를 통해 바로 내이에 도달하는 방식이다. 골전도의 원리가 적용된 골전도 이어폰은 고막을 직접 자극하지 않고 야외 활동 시 사용해도 비교적 안전하다는 장점이 있다.

주제 소리가 내이에 도달하는 두 가지 방식과 골전도 이어폰

문단 핵심 내용

1문단	소리의 의미 및 소리가 들리는 과정을 살펴볼 필요성
2문단	소리의 의미 및 소리가 내이에 도달하는 방식
3문단	공기 전도에 의한 진동의 전달 과정
4문단	녹음된 목소리를 스피커를 통해 들으면 어색하게 느껴지는 이유
5문단	골전도 이어폰이 소리를 전달하는 과정
6문단	골전도 이어폰의 장점과 주의점

21 내용 전개 방식 파악 정답률 85% | 정답 ①

윗글에 대한 설명으로 가장 적절한 것은?

☑ **소리가 전달되는 두 가지 방식을 제시하고 이와 관련한 기술을 소개하고 있다.**

이 글은 소리가 무엇인지 설명한 뒤, 소리가 전달되는 방식인 공기 전도와 골전도에 대해 설명하고 있다. 그런 다음 이와 관련된 골전도 이어폰에 대해 소개하고 있다. 따라서 이 글은 소리가 전달되는 두 가지 방식을 설명하면서 이와 관련한 기술인 골전도 이어폰에 대해 소개하였다고 할 수 있다.

② **이어폰 기술의 과학적 원리를 살펴보고 앞으로 전개될 발전 방향을 예측하고 있다.**

이 글에서 이어폰 기술의 발전 방향을 예측하지는 않고 있다.

③ **청각에 대한 두 가지 관점을 언급하고 이를 절충한 새로운 관점을 제시하고 있다.**

이 글을 통해 청각에 대한 두 가지 관점은 찾아볼 수 없고, 이러한 두 가지 관점을 절충한 내용도 찾아볼 수 없다.

④ **골전도 현상이 일어나는 과정을 제시하고 이에 대한 서로 다른 견해를 분석하고 있다.**

이 글을 통해 골전도 현상이 일어나는 과정에 대한 서로 다른 견해는 찾아볼 수 없다.

⑤ **청각에 이상이 생기는 사례를 소개하고 이를 예방하기 위한 구체적인 방안을 제시하고 있다.**

이 글을 통해 청각에 이상이 생기는 구체적인 사례를 찾아볼 수 없고, 예방을 위한 구체적인 방안도 제시하지 않고 있다.

---

22 | 세부 내용의 이해 | 정답률 76% | 정답 ⑤

윗글을 읽고 알 수 있는 내용으로 적절하지 않은 것은?

① **주파수가 낮아지면 낮은 음의 소리가 난다.**

5문단을 통해 주파수가 높아지면 높은 음의 소리가 남을 알 수 있으므로, 주파수가 낮아지면 낮은 소리가 난다고 할 수 있다.

② **고막의 진동은 청소골을 통과할 때 증폭된다.**

3문단을 통해 고막의 진동이 청소골에서 증폭됨을 알 수 있다.

③ **외이도의 길이가 짧을수록 공명 주파수는 높아진다.**

3문단을 통해 공명 주파수는 외이도의 길이에 반비례함을 알 수 있으므로, 외이도의 길이가 짧을수록 공명 주파수는 높아진다고 할 수 있다.

④ **이어폰의 보이스코일에 흐르는 전류가 세지면 음량이 높아진다.**

5문단을 통해 전류를 세게 할수록 진폭이 커져 음량이 높아짐을 알 수 있으므로, 보이스코일에 흐르는 전류가 세지면 음량이 높아진다고 할 수 있다.

☑ **20 ~ 1,000Hz의 소리는 물체의 진동에 의해서는 발생할 수 없다.**

2문단을 통해 소리는 물체의 진동에 의해 발생하고, 3문단에서 진동이 지나가는 지점에서는 소리의 공명이 발생함을 알 수 있다. 그리고 3, 4 문단을 통해 20 ~ 1,000Hz가 공명 주파수임을 알 수 있다. 따라서 20 ~ 1,000Hz는 물체의 진동에 의해 발생하는 것이라 할 수 있다.

---

23 | 세부 내용의 추론 | 정답률 66% | 정답 ④

윗글의 내용을 고려할 때, 그 이유로 가장 적절한 것은?

① **평소에 골전도로 전달되는 소리를 들을 기회가 적었으므로**

4문단을 통해 평소에 말을 할 때 듣는 자신의 목소리에는 공기 전도로 전달된 소리와 골전도로 전달된 소리가 함께 있음을 알 수 있다. 따라서 골전도로 전달되는 소리를 들을 기회가 적다는 것은 이유로 적절하지 않다.

② **스피커에서 나온 녹음된 목소리는 내이를 거치지 않고 뇌에 전달되므로**

2문단을 통해 소리가 내이를 거치지 않고 뇌에 전달될 수 없음을 알 수 있으므로 이유로 적절하지 않다.

③ **전자 장치의 전기적 에너지로 인해 청각 신경이 받는 자극의 크기가 커졌으므로**

전자 장치의 전기적 에너지와 청각 신경이 받는 자극 크기는 '그 이유'와 상관이 없다.

☑ **녹음된 소리를 들을 때에는 골전도로 전달되는 주파수의 소리가 잘 들리지 않으므로**

4문단을 통해 대화할 때 듣는 자신의 목소리에는 공기 전도로 전달되는 소리와 골전도로 전달되는 소리가 함께 있음을 알 수 있다. 하지만 녹음된 소리를 들을 때에는 골전도로 전달되는 20 ~ 1,000Hz의 소리는 잘 들리지 않음을 알 수 있다. 따라서 '그 이유'는 녹음된 소리를 들을 때에는 골전도로 전달되는 주파수의 소리가 잘 들리지 않기 때문이라 할 수 있다.

⑤ **자신이 말할 때 듣는 목소리에는 녹음된 목소리와 달리 외이에서 공명이 일어나는 소리가 빠져 있으므로**

4문단을 통해 자신이 말할 때 듣는 목소리에는 공기 전도와 골전도로 전달되는 소리가 함께 있음을 알 수 있다. 따라서 외이에서 공명이 일어나는 소리, 즉 공기 전도로 전달되는 소리가 빠져 있는 것은 아니므로 이유로 적절하지 않다.

---

24 | 구체적인 상황에의 적용 | 정답률 64% | 정답 ③

윗글을 바탕으로 〈보기〉에 대해 보인 반응으로 가장 적절한 것은? [3점]

〈 보 기 〉
난청이란 소리가 잘 들리지 않거나 전혀 들리지 않는 증상으로 외이도에서 뇌에 이르기까지 소리가 전달되는 과정 중 특정 부분에 문제가 생기면 발생한다. 그 중 전음성 난청은 외이와 중이에 문제가 있어 발생하는 증상으로, 이 경우 소리가 커지면 알아듣는 정도가 좋아질 수 있다.

이와 달리 감각 신경성 난청은 달팽이관까지 소리가 잘 전달되었음에도 소리가 잘 들리지 않는 것으로 달팽이관의 청각 세포나, 청각 자극을 뇌로 전달하는 청각 신경 또는 중추 신경계 이상 등으로 발생한다. 이 경우 소리가 커져도 그것을 알아듣는 정도가 좋아지지 않는다.

① **골전도 이어폰은 장시간 사용해도 감각 신경성 난청을 유발하지는 않겠군.**

6문단에서 골전도 이어폰을 사용해도 내이는 자극이 되기 때문에 장시간 사용하면 청각 신경이 손상될 수 있다고 하였다.

② **청각 신경의 이상으로 인한 난청이 있는 사람의 경우 이어폰의 음량을 높이면 잘 들을 수 있겠군.**

〈보기〉에서 감각 신경성 난청은 소리가 커져도 알아듣는 정도가 좋아지지 않는다고 했으므로 이어폰의 음량을 높여도 알아들을 수 있는 정도가 좋아지는 것은 아니다.

☑ **자신이 말하는 목소리가 전혀 들리지 않는 사람은 감각 신경성 난청 증상이 있다고 볼 수 있겠군.**

4문단을 통해 자신의 목소리는 공기 전도와 골전도의 방식으로 내이에 도달함을 알 수 있으므로, 외이와 중이에 이상이 있어도 청각 세포, 청각 신경, 중추 신경계 등에 이상이 없다면 골전도의 방식으로 전달된 소리는 들을 수 있다. 따라서 자신의 목소리가 전혀 들리지 않는다면 청각 세포, 청각 신경, 중추 신경계 등의 문제로 인한 감각 신경성 난청이 있음을 알 수 있다.

④ **고막의 이상으로 난청이 있는 경우 골전도의 원리를 이용한 보청기는 사용해도 효과가 없겠군.**

고막에 이상이 있어도 고막을 거치지 않는 골전도의 방식으로 소리가 전달될 수 있으므로, 골전도의 원리를 이용한 보청기가 효과가 없다는 말은 적절하지 않다.

⑤ **전음성 난청이 있는 사람은 골전도 이어폰의 소리는 들을 수 없지만 일반적인 이어폰의 소리는 들을 수 있겠군.**

전음성 난청은 외이, 중이에 문제가 있는 것이므로, 공기 전도로 전달되는 소리는 듣기 어렵지만 골전도로 전달되는 소리는 들을 수 있다.

---

25 | 핵심 정보의 이해 | 정답률 59% | 정답 ③

㉠, ㉡에 대한 설명으로 적절하지 않은 것은?

① **㉠은 교류 전류를 진동으로 바꾸고 공기를 통해 그 진동을 내이에 전달한다.**

5문단에서 이어폰의 보이스코일에 교류 전류를 가하면 진동이 발생하며, ㉠은 이 진동을 공기 전도의 방식으로 내이에 전달한다고 하였다.

② **㉡은 진동판을 통해 진동을 발생시켜 소리를 내이로 전달한다.**

5문단에서 ㉡은 귀 주변 뼈에 진동판을 밀착하여 진동을 내이로 전달한다고 하였다.

☑ **㉠은 ㉡과 달리 섬모의 흔들림을 유발하여 전기 신호를 발생시킨다.**

2문단을 통해 공기 전도로 전달되는 소리와 골전도로 전달되는 소리 모두 섬모가 흔들려 발생한 전기 신호가 뇌에 전달됨을 알 수 있다. 따라서, ㉠과 ㉡ 모두 섬모의 흔들림을 유발한다고 할 수 있다.

④ **㉡은 ㉠과 달리 야외 활동 시 사용해도 주변 소리를 들을 수 있어 위험 상황에 잘 대처할 수 있다.**

6문단에서 ㉡은 귀를 막지 않고 사용하기 때문에 야외 활동 시 사용해도 주변 소리를 들을 수 있어 위험에 대처할 수 있다고 하였다.

⑤ **㉠과 ㉡은 모두 내부 자기장과 교류 전류로 인해 인력과 척력이 발생한다.**

5문단에서 ㉠과 ㉡ 모두 내부 자기장과 교류 전류로 인해 인력과 척력이 작용한다고 하였다.

26~28 | 고전 산문

유성준 창본, 「수궁가」

감상 이 글은 수국의 용왕이 병이 나자 자라가 이를 고칠 약인 토끼의 간을 구하러 가고, 토끼는 자라의 꾐에 빠져 용궁으로 가지만 기지를 발휘하여 탈출한다는 내용의 판소리 사설이다. 별주부와 토끼, 용왕과 토끼의 갈등 구조를 통해 사건을 전개하면서, 충성스러운 신하인 자라와 지혜로 위기를 벗어나는 토끼를 통해 당대 사회의 현실을 우의적으로 보여 주고 있다.

주제 토끼의 기지와 자라의 충성심, 허욕에 대한 경계

작품 줄거리 용왕이 병이 나자 도사가 나타나 육지에 있는 토끼의 간을 먹으면 낫는다고 한다. 용왕은 수궁의 대신을 모아놓고 육지에 나갈 사자를 고르는데 서로 다투기만 할 뿐 결정을 하지 못한다. 이때 별주부 자라가 나타나 자원하여 허락을 받는다. 토끼 화상을 가지고 육지에 이른 자라는 동물들의 모임에서 토끼를 만나 수궁에 가면 높은 벼슬을 준다고 유혹하면서 지상의 어려움을 말한다. 이에 속은 토끼는 자라를 따라 용궁에 이른다. 간을 내라는 용왕 앞에서 속은 것을 안 토끼는 꾀를 내어 간을 육지에 두고 왔다고 한다. 이에 용왕은 크게 토끼를 환대하면서 다시 육지에 가서 간을 가져오라고 한다. 자라와 함께 육지에 이른 토끼는 어떻게 간을 내놓고 다니냐며 자라에게 욕을 하면서 숲 속으로 도망가 버린다. 어이없는 자라는 육지에서 죽거나 빈손으로 수궁으로 돌아간다.

---

26 | 내용의 이해 | 정답률 81% | 정답 ②

윗글에 대한 이해로 적절한 것은?

① **용왕은 자신에게 신임을 얻기 위해 다투는 신하들을 못마땅하게 생각한다.**

자신의 병을 구원할 자가 누가 있느냐 용왕이 묻자, 신하들은 서로 보기만 하고 묵묵부답하고 있고, 이에 용왕은 충신이 없음을 탄식하고 있다. 따라서 용왕은 자신의 병을 구원할 신하가 없음에 탄식하고 있지, 자신에게 신임을 얻기 위해 다투는 신하들을 못마땅하게 생각하지는 않고 있다.

☑ **잉어는 지혜와 용맹이 있는 인물이 토끼의 간을 얻어 올 수 있을 것이라고 생각한다.**

잉어의 '세상이라 허는 곳은 인심이 박하여 지혜 용맹 없는 자는 성공하지를 못하리라.'를 통해, 잉어는 지혜와 용맹이 있는 자가 토끼의 간을 얻어 올 수 있을 것이라 생각하였음을 알 수 있다.

③ **잉어는 승상인 거북이 다양한 재주가 있으나 지략이 없는 것을 한탄한다.**

거북이 지략이 넓으나 복판이 대모로 되어 있어 인간들의 공예품 재료가 될 것이라는 잉어의 말을 통해 적절하지 않음을 알 수 있다.

④ **방게는 수국에서 벼슬을 얻지 못하자 자신의 고향인 육지로 돌아가고 싶어 한다.**

'해운공 방게'를 통해 방게가 해운공이라는 벼슬을 지니고 있음을 알 수 있다. 따라서 방게가 벼슬을 얻지 못하여 육지로 돌아가고 싶어 한다고는 볼 수 없다.

⑤ **화공은 토끼의 모습을 모르는 자라를 돕기 위해 육지로 동행한다.**

화공은 토끼의 모습을 모르는 자라를 위해 토끼의 모습을 그려 줄 뿐 자라와 동행하지는 않고 있다.

---

27 | 표현상의 특징 파악 | 정답률 82% | 정답 ②

[A]와 [B]에 대한 이해로 가장 적절한 것은?

① **[A]는 용궁의 모습을, [B]는 육지의 모습을 묘사하여 공간적 배경을 대비하고 있다.**

[A]와 [B]는 용궁과 육지라는 공간적 배경을 대비하기 위한 서술은 아니다.

☑ **[A]는 수국의 신하를, [B]는 토끼의 신체 부위를 열거하여 장면을 구체화하고 있다.**

[A]에서는 수국 신하들의 벼슬과 이름을, [B]에서는 토끼의 귀나 코 등의 신체 부위들을 길게 열거하고 있다. 따라서 [A]와 [B]에서는 열거의 방식을 통해 장면을 구체적으로 보여 준다고 할 수 있다.

③ [A]는 신하들의 생활 모습을, [B]는 토끼의 생활 모습을 제시하여 인물의 성격을 보여 주고 있다.
　[A]와 [B]에서 인물의 성격은 드러나지 않는다.

④ [A]는 용왕이 처한 문제를, [B]는 이에 대한 해결책을 제시하여 사건의 전개 방향을 예고하고 있다.
　[A]와 [B]에는 용왕이 처한 문제와 이에 대한 해결책이 제시되어 있지 않다.

⑤ [A]는 용궁을 긍정적으로, [B]는 토끼를 부정적으로 평가하여 인물에 대한 작가의 태도를 드러내고 있다.
　[A]와 [B]에는 용궁과 토끼에 대한 평가가 제시되어 있지 않다.

---

28 인물 간의 관계 파악　　　　정답률 54% | 정답 ②

㉠을 선정하는 과정을 다음과 같이 정리할 때, 이에 대한 설명으로 적절하지 않은 것은? [3점]

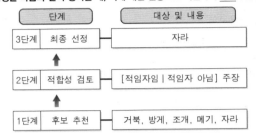

① '1단계'에서 방게와 자라는 스스로 후보로 나선다.
　방게는 '살살 기어 들어와서 공손히 엎드리'며, 자라는 '앙금앙금 기어 들어오더니, 몸을 굽혀 재배하고 상소를 올리'며 스스로 후보로 나서고 있다.

✔ '2단계'에서 용왕은 방게의 눈이 솟아 있어 다른 동물들 눈에 띄기 쉬우므로 적임자가 아니라고 주장한다.
　용왕은 방게가 눈이 솟아 있어 왔다갔다를 잘하는 신체적 특성으로 인해 뒷걸음질을 할 것이므로 토끼를 데려올 적임자가 아니라고 주장하고 있다. 따라서 용왕은 방게가 다른 동물들 눈에 띄기 쉬워 적임자가 아니라고 생각하지는 않고 있다.

③ '2단계'에서 잉어는 조개가 황조와 서로 물고 싸우다가 인간에게 잡힐 것이므로 적임자가 아니라고 주장한다.
　잉어는 조개가 황조와 다투다 인간에게 잡힌다는 고사를 근거로 적임자가 아니라고 주장하고 있다.

④ '2단계'에서 잉어는 메기가 탐식 때문에 돌아다니다 인간들에게 잡힐 것이므로 적임자가 아니라고 주장한다.
　잉어는 메기의 입이 커서 식탐이 많기 때문에 '어옹들'에게 쉽게 잡힐 것이라고 주장하고 있다.

⑤ '3단계'에서 자라가 선정된 것은, 망보기를 잘하여 인간에게 잡힐 염려가 없다는 자라의 주장이 받아들여졌기 때문이다.
　자라는 강 위에 떠서 망보기를 잘하기 때문에 인간에게 잡히지 않고 무사히 임무를 수행할 수 있을 것이라고 주장하고 있다.

29~31　현대시

(가) 김영랑, 「모란이 피기까지는」

　감상· 이 작품은 모란이 피기를 기대하는 마음과 모란이 져서 느끼는 설움을 노래한 시이다. 이 작품은 '봄에 대한 기다림 → 봄의 상실 → 봄에 대한 기다림'이라는 순환 구조를 통해, 봄에 피는 모란을 통해 봄에 대한 기다림과 봄을 보내는 서러움을 형상화하고 있다.
　주제 소망이 이루어지기를 기다림
　표현상의 특징
　• 수미 상관의 구조를 통해 주제 의식을 강조해 줌.
　• 역설적 표현으로 의미를 심화하고 있음.
　• 과장적 표현으로 심화된 화자의 정서를 드러내 줌.
　• 도치의 방식을 사용하여 의미를 강조해 줌.

(나) 함민복, 「그날 나는 슬픔도 배불렀다」

　감상 이 작품은 고단한 삶 속에서도 열심히 살아가는 중국집 젊은 부부의 삶을 관찰하며 이를 통해 자신의 삶에 대한 성찰을 드러낸 시이다. 이 작품에서 화자는 모순된 진술을 통해 고단한 삶 속에서도 긍정적으로 살아가는 젊은 부부를 보면서 슬픔 속에서도 아름다움을 발견했음을 드러내 주고 있다.
　주제 고단한 생활 속에서도 희망을 잃지 않는 삶의 아름다움
　표현상의 특징
　• 역설적 표현을 사용하여 시적 의미를 드러내 줌.
　• 이미지 대비를 통해 시상을 전개함.
　• 청각적 심상을 사용하여 화자의 정서를 표현해 줌.

---

29 표현상의 특징 파악　　　　정답률 82% | 정답 ①

(가)에 대한 설명으로 적절하지 않은 것은?

✔ 색채어를 활용하여 대상의 불변성을 부각하고 있다.
　'모란'을 통해 희색의 색채 이미지를 연상할 수는 있지만, (가)에서 색채어를 직접적으로 활용하지 않고 있다. 또한 (가)에서 화자는 모란이 질 때의 상실감을 드러내고 있을 뿐, 모란의 불변성을 드러내지도 않고 있다.

② 변형된 수미상관의 구조를 통해 시의 주제를 강조하고 있다.
　마지막 11, 12행에서 1, 2행과 비슷한 구절을 배치하고 있으므로 변형된 수미상관의 구조를 사용하였음을 알 수 있다. 그리고 화자가 '모란이 피기까지' '기둘리고 있'겠다 하고 있으므로, 수미상관의 구조를 통해 모란이 피는 것에 대한 화자의 기다림을 강조하였다고 할 수 있다.

---

③ 도치의 방식으로 시상을 마무리하여 시적 의미를 강조하고 있다.
　마지막 행에서는 '나는 아직 기둘리고 있을 테요'와 '찬란한 슬픔의 봄을'을 도치하여 시적 의미를 강조하고 있다.

④ 음성 상징어를 통해 대상의 움직임에서 느끼는 인상을 드러내고 있다.
　3행에 음성 상징어인 '뚝뚝'을 활용하여 꽃이 떨어지는 느낌을 인상적으로 드러내고 있다.

⑤ 작품의 표면에 나타난 화자가 자신의 정서를 직접적으로 드러내고 있다.
　'나는 아직 기둘리고'를 통해 화자가 표면에 드러나 있음을 알 수 있고, '설움', '서운케', '섭섭해'를 통해 화자의 설움의 정서가 드러나 있음을 알 수 있다.

---

30 시어의 의미 파악　　　　정답률 89% | 정답 ④

ⓐ와 ⓑ에 대한 설명으로 가장 적절한 것은?

① ⓐ는 대상과의 소통이 확대된 시간이고, ⓑ는 대상과의 소통이 단절된 시간이다.
　ⓐ에서 모란과의 소통이 있는 것은 아니며, ⓑ에서 화자가 중국집 젊은 부부를 관찰하지만 소통의 단절은 확인할 수 없다.

② ⓐ는 대상과의 유대감을 느끼는 시간이고, ⓑ는 대상과의 거리감을 느끼는 시간이다.
　ⓐ에서 화자는 모란이 사라져 슬픔을 느꼈을 뿐 유대감을 느낀 것은 아니다. ⓑ에서 화자는 중국집 젊은 부부에게 거리감을 느낀 것은 아니다.

③ ⓐ는 대상을 통해 삶의 희망을 찾게 된 시간이고, ⓑ는 대상을 통해 삶의 권태를 느낀 시간이다.
　ⓑ는 화자가 명랑하게 살아가는 중국집 젊은 부부의 삶에서 아름다움을 발견한 시간이므로 삶의 권태를 느낀 시간은 아니다.

✔ ⓐ는 대상의 소멸로 인해 슬픔을 느낀 시간이고, ⓑ는 슬픔 속에서도 아름다움을 발견한 시간이다.
　ⓐ 뒤의 '떨어져 누운 꽃잎마저 ~ 섭섭해 우옵네다'를 통해, ⓐ는 모란이 자취도 없이 사라져 화자가 슬픔을 느낀 시간임을 알 수 있다. 그리고 ⓑ는 앞의 '나는 전날 친구들과 ~ 그 모습이 눈물처럼 아름다워'를 통해, 화자가 중국집 젊은 부부의 모습을 보며 고단한 삶 속에서도 아름다움을 발견한 시간임을 알 수 있다.

⑤ ⓐ는 현실에 대한 비판적 태도가 드러나는 시간이고, ⓑ는 미래에 대한 희망이 드러나는 시간이다.
　ⓐ가 현실을 비판하는 시간은 아니다.

---

31 외적 준거에 따른 작품의 감상　　　　정답률 78% | 정답 ⑤

〈보기〉를 참고하여 (가)와 (나)를 감상한 것으로 적절하지 않은 것은? [3점]

<보 기>
시에서 대비되는 정서나 태도, 이미지가 제시될 때, 화자가 처한 상황이나 대상에 대한 인식이 강조되는 효과가 있다. 그런데 상반되거나 이질적인 정서나 태도, 이미지들이 함께 나타날 때는 표면적으로 모순이 있는 것처럼 보이기도 한다. 하지만 시인은 모순적으로 보이는 것들을 통해서 표면적 진술 너머에 있는 보다 높은 차원의 인식을 보여 준다.

① (가) : '섭섭해 우옵네다'와 '아직 기둘리고 있을 테요'에서는 꽃이 사라진 것에 대한 화자의 태도가 대비되면서 화자의 기다림이 강조되는군.
　'섭섭해 우옵네다'에는 꽃이 사라지는 것을 안타까워하는 화자의 태도가 나타나지만, '아직 기둘리고 있을 테요'를 통해 기다림을 잃지 않는 화자의 태도를 강조하였음을 알 수 있다.

② (가) : '찬란한 슬픔'은 모순된 진술처럼 보이지만, 표면적 진술 너머에 슬픔을 극복하려는 화자의 인식이 담겨 있음을 볼 수 있군.
　'찬란한'과 '슬픔'은 봄을 수식하는 모순된 진술로, 희망과 절망이 공존하는 봄에 대한 인식을 통해 모란이 지는 슬픔을 극복하려는 모습을 강조한다고 할 수 있다.

③ (나) : '연약한 반죽'과 '튼튼한 미래'에서는 이미지의 대비를 통해 희망을 잃지 않는 중국집 젊은 부부의 건강한 삶을 강조하고 있군.
　'연약한'과 '튼튼한'의 이미지 대비를 통해 희망을 잃지 않는 중국집 젊은 부부의 삶을 강조하고 있다.

④ (나) : '이상한'과 '눈물처럼 아름다워'에서는 중국집 젊은 부부를 향한 태도가 대비되면서 중국집 젊은 부부에 대한 화자의 긍정적인 인식이 부각되고 있군.
　화자가 처음 접한 중국집 젊은 부부의 모습은 '이상한' 것이었지만, 그들의 삶을 관찰하고 '눈물처럼 아름다워'와 같은 긍정적인 태도를 보여 주고 있다.

✔ (나) : '슬픔도 배불렀다'는 모순된 진술을 통해 중국집 젊은 부부의 고단한 삶과의 대비에서 느끼는 화자 자신의 삶에 대한 만족감을 강조하고 있군.
　(나)의 '슬픔도 배불렀다'는 화자가 고단한 삶 속에서도 긍정적으로 살아가는 중국집 젊은 부부를 보고 슬픔 속에서도 아름다움을 발견했음을 나타낸 것이다. 따라서 이를 젊은 부부의 고단한 삶을 보고 화자가 자신의 삶에 대한 만족감을 강조하였다고 감상한 내용은 적절하지 않다.

32~35　고전 시가 + 수필

(가) 정철, 「속미인곡(續美人曲)」

　감상 이 작품은 화자를 여인으로 설정하여 임금을 그리워하는 마음을 표현한 연군 가사이다. 이 작품에서는 두 여인의 대화를 통해 스스로 잘못을 뉘우치고 님을 그리워하는 화자의 모습과 임에 대한 간절한 그리움과 죽어서라도 임을 따르고 싶은 화자의 마음을 잘 드러내고 있다. 이 작품은 「사미인곡」에 이어 지은 것으로 대화체로 내용을 진행한다는 점, 소박하고 진실하게 정서를 표현했다는 점에서 「사미인곡」보다 높은 평가를 받고 있다.
　주제 임을 그리워하는 마음

(나) 권근, 「주옹설(舟翁說)」

　감상 '손'과 '주옹'의 문답을 통해 바람직한 삶의 자세에 대해 이야기하고 있는 고전 수필이다. '주옹'의 대답을 통해 편안함만을 추구하기보다 늘 경계하며 사는 삶의 태도가 필요하다는 작가의 가치관을 전달하고 있다.
　주제 세상을 살아가는 올바른 삶의 태도

32 표현상 공통점 파악
정답률 56% | 정답 ①

(가)와 (나)의 공통점으로 가장 적절한 것은?

✔① 설의적 표현을 활용하여 의미를 강조하고 있다.
(가)에서는 '하늘이라 원망하며 사람이라 허물하랴'는 의문형 표현을 통해, 임과 헤어진 화자의 심정을 강조하고 있다. 그리고 (나)에서는 주옹이 '내 마음을 어찌 흔들 수 있겠는가?', '만 리의 부슬비 속에 떠 있는 것이 아닌가?' 등과 같은 의문형 표현을 통해 자신의 가치관을 강조하고 있다. 따라서 (가), (나) 모두 설의적 표현을 사용하여 의미를 강조해 준다고 할 수 있다.

② 점층적 방식을 활용하여 주제를 부각하고 있다.
(가)와 (나) 모두 점층적 방식을 활용하여 주제를 부각한 부분은 나타나지 않고 있다.

③ 다양한 감각적 심상을 사용하여 대상을 예찬하고 있다.
(가)에서는 시각적 심상, 청각적 심상이, (나)에서는 시각적 심상이 나타나지만, 다양한 감각적 심상을 통해 대상을 예찬하지는 않고 있다.

④ 반어적 진술을 통해 대상에 대한 태도를 드러내고 있다.
(가)와 (나) 모두에서 반어적 진술은 나타나지 않고 있다.

⑤ 명령적 어조를 통해 현실에 대한 비판 의식을 드러내고 있다.
(가)에서 명령적 어조와 현실에 대한 비판 의식은 나타나지 않고, (나)에서 명령적 어조는 나타나지 않고 있다.

33 외적 준거에 따른 작품의 감상
정답률 74% | 정답 ②

〈보기〉를 바탕으로 (가)를 이해한 내용으로 적절하지 않은 것은?

─〈보 기〉─
연군 가사는 임금과 떨어진 신하가 임금을 그리워하고 걱정하며 충성심을 드러낸 가사 작품들을 가리킨다. 「속미인곡」은 정철이 정쟁(政爭)으로 인해 관직에서 물러난 후 낙향하였을 때 쓴 연군 가사의 대표적 작품이다.

① '천상 백옥경'은 화자가 '임'과 지냈던 곳으로 임금이 있는 궁궐에 대응된다.
〈보기〉를 바탕으로 할 때 (가)의 화자는 임금과 떨어져 있는 작가라 할 수 있으므로, 화자가 이별한 임인 옥황상제는 임금과 대응한다고 할 수 있다. 따라서 '천상 백옥경'은 임금이 있는 궁궐로 볼 수 있다.

✔② '내 몸의 지은 죄'가 '조물의 탓'이라는 화자의 한탄을 통해 작가가 자신을 관직에서 물러나게 한 사람들을 원망하고 있음을 알 수 있다.
〈보기〉를 바탕으로 할 때 (가)의 화자는 임금과 떨어져 있는 작가라 할 수 있으므로, '내 몸의 지은 죄'라고 한 것은 임금과 떨어지게 된 원인이 작가 자신에게 있음을 나타낸 것이라 할 수 있다. 이렇게 볼 때, 임금과 헤어진 것을 '조물주의 탓'이라고 하는 것은 작가 자신의 운명을 탓한 것이라 할 수 있지, 자신을 관직에서 물러나게 한 사람들을 원망한 것이라고는 볼 수 없다.

③ 화자가 꿈속에서 '임'의 모습을 보고 '눈물이 이어져'난다고 하는 것에서 임금에 대한 작가의 걱정과 그리움의 깊이를 짐작할 수 있다.
화자는 꿈에서 '임'의 모습에 눈물을 흘리며 아무 말도 못하는 모습을 보이고 있는데, 이는 떨어져 있는 임금에 대한 작가의 걱정과 그리움을 드러낸 것이라 할 수 있다.

④ '임'과 헤어지게 된 화자가 자신의 그림자를 '불쌍한'으로 표현한 것에서 임금과 떨어져 지내야 하는 것에 대한 작가의 안타까운 심정을 알 수 있다.
화자가 자신의 그림자를 불쌍하다고 여기는 모습을 통해 임금과 떨어져 있는 상황에 대한 작가의 안타까운 심정을 알 수 있다.

⑤ '낙월'이 되어서라도 '임 계신 창 안에 번듯이 비추'려는 화자의 모습에서 임금에 대한 작가의 충성심을 알 수 있다.
화자가 '낙월'이 되어서라도 '임 계신 창 안에 번듯이 비추'려는 것은 '임'을 생각하는 마음을 표현한 것이므로, 이를 통해 임금에 대한 작가의 충성심을 알 수 있다.

★★★ 등급을 가르는 문제!

34 극적 구성의 이해
정답률 47% | 정답 ②

다음은 수업의 일부이다. 선생님의 설명에 따라 (가)와 (나)의 인물을 분석한 내용으로 적절하지 않은 것은? [3점]

선생님 : 시나 수필을 창작할 때 주제 의식을 효과적으로 표현하기 위해 인물 간의 대화로 작품을 구성하기도 합니다. 이 경우 인물들은 중심 인물과 주변 인물로 나누어 볼 수 있는데, 중심 인물은 대화를 주도하며, 작가 의식을 대변하는 역할을 합니다. 주변 인물은 중심 인물의 말을 이끌어내거나 중심 인물을 위로하고 대안을 제시하는 보조적 인물, 중심 인물과 대립하면서 중심 인물에게 문제 제기를 하는 대립적 인물로 나눌 수 있습니다.

	인물	특징적 발화	인물 유형	인물의 역할	
(가)	각시	내 사설 들어 보오	중심 인물	대화를 주도함.	
	너	누굴 보러 가시는고	주변 인물	중심 인물의 말을 이끌어냄.	①
		그리 생각 마오	주변 인물	중심 인물과 대립함.	②
		궂은 비나 되소서	주변 인물	대안을 제시함.	③
(나)	주옹	그대는 어찌 이를 두려워하지 않고 도리어 나를 위태롭다 하는가?	중심 인물	작가 의식을 드러냄.	④
	손	그대는 도리어 이를 즐겨 오래 오래 물에 떠가기만 하고 돌아오지 않으니 무슨 재미인가?	주변 인물	중심 인물에게 문제 제기를 함.	⑤

① 주변 인물 → 중심 인물의 말을 이끌어냄.
'저기 가는 저 각시 ~ 누굴 보러 가시는고'를 통해, '너'는 중심 인물에게 먼저 말을 걸어 중심 인물의 말을 이끌어 내는 주변 인물(보조적 인물)이라 할 수 있다.

✔② 주변 인물 → 중심 인물과 대립함.
(가)에 제시된 '그리 생각 마오.'라는 발화를 볼 때, '너'는 자책하고 있는 '각시'를 위로하는 인물이라 할 수 있다. 따라서 '너'는 중심 인물과 대립되는 인물이 아니라 중심 인물을 위로하는 역할을 하는 주변 인물(보조적 인물)이라 할 수 있다.

③ 주변 인물 → 대안을 제시함.

'너'는 중심 인물인 '각시'에게 '낙월'보다 '궂은 비'가 되라 말하고 있는데, 이를 통해 '너'는 임에게 직접 다가가라는 대안을 제시하는 주변 인물(보조적 인물)이라 할 수 있다.

④ 중심 인물 → 작가 의식을 드러냄.
'주옹'은 '손'에게 다시 질문함으로써 바람직한 삶의 자세를 깨닫도록 유도하고 있으므로, '주옹'은 작가 의식을 대변하는 역할을 하는 중심 인물이라 할 수 있다.

⑤ 주변 인물 → 중심 인물에게 문제 제기를 함.
'손'은 중심 인물의 삶의 모습에 문제 제기를 하고 있는 주변 인물이라 할 수 있다.

★★ 문제 해결 꿀~팁 ★★

▶ 많이 틀린 이유는?
이 문제는 시적 상황을 통해 '너'의 말이 지니는 의미를 정확히 파악하지 못하여 오답률이 높았던 것으로 보인다.

▶ 문제 해결 방법은?
이 문제를 해결하기 위해서는 화자의 말하기와 관련하여 '너'가 말하고 있는 의미를 이해해야 한다. 즉, 화자가 말하고 있는 내용을 이해하고 그 상황에서의 '너'의 말이 화자에 대해 어떤 태도를 보이고 있는지 파악해야 한다. 정답인 ②의 경우, '그리 생각 마오.'의 앞 부분에서 '각시'가 자책하고 있는 상황을 파악하였다면, '그리 생각 마오'가 '각시'를 위로하는 말이라는 것을 알 수 있었을 것이다. 또한 오답률이 높았던 ③의 경우에도, '너'가 '낙월'이 되어 임이 계신 창에 비추겠다고 하자, 화자를 위로하고 있는 '너'는 달은 커녕 궂은 비나 되소서라고 말하고 있다. 즉 '너'는 화자에게 '달'이 아닌 '궂은 비'가 되어 임에게 다가가라고 위로하고 있다. 이렇게 볼 때, '궂은 비나 되소서'는 '너'가 화자에게 다른 안, 즉 대안을 제시한 것이라 할 수 있다. 이처럼 작품 상황을 고려하여야 인물의 말의 의미를 이해할 수 있으므로, 인물이 한 말이 어떤 상황 맥락에서 나온 것인지 파악할 수 있어야 한다.

35 어구의 의미 파악
정답률 60% | 정답 ③

(나)의 ⊙ ~ ⊚을 이해한 내용으로 적절하지 않은 것은?

① ⊙ : 변화불측한 특성을 가진 곳으로, '세상 사람들'이 위험하다고 생각하는 공간이다.
'손'은 ⊙이 변화불측하여 ⊙에서 지내는 것을 '험한 데서 위태로움을 무릅쓰는 일'이라 하고 있으므로 적절한 이해이다.

② ⓛ : '주옹'이 사는 곳과 대비되는 장소로, '세상 사람들'이 안전하다고 생각하는 공간이다.
ⓛ은 세상 사람들이 안전하다고 생각하는 공간이지만, '주옹'은 오히려 물보다 더 위험한 공간이 될 수 있다 하고 있으므로 적절한 이해이다.

✔③ ⓒ : 조각배의 돛대를 기울게 하고 노를 부러뜨릴 수 있는 바람과 물결로, '주옹'이 위태로움을 느끼는 외적 요인이다.
'주옹'은 ⓒ이 인다 해도 자신의 마음을 흔들 수 없다고 이야기하고 있으므로, ⓒ 때문에 '주옹'이 위태로움을 느낀다고는 볼 수 없다.

④ ⓔ : 욕심을 부리는 세상 사람들의 마음을 비유한 것으로, 그들의 삶을 위태롭게 만드는 요인이다.
ⓔ은 편안함만을 좇으며 욕심을 부리다가 위험에 처하는 사람들의 마음(인심)을 비유하고 있으므로 적절한 이해이다.

⑤ ⓜ : 바람에 쉽게 흔들릴 수 있는 곳이지만, 인간 세상과 비교했을 때 오히려 '주옹'이 안전함을 느끼는 곳이다.
ⓜ은 세상 사람들이 보기에 매우 위태로운 곳이지만 주옹은 경계를 한다면 육지보다 더 안전한 곳이라 생각하므로 적절한 이해이다.

36~40 사회

'가설 검정과 오류 (재구성)'

해제 이 글은 가설 검정과 판단 과정에서 발생할 수 있는 두 가지 오류에 대해 설명하고 있다. 가설 검정은 통계적 자료를 통해 확률에 근거한 판단을 내리는 절차이므로, 오류가 발생할 수 있다. 1종 오류는 귀무가설이 실제 참인데도 불구하고 이를 기각하는 오류를 뜻한다. 반대로 2종 오류는 귀무가설이 틀렸음에도 이를 기각하지 못하는 오류를 뜻한다. 1종 오류가 2종 오류에 비해 더 심각한 결과를 가져 오므로 가설 검정에서는 유의 수준을 두어 1종 오류를 범할 확률의 최대 허용 범위를 최소화하는데 중점을 둔다.

주제 가설 검정과 판단 과정에서 발생할 수 있는 두 가지 오류

문단 핵심 내용

1문단	가설 검정을 위해 설정하는 대립가설과 귀무가설
2문단	귀무가설을 바탕으로 대립가설의 채택 여부가 결정되는 가설 검정
3문단	의사 결정 과정에서 발생할 수 있는 두 가지 오류
4문단	상대적으로 심각한 문제를 초래하는 1종 오류
5문단	가설 검정 과정에서 유의 수준을 낮게 정하는 이유

36 핵심 정보의 파악
정답률 52% | 정답 ①

가설 검정에 대하여 윗글을 통해 답을 찾을 수 없는 질문은?

✔① 귀무가설을 기각할 때 새롭게 설정하는 가설은 무엇인가?
1문단을 통해 가설 검정을 위해 귀무가설과 대립가설을 설정함을 알 수 있다. 이렇게 볼 때, 귀무가설을 기각하면 대립가설을 채택하게 될 뿐이므로, 귀무가설을 기각할 때 새롭게 가설을 설정하지 않음을 알 수 있다. 따라서 귀무가설을 기각할 때 새롭게 설정하는 가설이 무엇인지는 이 글을 통해 답을 찾을 수 없다.

② 대립가설을 기준으로 가설을 검정하지 않는 이유는 무엇인가?
2문단을 통해 대립가설을 기준으로 가설 검정을 하는 것은 현실적으로 어려워 귀무가설을 기준으로 검정함을 알 수 있다.

③ 대립가설의 채택 여부를 판단하기 위해 사용하는 가설은 무엇인가?
2문단을 통해 대립가설의 채택 여부는 귀무가설을 중심으로 이루어짐을 알 수 있다.

④ 1종 오류와 2종 오류를 함께 줄일 수 없는 이유는 무엇인가?
4문단을 통해 1종 오류와 2종 오류는 동시에 줄일 수 없는데, 그 이유가 한쪽 오류를 줄이면 그만큼 반대쪽 오류는 늘어나기 때문임을 알 수 있다.

⑤ 1종 오류와 2종 오류 중 더 심각한 문제를 초래하는 오류는 무엇인가?
4문단을 통해 오류 중 상대적으로 더 심각한 결과를 초래하는 것은 1종 오류임을 알 수 있다.

37 세부 내용의 이해　　정답률 60% | 정답 ⑤

윗글의 내용과 일치하는 것은?

① 귀무가설이 기각되면 대립가설은 채택될 수 없다.
2문단을 통해 귀무가설이 기각되면 대립가설은 채택됨을 알 수 있다.

② 판결에서 대립가설의 기각 여부는 피고인이 판단한다.
3문단을 통해 판결에서 가설의 기각 여부는 판사가 결정함을 알 수 있다.

③ 귀무가설은 대립가설이 채택될 때 받아들여지는 가설이다.
2문단을 통해 귀무가설이 기각되면 대립가설은 채택됨을 알 수 있으므로, 귀무가설은 대립가설이 채택될 때 받아들여지는 가설임을 이끌어 낼 수 있다.

④ 귀무가설은 참과 거짓을 알기 전까지는 거짓으로 간주한다.
2문단을 통해 참과 거짓을 알기 전까지는 귀무가설을 참으로 간주함을 알 수 있다.

☑ 신약 개발을 하는 경영자가 채택하고 싶은 것은 대립가설이다.
1문단의 '가설 검정을 위해 경영자는 ~ 주장하고 싶은 내용과는 반대되는 가설인 '귀무(歸無)가설'이라 한다.'를 통해, 판단하는 이, 즉 경영자가 옳다고 주장하고 싶은 가설은 대립가설임을 알 수 있다.

★★★ 등급을 가르는 문제!
38 글을 바탕으로 한 추론　　정답률 36% | 정답 ④

윗글을 바탕으로 〈보기〉를 이해할 때, A ~ D에 대한 설명으로 적절하지 않은 것은? [3점]

〈보 기〉

구분		실제 상황	
		귀무가설 참	귀무가설 거짓
의사 결정	귀무가설 기각 못함	A	B
	귀무가설 기각함	C	D

① 실제로 피고인이 죄를 저지르지 않은 것은 A와 C의 경우에 해당한다.
A와 C는 모두 귀무가설이 참인 상황에 해당하고 판결에서 귀무가설은 '피고인이 무죄이다.'이므로, 피고인이 죄를 저지르지 않은 것에 해당한다고 할 수 있다.

② 경영자가 신약의 효능이 없다고 판단하는 것은 A와 B의 경우에 해당한다.
A와 B는 모두 귀무가설을 기각하지 못한 판단에 해당하고, 약효 실험에서 귀무가설은 '신약이 효과가 없다.'이므로, 경영자가 신약의 효능이 없다고 판단하는 것은 A와 B의 경우에 해당한다고 할 수 있다.

③ A와 D는 피고인에 대해 판사가 내린 판결에 오류가 발생하지 않은 경우에 해당한다.
A와 D는 실제 상황에 맞는 판단이므로 오류가 발생하지 않은 것에 해당한다고 할 수 있다.

☑ 법원이 B를 줄이면, 실제로 죄를 저지른 피고인을 무죄로 판결해서 사회로 돌려보내는 수가 늘어난다.
2문단과 3문단의 내용을 바탕으로 〈보기〉의 표를 정리하면, A와 D는 실제 상황에 맞게 판단을 한 것이라 할 수 있다. 이에 비해 B는 귀무가설이 거짓임에도 기각하지 못한 것이므로 2종 오류를, C는 귀무가설이 참임에도 기각한 것이므로 1종 오류를 범한 것이라 할 수 있다.
그리고 4문단을 통해 판결에서 2종 오류를 줄이면 1종 오류가 늘어남을 알 수 있다. 그런데 3문단에 따르면 판결에서 1종 오류란 '무죄인 사람에게 유죄를 선고하는 것'이므로, 1종 오류가 늘다는 것은 무죄인 사람에게 유죄 판결을 내리는 경우가 는다는 것을 의미한다고 할 수 있다.

⑤ 제약 회사가 C를 줄이려는 이유는 약의 효능이 없어 시장에서 신뢰를 잃는 상황을 심각하게 생각하기 때문이다.
C는 1종 오류에 해당하고, 4문단을 통해 제약 회사의 1종 오류란 신약의 효능이 없어 회사가 신뢰를 잃는 것임을 알 수 있다. 따라서 제약 회사가 C를 줄이려는 이유는 약의 효능이 없어 시장에서 신뢰를 잃는 상황을 심각하게 생각하기 때문이라 할 수 있다.

★★ 문제 해결 꿀~팁 ★★

▶ 많이 틀린 이유는?
이 문제는 귀무가설에 대한 내용을 정확하게 이해하지 못하여 오답률이 높았던 것으로 보인다. 또한 이러한 귀무가설에 대한 내용을 바탕으로 한 A~D를 구체적 사례에 적용하는 데 어려움을 겪은 것도 오답률을 높였던 것으로 보인다.

▶ 문제 해결 방법은?
이 문제를 해결하기 위해서는 기본적으로 귀무가설이 무엇인지 이해하고, 이를 바탕으로 '귀무가설 기각 못함, 귀무가설 기각함'의 이해를 바탕으로 A~D가 무엇을 의미하는지 정리할 수 있어야 한다. 귀무가설의 기각 여부와 관련하여 A~D를 정리하면
・A와 D : 실제 상황에 맞게 판단을 한 것임.
・B : 귀무가설이 거짓임에도 기각하지 못했으므로 2종 오류에 해당
・C : 귀무가설이 참임에도 기각하지 못했으므로 1종 오류에 해당
라고 정리할 수 있다. 이렇게 정리했을 때 정답인 ④의 경우, 판결에서 1종 오류가 '무죄인 사람에게 유죄를 선고하는 것'이므로 1종 오류가 는다는 것은 무죄인 사람에게 유죄 판결을 내리는 것을 의미하므로 피고인을 사회로 돌려보내는 수가 줄어든다고 할 수 있다. 이 문제는 글의 내용을 정확히 이해하고 정리할 필요성이 있음을 보여 주는 문제이므로, 평소 글을 읽을 때 주요 내용과 이와 관련된 내용에는 밑줄을 그어서 그 내용을 정확히 이해할 수 있도록 한다.

▶ 오답인 ②를 많이 선택한 이유는?
이 문제의 경우 학생들이 ②가 적절하다고 하여 오답률이 높았는데, 이 역시 귀무가설을 기각하지 못할 때의 참, 거짓에 대해 정확히 이해하지 못했기 때문으로 보인다. 만일 약효 실험에서 귀무가설이 '신약이 효과가 없다.'임을 알고, 이를 기각하지 못한다는 의미를 알았다면 경영자가 신약의 효능이 없다고 판단하는 것은 A와 B의 경우임을 바로 알았을 것이다. 한편 이 문제처럼 선택지에 제시된 사례가 글에 언급

되어 있는 경우, 선택지에 해당하는 사례가 어디에 제시되어 있는 파악하여 글의 내용과 비교하게 되면 문제를 의외로 쉽게 해결할 수 있다.

★★★ 등급을 가르는 문제!
39 핵심 개념의 이해　　정답률 50% | 정답 ③

㉠에 대한 설명으로 적절한 것은?

① 인권과 관련된 판단일수록 값을 크게 설정한다.
인권과 관련된 판단일수록 값을 작게 설정해야 한다.

② 귀무가설이 참일 확률과 거짓일 확률의 차이를 의미한다.
유의 수준은 참일 확률과 거짓일 확률의 차이를 의미하는 것은 아니다.

☑ 값을 낮게 정할수록 대립가설을 채택할 확률이 낮아진다.
5문단을 통해 유의 수준은 1종 오류가 발생할 확률의 최대 허용 범위이고, 이 범위 내에서는 1종 오류가 발생하더라도 대립가설을 채택함을 알 수 있다. 따라서 유의 수준을 낮게 정할수록 대립가설을 채택할 확률은 낮아진다고 할 수 있다.

④ 실험이 이루어진 후에 자료를 분석할 때 결정하는 값이다.
유의 수준은 실험 전에 미리 정하는 것이다.

⑤ 가설을 판단할 때 사용할 자료 개수의 최대 허용 범위이다.
유의 수준은 1종 오류가 발생할 확률의 최대 허용 범위이다. 가설을 판단할 때 사용할 자료 개수의 최대 허용 범위와는 관련이 없다.

★★ 문제 해결 꿀~팁 ★★

▶ 많이 틀린 이유는?
이 문제는 '유의수준 값'을 올리고 내리는 것의 의미를 정확하게 이해하지 못해 오답률이 높았던 것으로 보인다.

▶ 문제 해결 방법은?
이 문제를 해결하기 위해서는 5문단의 내용을 바탕으로 '유의수준'에 대해 정확히 이해해야 한다. 특히 주어진 사례를 바탕으로 '유의수준 값'을 올리고 내리는 것의 의미가 무엇인지 추론할 수 있어야 한다. 만일 5문단을 통해 유의수준을 5% 이하로 내릴 경우, 가령 2%로 내렸다고 할 경우에 백 번의 시행 중 두 번 이내로 1종 오류가 발생하더라도 우연히 일어난 일로 보고 대립 가설을 채택할 것이므로, 기존 5%보다 확률은 낮아질 것임을 알 수 있다. 이 문제처럼 제시된 사례를 바탕으로 문제를 해결해야 하는 경우가 있는데, 이 경우에는 사례에 선택지에서 제시된 상황을 적용하게 되면 정확성 여부를 판단할 수 있다.

▶ 오답인 ②, ⑤ 많이 선택한 이유는?
이 문제의 경우 학생들이 ②와 ⑤가 적절하지 않다고 하여 오답률이 높았는데, 이 경우 5문단의 내용에 대한 이해가 정확하지 못하여 오답률이 높았던 것으로 보인다. 특히 ②의 경우에는 보다 정확한 내용 이해가 필요하였는데, 유의수준이 '1종 오류가 발생할 확률의 최대 허용 범위'라고 이해했다면 잘못된 내용이었음을 바로 알았을 것이다. 이 문제에서 알 수 있듯이 문제를 해결할 때는 내용의 정확도를 위해 핵심 용어와 관련된 내용은 반드시 정확하게 확인할 수 있어야 한다.

40 문맥적 의미 파악　　정답률 71% | 정답 ④

문맥상 ⓐ ~ ⓔ와 바꿔 쓰기에 적절하지 않은 것은?

① ⓐ : 동시에 참이 되거나 동시에 거짓이 될 수 없는
두 가설이 모순이라는 것은 한 가설이 참이면 다른 가설은 거짓이 된다는 것이므로 동시에 참이 되거나 동시에 거짓이 될 수 없다.

② ⓑ : 귀무가설과 어긋난
병이 호전된다는 것은 신약이 효과가 있다는 것이므로 '신약이 효과가 없다.'라는 귀무가설과 어긋난다.

③ ⓒ : '신약이 효과가 없다.'라는 가설을 기각하고
귀무가설을 버린다는 것은 '신약이 효과가 없다'라는 가설을 기각하는 것이다.

☑ ⓓ : '피고인은 유죄이다.'라는 가설
3문단을 통해 '피고인은 유죄이다.'가 대립가설임을 알 수 있으므로, ⓓ의 귀무가설은 '피고인은 무죄이다.'라는 가설이 됨을 알 수 있다.

⑤ ⓔ : 1종 오류와 2종 오류
판단에서 발생하는 두 가지 오류인 1종 오류와 2종 오류를 의미한다.

41~45 현대 소설 + 시나리오

(가) 이문열, 「우리들의 일그러진 영웅」

감상 이 작품은 1960년대 시골의 한 초등학교를 배경으로 엄석대라는 절대 권력을 가진 급장과 그 앞에서 굴복하는 나약한 아이들의 모습을 통해 한국 사회의 왜곡된 의식 구조와 권력의 행태를 우의적으로 풍자하고 있는 작품이다. 시골 초등학교를 배경으로 하여 반 친구들 사이에 군림하는 엄석대라는 인물을 통해 권력의 속성과 무기력한 대중들의 모습을 상징적으로 보여 준 작품이라 할 수 있다.

주제 잘못된 권력과 이를 따르는 사람들의 문제점

작품 줄거리 자유당 정권이 막바지 기승을 부리던 시기에 나(한병태)는 좌천된 공무원인 아버지를 따라 서울에서 작은 읍의 초등학교로 전학한다. 나는 교활한 독재자 엄석대가 이루어 놓은 힘의 제국에서 가치관의 심한 혼란을 느끼며 외롭게 저항한다. 그러나 혼자만의 저항이 부질없음을 깨닫고 권력에 편승하여 그 달콤함에 젖어들 무렵, 새로운 담임 선생이 등장한다. 민주 체제로의 가능성이 없었던 환경은 새 담임에 의해 변혁을 겪고 엄석대 체제는 힘없이 붕괴되고 만다. 그러나 엄석대의 권위와 횡포는 다수의 아이들 자신의 힘에 의해서 붕괴된 것이 아니라는 사실을 나는 정확히 인식한다. 즉, 새 담임이 아니었다면 반 아이들의 반성과 자각은 생기지 않았을 것이다. 학급은 새로운 체제에 시행착오를 겪으며 허우적거리지만 점차 민주적 질서를 회복한다. 그 후 사회인으로 성장한 나는 부조리한 현실에서 힘겹게 살아가며 엄석대에 대한 일종의 향수마저 느낀다. 그러던 중 피서길에서, 수갑을 차고 경찰에 붙들려 가는 엄석대와 맞닥뜨린다.

(나) 이문열 원작, 박종원 각색, 「우리들의 일그러진 영웅」

감상 이 작품은 소설 「우리들의 일그러진 영웅」을 각색한 시나리오로, 원작과 달리 1990년대의 정치적 상황을 염두에 두고 표현한 작품이다. 1950년대 말의 한 시골 초등학교가 배경이므로, 부정한 방법

으로 반 친구들 위에 군림하는 엄석대라는 아이를 통해 권력의 형성과 몰락 과정을 상징적으로 묘사하였다.

주제 잘못된 권력과 이를 따르는 사람들의 문제점

작품 줄거리 서울에서 학원 강사를 하고 있는 한병태는 옛 시골 초등학교 은사님이 돌아가셨다는 소식을 듣고 그곳으로 향하던 중, 초등학교 시절을 회상한다. 자유당 정권 말기에 한병태는 서울에서 소도시의 초등학교로 전학을 간다. 같은 반에서 담임의 절대적인 신임을 받으며 모든 일을 좌지우지하는 엄석대의 존재는 병태의 가치관을 흔들어 놓는다. 병태는 처음에는 대항하지만 결국 교묘한 압력에 굴복하고 엄석대의 휘하로 들어가 권력의 단맛에 길들여진다. 새학기가 시작되고 김정원이라는 새로운 담임이 부임하면서 엄석대의 위치에 금이 가기 시작한다. 김 선생은 엄석대를 눈여겨보다가 시험지를 바꿔치는 현장을 발견하고 반 아이들이 보는 앞에서 엄하게 처벌한다. 용기를 얻은 아이들이 엄석대의 비행을 하나씩 늘어놓자 엄석대는 교실을 뛰쳐나가 그날 밤 학교에 불을 지르고 마을을 떠난다. 한병태는 상갓집에서 누군가가 보낸 화환을 보며 아직도 어딘가에서 엄석대가 절대자로 군림하고 있을 것이라 생각한다.

---

41 서술상 특징 파악　　정답률 75% | 정답 ④

[A]의 서술상 특징으로 가장 적절한 것은?

① 독백을 통해 대상에 대한 의문과 해답을 제시하고 있다.
　독백 형식으로 드러내고 있지만, 대상에 대한 의문이 제시되지는 않고 있다.

② 감각적인 묘사를 통해 인물 간의 대립을 부각하고 있다.
　감각적인 묘사나 인물 간의 대립은 찾아볼 수 없다.

③ 공간의 이동을 통해 인물의 심리 변화를 드러내고 있다.
　공간의 이동이 드러나지 않으며, 이를 통해 인물의 심리가 변화하는 과정도 나타나지 않고 있다.

☑ **회상의 방식을 통해 과거 사건의 의미에 대해 서술하고 있다.**
　[A]의 '하지만 그때껏 그런 우리를 ~훨씬 다 많은 세월이 지나야 했다.'를 통해 [A]가 회상의 방식을 사용했음을 알 수 있다. 따라서 [A]는 서술자가 어린 시절 학급에서 겪었던 혼란스러운 상황들을 회상하면서 어른이 된 지금 그 경험들이 어떤 의미를 가졌는지 서술한 것이라 할 수 있다.

⑤ 들은 바를 전달하는 형식을 통해 사건의 전모를 밝히고 있다.
　[A]는 서술자가 들은 바를 전달하는 것이 아니라, 서술자 자신의 경험을 회상하여 서술하고 있다.

★★★ 등급을 가르는 문제!

42 갈래의 전환 파악　　정답률 51% | 정답 ①

〈보기〉를 참고할 때, (가)를 (나)로 각색하는 과정에 대해 이해한 것으로 적절하지 않은 것은? [3점]

─〈보기〉─
소설을 시나리오로 각색할 경우, 갈래의 차이에 따라 여러 가지 변화가 일어나는데 예를 들면 소설에서는 인물의 내면 심리나 대상의 변화를 직접 서술할 수 있으나 시나리오는 이를 장면으로 시각화하거나 영화적 기법을 통해 표현한다. 또한 갈래적 차이에 따른 변화 외에도 각색 과정에서 창작자의 의도에 따라 특정 내용을 삭제 혹은 다른 장면으로 대체하거나 소설에 없던 장면을 추가하기도 한다.

☑ **(가)에서 김 선생이 아이들을 꾸짖는 모습이 S#136에서는 '다시'를 반복하는 장면으로 대체되어 아이들의 변화에 비관적인 그의 모습을 부각하고 있군.**
　(나)의 S#136에서 김 선생이 '다시'를 반복하는 모습은 아이들을 고무시켜 석대에게 맞설 용기를 북돋워 주고자 하는 것이라 할 수 있다. 따라서 S#136에서 김 선생이 '다시'를 반복하는 모습을 아이들의 변화에 비관적인 김 선생의 모습을 부각하는 것이라고 할 수 없다.

② (가)에서 아이들이 석대와 맞붙을 수 있게 된 것이 S#136에서는 '일제히 힘차게' 대답하는 모습으로 대체되고 있군.
　(나)의 S#136에서 아이들의 대답이 힘찬 소리로 바뀌는 것은 아이들이 석대에게 맞설 수 있게 된 것을 암시하는 것이라 할 수 있으므로, (가)에 언급된 아이들과 석대의 대결을 대체한 것이라 할 수 있다.

③ S#137의 '불길에 싸'인 교실과 S#139의 '시커먼 병' 등을 통해 (가)에 나오지 않는 석대의 방화를 추가하여 그의 보복을 암시하고 있군.
　석대의 방화는 (가)에는 등장하지 않지만 (나)에서는 석대의 보복을 암시하기 위해 석대의 방화 내용이 추가되었음을 알 수 있다.

④ (가)에서 직접적으로 서술된 병태의 내면을 S#140에서는 내레이션 기법을 통해 드러내고 있군.
　(가)에서 서술자의 서술로 처리된 인물의 내면 의식이, (나)의 S#140에서 내레이션 기법을 통해 표현되고 있다.

⑤ (가)에서 학급이 정상으로 돌아가게 되었다는 것을 S#140에서는 '박수 치는 아이들'의 모습을 통해 드러내고 있군.
　(가)에서 학급이 정상으로 돌아가고 있다는 것을, (나)의 S#140에서는 '박수 치는 아이들'이라는 교실 속 장면을 통해 보여 주고 있다.

★★ 문제 해결 꿀~팁 ★★

▶ 많이 틀린 이유는?
이 문제는 소설과 이를 시나리오로 각색하는 과정을 정확하게 이해하지 못해 오답률이 높았던 것으로 보인다. 또한 시나리오에 드러나는 인물의 행동이나 말에 담긴 의미를 이해하지 못한 것도 오답률이 높았던 것으로 보인다.
▶ 문제 해결 방법은?
이 문제를 해결하기 위해서는 소설의 내용을 시나리오에서는 어떻게 각색하였는지를 파악하여, 이와 관련한 선택지의 적절성을 판단하여야 한다. 가령 오답률이 높았던 ④의 경우 소설인 (가)에 제시된 병태의 내면이 S#140에서 내레이션(영화에서 장면에 나타나지 않으면서 장면의 진행에 따라 그 내용이나 줄거리를 장외에서 해설하는 일)으로 나타나 있으므로 적절하다. 그리고 시나리오로 각색한 과정에서 인물의 행동이나 말이 어떻게 드러나고 있는지 파악해야 한다. 정답인 ①의 경우, 선생님이 자신의 말을 알아듣겠느냐고 하면서 학생들의 목소리가 죽어가는 소리로 대답하자 '다시'를 말하고, 이에 대해 학생들이 점점 큰소리로 대답하고 있으므로 아이들의 변화에 비관적인 그의 모습을 부각한다는 이해는 적절하지 않음을 알 수 있다. 마찬가지로 오답률이 높았던 ③의 경우에도 '불길에 싸'인 교실 화면과 '시커먼 병'을 연결시키면 석대가 방화하였음을 알았을 것이다. 이 문제처럼 단순히 소설과 시나리오를 비교하는 것뿐만 아니라, 시나리오에 드러난 인물의 말과 행동의 의미도 파악하는 경우가 있으므로, 작품 전체 내용을 이해하여 그 의미가 무엇인지 찾을 수 있어야 한다.

---

43 작품 내용의 이해　　정답률 72% | 정답 ③

@에 대한 이해로 적절하지 않은 것은?

① 학급의 일부 임원들이 '작은 석대를 꿈꾸'는 것은 아직 @에서 벗어나지 못했기 때문이다.
　'작은 석대를 꿈꾸'는 것은 일부 아이들이 석대가 만들어 놓은 질서를 재건하고자 하는 것이므로 아직 석대의 질서에서 벗어나지 못한 것을 의미한다고 할 수 있다.

② '내부에서 일어나는 혼란'을 쉽게 해결하지 못한 것은 @를 대체할 수 있는 것을 마련하지 못했기 때문이다.
　아이들은 석대의 질서에서 벗어난 후 새로운 질서를 수립하지 못해 우왕좌왕하고 있는데, 이는 '석대의 질서'를 대체할 수 있는 것을 마련하지 못했음을 보여 주는 것이라 할 수 있다.

☑ **@는 석대가 아이들 '스스로가 스스로를 규율'할 수 있도록 하기 위하여 만든 것이다.**
　아이들 '스스로가 스스로를 규율'할 수 있게 된 것은 석대의 질서가 무너진 후 생긴 변화이므로, @는 석대가 아이들 '스스로가 스스로를 규율'할 수 있도록 하기 위하여 만들었다는 이해는 적절하지 않다.

④ '내 의식'이 '굴절되었던' 이유는 @에 익숙해져 있었기 때문이다.
　'나'는 석대의 억압적 질서에 익숙하게 적응하여 살아온 자신의 의식을 굴절되었다고 표현하고 있다.

⑤ '나'는 @가 학급에 '편의와 효용성'을 제공했지만 지금은 되돌릴 수 없는 것이라고 생각한다.
　'나'는 석대의 질서가 학급에 편의와 효용을 제공한 측면이 있었지만 이제는 금지된 것이라고 생각하고 있다.

---

44 구절의 기능 파악　　정답률 69% | 정답 ⑤

㉠~㉤에 대한 설명으로 적절하지 않은 것은?

① ㉠ : 석대가 떠난 후 학급이 맞닥뜨린 문제 상황들을 의미한다.
　학급 아이들이 교실 안에서 겪는 혼란과 교실 밖에서 석대의 괴롭힘에 시달리는 것을 말한다.

② ㉡ : 석대와 처음으로 맞붙은 인물들의 특성을 나타낸다.
　별나고 당차다는 것은 아이들이 석대에게 맞붙을 수 있는 특성을 보여 주는 것이다.

③ ㉢ : 다른 아이들도 석대와 맞붙을 수 있도록 하는 효과를 가져왔다.
　김 선생이 책을 나누어 준 것을 본 다른 아이들도 감화를 받아 석대와 맞서고 있다.

④ ㉣ : 그동안 학급에 여러 차례 혼란이 거듭되어 왔음을 보여준다.
　그동안 여러 차례 급장을 바꾸어 왔다는 의미로, 학급에 여러 차례 혼란이 거듭되어 왔음을 암시한다.

☑ **㉤ : 새 급장이 아직 완전히 인정받지 못하고 있음을 나타낸다.**
　새 급장이 단상 위에 올라가지 않는 것은 학급의 다른 아이들과 평등한 입장임을 상징적으로 보여 주는 것이지, 새 급장이 인정받지 못함을 나타낸 것이라 할 수 없다.

★★★ 등급을 가르는 문제!

45 외적 준거에 따른 작품의 감상　　정답률 40% | 정답 ①

〈보기〉는 윗글의 심화 학습을 위해 찾은 자료이다. 이를 참고하여 (가)를 이해한 내용으로 적절하지 않은 것은?

─〈보기〉─
철학자 마이클 샌델은 올바른 사회를 위해서는 시민이 덕성을 바탕으로 자기 통치에 참여해야 한다고 말했다. 자기 통치에 참여한다는 것은 공동선(共同善)에 대하여 동료 시민들과 함께 고민하고 그것을 실현하기 위해 적극적으로 참여하는 것을 뜻한다. 그는 공동선에 대한 토론에서 시민들이 자신의 목표를 잘 선택하고 다른 사람의 선택권을 존중해야 한다고 주장하였다.

☑ **'새로 생긴 건의함'은 아이들의 적극적인 참여를 통해 학급의 공동선을 실현하기 위한 기능을 수행하였군.**
　새로 생긴 건의함은 국민 탄핵제도의 기능을 하기보다는 밀고와 모함으로 학급 임원들을 갈아치웠다고 하였으므로, '새로 생긴 건의함'이 공동선을 실현하기 위한 기능을 제대로 수행하였다고 볼 수 없다.

② '학급의 일이 갈팡질팡해도 담임선생님은 철저하게 모르는 척'한 것은 아이들이 자기 통치를 할 수 있는 능력을 스스로 기르도록 하기 위해서였겠군.
　담임선생님이 학급의 일을 모르는 척한 것은 아이들이 스스로 학급의 질서를 새로 수립해 나가길 바랐기 때문이다.

③ '자치회가 끝없는 입씨름으로 서너 시간씩 계속'된 것은 아이들이 공동선을 위한 토론에 익숙하지 않은 모습을 나타낸 것이겠군.
　자치회가 끝없는 입씨름으로 지속된 것은 아이들이 공동선을 위한 토론에 익숙하지 않은 모습을 나타낸 것이다.

④ '내'가 '새로운 급장 선거에서 기권표를 던'졌던 것은 아직 자기 통치에 참여할 준비가 되지 않아서였겠군.
　'내'가 새로운 급장 선거에서 기권표를 던진 것은 구성원으로서 학급의 공동 문제에 참여할 의지가 아직 부족한 것을 의미한다.

⑤ '다 같이 힘을 합쳐야 할 작업에 요리조리 빠져나가'는 아이들은 동료 시민들과 함께하는 것에 대해 적극적이지 않은 시민에 해당하겠군.
　학급의 일에 빠져나가는 아이들은 다른 아이들과 협력하여 학급의 일을 수행하는데 소극적이라고 볼 수 있다.

★★ 문제 해결 꿀~팁 ★★

▶ 많이 틀린 이유는?
이 문제는 〈보기〉로 제시된 내용을 작품에 적용하는 과정과 작품에 제시된 소재나 행동의 의미를 정확히 파악하지 못하여 오답률이 높았던 것으로 보인다.
▶ 문제 해결 방법은?
이 문제를 해결하기 위해서는 먼저 〈보기〉의 내용을 이해하고, 이러한 내용을 바탕으로 한 선택지를 정확히 파악할 수 있어야 한다. 그런 다음 선택지에 제시된 〈보기〉를 바탕으로 한 소재나 인물의 행동에 대한 설명이 적절한지 글의 내용을 통해 확인해야 한다. 가령 정답인 ①의 경우 '새로 생긴 건의함'이 밀고와 모함으로 학급 임원들을 갈아치우는 역할을 하고 있음을 알 수 있으므로 공동선을 실현하기 위한 기능을 수행하였다고 볼 수 없는 것이다. 마찬가지로 오답률이 높았던 ③의 경우에도 '자치회가 끝없는 입씨름으로 서너 시간씩 계속된 것'을 원활한 토론 상황이 전개되지 않는 상황을 보여 주는 것이라 이해했다면 적절함을 알았을 것이다. 이 문제처럼 〈보기〉를 바탕으로 한 감상이라 하더라도 문제 해결의 핵심은 작품의 이해에 있으므로, 선택지에 언급된 내용을 작품을 통해 반드시 확인하고 적절성을 평가하도록 한다.

★ 표기된 문항은 [등급을 가르는 문제]에 해당하는 문제입니다.

[01~03] 화법

01 말하기 방식 파악   정답률 93% | 정답 ⑤

위 발표자의 말하기 방식으로 가장 적절한 것은?

① 발표 자료의 출처를 밝혀 청중에게 신뢰감을 주고 있다.
발표 화제와 관련된 자료들을 보여 주고 있지만, 이러한 자료들의 출처를 밝히지는 않고 있다.

② 발표 중간중간 청중에게 질문을 던지며 청중의 반응을 확인하고 있다.
발표자는 5문단에서 마무리를 위한 질문을 던지고 있지만, 발표 중간중간마다 질문을 던지며 청중의 반응을 확인하지는 않고 있다.

③ 발표 내용의 역사적 유래와 가치를 언급하여 청중의 관심을 유도하고 있다.
도로 표지판의 모양과 표지판에 있는 번호에 대해 설명하고 있지만, 도로 표지판의 역사적 유래와 가치에 대한 내용은 언급하고 있지 않다.

④ 발표 내용과 관련된 자신의 경험을 이야기하여 청중의 흥미를 유발하고 있다.
발표자는 도로 표지판과 관련된 자신의 경험을 제시하지는 않고 있다.

☑ 발표에서 언급된 화제에 대한 구체적인 예를 제시하여 청중의 이해를 돕고 있다.
발표자는 2문단에서 고속도로 표지판을 설명하면서, 60번인 서울양양고속도로와 10번인 남해고속도로 표지판의 예를 들고 있고, 4문단에서 지방의 표지판을 설명하면서 경기도에 있는 지방도 표지판의 예를 들고 있다. 따라서 발표자는 발표 화제와 관련된 구체적인 예를 제시하여 청중의 이해를 돕고 있다.

02 자료 이해의 적절성 판단   정답률 88% | 정답 ④

위 발표 내용을 바탕으로 (가)~(다)의 표지판을 이해한 내용으로 적절하지 않은 것은?

(가) 30   (나) 7   (다) 1004

① (가)가 가리키는 도로는 남해고속도로와 서울양양고속도로 사이에 위치하고 있겠군.
2문단을 통해 동서로 연결된 도로는 위쪽으로 갈수록 큰 번호가 부여됨을 알 수 있으므로, 30번 고속도로는 10번 고속도로의 위쪽, 60번 고속도로의 아래쪽에 위치해 있음을 추측할 수 있다.

② (나)가 가리키는 도로는 두 자리 번호가 적힌 같은 종류의 도로보다 중심적인 역할을 하겠군.
3문단을 통해 일반국도 중 한 자리 번호가 부여된 경우는 두 자리 이상의 번호가 부여된 일반국도보다 중심적인 역할을 한다는 것을 알 수 있다.

③ (다)가 가리키는 도로는 경상남도 내의 시·군청 소재지들을 연결하고 있는 도로들 중 하나이겠군.
4문단을 통해 (다)처럼 10XX인 도로는 경상남도의 도지사가 직접 관리하고 있으므로 경상남도 내의 시·군청 소재지들을 연결하고 있을 것이다.

☑ (나)가 가리키는 도로는 (가)와 (다)가 가리키는 도로와는 달리 동서로 연결되어 있겠군.
2문단의 '우선 홀수는 고속도로가 남북으로 연결되어 있음을, 짝수는 동서로 연결되어 있음을 의미합니다.'를 통해, 고속도로의 경우 남북으로 연결된 도로에는 홀수 번호가, 동서로 연결된 도로에는 짝수 번호가 부여됨을 알 수 있다. 그리고 3, 4문단을 통해 일반국도, 지방도도 고속도로와 마찬가지로 남북으로 연결된 도로에는 홀수 번호가, 동서로 연결된 도로에는 짝수 번호가 부여됨을 알 수 있다. 따라서 (나)가 가리키는 도로는 동서가 아닌 남북 방향으로 연결된 도로임을 알 수 있다.

⑤ (다)가 가리키는 도로는 (가)와 (나)가 가리키는 도로와는 달리 도지사가 직접 관리하겠군.
4문단을 통해 (다)처럼 10XX인 도로는 경상남도의 도지사가 직접 관리하는 지방도임을 알 수 있다.

03 청중의 반응 분석   정답률 93% | 정답 ③

〈보기〉는 위 발표를 들은 학생의 반응이다. 이를 이해한 내용으로 가장 적절한 것은?

〈보 기〉
얼마 전 여행을 갔을 때가 생각이 나. 도로를 지날 때마다 번호들이 적혀 있는 방패 모양, 타원 모양, 직사각형 모양의 표지판들을 보았는데, 발표를 듣고 모두 의미가 있다는 것을 알게 되었어. 가기 전에 알았으면 더 좋았을 텐데……. 그런데 그때 삼각형과 육각형 모양의 표지판도 본 것 같은데, 그것들도 어떤 의미가 있는지 인터넷으로 검색해 봐야겠어.

① 발표 내용을 객관적 사실과 발표자의 의견으로 구분하고 있다.
〈보기〉의 내용을 통해 학생은 발표 내용을 객관적 사실과 의견으로 구분하지 않고 있다.

② 발표했던 경험을 떠올리며 발표자의 발표 태도에 대해 아쉬워하고 있다.
〈보기〉에서 학생은 삼각형과 육각형 모양의 표지판을 본 경험을 언급하고 있지만, 자신이 발표했던 경험을 떠올리지는 않고 있다.

☑ 발표를 듣고 난 후 생긴 궁금증을 적극적으로 해결하려는 태도를 보이고 있다.
〈보기〉의 '그런데 그때 삼각형과 육각형 모양의 표지판도 본 것 같은데, 그것들도 어떤 의미가 있는지 인터넷으로 검색해 봐야겠어.'를 통해, 학생은 발표에서 언급되지 않은 삼각형과 육각형의 도로 표지판을 인터넷으로 검색해서 의미를 알아내겠다는 적극적인 태도를 보이고 있음을 알 수 있다.

④ 발표에서 언급하지 않은 정보에 대해 발표자에게 질문을 해야겠다고 생각하고 있다.
〈보기〉에서 학생은 발표에서 언급되지 않은 정보인 삼각형과 육각형 모양의 표지판을 떠올리고 있지만, 이러한 정보를 발표자에게 질문해야겠다고 생각하지는 않고 있다.

⑤ 발표 내용과 자신이 알고 있던 사실을 비교하며 발표에서 제시한 정보에 의문을 품고 있다.
〈보기〉를 통해 학생이 발표에서 제시한 정보에 대해 의문을 품고 있는 부분은 찾아볼 수 없다.

[04~07] 화법과 작문

04 말하기 방식의 이해   정답률 78% | 정답 ②

(가)에 나타난 말하기 방식으로 적절한 것은?

① '진행자'는 '△△시 시장'에게 인터뷰할 내용의 순서를 안내하고 있다.
진행자는 처음에 △△시 시장을 모시고 인터뷰할 것임을 밝히고 있지만, △△시 시장에게 인터뷰할 내용의 순서를 안내하지는 않고 있다.

☑ '진행자'는 '△△시 시장'에게 자신이 이해한 내용이 맞는지 확인하고 있다.
방송 인터뷰 중 진행자는 5번째 발언에서 '올해는 나눔 마당, 실속 마당, 체험 마당으로 구성하여 운영한다는 말씀이죠?'라고 묻고 있고, 이에 대해 △△시 시장은 그렇다고 대답하고 있다. 따라서 진행자의 5번째 발언은 △△시 시장의 앞선 발화 내용에 대해 자신이 이해한 것이 맞는지를 확인하기 위한 질문이라 할 수 있다.

③ '진행자'는 친숙한 소재에 빗대어 인터뷰 내용을 요약하여 시청자들에게 전달하고 있다.
진행자가 친숙한 소재에 빗대어 인터뷰 내용을 요약하는 부분은 찾아볼 수 없다.

④ '△△시 시장'은 '진행자'의 질문에 전문가의 말을 인용하여 답변하고 있다.
△△시 시장의 발언 내용을 통해 △△시 시장이 진행자의 질문에 전문가의 말을 인용하여 답변한 내용은 찾아볼 수 없다.

⑤ '△△시 시장'은 기대되는 긍정적인 결과를 언급하며 인터뷰를 마무리하고 있다.
△△시 시장은 인터뷰를 마무리하면서 나눔 장터를 방문해 달라고 요청하고 있지만, 기대되는 긍정적 결과를 언급하지는 않고 있다.

05 자료 활용의 적절성 판단   정답률 81% | 정답 ④

〈보기〉는 '△△시 시장'이 인터뷰를 위해 준비한 자료이다. ㉠ ~ ㉤에 답변을 하기 위한 자료 활용 계획 중, (가)에서 확인할 수 없는 것은?

〈보 기〉
· 사진 1 : 주변에 버려진 냉장고의 모습
· 동영상 : 행복 나눔 장터의 사람들 모습
· 사진 2 : 지역 농산물을 판매하는 모습
· 사진 3 : 폐식용유로 비누 만들기를 하는 모습
· 표 : 2021년 △△시 시민들이 기증한 중고품 목록
· 사진 4 : △△시 홈페이지의 게시판 화면

① ㉠에 대한 답변에서 '사진 1'을 제시하여, 행복 나눔 장터의 운영이 자원 재활용 및 환경 보호와 관련이 있음을 전달해야겠어.
㉠에 대한 답변에서 △△시 시장은 '사진 1'을 활용하여 행복 나눔 장터의 운영이 자원 재활용 및 환경 보호와 관련이 있음을 언급하고 있으므로 자료 활용 계획으로 적절하다.

② ㉡에 대한 답변에서 '동영상'을 제시하여, 행복 나눔 장터를 찾은 사람들의 모습을 생생하게 보여줘야겠어.
㉡에 대한 답변에서 △△시 시장은 '동영상'을 활용하여 행복 나눔 장터를 찾은 사람들의 모습을 생생하게 보여 주고 있으므로 자료 활용 계획으로 적절하다.

③ ㉢에 대한 답변에서 '사진 2'와 '사진 3'을 제시하여, 행복 나눔 장터에서 판매하는 지역 농산물과 시민들이 참여할 수 있는 체험 활동을 언급해야겠어.
㉢에 대한 답변에서 △△시 시장은 '사진 2'와 '사진 3'을 활용하여 행복 나눔 장터에서 판매하는 지역 농산물과 시민들이 참여할 수 있는 체험 활동을 언급하고 있으므로 자료 활용 계획으로 적절하다.

☑ ㉣에 대한 답변에서 '표'를 제시하여, 기증 받은 중고품의 목록과 기증자에게 돌아갈 다양한 혜택을 언급해야겠어.
〈보기〉의 자료 중 '표'는 ㉣에 답변하기 위해 필요한 자료에 해당한다. 하지만 인터뷰에서 △△시 시장은 이 자료를 활용하여 중고품 기증자에게 돌아갈 다양한 혜택에 대해서는 언급하지 않고 있으므로 자료 활용 계획으로 적절하지 않다.

⑤ ㉤에 대한 답변에서 '사진4'를 제시하여, 중고품의 기증 방법과 절차를 안내해야겠어.
㉤에 대한 답변에서 △△시 시장은 '사진 4'를 활용하여 중고품의 기증 방법과 절차를 안내하고 있으므로 자료 활용 계획으로 적절하다.

06 글쓰기 계획 반영 여부 판단   정답률 94% | 정답 ③

다음은 학생이 (나)를 쓰기 전 떠올린 생각이다. (나)에 반영되지 않은 것은?

○ 글을 쓰는 사람이 누구인지를 먼저 밝혀야겠어. ········· ㉠
○ 행복 나눔 장터를 직접 방문한 후의 느낀 점을 언급해야겠어. ········· ㉡
○ 다른 지역의 학교에서 운영하고 있는 중고품 나눔 장터의 현황을 소개해야겠어. ········· ㉢
○ 우리 학교 학생들이 사용하지 않고 있는 물건을 어떻게 처리하는지 언급해야겠어. ········· ㉣
○ 중고품 나눔 장터를 마련해 달라고 건의하며 글을 마무리해야겠어. ········· ㉤

① ㉠ 글을 쓰는 사람이 누구인지를 먼저 밝혀야겠어.
1문단에서 글을 쓰는 사람이 1학년 김○○임을 밝히고 있으므로 반영된 것으로 적절하다.

② ㉡ 행복 나눔 장터를 직접 방문한 후의 느낀 점을 언급해야겠어.
2문단에서 행복 나눔 장터를 다녀온 후 우리 학교에도 중고품 나눔 장터가 있으면 좋겠다고 자신의 느낌을 언급하였으므로 반영된 것으로 적절하다.

☑ ㉢ 다른 지역의 학교에서 운영하고 있는 중고품 나눔 장터의 현황을 소개해야겠어.
(나)에서 다른 지역의 학교에서 운영하고 있는 중고품 나눔 장터의 현황은 제시되지 않았으므로 ㉢은 반영되지 않았다.

④ ㉣ 우리 학교 학생들이 사용하지 않고 있는 물건을 어떻게 처리하는지 언급해야겠어.
3문단에서 우리 학교 학생들이 사용하지 않고 있는 물건을 그냥 버리거나 집에 방치하고 있다고 언급하였으므로 반영된 것으로 적절하다.

⑤ ㉤ 중고품 나눔 장터를 마련해 달라고 건의하며 글을 마무리 해야겠어.
4문단에서 교장 선생님께 중고품 나눔 장터를 마련해 줄 것을 건의하며 글을 마무리하였으므로 반영된 것으로 적절하다.

07 조건에 맞게 글쓰기 정답률 80% | 정답 ⑤

다음을 고려할 때, ⓐ를 보완한 내용으로 가장 적절한 것은? [3점]

> [글쓰기 과정에서의 자기 점검]
> 긍정적인 효과가 무엇인지 잘 드러나지 않았네. 우리 학교 학생들이 얻을 수 있는 교육적 효과와 **학교**가 얻을 수 있는 홍보 효과도 함께 강조하면 설득력이 더 높아질 것 같아.

① 우리 학교에 중고품을 교환할 수 있는 장터가 생긴다면, 학생들뿐만 아니라 지역 주민들도 분명 동참하게 될 것입니다.
학생과 학교가 얻을 수 있는 효과를 모두 언급하지 않았다.

② 우리 학교에 중고품을 교환할 수 있는 장터가 생긴다면, 학생들도 자신의 물건을 함부로 버리지 않고 더 애정을 가지게 될 것입니다.
우리 학교 학생들이 얻을 수 있는 교육적 효과는 언급하였지만 학교가 얻을 수 있는 홍보 효과를 언급하지 않았다.

③ 우리 학교에 중고품을 교환할 수 있는 장터가 생긴다면, 환경 보호에도 도움이 될 것이고 학생들도 자원 절약의 정신을 배우게 될 것입니다.
우리 학교 학생들이 얻을 수 있는 교육적 효과는 언급하였지만 학교가 얻을 수 있는 홍보 효과를 언급하지 않았다.

④ 우리 학교에 중고품을 교환할 수 있는 장터가 생긴다면, 우리 지역의 중학생들도 이 소문을 듣게 될 것이므로 자연스럽게 학교 홍보가 될 것입니다.
학교가 얻을 수 있는 홍보 효과를 언급하였지만, 우리 학교 학생들이 얻을 수 있는 효과를 언급하지 않았다.

☑ 우리 학교에 중고품을 교환할 수 있는 장터가 생긴다면, 학생들은 나눔의 정신을 배울 것이고 학교는 자원 절약을 실천하는 배움터라는 이미지를 얻을 것입니다.
[글쓰기 과정에서의 자기 점검]을 통해 ⓐ를 보완하기 위해 '학생들이 얻을 수 있는 교육적 효과'와 '학교가 얻을 수 있는 홍보 효과'를 언급해야 함을 알 수 있다. 이렇게 볼 때 이를 언급한 것은 ⑤로, ⑤의 '나눔의 정신을 배울 것'을 통해 우리 학교 학생들이 얻을 수 있는 교육적 효과가 언급되었음을 알 수 있다. 그리고 '자원 절약을 실천하는 배움터라는 이미지를 얻을 것'을 통해 학교가 얻을 수 있는 홍보 효과를 언급하였음을 알 수 있다.

[08~10] 작문

08 글쓰기 전략 파악하기 정답률 73% | 정답 ⑤

(나)에 활용된 글쓰기 전략으로 적절하지 않은 것은?

① 비유적 표현을 활용하여 독자의 경각심을 높인다.
1문단에서 '탄소발자국'을 '우리가 살아가면서 지구에 남기는 흔적'으로, 2문단에서 지구 환경에 부정적인 영향을 미치는 것을 '지구를 병들게' 하는 것으로 비유하면서 디지털 탄소발자국에 대한 독자의 경각심을 높이고 있다.

② 서두에 시사 용어를 사용하여 독자의 관심을 유도한다.
1문단에서 '기후변화', '지속가능', '탄소발자국' 등의 시사 용어를 제시하여 독자의 관심을 유도하고 있다.

③ 묻고 답하는 방식을 통해 전달하려는 내용을 강조한다.
3문단에서 '디지털 탄소발자국을 줄이기 위해 우리가 실천할 수 있는 일에는 무엇이 있을까?'라는 질문을 제시한 뒤, 이에 답하는 내용으로 구성하여 글쓴이가 전달하려는 내용을 강조하고 있다.

④ 다양한 실천 방안을 제시하여 독자의 참여를 이끌어낸다.
3문단에서 디지털 탄소발자국을 줄이는 실천 방안을 스마트폰과 관련지어 세 가지를 제시함으로써 독자의 참여를 이끌어내고 있다.

☑ 예상되는 반론을 언급하여 글의 내용에 공정성을 부여한다.
(나)에서는 '탄소발자국'의 개념과 디지털 영역에서의 이산화탄소 발생 및 탄소발자국 줄이기 위해 할 수 있는 일 등이 언급되어 있지만, 예상되는 반론을 언급하지는 않고 있다.

09 자료 활용의 적절성 파악 정답률 80% | 정답 ⑤

〈보기〉는 (나)를 쓴 '학생'이 '초고'를 보완하기 위해 추가로 수집한 자료들이다. 자료의 활용 방안으로 적절하지 않은 것은? [3점]

〈보 기〉
ㄱ. 통계 자료
1. 스마트폰의 디지털 탄소발자국

데이터 8.8MB 사용 = 자동차가 1km 주행
CO₂ 95g 배출

2. 디지털 탄소발자국의 비율 (%)

구분	디지털 탄소발자국 / 탄소발자국
2013년	2.5%
2018년	3%
2020년	3.7%
2040년	14% 초과 추정

ㄴ. 신문 기사
○○구는 지속가능한 지역 사회를 만들고 기후변화에 대응하기 위해 '디지털 탄소발자국 줄이기 5대 지침'을 시행한다고 밝혔다. 세부 지침은 컴퓨터 절전 프로그램 사용, 스팸 메일·쪽지 차단, 북마크 활용, 스트리밍 대신 다운로드, 전자기기 교체 주기 늘리기 등이다.

ㄷ. 전문가 인터뷰 자료
"2020년 7월 한 달 동안 스마트폰 가입자가 사용한 데이터는 1인당 평균 12.5GB 정도 되는데요, 이것은 한 달 동안 1인당 137.5kg의 이산화탄소를 배출한 셈이 됩니다. 실제 한 대학교 연구진은 개인이 스마트폰을 사용하면서 발생하는 이산화탄소가 다른 디지털 기기를 사용하는 과정에서 나온 이산화탄소의 총량을 넘어설 것이라고 지적하기도 했죠."

① ㄱ-1을 활용하여, CO₂ 배출량을 자동차 주행과 비교함으로 써 스마트폰 데이터의 사용이 탄소발자국을 남기고 있다는 것을 강조해야겠어.
〈보기〉의 ㄱ-1은 스마트폰의 디지털 탄소발자국의 CO₂ 배출량을 자동차와 비교하여 제시한 자료이므로, 이를 활용하여 스마트폰 데이터의 사용이 탄소발자국을 남기고 있다는 것을 강조해야겠다는 자료 활용 계획은 적절하다.

② ㄱ-2를 활용하여, 탄소발자국에서 디지털 탄소발자국이 차지하는 비중이 앞으로 더 늘어날 것임을 알려야겠어.
〈보기〉의 ㄱ-2는 디지털 탄소발자국의 비율을 나타내고 있는데, 해마다 디지털 탄소발자국의 비율이 높아짐을 알 수 있다. 따라서 ㄱ-2를 활용하여 탄소발자국에서 디지털 탄소발자국이 차지하는 비중이 앞으로 더 늘어날 것임을 알려야겠다는 자료 활용 계획은 적절하다.

③ ㄴ을 활용하여, 디지털 탄소발자국을 줄여 기후변화에 대응하는 실천 방안을 추가로 제시해야겠어.
ㄴ은 ○○구의 '디지털 탄소발자국 줄이기 5대 지침'에 대한 신문 기사이므로, 이를 활용하여 디지털 탄소발자국을 줄여 기후변화에 대응하는 실천 방안을 추가로 제시해야겠다는 자료 활용 계획은 적절하다.

④ ㄱ-1과 ㄷ을 활용하여, 스마트폰 데이터의 사용으로 발생하는 디지털 탄소발자국을 구체적인 수치로 나타내야겠어.
〈보기〉의 ㄱ-1은 스마트폰의 디지털 탄소발자국의 CO₂ 배출량을 자동차와 비교하여 제시한 자료이고, ㄷ은 2020년 7월 한 달 동안의 1인당 사용 데이터와 이에 해당하는 이산화탄소 양을 제시한 인터뷰 자료이다. 따라서 ㄱ-1과 ㄷ을 활용하여 스마트폰 데이터의 사용으로 발생하는 디지털 탄소발자국을 구체적인 수치로 나타내야겠다는 자료 활용 계획은 적절하다.

☑ ㄱ-2와 ㄴ을 활용하여, 디지털 탄소발자국을 줄이기 위해 현행 제도의 문제점을 지적하고 이를 개선해야 함을 부각해야겠어.
〈보기〉의 ㄱ-2는 디지털 탄소발자국의 비율을, ㄴ은 ○○구의 '디지털 탄소발자국 줄이기 5대 지침'에 대한 신문 기사이다. 따라서 ㄱ-2와 ㄴ에서 디지털 탄소발자국과 관련된 현행 제도의 문제점은 찾아볼 수 없으므로, 이를 활용하여 디지털 탄소발자국을 줄이기 위해 현행 제도의 문제점을 지적한다는 활용 계획은 적절하지 않다.

10 고쳐쓰기의 적절성 판단 정답률 87% | 정답 ④

㉠~㉤을 고쳐 쓰기 위한 방안으로 적절하지 않은 것은?

① ㉠ : 의미가 중복되므로 '감소시키고'를 삭제한다.
'감소시키다'는 '덜어서 적게 하다.'는 의미로, '줄이다'와 의미가 중복되므로 삭제하는 것은 적절하다.

② ㉡ : 문맥을 고려하여 '그래서'로 고친다.
2문단의 마지막 문장은 그 앞의 문장이 인과 관계로 연결되므로 이를 연결하는 역접의 접속어 '그러나'를 '그래서'로 고치는 것은 적절하다.

③ ㉢ : 필요한 문장 성분이 생략되어 있으므로 '스마트폰을'을 첨가한다.
'멀리하다'는 '가까이 하지 않고 거리를 두다.'는 의미의 타동사이므로 목적어를 필요로 한다. 문맥을 고려할 때 목적어 '스마트폰을'을 첨가하는 것은 적절하다.

☑ ㉣ : 글의 통일성을 해치는 내용이므로 삭제한다.
㉣은 앞뒤 문맥을 고려할 때 뒷문장을 뒷받침하는 내용으로 볼 수 있으므로 글의 통일성을 해치는 문장으로 볼 수 없다.

⑤ ㉤ : 맞춤법에 어긋나므로 '맞추며'로 고친다.
'(어떤 사람이 다른 사람과 눈을) 일치시켜 마주 바라보다.'는 의미의 단어는 '맞추다'이다.

[11~15] 문법

★★★ 등급을 가르는 문제!
11 음운 변동의 이해 정답률 45% | 정답 ①

〈보기〉의 ㉠과 ㉡이 모두 일어나는 단어로 적절한 것은?

〈보 기〉
음운의 변동에는 한 음운이 다른 음운으로 바뀌는 ㉠ '교체', 원래 있던 음운이 없어지는 '탈락', 두 개의 음운이 하나로 합쳐지는 ㉡ '축약', 없던 음운이 새로 생기는 '첨가'가 있다.

☑ 굳히다[구치다]
'굳히다'는 'ㄷ'과 'ㅎ'이 'ㅌ'으로 축약(거센소리되기)되어 [구티다]가 된 후, 구개음화 현상으로 'ㅌ'이 'ㅊ'으로 교체되어 [구치다]로 발음되므로, 교체와 축약이 모두 일어난다고 할 수 있다.

② 미닫이[미다지]
'미닫이'는 연음 현상으로 [미다디]로 발음된 뒤, 구개음화 현상으로 'ㄷ'이 'ㅈ'으로 교체되어 [미다지]로 발음되므로, 교체만 일어나고 축약은 일어나지 않는다.

③ 빨갛다[빨가타]
'빨갛다'는 'ㅎ'과 'ㄷ'이 'ㅌ'으로 축약(거센소리되기)되어 [빨가타]로 발음되므로, 축약은 일어나지만 교체는 일어나지 않는다.

④ 솜이불[솜니불]
'솜이불'은 'ㄴ'이 첨가되어 [솜니불]로 발음되므로, 교체와 축약 둘 다 일어나지 않는다.

⑤ 잡히다[자피다]
'잡히다'는 'ㅂ'과 'ㅎ'이 'ㅍ'으로 축약(거센소리되기)되어 [자피다]로 발음되므로, 축약은 일어나지만 교체는 일어나지 않는다.

■ 거센소리되기
'ㄱ, ㄷ, ㅂ, ㅈ'이 'ㅎ'과 만나면 거센소리인 'ㅋ, ㅌ, ㅍ, ㅊ'으로 발음되는 현상

ㄱ(ㄺ) + ㅎ(ㄶ, ㅀ) + ㄱ → [ㅋ]	ⓓ 먹히다 → [머키다] / 낳고 → [나코]
ㄷ + ㅎ(ㄶ, ㅀ) + ㄷ → [ㅌ]	ⓓ 맏형 → [마텽] / 않던 → [안턴]
ㅂ(ㄿ) + ㅎ(ㄶ, ㅀ) + ㅂ → [ㅍ]	ⓓ 잡화 → [자퐈]
ㅈ(ㄵ) + ㅎ(ㄶ, ㅀ) + ㅈ → [ㅊ]	ⓓ 맞히다 → [마치다] / 그렇지 → [그러치]

★★ 문제 해결 꿀~팁 ★★

▶ 많이 틀린 이유는?
이 문제는 단어의 음운 변동 과정 및 음운 변동의 종류인 교체, 탈락, 축약, 첨가에 대한 정확한 이해가 부족하여 오답률이 높았던 것으로 보인다.
▶ 문제 해결 방법은?
문법 문제에서는 음운 변동과 관련된 문제가 많이 출제되므로, 음운 변동의 종류에 대해서는 기본적으로 숙지하고 있어야 한다. 또한 이러한 음운 변동과 관련하여 각 단어들의 음운 변동 과정을 정확히 파악할 수 있어야 한다.
가령 정답인 ①의 경우 학생들은 단순히 '구개음화'만 일어나 교체는 일어나지만 축약은 일어나지 않는다고 생각하여 잘못된 판단을 한 것으로 보인다. 이는 '굳히다'의 음운 변동 과정을 고려하지 않은 판단으로, '굳히다'가 처음에 'ㄷ'과 'ㅎ'이 'ㅌ'으로 축약되어 [구티다]가 된 후 구개음화가 일어나는 음운 변동 과정을 파악했다면 교체와 축약이 모두 일어남을 알았을 것이다.
이처럼 음운 변동 문제를 해결하기 위해서는 각 단어의 음운 변동 과정도 반드시 고려해야 하므로, 평소 음운 변동을 학습할 때 음운 변동의 과정이 어떻게 일어나는지 꼼꼼하게 살피도록 한다.

12 안긴문장의 이해 정답률 60% | 정답 ②

윗글을 바탕으로 〈보기〉를 탐구한 내용으로 적절하지 않은 것은?

─〈보 기〉─

㉠ 오랫동안 여행을 떠났던 친구가 ㉡ 자신이 돌아왔음을 알리며 ㉢ 곧장 나를 만나러 오겠다고 ㉣ 기분 좋게 약속해서 나는 ㉤ 마음이 설렜다.

① ㉠은 뒤에 오는 명사 '친구'를 수식하므로 관형절로 안긴문장으로 볼 수 있군.
제시된 글 2문단을 통해, 관형절은 절 전체가 관형어의 기능을 하는 것으로, 체언 앞에 위치하여 체언을 수식하는 역할을 함을 알 수 있다. 따라서 ㉠은 뒤에 오는 명사 '친구'를 수식하므로 관형절로 안긴문장이라 할 수 있다.

✔ ② ㉡은 서술어 '알리며'의 부사어 역할을 하므로 명사절로 안긴문장으로 볼 수 있군.
제시된 글 2문단을 통해, 명사절이 절 전체가 명사처럼 쓰이는 것으로, 문장에서 주어, 목적어, 보어, 부사어 등의 역할을 함을 알 수 있다. 그런데 '자신이 돌아왔음' 뒤에 조사 '을'이 사용되었으므로 ㉡은 부사어 역할을 하는 것이 아니라 서술어 '알리며'의 목적어 역할을 하므로 적절하지 않다.

③ ㉢은 '고'를 사용하여 친구의 말을 인용하고 있으므로 인용절로 안긴문장으로 볼 수 있군.
제시된 글 2문단을 통해, 인용절은 화자의 생각 혹은 느낌이나 다른 사람의 말을 인용한 것이 절의 형식으로 안기는 경우로, '고', '라고'와 결합하여 나타남을 알 수 있다. 따라서 ㉢은 '고'를 사용하여 친구의 말을 인용하고 있으므로 인용절로 안긴문장이라 할 수 있다.

④ ㉣은 서술어 '약속해서'를 수식하고 있으므로 부사절로 안긴문장으로 볼 수 있군.
제시된 글 2문단을 통해, 부사절은 절 전체가 부사어의 기능을 하는 것으로, 서술어를 수식하는 역할을 함을 알 수 있다. 따라서 ㉣은 서술어 '약속해서'를 수식하고 있으므로 부사절로 안긴문장이라 할 수 있다.

⑤ ㉤은 주어 '나'의 상태를 서술하는 역할을 하므로 서술절로 안긴문장으로 볼 수 있군.
제시된 글 2문단을 통해, 서술절은 절 전체가 서술어의 기능을 하는 것임을 알 수 있다. 따라서 ㉤은 주어 '나'의 상태를 서술하는 역할을 하므로 서술절로 안긴문장이라 할 수 있다.

13 이어진문장의 이해 정답률 86% | 정답 ⑤

윗글을 바탕으로 이어진문장을 구분한 내용으로 적절한 것은?

	예문	종류	의미 관계
①	무쇠도 갈면 바늘이 된다.	종속	목적

'무쇠도 갈면 바늘이 된다.'는 앞 절인 '무쇠도 갈다.'와 뒤 절인 '바늘이 된다.'가 연결 어미 '-면'으로 이어진 문장으로, 앞 절이 뒤 절에 대해 '조건'의 종속적인 의미 관계로 이루어져 있다.

| ② | 하늘도 맑고, 바람도 잠잠하다. | 대등 | 대조 |

'하늘도 맑고, 바람도 잠잠하다.'는 앞 절인 '하늘도 맑다.'와 뒤 절인 '바람도 잠잠하다.'가 연결 어미 '-고'로 이어진 문장으로, 앞 절과 뒤 절이 '나열'의 대등한 의미 관계로 이루어져 있다.

| ③ | 나는 시험공부를 하러 학교에 간다. | 종속 | 조건 |

'나는 시험공부를 하러 학교에 간다.'는 앞 절인 '나는 시험공부를 하다.'와 뒤 절인 '(나는) 학교에 간다.'가 연결 어미 '-러'로 이어진 문장으로, 앞 절이 뒤 절에 대해 '목적'의 종속적인 의미 관계로 이루어져 있다.

| ④ | 함박눈이 내렸지만 날씨가 따뜻하다. | 대등 | 나열 |

'함박눈이 내렸지만 날씨가 따뜻하다.'는 앞 절인 '함박눈이 내렸다.'와 뒤 절인 '날씨가 따뜻하다.'가 연결 어미 '-만'으로 이어진 문장으로, 앞 절과 뒤 절이 '대조'의 대등한 의미 관계로 이루어져 있다.

✔ ⑤ 갑자기 문이 열려서 사람들이 놀랐다. 종속 원인

'갑자기 문이 열려서 사람들이 놀랐다.'는 앞 절인 '갑자기 문이 열리다.'와 뒤 절인 '사람들이 놀랐다.'가 연결 어미 '-어서'로 이어진 문장으로, 앞 절이 뒤 절에 대해 '원인'의 종속적인 의미 관계로 이루어져 있다.

● 문법 필수 개념

■ 종속적으로 이어진문장의 연결 어미의 이해

| ① 원인이나 이유 : -(아)서 | ⓓ 비가 와서 땅이 질다. |
| ② 배경이나 상황 : -는데 | ⓓ 집에 가는데 옛 친구를 만났다. |

③ 조건이나 가정 : -(으)면	ⓓ 이 모자가 좋으면 네가 가져라.
④ 의도나 목적 : -(으)려고	ⓓ 국수를 먹으려고 소면을 샀다.
⑤ 양보 : -(으)ㄹ지라도	ⓓ 바쁘시더라도 꼭 참석해 주세요.
⑥ 중단이나 전환 : -가	ⓓ 책을 읽다가 문득 선생님 생각이 났어요.
⑦ 정도의 심화 : -수록	ⓓ 날이 갈수록 행복해질 거예요.

★★★ 등급을 가르는 문제! ★★★

14 동사와 형용사의 이해 정답률 34% | 정답 ②

〈보기〉를 바탕으로 ㉠ ~ ㉤을 이해한 내용으로 적절하지 않은 것은? [3점]

─〈보 기〉─

'동사'는 동작이나 작용을 나타내는 단어이고, '형용사'는 성질이나 상태를 나타내는 단어이다. 동사와 형용사는 활용하는 양상이 다른데, 일반적으로 동사 어간에는 현재 시제 선어말 어미 '-ㄴ-/-는-', 현재 시제의 관형사형 어미 '-는', 명령형 어미 '-아라/-어라', 청유형 어미 '-자' 등이 붙지만, 형용사 어간에는 붙지 않는다.

㉠ 지훈이가 야구공을 멀리 던졌다.
㉡ 해가 떠오르며 점차 날이 밝는다.
㉢ 그 친구는 아는 게 참 많다.
㉣ 날씨가 더우니 하복을 입어라.
㉤ *올해도 우리 모두 건강하자.

※ '*'는 비문법적인 문장임을 나타냄

① ㉠의 '던졌다'는 대상의 동작을 나타내므로 동사이다.
〈보기〉에서 '동사'는 동작이나 작용을 나타내는 단어라 하였으므로, ㉠의 '던졌다'는 대상의 동작을 나타내므로 동사라 할 수 있다.

✔ ② ㉡의 '밝는다'는 대상의 상태를 나타내므로 형용사이다.
〈보기〉를 통해 ㉡은 비문법적인 문장이 아닌 문법적인 문장임을 알 수 있고, ㉡의 '밝다'에 현재 시제 선어말 어미 '-는'이 결합하고 있으므로 '밝다'는 동사로 사용되었음을 알 수 있다. ㉡의 '밝는다'는 '밤이 지나고 환해지며 새날이 오다.'라는 뜻으로, 시간의 변화에 따라 환해진다는 '작용(어떤 현상을 일으키거나 영향을 미침)'을 나타내므로 동사이다. 한편 '밝다'는 동사와 형용사로 모두 쓸 수 있다.

③ ㉢의 '아는'은 현재 시제의 관형사형 어미 '-는'이 결합하였으므로 동사이다.
〈보기〉를 통해 동사 어간에는 현재 시제의 관형사형 어미 '-는'이 붙을 수 있음을 알 수 있으므로, 현재 시제의 관형사형 어미 '-는'이 결합한 ㉢의 '아는'은 동사라 할 수 있다.

④ ㉣의 '입어라'는 명령형 어미 '-어라'가 결합하였으므로 동사이다.
〈보기〉를 통해 동사 어간에는 명령형 어미 '-아라/-어라'가 붙을 수 있으므로, 명령형 어미 '-어라'가 결합한 ㉣의 '입어라'는 동사라 할 수 있다.

⑤ ㉤의 '건강하자'의 기본형 '건강하다'는 청유형 어미 '-자'가 결합할 수 없으므로 형용사이다.
〈보기〉를 통해 형용사 어간에는 청유형 어미 '-자'가 붙지 않고, 청유형 어미 '건강하자'가 사용된 ㉤이 비문법적인 문장임을 알 수 있다. 따라서 기본형 '건강하다'는 청유형 어미 '-자'가 결합할 수 없으므로 형용사임을 알 수 있다.

★★ 문제 해결 꿀~팁 ★★

▶ 많이 틀린 이유는?
이 문제는 〈보기〉에 제시된 동사와 형용사의 구별 방법에 대한 정확한 이해가 부족하여 오답률이 높았던 것으로 보인다.
▶ 문제 해결 방법은?
이 문제는 기본적으로 〈보기〉에 제시된 동사와 형용사의 구분법에 대한 정확한 이해가 선행되어야 한다. 이러한 〈보기〉의 내용을 정확히 이해했다면, 특히 동사에는 현재 시제 선어말 어미가 붙고 형용사에는 현재 시제 선어말 어미가 붙지 않는다는 것을 알았다면, ②의 '밝는다'의 경우 어간에 현재 시제 선어말 어미가 붙었으므로 동사임을 바로 알았을 것이다. 이처럼 문법 문제에서 〈보기〉가 주어진 경우 〈보기〉의 내용을 정확히 이해한다면 문제를 쉽게 풀 수 있으므로, 〈보기〉의 내용을 정확히 이해하는 데 주의를 기울이도록 한다.
▶ 오답인 ③, ⑤를 많이 선택한 이유는?
이 문제의 경우 학생들이 ③과 ⑤가 적절하다고 하여 오답률이 높았는데, 이 역시 〈보기〉에 대한 정확한 이해가 부족했기 때문으로 보인다. 즉 ③의 경우 '아는' 뒤의 '게'를 볼 때, '아는'은 기본형 '알다'에 관형사형 어미 '-는'이 붙음을 알 수 있으므로 〈보기〉를 통해 동사임을 알 수 있다. 그리고 ⑤의 경우 비문법적인 문장이라 하였고, '건강하자'에 청유형 어미 '-자'가 붙어 있으므로 '건강하다'는 형용사임을 알 수 있다.

15 단어의 의미 파악 정답률 82% | 정답 ①

〈보기〉를 바탕으로 단어의 의미를 이해하려 할 때, ㉠과 ㉡의 예로 바르게 짝지어진 것은?

─〈보 기〉─

다의어는 두 가지 이상의 뜻을 가진 단어를 가리킨다. 다의어는 단어가 원래 뜻하는 ㉠ 중심적 의미와 중심적 의미에서 파생된 ㉡ 주변적 의미를 갖는다. '날아가는 새를 보다'에서 '보다'는 '눈으로 대상의 존재, 형태를 알다'라는 중심적 의미로 사용되었다. 그러나 '의사가 환자를 보다'에서 '보다'는 '진찰하다'라는 주변적 의미로 사용되었다.

✔ ① ㉠ : 창문을 열어 환기를 하자.
㉡ : 회의를 열어 그를 회장으로 추천하자.
㉠의 '열어'는 '닫히거나 잠긴 것을 트거나 벗기다.'라는 중심적 의미로, ㉡의 '열어'는 '모임이나 회의 따위를 시작하다.'라는 주변적 의미로 사용되었다.

② ㉠ : 마음을 굳게 먹고 열심히 연습했다.
㉡ : 국이 매워서 많이 먹지 못하겠다.
㉠의 '먹고'는 '어떤 마음이나 감정을 품다.'라는 주변적 의미로, ㉡의 '먹지'는 '음식을 입을 통해 배 속에 들여보내다.'라는 중심적 의미로 사용되었다.

③ ㉠ : 미리 숙소를 잡고 여행지로 출발했다.
　ㄴ : 오디션에 참가할 기회를 잡았다.
　㉠의 '잡고'는 '사람이 시간이나 장소, 방향 따위를 골라 정하거나 차지하다.'라는 주변적 의미로, ㄴ의 '잡았다'는 '일, 기회 따위를 얻다.'라는 주변적 의미로 사용되었다.
④ ㉠ : 그는 이번 인사발령으로 총무과로 갔다.
　ㄴ : 그는 아침 일찍 일터로 갔다.
　㉠의 '갔다'는 '직책이나 자리를 옮기다.'라는 주변적 의미로, ㄴ의 '갔다'는 '한 곳에서 다른 곳으로 장소를 이동하다.'라는 중심적 의미로 사용되었다.
⑤ ㉠ : 창밖을 내다보니 동이 트려면 아직도 멀었다.
　ㄴ : 학교에서 버스정류장까지가 매우 멀었다.
　㉠의 '멀었다'는 '시간적으로 사이가 길거나 오래다.'라는 주변적 의미로, ㄴ의 '멀었다'는 '거리가 많이 떨어져 있다.'라는 중심적 의미로 사용되었다.

[16~45] 독서·문학

16~20 과학

'식욕의 작용 원리(재구성)'

해제 이 글은 **식욕 중추와 전두 연합 영역**을 중심으로 식욕의 작용 원리에 대해 설명하고 있다. 식욕은 시상 하부의 식욕 중추에 있는 **섭식 중추와 포만 중추**의 작용으로 자연스럽게 조절되는데, 식욕 중추는 혈액 속에 있는 포도당, 인슐린, 지방산 등의 영향을 받는다. 이때 **포도당과 인슐린**은 포만 중추의 **작용은 촉진**하고 섭식 중추의 작용은 억제하며, **지방산은 섭식 중추의 작용은 촉진**하고 포만 중추의 **작용은 억제**한다. 그리고 **취향이나 기분에 좌우되는 식욕은 전두 연합 영역**의 영향을 받는데, 그 사례로 배가 불러 더 이상 못 먹겠다고 생각하면서도 디저트를 먹는 현상을 들 수 있다.

주제 식욕의 작용 원리

문단 핵심 내용

1문단	식욕 중추의 영향을 받는 식욕
2문단	식욕 중추가 식욕을 조절하는 원리
3문단	식욕에도 영향을 미치는 전두 연합 영역
4문단	배가 부른 후에도 디저트를 먹는 현상을 설명할 수 있는 전두 연합 영역

16 핵심 정보 파악
정답률 87% | 정답 ①

윗글의 표제와 부제로 가장 적절한 것은?

☑ 식욕의 작용 원리
－ 식욕 중추와 전두 연합 영역을 중심으로
1문단에서 식욕이 식욕 중추의 영향을 받음을 드러내면서 2문단에서 시상 하부의 식욕 중추에 있는 섭식 중추와 포만 중추의 작용으로 식욕이 자연스럽게 조절됨을 밝히고 있다. 그리고 3, 4문단에서 취향이나 기분에 좌우되는 식욕은 전두 연합 영역의 영향을 받음을 언급하면서 그 사례로 배가 불러 더 이상 못 먹겠다고 생각하면서도 디저트를 먹는 현상을 제시하고 있다. 이렇게 볼 때, 이 글은 '식욕 중추와 전두 연합 영역'에 대한 설명을 바탕으로 '식욕의 작용 원리'를 서술하고 있으므로 표제와 부제로 적절한 것은 ①이다.

② 식욕의 개념과 특성
－ 영양소의 종류와 역할을 중심으로
'식욕의 개념과 특성'은 1문단에 국한되어 있으므로 전체 내용을 아우를 수 있는 표제로 적절하지 못하다. 또한 '영양소의 종류와 역할' 역시 2문단에 국한되어 있어서 전체 내용을 아우르지 못해 부제로 적절하지 않다.

③ 식욕이 생기는 이유
－ 탄수화물과 지방의 영향 관계를 중심으로
'식욕이 생기는 이유'는 표제로 일면 적절하다고 볼 수 있지만, '탄수화물과 지방'은 2문단에 언급되어 있을 뿐 그 '영향 관계'는 드러나지 않으므로 부제로 적절하지 않다.

④ 전두 연합 영역의 특성
－ 디저트의 섭취와 소화 과정을 중심으로
'전두 연합 영역의 특성'은 3, 4문단에 국한되어 있으므로 전체 내용을 아우를 수 없어서 표제로 적절하지 않다. 또한 '디저트의 섭취'는 3, 4문단에 언급되어 있지만 전체 내용을 아우르지 못하고, '소화 과정'은 드러나지 않으므로 부제로 적절하지 않다.

⑤ 전두 연합 영역의 여러 기능
－ 포도당과 지방산의 작용 관계를 중심으로
'전두 연합 영역의 여러 기능'은 3, 4문단에 국한되어 있으므로 전체 내용을 아우를 수 없어서 표제로 적절하지 않다. 또한 '포도당과 지방산'은 2문단에 언급되어 있지만 전체 내용을 아우르지 못하고, 그 '작용 관계'는 드러나지 않으므로 부제로 적절하지 않다.

17 세부 내용의 이해
정답률 74% | 정답 ③

윗글을 이해한 내용으로 적절하지 않은 것은?

① 식욕은 인간이 살아가는 데 반드시 필요한 욕망이다.
1문단을 통해 식욕은 음식을 먹고 싶어 하는 욕망으로, 인간이 살아가는 데 필요한 영양분을 얻기 위해서 반드시 필요함을 알 수 있다.

② 인간의 뇌에 있는 시상 하부는 인간의 식욕에 영향을 끼친다.
1, 2문단의 내용을 통해 인간의 뇌에 있는 시상 하부는 인간의 식욕에 영향을 끼침을 알 수 있다.

☑ 위(胃)의 운동에 관여하는 오렉신은 전두 연합 영역에서 분비된다.
4문단을 통해 전두 연합 영역의 신경 세포가 '맛있다'와 같은 신호를 섭식 중추로 보내면, 섭식 중추에서 오렉신이라는 물질이 나옴을 알 수 있다. 따라서 위의 운동에 관여하는 오렉신은 전두 연합 영역이 아니라 섭식 중추에서 분비됨을 알 수 있다.

④ 음식의 특정한 맛에 질렸을 때 더 이상 먹을 수 없다고 생각 할 수 있다.
4문단을 통해 배가 차지 않은 상태에서 '이젠 더 이상 못 먹겠다'고 생각하는 이유는 특정한 맛에 질렸기 때문임을 알 수 있다.

⑤ 전두 연합 영역은 정신적이고 지적인 활동뿐만 아니라 식욕에도 관여한다.
3문단을 통해 전두 연합 영역은 정신적이고 지적인 활동을 담당하는 곳이지만 식욕에도 큰 영향을 미침을 알 수 있다.

★★★ 등급을 가르는 문제!
18 세부 내용의 추론
정답률 38% | 정답 ④

ⓑ와 '식욕 중추의 작용'을 고려하여 ⓐ를 이해한 내용으로 적절한 것은?

① 섭식 중추의 작용이 억제되므로 ⓐ는 타당하다.
1문단을 통해 실제로 배가 찼다면 섭식 중추의 작용은 억제되고, 포만 중추가 작용하여 식욕이 억제될 것임을 알 수 있다. 따라서 '음식을 먹은 후 '이제 더 이상 못 먹겠다'라고 생각하면서도 디저트를 먹는 현상 (ⓐ)'이 타당하다고 이해하는 것은 적절하지 않다.

② 섭식 중추의 작용이 활발하므로 ⓐ는 모순적이다.
1문단을 통해 배가 부른 상태라면 섭식 중추가 아니라 포만 중추의 작용이 활발하게 될 것임을 알 수 있다. 따라서 섭식 중추의 작용이 활발하다고 이해하는 것은 적절하지 않다.

③ 포만 중추의 작용이 억제되므로 ⓐ는 모순적이다.
1문단을 통해 배가 부른 상태라면 섭식 중추가 아니라 포만 중추의 작용이 활발하게 될 것임을 알 수 있다. 따라서 포만 중추의 작용이 억제된다고 이해하는 것은 적절하지 않다.

☑ 포만 중추의 작용이 활발하므로 ⓐ는 모순적이다.
1, 2문단을 통해 포만 중추가 식욕을 억제함을 알 수 있다. 이를 바탕으로 할 때, 배가 찬 상태(ⓑ)에서 '이젠 더 이상 못 먹겠다'고 생각하는 이유는 포만 중추의 작용이 활발하기 때문임을 알 수 있다. 따라서 배가 찬 상태에서 디저트를 먹는 현상은 모순적이라 할 수 있다.

⑤ 섭식 중추와 포만 중추의 작용이 반복되므로 ⓐ는 타당하다.
1문단을 통해 실제로 배가 찼다면 섭식 중추의 작용은 억제되고 포만 중추가 작용하여 식욕일 억제될 것임을 알 수 있다. 따라서 '음식을 먹은 후 '이제 더 이상 못 먹겠다'라고 생각하면서도 디저트를 먹는 현상 (ⓐ)'에서 섭식 중추와 포만 중추의 작용이 반복된다고 이해하는 것은 적절하지 않다.

★★ 문제 해결 꿀~팁 ★★

▶ 많이 틀린 이유는?
이 문제는 ⓑ와 식욕 중추의 작용을 고려하여 ⓐ의 상황을 이해하는 문제인데, 이러한 문제의 내용을 정확히 이해하지 못하여 오답률이 높았던 것으로 보인다.

▶ 문제 해결 방법은?
간혹 학생들 중에는 문제를 정확히 이해하지 못해 잘못된 선택을 하는 경우가 많은데, 이 문제 역시 마찬가지이다. 이처럼 수능에 출제된 문제를 읽을 때에는 주의를 기울여 읽어야 한다(실제로 옳지 않은 것을 묻는데 옳은 것을 묻는 것이라 잘못 읽는 경우도 있음).
이 문제를 분석해 보면, ⓑ는 '배가 부른 상태, 즉 포만감이 있는 상태'이고, '식욕 중추의 작용'에는 배가 고픈 느낌이 들게 하는 '섭식 중추'와 배가 부른 느낌이 들게 하는 '포만 중추'가 있음을 고려하여, ⓐ의 상태에 대해 이해하는 것이라 할 수 있다. 즉 배가 부른 상태인 포만 중추가 활발한 상황에서 ⓑ에 대해 이해하는 것이 문제의 핵심이라 할 수 있다. 이렇게 문제를 분석하면 포만 중추의 작용이 활발한 상황에서 '디저트를 먹는 현상'은 포만 중추의 활발한 것과는 앞뒤가 서로 일치되지 아니한 상황이므로 모순되었다고 할 수 있는 것이다.
한편 문제를 읽을 때에는 눈으로만 읽지 말고 반드시 펜을 이용하여 밑줄을 그으면서 정확히 읽는 습관을 기르면 그만큼 오류를 줄일 수 있음을 명심하도록 한다.

19 정보 간의 관계 파악
정답률 75% | 정답 ④

[A]를 바탕으로 〈보기〉에 대해 설명한 내용으로 가장 적절한 것은?

〈보 기〉

다음은 탄수화물이 포함된 식사 전후에 혈액 속을 흐르는 물질이 식욕 중추에 끼치는 영향 관계를 표현한 모식도이다.

① 혈관 속에 ㉡의 양이 줄어들면 ㉠이 분비된다.
혈관 속에 포도당(㉠)의 양이 늘어나면 인슐린(㉡)이 분비된다.

② 혈관 속에 ㉠과 ㉡의 양이 많아지면 배가 고픈 느낌이 든다.
혈관 속에 포도당(㉠)과 인슐린(㉡)의 양이 많아지면 배가 부른 느낌이 든다.

③ 공복 상태가 길어지면 ㉠과 ㉢은 시상 하부의 명령을 식욕 중추에 전달한다.
포도당(㉠)과 지방산(㉢)은 시상 하부의 명령을 식욕 중추에 전달하는 역할을 하지 않는다.

☑ 공복 상태가 길어지면 혈관 속에 ㉠의 양은 줄어들고 ㉢의 양은 늘어난다.
2문단을 통해 ㉠은 포도당, ㉡은 인슐린, ㉢은 지방산임을 알 수 있다. 그런데 식사를 하면, 탄수화물이 분해되어 포도당(㉠)으로 변하고, 이로 인해 췌장에서 인슐린(㉡)이 분비된다. 이후 포도당(㉠)과 인슐린(㉡)은 혈액을 타고 시상 하부로 이동하여 포만 중추의 작용은 촉진하고 섭식 중추의 작용은 억제된다. 반면에 식사 후 공복 상태가 길어지면, 중성지방이 분해되어 지방산(㉢)이 생기고, 지방산(㉢)은 혈액을 타고 시상 하부로 이동하여 섭식 중추의 작용은 촉진하고 포만 중추의 작용은 억제한다.

⑤ 식사를 하는 동안 ㉡은 ㉢의 도움으로 피부 아래의 조직에 중성지방으로 저장된다.
인슐린(㉡)은 피부 아래의 조직에 중성지방으로 저장되지 않는다.

윗글을 바탕으로 〈보기〉를 이해한 내용으로 적절하지 않은 것은? [3점]

〈보 기〉
(뷔페에서 음식을 먹은 후)
A : 너무 많이 먹어서 배가 터질 것 같아.
B : 나도 배가 부르기는 한데, 그래도 내가 좋아하는 떡볶이를 좀 더 먹어야겠어.
(잠시 후 디저트를 둘러보며)
A : 예전에 여기서 이 과자 먹어 봤는데 정말 달고 맛있었어. 오늘도 먹어 볼까?
B : 너 조금 전에 배가 터질 것 같다고 하지 않았니?
A : 후식 먹을 배는 따로 있다는 말도 못 들어 봤어?
B : 왜! 그게 또 들어가? 진짜 대단하네. 나는 입맛에는 안 맞지만 건강을 위해 녹차나 마셔야겠어.

① A는 오렉신의 영향으로 위(胃)에 후식이 들어갈 공간이 더 마련되었겠군.
4문단을 통해 A는 오렉신의 영향으로 위에 후식이 들어갈 공간이 마련되었음을 알 수 있다.

✔ A는 섭식 중추의 작용으로 뷔페의 과자가 맛있었다고 떠올릴 수 있었겠군.
3문단을 통해 영양분의 섭취와 관계없이 취향이나 기분에 좌우되는 식욕에 전두 연합 영역이 영향을 미침을 알 수 있다. 따라서 A는 섭식 중추가 아니라 전두 연합 영역의 작용으로 뷔페의 과자가 맛있었다고 떠올렸다고 할 수 있다.

③ B는 영양분의 섭취와는 무관하게 떡볶이가 먹고 싶다고 생각했겠군.
3문단을 통해 B는 영양분의 섭취와는 무관하게 취향에 따라 자신이 좋아하는 떡볶이를 먹고 싶다고 생각하였음을 알 수 있다.

④ B는 전두 연합 영역의 작용으로 건강을 위해 입맛에 맞지 않는 녹차를 마셨겠군.
3문단을 통해 B는 전두 연합 영역의 작용으로 건강을 위해 입맛에 맞지 않는 녹차를 마셨음을 알 수 있다.

⑤ A와 B는 디저트를 둘러보기 전까지 섭식 중추의 작용이 점점 억제되었겠군.
1문단을 통해 A와 B는 디저트를 둘러보기 전까지 식사를 하였으므로 배가 점점 불러서 섭식 중추의 작용이 점점 억제되었음을 알 수 있다.

21~25 인문

인간의 본성에 대한 주희와 정약용의 관점(재구성)

해제 이 글은 인간의 본성에 대한 주희와 정약용의 관점을 설명하고 있다. 주희가 인간의 본성을 본연지성과 기질지성으로 설명한 것과 달리 정약용은 인간의 본성을 기호로 설명하였다. 정약용은 선한 행위와 악한 행위의 원인을 선천적 요인으로 본다면 행위에 인간의 의지가 개입되지 않으므로 악한 행위를 한 사람에게 윤리적 책임을 물을 수 없다고 주희를 비판하고, 선한 행위와 악한 행위를 하는 것은 인간의 자유 의지에 따른 것이라는 점을 강조하였다. 또한 정약용은 내가 대접받고 싶은 대로 타인을 대우한다는 추서에 따라 선한 행위를 실천해야 한다고 보았다.

주제 인간의 본성에 대한 정약용의 인식

문단 핵심 내용

1문단	인간의 본성에 대해 주희와 다른 관점을 보인 정약용
2문단	인간의 본성에 대한 주희의 관점과 이를 비판한 정약용
3문단	인간의 본성에 대한 정약용의 관점
4문단	구체적인 실천 원리로 '서'를 강조한 정약용

윗글의 내용 전개 방식으로 가장 적절한 것은?

① 인간의 본성에 대한 여러 관점이 사회에 미친 영향을 설명하고 있다.
인간의 본성에 대한 주희와 정약용의 관점을 설명하고 있으나, 이러한 관점들이 사회에 미친 영향을 설명하지는 않고 있다.

✔ 인간의 본성에 대한 기존의 관점을 비판하는 다른 관점을 소개하고 있다.
이 글 1문단에서 정약용이 인간 본성에 대한 자신의 이론을 정립하여 주희와 다른 관점을 보여 주었음을 언급한 뒤, 2문단에서 인간 본성에 대한 주희의 관점과 이에 대한 정약용의 비판을 드러내고 있다. 그리고 3문단에서는 인간의 본성을 '기호'로 본 정약용의 관점을, 4문단에서는 정약용의 구체적인 실천 원리인 '서'에 대해 설명하고 있다. 따라서 이 글은 인간의 본성에 대한 주희의 관점을 비판하는 정약용의 관점을 소개하였다고 할 수 있다.

③ 인간의 본성에 대한 관점의 타당성 여부를 다양한 입장에서 분석하고 있다.
인간의 본성에 대한 주희와 정약용의 관점이 타당한지 여부를 다양한 입장에서 분석하지는 않고 있다.

④ 인간의 본성에 대한 상반된 관점을 절충한 새로운 관점의 특징을 밝히고 있다.
인간의 본성에 대한 주희와 정약용의 관점이 상반되었다고 볼 수 있지만, 이러한 상반된 관점을 절충한 새로운 관점은 제시하지 않고 있다.

⑤ 인간의 본성에 대해 대비되는 관점이 등장하게 된 시대적 배경을 설명하고 있다.
인간의 본성에 대한 주희와 정약용의 관점이 대비된다고 볼 수 있지만, 이러한 대비되는 관점이 등장하게 된 시대적 배경은 언급하지 않고 있다.

윗글의 내용과 일치하지 않는 것은?

① 주희는 인간에게 하늘로부터 부여 받은 본연지성이 있다고 보았다.
2문단을 통해 주희가 인간에게 하늘로부터 부여받은 본연지성이 있다고 보았음을 알 수 있다.

② 주희는 기질의 맑고 탁함에 따라 선하거나 악한 행위가 나타날 수 있다고 보았다.
2문단을 통해 주희가 기질이 맑으면 선한 행위를 하고 기질이 탁하면 악한 행위를 할 수 있다고 보았음을 알 수 있다.

③ 정약용은 추서에 따라 선한 행위를 실천하는 것이 중요하다고 보았다.
4문단을 통해 정약용이 추서에 따라 선한 행위를 실천해야 한다고 생각했음을 알 수 있다.

✔ 정약용은 감각적 욕구가 악한 행위를 유도하므로 제거해야 한다고 보았다.
3문단의 '정약용은 감각적 욕구가 생존에 필요하고 삶의 원동력이 된다는 점에서 일부 긍정했으나'를 통해, 정약용은 감각적 욕구를 일부 긍정하고 있음을 알 수 있다. 따라서 정약용이 감각적 욕구가 악한 행위를 유도하므로 제거해야 한다고 보았다는 이해는 적절하지 않다.

⑤ 정약용은 주희의 관점으로는 악한 행위를 한 사람에게 윤리적 책임을 물을 수 없다고 보았다.
2문단을 통해 정약용이 선한 행위와 악한 행위의 원인을 기질이라는 선천적인 요인으로 본다면 행위에 인간의 의지가 개입되지 않으므로 악한 행위를 한 사람에게 윤리적 책임을 물을 수 없다고 주희를 비판하였음을 알 수 있다.

㉠과 ㉡에 대한 이해로 가장 적절한 것은?

① ㉠은 인간이 제어할 수 없는 기호이다.
㉠을 제어하지 못할 경우 악한 행위가 나타날 수 있고, 인간은 자유 의지에 따라 선한 행위와 악한 행위를 선택할 수 있다. 따라서 ㉠은 인간이 제어할 수 있는 기호이다.

② ㉡은 생존에 필요한 욕구에서 비롯된 것이다.
생존에 필요한 욕구에서 비롯된 것은 ㉠이다.

✔ ㉠은 ㉡과 달리 생명이 있는 모든 존재가 지닌다.
3문단의 '감각적 욕구에서 비롯된 기호는 생명이 있는 모든 존재가 지니는 육체의 경향성으로, ~ 도덕적 욕구에서 비롯된 기호는 인간만이 지니는 영혼의 경향성으로, 선을 좋아하거나 악을 싫어하는 것을 예로 들 수 있다.'를 통해, ㉠은 생명이 있는 모든 존재가 지니고, ㉡은 인간만이 지님을 알 수 있다.

④ ㉡은 ㉠과 달리 욕구를 즐기고 좋아하는 경향성이다.
㉠과 ㉡은 모두 욕구를 즐기고 좋아하는 경향성이다.

⑤ ㉠과 ㉡은 모두 타인의 잘못을 덮어 주는 행위와 직결된다.
타인의 잘못을 덮어 주는 행위는 용서이고, ㉠, ㉡과 직결되는 것은 아니다.

윗글을 바탕으로 〈보기〉를 이해한 내용으로 적절하지 않은 것은? [3점]

〈보 기〉
학급에서 복도 청소를 맡은 학생 A와 B가 있었다. A는 평소 청소를 잘 하지 않았고, B는 항상 성실히 청소를 하였다. 복도가 깨끗한 것을 본 선생님이 복도 청소 담당인 두 학생을 모두 칭찬하였는데, 이때 A는 자신이 B보다 더 열심히 청소를 했다고 거짓말을 하였다. B는 A가 거짓말을 했다는 것을 알고 있었지만 이를 내색하지 않고 평소대로 열심히 청소하였고 A는 그러한 B를 보면서 부끄러움을 느꼈다. 이후, A는 B에게 자신의 행동을 사과하였으며, 책임감을 갖고 청소하였다.

① 주희는 거짓말을 한 것과 무관하게 A에게는 순수하고 선한 본성이 있다고 보겠군.
2문단을 통해 주희는 인간에게 본연지성이 있고, 선한 행위나 악한 행위는 기질에 의한 것이라고 보았음을 알 수 있다. 따라서 주희는 거짓말을 한 것과 무관하게 A에게 본연지성이 있다고 볼 것임을 알 수 있다.

② 주희는 평소 청소를 잘 하지 않는 A와 항상 성실히 청소하는 B의 기질이 서로 다르다고 보겠군.
2문단을 통해 주희가 사람마다 기질이 다르고, 기질의 맑고 탁함에 따라 선한 행위와 악한 행위가 나타날 수 있다고 보았음을 알 수 있다. 따라서 주희는 평소 청소를 잘 하지 않는 A와 항상 성실히 청소하는 B의 기질이 서로 다르다고 볼 것임을 알 수 있다.

③ 정약용은 A가 책임감 있게 청소하게 된 것이 A의 자유 의지에 의한 것이라고 보겠군.
3문단을 통해 정약용이 선한 행위를 하거나 악한 행위를 하는 것이 온전히 인간의 자유 의지에 달려 있다고 보았음을 알 수 있다. 따라서 정약용은 A가 책임감 있게 청소하게 된 것이 A의 자유 의지에 의한 것이라고 볼 것임을 알 수 있다.

④ 정약용은 A가 도덕적 욕구에서 비롯된 기호를 따랐기 때문에 행동의 변화가 나타났다고 보겠군.
3문단을 통해 정약용이 도덕적 욕구에서 비롯된 기호를 따를 경우 선한 행위가 나타난다고 보았음을 알 수 있다. 따라서 정약용은 A가 도덕적 욕구에서 비롯된 기호를 따랐기 때문에 청소를 잘 하지 않았던 행동에서 책임감을 갖고 청소하는 행동으로의 변화가 나타났다고 볼 것임을 알 수 있다.

✔ 정약용은 B가 추서로 A의 마음을 이해해 주었기 때문에 A의 거짓말을 용인하게 되었다고 보겠군.
4문단을 통해 정약용이 용서로 거짓말을 용인해 주는 문제가 발생할 수 있다고 보았음을 알 수 있다. 따라서 B가 추서로 A의 거짓말을 용인하게 되었다고 보는 것은 적절하지 않다.

ⓐ와 문맥적 의미가 가장 유사한 것은?

✔ 명확한 증거를 들었다.
ⓐ는 '설명하거나 증명하기 위하여 사실을 가져다 대다.'의 의미로 사용되었으므로, 이와 의미가 유사하게 사용된 것은 ①의 '들었다'라 할 수 있다.

② 감기가 들어 약을 먹었다.
'병이 생기다.'의 의미로 사용되었다.

③ 마음에 드는 사람이 있다.
'사람이나 물건이 좋게 받아들여지다.'의 의미로 사용되었다.

④ 우리 집은 햇볕이 잘 든다.
'빛, 볕 따위가 어디에 미치다.'의 의미로 사용되었다.

⑤ 상자 안에 선물이 들어 있다.
'안에 담기거나 그 일부를 이루다.'의 의미로 사용되었다.

26~28 현대 소설

이태준, 「복덕방」

감상 이 작품은 1930년대 경성(서울) 외곽의 복덕방을 배경으로, **땅 투기 열풍에 휩쓸려 파멸하는 한 노인**을 통해 근대화 과정에서 소외된 세대의 궁핍함, 좌절 등을 그린 소설이다. 주인공인 **안 초시**는 자신에 대한 성찰이나 사회 현실에 대한 자각 없이 **물질적인 욕심만으로 일확천금을 꿈꾸는 인물**이다. 또한 **안 초시의 딸**은 인간적인 정보다 **물질적 이해관계를 중시하는 당시의 세태를 잘 보여 주는 인물**이다.

주제 노인들의 애처로운 삶에 대한 연민

작품 줄거리 세 노인이 복덕방에서 무료하게 소일한다. 안 초시는 수차에 걸친 사업 실패로 몰락하여 지금은 서 참의의 복덕방에서 신세를 지고 있다.

무용가로 유명한 딸 경화가 있으나, 그는 늘 그녀의 짐이 될 뿐이지만, 재기하려는 꿈을 안고 살아간다. 서 참의는 한말에 훈련원의 참의로 봉직했던 무관이었으나 일제 강점 후 별수 없을 것 같이 복덕방을 차렸다. 안 초시와 달리 대범한 성격의 소유자로 중학 졸업한 아들의 학비를 걱정하여 돈을 많이 벌어야 한다는 생각을 한다. 박희완 영감은 훈련원 시절 서 참의의 친구이다. 재판소에 다니는 조카를 빌미로 대서업을 한다고 일어 공부를 열심히 하는 노인이다.

재기를 꿈꾸던 안 초시에게 박 영감이 부동산 투자에 관한 정보를 일러 준다. 이에 안 초시는 딸과 상의하여 투자를 결심한다. 안 초시는 딸이 마련해 준 돈을 몽땅 부동산에 투자하지만, 일 년이 지나도 새로운 항구의 건설이라든가, 땅값이 오른다는 기미는 전혀 보이지 않는다. 결국 박 영감에게 정보를 전해 준 사람이 자신의 땅을 처분하기 위해 사기극을 벌인 것이었음이 밝혀진다.

충격을 받은 안 초시는 음독 자살을 한다. 아버지의 자살로 자신의 명예가 훼손될 것을 우려한 안 초시의 딸 경화는 서 참의의 권유를 받아들여 장례식을 성대하게 치른다. 장례식에 참석한 서 참의와 박희완은 마음이 무겁기만 하다.

26 서술상 특징 파악
정답률 86% | 정답 ②

[A]와 [B]에 대한 설명으로 가장 적절한 것은?

① [A]는 외양 묘사를 통해 인물의 성격을 드러내고 있고, [B]는 배경 묘사를 통해 인물의 처지를 드러내고 있다.
[A]에서 외양 묘사가 드러나지 않고 있고, [B]에서 배경 묘사가 드러나지 않고 있다.

✓② [A]는 대화와 서술을 통해 인물 간의 갈등이 드러나고 있고, [B]는 요약적 서술을 통해 사건의 전모가 드러나고 있다.
[A]에서는 '안경다리' 고치는 것을 통해 돈을 두고 갈등하는 안 초시와 그의 딸인 안경화의 모습이 대화와 서술을 통해 드러나고 있다. 그리고 [B]에서는 안 초시의 딸이 투자한 사업이 모씨가 꾸민 연극이었고 결국 투자에 실패하였다는 것을 요약적 서술을 통해 밝히고 있다.

③ [A]는 작품 속 서술자가 사건에 대해 평가하고 있고, [B]는 작품 밖 서술자가 앞으로 전개될 사건을 예측하고 있다.
이 작품은 작품 밖의 서술자가 사건을 서술하고 있으므로, [A]에서 작품 속 서술자가 사건에 대해 평가한다는 진술은 적절하지 않다. 그리고 [B]에서 서술자가 앞으로 전개될 사건에 대해 예측한 부분은 언급되어 있지 않으므로 적절하지 않다.

④ [A]는 시간의 흐름에 역행하여 사건이 진행되고 있고, [B]는 시간의 흐름에 따라 사건이 순차적으로 진행되고 있다.
[A], [B] 모두 사건이 시간의 흐름에 따라 순차적으로 진행되고 있다.

⑤ [A]는 향토적인 소재를 통해 주제 의식을 드러내고 있고, [B]는 상징적인 소재를 통해 사건의 의미를 드러내고 있다.
[A]에서는 향토적 소재가 제시되지 않고 있고, [B]에서 상징적 소재가 제시되지 않고 있다.

27 구절의 의미 이해
정답률 78% | 정답 ④

㉠~㉤에 대한 설명으로 적절하지 않은 것은?

① ㉠ : 형편이 어려운 안 초시를 인색하게 대하는 딸의 모습이 드러나 있다.
안 초시가 딸의 눈치를 보며 셔츠를 한 벌 사 입어야겠다고 하자 딸은 사드리겠다고 했지만 그해 겨울이 다가도록 셔츠를 사주지 않았다. 따라서 안 초시가 셔츠는커녕 안경다리를 고치겠다고 돈 1원만 달래도 1원짜리를 굳이 바꿔우려 50전의 남은 주었다는 것에서 딸이 형편이 어려운 안 초시를 인색하게 대했음을 알 수 있다.

② ㉡ : 저렴한 안경다리는 사지 않겠다는 안 초시의 자존심이 드러나 있다.
'안경은 돈을 좀 주무르던 시절에 장만한 것이라 테만 오류 원 먹는 것이어서 50전만으로 그런 다리는 힘도 없었다. 50전 짜리 다리는 있지만 살 바에는 조촐한 중을 택하려 안 초시의 성미라 더구나 면상에서 짝짝이로 드러나는 것을 사기 싫어했다. 따라서 '차라리 종이 노끈이 채 쓰기로 하고 50전은 담뱃값으로 나가고 말았다'는 것에서 저렴한 안경다리는 사지 않겠다는 안 초시의 자존심이 드러남을 알 수 있다.

③ ㉢ : 안 초시가 전해준 이야기에 적극적으로 관심을 보이는 딸의 모습이 드러나 있다.
안 초시는 '박희완 영감에게 들은 이야기를 딸에게 하'였고, 딸은 '머릿속에서도 이내 잊혀지지는 않았다'. 따라서 '먼저 이 이야기를 다시 꺼내었고, 초시가 박희완 영감에 묻던 이상을 시시콜콜히 캐어물었다.'에서 안 초시가 전해준 이야기에 적극적으로 관심을 보이는 딸의 모습이 드러남을 알 수 있다.

✓④ ㉣ : 안 초시의 수고로움을 덜어 주려는 딸의 심리가 드러나 있다.
안 초시가 딸에게 축항 사업 소식을 전해주고 출자를 권유하여 딸이 투자하기로 결정하게 된다. 그런데 안 초시의 딸은 아버지를 신뢰하지 못해 아버지 대신에 청년에게 투자에 관한 일을 맡기고 있다. 따라서 ㉣에 안 초시의 수고로움을 덜어주려는 딸의 심리가 드러나 있다는 설명은 적절하지 않다.

⑤ ㉤ : 예상 밖의 결과로 딸과 마주할 자신이 없는 안 초시의 모습이 드러나 있다.
안 초시는 딸에게 땅을 사라고 권유한 이후 그 땅이 축항이 되지 않자 박희완 영감을 통해 알아보니 '그 관변 모씨에게 박희완 영감부터 속아 떨어진 것'이었음을 알게 되었다. 따라서 '서너 끼씩 굶어도 밥 먹을 정신이 나지도 않았거니와 밥을 먹으러 들어갈 수도 없었다.'는 것에서 예상 밖의 결과로 딸과 마주할 자신이 없는 안 초시의 모습이 드러남을 알 수 있다.

28 외적 준거에 따른 작품의 감상
정답률 64% | 정답 ①

다음은 윗글이 창작될 당시 신문 기사의 일부이다. 이를 참고하여 윗글을 감상한 내용으로 적절하지 않은 것은? [3점]

○○ 일보

부동산 투기 열풍으로 전국은 지금 …

일본의 축항 사업 발표 후, 전국에 부동산 투기 열풍으로 떠들썩하다. 한탕주의에 빠진 많은 사람들이 제2의 황금광 사업으로 불리는 축항 사업에 몰려들고 있다. 1932년 8월, 중국 동북부와 연결되는 철도의 종착지이자 축항지로 나진이 결정되자, 빠르게 정보를 입수한 브로커들로 나진은 북새통을 이루고 있다. 하지만 누구나 투자에 성공하는 것은 아니어서, 잘못된 소문으로 투자에 실패하여 전 재산을 잃은 사람들, 이로 인해 가족들에게 외면받는 사람들, 자신의 피해를 사기로 만회하려는 사람들까지 등장하여 사회적 혼란이 커지고 있다. 이러한 모습은 물질 만능주의가 만연한 우리 사회의 어두운 단면을 보여준다는 비판이 일고 있다.

✓① 딸에게 '출자를 권유하는 수작'으로 보아 안 초시는 건설 사업이 확정된 부지에 빠르게 투자하였겠군.
안 초시가 딸에게 출자를 권유한 부지는 건설 사업지로 최종 확정된 부지도 아니고 안 초시가 직접 투자한 것도 아니므로 적절하지 않다.

② 안 초시가 '50배 이상의 순이익이 날 것이라 장담 장담하'며 부추기는 모습에서 한탕주의에 빠져 있음을 알 수 있군.
안 초시가 투자를 통해 한 번에 큰 이익이 날 것이라 기대하는 모습에서 한탕주의를 엿볼 수 있다.

③ 안 초시의 딸이 '연구소 집'을 담보로 '3천 원'을 마련한 것은 당시의 투기 열풍과 관련이 있겠군.
안 초시의 딸은 '연구소 집'을 담보로 큰돈을 빌려 투자하려고 하는데, 이러한 모습은 당시의 부동산 투기 열풍과 관련이 있다고 할 수 있다.

④ 모씨가 '축항 후보지'에 대해 '연극'을 꾸민 것은 자신의 피해를 사기로 만회하기 위한 것이었겠군.
'축항 후보지'에 땅을 샀던 모씨는 자신의 피해를 만회하기 위해 연극을 꾸몄다고 볼 수 있다.

⑤ 안 초시가 '친자 간의 의리도 배추 밑 도리듯' 한다고 '탄식'하는 모습에서 물질 만능주의의 어두운 모습을 엿볼 수 있군.
투자 실패 후 안 초시는 가족들로부터 외면받고 있는데, 이러한 안 초시의 모습은 당시 우리 사회에 만연했던 물질 만능주의와 관련이 있다고 할 수 있다.

29~32 고전 소설

작자 미상, 「흥부전」

해제 이 작품은 조선 후기에 창작된 판소리계 소설로, 당시 서민 계층의 삶의 모습과 생각이 잘 드러나 있다. 가난하지만 착한 심성 덕분에 부자가 되는 동생 '흥부'와 부자이지만 욕심이 많고 나쁜 심성 때문에 몰락하게 되는 형 '놀부'의 모습을 등장인물의 익살스러운 재담과 해학적인 표현으로 드러내고 있다. 표면적으로는 형제간 우애의 중요성과 흥부가 제비를 도와준 후 얻은 박에서 온갖 비단과 보물이 나온다는 설정을 통해 권선징악의 주제를 전달하면서도, 그 이면에는 몰락하는 양반과 자본을 토대로 성장하는 서민층의 등장, 빈부의 격차 등과 같은 조선 후기의 사회·경제적 상황을 드러내고 있다.

주제 권선징악과 형제간 우애의 중요성, 조선 후기의 부조리한 사회상 고발

작품 줄거리 욕심이 많고 심성이 고약한 형 놀부는 부모님이 돌아가신 후 유산을 독차지하고 심성이 착한 동생 흥부를 내쫓는다. 흥부는 가족들의 생계를 위해 매품팔이에 나서는 등 여러 노력을 기울이지만 가난에서 벗어나지 못한다. 어느 날 흥부는 다리가 부러진 제비를 도와주게 되고, 그 제비가 물어다 준 박씨를 심는다. 흥부는 박씨가 자라 열린 박 속에서 나온 재화와 보물로 부자가 되는데, 놀부는 이 소식을 듣고 일부러 제비 다리를 부러뜨리고 고쳐 준다. 놀부가 고쳐 준 제비 역시 놀부에게 박씨를 물어다 주는데, 그 박씨에서 열린 박에서는 노승과 상여꾼, 초라니 패 등이 나온다. 이로 인해 패가망신한 놀부는 자신의 잘못을 깨닫게 되며, 형제는 화목하게 살게 된다.

29 서술상 특징 파악
정답률 53% | 정답 ①

윗글에 대한 설명으로 가장 적절한 것은?

✓① 인물의 반복적 행위와 결과를 나열하여 극적 효과를 높이고 있다.
이 글에서는 흥부 부부가 박을 타는 반복적인 행위와 그 결과로 박에서 나온 물건들을 나열하고 있는데, 이러한 서술을 통해 흥부 가족이 부자가 되는 모습을 극적으로 잘 보여 주고 있다.

② 서술자를 작중 인물로 설정하여 사건의 현장감을 조성하고 있다.
이 글은 전지적 작가 시점으로 서술자가 작품 밖에서 서술하고 있으므로, 서술자를 작중 인물로 설정하였다는 진술은 적절하지 않다.

③ 전기(傳奇)적인 요소를 활용하여 주인공의 영웅성을 부각하고 있다.
제비가 은혜를 갚고, 박에서 재물이 쏟아지는 등 전기(傳奇)적인 요소가 일부 드러나지만, 이러한 전기적인 요소를 활용하여 흥부의 영웅적인 모습을 보여 주지는 않고 있다.

④ 권위 있는 새로운 인물이 등장하여 인물 간의 갈등을 해소하고 있다.
'제비 왕'이라는 권위 있는 인물이 등장하지만 '제비 왕'이 인물 간의 갈등을 해소하는 부분은 제시되어 있지 않다.

⑤ 꿈과 현실을 교차적으로 서술하여 사건을 입체적으로 구성하고 있다.
이 글에 꿈속 장면은 서술되어 있지 않으므로 꿈과 현실을 교차하여 서술한다는 진술은 적절하지 않다.

30 작품 내용의 이해
정답률 82% | 정답 ③

윗글에 대한 이해로 적절하지 않은 것은?

① 흥부 부부는 먹고 살기 위해 온갖 노력을 다하였다.
흥부 부부는 '방아 찧기, 술집의 술 거르기, 초상난 집 제복 짓기 ~ 이 집 저 집 돌아가며 이엉 엮기 등 온갖 품을 다 팔았으므로, 흥부 부부가 먹고 살기 위해 온갖 노력을 다하였다고 볼 수 있다.

② 박에서 나온 목수들은 흥부 부부를 위해 좋은 터에 집을 지어 주었다.

'다시 한 통을 툭 타 놓으니 일등 목수들과 각종 곡식이 나왔다. 그 목수들은 우선 명당을 가려 터를 잡고 집을 지었다.'를 통해, 박에서 나온 목수들이 흥부 부부를 위해 좋은 터에 집을 지어 주었음을 알 수 있다.

☑ 흥부는 자신이 치료해 준 제비가 박씨를 물고 온 사실을 알아채고 그를 매우 반겼다.
흥부 아내의 '작년에 왔던 제비가 입에 무엇을 물고 와서 저토록 넘놀고 있으니 어서 나와 구경하오.'를 통해, 흥부 부부가 자신이 치료해 준 제비가 다시 돌아왔다는 사실을 알았지만, 입에 물고 온 '무엇'이 박씨임을 알지는 못했다. 따라서 제비가 박씨를 물고 왔다는 사실을 알아채고 흥부가 제비를 반겼다는 내용은 적절하지 않다.

④ 제비는 다리를 다친 사연을 제비 왕에게 말하며 흥부에게 받은 은혜를 갚기를 원하였다.
제비의 '신의 부모가 조선국에 나가 흥부의 집에 깃들였는데 뜻밖에 큰 구렁이의 화를 입어 다리가 부러져 죽을 것을 흥부의 구조를 받아 살아서 돌아왔습니다. 흥부의 가난을 면케 해주신다면 소신은 그 은공을 만분의 일이라도 갚을까 합니다.'를 통해, 제비가 다리를 다친 사연을 제비 왕에게 말하며 흥부에게 받은 은혜를 갚기를 원하였음을 알 수 있다.

⑤ 놀부는 흥부의 집을 방문하기 전까지 흥부가 어떻게 부자가 되었는지를 정확히 알지 못했다.
놀부는 흥부가 부자가 되었다는 소문을 듣고 '이놈이 도둑질을 했나? 내가 가서 욱대기면 반재산을 뺏어낼 것이다.'라고 말하고 있으므로, 놀부는 흥부의 집을 방문하기 전까지는 흥부가 부자가 된 이유를 정확히 알지 못했음을 알 수 있다.

31 외적 준거에 따른 작품의 감상   정답률 88% | 정답 ②

〈보기〉를 참고하여 윗글을 감상한 내용으로 적절하지 않은 것은? [3점]

─〈보 기〉─
조선 후기에는 잦은 자연재해와 관리들의 횡포 때문에 백성들은 아무리 노력해도 가난에서 벗어날 수 없었다. 이러한 시대적 배경에서 창작된 「흥부전」은 최소한의 의식주라도 해결하고 싶었던 당시 백성들의 소망이 반영된 작품으로 볼 수 있다. 특히 당시의 백성들은 성품이 착한 흥부 내외가 초월적인 존재의 도움으로 가난을 벗어나는 장면을 통해 대리만족을 얻기도 하였다. 하지만 착한 흥부에게 주어지는 보상이 환상성(幻想性)을 띠고 있다는 점은 가난이 실제 현실에서는 극복되기 어렵다는 것을 우회적으로 보여주고 있다.

① 흥부 내외가 '온갖 품을 다 팔았'지만 여전히 '살기는 막연'했던 것은 창작 당시의 시대적 배경과 관련이 있겠군.
이 글의 '내외가 온갖 품을 다 팔았다. 그러나 역시 살기는 막연하였다.'를 통해, 흥부 부부가 온갖 일을 하지만 여전히 생활이 어려웠음을 알 수 있다. 이러한 흥부 부부의 모습은 잦은 자연재해와 관리들의 횡포 때문에 백성들이 아무리 노력해도 가난에서 벗어날 수 없었던 조선 후기의 시대적 배경과 관련 있다고 할 수 있다.

☑ 흥부 집을 찾아간 놀부가 '화초장'을 '스스로 짊어지고' 간 것은 가난을 극복하기 위한 백성들의 노력으로 볼 수 있겠군.
놀부는 흥부 집에 가서 재물이 나오는 화초장을 달라고 한 뒤, 하인을 시켜 보내 주겠다는 흥부의 말도 마다하고 화초장을 직접 짊어지고 자신의 집으로 가고 있다.
화초장을 직접 짊어지고 가는 놀부의 이러한 모습은 자신의 집으로 화초장을 빨리 옮기고 싶은 욕심 때문이라 볼 수 있으므로, 이러한 놀부의 행위를 가난을 극복하기 위한 백성들의 노력이라고 볼 수 없다.

③ '제비 왕'이 제비에게 준 '박씨'를 통해 흥부가 가난을 벗어날 수 있었다는 점에서 초월적 존재의 도움을 확인할 수 있겠군.
제비 왕이 전해 준 박씨를 심고, 박에서 나온 온갖 재물로 인해 흥부는 큰 부자가 되었으므로, 초월적인 존재인 제비 왕의 도움으로 흥부가 가난에서 벗어났다고 할 수 있다.

④ 흥부가 타는 박 속에서 '세간붙이'와 '각종 곡식'이 나온 것은 의식주 문제를 해결하고 싶었던 백성들의 소망과 관련이 있겠군.
흥부가 타는 박에서 의식주와 관련된 세간붙이와 곡식, 그리고 집을 지을 수 있는 목수가 나오고 있는데, 이러한 모습은 최소한의 의식주라도 해결하고 싶었던 당시 백성들의 소망을 반영한 것이라 볼 수 있다.

⑤ '사오일' 만에 열린 박에서 '순금 궤'가 나와 부자가 된다는 점에서 흥부에게 주어진 보상이 환상성을 띠고 있음을 알 수 있겠군.
흥부가 심은 박씨에서 사오일 만에 박이 열리고, 박 속에서 순금 궤가 나오는 것은 현실에서 일어날 수 없는 전기적인 내용에 해당한다. 따라서 이러한 내용은 흥부가 받은 보상이 환상성을 지니고 있음을 보여주는 것이라 할 수 있다.

32 속담을 활용한 인물의 평가   정답률 92% | 정답 ③

윗글의 놀부를 평가하는 말로 가장 적절한 것은?

① 불난 집에 부채질하는 인물이군.
남의 재앙을 더욱 커지게 만드는 것을 비유적으로 표현한 속담이다.

② 소 잃고 외양간 고치는 인물이군.
일이 잘못된 후에 손을 써봐야 의미가 없다는 뜻이다.

☑ 사촌이 땅을 사면 배 아파하는 인물이군.
이 글에서 놀부는 흥부가 부자가 된 것을 질투하여 심술을 부리는 인물로 묘사되어 있으므로, 남이 잘되는 것을 시기하고 질투한다는 뜻을 가진 속담 '사촌이 땅을 사면 배 아프다.'를 활용하여 놀부를 평가할 수 있다.

④ 간에 붙었다 쓸개에 붙었다 하는 인물이군.
제 줏대를 지키지 못하고 이익이나 상황에 따라 이리저리 언행을 바꾸는 사람을 비꼬아 이르는 속담이다.

⑤ 오르지 못할 나무는 쳐다도 보지 않는 인물이군.
자기의 능력 밖의 일은 처음부터 욕심을 내지 않는 것이 좋다는 뜻이다.

33~37   사회

수요의 가격탄력성(재구성)

해제 이 글은 상품의 가격 변화에 따른 수요량의 변화를 나타내는 지표인 수요의 가격탄력성을 다루고 있다. 수요의 가격탄력성에 영향을 미치는 대표적인 세 요인을 대체재의 존재 여부, 필요성의 정도,

---

소득에서 지출이 차지하는 비중으로 나누어 설명하고 있다. 또한 수요의 가격탄력성을 산출하는 방식을 살펴보고, 구체적인 사례를 들어 수요의 가격탄력성이 총수입에 미치는 영향을 서술하고 있다.

주제 수요의 가격탄력성의 이해

문단 핵심 내용

1문단	수요의 가격탄력성의 의미 및 특성
2문단	수요의 가격탄력성에 영향을 주는 대표적인 요인 세 가지
3문단	수요의 가격탄력성을 계산하는 방법
4문단	총수입에 영향을 미치는 수요의 가격탄력성

33 세부 정보의 확인   정답률 62% | 정답 ⑤

윗글을 통해 알 수 있는 내용으로 적절하지 않은 것은?

① 수요의 가격탄력성 개념
1문단의 '수요의 가격탄력성은 가격이 변할 때 수요량이 변하는 정도를 나타내는 지표다.'를 통해 확인할 수 있다.

② 수요의 가격탄력성 산출 방법
3문단의 '수요의 가격탄력성은 수요량의 변화율을 가격의 변화율로 나눈 값이다.'의 내용과 제시된 공식을 통해 확인할 수 있다.

③ 상품 판매자의 판매 수입 산출 방법
4문단의 '총수입은 상품 판매자의 판매 수입이며 동시에 상품에 대한 소비자의 지출액인데, 이는 상품의 가격에 거래량을 곱한 수치로 산출할 수 있다.'를 통해 확인할 수 있다.

④ 대체재의 유무가 수요의 가격탄력성에 미치는 영향
2문단의 수요의 가격탄력성에 영향을 미치는 요인으로 대체재의 존재 여부에 대한 설명을 통해 확인할 수 있다.

☑ 수요의 가격탄력성에 영향을 주는 요인들 간의 관계
2문단을 통해 수요의 가격탄력성에 영향을 미치는 요인으로 대체재의 존재 여부와 필요성의 정도, 소득에서 지출이 차지하는 비중 세 가지를 언급하고 있음을 알 수 있다. 하지만 수요의 가격탄력성에 영향을 미치는 세 요인들 간의 관계에 대한 설명은 찾아볼 수 없다.

34 구체적인 사례에의 적용   정답률 69% | 정답 ②

윗글을 참고할 때, 〈보기〉의 ㉮ ~ ㉰에 들어갈 말을 바르게 짝지은 것은?

─〈보 기〉─
쌀을 주식으로 하는 갑국은 밀을 주식으로 하는 나라에 비해 쌀 수요의 가격탄력성은 (㉮)이고, 자동차보다 저렴한 오토바이가 주요 이동 수단인 을국은 자동차가 주요 이동 수단인 나라에 비해 자동차를 (㉯)로 인식하여 자동차 수요의 가격탄력성은 (㉰)이다.

	㉮	㉯	㉰
①	비탄력적	사치재	비탄력적
☑	비탄력적	사치재	탄력적

2문단을 통해 필요성의 정도를 기준으로 필수재 수요의 가격탄력성은 대체로 비탄력적이고, 사치재 수요의 가격탄력성은 대체로 탄력적임을 알 수 있다. 이를 바탕으로 할 때, 쌀을 주식으로 하는 나라는 밀을 주식으로 하는 나라보다 쌀을 필수재로 인식하므로 쌀 수요의 가격탄력성은 비탄력적임을 알 수 있다. 그리고 오토바이가 주요 이동 수단인 나라에서는 자동차를 주요 이동 수단으로 하는 나라보다 자동차를 사치재로 인식하므로 자동차 수요의 가격탄력성은 탄력적임을 알 수 있다.

	㉮	㉯	㉰
③	비탄력적	필수재	탄력적
④	탄력적	사치재	비탄력적
⑤	탄력적	필수재	탄력적

35 세부 정보의 추론   정답률 81% | 정답 ④

ⓐ의 이유로 가장 적절한 것은?

① 수요의 가격탄력성으로 소비자의 소득 규모를 판단할 수 있기 때문에
수요의 가격탄력성으로 파악할 수 있는 정보는 상품의 가격 변화에 따른 수요량의 변화와 그에 따른 총수입의 증감이므로 소비자의 소득 규모를 파악할 수 없다.

② 수요의 가격탄력성으로 판매 상품의 문제점을 파악할 수 있기 때문에
수요의 가격탄력성으로 파악할 수 있는 정보는 상품의 가격 변화에 따른 수요량의 변화와 그에 따른 총수입의 증감이므로 판매 상품의 문제점을 파악할 수 없다.

③ 수요의 가격탄력성이 판매 상품의 생산 단가를 예측 가능하게 하기 때문에
수요의 가격탄력성으로 파악할 수 있는 정보는 상품의 가격 변화에 따른 수요량의 변화와 그에 따른 총수입의 증감이므로 생산 단가를 예측할 수 없다.

☑ 수요의 가격탄력성이 판매자의 총수입 증가 여부에 영향을 미칠 수 있기 때문에
4문단을 통해 일반적으로 수요의 가격탄력성이 비탄력적인 경우 가격이 상승하면 총수입이 증가하지만, 탄력적인 경우에는 총수입이 감소하게 됨을 알 수 있다. 이처럼 수요의 가격탄력성이 판매자의 총수입 증가 여부에 영향을 미치기 때문에, 수요의 가격탄력성을 파악하는 것은 판매자에게 매우 중요하다고 할 수 있다.

⑤ 수요의 가격탄력성으로 판매자의 판매 수입과 소비자의 지출액 차이를 파악할 수 있기 때문에
수요의 가격탄력성으로 파악할 수 있는 정보는 상품의 가격 변화에 따른 수요량의 변화와 그에 따른 총수입의 증감이므로 판매자의 판매 수입과 소비자의 지출액 차이를 파악할 수는 없다.

36 구체적인 사례에의 적용   정답률 55% | 정답 ⑤

〈보기〉는 김밥과 영화 관람권의 가격 인상 이후 하루 동안의 수요량 감소를 나타낸 표이다. [A]를 바탕으로 〈보기〉를 탐구한 내용으로 적절한 것은? [3점]

〈보 기〉

구분	김밥	영화 관람권
기존 가격	2,000원	10,000원
가격 변화분	500원	2,000원
기존 수요량	100개	2,500장
수요량 변화분	20개	1,000장

※ 단, 김밥과 영화 관람권의 가격과 수요량에 영향을 끼치는 다른 요인은 없는 것으로 한다.

① 김밥은 가격의 변화율이 수요량의 변화율보다 작다.
김밥 가격의 변화율은 1/4이고, 수요량의 변화율은 1/5이므로, 김밥은 가격의 변화율이 수요량의 변화율보다 크다.

② 영화 관람권은 가격의 변화율이 수요량의 변화율보다 크다.
영화 관람권 가격의 변화율은 1/5이고, 수요량의 변화율은 2/5이므로, 영화 관람권은 가격의 변화율이 수요량의 변화율보다 작다.

③ 김밥과 영화 관람권 수요의 가격탄력성은 모두 1보다 작다.
김밥 수요의 가격탄력성은 4/5로 1보다 작지만, 영화 관람권 수요의 가격탄력성은 2이므로, 모두 1보다 작다는 것은 적절하지 않다.

④ 김밥과 영화 관람권은 가격의 변화율에 대한 수요량의 변화율이 같다.
가격의 변화율에 대한 수요량의 변화율이 김밥은 4/5이고, 영화 관람권은 2이므로 이 둘의 수요의 가격탄력성은 같지 않다.

☑ 김밥 수요의 가격탄력성은 비탄력적이고, 영화 관람권 수요의 가격탄력성은 탄력적이다.
[A]에 따르면, 수요의 가격탄력성은 수요량의 변화율(수요량 변화분/기존 수요량)을 가격의 변화율(가격 변화분/기존 가격)로 나누어야 한다. 그러므로 김밥 수요의 가격탄력성은 김밥 수요량의 변화율인 1/5(20개/100개)를 가격 변화율인 1/4(500원/2,000원)로 나누면 4/5가 된다. 4/5는 1보다 작으므로 김밥 수요의 가격탄력성은 비탄력적이다. 영화 관람권 수요의 가격탄력성은 수요량의 변화율인 2/5(1,000장/2,500장)를 가격 변화율인 1/5(2,000원/10,000원)로 나누면 2이다. 그러므로 영화 관람권 수요의 가격탄력성은 탄력적이다.

37 단어의 사전적 의미 파악
정답률 86% | 정답 ⑤

㉠ ~ ㉤의 사전적 의미로 적절하지 않은 것은?
① ㉠ : 자극에 빠르게 반응을 보이거나 쉽게 영향을 받음.
② ㉡ : 아주 가깝게 맞닿아 있음.
③ ㉢ : 변화의 움직임 따위가 급하고 격렬함.
④ ㉣ : 일의 결과로서 어떤 현상을 생겨나게 함.

☑ ㉤ : 어떤 일에 필요한 돈이나 물자 따위를 내놓음.
'산출(算出)'은 '계산하여 냄.'이라는 뜻이므로 적절하지 않다. '어떤 일에 필요한 돈이나 물자 따위를 내놓음.'을 뜻하는 단어는 '출자(出資)'이다.

38~42 갈래 복합

(가) 송순, 「십 년을 경영하여~」

감상 이 작품은 자연과 하나된 물아일체의 경지와 안빈낙도하는 삶의 자세를 노래한 평시조이다. 중장과 종장에 나타난 자연에 관한 기발한 표현은, 화자가 자연과 자신을 하나로 느끼는 물아일치의 경지에 이르렀음을 보여 주는 것이라 할 수 있다.

주제 강산에 묻혀 사는 물아일체의 경지

현대어 풀이

십 년 간 계획하여 초가삼간을 지어내니
나 한 칸 달 한 칸 청풍 한 칸 맡겨 두고,
강산은 (집안에) 들여 놓을 데 없으니 (집 밖에 병풍처럼) 둘러 놓고 보리라.

(나) 위백규, 「농가구장(農歌九章)」

감상 이 작품은 농촌 생활을 일과의 진행 순서에 따라 노래한 전 9수의 연시조이다. 농민의 삶을 관념적으로 예찬한 사대부의 일반 시조와 달리 농촌의 일상과 농사일, 농촌 삶의 흥겨움 등을 구체적이고 사실적으로 노래하는 특징을 보이고 있다.

주제 농사의 즐거움

현대어 풀이

서산에 아침 햇빛이 비치고 구름은 낮게 지나간다.
비 온 뒤의 묵은 풀이 누구 밭이 더 짙은가?
두어라, 차례를 정한 일이니 매는 대로 매리라.
〈제1수〉

김을 매자 김을 매자 긴 이랑 김을 매자.
잡초를 고랑 고랑마다 김을 매자.
잡초 무성한 사래는 마주 잡아 김을 매자.
〈제3수〉

땀은 떨어지는 대로 떨어지게 두고 볕은 쬘 대로 쬔다.
맑은 바람에 옷깃 열고 긴 휘파람 흘려 불 때
어디서 길 가는 손님이 (이 마음을) 아는 듯이 머무는가?
〈제4수〉

밥그릇에는 보리밥이오 사발에는 콩잎 반찬이라.
내 밥이 많을까 걱정이고 네 반찬이 적을까 걱정이라.

먹은 뒤 한숨 졸음이야 너나 나나 다르겠느냐?
〈제5수〉

돌아가자 돌아가자 해 지거든 돌아가자.
시냇가에서 손발 씻고 호미 메고 돌아올 때
어디서 목동이 부는 피리 소리가 함께 가자고 재촉하는가.
〈제6수〉

(다) 한백겸, 「접목설(接木說)」

감상 이 작품은 보잘것없는 복숭아나무에 홍도 가지를 접붙여 아름다운 나무로 변화시킨 접목의 경험을 바탕으로 삶의 깨달음을 기록한 고전 수필이다. 나무에 접을 붙여 볼품없던 나무가 다시 소생하는 것에서 유추하여 사람이 자신의 마음을 살펴 악한 바를 제거하고 선한 싹을 북돋우면 누구나 성인이 될 수 있음을 설파하고 있다. 이를 위해 스스로 노력할 것을 다짐하며 경험을 성찰의 계기로 삼는 반성적 면모를 보이고 있다.

주제 나무 접붙이기를 통해 느낀 바와 수신(修身)의 다짐

★★★ 등급을 가르는 문제!
38 표현상 특징 파악
정답률 39% | 정답 ④

(가) ~ (다)에 대한 설명으로 적절한 것은?
① (가)는 공간의 이동에 따라 시상을 전개하고 있다.
(가)에서는 '초려삼간'이라는 공간은 드러나 있지만, 이러한 공간에서 다른 공간으로의 이동은 나타나지 않고 있다.

② (나)는 색채어의 대비를 활용하여 주제를 강조하고 있다.
(나)에서 구체적인 색채어는 활용되지 않고 있다.

③ (다)는 음성 상징어를 사용하여 생동감을 드러내고 있다.
(다)에서 의성어나 의태어인 음성 상징어는 사용되지 않고 있다.

☑ (가)와 (나)는 시어의 반복을 통해 리듬감을 형성하고 있다.
(가)에서는 '흔 간'이 반복되고 있고, (나)에서는 '둘러내자', '돌아가자' 등이 반복되고 있다. 따라서 (가), (나) 모두 시어의 반복을 통해 리듬감을 형성하고 있다.

⑤ (가)와 (다)는 구체적인 묘사를 통해 계절감을 부각하고 있다.
(가)에서 대상에 대한 구체적인 묘사를 찾아볼 수 없고, 계절감을 드러내지도 않고 있다.

★★ 문제 해결 꿀~팁 ★★

▶ 많이 틀린 이유는?
이 문제는 작품의 표현상 특징을 정확히 이해하지 못하여 오답률이 높았던 것으로 보인다.
▶ 문제 해결 방법은?
문학 문제에서 표현상 특징은 기본적으로 출제되므로, 문학에서 자주 사용되는 표현상 특징에 대해서는 평소 익혀 두어야 한다. 즉, 역설법, 반어법, 음성 상징어, 시어의 반복 등 자주 출제되는 용어에 대해 평소 정리하여 명확히 알고 있어야 한다. 이 문제에서도 '시어의 반복'이 동일한 시어가 반복되는 것이고, 이러한 시어 반복(시구 반복도 마찬가지임)이 운율을 형성한다는 기본적인 지식이 있었다면 ④가 적절함을 알 수 있었을 것이다. 마찬가지로 '계절감'이 '봄, 여름, 가을, 겨울'의 느낌을 드러내는 것임을 알았다면 (가)에서 계절감이 드러나지 않았을 것임을 바로 알 수 있었을 것이다. 한편 두 작품, 또는 세 작품의 공통적인 표현상 특징을 묻는 경우에는 한 작품을 통해 먼저 표현상 특징 사용 여부를 확인한 뒤, 사용된 것만을 추려 다른 작품에서 확인하는 방법으로 공통점을 파악하는 것이 좋다.

★★★ 등급을 가르는 문제!
39 작품 내용의 이해
정답률 51% | 정답 ①

(나)를 활용하여 '전원일기'라는 제목으로 영상시를 제작하기 위해 학생들이 협의한 내용으로 적절하지 않은 것은?

☑ 〈제1수〉는 아침부터 농기구를 가지고 밭을 가는 농부의 모습을 보여주면 좋겠어.
〈제1수〉에서는 비 온 뒤 밭에 묵은 풀이 짙어졌음을 드러내고 있지, 농부가 농기구를 가지고 밭을 가는 모습은 확인할 수 없다.

② 〈제3수〉는 농부들이 함께 잡초를 뽑고 있는 모습을 보여주면 좋겠어.
〈제3수〉의 '잡초 짙은 긴 사래 마주 잡아 둘러내자'를 통해 농부들이 함께 잡초 뽑는 모습을 확인할 수 있다.

③ 〈제4수〉는 옷깃을 열고 바람을 쐬고 있는 농부의 모습을 보여주면 좋겠어.
〈제4수〉의 '청풍에 옷깃 열고'를 통해 옷깃을 열고 바람을 쐬고 있는 농부의 모습을 확인할 수 있다.

④ 〈제5수〉는 농부들이 모여 식사하고 있는 모습을 보여주면 좋겠어.
〈제5수〉의 '내 밥 많을세라 네 반찬 적을세라'를 통해 농부들이 모여 식사하는 모습을 확인할 수 있다.

⑤ 〈제6수〉는 해 질 무렵에 농사일을 마치고 마을로 돌아오는 농부의 모습을 보여주면 좋겠어.
〈제6수〉의 '해 지거든 돌아가자 ~ 호미 메고 돌아올 제'를 통해 해 질 무렵 농사일을 마치고 돌아오는 농부의 모습을 확인할 수 있다.

★★ 문제 해결 꿀~팁 ★★

▶ 많이 틀린 이유는?
이 문제는 작품 내용을 정확히 이해하지 못하여 오답률이 높았던 것으로 보인다. 특히 〈제1수〉의 '매는 대로 매리라'에 대해 잘못 이해한 것도 오답률을 높인 원인으로 보인다.
▶ 문제 해결 방법은?
문학 작품을 드라마나 영화, 또는 영상시로 제작할 때 바탕이 되는 것은 작품 내용의 이해이다. 따라서 작품을 읽을 때는 어떤 내용인지를 정확히 숙지하여 선택지의 적절성을 판단할 수 있어야 한다. 가령 정답인 ①의 경우 학생들이 적절하다고 판단하였는데, 이는 '매는 대로 매리라'를 통해 화자가 현재 밭을 가는 것으로 생각했기 때문이다. 하지만 화자는 비 온 뒤의 묵은 풀을 매는 것을 '차례 정한 일'이라 하면서 '앞으로' 매겠다는 생각을 드러내고 있으므로, 현재 화자가 밭을 갈고 있는 내용은 적절하지 않은 것이다. 마찬가지로 오답률이 높았던 ③의 경우, 일을 하다 '땀'을 흘린 화자(농부)가 '청풍에 옷깃' 여는 모습은

바람을 쐬고 있는 모습을 드러내 주므로 적절한 것이라 할 수 있다. 비단 이 문제뿐만 아니라 문학 작품 문제를 해결하는 바탕은 작품 내용의 이해에 있으므로, 작품을 읽을 때 화자나 인물들이 어떠한 처지에 있고, 그 상황에서 어떤 심리나 태도를 보이는지를 바탕으로 작품을 이해할 수 있도록 한다.

---

40 외적 준거에 따른 작품의 감상 정답률 60% | 정답 ②

〈보기〉를 참고하여 (가)와 (나)를 감상한 내용으로 적절하지 않은 것은? [3점]

─〈보 기〉─

조선 시대 사대부들의 시조에는 자연이 자주 등장하는데, 작품 속 자연에 대한 인식이 같지는 않다. (가)에서의 자연은 속세를 벗어난 화자가 동화되어 살고 싶어 하는 공간이자 안빈낙도(安貧樂道)의 공간으로 그려져 있다. 반면에 (나)에서의 자연은 소박하게 살아가는 삶의 현장이자 건강한 노동 속에서 흥취를 느끼는 공간으로 그려져 있다.

① (가)의 '초려삼간'은 화자가 안빈낙도하며 사는 공간으로 볼 수 있군.
(가)의 화자가 자연 속에 지은 '초려삼간'은 초라한 세 칸의 초가집으로, '돌', '청풍'과 함께하는 공간을 의미하므로 안빈낙도하며 사는 공간으로 볼 수 있다.

✓ ② (가)의 화자는 '강산'에서 벗어나 '돌', '청풍'과 하나가 되어 살아가려는 태도를 보이고 있군.
(가)의 종장에서 화자가 '강산'을 '둘러 두고 보리라'라고 한 것은, 자연 속에서 살고 싶어 하는 화자의 마음을 드러낸 것으로 볼 수 있다. 따라서 화자가 '강산'에서 벗어나려 한다고 감상한 것은 적절하지 않다.

③ (나)의 '묵은 풀'이 있는 '밭'은 화자가 땀 흘리며 일해야 하는 공간으로 볼 수 있군.
(나)의 제3구의 '바라기 역고를 고랑마다 둘러내자'를 볼 때, '묵은 풀'을 매는 '밭'은 건강한 노동을 하는 삶의 공간으로 볼 수 있다.

④ (나)의 '보리밥'과 '콩잎 나물'은 노동의 현장에서 맛보는 소박한 음식으로 볼 수 있군.
(나)의 한 그릇의 '보리밥'과 한 사발의 '콩잎 나물'은 농부들이 일한 뒤 먹는 점심을 나타내므로 노동의 현장에서 맛보는 소박한 음식으로 볼 수 있다.

⑤ (나)의 화자가 '호미 메고 돌아올' 때에 듣는 '우배초적'에서 농부들의 흥취를 느낄 수 있군.
(나)에서 하루 일과를 마치고 돌아오는 농부가 듣는 '우배초적'은 건강한 노동 후의 흥취로 볼 수 있다.

---

41 구절의 기능 파악 정답률 78% | 정답 ①

(다)의 글쓴이가 ㉠을 인용한 이유로 가장 적절한 것은?

✓ ① 자신이 깨달은 바를 뒷받침하기 위해
(다)에서 글쓴이는 복숭아나무의 접목 경험을 통한 깨달음을 밝힌 후 ㉠을 인용하고 있다. 그리고 ㉠ 뒤에서 '이것을 보고 어찌 스스로 힘쓰지 아니하겠는가.'라고 자신의 깨달음을 언급하고 있다. 따라서 자신의 깨달음을 「주역」이 가진 권위를 통해 뒷받침하였다고 볼 수 있다.

② 자신의 상황을 반어적으로 드러내기 위해
(다)의 글쓴이는 복숭아나무에 홍도 가지를 접붙였던 경험에서 얻은 깨달음을 전달하고 있지, 자신의 상황을 반어적으로 드러내지 않았다.

③ 자신의 지식이 보잘것없음을 성찰하기 위해
(다)의 글쓴이는 복숭아나무에 홍도 가지를 접붙였던 경험에서 얻은 깨달음을 전달하고 있지, 자신의 지식이 보잘것없다고 성찰을 하지는 않았다.

④ 자신과 군자의 삶이 다르지 않음을 강조하기 위해
(다)의 글쓴이는 복숭아나무에 홍도 가지를 접붙였던 경험에서 얻은 깨달음을 전달하고 있지, 자신과 군자의 삶을 비교하지는 않았다.

⑤ 자신이 살고 있는 세태를 지난날과 비교하기 위해
(다)의 글쓴이는 복숭아나무에 홍도 가지를 접붙였던 경험에서 얻은 깨달음을 전달하고 있지, 자신이 살고 있는 세태를 지난날과 비교하지는 않았다.

---

42 작품 내용의 이해 정답률 73% | 정답 ③

다음은 학생이 (다)를 읽고 정리한 메모이다. ⓐ∼ⓔ 중 적절하지 않은 것은?

접목설(接木說)
ⓐ 글쓴이는 '빛깔이 시원치 않'은 꽃과 '부스럼이 돋'은 가지가 달린 복숭아나무를 소재로 글을 썼다.
ⓑ 글쓴이는 이웃에 사는 박 씨의 도움으로 '홍도 가지'를 접붙인 후 자라난 꽃과 열매를 본 경험을 제시하였다.
ⓒ 글쓴이는 사물이 '자태가 돌연히 다른 모습'으로 바뀌기 위해서는 근본의 변화가 중요함을 강조하였다.
ⓓ 글쓴이는 사물이 변화하는 이치를 사람들이 깨달아 실천하게 되면, '악한 생각'을 버리고 '착한 마음'을 자라게 하는 변화가 가능하다고 여겼다.
ⓔ 글쓴이는 '늙는 것만 자랑하여 팔다리를 게을리 움직이'는 사람들에게 삶의 태도를 바꾸도록 권하고 싶어 한다.

① ⓐ 글쓴이는 '빛깔이 시원치 않'은 꽃과 '부스럼이 돋'은 가지가 달린 복숭아나무를 소재로 글을 썼다.
보잘것없는 복숭아나무를 소재로 글쓴이의 경험과 깨달음이 드러나 있다.

② ⓑ 글쓴이는 이웃에 사는 박 씨의 도움으로 '홍도 가지'를 접붙인 후 자라난 꽃과 열매를 본 경험을 제시하였다.
1문단에 박 씨의 도움으로 접목한 경험을 제시하고 있다.

✓ ③ ⓒ 글쓴이는 사물이 '자태가 돌연히 다른 모습'으로 바뀌기 위해서는 근본의 변화가 중요함을 강조하였다.
2문단에 따르면, '심은 땅의 흙도 바꾸지 않고 그 뿌리의 종자도 바꾸지 않았으며 단지 접붙인 한 줄기의 기운'으로 복숭아나무의 변화가 나타났다고 하였으므로, 사물의 '자태가 돌연히 다른 모습'으로 바뀌기 위해서 '근본의 변화'가 중요하다고 이해한 것은 적절하지 않다.

43~45 문학

(가) 김종길, 「성탄제」

감상 이 작품은 장년이 된 화자가 성탄절 가까운 어느 겨울날, 옛것을 찾기 힘들 정도로 많이 변해 버린 도시에 내리는 눈을 맞으며 어릴 적 아버지가 보여 주셨던 헌신적인 사랑을 그리워하는 내용을 담고 있는 시이다. 눈을 매개로 한 회상의 구조, 선명한 감각적 이미지의 대비 등을 통해 세상이 바뀌어도 변치 않는 사랑이라는 가치의 소중함을 인상적으로 형상화하고 있다.

주제 아버지의 정성과 사랑에 대한 그리움

표현상의 특징
• 색채 대비를 통해 선명한 이미지를 형상화함.
• 현재와 과거에 대비되는 구조로 시상을 전개함.

(나) 한용운, 「수(繡)의 비밀」

감상 이 작품은 임이 부재하는 현실을 감당하며 재회를 준비하는 화자의 모습을 통해, 임에 대한 변함없는 사랑을 드러내고 있는 시이다. 화자는 임의 옷을 놓으며, 임을 사랑하는 데서 오는 아픔을 감내하고 임에 대한 사랑을 성숙시켜 가고 있음을 보이고 있다. 경어체를 바탕으로, 임의 옷을 짓는 과정 속에서 드러나는 화자의 태도를 통해 화자의 내면적 심리를 형상화하고 있다.

주제 임에 대한 변함없는 사랑

표현상의 특징
• 역설적 표현을 활용하여 주제를 강조해 줌
• 경어체 종결 어미를 반복하여 운율을 형성하고 의미를 강조해 줌.

---

43 표현상 특징 파악 정답률 63% | 정답 ③

(가)와 (나)에 대한 설명으로 가장 적절한 것은?

① (가)는 수미상관의 방식을 통해, (나)는 설의적 표현을 통해 화자의 의지를 드러내고 있다.
(가)에는 첫 연을 끝 연에 반복해서 쓰거나, 비슷한 내용의 구절이나 문장을 반복적으로 배치하기도 하는 수미상관 방식이 사용되지 않고 있다. 그리고 (나)에는 누구나 다 인정하는 사실을 의문문으로 제시해 강조하는 설의적 표현이 사용되지 않고 있다.

② (가)는 (나)와 달리 동일한 종결 표현을 사용하여 구조적 안정감을 부여하고 있다.
(가)에서는 '-었다' 등의 종결 표현이 반복적으로 사용되고 있고, (나)에서는 '-습니다', '-입니다' 등의 종결 표현이 반복적으로 사용되고 있다.

✓ ③ (나)는 (가)와 달리 역설적 표현을 통해 대상에 대한 화자의 정서를 부각하고 있다.
(나)의 2연에서는 '짓고 싶어서 다 짓지 않는 것입니다.'라는 역설적 표현을 사용하여, '당신'을 기다리는 화자의 정서를 부각하여 드러내고 있다. (가)에는 이러한 역설적 표현이 사용되지 않고 있다.

④ (가)와 (나)는 모두 후각적 이미지를 통해 시적 상황을 구체화하고 있다.
(가), (나) 모두 후각적 이미지를 사용하지 않고 있다.

⑤ (가)와 (나)는 모두 시간의 흐름에 따라 시상을 전개하여 화자의 태도 변화를 드러내고 있다.
(가)에서는 유년 시절에서 현재까지의 시간 흐름이 나타나지만, 이것이 화자의 태도 변화와는 상관이 없다. (나)에서는 시간의 흐름이 드러나지 않는다.

---

44 시적 공간의 의미 이해 정답률 79% | 정답 ③

㉠과 ㉡에 대한 설명으로 가장 적절한 것은?

① ㉠은 화자가 자아를 성찰하는 공간이다.
㉠은 자아 성찰과 관련이 없는 공간이다.

② ㉠은 화자와 대상과의 관계가 단절된 공간이다.
㉠은 '할머니'와 '아버지'의 사랑을 느낄 수 있는 공간으로, 대상과의 관계가 단절되어 있다고 볼 수는 없다.

✓ ③ ㉡은 화자의 소망이 실현되지 못하고 있는 공간이다.
㉡은 '당신'과의 만남을 간절히 바라지만 '당신'의 부재로 인해 소망을 이루지 못하고 있는 공간으로 볼 수 있다.

④ ㉡은 화자가 일상의 삶에서 벗어난 초월적인 공간이다.
㉡은 수를 놓으며 '당신'을 기다리는 화자의 일상적 삶이 이루어지는 공간이다.

⑤ ㉠과 ㉡은 모두 화자가 추구하는 이상적 공간이다.
㉠과 ㉡은 모두 화자가 추구하는 이상적 공간이라고 볼 수 없다.

---

45 외적 준거에 따른 작품의 감상 정답률 78% | 정답 ④

〈보기〉를 참고하여 (가)를 감상한 내용으로 적절하지 않은 것은? [3점]

─〈보 기〉─

김종길 시인의 작품에 가족에 대한 시가 많은 것은 어린 시절 어머니의 부재 속에서도 가족의 보호를 받으며 자란 그의 성장 과정과 연관이 깊다. 「성탄제」에도 삼대로 이어지는 따뜻한 가족애가 다양한 소재를 통해 형상화되어 있다. 이러한 가족애는 개인의 경험을 넘어 현대인의 메마른 삶을 극복할 수 있는 인간애로 확장됨으로써 공감을 얻고 있다.

[문제편 p.047]

① '외로이 늙으신 할머니'가 어린 화자를 돌보고 있는 모습은 시인의 성장 배경과 관련이 있겠군.
'외로이 늙으신 할머니'가 어린 화자를 돌보는 모습에서 가족의 보살핌을 받았던 화자의 성장 배경을 짐작할 수 있다.

② '눈 속'을 헤치고 '약'을 구해 온 아버지의 사랑은 삭막한 현실을 극복할 수 있는 인간애로 확장될 수 있겠군.
'눈 속'을 헤치고 구해온 '약'에 담긴 아버지의 희생과 사랑은 현대인의 메마른 삶을 극복할 수 있는 인간애로 확장될 수 있다.

③ '반가운 그 옛날의 것'은 화자에게 어린 시절을 떠올리게 하는 역할을 하겠군.
'반가운 그 옛날의 것'은 '눈'을 의미하며, 어린 시절 아버지가 눈 속을 헤치고 산수유 열매를 따 오신 날과 연결되어 화자의 기억을 떠올리게 하는 역할을 한다고 볼 수 있다.

✓④ '서느런 옷자락'은 화자가 경험하는 현대인의 메마른 삶을 형상화한 것이겠군.
'서느런 옷자락'은 유년 시절에 아픈 화자를 위해 눈 속을 헤치고 산수유 열매를 구해오신 아버지의 희생과 사랑을 떠올리게 하는 소재이다. 따라서 현대인의 메마른 삶을 형상화한 것으로 감상한 것은 적절하지 않다.

⑤ '내 혈액 속에 녹아 흐르는' 산수유는 과거에서 현재까지 이어져 온 가족애를 의미한다고 볼 수 있겠군.
'내 혈액 속에 녹아 흐르는' 산수유 열매는 아버지의 사랑을 의미하므로 아버지만큼 나이를 먹은 화자에게 할머니와 아버지가 보여 준 가족에 대한 사랑이 이어져 오고 있음을 나타낸다고 볼 수 있다.

정답

01 ⑤ 02 ① 03 ④ 04 ⑤ 05 ③ 06 ④ 07 ③ 08 ① 09 ③ 10 ④ 11 ② 12 ② 13 ① 14 ① 15 ②
16 ③ 17 ② 18 ⑤ 19 ④ 20 ① 21 ⑤ 22 6 23 16 24 7 25 14 26 23 27 21 28 91 29 94 30 120

★ 표기된 문항은 [등급을 가르는 문제]에 해당하는 문항입니다.

01 복소수의 계산
정답률 92% | 정답 ⑤

❶ $i(1-i)$의 값은? (단, $i = \sqrt{-1}$) [2점]

① $-1-i$ ② $-1+i$ ③ i ④ $1-i$ ⑤ $1+i$

STEP 01 복소수의 계산으로 ❶의 값을 구한다.

$i(1-i) = i - i^2 = 1+i$

02 다항식의 계산
정답률 95% | 정답 ①

두 다항식 ❶ $A = 2x^2 - 4x + 3$, $B = -x^2 + 9x + 6$에 대하여 $A+B$를 간단히 하면? [2점]

① $x^2 + 5x + 9$ ② $x^2 + 5x - 9$ ③ $x^2 - 5x + 9$
④ $-x^2 + 5x + 9$ ⑤ $-x^2 - 5x + 9$

STEP 01 ❶의 두 식을 더한 후 식을 정리한다.

$A+B = (2x^2 - 4x + 3) + (-x^2 + 9x + 6) = x^2 + 5x + 9$

03 나머지정리
정답률 94% | 정답 ④

x에 대한 다항식 ❶ $x^3 - 2x^2 - 8x + a$가 $x-3$으로 나누어떨어질 때, 상수 a의 값은? [2점]

① 6   ② 9   ③ 12   ④ 15   ⑤ 18

STEP 01 나머지정리에 의해 ❶에 $x=3$을 대입하여 a의 값을 구한다.

$P(x) = x^3 - 2x^2 - 8x + a$라 하면 $P(x)$가 $x-3$으로 나누어떨어지므로 나머지정리에 의해

$P(3) = 3^3 - 2 \times 3^2 - 8 \times 3 + a = 0$

따라서 $a = 15$

● 핵심 공식

▶ 나머지정리
(1) 다항식의 나눗셈
다항식 A를 다항식 B (단, $B \neq 0$)로 나누었을 때의 몫을 Q, 나머지를 R이라고 하면
$A = B \cdot Q + R$
이때, R의 차수는 B의 차수보다 낮다. 그리고, 위의 등식은 항등식이다.
(2) 나머지 정리
x에 대한 다항식 $f(x)$를 일차식 $x-\alpha$로 나누었을 때의 나머지는 $f(\alpha)$이다.
(3) 인수정리
x에 대한 다항식 $f(x)$가 $x-\alpha$로 나누어 떨어지기 위한 필요충분조건은 $f(\alpha) = 0$이다.

04 항등식의 성질
정답률 95% | 정답 ⑤

등식

❶ $x^2 + ax - 3 = x(x+2) + b$

가 x에 대한 항등식일 때, $a+b$의 값은? (단, a, b는 상수이다.) [3점]

① -5 ② -4 ③ -3 ④ -2 ⑤ -1

STEP 01 ❶의 우변을 전개한 후 양변의 계수를 비교하여 a, b를 구한 다음 합을 구한다.

등식 $x^2 + ax - 3 = x(x+2) + b$가 x에 대한 항등식이므로
$x^2 + ax - 3 = x^2 + 2x + b$에서
$a = 2$, $b = -3$
따라서 $a + b = -1$

● 핵심 공식

▶ 항등식
(1) 항등식 : 변수 값에 어떤 실수를 대입해도 항상 성립하는 식

(2) 항등식의 성질

다음 등식이 x에 대한 항등식일 때,

① $\begin{cases} ax+b=0 \Leftrightarrow a=0,\ b=0 \\ ax+b=a'x+b' \Leftrightarrow a=a',\ b=b' \end{cases}$

② $\begin{cases} ax^2+bx+c=0 \Leftrightarrow a=0,\ b=0,\ c=0 \\ ax^2+bx+c=a'x^2+b'x+c' \Leftrightarrow a=a',\ b=b',\ c=c' \end{cases}$

---

05 절댓값을 포함한 일차부등식   정답률 91% | 정답 ③

부등식 ❶ $|2x-3|<5$ 의 해가 $a<x<b$일 때, $a+b$의 값은? [3점]

① 2   ② $\dfrac{5}{2}$ ③ 3   ④ $\dfrac{7}{2}$ ⑤ 4

STEP 01 ❶의 부등식을 풀어 a, b를 구한 후 합을 구한다.

부등식 $|2x-3|<5$를 풀면 $-5<2x-3<5$이므로
$-1<x<4$에서 $a=-1$, $b=4$
따라서 $a+b=3$

---

06 이차함수의 그래프와 직선의 위치 관계   정답률 84% | 정답 ④

이차함수 ❶ $y=x^2+5x+9$의 그래프와 직선 $y=x+k$가 만나지 않도록 하는 자연수 k의 개수는? [3점]

① 1   ② 2   ③ 3   ④ 4   ⑤ 5

STEP 01 ❶의 두 식을 연립한 후 판별식을 이용하여 k의 범위를 구한 다음 범위에 해당하는 자연수 k의 개수를 구한다.

이차함수 $y=x^2+5x+9$의 그래프와
직선 $y=x+k$가 만나지 않도록 하려면
$x^2+5x+9=x+k$에서
이차방정식 $x^2+4x+9-k=0$의 판별식을 D라 할 때
$D=4^2-4(9-k)=4k-20<0$
$k<5$이므로 자연수 k는 1, 2, 3, 4
따라서 자연수 k의 개수는 4

●핵심 공식

▶ 이차함수와 이차방정식

(1) 포물선 $y=ax^2+bx+c$ (단, $a\neq0$)의 그래프와 x축과의 위치 관계
$ax^2+bx+c=0$ (단, $a\neq0$)의 판별식이 D라 할 때,
① $D>0$: 두 점에서 만난다.
② $D=0$: 접한다.
③ $D<0$: 만나지 않는다.

(2) 포물선 $y=ax^2+bx+c$ (단, $a\neq0$)의 그래프와 직선 $y=mx+n$의 위치 관계
두 방정식을 연립한 이차방정식 $ax^2+bx+c=mx+n$의 판별식을 D라 하면,
① $D>0$: 두 점에서 만난다.
② $D=0$: 접한다.
③ $D<0$: 만나지 않는다.

---

07 다항식의 연산   정답률 89% | 정답 ③

❶ $\dfrac{2022\times(2023^2+2024)}{2024\times2023+1}$의 값은? [3점]

① 2018   ② 2020   ③ 2022   ④ 2024   ⑤ 2026

STEP 01 ❶에서 2023을 치환한 후 식을 정리하여 값을 구한다.

$a=2023$이라 하면
$$\dfrac{2022\times(2023^2+2024)}{2024\times2023+1}=\dfrac{(a-1)(a^2+a+1)}{(a+1)a+1}$$
$$=\dfrac{(a-1)(a^2+a+1)}{a^2+a+1}$$
$$=a-1=2023-1=2022$$

---

08 인수분해   정답률 85% | 정답 ①

❶ $x=1-2i$, $y=1+2i$일 때, ❷ $x^3y+xy^3-x^2-y^2$의 값은?
(단, $i=\sqrt{-1}$) [3점]

① -24 ② -22 ③ -20 ④ -18 ⑤ -16

STEP 01 ❷를 인수분해한 후 ❶을 대입하여 값을 구한다.

$x^3y+xy^3-x^2-y^2=xy(x^2+y^2)-(x^2+y^2)$
$\hphantom{x^3y+xy^3-x^2-y^2}=(xy-1)(x^2+y^2)$

$x=1-2i$, $y=1+2i$에서 $x+y=2$, $xy=5$이므로
$x^2+y^2=(x+y)^2-2xy=2^2-2\times5=-6$
따라서 $x^3y+xy^3-x^2-y^2=(5-1)\times(-6)=-24$

---

09 곱셈공식을 활용한 연립방정식   정답률 91% | 정답 ③

연립방정식
❶ $\begin{cases} 4x^2-y^2=27 \\ 2x+y=3 \end{cases}$

의 해를 $x=\alpha$, $y=\beta$라 할 때, $\alpha-\beta$의 값은? [3점]

① 2   ② 4   ③ 6   ④ 8   ⑤ 10

STEP 01 ❶의 이차식을 인수분해하여 연립방정식을 풀고 x, y를 구한 후 $\alpha-\beta$의 값을 구한다.

연립방정식
$\begin{cases} 4x^2-y^2=27 & \cdots\cdots\ ㉠ \\ 2x+y=3 & \cdots\cdots\ ㉡ \end{cases}$

에서 ㉠과 ㉡에 의해
$4x^2-y^2=(2x+y)(2x-y)=3(2x-y)=27$이므로
$2x-y=9$ $\cdots\cdots\ ㉢$
㉡과 ㉢을 더하면 $4x=12$, $x=3$이고
$x=3$을 ㉡에 대입하면 $y=-3$이므로
$\alpha=3$, $\beta=-3$
따라서 $\alpha-\beta=6$

---

10 복소수의 성질   정답률 87% | 정답 ④

x에 대한 이차방정식 ❶ $2x^2+ax+b=0$의 한 근이 $2-i$일 때, $b-a$의 값은? (단, a, b는 실수이고, $i=\sqrt{-1}$ 이다.) [3점]

① 12   ② 14   ③ 16   ④ 18   ⑤ 20

STEP 01 ❶에 $2-i$를 대입하여 a, b를 구한 다음 $b-a$의 값을 구한다.

이차방정식 $2x^2+ax+b=0$의 한 근이 $2-i$이므로 x에 $2-i$를 대입하면
$2(2-i)^2+a(2-i)+b=(2a+b+6)-(8+a)i=0$
$2a+b+6=0$, $8+a=0$에서 $a=-8$, $b=10$
따라서 $b-a=18$

다른 풀이

이차방정식 $2x^2+ax+b=0$의 한 근이 $2-i$이므로 다른 한 근은 $2+i$이고
이차방정식은 근과 계수의 관계에 의하여
$(2-i)+(2+i)=-\dfrac{a}{2}$, $a=-8$
$(2-i)(2+i)=\dfrac{b}{2}$, $b=10$
따라서 $b-a=18$

---

11 나머지정리   정답률 69% | 정답 ②

최고차항의 계수가 1인 이차다항식 $P(x)$가 다음 조건을 만족시킬 때, $P(4)$의 값은? [3점]

(가) $P(x)$를 $x-1$로 나누었을 때의 나머지는 1이다.
(나) $xP(x)$를 $x-2$로 나누었을 때의 나머지는 2이다.

① 6   ② 7   ③ 8   ④ 9   ⑤ 10

STEP 01 $P(x)$를 놓고 두 조건을 나머지정리에 이용하여 $P(x)$를 구한 다음 $P(4)$의 값을 구한다.

두 상수 a, b에 대해 $P(x)=x^2+ax+b$라 하자.
조건 (가)에서 나머지정리에 의해 $P(1)=1$이므로
$a+b=0$ $\cdots\cdots\ ㉠$
조건 (나)에서 나머지정리에 의해 $2P(2)=2$, $P(2)=1$이므로
$2a+b=-3$ $\cdots\cdots\ ㉡$

①, ⓒ을 연립하면 $a=-3$, $b=3$
따라서 $P(4)=4^2-3\times4+3=7$

---

12 근과 계수의 관계
정답률 70% | 정답 ②

x에 대한 삼차방정식 ❶ $x^3-(2a+1)x^2+(a+1)^2x-(a^2+1)=0$의 서로 다른 두 허근을 α, β라 하자. $\alpha+\beta=8$일 때, $\alpha\beta$의 값은?
(단, a는 실수이다.) [3점]

① 16   ② 17   ③ 18   ④ 19   ⑤ 20

STEP 01 ❶을 조립제법으로 인수분해한 후 근과 계수의 관계에서 a를 구한 다음 $\alpha\beta$의 값을 구한다.

조립제법을 이용하면

$$
\begin{array}{c|cccc}
1 & 1 & -(2a+1) & (a+1)^2 & -(a^2+1)\\
  &   & 1   & -2a   & a^2+1 \\
\hline
  & 1 & -2a   & a^2+1   & 0
\end{array}
$$

에서
$x^3-(2a+1)x^2+(a+1)^2x-(a^2+1)=(x-1)(x^2-2ax+a^2+1)$이고
이차방정식 $x^2-2ax+a^2+1=0$의 판별식을 D라 하면
$D=4a^2-4(a^2+1)=-4<0$이므로
삼차방정식 $x^3-(2a+1)x^2+(a+1)^2x-(a^2+1)=0$의
서로 다른 두 허근을 α, β는
이차방정식 $x^2-2ax+a^2+1=0$의 서로 다른 두 허근과 같다.
이차방정식의 근과 계수의 관계에 의해 $\alpha+\beta=2a=8$이므로 $a=4$
따라서 $\alpha\beta=a^2+1=17$

● **핵심 공식**

▶ 이차방정식의 근과 계수의 관계
이차방정식 $ax^2+bx+c=0$ (단, $a\neq0$)의 두 근을 α, β라고 하면,
$\alpha+\beta=-\dfrac{b}{a}$, $\alpha\beta=\dfrac{c}{a}$

---

13 나머지정리를 이용한 다항식의 나눗셈
정답률 81% | 정답 ③

x에 대한 다항식 ❶ $x^5+ax^2+(a+1)x+2$를 $x-1$로 나누었을 때의 몫은 $Q(x)$이고 나머지는 6이다. $a+Q(2)$의 값은? (단, a는 상수이다.) [3점]

① 33   ② 35   ③ 37   ④ 39   ⑤ 41

STEP 01 ❶의 식을 세운 후 나머지정리에 의해 a를 구한 다음 $Q(2)$, $a+Q(2)$의 값을 구한다.

$x^5+ax^2+(a+1)x+2=(x-1)Q(x)+6$ …… ⊙
⊙에 $x=1$을 대입하면
$1+a+(a+1)+2=6$이므로 $a=1$
$x^5+x^2+2x+2=(x-1)Q(x)+6$ …… ⓒ
ⓒ에 $x=2$을 대입하면
$32+4+4+2=Q(2)+6$이므로 $Q(2)=36$
따라서 $a+Q(2)=37$

---

14 다항식의 연산의 활용
정답률 72% | 정답 ①

분자 사이에 인력이나 반발력이 작용하지 않고 분자의 크기를 무시할 수 있는 가상의 기체를 이상 기체라 한다.
강철 용기에 들어 있는 이상 기체의 부피를 $V(L)$, 몰수를 $n(mol)$, 절대 온도를 $T(K)$, 압력을 $R(atm)$이라 할 때, 다음과 같은 관계식이 성립한다.

❶ $V=R\left(\dfrac{nT}{P}\right)$ (단, R는 기체 상수이다.)

강철 용기 A와 강철 용기 B에 부피가 각각 V_A, V_B인 이상 기체가 들어 있다. ❷ 강철 용기 A에 담긴 이상 기체의 몰수는 강철 용기 B에 담긴 이상 기체의 몰수의 $\dfrac{1}{4}$배이고, ❸ 강철 용기 A에 담긴 이상 기체의 압력은 강철 용기 B에 담긴 이상 기체의 압력의 $\dfrac{3}{2}$배이다. 강철 용기 A와 강철 용기 B에 담긴 이상 기체의 절대 온도가 같을 때, $\dfrac{V_A}{V_B}$의 값은? [4점]

① $\dfrac{1}{6}$ ② $\dfrac{1}{3}$ ③ $\dfrac{1}{2}$ ④ $\dfrac{2}{3}$ ⑤ $\dfrac{5}{6}$

STEP 01 ❶에 ❷, ❸을 대입하여 $\dfrac{V_A}{V_B}$의 값을 구한다.

절대 온도가 T인 이상 기체가 담긴 두 강철 용기 A, B에 대하여 각 강철 용기에 담긴 이상 기체의 몰수를 각각 n_A, n_B라 하고, 압력을 각각 P_A, P_B라 하자.

$n_A=\dfrac{1}{4}n_B$, $P_A=\dfrac{3}{2}P_B$이므로

$$V_A=R\left(\dfrac{n_AT}{P_A}\right)=R\left(\dfrac{\frac{1}{4}n_BT}{\frac{3}{2}P_B}\right)=\dfrac{1}{6}R\left(\dfrac{n_BT}{P_B}\right)=\dfrac{1}{6}V_B$$

따라서 $\dfrac{V_A}{V_B}=\dfrac{1}{6}$

---

15 이차함수의 최대와 최소
정답률 55% | 정답 ②

그림과 같이 직선 $x=t\,(0<t<3)$이 두 이차함수 $y=2x^2+1$, $y=-(x-3)^2+1$의 그래프와 만나는 점을 각각 P, Q라 하자. 두 점 A(0, 1), B(3, 1)에 대하여 ❶ 사각형 PAQB의 넓이의 최솟값은? [4점]

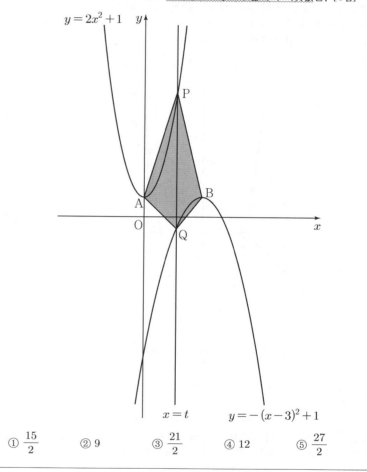

① $\dfrac{15}{2}$ ② 9   ③ $\dfrac{21}{2}$ ④ 12   ⑤ $\dfrac{27}{2}$

STEP 01 두 점 P, Q의 좌표를 놓고 $\overline{PQ}$, $\overline{AB}$를 구한 후 ❶을 구한 다음 최솟값을 구한다.

두 점 P, Q는 각각
$P(t, 2t^2+1)$, $Q(t, -(t-3)^2+1)$이므로
$\overline{PQ}=2t^2+(t-3)^2=3t^2-6t+9$
$\overline{AB}=3$이고 $\overline{AB}\perp\overline{PQ}$이므로 사각형 PAQB의 넓이는
$\dfrac{1}{2}\times\overline{AB}\times\overline{PQ}=\dfrac{3}{2}(3t^2-6t+9)$이다.
사각형 PAQB의 넓이를 $S(t)$라 하면 $0<t<3$에서
$S(t)=\dfrac{3}{2}(3t^2-6t+9)=\dfrac{9}{2}(t-1)^2+9$
$S(t)$는 $t=1$일 때 최솟값 9를 갖는다.
따라서 사각형 PAQB의 넓이의 최솟값은 9

---

16 삼차방정식
정답률 57% | 정답 ③

x에 대한 삼차방정식 ❶ $(x-a)\{x^2+(1-3a)x+4\}=0$이 ❷ 서로 다른 세 실근 1, α, β를 가질 때, $\alpha\beta$의 값은? (단, a는 상수이다.) [4점]

① 4   ② 6   ③ 8   ④ 10   ⑤ 12

STEP 01 1이 ❶의 일차식의 근이거나 이차식의 근인 경우를 나누어 ❷를 만족하는 경우를 찾아 α, β를 구한 다음 $\alpha\beta$의 값을 구한다.

(i) 1이 x에 대한 방정식 $x-a=0$의 근일 경우

$a=1$이므로

주어진 방정식은 $(x-1)(x^2-2x+4)=0$이고

방정식 $x^2-2x+4=0$의 판별식을 D라 할 때

$D=4-16<0$이므로

방정식 $(x-1)(x^2-2x+4)=0$은 서로 다른 세 실근을 갖지 않는다.

(ii) 1이 x에 대한 방정식 $x^2+(1-3a)x+4=0$의 근일 경우

$1+(1-3a)+4=0$에서 $a=2$이므로

주어진 방정식은 $(x-2)(x^2-5x+4)=0$

방정식 $x^2-5x+4=0$이 두 실근 1, 4를 가지므로

방정식 $(x-2)(x^2-5x+4)=0$은 서로 다른 세 실근 1, 2, 4를 갖는다.

따라서 (i), (ii)에 의해

$\alpha=2$, $\beta=4$ (또는 $\alpha=4$, $\beta=2$)이므로 $\alpha\beta=8$

---

17 이차방정식과 이차함수의 관계   정답률 53% | 정답 ②

그림과 같이 ❶ 이차함수 $y=ax^2 (a>0)$의 그래프와 직선 $y=x+6$이 만나는 두 점 A, B의 x좌표를 각각 α, β라 하자. 점 B에서 x축에 내린 수선의 발을 H, 점 A에서 선분 BH에 내린 수선의 발을 C라 하자.

❷ $\overline{BC}=\dfrac{7}{2}$일 때, $\alpha^2+\beta^2$의 값은? (단, $\alpha<\beta$) [4점]

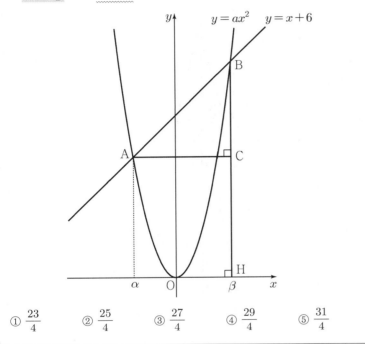

① $\dfrac{23}{4}$ ② $\dfrac{25}{4}$ ③ $\dfrac{27}{4}$ ④ $\dfrac{29}{4}$ ⑤ $\dfrac{31}{4}$

STEP 01 ❶의 두 식을 연립한 이차방정식의 근과 계수의 관계에 의해 $\alpha+\beta$, $\alpha\beta$를 구한 다음 직선 $y=x+6$의 기울기와 ❷를 이용하여 $\beta-\alpha$를 구한다.

이차함수 $y=ax^2 (a>0)$의 그래프와

직선 $y=x+6$이 만나는 두 점의 x좌표는

$ax^2=x+6$에서 이차방정식 $ax^2-x-6=0$의 두 실근 α, $\beta (\alpha<\beta)$와

같으므로 이차방정식의 근과 계수의 관계에 의해

$\alpha+\beta=\dfrac{1}{a}$, $\alpha\beta=-\dfrac{6}{a}$

한편, $\overline{CA}=\beta-\alpha$이고 직선 $y=x+6$의 기울기가 1이므로

$\dfrac{\overline{BC}}{\overline{CA}}=\dfrac{\overline{BC}}{\beta-\alpha}=1$에서 $\beta-\alpha=\overline{BC}=\dfrac{7}{2}$

STEP 02 $\alpha+\beta$, $\alpha\beta$, $\beta-\alpha$에서 곱셈공식을 이용하여 a를 구한 다음 $\alpha^2+\beta^2$의 값을 구한다.

$(\beta-\alpha)^2=(\alpha+\beta)^2-4\alpha\beta$이므로

$\left(\dfrac{7}{2}\right)^2=\left(\dfrac{1}{a}\right)^2-4\times\left(-\dfrac{6}{a}\right)$

$\left(\dfrac{1}{a}\right)^2+\dfrac{24}{a}-\dfrac{49}{4}=0$이므로

$49a^2-96a-4=0$에서 $(49a+2)(a-2)=0$

$a>0$이므로 $a=2$

따라서

$\alpha^2+\beta^2=(\alpha+\beta)^2-2\alpha\beta=\left(\dfrac{1}{2}\right)^2-2\times\left(-\dfrac{6}{2}\right)=\dfrac{1}{4}+6=\dfrac{25}{4}$

●핵심 공식

▶ 곱셈공식의 변형

(1) $a^2+b^2=(a+b)^2-2ab=(a-b)^2+2ab$

(2) $(a+b)^2=(a-b)^2+4ab$

(3) $a^2+b^2+c^2=(a+b+c)^2-2(ab+bc+ca)$

---

18 사차방정식   정답률 49% | 정답 ⑤

다음은 자연수 n에 대하여 x에 대한 사차방정식

$4x^4-4(n+2)x^2+(n-2)^2=0$

이 서로 다른 네 개의 정수해를 갖도록 하는 20 이하의 모든 n의 값을 구하는 과정이다.

$P(x)=4x^4-4(n+2)x^2+(n-2)^2$이라 하자.

$x^2=X$라 하면 주어진 방정식 $P(x)=0$은

❶ $4X^2-4(n+2)X+(n-2)^2=0$이고

근의 공식에 의해 $X=\dfrac{n+2\pm\sqrt{\boxed{(가)}}}{2}$이다.

그러므로 $X=\left(\sqrt{\dfrac{n}{2}}+1\right)^2$ 또는 $X=\left(\sqrt{\dfrac{n}{2}}-1\right)^2$에서

$x=\sqrt{\dfrac{n}{2}}+1$ 또는 $x=-\sqrt{\dfrac{n}{2}}-1$ 또는 $x=\sqrt{\dfrac{n}{2}}-1$

또는 $x=-\sqrt{\dfrac{n}{2}}+1$이다.

방정식 $P(x)=0$이 정수해를 갖기 위해서는 ❷ $\sqrt{\dfrac{n}{2}}$ 이 자연수가 되어야 한다.

따라서 자연수 n에 대하여 방정식 ❸ $P(x)=0$이 서로 다른 네 개의 정수해를 갖도록 하는 20 이하의 모든 n의 값은 $\boxed{(나)}$, $\boxed{(다)}$ 이다.

위의 (가)에 알맞은 식을 $f(n)$이라 하고, (나), (다)에 알맞은 수를 각각 a, b라 할 때, $f(b-a)$의 값은? (단, $a<b$) [4점]

① 48   ② 56   ③ 64   ④ 72   ⑤ 80

STEP 01 ❶에서 근의 공식에 의해 (가)를 구한다.

$x^2=X$라 하면 주어진 방정식 $P(x)=0$은

$4X^2-4(n+2)X+(n-2)^2=0$이고 근의 공식에 의해

$X=\dfrac{2(n+2)\pm\sqrt{4(n+2)^2-4(n-2)^2}}{4}=\dfrac{n+2\pm\sqrt{8n}}{2}$이다.

그러므로 $X=\left(\sqrt{\dfrac{n}{2}}+1\right)^2$ 또는 $X=\left(\sqrt{\dfrac{n}{2}}-1\right)^2$

즉, $x^2=\left(\sqrt{\dfrac{n}{2}}+1\right)^2$ 또는 $x^2=\left(\sqrt{\dfrac{n}{2}}-1\right)^2$에서

$x=\sqrt{\dfrac{n}{2}}+1$ 또는 $x=-\sqrt{\dfrac{n}{2}}-1$ 또는 $x=\sqrt{\dfrac{n}{2}}-1$

또는 $x=-\sqrt{\dfrac{n}{2}}+1$이다.

STEP 02 20 이하의 자연수 중 ❷를 만족하는 n을 구한 후 ❸을 만족하는지 확인하여 (나), (다)를 구한 다음 $f(b-a)$의 값을 구한다.

방정식 $P(x)=0$이 정수해를 갖기 위해서는 $\sqrt{\dfrac{n}{2}}$ 이 자연수가 되어야 한다.

자연수 l에 대하여 $n=2l^2$이어야 하므로 20 이하의 자연수 n의 값은 2, 8, 18이다.

(i) $n=2$인 경우

$x=-2$ 또는 $x=0$ 또는 $x=2$

이므로 서로 다른 세 개의 정수해를 가진다.

(ii) $n=8$인 경우

$x=-3$ 또는 $x=-1$ 또는 $x=1$ 또는 $x=3$

이므로 서로 다른 네 개의 정수해를 가진다.

(iii) $n=18$인 경우

$x=-4$ 또는 $x=-2$ 또는 $x=2$ 또는 $x=4$

이므로 서로 다른 네 개의 정수해를 가진다.

(i), (ii), (iii)에 의해 방정식 $P(x)=0$이 서로 다른 네 개의 정수해를 갖도록 하는 20 이하의 모든 n의 값은 $\boxed{8}$, $\boxed{18}$ 이다.

따라서 $f(n)=8n$, $a=8$, $b=18$이므로

$f(b-a)=f(10)=80$

19 다항식의 연산의 활용　　　　　정답률 52% | 정답 ④

그림과 같이 선분 AB를 빗변으로 하는 직각삼각형 ABC가 있다. 점 C에서 선분 AB에 내린 수선의 발을 H라 할 때, $\overline{CH}=1$이고 ❶ 삼각형 ABC의 넓이는 $\dfrac{4}{3}$이다.

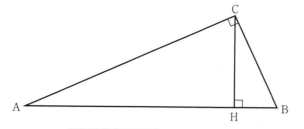

$\overline{BH}=x$라 할 때, ❷ $3x^3-5x^2+4x+7$의 값은? (단, $x<1$) [4점]

① $13-3\sqrt{7}$　② $14-3\sqrt{7}$　③ $15-3\sqrt{7}$　④ $16-3\sqrt{7}$　⑤ $17-3\sqrt{7}$

STEP 01 ❶에서 $\overline{AB}$를 구한 후 두 삼각형 AHC와 CHB의 닮음을 이용하여 방정식을 세워 x를 구한다.

$\overline{CH}=1$, $\overline{BH}=x$이고 삼각형 ABC의 넓이가 $\dfrac{4}{3}$이므로 $\overline{AB}=\dfrac{8}{3}$

직각삼각형 AHC와 직각삼각형 CHB는 서로 닮음이므로
$\overline{AH}:\overline{CH}=\overline{CH}:\overline{BH}$이다.

$\left(\dfrac{8}{3}-x\right):1=1:x$이므로 $3x^2-8x+3=0$

$0<x<1$이므로 $x=\dfrac{4-\sqrt{7}}{3}$이다.

STEP 02 다항식의 나눗셈을 이용하여 ❷의 값을 구한다.

한편, 다항식 $3t^3-5t^2+4t+7$을 $3t^2-8t+3$으로 나누었을 때의 몫은 $t+1$, 나머지는 $9t+4$이므로
$3t^3-5t^2+4t+7=(3t^2-8t+3)(t+1)+9t+4$
따라서
$$3x^3-5x^2+4x+7=(3x^2-8x+3)(x+1)+9x+4$$
$$=9x+4=9\times\dfrac{4-\sqrt{7}}{3}+4=16-3\sqrt{7}$$

★★★ 등급을 가르는 문제!

20 이차함수의 최대와 최소　　　　　정답률 43% | 정답 ①

실수 a에 대하여 이차함수 $f(x)=(x-a)^2$이 다음 조건을 만족시킨다.

> (가) $2\le x\le 10$에서 함수 $f(x)$의 최솟값은 0이다.
> (나) $2\le x\le 6$에서 함수 $f(x)$의 최댓값과
> 　　　$6\le x\le 10$에서 함수 $f(x)$의 최솟값은 같다.

$f(-1)$의 최댓값을 M, 최솟값을 m이라 할 때, $M+m$의 값은? [4점]

① 34　② 35　③ 36　④ 37　⑤ 38

STEP 01 a의 범위를 나누어 조건을 만족하는 $f(-1)$의 범위를 구한 후 $M+m$의 값을 구한다.

함수 $f(x)=(x-a)^2$이므로 이차함수 $y=f(x)$의 그래프의 꼭짓점의 좌표는 $(a,0)$이고, 조건 (가)에 의해 $2\le a\le 10$이다.

(i) $a=2$인 경우

$2\le x\le 6$에서 함수 $f(x)$의 최댓값과 $6\le x\le 10$에서 함수 $f(x)$의 최솟값은 $f(6)$으로 같으므로 조건 (나)를 만족시킨다.

그러므로 $f(-1)=(-1-2)^2=9$

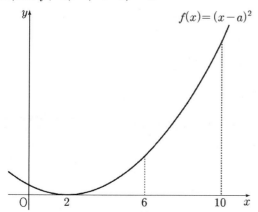

(ii) $2<a\le 6$인 경우

$2\le x\le 6$에서 함수 $f(x)$의 최댓값은 $f(2)$ 또는 $f(6)$이고 $6\le x\le 10$에서 함수 $f(x)$의 최솟값은 $f(6)$이므로 조건 (나)에 의해 $f(2)\le f(6)$이다.

$(2-a)^2-(6-a)^2\le 0$에서 $a\le 4$이므로 $2<a\le 4$

$f(-1)=(-1-a)^2$이므로 $9<f(-1)\le 25$

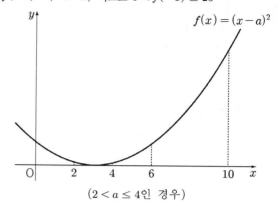

(2 < a ≤ 4인 경우)

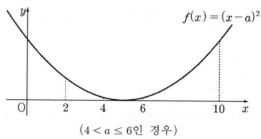

(4 < a ≤ 6인 경우)

(iii) $6<a\le 10$인 경우

$2\le x\le 6$에서 함수 $f(x)$의 최댓값은 $f(2)$이고 $6\le x\le 10$에서 함수 $f(x)$의 최솟값은 0이다.

$f(2)>0$이므로 조건 (나)를 만족시키지 않는다.

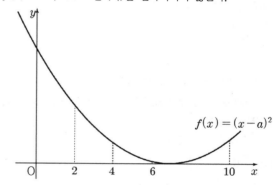

따라서 (i), (ii), (iii)에 의해 $9\le f(-1)\le 25$이므로
$M+m=25+9=34$

★★ 문제 해결 꿀~팁 ★★

▶ 문제 해결 방법
두 조건에서 $2\le a<6$이고 $f(a)\le f(2)\le f(6)$임을 알 수 있다.
미리 이 사실을 알 수 있으면 a의 범위를 나눌 필요 없이 부등식을 세워 a의 범위를 구하여 $f(-1)$의 최댓값과 최솟값을 구하면 된다. $f(x)$의 그래프가 비교적 간단한 이차함수의 그래프이므로 주어진 조건을 만족하는 그래프의 개형을 추론하는 것이 그다지 어렵지 않다. 이처럼 주어진 조건을 만족하도록 그래프를 추론하여 그리는 연습을 꾸준히 하는 것이 좋다.

21 이차함수의 그래프와 직선의 위치 관계　　　　　정답률 44% | 정답 ⑤

1이 아닌 양수 k에 대하여 직선 $y=k$와 이차함수 ❶ $y=x^2$의 그래프가 만나는 두 점을 각각 A, B라 하고, 직선 $y=k$와 이차함수 ❷ $y=x^2-6x+6$의 그래프가 만나는 두 점을 각각 C, D라 할 때, 〈보기〉에서 옳은 것만을 있는 대로 고른 것은? (단, 점 A의 x좌표는 점 B의 x좌표보다 작고, 점 C의 x좌표는 점 D의 x좌표보다 작다.) [4점]

> ────── 〈보기〉 ──────
> ㄱ. $k=6$일 때, $\overline{CD}=6$이다.
> ㄴ. k의 값에 관계없이 $\overline{CD}^2-\overline{AB}^2$의 값은 일정하다.
> ㄷ. ❸ $\overline{CD}+\overline{AB}=4$일 때, $k+\overline{BC}=\dfrac{17}{16}$이다.

① ㄱ　② ㄱ, ㄴ　③ ㄱ, ㄷ　④ ㄴ, ㄷ　⑤ ㄱ, ㄴ, ㄷ

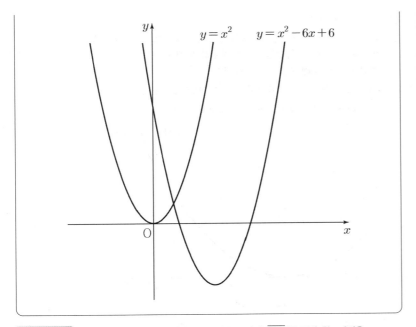

STEP 01 ㄱ. ❷와 $y=6$을 연립한 식의 해를 구하여 $\overline{CD}$ 를 구해 참, 거짓을 판별한다.

ㄱ. 방정식 $x^2-6x+6=6$의 해는
$x=0$ 또는 $x=6$이므로
점 $C(0, 6)$, 점 $D(6, 6)$에서 $\overline{CD}=6$이다.　　　　∴ 참

STEP 02 ㄴ. ❶, ❷와 $y=k$를 각각 연립한 식에서 $\overline{AB}^2$, $\overline{CD}^2$을 구하여 참, 거짓을 판별한다.

ㄴ. 방정식 $x^2=k$의 해는
$x=\pm\sqrt{k}$ 이므로
점 $A(-\sqrt{k},\ k)$, 점 $B(\sqrt{k},\ k)$에서 $\overline{AB}^2=4k$
두 점 C, D의 x좌표를 각각 α, β라 하면
방정식 $x^2-6x+6=k$에서
$\alpha+\beta=6$, $\alpha\beta=6-k$
$\overline{CD}^2=(\beta-\alpha)^2=(\alpha+\beta)^2-4\alpha\beta=12+4k$
따라서 $\overline{CD}^2-\overline{AB}^2=(12+4k)-4k=12$로 일정하다.　　∴ 참

STEP 03 ㄷ. ❸과 ㄴ에서 구한 식을 연립하여 k를 구한 후 두 점 B, C의 좌표를 구하여 $\overline{BC}$ 를 구해 참, 거짓을 판별한다.

ㄷ. $\overline{CD}^2-\overline{AB}^2=(\overline{CD}+\overline{AB})(\overline{CD}-\overline{AB})=12$에서
$\overline{CD}+\overline{AB}=4$이므로 $\overline{CD}-\overline{AB}=3$
$\overline{AB}=\dfrac{1}{2}$, $\overline{CD}=\dfrac{7}{2}$이고, $\overline{AB}=2\sqrt{k}=\dfrac{1}{2}$에서 $k=\dfrac{1}{16}$이다.
점 B의 x좌표는 $\dfrac{1}{4}$이고, 방정식 $x^2-6x+6=\dfrac{1}{16}$에서
$16x^2-96x+95=0$이므로
$x=\dfrac{5}{4}$ 또는 $x=\dfrac{19}{4}$이다.
점 C의 x좌표는 점 D의 x좌표보다 작으므로
점 B의 x좌표는 $\dfrac{5}{4}$이고 $\overline{BC}=1$
따라서 $k+\overline{BC}=\dfrac{1}{16}+1=\dfrac{17}{16}$이다.　　　　∴ 참

따라서 옳은 것은 ㄱ, ㄴ, ㄷ

22　다항식의 연산　　정답률 90% | 정답 **6**

다항식 ❶ $(4x-y-3z)^2$의 전개식에서 yz의 계수를 구하시오. [3점]

STEP 01 ❶을 전개하여 yz의 계수를 구한다.

$(4x-y-3z)^2=16x^2+y^2+9z^2-8xy+6yz-24zx$
따라서 yz의 계수는 6

23　이차부등식　　정답률 84% | 정답 **16**

x에 대한 부등식 $x^2+ax+b\le 0$의 ❶ 해가 $-2\le x\le 4$일 때,
ab의 값을 구하시오. (단, a, b는 상수이다.) [3점]

STEP 01 ❶을 만족하는 이차부등식을 세워 a, b를 구한 후 ab의 값을 구한다.

이차항의 계수가 1이고 해가 $-2\le x\le 4$인 이차부등식은
$(x+2)(x-4)\le 0$
$x^2-2x-8\le 0$이므로 $a=-2$, $b=-8$
따라서 $ab=16$

● 핵심 공식

▶ 이차부등식의 풀이
이차부등식 $ax^2+bx+c>0$ (단, $a>0$)
또는 $ax^2+bx+c<0$ (단, $a<0$)의 좌변을 인수분해공식을 이용하거나 근의 공식을 이용하여 인수분해하여 해를 구하면, ($\alpha<\beta$일 때)
(1) $(x-\alpha)(x-\beta)>0$의 해는 $x<\alpha$, $x>\beta$
(2) $(x-\alpha)(x-\beta)<0$의 해는 $\alpha<x<\beta$

24　나머지정리　　정답률 78% | 정답 **7**

❶ 다항식 x^3+2를 $(x+1)(x-2)$로 나누었을 때의 나머지를 $ax+b$라 할 때, $a+b$의 값을 구하시오. (단, a, b는 상수이다.) [3점]

STEP 01 ❶의 식을 세운 후 나머지정리를 이용하여 a, b를 구한 다음 $a+b$의 값을 구한다.

다항식 x^3+2를 $(x+1)(x-2)$로 나누었을 때의 몫을 $Q(x)$, 나머지를 $ax+b$라 하면
$x^3+2=(x+1)(x-2)Q(x)+ax+b$
$x=-1$을 대입하면 $-a+b=1$　　　　…… ㉠
$x=2$를 대입하면 $2a+b=10$　　　　…… ㉡
㉠과 ㉡을 연립하면 $a=3$, $b=4$
따라서 $a+b=7$

● 핵심 공식

▶ 나머지정리
(1) 다항식의 나눗셈
　다항식 A를 다항식 B (단, $B\ne 0$)로 나누었을 때의 몫을 Q, 나머지를 R이라고 하면
　$A=B\cdot Q+R$
　이때, R의 차수는 B의 차수보다 낮다. 그리고, 위의 등식은 항등식이다.
(2) 나머지 정리
　x에 대한 다항식 $f(x)$를 일차식 $x-\alpha$로 나누었을 때의 나머지는 $f(\alpha)$이다.
(3) 인수정리
　x에 대한 다항식 $f(x)$가 $x-\alpha$로 나누어 떨어지기 위한 필요충분조건은 $f(\alpha)=0$이다.

25　근과 계수의 관계　　정답률 60% | 정답 **14**

이차방정식 ❶ $x^2-6x+11=0$의 서로 다른 두 허근을 α, β라 할 때,
❷ $11\left(\dfrac{\overline{\alpha}}{\alpha}+\dfrac{\overline{\beta}}{\beta}\right)$의 값을 구하시오.
(단, $\overline{\alpha}$, $\overline{\beta}$는 각각 α, β의 켤레복소수이다.) [3점]

STEP 01 ❶에서 이차방정식의 근과 계수의 관계를 이용하여 $\alpha+\beta$, $\alpha\beta$를 구한 후 켤레복소수의 성질을 이용하여 ❷를 정리한 다음 $\alpha+\beta$, $\alpha\beta$를 대입하여 값을 구한다.

이차방정식 $x^2-6x+11=0$에서 $x=3\pm\sqrt{2}\,i$이므로
$\alpha=3+\sqrt{2}\,i$, $\beta=3-\sqrt{2}\,i$라 하면
β는 α의 켤레복소수이다.
즉, $\beta=\overline{\alpha}$, $\alpha=\overline{\beta}$이다.
또한 이차방정식의 근과 계수의 관계에 의하여
$\alpha+\beta=6$, $\alpha\beta=11$
따라서
$11\left(\dfrac{\overline{\alpha}}{\alpha}+\dfrac{\overline{\beta}}{\beta}\right)=11\left(\dfrac{\beta}{\alpha}+\dfrac{\alpha}{\beta}\right)=11\left(\dfrac{\alpha^2+\beta^2}{\alpha\beta}\right)$
$\qquad=11\left\{\dfrac{(\alpha+\beta)^2-2\alpha\beta}{\alpha\beta}\right\}$
$\qquad=11\times\dfrac{36-22}{11}=14$

● 핵심 공식

▶ 이차방정식의 근과 계수의 관계
이차방정식 $ax^2+bx+c=0$ (단, $a\ne 0$)의 두 근을 α, β라고 하면,
$\alpha+\beta=-\dfrac{b}{a}$, $\alpha\beta=\dfrac{c}{a}$

다음은 삼차다항식 $P(x) = ax^3 + bx^2 + cx + 11$을 $x - 3$으로 나누었을 때의 몫과 나머지를 조립제법을 이용하여 구하는 과정의 일부를 나타낸 것이다.

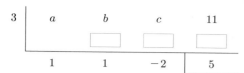

$P(x)$를 $x - 4$로 나누었을 때의 나머지를 구하시오. (단, a, b, c는 상수이다.)
[4점]

STEP 01 조립제법에서 $P(x)$를 구한 후 나머지정리를 이용하여 $P(4)$의 값을 구한다.

$P(x) = ax^3 + bx^2 + cx + 11 = (x-3)(x^2 + x - 2) + 5$

다항식 $P(x)$를 $x - 4$로 나누었을 때의 나머지는 $P(4)$이다.

따라서 $P(4) = 1 \times 18 + 5 = 23$

★★★ 등급을 가르는 문제!

자연수 n에 대하여 x에 대한 연립부등식

❶ $\begin{cases} |x - n| > 2 \\ x^2 - 14x + 40 \leq 0 \end{cases}$

을 ❷ 만족시키는 자연수 x의 개수가 2가 되도록 하는 모든 n의 값의 합을 구하시오. [4점]

STEP 01 ❶의 두 부등식을 각각 푼 후 n의 범위를 나누어 부등식 ㉠을 풀어 ❷를 만족하는지 확인하여 만족하는 n을 구한 다음 합을 구한다.

x에 대한 연립부등식
$\begin{cases} |x - n| > 2 & \cdots\cdots ㉠ \\ x^2 - 14x + 40 \leq 0 & \cdots\cdots ㉡ \end{cases}$
에서 부등식 ㉠의 해는
$x < n - 2$ 또는 $x > n + 2$이다.
이차부등식 ㉡의 해는
$x^2 - 14x + 40 = (x - 4)(x - 10) \leq 0$에서
$4 \leq x \leq 10$이다.
(i) $n \leq 5$ 또는 $n \geq 9$인 경우
　ⅰ) $n \leq 5$인 경우

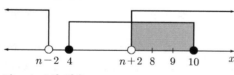

　ⅱ) $n \geq 9$인 경우

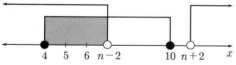

두 부등식 ㉠, ㉡을 동시에 만족시키는 자연수 x의 개수는 3이상이다.
(ii) $n = 6$인 경우

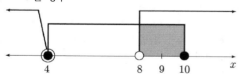

부등식 ㉠은 $|x - 6| > 2$이므로 해는 $x < 4$ 또는 $x > 8$이다.
두 부등식 ㉠, ㉡을 동시에 만족시키는 자연수는 9, 10이다.
(iii) $n = 7$인 경우

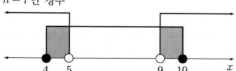

부등식 ㉠은 $|x - 7| > 2$이므로 해는 $x < 5$ 또는 $x > 9$이다.
두 부등식 ㉠, ㉡을 동시에 만족시키는 자연수는 4, 10이다.
(iv) $n = 8$인 경우

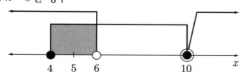

부등식 ㉠은 $|x - 8| > 2$이므로 해는 $x < 6$ 또는 $x > 10$이다.
두 부등식 ㉠, ㉡을 동시에 만족시키는 자연수는 4, 5이다.
따라서 (i), (ii), (iii), (iv)에 의해
자연수 n의 값은 6, 7, 8이므로
모든 자연수 n의 값의 합은 $6 + 7 + 8 = 21$

★★ 문제 해결 꿀~팁 ★★

▶ 문제 해결 방법
$x^2 - 14x + 40 \leq 0$의 부등식을 풀면 $4 \leq x \leq 10$이고
$|x - n| > 2$은 $x < n - 2$ 또는 $x > n + 2$이다.
만족하는 자연수 x의 개수가 2인 경우는 만족하는 자연수가 4, 5이거나 4, 10이거나 9, 10인 경우이다.
해설의 풀이처럼 n의 범위를 나누어 부등식을 풀어 만족하는 n을 구하여도 되나 이처럼 만족하는 자연수에 따라 경우를 나누면 좀 더 수월하게 문제를 해결할 수 있다.
만족하는 자연수가 9, 10인 경우 수직선에 두 부등식의 교집합에 9, 10만 포함되도록 범위를 그려 보면 $n - 2 \geq 4$, $7 < n + 2 \leq 8$이어야 하므로 만족하는 $n = 6$이다.
다른 경우도 같은 방법으로 수직선을 그려 n을 구할 수 있다. 주어진 조건을 만족하도록 수직선에 영역을 나타내어 $n + 2$, $n - 2$의 범위를 구할 수 있으면 된다.

★★★ 등급을 가르는 문제!

그림과 같이 이차함수 ❶ $y = x^2 - 4x + \dfrac{25}{4}$의 그래프가 직선 $y = ax(a > 0)$과 한 점 A에서만 만난다. 이차함수 $y = x^2 - 4x + \dfrac{25}{4}$의 그래프가 y축과 만나는 점을 B, 점 A에서 x축에 내린 수선의 발을 H라 하고, 선분 OA와 선분 BH가 만나는 점을 C라 하자. 삼각형 BOC의 넓이를 S_1, 삼각형 ACH의 넓이를 S_2라 할 때, $S_1 - S_2 = \dfrac{q}{p}$이다. $p + q$의 값을 구하시오. (단, O는 원점이고, p와 q는 서로소인 자연수이다.) [4점]

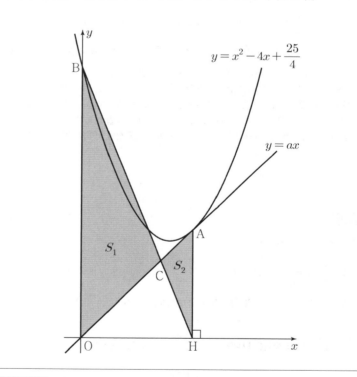

STEP 01 ❶에서 판별식을 이용하여 a를 구한다.

이차함수 $y = x^2 - 4x + \dfrac{25}{4}$의 그래프가 직선 $y = ax$와 한 점에서만 만나므로

$x^2 - 4x + \dfrac{25}{4} = ax$에서

이차방정식 $x^2 - (a + 4)x + \dfrac{25}{4} = 0$의 판별식을 D라 할 때

$D = (a + 4)^2 - 4 \times 1 \times \dfrac{25}{4} = 0$

$(a + 4)^2 = 25$에서 $a > 0$이므로 $a = 1$

STEP 02 세 점 A, B, H의 좌표를 구한 후 두 삼각형 BOH와 AOH의 넓이의 차를 이용하여 $S_1 - S_2$를 구한 다음 $p + q$의 값을 구한다.

이차함수 $y = x^2 - 4x + \dfrac{25}{4}$의 그래프가 $y = x$와 만나는 점의 x좌표는

$x^2 - 4x + \dfrac{25}{4} = x$에서

이차방정식 $x^2 - 5x + \dfrac{25}{4} = 0$의 실근과 같으므로

$\left(x - \dfrac{5}{2}\right)^2 = 0$에서 $x = \dfrac{5}{2}$이고,

세 점을 A, B, H는 각각

A$\left(\dfrac{5}{2}, \dfrac{5}{2}\right)$, B$\left(0, \dfrac{25}{4}\right)$, H$\left(\dfrac{5}{2}, 0\right)$이다.

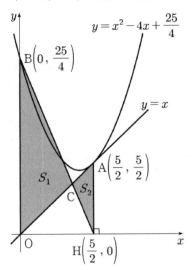

한편, 삼각형 BOH의 넓이를 T_1,

삼각형 AOH의 넓이를 T_2라 할 때,

$T_1 - T_2 = S_1 - S_2$가 성립한다.

$S_1 - S_2 = T_1 - T_2 = \dfrac{1}{2} \times \dfrac{5}{2} \times \dfrac{25}{4} - \dfrac{1}{2} \times \dfrac{5}{2} \times \dfrac{5}{2} = \dfrac{75}{16}$

따라서 $p = 16$, $q = 75$이므로 $p + q = 91$

★★ 문제 해결 꿀~팁 ★★

▶ 문제 해결 방법

$y = x^2 - 4x + \dfrac{25}{4}$와 $y = ax$가 한 점에서만 만나므로 두 식을 연립한 식의 판별식

$D = 0$에서 $a = 1$이다. 그러므로 $y = x^2 - 4x + \dfrac{25}{4}$와 $y = x$를 연립하면 점 A의 좌표를

구할 수 있고 나머지 두 점 B, H의 좌표도 구할 수 있다.

$S_1 - S_2$를 구해야 하는데 직선 BH의 방정식을 구하고 $y = x$와 연립하여 점 C의 좌표

를 구하여 두 삼각형의 넓이를 각각 구하여도 무방하나 두 삼각형 BOH와 AOH의 넓이

의 차를 이용하는 것이 훨씬 더 간단하게 구할 수 있는 방법이다. 두 삼각형 BOH와

AOH가 모두 삼각형 COH를 공유하고 있으므로 이 두 삼각형의 넓이의 차를 구하면 된다.

★★★ 등급을 가르는 문제!

29 복소수의 성질   정답률 25% | 정답 **94**

49 이하의 두 자연수 m, n이

❶ $\left\{\left(\dfrac{1+i}{\sqrt{2}}\right)^m - i^n\right\}^2 = 4$

를 만족시킬 때, $m + n$의 최댓값을 구하시오. (단, $i = \sqrt{-1}$) [4점]

STEP 01 m의 범위를 나누어 $\left(\dfrac{1+i}{\sqrt{2}}\right)^m$과 i^n의 값을 구한다.

49 이하의 두 자연수 m에 대하여 $\left(\dfrac{1+i}{\sqrt{2}}\right)^m$의 값은 다음과 같다.

$m = 1, 9, 17, \cdots, 49$일 때, $\left(\dfrac{1+i}{\sqrt{2}}\right)^m = \dfrac{1+i}{\sqrt{2}}$

$m = 2, 10, 18, \cdots, 42$일 때, $\left(\dfrac{1+i}{\sqrt{2}}\right)^m = i$

$m = 3, 11, 19, \cdots, 43$일 때, $\left(\dfrac{1+i}{\sqrt{2}}\right)^m = \dfrac{-1+i}{\sqrt{2}}$

$m = 4, 12, 20, \cdots, 44$일 때, $\left(\dfrac{1+i}{\sqrt{2}}\right)^m = -1$

$m = 5, 13, 21, \cdots, 45$일 때, $\left(\dfrac{1+i}{\sqrt{2}}\right)^m = \dfrac{-1-i}{\sqrt{2}}$

$m = 6, 14, 22, \cdots, 46$일 때, $\left(\dfrac{1+i}{\sqrt{2}}\right)^m = -i$

$m = 7, 15, 23, \cdots, 47$일 때, $\left(\dfrac{1+i}{\sqrt{2}}\right)^m = \dfrac{1-i}{\sqrt{2}}$

$m = 8, 16, 24, \cdots, 48$일 때, $\left(\dfrac{1+i}{\sqrt{2}}\right)^m = 1$

49 이하의 자연수 n에 대하여 i^n의 값은 다음과 같다.

$m = 1, 5, 9, \cdots, 49$일 때, $i^n = i$

$m = 2, 6, 10, \cdots, 46$일 때, $i^n = -1$

$m = 3, 7, 11, \cdots, 47$일 때, $i^n = -i$

$m = 4, 8, 12, \cdots, 48$일 때, $i^n = 1$

STEP 02 ❶을 만족하는 $\left(\dfrac{1+i}{\sqrt{2}}\right)^m$과 i^n의 값을 구하여 그 때의 m, n을 구한 다음 $m + n$의 최댓값을 구한다.

$\left\{\left(\dfrac{1+i}{\sqrt{2}}\right)^m - i^n\right\}^2 = 4$이므로

$\left(\dfrac{1+i}{\sqrt{2}}\right)^m - i^n = 2$ 또는 $\left(\dfrac{1+i}{\sqrt{2}}\right)^m - i^n = -2$

(i) $\left(\dfrac{1+i}{\sqrt{2}}\right)^m - i^n = 2$인 경우

$\left(\dfrac{1+i}{\sqrt{2}}\right)^m = 1$, $i^n = -1$이므로

$m = 48$, $n = 46$일 때 $m + n$은 최댓값 94를 갖는다.

(ii) $\left(\dfrac{1+i}{\sqrt{2}}\right)^m - i^n = -2$인 경우

$\left(\dfrac{1+i}{\sqrt{2}}\right)^m = -1$, $i^n = 1$이므로

$m = 44$, $n = 48$일 때 $m + n$은 최댓값 92를 갖는다.

따라서 (i), (ii)에 의해 $m + n$의 최댓값은 94

★★ 문제 해결 꿀~팁 ★★

▶ 문제 해결 방법

$\left\{\left(\dfrac{1+i}{\sqrt{2}}\right)^m - i^n\right\}^2 = 4$이므로

$\left(\dfrac{1+i}{\sqrt{2}}\right)^m - i^n = 2$ 또는 $\left(\dfrac{1+i}{\sqrt{2}}\right)^m - i^n = -2$이다.

$\left(\dfrac{1+i}{\sqrt{2}}\right)^m - i^n = 2$인 경우는 $\left(\dfrac{1+i}{\sqrt{2}}\right)^m = 1$, $i^n = -1$이고

$\left(\dfrac{1+i}{\sqrt{2}}\right)^m - i^n = -2$인 경우는 $\left(\dfrac{1+i}{\sqrt{2}}\right)^m = -1$, $i^n = 1$일 때이다.

$\left(\dfrac{1+i}{\sqrt{2}}\right)^m = 1$인 경우는 m이 8의 배수일 때이므로 m의 최댓값은 48, $i^n = -1$인 경우

는 n이 4의 배수$+2$일 때이므로 n의 최댓값은 46으로 $m + n$의 최댓값은 94이다.

$\left(\dfrac{1+i}{\sqrt{2}}\right)^m = -1$, $i^n = 1$인 경우도 같은 방법으로 최댓값을 구하여 94와 비교하면 된다.

i^n의 규칙은 알고 있어야 하고 $\left(\dfrac{1+i}{\sqrt{2}}\right)^m$의 규칙성은 $m = 1$일 때부터 차례로 구하여 규

칙을 찾아야 한다. 대부분의 i와 관련된 식들이 규칙을 가지는 경우는 4의 배수나 8의

배수를 기준으로 나누어진다.

★★★ 등급을 가르는 문제!

30 부등식을 활용한 이차함수의 그래프의 추론   정답률 8% | 정답 **120**

이차함수 $f(x)$, $g(x)$가 다음 조건을 만족시킨다.

(가) 함수 $y = f(x)$의 그래프는 x축과 한 점 $(0, 0)$에서만 만난다.
(나) 부등식 $f(x) + g(x) \geq 0$의 해는 $x \geq 2$이다.
(다) 모든 실수 x에 대하여 $f(x) - g(x) \geq f(1) - g(1)$이다.

x에 대한 방정식 ❶ $\{f(x) - k\} \times \{g(x) - k\} = 0$이 실근을 갖지 않도록 하는

❷ 정수 k의 개수가 5일 때, $f(22) + g(22)$의 최댓값을 구하시오. [4점]

STEP 01 조건 (가)에서 미지수를 이용하여 $f(x)$를 구한 후 조건 (나)에서 $g(x)$를 구한다. 두 조건 (나), (다)의 부등식을 이용하여 미지수들의 관계식을 구한다.

조건 (가)에서 $f(x) = ax^2 (a \neq 0)$

조건 (나)를 만족시키려면 $f(x) + g(x)$는 일차식이어야 하므로

$g(x) = -ax^2 + bx + c (b \neq 0)$으로 나타낼 수 있다.

$f(x) + g(x) = bx + c$이고 부등식 $bx + c \geq 0$의 해가 $x \geq 2$이므로

$b > 0$, $-\dfrac{c}{b} = 2$, $c = -2b$

조건 (다)를 만족시키려면

함수 $f(x) - g(x) = 2ax^2 - bx + 2b$가 $x = 1$에서 최솟값을 가지므로

$a>0$이고, $\dfrac{b}{4a}=1$에서 $b=4a$

조건 (나)에서 $c=-2b$이므로 $c=-8a$

즉, $g(x)=-a(x^2-4x+8)=-a(x-2)^2-4a$

STEP 02 ❶을 성립할 조건을 구한 후 그래프에서 k의 범위를 구한 다음 ❷에서 a의 범위를 구하여 $f(22)+g(22)$의 최댓값을 구한다.

두 조건 (가), (나)에서 $f(x)+g(x)=4a(x-2)$이다.

방정식 $\{f(x)-k\}\times\{g(x)-k\}=0$이 실근을 갖지 않기 위해서는

방정식 $f(x)-k=0$은 실근을 갖지 않고, 방정식 $g(x)-k=0$도 실근을 갖지 않아야 한다.

즉, 함수 $y=f(x)$의 그래프와 직선 $y=k$가 만나지 않고, 함수 $y=g(x)$의 그래프와 직선 $y=k$도 만나지 않으므로 직선 $y=k$는 두 함수 $y=f(x)$, $y=g(x)$의 그래프의 사이에 있다.

그러므로 정수 k는 함수 $g(x)$의 최댓값인 $-4a$보다 크고, 함수 $f(x)$의 최솟값인 0보다 작다.

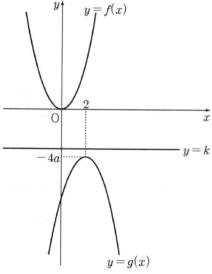

$-4a<k<0$을 만족시키는 정수 k의 개수가 5이므로

$-6\le -4a<-5$에서 $\dfrac{5}{4}<a\le\dfrac{3}{2}$

따라서 $f(22)+g(22)=4a(22-2)=80a$이므로

$f(22)+g(22)$의 최댓값은 $80\times\dfrac{3}{2}=120$

★★ 문제 해결 꿀~팁 ★★

▶ 문제 해결 방법

조건 (가)에서 $f(x)=ax^2(a\ne 0)$이고

조건 (나)에서 $g(x)=-ax^2+b(x-2)(b>0)$

조건 (다)에서 이차함수 $f(x)-g(x)=2ax^2-b(x-2)$는 $x=1$이 대칭축이므로

$\dfrac{\frac{b}{2}}{2a}=1$, $b=4a$이다.

이제 미지수 a만 구하면 되는데 다음 조건으로 $\{f(x)-k\}\times\{g(x)-k\}=0$이 실근을 갖지 않기 위해서는

직선 $y=k$는 두 함수 $y=f(x)$, $y=g(x)$의 그래프의 사이에 있어야 하므로 k는 함수 $g(x)$의 최댓값인 $-4a$보다 크고, 함수 $f(x)$의 최솟값인 0보다 작아야 한다. 그러므로 $-4a<k<0$이고 이를 만족시키는 정수 k의 개수가 5이므로 $-6\le -4a<-5$이다. 주어진 세 조건의 활용도가 높다고 할 수 있다.

조건 (가)에서 $f(x)$를 놓고 조건 (나)에서 $g(x)$를 놓을 수 있어야 한다. 또한 조건 (나)에서 $f(x)+g(x)$의 차수와 조건 (다)에서 $f(x)-g(x)$의 차수를 파악할 수 있어야 한다. 아울러 조건 (다)에서 이차함수 $f(x)-g(x)$가 $x=1$에서 최솟값을 갖는다는 것을 파악할 수 있어야 한다. 각 조건이 주는 정보를 파악하여 식을 세울수 있어야 한다.

뿐만 아니라 $\{f(x)-k\}\times\{g(x)-k\}=0$이 실근을 갖지 않으려면 그래프에서 직선 $y=k$가 두 이차함수 사이에 있어야 함도 알아야 한다. 모든 조건과 식이 함축된 의미를 포함하고 있어 이를 정확하게 이해하여야만 문제를 풀이할 수 있다.

• 정답 •

01 ④ 02 ③ 03 ④ 04 ⑤ 05 ⑤ 06 ③ 07 ① 08 ① 09 ③ 10 ② 11 ② 12 ① 13 ③ 14 ② 15 ①
16 ③ 17 ④ 18 ② 19 ⑤ 20 ② 21 ⑤ 22 12 23 18 24 3 25 6 26 7 27 25 28 10 29 13 30 31

★ 표기된 문항은 [등급을 가르는 문제]에 해당하는 문항입니다.

01 복소수의 계산   정답률 96% | 정답 ④

❶ $1+2i+i(1-i)$의 값은? (단, $i=\sqrt{-1}$이다.) [2점]

① $-2+3i$ ② $-1+3i$ ③ $-1+4i$ ④ $2+3i$ ⑤ $2+4i$

STEP 01 복소수의 계산으로 ❶의 값을 구한다.

$1+2i+i(1-i)=1+2i+i+1=2+3i$

02 다항식의 계산   정답률 96% | 정답 ③

두 다항식 $A=4x^2+2x-1$, $B=x^2+x-3$에 대하여 $A-2B$를 간단히 하면? [2점]

① x^2+2 ② x^2+5 ③ $2x^2+5$

④ x^2-x+4 ⑤ $2x^2-x+4$

STEP 01 다항식의 계산으로 $A-2B$를 정리한다.

$A-2B=4x^2+2x-1-2(x^2+x-3)$
$\qquad =4x^2+2x-1-2x^2-2x+6$
$\qquad =2x^2+5$

03 다항식의 나눗셈   정답률 90% | 정답 ④

다항식 x^3+x^2+x+1을 $2x-1$로 나눈 나머지는? [2점]

① $\dfrac{9}{8}$ ② $\dfrac{11}{8}$ ③ $\dfrac{13}{8}$ ④ $\dfrac{15}{8}$ ⑤ $\dfrac{17}{8}$

STEP 01 나머지정리를 이용하여 나머지를 구한다.

$P(x)=x^3+x^2+x+1$이라 하자.

$P(x)$를 $2x-1$로 나눈 나머지는 나머지정리에 의하여 $P\left(\dfrac{1}{2}\right)$이므로

$P\left(\dfrac{1}{2}\right)=\dfrac{1}{8}+\dfrac{1}{4}+\dfrac{1}{2}+1=\dfrac{15}{8}$이다.

따라서 나머지는 $\dfrac{15}{8}$

● 핵심 공식

▶ 나머지정리

(1) 다항식의 나눗셈

다항식 A를 다항식 B (단, $B\ne 0$)로 나누었을 때의 몫을 Q, 나머지를 R이라고 하면

$A=B\cdot Q+R$

이때, R의 차수는 B의 차수보다 낮다. 그리고, 위의 등식은 항등식이다.

(2) 나머지 정리

x에 대한 다항식 $f(x)$를 일차식 $x-\alpha$로 나누었을 때의 나머지는 $f(\alpha)$이다.

(3) 인수정리

x에 대한 다항식 $f(x)$가 $x-\alpha$로 나누어 떨어지기 위한 필요충분조건은 $f(\alpha)=0$이다.

04 이차부등식   정답률 83% | 정답 ⑤

x에 대한 이차부등식 $x^2+ax+b<0$의 해가 ❶ $-4<x<3$일 때, 두 상수 a, b에 대하여 $a-b$의 값은? [3점]

① 5   ② 7   ③ 9   ④ 11   ⑤ 13

STEP 01 ❶을 만족하는 이차부등식을 구한 후 $a-b$의 값을 구한다.

이차항의 계수가 1이고 해가 $-4<x<3$인 이차부등식은

$(x+4)(x-3)<0$이다.

$x^2+x-12<0$이므로 $a=1$, $b=-12$이다.

따라서 $a-b=1-(-12)=13$

05 절댓값을 포함한 일차부등식 　정답률 85% | 정답 ⑤

부등식 $|x-2|<5$를 만족시키는 모든 정수 x의 개수는? [3점]

① 5　　② 6　　③ 7　　④ 8　　⑤ 9

STEP 01 부등식을 풀어 x의 범위를 구한 후 만족시키는 모든 정수 x의 개수를 구한다.

부등식 $|x-2|<5$를 풀면 $-5<x-2<5$, $-3<x<7$이다.

부등식을 만족시키는 정수 x의 값은 -2, -1, 0, 1, 2, 3, 4, 5, 6이다.

따라서 모든 정수 x의 개수는 9

다른 풀이

(i) $x<2$인 경우

　$-x+2<5$이므로 $x>-3$이다. 따라서 $-3<x<2$이다.

(ii) $x\geq2$인 경우

　$x-2<5$이므로 $x<7$이다. 따라서 $2\leq x<7$이다.

(i), (ii)에 의해 $-3<x<7$이므로 부등식을 만족시키는 정수 x의 값은

-2, -1, 0, 1, 2, 3, 4, 5, 6이다.

따라서 모든 정수 x의 개수는 9

---

06 인수분해 　정답률 82% | 정답 ③

$101^3-3\times101^2+3\times101-1$의 값은? [3점]

① 10^5　　② 3×10^5　　③ 10^6　　④ 3×10^6　　⑤ 10^7

STEP 01 101을 치환한 후 인수분해를 이용하여 값을 구한다.

101을 x라 하면

$101^3-3\times101^2+3\times101-1=x^3-3x^2+3x-1=(x-1)^3=(101-1)^3=100^3$

따라서 주어진 식의 값은 $100^3=10^6$

---

07 방정식의 활용 　정답률 93% | 정답 ①

어느 가족이 작년까지 한 변의 길이가 10m 인 정사각형 모양의 밭을 가꾸었다. 올해는 그림과 같이 가로의 길이를 xm 만큼, 세로의 길이를 $(x-10)$m 만큼 늘여서 새로운 직사각형 모양의 밭을 가꾸었다. 올해 늘어난 모양의 밭의 넓이가 500m^{2}일 때, x의 값은? (단, $x>10$) [3점]

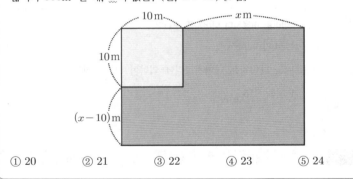

① 20　　② 21　　③ 22　　④ 23　　⑤ 24

STEP 01 올해 밭의 총넓이에 관한 방정식을 세워 x의 값을 구한다.

올해 늘어난 ⌐ 모양의 밭의 넓이가 500이므로 올해 밭의 총넓이는

$10\times10+500=600$이다.

올해 밭의 총넓이에 관한 식을 세우면 $(10+x)(10+x-10)=600$이고

$x^2+10x-600=0$, $(x+30)(x-20)=0$

$x=-30$ 또는 $x=20$

따라서 $x>10$이므로 $x=20$

---

08 다항식의 나눗셈 　정답률 80% | 정답 ①

다항식 $Q(x)$에 대하여 등식

$x^3-5x^2+ax+1=(x-1)Q(x)-1$

이 x에 대한 항등식일 때, $Q(a)$의 값은? (단, a는 상수이다.) [3점]

① -6　　② -5　　③ -4　　④ -3　　⑤ -2

STEP 01 주어진 등식에 $x=1$을 대입하여 a를 구한 후 $x=a$를 대입하여 $Q(a)$의 값을 구한다.

$x^3-5x^2+ax+1=(x-1)Q(x)-1$이

x에 대한 항등식이므로 $x=1$을 대입하면

$1-5+a+1=-1$이고 $a=2$이다.

$x^3-5x^2+2x+1=(x-1)Q(x)-1$에서 $x=2$를 대입하면

$2^3-5\times2^2+2\times2+1=(2-1)\times Q(2)-1$

$8-20+4+1=Q(2)-1$

따라서 $Q(2)=-6$

---

09 곱셈공식 　정답률 82% | 정답 ③

❶ $x=2+i$, $y=2-i$일 때, ❷ $x^4+x^2y^2+y^4$의 값은?

(단, $i=\sqrt{-1}$ 이다.) [3점]

① 9　　② 10　　③ 11　　④ 12　　⑤ 13

STEP 01 ❶에서 $x+y$, xy를 구한 후 곱셈공식을 이용하여 ❷를 변형한 식에 대입하여 값을 구한다.

$x^4+x^2y^2+y^4=x^4+2x^2y^2+y^4-x^2y^2=(x^2+y^2)^2-(xy)^2$이다.

$x=2+i$, $y=2-i$에서 $x+y=4$, $xy=5$이므로

$x^2+y^2=(x+y)^2-2xy=6$이다.

따라서 $x^4+x^2y^2+y^4=(x^2+y^2)^2-(xy)^2=6^2-5^2=11$

---

10 이차함수의 그래프와 이차방정식 　정답률 81% | 정답 ②

이차함수 $y=x^2+2(a-1)x+2a+13$의 그래프가 x축과 만나지 않도록 하는 모든 정수 a의 값의 합은? [3점]

① 12　　② 14　　③ 16　　④ 18　　⑤ 20

STEP 01 판별식을 이용하여 a의 범위를 구한 후 만족하는 모든 정수 a의 값의 합을 구한다.

이차함수 $y=x^2+2(a-1)x+2a+13$의 그래프가 x축과 만나지 않으므로

이차방정식 $x^2+2(a-1)x+2a+13=0$의 판별식

$\dfrac{D}{4}=(a-1)^2-(2a+13)=(a+2)(a-6)<0$

$-2<a<6$이므로 정수 a의 값은 -1, 0, 1, 2, 3, 4, 5

따라서 모든 정수 a의 값의 합은 14

●핵심 공식

▶ 이차함수와 이차방정식

(1) 포물선 $y=ax^2+bx+c$ (단, $a\neq0$)의 그래프와 x축과의 위치 관계

　$ax^2+bx+c=0$ (단, $a\neq0$)의 판별식이 D라 할 때,

　① $D>0$: 두 점에서 만난다.

　② $D=0$: 접한다.

　③ $D<0$: 만나지 않는다.

(2) 포물선 $y=ax^2+bx+c$ (단, $a\neq0$)의 그래프와 직선 $y=mx+n$의 위치 관계

　두 방정식을 연립한 이차방정식 $ax^2+bx+c=mx+n$의 판별식을 D라 하면,

　① $D>0$: 두 점에서 만난다.

　② $D=0$: 접한다.

　③ $D<0$: 만나지 않는다.

---

11 미정계수를 포함한 항등식 　정답률 81% | 정답 ②

x에 대한 이차방정식 $x^2+k(2p-3)x-(p^2-2)k+q+2=0$이 실수 k의 값에 관계없이 항상 1을 근으로 가질 때, 두 상수 p, q에 대하여 $p+q$의 값은? [3점]

① -5　　② -2　　③ 1　　④ 4　　⑤ 7

STEP 01 주어진 식에 $x=1$을 대입한 식을 k에 관한 방정식으로 정리한 후 항등식의 성질을 이용하여 p, q를 구한 다음 $p+q$의 값을 구한다.

주어진 방정식이 실수 k의 값에 관계없이 항상 1을 근으로 가지므로

$x=1$을 대입하면 $1+k(2p-3)-(p^2-2)k+q+2=0$이다.

$-(p^2-2p+1)k+q+3=0$이 실수 k에 대한 항등식이므로

$p^2-2p+1=0$, $q+3=0$에서 $p=1$, $q=-3$

따라서 $p+q=-2$

---

12 연립방정식 　정답률 87% | 정답 ①

연립방정식

$\begin{cases} x+y+xy=8 \\ 2x+2y-xy=4 \end{cases}$

의 해를 $x=\alpha$, $y=\beta$라 할 때, $\alpha^2+\beta^2$의 값은? [3점]

① 8 　　　② 10 　　　③ 12 　　　④ 14 　　　⑤ 16

STEP 01 두 식을 연립하여 $\alpha+\beta$, $\alpha\beta$를 구한 후 곱셈공식을 이용하여 $\alpha^2+\beta^2$의 값을 구한다.

$$\begin{cases} x+y+xy=8 & \cdots\cdots \text{㉠} \\ 2x+2y-xy=4 & \cdots\cdots \text{㉡} \end{cases}$$

에서 두 식 ㉠과 ㉡을 더하면 $3(x+y)=12$, $x+y=4$이고
㉠에 대입하면 $xy=4$이므로 $\alpha+\beta=4$, $\alpha\beta=4$
따라서 $\alpha^2+\beta^2=(\alpha+\beta)^2-2\alpha\beta=4^2-2\times4=8$

---

13 삼차방정식　　　　정답률 83% | 정답 ③

삼차방정식

❶ $x^3+2x^2-3x-10=0$

의 서로 다른 두 허근을 α, β라 할 때, $\alpha^3+\beta^3$의 값은? [3점]

① -2　　　② -3　　　③ -4　　　④ -5　　　⑤ -6

STEP 01 조립제법을 이용하여 ❶을 인수분해한 뒤 이차방정식의 근과 계수의 관계를 이용하여 $\alpha+\beta$, $\alpha\beta$를 구한 후 곱셈공식을 이용하여 $\alpha^3+\beta^3$의 값을 구한다.

조립제법을 이용하면

```
2 | 1   2   -3   -10
  |     2    8    10
  ---------------------
    1   4    5  |  0
```

에서 $x^3+2x^2-3x-10=(x-2)(x^2+4x+5)$이므로
삼차방정식 $x^3+2x^2-3x-10=0$의 두 허근은 이차방정식 $x^2+4x+5=0$의 두 허근이고 $\alpha+\beta=-4$, $\alpha\beta=5$이다.
따라서
$$\alpha^3+\beta^3=(\alpha+\beta)^3-3\alpha\beta(\alpha+\beta)=(-4)^3-3\times5\times(-4)=-4$$

●핵심 공식

▶ 이차방정식의 근과 계수의 관계
이차방정식 $ax^2+bx+c=0$ (단, $a\neq0$)의 두 근을 α, β라고 하면,
$$\alpha+\beta=-\frac{b}{a},\ \alpha\beta=\frac{c}{a}$$
▶ 곱셈공식
(1) $(a\pm b)^2=a^2\pm2ab+b^2$ (복부호동순)
(2) $(a+b)(a-b)=a^2-b^2$
(3) $(x+a)(x+b)=x^2+(a+b)x+ab$
(4) $(ax+b)(cx+d)=acx^2+(ad+bc)x+bd$
(5) $(a\pm b)^3=a^3\pm3a^2b+3ab^2\pm b^3$ (복부호동순)
(6) $(a\pm b)(a^2\mp ab+b^2)=a^3\pm b^3$ (복부호동순)
(7) $(a+b+c)(a^2+b^2+c^2-ab-bc-ca)=a^3+b^3+c^3-3abc$
▶ 곱셈공식의 변형
(1) $a^2+b^2=(a+b)^2-2ab=(a-b)^2+2ab$
(2) $a^3\pm b^3=(a\pm b)^3\mp3ab(a\pm b)$ (복부호동순)
(3) $a^2+b^2+c^2=(a+b+c)^2-2(ab+bc+ca)$

---

14 이차방정식　　　　정답률 61% | 정답 ②

x에 대한 이차방정식 ❶ $x^2-2kx-k+20=0$이 서로 다른 두 실근 α, β를 가질 때, ❷ $\alpha\beta>0$을 만족시키는 모든 자연수 k의 개수는? [4점]

① 14　　　② 15　　　③ 16　　　④ 17　　　⑤ 18

STEP 01 판별식을 이용하여 ❶을 만족하도록 하는 k의 범위를 구한 후 근과 계수의 관계에서 ❷를 만족하도록 하는 k의 범위를 구한 다음 두 부등식을 연립하여 만족하는 k의 범위를 구한다. 만족시키는 모든 자연수 k의 개수를 구한다.

x에 대한 이차방정식 $x^2-2kx-k+20=0$이 서로 다른 두 실근을 가지므로
판별식
$$\frac{D}{4}=k^2-(-k+20)=k^2+k-20=(k+5)(k-4)>0$$
에서 $k<-5$ 또는 $k>4$이고 k는 자연수이므로
$k>4$　　　　　　　　　　　　　　　$\cdots\cdots$ ㉠
두 근의 곱 $\alpha\beta=-k+20$이 양수이므로
$k<20$　　　　　　　　　　　　　　 $\cdots\cdots$ ㉡
㉠과 ㉡에 의해 k의 범위는 $4<k<20$이고 이를 만족시키는 자연수 k의 값은

$5,\ 6,\ \cdots,\ 19$
따라서 모든 자연수 k의 개수는 15

●핵심 공식

▶ 판별식
이차방정식 $ax^2+bx+c=0$의 판별식 $D=b^2-4ac$를 이용한 근의 개수 판별
① $b^2-4ac>0 \leftrightarrow$ 서로 다른 두 실근
② $b^2-4ac=0 \leftrightarrow$ 한 개의 중근
③ $b^2-4ac<0 \leftrightarrow$ 실근이 없다

---

15 방정식과 부등식　　　　정답률 59% | 정답 ①

이차다항식 $P(x)$가 다음 조건을 만족시킬 때, $P(-1)$의 값은? [4점]

(가) 부등식 $P(x)\geq-2x-3$의 해는 $0\leq x\leq1$이다.
(나) 방정식 $P(x)=-3x-2$는 중근을 가진다.

① -3　　　② -4　　　③ -5　　　④ -6　　　⑤ -7

STEP 01 조건 (가)에서 $P(x)$를 구한 후 조건 (나)에서 판별식을 이용하여 이차항의 계수를 구한 다음 $P(-1)$의 값을 구한다.

조건 (가)에 의하여 $P(x)+2x+3=ax(x-1)$ $(a<0)$
이므로 $P(x)=ax^2-(a+2)x-3$이다.
조건 (나)에 의하여 방정식 $ax^2-(a+2)x-3=-3x-2$가 중근을 가지므로
$ax^2-(a-1)x-1=0$의 판별식
$D=(a-1)^2-4a\times(-1)=(a+1)^2=0$에서 $a=-1$
따라서 $P(x)=-x^2-x-3$에서 $P(-1)=-3$

---

16 이차함수의 활용　　　　정답률 62% | 정답 ③

그림과 같이 한 변의 길이가 2인 정삼각형 ABC에 대하여 변 BC의 중점을 P라 하고, 선분 AP 위의 점 Q에 대하여 선분 PQ의 길이를 x라 하자.

❶ $\overline{\text{AQ}}^2+\overline{\text{BQ}}^2+\overline{\text{CQ}}^2$은 $x=a$에서 최솟값 m을 가진다. $\dfrac{m}{a}$의 값은?
(단, $0<x<\sqrt{3}$이고, a는 실수이다.) [4점]

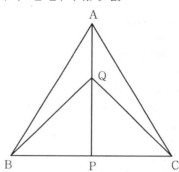

① $3\sqrt{3}$　　② $\dfrac{7}{2}\sqrt{3}$　　③ $4\sqrt{3}$　　④ $\dfrac{9}{2}\sqrt{3}$　　⑤ $5\sqrt{3}$

STEP 01 ❶을 x에 관한 식으로 나타낸 후 이차함수의 표준형으로 식을 변형하여 $a,\ m$을 구한 다음 $\dfrac{m}{a}$의 값을 구한다.

$\overline{\text{PQ}}=x$이므로 $\overline{\text{BQ}}^2=\overline{\text{CQ}}^2=1^2+x^2$이다.
$$\overline{\text{AQ}}^2+\overline{\text{BQ}}^2+\overline{\text{CQ}}^2=(\sqrt{3}-x)^2+2(1+x^2)=3x^2-2\sqrt{3}x+5$$
$$=3\left(x^2-\frac{2}{3}\sqrt{3}x\right)+5=3\left(x^2-\frac{2}{3}\sqrt{3}x+\frac{1}{3}-\frac{1}{3}\right)+5$$
$$=3\left(x-\frac{\sqrt{3}}{3}\right)^2+4$$
$\overline{\text{AQ}}^2+\overline{\text{BQ}}^2+\overline{\text{CQ}}^2$은 $x=\dfrac{\sqrt{3}}{3}$에서 최솟값 4를 가진다.
따라서 $a=\dfrac{\sqrt{3}}{3}$, $m=4$이므로 $\dfrac{m}{a}=4\sqrt{3}$

---

17 다항식의 나눗셈　　　　정답률 76% | 정답 ④

x에 대한 다항식 ❶ x^3+x^2+ax+b가 $(x-1)^2$으로 나누어떨어질 때의 몫을 $Q(x)$라 하자. 두 상수 a, b에 대하여 $Q(ab)$의 값은? [4점]

① -15　　② -14　　③ -13　　④ -12　　⑤ -11

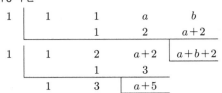
STEP 01 조립제법으로 ❶의 나눗셈을 하고 나머지가 0임을 이용하여 a, b와 $Q(x)$를 구한 후 $Q(ab)$의 값을 구한다.

x에 대한 다항식 $x^3 + x^2 + ax + b$가 $(x-1)^2$으로 나누어떨어지므로 조립제법을 이용하면

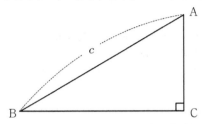

$a + b + 2 = 0$, $a + 5 = 0$이므로 $a = -5$, $b = 3$
따라서 $Q(x) = x + 3$이므로
$Q(ab) = Q(-15) = -15 + 3 = -12$

---

18 이차방정식의 판별식 　　　　　　　　정답률 63% | 정답 ②

그림과 같이 빗변의 길이가 c이고 둘레의 길이가 10인 직각삼각형 ABC가 있다.

다음은 직각삼각형 ABC의 빗변의 길이 c의 범위를 구하는 과정이다.

> $\overline{BC} = a$, $\overline{CA} = b$라 하면
> ❶ 삼각형 ABC의 둘레의 길이가 10이고 $\overline{AB} = c$이므로
> $a + b = \boxed{\text{(가)}}$ ······ ㉠
> 이다. 삼각형 ABC가 직각삼각형이므로
> $a^2 + b^2 = c^2$에서 $(a+b)^2 - 2ab = c^2$ ······ ㉡
> 이다. ❷ ㉠을 ㉡에 대입하면
> $ab = \boxed{\text{(나)}}$ 이다.
> a, b를 두 실근으로 가지고 이차항의 계수가 1인 x에 대한 이차방정식은
> $x^2 - (\boxed{\text{(가)}})x + \boxed{\text{(나)}} = 0$ ······ ㉢
> 이고 ㉢의 판별식 $D \geq 0$이다.
> 빗변의 길이 c는 양수이므로
> 부등식 ❸ $D \geq 0$의 해를 구하면
> $c \geq \boxed{\text{(다)}}$ 이다.
> ㉢의 두 실근 a, b는 모두 양수이므로
> 두 근의 합 $\boxed{\text{(가)}}$ 와 곱 $\boxed{\text{(나)}}$ 는 모두 양수이다.
> 따라서 빗변의 길이 c의 범위는
> $\boxed{\text{(다)}} \leq c < 5$이다.

위의 (가), (나)에 알맞은 식을 각각 $f(c)$, $g(c)$라 하고 (다)에 알맞은 수를 k라 할 때, ❹ $\dfrac{k}{25} \times f\left(\dfrac{9}{2}\right) \times g\left(\dfrac{9}{2}\right)$의 값은? [4점]

① $10(\sqrt{2}-1)$　　② $11(\sqrt{2}-1)$　　③ $12(\sqrt{2}-1)$
④ $10(\sqrt{2}+1)$　　⑤ $11(\sqrt{2}+1)$

STEP 01 ❶, ❷, ❸에서 각각 (가), (나), (다)를 구한다.

$\overline{BC} = a$, $\overline{CA} = b$라 하면 삼각형 ABC의 둘레의 길이가 10이고 $\overline{AB} = c$이므로
$a + b = \boxed{10-c}$ ······ ㉠
이다. 삼각형 ABC가 직각삼각형이므로
$a^2 + b^2 = c^2$에서 $(a+b)^2 - 2ab = c^2$ ······ ㉡
이다. ㉠을 ㉡에 대입하면 $(10-c)^2 - 2ab = c^2$에서
$ab = \boxed{50-10c}$ 이다.
a, b를 두 실근으로 가지고 이차항의 계수가 1인 x에 대한 이차방정식은
$x^2 - (\boxed{10-c})x + (\boxed{50-10c}) = 0$ ······ ㉢
이고 ㉢의 판별식 $D \geq 0$이다.
빗변의 길이 c는 양수이므로 부등식 $D \geq 0$의 해를 구하면
$D = (10-c)^2 - 4(50-10c) = c^2 + 20c - 100 \geq 0$
에서 $c \leq -10 - 10\sqrt{2}$ 또는 $c \geq -10 + 10\sqrt{2}$ 이고 $c > 0$이므로
$c \geq \boxed{10(\sqrt{2}-1)}$ 이다.
㉢의 두 실근 a, b는 모두 양수이므로 두 근의 합 $\boxed{10-c}$ 와 곱 $\boxed{50-10c}$ 는 모두 양수이다.

따라서 빗변의 길이 c의 범위는 $\boxed{10(\sqrt{2}-1)} \leq c \leq 5$이다.

STEP 02 $f(c)$, $g(c)$, k를 대입하여 ❹의 값을 구한다.

$f(c) = 10 - c$, $g(c) = 50 - 10c$, $k = 10(\sqrt{2}-1)$이므로
$\dfrac{k}{25} \times f\left(\dfrac{9}{2}\right) \times g\left(\dfrac{9}{2}\right) = \dfrac{10(\sqrt{2}-1)}{25} \times \left(10 - \dfrac{9}{2}\right) \times \left(50 - 10 \times \dfrac{9}{2}\right) = 11(\sqrt{2}-1)$

---

19 이차함수의 성질 　　　　　　　　정답률 35% | 정답 ⑤

이차함수 ❶ $y = x^2 - 3x + 1$의 그래프와 직선 $y = x + 2$로 둘러싸인 도형의 내부에 있는 점 중에서 x좌표와 y좌표가 모두 정수인 점의 개수는? [4점]

① 6　　② 7　　③ 8　　④ 9　　⑤ 10

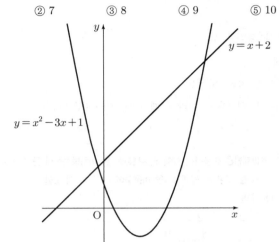

STEP 01 두 그래프의 교점의 x좌표를 구한 후 ❶ 중에서 x좌표가 정수인 x를 구한다.

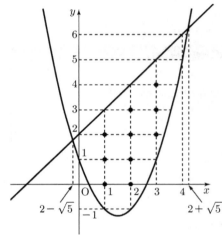

이차함수 $y = x^2 - 3x + 1$의 그래프와 직선 $y = x + 2$의 교점의 x좌표는
이차방정식 $x^2 - 3x + 1 = x + 2$, $x^2 - 4x - 1 = 0$에서 $x = 2 \pm \sqrt{5}$
이차함수 $y = x^2 - 3x + 1$의 그래프와 직선 $y = x + 2$로 둘러싸인 도형의 내부에 있는 점의 x좌표를 p, y좌표를 q라 하면
$2 - \sqrt{5} < p < 2 + \sqrt{5}$ 이다.
$-1 < 2 - \sqrt{5} < 0$이고 $4 < 2 + \sqrt{5} < 5$이므로
$2 - \sqrt{5} < p < 2 + \sqrt{5}$ 를 만족시키는 정수 p의 값은 0, 1, 2, 3, 4이다.

STEP 02 각 x좌표에 대하여 ❶을 만족하는 y좌표를 구하여 만족하는 모든 점의 개수를 구한다.

x좌표와 y좌표가 모두 정수인 점 (p, q)는 다음과 같다.
$p = 0$일 때, $1 < q < 2$이므로 존재하지 않는다.
$p = 1$일 때, $-1 < q < 3$이므로 $(1, 0)$, $(1, 1)$, $(1, 2)$
$p = 2$일 때, $-1 < q < 4$이므로 $(2, 0)$, $(2, 1)$, $(2, 2)$, $(2, 3)$
$p = 3$일 때, $1 < q < 5$이므로 $(3, 2)$, $(3, 3)$, $(3, 4)$
$p = 4$일 때, $5 < q < 6$이므로 존재하지 않는다.
따라서 x좌표와 y좌표가 모두 정수인 점의 개수는 10

★★★ 등급을 가르는 문제!

20 이차방정식의 판별식 　　　　　　　　정답률 33% | 정답 ②

모든 실수 x에 대하여 다항식 $P(x)$가
❶ $\{P(x) + 2\}^2 = (x - a)(x - 2a) + 4$
를 만족시킬 때, 모든 $P(1)$의 값의 합은? (단, a는 실수이다.) [4점]

① -9　　② -8　　③ -7　　④ -6　　⑤ -5

STEP 01 ❶의 우변이 중근을 가질 조건으로 판별식을 이용하여 만족하는 a의 값을 구한다.

$\{P(x)+2\}^2=(x-a)(x-2a)+4=x^2-3ax+2a^2+4$

x에 대한 이차방정식 $x^2-3ax+2a^2+4=0$이 중근을 가지므로

이차방정식 $x^2-3ax+2a^2+4=0$의 판별식을 D라 하면

$D=(3a)^2-4(2a^2+4)=0$

$(3a)^2-4(2a^2+4)=9a^2-8a^2-16=a^2-16=0$, $a=4$ 또는 $a=-4$

STEP 02 각 a에 대하여 $P(x)$를 구한 후 $P(1)$의 값을 구한 다음 모든 $P(1)$의 값의 합을 구한다.

(i) $a=4$인 경우

$\{P(x)+2\}^2=x^2-12x+36=(x-6)^2$

$P(x)+2=x-6$ 또는 $P(x)+2=-x+6$

$P(x)=x-8$ 또는 $P(x)=-x+4$

(ii) $a=-4$인 경우

$\{P(x)+2\}^2=x^2+12x+36=(x+6)^2$

$P(x)+2=x+6$ 또는 $P(x)+2=-x-6$

$P(x)=x+4$ 또는 $P(x)=-x-8$

(i)과 (ii)에 의해 조건을 만족시키는 일차다항식 $P(x)$는 $x-8$, $-x+4$, $x+4$, $-x-8$이고 모든 $P(1)$의 값은 -7, 3, 5, -9

따라서 모든 $P(1)$의 값의 합은 $(-7)+3+5+(-9)=-8$

다른 풀이

$\{P(x)+2\}^2=(x-a)(x-2a)+4$에서 다항식 $P(x)$는 일차식이다.

$P(x)=px+q$ $(p\neq0)$라 하자.

$(px+q+2)^2=(x-a)(x-2a)+4$에서

$p^2x^2+(2pq+4p)x+q^2+4q+4=x^2-3ax+2a^2+4$

$p^2=1$, $2pq+4p=-3a$, $q^2+4q+4=2a^2+4$

(i) $p=1$인 경우

$2q+4=-3a$, $q^2+4q=2a^2$에서

$(q-4)(q+8)=0$이므로

$q=4$ 또는 $q=-8$

따라서 $P(x)=x+4$ 또는 $P(x)=x-8$

(ii) $p=-1$인 경우

$-2q-4=-3a$, $q^2+4q=2a^2$에서

$(q-4)(q+8)=0$이므로

$q=4$ 또는 $q=-8$

따라서 $P(x)=-x+4$ 또는 $P(x)=-x-8$

그러므로 $P(x)$는 $x+4$, $x-8$, $-x+4$, $-x-8$

이고 모든 $P(1)$의 값은 5, -7, 3, -9

따라서 모든 $P(1)$의 값의 합은

$5+(-7)+3+(-9)=-8$

★★ 문제 해결 꿀~팁 ★★

▶ 문제 해결 방법

$\{P(x)+2\}^2=(x-a)(x-2a)+4$의 좌변이 완전제곱식이므로 우변도 완전제곱식이어야 한다.

즉, $x^2-3ax+2a^2+4=0$이 중근을 가져야 한다.

그러므로 판별식을 이용하면 $a=4$ 또는 $a=-4$이고 각 a를 준식에 대입하여 정리하면 $P(x)$ 및 $P(1)$을 구할 수 있다.

준식 자체를 전개하여 $P(x)$를 구하려고 하면 문제풀이에 어려움이 있다. 주어진 식의 좌변이 완전제곱식이라는 것에 착안하여 판별식을 이용해서 a를 구하거나 일차식 $P(x)$를 미지수를 이용하여 놓고 전개하여 양변의 계수를 비교해야 한다. a의 값만 구하면 다음 과정은 큰 무리 없이 답을 구할 수 있다.

---

21 이차함수의 최대, 최소 　　　　정답률 47% | 정답 ⑤

$1\leq x\leq2$에서 이차함수

❶ $f(x)=(x-a)^2+b$의 최솟값이 5일 때, 두 실수 a, b에 대하여 옳은 것만을 〈보기〉에서 있는 대로 고른 것은? [4점]

〈보기〉

ㄱ. $a=\dfrac{3}{2}$일 때, $b=5$이다.

ㄴ. $a\leq1$일 때, $b=-a^2+2a+4$이다.

ㄷ. $a+b$의 최댓값은 $\dfrac{29}{4}$이다.

① ㄱ　　② ㄱ, ㄴ　　③ ㄱ, ㄷ　　④ ㄴ, ㄷ　　⑤ ㄱ, ㄴ, ㄷ

STEP 01 ㄱ. $a=\dfrac{3}{2}$을 $f(x)$에 대입한 후 ❶을 이용하여 b를 구하여 참, 거짓을 판별한다.

ㄱ. $a=\dfrac{3}{2}$일 때,

$f(x)=\left(x-\dfrac{3}{2}\right)^2+b$이고 $x=\dfrac{3}{2}$에서 최솟값 5를 가지므로

$f\left(\dfrac{3}{2}\right)=b=5$

∴ 참

STEP 02 ㄴ. $a\leq1$일 때, $f(x)$의 최솟값을 구하여 참, 거짓을 판별한다.

ㄴ. $a\leq1$일 때,

$f(x)$는 $x=1$에서 최솟값을 가지므로 $f(1)=(1-a)^2+b=5$이고

$b=-a^2+2a+4$

∴ 참

STEP 03 ㄷ. a의 범위를 나누어 각 범위에서의 $a+b$의 최댓값을 구한 후 $a+b$의 최댓값을 구하여 참, 거짓을 판별한다.

ㄷ.

(i) $a\leq1$인 경우

ㄴ에서 $b=-a^2+2a+4$이므로

$a+b=-a^2+3a+4=-\left(a-\dfrac{3}{2}\right)^2+\dfrac{25}{4}$

따라서 $a+b$는 $a=1$에서 최댓값 6을 가진다.

(ii) $1<a\leq2$인 경우

$f(x)$는 $x=a$에서 최솟값 $b=5$를 가지므로

$6<a+b\leq7$이고 $a+b$는 $a=2$에서 최댓값 7을 가진다.

(iii) $a>2$인 경우

$f(x)$는 $x=2$에서 최솟값을 가지고

$f(2)=(2-a)^2+b=5$, $b=-a^2+4a+1$에서

$a+b=-a^2+5a+1=-\left(a-\dfrac{5}{2}\right)^2+\dfrac{29}{4}$이므로

$a+b$는 $a=\dfrac{5}{2}$에서 최댓값 $\dfrac{29}{4}$를 가진다.

(i), (ii), (iii)에 의하여 $a+b$의 최댓값은 $\dfrac{29}{4}$

∴ 참

이상에서 옳은 것은 ㄱ, ㄴ, ㄷ

---

22 다항식의 계산 　　　　정답률 85% | 정답 12

다항식 ❶ $(x+2y)^3$을 전개한 식에서 xy^2의 계수를 구하시오. [3점]

STEP 01 ❶을 전개하여 xy^2의 계수를 구한다.

$(x+2y)^3=x^3+6x^2y+12xy^2+8y^3$이므로 xy^2의 계수는 12

---

23 복소수의 계산 　　　　정답률 87% | 정답 18

❶ $(3+ai)(2-i)=13+bi$를 만족시키는 두 실수 a, b에 대하여 $a+b$의 값을 구하시오. (단, $i=\sqrt{-1}$ 이다.) [3점]

STEP 01 ❶의 좌변을 전개한 후 양변의 계수를 비교하여 a, b를 각각 구한 다음 $a+b$의 값을 구한다.

$(3+ai)(2-i)=(6+a)+(2a-3)i=13+bi$에서

$6+a=13$, $2a-3=b$이므로 $a=7$, $b=11$

따라서 $a+b=18$

---

24 연립이차방정식 　　　　정답률 85% | 정답 3

연립방정식

$\begin{cases}x-y=-5\\4x^2+y^2=20\end{cases}$

의 해를 $x=\alpha$, $y=\beta$라 할 때, $\alpha+\beta$의 값을 구하시오. [3점]

STEP 01 연립방정식의 일차식을 변형하여 이차식에 대입한 후 x, y를 구한 다음 $\alpha+\beta$의 값을 구한다.

연립방정식 $\begin{cases}x-y=-5 & \cdots\cdots\text{㉠}\\4x^2+y^2=20 & \cdots\cdots\text{㉡}\end{cases}$

에서 ㉠을 y에 대해 정리하면 $y=x+5$ $\cdots\cdots$㉢

㉢을 ㉡에 대입하면 $4x^2+(x+5)^2=20$, $5x^2+10x+5=0$에서 $x=-1$이고

ⓒ에 대입하면 $y=4$

따라서 $\alpha+\beta=(-1)+4=3$

---

25 이차방정식의 근과 계수의 관계　　　정답률 61% | 정답 6

x에 대한 이차방정식 ❶ $x^2-3x+k=0$의 두 근을 α, β라 할 때,

❷ $\dfrac{1}{\alpha^2-\alpha+k}+\dfrac{1}{\beta^2-\beta+k}=\dfrac{1}{4}$ 을 만족시키는 실수 k의 값을 구하시오.

[3점]

STEP 01 ❶에서 근과 계수의 관계를 이용하여 $\alpha+\beta$, $\alpha\beta$를 구한 후 ❷를 변형한 식에 대입하여 k의 값을 구한다.

α, β는 이차방정식 $x^2-3x+k=0$의 두 근이므로

$\alpha^2-3\alpha+k=0$, $\beta^2-3\beta+k=0$에서 $\alpha^2-\alpha+k=2\alpha$, $\beta^2-\beta+k=2\beta$이고

$\alpha+\beta=3$, $\alpha\beta=k$

따라서 $\dfrac{1}{\alpha^2-\alpha+k}+\dfrac{1}{\beta^2-\beta+k}=\dfrac{1}{2\alpha}+\dfrac{1}{2\beta}=\dfrac{\alpha+\beta}{2\alpha\beta}=\dfrac{3}{2k}=\dfrac{1}{4}$

따라서 $k=6$

---

26 사차방정식　　　정답률 45% | 정답 7

x에 대한 사차방정식 $x^4-(2a-9)x^2+4=0$이 서로 다른 네 실근 α, β, γ, δ $(\alpha<\beta<\gamma<\delta)$를 가진다. ❶ $\alpha^2+\beta^2=5$일 때, 상수 a의 값을 구하시오. [4점]

STEP 01 복이차식의 특징을 이용하여 네 실근의 관계를 파악한 후 근과 계수의 관계에 ❶을 이용하여 a의 값을 구한다.

주어진 사차방정식이 $x=\alpha$를 근으로 가지면 $x=-\alpha$도 근으로 가지므로

양의 실근 2개, 음의 실근 2개를 가짐을 알 수 있고

서로 다른 네 실근을 α, β, $-\beta(=\gamma)$, $-\alpha(=\delta)$ $(\alpha<\beta<0)$로 둘 수 있다.

$x^2=X$라 하면 주어진 사차방정식은

$X^2-(2a-9)X+4=0$이고 두 근은 α^2, β^2이다.

따라서 $\alpha^2+\beta^2=2a-9=5$이므로 $a=7$

★★★ 등급을 가르는 문제!

27 복소수의 성질　　　정답률 36% | 정답 25

100 이하의 자연수 n에 대하여

❶ $(1-i)^{2n}=2^n i$

를 만족시키는 모든 n의 개수를 구하시오. (단, $i=\sqrt{-1}$이다.) [4점]

STEP 01 ❶의 좌변을 k^n꼴로 정리한 후 양변을 비교하여 n의 조건을 구한 다음 100 이하의 모든 자연수 n의 개수를 구한다.

$(1-i)^{2n}=\{(1-i)^2\}^n=(-2i)^n=2^n(-i)^n$이므로

$2^n(-i)^n=2^n i$에서 $(-i)^n=i$를 만족시키는

$n=4k+3(k=0, 1, 2, \cdots, 24)$이다.

따라서 100 이하의 모든 자연수 n의 개수는 25

★★ 문제 해결 꿀~팁 ★★

▶ 문제 해결 방법

$(1-i)^{2n}=\{(1-i)^2\}^n=(-2i)^n=2^n(-i)^n=2^n i$이므로 $(-i)^n=i$이다.

$(-i)^3=i$이므로 $n=4k+3$이다. $(\pm i)^n$에서 $i^4=1$, $(-i)^4=1$이므로 주기가 4로 같은 수가 반복되며 각 n에 대하여 반복되는 수를 알아두는 것이 좋다. n에 1부터 4까지 차례로 대입하여 구하면 쉽게 알 수 있다.

★★★ 등급을 가르는 문제!

28 연립이차부등식　　　정답률 15% | 정답 10

x에 대한 연립부등식

$\begin{cases} x^2-(a^2-3)x-3a^2<0 \\ x^2+(a-9)x-9a>0 \end{cases}$

을 ❶ 만족시키는 정수 x가 존재하지 않기 위한 실수 a의 최댓값을 M이라 하자. M^2의 값을 구하시오. (단, $a>2$) [4점]

STEP 01 각 부등식을 풀어 ❶을 만족하도록 하는 a의 범위를 구한 후 M^2의 값을 구한다.

연립부등식

$\begin{cases} x^2-(a^2-3)x-3a^2<0 & \cdots\cdots \text{㉠} \\ x^2+(a-9)x-9a>0 & \cdots\cdots \text{㉡} \end{cases}$

에서 이차부등식 ㉠의 해는

$x^2-(a^2-3)x-3a^2=(x-a^2)(x+3)<0$

$-3<x<a^2$

$a>2$이므로 이차부등식 ㉡의 해는

$x^2+(a-9)x-9a=(x+a)(x-9)>0$

$x<-a$ 또는 $x>9$

$a^2>10$이면 연립부등식의 해에 $x=10$이 포함되므로 정수 x가 존재한다.

그러므로 정수 x가 존재하지 않기 위한 a의 범위는

$a^2\leq 10$이고 $a>2$이므로 $2<a\leq\sqrt{10}$

따라서 a의 최댓값 $M=\sqrt{10}$

$M^2=10$

★★ 문제 해결 꿀~팁 ★★

▶ 문제 해결 방법

두 부등식을 풀면 $-3<x<a^2$, $x<-a$ 또는 $x>9$이다. 연립부등식의 정수해가 존재하지 않으려면 $-a\leq 2$ 또는 $a^2\leq 10$인데 $a>2$이므로 $2<a\leq\sqrt{10}$이다.

부등식을 만족하는 정수 x가 존재하지 않는다고 했고, x에 대하여 정수인지 아닌지를 언급하고 있는데 자칫 a가 정수라고 혼돈하여 a의 최댓값을 3으로 잘못 판단하는 일은 없어야 한다. 미지수가 2개 이상일 때 각 미지수의 조건을 정확하게 인지하고 있어야 한다.

★★★ 등급을 가르는 문제!

29 인수정리　　　정답률 23% | 정답 13

삼차다항식 $P(x)$와 일차다항식 $Q(x)$가 다음 조건을 만족시킨다.

(가) $P(x)Q(x)$는 $(x^2-3x+3)(x-1)$로 나누어떨어진다.

(나) 모든 실수 x에 대하여 $x^3-10x+13-P(x)=\{Q(x)\}^2$이다.

$Q(0)<0$일 때, $P(2)+Q(8)$의 값을 구하시오. [4점]

STEP 01 조건 (가)에서 $Q(1)=0$인 경우 두 조건을 만족하는 $P(x)$를 구한다.

(가)에서 $Q(1)=0$인 경우와 $Q(1)\neq 0$인 경우로 나눌 수 있다.

(ⅰ) $Q(1)=0$인 경우

$Q(x)=a(x-1)$ $(a\neq 0)$라 하면 (나)에 의해

$P(x)=x^3-10x+13-\{Q(x)\}^2=x^3-a^2x^2+(2a^2-10)x+13-a^2$

이고 (가)에 의해

$x^3-a^2x^2+(2a^2-10)x+13-a^2$이 x^2-3x+3으로 나누어떨어져야 하므로

$$\begin{array}{r} x+(-a^2+3) \\ x^2-3x+3\overline{\smash{)}x^3\quad -a^2x^2+(2a^2-10)x+13-a^2} \\ \underline{x^3\quad-3x^2+\quad\quad 3x} \\ (-a^2+3)x^2+(2a^2-13)x+13-a^2 \\ \underline{(-a^2+3)x^2-3(-a^2+3)x+3(-a^2+3)} \\ (-a^2-4)x+4+2a^2 \end{array}$$

에서 $(-a^2-4)x+4+2a^2=0$을 만족시키는 a는 존재하지 않는다.

STEP 02 조건 (가)에서 $Q(1)\neq 0$인 경우 두 조건을 만족하는 $P(x)$, $Q(x)$를 구한 후 $P(2)+Q(8)$의 값을 구한다.

(ⅱ) $Q(1)\neq 0$인 경우

$P(x)$는 x^2-3x+3과 $x-1$을 인수로 가지고

(나)에 의해 $x^3-10x+13-P(x)$는 이차식이어야 하므로 $P(x)$의 최고차항의 계수는 1이다.

$P(x)=(x^2-3x+3)(x-1)=x^3-4x^2+6x-3$

(나)에 의해

$\{Q(x)\}^2=x^3-10x+13-P(x)$

$\quad\quad\quad\quad=x^3-10x+13-(x^3-4x^2+6x-3)$

$\quad\quad\quad\quad=4x^2-16x+16$

$\{Q(x)\}^2=(2x-4)^2$이므로

$Q(x)=2x-4$ 또는 $Q(x)=-2x+4$

$Q(0)<0$에서 $Q(x)=2x-4$

따라서 $P(2)+Q(8)=13$

STEP 01의 다른 풀이

(ⅰ) $Q(1)=0$인 경우

$Q(x)=a(x-1)$ $(a\neq 0)$라 하면 (나)에 의해

$$P(x)=x^3-10x+13-\{Q(x)\}^2$$
$$=x^3-a^2x^2+(2a^2-10)x+13-a^2 \qquad \cdots \text{㉠}$$

(나)에 의해 $x^3-10x+13-P(x)$는 이차식이어야 하므로 $P(x)$는
최고차항의 계수가 1이고
이차식 x^2-3x+3과 일차식 $x-k$를 인수로 가지므로
$$P(x)=(x^2-3x+3)(x-k)$$
$$=x^3+(-k-3)x^2+(3k+3)x-3k \qquad \cdots \text{㉡}$$
㉠과 ㉡에 의하여
$-a^2=-k-3$, $2a^2-10=3k+3$, $13-a^2=-3k$를 만족시키는 a와 k는
존재하지 않는다.

★★ 문제 해결 꿀~팁 ★★

▶ **문제 해결 방법**

조건 (나)에서 $x^3-10x+13-P(x)=\{Q(x)\}^2$의 우변이 이차식이므로 좌변도 이차식
이어야 한다. 그러므로 $P(x)$의 최고차항의 계수는 1이다.
조건 (가)에 의하여 $P(x)=(x^2-3x+3)(x-1)$, $Q(x)=ax+b$ 또는
$P(x)=(x^2-3x+3)(x-b)$, $Q(x)=a(x-1)$이다.
두 가지 경우를 조건 (나)에 각각 대입하여 양변을 전개하여 계수를 비교하고 $Q(0)<0$
을 만족하는 경우의 두 식을 구하면 된다.
먼저 $P(x)=(x^2-3x+3)(x-b)$, $Q(x)=a(x-1)$인 경우 즉, $Q(1)=0$인 경우는 만
족하는 $P(x)$가 존재하지 않는다.
$P(x)=(x^2-3x+3)(x-1)$, $Q(x)=ax+b$인 경우
조건 (나)의 식에 두 식을 대입하여 정리하면 만족하는 $Q(x)$를 구할 수 있다.
가장 중요한 포인트는 조건 (나)에서 $P(x)$의 최고차항의 계수는 1이라는 사실을 빨리
알아채야 한다는 것이다. 만약 $P(x)$의 최고차항의 계수를 미지수로 놓고 식을 풀어나가
면 상당한 시간이 소요될 것이다.

★★★ 등급을 가르는 문제!

30 이차함수의 그래프와 이차방정식   정답률 7% | 정답 31

두 이차함수 $f(x)$, $g(x)$는 다음 조건을 만족시킨다.

> (가) 모든 실수 x에 대하여 $f(x) \geq f(0)$, $g(x) \leq g(0)$이다.
> (나) $f(0)$은 정수이고, $g(0)-f(0)=4$이다.

❶ x에 대한 방정식 $f(x)+p=k$의 서로 다른 실근의 개수와 x에 대한
방정식 $g(x)-p=k$의 서로 다른 실근의 개수가 같게 되도록 하는 정수 k의
개수가 1일 때, 실수 p의 최솟값을 m, 최댓값을 M이라 하자. $m+10M$의
값을 구하시오. [4점]

STEP 01 두 조건에서 두 이차함수의 개형을 파악한다.

(가)에 의해 이차함수 $y=f(x)$의 그래프는 아래로 볼록하고
이차함수 $y=g(x)$의 그래프는 위로 볼록하다.
두 이차함수 $f(x)$, $g(x)$의 대칭축은 각각 $x=0$으로 같고
각각 $x=0$에서 최솟값과 최댓값을 가지며 (나)에 의해 $f(0)$이 정수이므로
$g(0)$도 정수이다.

STEP 02 p의 범위를 나누어 각각 ❶의 두 그래프를 그려 ❶을 만족하도록 하는 p의
범위를 구해 m, M을 구한 다음 $m+10M$의 값을 구한다.

(ⅰ) $0 \leq p < 1$인 경우
  $k=f(0)+1$, $f(0)+2$, $f(0)+3$일 때,
  두 방정식 $f(x)+p=k$, $g(x)-p=k$의 서로 다른 실근의 개수가 각각 2로
  같고
  $k \leq f(0)$, $k \geq f(0)+4$일 때,
  두 방정식 $f(x)+p=k$, $g(x)-p=k$의 서로 다른 실근의 개수는 다르다.

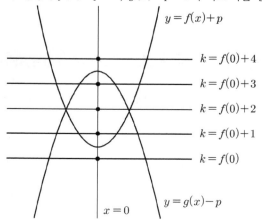

(ⅱ) $1 \leq p < 2$인 경우
  $k=f(0)+2$일 때,
  두 방정식 $f(x)+p=k$, $g(x)-p=k$의 서로 다른 실근의 개수가 각각 2로
  같고
  $k \leq f(0)+1$, $k \geq f(0)+3$일 때,
  두 방정식 $f(x)+p=k$, $g(x)-p=k$의 서로 다른 실근의 개수는 다르다.

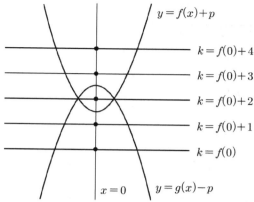

(ⅲ) $p=2$인 경우
  $k=f(0)+2$일 때,
  두 방정식 $f(x)+p=k$, $g(x)-p=k$의 서로 다른 실근의 개수가 각각 1로
  같고
  $k \neq f(0)+2$일 때,
  두 방정식 $f(x)+p=k$, $g(x)-p=k$의 서로 다른 실근의 개수는 다르다.

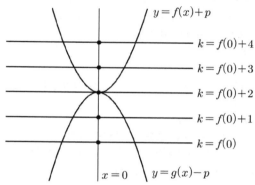

(ⅳ) $2 < p \leq 3$인 경우
  $k=f(0)+2$일 때,
  두 방정식 $f(x)+p=k$, $g(x)-p=k$의 서로 다른 실근의 개수가 각각
  0으로 같고
  $k \neq f(0)+2$일 때,
  두 방정식 $f(x)+p=k$, $g(x)-p=k$의 서로 다른 실근의 개수는 다르다.

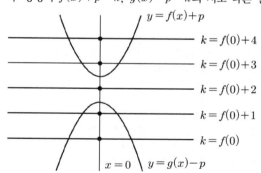

(ⅴ) $p > 3$인 경우
  모든 실수 x에 대하여 $g(x)-p < f(x)+p$이므로
  $g(0)-p < k < f(0)+p$인 정수 k에 대하여 두 방정식 $f(x)+p=k$,
  $g(x)-p=k$의 서로 다른 실근의 개수가 각각 같다.
  이때 정수 k의 개수는 3이상이다.

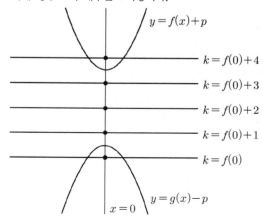

(vi) $p < 0$인 경우

$g(0) - p - \{f(0) + p\} > 4$이므로

$f(0) + p < k < g(0) - p$인 정수 k에 대하여

두 방정식 $f(x) + p = k$, $g(x) - p = k$의 서로 다른 실근의 개수가 같다.

이때 정수 k의 개수는 5이상이다.

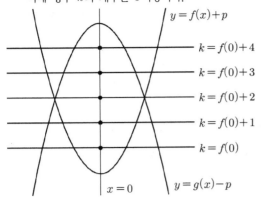

(i) ~ (vi)에 의해

두 방정식 $f(x) + p = k$, $g(x) - p = k$의

서로 다른 실근의 개수가 같게 되도록 하는

정수 k의 개수가 1일 때, 모든 실수 p의 범위는 $1 \le p \le 3$이므로

실수 p의 최솟값은 1, 최댓값은 3

따라서 $m + 10M = 1 + 30 = 31$

다른 풀이

조건 (가)에 의해 이차함수 $y = f(x)$의 그래프는 $x = 0$에서 최솟값을 가지며

이차함수 $y = g(x)$의 그래프는 $x = 0$에서 최댓값을 갖는다.

조건 (나)에 의해 $f(0)$이 정수이므로

$g(0)$도 정수이고 $g(0) = f(0) + 4$이다.

그러므로 $f(x) = ax^2 + c$, $g(x) = bx^2 + c + 4$ (단, $a > 0$, $b < 0$인 실수, c는 정수)라 할 수 있다.

두 방정식 $f(x) + p = k$, $g(x) - p = k$의

서로 다른 실근의 개수가 같게 되도록 하는 정수 k의 개수가 1이려면

$y = f(x) + p$의 최솟값과 $y = g(x) - p$의 최댓값의 차가 2이하이어야 한다.

$f(x) + p = ax^2 + c + p$, $g(x) - p = bx^2 + c + 4 - p$이고

$y = f(x) + p$의 최솟값과 $y = g(x) - p$의 최댓값의 차가 2이하이어야 하므로

$|c + p - (c + 4 - p)| \le 2$

$-2 \le 2p - 4 \le 2$, $1 \le p \le 3$

실수 p의 최솟값은 1, 최댓값은 3

따라서 $m + 10M = 1 + 30 = 31$

★★ 문제 해결 꿀~팁 ★★

▶ 문제 해결 방법

먼저 주어진 조건으로 두 함수의 그래프의 개형을 파악할 수 있어야 한다.

조건 (가)에 의해 이차함수 $y = f(x)$의 그래프는 $x = 0$에서 최솟값을 가지며

이차함수 $y = g(x)$의 그래프는 $x = 0$에서 최댓값을 갖는다.

조건 (나)에 의해 $f(0)$이 정수이므로 $g(0)$도 정수이고 $g(0) = f(0) + 4$이다.

그러므로 $f(x) = ax^2 + c$, $g(x) = bx^2 + c + 4$

(단, $a > 0$, $b < 0$인 실수, c는 정수)라 할 수 있다.

해설의 풀이처럼 p의 범위를 나누어 각각 만족하는 p의 범위를 구할 수도 있으나 다른풀이처럼 두 방정식 $f(x) + p = k$, $g(x) - p = k$의 서로 다른 실근의 개수가 같게 되도록 하는 정수 k의 개수가 1이 되도록 하는 두 그래프의 위치관계를 파악하여 p의 범위를 구하는 것이 보다 효과적이다.

$y = f(x) + p$와 $y = g(x) - p$의 그래프가 서로 다른 두 점에서 만나는 경우 두 그래프의 최댓값과 최솟값의 차가 2초과이면 서로 다른 실근의 개수가 같게 되도록 하는 정수 k의 개수가 2이상이고,

$y = f(x) + p$와 $y = g(x) - p$의 그래프가 서로 만나지 않는 경우도 마찬가지로 두 그래프의 최댓값과 최솟값의 차가 2초과이면 서로 다른 실근의 개수가 같게 되도록 하는 정수 k의 개수가 2이상이다.

그러므로 $y = f(x) + p$의 최솟값과 $y = g(x) - p$의 최댓값의 차가 2이하이어야 한다.

이 성질을 이용하면 p의 범위를 구할 수 있다.

p의 값을 변화시켜가며 두 그래프의 위치에 따른 서로 다른 실근의 개수가 같게 되도록 하는 정수 k의 개수를 살펴보면 두 그래프의 최댓값과 최솟값의 차에 대한 조건을 파악할 수 있다.

주어진 조건을 만족하도록 그래프의 위치를 변화시켜가면서 조건을 찾아내는 훈련을 하는 것이 문제풀이의 시간을 단축시키는데 많은 도움을 준다.

• 정답 •

01 ⑤ 02 ② 03 ① 04 ⑤ 05 ③ 06 ③ 07 ④ 08 ② 09 ① 10 ⑤ 11 ① 12 ③ 13 ④ 14 ④ 15 ③

16 ⑤ 17 ② 18 ② 19 ④ 20 ① 21 ⑤ 22 5 23 4 24 22 25 2 26 3 27 24 28 120 29 45 30 38

★ 표기된 문항은 [등급을 가르는 문제]에 해당하는 문항입니다.

---

01 복소수의 계산   정답률 93% | 정답 ⑤

❶ $3i + (1 - 2i)$의 값은? (단, $i = \sqrt{-1}$) [2점]

① $1 - 3i$ ② $1 - 2i$ ③ $1 - i$ ④ 1 ⑤ $1 + i$

STEP 01 복소수의 계산으로 ❶의 값을 구한다.

$3i + (1 - 2i) = 1 + (3i - 2i) = 1 + i$

---

02 다항식의 계산   정답률 96% | 정답 ②

두 다항식 ❶ $A = 2x^2 + 3xy + 2y^2$,

$B = x^2 + 5xy + 3y^2$에 대하여 $A - B$를 간단히 하면? [2점]

① $x^2 + 2xy - y^2$ ② $x^2 - 2xy - y^2$ ③ $x^2 - 2xy + y^2$

④ $-x^2 + 2xy + y^2$ ⑤ $-x^2 - 2xy - y^2$

STEP 01 ❶에서 다항식의 계산으로 $A - B$를 구한다.

$A - B = (2x^2 + 3xy + 2y^2) - (x^2 + 5xy + 3y^2) = x^2 - 2xy - y^2$

---

03 이차함수와 이차방정식의 관계   정답률 93% | 정답 ①

이차함수 ❶ $y = x^2 + 4x + a$의 그래프가 x축과 접할 때, 상수 a의 값은? [2점]

① 4 ② 5 ③ 6 ④ 7 ⑤ 8

STEP 01 ❶을 만족하도록 판별식을 이용하여 a의 값을 구한다.

이차함수 $y = x^2 + 4x + a$의 그래프가 x축과 접하므로

이차방정식 $x^2 + 4x + a = 0$의 판별식을 D라 할 때 $\dfrac{D}{4} = 4 - a = 0$이다.

따라서 $a = 4$

● 핵심 공식

▶ 이차함수와 이차방정식

포물선 $y = ax^2 + bx + c$ (단, $a \neq 0$)의 그래프와 x축의 위치 관계

$ax^2 + bx + c = 0$ (단, $a \neq 0$)의 판별식이 D라 할 때,

① $D > 0$: 두 점에서 만난다.

② $D = 0$: 접한다.

③ $D < 0$: 만나지 않는다.

---

04 절댓값을 포함한 일차부등식   정답률 83% | 정답 ⑤

부등식 ❶ $|x - 2| < 3$을 만족시키는 정수 x의 개수는? [3점]

① 1 ② 2 ③ 3 ④ 4 ⑤ 5

STEP 01 ❶의 부등식을 풀어 x의 범위를 구한 후 만족하는 정수 x의 개수를 구한다.

부등식 $|x - 2| < 3$을 풀면

$-3 < x - 2 < 3$, $-1 < x < 5$

부등식을 만족시키는 정수 x의 값은 $0, 1, 2, 3, 4$

따라서 정수 x의 개수는 5

● 핵심 공식

▶ 절댓값 기호를 포함한 일차부등식

절댓값 기호를 포함한 부등식은 다음의 성질을 이용하여 절댓값 기호를 없앤 후 부등식을 푼다.

(1) $|a| = \begin{cases} a \ (a \ge 0) \\ -a \ (a < 0) \end{cases}$

(2) $0 < a < b$에 대하여

① $|x| < a \Rightarrow -a < x < a$

② $|x| > a \Rightarrow x > a$ 또는 $x < -a$

③ $a < |x| < b \Rightarrow a < x < b$ 또는 $-b < x < -a$

05 항등식
정답률 88% | 정답 ③

x의 값에 관계없이 등식

❶ $3x^2 + ax + 4 = bx(x-1) + c(x-1)(x-2)$

가 항상 성립할 때, $a+b+c$의 값은? (단, a, b, c는 상수이다.) [3점]

① -6 ② -5 ③ -4 ④ -3 ⑤ -2

STEP 01 항등식의 성질을 이용하여 ❶의 양변에 $x=0, 1, 2$를 대입하여 a, b, c를 구한 후 $a+b+c$의 값을 구한다.

x에 대한 항등식이므로
$3x^2 + ax + 4 = bx(x-1) + c(x-1)(x-2)$에
$x=1$을 대입하면 $a+7=0$, $a=-7$
$x=0$을 대입하면 $4=2c$, $c=2$
$x=2$를 대입하면 $2a+16=2b$, $b=1$
따라서 $a+b+c=-7+1+2=-4$

06 복소수의 계산
정답률 90% | 정답 ③

두 복소수 $x = \dfrac{1-i}{1+i}$, $y = \dfrac{1+i}{1-i}$ 에 대하여 $x+y$의 값은? (단, $i = \sqrt{-1}$)
[3점]

① $-4i$ ② $2i$ ③ 0 ④ 2 ⑤ 4

STEP 01 x, y의 분모를 각각 실수화한 후 복소수의 계산으로 $x+y$의 값을 구한다.

$x = \dfrac{1-i}{1+i} = \dfrac{(1-i)^2}{(1+i)(1-i)} = \dfrac{-2i}{2} = -i$

$y = \dfrac{1+i}{1-i} = \dfrac{(1+i)^2}{(1-i)(1+i)} = \dfrac{2i}{2} = i$이므로

$x+y = 0$

07 곱셈 공식의 활용
정답률 83% | 정답 ④

그림과 같이 ❶ 겉넓이가 148이고, 모든 모서리의 길이의 합이 60인 직육면체 ABCD—EFGH가 있다. $\overline{BG}^2 + \overline{GD}^2 + \overline{DB}^2$의 값은? [3점]

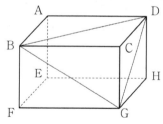

① 136 ② 142 ③ 148 ④ 154 ⑤ 160

STEP 01 직육면체에서 서로 길이가 다른 세 모서리의 길이를 미지수로 놓고 ❶의 식을 세운 후 곱셈공식을 이용하여 $\overline{BG}^2 + \overline{GD}^2 + \overline{DB}^2$의 값을 구한다.

$\overline{AB}$, $\overline{BC}$, $\overline{BF}$의 길이를 각각 a, b, c라 하자.
직육면체의 겉넓이가 148이므로
$2(ab+bc+ca) = 148$ ······ ㉠
모든 모서리의 길이의 합이 60이므로
$4(a+b+c) = 60$
$a+b+c = 15$ ······ ㉡
곱셈공식 $(a+b+c)^2 = a^2+b^2+c^2+2ab+2bc+2ca$에서
$a^2+b^2+c^2 = (a+b+c)^2 - 2(ab+bc+ca)$에
㉠, ㉡을 대입하면 $a^2+b^2+c^2 = 77$
따라서
$\overline{BG}^2 + \overline{GD}^2 + \overline{DB}^2 = (b^2+c^2) + (a^2+c^2) + (a^2+b^2) = 2(a^2+b^2+c^2) = 154$

● 핵심 공식

▶ 곱셈공식
(1) $(a+b)^2 = a^2 + 2ab + b^2$
(2) $(a-b)^2 = a^2 - 2ab + b^2$
(3) $(a+b)(a-b) = a^2 - b^2$
(4) $(x+a)(x+b) = x^2 + (a+b)x + ab$
(5) $(ax+b)(cx+d) = acx^2 + (ad+bc)x + bd$
(6) $(a+b+c)^2 = a^2 + b^2 + c^2 + 2ab + 2bc + 2ca$

08 나머지정리
정답률 81% | 정답 ②

다항식 ❶ $f(x) = x^3 + ax^2 + bx + 6$을 $x-1$로 나누었을 때의 나머지는 4이다. ❷ $f(x+2)$가 $x-1$로 나누어떨어질 때, $b-a$의 값은?
(단, a, b는 상수이다.) [3점]

① 4 ② 5 ③ 6 ④ 7 ⑤ 8

STEP 01 ❶, ❷를 나머지정리에 이용하여 식을 세운 후 두 식을 연립하여 a, b를 구한 다음 $b-a$의 값을 구한다.

다항식 $f(x)$를 $x-1$로 나눈 나머지가 4이므로
나머지정리에 의해 $f(1) = 4$
$f(1) = 1 + a + b + 6 = 4$, $a+b = -3$ ······ ㉠
$f(x+2)$를 $x-1$로 나누었을 때의 몫을 $Q(x)$라 하면
$f(x+2)$는 $x-1$로 나누어떨어지므로 인수정리에 의해
$f(x+2) = (x-1)Q(x)$
$x=1$을 대입하면 $f(3) = 0$이므로
$9a + 3b = -33$, $3a + b = -11$ ······ ㉡
㉠, ㉡을 연립하면 $a=-4$, $b=1$
따라서 $b-a = 5$

● 핵심 공식

▶ 나머지정리
(1) 다항식의 나눗셈
다항식 A를 다항식 B (단, $B \neq 0$)로 나누었을 때의 몫을 Q, 나머지를 R이라고 하면
$A = B \cdot Q + R$
이때, R의 차수는 B의 차수보다 낮다. 그리고, 위의 등식은 항등식이다.
(2) 나머지 정리
x에 대한 다항식 $f(x)$를 일차식 $x-\alpha$로 나누었을 때의 나머지는 $f(\alpha)$이다.
(3) 인수정리
x에 대한 다항식 $f(x)$가 $x-\alpha$로 나누어 떨어지기 위한 필요충분조건은 $f(\alpha) = 0$이다.
다항식 $f(x)$를 $x-\alpha$로 나눈 나머지가 0이다.
⟺ $f(\alpha) = 0$
⟺ $f(x) = (x-\alpha)Q(x)$
⟺ 다항식 $f(x)$는 $(x-\alpha)$를 인수로 갖는다.

09 인수분해
정답률 81% | 정답 ①

❶ $x = -2 + 3i$, $y = 2 + 3i$일 때, ❷ $x^3 + x^2 y - xy^2 - y^3$의 값은?
(단, $i = \sqrt{-1}$) [3점]

① 144 ② 150 ③ 156 ④ 162 ⑤ 168

STEP 01 ❷를 인수분해한 후 ❶에서 복소수의 계산으로 $x+y$, $x-y$를 각각 구한 다음 ❷에 대입하여 값을 구한다.

$x^3 + x^2 y - xy^2 - y^3 = x^2(x+y) - y^2(x+y) = (x+y)^2(x-y)$
$x = -2 + 3i$, $y = 2 + 3i$에서
$x+y = 6i$, $x-y = -4$
따라서 $(x+y)^2(x-y) = (6i)^2 \times (-4) = 144$

10 이차함수와 직선의 위치 관계
정답률 78% | 정답 ⑤

이차함수 ❶ $y = x^2 + 6x - 3$의 그래프와 직선 $y = kx - 7$이 만나지 않도록 하는 자연수 k의 개수는? [3점]

① 3 ② 4 ③ 5 ④ 6 ⑤ 7

STEP 01 ❶을 만족하도록 판별식을 이용하여 k의 범위를 구한 후 만족하는 자연수 k의 개수를 구한다.

이차함수 $y = x^2 + 6x - 3$의 그래프와
직선 $y = kx - 7$이 만나지 않으므로
$x^2 + 6x - 3 = kx - 7$에서
$x^2 + (6-k)x + 4 = 0$
이차방정식 $x^2 + (6-k)x + 4 = 0$의 판별식을 D라 할 때
$D = (6-k)^2 - 16$
$= k^2 - 12k + 20$
$= (k-2)(k-10) < 0$
$2 < k < 10$이므로
만족하는 자연수 $k = 3, 4, \cdots, 9$
따라서 자연수 k의 개수는 7

●핵심 공식

▶ 이차함수와 이차방정식

포물선 $y=ax^2+bx+c$ (단, $a \neq 0$)의 그래프와 직선 $y=mx+n$의 위치 관계

두 방정식을 연립한 이차방정식 $ax^2+bx+c=mx+n$의 판별식을 D라 하면,

(1) $D>0$: 두 점에서 만난다.

(2) $D=0$: 접한다.

(3) $D<0$: 만나지 않는다.

---

11 판별식과 항등식 　　　　정답률 77% | 정답 ①

x에 대한 이차방정식 ❶ $x^2-2(m+a)x+m^2+m+b=0$이

실수 m의 값에 관계없이 항상 중근을 가질 때, $12(a+b)$의 값은?

(단, a, b는 상수이다.) [3점]

① 9　　　② 10　　　③ 11　　　④ 12　　　⑤ 13

STEP 01 ❶을 만족하도록 판별식을 구한 후 식을 m에 대하여 정리한 다음 항등식의 성질을 이용하여 a, b를 구한다. $12(a+b)$의 값을 구한다.

이차방정식 $x^2-2(m+a)x+m^2+m+b=0$의 판별식을 D라 할 때

이차방정식 $x^2-2(m+a)x+m^2+m+b=0$이 중근을 가지므로

$\dfrac{D}{4}=(m+a)^2-m^2-m-b=0$이고

식을 m에 대하여 정리하면 $(2a-1)m+a^2-b=0$이다.

실수 m의 값에 관계없이 등식이 항상 성립하므로

$2a-1=0$, $a=\dfrac{1}{2}$

$a^2-b=0$, $b=a^2=\dfrac{1}{4}$

따라서 $12(a+b)=9$

●핵심 공식

▶ 항등식의 성질

(1) $ax+b=0$이 x에 대한 항등식 $\Leftrightarrow a=0$, $b=0$

(2) $ax+b=a'x+b'$이 x에 대한 항등식 $\Leftrightarrow a=a'$, $b=b'$

(3) $ax^2+bx+c=0$이 x에 대한 항등식 $\Leftrightarrow a=0$, $b=0$, $c=0$

(4) $ax^2+bx+c=a'x^2+b'x+c'$이 x에 대한 항등식 $\Leftrightarrow a=a'$, $b=b'$, $c=c'$

---

12 삼차방정식과 근과 계수의 관계 　　　　정답률 63% | 정답 ③

삼차방정식 $x^3+x-2=0$의 서로 다른 두 허근을 α, β라 할 때, $\dfrac{\beta}{\alpha}+\dfrac{\alpha}{\beta}$의 값은? [3점]

① $-\dfrac{7}{2}$　　② $-\dfrac{5}{2}$　　③ $-\dfrac{3}{2}$　　④ $-\dfrac{1}{2}$　　⑤ $\dfrac{1}{2}$

STEP 01 $x^3+x-2=0$을 인수분해한 후 이차방정식의 근과 계수의 관계를 이용하여 $\alpha+\beta$, $\alpha\beta$를 구한 다음 $\dfrac{\beta}{\alpha}+\dfrac{\alpha}{\beta}$를 통분한 식에 대입하여 값을 구한다.

삼차방정식 $x^3+x-2=(x-1)(x^2+x+2)=0$이므로

α, β는 $x^2+x+2=0$의 두 허근이다.

근과 계수의 관계에서 $\alpha+\beta=-1$, $\alpha\beta=2$이므로

$\dfrac{\beta}{\alpha}+\dfrac{\alpha}{\beta}=\dfrac{\alpha^2+\beta^2}{\alpha\beta}=\dfrac{(\alpha+\beta)^2-2\alpha\beta}{\alpha\beta}=\dfrac{1-4}{2}=-\dfrac{3}{2}$

다른 풀이

α, β는 $x^2+x+2=0$의 두 허근이므로

$\alpha^2+\alpha+2=0$에서 $\alpha^2=-\alpha-2$이고,

같은 방법으로

$\beta^2=-\beta-2$이다. 따라서

$\dfrac{\beta}{\alpha}+\dfrac{\alpha}{\beta}=\dfrac{\alpha^2+\beta^2}{\alpha\beta}=\dfrac{-(\alpha+\beta)-4}{\alpha\beta}=-\dfrac{3}{2}$

●핵심 공식

▶ 이차방정식의 근과 계수의 관계

이차방정식 $ax^2+bx+c=0$ (단, $a \neq 0$)의 두 근을 α, β라고 하면,

$\alpha+\beta=-\dfrac{b}{a}$, $\alpha\beta=\dfrac{c}{a}$

---

13 연립이차방정식 　　　　정답률 80% | 정답 ④

연립방정식 $\begin{cases} 2x-3y=-1 \\ x^2-2y^2=-1 \end{cases}$의 해를 $x=\alpha$, $y=\beta$라 할 때, $\alpha+\beta$의 값은?

(단, $\alpha \neq \beta$) [3점]

① 9　　　② 10　　　③ 11　　　④ 12　　　⑤ 13

STEP 01 연립방정식에서 일차식을 y에 대하여 정리한 다음 이차식에 대입하여 x를 구한 후 y를 구한다. 조건을 만족하는 해를 찾아 $\alpha+\beta$의 값을 구한다.

연립방정식 $\begin{cases} 2x-3y=-1 \\ x^2-2y^2=-1 \end{cases}$

에서 일차식을 y에 대하여 정리하면 $y=\dfrac{2x+1}{3}$이고, 이를 이차식에 대입하면

$x^2-2\left(\dfrac{2x+1}{3}\right)^2=-1$

$x^2-8x+7=0$이므로 $x=1$ 또는 $x=7$

이를 일차식에 대입하면 $x=1$, $y=1$ 또는 $x=7$, $y=5$

조건에서 $\alpha \neq \beta$이므로 $\alpha=7$, $\beta=5$

따라서 $\alpha+\beta=7+5=12$

---

14 다항식의 연산 　　　　정답률 76% | 정답 ④

물체가 등속 원운동을 하기 위해 원의 중심방향으로 작용하는 일정한 크기의 힘을 구심력이라 한다.

질량이 m인 물체가 반지름의 길이가 r인 원의 궤도를 따라 v의 속력으로 등속 원운동을 할 때 작용하는 구심력의 크기 F는 다음과 같다.

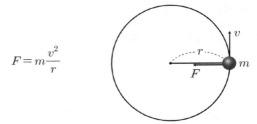

$$F=m\dfrac{v^2}{r}$$

물체 A와 물체 B는 반지름의 길이가 각각 r_A, r_B인 원의 궤도를 따라 등속 원운동을 한다.

❶ 물체 A의 질량은 물체 B의 질량의 3배이고, 물체 A의 속력은 물체 B의 속력의 $\dfrac{1}{2}$배이다. 물체 A와 물체 B의 구심력의 크기가 같을 때, $\dfrac{r_A}{r_B}$의 값은? [4점]

① $\dfrac{3}{8}$　　② $\dfrac{1}{2}$　　③ $\dfrac{5}{8}$　　④ $\dfrac{3}{4}$　　⑤ $\dfrac{7}{8}$

STEP 01 ❶을 $F=m\dfrac{v^2}{r}$에 대입하고 식을 정리하여 $\dfrac{r_A}{r_B}$의 값을 구한다.

물체 A와 물체 B의 질량을 각각 m_A, m_B라 하고

물체 A와 물체 B의 속력을 각각 v_A, v_B라 하자.

물체 A의 질량이 물체 B의 질량의 3배이므로 $m_A=3m_B$

물체 A의 속력이 물체 B의 속력의 $\dfrac{1}{2}$배이므로 $v_A=\dfrac{1}{2}v_B$

물체 A와 물체 B의 구심력의 크기가 같으므로 $\dfrac{m_A(v_A)^2}{r_A}=\dfrac{m_B(v_B)^2}{r_B}$

$\dfrac{3m_B\left(\dfrac{1}{2}v_B\right)^2}{r_A}=\dfrac{m_B(v_B)^2}{r_B}$이므로 $\dfrac{3\times\dfrac{1}{4}}{r_A}=\dfrac{1}{r_B}$

따라서 $\dfrac{r_A}{r_B}=\dfrac{3}{4}$

---

15 이차함수의 활용 　　　　정답률 77% | 정답 ③

그림과 같이 윗면이 개방된 원통형 용기에 높이가 h인 지점까지 물이 채워져 있다.

용기에 충분히 작은 구멍을 뚫어 물을 흘려보내는 동시에 물을 공급하여 물의 높이를 h로 유지한다. 구멍의 높이를 a, 구멍으로부터 물이 바닥에 떨어지는 지점까지의 수평거리를 b라 하면 다음과 같은 관계식이 성립한다.

$$b=\sqrt{4a(h-a)} \text{ (단, } 0<a<h)$$

$h=10$일 때, b^2의 최댓값은? [4점]

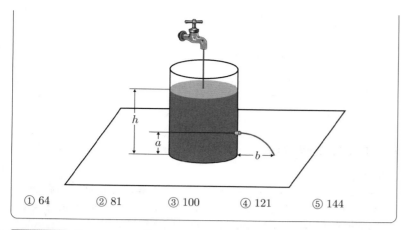

① 64   ② 81   ③ 100   ④ 121   ⑤ 144

STEP 01 $h=10$일 때, b^2을 이차함수의 표준형으로 변형하여 최댓값을 구한다.

$h=10$일 때

$b^2 = 4a(10-a) \quad (0 < a < 10)$

$\quad = -4(a^2 - 10a)$

$\quad = -4(a-5)^2 + 100$이므로

b^2은 $a=5$일 때 최댓값 100을 갖는다.

따라서 b^2의 최댓값은 100

---

16 다항식의 나눗셈   정답률 53% | 정답 ⑤

최고차항의 계수가 1인 삼차다항식 $f(x)$가 다음 조건을 만족시킨다.

> (가) $f(0)=0$
> (나) $f(x)$를 $(x-2)^2$으로 나눈 나머지가 $2(x-2)$이다.

$f(x)$를 $x-1$로 나눈 몫을 $Q(x)$라 할 때, $Q(5)$의 값은? [4점]

① 3   ② 6   ③ 9   ④ 12   ⑤ 15

STEP 01 조건 (나)에 의해 미지수를 이용하여 $f(x)$를 놓은 뒤 조건 (가)에 의해 미지수를 구한다. $f(x)$를 인수분해하여 $Q(x)$를 구한 후 $Q(5)$의 값을 구한다.

$f(x)$는 최고차항의 계수가 1인 삼차식이고 조건 (나)에 의하여

$f(x) = (x-2)^2(x+a) + 2(x-2)$ (a는 상수)이다.

조건 (가)에 의하여

$f(0) = 4a - 4 = 0$에서 $a=1$

$f(x) = (x-2)^2(x+1) + 2(x-2)$

$\quad = (x-2)\{(x-2)(x+1)+2\}$

$\quad = (x-2)(x^2 - x)$

$\quad = (x-1)\{x(x-2)\}$이므로

$f(x)$를 $x-1$로 나눈 몫 $Q(x) = x(x-2)$

따라서 $Q(5) = 15$

다른 풀이

$f(x)$의 최고차항의 계수가 1이고 조건 (가)에 의하여

$f(x) = x^3 + ax^2 + bx$로 놓을 수 있다. (a, b는 상수)

$f(x)$를 $(x-2)^2$으로 나눈 몫을 $P(x)$라 하면

조건 (나)에서 나머지가 $2(x-2)$이므로

$f(x) = (x-2)^2 P(x) + 2(x-2)$

$f(x) = x^3 + ax^2 + bx$이므로

$x(x^2 + ax + b) = (x-2)^2 P(x) + 2(x-2)$ ...... ㉠

$x=2$를 ㉠에 대입하면

$2(4 + 2a + b) = 0$에서

$b = -2a - 4$ ...... ㉡

㉡을 ㉠에 대입하면

$x(x^2 + ax - 2a - 4) = (x-2)^2 P(x) + 2(x-2)$

$x(x-2)(x+a+2) = (x-2)\{(x-2)P(x)+2\}$

$x(x+a+2) = (x-2)P(x) + 2$ ...... ㉢

$x=2$를 ㉢에 대입하면

$2(2+a+2) = 2$에서

$a = -3$

$a = -3$을 ㉡에 대입하면

$b = 2$

$f(x) = x^3 - 3x^2 + 2x = x(x-1)(x-2)$이므로

$f(x)$를 $x-1$로 나눈 몫 $Q(x) = x(x-2)$

따라서 $Q(5) = 15$

---

17 이차함수의 최대, 최소   정답률 62% | 정답 ②

그림과 같이 이차함수 $y = x^2 - (a+4)x + 3a + 3$의 그래프가 x축과 만나는 서로 다른 두 점을 각각 A, B라 하고, y축과 만나는 점을 C라 하자.

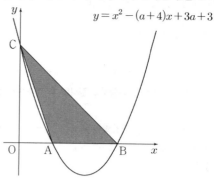

$y = x^2 - (a+4)x + 3a + 3$

삼각형 ABC의 넓이의 최댓값은? (단, $0 < a < 2$) [4점]

① $\dfrac{13}{4}$ ② $\dfrac{27}{8}$ ③ $\dfrac{7}{2}$ ④ $\dfrac{29}{8}$ ⑤ $\dfrac{15}{4}$

STEP 01 세 점 A, B, C의 좌표를 구한 후 삼각형 ABC의 넓이를 구한다.

이차방정식 $x^2 - (a+4)x + 3a + 3 = (x-3)\{x-(a+1)\} = 0$의 근은

$x = 3$, $x = a+1$이다.

$0 < a < 2$이므로

$A(a+1, 0)$, $B(3, 0)$, $C(0, 3a+3)$

삼각형 ABC의 밑변의 길이 $\overline{AB} = 2-a$이고 높이 $\overline{OC} = 3a+3$

삼각형 ABC의 넓이는 $\dfrac{1}{2}(2-a)(3a+3)$

STEP 02 삼각형 ABC의 넓이를 이차함수의 표준형으로 변형하여 최댓값을 구한다.

$\dfrac{1}{2}(2-a)(3a+3) = -\dfrac{3}{2}(a-2)(a+1) = -\dfrac{3}{2}(a^2 - a - 2)$

$\qquad\qquad\qquad\qquad\quad = -\dfrac{3}{2}\left(a - \dfrac{1}{2}\right)^2 + \dfrac{27}{8}$

따라서 $0 < a < 2$에서 삼각형 ABC의 넓이의 최댓값은 $a = \dfrac{1}{2}$일 때 $\dfrac{27}{8}$

---

18 항등식을 활용한 나머지의 추론   정답률 57% | 정답 ②

다음은 2022^{10}을 505로 나누었을 때의 나머지를 구하는 과정이다.

> 다항식 $(4x+2)^{10}$을 x로 나누었을 때의 몫을 $Q(x)$, 나머지를 R이라고 하면
> ❶ $(4x+2)^{10} = xQ(x) + R$이다.
> 이때, $R = $ ⎡ (가) ⎤ 이다.
> 등식 $(4x+2)^{10} = xQ(x) + $ ⎡ (가) ⎤ 에
> $x = 505$를 대입하면
> $2022^{10} = 505 \times Q(505) + $ ⎡ (가) ⎤
> $\qquad\quad = 505 \times \{Q(505) + $ ⎡ (나) ⎤ $\} + $ ⎡ (다) ⎤ 이다.
> 따라서 2022^{10}을 505로 나누었을 때의 나머지는 ⎡ (다) ⎤ 이다.

위의 (가), (나), (다)에 알맞은 수를 각각 a, b, c라 할 때, $a+b+c$의 값은?

[4점]

① 1038   ② 1040   ③ 1042   ④ 1044   ⑤ 1046

STEP 01 ❶에 $x=0$을 대입하여 (가)를 구한다.

다항식 $(4x+2)^{10}$을 x로 나누었을 때의 몫을 $Q(x)$, 나머지를 R이라 하면

$(4x+2)^{10} = xQ(x) + R$이고 $x=0$을 대입하면

$R = \boxed{1024}$이다.

STEP 02 (가)를 505로 나눈 몫과 나머지를 구하여 (나), (다)를 구한 다음 $a+b+c$의 값을 구한다.

등식 $(4x+2)^{10} = xQ(x) + \boxed{1024}$에

$x = 505$를 대입하면

$2022^{10} = 505 \times Q(505) + \boxed{1024}$

나머지는 505보다 작은 수이므로

$2022^{10} = 505 \times Q(505) + \boxed{1024}$

$\qquad\quad = 505 \times Q(505) + 505 \times 2 + 14$

$\qquad\quad = 505 \times \{Q(505) + \boxed{2}\} + \boxed{14}$이다.

따라서 2022^{10}을 505로 나누었을 때의 나머지는 $\boxed{14}$이다.

따라서 $a+b+c = 1024 + 2 + 14 = 1040$

19 근과 계수의 관계와 복소수　　　정답률 52% | 정답 ④

복소수 z에 대하여 $z+\overline{z}=-1$, $z\overline{z}=1$일 때,

❶ $\dfrac{\overline{z}}{z^5}+\dfrac{(\overline{z})^2}{z^4}+\dfrac{(\overline{z})^3}{z^3}+\dfrac{(\overline{z})^4}{z^2}+\dfrac{(\overline{z})^5}{z}$ 의 값은?

(단, $\overline{z}$는 z의 켤레복소수이다.) [4점]

① 2　　② 3　　③ 4　　④ 5　　⑤ 6

STEP 01 z^3, $(\overline{z})^3$을 구하여 ❶에 대입하고 정리한 후 복소수의 성질을 이용하여 값을 구한다.

$z+\overline{z}=-1$, $z\overline{z}=1$이므로 z, $\overline{z}$는 이차방정식 $x^2+x+1=0$의 두 근이다.

양변에 $x-1$을 곱하면 $x^3-1=0$이므로 $x^3=1$

그러므로 $z^3=1$, $(\overline{z})^3=1$

따라서

$\dfrac{\overline{z}}{z^5}+\dfrac{(\overline{z})^2}{z^4}+\dfrac{(\overline{z})^3}{z^3}+\dfrac{(\overline{z})^4}{z^2}+\dfrac{(\overline{z})^5}{z}=\dfrac{\overline{z}}{z^2}+\dfrac{(\overline{z})^2}{z}+\dfrac{1}{1}+\dfrac{\overline{z}}{z^2}+\dfrac{(\overline{z})^2}{z}$

$=\dfrac{2\overline{z}}{z^2}+\dfrac{2(\overline{z})^2}{z}+1=\dfrac{2z\overline{z}}{z^3}+\dfrac{2z^2(\overline{z})^2}{z^3}+1$

$=2+2+1=5$

다른 풀이

$z^3=1$, $(\overline{z})^3=1$, $z\overline{z}=1$에서 $\overline{z}=\dfrac{1}{z}$

$\dfrac{\overline{z}}{z^5}+\dfrac{(\overline{z})^2}{z^4}+\dfrac{(\overline{z})^3}{z^3}+\dfrac{(\overline{z})^4}{z^2}+\dfrac{(\overline{z})^5}{z}=(\overline{z})^6+(\overline{z})^6+(\overline{z})^6+(\overline{z})^6+(\overline{z})^6=5(\overline{z})^6=5$

★★★ 등급을 가르는 문제!

20 다항식의 연산　　　정답률 33% | 정답 ①

그림과 같이 한 변의 길이가 1인 정오각형 ABCDE가 있다. 두 대각선 AC와 BE가 만나는 점을 P라 하면 ❶ $\overline{BE}:\overline{PE}=\overline{PE}:\overline{BP}$ 가 성립한다.

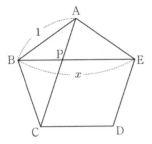

대각선 BE의 길이를 x라 할 때,

❷ $1-x+x^2-x^3+x^4-x^5+x^6-x^7+x^8=p+q\sqrt{5}$ 이다.
$p+q$의 값은? (단, p, q는 유리수이다.) [4점]

① 22　　② 23　　③ 24　　④ 25　　⑤ 26

STEP 01 정오각형에서 이등변삼각형을 찾아 $\overline{PE}$를 구한 후 ❶을 이용하여 x를 구한다.

정오각형의 한 내각의 크기는 $\dfrac{180\times3}{5}=108°$이다.

$\triangle ABE$는 이등변삼각형이고 $\angle BAE=108°$이므로 $\angle ABE=36°$이다.
$\triangle BAC$는 이등변삼각형이고 $\angle ABC=108°$이므로 $\angle BAC=36°$이다.
$\angle BAP=\angle ABP=36°$이므로 $\angle APB=108°$이고
$\angle APE=72°$이고 $\angle EAP=72°$이다.
$\triangle APE$는 이등변삼각형이므로 $\overline{PE}=1$이다.
$\overline{BE}:\overline{PE}=\overline{PE}:\overline{BP}$
$x:1=1:(x-1)$, $x^2-x-1=0$
$x>0$이므로 $x=\dfrac{1+\sqrt{5}}{2}$

STEP 02 $x^2-x-1=0$를 이용하여 ❷의 좌변을 정리한 후 p, q를 구한 다음 $p+q$의 값을 구한다.

$x^2=x+1$이므로
$x^3=x(x+1)=x^2+x=2x+1$
$x^4=x(2x+1)=2x^2+x=3x+2$
$x^5=x(3x+2)=3x^2+2x=5x+3$
$x^6=x(5x+3)=5x^2+3x=8x+5$
$x^2-x=1$이므로

$1-x+x^2-x^3+x^4-x^5+x^6-x^7+x^8$
$=1+(-x+x^2)+x^2(-x+x^2)+x^4(-x+x^2)+x^6(-x+x^2)$
$=1+1+x^2+x^4+x^6=2+(x+1)+(3x+2)+(8x+5)$
$=12x+10=12\times\dfrac{1+\sqrt{5}}{2}+10=16+6\sqrt{5}$

$p=16$, $q=6$
따라서 $p+q=22$

★★ 문제 해결 꿀~팁 ★★

▶ 문제 해결 방법

주어진 식의 값을 구하기 위해서는 먼저 $\overline{BE}:\overline{PE}=\overline{PE}:\overline{BP}$를 이용하여 x를 구해야 한다. 이때 $\triangle ABE$, $\triangle BAC$가 이등변삼각형임을 이용하여 $\triangle APE$가 이등변삼각형임을 찾을 수 있어야 한다. 그러므로 $\overline{PE}=1$이다. $\overline{BE}:\overline{PE}=\overline{PE}:\overline{BP}$이므로

$x^2-x-1=0$, $x=\dfrac{1+\sqrt{5}}{2}$이다.

이제 $1-x+x^2-x^3+x^4-x^5+x^6-x^7+x^8$를 정리하면
$1+(-x+x^2)+x^2(-x+x^2)+x^4(-x+x^2)+x^6(-x+x^2)$이고 $x^2-x=1$이므로 위 식은 $1+1+x^2+x^4+x^6$이다. 이 식을 더 이상 간단히 하려고 노력해도 식이 더 이상 간단해질 수가 없다. $x^2=x+1$을 이용하여 x^4와 x^6을 일일이 구해야 한다. x^4와 x^6을 구하여 대입하면 $1+1+x^2+x^4+x^6=12x+10$이고 x를 대입하여 값을 구하면 된다.

21 이차방정식과 이차함수　　　정답률 41% | 정답 ⑤

두 이차함수 $f(x)$, $g(x)$는 다음 조건을 만족시킨다.

(가) $f(x)g(x)=(x^2-4)(x^2-9)$
(나) $f(\alpha)=f(\alpha+5)=0$인 실수 α가 존재한다.

〈보기〉에서 옳은 것만을 있는 대로 고른 것은? [4점]

――――〈보기〉――――

ㄱ. $f(2)=0$일 때, $g(3)=0$이다.
ㄴ. $g(2)>0$일 때, $f\left(\dfrac{5}{2}\right)<g\left(\dfrac{5}{2}\right)$이다.
ㄷ. x에 대한 방정식 ❶ $f(x)-g(x)=0$이 서로 다른 두 정수 m, n을 근으로 가질 때, $|m+n|=5$이다.

① ㄱ　② ㄱ, ㄴ　③ ㄱ, ㄷ　④ ㄴ, ㄷ　⑤ ㄱ, ㄴ, ㄷ

STEP 01 두 조건 (가), (나)에 의해 두 이차함수 $f(x)$, $g(x)$를 구한다.

조건 (가)에 의하여 $f(x)g(x)=(x+2)(x-2)(x+3)(x-3)$이고
조건 (나)에 의하여 $f(x)=0$의 두 실근이 α, $\alpha+5$
즉, $f(x)=0$의 두 실근의 차가 5이다. 따라서

$\begin{cases} f(x)=a(x-2)(x+3) \\ g(x)=\dfrac{1}{a}(x+2)(x-3) \end{cases}$ 이거나

$\begin{cases} f(x)=a(x+2)(x-3) \\ g(x)=\dfrac{1}{a}(x-2)(x+3) \end{cases}$ (단, $a\neq0$인 실수)

이다.

STEP 02 ㄱ. $f(2)=0$을 만족하는 식에서 $g(3)$을 구하여 참, 거짓을 판별한다.

ㄱ. $f(2)=0$이면
$\begin{cases} f(x)=a(x-2)(x+3) \\ g(x)=\dfrac{1}{a}(x+2)(x-3) \end{cases}$ 이므로

$g(3)=0$이다.　　　　　　　∴ 참

STEP 03 ㄴ. $g(2)>0$을 만족하는 식에서 $f\left(\dfrac{5}{2}\right)$, $g\left(\dfrac{5}{2}\right)$를 각각 구한 후 대소를 비교하여 참, 거짓을 판별한다.

ㄴ. $g(2)>0$이므로
$\begin{cases} f(x)=a(x-2)(x+3) \\ g(x)=\dfrac{1}{a}(x+2)(x-3) \end{cases}$ 이고, $a<0$인 상수이다.

$f\left(\dfrac{5}{2}\right)=\dfrac{11}{4}a<0$, $g\left(\dfrac{5}{2}\right)=-\dfrac{9}{4a}>0$

따라서 $f\left(\dfrac{5}{2}\right)<0<g\left(\dfrac{5}{2}\right)$　　　∴ 참

STEP 04 ㄷ. $f(x)-g(x)$를 구한 후 ❶을 만족하도록 하는 (m, n)의 순서쌍을 구한다. 각 경우에 대하여 만족하는 a가 존재하는지 확인하여 만족하는 m, n을 구한 다음 $m+n$의 값을 구하여 참, 거짓을 판별한다.

ㄷ.

(i) $\begin{cases} f(x) = a(x-2)(x+3) \\ g(x) = \dfrac{1}{a}(x+2)(x-3) \end{cases}$ (단, $a \neq 0$인 실수)인 경우

방정식

$$f(x) - g(x) = \left(a - \frac{1}{a}\right)x^2 + \left(a + \frac{1}{a}\right)x - 6\left(a - \frac{1}{a}\right) = 0$$

이 서로 다른 두 정수 근을 가지므로 $f(x) - g(x) = 0$은 이차방정식이다.

그러므로 $a - \dfrac{1}{a} \neq 0$, $a \neq \pm 1$이다.

$f(x) - g(x) = 0$의 양변에 a를 곱하면 $(a^2 - 1)x^2 + (a^2 + 1)x - 6(a^2 - 1) = 0$

근과 계수의 관계에 의해 $mn = -6$이고, m, n이 정수이므로

$(m, n) = (-6, 1)$, $(1, -6)$, $(-3, 2)$, $(2, -3)$, $(-2, 3)$, $(3, -2)$, $(-1, 6)$, $(6, -1)$

로 8가지 경우이다.

ⅰ) $(m, n) = (-6, 1)$, $(1, -6)$인 경우

$$m + n = \frac{-a^2 - 1}{a^2 - 1} = -5$$

$$-a^2 - 1 = -5a^2 + 5$$

$$a = \pm \sqrt{\frac{3}{2}}$$

x에 대한 방정식 $f(x) - g(x) = 0$은 $x = -6$, $x = 1$을 두 정수 근으로 갖는다.

ⅱ) $(m, n) = (-3, 2)$, $(2, -3)$인 경우

$$m + n = \frac{-a^2 - 1}{a^2 - 1} = -1$$

$$-a^2 - 1 = -a^2 + 1$$

만족하는 a의 값은 존재하지 않는다.

x에 대한 방정식 $f(x) - g(x) = 0$은 $x = -3$, $x = 2$를 두 정수 근으로 가질 수 없다.

ⅲ) $(m, n) = (-2, 3)$, $(3, -2)$인 경우

$$m + n = \frac{-a^2 - 1}{a^2 - 1} = 1$$

$$-a^2 - 1 = a^2 - 1$$

$a = 0$, $a \neq 0$이므로 x에 대한 방정식 $f(x) - g(x) = 0$은 $x = -2$, $x = 3$을 두 정수 근으로 가질 수 없다.

ⅳ) $(m, n) = (-1, 6)$, $(6, -1)$인 경우

$$m + n = \frac{-a^2 - 1}{a^2 - 1} = 5$$

$$-a^2 - 1 = 5a^2 - 5$$

$$a = \pm \sqrt{\frac{2}{3}}$$

x에 대한 방정식 $f(x) - g(x) = 0$은 $x = -1$, $x = 6$을 두 정수 근으로 갖는다.

(ii) $\begin{cases} f(x) = a(x+2)(x-3) \\ g(x) = \dfrac{1}{a}(x-2)(x+3) \end{cases}$ (단, $a \neq 0$인 실수)인 경우

방정식

$$f(x) - g(x) = \left(a - \frac{1}{a}\right)x^2 - \left(a + \frac{1}{a}\right)x - 6\left(a - \frac{1}{a}\right) = 0$$

에서 (i)과 같은 방법으로 만족하는 순서쌍 (m, n)을 구하면

$(m, n) = (-6, 1)$, $(1, -6)$, $(-1, 6)$, $(6, -1)$이다.

따라서 x에 대한 방정식 $f(x) - g(x) = 0$이

서로 다른 두 정수 m, n을 근으로 가지면 $|m + n| = 5$이다. ∴ 참

이상에서 옳은 것은 ㄱ, ㄴ, ㄷ

---

22 다항식의 계산   정답률 91% | 정답 5

다항식 ❶ $(x+4)(2x^2 - 3x + 1)$의 전개식에서 x^2의 계수를 구하시오. [3점]

STEP 01 ❶을 전개하여 x^2의 계수를 구한다.

$(x+4)(2x^2 - 3x + 1) = 2x^3 + 5x^2 - 11x + 4$이므로

x^2의 계수는 5

---

23 이차방정식의 근과 계수의 관계   정답률 89% | 정답 4

x에 대한 이차방정식 ❶ $x^2 + ax - 4 = 0$의 두 근이 -4, b일 때, 두 상수 a, b에 대하여 $a + b$의 값을 구하시오. [3점]

STEP 01 ❶에서 근과 계수의 관계를 이용하여 a, b를 구한 후 $a + b$의 값을 구한다.

이차방정식 $x^2 + ax - 4 = 0$의 두 근이 -4, b이므로

근과 계수의 관계에 의하여

두 근의 곱은 $-4 \times b = -4$, $b = 1$

두 근의 합은 $-4 + b = -a$, $a = 3$

따라서 $a + b = 4$

● 핵심 공식

▶ 이차방정식의 근과 계수의 관계

이차방정식 $ax^2 + bx + c = 0$ (단, $a \neq 0$)의 두 근을 α, β라고 하면,

$\alpha + \beta = -\dfrac{b}{a}$, $\alpha\beta = \dfrac{c}{a}$

---

24 이차부등식   정답률 50% | 정답 22

x에 대한 이차부등식 ❶ $x^2 + 8x + (a-6) < 0$ 이 해를 갖지 않도록 하는 실수 a의 최솟값을 구하시오. [3점]

STEP 01 ❶을 만족하도록 판별식을 이용하여 a의 범위를 구한 후 최솟값을 구한다.

이차방정식 $x^2 + 8x + (a-6) = 0$의 판별식을 D라 할 때,

이차부등식 $x^2 + 8x + (a-6) < 0$이 해를 갖지 않으려면

판별식 $\dfrac{D}{4} = 4^2 - (a-6) \leq 0$, $a \geq 22$이어야 한다.

따라서 a의 최솟값은 22

● 핵심 공식

▶ 이차함수와 이차부등식

모든 실수 x에 대하여 이차부등식

(1) $ax^2 + bx + c > 0$ (단, $a \neq 0$)이 성립하려면 $a > 0$, $D < 0$

(2) $ax^2 + bx + c \geq 0$ (단, $a \neq 0$)이 성립하려면 $a > 0$, $D \leq 0$

(3) $ax^2 + bx + c < 0$ (단, $a \neq 0$)이 성립하려면 $a < 0$, $D < 0$

(4) $ax^2 + bx + c \leq 0$ (단, $a \neq 0$)이 성립하려면 $a < 0$, $D \leq 0$

(단, D는 이차방정식 $ax^2 + bx + c = 0$의 판별식)

---

25 인수분해   정답률 66% | 정답 2

x, y에 대한 이차식 ❶ $x^2 + kxy - 3y^2 + x + 11y - 6$이 ❷ x, y에 대한 두 일차식의 곱으로 인수분해 되도록 하는 자연수 k의 값을 구하시오. [3점]

STEP 01 ❶을 x에 대한 내림차순으로 정리한 뒤 상수항을 인수분해한다. ❷를 성립하도록 하는 일차항의 계수를 구하여 k의 값을 구한다.

주어진 이차식을 x에 대한 내림차순으로 정리하면

$x^2 + (ky + 1)x - 3y^2 + 11y - 6 = x^2 + (ky + 1)x - (3y - 2)(y - 3)$

x, y에 대한 두 일차식의 곱으로 인수분해 되려면

$(3y - 2) - (y - 3) = ky + 1$

$2y + 1 = ky + 1$

따라서 $k = 2$

다른 풀이

주어진 이차식을 x에 대한 내림차순으로 정리한 이차방정식은

$x^2 + (ky + 1)x - 3y^2 + 11y - 6 = 0$이다.

이때 $(ky + 1)^2 - 4(-3y^2 + 11y - 6) = A$라 하면

$x = \dfrac{-(ky+1) \pm \sqrt{A}}{2}$이다.

$x^2 + (ky + 1)x - 3y^2 + 11y - 6$

$= \left\{ x - \dfrac{-(ky+1) + \sqrt{A}}{2} \right\} \left\{ x - \dfrac{-(ky+1) - \sqrt{A}}{2} \right\}$

이때 x, y에 대한 일차식이 되려면 A가 완전제곱식이어야 하므로

이차방정식 $A = 0$의 판별식 $D = 0$이다.

y에 대한 이차방정식

$(k^2 + 12)y^2 + 2(k-22)y + 25 = 0$에 대하여

$\dfrac{D}{4} = (k - 22)^2 - 25(k^2 + 12) = 0$이다.

식을 전개하여 인수분해하면

$6k^2 + 11k - 46 = (k-2)(6k + 23) = 0$

따라서 자연수 k의 값은 2

26 이차함수의 최대, 최소
정답률 41% | 정답 3

이차함수 $f(x) = ax^2 + bx + 5$가 다음 조건을 만족시킬 때, $f(-2)$의 값을 구하시오. [4점]

(가) a, b는 음의 정수이다.
(나) $1 \leq x \leq 2$일 때, 이차함수 $f(x)$의 최댓값은 3이다.

STEP 01 $f(x)$를 이차함수의 표준형으로 변형한 뒤 조건 (나)를 이용하여 a, b의 관계식을 구한 다음 조건 (가)를 만족하는 a, b를 구한다. $f(-2)$의 값을 구한다.

이차함수 $f(x) = ax^2 + bx + 5 = a\left(x + \dfrac{b}{2a}\right)^2 - \dfrac{b^2}{4a} + 5$

에서 꼭짓점의 x좌표는 $x = -\dfrac{b}{2a} < 0$이고, $a < 0$이므로

$1 \leq x \leq 2$에서 이차함수 $y = f(x)$는 감소한다.
이차함수 $y = f(x)$의 최댓값은 $f(1) = a + b + 5 = 3$
$a + b = -2$이고, a, b는 음의 정수이므로 $a = -1$, $b = -1$
$f(x) = -x^2 - x + 5$
따라서 $f(-2) = -4 + 2 + 5 = 3$

★★★ 등급을 가르는 문제!

27 복소수의 성질
정답률 25% | 정답 24

❶ $\left(\dfrac{\sqrt{2}}{1+i}\right)^n + \left(\dfrac{\sqrt{3}+i}{2}\right)^n = 2$를 만족시키는
자연수 n의 최솟값을 구하시오. (단, $i = \sqrt{-1}$) [4점]

STEP 01 ❶의 각 복소수가 1이 되는 n의 값을 구한 후 최소공배수를 구한다.

$z_1 = \dfrac{\sqrt{2}}{1+i}$ 라 하면

$z_1^2 = \left(\dfrac{\sqrt{2}}{1+i}\right)^2 = \dfrac{2}{2i} = -i$,

$z_1^4 = (-i)^2 = -1$, $z_1^8 = (-1)^2 = 1$

$z_2 = \dfrac{\sqrt{3}+i}{2}$ 라 하면

$z_2^2 = \left(\dfrac{\sqrt{3}+i}{2}\right)^2 = \dfrac{1+\sqrt{3}i}{2}$,

$z_2^3 = i$, $z_2^6 = i^2 = -1$, $z_2^{12} = (-1)^2 = 1$

$\left(\dfrac{\sqrt{2}}{1+i}\right)^n + \left(\dfrac{\sqrt{3}+i}{2}\right)^n = 2$를 만족시키려면

$\left(\dfrac{\sqrt{2}}{1+i}\right)^n = 1$, $\left(\dfrac{\sqrt{3}+i}{2}\right)^n = 1$을 동시에 만족시키는 자연수 n을 찾아야 한다.
따라서 자연수 n의 최솟값은 8, 12의 최소공배수인 24이다.

★★ 문제 해결 꿀~팁 ★★

▶ 문제 해결 방법
$\left(\dfrac{\sqrt{2}}{1+i}\right)^n + \left(\dfrac{\sqrt{3}+i}{2}\right)^n = 2$를 만족하려면 $\left(\dfrac{\sqrt{2}}{1+i}\right)^n = 1$, $\left(\dfrac{\sqrt{3}+i}{2}\right)^n = 1$을 성립해야 한다.
$\left(\dfrac{\sqrt{2}}{1+i}\right)^n$은 $n = 8$일 때 처음으로 1이 되고, $\left(\dfrac{\sqrt{3}+i}{2}\right)^n$은 $n = 12$일 때 처음으로 1이 된다. 그러므로 두 값이 모두 1이 되도록 하는 n의 최솟값은 8, 12의 최송공배수인 24이다. 각 복소수의 거듭제곱을 차근차근 구하여 i 또는 $-i$가 나오면 $i^4 = 1$, $(-i)^4 = 1$임을 이용하면 만족하는 n을 구할 수 있다.

★★★ 등급을 가르는 문제!

28 이차방정식의 근과 계수의 관계
정답률 21% | 정답 120

x에 대한 이차방정식 $x^2 + 2ax - b = 0$의 두 근을 α, β 라 할 때,
❶ $|\alpha - \beta| < 12$를 만족시키는 두 자연수 a, b의 모든 순서쌍
(a, b)의 개수를 구하시오. [4점]

STEP 01 근과 계수의 관계를 이용하여 $|\alpha - \beta|$를 구한 다음 ❶의 부등식을 세운다.

근과 계수의 관계에 의해 $\alpha + \beta = -2a$, $\alpha\beta = -b$이므로
$(\alpha - \beta)^2 = (\alpha + \beta)^2 - 4\alpha\beta = (-2a)^2 + 4b = 4a^2 + 4b$
$|\alpha - \beta| = 2\sqrt{a^2 + b} < 12$ (a, b는 자연수)이므로
$a^2 + b < 36$

STEP 02 $a = 1$일 때부터 차례로 만족하는 b의 개수를 구한 다음 모든 순서쌍 (a, b)의 개수를 구한다.

$a = 1$일 때, $b < 35$이므로 순서쌍 (a, b)는
$(1, 1)$, $(1, 2)$, $\cdots$, $(1, 34)$로 개수는 34
$a = 2$일 때, $b < 32$이므로 순서쌍 (a, b)는
$(2, 1)$, $(2, 2)$, $\cdots$, $(2, 31)$로 개수는 31
$a = 3$일 때, $b < 27$이므로 순서쌍 (a, b)는
$(3, 1)$, $(3, 2)$, $\cdots$, $(3, 26)$로 개수는 26
$a = 4$일 때, $b < 20$이므로 순서쌍 (a, b)는
$(4, 1)$, $(4, 2)$, $\cdots$, $(4, 19)$로 개수는 19
$a = 5$일 때, $b < 11$이므로 순서쌍 (a, b)는
$(5, 1)$, $(5, 2)$, $\cdots$, $(5, 10)$로 개수는 10
따라서 구하는 순서쌍 (a, b)의 총 개수는
$34 + 31 + 26 + 19 + 10 = 120$

★★ 문제 해결 꿀~팁 ★★

▶ 문제 해결 방법
먼저 근과 계수의 관계를 이용하여 $|\alpha - \beta|$를 구하면 $|\alpha - \beta| = 2\sqrt{a^2 + b} < 12$이고 a, b는 자연수이므로 $a^2 + b < 36$이다.
이제 $a = 1$일 때부터 차례로 부등식을 성립하는 b의 개수를 구하면 된다.
$a = 6$이면 부등식을 성립하지 않으므로 $a = 5$일 때까지 만족하는 순서쌍 (a, b)의 개수를 구하면 된다. 미지수는 2개이고 식은 1개이므로 a, b가 자연수라는 조건을 이용하여 값을 일일이 구해야 한다.

★★★ 등급을 가르는 문제!

29 이차함수와 직선의 위치 관계
정답률 10% | 정답 45

두 이차함수 $f(x) = x^2 + 2x + 1$, $g(x) = -x^2 + 5$에 대하여
함수 $h(x)$를
$$h(x) = \begin{cases} f(x) & (x \leq -2 \text{ 또는 } x \geq 1) \\ g(x) & (-2 < x < 1) \end{cases}$$
이라 하자.
❶ 직선 $y = mx + 6$과 $y = h(x)$의 그래프가 서로 다른 세 점에서 만나도록 하는 모든 실수 m의 값의 합을 S라 할 때, $10S$의 값을 구하시오. [4점]

STEP 01 $y = h(x)$의 그래프를 그린 후 ❶을 만족하는 경우를 파악한다.

함수 $h(x) = \begin{cases} f(x) & (x \leq -2 \text{ 또는 } x \geq 1) \\ g(x) & (-2 < x < 1) \end{cases}$
의 그래프를 그리면 아래의 그림과 같다.

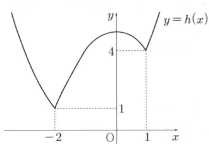

직선 $y = mx + 6$의 y절편은 6이다.
y절편이 6인 직선의 기울기를 변화시키며 그래프를 그려 보면

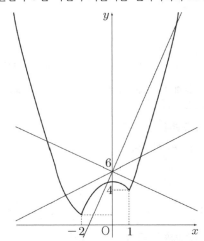

직선 $y = mx + 6$과 함수 $y = h(x)$의 그래프가 서로 다른 세 점에서 만나는 경우는 다음 두 가지뿐이다.

(ⅰ) $y=mx+6$이 점 $(-2, 1)$을 지나는 경우

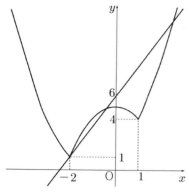

$y=mx+6$에 $(-2, 1)$을 대입하면
$1=-2m+6$, $m=\dfrac{5}{2}$

(ⅱ) $y=mx+6$이 $y=g(x)$에 접하는 경우

　이차방정식 $-x^2+5=mx+6$, $x^2+mx+1=0$의 판별식을 D라 하면
　$D=m^2-4=0$이므로 $m=\pm 2$

　ⅰ) $m=2$인 경우
　　아래의 그림과 같이 직선 $y=2x+6$과
　　함수 $y=h(x)$의 그래프는 점 $(-1, 4)$를 포함한 서로 다른 세 점에서
　　만난다.

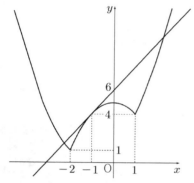

　ⅱ) $m=-2$인 경우
　　아래의 그림과 같이 직선 $y=-2x+6$과
　　함수 $y=h(x)$의 그래프는 점 $(1, 4)$를 포함한 서로 다른 두 점에서
　　만난다.

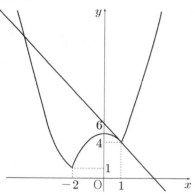

(ⅰ), (ⅱ)에 의해 모든 m의 값은 $\dfrac{5}{2}$, 2이다.

$S=\dfrac{5}{2}+2=\dfrac{9}{2}$

따라서 $10S=45$

★★ 문제 해결 꿀~팁 ★★

▶ 문제 해결 방법

먼저 $y=h(x)$의 그래프를 그린 다음 직선 $y=mx+6$를 그려 두 그래프가 서로 다른 세 점에서 만나는 경우를 파악하여야 한다.
직선 $y=mx+6$은 y절편인 6이므로 $(0, 6)$을 지나는 직선을 기울기를 변화시켜 가며 그래프를 그려 보면 조건을 만족하는 경우를 찾을 수 있다. 만족하는 경우는 직선이 $y=h(x)$의 그래프의 모양이 변화하는 점인 $(-2, 1)$을 지나는 경우와 $y=h(x)$와 접하는 경우이다.
처음의 경우는 $y=mx+6$에 $(-2, 1)$을 대입하면 m을 구할 수 있고 두 번째 경우는 $y=mx+6$와 $y=g(x)$를 연립한 방정식의 판별식=0을 이용하면 m을 구할 수 있다.
이때 직선의 기울기<0이면 접점이 $y=h(x)$의 그래프의 모양이 변화하는 점인 $(1, 4)$와 일치하여 두 그래프는 서로 다른 두 점에서 만나므로 조건을 만족하지 않는다.
직선의 기울기를 변화시켜 가며 주어진 조건을 만족하는 경우를 찾을 수 있어야 한다.

★★★ 등급을 가르는 문제!

30 여러 가지 방정식　　　　　　　　　　정답률 7% | 정답 38

5이상의 자연수 n에 대하여 다항식
$$P_n(x)=(1+x)(1+x^2)(1+x^3)\cdots(1+x^{n-1})(1+x^n)-64$$
가 x^2+x+1로 나누어떨어지도록 하는 모든 자연수 n의 값의 합을 구하시오.
[4점]

STEP 01 w의 성질을 이용하여 $n=5$일 때부터 $P_n(w)$의 규칙을 찾아 $P_n(w)=0$을 만족하는 n의 값을 구한 다음 합을 구한다.

다항식 $P_n(x)$를 x^2+x+1로 나눌 때 몫을 $A_n(x)$라 하자.
$P_n(x)$가 x^2+x+1로 나누어떨어지므로
$P_n(x)=(1+x)(1+x^2)(1+x^3)\cdots(1+x^{n-1})(1+x^n)-64$
　　　　$=(x^2+x+1)A_n(x)$이다.
이차방정식 $x^2+x+1=0$의 한 허근을 w라 하면
$w^2+w+1=0$, $w^3=1$이다.
w는 $P_n(x)=0$의 근이므로 $P_n(w)=0$이다.
$Q_n(x)=(1+x)(1+x^2)(1+x^3)\cdots(1+x^{n-1})(1+x^n)$라 할 때,
$P_n(w)=0$이 되려면 $Q_n(w)=64$이어야 한다.
$Q_5(w)=(1+w)(1+w^2)(1+w^3)(1+w^4)(1+w^5)$
　　　　$=(-w^2)(-w)2(-w^2)(-w)=2$
$Q_6(w)=(-w^2)(-w)2(-w^2)(-w)2=4$
$Q_7(w)=Q_6(w)\times(-w^2)=4\times(-w^2)=-4w^2$
$Q_8(w)=Q_7(w)\times(-w)=(-4w^2)\times(-w)=4$
$Q_9(w)=Q_8(w)\times2=4\times2=8$
같은 원리로
$Q_{12}(w)=16$
$Q_{15}(w)=32$
$Q_{18}(w)=64$
$Q_{19}(w)=-64w^2$
$Q_{20}(w)=64$
$Q_{21}(w)=128$
따라서 $n=18$ 또는 $n=20$이고
모든 자연수 n의 값의 합은 $18+20=38$

★★ 문제 해결 꿀~팁 ★★

▶ 문제 해결 방법

$P_n(x)$가 x^2+x+1로 나누어떨어지므로 $P_n(x)$를 x^2+x+1로 나눌 때 몫을 $A_n(x)$이라 하면 $P_n(x)=(x^2+x+1)A_n(x)$이고 $x^2+x+1=0$의 한 허근을 w라 하면 $P_n(w)=0$이다.
한편, $Q_n(x)=(1+x)(1+x^2)(1+x^3)\cdots(1+x^{n-1})(1+x^n)$라 하면
$P_n(x)=(1+x)(1+x^2)(1+x^3)\cdots(1+x^{n-1})(1+x^n)-64=Q_n(x)-64$
이므로 $P_n(w)=0$을 만족하는 n의 값은 $Q_n(w)=64$를 만족한다.
그러므로 $Q_n(w)=64$를 만족하는 n을 구하면 된다.
$x^3=1$의 한 허근을 w라 할 때 $w^2+w+1=0$, $w^3=1$ 이다. 이 성질은 매우 유용하게 쓰이므로 반드시 알아두어야 한다. 아울러 $x^3=-1$의 한 허근을 w'라 할 때 $(w')^2-w'+1=0$, $(w')^3=-1$도 함께 알아두어야 한다.
$Q_n(x)=(1+x)(1+x^2)(1+x^3)\cdots(1+x^{n-1})(1+x^n)$
이고 $n\geq 5$인 자연수이므로
$Q_5(w)=(1+w)(1+w^2)(1+w^3)(1+w^4)(1+w^5)$
　　　　$=(-w^2)(-w)2(-w^2)(-w)=2$
같은 방법으로 계속 구해보면 $Q_6(w)=4$이고 n이 3의 배수일 때 처음으로 값이 2배가 됨을 알 수 있다. 또한 n이 3의 배수+2일 때 n이 3의 배수일 때와 같은 값을 가진다.
$n=6$일 때 $Q_n(w)=4$이므로 $n=18$일 때 $Q_n(w)=64$이고 $n=20$일 때도 $Q_n(w)=64$이다.
$Q_n(w)$의 값을 몇 개만 구해보면 규칙을 쉽게 찾을 수 있다. 이 규칙을 이용하여 값이 64가 되는 n의 값을 구하면 된다.

• 정답 •

01 ② 02 ① 03 ① 04 ④ 05 ⑤ 06 ③ 07 ④ 08 ③ 09 ⑤ 10 ④ 11 ① 12 ③ 13 ② 14 ⑤ 15 ⑤
16 ③ 17 ④ 18 ② 19 ① 20 ⑤ 21 ① 22 ③ 23 ② 24 ① 25 ④ 26 ③ 27 ⑤ 28 ⑤ 29 ④ 30 ②
31 ★④ 32 ① 33 ④ 34 ③ 35 ④ 36 ② 37 ⑤ 38 ② 39 ⑤ 40 ② 41 ① 42 ③ 43 ④ 44 ② 45 ③

★ 표기된 문항은 [등급을 가르는 문제]에 해당하는 문제입니다.

---

01 연례 게임 대회 자원봉사자 모집 　　　　　정답률 92% | 정답 ②

다음을 듣고, 여자가 하는 말의 목적으로 가장 적절한 것을 고르시오.

① 체육대회 종목을 소개하려고
☑ 대회 자원봉사자를 모집하려고
③ 학생 회장 선거 일정을 공지하려고
④ 경기 관람 규칙 준수를 당부하려고
⑤ 학교 홈페이지 주소 변경을 안내하려고

W : Good afternoon, everybody.
　안녕하세요, 여러분.
This is your student council president, Monica Brown.
　저는 학생회장 Monica Brown입니다.
Our school's annual e-sports competition will be held on the last day of the semester.
　우리 학교가 매년 하는 게임 대회가 이번 학기 마지막 날에 열릴 예정입니다.
For the competition, we need some volunteers to help set up computers.
　대회를 위해, 우리는 컴퓨터 설치를 도와줄 자원봉사자가 좀 필요합니다.
If you're interested in helping us make the competition successful, please fill out the volunteer application form and email it to me.
　만일 여러분이 우리가 대회를 성공적으로 이끌도록 돕고 싶으시다면, 자원봉사자 신청서를 작성해서 제게 이메일로 보내주세요.
For more information, please visit our school website.
　더 많은 정보를 보려면, 학교 웹 사이트를 방문해주세요.
I hope many of you will join us. Thank you for listening.
　여러분들이 많이 함께해주시길 바랍니다. 들어주셔서 고맙습니다.

Why? 왜 정답일까?

게임 대회를 맞아 자원봉사자가 필요하다는(For the competition, we need some volunteers to help set up computers.) 내용이므로, 여자가 하는 말의 목적으로 가장 적절한 것은 ② '대회 자원봉사자를 모집하려고'이다.

• annual ⓐ 연마다 하는
• competition ⓝ 대회, 경쟁
• application form 신청서
• e-sports ⓝ 게임, e-스포츠
• fill out 작성하다

---

02 산책으로 창의력 높이기 　　　　　정답률 90% | 정답 ①

대화를 듣고, 남자의 의견으로 가장 적절한 것을 고르시오.

☑ 산책은 창의적인 생각을 할 수 있게 돕는다.
② 식사 후 과격한 운동은 소화를 방해한다.
③ 지나친 스트레스는 집중력을 감소시킨다.
④ 독서를 통해 창의력을 증진할 수 있다.
⑤ 꾸준한 운동은 기초체력을 향상시킨다.

M : Hannah, how's your design project going?
　Hannah, 네 디자인 프로젝트는 어떻게 돼 가?
W : Hey, Aiden. I'm still working on it, but I'm not making much progress.
　안녕, Aiden. 아직 작업 중인데, 그다지 진전이 안 되네.
M : Can you tell me what the problem is?
　문제가 뭔지 말해줄래?
W : Hmm... [Pause] It's hard to think of creative ideas. I feel like I'm wasting my time.
　흠… [잠시 멈춤] 창의적인 아이디어를 생각하기 어려워. 난 시간 낭비 중인 거 같아.
M : I understand. Why don't you take a walk?
　이해해. 산책을 해보면 어때?
W : How can that help me to improve my creativity?
　그게 내 창의력을 높이는 데 어떻게 도움이 되지?
M : It will actually make your brain more active. Then you'll see things differently.
　그건 실제로 네 뇌를 더 활동적으로 만들어. 그럼 넌 사물을 다르게 볼 수 있지.
W : But I don't have time for that.
　그런데 나 그럴 시간이 없어.
M : You don't need a lot of time. Even a short walk will help you to come up with creative ideas.
　시간이 많이 필요한 게 아냐. 잠깐 산책하는 것만으로도 창의적인 생각을 하는 데 도움이 될 거야.
W : Then I'll try it. Thanks for the tip.
　그럼 시도해봐야겠어. 조언 고마워.

Why? 왜 정답일까?

창의적인 생각을 떠올리기 어렵다는 여자에게 남자는 산책을 권하며, 짧은 산책일지라도 창의력 증진에 도움이 된다고 조언한다(Even a short walk will help you to come up with creative ideas.). 따라서 남자의 의견으로 가장 적절한 것은 ① '산책은 창의적인 생각을 할 수 있게 돕는다.'이다.

• work on ~을 작업하다
• waste ⓥ 낭비하다
• have time for ~할 시간이 있다
• make progress 진전되다
• take a walk 산책하다

---

03 우체국에서 물건 부치기 　　　　　정답률 88% | 정답 ①

대화를 듣고, 두 사람의 관계를 가장 잘 나타낸 것을 고르시오.

☑ 고객 – 우체국 직원
② 투숙객 – 호텔 지배인
③ 여행객 – 여행 가이드
④ 아파트 주민 – 경비원
⑤ 손님 – 옷가게 주인

W : Excuse me. Could you please tell me where I can put this box?
　실례합니다. 제가 이 박스를 어디에 놓으면 될지 말해주실래요?
M : Right here on this counter. How can I help you today?
　여기 이 카운터에 놔주세요. 오늘은 뭘 도와드릴까요?
W : I'd like to send this to Jeju Island.
　이걸 제주도에 보내고 싶어요.
M : Sure. Are there any breakable items in the box?
　알겠습니다. 상자 안에 깨지기 쉬운 물건이라도 들어 있나요?
W : No, there are only clothes in it.
　아뇨, 옷밖에 없어요.
M : Then, there should be no problem.
　그럼, 아무 문제가 없을 겁니다.
W : I see. What's the fastest way to send it?
　네. 제일 빠른 배송 방법이 뭔가요?
M : You can send the package by express mail, but there's an extra charge.
　급행 우편으로 보내실 수 있는데, 추가 비용이 있습니다.
W : That's okay. I want it to be delivered as soon as possible. When will it arrive in Jeju if it goes out today?
　괜찮아요. 최대한 빨리 보내고 싶어요. 오늘 배송 나가면 언제 제주도에 도착할까요?
M : If you send it today, it will be there by this Friday.
　오늘 보내시면 이번 주 금요일이면 도착할 겁니다.
W : Oh, Friday will be great. I'll do the express mail.
　오, 금요일이면 아주 좋겠네요. 급행 우편 할게요.

Why? 왜 정답일까?

'I'd like to send this to Jeju Island.', 'Sure. Are there any breakable items in the box?', 'What's the fastest way to send it?', 'You can send the package by express mail, but there's an extra charge.', 'I'll do the express mail.'에서 여자는 물건을 부치는 고객이고, 남자는 이를 처리해주는 우체국 직원임을 알 수 있다. 따라서 두 사람의 관계로 가장 적절한 것은 ① '고객 – 우체국 직원'이다.

• breakable ⓐ 깨지기 쉬운
• express mail 급행 우편
• deliver ⓥ 배달하다
• package ⓝ 소포
• extra charge 추가 비용

---

04 버스킹 사진 구경하기 　　　　　정답률 87% | 정답 ④

대화를 듣고, 그림에서 대화의 내용과 일치하지 않는 것을 고르시오.

M : Kayla, I heard you went busking on the street last weekend.
　Kayla, 나 네가 지난 주말에 거리에 버스킹하러 갔다고 들었어.
W : It was amazing! I've got a picture here. Look!
　아주 멋졌어! 여기 사진이 있어. 봐봐!
M : 「Oh, you're wearing the hat I gave you.」 ①의 근거 일치
　오, 너 내가 준 모자를 쓰고 있구나.
W : Yeah, I really like it.
　응, 나 그거 아주 마음에 들어.
M : Looks great. 「This boy playing the guitar next to you must be your brother Kevin.」 ②의 근거 일치
　잘 어울리네. 네 옆에서 기타 치는 이 남자애는 네 남동생 Kevin이겠구나.
W : You're right. He played while I sang.
　맞아. 내가 노래하는 동안 걔는 연주를 했어.
M : Cool. 「Why did you leave the guitar case open?」 ③의 근거 일치
　근사한걸. 기타 케이스는 왜 열어둔 거야?
W : That's for the audience. If they like our performance, they give us some money.
　관객들 때문에. 우리 공연이 마음에 들면 돈을 좀 주라고.
M : 「Oh, and you set up two speakers!」 ④의 근거 불일치
　오, 그리고 너네 스피커도 두 개 설치해 뒀구나!
W : I did. I recently bought them.
　응. 최근에 샀어.
M : I see. 「And did you design that poster on the wall?」 ⑤의 근거 일치
　그렇구나. 그리고 벽에 있는 저 포스터는 네가 디자인했어?
W : Yeah. My brother and I worked on it together.
　응. 내 남동생이랑 나랑 같이 작업했어.
M : It sounds like you really had a lot of fun!
　둘이 되게 재미있었겠다!

Why? 왜 정답일까?

대화에서 스피커는 두 개였다고 하는데(Oh, and you set up two speakers!), 그림 속 스피커는 하나뿐이다. 따라서 그림에서 대화의 내용과 일치하지 않는 것은 ④이다.

• busk ⓥ 버스킹하다, 거리 공연하다
• leave open 열어두다
• recently ⓐⓓ 최근에
• amazing ⓐ 멋진, 근사한
• performance ⓝ 공연, 성과

05 아들의 생일 파티 준비하기
정답률 90% | 정답 ⑤

대화를 듣고, 남자가 할 일로 가장 적절한 것을 고르시오.
① 초대장 보내기   ② 피자 주문하기
③ 거실 청소하기   ④ 꽃다발 준비하기
✓ 스마트폰 사러 가기

W : Honey, are we ready for Jake's birthday party tomorrow?
　여보, 우리 내일 Jake의 생일 파티 준비가 다 되었나요?
M : I sent the invitation cards last week. What about other things?
　내가 지난주에 초대장을 보냈어. 다른 건요?
W : I'm not sure. Let's check.
　모르겠어요. 확인해보죠.
M : We are expecting a lot of guests. How about the dinner menu?
　손님이 많이 올 거예요. 저녁 메뉴는 뭐죠?
W : I haven't decided yet.
　아직 결정 못했어요.
M : We won't have much time to cook, so let's just order pizza.
　우린 요리할 시간이 많지 않을 테니까, 그냥 피자를 주문하죠.
W : Okay. I'll do it tomorrow. What about the present?
　알겠어요. 내가 내일 할게요. 선물은 어떻하죠?
M : Oh, you mean the smartphone? I forgot to get it!
　오, 스마트폰 말하는 거죠? 그걸 사는 걸 깜빡 잊었네요!
W : That's alright. Can you go to the electronics store and buy it now?
　괜찮아요. 지금 전자제품 가게 좀 가서 사올래요?
M : No problem. I'll do it right away.
　문제 없어요. 바로 할게요.
W : Good. Then, I'll clean up the living room while you're out.
　알겠어요. 그럼 당신이 외출한 동안 내가 거실을 치울게요.

Why? 왜 정답일까?
아들의 생일 선물인 스마트폰을 깜빡 잊고 못 샀다는 남자에게 여자는 지금 사 와달라고 부탁한다(Can you go to the electronics store and buy it now? / No problem. I'll do it right away.). 따라서 남자가 할 일로 가장 적절한 것은 ⑤ '스마트폰 사러 가기'이다.

- **invitation card** 초대장
- **forget to** ~해야 하는 걸 잊다
- **present** ⓝ 선물
- **clean up** 청소하다, 치우다

06 쇼파에 놓을 담요와 쿠션 구매하기
정답률 80% | 정답 ③

대화를 듣고, 여자가 지불할 금액을 고르시오. [3점]
① $54   ② $60   ✓ $72   ④ $76   ⑤ $80

M : Good morning! How can I help you?
　안녕하세요! 뭘 도와드릴까요?
W : Hi. I'm looking for a blanket and some cushions for my sofa.
　안녕하세요, 전 쇼파에 놓을 담요랑 쿠션을 좀 찾고 있어요.
M : Okay. We've got some on sale. Would you like to have a look?
　알겠습니다. 세일하는 제품이 좀 있습니다. 살펴보시겠어요?
W : Yes. How much is this green blanket?
　네, 이 녹색 담요는 얼마인가요?
M : That's $40.
　40달러입니다.
W : Oh, I love the color green. Can you also show me some cushions that go well with this blanket?
　오, 전 녹색을 좋아해요. 이 담요랑 잘 어울리는 쿠션도 좀 보여주실래요?
M : Sure! How about these?
　물론이죠! 이건 어떠세요?
W : They look good. I need two of them. How much are they?
　좋아 보이네요. 두 개 필요합니다. 얼만가요?
M : The cushions are $20 each.
　쿠션은 하나에 20달러입니다.
W : Okay. I'll take one green blanket and two cushions. Can I use this coupon?
　알겠어요. 전 녹색 담요 하나랑 쿠션 두 개를 사겠어요. 제가 이 쿠폰을 사용해도 되나요?
M : Sure. It will give you 10% off the total.
　물론이죠. 총액에서 10퍼센트 할인됩니다.
W : Thanks! Here's my credit card.
　고맙습니다! 여기 제 신용 카드요.

Why? 왜 정답일까?
대화에 따르면 여자는 40달러짜리 담요 한 장과 20달러짜리 쿠션을 두 개 구입하고, 총액에서 10퍼센트를 할인받기로 했다. 이를 식으로 나타내면 '(40 + 20 × 2) × 0.9 = 72'이므로, 여자가 지불할 금액은 ③ '$72'이다.

- **blanket** ⓝ 담요
- **have a look** 살펴보다
- **on sale** 할인 중인
- **go well with** ~와 잘 어울리다

07 록 콘서트에 가자고 제안하기
정답률 92% | 정답 ④

대화를 듣고, 남자가 록 콘서트에 갈 수 없는 이유를 고르시오.
① 일을 하러 가야 해서
② 피아노 연습을 해야 해서
③ 할머니를 뵈러 가야 해서
✓ 친구의 개를 돌봐야 해서
⑤ 과제를 아직 끝내지 못해서

W : Hello, Justin. What are you doing?
　안녕, Justin. 뭐 하고 있어?
M : Hi, Ellie. I'm doing my project for art class.
　안녕, Ellie. 나 미술 수업 프로젝트 하고 있어.
W : Can you go to a rock concert with me this Saturday? My sister gave me two tickets!
　너 이번 주 토요일에 나랑 록 콘서트 갈래? 우리 언니가 표를 두 장 줬어!

M : I'd love to! *[Pause]* But I'm afraid I can't.
　나도 가고 싶어! [잠시 멈춤] 근데 미안하지만 안 되겠어.
W : Do you have to work that day?
　그날 일해야 돼?
M : No, I don't work on Saturdays.
　아니, 나 토요일엔 일 안 하지.
W : Then, why not? I thought you really like rock music.
　그럼 왜? 너 록 음악 되게 좋아하는 줄 알았는데.
M : Of course I do. But I have to take care of my friend's dog this Saturday.
　물론 좋아하지. 근데 이번 주 토요일엔 내 친구네 개를 돌봐줘야 해.
W : Oh, really? Is your friend going somewhere?
　오, 그래? 네 친구는 어디 가는 거야?
M : He's visiting his grandmother that day.
　그날 자기 할머니를 뵈러 간대.
W : Okay, no problem. I'm sure I can find someone else to go with me.
　알겠어, 괜찮아. 난 같이 갈 다른 사람 찾을 수 있겠지.

Why? 왜 정답일까?
남자는 토요일에 할머니를 뵈러 가는 친구네 개를 돌봐주기로 해서(But I have to take care of my friend's dog this Saturday.) 여자와 함께 콘서트에 갈 수 없다고 한다. 따라서 남자가 록 콘서트에 갈 수 없는 이유로 가장 적절한 것은 ④ '친구의 개를 돌봐야 해서'이다.

- **I'm afraid I can't.** 미안하지만 안 되겠어.
- **somewhere** ⓐⓓ 어딘가
- **take care of** ~을 돌보다

08 환경의 날 행사
정답률 93% | 정답 ③

대화를 듣고, Eco Day에 관해 언급되지 않은 것을 고르시오.
① 행사 시간   ② 행사 장소   ✓ 참가비
④ 준비물   ⑤ 등록 방법

W : Scott, did you see this Eco Day poster?
　Scott, 너 이 Eco Day(환경의 날) 포스터 봤어?
M : No, not yet. Let me see. *[Pause]* It's an event for picking up trash while walking around a park.
　아니, 아직. 나 볼래. [잠시 멈춤] 공원을 걸으면서 쓰레기를 줍는 행사구나.
W : Why don't we do it together? 『It's next Sunday from 10 a.m. to 5 p.m.』 ①의근거 일치
　우리 이거 같이 하면 어때? 다음 주 토요일 아침 10시부터 오후 5시까지야.
M : Sounds good. I've been thinking a lot about the environment lately.
　좋네. 난 최근에 환경 생각을 많이 하고 있어.
W : Me, too. 『Also, the event will be held in Eastside Park.』 You know, we often used to go there. ②의근거 일치
　나도 그래. 게다가, 이 행사는 Eastside Park에서 열린대. 알다시피 우리 자주 거기 갔었잖아.
M : That's great. Oh, look at this. 『We have to bring our own gloves and small bags for the trash.』 ④의근거 일치
　아주 좋네. 오, 이거 봐. 우린 장갑이랑 쓰레기 담을 작은 가방을 가져가야 해.
W : No problem. I have extra. I can bring some for you as well.
　문제 없어. 나 남는 거 있어, 내가 네 것도 좀 가져올 수 있어.
M : Okay, thanks. 『Do we have to sign up for the event?』
　알겠어, 고마워. 우리 행사 등록해야 하나?
W : Yes. The poster says we can do it online. ⑤의근거 일치
　응. 포스터에 온라인으로 하면 된다고 적혀 있어.
M : Let's do it right now. I'm looking forward to it.
　지금 바로 하자. 기대되네.

Why? 왜 정답일까?
대화에서 남자와 여자는 Eco Day의 행사 시간, 행사 장소, 준비물, 등록 방법을 언급하므로, 언급되지 않은 것은 ③ '참가비'이다.

Why? 왜 오답일까?
① 'It's next Sunday from 10 a.m. to 5 p.m.'에서 '행사 시간'이 언급되었다.
② 'Also, the event will be held in Eastside Park.'에서 '행사 장소'가 언급되었다.
④ 'We have to bring our own gloves and small bags for the trash.'에서 '준비물'이 언급되었다.
⑤ 'The poster says we can do it online.'에서 '등록 방법'이 언급되었다.

- **pick up** 줍다
- **Why don't we ~?** ~하면 어때?
- **look forward to** ~을 고대하다
- **trash** ⓝ 쓰레기
- **sign up for** ~에 등록하다, 신청하다

09 교내 팀 댄스 대회 안내
정답률 80% | 정답 ⑤

Eastville Dance Contest에 관한 다음 내용을 듣고, 일치하지 않는 것을 고르시오.
① 처음으로 개최되는 경연이다.
② 모든 종류의 춤이 허용된다.
③ 춤 영상을 8월 15일까지 업로드 해야 한다.
④ 학생들은 가장 좋아하는 영상에 투표할 수 있다.
✓ 우승팀은 상으로 상품권을 받게 될 것이다.

M : Hello, Eastville High School students. This is your P.E. teacher, Mr. Wilson.
　안녕하세요, Eastville 고교 학생 여러분. 체육 교사 Wilson 선생님입니다.
『I'm pleased to let you know that we're hosting the first Eastville Dance Contest.』 ①의근거 일치
　여러분께 제1회 Eastville Dance Contest가 개최된다는 것을 알리게 되어 기쁩니다.
Any Eastville students who love dancing can participate in the contest as a team.
　춤추는 것을 좋아하는 모든 Eastville 학생들은 팀으로 대회에 참가할 수 있습니다.
『All kinds of dance are allowed.』 ②의근거 일치
　모든 종류의 춤이 허용됩니다.
『If you'd like to participate, please upload your team's dance video to our school website by August 15th.』 ③의근거 일치
　참가하고 싶다면, 8월 15일까지 여러분 팀의 댄스 영상을 우리 학교 웹 사이트에 업로드 해주세요.
『Students can vote for their favorite video from August 16th to 20th.』 ④의근거 일치
　학생들은 8월 16일부터 20일까지 가장 좋아하는 영상에 투표할 수 있습니다.

「The winning team will receive a trophy as a prize.」 ⑤의 근거 불일치
우승팀은 상으로 트로피를 받게 됩니다.
Don't miss this great opportunity to show off your talents!
여러분의 재능을 뽐낼 이 대단한 기회를 놓치지 마세요!

Why? 왜 정답일까?

'The winning team will receive a trophy as a prize.'에서 우승팀에는 트로피가 수여된다고 하므로, 내용과 일치하지 않는 것은 ⑤ '우승팀은 상으로 상품권을 받게 될 것이다.'이다.

Why? 왜 오답일까?

① '~ we're hosting the first Eastville Dance Contest.'의 내용과 일치한다.
② 'All kinds of dance are allowed.'의 내용과 일치한다.
③ 'If you'd like to participate, please upload your team's dance video to our school website by August 15th.'의 내용과 일치한다.
④ 'Students can vote for their favorite video from August 16th to 20th.'의 내용과 일치한다.

● pleased ⓐ 기쁜
● all kinds of 모든 종류의
● vote for ~을 위해 투표하다
● participate in ~에 참가하다
● allow ⓥ 허용하다
● show off 뽐내다, 보여주다

---

10 새집에 놓을 정수기 사기   정답률 87% | 정답 ④

다음 표를 보면서 대화를 듣고, 두 사람이 구입할 정수기를 고르시오.

Water Purifiers

	Model	Price	Water Tank Capacity(liters)	Power-saving Mode	Warranty
①	A	$570	4	×	1 year
②	B	$650	5	○	1 year
③	C	$680	5	×	3 years
✔④	D	$740	5	○	3 years
⑤	E	$830	6	○	3 years

M : Honey, we need a water purifier for our new house.
여보, 우리 새집에 둘 정수기가 필요해요.
W : You're right. Let's order one online.
당신 말이 옳아요. 온라인에서 하나 주문하죠.
M : Good idea. [Clicking Sound] Look! These are the five bestsellers.
좋은 생각이에요. [클릭하는 소리] 이거 봐요! 이게 베스트셀러 다섯 개예요.
W : I see. 「What's our budget?
그렇군요. 우리 예산이 얼마죠?
M : Well, I don't want to spend more than 800 dollars.」 근거1 Price 조건
음, 800달러 넘게는 쓰고 싶지 않군요.
W : 「Okay, how about the water tank capacity?
알겠어요. 물 탱크 용량은요?
M : I think the five-liter tank would be perfect for us.」 근거2 Water Tank Capacity 조건
5리터짜리 탱크면 우리한테 딱 좋겠어요.
W : I think so, too. 「And I like the ones with a power-saving mode.
나도 그렇게 생각해요. 그리고 난 절전 모드가 있는 게 좋아요.
근거3 Power-saving Mode 조건
M : Okay, then we can save electricity. Now, there are just two options left.
그래요, 그럼 우린 전기를 절약할 수 있겠죠. 이제, 두 가지 선택권이 남았군요.
W : 「Let's look at the warranties. The longer, the better.」 근거4 Warranty 조건
보증 기간을 보죠. 길수록 좋죠.
M : I agree. We should order this model.
동의해요. 이 제품으로 주문해야겠어요.

Why? 왜 정답일까?

대화에 따르면 남자와 여자는 금액이 800달러를 넘지 않으면서, 물 탱크 용량이 5리터이고, 절전 모드가 있으면서, 보증 기간은 더 긴 정수기를 사기로 한다. 따라서 두 사람이 구입할 정수기는 ④ 'D'이다.

● water purifier 정수기
● power-saving mode 절전 모드
● warranty ⓝ 보증 (기간)
● capacity ⓝ 용량
● electricity ⓝ 전기

---

11 자동차 전시회   정답률 72% | 정답 ①

대화를 듣고, 남자의 마지막 말에 대한 여자의 응답으로 가장 적절한 것을 고르시오.

✔① Great. We don't have to wait in line. - 좋아. 우린 줄 서서 기다릴 필요가 없네.
② All right. We can come back later. - 알겠어. 다음에 다시 오면 돼.
③ Good job. Let's buy the tickets. - 잘했어. 표를 사자.
④ No worries. I will stand in line. - 걱정 마. 내가 줄 서 있을게.
⑤ Too bad. I can't buy that car. - 아깝네. 난 그 차를 살 수 없어.

M : Let's get inside. I'm so excited to see this auto show.
들어가자. 난 이 자동차 전시회 보게 돼서 무척 신나.
W : Look over there. So many people are already standing in line to buy tickets.
저기 봐. 엄청 많은 사람들이 벌써 표를 사려고 줄을 서 있어.
M : 「Fortunately, I bought our tickets in advance.」
다행히도 난 우리 표를 미리 사뒀어.
W : Great. We don't have to wait in line.
좋아. 우린 줄 서서 기다릴 필요가 없네.

Why? 왜 정답일까?

여자가 자동차 전시회 표를 사기 위해 늘어선 줄을 보라고 하자 남자는 미리 표를 사두었다(Fortunately, I bought our tickets in advance.)고 한다. 따라서 여자의 응답으로 가장 적절한 것은 ① '좋아. 우린 줄 서서 기다릴 필요가 없네.'이다.

● auto show 자동차 전시회
● in advance 미리
● stand in line 줄 서서 기다리다

---

12 역사 시험 점수 확인   정답률 72% | 정답 ③

대화를 듣고, 여자의 마지막 말에 대한 남자의 응답으로 가장 적절한 것을 고르시오.

① Yes. You can register online.
응. 온라인으로 등록하면 돼.
② Sorry. I can't see you next week.
미안. 나 다음 주에 너 못 만나.
✔③ Right. I should go to his office now.
맞아. 지금 선생님 교무실로 가야겠어.
④ Fantastic! I'll take the test tomorrow.
환상적이네! 내일 테스트를 쳐야겠다.
⑤ Of course. I can help him if he needs my help.
물론이지. 그분께서 도움이 필요하시면 내가 도와드릴 수 있어.

W : Hi, Chris. Did you check your grade for the history test we took last week?
안녕, Chris. 너 지난주 우리가 본 역사 시험 점수 확인해봤어?
M : Yes. But I think there's something wrong with my grade.
응. 근데 내 성적에 뭔가 잘못된 거 같아.
W : Don't you think you should go ask Mr. Morgan about it?
너 Morgan 선생님께 가서 그거 여쭤봐야 한다고 생각하지 않아?
M : Right. I should go to his office now.
맞아. 지금 선생님 교무실로 가야겠어.

Why? 왜 정답일까?

역사 시험 점수가 잘못된 것 같다는 남자의 말에 여자는 선생님께 가서 확인해봐야 하지 않느냐고(Don't you think you should go ask Mr. Morgan about it?) 말하므로, 남자의 응답으로 가장 적절한 것은 ③ '맞아. 지금 선생님 교무실로 가야겠어.'이다.

● grade ⓝ 점수
● go ask 가서 물어보다
● take a test 시험을 치다
● register ⓥ 등록하다

---

13 중고 책 안에 들어 있던 쪽지   정답률 79% | 정답 ②

대화를 듣고, 여자의 마지막 말에 대한 남자의 응답으로 가장 적절한 것을 고르시오. [3점]
Man :

① I agree. You can save a lot by buying secondhand.
같은 생각이에요. 중고를 사면 돈을 많이 아낄 수 있죠.
✔② Great idea! Our message would make others smile.
좋은 생각이에요! 우리 메시지가 남들을 웃게 할 거예요.
③ Sorry. I forgot to write a message in the book.
죄송해요. 전 책 안에 메시지를 써둔다는 걸 깜빡었어요.
④ Exactly. Taking notes during class is important.
바로 그거예요. 수업 중에 필기하는 것은 중요해요.
⑤ Okay. We can arrive on time if we leave now.
알겠어요. 우리가 지금 떠나면 제때 도착할 수 있어요.

M : Mom, did you write this note?
엄마, 엄마가 이 쪽지 쓰셨어요?
W : What's that?
그게 뭔데?
M : I found this in the book you gave me.
엄마가 주신 책에서 이걸 찾았어요.
W : Oh, the one I bought for you at the secondhand bookstore last week?
오, 내가 지난 주 너한테 중고 서점에서 사다준 거 말이구나?
M : Yes. At first I thought it was a bookmark, but it wasn't. It's a note with a message!
네. 처음엔 책갈피인 줄 알았는데, 아니더라고요. 메시지가 적힌 쪽지였어요!
W : What does it say?
뭐라고 써 있든?
M : It says, "I hope you enjoy this book."
'이 책을 재밌게 읽기 바랍니다.'라고 적혀 있어요.
W : How sweet! That really brings a smile to my face.
상냥해라! 정말 얼굴에 웃음이 지어지게 하네.
M : Yeah, mom. I love this message so much.
그러게요, 엄마. 전 이 메시지가 정말 마음에 들어요.
W : Well, then, why don't we leave a note if we resell this book later?
음, 그럼, 우리가 이 책을 나중에 다시 팔 때 쪽지를 남겨두면 어떨까?
M : Great idea! Our message would make others smile.
좋은 생각이에요! 우리 메시지가 남들을 웃게 할 거예요.

Why? 왜 정답일까?

중고 책 안에 있었던 쪽지를 읽고 기분이 좋아진 남자의 말에 여자는 다음에 같은 책을 되팔 때 똑같이 쪽지를 써두자고(Well, then, why don't we leave a note if we resell this book later?) 제안하고 있다. 따라서 남자의 응답으로 가장 적절한 것은 ② '좋은 생각이에요! 우리 메시지가 남들을 웃게 할 거예요.'이다.

● secondhand bookstore 중고 서점
● take notes 필기하다
● resell ⓥ 되팔다

---

14 가족과 캠핑 가기   정답률 85% | 정답 ⑤

대화를 듣고, 남자의 마지막 말에 대한 여자의 응답으로 가장 적절한 것을 고르시오. [3점]
Woman :

① Why not? I can bring some food when we go camping.
왜 안 되겠어? 우리 캠핑갈 때 내가 음식을 좀 가져갈 수 있어.
② I'm sorry. That fishing equipment is not for sale.
미안해. 그 낚시 도구는 파는 게 아냐.
③ I don't think so. The price is most important.
난 그렇게 생각 안 해. 가격이 제일 중요해.
④ Really? I'd love to meet your family.
정말? 난 너희 가족을 만나보고 싶어.
✔⑤ No problem. You can use my equipment.
문제 없어. 내 장비를 쓰면 돼.

M : Do you have any plans for this weekend, Sandy?
이번 주말 계획 있어, Sandy?
W : Hey, Evan. I'm planning to go camping with my family.
안녕, Evan. 가족들하고 캠핑 갈 계획이야.
M : I've never gone before. Do you go camping often?
난 한 번도 가본 적이 없어. 넌 캠핑 자주 가?

W : Yes. Two or three times a month at least.
응. 적어도 한 달에 두세 번 가.

M : That's cool. Why do you like it so much?
근사하네. 왜 그걸 그렇게 좋아해?

W : I like spending time in nature with my family. It makes me feel closer to them.
가족들하고 자연에서 시간 보내는 게 좋아. 가족들과 더 가까워지는 느낌이 들게 하거든.

M : I understand. It's like a family hobby, right?
그렇구나. 가족 취미 같은 거구나, 그치?

W : Yes, you're right. Camping helps me relieve all my stress, too.
응, 맞아. 캠핑은 내 스트레스를 다 푸는 데도 도움이 돼.

M : Sounds interesting. I'd love to try it.
재미있겠다. 나도 해보고 싶어.

W : If you go camping with your family, you'll see what I mean.
가족들하고 캠핑 가보면, 내 말이 무슨 말인지 알 거야.

M : I wish I could, but I don't have any equipment for it.
나도 가보고 싶은데, 난 장비가 하나도 없어.

W : No problem. You can use my equipment.
문제 없어. 내 장비를 쓰면 돼.

Why? 왜 정답일까?

가족과 캠핑을 가보고 싶지만 장비가 하나도 없다(**I wish I could, but I don't have any equipment for it.**)는 남자의 말에 대한 여자의 응답으로 가장 적절한 것은 ⑤ '문제 없어. 내 장비를 쓰면 돼.'이다.

- **go camping** 캠핑 가다
- **relieve stress** 스트레스를 풀다

15 책 대신 빌려달라고 부탁하기 정답률 91% | 정답 ⑤

다음 상황 설명을 듣고, Violet이 Peter에게 할 말로 가장 적절한 것을 고르시오.

Violet :

① Will you join the science club together? – 너 과학 동아리 같이 할래?
② Is it okay to use a card to pay for the drinks? – 음료 계산에 카드를 써도 될까?
③ Why don't we donate our books to the library? – 우리 책을 도서관에 기부하면 어때?
④ How about going to the cafeteria to have lunch? – 구내식당 가서 점심 먹는 거 어때?
✓⑤ Can you borrow the books for me with your card? – 네 카드로 나 대신 책을 빌려줄 수 있어?

W : Violet and Peter are classmates.
Violet과 Peter는 반 친구이다.

They're doing their science group assignment together.
그들은 과학 팀 과제를 함께 하는 중이다.

On Saturday morning, they meet at the public library.
토요일 아침, 그들은 공립 도서관에서 만난다.

They decide to find the books they need in different sections of the library.
그들은 도서관 각기 다른 구역에서 필요한 책을 찾기로 한다.

Violet finds two useful books and tries to check them out.
Violet은 유용한 책을 두 권 찾아서 대출하려고 한다.

Unfortunately, she suddenly realizes that she didn't bring her library card.
안타깝게도, 그녀는 문득 도서관 카드를 가져오지 않았음을 깨닫는다.

At that moment, Peter walks up to Violet.
그때, Peter가 Violet에게 다가온다.

So, Violet wants to ask Peter to check out the books for her because she knows he has his library card.
Peter는 도서관 카드를 갖고 있는 것을 알기에 Violet은 그에게 자기 대신 책을 빌려달라고 부탁하려 한다.

In this situation, what would Violet most likely say to Peter?
이 상황에서, Violet은 Peter에게 뭐라고 말할 것인가?

Violet : Can you borrow the books for me with your card?
네 카드로 나 대신 책을 빌려줄 수 있어?

Why? 왜 정답일까?

상황에 따르면 Violet은 필요한 책을 찾았지만 도서관 카드가 없어 못 빌리므로, Peter에게 책을 대신 빌려달라고 부탁하려 한다(So, **Violet wants to ask Peter to check out the books for her because she knows he has his library card.**). 따라서 Violet이 Peter에게 할 말로 가장 적절한 것은 ⑤ '네 카드로 나 대신 책을 빌려줄 수 있어?'이다.

- **group assignment** 팀 과제
- **section** ⓝ 구역
- **public** ⓐ 공립의, 공공의
- **check out** 대출하다, 빌리다

16-17 숙면에 도움이 되는 음식

M : Hello, everyone. I'm Shawn Collins, a doctor at Collins Sleep Clinic.
안녕하세요, 여러분. 저는 Collins Sleep Clinic의 의사 Shawn Collins입니다.

Sleep is one of the most essential parts of our daily lives.
수면은 우리의 일상에서 가장 중요한 부분 중 하나죠.

「So today, I'm going to introduce the best foods for helping you sleep better.」 16번의 근거
그래서 오늘, 저는 여러분께 더 잘 잠드는 데 도움이 되는 최고의 음식을 소개해 드리려고 합니다.

「First, kiwi fruits contain a high level of hormones that help you fall asleep more quickly, sleep longer, and wake up less during the night.」 17번 ①의 근거 일치
첫 번째로, 키위는 더 빨리 잠들고, 더 오래 자고, 밤 시간 동안 덜 깨게 도와주는 호르몬이 많이 함유되어 있습니다.

「Second, milk is rich in vitamin D and it calms the mind and nerves.」 17번 ②의 근거 일치
둘째로, 우유는 비타민 D가 풍부하고 정신과 신경을 안정시켜 줍니다.

If you drink a cup of milk before you go to bed, it will definitely help you get a good night's sleep.
잠자리에 들기 전 우유 한 컵을 드시면, 확실히 숙면하는 데 도움이 될 것입니다.

「Third, nuts can help to produce the hormone that controls your internal body clock and sends signals for the body to sleep at the right time.」 17번 ③의 근거 일치
세 번째로, 견과류는 생체 시계를 조절하는 호르몬을 만드는 것을 도와주고, 몸이 제때 잠자리에 들도록 신호를 보냅니다.

「The last one is honey. Honey helps you sleep well because it reduces the hormone that keeps the brain awake!」 17번 ⑤의 근거 일치
마지막은 꿀입니다. 꿀은 뇌를 깨어있게 만드는 호르몬을 줄여줘서 잠을 잘 잘 수 있게 도와주죠!

Now, I'll show you some delicious diet plans using these foods.
이제, 이 음식들을 이용한 맛 좋은 식단을 알려드리겠습니다.

- **essential** ⓐ 필수적인
- **nerve** ⓝ 신경
- **internal** @ 내부의
- **disorder** ⓝ 장애, 질환
- **contain** ⓥ 함유하다
- **get a good night's sleep** 숙면하다
- **body clock** 생체 시계

16 주제 파악 정답률 93% | 정답 ③

남자가 하는 말의 주제로 가장 적절한 것은?

① different causes of sleep disorders – 수면 장애의 다양한 원인
② various ways to keep foods fresh – 음식을 신선하게 보관하는 여러 방법
✓③ foods to improve quality of sleep – 수면의 질을 높여주는 음식들
④ reasons for organic foods' popularity – 유기농 음식이 인기 있는 이유
⑤ origins of popular foods around the world – 세계의 인기 있는 음식의 기원

Why? 왜 정답일까?

잠을 더 잘 자게 해주는 음식을 소개하는 내용(So today, **I'm going to introduce the best foods for helping you sleep better.**)이므로, 남자가 하는 말의 주제로 가장 적절한 것은 ③ '수면의 질을 높여주는 음식들'이다.

17 언급 유무 파악 정답률 92% | 정답 ④

언급된 음식이 아닌 것은?

① kiwi fruits – 키위
④ tomatoes – 토마토
② milk – 우유
⑤ honey – 꿀
③ nuts – 견과류

Why? 왜 정답일까?

담화에서 남자는 잠에 도움이 되는 음식으로 키위, 우유, 견과류, 꿀을 언급하므로, 언급되지 않은 것은 ④ '토마토'이다.

Why? 왜 오답일까?

① 'First, kiwi fruits contain a high level of hormones that help you fall asleep more quickly, sleep longer, and wake up less during the night.'에서 '키위'가 언급되었다.
② 'Second, milk is rich in vitamin D and it calms the mind and nerves.'에서 '우유'가 언급되었다.
③ 'Third, nuts can help to produce the hormone that controls your internal body clock and sends signals for the body to sleep at the right time.'에서 '견과류'가 언급되었다.
⑤ 'The last one is honey.'에서 '꿀'이 언급되었다.

18 여름 휴가 패키지 홍보 정답률 93% | 정답 ②

다음 글의 목적으로 가장 적절한 것은?

① 여행 일정 변경을 안내하려고
✓② 패키지 여행 상품을 홍보하려고
③ 여행 상품 불만족에 대해 사과하려고
④ 여행 만족도 조사 참여를 부탁하려고
⑤ 패키지 여행 업무 담당자를 모집하려고

ACC Travel Agency Customers:
ACC 여행사 고객님께

Have you ever wanted / to enjoy a holiday in nature?
당신은 원한 적이 있습니까? / 자연 속에서 휴가를 즐기기를

This summer is the best time / to turn your dream into reality.
이번 여름이 최고의 시간입니다. / 당신의 꿈을 현실로 바꿀

We have a perfect travel package for you.
우리에게는 당신을 위한 완벽한 패키지 여행 상품이 있습니다.

This travel package / includes special trips to Lake Madison / as well as massage and meditation to help you relax.
이 패키지 여행 상품은 / Lake Madison으로의 특별한 여행을 포함합니다. / 당신이 편히 쉴 수 있도록 돕는 마사지와 명상뿐만 아니라

Also, / we provide yoga lessons / taught by experienced instructors.
또한, / 우리는 요가 강의도 제공합니다. / 숙련된 강사에 의해 지도되는

If you book this package, / you will enjoy all this at a reasonable price.
만약 당신이 이 패키지를 예약한다면, / 당신은 이 모든 것을 합리적인 가격으로 즐길 것입니다.

We are sure / that it will be an unforgettable experience for you.
우리는 확신합니다. / 그것이 당신에게 잊지 못할 경험이 될 것이라고

If you call us, / we will be happy to give you more details.
당신이 우리에게 전화하시면, / 우리는 당신에게 더 많은 세부 사항을 기꺼이 알려드리겠습니다.

ACC 여행사 고객님께

자연 속에서 휴가를 즐기는 것을 원한 적이 있습니까? 이번 여름이 당신의 꿈을 현실로 바꿀 최고의 시간입니다. 우리에게는 당신을 위한 완벽한 패키지 여행 상품이 있습니다. 이 패키지 여행 상품은 당신이 편히 쉴 수 있도록 돕는 마사지와 명상뿐만 아니라 Lake Madison으로의 특별한 여행을 포함합니다. 또한, 우리는 숙련된 강사의 요가 강의도 제공합니다. 만약 당신이 이 패키지를 예약한다면, 당신은 이 모든 것을 합리적인 가격으로 즐길 것입니다. 우리는 그것이 당신에게 잊지 못할 경험이 될 것이라고 확신합니다. 우리에게 전화하시면, 우리는 당신에게 더 많은 세부 사항을 기꺼이 알려드리겠습니다.

Why? 왜 정답일까?

여름 휴가에 적합한 패키지 여행 상품이 있음을 홍보하는 글(**We have a perfect travel package for you.**)이므로, 글의 목적으로 가장 적절한 것은 ② '패키지 여행 상품을 홍보하려고'이다.

- **travel agency** 여행사
- **experienced** ⓐ 경험 많은, 숙련된
- **unforgettable** ⓐ 잊지 못할
- **meditation** ⓝ 명상
- **instructor** ⓝ 강사

4행 This travel package includes special trips to Lake Madison as well as
「A + as well as + B : B뿐 아니라 A도」
massage and meditation to help you relax.
「help + 목적어 + 원형부정사 : ~이 …하는 데 도움이 되다」

---

19 남편과 딸이 없어진 줄 알았다가 다시 찾고는 안도한 필자 　정답률 88% | 정답 ①

다음 글에 드러난 'I'의 심경 변화로 가장 적절한 것은?

☑ ① anxious → relieved
　불안한 → 안도한
② delighted → unhappy
　기쁜 → 불행한
③ indifferent → excited
　무관심한 → 신난
④ relaxed → upset
　안도한 → 언짢은
⑤ embarrassed → proud
　당황한 → 자랑스러운

When I woke up in our hotel room, / it was almost midnight.
내가 호텔 방에서 깨어났을 때는 / 거의 자정이었다.
I didn't see my husband nor daughter.
남편과 딸이 보이지 않았다.
I called them, / but I heard their phones ringing in the room.
나는 그들에게 전화를 걸었지만, / 나는 그들의 전화가 방에서 울리는 것을 들었다.
Feeling worried, / I went outside and walked down the street, / but they were nowhere to be found.
걱정이 되어, / 나는 밖으로 나가 거리를 걸어 내려갔지만, / 그들을 어디에서도 찾을 수 없었다.
When I decided / I should ask someone for help, / a crowd nearby caught my attention.
내가 마음 먹었을 때 / 내가 누군가에게 도움을 요청해야겠다고 / 근처에 있던 군중이 내 주의를 끌었다.
I approached, / hoping to find my husband and daughter, / and suddenly I saw two familiar faces.
나는 다가갔고, / 남편과 딸을 찾으려는 희망을 안고 / 갑자기 낯익은 두 얼굴이 보였다.
I smiled, feeling calm.
나는 안도하며 웃었다.
Just then, / my daughter saw me and called, / "Mom!"
바로 그때, / 딸이 나를 보고 외쳤다. / "엄마!"라고
They were watching the magic show.
그들은 마술 쇼를 보고 있는 중이었다.
Finally, / I felt all my worries disappear.
마침내, 나는 내 모든 걱정이 사라지는 것을 느꼈다.

내가 호텔 방에서 깨어났을 때는 거의 자정이었다. 남편과 딸이 보이지 않았다. 나는 그들에게 전화를 걸었지만, 나는 그들의 전화가 방에서 울리는 것을 들었다. 걱정이 되어, 나는 밖으로 나가 거리를 걸어 내려갔지만, 그들을 어디에서도 찾을 수 없었다. 내가 누군가에게 도움을 요청하려고 했을 때, 근처에 있던 군중이 내 주의를 끌었다. 나는 남편과 딸을 찾으려는 희망을 안고 다가갔고, 갑자기 낯익은 두 얼굴이 보였다. 나는 안도하며 웃었다. 바로 그때, 딸이 나를 보고 "엄마!"라고 외쳤다. 그들은 마술 쇼를 보고 있는 중이었다. 마침내, 나는 내 모든 걱정이 사라지는 것을 느꼈다.

Why? 왜 정답일까?

호텔 방에서 잠을 자다가 깬 필자가 남편과 딸이 없어져 걱정했다가(Feeling worried, ~) 둘이 마술 쇼를 보고 있었다는 것을 알고 안도했다(I smiled, feeling calm. / Finally, I felt all my worries disappear.)는 글이다. 따라서 'I'의 심경 변화로 가장 적절한 것은 ① '불안한 → 안도한'이다.

- **worried** ⓐ 걱정한
- **ask for help** 도움을 요청하다
- **approach** ⓥ 다가가다
- **disappear** ⓥ 사라지다
- **delighted** ⓐ 기쁜
- **decide** ⓥ 결심하다, 정하다
- **catch one's attention** 관심을 끌다
- **familiar** ⓐ 익숙한
- **anxious** ⓐ 불안한
- **embarrassed** ⓐ 당황한

구문 풀이

3행 Feeling worried, I went outside and walked down the street, but they
분사구문(~하면서)
were nowhere to be found.
수동 부정사(they 보충 설명)

---

20 업무와 개인 용무를 한 곳에 정리하기 　정답률 78% | 정답 ⑤

다음 글에서 필자가 주장하는 바로 가장 적절한 것은?
① 결정한 것은 반드시 실행하도록 노력하라.
② 자신이 담당한 업무에 관한 전문성을 확보하라.
③ 업무 집중도를 높이기 위해 책상 위를 정돈하라.
④ 좋은 아이디어를 메모하는 습관을 길러라.
☑ ⑤ 업무와 개인 용무를 한 곳에 정리하라.

Research shows / that people who work have two calendars: / one for work and one for their personal lives.
연구는 보여준다. / 일하는 사람들이 두 개의 달력을 가지고 있다는 것을 / 업무를 위한 달력 하나와 개인적인 삶을 위한 달력 하나
Although it may seem sensible, / having two separate calendars for work and personal life / can lead to distractions.
비록 이것이 현명해 보일지도 모르지만, / 업무와 개인적인 삶을 위한 두 개의 별도의 달력을 갖는 것은 / 주의를 산만하게 할 수 있다.
To check if something is missing, / you will find yourself / checking your to-do lists multiple times.
누락된 것이 있는지를 확인하고자 / 당신은 자신이 ~한다는 것을 깨닫게 될 것이다. / 당신의 할 일 목록을 여러 번 확인하고 있다는 것을
Instead, / organize all of your tasks in one place.
그렇게 하는 대신에, / 당신의 모든 일들을 한 곳에 정리하라.
It doesn't matter / if you use digital or paper media.
중요하지 않다. / 당신이 디지털 매체를 사용하든 종이 매체를 사용하든
It's okay / to keep your professional and personal tasks in one place.
괜찮다. / 당신의 업무와 개인 용무를 한 곳에 둬도
This will give you / a good idea of how time is divided between work and home.
이것은 당신에게 줄 것이다. / 일과 가정 사이에 시간이 어떻게 나뉘는지에 관한 좋은 생각을

This will allow you / to make informed decisions / about which tasks are most important.
이것은 당신이 ~하게 할 것이다. / 잘 알고 결정하게 / 어떤 일이 가장 중요한지에 대해

연구는 일하는 사람들이 두 개의 달력을 가지고 있다는 것을 보여준다. 하나는 업무를 위한 달력이고 하나는 개인적인 삶을 위한 달력이다. 비록 이것이 현명해 보일지도 모르지만, 업무와 개인적인 삶을 위한 두 개의 별도의 달력을 갖는 것은 주의를 산만하게 할 수 있다. 누락된 것이 있는지를 확인하고자 당신은 자신이 할 일 목록을 여러 번 확인하고 있다는 것을 깨닫게 될 것이다. 그렇게 하는 대신에, 당신의 모든 일들을 한 곳에 정리하라. 당신이 디지털 매체를 사용하든 종이 매체를 사용하든 중요하지 않다. 당신의 업무와 개인 용무를 한 곳에 둬도 괜찮다. 이것은 당신에게 일과 가정 사이에 시간이 어떻게 나뉘는지에 대해 잘 알게 해줄 것이다. 이것은 어떤 일이 가장 중요한지에 대해 잘 알고 결정하게 할 것이다.

Why? 왜 정답일까?

개인 용무와 일을 한 곳에 정리하라고(~ keep your professional and personal tasks in one place.) 조언하는 글이므로, 필자가 주장하는 바로 가장 적절한 것은 ⑤ '업무와 개인 용무를 한 곳에 정리하라.'이다.

- **sensible** ⓐ 분별 있는, 현명한
- **distraction** ⓝ 주의 분산, 정신을 흩뜨리는 것
- **organize** ⓥ 정리하다
- **make an informed decision** 잘 알고 결정하다
- **separate** ⓐ 별개의
- **multiple** ⓐ 여럿의, 다수의
- **divide** ⓥ 나누다, 분배하다

구문 풀이

4행 To check if something is missing, you will find yourself checking your
목적(~하려면) 접속사(~인지 아닌지)　　동사　　목적어　　목적격 보어
to-do lists multiple times.

---

21 고객의 구매 후 행동을 관찰할 필요성 　정답률 56% | 정답 ①

밑줄 친 become unpaid ambassadors가 다음 글에서 의미하는 바로 가장 적절한 것은?

☑ ① recommend products to others for no gain – 대가 없이 다른 사람들에게 제품을 추천할
② offer manufacturers feedback on products – 제조업자들에게 제품에 대한 피드백을 제공할
③ become people who don't trust others' words – 다른 사람들의 말을 믿지 않는 사람이 될
④ get rewards for advertising products overseas – 해외에 광고를 해주고 보상을 받을
⑤ buy products without worrying about the price – 가격에 대해 걱정하지 않고 제품을 살

Why do you care / how a customer reacts to a purchase?
왜 당신은 신경 쓰는가? / 고객이 구매품에 어떻게 반응하는지
Good question.
좋은 질문이다.
By understanding post-purchase behavior, / you can understand the influence / and the likelihood of whether a buyer will repurchase the product / (and whether she will keep it or return it).
구매 후 행동을 이해함으로써, / 당신은 그 영향력을 이해할 수 있다. / 그리고 구매자가 제품을 재구매할지 하는 가능성을 / (그리고 그 사람이 제품을 계속 가질지 반품할지)
You'll also determine / whether the buyer will encourage others / to purchase the product from you.
또한 당신은 알아낼 것이다. / 구매자가 다른 사람들에게 권할지 아닐지 / 당신으로부터 제품을 구매하도록
Satisfied customers can become unpaid ambassadors for your business, / so customer satisfaction should be on the top of your to-do list.
만족한 고객은 당신의 사업을 위한 무급 대사가 될 수 있으므로, / 고객 만족이 할 일 목록의 최상단에 있어야 한다.
People tend to believe the opinions of people they know.
사람들은 자기가 아는 사람들의 의견을 믿는 경향이 있다.
People trust friends over advertisements any day.
사람들은 언제든 광고보다 친구를 더 신뢰한다.
They know / that advertisements are paid to tell the "good side" / and that they're used / to persuade them to purchase products and services.
그들은 알고 있다. / 광고는 '좋은 면'을 말하도록 돈을 지불받고, / 그것은 이용된다는 것을 / 그들더러 제품과 서비스를 구매하게 설득하려고
By continually monitoring your customer's satisfaction after the sale, / you have the ability / to avoid negative word-of-mouth advertising.
판매 후 고객의 만족을 지속적으로 관찰하여 / 당신은 능력을 얻는다. / 부정적인 입소문 광고를 피할 수 있는

왜 당신은 고객이 구매품에 어떻게 반응하는지 신경 쓰는가? 좋은 질문이다. 구매 후 행동을 이해함으로써, 당신은 그 영향력과 구매자가 제품을 재구매할지(그리고 그 사람이 제품을 계속 가질지 반품할지) 하는 가능성을 이해할 수 있다. 또한 당신은 구매자가 다른 사람들에게 당신으로부터 제품을 구매하도록 권할지 아닐지도 알아낼 것이다. 만족한 고객은 당신의 사업을 위한 무급 대사가 될 수 있으므로, 고객 만족이 할 일 목록의 최상단에 있어야 한다. 사람들은 아는 사람들의 의견을 믿는 경향이 있다. 사람들은 언제든 광고보다 친구를 더 신뢰한다. 그들은 광고는 '좋은 면'을 말하도록 돈을 지불받고, 그것은 그들더러 제품과 서비스를 구매하게 설득하려고 이용된다는 것을 알고 있다. 판매 후 고객의 만족을 지속적으로 관찰하여 당신은 부정적인 입소문 광고를 피할 수 있는 능력을 얻는다.

Why? 왜 정답일까?

구매 후 행동을 관찰하면 구매자들이 다른 사람들에게 제품을 권해줄지(~ whether the buyer will encourage others to purchase the product from you.) 알 수 있다는 내용으로 보아, 밑줄 친 부분의 의미로 가장 적절한 것은 ① '대가 없이 다른 사람들에게 제품을 추천할'이다.

- **purchase** ⓝ 구매 ⓥ 사다
- **return** ⓥ 반품하다
- **unpaid** ⓐ 무급의
- **ambassador** ⓝ (외교 시 나라를 대표하는) 대사, 사절
- **advertisement** ⓝ 광고
- **word-of-mouth** ⓐ 구전의
- **likelihood** ⓝ 가능성, 확률
- **satisfied** ⓐ 만족한
- **continually** ⓐⓓ 지속적으로
- **overseas** ⓐⓓ 해외에

구문 풀이

10행 They know {that advertisements are paid to tell the "good side"} and {that they're used to persuade them to purchase products and services}.
「be used to + 동사원형 : ~하기 위해 사용되다」　　　　{ }: know의 목적어

---

22 컴퓨터화된 사회에서 오히려 일이 늘어난 소비자들 | 정답률 54% | 정답 ③

다음 글의 요지로 가장 적절한 것은?
① 컴퓨터 기반 사회에서는 여가 시간이 더 늘어난다.
② 회사 업무의 전산화는 업무 능률을 향상시킨다.
☑ 컴퓨터화된 사회에서 소비자는 더 많은 일을 하게 된다.
④ 온라인 거래가 모든 소비자들을 만족시키기에는 한계가 있다.
⑤ 산업의 발전으로 인해 기계가 인간의 일자리를 대신하고 있다.

The promise of a computerized society, / we were told, / was / that it would pass to machines all of the repetitive drudgery of work, / allowing us humans / to pursue higher purposes / and to have more leisure time.
컴퓨터화된 사회의 약속은 / 우리가 듣기로, / ~이었다. / 그것이 모든 반복적인 고된 일을 기계에 넘겨 / 우리 인간들이 ~하게 해준다는 것 / 더 높은 목적을 추구하고 / 더 많은 여가 시간을 가질 수 있게

It didn't work out this way.
일은 이런 식으로 되지는 않았다.

Instead of more time, / most of us have less.
더 많은 시간 대신에, / 우리 대부분은 더 적은 시간을 가지고 있다.

Companies large and small / have off-loaded work onto the backs of consumers.
크고 작은 회사들은 / 일을 소비자들의 등에 떠넘겼다.

Things that used to be done for us, / as part of the value-added service of working with a company, / are now expected to do ourselves.
우리를 위해 행해지던 일들을 / 회사에 맡겨 해결하던 부가가치 서비스의 일환으로, / 우리는 이제 스스로 하도록 기대받는다.

With air travel, / we're now expected / to complete our own reservations and check-in, / jobs that used to be done by airline employees or travel agents.
항공 여행의 경우, / 이제는 우리는 기대된다 / 예약과 체크인을 직접 완수하도록 / 항공사 직원이나 여행사 직원들이 하던 일인

At the grocery store, / we're expected to bag our own groceries / and, in some supermarkets, / to scan our own purchases.
식료품점에서는, / 우리가 우리 자신의 식료품을 직접 봉지에 넣도록 기대받는다, / 그리고 일부 슈퍼마켓에서는, / 우리가 직접 구매한 물건을 스캔하도록

우리가 듣기로, 컴퓨터화된 사회의 약속은 그것이 모든 반복적인 고된 일을 기계에 넘겨 우리 인간들이 더 높은 목적을 추구하고 더 많은 여가 시간을 가질 수 있게 한다는 것이었다. 일은 이런 식으로 되지는 않았다. 더 많은 시간 대신에, 우리 대부분은 더 적은 시간을 가지고 있다. 크고 작은 회사들은 일을 소비자들의 등에 떠넘겼다. 우리는 회사에 맡겨 해결하던 부가가치 서비스의 일환으로 우리를 위해 행해지던 일들을 이제 스스로 하도록 기대받는다. 항공 여행의 경우, 항공사 직원이나 여행사 직원들이 하던 일인 예약과 체크인을 이제는 우리가 직접 완수하도록 기대된다. 식료품점에서는, 우리가 우리 자신의 식료품을 직접 봉지에 넣도록, 그리고 일부 슈퍼마켓에서는 우리가 직접 구매한 물건을 스캔하도록 기대받는다.

Why? 왜 정답일까?
컴퓨터화된 사회가 도래하면 개인은 더 많은 여가 시간을 누릴 것으로 기대되었지만, 실상은 반대로 더 많은 일을 하게 되었다(Instead of more time, most of us have less. Companies large and small have off-loaded work onto the backs of consumers.)는 내용이다. 따라서 글의 요지로 가장 적절한 것은 ③ '컴퓨터화된 사회에서 소비자는 더 많은 일을 하게 된다.'이다.

● repetitive ⓐ 반복되는
● pursue ⓥ 추구하다
● as part of ~의 일환으로
● drudgery ⓝ 고된 일
● off-load ⓥ 짐을 내리다, 떠넘기다
● grocery store 슈퍼, 식료품 가게

구문 풀이
6행 Things [that used to be done for us], (as part of the value-added service
to do의 목적어 「~하곤 했다」 ( ): 삽입구
of working with a company), we are now expected to do ourselves.
주어 「be expected + to부정사: ~하도록 기대되다」

---

23 자신을 평균 이상으로 보는 경향 | 정답률 66% | 정답 ②

다음 글의 주제로 가장 적절한 것은?
① importance of having a positive self-image as a leader
리더로서 긍정적인 자아상을 갖는 것의 중요성
☑ our common belief that we are better than average
우리가 평균보다 낫다는 일반적인 믿음
③ our tendency to think others are superior to us
남들이 우리보다 낫다고 생각하는 우리의 경향성
④ reasons why we always try to be above average
우리가 평균보다 나아지려고 노력하는 이유
⑤ danger of prejudice in building healthy social networks
건전한 사회적 네트워크를 구축할 때 편견의 위험성

We tend to believe / that we possess a host of socially desirable characteristics, / and that we are free of most of those / that are socially undesirable.
우리는 믿는 경향이 있다. / 우리가 사회적으로 바람직한 특성들을 많이 지니고 있고, / 우리가 특성들 대부분은 지니고 있지 않다고 / 사회적으로 바람직하지 않은

For example, / a large majority of the general public thinks / that they are more intelligent, / more fair-minded, / less prejudiced, / and more skilled behind the wheel of an automobile / than the average person.
예를 들어, / 대다수의 일반 대중들은 생각한다. / 자신이 더 지적이고, / 더 공정하고, / 편견을 덜 가지고, / 자동차를 운전할 때 더 능숙하다고 / 보통 사람보다

This phenomenon is so reliable and ubiquitous / that it has come to be known as the "Lake Wobegon effect," / after Garrison Keillor's fictional community / where "the women are strong, / the men are good-looking, / and all the children are above average."
이 현상은 너무 신뢰할 수 있고 어디서나 볼 수 있기 때문에 / 그것은 'Lake Wobegon effect'라고 알려지게 되었다. / Garrison Keillor의 허구적인 공동체의 이름을 따서 / '여성들은 강하고, / 남성들은 잘생겼으며, / 모든 아이들은 평균 이상'인

A survey of one million high school seniors found / that 70% thought they were above average in leadership ability, / and only 2% thought they were below average.
고등학교 졸업반 학생 100만 명을 대상으로 한 설문조사는 밝혔다. / 70%는 자신이 리더십 능력에 있어 평균 이상이라고 생각하고, / 2%만이 자신이 평균 이하라고 생각했다는 것

In terms of ability to get along with others, / all students thought they were above average, / 60% thought they were in the top 10%, / and 25% thought they were in the top 1%!
다른 사람들과 잘 지내는 능력에 있어서, / 모든 학생들은 자신이 평균 이상이라고 생각했고, / 60%는 자신이 상위 10%에 속한다고 생각했고, / 25%는 자신이 상위 1%에 속한다고 생각했다!

우리는 우리가 사회적으로 바람직한 특성들을 많이 지니고 있고, 사회적으로 바람직하지 않은 특성들 대부분은 지니고 있지 않다고 믿는 경향이 있다. 예를 들어, 대다수의 일반 대중들은 자신이 보통 사람보다 더 지적이고, 더 공정하고, 편견을 덜 가지고, 자동차를 운전할 때 더 능숙하다고 생각한다. 이 현상은 너무 신뢰할 수 있고 어디서나 볼 수 있기 때문에 '여성들은 강하고, 남성들은 잘생겼으며, 모든 아이들은 평균 이상'인 Garrison Keillor의 허구적인 공동체의 이름을 따서 'Lake Wobegon effect'라고 알려지게 되었다. 고등학교 졸업반 학생 100만 명을 대상으로 한 설문조사에서, (학생들의) 70%는 자신이 리더십 능력에 있어 평균 이상이라고 생각했고, 2%만이 자신이 평균 이하라고 생각했다는 것을 발견했다. 다른 사람들과 잘 지내는 능력에 있어서, 모든 학생들은 자신이 평균 이상이라고 생각했고, 60%는 자신이 상위 10%에 속한다고 생각했고, 25%는 자신이 상위 1%에 속한다고 생각했다!

Why? 왜 정답일까?
사람들은 스스로 바람직한 특성은 더 많이 가지고 있고, 바람직하지 않은 특성은 덜 가지고 있다고 믿는 경향이 있음(We tend to believe that we possess a host of socially desirable characteristics, and that we are free of most of those that are socially undesirable.)을 설명하는 글이다. 뒤에 이어지는 여러 예시에도 사람들이 스스로를 특정 항목에서 '평균 이상'이라고 생각한다는 내용이 주를 이룬다. 따라서 글의 주제로 가장 적절한 것은 ② '우리가 평균보다 낫다는 일반적인 믿음'이다.

● possess ⓥ 지니다, 소유하다
● desirable ⓐ 바람직한
● fair-minded ⓐ 공정한
● skilled ⓐ 능숙한
● automobile ⓝ 자동차
● reliable ⓐ 믿을 만한
● fictional ⓐ 허구의
● million ⓝ 100만
● self-image ⓝ 자아상(사람이 자기 자신에 대해 가진 이미지)
● superior to ~보다 우월한
● a host of 여러, 다수의
● characteristic ⓝ 특성
● prejudiced ⓐ 고정 관념이 있는
● behind the wheel 운전할 때, 핸들을 잡은
● phenomenon ⓝ 현상
● ubiquitous ⓐ 도처에 있는
● good-looking ⓐ 잘생긴

구문 풀이
1행 We tend to believe {that we possess a host of socially desirable characteristics}, and {that we are free of most of those that are socially undesirable}.
( ): to believe의 목적절
대명사(= characteristics)

---

24 부유한 국가의 스트레스 요소 | 정답률 64% | 정답 ①

다음 글의 제목으로 가장 적절한 것은?
☑ Why Are Even Wealthy Countries Not Free from Stress?
왜 심지어 부유한 국가들도 스트레스에서 자유롭지 못한 걸까?
② In Search of the Path to Escaping the Poverty Trap
가난의 덫을 벗어나기 위한 길을 찾아서
③ Time Management: Everything You Need to Know
시간 관리: 당신이 알아야 할 모든 것
④ How Does Stress Affect Human Bodies?
스트레스는 우리 몸에 어떤 영향을 미칠까?
⑤ Sound Mind Wins the Game of Life!
건전한 정신이 인생이란 게임에서 이긴다!

Few people will be surprised / to hear that poverty tends to create stress: / a 2006 study / published in the American journal *Psychosomatic Medicine*, / for example, / noted / that a lower socioeconomic status / was associated with higher levels of stress hormones in the body.
놀랄 사람은 거의 없을 것이다. / 가난이 스트레스를 유발하는 경향이 있다는 것을 듣고 / 2006년 연구 / 미국의 저널 *Psychosomatic Medicine*에 발표된 / 예를 들어, / 언급했다. / 더 낮은 사회 경제적 지위가 / 체내의 더 높은 수치의 스트레스 호르몬과 관련이 있다는

However, / richer economies have their own distinct stresses.
하지만, / 더 부유한 국가는 그들만의 독특한 스트레스를 가지고 있다.

The key issue is time pressure.
핵심 쟁점은 시간 압박이다.

A 1999 study of 31 countries / by American psychologist Robert Levine and Canadian psychologist Ara Norenzayan / found / that wealthier, more industrialized nations had a faster pace of life / — which led to a higher standard of living, / but at the same time / left the population feeling a constant sense of urgency, / as well as being more prone to heart disease.
31개국을 대상으로 한 1999년 연구는 / 미국 심리학자 Robert Levine과 캐나다 심리학자 Ara Norenzayan에 의한 / 알아냈다. / 더 부유하고 더 산업화된 국가들이 더 빠른 삶의 속도를 가지고 있는 것, / 그리고 이것이 더 높은 생활 수준으로 이어졌지만, / 동시에 / 사람들에게 지속적인 촉박함을 느끼게 했다는 것 / 심장병에 걸리기 더 쉽게 했을 뿐 아니라

In effect, / fast-paced productivity creates wealth, / but it also leads people to feel time-poor / when they lack the time / to relax and enjoy themselves.
사실, / 빠른 속도의 생산력은 부를 창출하지만, / 이는 또한 사람들이 시간이 부족하다고 느끼게 한다. / 그들이 시간이 부족할 때 / 긴장을 풀고 즐겁게 지낼

가난이 스트레스를 유발하는 경향이 있다는 것을 듣고 놀랄 사람은 거의 없을 것이다. 예를 들어, 미국의 저널 *Psychosomatic Medicine*에 발표된 2006년 연구는 더 낮은 사회 경제적 지위가 체내의 더 높은 수치의 스트레스 호르몬과 관련이 있다고 언급했다. 하지만, 더 부유한 국가는 그들 특유의 스트레스를 가지고 있다. 핵심 쟁점은 시간 압박이다. 미국 심리학자 Robert Levine과 캐나다 심리학자 Ara Norenzayan이 31개국을 대상으로 한 1999년 연구는 더 부유하고 더 산업화된 국가들이 더 빠른 삶의 속도를 가지고 있다는 것, 그리고 이것이 더 높은 생활 수준으로 이어졌지만, 동시에 사람들이 심장병에 걸리기 더 쉽게 했을 뿐 아니라 지속적인 촉박함을 느끼게 했다는 것을 알아냈다. 사실, 빠른 속도의 생산력은 부를 창출하지만, 이는 또한 사람들이 긴장을 풀고 즐겁게 지낼 시간이 없을 때 시간이 부족하다고 느끼게 한다.

Why? 왜 정답일까?
부유한 국가에 사는 사람들이 시간 압박이라는 스트레스에 시달린다(However, richer economies have their own distinct stresses. The key issue is time pressure.)는 내용이므로, 글의 제목으로 가장 적절한 것은 ① '왜 심지어 부유한 국가들도 스트레스에서 자유롭지 못한 걸까?'이다.

● poverty ⓝ 가난
● socioeconomic ⓐ 사회경제적인

- **status** ⓝ 지위
- **psychologist** ⓝ 심리학자
- **industrialize** ⓥ 산업화하다
- **urgency** ⓝ 다급함
- **productivity** ⓝ 생산성
- **distinct** ⓐ 특유의, 독특한, 뚜렷한
- **wealthy** ⓐ 부유한
- **constant** ⓐ 지속적인
- **prone to** ~에 걸리기 쉬운

구문 풀이

> **1행** Few people will be surprised to hear that poverty tends to create stress: ~
> 감정 형용사   원인(~해서)

---

25 지역별 산림 면적 점유율 비교   정답률 80% | 정답 ④

다음 도표의 내용과 일치하지 <u>않는</u> 것은?

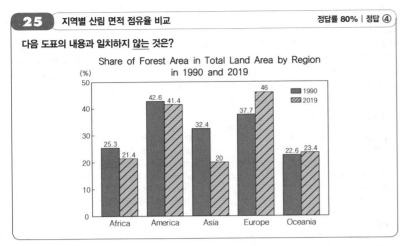

Share of Forest Area in Total Land Area by Region in 1990 and 2019

The above graph shows / the share of forest area / in total land area by region / in 1990 and 2019.
위 도표는 보여준다. / 산림 면적의 점유율을 / 지역별 총 토지 면적에서 / 1990년과 2019년의

① Africa's share of forest area in total land area / was over 20% in both 1990 and 2019.
아프리카의 전체 토지 면적에서 산림 면적의 점유율이 / 1990년과 2019년 둘 다 20%를 넘었다.

② The share of forest area in America / was 42.6% in 1990, / which was larger than that in 2019.
아메리카의 산림 면적 점유율은 / 1990년에 42.6%였고, / 이는 2019년보다 더 컸다.

③ The share of forest area in Asia / declined from 1990 to 2019 / by more than 10 percentage points.
아시아의 산림 면적 점유율은 / 1990년부터 2019년까지 감소했다. / 10퍼센트포인트 이상만큼

☑ In 2019, / the share of forest area in Europe / was the largest among the five regions, / more than three times that in Asia in the same year.
2019년 / 유럽의 산 면적 점유율은 / 다섯 개 지역 중 가장 컸고, / 같은 해 아시아의 세 배가 넘었다.

⑤ Oceania showed the smallest gap between 1990 and 2019 / in terms of the share of forest area in total land area.
오세아니아는 1990년과 2019년 사이에 가장 작은 차이를 보였다. / 총 토지 면적에서 산림 면적의 점유율에 있어

위 도표는 1990년과 2019년의 지역별 총 토지 면적에서 산림 면적의 점유율을 보여준다. ① 아프리카의 전체 토지 면적에서 산림 면적의 점유율이 1990년과 2019년 둘 다 20%를 넘었다. ② 1990년 아메리카의 산림 면적 점유율은 42.6%였고, 이는 2019년보다 더 컸다. ③ 아시아의 산림 면적 점유율은 1990년부터 2019년까지, 10퍼센트포인트 이상 감소했다. ④ 2019년 유럽의 산 면적 점유율은 다섯 개 지역 중 가장 컸고, 같은 해 아시아의 세 배가 넘었다. ⑤ 오세아니아는 1990년과 2019년 사이에 총 토지 면적에서 산림 면적의 점유율에 있어 가장 작은 차이를 보였다.

Why? 왜 정답일까?

도표에 따르면 2019년 아시아의 산림 면적 점유율은 **20%**인데, 유럽의 점유율은 **46%**이므로 두 비율은 **3배** 이상 차이가 나지 않는다. 따라서 도표와 일치하지 않는 것은 ④이다.

- **region** ⓝ 지역
- **decline** ⓥ 감소하다, 줄어들다

---

26 Gary Becker의 생애   정답률 86% | 정답 ③

Gary Becker에 관한 다음 글의 내용과 일치하지 <u>않는</u> 것은?

① New York City의 Brooklyn에서 자랐다.
② 아버지는 금융과 정치 문제에 깊은 관심이 있었다.
☑ Princeton University에서의 경제학 교육에 만족했다.
④ 1955년에 경제학 박사 학위를 취득했다.
⑤ Business Week에 경제학 칼럼을 기고했다.

『Gary Becker was born in Pottsville, Pennsylvania in 1930 / and grew up in Brooklyn, New York City.』 ①의 근거 일치
Gary Becker는 1930년 Pennsylvania 주 Pottsville에서 태어났고 / New York City의 Brooklyn에서 자랐다.

『His father, / who was not well educated, / had a deep interest in financial and political issues.』 ②의 근거 일치
그의 아버지는 / 교육을 제대로 받지 못했는데 / 금융과 정치 문제에 깊은 관심이 있었다.

After graduating from high school, / Becker went to Princeton University, / where he majored in economics.
고등학교를 졸업한 후, / Becker는 Princeton University로 진학했고, / 거기서 그는 경제학을 전공했다.

『He was dissatisfied / with his economic education at Princeton University / because "it didn't seem to be handling real problems."』 ③의 근거 불일치
그는 불만족했다. / Princeton University에서의 경제학 교육에 / '그것이 현실적인 문제를 다루고 있는 것처럼 보이지 않았기' 때문

『He earned a doctor's degree in economics / from the University of Chicago / in 1955.』 ④의 근거 일치
그는 경제학 박사 학위를 취득했다. / University of Chicago에서 / 1955년에

His doctoral paper on the economics of discrimination / was mentioned by the Nobel Prize Committee / as an important contribution to economics.
차별의 경제학에 대한 그의 박사 논문 / 노벨상 위원회에 의해 언급되었다 / 경제학에 대한 중요한 기여로

『Since 1985, / Becker had written a regular economics column in Business Week, / explaining economic analysis and ideas to the general public.』 ⑤의 근거 일치

1985년부터, / Becker는 Business Week에 경제학 칼럼을 정기적으로 기고했다. / 경제학적 분석과 아이디어를 일반 대중에게 설명하는

In 1992, / he was awarded / the Nobel Prize in economic science.
1992년에, / 그는 수상했다. / 노벨 경제학상을

Gary Becker는 1930년 Pennsylvania 주 Pottsville에서 태어났고 New York City의 Brooklyn에서 자랐다. 교육을 제대로 받지 못한 그의 아버지는 금융과 정치 문제에 깊은 관심이 있었다. 고등학교를 졸업한 후, Becker는 Princeton University로 진학했고, 거기서 그는 경제학을 전공했다. 'Princeton University에서의 경제학 교육이 현실적인 문제를 다루고 있는 것처럼 보이지 않았기' 때문에 그는 그것에 불만족했다. 그는 1955년에 University of Chicago에서 경제학 박사 학위를 취득했다. 차별의 경제학에 대한 그의 박사 논문은 노벨상 위원회에 의해 경제학에 대한 중요한 기여로 언급되었다. 1985년부터, Becker는 Business Week에 경제학적 분석과 아이디어를 일반 대중에게 설명하는 경제학 칼럼을 정기적으로 기고했다. 1992년에, 그는 노벨 경제학상을 수상했다.

Why? 왜 정답일까?

'He was dissatisfied with his economic education at Princeton University ~'에서 Gary Becker는 Princeton University에서의 경제학 교육에 불만족했다고 하므로, 내용과 일치하지 않는 것은 ③ 'Princeton University에서의 경제학 교육에 만족했다.'이다.

Why? 왜 오답일까?

① 'Gary Becker ~ grew up in Brooklyn, New York City.'의 내용과 일치한다.
② 'His father, who was not well educated, had a deep interest in financial and political issues.'의 내용과 일치한다.
④ 'He earned a doctor's degree in economics from the University of Chicago in 1955.'의 내용과 일치한다.
⑤ 'Since 1985, Becker had written a regular economics column in Business Week, ~'의 내용과 일치한다.

- **financial** ⓐ 재정적인
- **doctoral paper** 박사 논문
- **mention** ⓥ 언급하다
- **analysis** ⓝ 분석
- **handle** ⓥ 다루다, 대처하다
- **discrimination** ⓝ 차별
- **contribution** ⓝ 기여, 이바지
- **award** ⓥ 상을 주다, 수여하다

구문 풀이

> **13행** In 1992, he was awarded the Nobel Prize in economic science.
> 4형식 수동태   직접목적어

---

27 드론 레이싱 선수권   정답률 94% | 정답 ⑤

2023 Drone Racing Championship에 관한 다음 안내문의 내용과 일치하지 <u>않는</u> 것은?

① 7월 9일 일요일에 개최된다.
② 고등학생만 참가할 수 있다.
③ 자신의 드론을 가져와야 한다.
④ 상금과 메달이 우승자에게 수여될 것이다.
☑ 20명의 참가자가 기념품을 받을 것이다.

2023 Drone Racing Championship
2023 드론 레이싱 선수권

Are you the best drone racer?
여러분은 최고의 드론 레이서인가요?

Then take the opportunity / to prove you are the one!
그렇다면 기회를 잡으세요! / 여러분이 바로 그 사람이라는 것을 증명할

When & Where
일시 & 장소

『6 p.m. – 8 p.m., Sunday, July 9』 ①의 근거 일치
7월 9일 일요일 오후 6시부터 오후 8시까지

Lakeside Community Center
Lakeside 주민센터

Requirements
필수 조건

『Participants: High school students only』 ②의 근거 일치
참가자: 고등학생만

『Bring your own drone for the race.』 ③의 근거 일치
레이스를 위해 당신의 드론을 가져 오세요.

Prize
부상

『$500 and a medal will be awarded to the winner.』 ④의 근거 일치
500달러와 메달이 우승자에게 수여될 것입니다.

Note
참고 사항

『The first 10 participants will get souvenirs.』 ⑤의 근거 불일치
선착순 10명의 참가자들은 기념품을 받게 될 것입니다.

For more details, / please visit www.droneracing.com / or call 313-6745-1189.
더 많은 세부 정보를 원하시면, / www.droneracing.com을 방문하거나 / 313-6745-1189로 전화하세요.

2023 Drone Racing Championship(2023 드론 레이싱 선수권)

여러분은 최고의 드론 레이서인가요? 그렇다면 여러분이 바로 그 사람이라는 것을 증명할 기회를 잡으세요!

일시 & 장소
• 7월 9일 일요일 오후 6시부터 오후 8시까지
• Lakeside 주민센터

필수 조건
• 참가자: 고등학생만
• 레이스를 위해 당신의 드론을 가져 오세요.

부상
• 500달러와 메달이 우승자에게 수여될 것입니다.

참고 사항

• 선착순 10명의 참가자들은 기념품을 받게 될 것입니다.

더 많은 세부 정보를 원하시면, www.droneracing.com을 방문하거나 313-6745-1189로 전화하세요.

Why? 왜 정답일까?

'The first 10 participants will get souvenirs.'에서 선착순 10명의 참가자에게 기념품을 준다고 하므로, 안내문의 내용과 일치하지 않는 것은 ⑤ '20명의 참가자가 기념품을 받을 것이다.'이다.

Why? 왜 오답일까?

① '6 p.m. – 8 p.m., Sunday, July 9'의 내용과 일치한다.
② 'Participants: High school students only'의 내용과 일치한다.
③ 'Bring your own drone for the race.'의 내용과 일치한다.
④ '$500 and a medal will be awarded to the winner.'의 내용과 일치한다.

- **drone** ⓝ 드론, 무인 항공기
- **take an opportunity** 기회를 잡다
- **requirement** ⓝ 필수 요건
- **souvenir** ⓝ 기념품
- **championship** ⓝ 선수권
- **prove** ⓥ 증명하다
- **bring** ⓥ 가져오다, 지참하다

28 스쿠버 다이빙 일일 수업 광고   정답률 86% | 정답 ⑤

Summer Scuba Diving One-day Class에 관한 다음 안내문의 내용과 일치하는 것은?

① 오후 시간에 바다에서 다이빙 기술을 연습한다.
② 그룹 수업의 최대 정원은 4명이다.
③ 다이빙 장비를 유료로 대여할 수 있다.
④ 연령에 관계없이 참가할 수 있다.
☑ 적어도 수업 시작 5일 전까지 등록해야 한다.

Summer Scuba Diving One-day Class
여름 스쿠버 다이빙 일일 수업
Join our summer scuba diving lesson for beginners, / and become an underwater explorer!
초보자용 여름 스쿠버 다이빙 수업에 참여하여 / 수중 탐험가가 되세요!
Schedule
일정
10:00 – 12:00 Learning the basics
10시 – 12시 기초 배우기
「13:00 – 16:00 Practicing diving skills in a pool」 ①의 근거 불일치
13시 – 16시 수영장에서 다이빙 기술 연습하기
Price
가격
Private lesson: $150
개인 수업: $150
「Group lesson (up to 3 people): $100 per person」 ②의 근거 불일치
그룹 수업 (최대 3명): 1인당 $100
「Participants can rent our diving equipment for free.」 ③의 근거 불일치
참가자는 다이빙 장비를 무료로 대여할 수 있습니다.
Notice
알림
「Participants must be 10 years old or over.」 ④의 근거 불일치
참가자는 10세 이상이어야 합니다.
「Participants must register / at least 5 days before the class begins.」 ⑤의 근거 일치
참가자는 등록해야 합니다. / 적어도 수업 시작 5일 전까지
For more information, / please go to www.ssdiver.com.
더 많은 정보를 원하시면, / www.ssdiver.com을 방문하세요.

Summer Scuba Diving One-day Class(여름 스쿠버 다이빙 일일 수업)

초보자용 여름 스쿠버 다이빙 수업에 참여하여 수중 탐험가가 되세요!

일정
• 10시 – 12시 기초 배우기
• 13시 – 16시 수영장에서 다이빙 기술 연습하기

가격
• 개인 수업: $150
• 그룹 수업 (최대 3명): 1인당 $100
• 참가자는 다이빙 장비를 무료로 대여할 수 있습니다.

알림
• 참가자는 10세 이상이어야 합니다.
• 참가자는 적어도 수업 시작 5일 전까지 등록해야 합니다.

더 많은 정보를 원하시면, www.ssdiver.com을 방문하세요.

Why? 왜 정답일까?

'Participants must register at least 5 days before the class begins.'에서 참가를 원하면 적어도 수업 시작 5일 전까지 등록하라고 하므로, 안내문의 내용과 일치하는 것은 ⑤ '적어도 수업 시작 5일 전까지 등록해야 한다.'이다.

Why? 왜 오답일까?

① '13:00 – 16:00 Practicing diving skills in a pool'에서 다이빙 기술을 연습하는 장소는 바다가 아니라 수영장이라고 하였다.
② 'Group lesson (up to 3 people): ~'에서 그룹 수업은 최대 3명이라고 하였다.
③ 'Participants can rent our diving equipment for free.'에서 다이빙 장비를 무료로 대여할 수 있다고 하였다.
④ 'Participants must be 10 years old or over.'에서 참가 가능 연령은 10세 이상이라고 하였다.

- **one-day class** 일일 수업
- **explorer** ⓝ 탐험가
- **private lesson** 개인 레슨
- **underwater** ⓐ 물속의, 수중의
- **basics** ⓝ 기본, 필수적인 것들
- **equipment** ⓝ 장비

29 칭찬이 아이들의 자존감에 미치는 효과   정답률 55% | 정답 ④

다음 글의 밑줄 친 부분 중, 어법상 틀린 것은? [3점]

Although praise is one of the most powerful tools / available for improving young children's behavior, / it is equally powerful / for improving your child's self-esteem.
칭찬은 가장 강력한 도구 중 하나이지만, / 어린 아이들의 행동을 개선하는 데 사용할 수 있는 / 그것은 똑같이 강력하다. / 아이의 자존감을 향상시키는 데에도
Preschoolers believe / what their parents tell ① them / in a very profound way.
미취학 아동들은 믿는다 / 그들의 부모가 그들에게 하는 말을 / 매우 뜻 깊게
They do not yet have the cognitive sophistication / to reason ② analytically and reject false information.
그들은 인지적 정교함을 아직 가지고 있지 않다. / 분석적으로 추론하고 잘못된 정보를 거부할 수 있는
If a preschool boy consistently hears from his mother / ③ that he is smart and a good helper, / he is likely to incorporate that information into his self-image.
만약 미취학 소년이 그의 어머니로부터 계속 듣는다면, / 그가 똑똑하고 좋은 조력자라는 것을 / 그는 그 정보를 자기 자아상으로 통합시킬 가능성이 높다.
Thinking of himself as a boy / who is smart and knows how to do things / ☑ is likely to make him endure longer in problem-solving efforts / and increase his confidence in trying new and difficult tasks.
스스로를 소년으로 생각하는 것은 / 똑똑하고 일을 어떻게 하는지 아는 / 그가 문제 해결 노력에 있어 더 오래 지속하게 만들 가능성이 높다. / 그리고 새롭고 어려운 일을 시도할 때 그의 자신감을 높임
Similarly, / thinking of himself as the kind of boy / who is a good helper / will make him more likely / to volunteer ⑤ to help with tasks at home and at preschool.
마찬가지로, / 자신을 그런 부류의 소년으로 생각하는 것은 / 좋은 조력자인 / 그가 ~할 가능성이 더 커지게 할 것이다. / 집과 유치원에서 일을 자발적으로 도울

칭찬은 어린 아이들의 행동을 개선하는 데 사용할 수 있는 가장 강력한 도구 중 하나이지만, 그것은 아이의 자존감을 향상시키는 데에도 똑같이 강력하다. 미취학 아동들은 그들의 부모가 그들에게 하는 말을 매우 뜻 깊게 여긴다. 그들은 분석적으로 추론하고 잘못된 정보를 거부할 수 있는 인지적 정교함을 아직 가지고 있지 않다. 만약 미취학 소년이 그의 어머니로부터 그가 똑똑하고 좋은 조력자라는 것을 계속 듣는다면, 그는 그 정보를 자기 자아상으로 통합시킬 가능성이 높다. 스스로를 똑똑하고 일을 어떻게 하는지 아는 소년으로 생각하는 것은 그가 문제 해결 노력에 있어 더 오래 지속하게 하고, 새롭고 어려운 일을 시도할 때 그의 자신감을 높일 가능성이 높다. 마찬가지로, 자신을 좋은 조력자인 그런 부류의 소년으로 생각하는 것은 그가 집과 유치원에서 일을 자발적으로 도울 가능성이 더 커지게 할 것이다.

Why? 왜 정답일까?

주어인 동명사구(Thinking of himself as a boy ~) 뒤에 동사가 있어야 하므로, being을 is로 고쳐야 한다. 따라서 어법상 틀린 것은 ④이다.

Why? 왜 오답일까?

① tell의 주어는 their parents인데, 목적어는 문맥상 문장의 주어인 Preschoolers이다. 따라서 재귀대명사를 쓰지 않고, 인칭대명사 them을 썼다.
② to부정사구 to reason을 수식하는 부사 analytically이다.
③ hears의 목적절을 이끄는 접속사로 that이 알맞다. from his mother가 동사 앞으로 들어간 구조이다.
⑤ volunteer는 to부정사를 목적어로 취하므로 to help가 알맞다.

- **self-esteem** ⓝ 자존감
- **profound** ⓐ 뜻 깊은
- **sophistication** ⓝ 정교화(함)
- **analytically** ⓐⓓ 분석적으로
- **incorporate A into B** A를 B로 통합시키다
- **preschooler** ⓝ 미취학 아동
- **cognitive** ⓐ 인지적인
- **reason** ⓥ 추론하다
- **consistently** ⓐⓓ 지속적으로
- **endure** ⓥ 지속하다, 참다

구문 풀이

6행   If a preschool boy consistently hears from his mother {that he is smart and a good helper}, he is likely to incorporate that information into his self-image.
(동사 / 부사구 / [ ]: hears의 목적어)

30 광고주의 메시지 조절   정답률 55% | 정답 ②

다음 글의 밑줄 친 부분 중, 문맥상 낱말의 쓰임이 적절하지 않은 것은?

Advertisers often displayed considerable facility / in ① adapting their claims / to the market status of the goods they promoted.
광고주들은 상당한 능력을 자주 보여주었다. / 그들의 주장을 맞추는 데 있어 / 그들이 홍보하는 상품의 시장 지위에
Fleischmann's yeast, / for instance, / was used / as an ingredient for cooking homemade bread.
Fleischmann의 효모는 / 예를 들어, / 사용되었다. / 집에서 만든 빵을 요리하는 재료로
Yet / more and more people in the early 20th century / were buying their bread from stores or bakeries, / so consumer demand for yeast ☑ declined.
하지만 / 20세기 초의 점점 더 많은 사람들이 / 가게나 빵집에서 빵을 샀고, / 그래서 효모에 대한 소비자 수요는 감소했다.
The producer of Fleischmann's yeast / hired the J. Walter Thompson advertising agency / to come up with a different marketing strategy / to ③ boost sales.
Fleischmann의 효모의 생산자는 / J. Walter Thompson 광고 대행사를 고용했다. / 다른 마케팅 전략을 고안하려고 / 판매를 촉진하기 위해서
No longer the "Soul of Bread," / the Thompson agency first turned yeast / into an important source of vitamins / with significant health ④ benefits.
더 이상 "Soul of Bread"를 쓰지 않고, / Thompson 광고 대행사는 먼저 효모를 바꿨다. / 중요한 비타민 공급원으로 / 상당한 건강상의 이점이 있는
Shortly thereafter, / the advertising agency transformed yeast into a natural laxative.
그 이후 얼마 되지 않아, / 광고 대행사는 효모를 천연 완하제로 바꿨다.
⑤ Repositioning yeast / helped increase sales.
효모의 이미지 전환은 / 매출을 증가시키는 것을 도왔다.

광고주들은 그들이 홍보하는 상품의 시장 지위에 주장을 ① 맞추는 상당한 능력을 자주 보여주었다. 예를 들어, Fleischmann의 효모는 집에서 만든 빵을 요리하는 재료로 사용되었다. 하지만 20세기 초에 점점 더 많은 사람들이 가게나 빵집에서 빵을 사고 있었고, 그래서 효모에 대한 소비자 수요는 ② 증가했다(→ 감소했다). Fleischmann의 효모의 생산자는 판매를

③ 촉진하기 위해서 다른 마케팅 전략을 고안하려고 J. Walter Thompson 광고 대행사를 고용했다. 더 이상 "Soul of Bread"를 쓰지 않고, Thompson 광고 대행사는 먼저 효모를 상당한 건강상의 ④ 이점이 있는 중요한 비타민 공급원으로 바꾸었다. 그 이후 얼마 안 되어, 광고 대행사는 효모를 천연 완하제로 바꾸었다. 효모의 ⑤ 이미지 전환은 매출을 증가시키는 것을 도왔다.

Why? 왜 정답일까?

과거 효모는 집에서 굽는 빵의 재료로 쓰였지만, 20세기에 접어들어 사람들이 점점 가게에서 구운 빵을 사면서 효모에 대한 수요가 '떨어졌다'는 설명이 되도록 increased를 declined로 고쳐야 한다. 따라서 문맥상 낱말의 쓰임이 적절하지 않은 것은 ②이다.

- considerable ⓐ 상당한
- ingredient ⓝ 재료
- come up with 떠올리다, 고안하다
- significant ⓐ 상당한, 중요한
- laxative ⓝ 완하제(배변을 쉽게 하는 약·음식·음료)
- facility ⓝ 능력, 재능
- hire ⓥ 고용하다
- strategy ⓝ 전략
- transform ⓥ 변모시키다
- reposition ⓥ (제품의) 이미지를 바꾸다

구문 풀이

1행 Advertisers often displayed considerable facility in adapting their claims
　　　　　　　　　　　　　　　　　　　　　　　　　~하는 데 있어, ~할 때
to the market status of the goods [(that) they promoted].
　　　　　　　　　　　　　　선행사　　　　생략

★★★ 등급을 가르는 문제!

31 탁월함과 타인의 신뢰　　　　　정답률 50% | 정답 ④

다음 빈칸에 들어갈 말로 가장 적절한 것을 고르시오.

① Patience – 인내심　　② Sacrifice – 희생　　③ Honesty – 정직함
④ Excellence – 탁월함　　⑤ Creativity – 창의력

Individuals / who perform at a high level in their profession / often have instant credibility with others.
사람들은 / 자기 직업에서 높은 수준으로 수행하는 / 흔히 다른 사람들에게 즉각적인 신뢰를 얻는다.

People admire them, / they want to be like them, / and they feel connected to them.
사람들은 그들을 존경하고, / 그들처럼 되고 싶어 하고, / 그들과 연결되어 있다고 느낀다.

When they speak, / others listen — / even if the area of their skill / has nothing to do with the advice they give.
그들이 말할 때, / 다른 사람들은 경청한다. / 비록 그들의 기술 분야가 / 그들이 주는 조언과 전혀 관련이 없을지라도

Think about a world-famous basketball player.
세계적으로 유명한 농구 선수에 대해 생각해 보라.

He has made more money from endorsements / than he ever did playing basketball.
그는 광고로부터 더 많은 돈을 벌었다. / 그가 농구를 하면서 그간 벌었던 것보다

Is it because of / his knowledge of the products he endorses?
그것이 ~ 때문일까? / 그가 광고하는 제품에 대한 그의 지식

No.
아니다.

It's because of / what he can do with a basketball.
그것은 ~ 때문이다. / 그가 농구로 할 수 있는 것

The same can be said of an Olympic medalist swimmer.
올림픽 메달리스트 수영 선수도 마찬가지이다.

People listen to him / because of what he can do in the pool.
사람들은 그의 말을 경청한다. / 그가 수영장에서 할 수 있는 것 때문에

And when an actor tells us / we should drive a certain car, / we don't listen / because of his expertise on engines.
그리고 어떤 배우가 우리에게 말할 때, / 우리가 특정 자동차를 운전해야 한다고 / 우리가 경청하는 것은 아니다. / 엔진에 대한 그의 전문 지식 때문에

We listen / because we admire his talent.
우리는 경청한다. / 그의 재능을 존경하기 때문에

Excellence connects.
탁월함이 연결된다.

If you possess a high level of ability in an area, / others may desire to connect with you / because of it.
만약 당신이 어떤 분야에서 높은 수준의 능력을 갖고 있다면, / 다른 사람들은 당신과 연결되기를 원할 수도 있다. / 그것 때문에

자기 직업에서 높은 수준으로 수행하는 사람들은 흔히 다른 사람들에게 즉각적인 신뢰를 얻는다. 사람들은 그들을 존경하고, 그들처럼 되고 싶어 하고, 그들과 연결되어 있다고 느낀다. 그들이 말할 때, 다른 사람들은 비록 그들의 기술 분야가 그들이 주는 조언과 전혀 관련이 없을지라도 경청한다. 세계적으로 유명한 농구 선수에 대해 생각해 보라. 그는 그가 농구를 하면서 그간 벌었던 것보다 광고로부터 더 많은 돈을 벌었다. 그것이 그가 광고하는 제품에 대한 그의 지식 때문일까? 아니다. 그것은 그가 농구로 할 수 있는 것 때문이다. 올림픽 메달리스트 수영 선수도 마찬가지이다. 사람들은 그가 수영장에서 할 수 있는 것 때문에 그의 말을 경청한다. 그리고 어떤 배우가 우리에게 특정 자동차를 운전해야 한다고 말할 때, 우리는 엔진에 대한 그의 전문 지식 때문에 경청하는 것은 아니다. 우리는 그의 재능을 존경하기 때문에 경청한다. 탁월함이 연결된다. 만약 당신이 어떤 분야에서 높은 수준의 능력을 갖고 있다면, 다른 사람들은 그것 때문에 당신과 연결되기를 원할 수도 있다.

Why? 왜 정답일까?

처음(Individuals who perform at a high level in their profession often have instant credibility with others.)과 마지막(If you possess a high level of ability in an area, others may desire to connect with you because of it.)에서 자기 분야에서 '높은 수준의 능력'을 가진 사람들은 다른 이들의 신뢰를 사기 쉽다고 언급하는 것으로 보아, 빈칸에 들어갈 말로 가장 적절한 것은 ④ '탁월함'이다.

- profession ⓝ 직업
- credibility ⓝ 신뢰
- have nothing to do with ~와 관련이 없다
- endorsement ⓝ (유명인의 텔레비전 등에서의) 상품 보증 선전
- endorse ⓥ (유명인이 광고에 나와 특정 상품을) 보증하다, 홍보하다
- medalist ⓝ 메달리스트
- patience ⓝ 인내심
- instant ⓐ 즉각적인
- admire ⓥ 존경하다
- world-famous ⓐ 세계적으로 유명한
- expertise ⓝ 전문 지식
- sacrifice ⓝ 희생

구문 풀이

6행 He has made more money from endorsements than he ever did playing
　　　　　　　　　　　　　　　　　　　　　　　　대동사(= made money)
basketball.

★★ 문제 해결 꿀~팁 ★★

▶ 많이 틀린 이유는?
빈칸 바로 앞에서 '전문 지식' 때문이 아니라 '재능' 때문에 유명인들의 말을 듣게 된다고 하는데, 이것을 ② '희생'이나 ③ '정직함'의 사례로 볼 수는 없다.

▶ 문제 해결 방법은?
글 처음과 마지막에 요지가 반복 제시된다. 즉 주제문인 첫 문장을 보고 빈칸을 완성하면 간단하다.

★★★ 등급을 가르는 문제!

32 도시처럼 상호작용으로 작동하는 뇌　　　　정답률 43% | 정답 ①

다음 빈칸에 들어갈 말로 가장 적절한 것을 고르시오. [3점]

① operates in isolation – 독립적으로 작동하지
② suffers from rapid changes – 급속한 변화로 고생하지
③ resembles economic elements – 경제적 요소를 닮지
④ works in a systematic way – 체계적으로 작동하지
⑤ interacts with another – 서로 상호 작용하지

Think of the brain as a city.
뇌를 도시라고 생각해보라.

If you were to look out over a city / and ask "where is the economy located?" / you'd see / there's no good answer to the question.
만약 당신이 도시를 내다보며 / "경제는 어디에 위치해 있나요?"라고 묻는다면 / 당신은 알게 될 것을 / 그 질문에 좋은 답이 없다는 것을

Instead, / the economy emerges / from the interaction of all the elements / — from the stores and the banks / to the merchants and the customers.
대신, / 경제는 나타난다. / 모든 요소의 상호 작용으로부터 / 상점과 은행에서 / 상인과 고객에 이르기까지

And so it is with the brain's operation: / it doesn't happen in one spot.
뇌의 작용도 그렇다. / 즉 그것은 한 곳에서 일어나지 않는다.

Just as in a city, / no neighborhood of the brain / operates in isolation.
도시에서처럼, / 뇌의 어떤 지역도 ~않는다. / 독립적으로 작동하지

In brains and in cities, / everything emerges / from the interaction between residents, / at all scales, / locally and distantly.
뇌와 도시 안에서, / 모든 것은 나타난다. / 거주자 간의 상호 작용으로부터 / 모든 규모로, / 근거리든 원거리든

Just as trains bring materials and textiles into a city, / which become processed into the economy, / so the raw electrochemical signals from sensory organs / are transported along superhighways of neurons.
기차가 자재와 직물을 도시로 들여오고, / 그것이 경제 속에 처리되는 것처럼, / 감각 기관으로부터의 가공되지 않은 전기화학적 신호는 / 뉴런의 초고속도로를 따라서 전해진다.

There / the signals undergo processing / and transformation into our conscious reality.
거기서 / 신호는 처리를 겪는다. / 그리고 우리의 의식적인 현실로의 변형을

뇌를 도시라고 생각해보라. 만약 당신이 도시를 내다보며 "경제는 어디에 위치해 있나요?"라고 묻는다면 그 질문에 좋은 답이 없다는 것을 알게 될 것이다. 대신, 경제는 상점과 은행에서 상인과 고객에 이르기까지 모든 요소의 상호 작용으로부터 나타난다. 뇌의 작용도 그렇다. 즉 그것은 한 곳에서 일어나지 않는다. 도시에서처럼, 뇌의 어떤 지역도 독립적으로 작동하지 않는다. 뇌와 도시 안에서, 모든 것은 모든 규모로, 근거리든 원거리든, 거주자들 간의 상호 작용으로부터 나타난다. 기차가 자재와 직물을 도시로 들여오고, 그것이 경제 속에 처리되는 것처럼, 감각 기관으로부터의 가공되지 않은 전기화학적 신호는 뉴런의 초고속도로를 따라서 전해진다. 거기서 신호는 처리와 우리의 의식적인 현실로의 변형을 겪는다.

Why? 왜 정답일까?

경제가 모든 요소의 상호 작용으로 작동하는 것처럼 뇌 또한 그렇다(And so it is with the brain's operation: it doesn't happen in one spot. / ~ everything emerges from the interaction ~)는 내용이므로, 빈칸에 들어갈 말로 가장 적절한 것은 ① '독립적으로 작동하지'이다.

- think of A as B A를 B로 여기다
- element ⓝ 요소
- operation ⓝ 작동, 작용
- distantly ⓐⓓ 멀리, 원거리로
- process ⓥ 가공하다, 처리하다
- electrochemical ⓐ 전기화학의
- transport ⓥ 수송하다, 실어 나르다
- transformation ⓝ 변화, 변모
- in isolation 고립되어
- emerge ⓥ 나타나다, 생겨나다
- merchant ⓝ 상인
- locally ⓐⓓ 국지적으로
- textile ⓝ 직물
- raw ⓐ 원재료의, 날것의
- sensory organ 감각 기관
- undergo ⓥ 거치다, 겪다
- conscious ⓐ 의식적인

구문 풀이

2행 If you were to look out over a city and ask "where is the economy
　　　「if + 주어 + were to + 동사원형1 + ~　　　동사원형2 ~
located?" you'd see there's no good answer to the question.
　　　주어 + 조동사 과거형 + 동사원형 : 가정법 미래(거의 불가능한 상황에 대한 가정)

★★ 문제 해결 꿀~팁 ★★

▶ 많이 틀린 이유는?
도시가 많은 경제 주체의 상호 작용을 통해 돌아가듯이 뇌 또한 수많은 요소의 상호 작용으로 돌아간다는 내용이다. 주어가 「no + 명사」 형태이므로, 빈칸에는 주제와 반대되는 말을 넣어야 문장 전체가 주제를 나타내게 된다. 하지만 ③은 '경제 주체와 비슷하다'는 주제를 직접 제시하므로, 이를 빈칸에 넣어서 읽으면 '뇌의 그 어느 구역도 경제 주체와 비슷하지 않다'는 의미가 되어버린다. 즉 ③은 주제와 정반대되는 의미를 완성한다.

▶ 문제 해결 방법은?
'뇌 = 도시'라는 비유를 확인하고, 둘의 공통점이 무엇인지 파악한 후, 선택지를 하나씩 대입하며 빈칸 문장의 의미를 주의 깊게 이해해 보자.

33 신체로부터 발생하는 감정　　정답률 57% | 정답 ②

다음 빈칸에 들어갈 말로 가장 적절한 것을 고르시오. [3점]

① language guides our actions – 언어가 우리 행동을 이끈다
② emotions arise from our bodies – 감정이 우리 신체에서 발생한다
③ body language hides our feelings – 신체 언어는 우리 감정을 숨긴다
④ what others say affects our mood – 다른 사람들의 말이 우리 감정에 영향을 미친다
⑤ negative emotions easily disappear – 부정적 감정은 쉽게 사라진다

Someone else's body language affects our own body, / which then creates an emotional echo / that makes us feel accordingly.
다른 사람의 신체 언어는 우리 자신의 신체에 영향을 미치며, / 그것은 그 후 감정적인 메아리를 만들어낸다. / 우리가 그에 맞춰 느끼게

As Louis Armstrong sang, / "When you're smiling, / the whole world smiles with you."
Louis Armstrong이 노래했듯이, / "당신이 미소 지을 때, / 전 세계가 당신과 함께 미소 짓는다."

If copying another's smile / makes us feel happy, / the emotion of the smiler / has been transmitted via our body.
만약 다른 사람의 미소를 따라 하는 것이 / 우리를 행복하게 한다면, / 그 미소 짓는 사람의 감정은 / 우리의 신체를 통해 전달된 것이다.

Strange as it may sound, / this theory states / that emotions arise from our bodies.
이상하게 들릴지 모르지만, / 이 이론은 말한다 / 감정이 우리 신체에서 발생한다고

For example, / our mood can be improved / by simply lifting up the corners of our mouth.
예를 들어, / 우리의 기분은 좋아질 수 있다. / 단순히 입꼬리를 올리는 것으로

If people are asked / to bite down on a pencil lengthwise, / taking care not to let the pencil touch their lips / (thus forcing the mouth into a smile-like shape), / they judge cartoons funnier / than if they have been asked to frown.
만약 사람들이 요구받으면, / 연필을 긴 방향으로 꽉 물라고 / 연필이 입술에 닿지 않도록 조심하면서 / (그래서 억지로 입을 미소 짓는 것과 같은 모양이 되도록), / 그들은 만화를 더 재미있다고 판단한다. / 그들이 인상을 찌푸리라고 요구받은 경우보다

The primacy of the body / is sometimes summarized in the phrase / "I must be afraid, / because I'm running."
신체가 우선한다는 것은 / 때때로 구절로 요약된다. / "나는 분명 두려운가보다. / 왜냐하면 나는 도망치고 있기 때문이다."라는

다른 사람의 신체 언어는 우리 자신의 신체에 영향을 미치며, 그것은 그 후 우리가 그에 맞춰 (감정을) 느끼게 하는 감정적인 메아리를 만들어낸다. Louis Armstrong이 노래했듯이, "당신이 미소 지을 때, 전 세계가 당신과 함께 미소 짓는다." 만약 다른 사람의 미소를 따라 하는 것이 우리를 행복하게 한다면, 그 미소 짓는 사람의 감정은 우리의 신체를 통해 전달된 것이다. 이상하게 들릴지 모르지만, 이 이론은 감정이 우리 신체에서 발생한다고 말한다. 예를 들어, 우리의 기분은 단순히 입꼬리를 올리는 것으로 좋아질 수 있다. 만약 사람들이 연필을 긴 방향으로 꽉 물라고 요구받으면, 연필이 입술에 닿지 않도록 조심하면서 (그래서 억지로 입을 미소 짓는 것과 같은 모양이 되도록), 그들은 인상을 찌푸리라고 요구받은 경우보다 만화를 더 재미있다고 판단한다. 신체가 (감정에) 우선하는 것은 "나는 분명 두려운가보다, 왜냐하면 나는 도망치고 있기 때문이다."라는 구절로 때때로 요약된다.

Why? 왜 정답일까?

빈칸 뒤의 실험에서 우리가 입꼬리를 올리고 있다 보면 더 기분이 좋아질 수 있다(~ our mood can be improved by simply lifting up the corners of our mouth.)고 설명하고, 이를 마지막 문장에서는 '(감정에 대한) 신체의 우선(The primacy of the body)'이라고 요약했다. 따라서 빈칸에 들어갈 말로 가장 적절한 것은 ② '감정이 우리 신체에서 발생한다'이다.

- **emotional** ⓐ 정서적인
- **transmit** ⓥ 전달하다
- **theory** ⓝ 이론
- **lift up** ~을 들어올리다
- **bite down on** ~을 깨물다
- **frown** ⓥ 얼굴을 찡그리다
- **summarize** ⓥ 요약하다
- **hide** ⓥ 숨기다
- **accordingly** ⓐⓓ 그에 따라
- **via** [prep] ~을 통해서
- **state** ⓥ 진술하다
- **be asked to** ~하도록 요청받다
- **lengthwise** ⓐⓓ 길게
- **primacy** ⓝ 우선함
- **arise from** ~에서 생겨나다

구문 풀이

5행 Strange as it may sound, this theory states that emotions arise from our bodies.
「보어 + as + 주어 + 동사 : 비록 ~일지라도(양보 구문)」

34 구매를 이끄는 희소성　　정답률 59% | 정답 ③

다음 빈칸에 들어갈 말로 가장 적절한 것을 고르시오. [3점]

① Promoting products through social media
소셜 미디어를 통해 제품을 홍보하는 것
② Reducing the risk of producing poor quality items
질이 좋지 않은 제품을 생산할 위험을 낮추는 것
③ Restricting the number of items customers can buy
고객이 구입할 수 있는 품목의 개수를 제한하는 것
④ Offering several options that customers find attractive
고객들이 매력적이라고 생각하는 몇 가지 선택 사항을 제시하는 것
⑤ Emphasizing the safety of products with research data
연구 데이터로 제품의 안전성을 강조하는 것

Restricting the number of items customers can buy / boosts sales.
고객이 구입할 수 있는 품목의 개수를 제한하는 것은 / 매출을 증가시킨다.

Brian Wansink, / Professor of Marketing at Cornell University, / investigated the effectiveness of this tactic in 1998.
Brian Wansink는 / Cornell University의 마케팅 교수인 / 1998년에 이 전략의 효과를 조사했다.

He persuaded three supermarkets in Sioux City, Iowa, / to offer Campbell's soup at a small discount: / 79 cents rather than 89 cents.
그는 Iowa 주 Sioux City에 있는 세 개의 슈퍼마켓을 설득했다. / Campbell의 수프를 약간 할인하여 제공하도록 / 즉 89센트가 아닌 79센트로

The discounted soup was sold in one of three conditions: / a control, / where there was no limit on the volume of purchases, / or two tests, / where customers were limited to either four or twelve cans.
할인된 수프는 세 가지 조건 중 하나의 조건으로 판매되었다. / 즉 하나의 통제 집단 / 구매량에 제한이 없는 / 또는 두 개의 실험 집단 / 고객이 4개 아니면 12개의 캔으로 제한되는

In the unlimited condition / shoppers bought 3.3 cans on average, / whereas in the scarce condition, / when there was a limit, / they bought 5.3 on average.
무제한 조건에서 / 구매자들은 평균 3.3캔을 구입했고, / 반면 희소 조건에서는 / 제한이 있던 / 그들은 평균 5.3캔을 구입했다.

This suggests / scarcity encourages sales.
이것은 보여준다. / 희소성이 판매를 장려한다는 것

The findings are particularly strong / because the test took place / in a supermarket with genuine shoppers.
그 결과는 특히 타당하다. / 이 실험이 진행되었기 때문에 / 진짜 구매자들이 있는 슈퍼마켓에서

It didn't rely on claimed data, / nor was it held in a laboratory / where consumers might behave differently.
그것은 주장된 데이터에 의존하지 않았고, / 그것은 실험실에서 이루어진 것도 아니었다. / 소비자들이 다르게 행동할지도 모르는

고객이 구입할 수 있는 품목의 개수를 제한하는 것은 매출을 증가시킨다. Cornell University의 마케팅 교수인 Brian Wansink는 1998년에 이 전략의 효과를 조사했다. 그는 Iowa 주 Sioux City에 있는 세 개의 슈퍼마켓이 Campbell의 수프를 약간 할인하여 89센트가 아닌 79센트로 제공하도록 설득했다. 할인된 수프는 세 가지 조건 중 하나의 조건으로 판매되었다. 구매량에 제한이 없는 하나의 통제 집단, 또는 고객이 4개 아니면 12개의 캔으로 제한되는 두 개의 실험 집단이 그것이었다. 무제한 조건에서 구매자들은 평균 3.3캔을 구입했던 반면, 제한이 있던 희소 조건에서는 평균 5.3캔을 구입했다. 이것은 희소성이 판매를 장려한다는 것을 보여준다. 이 실험은 진짜 구매자들이 있는 슈퍼마켓에서 진행되었기 때문에 그 결과는 특히 타당하다. 그것은 주장된 데이터에 의존하지 않았고, 소비자들이 다르게 행동할지도 모르는 실험실에서 이루어진 것도 아니었다.

Why? 왜 정답일까?

빈칸 뒤로 소개된 연구에서, 구매 개수에 제한이 있었던 실험군이 제품을 가장 많이 구입했다고 설명하며, 희소성이 판매를 장려한다는 결론을 정리하고 있다(~ scarcity encourages sales.). 따라서 빈칸에 들어갈 말로 가장 적절한 것은 ③ '고객이 구입할 수 있는 품목의 개수를 제한하는 것'이다.

- **investigate** ⓥ 조사하다
- **tactic** ⓝ 전략
- **rather than** ~ 대신에
- **control** ⓝ 통제 집단(실험에서 처치를 가하지 않고 둔 집단)
- **unlimited** ⓐ 제한되지 않은, 무제한의
- **genuine** ⓐ 진짜의
- **laboratory** ⓝ 실험실
- **differently** ⓐⓓ 다르게
- **emphasize** ⓥ 강조하다
- **effectiveness** ⓝ 유효성, 효과 있음
- **persuade** ⓥ 설득하다
- **condition** ⓝ 조건
- **scarcity** ⓝ 희소성
- **rely on** ~에 의존하다
- **behave** ⓥ 행동하다
- **attractive** ⓐ 매력적인

구문 풀이

13행 It didn't rely on claimed data, nor was it held in a laboratory where
부정문　　　「부정어 + be + 주어 + p.p. : 도치 구문(~도 않다)」
consumers might behave differently.

35 기술과 생산성의 관계　　정답률 58% | 정답 ④

다음 글에서 전체 흐름과 관계 없는 문장은?

Although technology has the potential / to increase productivity, / it can also have a negative impact on productivity.
기술은 잠재력을 가지고 있지만, / 생산성을 높일 수 있는 / 그것은 또한 생산성에 부정적인 영향을 미칠 수 있다.

For example, / in many office environments / workers sit at desks with computers / and have access to the internet.
예를 들어, / 많은 사무실 환경에서 / 직원들은 컴퓨터가 있는 책상에 앉아 / 인터넷에 접속한다.

① They are able to check their personal e-mails / and use social media / whenever they want to.
그들은 개인 이메일을 확인하고 / 소셜 미디어를 사용할 수 있다. / 그들이 원할 때마다

② This can stop them from doing their work / and make them less productive.
이것은 그들이 일을 하는 것을 방해하고 / 생산성이 떨어지게 할 수 있다.

③ Introducing new technology / can also have a negative impact on production / when it causes a change to the production process / or requires workers to learn a new system.
새로운 기술을 도입하는 것은 / 또한 생산에 부정적인 영향을 미칠 수 있다. / 그것이 생산 공정에 변화를 야기하거나 / 직원들에게 새로운 시스템을 배우도록 요구할 때

④ Using technology / can enable businesses / to produce more goods / and to get more out of the other factors of production.
기술을 사용하는 것은 / 기업이 ~할 수 있게 한다. / 더 많은 제품을 생산하고 / 다른 생산 요소로부터 더 많은 것을 얻게

⑤ Learning to use new technology / can be time consuming and stressful for workers / and this can cause a decline in productivity.
새로운 기술 사용법을 배우는 것은 / 직원들에게 시간이 많이 드는 일이고 스트레스를 줄 수 있으며, / 이것은 생산성 저하를 야기할 수 있다.

기술은 생산성을 높일 수 있는 잠재력을 가지고 있지만, 또한 생산성에 부정적인 영향을 미칠 수 있다. 예를 들어, 많은 사무실 환경에서 직원들은 컴퓨터가 있는 책상에 앉아 인터넷에 접속한다. ① 그들은 원할 때마다 개인 이메일을 확인하고 소셜 미디어를 사용할 수 있다. ② 이것은 그들이 일을 하는 것을 방해하고 생산성이 떨어지게 할 수 있다. ③ 또한 새로운 기술을 도입하는 것은 생산 공정에 변화를 야기하거나 직원들에게 새로운 시스템을 배우도록 요구할 때 생산에 부정적인 영향을 미칠 수 있다. ④ 기술을 사용하는 것은 기업이 더 많은 제품을 생산하고 다른 생산 요소들로부터 더 많은 것을 얻게 할 수 있다. ⑤ 새로운 기술 사용법을 배우는 것은 직원들에게 시간이 많이 드는 일이고 스트레스를 줄 수 있으며, 이것은 생산성 저하를 야기할 수 있다.

Why? 왜 정답일까?

기술이 생산성을 떨어뜨릴 수 있다는 내용인데, ④는 기술 사용이 더 많은 제품 생산에 도움이 되고 생산 요소로부터 더 많은 것을 얻게 한다는 긍정적 내용이다. 따라서 전체 흐름과 관계 없는 문장은 ④이다.

- **impact** ⓝ 영향, 충격
- **production** ⓝ 생산, 제조
- **require** ⓥ 요구하다
- **time-consuming** ⓐ 시간이 많이 걸리는
- **have access to** ~에 접근하다. ~을 이용하다
- **cause** ⓥ 야기하다
- **factor** ⓝ 요인, 요소

구문 풀이

5행 This can stop them from doing their work and make them less productive.
「stop + A + from + B : A가 B하지 못하게 하다」　　5형식 동사 목적어　　형용사 보어

주어진 글 다음에 이어질 글의 순서로 가장 적절한 것을 고르시오. [3점]

① (A) - (C) - (B)　　　　② (B) - (A) - (C)
③ (B) - (C) - (A)　　　　④ (C) - (A) - (B)
⑤ (C) - (B) - (A)

Up until about 6,000 years ago, / most people were farmers.
약 6,000년 전까지 / 대부분의 사람들은 농부였다.
Many lived in different places throughout the year, / hunting for food / or moving their livestock to areas with enough food.
많은 사람들은 일 년 내내 여러 장소에서 살았고, / 식량을 찾아다니거나 / 가축을 충분한 먹이가 있는 지역으로 옮겼다.
(B) There was no need to tell the time / because life depended on natural cycles, / such as the changing seasons or sunrise and sunset.
시간을 알 필요가 없었다 / 삶이 자연적인 주기에 달려 있기 때문에 / 변화는 계절이나 일출과 일몰 같은
Gradually more people started to live in larger settlements, / and some needed to tell the time.
점점 더 많은 사람들이 더 큰 정착지에서 살기 시작했고, / 어떤 사람들은 시간을 알 필요가 있었다.
(A) For example, / priests wanted to know / when to carry out religious ceremonies.
예를 들어, / 성직자들은 알고 싶었다 / 언제 종교적인 의식을 수행해야 하는지
This was when people first invented clocks / — devices that show, measure, and keep track of passing time.
이때 사람들이 처음으로 발명했다. / 시간을 보여주고, 측정하고, 흐르는 시간을 추적하는 장치인 시계를
(C) Clocks have been important ever since.
시계는 그 이후로도 중요했다.
Today, / clocks are used for important things / such as setting busy airport timetables / — if the time is incorrect, / aeroplanes might crash into each other / when taking off or landing!
오늘날, / 시계는 중요한 일에 사용된다. / 바쁜 공항 시간표를 설정하는 것과 같은 / 만약 시간이 부정확하다면, / 비행기는 서로 충돌할지도 모른다! / 이륙하거나 착륙할 때

약 6,000년 전까지 대부분의 사람들은 농부였다. 많은 사람들은 일 년 내내 여러 장소에서 살았고, 식량을 찾아다니거나 가축을 충분한 먹이가 있는 지역으로 옮겼다. (B) 변화하는 계절이나 일출과 일몰 같은 자연적인 주기에 삶이 달려 있기 때문에 시간을 알 필요가 없었다. 점점 더 많은 사람들이 더 큰 정착지에서 살기 시작했고, 어떤 사람들은 시간을 알 필요가 있었다. (A) 예를 들어, 성직자들은 언제 종교적인 의식을 수행해야 하는지 알고 싶었다. 이때 사람들이 시간을 보여주고, 측정하고, 흐르는 시간을 추적하는 장치인 시계를 처음으로 발명했다. (C) 시계는 그 이후로도 중요했다. 오늘날, 시계는 바쁜 공항 시간표를 설정하는 것과 같은 중요한 일에 사용된다. 만약 시간이 부정확하다면, 비행기는 이륙하거나 착륙할 때 서로 충돌할지도 모른다!

Why? 왜 정답일까?
사람들이 대부분 농부였던 시절을 언급하는 주어진 글 뒤로, 이때는 시계가 필요 없었다는 내용으로 시작하는 (B)가 연결된다. 한편, (B)의 후반부는 그러다 일부 사람들이 시계를 필요로 하기 시작했다는 내용이고, (A)는 그런 사람들의 예로 성직자를 언급한다. (C)는 시계가 처음 발명된 이후로 시계의 중요성이 높아졌고, 오늘날에도 시계가 중요한 역할을 담당하고 있음을 설명한다. 따라서 글의 순서로 가장 적절한 것은 ② '(B) - (A) - (C)'이다.

- **hunt for** ~을 사냥하다
- **carry out** 수행하다
- **device** ⓝ 장치
- **keep track of** ~을 추적하다, 기록하다
- **gradually** ⓐⓓ 점차
- **tell the time** 시간을 알다
- **take off** 이륙하다
- **livestock** ⓝ 가축
- **religious** ⓐ 종교적인
- **measure** ⓥ 측정하다
- **natural cycle** 자연적 주기
- **settlement** ⓝ 정착(지)
- **crash into** ~에 충돌하다
- **land** ⓥ 착륙하다

구문 풀이

12행 Today, clocks are used for important things such as setting busy airport timetables — if the time is incorrect, aeroplanes might crash into each other when taking off or landing!
접속사를 포함한 분사구문(= when they take off or land)

주어진 글 다음에 이어질 글의 순서로 가장 적절한 것을 고르시오.

① (A) - (C) - (B)　　　　② (B) - (A) - (C)
③ (B) - (C) - (A)　　　　④ (C) - (A) - (B)
⑤ (C) - (B) - (A)

Managers are always looking for ways / to increase productivity, / which is the ratio of costs to output in production.
관리자들은 항상 방법을 찾고 있는데, / 생산성을 높일 수 있는 / 이것은 생산에서 비용 대비 생산량의 비율이다.
Adam Smith, / writing when the manufacturing industry was new, / described a way / that production could be made more efficient, / known as the "division of labor."
Adam Smith는 / 제조 산업이 새로 등장했을 때 저술한 / 방식을 설명했고 / 생산이 더 효율적으로 될 수 있는 / 이것은 '노동 분업'으로 알려져 있다.
(C) Making most manufactured goods / involves several different processes / using different skills.
대부분의 공산품을 만드는 것은 / 여러 가지 다른 과정을 포함한다. / 다른 기술을 사용하는
Smith's example was the manufacture of pins: / the wire is straightened, / sharpened, / a head is put on, / and then it is polished.
Smith의 예는 핀의 제조였다. / 철사가 곧게 펴지고, / 뾰족해지고, / 머리가 끼워지고, / 그러고 나서 그것은 다듬어진다.
(B) One worker could do all these tasks, / and make 20 pins in a day.
한 명의 노동자가 이 모든 작업을 할 수 있고, / 하루에 20개의 핀을 만들 수도 있다.
But this work can be divided into its separate processes, / with a number of workers each performing one task.
그러나 이 일은 별개의 과정으로 분리될 수 있다. / 많은 노동자가 각각 한 가지 작업을 수행하며

(A) Because each worker specializes in one job, / he or she can work much faster / without changing from one task to another.
각 노동자는 한 가지 작업을 전문으로 하기 때문에, / 이 사람은 훨씬 더 빠르게 일할 수 있다. / 한 작업에서 다른 작업으로 옮겨가지 않으면서
Now 10 workers can produce thousands of pins in a day / — a huge increase in productivity / from the 200 / they would have produced before.
이제 10명의 노동자가 하루에 수천 개의 핀을 생산할 수 있다. / 이는 큰 증가이다 / 이는 생산성의 큰 증가이다. / 200개로부터 / 이전에 그들이 생산했던

관리자들은 항상 생산성을 높일 수 있는 방법을 찾고 있는데, 생산성은 생산에서 비용 대비 생산량의 비율이다. 제조 산업이 새로 등장했을 때 저술한 Adam Smith는 생산이 더 효율적으로 될 수 있는 방식을 설명했고, 이것은 '노동 분업'으로 알려져 있다.

(C) 대부분의 공산품을 만드는 것은 다른 기술을 사용하는 여러 가지 다른 과정을 포함한다. Smith의 예는 핀의 제조였다. 철사를 곧게 펴고, 뾰족하게 만들고, 머리를 끼운 다음, 그것을 다듬는다.

(B) 한 명의 노동자가 이 모든 작업들을 할 수 있고, 하루에 20개의 핀을 만들 수도 있다. 그러나 이 일은 많은 노동자가 각각 한 가지 작업을 수행하며 별개의 과정으로 분리될 수 있다.

(A) 각 노동자는 한 가지 작업을 전문으로 하기 때문에, 이 사람은 한 작업에서 다른 작업으로 옮겨가지 않으면서 훨씬 더 빠르게 일할 수 있다. 이제 10명의 노동자가 하루에 수천 개의 핀을 생산할 수 있다. 이는 이전에 그들이 생산했던 200개로부터 생산성 측면에서 크게 증가한 것이다.

Why? 왜 정답일까?
'노동 분업'의 개념을 소개하는 주어진 글 뒤로, 핀 제조 과정을 예로 설명하는 (C), 이 제조 과정은 한 사람에 의해 수행될 수도 있지만, 분업으로 진행될 수도 있다고 설명하는 (B), 분업 상황의 장점을 소개하는 (A)가 차례로 이어져야 자연스럽다. 따라서 글의 순서로 가장 적절한 것은 ⑤ '(C) - (B) - (A)'이다.

- **ratio** ⓝ 비율
- **manufacturing industry** 제조업
- **efficient** ⓐ 효율적인
- **specialize in** ~에 특화되다
- **involve** ⓥ 포함하다, 수반하다
- **sharpen** 뾰족하게 하다
- **output** ⓝ 산출
- **describe** ⓥ 설명하다
- **division of labor** 분업
- **a number of** 많은
- **straighten** ⓥ 곧게 펴다
- **polish** ⓥ 다듬다

구문 풀이

12행 But this work can be divided into its separate processes, with a number of workers each performing one task.
「with + 명사 + 분사 : ~이 …한 채로(부대상황 분사구문)」

글의 흐름으로 보아, 주어진 문장이 들어가기에 가장 적절한 곳을 고르시오.

Sometimes the pace of change is far slower.
때때로 변화의 속도는 훨씬 더 느리다.
① The face you saw / reflected in your mirror this morning / probably appeared no different / from the face you saw the day before / — or a week or a month ago.
당신이 본 얼굴은 / 오늘 아침 거울에 비춰진 / 아마도 다르지 않게 보였을 것이다. / 당신이 그 전날에 본 얼굴과 / 또는 일주일이나 한 달 전에
② Yet we know / that the face that stares back at us from the glass / is not the same, / cannot be the same, / as it was 10 minutes ago.
그러나 우리는 안다. / 거울에서 우리를 마주보는 얼굴이 / 같지 않고, / 같을 수 없다는 것을 / 10분 전과
The proof is in your photo album: / Look at a photograph / taken of yourself 5 or 10 years ago / and you see clear differences / between the face in the snapshot / and the face in your mirror.
증거는 당신의 사진 앨범에 있다. / 사진을 보라 / 5년 또는 10년 전에 당신을 찍은 / 그러면 당신은 명확한 차이를 보게 될 것이다. / 스냅사진 속의 얼굴과 / 거울 속 얼굴 사이의
③ If you lived in a world without mirrors for a year / and then saw your reflection, / you might be surprised by the change.
만약 당신이 일 년간 거울이 없는 세상에 살고 / 그 이후 (거울에) 비친 당신의 모습을 본다면, / 당신은 그 변화 때문에 깜짝 놀랄지도 모른다.
④ After an interval of 10 years / without seeing yourself, / you might not at first recognize the person / peering from the mirror.
10년의 기간이 지난 후, / 스스로를 보지 않고 / 당신은 그 사람을 처음에는 알아보지 못할지도 모른다. / 거울에 쳐다보고 있는
⑤ Even something as basic as our own face / changes from moment to moment.
심지어 우리 자신의 얼굴같이 아주 기본적인 것조차도 / 순간순간 변한다.

때때로 변화의 속도는 훨씬 더 느리다. ① 오늘 아침 당신이 거울에 비춰진 것을 본 얼굴은 아마도 당신이 그 전날 또는 일주일이나 한 달 전에 본 얼굴과 다르지 않게 보였을 것이다. ② 그러나 우리는 거울에서 우리를 마주보는 얼굴이 10분 전과 같지 않고, 같을 수 없다는 것을 안다. 증거는 당신의 사진 앨범에 있다. 5년 또는 10년 전에 찍은 당신의 사진을 보면 당신은 스냅사진 속의 얼굴과 거울 속 얼굴 사이의 명확한 차이를 보게 될 것이다. ③ 만약 당신이 일 년간 거울이 없는 세상에 살고 그 이후 (거울에) 비친 당신의 모습을 본다면, 당신은 그 변화 때문에 깜짝 놀랄지도 모른다. ④ 스스로를 보지 않고 10년의 기간이 지난 후, 당신은 거울에서 쳐다보고 있는 사람을 처음에는 알아보지 못할지도 모른다. ⑤ 심지어 우리 자신의 얼굴같이 아주 기본적인 것조차도 순간순간 변한다.

Why? 왜 정답일까?
② 앞은 오늘 아침 거울로 본 얼굴이 전날, 일주일 전 또는 한 달 전에 본 얼굴과 다르지 않았을 것이라는 내용인데, ② 뒤는 얼굴이 명확히 '달라졌다'는 것을 알 수 있는 증거에 관한 내용이다. 즉 ② 앞뒤로 상반된 내용이 제시되어 흐름이 어색하게 끊기므로, 주어진 문장이 들어가기에 가장 적절한 곳은 ②이다.

- **reflect** ⓥ 반사하다
- **snapshot** ⓝ 스냅사진, 짧은 묘사
- **surprised** ⓐ 놀란
- **peer** ⓥ 응시하다
- **clear** ⓐ 명확한
- **reflection** ⓝ (물이나 거울에 비친) 그림자
- **interval** ⓝ 간격
- **from moment to moment** 시시각각

구문 풀이

12행 Even something as basic as our own face changes from moment to
「as + 원급 + as : ~만큼 …한」
moment.

★★ 문제 해결 꿀~팁 ★★

▶ 많이 틀린 이유는?
가장 헷갈리는 ③ 앞을 보면, 우리가 5~10년 전 찍은 사진을 보면 지금 거울로 보는 얼굴과 다르다는 것을 알 수 있다는 내용이며, 주어진 문장 또한 우리 얼굴이 단 10분 사이에도 '달라진다'는 내용이다. 하지만 주어진 문장은 Yet(그럼에도 불구하고)으로 시작하므로, 이 앞에는 '다르지 않다'라는 반대되는 내용이 나와야 한다. 따라서 주어진 문장 내용과 똑같은 내용이 앞에 나오는 ③ 자리에 주어진 문장을 넣을 수는 없다.

▶ 문제 해결 방법은?
② 앞뒤로 발생하는 논리적 공백에 주목하자. ②는 거울로 보는 우리 얼굴이 '별 차이가 없어보인다'는 내용인데, ②는 사진 앨범 속 우리 얼굴이 '명확한 차이'를 보인다는 내용이다. 즉 ② 앞뒤의 의미가 '다르지 않다 ↔ 다르다'로 상반되는 상황인데, 이 경우 반드시 역접 연결어(주어진 문장의 Yet)가 있어야만 한다.

★★★ 등급을 가르는 문제!

39 나이가 들면서 호기심이 줄어드는 까닭   정답률 31% | 정답 ⑤

글의 흐름으로 보아, 주어진 문장이 들어가기에 가장 적절한 곳을 고르시오. [3점]

According to educational psychologist Susan Engel, / curiosity begins to decrease / as young as four years old.
교육 심리학자 Susan Engel에 따르면, / 호기심은 줄어들기 시작한다. / 네 살 정도라는 어린 나이에

By the time we are adults, / we have fewer questions and more default settings.
우리가 어른이 될 무렵, / 질문은 더 적어지고 기본값도 많아진다.

As Henry James put it, / "Disinterested curiosity is past, / the mental grooves and channels set."
Henry James가 말했듯이, / '무관심한 호기심은 없어지고, / 정신의 고랑과 경로가 자리잡는다.'

① The decline in curiosity / can be traced / in the development of the brain through childhood.
호기심의 감소는 / 원인을 찾을 수 있다. / 유년 시절 동안의 뇌의 발달에서

② Though smaller than the adult brain, / the infant brain contains millions more neural connections.
비록 성인의 뇌보다 작지만, / 유아의 뇌는 수백만 개 더 많은 신경 연결을 가지고 있다.

③ The wiring, however, is a mess; / the lines of communication between infant neurons / are far less efficient / than between those in the adult brain.
그러나 연결 상태는 엉망인데, / 유아의 뉴런 간의 전달은 / 훨씬 덜 효율적이다. / 성인 뇌 속 뉴런끼리의 전달보다

④ The baby's perception of the world / is consequently both intensely rich and wildly disordered.
세상에 대한 아기의 인식은 / 결과적으로 매우 풍부하면서도 상당히 무질서하다.

✓ As children absorb more evidence / from the world around them, / certain possibilities become much more likely and more useful / and harden into knowledge or beliefs.
아이들이 더 많은 증거를 흡수함에 따라, / 그들 주변의 세상으로부터 / 특정한 가능성들이 훨씬 더 커지게 되고 더 유용하게 되며 / 지식이나 믿음으로 굳어진다.

The neural pathways / that enable those beliefs / become faster and more automatic, / while the ones / that the child doesn't use regularly / are pruned away.
신경 경로는 / 그러한 믿음을 가능하게 하는 / 더 빠르고 자동적으로 이루어지게 되고, / 반면에 경로는 / 아이가 주기적으로 사용하지 않는 / 제거된다.

교육 심리학자 Susan Engel에 따르면, 호기심은 네 살 정도라는 어린 나이에 줄어들기 시작한다. 우리가 어른이 될 무렵, 질문은 더 적어지고 기본값도 더 많아진다. Henry James가 말했듯이, '무관심한 호기심은 없어지고, 정신의 고랑과 경로가 자리잡는다.' ① 호기심의 감소는 유년 시절 동안의 뇌의 발달에서 원인을 찾을 수 있다. ② 비록 성인의 뇌보다 작지만, 유아의 뇌는 수백만 개 더 많은 신경 연결을 가지고 있다. ③ 그러나 연결 상태는 엉망인데, 유아의 뉴런 간의 전달은 성인 뇌 속 뉴런끼리의 전달보다 훨씬 덜 효율적이다. ④ 결과적으로 세상에 대한 아기의 인식은 매우 풍부하면서도 상당히 무질서하다. ⑤ 아이들이 그들 주변의 세상으로부터 더 많은 증거를 흡수함에 따라, 특정한 가능성들이 훨씬 더 커지게 되고 더 유용하게 되며 지식이나 믿음으로 굳어진다. 그러한 믿음을 가능하게 하는 신경 경로는 더 빠르고 자동적으로 이루어지게 되고, 반면에 아이가 주기적으로 사용하지 않는 경로는 제거된다.

Why? 왜 정답일까?
⑤ 앞은 아기의 인식이 성인에 비해 무질서하다는 내용인데, ⑤ 뒤에서는 갑자기 '믿음'을 언급하며, 신경 경로의 자동화와 제거를 설명한다. 이때 주어진 문장을 보면, 아이들이 주변 세상에서 더 많은 근거를 얻고 더 유용한 가능성들을 취하면서 '믿음'이 굳어지기 시작한다고 한다. 이 '믿음'이 ⑤ 뒤와 연결되는 것이므로, 주어진 문장이 들어가기에 가장 적절한 곳은 ⑤이다.

- **absorb** ⓥ (정보를) 받아들이다
- **educational** ⓐ 교육의
- **decrease** ⓥ 감소하다
- **disinterested** ⓐ 무관심한
- **channel** ⓝ 경로
- **childhood** ⓝ 어린 시절
- **neural** ⓐ 신경의
- **perception** ⓝ 지각, 인식
- **intensely** ⓐⓓ 대단히, 강렬하게
- **pathway** ⓝ 경로
- **prune** ⓥ 가지치기하다
- **harden** ⓥ 굳어지다
- **curiosity** ⓝ 호기심
- **default setting** 기본값
- **groove** ⓝ 고랑
- **development** ⓝ 발달
- **infant** ⓝ 유아
- **mess** ⓝ 엉망
- **consequently** ⓐⓓ 그 결과
- **disordered** ⓐ 무질서한
- **automatic** ⓐ 자동적인

구문 풀이

1행 As children absorb more evidence from the world around them, certain
접속사(~함에 따라)   = children
possibilities become much more likely and more useful and harden into
주격 보어(비교급 형용사)   동사1   동사2
knowledge or beliefs.

★★ 문제 해결 꿀~팁 ★★

▶ 많이 틀린 이유는?
① 뒤의 문장 이후, ②~⑤ 사이의 내용은 모두 부연 설명이다. 호기심이 감소하는 까닭은 뇌 발달에 있다는 일반적인 내용 뒤로, 아이들의 뇌가 성인의 뇌보다 작지만 연결고리가 훨씬 더 많다는 설명, 그렇지만 그 연결고리가 엉망이라는 설명, 그렇기에 아이의 세상 인식은 어른보다 풍부할지언정 무질서하다는 설명이 모두 자연스럽게 이어지고 있다. 주어진 문장은 이 모든 설명이 마무리된 후 '어쩌다' 호기심이 떨어지는 것인지 마침내 언급하는 문장이다.

▶ 문제 해결 방법은?
연결어 힌트가 없어서 난해하게 느껴질 수 있지만, 지시어 힌트를 활용하면 아주 쉽다. ⑤ 뒤에는 '그러한 믿음(those beliefs)'이라는 표현이 나오는데, 이는 앞에서 '믿음'을 언급했어야만 쓸 수 있는 표현이다. 하지만 ⑤ 앞까지는 beliefs가 전혀 등장하지 않고, 오로지 주어진 문장에만 knowledge or beliefs가 등장한다.

★★★ 등급을 가르는 문제!

40 식단의 좋고 나쁨   정답률 53% | 정답 ②

다음 글의 내용을 한 문장으로 요약하고자 한다. 빈칸 (A), (B)에 들어갈 말로 가장 적절한 것은?

	(A)		(B)
①	incorrect 부정확한	……	limited to ~에 한정된
✓②	appropriate 적절한	……	composed of ~로 구성된
③	wrong 틀린	……	aimed at ~을 목표로 하는
④	appropriate 적절한	……	tested on ~에 시험된
⑤	incorrect 부정확한	……	adjusted to ~에 맞춰진

Nearly eight of ten U.S. adults believe / there are "good foods" and "bad foods."
미국 성인 10명 중 거의 8명이 믿는다. / '좋은 음식'과 '나쁜 음식'이 있다고

Unless we're talking / about spoiled stew, poison mushrooms, or something similar, / however, / no foods can be labeled as either good or bad.
우리가 이야기하고 있지 않는 한, / 상한 스튜, 독버섯, 또는 이와 유사한 것에 관해 / 하지만 / 어떤 음식도 좋고 나쁨으로 분류될 수 없다.

There are, / however, / combinations of foods / that add up to a healthful or unhealthful diet.
~이 있다. / 하지만 / 음식들의 조합 / 결국 건강에 좋은 식단이나 건강에 좋지 않은 식단이 되는

Consider the case of an adult / who eats only foods thought of as "good" — for example, / raw broccoli, apples, orange juice, boiled tofu, and carrots.
성인의 경우를 생각해보라. / '좋은' 음식이라고 생각되는 음식만 먹는 / 가령 / 생브로콜리, 사과, 오렌지 주스, 삶은 두부와 당근과 같이

Although all these foods are nutrient-dense, / they do not add up to a healthy diet / because they don't supply / a wide enough variety of the nutrients we need.
비록 이 모든 음식들이 영양이 풍부하지만, / 그것들은 결국 건강한 식단이 되지 않는다. / 그것들이 공급하진 않기에 / 우리가 필요로 하는 충분히 다양한 영양소를

Or take the case of the teenager / who occasionally eats fried chicken, / but otherwise stays away from fried foods.
또는 십 대의 경우를 예로 들어보자. / 튀긴 치킨을 가끔 먹지만, / 다른 경우에는 튀긴 음식을 멀리하는

The occasional fried chicken / isn't going to knock his or her diet off track.
가끔 먹는 튀긴 치킨은 / 이 십 대의 식단을 궤도에서 벗어나게 하지 않을 것이다.

But the person / who eats fried foods every day, / with few vegetables or fruits, / and loads up on supersized soft drinks, candy, and chips for snacks / has a bad diet.
하지만 사람은 / 매일 튀긴 음식을 먹고, / 채소나 과일을 거의 먹지 않으면서 / 간식으로 초대형 탄산음료, 사탕, 그리고 감자 칩으로 배를 가득 채우는 / 식단이 나쁜 것이다.

➡ Unlike the common belief, / defining foods as good or bad / is not (A) appropriate; / in fact, / a healthy diet is determined / largely by what the diet is (B) composed of.
일반적인 믿음과 달리, / 음식을 좋고 나쁨으로 정의하는 것은 / 적절하지 않고, / 사실 / 건강에 좋은 식단이란 결정된다. / 대체로 그 식단이 무엇으로 구성되는지에 의해

미국 성인 10명 중 거의 8명이 '좋은 음식'과 '나쁜 음식'이 있다고 믿는다. 하지만, 우리가 상한 스튜, 독버섯, 또는 이와 유사한 것에 관해 이야기하고 있지 않는 한, 어떤 음식도 좋고 나쁨으로 분류될 수 없다. 하지만, 결국 건강에 좋은 식단이나 건강에 좋지 않은 식단이 되는 음식들의 조합이 있다. 가령 생브로콜리, 사과, 오렌지 주스, 삶은 두부와 당근과 같이 '좋은' 음식이라고 생각되는 음식만 먹는 성인의 경우를 생각해보라. 비록 이 모든 음식들이 영양이 풍부하지만, 그것들은 우리가 필요로 하는 충분히 다양한 영양소를 공급하진 않기에 결국 건강한 식단이 되지 않는다. 또는 튀긴 치킨을 가끔 먹지만, 다른 경우에는 튀긴 음식을 멀리하는 십 대의 경우를 예로 들어보자. 가끔 먹는 튀긴 치킨은 이 십 대의 식단을 궤도에서 벗어나게 하지 않을 것이다. 하지만 채소나 과일을 거의 먹지 않으면서 매일 튀긴 음식을 먹고, 간식으로 초대형 탄산음료, 사탕, 그리고 감자 칩으로 배를 가득 채우는 사람은 식단이 나쁜 것이다.

➡ 일반적인 믿음과 달리, 음식을 좋고 나쁨으로 정의하는 것은 (A) 적절하지 않고, 사실 건강에 좋은 식단이란 대체로 그 식단이 무엇으로 (B) 구성되는지에 의해 결정된다.

Why? 왜 정답일까?
첫 세 문장에서 음식을 절대적으로 좋고 나쁘다고 분류할 수는 없고(~ no foods can be labeled as either good or bad.), 그 조합이 중요하다(There are, however, combinations of foods that add up to a healthful or unhealthful diet.)고 말한다. 따라서 요약문의 빈칸 (A), (B)에 들어갈 말로 가장 적절한 것은 ② 'A) appropriate(적절한), (B) composed of(~로 구성되는)'이다.

- **nearly** ⓐⓓ 거의
- **spoiled** ⓐ 상한
- **label A as B** A를 B라고 분류하다
- **add up to** 결국 ~이 되다
- **broccoli** ⓝ 브로콜리
- **nutrient-dense** ⓐ 영양이 풍부한
- **nutrient** ⓝ 영양분
- **otherwise** ⓐⓓ 그렇지 않으면, 다른 경우에는
- **off track** 제 길에서 벗어난
- **composed of** ~로 구성된
- **unless** ⓒⓞⓝⓙ ~하지 않는 한
- **poison mushroom** 독버섯
- **combination** ⓝ 조합
- **healthful** ⓐ 건강에 좋은
- **tofu** ⓝ 두부
- **a wide variety of** 매우 다양한
- **occasionally** ⓐⓓ 가끔
- **stay away from** ~을 멀리하다
- **load up on** ~로 배를 가득 채우다

2행 Unless we're talking about spoiled stew, poison mushrooms, or something
접속사(~하지 않는 한)
similar, however, no foods can be labeled as either good or bad.
「A + be labeled as + B : A가 B라고 분류되다」

★★ 문제 해결 꿀~팁 ★★

▶ 많이 틀린 이유는?
두 번째 문장에서 음식을 절대적으로 좋고 나쁘다고 분류할 수 없다고 언급하는 것으로 보아, 음식의 분류가 '부정확하지' 않다. 즉 '정확하다'는 의미를 완성하는 ①과 ⑤의 incorrect를 (A)에 넣기는 부적절하다.

▶ 문제 해결 방법은?
글 초반에 however가 두 번 연속해 등장하여 주제를 강조한다. Consider 이하는 이 주제에 대한 사례이므로 결론만 가볍게 확인하며 읽어도 충분하다.

41-42 농업 발전과 생활 변화

Early hunter-gatherer societies had (a) minimal structure.
초기 수렵 채집인 사회는 최소한의 구조만 가지고 있었다.
A chief or group of elders / usually led the camp or village.
추장이나 장로 그룹이 / 주로 캠프나 마을을 이끌었다.
Most of these leaders / had to hunt and gather / along with the other members / because the surpluses of food and other vital resources / were seldom (b) sufficient / to support a full-time chief or village council.
대부분의 이러한 지도자들은 / 사냥과 채집을 해야 했다 / 다른 구성원들과 함께 / 왜냐하면 식량과 기타 필수 자원의 잉여분이 / 충분한 경우가 드물었기 때문에 / 전임 추장이나 마을 의회를 지원할 만큼
「The development of agriculture changed work patterns.」 41번의 근거
농업의 발전은 작업 패턴을 변화시켰다.
Early farmers could reap 3-10 kg of grain / from each 1 kg of seed planted.
초기 농부들은 3~10kg의 곡물을 수확할 수 있었다 / 심은 씨앗 1kg마다
Part of this food/energy surplus / was returned to the community / and (c) provided support for nonfarmers / such as chieftains, village councils, men who practice medicine, priests, and warriors.
이 식량/에너지 잉여분의 일부는 / 지역 사회에 환원되었고 / 비농민에 대한 지원을 제공했다 / 족장, 마을 의회, 의술가, 사제, 전사와 같은
42번의 근거
「In return, / the nonfarmers provided leadership and security / for the farming population, / enabling it / to continue to increase food/energy yields / and provide ever larger surpluses.」
그 대가로, / 비농민들은 리더십과 안보를 제공하여, / 농업 인구에게 / 그들이 ~할 수 있게 하였다 / 식량/에너지 생산량을 지속적으로 늘리고 / 항상 더 많은 잉여를 제공할 수 있게
With improved technology and favorable conditions, / agriculture produced consistent surpluses of the basic necessities, / and population groups grew in size.
개선된 기술과 유리한 조건으로, / 농업은 기본 생필품의 지속적인 흑자를 창출했고, / 인구 집단 규모가 커졌다.
These groups concentrated in towns and cities, / and human tasks (d) specialized further.
이러한 집단은 마을과 도시에 집중되었고, / 인간의 업무는 더욱 전문화되었다.
Specialists / such as carpenters, blacksmiths, merchants, traders, and sailors / developed their skills / and became more efficient / in their use of time and energy.
전문가들은 / 목수, 대장장이, 상인, 무역업자, 선원과 같은 / 기술을 계발하고 / 더 효율적이 되었다 / 자신의 시간과 에너지 사용 면에서
「The goods and services they provided / brought about / an (e) improved quality of life, / a higher standard of living, / and, for most societies, / increased stability.」 41번의 근거
그들이 제공한 재화와 서비스는 / 가져왔다 / 삶의 질 향상, / 생활 수준 개선, / 그리고 대부분의 사회에서 / 안정성의 향상을

초기 수렵 채집인 사회는 (a) 최소한의 구조만 가지고 있었다. 추장이나 장로 그룹이 주로 캠프나 마을을 이끌었다. 식량과 기타 필수 자원의 잉여분이 전임 추장이나 마을 의회를 지원할 만큼 (b) 충분한 경우가 드물었기 때문에 대부분의 이러한 지도자들은 다른 구성원들과 함께 사냥과 채집을 해야 했다. 농업의 발전은 작업 패턴을 변화시켰다. 초기 농부들은 심은 씨앗 1kg마다 3~10kg의 곡물을 수확할 수 있었다. 이 식량/에너지 잉여분의 일부는 지역 사회에 환원되었고 족장, 마을 의회, 의술가, 사제, 전사와 같은 비농민에 대한 지원을 (c) 제한했다(→ 제공했다). 그 대가로, 비농민들은 농업 인구에게 리더십과 안보를 제공하여, 그들이 식량/에너지 생산량을 지속적으로 늘리고 항상 더 많은 잉여를 제공할 수 있게 하였다. 개선된 기술과 유리한 조건으로, 농업은 기본 생필품의 지속적인 흑자를 창출했고, 인구 집단은 규모가 커졌다. 이러한 집단은 마을과 도시에 집중되었고, 인간의 업무는 더욱 (d) 전문화되었다. 목수, 대장장이, 상인, 무역업자, 선원과 같은 전문가들은 기술을 계발하고 자신의 시간과 에너지 사용을 더 효율적으로 하게 되었다. 그들이 제공한 재화와 서비스로 인해 삶의 질 (e) 향상, 생활 수준 개선, 그리고 대부분의 사회에서 안정성의 향상을 가져왔다.

- hunter-gatherer ⑩ 수렵 채집인
- vital ⓐ 필수적인, 매우 중요한
- reap ⓥ (농작물을) 베어들이다
- practice medicine 의사로 개업하다, 의술을 행하다
- warrior ⑩ 전사
- yield ⑩ 수확량
- concentrate ⓥ 집중되다
- blacksmith ⑩ 대장장이
- bring about ~을 야기하다, 초래하다, 가져오다
- surplus ⑩ 잉여, 흑자
- sufficient ⓐ 충분한
- chieftain ⑩ 수령, 두목
- security ⑩ 안보
- basic necessity 기본 필수품
- carpenter ⑩ 목수
- sailor ⑩ 선원
- stability ⑩ 안정성

구문 풀이

20행 The goods and services [they provided] brought about an improved quality
주어   동사   목적어1
of life, a higher standard of living, and, for most societies, increased stability.
목적어2   목적어3

---

41 제목 파악 | 정답률 61% | 정답 ①

윗글의 제목으로 가장 적절한 것은?
☑ How Agriculture Transformed Human Society
농업은 어떻게 인간 사회를 바꿨나
② The Dark Shadow of Agriculture: Repetition
농업의 어두운 그늘: 반복

---

③ How Can We Share Extra Food with the Poor?
우리는 가난한 사람들과 남은 음식을 어떻게 나눌 수 있을까?
④ Why Were Early Societies Destroyed by Agriculture?
왜 초기 사회는 농업으로 파괴되었나?
⑤ The Advantages of Large Groups Over Small Groups in Farming
농업에 있어 대규모 집단이 소규모 집단보다 유리한 점

Why? 왜 정답일까?

농업 이전 사회에서는 비교적 단순했던 사회 구조가 농업 이후로 어떻게 변화했는지 설명하는 내용이다. 우선 작업의 패턴이 변하고(The development of agriculture changed work patterns.), 잉여 생산물이 늘어남에 따라 사회 규모가 바뀌면서 삶의 질이 향상되었다(~ an improved quality of life, a higher standard of living, and, for most societies, increased stability.)는 설명이 주를 이룬다. 따라서 글의 제목으로 가장 적절한 것은 ① '농업은 어떻게 인간 사회를 바꿨나'이다.

---

42 어휘 추론 | 정답률 58% | 정답 ③

밑줄 친 (a)~(e) 중에서 문맥상 낱말의 쓰임이 적절하지 않은 것은? [3점]
① (a) ② (b) ☑③ (c) ④ (d) ⑤ (e)

Why? 왜 정답일까?

In return 앞는 농민이 비농민에게 무언가를 해준 '보답으로' 비농민 또한 농민에게 안보를 제공하여 생산에 집중하게 했다는 내용이다. 즉 (c)는 농민의 잉여 생산물이 비농민에 대한 지원을 '제공하는 데' 쓰였다는 의미일 것이므로, limited 대신 provided를 써야 자연스럽다. 따라서 문맥상 낱말의 쓰임이 적절하지 않은 것은 ③ '(c)'이다.

43-45 모르는 노인의 임종을 지킨 군인

(A)
A nurse took a tired, anxious soldier to the bedside.
한 간호사가 피곤하고 불안해하는 군인을 침대 곁으로 데려갔다.
"Jack, your son is here," / the nurse said to an old man / lying on the bed.
"Jack, 당신 아들이 왔어요."라고 / 간호사가 노인에게 말했다. / 침대에 누워있는
She had to repeat the words several times / before the old man's eyes opened.
그녀는 그 말을 여러 번 반복해야 했다 / 그 노인이 눈을 뜨기 전에
「Suffering from the severe pain / because of heart disease, / he barely saw the young uniformed soldier / standing next to him.」 45번 ①의 근거 일치
극심한 고통을 겪고 있던 / 심장병 때문에 / 그는 제복을 입은 젊은 군인을 간신히 보았다 / 자기 옆에 서 있는
(a) He reached out his hand to the soldier.
그는 손을 그 군인에게 뻗었다.

(D)
The soldier gently wrapped his fingers / around the weak hand of the old man.
그 군인은 부드럽게 자기 손가락을 감쌌다 / 노인의 병약한 손 주위로
「The nurse brought a chair / so that the soldier could sit beside the bed.」 45번 ④의 근거 일치
간호사는 의자를 가져왔다 / 군인이 침대 옆에 앉을 수 있도록
All through the night / the young soldier sat there, / holding the old man's hand / and offering (e) him words of support and comfort.
밤새 / 젊은 군인은 거기에 앉아, / 노인의 손을 잡고 / 그에게 지지와 위로의 말을 건넸다.
「Occasionally, / she suggested / that the soldier take a rest for a while.
가끔, / 그녀는 제안했다 / 군인에게 잠시 쉬라고
He politely said no.」 45번 ⑤의 근거 일치
그는 정중하게 거절했다.

(B)
Whenever the nurse came into the room, / she heard the soldier say a few gentle words.
간호사가 병실에 들어올 때마다, / 그녀는 그 군인이 상냥한 말을 하는 것을 들었다.
The old man said nothing, / only held tightly to (b) him all through the night.
노인은 아무 말도 하지 않았다. / 밤새도록 그에게 손만 꼭 잡은 채로
Just before dawn, / the old man died.
동트기 직전에, / 그 노인은 죽었다.
「The soldier released the old man's hand / and left the room to find the nurse.」 45번 ②의 근거 일치
그 군인은 노인의 손을 놓고 / 간호사를 찾기 위해 병실을 나갔다.
After she was told what happened, / she went back to the room with him.
그녀가 무슨 일이 있었는지 들은 후, / 그녀는 그와 함께 병실로 돌아갔다.
The soldier hesitated for a while and asked, / "Who was this man?"
군인은 잠시 머뭇거리고는 물었다. / "그분은 누구였나요?"라고

(C)
She was surprised and asked, / "Wasn't he your father?"
그녀는 깜짝 놀라서 물었다. / "그가 당신의 아버지가 아니었나요?"
「"No, he wasn't. / I've never met him before," / the soldier replied.」 45번 ③의 근거 불일치
"아니요. / 저는 그분을 이전에 만난 적이 없어요."라고 / 군인이 대답했다.
She asked, / "Then why didn't you say something / when I took you to (c) him?"
그녀는 물었다. / "그러면 당신은 왜 아무 말도 하지 않았나요? / 내가 당신을 그에게 안내했을 때"
He said, / "I knew there had been a mistake, / but when I realized / that he was too sick to tell / whether or not I was his son, / I could see how much (d) he needed me. / So, I stayed."
그가 말했다. / "저는 실수가 있었다는 것을 알았지만, / 제가 알게 되었을 때, / 그분이 너무 위독해서 구별할 수 없다는 걸 / 제가 아들인지 아닌지 / 저는 그가 얼마나 저를 필요로 하는지 알 수 있었습니다. / 그래서 저는 머물렀습니다."

(A)
한 간호사가 피곤하고 불안해하는 군인을 침대 곁으로 데려갔다. "Jack, 당신 아들이 왔어요."라고 간호사가 침대에 누워있는 노인에게 말했다. 그 노인이 눈을 뜨기 전에 그녀는 그 말을 여러 번 반복해야 했다. 심장병 때문에 극심한 고통을 겪고 있던 그는 제복을 입은 젊은 군인이 자기 옆에 선 것을 간신히 보았다. (a) 그는 손을 그 군인에게 뻗었다.

(D)
그 군인은 노인의 병약한 손을 부드럽게 감쌌다. 간호사는 군인이 침대 옆에 앉을 수 있도록 의자를 가져왔다. 밤새 젊은 군인은 거기에 앉아, 노인의 손을 잡고 (e) 그에게 지지와 위로의 말을 건넸다. 가끔, 그녀는 군인에게 잠시 쉬라고 제안했다. 그는 정중하게 거절했다.

(B)
간호사가 병실에 들어올 때마다, 그녀는 그 군인이 상냥한 말을 하는 것을 들었다. 밤새도록

(b) 그에게 손만 꼭 잡힌 채로 노인은 아무 말도 하지 않았다. 동트기 직전에, 그 노인은 죽었다. 그 군인은 노인의 손을 놓고 간호사를 찾기 위해 병실을 나갔다. 그녀가 무슨 일이 있었는지 들은 후, 그녀는 그와 함께 병실로 돌아갔다. 군인은 잠시 머뭇거리고는 "그분은 누구였나요?"라고 물었다.

(C)

그녀는 깜짝 놀라서 물었다. "그가 당신의 아버지가 아니었나요?" "아니요. 저는 그분을 이전에 만난 적이 없어요."라고 군인이 대답했다. 그녀는 물었다. "그러면 내가 당신을 (c) 그에게 안내했을 때 왜 아무 말도 하지 않았나요?" 그가 말했다. "저는 실수가 있었다는 것을 알았지만, 그분이 너무도 위독해서 제가 아들인지 아닌지 구별할 수 없다는 걸 알게 되었을 때, 저는 (d) 그가 얼마나 저를 필요로 하는지 알 수 있었습니다. 그래서 저는 머물렀습니다."

- **severe** ⓐ 극심한
- **reach out one's hand** 손을 뻗다
- **hesitate** ⓥ 주저하다
- **barely** ⓐⓓ 간신히 ~하다, 거의 못 ~하다
- **dawn** ⓝ 새벽

구문 풀이

(A) 4행 Suffering from the severe pain because of heart disease, he barely saw the young uniformed soldier standing next to him.
분사구문 / 전치사(~ 때문에) / 지각동사 / 목적어 / 현재분사

(D) 2행 The nurse brought a chair so that the soldier could sit beside the bed.
접속사(~하도록)

---

43 글의 순서 파악 정답률 77% | 정답 ④

주어진 글 (A)에 이어질 내용을 순서에 맞게 배열한 것으로 가장 적절한 것은?

① (B) – (D) – (C) ② (C) – (B) – (D)
③ (C) – (D) – (B) ✔(D) – (B) – (C)
⑤ (D) – (C) – (B)

Why? 왜 정답일까?

간호사가 한 군인을 임종이 임박한 노인에게 데려갔다는 내용의 (A) 뒤로, 군인이 노인 곁에 밤새 있었다는 내용의 (D), 마침내 노인이 임종한 뒤 군인이 그 노인이 누구였는지 물었다는 내용의 (B), 간호사가 놀라서 왜 노인 곁에 있었는지 묻고 군인이 답했다는 내용의 (C)가 순서대로 이어져야 자연스럽다. 따라서 글의 순서로 가장 적절한 것은 ④ '(D) – (B) – (C)'이다.

---

44 지칭 추론 정답률 64% | 정답 ②

밑줄 친 (a)~(e) 중에서 가리키는 대상이 나머지 넷과 다른 것은?

① (a) ✔(b) ③ (c) ④ (d) ⑤ (e)

Why? 왜 정답일까?

(a), (c), (d), (e)는 the old man, (b)는 the soldier를 가리키므로, (a)~(e) 중에서 가리키는 대상이 다른 하나는 ② '(b)'이다.

---

45 세부 내용 파악 정답률 75% | 정답 ③

윗글에 관한 내용으로 적절하지 않은 것은?

① 노인은 심장병으로 극심한 고통을 겪고 있었다.
② 군인은 간호사를 찾기 위해 병실을 나갔다.
✔군인은 노인과 이전에 만난 적이 있다고 말했다.
④ 간호사는 군인이 앉을 수 있도록 의자를 가져왔다.
⑤ 군인은 잠시 쉬라는 간호사의 제안을 정중히 거절하였다.

Why? 왜 정답일까?

(C) "No, he wasn't. I've never met him before."에서 군인은 노인을 만난 적이 없다고 말하므로, 내용과 일치하지 않는 것은 ③ '군인은 노인과 이전에 만난 적이 있다고 말했다.'이다.

Why? 왜 오답일까?

① (A) 'Suffering from the severe pain because of heart disease, ~'의 내용과 일치한다.
② (B) 'The soldier ~ left the room to find the nurse.'의 내용과 일치한다.
④ (D) 'The nurse brought a chair so that the soldier could sit beside the bed.'의 내용과 일치한다.
⑤ (D) 'Occasionally, she suggested that the soldier take a rest for a while. He politely said no.'의 내용과 일치한다.

· 정답 ·

01② 02① 03⑤ 04⑤ 05① 06③ 07① 08⑤ 09⑤ 10④ 11① 12③ 13③ 14④ 15④
16② 17③ 18② 19② 20⑤ 21③ 22① 23② 24① 25⑤ 26③ 27④ 28② 29④ 30②
31① 32② 33③ 34② 35④ 36③ 37⑤ 38④ 39⑤ 40③ 41① 42④ 43④ 44② 45④

★ 표기된 문항은 [등급을 가르는 문제]에 해당하는 문항입니다.

---

01 건물 벽 페인트 작업 공지 정답률 97% | 정답 ②

다음을 듣고, 남자가 하는 말의 목적으로 가장 적절한 것을 고르시오.

① 사생활 보호의 중요성을 강조하려고
✔건물 벽 페인트 작업을 공지하려고
③ 회사 근무시간 변경을 안내하려고
④ 새로운 직원 채용을 공고하려고
⑤ 친환경 제품 출시를 홍보하려고

M : Good afternoon, this is the building manager, Richard Carson.
안녕하세요, 건물 관리인인 Richard Carson입니다.
We are planning to have the walls painted on our building next week.
다음 주에 우리 건물 벽에 페인트를 칠할 계획입니다.
The working hours will be from 9 a.m. to 6 p.m.
작업 시간은 오전 9시부터 오후 6시로 예정되어 있습니다.
Don't be surprised to see workers outside your windows.
창문 밖으로 작업자들을 보고 놀라지 마세요.
Please keep your windows closed while they are painting.
그들이 칠하는 동안, 창문을 닫고 계시기 바랍니다.
There might be some smell from the paint.
페인트 냄새가 조금 날 수도 있습니다.
But don't worry. It is totally safe and eco-friendly.
하지만 걱정 마세요. 완전히 안전하고 친환경적입니다.
Sorry for any inconvenience and thank you for your cooperation.
불편을 끼쳐 사과드리고 협조에 감사합니다.

Why? 왜 정답일까?

건물 벽 페인트 작업이 예정되어 있다(We are planning to have the walls painted on our building next week.)는 내용으로 보아, 남자가 하는 말의 목적으로 가장 적절한 것은 ② '건물 벽 페인트 작업을 공지하려고'이다.

- **eco-friendly** ⓐ 친환경적인
- **cooperation** ⓝ 협조

---

02 속도 제한 준수 정답률 96% | 정답 ①

대화를 듣고, 여자의 의견으로 가장 적절한 것을 고르시오.

✔운전자는 제한 속도를 지켜야 한다.
② 교통경찰을 더 많이 배치해야 한다.
③ 보행자의 부주의가 교통사고를 유발한다.
④ 교통사고를 목격하면 즉시 신고해야 한다.
⑤ 대중교통을 이용하면 이동시간을 줄일 수 있다.

M : Hello, Veronica.
안녕, Veronica.
W : Hi, Jason. I heard that you are trying to get a driver's license these days. How is it going?
안녕, Jason. 나 네가 요새 운전 면허를 따려고 한다고 들었어. 어떻게 돼 가?
M : You know what? I already got it. Look!
있잖아, 이미 땄어. 이거 봐!
W : Oh, good for you! How was the driving test?
오, 잘됐다! 운전 시험은 어땠어?
M : Well, while taking the driving test, I was very nervous because some people were driving so fast.
음, 운전 시험을 보는 동안, 몇몇 사람들이 너무 빨리 달려서 난 아주 긴장했어.
W : But there are speed limit signs everywhere.
그치만 모든 곳에 속도 제한 표시가 있잖아.
M : Right, there are. But so many drivers ignore speed limits these days.
맞아, 있지. 하지만 요새 속도 제한을 무시하는 사람들이 너무 많아.
W : That's terrible. Those drivers could cause serious car accidents.
끔찍해. 그런 운전자들은 심각한 교통사고를 낼 수도 있어.
M : That's true. Driving too fast can be dangerous for everybody.
맞아. 너무 빨리 운전하는 건 모두에게 위험할 수 있어.
W : Exactly. In my opinion, all drivers should follow the speed limits.
바로 그 말이야. 내 생각에, 모든 운전자들은 속도 제한을 지켜야 해.
M : I totally agree with you.
네 말에 전적으로 동의해.

Why? 왜 정답일까?

모든 운전자들은 제한 속도를 따라야 한다(In my opinion, all drivers should follow the speed limits.)는 여자의 말로 보아, 여자의 의견으로 가장 적절한 것은 ① '운전자는 제한 속도를 지켜야 한다.'이다.

- **get a driver's license** 운전 면허를 따다
- **follow** ⓥ 지키다, 따르다
- **speed limit** 속도 제한

---

03 숙제를 위해 책 빌리기 정답률 96% | 정답 ⑤

대화를 듣고, 두 사람의 관계를 가장 잘 나타낸 것을 고르시오.

① 작가 – 출판사 직원	② 관람객 – 박물관 해설사
③ 손님 – 주방장	④ 탑승객 – 항공 승무원
✔ 학생 – 사서	

W : Excuse me. Can you help me find some books for my homework?
실례합니다. 제가 숙제에 필요한 책을 좀 찾게 도와주실래요?

M : Sure. What is your homework about?
물론이죠. 어떤 숙제인가요?

W : It's for my history class. The topic is the relationship between France and Germany.
역사 수업 숙제고요. 주제는 프랑스와 독일의 관계예요.

M : What about this world history book?
이 세계사 책은 어떠세요?

W : It looks good. Do you have any other books?
괜찮아 보여요. 다른 책도 있나요?

M : I can also recommend this European history book.
이 유럽사 책도 추천해 드릴게요.

W : Great. How many books can I borrow at a time?
좋아요. 제가 한 번에 책을 몇 권 빌릴 수 있나요?

M : You can borrow up to four books for three weeks each.
한 권당 3주 동안 네 권까지 빌릴 수 있어요.

W : Okay. I'll take these two books, then.
알겠습니다. 그럼 이 두 권을 빌릴게요.

M : All right. *[Beep sound]* Don't forget to return them on time.
알겠습니다. [삐 소리] 제때 반납하는 것 잊지 마세요.

Why? 왜 정답일까?

'Can you help me find some books for my homework?', 'You can borrow up to four books for three weeks each.' 등에서 여자는 숙제에 참고할 책을 찾는 학생이고, 남자는 도서관 사서임을 알 수 있으므로, 두 사람의 관계로 가장 적절한 것은 ⑤ '학생 – 사서'이다.

● up to ~까지　　　　　● return ⓥ 반납하다
● on time 제때

---

04 아이 방 구경하기　　　정답률 85% | 정답 ⑤

대화를 듣고, 그림에서 대화의 내용과 일치하지 <u>않는</u> 것을 고르시오.

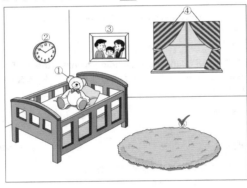

M : Honey, come to Lucy's room. Look at what I did for her.
여보, Lucy 방에 좀 와 봐요. 내가 아이를 위해 해놓은 것 좀 봐요.

W : It looks great. 「Is that a toy bear on the bed?」 ①의 근거 일치
근사해 보이네요. 침대 위에 있는 저건 곰 인형이에요?

M : Yes. That's right. She can sleep with the toy bear.
네, 맞아요. 아이는 곰 인형과 함께 잠들 수 있어요.

W : It's cute. 「Oh, and I like the round clock on the wall.」 ②의 근거 일치
귀여워요. 오, 그리고 벽에 걸린 동그란 시계가 마음에 드네요.

M : The round clock goes well with the room, doesn't it? 「How do you like the family picture next to the window?」 ③의 근거 일치
동그란 시계가 방에 잘 어울리네요. 그렇죠? 창문 옆에 있는 가족사진은 어떠세요?

W : That's so sweet. 「I also love the striped curtains on the window.」 ④의 근거 일치
정말 보기 좋아요. 창문에 걸린 줄무늬 커튼도 마음에 들어요.

M : I'm happy you like them. 「What do you think of the star-shaped rug on the floor?」 ⑤의 근거 불일치
당신이 좋아하니 기뻐요. 바닥에 깔린 별 모양 깔개는 어때요?

W : It is lovely. Lucy will feel safe and warm on the rug.
귀여워요. Lucy가 깔개 위에서 안전하고 따뜻한 기분을 느낄 거예요.

M : Looks like everything's prepared.
모든 게 준비된 것 같네요.

W : Thanks, honey. You've done a great job.
고마워요, 여보. 정말 잘했어요.

Why? 왜 정답일까?

대화에서는 바닥에 별 모양 깔개가 있다(What do you think of the star-shaped rug on the floor?)고 하는데, 그림의 깔개는 동그란 모양이다. 따라서 그림에서 대화의 내용과 일치하지 않는 것은 ⑤이다.

● toy bear 곰 인형　　　　　● round ⓐ 원형의
● go well with ~와 잘 어울리다　　● How do you like ~? ~이 어때요?
● What do you think of ~? ~을 어떻게 생각해요?

---

05 영화 약속 전에 보고서 내기　　정답률 95% | 정답 ①

대화를 듣고, 남자가 할 일로 가장 적절한 것을 고르시오.

① ✔ 보고서 제출하기　　　② 티켓 예매하기
③ 자전거 수리하기　　　　④ 축구 연습하기
⑤ 팝콘 구입하기

W : David, did you fix your bicycle yesterday?
David, 너 어제 네 자전거 고쳤어?

M : Yes. Luckily, I was able to fix it by myself. How was your soccer practice, Christine?
응. 다행히도 나 혼자 고칠 수 있었어. 너 축구 연습은 어땠어, Christine?

W : A new coach came to our soccer club and we practiced very hard.
우리 축구 동아리에 새로운 코치님이 와서 우린 아주 열심히 연습했어.

M : You must be so tired. Do you still want to see a movie this afternoon?
되게 피곤하겠네. 그래도 오늘 오후에 영화 보러 가는 거 괜찮겠어?

W : Of course. I booked the tickets two weeks ago.
물론이지. 난 표를 2주 전에 예매했어.

M : All right. Let's get going.
알겠어. 같이 가자.

W : Wait, did you email your science report to Mr. Smith? It's due today.
잠깐만, 너 Smith 선생님께 이메일로 과학 보고서 냈어? 오늘이 마감이야.

M : *[Pause]* Oh, no! I finished it but forgot to send it. What should I do?
[잠시 멈춤] 오, 이런! 나 그거 끝냈는데 보내는 걸 깜빡했어. 어떻게 해야 하지?

W : Why don't you send it before meeting me at the movie theater?
나랑 영화관에서 만나기 전에 그걸 보내 놓으면 어때?

M : Good idea. I'll go home quickly and send the report, but can you buy some popcorn for me before I get there?
좋은 생각이야. 빨리 집으로 가서 보고서 낼게. 근데 내가 도착하기 전에 네가 팝콘 좀 사 놓을 수 있어?

W : No problem. See you there.
문제 없지. 거기서 봐.

Why? 왜 정답일까?

남자는 과학 보고서를 다 작성했지만 제출하는 것을 깜빡 잊어서, 여자를 영화관에서 만나기 전에 보고서를 메일로 제출하고 오겠다(I'll go home quickly and send the report, ~)고 하므로, 남자가 할 일로 가장 적절한 것은 ① '보고서 제출하기'이다.

● fix ⓥ 고치다　　● due ⓐ 기한인, ~하기로 되어 있는

---

06 놀이공원 표 사기　　　정답률 85% | 정답 ③

대화를 듣고, 여자가 지불할 금액을 고르시오. [3점]

① $40　② $60　③ ✔ $80　④ $100　⑤ $120

M : Good morning. Welcome to Happy Land.
안녕하세요. Happy Land에 잘 오셨습니다.

W : Hello. I'd like to buy some tickets. How much are they?
안녕하세요. 전 표를 좀 사고 싶어요. 얼마인가요?

M : $20 for the amusement park and $10 for the water park. How many tickets do you need?
놀이공원 표는 20달러이고, 워터파크 표는 10달러이에요. 표가 몇 장 필요하신가요?

W : We're five people in total, and we only want to go to the amusement park.
저희는 총 다섯 명이고, 놀이공원만 가고 싶어요.

M : Okay. Do you have any discount coupons?
알겠습니다. 할인 쿠폰 가지고 계신가요?

W : I printed out a birthday coupon from your website. It's my birthday today.
웹 사이트에서 생일 쿠폰을 출력해 왔어요. 오늘 제 생일이거든요.

M : It's your birthday? Just let me check your ID, please.
생일이세요? 그럼 신분증만 확인할게요.

W : Here you are.
여기 있어요.

M : Oh, happy birthday! With your birthday coupon, your ticket is free.
오, 생일 축하드립니다! 생일 쿠폰이 있으면 본인 표는 무료예요.

W : That's great. Please give me five tickets including my ticket.
잘됐네요. 제 거 포함해서 표 다섯 장 주세요.

M : Let me see. That'll be four people at the original price, and one person with a birthday coupon.
확인하겠습니다. 네 분은 정가이고, 한 분은 생일 쿠폰이 있으시고요.

W : Right. Here is my credit card.
맞아요. 여기 제 신용 카드요.

Why? 왜 정답일까?

대화에 따르면 여자는 일행 넷과 함께 놀이공원에 입장하려 하는데, 여자 본인은 생일 쿠폰이 있어 표 값을 내지 않아도 된다. 놀이공원 표는 1인당 20달러이므로, 여자가 지불할 금액은 4인 표의 정가인 ③ '$80'이다.

● amusement park 놀이공원　　　● print out ~을 출력하다
● original price 정가

---

07 음식 부스에 갈 수 없는 이유　　정답률 97% | 정답 ①

대화를 듣고, 남자가 음식 부스에 갈 수 <u>없는</u> 이유로 가장 적절한 것을 고르시오.

① ✔ 밴드 오디션 연습을 해야 해서
② 보드게임 부스를 설치해야 해서
③ 영어 프로젝트를 끝내야 해서
④ 샌드위치를 준비해야 해서
⑤ 친구를 만나러 가야 해서

W : Hi, Alex. How is it going?
안녕, Alex. 잘 지내니?

M : I'm good. Thanks. I've just finished my English project. How about you, Tracy?
잘 지내. 고마워. 영어 프로젝트를 막 끝낸 참이야. 넌 어때, Tracy?

W : I'm a little busy preparing for my food booth.
난 음식 부스를 준비하느라 약간 바빠.

M : A food booth? What for?
음식 부스? 왜?

W : My school festival is next Tuesday. I'm running a food booth that day.
우리 학교 축제가 다음 주 화요일이야. 난 그날 음식 부스를 운영해.

M : That is so cool. What is on the menu?
근사하네. 메뉴가 뭐야?

W : We're making sandwiches. You should come.
우린 샌드위치를 만들 거야. 너도 와.

M : I'd love to, but I can't.
나도 가고 싶은데 그럴 수가 없네.

W : You can't? I was really looking forward to seeing you at my school.
못 온다고? 난 우리 학교에서 널 만나길 고대했는데.

M : I'm terribly sorry. I have to practice for a band audition.
진짜 미안해. 난 밴드 오디션을 위해 연습해야 해.

W : Oh, I see. Well, good luck with your audition.
오, 그렇구나. 그럼, 오디션에 행운을 빌어줄게.

M : Thank you.
고마워.

Why? 왜 정답일까?

남자는 밴드 오디션 연습 때문에(I have to practice for a band audition.) 여자가 학교 축제 때 운영하는 음식 부스에 가볼 수 없다고 하므로, 남자가 음식 부스에 갈 수 없는 이유로 가장 적절한 것은 ① '밴드 오디션 연습을 해야 해서'이다.

- **be busy ~ing** ~하느라 바쁘다
- **look forward to** ~을 고대하다
- **run** ⓥ 운영하다
- **terribly** ⓐⓓ 너무, 대단히

---

08 스페인 문화 수업   정답률 97% | 정답 ⑤

대화를 듣고, Spanish culture class에 관해 언급되지 <u>않은</u> 것을 고르시오.
① 강사   ② 활동 종류   ③ 수업 요일
④ 준비물   ✓ 수강료

[Telephone rings.]
[전화벨이 울린다.]

W : Hello, this is the World Culture Center. How can I help you?
안녕하세요, World Culture Center입니다. 무엇을 도와드릴까요?

M : Hi, I'm calling about a Spanish culture class for my teenage son.
안녕하세요, 전 제 십 대 아들을 위한 스페인 문화 수업 때문에 전화 드렸어요.

W : Okay. We have an interesting class for teenagers.
그러시군요. 저희는 십대 들을 위한 흥미로운 수업을 열고 있어요.

M : Great. 「Who teaches it?」
좋아요. 강사가 누구인가요?

W : A Korean teacher and a native speaker teach it together.」 ①의근거 일치
한국인 선생님 한 분과 원어민 선생님 한 분이 함께 가르칩니다.

M : 「What kind of activities are there in the class?」
수업에서 어떤 활동을 하나요?

W : Students can cook traditional foods, learn new words, and try on traditional clothing.」 ②의근거 일치
학생들은 전통 음식을 만들고, 새로운 단어를 배우고, 전통 복장을 체험해요.

M : 「On what day is the class?」
수업이 무슨 요일에 있나요?

W : It's on Wednesday and Friday afternoons.」 ③의근거 일치
수요일과 금요일 오후입니다.

M : I see. 「Is there anything my son should prepare before the class?」
그렇군요. 제 아들이 수업 전에 준비해야 할 게 있나요?

W : He just needs to bring a pen and a notebook.」 The center provides all the other class materials. ④의근거 일치
그냥 펜하고 공책만 지참하시면 돼요. 다른 수업 자료는 센터에서 다 제공합니다.

M : Perfect. Thanks for the information.
완벽해요. 정보 감사합니다.

Why? 왜 정답일까?

대화에서 남자와 여자는 Spanish culture class의 강사, 활동 종류, 수업 요일, 준비물을 언급하므로, 언급되지 않은 것은 ⑤ '수강료'이다.

Why? 왜 오답일까?

① 'A Korean teacher and a native speaker teach it together.'에서 '강사'가 언급되었다.
② 'Students can cook traditional foods, learn new words, and try on traditional clothing.'에서 '활동 종류'가 언급되었다.
③ 'It's on Wednesday and Friday afternoons.'에서 '수업 요일'이 언급되었다.
④ 'He just needs to bring a pen and a notebook.'에서 '준비물'이 언급되었다.

- **native speaker** 원어민
- **try on** ~을 입어보다
- **traditional** ⓐ 전통적인
- **class material** 수업 자료

---

09 벼룩시장 행사 안내   정답률 91% | 정답 ⑤

Summer Flea Market에 관한 다음 내용을 듣고, 일치하지 <u>않는</u> 것을 고르시오. [3점]
① 일주일 동안 진행된다.
② 학교 주차장에서 열린다.
③ 장난감, 양초와 같은 물품을 살 수 있다.
④ 상태가 좋은 중고 물품을 판매할 수 있다.
✓ 첫날 방문하면 할인 쿠폰을 선물로 받는다.

W : Good afternoon, residents.
안녕하세요, 주민 여러분.

This is the head of the Pineville Community Center.
Pineville 주민센터장입니다.

「We're holding the Summer Flea Market for one week.」 ①의근거 일치
저희는 일주일 동안 Summer Flea Market을 개최할 예정입니다.

「It'll be held in the parking lot of Pineville Middle School.」 ②의근거 일치
이 행사는 Pineville 중학교 주차장에서 열립니다.

「You can get many different kinds of items such as toys and candles at reasonable prices.」 ③의근거 일치
장난감과 양초 같은 아주 다양한 종류의 물건을 합리적인 가격에 구매할 수 있습니다.

「You can also sell any of your own used items if they are in good condition.」 ④의근거 일치
또한 여러분의 중고 물품이 상태가 좋다면 어떤 것이든 팔 수 있습니다.

「On the first day, every resident visiting the market will get a shopping bag as a gift.」 ⑤의근거 불일치
첫날에는 장을 방문하는 모든 주민에게 쇼핑백을 선물로 드립니다.

For more information, please check out the community center's website.
더 많은 정보를 얻으시려면, 주민센터 웹 사이트를 확인해 주세요.

Why? 왜 정답일까?

'On the first day, every resident visiting the market will get a shopping bag as a gift.'에서 첫날 방문하는 주민 전원에게 선물로 쇼핑백을 준다고 하므로, 내용과 일치하지 않는 것은 ⑤ '첫날 방문하면 할인 쿠폰을 선물로 받는다.'이다.

Why? 왜 오답일까?

① 'We're holding the Summer Flea Market for one week.'의 내용과 일치한다.
② 'It'll be held in the parking lot of Pineville Middle School.'의 내용과 일치한다.
③ 'You can get many different kinds of items such as toys and candles at reasonable prices.'의 내용과 일치한다.
④ 'You can also sell any of your own used items if they are in good condition.'의 내용과 일치한다.

- **flea market** 벼룩시장
- **reasonable** ⓐ 합리적인, 적당한
- **parking lot** 주차장
- **used item** 중고품

---

10 운동화 사기   정답률 86% | 정답 ④

다음 표를 보면서 대화를 듣고, 여자가 구입할 운동화를 고르시오.

Sneakers

	Model	Price	Style	Waterproof	Color
①	A	$50	casual	×	black
②	B	$60	active	×	white
③	C	$65	casual	○	black
✓	D	$70	casual	○	white
⑤	E	$85	active	○	white

W : Kyle, I'm looking for some sneakers. Can you help me find some good ones?
Kyle, 나 운동화를 찾고 있는데, 좋은 거 찾게 도와줄래?

M : Of course. Let me see... *[Pause]* Look. These are the five best-selling ones.
물론이지. 어디 보자… [잠시 멈춤] 봐. 이게 제일 잘 나가는 제품 다섯 개네.

W : Wow, they all look so cool. It's hard to choose among them.
와, 다 근사해 보인다. 여기서 고르기 어려워.

M : 「Well, what's your budget?」
음, 예산이 얼마야?

W : I don't want to spend more than 80 dollars.」 근거1 Price 조건
80달러 넘게 쓰고 싶지 않아.

M : All right. 「Which style do you want, active or casual?」 근거2 Style 조건
알겠어. 어떤 스타일이 좋아, 활동적인 거 아니면 캐주얼한 거?

W : I prefer casual ones. I think they match my clothes better.
캐주얼한 게 더 좋아. 그게 내 옷하고 잘 어울릴 거 같아.

M : Good. 「And I'd like to recommend waterproof shoes for rainy days.」 근거3 Waterproof 조건
그래. 그리고 난 비 오는 날을 대비해서 방수가 되는 신발을 추천하겠어.

W : Okay, I will take your advice.
그래. 네 충고를 따를게.

M : So you have two options left. 「Which color do you prefer?」
그럼 선택권이 둘 남았어. 어떤 색을 선호해?

W : Most of my shoes are black, so I'll buy white ones this time.」 근거4 Color 조건
내 운동화 대부분 검은색이라, 이번에는 흰색을 사겠어.

M : You made a good choice.
잘 골랐네.

Why? 왜 정답일까?

대화에 따르면 여자는 가격이 80달러를 넘지 않고, 캐주얼한 스타일에, 방수가 되고, 색이 흰색인 운동화를 골랐으므로, 여자가 구입할 운동화는 ④ 'D'이다.

- **cool** ⓐ 근사한, 멋진
- **waterproof** ⓐ 방수의
- **make a choice** 선택하다, 고르다
- **match** ⓥ 어울리다
- **take an advice** 충고를 따르다

---

11 서점 행사 광고   정답률 60% | 정답 ①

대화를 듣고, 여자의 마지막 말에 대한 남자의 응답으로 가장 적절한 것을 고르시오.
✓ All children's books are 20% off. – 모든 어린이 책이 20% 할인이래.
② It takes time to write a good article. – 좋은 기사를 쓰려면 시간이 걸리지.
③ I like to read action adventure books. – 난 액션 어드벤처 책을 읽는 걸 좋아해.
④ There are too many advertisements on TV. – TV에 광고가 너무 많이 나와.
⑤ The store has been closed since last month. – 그 매장은 지난 달부터 문을 닫았어.

W : Justin, what are you reading?
Justin, 뭐 읽고 있어?

M : An advertisement. There's a special event at Will's Bookstore downtown.
광고야. 시내에 있는 Will's Bookstore에서 특별 행사가 있대.

W : What kind of event is it?
무슨 행사야?

M : All children's books are 20% off.
모든 어린이 책이 20% 할인이래.

Why? 왜 정답일까?

서점 행사 광고를 읽고 있다는 남자에게 여자는 무슨 행사인지 물어보므로(What kind of event is it?), 남자의 응답으로 가장 적절한 것은 ① '모든 어린이 책이 20% 할인이래.'이다.

- **advertisement** ⓝ 광고
- **article** ⓝ 기사, 논문
- **take time to** ~하는 데 시간이 걸리다

---

12 걱정거리 묻기   정답률 85% | 정답 ③

대화를 듣고, 남자의 마지막 말에 대한 여자의 응답으로 가장 적절한 것을 고르시오.

① You're welcome. I'm happy to help you. – 천만에. 도와주게 돼 기뻐.
② That's not true. I made it with your help. – 그건 사실이 아니야. 네 도움이 있어 내가 해낸 거지.
✓ Okay. Good food always makes me feel better. – 그래. 맛있는 음식은 언제나 날 기분 좋게 해.
④ Really? You should definitely visit the theater later. – 정말? 그 영화관 나중에 꼭 가 봐.
⑤ Never mind. You'll do better on the next presentation. – 신경 쓰지 마. 다음 번 발표는 더 잘할 거야.

M : You look so worried. What's wrong, Liz?
너 되게 걱정하는 거 같아 보이네. 무슨 일이야, Liz?
W : I didn't do well on my presentation yesterday.
난 어제 발표를 잘하지 못했어.
M : Sorry about that. To help take your mind off of it, how about having a nice meal?
안됐네. 생각을 떨쳐내기 위해서 맛있는 밥을 먹는 건 어때?
W : Okay. Good food always makes me feel better.
그래. 맛있는 음식은 언제나 날 기분 좋게 해.

Why? 왜 정답일까?

발표를 잘하지 못해서 속상하다는 여자에게 남자는 기분 전환 겸 맛있는 것을 먹어보라고 제안하므로(To help take your mind off of it, how about having a nice meal?), 여자의 응답으로 가장 적절한 것은 ③ '그래. 맛있는 음식은 언제나 날 기분 좋게 해.'이다.

● do well on ~을 잘하다
● take one's mind off of ~의 생각을 떨쳐내다
● definitely [ad] 꼭, 반드시

---

13 방학 때 들을 수업 고르기 　　　　정답률 85% | 정답 ③

대화를 듣고, 여자의 마지막 말에 대한 남자의 응답으로 가장 적절한 것을 고르시오.

Man : _____

① I'm excited to buy a new guitar. – 난 새 기타를 살 생각에 신나.
② Summer vacation starts on Friday. – 여름방학은 금요일부터야.
✓ You can find it on the school website. – 학교 웹 사이트에서 볼 수 있어.
④ Let's go to the school festival together. – 학교 축제 같이 가자.
⑤ You can get some rest during the vacation. – 넌 방학 동안에 좀 쉴 수 있겠네.

M : Jenny, what class do you want to take this summer vacation?
Jenny, 너 여름 방학 때 무슨 수업 듣고 싶어?
W : Well, [Pause] I'm thinking of the guitar class.
음, [잠시 멈춤] 난 기타 수업을 생각 중이야.
M : Cool! I'm interested in playing the guitar, too.
멋지다! 나도 기타 연주에 관심 있어.
W : Really? It would be exciting if we took the class together.
정말? 같이 수업 들으면 재밌겠네.
M : I know, but I am thinking of taking a math class instead. I didn't do well on the final exam.
그러게, 그런데 난 대신 수학 수업을 들을까 해. 기말고사를 망쳤거든.
W : Oh, there is a math class? I didn't know that.
오, 수학 수업이 있어? 몰랐네.
M : Yes. Mrs. Kim said she is offering a math class for first graders.
응. Kim 선생님이 1학년을 대상으로 수학 수업을 열 거래.
W : That might be a good chance to improve my skills, too. Where can I check the schedule for the math class?
내 수학 실력도 늘릴 수 있는 좋은 기회가 될지도 모르겠네. 수학 수업 시간표는 어디서 확인할 수 있어?
M : You can find it on the school website.
학교 웹 사이트에서 볼 수 있어.

Why? 왜 정답일까?

방학 때 수학 수업이 열린다는 남자의 말에 여자는 수학 수업 시간표를 어디서 확인하면 되는지 물어보므로(Where can I check the schedule for the math class?), 남자의 응답으로 가장 적절한 것은 ③ '학교 웹 사이트에서 볼 수 있어.'이다.

● first grader 1학년생
● improve ⓥ 향상시키다
● get rest 휴식을 취하다

---

14 온라인 운동 수업 　　　　정답률 92% | 정답 ④

대화를 듣고, 남자의 마지막 말에 대한 여자의 응답으로 가장 적절한 것을 고르시오.

Woman : _____

① I agree. There are many benefits of exercising at the gym.
동의해. 체육관에서 운동하면 이점이 많아.
② You're right. Not all exercise is helpful for your brain.
네 말이 맞아. 모든 운동이 머리에 도움이 되는 건 아냐.
③ Don't worry. It's not too difficult for me to exercise.
걱정 마. 내가 운동하기에 그렇게 어렵진 않아.
✓ That sounds great. Can I join the course, too?
그거 괜찮다. 나도 거기 합류할 수 있나?
⑤ That's too bad. I hope you get well soon.
안됐네. 빨리 낫길 바랄게.

M : Hi, Claire! How are you doing?
안녕, Claire! 어떻게 지내?
W : I'm good. You're looking great!
좋아. 너 멋져 보이네!
M : Thanks. I've been working out these days.
고마워. 난 요새 운동하고 있어.
W : I need to start working out, too. What kind of exercise do you do?
나도 운동을 시작해야 해. 무슨 운동 하고 있어?
M : I do yoga and some stretching at home.
난 집에서 요가랑 스트레칭 좀 하고 있어.
W : At home? Do you exercise alone?
집에서 한다고? 혼자 운동하는 거야?
M : Yes and no. I exercise online with other people.
맞기도 하고 아니기도 해. 난 온라인에서 다른 사람들하고 운동해.
W : Exercising online with others? What do you mean by that?
온라인에서 다른 사람들하고 운동을 한다고? 그게 무슨 말이야?

M : I'm taking an online fitness course. We work out together on the Internet every evening at 7.
난 온라인 운동 수업을 듣고 있어. 우린 인터넷에서 매일 저녁 7시에 같이 운동해.
W : That sounds great. Can I join the course, too?
그거 괜찮다. 나도 거기 합류할 수 있나?

Why? 왜 정답일까?

온라인 운동 수업을 통해 집에서 다른 사람들과 함께 운동하고 있다(I'm taking an online fitness course. We work out together on the Internet every evening at 7.)는 남자의 말에 대한 여자의 응답으로 가장 적절한 것은 ④ '그거 괜찮다. 나도 거기 합류할 수 있나?'이다.

● work out 운동하다
● benefit ⓝ 이점, 이득
● get well (병 등이) 낫다

---

15 선거 포스터 제작 부탁하기 　　　　정답률 83% | 정답 ④

다음 상황 설명을 듣고, Ted가 Monica에게 할 말로 가장 적절한 것을 고르시오. [3점]

Ted : _____

① Can I draw your club members on the poster? – 내가 포스터에 너희 동아리 회원들을 그려도 돼?
② Are you interested in joining my drawing club? – 너 우리 그림 동아리 드는 거 관심 있어?
③ Could you tell me how to vote in the election? – 선거 투표 방법을 알려줄 수 있니?
✓ Can you help me make posters for the election? – 내가 선거 포스터 만드는 거 도와줄래?
⑤ Would you run in the next school president election? – 너 다음 전교 회장 선거에 출마해줄래?

M : Ted is a high school student.
Ted는 고등학생이다.
He is planning to run for school president this year.
그는 올해 전교 회장에 입후보할 계획이다.
He really wants to win the election.
그는 정말로 선거에서 이기고 싶다.
He thinks using posters is an effective way to make a strong impression on his schoolmates.
그는 포스터를 사용하는 것이 자기 학우들에게 강한 인상을 주는 데 효과적인 방법이라고 생각한다.
But he is not good at drawing.
하지만 그는 그림을 잘 그리지 못한다.
His friend, Monica, is a member of a drawing club and she is good at drawing.
그의 친구인 Monica는 그림 동아리 회원이고 그림을 잘 그린다.
So, he wants to ask her to help him draw posters.
그래서 그는 그녀에게 포스터 그리는 것을 도와달라고 청하고 싶다.
In this situation, what would Ted most likely say to Monica?
이 상황에서, Ted는 Monica에게 뭐라고 말할 것인가?
Ted : Can you help me make posters for the election?
내가 선거 포스터 만드는 거 도와줄래?

Why? 왜 정답일까?

상황에 따르면 전교 회장 선거에 쓸 포스터를 만들려는 Ted는 본인이 그림을 잘 그리지 못해 친구 Monica에게 도와달라고 부탁하려 하므로(So, he wants to ask her to help him draw posters.), Ted가 Monica에게 할 말로 가장 적절한 것은 ④ '내가 선거 포스터 만드는 거 도와줄래?'이다.

● run for ~에 입후보하다
● school president 전교 회장
● election ⓝ 선거
● make an impression on ~에게 인상을 주다

16-17 건강한 아침 식사를 위한 식품 소개

W : Good morning, listeners.
안녕하세요, 청취자 여러분.
This is your host Rachel at the Morning Radio Show.
Morning Radio Show의 진행자 Rachel입니다.
What do you eat for breakfast?
아침으로 뭘 드셨나요?
「Today I will introduce a healthy breakfast food list.」 16번의 근거
오늘 저는 건강한 아침 식사 음식 목록을 소개하려고 합니다.
「Eggs are an excellent choice because they are high in protein.」 17번 ①의 근거 일치
달걀은 단백질 함량이 높아서 탁월한 선택입니다.
High-protein foods such as eggs provide energy for the brain.
달걀 같은 고단백 음식은 뇌에 에너지를 공급해 주죠.
「Cheese is another good option.」 17번 ②의 근거 일치
치즈도 또 다른 좋은 선택입니다.
It reduces hunger so it supports weight loss.
이것은 배고픔을 줄여서 체중 감량을 도와주죠.
「Yogurt is also great to eat in the morning.」 17번 ④의 근거 일치
요거트도 아침에 먹기 아주 좋습니다.
It contains probiotics that can improve digestion.
여기에는 소화를 증진할 수 있는 프로바이오틱스가 들어 있습니다.
「Eating berries such as blueberries or strawberries is another perfect way to start the morning.」 17번 ⑤의 근거 일치
블루베리나 딸기 같은 베리를 먹는 것도 아침을 시작하는 데 완벽한 또 한 가지 방법입니다.
They are lower in sugar than most other fruits, but higher in fiber.
이것들은 대부분의 과일보다 당이 적지만, 섬유소는 더 많습니다.
Add them to yogurt for a tasty breakfast.
이것들을 요거트에 넣어 맛있는 아침을 만들어 보세요.
Start every day with a healthy meal. Thank you.
매일을 건강한 식사로 시작하세요. 고맙습니다.

● protein ⓝ 단백질
● weight loss 체중 감량
● digestion ⓝ 소화
● fiber ⓝ 섬유소
● downside ⓝ 단점

---

16 주제 파악 　　　　정답률 97% | 정답 ②

여자가 하는 말의 주제로 가장 적절한 것은?

① downsides of fatty food – 지방분이 많은 식품의 단점
✓ healthy foods for breakfast – 아침 식사를 위한 건강 식품
③ ways to avoid eating snacks – 간식 섭취를 피하는 방법
④ easy foods to cook in 5 minutes – 5분만에 요리하기 쉬운 음식
⑤ the importance of a balanced diet – 균형 잡힌 식사의 중요성

Why? 왜 정답일까?

'Today I will introduce a healthy breakfast food list.'에서 여자는 아침에 먹기 좋은 건강한 식품을 소개하겠다고 하므로, 여자가 하는 말의 주제로 가장 적절한 것은 ② '아침 식사를 위한 건강 식품'이다.

---

17 언급 유무 파악   정답률 94% | 정답 ③

언급된 음식이 아닌 것은?

① eggs – 달걀   ② cheese – 치즈   ✓ potatoes – 감자
④ yogurt – 요거트   ⑤ berries – 베리

Why? 왜 정답일까?

담화에서 여자는 아침에 먹기 좋은 건강식의 예로 달걀, 치즈, 요거트, 베리를 언급하므로, 언급되지 않은 것은 ③ '감자'이다.

Why? 왜 오답일까?

① 'Eggs are an excellent choice because they are high in protein.'에서 '달걀'이 언급되었다.
② 'Cheese is another good option.'에서 '치즈'가 언급되었다.
④ 'Yogurt is also great to eat in the morning.'에서 '요거트'가 언급되었다.
⑤ 'Eating berries is another perfect way to start the morning.'에서 '베리'가 언급되었다.

---

18 분실물 확인 요청   정답률 96% | 정답 ②

다음 글의 목적으로 가장 적절한 것은?

① 제품의 고장 원인을 문의하려고
✓ 분실물 발견 시 연락을 부탁하려고
③ 시설물의 철저한 관리를 당부하려고
④ 여행자 보험 가입 절차를 확인하려고
⑤ 분실물 센터 확장의 필요성을 건의하려고

Dear Boat Tour Manager,
보트투어 담당자께
On March 15, / my family was on one of your Glass Bottom Boat Tours.
3월 15일에 / 저희 가족은 귀사의 Glass Bottom Boat Tours 중 하나에 참여했습니다.
When we returned to our hotel, / I discovered that I left behind my cell phone case.
저희가 호텔에 돌아왔을 때, / 제가 휴대 전화 케이스를 놓고 왔다는 것을 발견했습니다.
The case must have fallen off my lap and onto the floor / when I took it off my phone to clean it.
제 무릎에서 케이스가 바닥으로 떨어졌던 것이 틀림없습니다. / 제가 케이스를 닦기 위해 휴대 전화에서 분리했을 때
I would like to ask you / to check if it is on your boat.
저는 당신에게 부탁드리고 싶습니다. / 그것이 보트에 있는지 확인해 주시길
Its color is black / and it has my name on the inside.
그것의 색깔은 검은색이며 / 안쪽에 제 이름이 있습니다.
If you find the case, / I would appreciate it if you would let me know.
만약 케이스가 발견된다면, / 저에게 알려주시면 감사하겠습니다.
Sincerely, // Sam Roberts
Sam Roberts 드림

보트 투어 담당자께

3월 15일에 저희 가족은 귀사의 Glass Bottom Boat Tours 중 하나에 참여했습니다. 호텔에 돌아왔을 때, 제가 휴대 전화 케이스를 놓고 왔다는 것을 발견했습니다. 케이스를 닦기 위해 휴대 전화에서 분리했을 때 케이스가 제 무릎에서 바닥으로 떨어졌던 것이 틀림없습니다. 그것이 보트에 있는지 확인해 주시길 부탁드립니다. 그것의 색깔은 검은색이며 안쪽에 제 이름이 있습니다. 만약 케이스가 발견된다면, 저에게 알려주시면 감사하겠습니다.

Sam Roberts 드림

Why? 왜 정답일까?

보트 투어 중 잃어버린 휴대 전화 케이스가 보트에 있는지 확인해줄 것을 부탁하는(I would like to ask you to check if it is on your boat.) 글이다. 따라서 글의 목적으로 가장 적절한 것은 ② '분실물 발견 시 연락을 부탁하려고'이다.

● leave behind ~을 남겨놓고 오다   ● fall ⓥ 떨어지다
● lap ⓝ 무릎   ● appreciate ⓥ 감사하다

구문 풀이

4행 The case must have fallen off my lap and onto the floor when I took it off
「must have+과거분사: ~했음에 틀림없다」
my phone to clean it.
부사적 용법(~하기 위해)

---

19 공원에 놀러갔다가 얼마 못 놀고 돌아가게 된 Matthew   정답률 93% | 정답 ②

다음 글에 드러난 Matthew의 심경 변화로 가장 적절한 것은?

① embarrassed → indifferent   ✓ excited → disappointed
   당황한 → 무관심한   신나 → 실망한
③ cheerful → ashamed   ④ nervous → touched
   즐거운 → 수치스러운   긴장한 → 감동한
⑤ scared → relaxed
   겁에 질린 → 느긋한

One Saturday morning, / Matthew's mother told Matthew / that she was going to take him to the park.
어느 토요일 아침, / Matthew의 어머니는 Matthew에게 말했다. / 자신이 그를 공원으로 데리고 가겠다고
A big smile came across his face.
그의 얼굴에 환한 미소가 드리워졌다.
As he loved to play outside, / he ate his breakfast and got dressed quickly / so they could go.
그가 밖에 나가서 노는 것을 좋아했기 때문에, / 그는 서둘러 아침을 먹고 옷을 입었다. / 그들이 나가기 위해
When they got to the park, / Matthew ran all the way over to the swing set.
그들이 공원에 도착했을 때, / Matthew는 그네를 향해 바로 뛰어갔다.
That was his favorite thing to do at the park.
그것은 그가 공원에서 가장 좋아하는 것이었다.
But the swings were all being used.
하지만 그네는 이미 모두 이용되고 있었다.
His mother explained / that he could use the slide / until a swing became available, / but it was broken.
그의 어머니는 말했지만, / 그가 미끄럼틀을 탈 수 있다고 / 그네를 이용할 수 있을 때까지 / 그것은 부서져 있었다.
Suddenly, his mother got a phone call / and she told Matthew they had to leave.
갑자기 그의 어머니가 전화를 받고 / 그녀는 Matthew에게 떠나야 한다고 말했다.
His heart sank.
그는 가슴이 내려앉았다.

어느 토요일 아침, Matthew의 어머니는 Matthew에게 공원으로 데리고 가겠다고 말했다. 그의 얼굴에 환한 미소가 드리워졌다. 그는 밖에 나가서 노는 것을 좋아했기 때문에, 나가기 위해 서둘러 아침을 먹고 옷을 입었다. 공원에 도착했을 때, Matthew는 그네를 향해 바로 뛰어갔다. 그것은 그가 공원에서 가장 좋아하는 것이었다. 하지만 그네는 이미 모두 이용되고 있었다. 그의 어머니는 그네를 이용할 수 있을 때까지 미끄럼틀을 탈 수 있다고 말했지만, 그것은 부서져 있었다. 갑자기 그의 어머니가 전화를 받고 Matthew에게 떠나야 한다고 말했다. 그는 가슴이 내려앉았다.

Why? 왜 정답일까?

아침에 어머니와 함께 공원으로 가게 되어 기뻐하던 Matthew가(A big smile came across his face.) 제대로 놀지도 못한 채 갑자기 떠나야 한다는 이야기를 듣고 실망했다는(His heart sank.) 내용의 글이다. 따라서 Matthew의 심경 변화로 가장 적절한 것은 ② '신난 → 실망한'이다.

● swing ⓝ 그네   ● slide ⓝ 미끄럼틀
● broken ⓐ 고장난, 부서진   ● sink ⓥ 가라앉다
● embarrassed ⓐ 당황한   ● touched ⓐ 감동한

구문 풀이

3행 As he loved to play outside, he ate his breakfast and got dressed quickly
접속사(이유)   동사1   동사2
so (that) they could go.
접속사(목적: ~하도록)

---

20 회의 안건을 사전에 작성해 공유하기   정답률 88% | 정답 ⑤

다음 글에서 필자가 주장하는 바로 가장 적절한 것은?

① 회의 결과는 빠짐없이 작성해서 공개해야 한다.
② 중요한 정보는 공식 회의를 통해 전달해야 한다.
③ 생산성 향상을 위해 정기적인 평가회가 필요하다.
④ 모든 참석자의 동의를 받아서 회의를 열어야 한다.
✓ 회의에서 다룰 사항은 미리 작성해서 공유해야 한다.

Meetings encourage creative thinking / and can give you ideas / that you may never have thought of on your own.
회의는 창의적 사고를 촉진하며 / 아이디어들을 당신에게 제공할 수 있다. / 당신이 혼자서는 절대 떠올리지 못할 만한
However, on average, / meeting participants consider / about one third of meeting time / to be unproductive.
그러나, 평균적으로, / 회의 참석자들은 여긴다. / 회의 시간의 대략 3분의 1 정도를 / 비생산적으로
But you can make your meetings / more productive and more useful / by preparing well in advance.
하지만 당신은 회의를 만들 수 있다. / 더 생산적이고 유용하게 / 사전에 잘 준비함으로써
You should create a list of items to be discussed / and share your list with other participants / before a meeting.
당신은 논의하게 될 사항들의 목록을 만들고 / 다른 회의 참석자들에게 공유해야 한다. / 회의 전에
It allows them / to know what to expect in your meeting / and prepare to participate.
그것은 참석자들이 ~하도록 만들어 준다. / 회의에서 무엇을 기대하는지를 알고 / 회의 참석을 준비할 수 있도록

회의는 창의적 사고를 촉진하며, 당신이 혼자서는 절대 떠올리지 못했을 만한 아이디어들을 당신에게 제공할 수 있다. 그러나, 평균적으로, 회의 참석자들은 회의 시간의 대략 3분의 1 정도를 비생산적으로 여긴다. 하지만 당신은 사전에 잘 준비함으로써 회의를 더 생산적이고 유용하게 만들 수 있다. 당신은 논의하게 될 사항들의 목록을 만들어 그 목록을 회의 전에 다른 회의 참석자들에게 공유해야 한다. 그것은 참석자들이 회의에서 무엇을 기대할지를 알고 회의 참석을 준비할 수 있도록 만들어 준다.

Why? 왜 정답일까?

'You should create a list of items to be discussed and share your list with other participants before a meeting.'에서 회의 전 논의 사항을 미리 작성해 공유하는 것이 좋다고 하므로, 필자가 주장하는 바로 가장 적절한 것은 ⑤ '회의에서 다룰 사항은 미리 작성해서 공유해야 한다.'이다.

● encourage ⓥ 촉진하다, 격려하다   ● on one's own 혼자서, 스스로
● on average 평균적으로   ● unproductive ⓐ 비생산적인

구문 풀이

7행 It allows them to know {what to expect in your meeting} and (to) prepare
동사   목적어   목적격 보어1   { }: 명사구(무엇을 ~할지)   목적격 보어2
to participate.

21 스트레스 관리의 원칙　　　　　정답률 80% | 정답 ③

밑줄 친 put the glass down이 다음 글에서 의미하는 바로 가장 적절한 것은? [3점]

① pour more water into the glass – 잔에 물을 더 부어야
② set a plan not to make mistakes – 실수하지 않기 위해 계획을 세워야
✓③ let go of the stress in your mind – 마음속에서 스트레스를 떨쳐내야
④ think about the cause of your stress – 스트레스의 원인을 생각해 보아야
⑤ learn to accept the opinions of others – 다른 사람들의 의견을 받아들이는 법을 배워야

A psychology professor raised a glass of water / while teaching stress management principles to her students, / and asked them, / "How heavy is this glass of water I'm holding?"
한 심리학 교수가 물이 든 유리잔을 들어 올리고 / 학생들에게 스트레스 관리 원칙을 가르치던 중 / 그들에게 물었다. / "제가 들고 있는 이 물 잔의 무게는 얼마나 될까요?"라고

Students shouted out various answers.
학생들은 다양한 대답을 외쳤다.

The professor replied, / "The absolute weight of this glass doesn't matter. / It depends on how long I hold it. / If I hold it for a minute, / it's quite light.
그 교수가 답했다. / "이 잔의 절대 무게는 중요하지 않습니다. / 이는 제가 이 잔을 얼마나 오래 들고 있느냐에 달려 있죠. / 만약 제가 이것을 1분 동안 들고 있다면, / 꽤 가볍죠.

But, if I hold it for a day straight, / it will cause severe pain in my arm, / forcing me to drop the glass to the floor.
하지만, 만약 제가 이것을 하루종일 들고 있다면 / 이것은 제 팔에 심각한 고통을 야기하고 / 잔을 바닥에 떨어뜨리게 할 것입니다.

In each case, / the weight of the glass is the same, / but the longer I hold it, / the heavier it feels to me."
각 사례에서 / 잔의 무게는 같지만, / 제가 오래 들고 있을수록 / 그것은 저에게 더 무겁게 느껴지죠."

As the class nodded their heads in agreement, / she continued, / "Your stresses in life are like this glass of water. / If you still feel the weight of yesterday's stress, / it's a strong sign / that it's time to put the glass down."
학생들은 동의하며 고개를 끄덕였고, / 교수는 이어 말했다. / "여러분이 인생에서 느끼는 스트레스들도 이 물 잔과 같습니다. / 만약 아직도 어제 받은 스트레스의 무게를 느낀다면, / 그것은 강한 신호입니다. / 잔을 내려놓아야 할 때라는"

한 심리학 교수가 학생들에게 스트레스 관리 원칙을 가르치던 중 물이 든 유리잔을 들어 올리고 "제가 들고 있는 이 물 잔의 무게는 얼마나 될까요?"라고 물었다. 학생들은 다양한 대답을 외쳤다. 그 교수가 답했다. "이 잔의 절대 무게는 중요하지 않습니다. 이는 제가 이 잔을 얼마나 오래 들고 있느냐에 달려 있죠. 만약 제가 이것을 1분 동안 들고 있다면, 꽤 가볍죠. 하지만, 만약 제가 이것을 하루종일 들고 있다면 이것은 제 팔에 심각한 고통을 야기하고 잔을 바닥에 떨어뜨릴 수밖에 없게 할 것입니다. 각 사례에서 잔의 무게는 같지만, 제가 오래 들고 있을수록 그것은 저에게 더 무겁게 느껴지죠." 학생들은 동의하며 고개를 끄덕였고, 교수는 이어 말했다. "여러분이 인생에서 느끼는 스트레스들도 이 물 잔과 같습니다. 만약 아직도 어제 받은 스트레스의 무게를 느낀다면, 그것은 잔을 내려놓아야 할 때라는 강한 신호입니다."

Why? 왜 정답일까?

물 잔의 무게를 느낄 때 중요한 것은 잔의 절대적 무게가 아니라 얼마나 오래 들고 있는지(It depends on how long I hold it.)이며, 같은 잔이라고 할지라도 더 오래 들고 있을수록 더 무겁게 느껴진다(the longer I hold it, the heavier it feels to me.)고 한다. 이를 스트레스 상황에 적용하면, 스트레스의 무게가 더 무겁게 느껴질수록 그 스트레스를 오래 안고 있었다는 뜻이므로 '스트레스를 떨쳐내기' 위해 노력해야 한다는 것을 알 수 있다. 따라서 밑줄 친 부분이 의미하는 바로 가장 적절한 것은 ③ '마음속에서 스트레스를 떨쳐내야'이다.

● principle ⓝ 원칙, 원리
● nod ⓥ 끄덕이다
● put down ~을 내려놓다
● let go of ~을 내려놓다, 버리다, 포기하다
● severe ⓐ 심각한
● in agreement 동의하며
● pour ⓥ 쏟다, 붓다

구문 풀이

6행　But, if I hold it for a day straight, it will cause severe pain in my arm,
접속사(조건)　　동사(현재)　　　　동사미래
forcing me to drop the glass to the floor.
분사구문(= and will force ~)

22 상황을 오해하게 하는 감정　　　　　정답률 82% | 정답 ①

다음 글의 요지로 가장 적절한 것은?

✓① 자신의 감정으로 인해 상황을 오해할 수 있다.
② 자신의 생각을 타인에게 강요해서는 안 된다.
③ 인간관계가 우리의 감정에 영향을 미친다.
④ 타인의 감정에 공감하는 자세가 필요하다.
⑤ 공동체를 위한 선택에는 보상이 따른다.

Your emotions deserve attention / and give you important pieces of information.
당신의 감정은 주목할 만하고 / 당신에게 중요한 정보를 준다.

However, / they can also sometimes be / an unreliable, inaccurate source of information.
그러나, / 감정은 또한 될 수도 있다. / 가끔 신뢰할 수 없고, 부정확한 정보의 원천이

You may feel a certain way, / but that does not mean / those feelings are reflections of the truth.
당신이 분명하게 느낄지 모르지만, / 그것은 뜻하지는 않는다. / 그러한 감정들이 사실의 반영이라는 것을

You may feel sad / and conclude that your friend is angry with you / when her behavior simply reflects / that she's having a bad day.
당신은 슬플지 모르고 / 그녀가 당신에게 화가 났다고 결론을 내릴지도 모른다. / 단지 친구의 행동이 나타낼 때에도, / 그 친구가 안 좋은 날을 보내고 있음을

You may feel depressed / and decide that you did poorly in an interview / when you did just fine.
당신은 기분이 우울할지도 모르고 / 자신이 면접에서 못했다고 판단할지도 모른다. / 당신이 잘했을 때도

Your feelings can mislead you into thinking things / that are not supported by facts.
당신의 감정은 당신을 속여 생각하게 할 수 있다. / 사실에 의해 뒷받침되지 않는 것들을

당신의 감정은 주목할 만하고 당신에게 중요한 정보를 준다. 그러나, 감정은 또한 가끔 신뢰할

할 수 없고, 부정확한 정보의 원천이 될 수도 있다. 당신이 특정하게 느낄지 모르지만, 그것은 그러한 감정들이 사실의 반영이라는 뜻은 아니다. 친구의 행동이 단지 그 친구가 안 좋은 날을 보내고 있음을 나타낼 때에도, 당신이 슬프기 때문에 그녀가 당신에게 화가 났다고 결론을 내릴지도 모른다. 당신은 기분이 우울해서 면접에서 잘했을 때도 못했다고 판단할지도 모른다. 당신의 감정은 당신을 속여 사실에 의해 뒷받침되지 않는 것들을 생각하게 할 수 있다.

Why? 왜 정답일까?

'However, they can also sometimes be an unreliable, inaccurate source of information.'와 'Your feelings can mislead you into thinking things that are not supported by facts.'을 통해, 감정이 상황을 오해하게 하는 경우가 생길 수 있다는 중심 내용을 파악할 수 있으므로, 글의 요지로 가장 적절한 것은 ① '자신의 감정으로 인해 상황을 오해할 수 있다.'이다.

● deserve ⓥ ~을 받을 만하다
● inaccurate ⓐ 부정확한
● reflection ⓝ 반영
● depressed ⓐ 우울한
● support 뒷받침하다, 지지하다
● unreliable ⓐ 믿을 만하지 않은
● source of information 정보 출처
● conclude ⓥ 결론 짓다
● mislead A into B A를 속여 B하게 하다

구문 풀이

8행　Your feelings can mislead you into thinking things [that are not supported by facts].
「mislead + A + into + B : A를 잘못 인도해 B하게 하다」　선행사　주격 관·대

23 아이들이 수학적 개념을 익혀 가는 방식　　　　　정답률 78% | 정답 ②

다음 글의 주제로 가장 적절한 것은?

① difficulties of children in learning how to count – 아이들이 수를 세는 법을 배우는 데 있어 어려움
✓② how children build mathematical understanding – 아이들은 수학적 이해를 어떻게 쌓아나가는가
③ why fingers are used in counting objects – 수를 셀 때 왜 손가락을 쓰는가
④ importance of early childhood education – 아동 조기 교육의 중요성
⑤ advantages of singing number songs – 숫자 노래 부르기의 이점

Every day, / children explore and construct relationships among objects.
매일, / 아이들은 사물 사이의 관계를 탐구하고 구성한다.

Frequently, / these relationships focus on / how much or how many of something exists.
빈번히, / 이러한 관계들은 / ~에 초점을 맞춘다. / 무언가 얼마만큼 혹은 몇 개 존재하는지

Thus, / children count — / "One cookie, / two shoes, / three candles on the birthday cake, / four children in the sandbox."
따라서, / 아이들은 센다. / "쿠키 하나, / 신발 두 개, / 생일 케이크 위에 초 세 개, / 모래놀이 통에 아이 네 명."

Children compare — / "Which has more? Which has fewer? Will there be enough?"
아이들은 비교한다. / "무엇이 더 많지? 무엇이 더 적지? 충분할까?"

Children calculate — / "How many will fit? Now, I have five. I need one more."
아이들은 계산한다. / "몇 개가 알맞을까? 나는 지금 다섯 개가 있어. 하나 더 필요하네."

In all of these instances, / children are developing a notion of quantity.
이 모든 예시에서, / 아이들은 양의 개념을 발달시키는 중이다.

Children reveal and investigate mathematical concepts / through their own activities or experiences, / such as figuring out how many crackers to take at snack time / or sorting shells into piles.
아이들은 수학적 개념을 밝히고 연구한다. / 그들만의 활동이나 경험을 통해 / 간식 시간에 몇 개의 크래커를 가져갈지 알아내거나 / 조개껍질들을 더미로 분류하는 것과 같은

매일, 아이들은 사물 사이의 관계들을 탐구하고 구성한다. 빈번히, 이러한 관계들은 무언가 얼마만큼 혹은 몇 개 존재하는지에 초점을 맞춘다. 따라서, 아이들은 센다. "쿠키 하나, 신발 두 개, 생일 케이크 위에 초 세 개, 모래놀이 통에 아이 네 명." 아이들은 비교한다. "무엇이 더 많지? 무엇이 더 적지? 충분할까?" 아이들은 계산한다. "몇 개가 알맞을까? 나는 지금 다섯 개가 있어, 하나 더 필요하네." 이 모든 예시에서, 아이들은 수량의 개념을 발달시키는 중이다. 아이들은 간식 시간에 몇 개의 크래커를 가져갈지 알아내거나 조개껍질들을 더미로 분류하는 것과 같은, 그들만의 활동이나 경험을 통해 수학적 개념을 밝히고 연구한다.

Why? 왜 정답일까?

아이들은 자기만의 활동이나 경험을 통해 수학적 개념을 익혀 간다(Children reveal and investigate mathematical concepts through their own activities or experiences ~)는 것이 핵심 내용이므로, 글의 주제로 가장 적절한 것은 ② '아이들은 수학적 이해를 어떻게 쌓아나가는가'이다.

● explore ⓥ 탐구하다
● sandbox ⓝ (어린이가 안에서 노는) 모래놀이 통
● fit ⓥ 맞다, 적합하다
● notion ⓝ 개념
● investigate ⓥ 연구하다, 조사하다
● shell ⓝ (조개 등의) 껍데기
● construct ⓥ 구성하다
● calculate ⓥ 계산하다
● instance ⓝ 예시, 사례
● quantity ⓝ (측정 가능한) 양, 수량
● sort A into B A를 B로 분류하다

구문 풀이

2행　Frequently, these relationships focus on {how much or how many of something exists}. [ ] : 「how + 형/부 + 주어 + 동사 : 얼마나 ~한지」

24 알고리듬의 시대　　　　　정답률 76% | 정답 ①

다음 글의 제목으로 가장 적절한 것은?

✓① We Live in an Age of Algorithms – 우리는 알고리듬의 시대에 산다
② Mysteries of Ancient Civilizations – 고대 문명의 미스터리
③ Dangers of Online Banking Algorithms – 온라인 뱅킹 알고리듬의 위험성
④ How Algorithms Decrease Human Creativity – 알고리듬은 어떻게 인간의 창의력을 떨어뜨리는가
⑤ Transportation: A Driving Force of Industry – 교통: 산업 발달의 원동력

Only a generation or two ago, / mentioning the word *algorithms* / would have drawn a blank from most people.

한두 세대 전만 해도, / *알고리듬*이라는 단어를 언급하는 것은 / 대부분의 사람들로부터 아무 반응을 얻지 못했을 것이다.
Today, algorithms appear in every part of civilization.
오늘날, 알고리듬은 문명의 모든 부분에서 나타난다.
They are connected to everyday life.
그것들은 일상에 연결되어 있다.
They're not just in your cell phone or your laptop / but in your car, your house, your appliances, and your toys.
그것들은 당신의 휴대 전화나 노트북 속뿐 아니라 / 당신의 자동차, 집, 가전과 장난감 안에도 있다.
Your bank is a huge web of algorithms, / with humans turning the switches here and there.
당신의 은행은 알고리듬의 거대한 망이다. / 인간들이 여기저기서 스위치를 돌리고 있는
Algorithms schedule flights / and then fly the airplanes.
알고리듬은 비행 일정을 잡고 / 비행기를 운항한다.
Algorithms run factories, / trade goods, / and keep records.
알고리듬은 공장을 운영하고, / 상품을 거래하며, / 기록 문서를 보관한다.
If every algorithm suddenly stopped working, / it would be the end of the world / as we know it.
만일 모든 알고리듬이 갑자기 작동을 멈춘다면, / 이는 세상의 끝이 될 것이다. / 우리가 알고 있는

한두 세대 전만 해도, *알고리듬*이라는 단어를 언급하는 것은 대부분의 사람들로부터 아무 반응을 얻지 못했을 것이다. 오늘날, 알고리듬은 문명의 모든 부분에서 나타난다. 그것들은 일상에 연결되어 있다. 그것들은 당신의 휴대 전화나 노트북 속뿐 아니라 당신의 자동차, 집, 가전과 장난감 안에도 있다. 당신의 은행은 인간이 여기저기서 스위치를 돌리고 있는, 알고리듬의 거대한 망이다. 알고리듬은 비행 일정을 잡고 비행기를 운항한다. 알고리듬은 공장을 운영하고, 상품을 거래하며, 기록 문서를 보관한다. 만일 모든 알고리듬이 갑자기 작동을 멈춘다면, 이는 우리가 알고 있는 세상의 끝이 될 것이다.

Why? 왜 정답일까?
오늘날 문명의 모든 영역에서 알고리듬을 찾아볼 수 있다(Today, algorithms appear in every part of civilization.)는 것이 핵심 내용이므로, 글의 제목으로 가장 적절한 것은 ① '우리는 알고리듬의 시대에 산다'이다.

- **generation** ⓝ 세대
- **civilization** ⓝ 문명
- **fly an airplane** 비행기를 운항하다
- **draw a blank** 아무 반응을 얻지 못하다
- **appliance** ⓝ 가전 (제품)
- **trade** ⓥ 거래하다, 교역하다

구문 풀이

8행 If every algorithm suddenly stopped working, it would be the end of the world as we know it.
「if + 주어 + 과거시제 동사 ~, 주어 + 조동사 과거형 + 동사원형 : 가정법 과거(현재 사실 반대)」

---

25 미국에서 반려동물을 키우는 가정의 비율   정답률 88% | 정답 ⑤

다음 도표의 내용과 일치하지 <u>않는</u> 것은?

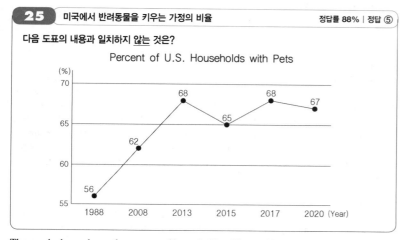

Percent of U.S. Households with Pets

The graph above shows the percent of households with pets / in the United States (U.S.) / from 1988 to 2020.
위 그래프는 반려동물을 기르는 가정의 비율을 보여준다. / 미국의 / 1988년부터 2020년까지
① In 1988, / more than half of U.S. households owned pets, / and more than 6 out of 10 U.S. households / owned pets from 2008 to 2020.
1988년에는 / 절반 이상의 미국 가정이 반려동물을 길렀고, / 10개 중 6개 이상의 미국 가정이 / 2008년에서 2020년까지 반려동물을 길렀다.
② In the period between 1988 and 2008, / pet ownership increased among U.S. households / by 6 percentage points.
1988년과 2008년 사이, / 반려동물 보유는 미국 가정들에서 증가했다. / 6퍼센트포인트만큼
③ From 2008 to 2013, / pet ownership rose an additional 6 percentage points.
2008년과 2013년 사이, / 반려동물 보유는 6퍼센트포인트가 추가적으로 올랐다.
④ The percent of U.S. households with pets in 2013 / was the same as that in 2017, / which was 68 percent.
2013년의 반려동물을 기르는 미국 가정의 비율은 / 2017년의 비율과 같고, / 68퍼센트였다.
✓⑤ In 2015, / the rate of U.S. households with pets / was 3 percentage points lower than in 2020.
2015년에는, / 반려동물을 기르는 미국 가정의 비율이 / 2020년보다 3퍼센트포인트 더 낮았다.

위 그래프는 1988년부터 2020년까지 반려동물을 기르는 미국 가정의 비율을 보여준다. ① 1988년에는 절반 이상의 미국 가정이 반려동물을 길렀고, 2008년에서 2020년까지 10개 중 6개 이상의 미국 가정이 반려동물을 길렀다. ② 1988년과 2008년 사이, 반려동물 보유는 미국 가정들에서 6퍼센트포인트 증가했다. ③ 2008년과 2013년 사이, 반려동물 보유는 6퍼센트포인트가 추가적으로 올랐다. ④ 2013년의 반려동물을 기르는 미국 가정의 비율은 2017년의 비율과 같고, 68퍼센트였다. ⑤ 2015년에는, 반려동물을 기르는 미국 가정의 비율이 2020년보다 3퍼센트포인트 더 낮았다.

Why? 왜 정답일까?
도표에 따르면 미국에서 반려동물을 기르는 가정의 비율은 **2015년 65%, 2020년 67%**로, 두 해 간 비율은 2퍼센트포인트의 격차를 보인다. 따라서 도표와 일치하지 않는 것은 ⑤이다.

- **household** ⓝ 가정, 가구
- **rise** ⓥ 오르다
- **ownership** ⓝ 보유, 소유

---

26 Claude Bolling의 생애   정답률 93% | 정답 ③

Claude Bolling에 관한 다음 글의 내용과 일치하지 <u>않는</u> 것은?

① 1930년에 프랑스에서 태어났다.
② 학교 친구를 통해 재즈를 소개받았다.
✓③ 20대에 Best Piano Player 상을 받았다.
④ 성공적인 영화 음악 작곡가였다.
⑤ 1975년에 플루트 연주자와 협업했다.

「Pianist, composer, and big band leader, / Claude Bolling, was born on April 10, 1930, / in Cannes, France,」 / but spent most of his life in Paris. ①의 근거 일치
피아니스트, 작곡가, 그리고 빅 밴드 리더인 / Claude Bolling은 1930년 4월 10일 태어났지만, / 프랑스 칸에서 / 삶의 대부분을 파리에서 보냈다.
He began studying classical music as a youth.
그는 젊었을 때 클래식 음악을 공부하기 시작했다.
「He was introduced to the world of jazz / by a schoolmate.」 ②의 근거 일치
그는 재즈의 세계를 소개받았다. / 학교 친구를 통해
Later, / Bolling became interested in the music of Fats Waller, / one of the most excellent jazz musicians.
후에 / Bolling은 Fats Waller의 음악에 관심을 가졌다. / 최고의 재즈 음악가들 중 한 명인
「Bolling became famous as a teenager / by winning the Best Piano Player prize / at an amateur contest in France.」 ③의 근거 불일치
그는 10대 때 유명해졌다. / Best Piano Player 상을 수상하며 / 프랑스의 아마추어 대회에서
「He was also a successful film music composer, / writing the music for more than one hundred films.」 ④의 근거 일치
그는 또한 성공적인 영화 음악 작곡가였고, / 100편이 넘는 영화의 음악을 작곡했다.
「In 1975, he collaborated with flutist Rampal / and published *Suite for Flute and Jazz Piano Trio*, / which he became most well-known for.」 ⑤의 근거 일치
1975년에, 그는 플루트 연주자 Rampal과 협업했고, / *Suite for Flute and Jazz Piano Trio*를 발매했으며, / 이것으로 가장 잘 알려지게 되었다.
He died in 2020, / leaving two sons, David and Alexandre.
그는 2020년 사망했다. / 두 아들 David와 Alexandre를 남기고

피아니스트, 작곡가, 그리고 빅 밴드 리더인 Claude Bolling은 1930년 4월 10일 프랑스 칸에서 태어났지만, 삶의 대부분을 파리에서 보냈다. 그는 젊었을 때 클래식 음악을 공부하기 시작했다. 그는 학교 친구를 통해 재즈의 세계를 소개받았다. 후에 Bolling은 최고의 재즈 음악가들 중 한 명인 Fats Waller의 음악에 관심을 가졌다. 그는 10대 때 프랑스의 아마추어 대회에서 Best Piano Player 상을 수상하며 유명해졌다. 그는 또한 성공적인 영화 음악 작곡가였고, 100편이 넘는 영화의 음악을 작곡했다. 1975년에, 그는 플루트 연주자 Rampal과 협업했고, *Suite for Flute and Jazz Piano Trio*를 발매했으며, 이것으로 가장 잘 알려지게 되었다. 그는 두 아들 David와 Alexandre를 남기고 2020년 사망했다.

Why? 왜 정답일까?
'Bolling became famous as a teenager by winning the Best Piano Player prize at an amateur contest in France.'에서 Claude Bolling이 아마추어 재즈 연주자 대회에서 Best Piano Player 상을 받은 것은 10대 시절이었다고 하므로, 내용과 일치하지 않는 것은 ③ '20대에 Best Piano Player 상을 받았다.'이다.

Why? 왜 오답일까?
① 'Claude Bolling, was born on April 10, 1930, in Cannes, France, ~'의 내용과 일치한다.
② 'He was introduced to the world of jazz by a schoolmate.'의 내용과 일치한다.
④ 'He was also a successful film music composer, ~'의 내용과 일치한다.
⑤ 'In 1975, he collaborated with flutist Rampal ~'의 내용과 일치한다.

- **composer** ⓝ 작곡가
- **introduce** ⓥ 소개하다
- **flutist** ⓝ 플루티스트
- **well-known for** ~로 유명한
- **youth** ⓝ 젊은 시절, 청춘
- **collaborate with** ~와 협업하다
- **publish** ⓥ 발매하다, 출간하다

구문 풀이

1행 Pianist, composer, and big band leader, Claude Bolling, was born on
　　　주어 동격　　　　　　　　　　　　　　　　　　주어　　　　동사1
April 10, 1930, in Cannes, France, but spent most of his life in Paris.
　　　　　　　　　　　　　　　　　　　　동사2

---

27 여름방학 태권도 프로그램   정답률 94% | 정답 ④

Kids Taekwondo Program에 관한 다음 안내문의 내용과 일치 하지 <u>않는</u> 것은?

① 8월 8일부터 3일간 운영한다.
② 5세 이상의 어린이가 참가할 수 있다.
③ 자기 방어 훈련 활동을 한다.
✓④ 참가비에 간식비는 포함되지 않는다.
⑤ 물병과 수건을 가져와야 한다.

Kids Taekwondo Program
Kids Taekwondo Program(어린이 태권도 프로그램)
Enjoy our taekwondo program this summer vacation.
이번 여름방학에 태권도 프로그램을 즐기세요.
Schedule
일정
「Dates: August 8th – August 10th」 ①의 근거 일치
날짜: 8월 8일 ~ 8월 10일
Time: 9:00 a.m. – 11:00 a.m.
시간: 오전 9시 ~ 오전 11시
Participants
참가자
「Any child aged 5 and up」 ②의 근거 일치
5세 이상 어린이 누구나
Activities
활동

『Self-defense training』 ③의근거 일치
자기 방어 훈련
Team building games to develop social skills
사교성 발달을 위한 팀 빌딩 게임
Participation Fee
참가비
『$50 per child (includes snacks)』 ④의근거 불일치
1인당 $50 (간식 포함)
Notice
알림
『What to bring: water bottle, towel』 ⑤의근거 일치
가져올 것: 물병, 수건
What not to bring: chewing gum, expensive items
가져오지 말아야 할 것: 껌, 비싼 물건

Kids Taekwondo Program(어린이 태권도 프로그램)

이번 여름방학에 태권도 프로그램을 즐기세요.

□ 일정
• 날짜: 8월 8일 ~ 8월 10일
• 시간: 오전 9시 ~ 오전 11시

□ 참가자
• 5세 이상 어린이 누구나

□ 활동
• 자기 방어 훈련
• 사교성 발달을 위한 팀 빌딩 게임

□ 참가비
• 1인당 $50 (간식 포함)

□ 알림
• 가져올 것: 물병, 수건
• 가져오지 말아야 할 것: 껌, 비싼 물건

Why? 왜 정답일까?

'$50 per child (includes snacks)'에서 참가비는 50달러인데, 간식이 포함된 금액이라고 한다. 따라서 안내문의 내용과 일치하지 않는 것은 ④ '참가비에 간식비는 포함되지 않는다.'이다.

Why? 왜 오답일까?

① 'Dates: August 8th – August 10th'의 내용과 일치한다.
② 'Participants / Any child aged 5 and up'의 내용과 일치한다.
③ 'Activities / Self-defense'의 내용과 일치한다.
⑤ 'What to bring: water bottle, towel'의 내용과 일치한다.

● self-defense ⓝ 자기 방어　　● social skill 사교성
● expensive ⓐ 비싼

<hr>

28 초콜릿 공장 투어　　정답률 93% | 정답 ②

Moonlight Chocolate Factory Tour에 관한 다음 안내문의 내용과 일치하는 것은?
① 주말 오후 시간에 운영한다.
② 초콜릿 제조 과정을 볼 수 있다.
③ 네 가지 종류의 초콜릿을 시식한다.
④ 마스크 착용은 참여자의 선택 사항이다.
⑤ 공장 내부에서 사진 촬영이 가능하다.

Moonlight Chocolate Factory Tour
Moonlight Chocolate Factory Tour(Moonlight 초콜릿 공장 투어)
Take this special tour / and have a chance to enjoy our most popular chocolate bars.
이 특별한 투어에 참여하여 / 우리의 가장 인기 있는 초콜릿 바를 즐길 기회를 가지세요.
Operating Hours
운영 시간
『Monday – Friday, 2:00 p.m. – 5:00 p.m.』 ①의근거 불일치
월요일 ~ 금요일, 오후 2시 ~ 오후 5시
Activities
활동
『Watching our chocolate-making process』 ②의근거 일치
초콜릿 제조 과정 견학
『Tasting 3 types of chocolate (dark, milk, and mint chocolate)』 ③의근거 불일치
초콜릿 3종 (다크, 밀크 및 민트 초콜릿) 시식
Notice
알림
Ticket price: $30
티켓 가격 : $30
『Wearing a face mask is required.』 ④의근거 불일치
마스크 착용은 필수입니다.
『Taking pictures is not allowed inside the factory.』 ⑤의근거 불일치
공장 내부에서 사진 촬영이 허용되지 않습니다.

Moonlight Chocolate Factory Tour
(Moonlight 초콜릿 공장 투어)

이 특별한 투어에 참여하여 우리의 가장 인기 있는 초콜릿 바를 즐길 기회를 가지세요.

□ 운영 시간
• 월요일 ~ 금요일, 오후 2시 ~ 오후 5시
□ 활동
• 초콜릿 제조 과정 견학
• 초콜릿 3종 (다크, 밀크 및 민트 초콜릿) 시식
□ 알림

• 티켓 가격: $30
• 마스크 착용은 필수입니다.
• 공장 내부에서 사진 촬영은 허용되지 않습니다.

Why? 왜 정답일까?

'Activities / Watching our chocolate-making'에서 초콜릿 제조 과정을 견학할 수 있다고 하므로, 안내문의 내용과 일치하는 것은 ② '초콜릿 제조 과정을 볼 수 있다.'이다.

Why? 왜 오답일까?

① 'Monday – Friday, 2:00 p.m. – 5:00 p.m.'에서 운영 시간은 평일 오후라고 하였다.
③ 'Tasting 3 types of chocolate (dark, milk, and mint chocolate)'에서 시식할 수 있는 초콜릿은 세 종류라고 하였다.
④ 'Wearing a face mask is required.'에서 마스크 착용은 필수라고 하였다.
⑤ 'Taking pictures is not allowed inside the factory.'에서 공장 내부 사진 촬영은 불가하다고 하였다.

● have a chance to ~할 기회를 갖다　　● operating hour 운영 시간

<hr>

29 더 많은 것을 소비하게 하는 첨단 생활방식　　정답률 59% | 정답 ④

다음 글의 밑줄 친 부분 중, 어법상 틀린 것은?

Despite all the high-tech devices / that seem to deny the need for paper, / paper use in the United States / ① has nearly doubled recently.
모든 첨단 기기들에도 불구하고, / 종이의 필요성을 부정하는 것처럼 보이는 / 미국에서 종이 사용은 / 최근 거의 두 배로 증가했다.
We now consume more paper than ever: / 400 million tons globally and growing.
우리는 현재 그 어느 때보다도 더 많은 종이를 소비하고 있어서, / 전 세계에서 4억 톤을 쓰고 있으며 그 양은 증가하고 있다.
Paper is not the only resource / ② that we are using more of.
자원은 종이만이 아니다. / 우리가 더 많이 사용하고 있는
Technological advances often come / with the promise of ③ using fewer materials.
기술의 발전은 흔히 온다 / 더 적은 재료의 사용 가능성과 함께
However, / the reality is / that they have historically caused more materials use, / making us ✔ dependent on more natural resources.
그러나, / 현실은 ~이다. / 그것들이 역사적으로 더 많은 재료 사용을 야기해 / 우리가 더 많은 천연자원 사용에 의존하게 한다는 것
The world now consumes far more "stuff" / than it ever has.
세계는 이제 훨씬 더 많은 '것'을 소비한다. / 그것이 그 어느 때 그랬던 것보다
We use twenty-seven times more industrial minerals, / such as gold, copper, and rare metals, / than we ⑤ did just over a century ago.
우리는 산업 광물을 27배 더 많이 사용한다. / 금, 구리, 희귀 금속과 같은 / 우리가 고작 1세기 이전에 그랬던 것보다
We also each individually use more resources.
우리는 또한 각자 더 많은 자원을 사용한다.
Much of that is due to our high-tech lifestyle.
그중 많은 부분은 우리의 첨단 생활방식 때문이다.

종이의 필요성을 부정하는 것처럼 보이는 모든 첨단 기기들에도 불구하고, 미국에서 종이 사용은 최근 거의 두 배로 증가했다. 우리는 현재 그 어느 때보다도 더 많은 종이를 소비하고 있어서, 전 세계에서 4억 톤을 쓰고 있으며 그 양은 증가하고 있다. 우리가 더 많이 사용하고 있는 자원은 종이만이 아니다. 기술의 발전은 흔히 더 적은 재료의 사용 가능성을 수반한다. 그러나, 현실은 그것들이 역사적으로 더 많은 재료 사용을 야기해 우리가 더 많은 천연자원에 의존하게 한다는 것이다. 세계는 이제 그 어느 때보다도 훨씬 더 많은 '재료'를 소비한다. 우리는 금, 구리, 희귀 금속과 같은 산업 광물을 고작 1세기 이전보다 27배 더 많이 사용한다. 우리는 또한 각자 더 많은 자원을 사용한다. 그중 많은 부분은 우리의 첨단 생활방식 때문이다.

Why? 왜 정답일까?

make는 형용사를 목적격 보어로 취하는 5형식 동사이므로, 부사 dependently를 형용사 dependent로 고쳐 making의 보어 자리를 채워야 한다. 따라서 어법상 틀린 것은 ④이다.

Why? 왜 오답일까?

① 주어 paper use가 불가산명사이므로 단수 동사 has가 어법상 적절하다.
② 선행사 the only resource 뒤로 목적어가 없는 불완전한 절을 이끌고자 관계대명사 that이 알맞게 쓰였다. 참고로 선행사에 the only가 있으면 관계대명사 that이 주로 쓰인다.
③ 전치사 of 뒤에 목적어인 동명사 using이 알맞게 쓰였다.
⑤ 앞에 나온 일반동사 use를 대신하는데 시제가 과거이므로(over a century ago) 대동사 did가 알맞게 쓰였다.

● high-tech ⓐ 첨단 기술의　　● consume ⓥ 소비하다
● material ⓝ 물질, 자재, 재료　　● historically ⓐⓓ 역사적으로
● dependently ⓐⓓ 의존적으로, 남에게 의지하여　　● industrial ⓐ 산업의
● rare ⓐ 희귀한

구문 풀이

6행 However, the reality is {that they have historically caused more materials use, making us dependently on more natural resources}. { } : 명사절(주격 보어)
분사구문(= and they make ~)

<hr>

30 삶을 사랑하는 법　　정답률 61% | 정답 ②

다음 글의 밑줄 친 부분 중, 문맥상 낱말의 쓰임이 적절하지 않은 것은? [3점]

Do you sometimes feel like / you don't love your life?
당신은 가끔 느끼는가? / 당신이 삶을 사랑하지 않는다고
Like, deep inside, something is missing?
마치 마음 깊은 곳에서 뭔가가 빠진 것처럼?
That's because we are living someone else's life.
왜냐하면 우리가 타인의 삶을 살고 있기 때문이다.
We allow other people to ① influence our choices.
우리는 타인이 우리의 선택에 영향을 주도록 허용한다.
We are trying to meet their expectations.

우리는 그들의 기대감을 만족시키기 위해 노력하고 있다.

Social pressure is deceiving / — we are all impacted without noticing it.
사회적 압력은 현혹시킨다. / 우리 모두는 그것을 눈치채지도 못한 채 영향을 받는다.

Before we realize / we are losing ownership of our lives, / we end up ④ envying how other people live.
우리가 깨닫기도 전에, / 우리의 삶에 대한 소유권을 잃었다는 것을 / 우리는 결국 다른 사람들이 어떻게 사는지를 부러워하게 된다.

Then, we can only see the greener grass / — ours is never good enough.
그러면, 우리는 더 푸른 잔디만 볼 수 있게 된다. / 우리의 삶은 만족할 만큼 충분히 좋아질 수 없다.

To regain that passion for the life you want, / you must ③ recover control of your choices.
당신이 원하는 삶에 대한 열정을 되찾기 위해서는 / 당신은 당신의 선택에 대한 통제력을 회복해야 한다.

No one but yourself / can choose how you live.
당신 자신을 제외한 그 누구도 / 당신이 어떻게 살지를 선택할 수 없다.

But, how?
하지만 어떻게 해야 할까?

The first step to getting rid of expectations / is to treat yourself ④ kindly.
기대감을 버리는 첫 단계는 / 자신을 친절하게 대하는 것이다.

You can't truly love other people / if you don't love yourself first.
당신은 다른 사람을 진정으로 사랑할 수 없다. / 당신이 자신을 먼저 사랑하지 않으면

When we accept who we are, / there's no room for other's ⑤ expectations.
우리가 우리 있는 그대로를 받아들일 때, / 타인의 기대를 위한 여지는 남지 않는다.

당신은 가끔 삶을 사랑하지 않다고 느끼는가? 마치 마음 깊은 곳에서 뭔가가 빠진 것처럼? 왜냐하면 우리가 타인의 삶을 살고 있기 때문이다. 우리는 타인이 우리의 선택에 ① 영향을 주도록 허용한다. 우리는 그들의 기대감을 만족시키기 위해 노력하고 있다. 사회적 압력은 (우리를) 현혹시켜서, 우리 모두는 그것을 눈치채지도 못한 채 영향을 받는다. 우리의 삶에 대한 소유권을 잃어가고 있다는 것을 깨닫기도 전에, 우리는 결국 다른 사람들이 어떻게 사는지를 ② 무시하게(→ 부러워하게) 된다. 그러면, 우리는 더 푸른 잔디(타인의 삶이 더 좋아 보이는 것)만 볼 수 있게 되어, 우리의 삶은 (만족할 만큼) 충분히 좋아질 수 없다. 당신이 원하는 삶에 대한 열정을 되찾기 위해서는 당신의 선택에 대한 통제력을 ③ 회복해야 한다. 당신 자신을 제외한 그 누구도 당신이 어떻게 살지를 선택할 수 없다. 하지만 어떻게 해야 할까? 기대감을 버리는 첫 단계는 자기 자신에게 ④ 친절하게 대하는 것이다. 자신을 먼저 사랑하지 않으면 다른 사람을 진정으로 사랑할 수 없다. 우리가 우리 있는 그대로를 받아들일 때, 타인의 ⑤ 기대를 위한 여지는 남지 않는다.

Why? 왜 정답일까?

타인의 기대를 만족시키는 삶을 살아갈 때에는 삶을 사랑할 수 없기에 자신을 친절하게 대하며 삶에 대한 주도권을 회복해 나가야 한다는 내용의 글이다. 흐름상 앞뒤로 타인의 삶을 살다 보면 자신의 삶에 대한 통제력을 잃었음을 알기도 전에 이미 타인의 삶을 더 좋게 보고 '부러워하게' 된다는 문맥이므로, ignoring을 envying으로 고쳐야 한다. 따라서 문맥상 낱말의 쓰임이 적절하지 않은 것은 ②이다.

- missing ⓐ 빠진, 실종된
- meet the expectation 기대를 충족하다
- impact ⓥ 영향을 미치다
- recover ⓥ 회복하다
- influence ⓥ 영향을 미치다 ⓝ 영향
- deceiving ⓐ 현혹시키는, 속이는
- ownership ⓝ 소유권
- get rid of ~을 없애다

구문 풀이

9행 No one but yourself can choose {how you live}. { } : 간접의문문(어떻게 ~할지)
~을 제외하고(= except)

★★★ 등급을 가르는 문제!

31 혁신 지속에 도움이 되는 가상 환경의 특징   정답률 49% | 정답 ①

다음 빈칸에 들어갈 말로 가장 적절한 것을 고르시오.

✓① restrictions – 제한점
② responsibilities – 책임감
③ memories – 기억
④ coincidences – 우연의 일치
⑤ traditions – 전통

One of the big questions faced this past year / was how to keep innovation rolling / when people were working entirely virtually.
작년에 직면한 가장 큰 질문 중 하나는 / 어떻게 혁신을 지속할 것인가 하는 것이었다. / 사람들이 완전히 가상 공간에서 작업할 때

But experts say / that digital work didn't have a negative effect / on innovation and creativity.
그러나 전문가들은 말한다. / 디지털 작업이 부정적인 영향을 미치지 않았다고 / 혁신과 창의성에

Working within limits / pushes us to solve problems.
한계 내에서 일하는 것은 / 우리에게 문제를 해결하도록 독려한다.

Overall, / virtual meeting platforms put more constraints / on communication and collaboration / than face-to-face settings.
전반적으로, / 가상 미팅 플랫폼은 더 많은 제약을 가한다. / 의사소통과 협업에 / 대면 설정보다

For instance, / with the press of a button, / virtual meeting hosts can control the size of breakout groups / and enforce time constraints; / only one person can speak at a time; / nonverbal signals, / particularly those below the shoulders, / are diminished; / "seating arrangements" are assigned by the platform, / not by individuals; / and visual access to others may be limited / by the size of each participant's screen.
예를 들어, / 버튼을 누르면, / 가상 회의 진행자는 소모임 그룹의 크기를 제어하고 / 시간 제한을 시행할 수 있다. / 한 번에 한 사람만이 말할 수 있다. / 비언어적 신호, / 특히 어깨 아래의 신호는 / 줄어든다. / '좌석 배치'는 플랫폼에 의해 할당된다. / 개인이 아닌 / 그리고 다른 사람에 대한 시각적 접근은 제한될 수 있다. / 각 참가자의 화면 크기에 따라

Such restrictions are likely to stretch participants / beyond their usual ways of thinking, / boosting creativity.
이러한 제한점은 참가자들을 확장시킬 가능성이 높다. / 일반적인 사고방식 너머까지 / 그리고 창의력을 증진시킬

작년에 직면한 가장 큰 질문 중 하나는 사람들이 완전히 가상 공간에서 작업할 때 어떻게 혁신을 지속할 것인가 하는 것이었다. 그러나 전문가들은 디지털 작업이 혁신과 창의성에 부정적인 영향을 미치지 않았다고 말한다. 한계 내에서 일하는 것은 우리에게 문제를 해결하도록 독려한다. 전반적으로, 가상 미팅 플랫폼은 대면 환경보다 의사소통과 협업에 더 많은 제약들을 가한다. 예를 들어, 버튼을 누르면, 가상 회의 진행자는 소모임 그룹의 크기를 제어하고 시간 제한을 시행할 수 있다. 비언어적 신호, 특히 어깨 아래의 신호는 줄어든다. '좌석 배치'는 개인이 아닌 플랫폼에 의해 할당된다. 그리고 다른 사람에 대한 시각적 접근은 각 참가자의 화면 크기에 따라 제한될 수 있다. 이러한 제한점은 참가자를 일반적인 사고방식 너머까지 확장시켜 창의력을 증진시킬 가능성이 높다.

Why? 왜 정답일까?

'Working within limits pushes us to solve problems.'에서 한계 내에서 작업하는 것이 문제 해결을 독려한다고 언급하는 것으로 보아, 빈칸에 들어갈 말로 가장 적절한 것은 ① '제한점'이다.

- virtually ⓐ (컴퓨터를 이용해) 가상으로
- have a negative effect on ~에 부정적 영향을 미치다
- constraint ⓝ 제한, 한계
- enforce ⓥ 시행하다
- seating arrangement 좌석 배치
- stretch ⓥ 늘이다, 확장하다
- breakout group (전체에서 나누어진) 소집단
- diminish ⓥ 줄이다
- assign ⓥ 배정하다, 할당하다
- coincidence ⓝ 우연의 일치, 동시 발생

구문 풀이

1행 One of the big questions faced this past year was {how to keep innovation rolling when people were working entirely virtually}.
주어(one of the + 복수명사)   과거분사   동사(단수)
{ } : 주격 보어(how+to부정사 : ~하는 방법)

★★ 문제 해결 꿀~팁 ★★

▶ 많이 틀린 이유는?
Working within limits가 핵심 표현으로, 제약이나 제한이 혁신과 업무 수행에 도움이 된다는 것이 글의 주제이다. 최다 오답인 ②의 responsibilities는 '책임, (맡은) 책무'라는 뜻이므로 글 내용과 관련이 없다.

▶ 문제 해결 방법은?
핵심어인 limits, constraints와 동의어를 찾으면 된다. 빈칸 앞에 not 등 부정어도 없어, 복잡하게 사고할 필요가 없는 비교적 단순한 빈칸 문제이다.

★★★ 등급을 가르는 문제!

32 전통적 수요 법칙의 예외인 기펜재   정답률 56% | 정답 ②

다음 빈칸에 들어갈 말로 가장 적절한 것을 고르시오. [3점]

① order more meat – 더 많은 고기를 주문한다
✓② consume more rice – 더 많은 쌀을 소비한다
③ try to get new jobs – 새로운 일자리를 구하려 한다
④ increase their savings – 저축액을 늘린다
⑤ start to invest overseas – 해외에 투자하기 시작한다

The law of demand is / that the demand for goods and services increases / as prices fall, / and the demand falls / as prices increase.
수요의 법칙은 ~이다. / 상품과 서비스에 대한 수요가 증가하고, / 가격이 하락할수록 / 수요가 감소하는 것 / 가격이 상승할수록

Giffen goods are special types of products / for which the traditional law of demand does not apply.
기펜재는 특별한 유형의 상품이다. / 전통적인 수요 법칙이 적용되지 않는

Instead of switching to cheaper replacements, / consumers demand more of giffen goods / when the price increases / and less of them when the price decreases.
저렴한 대체품으로 바꾸는 대신, / 소비자들은 기펜재를 더 많이 필요로 한다. / 가격이 상승할 때 / 그리고 가격이 하락할 때 덜

Taking an example, / rice in China is a giffen good / because people tend to purchase less of it / when the price falls.
예를 들어, / 중국의 쌀은 기펜재이다. / 사람들이 그것을 덜 구매하는 경향이 있기 때문에 / 가격이 하락할 때

The reason for this is, / when the price of rice falls, / people have more money / to spend on other types of products / such as meat and dairy / and, therefore, change their spending pattern.
그 이유는 ~이다. / 쌀값이 하락하면, / 사람들이 돈이 많아지고, / 다른 종류의 상품에 쓸 / 고기나 유제품 같은 / 그 결과 소비 패턴을 바꾸기 때문에

On the other hand, / as rice prices increase, / people consume more rice.
반면에, / 쌀값이 상승하면, / 사람들은 더 많은 쌀을 소비한다.

수요의 법칙은 가격이 하락할수록 상품과 서비스에 대한 수요가 증가하고, 가격이 상승할수록 수요가 감소하는 것이다. *기펜재*는 전통적인 수요 법칙이 적용되지 않는 특별한 유형의 상품이다. 저렴한 대체품으로 바꾸는 대신 소비자들은 가격이 상승할 때 기펜재를 더 많이, 가격이 하락할 때 덜 필요로 한다. 예를 들어, 중국의 쌀은 가격이 하락할 때 사람들이 덜 구매하는 경향이 있기 때문에 기펜재이다. 그 이유는, 쌀값이 하락하면, 사람들이 고기나 유제품 같은 다른 종류의 상품에 쓸 돈이 많아지고, 그 결과 소비 패턴을 바꾸기 때문이다. 반면에, 쌀값이 상승하면, 사람들은 더 많은 쌀을 소비한다.

Why? 왜 정답일까?

전통적인 수요 법칙에 따르면 가격과 수요는 반비례하지만, 이 법칙의 예외에 있는 기펜재는 가격과 상승 및 하락 흐름을 같이한다(Instead of switching to cheaper replacements, consumers demand more of giffen goods when the price increases and less of them when the price decreases.)는 내용의 글이다. 중반부 이후로 중국의 쌀이 기펜재의 예시로 언급되므로, 쌀 가격이 오를 때 오히려 사람들은 '쌀을 더 산다'는 내용이 결론이어야 한다. 따라서 빈칸에 들어갈 말로 가장 적절한 것은 ② '더 많은 쌀을 소비한다'이다.

- demand ⓝ 수요 ⓥ 필요로 하다, 요구하다
- switch to ~로 바꾸다
- dairy ⓝ 유제품
- apply for ~에 적용되다
- replacement ⓝ 대체(품)
- overseas ⓐ 해외에

구문 풀이

3행 *Giffen goods* are special types of products [for which the traditional law
선행사   「전치사+관계대명사」
of demand does not apply].

★★ 문제 해결 꿀~팁 ★★

▶ 많이 틀린 이유는?
기펜재의 개념을 잘 이해하고 사례에 적용해야 하는 빈칸 문제이다. 최다 오답 ④는 '저축액을 늘린다'는 의미인데, 글에서 기펜재와 저축액을 연결짓는 내용은 언급되지 않았다.

③ energy efficiency matters the most – 에너지 효율이 가장 중요하다
④ careful planning can fix the problem – 신중한 계획이 문제를 해결할 수 있다
⑤ it is too late to prevent it from happening – 그것이 일어나지 않도록 막기에는 너무 늦었다

▶ 문제 해결 방법은?
글에 따르면 기펜재는 일반적인 재화와 달리 가격이 오를 때 수요도 오르고, 가격이 떨어질 때 수요도 떨어지는 재화이다. 빈칸 문장에서는 '쌀 가격이 오르는' 상황을 상정하고 있으므로, '쌀에 대한 수요도 덩달아 오른다'는 결과를 예측할 수 있다.

★★★ 등급을 가르는 문제!

33 지적 능력 발달에 있어 천성보다 중요한 양육 정답률 44% | 정답 ③

다음 빈칸에 들어갈 말로 가장 적절한 것을 고르시오. [3점]

① by themselves for survival – 생존을 위해 스스로
② free from social interaction – 사회적 상호작용 없이
✓③ based on what is around you – 여러분 주변에 있는 것에 따라
④ depending on genetic superiority – 유전적 우월성에 따라
⑤ so as to keep ourselves entertained – 우리 자신을 계속 즐겁게 하기 위해

In a study at Princeton University in 1992, / research scientists looked at two different groups of mice.
1992년 프린스턴 대학의 한 연구에서, / 연구 과학자들은 두 개의 다른 쥐 집단을 관찰했다.
One group was made intellectually superior / by modifying the gene for the glutamate receptor.
한 집단은 지적으로 우월하게 만들어졌다. / 글루타민산염 수용체에 대한 유전자를 변형함으로써
Glutamate is a brain chemical / that is necessary in learning.
글루타민산염은 뇌 화학 물질이다. / 학습에 필수적인
The other group was genetically manipulated / to be intellectually inferior, / also done by modifying the gene for the glutamate receptor.
다른 집단도 유전적으로 조작되었다. / 지적으로 열등하도록 / 역시 글루타민산염 수용체에 대한 유전자를 변형함으로써 이루어진
The smart mice were then raised in standard cages, / while the inferior mice were raised in large cages / with toys and exercise wheels / and with lots of social interaction.
그 후 똑똑한 쥐들은 표준 우리에서 길러진 반면, / 열등한 쥐들은 큰 우리에서 길러진 반면 / 장난감과 운동용 쳇바퀴가 있고 / 사회적 상호작용이 많은
At the end of the study, / although the intellectually inferior mice were genetically handicapped, / they were able to perform just as well / as their genetic superiors.
연구가 끝날 무렵, / 비록 지적 능력이 떨어지는 쥐들이 유전적으로 장애가 있었지만, / 그들은 딱 그만큼 잘 수행할 수 있었다. / 그들의 유전적인 우월군들만큼
This was a real triumph for nurture over nature.
이것은 천성에 대한 양육의 진정한 승리였다.
Genes are turned on or off / based on what is around you.
유전자는 작동하거나 멈춘다. / 여러분 주변에 있는 것에 따라

1992년 프린스턴 대학의 한 연구에서, 연구 과학자들은 두 개의 다른 쥐 집단을 관찰했다. 한 집단은 글루타민산염 수용체에 대한 유전자를 변형함으로써 지적으로 우월하게 만들어졌다. 글루타민산염은 학습에 필수적인 뇌 화학 물질이다. 다른 집단도 역시 글루타민산염 수용체에 대한 유전자를 변형함으로써, 지적으로 열등하도록 유전적으로 조작되었다. 그 후 똑똑한 쥐들은 표준 우리에서 길러진 반면에 열등한 쥐들은 장난감과 운동용 쳇바퀴가 있고 사회적 상호작용이 많은 큰 우리에서 길러졌다. 연구가 끝날 무렵, 비록 지적 능력이 떨어지는 쥐들이 유전적으로 장애가 있었지만, 그들은 딱 유전적인 우월군들만큼 잘 수행할 수 있었다. 이것은 천성(선천적 성질)에 대한 양육(후천적 환경)의 진정한 승리였다. 유전자는 여러분 주변에 있는 것에 따라 작동하거나 멈춘다.

Why? 왜 정답일까?
빈칸이 있는 문장 바로 앞에서 양육, 즉 후천적 환경이 타고난 천성을 이겼다(a real triumph for nurture over nature)는 말로 연구 결과를 정리하고 있다. 따라서 빈칸에 들어갈 말로 가장 적절한 것은 '환경, 양육'과 같은 의미의 ③ '여러분 주변에 있는 것에 따라'이다.

- intellectually ⓐ 지적으로
- receptor ⓝ 수용체
- inferior ⓐ 열등한
- triumph ⓝ 승리
- free from ~ 없이, ~을 면하여
- modify ⓥ 수정하다, 바꾸다
- genetically ⓐ 유전적으로
- handicapped ⓐ 장애가 있는, 불리한 입장인
- nurture ⓝ 양육

구문 풀이

5행 The other group was genetically manipulated to be intellectually inferior,
                                                                    선행사
(which was) also done by modifying the gene for the glutamate receptor.
생략(계속적 용법)   과거분사

★★ 문제 해결 꿀~팁 ★★

▶ 많이 틀린 이유는?
지적으로 우월하게(superior) 만들어진 쥐와 열등하게(inferior) 만들어진 쥐를 비교하는 실험 내용상 '유전적 우월함'을 언급하는 ④가 정답처럼 보인다. 하지만 실험의 결과를 보면, 결국 유전적으로 지능이 우월하게 만들어진 쥐와 열등하게 만들어진 쥐 사이에 차이가 없었다는 것이 핵심이다. 따라서 '유전적 우월함에 따라' 유전자가 작동하거나 작동하지 않을 수 있다는 의미를 완성하는 ④는 빈칸에 적절하지 않다.
▶ 문제 해결 방법은?
유전적으로 유도된 지능 차이보다도, 다른 어떤 요인이 쥐의 수행에 영향을 미칠 수 있었는지 살펴봐야 한다. 글 중반부를 보면, 열등한 쥐들이 자란 환경은 우월한 쥐들이 자란 환경에 비해 사회적 상호작용이 활발한 공간이었다고 한다. 나아가 빈칸 앞에서는 이 실험 결과가 유전보다도 양육, 즉 후천적 환경(nurture)의 중요성을 말해준다고 한다. 따라서 빈칸에도 '환경'과 관련된 내용이 들어가야 한다.

★★★ 등급을 가르는 문제!

34 기후 변화에 대한 대처가 '현재' 이루어지지 않는 이유 정답률 45% | 정답 ②

다음 빈칸에 들어갈 말로 가장 적절한 것을 고르시오. [3점]

① it is not related to science – 그것이 과학과 관련이 없다
✓② it is far away in time and space – 그것이 시공간적으로 멀리 떨어져 있다

Researchers are working on a project / that asks coastal towns / how they are preparing for rising sea levels.
연구원은 프로젝트를 진행하고 있다. / 해안가 마을들에게 묻는 / 해수면 상승에 어떻게 대비하고 있는지
Some towns have risk assessments; / some towns even have a plan.
어떤 마을들은 위험 평가를 하고 / 어떤 마을들은 심지어 계획을 가지고 있다.
But it's a rare town / that is actually carrying out a plan.
하지만 마을은 드물다 / 실제로 계획을 실행하고 있는
One reason we've failed to act on climate change / is the common belief / that it is far away in time and space.
우리가 기후 변화에 대처하는 데 실패한 한 가지 이유는 / 일반적인 믿음 때문이다. / 그것이 시공간적으로 멀리 떨어져 있다는
For decades, / climate change was a prediction about the future, / so scientists talked about it in the future tense.
수십 년 동안, / 기후 변화는 미래에 대한 예측이었기 때문에 / 과학자들은 미래 시제로 기후 변화에 대해 이야기했다.
This became a habit — / so that even today / many scientists still use the future tense, / even though we know / that a climate crisis is ongoing.
이것이 습관이 되어 / 그 결과 오늘날에도 / 많은 과학자들이 여전히 미래 시제를 사용하고 있다. / 우리가 알고 있음에도, / 기후 위기가 진행중이라는 것을
Scientists also often focus on regions / most affected by the crisis, / such as Bangladesh or the West Antarctic Ice Sheet, / which for most Americans are physically remote.
과학자들은 또한 지역에 초점을 맞추고 있으며, / 위기의 영향을 가장 많이 받는 / 방글라데시나 서남극 빙상처럼 / 그 지역은 대부분의 미국인들에게는 물리적으로 멀리 떨어져 있다.

연구원들은 해안가 마을들이 해수면 상승에 어떻게 대비하고 있는지 묻는 프로젝트를 진행하고 있다. 어떤 마을들은 위험 평가를 하고 어떤 마을들은 심지어 계획을 가지고 있다. 하지만 실제로 계획을 실행하고 있는 마을은 드물다. 우리가 기후 변화에 대처하는 데 실패한 한 가지 이유는 그것이 시공간적으로 멀리 떨어져 있다는 일반적인 믿음 때문이다. 수십 년 동안, 기후 변화는 미래에 대한 예측이었기 때문에 과학자들은 미래 시제로 기후 변화에 대해 이야기했다. 이것이 습관이 되어, 비록 우리가 기후 위기가 진행중이라는 것을 알고 있음에도, 많은 과학자들이 오늘날에도 여전히 미래 시제를 사용하고 있다. 과학자들은 또한 방글라데시나 서남극 빙상처럼 위기의 영향을 가장 많이 받는 지역에 초점을 맞추고 있으며, 그 지역은 대부분의 미국인들에게는 물리적으로 멀리 떨어져 있다.

Why? 왜 정답일까?
빈칸 뒤에 따르면, 기후 변화는 현재가 아닌 미래의 사건으로 여겨져 늘 미래 시제로 묘사되며(use the future tense), 기후 위기에 취약한 지역 또한 과학자들에게는 물리적으로 멀리 떨어진(physically remote) 곳이다. 다시 말해 기후 변화와 그로 인한 여파는 늘 '지금 여기와는 동떨어진' 사건으로 취급되고 있다는 것이 글의 핵심 내용이므로, 빈칸에 들어갈 말로 가장 적절한 것은 ② '그것이 시공간적으로 멀리 떨어져 있다'이다.

- sea level 해수면
- prediction ⓝ 예측
- crisis ⓝ 위기
- Antarctic ⓐ 남극의
- remote ⓐ 멀리 떨어진
- assessment ⓝ 평가
- tense ⓝ (문법) 시제
- ongoing ⓐ 진행 중인
- physically ⓐ 물리적으로, 신체적으로

구문 풀이

4행 One reason [we've failed to act on climate change] is the common belief
     주어   [ ]: 관계부사절   동사(단수)   주격 보어
{that it is far away in time and space}. { }: 동격절(=the common belief)

★★ 문제 해결 꿀~팁 ★★

▶ 많이 틀린 이유는?
⑤는 일반적으로 많이 언급되는 내용이지만 글에서 보면 기후 변화를 막기에 '시간적으로 너무 늦었다'는 내용은 글에서 다뤄지지 않았다.
▶ 문제 해결 방법은?
빈칸이 글 중간에 있으면 주로 뒤에 답에 대한 힌트가 있다. 여기서도 빈칸 뒤를 보면, 과학자들은 기후 변화에 관해 아직도 미래 시제로 말하며, 지리적으로도 멀리 떨어진 곳을 연구하는 데 집중한다는 점을 지적하고 있다. 이는 기후 변화를 '시간·공간적으로 동떨어진' 일로 여기는 경향을 비판하는 것이다.

35 패션의 의미 정답률 66% | 정답 ④

다음 글에서 전체 흐름과 관계 없는 문장은?

According to Marguerite La Caze, / fashion contributes to our lives / and provides a medium for us / to develop and exhibit important social virtues.
Marguerite La Caze에 따르면, / 패션은 우리의 삶에 기여하고 / 우리에게 수단을 제공한다. / 중요한 사회적 가치를 개발하고 나타낼
① Fashion may be beautiful, innovative, and useful; / we can display creativity and good taste in our fashion choices.
패션은 아름다울 수 있고, 혁신적일 수 있으며, 유용할 수 있다. / 우리는 패션을 선택하는 데 있어서 창의성과 좋은 취향을 드러낼 수 있다.
② And in dressing with taste and care, / we represent / both self-respect and a concern for the pleasure of others.
그리고 취향과 관심에 따라 옷을 입을 때, / 우리는 보여준다. / 자아존중과 타인의 즐거움에 대한 관심 모두를
③ There is no doubt / that fashion can be a source of interest and pleasure / which links us to each other.
의심의 여지가 없다. / 패션은 흥미와 즐거움의 원천이 될 수 있다는 것은 / 우리와 타인을 연결해 주는
✓④ Although the fashion industry / developed first in Europe and America, / today it is an international and highly globalized industry.
비록 패션 산업은 / 유럽과 미국에서 처음 발달했지만, / 오늘날에는 국제적이고 매우 세계화된 산업이 되었다.
⑤ That is, / fashion provides a sociable aspect / along with opportunities to imagine oneself differently / — to try on different identities.
다시 말해, / 패션은 친교적인 측면을 제공한다. / 자신을 다르게 상상하는 기회와 더불어 / 즉, 다른 정체성을 시도하는

Marguerite La Caze에 따르면, 패션은 우리의 삶에 기여하고, 우리가 중요한 사회적 가치를 개발하고 나타낼 수단을 제공한다. ① 패션은 어쩌면 아름다울 수 있고, 혁신적일 수 있으며, 유용할 수 있다. 우리는 패션을 선택하는 데 있어서 창의성과 좋은 취향을 드러낼 수 있다. ② 그리고 취향과 관심에 따라 옷을 입을 때, 우리는 자아존중과 타인의 즐거움에 대한 관심 모두를 보여준다. ③ 의심의 여지없이, 패션은 우리를 서로 연결해 주는 흥미와 즐거움의 원천이 될 수 있다. ④ 패션 산업은 유럽과 미국에서 처음 발달했지만, 오늘날에는 국제적이고 매우 세계화된 산업이 되었다. ⑤ 다시 말해, 패션은 자신을 다르게 상상하는, 즉 다른 정체성을 시도하는 기회와 더불어 친교적인 측면을 제공한다.

Why? 왜 정답일까?

패션이 삶에서 갖는 의미를 설명한 글로, 개인의 삶과 타인과의 상호작용에서 어떤 의미를 갖는지가 주로 언급된다. 하지만 ④는 패션 사업의 발달에 관해 언급하며 글의 흐름에서 벗어나므로, 전체 흐름과 관계 없는 문장은 ④이다.

- **contribute to** ~에 기여하다, ~의 원인이 되다
- **exhibit** ⓥ 보여주다, 드러내다
- **represent** ⓥ 나타내다, 표현하다
- **link A to B** A와 B를 연결하다
- **sociable** ⓐ 사교적인, 사람들과 어울리기 좋아하는
- **medium** ⓝ 수단, 매체
- **taste** ⓝ 취향
- **concern** ⓝ 관심, 우려
- **highly** ⓐⓓ 매우
- **along with** ~와 더불어

구문 풀이

6행 There is no doubt {that fashion can be a source of interest and pleasure
부정 주어 { }: doubt의 동격절 선행사
[which links us to each other]}.
주격 관·대

---

36 선생님에게 그림으로 감사를 표현한 Douglas　　　정답률 79% | 정답 ③

주어진 글 다음에 이어질 글의 순서로 가장 적절한 것을 고르시오.
① (A) – (C) – (B)　　　② (B) – (A) – (C)
✓③ (B) – (C) – (A)　　　④ (C) – (A) – (B)
⑤ (C) – (B) – (A)

Mrs. Klein told her first graders / to draw a picture of something to be thankful for.
Klein 선생님은 1학년 학생들에게 말했다. / 감사히 여기는 것을 그려보라고
She thought / that most of the class would draw turkeys or Thanksgiving tables.
그녀는 생각했다. / 반 아이들 대부분이 칠면조나 추수감사절 식탁을 그릴 것으로
But Douglas drew something different.
하지만 Douglas는 색다른 것을 그렸다.
(B) Douglas was a boy / who usually spent time alone and stayed around her / while his classmates went outside together during break time.
Douglas는 소년이었다. / 보통 혼자 시간을 보내고 그녀 주변에 머무르는 / 그의 반 친구들이 쉬는 시간에 함께 밖으로 나가 있는 동안
What the boy drew was a hand.
그 소년이 그린 것은 손이었다.
But whose hand?
그런데 누구의 손일까?
His image immediately attracted the other students' interest.
그의 그림은 즉시 다른 학생들의 관심을 끌었다.
(C) So, / everyone rushed to talk / about whose hand it was.
그래서, / 모두가 앞다투어 말하려 했다. / 그것이 누구의 손인지에 관해
"It must be the hand of God / that brings us food," / said one student.
"그것은 신의 손이 틀림없어. / 우리에게 음식을 가져오는" / 한 학생이 말했다.
"A farmer's," / said a second student, / "because they raise the turkeys."
"농부의 손이야," / 두 번째 학생이 말했다, / "왜냐하면 그들은 칠면조를 기르거든."이라고
"It looks more like a police officer's," / added another, / "they protect us."
"경찰관의 손과 더 비슷해 보여," / 또 다른 학생이 덧붙였다, / "그들은 우리를 보호해 줘."라고
(A) The class was so responsive / that Mrs. Klein had almost forgotten about Douglas.
반 아이들이 몹시 호응해서 / Klein 선생님은 Douglas에 대해 하마터면 잊어버릴 뻔했다.
After she had the others at work on another project, / she asked Douglas whose hand it was.
그녀가 나머지 아이들에게 다른 과제를 하도록 지도한 후, / 그녀는 Douglas에게 그 손이 누구 손인지 물었다.
He answered softly, / "It's yours. Thank you, Mrs. Klein."
그는 조용히 대답했다. / "선생님 손이에요. 고마워요, Klein 선생님."이라고

Klein 선생님은 1학년 학생들에게 감사히 여기는 것을 그려보라고 말했다. 그녀는 반 아이들 대부분이 칠면조나 추수감사절 식탁을 그릴 것으로 생각했다. 하지만 Douglas는 색다른 것을 그렸다.
(B) Douglas는 그의 반 친구들이 쉬는 시간에 함께 밖으로 나가 있는 동안, 보통 혼자 시간을 보내고 그녀 주변에 머무르는 소년이었다. 그 소년이 그린 것은 손이었다. 그런데 누구의 손일까? 그의 그림은 즉시 다른 학생들의 관심을 끌었다.
(C) 그래서, 모두들 그것이 누구의 손인지에 관해 앞다투어 말하려 했다. "그것은 우리에게 음식을 가져다주는 신의 손이 틀림없어."라고 한 학생이 말했다. "농부의 손이야, 왜냐하면 그들은 칠면조를 기르거든."이라고 두 번째 학생이 말했다. "경찰관의 손과 더 비슷해 보여, 그들은 우리를 보호해 줘."라고 또 다른 학생이 덧붙였다.
(A) 반 아이들의 호응에 Klein 선생님은 Douglas에 대해 하마터면 잊어버릴 뻔했다. 그녀는 나머지 아이들에게 다른 과제를 하도록 지도한 후, Douglas에게 그 손이 누구 손인지 물었다. "선생님 손이에요. 고마워요, Klein 선생님."이라고 그는 조용히 대답했다.

Why? 왜 정답일까?

고마운 것을 그려보는 시간에 Douglas가 무언가 색다른 것을 그렸다는 내용의 주어진 글 뒤에는, Douglas가 그린 것이 손이라는 내용의 (B), 아이들이 누구 손인지 맞춰보려 했다는 내용의 (C), 나중에 Douglas가 그것이 선생님의 손임을 말했다는 내용의 (A)가 차례로 이어져야 자연스럽다. 따라서 글의 순서로 가장 적절한 것은 ③ '(B) – (C) – (A)'이다.

- **turkey** ⓝ 칠면조
- **immediately** ⓐⓓ 즉시
- **raise** ⓥ 기르다, 키우다
- **responsive** ⓐ 즉각 반응하는, 관심을 보이는
- **attract one's interest** ~의 관심을 끌다

구문 풀이

1행 Mrs. Klein told her first graders to draw a picture of something to be
동사　목적어　목적격 보어　대명사(-thing)
thankful for.
형용사적 용법

37 흡혈귀가 존재했을 수 없는 이유　　　정답률 62% | 정답 ⑤

주어진 글 다음에 이어질 글의 순서로 가장 적절한 것을 고르시오. [3점]
① (A) – (C) – (B)　　　② (B) – (A) – (C)
③ (B) – (C) – (A)　　　④ (C) – (A) – (B)
✓⑤ (C) – (B) – (A)

According to legend, / once a vampire bites a person, / that person turns into a vampire / who seeks the blood of others.
전설에 따르면, / 흡혈귀가 사람을 물면 / 그 사람은 흡혈귀로 변한다. / 다른 사람의 피를 갈구하는
A researcher came up with some simple math, / which proves that these highly popular creatures can't exist.
한 연구자는 간단한 계산법을 생각해냈다. / 이 잘 알려진 존재가 실존할 수 없다는 것을 증명하는
(C) University of Central Florida physics professor / Costas Efthimiou's work breaks down the myth.
University of Central Florida의 물리학과 교수인 / Costas Efthimiou의 연구가 그 미신을 무너뜨렸다.
Suppose / that on January 1st, 1600, / the human population was just over five hundred million.
가정해 보자. / 1600년 1월 1일에 / 인구가 5억 명이 넘는다고
(B) If the first vampire came into existence / that day and bit one person a month, / there would have been two vampires by February 1st, 1600.
그날 최초의 흡혈귀가 생겨나서 / 한 달에 한 명을 물었다면, / 1600년 2월 1일까지 흡혈귀가 둘 있었을 것이다.
A month later there would have been four, / the next month eight, / then sixteen, / and so on.
한 달 뒤면 넷이 되었을 것이고 / 그다음 달은 여덟, / 그리고 열여섯 / 등등이 되었을 것이다.
(A) In just two-and-a-half years, / the original human population / would all have become vampires / with no humans left.
불과 2년 반 만에, / 원래의 인류는 / 모두 흡혈귀가 되었을 것이다. / 인간이 하나도 남지 않은 채로
But look around you.
하지만 주위를 둘러보라.
Have vampires taken over the world?
흡혈귀가 세상을 정복하였는가?
No, because there's no such thing.
아니다. 왜냐하면 흡혈귀는 존재하지 않으니까.

전설에 따르면, 흡혈귀가 사람을 물면 그 사람은 다른 사람의 피를 갈구하는 흡혈귀로 변한다. 한 연구자는 이 대단히 잘 알려진 존재가 실존할 수 없다는 것을 증명하는 간단한 계산법을 생각해냈다.
(C) University of Central Florida의 물리학과 교수 Costas Efthimiou의 연구가 그 미신을 무너뜨렸다. 1600년 1월 1일에 인구가 막 5억 명을 넘겼다고 가정해 보자.
(B) 그날 최초의 흡혈귀가 생겨나서 한 달에 한 명을 물었다면, 1600년 2월 1일까지 흡혈귀가 둘 있었을 것이다. 한 달 뒤면 넷, 그다음 달은 여덟, 그리고 열여섯 등등으로 계속 늘어났을 것이다.
(A) 불과 2년 반 만에, 원래의 인류는 모두 흡혈귀가 되어 더 이상 남아 있지 않았을 것이다. 하지만 주위를 둘러보라. 흡혈귀가 세상을 정복하였는가? 아니다. 왜냐하면 흡혈귀는 존재하지 않으니까.

Why? 왜 정답일까?

흡혈귀가 존재했음을 부정하는 계산식을 생각해낸 사람이 있다는 내용의 주어진 글 뒤에는, 먼저 1600년 1월 1일에 인구가 5억 명이 넘었다고 가정해 보자며 계산식에 관해 설명하기 시작하는 (C)가 연결된다. 이어서 (B)는 (C)에서 언급한 날짜를 that day로 가리키며, 흡혈귀가 달마다 두 배씩 늘어가는 상황을 가정해 보자고 설명한다. 마지막으로 (A)는 (C) – (B)의 상황이 성립한다면 5억 명의 사람들이 불과 2년 반 만에 모두 흡혈귀로 변했을 것인데, 인류는 현재까지 지속되고 있으므로 흡혈귀가 존재했을 수 없다는 결론을 제시하고 있다. 따라서 글의 순서로 가장 적절한 것은 ⑤ '(C) – (B) – (A)'이다.

- **legend** ⓝ 전설
- **come into existence** 생기다, 나타나다
- **myth** ⓝ 미신, (잘못된) 통념
- **take over** ~을 지배하다, 장악하다
- **break down** 무너뜨리다

구문 풀이

5행 In just two-and-a-half years, the original human population would all have
「would have + 과거분사 :
become vampires with no humans left.
~했을 것이다(가정법 과거완료 주절)」
「with+명사+과거분사 : ~이 …된 채로」

---

38 마찰력의 특징　　　정답률 73% | 정답 ④

글의 흐름으로 보아, 주어진 문장이 들어가기에 가장 적절한 곳을 고르시오.

Friction is a force / between two surfaces / that are sliding, or trying to slide, / across each other.
마찰력은 힘이다. / 두 표면 사이에 작용하는 / 미끄러지거나 미끄러지려고 하는 / 서로 엇갈리게
For example, / when you try to push a book along the floor, / friction makes this difficult.
예를 들어, / 당신이 바닥 위 책을 밀려고 할 때, / 마찰이 이를 어렵게 만든다.
Friction always works in the direction / opposite to the direction / in which the object is moving, or trying to move.
마찰은 항상 방향으로 작용한다. / 방향과 반대인 / 물체가 움직이거나 움직이려고 하는
So, friction always slows a moving object down.
그래서 마찰은 항상 움직이는 물체를 느리게 만든다.
① The amount of friction depends on the surface materials.
마찰의 양은 표면 물질에 따라 달라진다.

08회

② The rougher the surface is, / the more friction is produced.
표면이 거칠수록 / 더 많은 마찰력이 발생한다.

③ Friction also produces heat.
마찰은 또한 열을 발생시킨다.

☑ For example, / if you rub your hands together quickly, / they will get warmer.
예를 들어, / 만약 당신이 손을 빠르게 비비면, / 손이 더 따뜻해질 것이다.

Friction can be a useful force / because it prevents our shoes slipping on the floor / when we walk / and stops car tires skidding on the road.
마찰력은 유용한 힘으로 작용할 수 있다. / 그것이 신발이 바닥에서 미끄러지는 것을 방지하고 / 우리가 걸을 때 / 자동차 타이어가 도로에서 미끄러지는 것을 막아주기 때문에

⑤ When you walk, / friction is caused / between the tread on your shoes and the ground, / acting to grip the ground and prevent sliding.
당신이 걸을 때, / 마찰은 발생하며, / 당신의 신발 접지면과 바닥 사이에 / 땅을 붙잡아 미끄러지는 것을 방지하는 역할을 한다.

마찰력은 서로 엇갈리게 미끄러지거나 미끄러지려고 하는 두 표면 사이에 작용하는 힘이다. 예를 들어, 당신이 바닥 위 책을 밀려고 할 때, 마찰이 이를 어렵게 만든다. 마찰은 항상 물체가 움직이거나 움직이려고 하는 방향과 반대 방향으로 작용한다. 그래서 마찰은 항상 움직이는 물체를 느려지게 만든다. ① 마찰의 양은 표면 물질에 따라 달라진다. ② 표면이 거칠수록 더 많은 마찰력이 발생한다. ③ 마찰은 또한 열을 발생시킨다. ④ 예를 들어, 만약 당신이 손을 빠르게 비비면, 손이 더 따뜻해질 것이다. 마찰력은 우리가 걸을 때 신발이 바닥에서 미끄러지는 것을 방지하고 자동차 타이어가 도로에서 미끄러지는 것을 막으므로 유용한 힘이 될 수 있다. ⑤ 걸을 때, 마찰은 당신의 신발 접지면과 바닥 사이에 발생하여 땅을 붙잡아 미끄러지는 것을 방지하는 역할을 한다.

Why? 왜 정답일까?
주어진 문장은 마찰과 열을 관련지어 설명하고 있으므로, 앞에 열에 관한 내용이 언급된 후 예시(For example)로 이어질 수 있다. 글에서 열에 관해 언급하는 문장은 ④ 앞의 문장이므로, 주어진 문장이 들어가기에 가장 적절한 곳은 ④이다.

- rub ⓥ 문지르다
- surface ⓝ 표면
- slow down ~을 느려지게 하다
- slip ⓥ (넘어지거나 넘어질 뻔하게) 미끄러지다
- friction ⓝ 마찰
- opposite ⓐ 반대의
- rough ⓐ 거친
- grip ⓥ 붙잡다

구문 풀이

9행 The rougher **the surface is,** the more **friction is produced.**
「the+비교급 ~, the+비교급 …」: ~할수록 더 …하다

★★★ 등급을 가르는 문제!

39 선천적 시각장애인의 세상 이해   정답률 46% | 정답 ⑤

글의 흐름으로 보아, 주어진 문장이 들어가기에 가장 적절한 곳을 고르시오.

Humans born without sight / are not able to collect visual experiences, / so they understand the world / entirely through their other senses.
선천적으로 시각장애가 있는 사람은 / 시각적 경험을 수집할 수 없어서, / 그들은 세상을 이해한다. / 전적으로 다른 감각을 통해

① As a result, / people with blindness at birth / develop an amazing ability / to understand the world / through the collection of experiences and memories / that come from these non-visual senses.
그 결과, / 선천적으로 시각장애가 있는 사람들은 / 놀라운 능력을 발달시킨다. / 세상을 이해하는 / 경험과 기억의 수집을 통해 / 이러한 비시각적 감각에서 오는

② The dreams of a person / who has been without sight since birth / can be just as vivid and imaginative / as those of someone with normal vision.
사람이 꾸는 꿈은 / 선천적으로 시각장애가 있는 / 생생하고 상상력이 풍부할 수 있다. / 정상 시력을 가진 사람의 꿈처럼

③ They are unique, however, / because their dreams are constructed / from the non-visual experiences and memories / they have collected.
그러나 그들은 특별하다. / 그들의 꿈은 구성되기 때문에 / 비시각적 경험과 기억으로부터 / 그들이 수집한

④ A person with normal vision / will dream about a familiar friend / using visual memories of shape, lighting, and colour.
정상적인 시력을 가진 사람들은 / 친숙한 친구에 대해 꿈을 꿀 것이다. / 형태, 빛 그리고 색의 시각적 기억을 사용하여

☑ But, / a blind person will associate the same friend / with a unique combination of experiences / from their non-visual senses / that act to represent that friend.
하지만, / 시각장애인은 그 친구를 연상할 것이다. / 독특한 조합의 경험으로 / 비시각적 감각에서 나온 / 그 친구를 구현하는 데 작용하는

In other words, / people blind at birth / have similar overall dreaming experiences / even though they do not dream in pictures.
다시 말해, / 선천적 시각장애인들은 / 전반적으로 비슷한 꿈을 경험한다. / 그들이 시각적인 꿈을 꾸지는 않지만

선천적으로 시각장애가 있는 사람은 시각적 경험을 수집할 수 없어서, 전적으로 다른 감각을 통해 세상을 이해한다. ① 그 결과, 선천적으로 시각장애가 있는 사람들은 이러한 비시각적 감각에서 오는 경험과 기억의 수집을 통해 세상을 이해하는 놀라운 능력을 발달시킨다. ② 선천적으로 시각장애가 있는 사람이 꾸는 꿈은 정상 시력을 가진 사람의 꿈처럼 생생하고 상상력이 풍부할 수 있다. ③ 그러나 그들의 꿈은 그들이 수집한 비시각적 경험과 기억으로부터 구성되기 때문에 특별하다. ④ 정상적인 시력을 가진 사람들은 형태, 빛 그리고 색의 시각적 기억을 사용하여 친숙한 친구에 대해 꿈을 꿀 것이다. ⑤ 하지만, 시각장애인은 그 친구를 구현하는 데 작용하는 자신의 비시각적 감각에서 나온 독특한 조합의 경험으로 바로 그 친구를 연상할 것이다. 다시 말해, 선천적 시각장애인들은 시각적인 꿈을 꾸지는 않지만, 전반적으로 비슷한 꿈을 경험한다.

Why? 왜 정답일까?
선천적 시각장애인은 시각적 경험이 없지만 비시각적 경험과 기억을 통해 세상을 이해하는 특별한 방법을 구성해 나간다는 내용의 글로, ② 이후로 시각장애인이 꿈꾸는 방식을 예로 들고 있다. ⑤ 앞의 문장에서 비시각장애인은 시각적 경험을 이용해 친구에 관한 꿈을 꾼다고 언급하는데, 주어진 문장은 But으로 흐름을 뒤집으며 선천적 시각장애인은 비시각적 감각 경험을 토대로 친구를 연상한다고 설명한다. In other words로 시작하는 ⑤ 뒤의 문장은 주어진 문장의 의미를 풀어볼 때 시각장애인도 결국 꿈을 비슷하게 경험한다는 것을 알 수 있다고 결론 짓는다. 따라서 주어진 문장이 들어가기에 가장 적절한 곳은 ⑤이다.

- associate A with B A와 B를 연결 짓다, 연상하다
- combination ⓝ 조합
- vivid ⓐ 생생한
- sight ⓝ 시력
- imaginative ⓐ 상상력이 풍부한

구문 풀이

9행 The dreams of a person [who has been without sight since birth] can be just as vivid and imaginative as those of someone with normal vision.
주어(복수) / 주격 관·대(주격 수식) / 전치사(~ 이후로) / 동사
「as + 원급 + as : ~만큼 …한」 / 대명사(= the dreams)

★★ 문제 해결 꿀~팁 ★★

▶ 많이 틀린 이유는?
가장 헷갈리는 ③ 앞을 보면, 선천적 시각 장애인의 꿈도 비장애인의 꿈과 마찬가지로 생생하고 상상력이 풍부하다는 내용이다. 이어서 ③ 뒤에서는 however와 함께, '그런데' 이들의 꿈은 비시각적 경험과 기억에 바탕을 두기 때문에 '특별하다'는 내용을 추가하고 있다. 즉, ③ 앞뒤는 역접어 however를 기점으로 '우리와 다르지 않다 → 특별하다'로 자연스럽게 전환되는 흐름인 것이다.

▶ 문제 해결 방법은?
⑤ 앞에서 언급된 a familiar friend가 주어진 문장의 the same friend, that friend로 이어진다. 또한, In other words로 시작하는 ⑤ 뒤의 문장은 주어진 문장을 일반화한 내용이다.

40 권위가 있는 부모 밑에서 자란 자녀들의 학업 성취   정답률 65% | 정답 ③

다음 글의 내용을 한 문장으로 요약하고자 한다. 빈칸 (A), (B)에 들어갈 말로 가장 적절한 것은? [3점]

	(A)		(B)
①	likely 가능성이 크며	……	random 무작위적인
②	willing 자발적이며	……	minimal 최소한의
☑③	willing 자발적이며	……	active 적극적인
④	hesitant 망설이며	……	unwanted 원치 않는
⑤	hesitant 망설이며	……	constant 지속적인

According to a study of Swedish adolescents, / an important factor of adolescents' academic success / is how they respond to challenges.
스웨덴 청소년들에 대한 연구에 따르면, / 청소년들의 학업 성공의 중요한 요인은 / 그들이 어려움에 반응하는 방식이다.

The study reports / that when facing difficulties, / adolescents exposed to an authoritative parenting style / are less likely to be passive, helpless, and afraid to fail.
이 연구는 보고한다. / 어려움에 직면했을 때 / 권위가 있는 양육 방식에 노출된 청소년들은 / 덜 수동적이고, 덜 무기력하며, 실패를 덜 두려워한다는

Another study of nine high schools / in Wisconsin and northern California / indicates / that children of authoritative parents do well in school, / because these parents put a lot of effort / into getting involved in their children's school activities.
9개 고교에서 진행된 또 다른 연구는 / Wisconsin과 northern California의 / 밝히고 있다. / 권위가 있는 부모들의 아이들이 학습을 잘하는데, / 그 이유는 이러한 부모들이 많은 노력을 기울이기 때문이라고 / 아이들의 학교 활동에 관여하고자

That is, / authoritative parents are significantly more likely / to help their children with homework, / to attend school programs, / to watch their children in sports, / and to help students select courses.
즉, / 권위가 있는 부모들은 / ~할 가능성이 훨씬 더 크다. / 아이들의 숙제를 도와주고, / 학교 프로그램에 참여하며, / 스포츠에 참여하는 아이들을 지켜보고, / 아이들의 과목 선택을 도와줄

Moreover, / these parents are more aware / of what their children do and how they perform in school.
게다가, / 이러한 부모들은 더 잘 인지하고 있다. / 아이들이 학교에서 하고 있는 일과 수행하는 방식에 대해

Finally, / authoritative parents / praise academic excellence and the importance of working hard more / than other parents do.
마지막으로, / 권위가 있는 부모들은 / 학문적 탁월함과 근면함의 중요성을 더 많이 칭찬한다. / 다른 부모들에 비해

➡ The studies above show / that the children of authoritative parents / often succeed academically, / since they are more (A) willing to deal with their difficulties / and are affected by their parents' (B) active involvement.
위 연구는 보여준다. / 권위가 있는 부모의 아이들이 / 학업 성취가 좋다는 것을 / 그들이 어려움에 대처하는 데 더 자발적이며, / 그 부모들의 적극적인 관여에 영향을 받기 때문에

스웨덴 청소년들에 대한 연구에 따르면, 청소년들의 학업 성공의 중요한 요인은 그들이 어려움에 반응하는 방식이다. 이 연구는 어려움에 직면했을 때 권위가 있는 양육 방식에 노출된 청소년들은 덜 수동적이고, 덜 무기력하며, 실패를 덜 두려워한다고 보고하고 있다. Wisconsin과 northern California의 9개 고교에서 진행된 또 다른 연구는 권위가 있는 부모들의 아이들이 학습을 잘하는데, 그 이유는 이러한 부모들이 아이들의 학교 활동에 관여하고자 많은 노력을 기울이기 때문이라고 밝히고 있다. 즉, 권위가 있는 부모들은 아이들의 숙제를 도와주고, 학교 프로그램에 참여하며, 스포츠에 참여하는 아이들을 지켜보고, 아이들의 과목 선택을 도와줄 가능성이 훨씬 더 크다. 게다가, 이러한 부모들은 아이들이 학교에서 무엇을 하는지, 어떤 성과를 내는지 더 잘 인지하고 있다. 마지막으로, 권위가 있는 부모들은 다른 부모들에 비해 학문적 탁월함과 근면함의 중요성을 더 많이 칭찬한다.

➡ 위 연구는 권위가 있는 부모의 아이들이 어려움에 대처하는 데 더 (A) 자발적이며, 그 부모들의 (B) 적극적인 관여에 영향을 받기 때문에 학업 성취가 좋다는 것을 보여준다.

Why? 왜 정답일까?
두 번째 문장인 '~ when facing difficulties, adolescents exposed to an authoritative parenting style are less likely to be passive ~'에서 권위적인 양육 방식에 노출된 자녀는 어려움 앞에서 덜 수동적이라고 한다. 이어서 '~ children of authoritative parents do well in school, because these parents put a lot of effort into getting involved in their children's school activities.'에서 권위가 있는 부모는 자녀의 학습에 더 적극 관여하기 때문에, 이들 자녀의 학업 성취가 실제로 더 좋다는 연구 결과를 언급하고 있다. 따라서 요약문의 빈칸 (A), (B)에 들어갈 말로 가장 적절한 것은 ③ '(A) willing(자발적이며), (B) active(적극적인)'이다.

- adolescent ⓝ 청소년
- authoritative ⓐ 권위적인
- factor ⓝ 요인
- helpless ⓐ 무기력한

- **put effort into** ~에 노력을 쏟다
- **hesitant** ⓐ 망설이는
- **significantly** ⓐ 상당히

3행 The study reports that when facing difficulties, adolescents exposed to
분사구문(~할 때) ／ 주어 ／ 과거분사
an authoritative parenting style are less likely to be passive, helpless, and
동사구(~할 가능성이 적다) ／ 주격 보어1 ／ 주격 보어2
afraid to fail.
주격 보어3

41-42 취침 시간과 심장 건강의 연관관계

『U.K. researchers say / a bedtime of between 10 p.m. and 11 p.m. is best.
영국 연구원들은 이야기한다. / 밤 10시와 밤 11시 사이의 취침 시간이 가장 좋다고

They say / people who go to sleep between these times / have a (a) lower risk of heart
disease.』 **41번의 근거**
그들은 이야기한다. / 이 시간대 사이에 잠드는 사람들이 / 더 낮은 심장 질환의 위험성을 가지고 있다고

Six years ago, / the researchers collected data / on the sleep patterns of 80,000 volunteers.
6년 전, / 그 연구원들은 데이터를 수집했다. / 8만 명의 자원자들의 수면 패턴에 관해

The volunteers had to wear a special watch for seven days / so the researchers could collect
data / on their sleeping and waking times.
그 자원자들은 7일간 특별한 시계를 착용해야만 했고, / 그래서 그 연구원들은 데이터를 수집할 수 있었다. / 그들의 수면과 기상 시간에 대한

The scientists then monitored the health of the volunteers.
그러고 나서 연구원들은 그 자원자들의 건강을 관찰했다.

Around 3,000 volunteers later showed heart problems.
약 3천 명의 자원자들이 이후에 심장 문제를 보였다.

『They went to bed earlier or later / than the (b) ideal 10 p.m. to 11 p.m. timeframe.』
그들은 더 이르거나 더 늦게 잠자리에 들었다. / 밤 10시에서 밤 11시 사이라는 이상적인 시간대보다 **42번의 근거**

One of the authors of the study, Dr. David Plans, / commented on his research / and the
(c) effects of bedtimes on the health of our heart.
그 연구 저자 중 한 명인 Dr. David Plans는 / 자신의 연구에 대해 언급했다. / 그리고 취침 시간이 우리의 심장 건강에 끼치는
영향에 대해

He said / the study could not give a certain cause for their results, / but it suggests / that
early or late bedtimes may be more likely / to disrupt the body clock, / with (d) negative
consequences for cardiovascular health.
그는 이야기했다. / 그 연구가 결과에 특정한 원인을 시사하지는 못하지만, / 그것은 제시한다고 / 이르거나 늦은 취침 시간이 ~할
가능성이 더 높을 수 있다는 것을 / 체내 시계를 혼란케 할 / 심혈관 건강에 부정적인 결과와 함께

He said / that it was important for our body / to wake up to the morning light, / and that the
worst time to go to bed / was after midnight / because it may (e) reduce the likelihood of
seeing morning light / which resets the body clock.
그는 말했다. / 우리의 몸에 중요하고, / 아침 빛에 맞추어 일어나는 것이 / 잠자리에 드는 가장 나쁜 시간이 / 자정 이후인데, / 그것
이 아침 빛을 볼 가능성을 낮출 수도 있기 때문이라고 / 우리의 체내 시계를 재설정하는

He added / that we risk cardiovascular disease / if our body clock is not reset properly.
그는 덧붙였다. / 우리가 심혈관 질환의 위험을 안게 된다고 / 만약 우리의 체내 시계가 적절하게 재설정되지 않으면

영국 연구원들은 밤 10시와 밤 11시 사이의 취침 시간이 가장 좋다고 이야기한다. 그들은 이 시간대 사이에 잠드는 사람들이 (a) 더 낮은 심장 질환의 위험성을 가지고 있다고 이야기한다. 6년 전, 그 연구원들은 8만 명의 자원자들의 수면 패턴 데이터를 수집했다. 그 자원자들은 연구원들이 그들의 수면과 기상 시간에 대한 데이터를 수집할 수 있도록 7일간 특별한 시계를 착용해야만 했다. 그러고 나서 연구원들은 그 자원자들의 건강을 관찰했다. 약 3천 명의 자원자들이 이후에 심장 문제를 보였다. 그들은 밤 10시에서 밤 11시 사이라는 (b) 이상적인 시간대보다 더 이르거나 더 늦게 잠자리에 들었다. 그 연구 저자 중 한 명인 Dr. David Plans는 자신의 연구와 취침 시간이 우리의 심장 건강에 끼치는 (c) 영향에 대해 언급했다. 그는 그 연구가 결과의 특정한 원인을 시사하지는 못하지만, 이르거나 늦은 취침 시간이 심혈관 건강에 (d) 긍정적인(→ 부정적인) 결과와 함께 체내 시계를 혼란케 할 가능성이 더 높을 수 있다는 것을 제시한다고 이야기했다. 그는 우리의 몸이 아침 빛에 맞추어 일어나는 것이 중요하고, 잠자리에 드는 가장 나쁜 시간이 자정 이후인데, 우리의 체내 시계를 재설정하는 아침 빛을 볼 가능성을 (e) 낮출 수도 있기 때문이라고 말했다. 그는 만약 우리의 체내 시계가 적절하게 재설정되지 않으면 우리가 심혈관 질환의 위험을 안게 된다고 덧붙였다.

- **author** ⓝ 저자
- **consequence** ⓝ 결과, 영향
- **likelihood** ⓝ 가능성, 공산
- **sound** ⓐ 좋은, 건전한
- **body clock** 생체 시계
- **reduce** ⓥ 낮추다, 줄이다
- **properly** ⓐ 적절하게

15행 He said {that it was important for our body to wake up to the morning
가주어 ／ 동사1 ／ 의미상 주어 ／ 진주어(주어1)
light,} and {that the worst time to go to bed was after midnight because it may
주어2 ／ 형용사적 용법 ／ 동사2 ／ 접속사(이유)
reduce the likelihood of seeing morning light [which resets the body clock]}.
선행사 ／ 주격 관·대

---

41 제목 파악
정답률 67% | 정답 ①

윗글의 제목으로 가장 적절한 것은?

☑ The Best Bedtime for Your Heart – 당신의 심장을 위한 최적의 취침 시간
② Late Bedtimes Are a Matter of Age – 늦은 취침 시간은 나이 문제이다
③ For Sound Sleep: Turn Off the Light – 숙면을 위해: 불을 끄세요
④ Sleeping Patterns Reflect Personalities – 수면 패턴은 성격을 반영한다
⑤ Regular Exercise: A Miracle for Good Sleep – 규칙적인 운동: 숙면을 위한 기적

Why? 왜 정답일까?

취침 시간이 심혈관 건강에 미치는 영향에 관한 연구 내용을 들어 적절한 취침 시간의 중요성을 설명하는 글로, 첫 두 문장에 화제가 잘 제시된다(~ a bedtime of between 10 p.m. and 11 p.m. is

---

best. ~ people who go to sleep between these times have a lower risk of heart disease.)이다. 따라서 글의 제목으로 가장 적절한 것은 ① '당신의 심장을 위한 최적의 취침 시간'이다.

42 어휘 추론
정답률 68% | 정답 ④

밑줄 친 (a) ~ (e) 중에서 문맥상 낱말의 쓰임이 적절하지 않은 것은?

① (a)   ② (b)   ③ (c)   ☑ (d)   ⑤ (e)

Why? 왜 정답일까?

연구 결과를 언급하는 첫 문단의 마지막 두 문장에 따르면, 이상적인 취침 시간보다 이르거나 늦게 잠드는 사람들은 이후 심장 문제가 생길 가능성이 높았다(Around 3,000 volunteers later showed heart problems. They went to bed earlier or later than the ideal 10 p.m. to 11 p.m. timeframe.)고 한다. 즉 이상적인 취침시간보다 빨리 자든 늦게 자든, 그로 인해 '부정적인' 영향을 입을 수 있다는 것이므로, (d)의 positive를 negative로 고쳐야 한다. 따라서 문맥상 낱말의 쓰임이 적절하지 않은 것은 ④ '(d)'이다.

43-45 한 소년의 도움으로 잃어버린 시계를 찾은 농부

(A)

Once, / a farmer lost his precious watch / while working in his barn.
어느 날, / 한 농부가 그의 귀중한 시계를 잃어버렸다. / 헛간에서 일하는 동안

It may have appeared to be an ordinary watch to others, / but 『it brought a lot of happy childhood memories to him.』 **45번 ①의 근거**
그것은 다른 이들에게는 평범한 시계로 보일 수도 있었지만 / 그것은 그에게 어린 시절의 많은 행복한 기억을 불러왔다

It was one of the most important things to (a) him.
그것은 그에게 가장 중요한 것들 중 하나였다.

After searching for it for along time, / the old farmer became exhausted.
오랜 시간 동안 그것을 찾아본 뒤에 / 그 나이 든 농부는 지쳐버렸다.

(D)

However, / the tired farmer did not want to give up / on the search for his watch / and asked a group of children playing outside to help him.
그러나, / 그 지친 농부는 포기하고 싶지 않았기에 / 자기 시계를 찾는 것을 / 밖에서 놀던 한 무리의 아이들에게 도와 달라고 요청했다.

(e) He promised an attractive reward / for the person who could find it.
그는 매력적인 보상을 약속했다. / 자기 시계를 찾는 사람에게

『After hearing about the reward, / the children hurried inside the barn / and went through and round the entire pile of hay / looking for the watch.』 **45번 ④의 근거** 불일치
보상에 대해 듣고 난 뒤, / 그 아이들은 헛간 안으로 서둘러 들어갔고 / 전체 건초 더미 사이와 주변으로 걸어갔다. / 시계를 찾으러

『After a long time searching for it, / some of the children got tired and gave up.』
시계를 찾느라 오랜 시간을 보낸 후, / 아이들 중 일부는 지쳐서 포기했다. **45번 ⑤의 근거** 일치

(B)

The number of children looking for the watch / slowly decreased / and only a few tired children were left.
시계를 찾는 아이들의 숫자가 / 천천히 줄어들었고 / 지친 아이들 몇 명만이 남았다.

The farmer gave up all hope of finding it / and called off the search.
그 농부는 시계를 찾을 거라는 모든 희망을 포기하고 / 찾는 것을 멈추었다.

『Just when the farmer was closing the barn door, / a little boy came up to him / and asked the farmer to give him another chance.』 **45번 ②의 근거** 일치
농부가 막 헛간 문을 닫고 있었을 때 / 한 어린 소년이 그에게 다가와서 / 자신에게 또 한 번의 기회를 달라고 요청했다.

The farmer did not want / to lose out on any chance of finding the watch / so let (b) him in the barn.
농부는 원하지 않아 / 시계를 찾을 어떤 가능성도 놓치는 것을 / 그를 헛간 안으로 들어오게 해주었다.

(C)

『After a little while / the boy came out with the farmer's watch in his hand.』 **45번 ③의 근거** 일치
잠시 후 / 그 소년이 한 손에 농부의 시계를 들고 나왔다.

(c) He was happily surprised / and asked how he had succeeded to find the watch / while everyone else had failed.
그는 행복에 겨워 놀랐고 / 소년이 어떻게 시계를 찾는 데 성공했는지를 물었다. / 다른 모두가 실패했던 반면

He replied / "I just sat there and tried listening for the sound of the watch. / In silence, / it was much easier / to hear it and follow the direction of the sound."
그는 답했다. / "저는 거기에 앉아서 시계의 소리를 들으려고 했어요. / 침묵 속에서, / 훨씬 쉬웠어요. / 그것을 듣고 소리의 방향을 따라가는 것이"

(d) He was delighted to get his watch back / and rewarded the little boy as promised.
그는 시계를 되찾아 기뻤고 / 그 어린 소년에게 약속했던 대로 보상해 주었다.

(A)

어느 날, 한 농부가 헛간에서 일하는 동안 그의 귀중한 시계를 잃어버렸다. 그것은 다른 이들에게는 평범한 시계로 보일 수도 있었지만 그것은 그에게 어린 시절의 많은 행복한 기억을 불러일으켰다. 그것은 (a) 그에게 가장 중요한 것들 중 하나였다. 오랜 시간 동안 그것을 찾아본 뒤에 그 나이 든 농부는 지쳐버렸다.

(D)

그러나, 그 지친 농부는 자기 시계를 찾는 것을 포기하고 싶지 않았기에 밖에서 놀던 한 무리의 아이들에게 도와 달라고 요청했다. (e) 그는 자기 시계를 찾는 사람에게 매력적인 보상을 약속했다. 보상에 대해 듣고 난 뒤, 그 아이들은 헛간 안으로 서둘러 들어갔고 시계를 찾으러 전체 건조 더미 사이와 주변을 다녔다. 시계를 찾느라 오랜 시간을 보낸 후, 아이들 중 일부는 지쳐서 포기했다.

(B)

시계를 찾는 아이들의 숫자가 천천히 줄어들었고 지친 아이들 몇 명만이 남았다. 그 농부는 시계를 찾을 거라는 모든 희망을 포기하고 찾는 것을 멈추었다. 농부가 막 헛간 문을 닫고 있었을 때 한 어린 소년이 그에게 다가와서 자신에게 또 한 번의 기회를 달라고 요청했다. 농부는 시계를 찾을 어떤 가능성도 놓치고 싶지 않아서 (b) 그를 헛간 안으로 들어오게 해주었다.

(C)

잠시 후 그 소년이 한 손에 농부의 시계를 들고 나왔다. (c) 그는 행복에 겨워 놀랐고 다른 모두가 실패했던 반면 소년이 어떻게 시계를 찾는 데 성공했는지를 물었다. 그는 "저는 거기에 앉아서 시계의 소리를 들으려고 했어요. 침묵 속에서, 그것을 듣고 소리의 방향을 따라가는

것이 훨씬 쉬웠어요."라고 답했다. (d) 그는 시계를 되찾아 기뻤고 그 어린 소년에게 약속했던 대로 보상해 주었다.

- **precious** ⓐ 소중한, 귀중한
- **lose out on** ~을 놓치다, ~에게 지다
- **pile** ⓝ 더미
- **call off** ~을 중단하다, 멈추다
- **attractive** ⓐ 매력적인
- **hay** ⓝ 건초

구문 풀이

[B] 1행 The number of children looking for the watch slowly decreased and
주어1(the number of+복수명사 : ~의 수) / 현재분사 / 동사1

only a few tired children were left.
주어2 / 동사2

[C] 5행 In silence, it was much easier to hear it and follow the direction of the
가주어 / 비교급 강조(훨씬) / 진주어
sound.

---

43 글의 순서 파악   정답률 77% | 정답 ④

주어진 글 (A)에 이어질 내용을 순서에 맞게 배열한 것으로 가장 적절한 것은?
① (B) – (D) – (C)
② (C) – (B) – (D)
③ (C) – (D) – (B)
④ (D) – (B) – (C) ✓
⑤ (D) – (C) – (B)

Why? 왜 정답일까?

아끼던 시계를 잃어버린 농부를 소개하는 (A) 뒤로, 농부가 아이들에게 시계 찾기를 맡겼다는 내용의 (D), 모두가 실패한 가운데 한 소년이 다시 자원했다는 내용의 (B), 소년이 시계를 찾아냈다는 내용의 (C)가 차례로 이어져야 자연스럽다. 따라서 글의 순서로 가장 적절한 것은 ④ '(D) – (B) – (C)'이다.

---

44 지칭 추론   정답률 73% | 정답 ②

밑줄 친 (a) ~ (e) 중에서 가리키는 대상이 나머지 넷과 다른 것은?
① (a)   ② (b) ✓   ③ (c)   ④ (d)   ⑤ (e)

Why? 왜 정답일까?

(a), (c), (d), (e)는 the farmer, (b)는 a little boy이므로, (a) ~ (e) 중에서 가리키는 대상이 다른 하나는 ② '(b)'이다.

---

45 세부 내용 파악   정답률 76% | 정답 ④

윗글에 관한 내용으로 적절하지 않은 것은?
① 농부의 시계는 어린 시절의 행복한 기억을 불러일으켰다.
② 한 어린 소년이 농부에게 또 한 번의 기회를 달라고 요청했다.
③ 소년이 한 손에 농부의 시계를 들고 나왔다.
④ 아이들은 시계를 찾기 위해 헛간을 뛰쳐나왔다. ✓
⑤ 아이들 중 일부는 지쳐서 시계 찾기를 포기했다.

Why? 왜 정답일까?

(D) 'After hearing about the reward, the children hurried inside the barn ~'에서 아이들은 농부가 잃어버린 시계를 찾기 위해 헛간을 나온 것이 아니라 들어갔다고 하므로, 내용과 일치하지 않는 것은 ④ '아이들은 시계를 찾기 위해 헛간을 뛰쳐나왔다.'이다.

Why? 왜 오답일까?

① (A) '~ it brought a lot of happy childhood memories to him.'의 내용과 일치한다.
② (B) 'a little boy came up to him and asked the farmer to give him another chance.'의 내용과 일치한다.
③ (C) 'After a little while the boy came out with the farmer's watch in his hand.'의 내용과 일치한다.
⑤ (D) 'After a long time searching for it, some of the children got tired and gave up.'의 내용과 일치한다.

• 정답 •

01 ② 02 ② 03 ② 04 ④ 05 ④ 06 ① 07 ③ 08 ③ 09 ④ 10 ③ 11 ② 12 ⑤ 13 ① 14 ⑤ 15 ③
16 ③ 17 ④ 18 ① 19 ③ 20 ① 21 ③ 22 ⑤ 23 ② 24 ① 25 ⑤ 26 ③ 27 ⑤ 28 ④ 29 ⑤ 30 ③
31 ① 32 ⑤ 33 ① 34 ④ 35 ④ 36 ⑤ 37 ② 38 ③ 39 ④ 40 ① 41 ⑤ 42 ④ 43 ④ 44 ② 45 ⑤

★ 표기된 문항은 [등급을 가르는 문제]에 해당하는 문항입니다.

---

01 독감 예방 주사 접종 권유   정답률 90% | 정답 ②

다음을 듣고, 남자가 하는 말의 목적으로 가장 적절한 것을 고르시오.
① 건강 검진 일정을 공지하려고
② 독감 예방 접종을 권장하려고 ✓
③ 개인 위생 관리를 당부하려고
④ 보건소 운영 기간을 안내하려고
⑤ 독감 예방 접종 부작용을 경고하려고

M : Hello, students.
안녕하세요, 학생 여러분.
This is Allan, your school nurse.
저는 보건 교사인 Allan입니다.
Many students get sick with seasonal influenza.
많은 학생들이 계절성 독감에 걸립니다.
Some cases can lead to serious pain or even hospitalization.
몇몇 경우는 심각한 통증이나 심지어 입원으로 이어지기도 합니다.
I would recommend you to get a flu vaccine.
여러분이 독감 백신을 접종하기를 권장합니다.
A flu shot can keep you from getting sick.
독감 백신이 여러분을 아프지 않게 해줄 것입니다.
Also, since flu viruses keep changing, flu vaccines are updated to protect against such viruses.
또한, 독감 바이러스는 계속 바뀌므로, 그러한 바이러스로부터 보호되기 위해 독감 백신을 새로 맞아야 합니다.
Please get a flu shot offered in doctors' offices or health departments by the end of this month.
이번 달까지 병원 또는 보건부에서 제공하는 독감 주사를 맞기 바랍니다.
Thank you.
감사합니다.

Why? 왜 정답일까?

'I would recommend you to get a flu vaccine.'에서 남자는 학생들에게 독감 예방 주사를 맞기를 권장한다고 언급했고, 후반부에서 백신 접종을 이번 달까지 완료해 달라고 요청하였다. 따라서 남자가 하는 말의 목적으로 가장 적절한 것은 ② '독감 예방 접종을 권장하려고'이다.

- **school nurse** 보건 교사
- **seasonal** ⓐ 계절성의
- **hospitalization** ⓝ 입원
- **keep A from B** A를 B로부터 막다
- **health department** 보건부
- **get sick with** (병에) 걸리다
- **lead to** ~로 이어지다, ~을 낳다
- **recommend** ⓥ 권장하다
- **protect against** ~로부터 지키다

---

02 지역 서점 이용하기   정답률 87% | 정답 ②

대화를 듣고, 여자의 의견으로 가장 적절한 것을 고르시오.
① 독서 습관을 기르자.
② 지역 서점을 이용하자. ✓
③ 지역 특산품을 애용하자.
④ 중고 서점을 활성화시키자.
⑤ 온라인을 통한 도서 구입을 늘리자.

M : Irene, where are you heading?
Irene, 어디 가고 있어?
W : Hello, Mason. I'm going to the bookstore to buy some books.
안녕, Mason. 난 책을 좀 사려고 서점에 가는 길이야.
M : The bookstore? Isn't it more convenient to order books online?
서점? 온라인에서 책을 주문하는 게 더 편하지 않아?
W : Yes, but I like to flip through the pages at bookstores.
응, 그런데 난 서점에서 책을 좀 훑어보는 게 좋아.
M : Yeah, but buying books online is cheaper.
응, 하지만 온라인에서 책을 사는 게 더 싸잖아.
W : Right. But we can help bookstore owners when we buy books from them.
맞아. 하지만 우리가 서점에서 책을 사면 서점 주인을 도울 수 있어.
M : I guess you're right. The bookstore near my house shut down last month.
네 말이 맞는 것 같네. 우리 집 근처 서점이 지난달에 문을 닫았어.
W : It's a pity to see local bookstores going out of business nowadays.
지역 서점들이 요새 문을 닫는 것을 보게 되어 유감이야.
M : I agree. Next time I need a book, I'll try to go to a local bookstore.
동의해, 다음번에 내가 책이 필요할 때 지역 서점을 가 봐야겠어.

Why? 왜 정답일까?

'But we can help bookstore owners when we buy books from them.'에서 여자는 지역 서점에서 책을 사면 서점 주인들에게 도움이 된다고 언급하며 책을 살 때 서점을 이용한다고 말한다. 따라서 여자의 의견으로 가장 적절한 것은 ② '지역 서점을 이용하자.'이다.

- **convenient** ⓐ 편리한
- **go out of business** (가게가) 문을 닫다, 폐업하다
- **flip through** ~을 훑어보다

---

03 문이 잠겨서 열쇠 수리 요청하기   정답률 89% | 정답 ②

대화를 듣고, 두 사람의 관계를 가장 잘 나타낸 것을 고르시오.
① 호텔 직원 - 투숙객
② 열쇠 수리공 - 집주인 ✓

---

③ 경비원 – 입주민　　　　　　④ 은행원 – 고객
⑤ 치과의사 – 환자

[Telephone rings.]
[전화벨이 울린다.]
M : Hello. This is G-Solution. How may I help you?
　　여보세요. G-Solution입니다. 무엇을 도와드릴까요?
W : Hello. I'm locked out of my home. The keypad on my door isn't responding.
　　여보세요. 전 집 문이 잠겨서 못 들어가고 있어요. 제 문의 키패드가 반응이 없어요.
M : It might be an electric problem. It's probably a simple fix and it won't cost much.
　　전기 문제일 수 있습니다. 아마 간단히 수리하면 될 거고 비용은 많이 안 들 거예요.
W : How much is it?
　　얼마죠?
M : It's 30 dollars including the service charge. But you'll have to pay extra if there're any additional problems.
　　출장비까지 포함해서 30달러입니다. 하지만 추가적인 문제가 혹시 있다면 추가 비용을 내셔야 할 겁니다.
W : I got it. Can you come over right away?
　　알겠어요. 지금 바로 와주실 수 있나요?
M : I'm afraid not. I'm doing a job at the Capital Bank.
　　지금은 어렵습니다. Capital Bank에서 작업 중이거든요.
W : How long will it take you to finish?
　　끝내시는 데 얼마나 걸릴까요?
M : Just one hour. I'll call you as soon as I'm done. Address, please?
　　1시간이면 됩니다. 다 되는 대로 전화를 드리겠습니다. 주소 불러주시겠어요?
W : 705 Cozy Street near Lee's Dental Clinic.
　　Lee's Dental Clinic 근처의 Cozy Street 705번지예요.
M : Okay. See you soon.
　　네. 곧 뵙겠습니다.

Why? 왜 정답일까?

'I'm locked out of my home.', 'It might be an electric problem. It's probably a simple fix and it won't cost much.'를 통해 남자가 열쇠 수리공이고, 여자가 집주인임을 알 수 있다. 따라서 두 사람의 관계로 가장 적절한 것은 ② '열쇠 수리공 – 집주인'이다.

● **lock out of** 열쇠가 없어서 ~에 못 들어가다　● **electric** ⓐ 전기의
● **additional** ⓐ 추가적인

04　새로 꾸민 방 구경하기　　　　정답률 65% | 정답 ④

대화를 듣고, 그림에서 대화의 내용과 일치하지 <u>않는</u> 것을 고르시오.

M : Grace, let me show you my newly designed room.
　　Grace, 내가 새로 꾸민 방을 보여줄게.
W : Wow, Jake! It's so cool.
　　와, Jake! 정말 멋지다.
M : 「Look at the monitor between the speakers.」 I changed my old monitor for this new one.　①의근거 일치
　　스피커 사이에 있는 모니터를 봐. 내 오래된 모니터를 이걸로 바꿨어.
W : Looks nice. 「But isn't your desk too crowded to put your electric keyboard on it?」
　　근사해 보이네. 그런데 전자 키보드를 놓기에는 네 책상이 너무 꽉 차지 않니?　②의근거 일치
M : It's fine with me. I find it convenient there.
　　난 괜찮아. 그걸 거기 두는 게 편하더라고.
W : 「Is that a microphone in the corner?」 Do you sing?　③의근거 일치
　　구석에 있는 건 마이크야? 너 노래해?
M : Yes. Singing is my all-time favorite hobby.
　　응. 노래는 언제나 내가 제일 좋아하는 취미야.
W : 「What's that star-shaped medal on the wall?」 Where did you get it?　④의근거 불일치
　　벽에 있는 별 모양 메달은 뭐야? 어디서 났어?
M : I won that medal at a guitar contest with my dad.
　　난 우리 아빠랑 나간 기타 대회에서 저 메달을 받았어.
W : Incredible! Do you often practice the guitar with your dad?
　　멋지다! 너는 아버지랑 종종 기타를 연습해?
M : Sure. 「That's why there're two guitars in the room.」　⑤의근거 일치
　　물론이지. 그래서 방에 기타가 두 대 있는 거야.

Why? 왜 정답일까?

대화에서는 벽에 별 모양 메달이 걸려 있다고 하는데(What's that star-shaped medal on the wall?), 그림의 벽에는 원 모양 메달이 걸려 있다. 따라서 그림에서 대화의 내용과 일치하지 않는 것은 ④이다.

● **crowded** ⓐ (~이) 가득한, 빽빽한　● **incredible** ⓐ 멋진, 믿을 수 없는
● **practice** ⓥ 연습하다

05　아이를 대신 데리러 가기로 하기　　정답률 79% | 정답 ④

대화를 듣고, 남자가 여자를 위해 할 일로 가장 적절한 것을 고르시오. [3점]

① 부엌 청소하기　　　　　　② 점심 준비하기
③ 카메라 구매하기　　　　　④ 딸 데리러 가기
⑤ 요리법 검색하기

W : Smells nice, Daniel. What did you make for lunch?
　　냄새 좋네요, Daniel. 점심으로 뭐 만들었어요?
M : Creamy pasta. I found the recipe online.
　　크림 파스타예요. 온라인에서 레시피를 찾았어요.
W : Fantastic. But don't you think the kitchen is a little bit messy?
　　환상적이네요. 그런데 부엌이 좀 지저분하다고 생각하지 않아요?
M : Sorry. I'll clean it up later.
　　미안해요. 나중에 내가 치울게요.
W : You promise?
　　약속하는 거죠?
M : Yes. Let's have lunch. *[Pause]* By the way, do you remember you have to pick up our daughter from the library this afternoon?
　　네. 점심 먹죠. [잠시 멈춤] 그나저나, 오늘 오후 당신이 우리 딸을 도서관에 데리고 오기로 했던 거 기억해요?
W : Oh, my! I totally forgot. What should I do? My friend Amy is coming in an hour.
　　오, 이런! 완전히 잊고 있었어요. 어떻게 하죠? 내 친구 Amy가 한 시간 뒤에 오기로 했어요.
M : Don't worry. I planned to go camera shopping, but I'll pick up Betty, instead.
　　걱정 마요. 난 카메라를 사러 갈 계획이었는데, 그 대신 내가 Betty를 데려올게요.
W : Thanks. How sweet of you! Then I'll clean the kitchen.
　　고마워요. 상냥하기도 하죠! 그럼 내가 부엌을 치울게요.

Why? 왜 정답일까?

대화에 따르면 남자는 딸을 도서관에 데리러 가기로 한 사실을 잊은 여자 대신 딸을 데리러 가기로 한다(~ I'll pick up Betty, instead.). 따라서 남자가 여자를 위해 할 일로 가장 적절한 것은 ④ '딸 데리러 가기'이다.

● **messy** ⓐ 지저분한, 엉망인　　● **by the way** 그나저나
● **pick up** (~을 차로) 데려오다

06　노트북 가방 사기　　　　정답률 85% | 정답 ①

대화를 듣고, 여자가 지불할 금액을 고르시오.

☑ $30　　② $50　　③ $63　　④ $65　　⑤ $70

M : Good afternoon. May I help you?
　　안녕하세요. 도와드릴까요?
W : Yes, please. I want to buy a bag for my laptop. Can you recommend one?
　　네. 전 노트북 가방을 사고 싶어요. 하나 추천해 주실래요?
M : How about this one? It's only 30 dollars on sale. The original price was 65 dollars.
　　이건 어떠신가요? 할인해서 30달러밖에 안 한답니다. 원래 가격은 65달러예요.
W : Wow, more than 50% off?
　　와, 50퍼센트도 더 할인하네요.
M : It's a very good deal.
　　아주 잘 사시는 거죠.
W : I like the design and color, but it's not big enough.
　　디자인하고 색은 마음에 드는데, 크기가 충분히 크지 않네요.
M : If you want something bigger, how about this one? It has a USB charging port, too.
　　좀 더 큰 것을 찾으신다면, 이건 어떠신가요? USB 충전 포트도 있어요.
W : I like it, but it looks expensive.
　　마음에 드는데, 비싸 보이네요.
M : It's 70 dollars. But I can give you a 10% discount.
　　70달러입니다. 하지만 10달러 할인을 해드릴 수 있어요.
W : Well... It's still beyond my budget. Let me look at the first one again.
　　음... 그래도 제 예산을 넘네요. 처음 봤던 것을 다시 볼게요.
M : Here it is. 30 dollars is a bargain.
　　여기 있습니다. 30달러라면 거저죠.
W : Okay. I'll take it.
　　네. 이걸 살게요.

Why? 왜 정답일까?

대화에 따르면 여자는 처음 보았던 30달러짜리 노트북 가방이 크기가 작아 보여서 고민했지만 결국 이 가방을 사기로 한다. 따라서 여자가 지불할 금액은 ① '$30'이다.

● **laptop** ⓝ 노트북 컴퓨터　　● **bargain** ⓝ 싼 물건, 특가

07　뮤지컬 공연에 갈 수 없는 이유　　정답률 78% | 정답 ③

대화를 듣고, 남자가 공연장에 갈 수 <u>없는</u> 이유로 가장 적절한 것을 고르시오.

① 출장을 가야 해서　　　　　② 숙제를 끝내야 해서
☑ 조카를 돌봐야 해서　　　　④ 이사 준비를 해야 해서
⑤ 친구와 만날 약속을 해서

W : Hi, Chris. How was your business trip?
　　안녕, Chris. 출장 어땠니?
M : It went fine. By the way, I heard Emma is moving out this Saturday.
　　괜찮았어. 그나저나 난 Emma가 이번 토요일에 이사 간다고 들었어.
W : You're right. She's very busy preparing to move. So she gave me two tickets for a musical because she can't go.
　　맞아. 그녀는 지금 이사 준비에 몹시 바빠. 그래서 자기가 갈 수 없는 뮤지컬 티켓을 나한테 두 장 줬어.
M : Good for you. What's the name of the musical?
　　잘됐네. 뮤지컬 이름이 뭔데?
W : It's "Heroes."
　　'Heroes'야.
M : Really? I heard it's popular. Who are you going with?
　　정말? 그거 되게 유명한 거라고 들었어. 누구랑 같이 가?
W : No one, yet. My sister turned me down because she has to finish her homework.
　　아직 안 정했어. 우리 언니가 숙제를 끝내야 한다면서 거절했어.
M : Well, can I go with you instead?
　　음, 그럼 내가 대신 같이 가도 될까?

W : Sure. Why not? The show is at 8 p.m. this Friday.
물론이지. 왜 안 되겠어? 공연은 이번 주 금요일 저녁 8시야.
M : Friday? Oh, no! I promised to take care of my niece at that time.
금요일이라고? 이런! 그때엔 내 조카를 돌봐주기로 약속했어.
W : No problem. I'll ask Susan to go with me then.
괜찮아. 그럼 Susan한테 같이 가자고 할게.

Why? 왜 정답일까?

대화에 따르면 남자는 금요일에 조카를 돌봐주기로 약속했기에(I promised to take care of my niece at that time.) 공연에 갈 수 없다. 따라서 남자가 공연장에 갈 수 없는 이유로 가장 적절한 것은 ③ '조카를 돌봐야 해서'이다.

- business trip 출장
- be busy ~ing ~하느라 바쁘다
- turn down ~을 거절하다
- take care of ~을 돌보다

08 강아지 키우기   정답률 77% | 정답 ③

대화를 듣고, 강아지 키우기에 관해 언급되지 않은 것을 고르시오.
① 산책시키기   ② 먹이 주기
☑ 목욕시키기   ④ 배변 훈련시키기
⑤ 소변 패드 치우기

W : Dad, I want to have a puppy just like my friend, Julie.
아빠, 전 제 친구 Julie처럼 강아지를 한 마리 갖고 싶어요.
M : Why not? But do you know how hard it is to raise a dog?
안 될 게 뭐 있니? 그런데 개를 키우는 게 얼마나 어려운지 알고 있어?
W : Yes, but I'm ready. I think I will name my puppy Toby.
네, 하지만 전 준비됐어요. 전 제 강아지를 Toby라고 이름 지으려고 생각 중이에요.
M : Okay. 「But will you walk Toby every day?」 ①의 근거 일치
그래. 그런데 너 Toby를 매일 산책시킬 거니?
W : That'll be easy.
그건 간단하죠.
M : 「Also, you'll have to feed Toby three times a day.」 ②의 근거 일치
게다가, 넌 Toby에게 하루에 세 번 먹이를 줘야 해.
W : No big deal. Anything else?
별일 아녜요. 다른 건요?
M : 「You'll have to toilet train Toby, too.」 ④의 근거 일치
넌 Toby에게 배변 훈련도 시켜야 하지.
W : Really?
정말요?
M : Of course. 「Plus, you'll need to clean up the dog's pee pads.」 ⑤의 근거 일치
물론이지. 더구나, 개 소변 패드도 치워야 할 거야.
W : Hmm... Dad, you'll help me, right?
흠... 아빠, 저를 도와주실 거죠, 그렇죠?
M : Sometimes. But remember having a dog takes responsibility.
가끔은 도와주지. 하지만 개를 키우는 것에는 책임감이 필요하다는 점을 기억해 둬.

Why? 왜 정답일까?

대화에서 남자와 여자는 강아지 키우기와 관련하여 매일 산책시키기, 하루에 세 번 먹이 주기, 배변 훈련 시키기, 소변 패드 치우기를 언급하였다. 따라서 언급되지 않은 것은 ③ '목욕시키기'이다.

Why? 왜 오답일까?

① 'But will you walk Toby every day?'에서 '산책시키기'가 언급되었다.
② 'Also, you'll have to feed Toby three times a day.'에서 '먹이 주기'가 언급되었다.
④ 'You'll have to toilet train Toby, too.'에서 '배변 훈련시키기'가 언급되었다.
⑤ 'Plus, you'll need to clean up the dog's pee pads.'에서 '소변 패드 치우기'가 언급되었다.

- raise ⓥ 기르다, 키우다
- toilet train 배변 훈련을 시키다

09 기부 운동 참여 권유   정답률 91% | 정답 ④

Sharing Friday Movement에 관한 다음 내용을 듣고, 일치하지 않는 것을 고르시오. [3점]
① 매주 금요일에 2달러씩 기부하는 운동이다.
② 2001년 핀란드에서 시작되었다.
③ 기부금은 가난한 지역에 깨끗한 물을 공급하는 데 쓰인다.
☑ 올해 20명의 학생에게 장학금을 지급했다.
⑤ 추가 정보는 홈페이지를 통해 얻을 수 있다.

W : Good afternoon, listeners.
안녕하세요, 청취자 여러분.
「Why don't you join the Sharing Friday Movement and donate two dollars to our fund every Friday?」 ①의 근거 일치
Sharing Friday Movement에 참여하셔서 매주 금요일마다 저희 펀드에 2달러씩 기부하시는 건 어떠세요?
「This movement started in 2001 in Finland as an idea to encourage people to do good.」 ②의 근거 일치
이 운동은 사람들에게 좋은 일을 하도록 독려하고자 하는 아이디어로 2001년 핀란드에서 시작되었습니다.
Since then, this idea has grown into a global movement.
그 이후로 이 아이디어는 세계적인 운동으로 발전했죠.
「Most of the donations go to poor areas across the world and help people get clean water.」 ③의 근거 일치
기부금의 대부분은 세계 가난한 지역으로 보내져 사람들이 깨끗한 물을 얻을 수 있게 도움을 주는 데 쓰입니다.
「This year, scholarships were given to 100 students in these areas to celebrate our 20th anniversary.」 ④의 근거 불일치
올해는 저희 20주년을 기념하여 이러한 지역의 학생 100명에게 장학금이 지급되었습니다.
Please join us, and help make a difference.
저희와 함께 해주시고, 변화를 가져오는 데 도움을 주세요.
「If you want to get more information, visit our homepage.」 ⑤의 근거 일치
더 많은 정보를 얻고 싶으시다면, 저희 홈페이지를 방문해주세요.

Why? 왜 정답일까?

'This year, scholarships were given to 100 students in these areas to celebrate our 20th anniversary.'에서 기부 운동 20주년을 맞이해 100명의 학생에게 장학금이 수여되었다고 하므로, 내용과 일치하지 않는 것은 ④ '올해 20명의 학생에게 장학금을 지급했다.'이다.

Why? 왜 오답일까?

① 'Why don't you join the Sharing Friday Movement and donate two dollars to our fund every Friday?'의 내용과 일치한다.
② 'This movement started in 2001 in Finland ~'의 내용과 일치한다.
③ 'Most of the donations go to poor areas across the world and help people get clean water.'의 내용과 일치한다.
⑤ 'If you want to get more information, visit our homepage.'의 내용과 일치한다.

- donate ⓥ 기부하다
- encourage ⓥ 독려하다
- do good 선행하다
- scholarship ⓝ 장학금
- celebrate ⓥ 기념하다
- anniversary ⓝ 기념일
- make a difference 변화를 가져오다, 차이를 낳다

10 셀카봉 구입하기   정답률 91% | 정답 ③

다음 표를 보면서 대화를 듣고, 여자가 구입할 모델을 고르시오.

Selfie Sticks

	Model	Weight	Maximum Length	Bluetooth Remote Control	Price
①	A	150g	60cm	×	$10
②	B	150g	80cm	○	$30
☑③	C	180g	80cm	○	$20
④	D	180g	100cm	×	$15
⑤	E	230g	100cm	○	$25

W : Kevin, I'm looking for a selfie stick. Can you help me?
Kevin, 난 셀카봉을 찾고 있어. 나 좀 도와줄래?
M : Sure, mom. You can buy one on your smartphone. [Pause] What kind of selfie stick do you want?
네, 엄마. 스마트폰으로 하나 사시면 돼요. [잠시 멈춤] 어떤 종류의 셀카봉을 원하세요?
W : I'd prefer a light one.
난 가벼운 게 좋아.
M : 「Then I don't recommend a selfie stick over 200 grams.」 How about the length? 근거1 Weight 조건
그럼 200그램 이상인 셀카봉은 추천하지 않겠어요. 길이는요?
W : I have no idea. What's your opinion?
잘 모르겠어. 네 의견은 어떠니?
M : Hmm... 「It should extend up to 80cm at least.」 근거2 Maximum Length 조건
흠... 적어도 80센티미터까지는 늘어나야죠. 근거3 Bluetooth Remote Control 조건
W : Okay. 「I also want a bluetooth remote control.」 I heard they're convenient to use.
알겠어. 그리고 난 블루투스 리모컨을 원해. 그게 쓰기 편하다고 들었어.
M : Then you have two options left. Which one do you want?
그럼 선택권이 두 개 남았어요. 어느 걸 원하세요?
W : 「I'll buy this cheaper one.」 근거4 Price 조건
더 싼 이걸로 살래.
M : Great choice.
탁월한 선택이에요.

Why? 왜 정답일까?

대화에 따르면 여자는 무게가 200g 이하이고, 80cm 이상 늘어나고, 블루투스 리모컨이 포함되어 있으며, 가격은 더 싼 셀카봉을 구입하려고 한다. 따라서 여자가 구입할 모델은 ③ 'C'이다.

- selfie stick 셀카봉
- extend ⓥ 늘어나다
- convenient ⓐ 편리한

11 지리산 여행 준비하기   정답률 84% | 정답 ②

대화를 듣고, 남자의 마지막 말에 대한 여자의 응답으로 가장 적절한 것을 고르시오.
① Again? You've lost your bag twice. – 또? 넌 가방을 두 번이나 잃어버렸어.
☑ You're right. I'll take a warm jacket. – 네 말이 맞아. 따뜻한 재킷을 가져가겠어.
③ Why? I know you prefer cold weather. – 왜? 난 네가 추운 날씨를 더 좋아하는 걸 알아.
④ What? I finished packing a present for you. – 뭐? 난 네 선물을 다 싸놨는데.
⑤ Sorry. But you can't join the trip at this point. – 미안해. 그런데 넌 지금 와서 여행에 참여할 수 없어.

M : Have you finished packing your bags for your trip to Mount Jiri?
너 지리산 여행을 위해 짐 다 쌌니?
W : I think so. Look! What else do I need?
그런 것 같아. 봐봐! 뭐가 더 필요할까?
M : You'd better prepare for the cold weather at night.
밤에 추워질 날씨를 대비하는 게 좋을 거야.
W : You're right. I'll take a warm jacket.
네 말이 맞아. 따뜻한 재킷을 가져가겠어.

Why? 왜 정답일까?

지리산 여행을 준비하고 있는 여자에게 남자는 밤에 추워질 날씨를 대비해야 한다고 말하므로(You'd better prepare for the cold weather at night.), 여자의 응답으로 가장 적절한 것은 ② '네 말이 맞아. 따뜻한 재킷을 가져가겠어.'이다.

- pack ⓥ (짐을) 싸다, 챙기다
- prepare for ~을 대비하다

12 외식 취소하기   정답률 69% | 정답 ⑤

대화를 듣고, 여자의 마지막 말에 대한 남자의 응답으로 가장 적절한 것을 고르시오.
① No thank you. I've had enough.
괜찮아. 이제 됐습니다.
② Great. I'll book for five people at six.
좋아요. 내가 6시에 다섯 명 예약할게요.
③ That's a good choice. The food is wonderful.
좋은 선택이네요. 음식이 훌륭해요.

④ Okay. I'll set a place and time for the meeting.
알겠어요. 내가 회의 장소와 시간을 잡아볼게요.

☑ Sorry to hear that. I'll cancel the reservation now.
그 말을 들으니 유감이네요. 예약을 지금 취소할게요.

W : Honey, we can't eat out tomorrow evening.
여보, 우리 내일 저녁에 외식 못할 것 같아요.

M : Why not? I've already booked a table at the restaurant.
왜요? 난 이미 식당에 자리를 예약했어요.

W : I'm sorry. I have an important business meeting at that time.
미안해요. 그때 중요한 업무 회의가 있어요.

M : Sorry to hear that. I'll cancel the reservation now.
그 말을 들으니 유감이네요. 예약을 지금 취소할게요.

Why? 왜 정답일까?

여자는 남자와 외식하기로 한 시간에 중요한 업무 회의가 잡혔다면서(I'm sorry. I have an important business meeting at that time.) 남자에게 외식을 못 할 것 같다고 이야기하고 있다. 따라서 남자의 응답으로 가장 적절한 것은 ⑤ '그 말을 들으니 유감이네요. 예약을 지금 취소할게요.'이다.

● eat out 외식하다　　　　　　　● book ⓥ 예약하다
● I've had enough. 이제 됐어요.

---

13 팀 프로젝트 역할 분담　　　　　　정답률 81% | 정답 ①

대화를 듣고, 남자의 마지막 말에 대한 여자의 응답으로 가장 적절한 것을 고르시오.

Woman:

☑ I'm in charge of giving the presentation.
난 발표 담당이야.
② I think you're the right person for that role.
난 네가 그 역할에 적격이라고 생각해.
③ It's important to choose your team carefully.
네 팀을 신중하게 고르는 것이 중요해.
④ The assignment is due the day after tomorrow.
과제는 내일 모레까지야.
⑤ I hope we don't stay up late to finish the project.
난 우리가 프로젝트를 끝내느라 늦게까지 깨어 있지 않으면 좋겠어.

M : Why do you look so busy?
왜 그렇게 바빠 보여?

W : I'm working on a team project.
난 팀 프로젝트 작업 중이야.

M : What's it about?
뭐에 관한 거야?

W : It's about 'Climate Change.'
'기후 변화'에 관한 거야.

M : Sounds interesting. Who's on your team?
재미있겠네. 누가 너네 팀에 있어?

W : You know Chris? He's the leader.
너 Chris 알아? 걔가 팀장이야.

M : I know him very well. He's responsible and smart.
나 걔 아주 잘 알아. 걔는 책임감이 있고 똑똑해.

W : Jenny is doing the research and Alex is making the slides.
Jenny가 자료 조사를 하고 Alex가 슬라이드를 만들고 있어.

M : What a nice team! Then what's your role?
근사한 팀이네! 그럼 네 역할은 뭐야?

W : I'm in charge of giving the presentation.
난 발표 담당이야.

Why? 왜 정답일까?

'기후 변화'에 관한 팀 프로젝트를 진행 중인 여자가 팀원들의 역할을 소개하자 남자는 여자의 역할이 무엇인지 묻고 있다(Then what's your role?). 따라서 여자의 응답으로 가장 적절한 것은 ① '난 발표 담당이야.'이다.

● work on ~을 작업하다, ~에 공을 들이다　　● in charge of ~을 담당하는, 책임지는
● assignment ⓝ 과제　　　　　　　　　　　● due ⓐ 예정인
● stay up late 늦게까지 깨어 있다

---

14 시간 관리 앱 추천하기　　　　　　정답률 81% | 정답 ⑤

대화를 듣고, 여자의 마지막 말에 대한 남자의 응답으로 가장 적절한 것을 고르시오.

Man:

① I'm good at public speaking.
난 공개 연설을 잘해.
② I'm sorry for forgetting my assignment.
내 과제를 잊어버려서 유감이야.
③ Unfortunately, my alarm doesn't wake me up.
안타깝게도 알람이 나를 깨워주지 않았어.
④ The speech contest is just around the corner.
말하기 대회가 코앞에 다가왔어.
☑ It helps me keep deadlines to complete specific tasks.
그것은 내가 특정 과제를 마쳐야 하는 기한을 지키게 해줘.

M : Hi, Diana. You look down. What's the problem?
안녕, Diana. 우울해 보이네. 무슨 문제야?

W : Hi, Peter. I missed the deadline for the speech contest. It was yesterday.
안녕, Peter. 난 말하기 대회 기한을 놓쳤어. 어제였거든.

M : No way. You'd been waiting for it for a long time.
세상에. 넌 그걸 아주 오랫동안 기다려 왔잖아.

W : Yeah. It totally slipped my mind. I'm so forgetful.
응. 완전히 잊어버리고 있었어. 난 너무 잘 까먹어.

M : Why don't you write notes to remember things?
일들을 기억하기 위해서 메모를 해두면 어떠니?

W : I've tried, but it doesn't work. I even forget where I put the notes.
시도해 봤는데, 효과가 없어. 난 심지어 내가 메모를 어디다 뒀는지 까먹어.

M : How about using a time management application like me?
나처럼 시간 관리 앱을 써 보는 게 어때?

W : Well... What's good about your app?
음... 그 앱의 장점이 뭐야?

M : It helps me keep deadlines to complete specific tasks.
그것은 내가 특정 과제를 마쳐야 하는 기한을 지켜줘.

Why? 왜 정답일까?

건망증이 심해 고민이라는 여자에게 남자가 시간 관리 앱을 사용해볼 것을 추천하자, 여자는 앱을 쓰면 좋은 점이 무엇이냐고 묻는다(What's good about your app?). 따라서 남자의 응답으로 가장 적절한 것은 ⑤ '그것은 내가 특정 과제를 마쳐야 하는 기한을 지키게 해줘.'이다.

● slip one's mind 잊어버리다, 생각나지 않다　● forgetful ⓐ 잘 잊어버리는
● around the corner 코앞에, 목전에　　　　● complete ⓥ 마치다, 완수하다
● specific ⓐ 특정한, 구체적인

---

15 시합 참가를 고집하는 선수를 달래기　　정답률 66% | 정답 ③

다음 상황 설명을 듣고, Harold가 Kate에게 할 말로 가장 적절한 것을 고르시오. [3점]

Harold:

① Okay. You'd better put your best effort into the match. - 알겠어. 넌 시합에 최선을 다해야 해.
② I see. You should play the match instead of her. - 알겠어. 네가 그녀 대신 시합에 나가겠어.
☑ Take it easy. Take good care of yourself first. - 쉬엄쉬엄해. 우선 네 몸을 잘 챙겨.
④ You deserve it. Practice makes perfect. - 넌 자격이 있어. 연습하다 보면 완벽해지지.
⑤ Don't worry. You'll win this match. - 걱정하지 마. 넌 이 시합을 이길 거야.

M : Harold is a tennis coach.
Harold는 테니스 코치이다.

He's been teaching Kate, a talented and passionate player, for years.
그는 여러 해 동안 재능 있고 열정적인 선수인 Kate를 지도하고 있다.

While practicing for an upcoming match, Kate injured her elbow badly.
다가오는 시합을 위해 연습하다가, Kate는 팔꿈치를 심하게 다친다.

Her doctor strongly recommends she stop playing tennis for a month.
의사는 그녀가 한 달 동안 테니스를 그만 쳐야 한다고 강력하게 권한다.

However, Kate insists on playing the match.
하지만 Kate는 시합에 나가기를 고집한다.

Harold knows how heartbroken she would be to miss the match.
Harold는 그녀가 시합을 놓치면 얼마나 상심할지 알고 있다.

But he's concerned about her tennis career if her elbow doesn't recover.
하지만 그는 그녀의 팔꿈치가 낫지 않을 경우 테니스 경력(이 어떻게 될지)에 관해 걱정하고 있다.

So he wants to persuade her to calm down and focus on her recovery.
그래서 그는 그녀에게 진정하고 회복에 집중하라고 설득하고 싶어 한다.

In this situation, what would Harold most likely say to Kate?
이 상황에서, Harold는 Kate에게 뭐라고 말할 것인가?

Harold : Take it easy. Take good care of yourself first.
쉬엄쉬엄해. 우선 네 몸을 잘 챙겨.

Why? 왜 정답일까?

상황에 따르면 팔꿈치 부상을 입은 선수 Kate에게 코치인 Harold는 우선 회복에 집중하라고 권유하고 싶어 한다(So he wants to persuade her to calm down and focus on her recovery.). 따라서 Harold가 Kate에게 할 말로 가장 적절한 것은 ③ '쉬엄쉬엄해. 우선 네 몸을 잘 챙겨.'이다.

● talented ⓐ 재능 있는　　　　　　　　● passionate ⓐ 열정적인
● upcoming ⓐ 다가오는　　　　　　　　● injure ⓥ 다치다, 부상을 입다
● insist on ~을 고집하다　　　　　　　　● heartbroken ⓐ 상심한
● concerned ⓐ 우려하는, 걱정하는　　　　● put effort into ~에 공을 들이다
● Take it easy. 쉬엄쉬엄해. 진정해.
● Practice makes perfect. 자꾸 연습하다 보면 잘하게 된다. 연습이 완벽을 만든다.

16-17 빛 공해가 야생 동물의 생존에 미치는 영향

W : This is Linda from "Life and Science."
'Life and Science'의 Linda입니다.

『Did you know light pollution from bright lights at night can drive wildlife to death?』 `16번의 근거`
밤에 환한 불빛으로 인한 빛 공해가 야생 동물들을 죽음으로 몰아갈 수 있다는 걸 아셨나요?

『For example, sea turtles lay eggs on beaches and their babies find their way to the sea with the help of moonlight.』 `17번 ①의 근거` 일치
예컨대, 바다거북은 해변에 알을 낳고 그 새끼들은 달빛의 도움을 받아 바다로 향하는 길을 찾습니다.

But artificial lights can confuse them and cause them not to reach the sea and die.
하지만 인공조명이 이들을 헷갈리게 해서 바다에 닿지 못하고 죽게 만들 수 있죠.

『Fireflies have been disappearing across the globe.』 `17번 ②의 근거` 일치
반딧불이는 전 세계적으로 사라져가고 있습니다.

Male fireflies get disturbed by artificial lights when they try to attract mates.
수컷 반딧불이는 짝을 유혹하려 할 때 인공조명 때문에 방해를 받습니다.

This means less fireflies are born.
이것은 반딧불이가 더 적게 태어난다는 것을 뜻하죠.

『Also, salmon migrate randomly when exposed to artificial lights at night.』 `17번 ③의 근거` 일치
또한, 연어는 밤에 인공조명에 노출되면 아무 데나 이주를 해버립니다.

This threatens their chances of survival.
이것은 그들의 생존 가능성을 떨어뜨리죠.

『Lastly, light pollution interrupts the mating calls of tree frogs at night.』 `17번 ⑤의 근거` 일치
마지막으로, 빛 공해는 밤에 청개구리의 짝 찾는 울음을 방해합니다.

As male frogs reduce the number of their mating calls, the females don't reproduce.
수컷 개구리가 짝 찾는 울음의 횟수를 줄이면서, 암컷들은 번식하지 않게 됩니다.

So light pollution can be a matter of life and death for some animals.
그래서 빛 공해는 몇몇 동물들에게 생사의 문제가 될 수 있습니다.

● light pollution 빛 공해　　　　　　　　● wildlife ⓝ 야생 동물
● lay (알 등을) 낳다　　　　　　　　　　● with the help of ~의 도움으로
● artificial ⓐ 인공의　　　　　　　　　● disappear ⓥ 사라지다
● disturb ⓥ 방해하다, 지장을 주다　　　　● attract ⓥ 유혹하다, 매혹시키다
● migrate ⓥ 이주하다　　　　　　　　　● threaten ⓥ 위태롭게 하다
● interrupt ⓥ 방해하다, 끼어들다　　　　● reproduce ⓥ 번식하다
● illegal ⓐ 불법의　　　　　　　　　　● characteristic ⓝ 특성, 특징
● endangered ⓐ 멸종 위기에 처한　　　　● habitat ⓝ 서식지

16 주제 파악 정답률 79% | 정답 ③

여자가 하는 말의 주제로 가장 적절한 것은?
① problems with illegal hunting – 불법 사냥의 문제점
② characteristics of migrating animals – 이주하는 동물의 특성
☑ effects of light pollution on wild animals – 빛 공해가 야생 동물에 미치는 영향
④ various ways to save endangered animals – 멸종 위기에 처한 동물들을 구하는 다양한 방법
⑤ animal habitat change due to water pollution – 수질 오염으로 인한 동물 서식지 변화

Why? 왜 정답일까?

'Did you know light pollution from bright lights at night can drive wildlife to death?'에서 여자는 야간의 빛 공해가 야생 동물들을 죽음으로 몰아갈 수 있다는 핵심 내용을 제시한 뒤, 빛 공해로 인해 피해를 입고 있는 동물들의 예를 들고 있다. 따라서 여자가 하는 말의 주제로 가장 적절한 것은 ③ '빛 공해가 야생 동물에 미치는 영향'이다.

17 언급 유무 파악 정답률 92% | 정답 ④

언급된 동물이 아닌 것은?
① sea turtles – 바다거북
② fireflies – 반딧불이
③ salmon – 연어
☑ honey bees – 꿀벌
⑤ tree frogs – 청개구리

Why? 왜 정답일까?

담화에서 여자는 빛 공해로 피해를 입는 동물들의 예로 바다거북, 반딧불이, 연어, 청개구리를 언급하였다. 따라서 언급되지 않은 것은 ④ '꿀벌'이다.

Why? 왜 오답일까?

① 'For example, sea turtles lay eggs on beaches ~'에서 '바다거북'이 언급되었다.
② 'Fireflies have been disappearing across the globe.'에서 '반딧불이'가 언급되었다.
③ 'Also, salmon migrate randomly when exposed to artificial lights at night.'에서 '연어'가 언급되었다.
⑤ 'Lastly, light pollution interrupts the mating calls of tree frogs at night.'에서 '청개구리'가 언급되었다.

18 브랜드 로고 제작 요청 정답률 89% | 정답 ①

다음 글의 목적으로 가장 적절한 것은?
☑ 회사 로고 제작을 의뢰하려고
② 변경된 회사 로고를 홍보하려고
③ 회사 비전에 대한 컨설팅을 요청하려고
④ 회사 창립 10주년 기념품을 주문하려고
⑤ 회사 로고 제작 일정 변경을 공지하려고

Dear Mr. Jones,
Jones씨에게,
I am James Arkady, PR Director of KHJ Corporation.
저는 KHJ Corporation의 홍보부 이사 James Arkady입니다.
We are planning / to redesign our brand identity / and launch a new logo / to celebrate our 10th anniversary.
저희는 계획하고 있습니다. / 저희 회사 브랜드 정체성을 다시 설계하고 / 새로운 로고를 선보이려고 / 회사의 창립 10주년을 기념하기 위해서
We request you to create a logo / that best suits our company's core vision, / 'To inspire humanity.'
저희는 당신께 로고를 제작해 주시기를 요청합니다. / 저희 회사의 핵심 비전을 가장 잘 반영한 / '인류애를 고양하자'
I hope / the new logo will convey our brand message / and capture the values of KHJ.
저는 바랍니다. / 새로운 로고가 저희 회사 브랜드 메시지를 전달하고 / KHJ의 가치를 담아내기를
Please send us your logo design proposal / once you are done with it.
로고 디자인 제안서를 보내 주십시오. / 당신이 완성하는 대로
Thank you.
감사합니다.
Best regards, // James Arkady
James Arkady 드림

Jones씨에게,

저는 KHJ Corporation의 홍보부 이사 James Arkady입니다. 저희 회사의 창립 10주년을 기념하기 위해서 저희 회사 브랜드 정체성을 다시 설계하고 새로운 로고를 선보일 계획입니다. 저희 회사의 핵심 비전 '인류애를 고양하자'를 가장 잘 반영한 로고를 제작해 주시기를 요청합니다. 새로운 로고가 저희 회사 브랜드 메시지를 전달하고 KHJ의 가치를 담아내기를 바랍니다. 로고 디자인 제안서를 완성하는 대로 보내 주십시오. 감사합니다.

James Arkady 드림

Why? 왜 정답일까?

'We request you to create a logo that best suits our company's core vision, ~'에서 회사 핵심 비전을 잘 반영한 로고를 제작해줄 것을 요청한다고 하므로, 글의 목적으로 가장 적절한 것은 ① '회사 로고 제작을 의뢰하려고'이다.

- **identity** ⓝ 정체성
- **celebrate** ⓥ 기념하다
- **suit** ⓥ ~에 적합하다
- **humanity** ⓝ 인류애
- **launch** ⓥ 시작하다, 런칭하다
- **anniversary** ⓝ 기념일
- **inspire** ⓥ 고무시키다

구문 풀이

4행 We request you to create a logo [that best suits our company's core vision, 'To inspire humanity.']
5형식 동사 목적어 목적격 보어 선행사 ↪주격 관계대명사

19 카페에서 우연히 유명한 화가를 마주친 Cindy 정답률 79% | 정답 ③

다음 글에 드러난 Cindy의 심경 변화로 가장 적절한 것은?
① relieved → worried
 안도한 걱정하는
☑ excited → surprised
 들뜬 놀란
⑤ jealous → confident
 질투하는 자신 있는
② indifferent → embarrassed
 무관심한 당황한
④ disappointed → satisfied
 실망한 만족한

One day, / Cindy happened to sit next to a famous artist in a café, / and she was thrilled to see him in person.
어느 날, / Cindy는 카페에서 우연히 유명한 화가 옆에 앉게 되었고, / 그녀는 그를 직접 만나게 되어 몹시 기뻤다.
He was drawing on a used napkin over coffee.
그는 커피를 마시면서 사용하던 냅킨에 그림을 그리고 있었다.
She was looking on in awe.
그녀는 경외심을 가지고 지켜보고 있었다.
After a few moments, / the man finished his coffee / and was about to throw away the napkin / as he left.
잠시 후에, / 그 남자는 커피를 다 마시고 / 그 냅킨을 버리려고 했다. / 그가 자리를 뜨면서
Cindy stopped him.
Cindy는 그를 멈춰 세웠다.
"Can I have that napkin you drew on?", she asked.
"당신이 그림을 그렸던 냅킨을 가져도 될까요?"라고 그녀가 물었다.
"Sure," he replied.
"물론이죠,"라고 그가 대답했다.
"Twenty thousand dollars."
"2만 달러입니다."
She said, with her eyes wide-open, / "What? It took you like two minutes to draw that."
그녀는 눈을 동그랗게 뜨고 말했다. / "뭐라구요? 그리는 데 2분밖에 안 걸렸잖아요."
"No," he said.
"아니요," 라고 그가 말했다.
"It took me over sixty years to draw this."
"나는 이것을 그리는 데 60년 넘게 걸렸어요."
Being at a loss, / she stood still rooted to the ground.
어쩔 줄 몰라 / 그녀는 여전히 꼼짝 못한 채 서 있었다.

어느 날, Cindy는 카페에서 우연히 유명한 화가 옆에 앉게 되었고, 그를 직접 만나게 되어 몹시 기뻤다. 그는 커피를 마시면서 사용하던 냅킨에 그림을 그리고 있었다. 그녀는 경외심을 가지고 지켜보고 있었다. 잠시 후에, 그 남자는 커피를 다 마시고 자리를 뜨면서 그 냅킨을 버리려고 했다. Cindy는 그를 멈춰 세웠다. "당신이 그림을 그렸던 냅킨을 가져도 될까요?" 라고 그녀가 물었다. "물론이죠,"라고 그가 대답했다. "2만 달러입니다." 그녀는 눈을 동그랗게 뜨고 말했다. "뭐라구요? 그리는 데 2분밖에 안 걸렸잖아요." "아니요,"라고 그가 말했다. "나는 이것을 그리는 데 60년 넘게 걸렸어요." 그녀는 어쩔 줄 몰라 여전히 꼼짝 못한 채 서 있었다.

Why? 왜 정답일까?

첫 문장에서 우연히 유명한 화가를 카페에서 만난 Cindy가 몹시 기뻐했다(~ she was thrilled to see him in person.)는 것을 알 수 있고, 마지막 문장에서 그가 냅킨에 그린 그림을 가지려다가 너무 비싼 값을 들은 Cindy가 말문이 막힐 정도로 놀랐다(Being at a loss, she stood still rooted to the ground.)는 것을 알 수 있다. 따라서 Cindy의 심경 변화로 가장 적절한 것은 ③ '들뜬 → 놀란'이다.

- **thrilled** ⓐ 몹시 기쁜, 황홀해하는
- **awe** ⓝ 경외심
- **rooted** ⓐ (~에) 붙박인
- **embarrassed** ⓐ 당황한
- **jealous** ⓐ 질투하는
- **in person** 직접
- **at a loss** (무슨 말을 해야 할지) 모르는
- **indifferent** ⓐ 무관심한
- **disappointed** ⓐ 실망한

구문 풀이

1행 One day, Cindy happened to sit next to a famous artist in a café, and she was thrilled to see him in person.
우연히 ~하다
감정 형용사 ↪부사적 용법(~해서)

20 성공을 위해 변화를 시도하기 정답률 90% | 정답 ①

다음 글에서 필자가 주장하는 바로 가장 적절한 것은?
☑ 불편할지라도 성공하기 위해서는 새로운 것을 시도해야 한다.
② 일과 생활의 균형을 맞추는 성공적인 삶을 추구해야 한다.
③ 갈등 해소를 위해 불편함의 원인을 찾아 개선해야 한다.
④ 단계별 목표를 설정하여 익숙한 것부터 도전해야 한다.
⑤ 변화에 적응하기 위해 직관적으로 문제를 해결해야 한다.

Sometimes, / you feel the need to avoid something / that will lead to success / out of discomfort.
가끔씩 / 당신은 무언가를 피할 필요가 있다고 느낀다. / 성공으로 이끌어 줄 / 불편함을 벗어나
Maybe you are avoiding extra work / because you are tired.
아마도 당신은 추가적인 일을 피하고 있다. / 당신이 피곤하기 때문에
You are actively shutting out success / because you want to avoid being uncomfortable.
당신은 적극적으로 성공을 차단하고 있다. / 당신이 불편한 것을 피하고 싶어서
Therefore, / overcoming your instinct / to avoid uncomfortable things at first / is essential.
따라서 / 당신의 본능을 극복하는 것이 / 처음에 불편한 것을 피하려는 / 필요하다.
Try doing new things outside of your comfort zone.
편안함을 주는 곳을 벗어나서 새로운 일을 시도하라.
Change is always uncomfortable, / but it is key to doing things differently / in order to find that magical formula for success.
변화는 항상 불편하지만, / 일을 색다르게 하는 데 있어서 핵심이다. / 성공을 위한 마법의 공식을 찾기 위해

가끔씩은 당신은 불편함을 벗어나서 성공으로 이끌어 줄 무언가를 피할 필요가 있다고 느낀다. 아마도 당신은 피곤하기 때문에 추가적인 일을 피하고 있다. 당신은 불편한 것을 피하고 싶어서 적극적으로 성공을 차단하고 있다. 따라서 처음에는 불편한 것을 피하려는 당신의 본능을 극복하는 것이 필요하다. 편안함을 주는 곳을 벗어나서 새로운 일을 시도하라. 변화는

항상 불편하지만, 성공을 위한 마법의 공식을 찾기 위해 일을 색다르게 하는 데 있어서는 핵심이다.

마지막 두 문장에서 성공하기 위해서는 변화가 핵심이므로 불편하더라도 이를 감수하고 새로운 것을 시도할 필요가 있다(Try doing new things ~. Change is always uncomfortable, but it is key to doing things differently in order to find that magical formula for success.)고 조언하고 있다. 따라서 필자가 주장하는 바로 가장 적절한 것은 ① '불편할지라도 성공하기 위해서는 새로운 것을 시도해야 한다.'이다.

- **discomfort** ⓝ 불편함
- **instinct** ⓝ 본능
- **comfort zone** 안전지대, 일을 적당히 하거나 요령을 피우는 상태
- **formula** ⓝ 공식, 제조법
- **overcome** ⓥ 극복하다
- **essential** ⓐ 필수적인, 본질적인

구문 풀이

4행 Therefore, overcoming your instinct to avoid uncomfortable things at first
동명사구 주어 · 형용사적 용법
is essential.
동사(단수)

21 선택적 지각
정답률 50% | 정답 ③

밑줄 친 want to use a hammer가 다음 글에서 의미하는 바로 가장 적절한 것은? [3점]

① are unwilling to stand out
두드러지게 하기를 꺼리는
② make our effort meaningless
우리의 노력을 무의미하게 만들면
③ intend to do something in a certain way ✓
무언가를 특정한 방식으로 하려고 하면
④ hope others have a viewpoint similar to ours
다른 사람들이 우리와 비슷한 관점을 지니기 바라면
⑤ have a way of thinking that is accepted by others
다른 사람들에게 받아들여지는 사고 방식을 갖고 있다면

We have a tendency / to interpret events selectively.
우리는 경향이 있다. / 사건을 선택적으로 해석하는

If we want things to be "this way" or "that way" / we can most certainly select, stack, or arrange evidence / in a way that supports such a viewpoint.
만약 우리가 일이 '이렇게' 혹은 '저렇게' 되기를 원한다면, / 우리는 틀림없이 증거를 선택하거나 쌓거나 배열할 수 있다. / 그러한 관점을 뒷받침하는 방식으로

Selective perception is based / on what seems to us to stand out.
선택적인 지각은 기반을 둔다. / 우리에게 두드러져 보이는 것에

However, / what seems to us to be standing out / may very well be related / to our goals, interests, expectations, past experiences, or current demands of the situation / — "with a hammer in hand, / everything looks like a nail."
그러나 / 우리에게 두드러져 보이는 것은 / 매우 관련 있을지도 모른다 / 우리의 목표, 관심사, 기대, 과거의 경험 또는 상황에 대한 현재의 요구와 / "망치를 손에 들고 있으면, / 모든 것은 못처럼 보인다."

This quote highlights the phenomenon of selective perception.
이 인용문은 선택적 지각의 현상을 강조한다.

If we want to use a hammer, / then the world around us / may begin to look / as though it is full of nails!
만약 우리가 망치를 사용하기를 원하면, / 우리 주변의 세상은 / 보이기 시작할지도 모른다! / 못으로 가득 찬 것처럼

우리는 사건을 선택적으로 해석하는 경향이 있다. 만약 우리가 일이 '이렇게' 혹은 '저렇게' 되기를 원한다면, 우리는 틀림없이 그러한 관점을 뒷받침하는 방식으로 증거를 선택하거나 쌓거나 배열할 수 있다. 선택적인 지각은 우리에게 두드러져 보이는 것에 기반을 둔다. 그러나 우리에게 두드러져 보이는 것은 우리의 목표, 관심사, 기대, 과거의 경험 또는 상황에 대한 현재의 요구와 매우 관련 있을지도 모른다 — "망치를 손에 들고 있으면, 모든 것은 못처럼 보인다." 이 인용문은 선택적 지각의 현상을 강조한다. 만약 우리가 망치를 사용하기를 원하면, 우리 주변의 세상은 못으로 가득 찬 것처럼 보이기 시작할지도 모른다!

우리의 지각은 우리 눈에 두드러져 보이는 것에 초점이 맞추어져 있다는 내용 뒤로, 사실 이 눈에 띄는 것들은 우리의 목표나 기대 등과 관련되어 있다는 내용이 제시된다(However, what seems to us to be standing out may very well be related to our goals, ~). 특히 망치를 손에 들고 있으면 모두 못처럼 보인다는 직접 인용구의 내용으로 미루어볼 때, 밑줄이 포함된 문장은 우리가 특정한 목표나 기대를 갖고 상황을 바라볼 때 그 목표나 기대를 적용하기 유리한 대로 상황을 해석할 가능성이 크다는 의미여야 한다. 따라서 밑줄 친 부분이 의미하는 바로 가장 적절한 것은 ③ '무언가를 특정한 방식으로 하려고 하면'이다.

- **interpret** ⓥ 해석하다
- **stack** ⓥ 쌓다, 포개다
- **quote** ⓝ 인용구
- **phenomenon** ⓝ 현상
- **selectively** ⓐⓓ 선택적으로
- **stand out** 두드러지다
- **highlight** ⓥ 강조하다
- **unwilling** ⓐ (~하기를) 꺼리는, 마지못해 하는

구문 풀이

9행 If we want to use a hammer, then the world around us may begin to look
접속사(만약 ~라면) · 주어 · 동사
as though it is full of nails!
접속사(마치 ~처럼)

22 형편없는 과제에 개선의 기회를 주기
정답률 71% | 정답 ⑤

다음 글의 요지로 가장 적절한 것은?

① 학생에게 평가 결과를 공개하는 것은 학습 동기를 떨어뜨린다.
② 학생에게 추가 과제를 부여하는 것은 학업 부담을 가중시킨다.
③ 지속적인 보상은 학업 성취도에 장기적으로 부정적인 영향을 준다.
④ 학생의 자기주도적 학습 능력은 정서적으로 안정된 학습 환경에서 향상된다.
⑤ 학생의 과제가 일정 수준에 도달하도록 개선 기회를 주면 동기 부여에 도움이 된다. ✓

Rather than attempting to punish students / with a low grade or mark / in the hope / it will encourage them to give greater effort in the future, / teachers can better motivate students / by considering their work as incomplete / and then requiring additional effort.
학생에게 벌을 주는 대신, / 낮은 성적이나 점수로 / 희망하며 / 그것이 학생으로 하여금 미래에 더 노력을 기울이도록 독려할 것이라 / 교사는 학생들에게 동기 부여를 더 잘할 수 있다 / 그들의 과제를 미완성으로 보고 / 추가적인 노력을 요구함으로써

Teachers at Beachwood Middle School in Beachwood, Ohio, / record students' grades as A, B, C, or I (Incomplete).
오하이오 주 Beachwood의 Beachwood 중학교 교사는 / 학생의 성적을 A, B, C 또는 I(미완성)로 기록한다.

Students who receive an I grade / are required to do additional work / in order to bring their performance / up to an acceptable level.
I 성적을 받은 학생은 / 추가적인 과제를 하도록 요구받는다. / 자신의 과제 수행을 끌어올리기 위해서 / 수용 가능한 수준까지

This policy is based on the belief / that students perform at a failure level / or submit failing work / in large part because teachers accept it.
이런 방침은 믿음에 근거한다. / 학생이 낙제 수준으로 수행하거나 / 낙제 과제를 제출하는 것이 / 대체로 교사가 그것을 받아들이기 때문이라고

The Beachwood teachers reason / that if they no longer accept substandard work, / students will not submit it.
Beachwood의 교사는 생각한다. / 만약 그들이 더 이상 기준 이하의 과제를 받아들이지 않는다면, / 학생이 그것을 제출하지 않을 것이라고

And with appropriate support, / they believe / students will continue to work / until their performance is satisfactory.
그리고 적절한 도움을 받아서 / 그들은 믿는다. / 학생들이 계속 노력할 것이라고 / 자신의 과제 수행이 만족스러울 때까지

낮은 성적이나 점수가 학생으로 하여금 미래에 더 노력을 기울이도록 독려할 것이라 희망하며 학생에게 그것으로 벌을 주는 대신, 교사는 그들의 과제를 미완성으로 보고 추가적인 노력을 요구함으로써 학생들에게 동기 부여를 더 잘할 수 있다. 오하이오 주 Beachwood의 Beachwood 중학교 교사는 학생의 성적을 A, B, C 또는 I(미완성)로 기록한다. I 성적을 받은 학생은 자신의 과제 수행을 수용 가능한 수준까지 끌어올리기 위해서 추가적인 과제를 하도록 요구받는다. 이런 방침은 학생이 낙제 수준으로 수행하거나 낙제 과제를 제출하는 것이 대체로 교사가 그것을 받아들이기 때문이라는 믿음에 근거한다. Beachwood의 교사는 만약 그들이 더 이상 기준 이하의 과제를 받아들이지 않는다면, 학생이 그것을 제출하지 않을 것이라고 생각한다. 그리고 그들은 학생들이 적절한 도움을 받아서 자신의 과제 수행이 만족스러울 때까지 계속 노력할 것이라고 믿는다.

첫 문장에서 학생들의 과제가 일정 수준 미만일 때 그저 점수를 낮게 주기보다는 '미완성된' 과제로 보고 더 노력을 들이도록 요구하는 것이 동기 부여에 좋다고(~ teachers can better motivate students by considering their work as incomplete and then requiring additional effort.)고 하므로, 글의 요지로 가장 적절한 것은 ⑤ '학생의 과제가 일정 수준에 도달하도록 개선 기회를 주면 동기 부여에 도움이 된다.'이다.

- **punish** ⓥ 처벌하다
- **additional** ⓐ 추가적인
- **substandard** ⓐ 수준 이하의, 열악한
- **satisfactory** ⓐ 만족스러운
- **incomplete** ⓐ 미완성된
- **acceptable** ⓐ 수용 가능한
- **appropriate** ⓐ 적절한

구문 풀이

1행 Rather than attempting to punish students with a low grade or mark in the hope (that) it will encourage them to give greater effort in the future, teachers
~라는 희망으로 · 「encourage + 목적어 + to부정사」: ~이 …하도록 독려하다 · 주어
can better motivate students by considering their work as incomplete and then
동사구 · 전치사 · 동명사1
requiring additional effort.
동명사2

23 긍정적 재구성에 도움이 되는 호기심
정답률 60% | 정답 ②

다음 글의 주제로 가장 적절한 것은?

① importance of defensive reactions in a tough situation - 힘든 상황에서 방어적인 반응의 중요성
② curiosity as the hidden force of positive reframes - 긍정적인 재구성의 숨은 동력인 호기심 ✓
③ difficulties of coping with stress at work - 직장에서의 스트레스에 대처하는 것의 어려움
④ potential threats caused by curiosity - 호기심으로 인한 잠재적 위협
⑤ factors that reduce human curiosity - 인간의 호기심을 떨어뜨리는 요인

Curiosity makes us / much more likely to view a tough problem / as an interesting challenge to take on.
호기심은 우리를 만든다. / 어려운 문제를 더 여기게 / 맡아야 할 흥미로운 도전으로

A stressful meeting with our boss / becomes an opportunity to learn.
상사와의 스트레스를 받는 회의는 / 배울 수 있는 기회가 된다.

A nervous first date / becomes an exciting night out with a new person.
긴장이 되는 첫 데이트는 / 새로운 사람과의 멋진 밤이 된다.

A colander becomes a hat.
주방용 체는 모자가 된다.

In general, / curiosity motivates us / to view stressful situations as challenges / rather than threats, / to talk about difficulties more openly, / and to try new approaches to solving problems.
일반적으로, / 호기심은 우리에게 동기를 부여해 준다. / 스트레스를 받는 상황을 도전으로 여기게 하고, / 위험보다는 / 어려움을 더 터놓고 말하게 하고, / 문제 해결에 있어 새로운 접근을 시도하도록

In fact, / curiosity is associated / with a less defensive reaction to stress / and, as a result, less aggression / when we respond to irritation.
실제로 / 호기심은 관련이 있다. / 스트레스에 대한 방어적인 반응이 줄어드는 것과 / 그리고 그 결과 공격성이 줄어드는 것과 / 우리가 짜증에 반응할 때

호기심은 우리가 어려운 문제를 맡아야 할 흥미로운 도전으로 더 여기게 한다. 상사와의 스트레스를 받는 회의는 배울 수 있는 기회가 된다. 긴장이 되는 첫 데이트는 새로운 사람과의 멋진 밤이 된다. 주방용 체는 모자가 된다. 일반적으로, 호기심은 우리가 스트레스를 받는 상황을 위험보다는 도전으로 여기게 하고, 어려움을 더 터놓고 말하게 하고, 문제 해결에 있어 새로운 접근을 시도하도록 동기를 부여해 준다. 실제로 호기심은 스트레스에 대한 방어적인 반응이 줄어들고, 그 결과 짜증에 반응할 때 공격성이 줄어드는 것과 관련이 있다.

'Curiosity makes us much more likely to view a tough problem as an interesting challenge to take on.'에서 호기심은 우리가 어려운 문제를 흥미로운 도전처럼 여길 수 있게 해준다고 언급한 데 이어, 'In general, curiosity motivates us to view stressful situations as challenges ~'에서도 같은 내용을 제시한다. 따라서 글의 주제로 가장 적절한 것은 ② '긍정적인 재구성의 숨은 동력인 호기심'이다.

- curiosity ⓝ 호기심
- threat ⓝ 위협
- aggression ⓝ 공격
- cope with ~에 대처하다
- take on (책임이나 일을) 맡다, 지다
- defensive ⓐ 방어적인
- irritation ⓝ 짜증

구문 풀이

1행 Curiosity makes us much more likely to view a tough problem as an
　　　5형식 동사←　목적어　　　목적격 보어　「view + A + as + B : A를 B로 여기다」
interesting challenge to take on.

---

24 더 높은 고층 건물 건축에 이바지하는 엘리베이터　　정답률 73% | 정답 ①

다음 글의 제목으로 가장 적절한 것은?

✓① Elevators Bring Buildings Closer to the Sky
엘리베이터는 빌딩이 하늘에 더 가까워지게 만든다
② The Higher You Climb, the Better the View
더 높이 오를수록 경치가 더 좋다
③ How to Construct an Elevator Cheap and Fast
엘리베이터를 싸고 빠르게 짓는 방법
④ The Function of the Ancient and the Modern City
고대 및 현대 도시의 기능
⑤ The Evolution of Architecture: Solutions for Overpopulation
건축의 진화 : 인구 과잉의 해결책

When people think about the development of cities, / rarely do they consider / the critical role of vertical transportation.
사람들이 도시 발전에 대해 생각할 때, / 그들은 거의 고려하지 않는다. / 수직 운송 수단의 중요한 역할을

In fact, each day, / more than 7 billion elevator journeys / are taken in tall buildings all over the world.
실제로 매일 / 70억 회 이상의 엘리베이터 이동이 / 전 세계 높은 빌딩에서 이루어진다.

Efficient vertical transportation / can expand our ability / to build taller and taller skyscrapers.
효율적인 수직 운송 수단은 / 우리의 능력을 확장시킬 수 있는 / 점점 더 높은 고층 건물을 만들 수 있는

Antony Wood, / a Professor of Architecture at the Illinois Institute of Technology, / explains / that advances in elevators over the past 20 years / are probably the greatest advances / we have seen in tall buildings.
Antony Wood는 / Illinois 공과대학의 건축학과 교수인 / 설명한다. / 지난 20년 간 엘리베이터의 발전은 / 아마도 가장 큰 발전이라고 / 우리가 높은 건물에서 봐 왔던

For example, / elevators in the Jeddah Tower in Jeddah, Saudi Arabia, / under construction, / will reach a height record of 660m.
예를 들어, / 사우디아라비아 Jeddah의 Jeddah Tower에 있는 엘리베이터는 / 건설 중인 / 660미터라는 기록적인 높이에 이를 것이다.

사람들은 도시 발전에 대해 생각할 때, 수직 운송 수단의 중요한 역할을 거의 고려하지 않는다. 실제로 매일 70억 회 이상의 엘리베이터 이동이 전 세계 높은 빌딩에서 이루어진다. 효율적인 수직 운송 수단은 점점 더 높은 고층 건물을 만들 수 있는 우리의 능력을 확장시킬 수 있다. Illinois 공과대학의 건축학과 교수인 Antony Wood는 지난 20년 간 엘리베이터의 발전은 아마도 우리가 높은 건물에서 봐 왔던 가장 큰 발전이라고 설명한다. 예를 들어, 건설 중인 사우디아라비아 Jeddah의 Jeddah Tower에 있는 엘리베이터는 660미터라는 기록적인 높이에 이를 것이다.

Why? 왜 정답일까?

'Efficient vertical transportation can expand our ability to build taller and taller skyscrapers.'에서 수직 운송 수단, 즉 엘리베이터가 더 높은 고층 건물을 짓도록 도와준다고 언급하는 것으로 보아, 글의 제목으로 가장 적절한 것은 ① '엘리베이터는 빌딩이 하늘에 더 가까워지게 만든다'이다.

- critical ⓐ 중요한
- transportation ⓝ 운송, 수송
- skyscraper ⓝ 고층 건물
- overpopulation ⓝ 인구 과잉
- vertical ⓐ 수직의
- expand ⓥ 확장하다
- under construction 건설 중인

구문 풀이

1행 When people think about the development of cities, rarely do they consider
　　　　　「부정어구 + 조동사 + 주어 + 동사원형 : 도치 구문」
the critical role of vertical transportation.

---

25 국가별 GDP 대비 의료 지출　　정답률 81% | 정답 ⑤

다음 도표의 내용과 일치하지 않는 것은?

Health Spending as a Share of GDP Selected OECD Countries[2018]

(막대그래프)
(%) US 16.9 / Switzerland 12.2 / France 11.2 / Belgium 10.4 / UK 9.8 / OECD average 8.8 / Greece 7.8 / Turkey 4.2

The above graph shows health spending / as a share of GDP / for selected OECD countries / in 2018.
위 그래프는 의료 지출을 보여준다. / GDP 점유율로 / 선택된 OECD 국가들의 / 2018년에

① On average, / OECD countries were estimated / to have spent 8.8 percent of their GDP on health care.
평균적으로, / OECD 국가들은 추정되었다. / GDP의 8.8%를 의료에 지출한 것으로

② Among the given countries above, / the US had the highest share, / with 16.9 percent, / followed by Switzerland at 12.2 percent.
위 국가들 중 / 미국은 가장 높은 점유율을 보였으며, / 16.9%로 / 이어 스위스는 12.2%를 보였다.

③ France spent more than 11 percent of its GDP, / while Turkey spent less than 5 percent of its GDP on health care.
프랑스는 GDP의 11% 이상을 지출했던 반면, / 터키는 GDP의 5% 이하를 의료에 지출했다.

④ Belgium's health spending as a share of GDP / sat between that of France and the UK.
GDP 점유율로서 벨기에의 의료 지출은 / 프랑스와 영국 사이였다.

✓⑤ There was a 3 percentage point difference / in the share of GDP / spent on health care / between the UK and Greece.
3%p의 차이가 있었다. / GDP의 점유율에 있어 / 의료에 지출된 / 영국과 그리스 사이에

위 그래프는 2018년 선택된 OECD 국가들의 의료 지출을 GDP 점유율로 보여준다. ① 평균적으로, OECD 국가들은 GDP의 8.8%를 의료에 지출한 것으로 추정되었다. ② 위 국가들 중 미국은 16.9%로 가장 높은 점유율을 보였고, 이어 스위스는 12.2%를 보였다. ③ 프랑스는 GDP의 11% 이상을 지출했던 반면, 터키는 GDP의 5% 이하를 의료에 지출했다. ④ GDP 점유율로서 벨기에의 의료 지출은 프랑스와 영국 사이였다. ⑤ 영국과 그리스 사이에는 의료에 지출된 GDP의 점유율에 있어 3%p의 차이가 있었다.

Why? 왜 정답일까?

도표에 따르면 GDP를 기준으로 영국의 의료 지출은 9.8%, 그리스의 의료 지출은 7.8%였다. 즉 두 국가 간 비율의 차이는 2%p이므로, 도표와 일치하지 않는 것은 ⑤이다.

- on average 평균적으로
- estimate ⓥ 추정하다, 추산하다

---

26 Lithops의 특징　　정답률 63% | 정답 ③

Lithops에 관한 다음 글의 내용과 일치하지 않는 것은?

① 살아있는 돌로 불리는 식물이다.
② 원산지는 남아프리카 사막 지역이다.
✓③ 토양의 표면 위로 대개 1인치 이상 자란다.
④ 줄기가 없으며 땅속에 대부분 묻혀 있다.
⑤ 겉모양은 수분 보존 효과를 갖고 있다.

「Lithops are plants / that are often called 'living stones' / on account of their unique rock-like appearance.」 ①의 근거 일치
Lithops는 식물이다. / 종종 '살아있는 돌'로 불리는 / 독특한 바위 같은 겉모양 때문에

「They are native to the deserts of South Africa / but commonly sold in garden centers and nurseries.」 ②의 근거 일치
이것은 원산지가 남아프리카 사막이지만, / 식물원과 종묘원에서 흔히 팔린다.

Lithops grow well / in compacted, sandy soil with little water / and extreme hot temperatures.
Lithops는 잘 자란다. / 수분이 거의 없는 빡빡한 모래 토양과 / 극히 높은 온도에서

「Lithops are small plants, / rarely getting more than an inch above the soil surface / and usually with only two leaves.」 ③의 근거 불일치
Lithops는 작은 식물로, / 토양의 표면 위로 1인치 이상 거의 자라지 않고 / 보통 단 두 개의 잎을 가지고 있다.

The thick leaves resemble the cleft in an animal's foot / or just a pair of grayish brown stones gathered together.
두꺼운 잎은 동물 발의 갈라진 틈과 닮았다. / 혹은 함께 모여있는 한 쌍의 회갈색 빛을 띠는 돌과

「The plants have no true stem / and much of the plant is underground.」 ④의 근거 일치
이 식물은 실제 줄기는 없고 / 식물의 대부분이 땅속에 묻혀 있다.

「Their appearance has the effect of conserving moisture.」 ⑤의 근거 일치
겉모양은 수분을 보존하는 효과를 가지고 있다.

Lithops는 독특한 바위 같은 겉모양 때문에 종종 '살아있는 돌'로 불리는 식물이다. 이것은 원산지가 남아프리카 사막이지만, 식물원과 종묘원에서 흔히 팔린다. Lithops는 수분이 거의 없는 빡빡한 모래 토양과 극히 높은 온도에서 잘 자란다. Lithops는 작은 식물로, 토양의 표면 위로 1인치 이상 거의 자라지 않고 보통 단 두 개의 잎을 가지고 있다. 두꺼운 잎은 동물 발의 갈라진 틈이나 함께 모여있는 한 쌍의 회갈색 빛을 띠는 돌과 닮았다. 이 식물은 실제 줄기는 없고 식물의 대부분이 땅속에 묻혀 있다. 겉모양은 수분을 보존하는 효과를 가지고 있다.

Why? 왜 정답일까?

'Lithops are small plants, rarely getting more than an inch above the soil surface ~'에서 Lithops는 토양 표면 위로 1인치 이상 자라는 일이 거의 없다고 하므로, 내용과 일치하지 않는 것은 ③ '토양의 표면 위로 대개 1인치 이상 자란다.'이다.

Why? 왜 오답일까?

① 'Lithops are plants that are often called 'living stones' ~'의 내용과 일치한다.
② 'They are native to the deserts of South Africa ~'의 내용과 일치한다.
④ 'The plants have no true stem and much of the plant is underground.'의 내용과 일치한다.
⑤ 'Their appearance has the effect of conserving moisture.'의 내용과 일치한다.

- on account of ~ 때문에
- native to ~이 원산지인
- compacted ⓐ 빡빡한, 탄탄한
- gather ⓥ 모으다, 모이다
- conserve ⓥ 보존하다
- appearance ⓝ 겉모습
- desert ⓝ 사막
- extreme ⓐ 극도의
- stem ⓝ 줄기

구문 풀이

1행 Lithops are plants [that are often called 'living stones' on account of their
　　　　　　　　　　　선행사　　　　5형식 수동태　　　　보어
unique rock-like appearance].

27 친환경 글짓기 대회
정답률 92% | 정답 ⑤

"Go Green" Writing Contest에 관한 다음 안내문의 내용과 일치하지 않는 것은?

① 대회 주제는 환경 보호이다.
② 참가자는 한 부문에만 참가해야 한다.
③ 마감 기한은 7월 5일이다.
④ 작품은 이메일로 제출해야 한다.
✓ 수상자는 개별적으로 연락받는다.

"Go Green" Writing Contest
"Go Green" Writing Contest
Share your talents & conserve the environment
여러분의 재능을 나누세요 & 환경을 보존하세요
Main Topic: 『Save the Environment』 ①의 근거 일치
주제: 환경을 보호하자
Writing Categories
글쓰기 부문
Slogan // Poem // Essay
표어 // 시 // 에세이
Requirements:
요구 사항:
Participants: High school students
참가자: 고등학생
『Participate in one of the above categories』 ②의 근거 일치
위 글쓰기 부문 중 하나에 참가하세요.
(only one entry per participant)
(참가자 1인당 한 작품만)
『Deadline: July 5th, 2021』 ③의 근거 일치
마감 기한: 2021년 7월 5일
『Email your work to apply@gogreen.com.』 ④의 근거 일치
apply@gogreen.com으로 작품을 이메일로 보내세요.
Prize for Each Category
부문별 상금
1st place: $80
1등: 80달러
2nd place: $60
2등: 60달러
3rd place: $40
3등: 40달러
『The winners will be announced / only on the website on July 15th, 2021.』 ⑤의 근거 불일치
수상자는 공지될 예정입니다. / 2021년 7월 15일에 웹 사이트에서만
No personal contact will be made.
개별 연락은 없을 것입니다.
For more information, visit www.gogreen.com.
추가 정보를 원한다면, www.gogreen.com을 방문하시오.

"Go Green" Writing Contest
여러분의 재능을 나누세요 & 환경을 보존하세요

□ 주제 : 환경을 보호하자

□ 글쓰기 부문
• 표어 • 시 • 에세이

□ 요구 사항:
• 참가자 : 고등학생
• 위 글쓰기 부문 중 하나에 참가하세요.
  (참가자 1인당 한 작품만)

□ 마감 기한 : 2021년 7월 5일
• apply@gogreen.com으로 작품을 이메일로 보내세요.

□ 부문별 상금
• 1등 : 80달러 • 2등 : 60달러 • 3등 : 40달러

□ 수상자는 2021년 7월 15일에 웹 사이트에서만 공지될 예정입니다. 개별 연락은 없습니다.

□ 추가 정보를 원한다면, www.gogreen.com을 방문하시오.

Why? 왜 정답일까?
'The winners will be announced only on the website on July 15th, 2021. No personal contact will be made.'에서 수상자는 웹 사이트에만 공지되며, 개별 연락은 없을 예정이라고 하였다. 따라서 안내문의 내용과 일치하지 않는 것은 ⑤ '수상자는 개별적으로 연락받는다.'이다.

Why? 왜 오답일까?
① 'Main Topic : Save the Environment'의 내용과 일치한다.
② 'Participate in one of the above categories'의 내용과 일치한다.
③ 'Deadline : July 5th, 2021'의 내용과 일치한다.
④ 'Email your work to apply@gogreen.com.'의 내용과 일치한다.

● **go green** 친환경적이 되다 ● **conserve** ⓥ 보존하다
● **entry** ⓝ 출품작

---

28 학교 축제 관련 온라인 회의
정답률 83% | 정답 ④

Virtual Idea Exchange에 관한 다음 안내문의 내용과 일치하는 것은?

① 동아리 회원이라면 누구나 참여 가능하다.
② 티켓 판매는 논의 대상에서 제외된다.
③ 회의는 3시간 동안 열린다.
✓ 접속 링크를 문자로 받는다.
⑤ 채팅방 입장 시 동아리명으로 참여해야 한다.

Virtual Idea Exchange
Virtual Idea Exchange
Connect in real time / and have discussions about the upcoming school festival.
실시간으로 접속하여 / 다가오는 학교 축제에 관해 토론하세요.
Goal
목표
Plan the school festival and share ideas for it.
학교 축제를 계획하고 아이디어를 공유하세요.
『Participants: Club leaders only』 ①의 근거 불일치
참가자: 동아리장만
What to Discuss
토론 내용
Themes // 『Ticket sales』 // Budget
주제 // 티켓 판매 // 예산 ②의 근거 불일치
『Date & Time: 5 to 7 p.m. on Friday, June 25th, 2021』 ③의 근거 불일치
날짜 & 시간: 2021년 6월 25일 금요일 오후 5시 ~ 7시
Notes
참고사항
『Get the access link by text message / 10 minutes before the meeting / and click it.』
문자 메시지로 전송되는 접속 링크를 받아서 / 회의 10분 전에 / 클릭하세요. ④의 근거 일치
『Type your real name / when you enter the chatroom.』 ⑤의 근거 불일치
실명을 입력하세요. / 당신이 대화방에 들어올 때

Virtual Idea Exchange
실시간으로 접속하여 다가오는 학교 축제에 관해 토론하세요.

□ 목표
• 학교 축제를 계획하고 아이디어를 공유하세요.

□ 참가자 : 동아리장만

□ 토론 내용
• 주제 • 티켓 판매 • 예산

□ 날짜 & 시간 : 2021년 6월 25일 금요일 오후 5시 ~ 7시

□ 참고사항
• 회의 10분 전에 문자 메시지로 전송되는 접속 링크를 받아서 클릭하세요.
• 대화방에 들어올 때 실명을 입력하세요.

Why? 왜 정답일까?
'Get the access link by text message 10 minutes before the meeting and click it.'에서 회의 10분 전에 회의 접속 링크가 문자 메시지로 전송된다고 하므로, 안내문의 내용과 일치하는 것은 ④ '접속 링크를 문자로 받는다.'이다.

Why? 왜 오답일까?
① 'Participants: Club leaders only'에서 동아리장들만 참여 가능하다고 하였다.
② 'What to Discuss / Ticket sales'에서 티켓 판매가 논의 대상에 포함된다고 하였다.
③ 'Date & Time: 5 to 7 p.m. on Friday, June 25th, 2021'에서 회의는 오후 5시부터 7시까지 2시간 동안 열린다고 하였다.
⑤ 'Type your real name when you enter the chatroom.'에서 채팅방에 들어올 때 실명을 입력해야 한다고 하였다.

● **virtual** ⓐ (컴퓨터를 이용한) 가상의 ● **real time** 실시간
● **upcoming** ⓐ 다가오는 ● **budget** ⓝ 예산

---

29 진짜 미소와 가짜 미소의 차이
정답률 61% | 정답 ⑤

다음 글의 밑줄 친 부분 중, 어법상 틀린 것은? [3점]

There have been occasions / ① in which you have observed a smile / and you could sense it was not genuine.
경우가 있었다. / 당신이 미소를 관찰했는데 / 당신이 그것이 진짜가 아니라고 느낄 수 있는
The most obvious way / of identifying a genuine smile from an insincere ② one / is / that a fake smile / primarily only affects the lower half of the face, / mainly with the mouth alone.
가장 명확한 방법은 / 진짜 미소와 진실하지 못한 미소를 알아보는 / ~이다. / 가짜 미소는 / 주로 얼굴의 아랫부분에만 영향을 미친다는 것 / 주로 입에만
The eyes don't really get involved.
눈은 별로 관련이 없다.
Take the opportunity to look in the mirror / and manufacture a smile / ③ using the lower half your face only.
거울을 볼 기회를 잡아서 / 미소를 지어보라. / 당신의 얼굴 아랫부분만을 사용하여
When you do this, / judge ④ how happy your face really looks / — is it genuine?
당신이 이렇게 할 때, / 당신의 얼굴이 실제로 얼마나 행복해 보이는지를 판단해 보라. / 그것은 진짜인가?
A genuine smile will impact / on the muscles and wrinkles around the eyes / and less noticeably, / the skin between the eyebrow and upper eyelid / ✓ is lowered slightly with true enjoyment.
진짜 미소는 영향을 주며, / 눈가 근육과 주름에 / 티가 좀 덜 나게 / 눈썹과 윗눈꺼풀 사이의 피부는 / 진정한 즐거움으로 살짝 내려온다.
The genuine smile can impact on the entire face.
진짜 미소는 얼굴 전체에 영향을 줄 수 있다.

당신이 미소를 관찰했는데 그것이 진짜가 아니라고 느낄 수 있는 경우가 있었다. 진짜 미소와 진실하지 못한 미소를 알아보는 가장 명확한 방법은 가짜 미소는 주로 얼굴의 아랫부분, 주로 입에만 영향을 미친다는 것이다. 눈은 별로 관련이 없다. 거울을 볼 기회를 잡아서 당신의 얼굴 아랫부분만을 사용하여 미소를 지어보라. 당신이 이렇게 할 때, 당신의 얼굴이 실제로 얼마나 행복해 보이는지를 판단해 보라. 그것은 진짜인가? 진짜 미소는 눈가 근육과 주름에 영향을 주며, 티가 좀 덜 나게 눈썹과 윗눈꺼풀 사이의 피부는 진정한 즐거움으로 살짝 내려온다. 진짜 미소는 얼굴 전체에 영향을 줄 수 있다.

Why? 왜 정답일까?
and 앞에 'A genuine smile will impact ~'라는 '주어＋동사' 한 쌍이 나온 뒤 and 뒤로 새로운 '주어＋동사'가 이어지고 있다. 이때 단수 명사 주어인 the skin에 맞추어 동사인 are를 is로 고쳐야 한

다. 따라서 어법상 틀린 것은 ⑤이다.

① 뒤에 and로 연결된 두 문장 'you have observed a smile and you could sense ~'가 모두 완전한 3형식 구조이다. 따라서 '전치사 + 관계대명사' 형태의 in which가 바르게 쓰였다.
② 앞에 나온 smile을 지칭하기 위해 단수 부정대명사 one이 바르게 쓰였다.
③ 분사 뒤에 목적어 the lower half your face only가 나오는 것으로 보아 현재분사 using이 바르게 쓰였다.
④ 뒤에 '형용사 + 주어 + 동사'가 이어지는 것으로 보아 의문부사 how가 바르게 쓰였다. 의문부사 how가 '얼마나'라는 뜻이면 주로 'how + 형/부 + 주어 + 동사' 어순으로 쓰인다.

- occasion ⓝ 경우
- obvious ⓐ 명백한, 분명한
- insincere ⓐ 진실하지 않은
- manufacture ⓥ 만들다
- noticeably ⓐⓓ 눈에 띄게, 두드러지게
- entire ⓐ 전체의
- genuine ⓐ 진짜인
- identify ⓥ 알아보다, 식별하다
- primarily ⓐⓓ 주로
- impact ⓥ 영향을 미치다
- slightly ⓐⓓ 살짝, 약간

구문 풀이

2행 The most obvious way of identifying a genuine smile from an insincere
(주어)
one is that a fake smile primarily only affects the lower half of the face, mainly
(동사(단수)) (주어) (동사) (목적어)
with the mouth alone.

★★★ 등급을 가르는 문제!

30 자연계의 복잡한 형태   정답률 34% | 정답 ③

다음 글의 밑줄 친 부분 중, 문맥상 낱말의 쓰임이 적절하지 않은 것은? [3점]

Detailed study over the past two or three decades / is showing / that the complex forms of natural systems / are essential to their functioning.
지난 20년 혹은 30년 동안의 상세한 연구는 / 보여주고 있다. / 자연계의 복잡한 형태가 / 그 기능에 필수적이라는 것을
The attempt / to ① straighten rivers / and give them regular cross-sections / is perhaps the most disastrous example / of this form-and-function relationship.
시도는 / 강을 직선화하고 / 규칙적인 횡단면으로 만들고자 하는 / 아마도 가장 피해 막심한 사례가 될 수 있다. / 이러한 형태-기능 관계의
The natural river has a very ② irregular form: / it curves a lot, / spills across floodplains, / and leaks into wetlands, / giving it an ever-changing and incredibly complex shoreline.
자연 발생적인 강은 매우 불규칙한 형태를 가지고 있다. / 그것은 많이 굽이치고, / 범람원을 가로질러 넘쳐 흐르고, / 습지로 스며 들어가서 / 끊임없이 바뀌고 엄청나게 복잡한 강가를 만든다.
This allows the river / to ✓accommodate variations in water level and speed.
이것은 강이 ~하게 한다. / 강의 수위와 속도 변화를 조절할 수 있게
Pushing the river into tidy geometry / ④ destroys functional capacity / and results in disasters / like the Mississippi floods of 1927 and 1993 / and, more recently, the unnatural disaster of Hurricane Katrina.
강을 질서정연한 기하학적 형태에 맞춰 넣는 것은 / 기능적 수용 능력을 파괴하고 / 재난을 초래한다. / 1927년과 1993년의 미시시피 강의 홍수와 같은 / 그리고 더 최근인 허리케인 Katrina라는 비정상적인 재난을
A $50 billion plan to "let the river loose" in Louisiana / recognizes / that the ⑤ controlled Mississippi / is washing away / twenty-four square miles of that state annually.
루이지애나에서 "강이 자유롭게 흐르도록 두라(let the river loose)"라는 500억 달러 계획은 / 인정한 것이다. / 통제된 미시시피 강이 / 유실시키고 있다는 것을 / 매년 그 주의 24제곱마일을

지난 20년 혹은 30년 동안의 상세한 연구는 자연계의 복잡한 형태가 그 기능에 필수적이라는 것을 보여주고 있다. 강을 ① 직선화하고 규칙적인 횡단면으로 만들고자 하는 시도는 아마도 이러한 형태 — 기능 관계의 가장 피해 막심한 사례가 될 수 있다. 자연 발생적인 강은 매우 ② 불규칙한 형태를 가지고 있다. 그것은 많이 굽이치고, 범람원을 가로질러 넘쳐 흐르고, 습지로 스며 들어가서 끊임없이 바뀌고 엄청나게 복잡한 강가를 만든다. 이것은 강의 수위와 속도 변화를 ③ 막을(→ 조절할) 수 있게 한다. 강을 질서정연한 기하학적 형태에 맞춰 넣는 것은 기능적 수용 능력을 ④ 파괴하고 1927년과 1993년의 미시시피 강의 홍수와 더 최근인 허리케인 Katrina와 같은 비정상적인 재난을 초래한다. 루이지애나에서 "강이 자유롭게 흐르도록 두라(let the river loose)"라는 500억 달러 계획은 ⑤ 통제된 미시시피 강이 매년 그 주의 24제곱마일을 유실시키고 있다는 것을 인정한 것이다.

Why? 왜 정답일까?

첫 문장에서 자연계의 복잡한 형태는 자연계 기능하는 데 필수이라는 주제를 제시하고 있다. 'The natural river ~'에서 자연 발생적인 강이 예시로 나오는데, 이러한 강이 매우 복잡한 형태를 띠고 있지만 바로 그 형태로 인해 물의 수위 변화와 속도를 조절할 수 있다는 내용이 이어져야 하므로 ③의 prevent를 accommodate로 고쳐야 한다. 따라서 문맥상 낱말의 쓰임이 적절하지 않은 것은 ③이다.

- essential ⓐ 필수적인
- straighten ⓥ 바로 펴다, 똑바르게 하다
- irregular ⓐ 불규칙한
- spill ⓥ 흐르다, 쏟아지다
- incredibly ⓐⓓ 엄청나게, 믿을 수 없게
- attempt ⓝ 노력, 시도
- disastrous ⓐ 처참한, 피해가 막심한
- curve ⓥ 굽이치다
- leak into ~에 새어 들어가다
- annually ⓐⓓ 매년, 연마다

구문 풀이

3행 The attempt to straighten rivers and give them regular cross-sections is
(형용사적 용법1) (형용사적 용법2) (동사(단수))
perhaps the most disastrous example of this form-and-function relationship.
(주격 보어)

★★ 문제 해결 꿀~팁 ★★

▶ 많이 틀린 이유는?
자연의 복잡한 형태가 자연의 기능 수행에 도움이 된다는 다소 생소한 내용의 지문이다. 특히 글의 마지막 부분에서 강의 모양을 인위적으로 변형시키려 하다가는 이례적인 재난이 야기될 수 있어서 루이지애나 주 등에서 강의 모양을 '통제하려는' 시도를 그만두고 있다는 내용이 제시된다. 이러한 맥락으로 보아 최다 오답인 ⑤ 'controlled'는 적절히 쓰였다.

▶ 문제 해결 방법은?
③이 포함된 문장에서 주어인 This는 앞 문장 내용, 즉 자연 발생적인 강이 복잡한 형태를 띤다는 내용을 받는다. 이러한 복잡한 형태가 자연의 기능 수행에 도움이 되는 요소임을 고려하면, 복잡한 형태가 강의 수위나 속도 변화를 '막아버린다'는 설명은 흐름상 어색하다.

★★★ 등급을 가르는 문제!

31 원하는 것과 해야 할 것   정답률 41% | 정답 ①

다음 빈칸에 들어갈 말로 가장 적절한 것을 고르시오.
✓① desires - 욕망
② merits - 장점
③ abilities - 능력
④ limitations - 한계
⑤ worries - 걱정

In a culture / where there is a belief / that you can have anything you truly want, / there is no problem in choosing.
문화에서는 / 믿음이 있는 / 당신이 진정으로 원하는 것은 무엇이든지 가질 수 있다는 / 선택이 문제가 안 된다.
Many cultures, however, / do not maintain this belief.
그러나 많은 문화들은 / 이러한 믿음을 유지하지 못한다.
In fact, / many people do not believe / that life is about getting what you want.
사실, / 많은 사람들은 믿지 않는다. / 삶이란 당신이 원하는 것을 얻는 것이라고
Life is about doing what you are *supposed* to do.
인생은 당신이 *해야* 할 것을 하는 것이다.
The reason they have trouble making choices / is / they believe / that what they may want is not related / to what they are supposed to do.
그들이 선택을 하는 데 있어 어려움을 겪는 이유는 / ~이다. / 그들이 믿기 때문에 / 그들이 원하는 것이 관련이 없다고 / 그들이 해야 할 일과
The weight of outside considerations / is greater than their desires.
외적으로 고려할 문제의 비중이 / 그들의 욕망보다 더 크다.
When this is an issue in a group, / we discuss what makes for good decisions.
이것이 어떤 집단에서 논의 대상이 될 때, / 우리는 어떤 것이 좋은 결정인지 의논을 한다.
If a person can be unburdened from their cares and duties / and, just for a moment, / consider what appeals to them, / they get the chance / to sort out what is important to them.
만약 어떤 사람이 걱정과 의무로부터 벗어나 / 잠시 동안 / 자신에게 호소하는 것이 무엇인지를 생각해 볼 수 있다면, / 그들은 기회를 얻게 된다. / 자신에게 무엇이 중요한지를 가려낼
Then they can consider and negotiate / with their external pressures.
그러고 나서 그들은 고려하고 협상할 수 있다. / 외적인 부담에 대해

당신이 진정으로 원하는 것은 무엇이든지 가질 수 있다고 믿는 문화에서는 선택이 문제가 안 된다. 그러나 많은 문화들은 이러한 믿음을 유지하지 못한다. 사실, 많은 사람들은 삶이란 당신이 원하는 것을 얻는 것이라고 믿지 않는다. 인생은 당신이 *해야* 할 것을 하는 것이다. 그들이 선택을 하는 데 있어 어려움을 겪는 이유는 그들이 원하는 것이 그들이 해야 할 일과 관련이 없다고 믿기 때문이다. 외적으로 고려할 문제의 비중이 그들의 욕망보다 더 크다. 이것이 어떤 집단에서 논의 대상이 될 때, 우리는 어떤 것이 좋은 결정인지 의논을 한다. 만약 어떤 사람이 걱정과 의무로부터 벗어나 자신에게 호소하는 것이 무엇인지를 잠시 동안 생각해 볼 수 있다면, 그들은 자신에게 무엇이 중요한지를 가려낼 기회를 얻게 된다. 그러고 나서 그들은 외적인 부담에 대해 고려하고 협상할 수 있다.

Why? 왜 정답일까?

첫 두 문장에 따르면 많은 문화권에서 원하는 것을 다 가질 수 있다는 믿음이 유지되지 못한다고 한다. 이를 근거로 할 때, 빈칸이 포함된 문장은 '원하는 것' 이외에 고려할 문제가 더 많다는 의미여야 한다. 따라서 빈칸에 들어갈 말로 가장 적절한 것은 ① '욕망'이다.

- maintain ⓥ 유지하다
- weight ⓝ 비중, 무게
- negotiate ⓥ 협상하다
- desire ⓝ 욕망
- limitation ⓝ 한계
- have trouble ~ing ~하는 데 어려움을 겪다
- consideration ⓝ 고려 사항
- external ⓐ 외부적인
- merit ⓝ 장점

구문 풀이

1행 In a culture [where there is a belief {that you can have anything you truly
(선행사) (관계부사)
want}], there is no problem in choosing.
(동사)
{ }: 동격(= a belief)

★★ 문제 해결 꿀~팁 ★★

▶ 많이 틀린 이유는?
이 글은 우리가 원하는 바를 모두 성취하지 못하고 해야 하는 일 등 외부적 요소를 고려하여 선택을 하는 경우가 대부분이라는 내용을 다루고 있다. '능력'에 관해서는 중요하게 언급되지 않으므로 ③은 빈칸에 부적절하다.

▶ 문제 해결 방법은?
'what you want'와 'what you are *supposed* to do'가 두 가지 핵심 소재인데, 빈칸 문장의 outside consideration은 이중 'what you are *supposed* to do'와 같은 말이다. 따라서 빈칸에는 'what you want'를 달리 표현하는 말이 들어가야 한다.

★★★ 등급을 가르는 문제!

32 선수의 인성 및 도덕성 함양에 양면적으로 작용하는 승리   정답률 43% | 정답 ⑤

다음 빈칸에 들어갈 말로 가장 적절한 것을 고르시오.
① a piece of cake - 식은 죽 먹기
② a one-way street - 일방통행로
③ a bird in the hand - 수중에 든 새
④ a fish out of water - 물 밖에 나온 고기
✓⑤ a double-edged sword - 양날의 검

Research has confirmed / that athletes are less likely to participate in unacceptable behavior / than are non-athletes.

086 고1·6월 학력평가 [리얼 오리지널]

[문제편 p.105]

연구는 확인해준다. / 운동선수는 받아들여지지 않는 행동을 덜 할 것이라고 / 선수가 아닌 사람들보다

However, / moral reasoning and good sporting behavior / seem to decline / as athletes progress to higher competitive levels, / in part because of the increased emphasis on winning.
그러나 / 도덕적 분별력과 바람직한 스포츠 행위가 / 감소하는 것 같다. / 운동선수가 더 높은 경쟁적 수준까지 올라감에 따라 / 부분적으로 승리에 대한 강조가 커지기 때문에

Thus winning can be a double-edged sword / in teaching character development.
그래서 승리라는 것은 양날의 검이 될 수 있다. / 인성 함양을 가르치는 데 있어서

Some athletes may want to win so much / that they lie, cheat, and break team rules.
어떤 선수는 너무나 이기려고 하다 보니 / 그 결과 거짓말하고 속이고 팀 규칙을 위반한다.

They may develop undesirable character traits / that can enhance their ability to win in the short term.
그들은 바람직하지 못한 인격 특성을 계발할지 모른다. / 단시간에 이길 수 있는 자신의 능력을 강화할 수 있는

However, / when athletes resist the temptation / to win in a dishonest way, / they can develop positive character traits / that last a lifetime.
그러나 / 선수가 유혹에 저항할 때 / 부정직한 방법으로 이기고자 하는 / 그들은 긍정적인 인격 특성을 계발할 수 있다. / 일생동안 지속되는

Character is a learned behavior, / and a sense of fair play develops / only if coaches plan to teach those lessons systematically.
인성이라는 것은 학습되는 행동이며 / 페어플레이 정신이 발달한다. / 코치가 그러한 교훈을 체계적으로 가르치고자 계획할 때 비로소

연구에 따르면 운동선수는 선수가 아닌 사람들보다 (사회적으로) 받아들여지지 않는 행동을 덜 할 것이라고 한다. 그러나 운동선수가 더 높은 경쟁적 수준까지 올라감에 따라 부분적으로 승리에 대한 강조가 커지기 때문에 도덕적 분별력과 바람직한 스포츠 행위가 감소하는 것 같다. 그래서 승리라는 것은 인성 함양을 가르치는 데 있어서 양날의 검이 될 수 있다. 어떤 선수는 너무나 이기려고 하다 보니 그 결과 거짓말하고 속이고 팀 규칙을 위반한다. 그들은 단시간에 이길 수 있는 자신의 능력을 강화할 수 있는 바람직하지 못한 인격 특성을 계발할지 모른다. 그러나 선수가 부정직한 방법으로 이기고자 하는 유혹에 저항할 때 그들은 일생 동안 지속되는 긍정적인 인격 특성을 계발할 수 있다. 인성이라는 것은 학습되는 행동이며 코치가 그러한 교훈을 체계적으로 가르치고자 계획할 때 비로소 페어플레이 정신이 발달한다.

Why? 왜 정답일까?

첫 두 문장에 따르면 운동선수는 선수가 아닌 사람들에 비할 때 사회적으로 용인되지 않는 행동을 덜 하는 경향이 있지만, 승리가 강조되는 환경에 살기 때문에 경쟁이 심해질수록 도덕적 분별력이 떨어질 수 있다고 한다(~ athletes are less likely to participate in unacceptable behavior ~. However, moral reasoning and good sporting behavior seem to decline ~.). 따라서 빈칸에 들어갈 말로 가장 적절한 것은 승리라는 것이 선수의 인격 또는 도덕성 함양에 양면적으로 작용할 수 있다는 의미의 ⑤ '양날의 검'이다.

- **confirm** ⓥ (맞다고) 확인하다
- **reasoning** ⓝ 추론 (능력)
- **competitive** ⓐ 경쟁하는, 경쟁력 있는
- **undesirable** ⓐ 바람직하지 않은
- **resist** ⓥ 저항하다
- **dishonest** ⓐ 부정직한
- **systematically** ⓐⓓ 체계적으로
- **a bird in the hand** 수중에 든 새, 확실한 일
- **a fish out of water** 물 밖에 나온 고기, 낯선 환경에서 불편해하는 사람
- **a double-edged sword** 양날의 검, 양면성을 가진 상황
- **unacceptable** ⓐ 받아들여지지 않는, 용인되지 않는
- **decline** ⓥ 감소하다
- **emphasis** ⓝ 강조
- **enhance** ⓥ 강화하다
- **temptation** ⓝ 유혹
- **learned** ⓐ 학습된, 후천적인
- **a piece of cake** 식은 죽 먹기, 아주 쉬운 일

구문 풀이

1행 Research has confirmed that athletes are less likely to participate in unacceptable behavior than are non-athletes.
「접속사(~것)」 「be less likely + to부정사 : 덜 ~하는 경향이 있다」 「than + 동사 + 주어 : 도치 구문」

★★ 문제 해결 꿀~팁 ★★

▶ 많이 틀린 이유는?
빈칸 뒤에 따르면 선수들은 승리를 위해 부도덕한 행동을 저지르면서 바람직하지 못한 인격 특성을 키우게 될 수 있지만, 한편으로 부정직한 승리의 유혹에 저항하는 과정에서 좋은 인격 특성을 함양하게 될 수도 있다고 한다. 이는 결국 승리가 선수에게 좋은 쪽과 나쁜 쪽 둘 다로 작용할 수 있다는 의미이므로, ② 'a one-way street(일방통행로)'은 빈칸에 적합하지 않다. 또한 ① 'a piece of cake(식은 죽 먹기)'는 글의 내용과 전혀 관련이 없다.

▶ 문제 해결 방법은?
빈칸 뒤의 세부 진술을 읽고 일반적인 결론을 도출한 뒤, 이를 다시 비유적으로 잘 나타낸 선택지를 찾아야 하는 문제이다. 핵심은 승리의 '양면성'에 있음을 염두에 둔다.

★★★ 등급을 가르는 문제!

33 개인에게 넘어간 음악 선택권   정답률 38% | 정답 ①

다음 빈칸에 들어갈 말로 가장 적절한 것을 고르시오. [3점]

① ✓ choose and determine his or her musical preferences
자신이 선호하는 음악을 선택하고 결정해야

② understand the technical aspects of recording sessions
녹음 세션의 기술적 측면을 이해해야

③ share unique and inspiring playlists on social media
독특하고 영감을 주는 재생 목록을 소셜 미디어에 공유해야

④ interpret lyrics with background knowledge of the songs
노래에 대한 배경지식으로 가사를 해석해야

⑤ seek the advice of a voice specialist for better performances
더 나은 공연을 위해 음성 전문가의 조언을 구해야

Due to technological innovations, / music can now be experienced by more people, / for more of the time than ever before.
기술 혁신으로 인해, / 음악은 이제 더 많은 사람에 의해 경험될 수 있다. / 이전보다 더 많은 시간 동안

Mass availability has given individuals unheard-of control / over their own sound-environment.
대중 이용 가능성은 개인들에게 전례 없는 통제권을 주었다. / 각자의 음향 환경에 대한

However, / it has also confronted them / with the simultaneous availability of countless genres of music, / in which they have to orient themselves.
하지만 / 그것은 그들을 맞닥뜨리게 했고 / 무수한 장르의 음악을 동시에 이용할 수 있는 상황에 / 그들은 그 상황에 적응해야만 한다.

People start filtering out and organizing their digital libraries / like they used to do with their physical music collections.
사람들은 자신들의 디지털 라이브러리를 걸러 내고 정리하기 시작한다. / 이전에 그들이 물리적 형태를 지닌 음악을 수집했던 것처럼

However, / there is the difference / that the choice lies in their own hands.
하지만 / 차이가 있다. / 선택권은 자신이 가진다는

Without being restricted to the limited collection of music-distributors, / nor being guided by the local radio program / as a 'preselector' of the latest hits, / the individual actively has to choose and determine his or her musical preferences.
음악 배급자의 제한된 컬렉션에 국한되지 않고, / 또한 지역 라디오 프로그램의 안내를 받지 않고, / 최신 히트곡의 '사전 선택자'인 / 개인은 적극적으로 자신이 선호하는 음악을 선택하고 결정해야 한다.

The search for the right song / is thus associated with considerable effort.
적절한 노래를 찾는 것은 / 따라서 상당한 노력과 관련이 있다.

기술 혁신으로 인해, 음악은 이제 이전보다 더 많은 시간 동안 더 많은 사람에 의해 경험될 수 있다. 대중 이용 가능성은 개인들에게 각자의 음향 환경에 대한 전례 없는 통제권을 주었다. 하지만 그들은 무수한 장르의 음악을 동시에 이용할 수 있는 상황에 맞닥뜨리게 되었고 그 상황에 적응해야만 한다. 사람들은 이전에 물리적 형태를 지닌 음악을 수집했던 것처럼 자신들의 디지털 라이브러리를 걸러 내고 정리하기 시작한다. 하지만 선택권은 자신이 가진다는 차이가 있다. 음악 배급자의 제한된 컬렉션에 국한되지 않고, 또한 최신 히트곡의 '사전 선택자'인 지역 라디오 프로그램의 안내를 받지 않고, 개인은 적극적으로 자신이 선호하는 음악을 선택하고 결정해야 한다. 따라서 적절한 노래를 찾는 것은 상당한 노력과 관련이 있다.

Why? 왜 정답일까?

첫 두 문장에서 기술 혁신으로 인해 개인이 자신의 음향 환경을 통제할 수 있는 권한을 갖게 되었다고 한다. 특히 'However, there is the difference that the choice lies in their own hands.'에서는 무수한 장르의 음악 속에서 자신의 디지털 라이브러리를 어떻게 구성할 것인지에 대한 선택권이 개인 자신에게 있다고 언급한다. 따라서 빈칸에 들어갈 말로 가장 적절한 것은 ① '자신이 선호하는 음악을 선택하고 결정해야'이다.

- **availability** ⓝ 이용 가능성
- **confront A with B** A를 B와 대면시키다
- **orient** ⓥ (새로운 상황에) 적응하다, 익숙해지다, 자기 위치를 알다
- **restrict** ⓥ 국한시키다, 제한하다
- **considerable** ⓐ 상당한
- **unheard-of** ⓐ 전례 없는
- **distributor** ⓝ 배급 업자
- **interpret** ⓥ 해석하다

구문 풀이

4행 However, it has also confronted them with the simultaneous availability
「confront + A + with + B : A를 B와 대면시키다」
of countless genres of music, in which they have to orient themselves.
계속적 용법(= where)

★★ 문제 해결 꿀~팁 ★★

▶ 많이 틀린 이유는?
기술 혁신으로 개인이 음악 선택권을 갖게 되었다는 내용의 글이다. 최다 오답인 ③은 개인이 소셜 미디어에 플레이리스트를 공유해야 한다는 의미인데, 개인이 직접 만든 플레이리스트를 공유해야 하는지는 글에서 언급되지 않았다. 특히 '소셜 미디어'라는 소재 자체가 글에서 아예 언급되지 않았다.

▶ 문제 해결 방법은?
주제가 드러나는 'However ~.' 문장을 잘 읽으면 쉽다. 'the choice lies in their own hands'가 문제 해결에 핵심적인 표현이다.

34 관객과의 상호 작용을 요하는 창작 행위   정답률 49% | 정답 ④

다음 빈칸에 들어갈 말로 가장 적절한 것을 고르시오. [3점]

① exploring the absolute truth in existence
현존하는 절대적 진리를 탐구하는 것

② following a series of precise and logical steps
정확하고 논리적 일련의 단계를 따르는 것

③ looking outside and drawing inspiration from nature
밖을 보고 자연으로부터 영감을 얻는 것

④ ✓ internalizing the perspective of others on one's work
다른 사람의 관점을 자신의 작품 속에 내면화하는 것

⑤ pushing the audience to the limits of its endurance
관객을 인내심의 한계까지 밀어붙이는 것

It is common to assume / that creativity concerns primarily the relation / between actor(creator) and artifact(creation).
가정하는 것이 일반적이다. / 창조성은 주로 관계와 연관되어 있다고 / 행위자(창작자)와 창작물(창작) 간의

However, from a sociocultural standpoint, / the creative act is never "complete" / in the absence of a second position / — that of an audience.
그러나 사회 문화적 관점에서 볼 때, / 창작 행위는 결코 '완전'하지 않다. / 제2의 입장이 부재한 상황에서는 / 다시 말해 관객의 부재

While the actor or creator him/herself / is the first audience of the artifact being produced, / this kind of distantiation can only be achieved / by internalizing the perspective of others on one's work.
행위자나 창작자 자신은 / 만들어지고 있는 창작물의 첫 번째 관객이지만, / 이런 거리두기는 오로지 이루어진다. / 다른 사람의 관점을 자신의 작품 속에 내면화하는 것으로서만

This means / that, in order to be an audience to your own creation, / a history of interaction with others is needed.
이것은 의미한다. / 자신의 창작 활동에 관객이 되기 위해서는 / 다른 사람들과 상호 작용하는 역사가 필요하다는 것을

We exist in a social world / that constantly confronts us with the "view of the other."
우리는 사회적인 세상에 살고 있다. / 끊임없이 '상대방의 관점'에 마주하는

It is the view / we include and blend into our own activity, / including creative activity.
그것은 관점이다. / 우리가 우리 자신의 활동에 통합시키고 뒤섞게 되는 / 창조적인 행위를 포함해서

This outside perspective is essential for creativity / because it gives new meaning and value / to the creative act and its product.
이러한 외부 관점은 창조성에 필수적이다. / 그것이 새로운 의미와 가치를 부여하기 때문에 / 창작 행위와 그 결과물에

창조성은 주로 행위자(창작자)와 창작물(창작) 간의 관계와 연관되어 있다고 가정하는 것이 일반적이다. 그러나 사회 문화적 관점에서 볼 때, 창작 행위는 관객의 부재, 다시 말해 제2의 입장이 부재한 상황에서는 결코 '완전'하지 않다. 행위자나 창작자 자신은 만들어지고 있는 창작물의 첫 번째 관객이지만, 이런 거리두기는 다른 사람의 관점을 자신의 작품 속에 내면화하는 것으로서만 이루어진다. 이것은 자신의 창작 활동에 관객이 되기 위해서는 다른 사람

들과 상호 작용하는 역사가 필요하다는 것을 의미한다. 우리는 끊임없이 '상대방의 관점'에 마주하는 사회적인 세상에 살고 있다. 그것은 창조적인 행위를 포함해서 우리가 우리 자신의 활동에 통합시키고 뒤섞게 되는 관점이다. 이러한 외부 관점은 창작 행위와 그 결과물에 새로운 의미와 가치를 부여하기 때문에 창조성에는 필수적이다.

Why? 왜 정답일까?

두 번째 문장에서 사회 문화적 관점에 따르면 창작 행위는 제2의 관점, 즉 관객의 시각이 빠진 상태에서는 결코 완전할 수 없다고 한다. 이어서 'This means that, ~' 이하로 창작 활동에는 다른 사람과 상호 작용하는, 즉 '상대방의 관점'이 창조적 활동에 통합되는 과정이 꼭 필요하다는 내용이 이어진다. 따라서 빈칸에 들어갈 말로 가장 적절한 것은 ④ '다른 사람의 관점을 자신의 작품 속에 내면화하는 것'이다.

- **primarily** ad 주로
- **in the absence of** ~이 없을 때에
- **distantiation** ⓝ 거리두기
- **blend into** ~에 뒤섞다
- **absolute** ⓐ 절대적인
- **precise** ⓐ 정확한
- **endurance** ⓝ 인내심, 참을성
- **standpoint** ⓝ 관점
- **audience** ⓝ 관객, 청중
- **constantly** ad 지속적으로
- **essential** ⓐ 필수적인, 본질적인
- **in existence** 현존하는
- **internalize** ⓥ 내면하다

구문 풀이

8행 **This means that, in order to be an audience to your own creation, a history of interaction with others is needed.**
접속사(~것) 부사적 용법(~하기 위해) 주어 / 동사(단수)

---

35 전염병의 확산과 이에 대한 도시 환경의 대응력 정답률 58% | 정답 ④

다음 글에서 전체 흐름과 관계 없는 문장은? [3점]

Health and the spread of disease / are very closely linked / to how we live and how our cities operate.
건강과 질병의 확산은 / 매우 밀접하게 연관되어 있다. / 우리가 어떻게 살고 우리의 도시가 어떻게 작동하느냐와

The good news is / that cities are incredibly resilient.
좋은 소식은 / 도시가 믿을 수 없을 정도로 회복력이 있다는 것

Many cities have experienced epidemics in the past / and have not only survived, but advanced.
많은 도시는 과거에 전염병을 경험했고 / 살아남았을 뿐만 아니라 발전했다.

① The nineteenth and early-twentieth centuries / saw destructive outbreaks of cholera, typhoid, and influenza / in European cities.
19세기와 20세기 초는 / 콜레라, 장티푸스, 독감의 파괴적인 창궐을 목격했다. / 유럽의 도시에서

② Doctors such as Jon Snow, from England, / and Rudolf Virchow, of Germany, / saw the connection / between poor living conditions, overcrowding, sanitation, and disease.
영국 출신의 Jon Snow와 같은 의사들은 / 그리고 독일의 Rudolf Virchow와 같은 / 연관성을 알게 되었다. / 열악한 주거 환경, 인구 과밀, 위생과 질병의

③ A recognition of this connection / led to the replanning and rebuilding of cities / to stop the spread of epidemics.
이 연관성에 대한 인식은 / 도시 재계획과 재건축으로 이어졌다. / 전염병의 확산을 막기 위한

✔ In spite of reconstruction efforts, / cities declined in many areas / and many people started to leave.
재건 노력에도 불구하고 / 많은 지역에서 도시는 쇠퇴하였고 / 많은 사람이 떠나기 시작했다.

⑤ In the mid-nineteenth century, / London's pioneering sewer system, / which still serves it today, / was built / as a result of understanding the importance of clean water / in stopping the spread of cholera.
19세기 중반에, / 런던의 선구적인 하수 처리 시스템은 / 오늘날까지도 사용되고 있는 / 만들어졌다. / 깨끗한 물의 중요성에 대한 이해의 결과로 / 콜레라의 확산을 막는 데 있어

건강과 질병의 확산은 우리가 어떻게 살고 우리의 도시가 어떻게 작동하느냐와 매우 밀접하게 연관되어 있다. 좋은 소식은 도시가 믿을 수 없을 정도로 회복력이 있다는 것이다. 많은 도시는 과거에 전염병을 경험했고 살아남았을 뿐만 아니라 발전했다. ① 19세기와 20세기 초 유럽의 도시들은 콜레라, 장티푸스, 독감의 파괴적인 창궐을 목격했다. ② 영국 출신의 Jon Snow와 독일의 Rudolf Virchow와 같은 의사들은 열악한 주거 환경, 인구 과밀, 위생과 질병의 연관성을 알게 되었다. ③ 이 연관성에 대한 인식은 전염병의 확산을 막기 위한 도시 재계획과 재건축으로 이어졌다. ④ 재건 노력에도 불구하고 많은 지역에서 도시는 쇠퇴하였고 많은 사람이 떠나기 시작했다. ⑤ 19세기 중반에 지어진, 오늘날까지도 사용되고 있는 런던의 선구적인 하수 처리 시스템은 깨끗한 물이 콜레라의 확산을 막는 데 중요하다는 이해의 결과로 만들어졌다.

Why? 왜 정답일까?

첫 문장에서 전염병의 확산은 우리의 생활방식 및 도시 환경과 밀접하게 연관되어 있다는 주제를 제시한 뒤, ①, ②, ③은 19 ~ 20세기 초 각종 전염병의 창궐을 경험한 유럽 도시들이 도시 환경의 개선을 통해 전염병을 극복했다는 예시를 든다. 하지만 ④는 도시가 재건 노력에도 불구하고 쇠퇴했다는 무관한 내용을 제시한다. 따라서 전체 흐름과 관계 없는 문장은 ④이다.

- **spread** ⓝ 확산 ⓥ 퍼지다
- **epidemic** ⓝ 전염병
- **outbreak** ⓝ 발발, 창궐
- **sanitation** ⓝ 위생 (관리)
- **incredibly** ad 놀라울 정도로
- **destructive** ⓐ 파괴적인
- **overcrowding** ⓝ 과밀 거주, 초만원
- **reconstruction** ⓝ 재건

구문 풀이

1행 **Health and the spread of disease are very closely linked to how we live and how our cities operate.**
주어 / 동사구(복수) / 간접의문문1 / 간접의문문2

---

36 아기가 사람 얼굴을 선호하는 이유 정답률 69% | 정답 ⑤

주어진 글 다음에 이어질 글의 순서로 가장 적절한 것을 고르시오.

① (A) − (C) − (B)
② (B) − (A) − (C)

---

③ (B) − (C) − (A)
④ (C) − (A) − (B)
✔ (C) − (B) − (A)

Starting from birth, / babies are immediately attracted to faces.
태어나면서부터, / 아기는 즉각적으로 사람 얼굴에 끌린다.

Scientists were able to show this / by having babies look at two simple images, / one that looks more like a face than the other.
과학자들은 이것을 보여줄 수 있었다. / 아기에게 간단한 두 개의 이미지를 보여줌으로써 / 하나가 다른 것에 비해 더 사람 얼굴처럼 보이는 이미지

(C) By measuring where the babies looked, / scientists found / that the babies looked at the face-like image more / than they looked at the non-face image.
아기가 바라보는 곳을 유심히 살펴보면서, / 과학자들은 발견하게 되었다. / 아기가 얼굴처럼 보이는 이미지를 더 바라본다는 것을 / 그들이 얼굴처럼 보이지 않는 이미지를 보는 것보다

Even though babies have poor eyesight, / they prefer to look at faces.
아기는 시력이 좋지 않음에도 불구하고 / 그들은 얼굴을 보는 것을 더 좋아한다.

But why?
그런데 왜 그럴까?

(B) One reason babies might like faces / is because of something called evolution.
아기가 얼굴을 좋아하는 것 같은 하나의 이유는 / 진화라고 불리는 것 때문이다.

Evolution involves changes / to the structures of an organism(such as the brain) / that occur over many generations.
진화는 변화를 수반한다. / 유기체 구조(뇌와 같은 것)에 있어서의 / 여러 세대를 거쳐 발생하는

(A) These changes help the organisms to survive, / making them alert to enemies.
이런 변화들은 유기체가 생존하도록 도와준다. / 적들을 경계하게 해서

By being able to recognize faces / from afar or in the dark, / humans were able to know / someone was coming / and protect themselves from possible danger.
얼굴을 알아볼 수 있음으로써, / 멀리서 또는 어둠 속에서 / 인간은 알 수 있었고 / 누군가가 다가오는지 / 있을 법한 위험으로부터 자신을 보호할 수 있었다.

태어나면서부터, 아기는 즉각적으로 사람 얼굴에 끌린다. 과학자들은 아기에게 간단한 두 개의 이미지, 하나가 다른 것에 비해 더 사람 얼굴처럼 보이는 이미지를 보여줌으로써 이것을 보여줄 수 있었다.

(C) 과학자들은 아기가 바라보는 곳을 유심히 살펴보면서, 아기가 얼굴처럼 보이지 않는 이미지보다는 얼굴처럼 보이는 이미지를 더 바라본다는 것을 발견하게 되었다. 아기는 시력이 좋지 않음에도 불구하고 얼굴을 보는 것을 더 좋아한다. 그런데 왜 그럴까?

(B) 아기가 얼굴을 좋아하는 것 같은 하나의 이유는 진화라고 불리는 것 때문이다. 진화는 여러 세대를 거쳐 발생하는 유기체 구조(뇌와 같은 것)의 변화를 수반한다.

(A) 이런 변화들은 적들을 경계하게 해서 유기체가 생존하도록 도와준다. 멀리서 또는 어둠 속에서 얼굴을 알아볼 수 있음으로써, 인간은 누군가가 다가오는지 알 수 있었고 있을 법한 위험으로부터 자신을 보호할 수 있었다.

Why? 왜 정답일까?

주어진 글에서 아기들은 태어나면서부터 사람 얼굴에 끌리고, 이를 뒷받침하는 실험이 있다고 언급한다. (C)는 주어진 글의 실험에 따르면 아기들이 시력이 좋지 않은데도 불구하고 얼굴 이미지를 선호하는데 '왜 그런 것인지' 의문을 던진다. (B)는 (C)에서 제시된 질문에 '진화' 때문이라는 답을 제시한다. (A)는 (B)에서 언급된 '진화'를 보충 설명하는 내용이다. 따라서 글의 순서로 가장 적절한 것은 ⑤ '(C) − (B) − (A)'이다.

- **alert** ⓐ 경계하는
- **structure** ⓝ 구조
- **evolution** ⓝ 진화
- **eyesight** ⓝ 시력

구문 풀이

8행 **One reason [babies might like faces] is because of something called evolution.**
주어 / 동사(단수) / 전치사 / 명사 / 과거분사

---

37 미디어상의 잘못된 정보 공유 문제 정답률 65% | 정답 ②

주어진 글 다음에 이어질 글의 순서로 가장 적절한 것을 고르시오.

① (A) − (C) − (B)
② (B) − (A) − (C)
③ (B) − (C) − (A)
④ (C) − (A) − (B)
⑤ (C) − (B) − (A)

People spend much of their time / interacting with media, / but that does not mean / that people have the critical skills / to analyze and understand it.
사람들은 많은 시간을 소비하지만, / 미디어를 이용해 상호작용하는 데 / 그렇다고 해서 뜻하지는 않는다. / 사람들이 중요한 기술을 가지고 있다는 것을 / 미디어를 분석하고 이해하는 데

(B) One well-known study from Stanford University in 2016 / demonstrated / that youth are easily fooled by misinformation, / especially when it comes through social media channels.
2016년 Stanford 대학의 잘 알려진 한 연구는 / 보여주었다. / 젊은이들이 잘못된 정보에 쉽게 속는다는 것을 / 특히 그것이 소셜 미디어 채널을 통해 올 때

This weakness is not found only in youth, however.
그러나 이러한 약점은 젊은이에게서만 발견되는 것은 아니다.

(A) Research from New York University found / that people over 65 / shared seven times as much misinformation / as their younger counterparts.
New York 대학의 조사에서 밝혔다. / 65세 이상의 사람들이 / 7배나 더 많은 잘못된 정보를 공유한다고 / 젊은이들보다

All of this raises a question:
이 모든 것이 의문을 제기한다.

What's the solution to the misinformation problem?
잘못된 정보 문제에 대한 해결책은 무엇인가?

(C) Governments and tech platforms / certainly have a role / to play in blocking misinformation.
정부와 기술 플랫폼은 / 분명 해야 할 역할을 가지고 있다. / 잘못된 정보를 막아내는 데 있어

However, / every individual needs to take responsibility / for combating this threat / by becoming more information literate.
그러나, / 모든 개인은 책임을 지닐 필요가 있다. / 이러한 위협에 맞서 싸울 / 정보를 더 잘 분별함으로써

사람들은 미디어를 이용해 상호작용하는 데 많은 시간을 소비하지만, 그렇다고 해서 사람들이 미디어를 분석하고 이해하는 데 중요한 기술을 가지고 있는 것은 아니다.

(B) 2016년 Stanford 대학의 잘 알려진 한 연구는 특히 정보가 소셜 미디어 채널을 통해 올 때 젊은이들이 잘못된 정보에 쉽게 속는다는 것을 보여주었다. 그러나 이러한 약점은 젊은이에게서만 발견되는 것은 아니다.

(A) New York 대학의 조사에서 65세 이상의 사람들이 젊은이들보다 7배나 더 많은 잘못된 정보를 공유한다고 밝혔다. 이 모든 것이 (다음의) 의문을 제기한다. 잘못된 정보 문제에 대한 해결책은 무엇인가?

(C) 정부와 기술 플랫폼은 분명 잘못된 정보를 막아내는 데 있어 해야 할 역할을 가지고 있다. 그러나 모든 개인은 정보를 더 잘 분별함으로써 이러한 위협에 맞서 싸울 책임을 지닐 필요가 있다.

Why? 왜 정답일까?

주어진 글에서 오늘날 사람들은 미디어를 많이 쓰고 있음에도 미디어를 분석하고 이해하는 데 필요한 능력을 갖추고 있지는 못하다고 지적한다. 이어서 (B)는 한 연구를 사례로 들며, 특히 젊은이들이 잘못된 정보에 쉽게 속는다는 점을 언급한다. (A)에서는 (B)의 말미에서 언급된 대로 '젊은 사람들뿐 아니라' 65세 이상의 연령대에서도 잘못된 정보 공유 문제가 발생한다고 언급한다. 이어서 (C)는 (A)의 마지막에 제시된, 정보 공유 문제에 대한 해결책을 묻는 질문에 대해 정부와 개인의 역할을 나누어 답하고 있다. 따라서 글의 순서로 가장 적절한 것은 ② '(B) – (A) – (C)'이다.

- **critical** ⓐ 중요한
- **misinformation** ⓝ 오보, 잘못된 정보
- **demonstrate** ⓥ 입증하다
- **combat** ⓥ 싸우다
- **literate** ⓐ ~을 다룰 줄 아는, 정통한, 글을 읽고 쓸 줄 아는
- **analyze** ⓥ 분석하다
- **raise a question** 의문을 제기하다
- **take responsibility for** ~을 책임지다

구문 풀이

1행 People spend much of their time interacting with media, but that does
「spend + 시간 + 동명사」: ~하는 데 …을 소비하다, 지시대명사(but 앞 문장)
not mean that people have the critical skills to analyze and understand it.
접속사(~것) 형용사적 용법1 형용사적 용법2

---

38 소리가 들리는 원리
정답률 59% | 정답 ③

글의 흐름으로 보아, 주어진 문장이 들어가기에 가장 적절한 곳을 고르시오.

Sound and light travel in waves.
소리와 빛은 파장으로 이동한다.
An analogy often given for sound / is that of throwing a small stone / onto the surface of a still pond.
소리 현상에 대해 자주 언급되는 비유는 / 작은 돌멩이를 던지는 것이다. / 고요한 연못 표면에
Waves radiate outwards from the point of impact, / just as sound waves radiate from the sound source.
파장이 충격 지점으로부터 바깥으로 퍼져나간다. / 음파가 음원으로부터 사방으로 퍼지는 것처럼
① This is due to a disturbance / in the air around us.
이것은 교란 작용 때문이다. / 우리 주변 공기 중의
② If you bang two sticks together, / you will get a sound.
만약에 당신이 막대기 두 개를 함께 꽝 친다면 / 당신은 소리를 듣게 될 것이다.
☑ As the sticks approach each other, / the air immediately in front of them / is compressed / and energy builds up.
막대기들이 서로 가까워질 때, / 막대들 바로 앞에 있는 공기가 / 압축되고 / 에너지는 축적된다.
When the point of impact occurs, / this energy is released as sound waves.
충돌점이 발생하면 / 이 에너지는 음파로 퍼져나간다.
④ If you try the same experiment with two heavy stones, / exactly the same thing occurs, / but you get a different sound / due to the density and surface of the stones, / and as they have likely displaced more air, / a louder sound.
당신이 두 개의 무거운 돌을 가지고 같은 실험을 해보면 / 똑같은 일이 일어나지만, / 당신은 다른 소리를 듣게 된다. / 돌의 밀도와 표면 때문에 / 그리고 그 돌이 아마 더 많은 공기를 바꿔 놓았기 때문에 / 더 큰 소리를
⑤ And so, / a physical disturbance in the atmosphere around us / will produce a sound.
따라서 / 우리 주변의 대기 중에서 일어나는 물리적 교란 작용이 / 소리를 만든다.

소리와 빛은 파장으로 이동한다. 소리 현상에 대해 자주 언급되는 비유는 작은 돌멩이를 고요한 연못 표면에 던지는 것이다. 음파가 음원으로부터 사방으로 퍼지는 것처럼 파장이 충격 지점으로부터 바깥으로 퍼져나간다. ① 이것은 우리 주변 공기 중의 교란 작용 때문이다. ② 만약에 당신이 막대기 두 개를 함께 꽝 친다면 소리를 듣게 될 것이다. ③ 막대기들이 서로 가까워질 때, 막대들 바로 앞에 있는 공기가 압축되고 에너지는 축적된다. 충돌점이 발생하면 이 에너지는 음파로 퍼져나간다. ④ 두 개의 무거운 돌을 가지고 같은 실험을 해보면 똑같은 일이 일어나지만, 돌의 밀도와 표면 때문에 당신은 다른 소리를 듣게 되고, 그 돌이 아마 더 많은 공기를 바꿔 놓았기 때문에 당신은 더 큰 소리를 듣게 된다. ⑤ 따라서 우리 주변의 대기 중에서 일어나는 물리적 교란 작용이 소리를 만든다.

Why? 왜 정답일까?

소리를 듣게 되는 원리를 설명한 글로, ③ 앞의 문장에서 막대기 두 개를 함께 쳐서 소리를 듣는 상황을 예로 들고 있다. 주어진 문장은 두 막대기(the sticks)가 서로 가까워질 때 막대 바로 앞의 공기가 압축되고 에너지가 모인다고 설명한다. ③ 뒤의 문장은 그러다 충돌점이 발생하면 모였던 에너지(this energy)가 음파 형태로 퍼져나간다고 언급한다. 따라서 주어진 문장이 들어가기에 가장 적절한 곳은 ③이다.

- **compress** ⓥ 압축하다
- **surface** ⓝ 표면
- **disturbance** ⓝ 교란, 방해
- **density** ⓝ 밀도
- **build up** 축적되다
- **impact** ⓝ 충격, 여파
- **release** ⓥ 방출하다
- **displace** ⓥ 대체하다, (평소의 위치에서) 옮겨 놓다

구문 풀이

3행 An analogy often given for sound is that of throwing a small stone onto
주어 과거분사 동사 지시대명사(= analogy)
the surface of a still pond.

---

39 먹이 사슬의 특징
정답률 58% | 정답 ④

글의 흐름으로 보아, 주어진 문장이 들어가기에 가장 적절한 곳을 고르시오. [3점]

Food chain means the transfer of food energy / from the source in plants / through a series of organisms / with the repeated process of eating and being eaten.
먹이 사슬은 식품 에너지가 이동하는 것을 의미한다. / 식물 안에 있는 에너지원으로부터 / 일련의 유기체를 통해 / 먹고 먹히는 반복되는 과정 속에서
① In a grassland, / grass is eaten by rabbits / while rabbits in turn are eaten by foxes.
초원에서 / 풀은 토끼에게 먹히지만 / 토끼는 이윽고 여우에게 먹힌다.
② This is an example of a simple food chain.
이것은 단순한 먹이 사슬의 예이다.
③ This food chain implies the sequence / in which food energy is transferred / from producer to consumer or higher trophic level.
이 먹이 사슬은 연쇄를 의미한다. / 식품 에너지가 전달되는 / 생산자로부터 소비자 또는 더 높은 영양 수준으로
☑ It has been observed / that at each level of transfer, / a large proportion, 80 – 90 percent, of the potential energy / is lost as heat.
관찰되어 왔다. / 각 이동 단계에서 / 잠재적 에너지의 상당한 부분인 80 ~ 90%가 / 열로 손실되는 것으로
Hence / the number of steps or links in a sequence / is restricted, / usually to four or five.
그래서 / 하나의 사슬 안에 있는 단계나 연결의 수는 / 제한된다. / 보통 4 ~ 5개로
⑤ The shorter the food chain / or the nearer the organism is to the beginning of the chain, / the greater the available energy intake is.
먹이 사슬이 짧을수록 / 또는 유기체가 사슬의 시작 단계에 가까울수록 / 이용 가능한 에너지 섭취량이 더 커진다.

먹이 사슬은 식물 안에 있는 에너지원으로부터 먹고 먹히는 반복되는 과정 속에서 일련의 유기체를 통해 식품 에너지가 이동하는 것을 의미한다. ① 초원에서 풀은 토끼에게 먹히지만 토끼는 이윽고 여우에게 먹힌다. ② 이것은 단순한 먹이 사슬의 예이다. ③ 이 먹이 사슬은 식품 에너지가 생산자로부터 소비자 또는 더 높은 영양 수준으로 전달되는 연쇄를 의미한다. ④ 각 이동 단계에서 잠재적 에너지의 상당한 부분인 80 ~ 90%가 열로 손실되는 것으로 관찰되어 왔다. 그래서 하나의 사슬 안에 있는 단계나 연결의 수는 보통 4 ~ 5개로 제한된다. ⑤ 먹이 사슬이 짧을수록 또는 유기체가 사슬의 시작 단계(하위 영양 단계)에 가까울수록 이용 가능한 에너지 섭취량이 더 커진다.

Why? 왜 정답일까?

④ 앞의 문장에서 먹이 사슬은 식품 에너지가 생산자에서 소비자로, 즉 더 높은 영양 수준으로 이동하는 연쇄적 과정을 의미하는 것이라고 한다. 이어서 주어진 문장은 먹이 사슬의 각 이동 단계(each level of transfer)에서 에너지의 80 ~ 90%가 열로 손실되어 버린다는 사실을 언급한다. ④ 뒤의 문장은 주어진 문장에서 언급된 이유로(Hence) 한 먹이 사슬 안의 단계 수가 4 ~ 5개로 제한된다고 설명한다. 따라서 주어진 문장이 들어가기에 가장 적절한 곳은 ④이다.

- **transfer** ⓝ 이동
- **in turn** 이윽고, 차례로
- **restrict** ⓥ 제한하다
- **proportion** ⓝ 비율
- **imply** ⓥ 암시하다
- **intake** ⓝ 섭취량

구문 풀이

11행 The shorter the food chain or the nearer the organism is to the beginning
「the + 비교급1 ~ the + 비교급2 ~」
of the chain, the greater the available energy intake is.
the + 비교급 … : ~하거나 ~할수록 더 …하다

---

40 공공재의 비극을 막을 방법
정답률 63% | 정답 ①

다음 글의 내용을 한 문장으로 요약하고자 한다. 빈칸 (A), (B)에 들어갈 말로 가장 적절한 것은?

(A)	(B)
☑① reminder 상기물	shared 공유
② reminder 상기물	recycled 재활용된
③ mistake 실수	stored 저장된
④ mistake 실수	borrowed 빌려온
⑤ fortune 행운	limited 제한된

A woman named Rhonda / who attended the University of California at Berkeley / had a problem.
Rhonda라는 여자에게는 / Berkeley에 있는 California 대학에 다니는 / 한 가지 문제 상황이 있었다.
She was living near campus with several other people / — none of whom knew one another.
그녀는 여러 사람들과 함께 캠퍼스 근처에 살고 있었는데 / 그들 중 누구도 서로를 알지 못했다.
When the cleaning people came each weekend, / they left several rolls of toilet paper / in each of the two bathrooms.
청소부가 주말마다 왔을 때 / 그들은 몇 개의 두루마리 화장지를 두고 갔다. / 화장실 두 칸 각각에
However, / by Monday all the toilet paper would be gone.
그러나 / 월요일 즈음 모든 화장지가 없어지곤 했다.
It was a classic tragedy-of-the-commons situation: / because some people took more toilet paper / than their fair share, / the public resource was destroyed for everyone else.
그것은 전형적인 공유지의 비극 상황이었다. / 일부 사람들이 더 많은 휴지를 가져갔기 때문에 / 자신들이 사용할 수 있는 몫보다 / 그 외 모두를 위한 공공재가 파괴됐다.
After reading a research paper about behavior change, / Rhonda put a note in one of the bathrooms / asking people not to remove the toilet paper, / as it was a shared item.
행동 변화에 대한 한 연구논문을 읽고 나서, / Rhonda는 쪽지를 화장실 한 곳에 두었다. / 사람들에게 화장실 화장지를 가져가지 말라고 요청하는 / 그것이 공유재이므로
To her great satisfaction, / one roll reappeared in a few hours, / and another the next day.
아주 만족스럽게도, / 몇 시간 후에 화장지 한 개가 다시 나타났고 / 그다음 날에는 또 하나가 다시 나타났다.
In the other note-free bathroom, however, / there was no toilet paper until the following weekend, / when the cleaning people returned.
하지만 쪽지가 없는 다른 화장실에서는 / 그다음 주말까지 화장지가 없었다. / 청소부가 돌아오는
➡ A small (A) reminder brought about a change / in the behavior of the people / who had taken more of the (B) shared goods / than they needed.
자그마한 상기물은 변화를 일으켰다. / 사람들의 행동에 / 더 많은 공유 재화를 가져가던 / 그들이 필요한 것보다

Berkeley에 있는 California 대학에 다니는 Rhonda라는 여자에게는 한 가지 문제 상황이 있었다. 그녀는 여러 사람들과 함께 캠퍼스 근처에 살고 있었는데 그들 중 누구도 서로를 알지 못했다. 청소부가 주말마다 왔을 때 화장실 칸 각각에 몇 개의 두루마리 화장지를 두고 갔다. 그러나 월요일 즈음 모든 화장지가 없어지곤 했다. 그것은 전형적인 공유지의 비극 상황이었다. 일부 사람들이 자신들이 사용할 수 있는 몫보다 더 많은 휴지를 가져갔기 때문에 그 외 모두를 위한 공공재가 파괴됐다. 행동 변화에 대한 한 연구논문을 읽고 나서, Rhonda는 화장실 화장지는 공유재이므로 사람들에게 가져가지 말라고 요청하는 쪽지를 화장실 한 곳에 두었다. 아주 만족스럽게도, 몇 시간 후에 화장지 한 개가 다시 나타났고 그다음 날에는 또 하나가 다시 나타났다. 하지만 쪽지가 없는 화장실에서는 청소부가 돌아오는 그다음 주말까지 화장지가 없었다.

➡ 자그마한 (A) 상기물은 필요한 것보다 더 많은 (B) 공유 재화를 가져갔던 사람의 행동에 변화를 일으켰다.

Why? 왜 정답일까?

실험을 소개한 글이므로 결과 부분에 주목한다. 마지막 세 문장에 따르면, 화장실 휴지가 공유재임을 상기시키는 쪽지를 붙인 화장실에는 없어졌던 휴지가 다시 돌아온 반면, 쪽지를 붙이지 않은 화장실에는 휴지가 돌아오지 않았다고 한다. 이를 토대로, 어떤 것이 공유재임을 '환기시켜 주는' 장치가 있을 때 '공유재'를 가져갔던 이들의 행동에 변화가 일어날 수 있다는 결론을 도출할 수 있다. 따라서 요약문의 빈칸 (A), (B)에 들어갈 말로 가장 적절한 것은 ① '(A) 상기물), (B) shared(공유)'이다.

- **classic** ⓐ 고전적인
- **destroy** ⓥ 파괴하다
- **bring about** ~을 야기하다
- **tragedy of the commons** 공유지의 비극
- **reappear** ⓥ 다시 나타나다
- **reminder** ⓝ (잊고 있었던 것을) 상기시켜주는 것

구문 풀이

2행 She was living near campus with **several other people** — **none of whom** knew one another.
(선행사(사람)) (계속적 용법)

41-42 사회적 두려움을 극복하는 방법

If you were afraid of standing on balconies, / you would start on some lower floors / and slowly work your way up to higher ones.
당신이 발코니에 서 있는 것을 두려워한다면, / 당신은 더 낮은 층에서 시작해서 / 천천히 더 높은 층으로 올라갈 것이다.

It would be easy / to face a fear of standing on high balconies / in a way that's totally controlled.
쉬울 것이다. / 높은 발코니에 서 있는 두려움을 직면하기 / 완전히 통제된 방식으로

Socializing is (a) trickier.
사람을 사귄다는 것은 더 까다롭다.

People aren't like inanimate features of a building / that you just have to be around to get used to.
사람은 건물과 같은 무생물이 아니다. / 그저 주변에 있어서 여러분이 익숙해지는

You have to interact with them, / and their responses can be unpredictable.
당신은 그들과 상호 작용을 해야 하며 / 그들의 반응을 예측하기가 힘들 수 있다.

Your feelings toward them / are more complex too.
그들에 대한 당신의 느낌도 / 역시 더 복잡하다.

Most people's self-esteem / isn't going to be affected that much / if they don't like balconies, / but your confidence can (b) suffer / if you can't socialize effectively.
대부분의 사람들의 자존감은 / 그렇게 많이 영향을 받지 않을 것이지만, / 그들이 발코니를 좋아하지 않는다고 해도 / 당신의 자신감은 상처받을 수 있다. / 당신이 효과적으로 사람들을 사귈 수 없다면

It's also harder / to design a tidy way / to gradually face many social fears.
또한 더 어렵다. / 깔끔한 방법을 설계하는 것 / 점차적으로 마주할 여러 사회적 두려움을

『The social situations / you need to expose yourself to / may not be (c) available / when you want them, / or they may not go well enough / for you to sense / that things are under control.』 42번의 근거
사교적 상황이 / 당신을 드러낼 필요가 있는 / 형성되지 않을 수 있고, / 당신이 원할 때 / 또는 그것들이 충분히 잘 진행되지 않을지도 모른다. / 당신이 감지할 만큼 / 상황이 통제 가능하다고

The progression from one step to the next / may not be clear, / creating unavoidable large (d) increases in difficulty / from one to the next.
한 단계에서 다음 단계로의 진행은 / 분명하지 않을 수 있으며, / 피할 수 없이 어려움이 크게 늘어나게 된다. / 한 단계에서 다음 단계로 진행할 때

People around you aren't robots / that you can endlessly experiment with / for your own purposes.
당신 주변의 사람들은 로봇이 아니다. / 당신이 끊임없이 실험해 볼 수 있는 / 당신 자신의 목적을 위해서

This is not to say / that facing your fears is pointless / when socializing.
이것은 말하는 것이 아니다. / 당신의 두려움을 직면하는 것이 의미가 없고 / 사람을 사귈 때

『The principles of gradual exposure / are still very (e) useful.』
점진적인 노출의 원칙은 / 여전히 매우 유용하다.

The process of applying them / is just messier, / and knowing that before you start / is helpful. 41번의 근거
그것들을 적용하는 과정은 / 더 복잡하지만, / 시작하기 전에 그것을 아는 것은 / 도움이 된다.

발코니에 서 있는 것을 두려워한다면, 당신은 더 낮은 층에서 시작해서 천천히 더 높은 층으로 올라갈 것이다. 완전히 통제된 방식으로 높은 발코니에 서 있는 두려움을 직면하는 쉬울 것이다. 사람을 사귄다는 것은 (a) 더 까다롭다. 사람은 그저 주변에 있어서 익숙해지는 건물과 같은 무생물이 아니다. 당신은 그들과 상호 작용을 해야 하며 그들의 반응을 예측하기가 힘들 수 있다. 그들에 대한 당신의 느낌도 역시 더 복잡하다. 대부분의 사람들의 자존감은 그들이 발코니를 좋아하지 않는다고 해도 그렇게 많이 영향을 받지 않을 것이지만, 당신이 효과적으로 사람들을 사귈 수 없다면 당신의 자신감은 (b) 상처받을 수 있다. 점차적으로 마주한 여러 사교적 두려움을 깔끔한 방법을 설계하는 것 또한 더 어렵다. 당신을 드러낼 필요가 있는 사교적 상황이 당신이 원할 때 (c) 형성되지 않을 수 있고, 또는 그것들은 상황이 통제 가능하다고 감지할 만큼 충분히 잘 진행되지 않을지도 모른다. 한 단계에서 다음 단계로의 진행은 분명하지 않을 수 있으며, 한 단계에서 다음 단계로 진행할 때 피할 수 없이 어려움이 크게 (d) 줄어들게(→ 늘어나게) 된다. 당신 주변의 사람들은 당신 자신의 목적을 위해서 끊임없이 실험해 볼 수 있는 로봇이 아니다. 이것은 사람을 사귈 때 당신의 두려움을 직면하는 것이 의미가 없다는 말이 아니다. 점진적인 노출의 원칙은 여전히 매우 (e) 유용하다. 그것들을 적용하는 과정은 더 복잡하지만, 시작하기 전에 그것을 아는 것은 도움이 된다.

- **socialize** ⓥ (사람과) 사귀다, 사회화하다
- **inanimate** ⓐ 무생물의
- **unpredictable** ⓐ 예측 불가한
- **confidence** ⓝ 자신감
- **under control** 통제되는
- **unavoidable** ⓐ 피할 수 없는
- **pointless** ⓐ 의미 없는
- **tricky** ⓐ 까다로운, 다루기 힘든
- **get used to** ~에 익숙해지다
- **self-esteem** ⓝ 자존감
- **gradually** ⓐⓓ 점차적으로
- **progression** ⓝ 진전
- **endlessly** ⓐⓓ 끝없이
- **principle** ⓝ 원칙, 원리

구문 풀이

1행 If you were afraid of standing on balconies, you would start on some
(if + 주어 + 과거 동사 ~,) (주어 + 조동사 과거형 + 동사원형1 +)
lower floors and slowly work your way up to higher ones.
(동사원형2 : 가정법 과거)

★★★ 등급을 가르는 문제!

41 제목 파악 정답률 39% | 정답 ⑤

윗글의 제목으로 가장 적절한 것은?
① How to Improve Your Self-Esteem
자존감을 높이는 방법
② Socializing with Someone You Fear: Good or Bad?
당신이 두려워하는 사람과 어울리는 것: 좋을까, 나쁠까?
③ Relaxation May Lead to Getting Over Social Fears
휴식은 사회적 두려움을 극복하게 해줄 수 있다
④ Are Social Exposures Related with Fear of Heights?
사회적 노출은 고소공포증과 연관이 있을까?
✓⑤ Overcoming Social Anxiety Is Difficult; Try Gradually!
사회적 불안을 극복하기는 어렵지만, 점진적으로 시도하라!

Why? 왜 정답일까?

마지막 두 문장에 따르면 사교적으로 불안을 느끼는 상황에 점진적 노출 기법을 적용하기는 어렵지만 그래도 여전히 이 기법은 유용하다고 한다. 따라서 글의 제목으로 가장 적절한 것은 ⑤ '사회적 불안을 극복하기는 어렵지만, 점진적으로 시도하라'이다.

★★ 문제 해결 꿀~팁 ★★

▶ 많이 틀린 이유는?
사교에 대한 두려움을 고소공포증 극복처럼 점진적 노출 기법, 즉 두려운 상황의 강도를 조금씩 높여가며 노출되는 방식으로 극복해나갈 수 있는지 논한 글이다. 무서워하는 사람과 상호작용을 하는 것이 좋은지 나쁜지 판단하는 내용은 없으므로 ②는 답으로 부적절하다.
▶ 문제 해결 방법은?
명확한 주제문 없이 '사교적 두려움 극복'이라는 소재에 관해 설명하고 마지막 부분에서 결론을 내리는 구조의 글이므로, 전체적으로 글을 다 읽되 필자의 의견이 가장 잘 드러난 부분을 찾아 답으로 연결시켜야 한다.

42 어휘 추론 정답률 57% | 정답 ④

밑줄 친 (a)~(e) 중에서 문맥상 낱말의 쓰임이 적절하지 않은 것은?
① (a) ② (b) ③ (c) ✓④ (d) ⑤ (e)

Why? 왜 정답일까?

두 번째 단락의 첫 두 문장에서 사회적 불안을 점진적으로 직면할 수 있는 상황을 형성하거나 통제하는 것은 어렵다고 설명하고 있다. 이를 근거로 볼 때, (d)가 포함된 문장은 상황의 단계가 진행할수록 어려움이 '커진다'는 내용이어야 하므로, (d)의 decreases를 increases로 고쳐야 한다. 따라서 문맥상 낱말의 쓰임이 적절하지 않은 것은 ④ '(d)'이다.

43-45 아버지의 연설문을 보고 감동한 필자

(A)

When I was 17, / I discovered a wonderful thing.
내가 17살 때 / 나는 놀라운 물건을 발견했다.

My father and I were sitting on the floor of his study.
아버지와 나는 서재 바닥에 앉아 있었다.

『We were organizing his old papers.』 45번 ①의 근거 일치
우리는 아버지의 오래된 서류를 정리하고 있었다.

Across the carpet I saw a fat paper clip.
카펫 너머에 있는 두꺼운 종이 클립을 보았다.

Its rust dusted the cover sheet of a report of some kind.
그것의 녹이 어떤 보고서의 표지를 더럽혔다.

I picked it up.
나는 그것을 집어 들었다.

『I started to read.』
나는 읽기 시작했다.

Then I started to cry.』 45번 ②의 근거 일치
그러고 나서 나는 울기 시작했다.

(C)

『It was a speech / he had written in 1920, in Tennessee.
그것은 연설문이었다. / 1920년 Tennessee 주에서 아버지가 썼던

Then only 17 himself and graduating from high school, / he had called for equality for African Americans.』 45번 ④의 근거 일치
당시 단지 17살에 고등학교를 졸업했을 뿐이지 / 아버지는 아프리카계 미국인들을 위한 평등을 요구했다.

(b) I marvelled, / proud of him, / and wondered / how, in 1920, / so young, so white, / and in the deep South, / where the law still separated black from white, / (c) he had had the courage to deliver it.
나는 놀라워했고, / 아버지를 자랑스럽게 여기면서 / 궁금했다. / 어떻게 1920년에 / 그렇게 어리고 백인이었던 / 그리고 최남부 지역에서 / 법으로 백인과 흑인을 여전히 분리시키고 있었던 / 그가 그 연설을 할 용기를 가지고 있었는지

I asked him about it.
나는 그에게 그것에 관해 물었다.

(B)

"Daddy," I said, / handing him the pages, / "this speech — how did you ever get permission to give it?
"아빠," 나는 말했다. / 아빠에게 서류를 건네 드리며 / "이 연설, 어떻게 이렇게 하도록 허락을 받으셨나요?

And weren't you scared?"
두렵지 않으셨나요?"

"Well, honey," he said, / "I didn't ask for permission." 45번 ③의 근거 일치
"아들아," 그가 말했다. / "난 허락을 구하지 않았단다.

I just asked myself, / 'What is the most important challenge / facing my generation?'
단지 나 자신에게 물었지. / '가장 중요한 도전 과제는 무엇인가? / 우리 세대가 직면하고 있는'

I knew immediately.
난 즉시 알았어.

Then (a) I asked myself, / 'And if I weren't afraid, / what would I say about it in this speech?'"
그 뒤 나는 스스로에게 물었어. / '내가 두려워하지 않는다면, / 이 연설에서 이것에 대해 무엇을 말할까?'라고

(D)

"I wrote it.
"난 글을 썼어.

And I delivered it.
그리고 연설을 했지.

「About half way through / I looked out to see / the entire audience of teachers, students, and parents / stand up — and walk out.」 45번 ⑤의 근거 불일치
대략 반쯤 연설을 했을 때 / 나는 바라보았어. / 교사, 학생, 학부모로 이루어진 전체 청중이 / 일어나더니 나가 버리는 것을

Left alone on the stage, / (d) I thought to myself, / 'Well, I guess I need to be sure / to do only two things with my life: / keep thinking for myself, and not get killed.'"
무대에 홀로 남겨진 채 / 나는 마음속으로 생각했어. / '그래, 나는 확실히 하면 되겠구나. / 내 인생에서 두 가지만 해내는 것을 / 계속 스스로 생각하는 것과 죽임을 당하지 않는 것'이라고

He handed the speech back to me, and smiled.
아버지는 연설문을 나에게 돌려주며 미소 지으셨다.

"(e) You seem to have done both," I said.
"아빠는 그 두 가지 모두를 해내신 것 같네요."라고 나는 말했다.

(A)

17살 때 나는 놀라운 물건을 발견했다. 아버지와 나는 서재 바닥에 앉아 있었다. 우리는 아버지의 오래된 서류들을 정리하고 있었다. 나는 카펫 너머에 있는 두꺼운 종이 클립을 보았다. 그것의 녹이 어떤 보고서의 표지를 더럽혔다. 나는 그것을 집어 들었다. 나는 읽기 시작했다. 그러고 나서 나는 울기 시작했다.

(C)

그것은 1920년 Tennessee 주에서 아버지가 썼던 연설문이었다. 아버지는 당시 단지 17살에 고등학교를 졸업했을 뿐인데 아프리카계 미국인들을 위한 평등을 요구했다. 아버지를 자랑스럽게 여기면서 (b) 나는 놀라워했고, 1920년에 법으로 백인과 흑인을 여전히 분리시키고 있었던 최남부 지역에서 그렇게 어리고 백인이었던 (c) 그가 어떻게 그 연설을 할 용기를 가지고 있었는지 궁금했다. 나는 그에게 그것에 관해 물었다.

(B)

아빠에게 서류를 건네 드리며 "아빠, 이 연설, 어떻게 이렇게 하도록 허락을 받으셨나요? 두렵지 않으셨나요?"라고 말했다. "아들아," 그가 말했다. "난 허락을 구하지 않았단다. 단지 '우리 세대가 직면하고 있는 가장 중요한 도전 과제는 무엇인가?'라고 나 자신에게 물었지. 난 즉시 알았어. 그 뒤 '내가 두려워하지 않는다면, 이 연설에서 이것에 대해 무엇을 말할까?'라고 (a) 나는 스스로에게 물었어."

(D)

"난 글을 썼어. 그리고 연설을 했지. 대략 반쯤 연설을 했을 때 교사, 학생, 학부모로 이루어진 전체 청중이 일어나더니 나가 버리는 것을 바라보았어. 무대에 홀로 남겨진 채 '그래, 내 인생에서 두 가지만 확실히 해내면 되겠구나. 계속 스스로 생각하는 것과 죽임을 당하지 않는 것.'이라고 (d) 나는 마음속으로 생각했어." 아버지는 연설문을 나에게 돌려주며 미소 지으셨다. "(e) 아빠는 그 두 가지 모두를 해내신 것 같네요."라고 나는 말했다.

- **study** ⓝ 서재
- **permission** ⓝ 허락
- **call for** ~을 요구하다, 필요로 하다
- **marvel** ⓥ 놀라다
- **courage** ⓝ 용기
- **entire** ⓐ 전체의
- **rust** ⓝ 녹
- **generation** ⓝ 세대
- **equality** ⓝ 평등
- **separate** ⓥ 분리시키다
- **deliver** ⓥ (연설이나 강연을) 하다

구문 풀이

(B) 5행 And if I weren't afraid, what would I say about it in this speech?
「if + 주어 + 과거 동사 ~, 조동사 과거형 + 주어 + 동사원형 ~」: 가정법 과거 의문문

(C) 3행 I marvelled, (being) proud of him, and wondered {how, in 1920, (being) so
동사1 / 생략(분사구문) / 동사2 / 의문사
young, so white, and in the deep South, where the law still separated black from
선행사 / 관계부사 / 생략(분사구문: he 보충 설명)
white, he had had the courage to deliver it}. [ ]: 목적어(간접의문문)
주어 / 동사

(D) 3행 Left alone on the stage, I thought to myself, 'Well, I guess (that) I need to
분사구문 / 생략(접속사)
be sure to do only two things with my life: keep thinking for myself, and not get
동격(= two things)
killed.'

---

43 글의 순서 파악 정답률 68% | 정답 ②

주어진 글 (A)에 이어질 내용을 순서에 맞게 배열한 것으로 가장 적절한 것은?

① (B) − (D) − (C) ☑②(C) − (B) − (D)
③ (C) − (D) − (B) ④ (D) − (B) − (C)
⑤ (D) − (C) − (B)

Why? 왜 정답일까?

필자가 아버지와 서재를 정리하다가 아버지가 17살 때 썼던 연설문을 발견했다는 내용의 (A) 뒤에는, 연설문을 읽은 필자가 아버지에게 어떻게 그런 연설을 할 용기를 냈는지 물었다는 내용의 (C)가 연결된다.

이어서 (B)에서 아버지는 아들인 필자의 물음에 답하기 시작하고, (D)에서는 답을 마무리한다. 따라서 글의 순서로 가장 적절한 것은 ② '(C) − (B) − (D)'이다.

44 지칭 추론 정답률 44% | 정답 ②

밑줄 친 (a)~(e) 중에서 가리키는 대상이 나머지 넷과 다른 것은?

① (a) ☑②(b) ③ (c) ④ (d) ⑤ (e)

Why? 왜 정답일까?

(a), (c), (d), (e)는 My father, (b)는 필자인 'I'를 가리키므로, (a)~(e) 중에서 가리키는 대상이 다른 하나는 ② '(b)'이다.

45 세부 내용 파악 정답률 68% | 정답 ⑤

윗글에 관한 내용으로 적절하지 <u>않은</u> 것은?

① 아버지와 나는 서류를 정리하고 있었다.
② 나는 서재에서 발견한 것을 읽고 나서 울기 시작했다.
③ 아버지는 연설을 하기 위한 허락을 구하지 않았다.
④ 아버지가 연설문을 썼을 당시 17세였다.
☑⑤ 교사, 학생, 학부모 모두 아버지의 연설을 끝까지 들었다.

Why? 왜 정답일까?

(D) 'About half way through I looked out to see the entire audience of teachers, students, and parents stand up — and walk out.'에 따르면 필자의 아버지가 절반쯤 연설을 진행했을 때 교사, 학생, 학부모 등 전체 관중이 모두 일어나 나갔다고 하므로, 내용과 일치하지 않는 것은 ⑤ '교사, 학생, 학부모 모두 아버지의 연설을 끝까지 들었다.'이다.

Why? 왜 오답일까?

① (A) 'We were organizing his old papers.'의 내용과 일치한다.
② (A) 'I started to read. Then I started to cry.'의 내용과 일치한다.
③ (B) 'I didn't ask for permission.'의 내용과 일치한다.
④ (C) 'It was a speech he had written in 1920, in Tennessee. Then only 17 himself and graduating from high school, ~'의 내용과 일치한다.

· 정답 ·

01 ② 02 ⑤ 03 ④ 04 ② 05 ③ 06 ① 07 ⑤ 08 ③ 09 ④ 10 ⑤ 11 ② 12 ③ 13 ⑤ 14 ③ 15 ④
16 ① 17 ② 18 ① 19 ④ 20 ①

---

01 신석기 시대 · 정답률 88% | 정답 ②

(가) 시대의 사회 모습으로 가장 적절한 것은?

유적으로 보는 한국사

사진은 부산 동삼동 발굴 현장으로, 농경과 목축이 시작된 (가) 시대를 대표하는 유적 가운데 하나이다. 이곳에서는 덧무늬 토기, 빗살무늬 토기 등이 발견되었고, 사람 얼굴 형상을 표현한 조개껍질이나 예술품도 출토되었다.

① 율령이 반포되었다.
② 간석기가 사용되었다.
③ 고인돌이 축조되었다.
④ 철제 농기구가 보급되었다.
⑤ 고분 벽화로 사신도가 그려졌다.

Why? 왜 정답일까?

제시된 자료는 신석기 시대와 관련된 것이다.
신석기 시대에는 농경과 목축이 시작되었고, 대표적인 유물과 유적으로는 간석기, 빗살무늬 토기, 조개무지 등이 있다.

Why? 왜 오답일까?

①, ⑤ 삼국 시대에 해당한다.
③ 청동기 시대에 해당한다.
④ 철기 시대에 해당한다.

---

02 고구려의 정치 · 정답률 70% | 정답 ⑤

(가) 국가에 대한 설명으로 옳은 것은?

압록강 부근의 졸본 지역에서 주몽이 건국한 (가) 은/는 5부족 연맹체로, 계루부가 왕위를 세습하였다. … (중략) … 여러 대가는 스스로 사자, 조의, 선인을 두었는데, 마치 중국에서 경과 대부가 가신을 둔 것과 같았다.

① 8조법을 마련하였다.
② 집현전을 설치하였다.
③ 5도 양계를 정비하였다.
④ 기벌포 전투에서 승리하였다.
⑤ 제가 회의에서 중대사를 결정하였다.

Why? 왜 정답일까?

제시된 자료는 고구려의 정치 체제와 관련된 것이다.
고구려는 5부 연맹체를 토대로 국가를 운영하였으며, 국가의 중대사는 제가 회의에서 왕과 부족장들이 함께 논의하였다.

Why? 왜 오답일까?

① 고조선에 해당한다.
② 조선에 해당한다.
③ 고려에 해당한다.
④ 신라에 해당한다.

---

03 원효의 활동 · 정답률 91% | 정답 ④

(가) 인물에 대한 설명으로 옳은 것은? [3점]

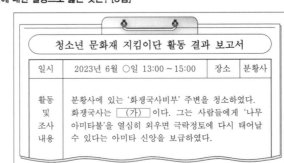

청소년 문화재 지킴이단 활동 결과 보고서

일시	2023년 6월 ○일 13:00 ~ 15:00	장소	분황사
활동 및 조사 내용	분황사에 있는 '화쟁국사비부' 주변을 청소하였다. 화쟁국사는 (가) 이다. 그는 사람들에게 '나무아미타불'을 열심히 외우면 극락정토에 다시 태어날 수 있다는 아미타 신앙을 보급하였다.		

① 동학을 창시하였다.
② 경복궁을 중건하였다.
③ 금국 정벌을 주장하였다.
④ 불교 대중화에 기여하였다.
⑤ 왕오천축국전을 저술하였다.

Why? 왜 정답일까?

제시된 자료는 원효의 불교 대중화에 관련된 것이다.
원효는 누구나 '나무아미타불'만 열심히 외우면 극락 왕생할 수 있다는 아미타 신앙을 백성들에게 전파하여 불교 대중화에 기여하였다.

Why? 왜 오답일까?

① 최제우에 해당한다.
② 고종 시기 흥선 대원군에 해당한다.
③ 묘청 등에 해당한다.
⑤ 혜초에 해당한다.

---

04 신라 시대상 · 정답률 78% | 정답 ②

밑줄 친 '나라'에 대한 설명으로 옳은 것은?

근래 들어 나라 안의 지방 세력들이 수도 경주의 땅 기운이 다했다고 주장하거나 군사를 모아 스스로 성주나 장군을 칭한다고 합니다.

① 지계를 발급하였다.
② 골품제를 운영하였다.
③ 당백전을 발행하였다.
④ 과거제를 시행하였다.
⑤ 전국을 8도로 나누었다.

Why? 왜 정답일까?

제시된 자료는 신라 말기의 혼란상과 관련된 것이다.
당시 신라는 끊임없는 왕위 쟁탈전으로 중앙 정부의 지방 통제력이 약해졌고, 호족이라 불리는 지방 세력이 성장하였다. 골품제에 불만을 품은 6두품 지식인 중 일부는 호족 세력과 결탁하였다. 골품제는 골제와 두품제로 이루어진 신라 시대의 신분제도이다.

Why? 왜 오답일까?

① 대한제국에 해당한다.
③, ⑤ 조선에 해당한다.
④ 고려, 조선에 해당한다.

---

05 발해의 문화 · 정답률 90% | 정답 ③

(가) 국가에 대한 설명으로 옳은 것은? [3점]

교수님, 이 불상의 특징과 만든 사람들에 관해 말씀해 주세요.

이불병좌상은 대조영이 건국한 (가) 에서 유행했던 불상의 양식입니다. 화면의 불상은 그 후손들이 고려로 망명하여 문경 지역에 집단 거주하면서 만든 것으로 추정됩니다.

피산 원풍리 마애이불병좌상

① 낙랑군을 축출하였다.
② 단발령을 시행하였다.
③ 해동성국이라 불렸다.
④ 군국기무처를 설치하였다.
⑤ 독서삼품과를 실시하였다.

Why? 왜 정답일까?

제시된 자료는 발해의 문화와 관련된 것이다.
이불병좌상은 북위에서 발달하여 고구려와 발해에서 유행한 양식이다. 발해는 당의 제도와 문물을 받아들여 중앙 통치 제도를 마련하였다. 이후 세력을 크게 확장한 발해는 해동성국이라고도 불렸다. 고려는 거란의 침입으로 발해가 멸망하자 왕자 대광현 등 왕실 일족과 유민들을 받아들였다.

Why? 왜 오답일까?

① 고구려에 해당한다.
②, ④ 조선에 해당한다.
⑤ 통일 신라에 해당한다.

---

06 고려 태조의 업적 · 정답률 64% | 정답 ①

(가)에 들어갈 내용으로 가장 적절한 것은?

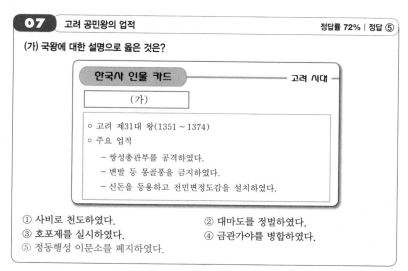

[역사 다큐멘터리 제작 기획안]
- 제목 : 왕건, 새로운 세상을 꿈꾸다
- 기획 의도 : 고려를 건국하고 후삼국을 통일한 왕건이 추진한 정책의 내용을 알아본다.
- 편성 제목
  - 1부 : 사심관 제도를 시행하다.
  - 2부 : ____(가)____
  - 3부 : 훈요 10조를 남기다.

① 북진 정책을 추진하다.
② 서원 철폐를 명령하다.
③ 당의 산둥반도를 공격하다.
④ 경국대전을 완성하여 반포하다.
⑤ 여진을 공격하여 동북 9성을 축조하다.

Why? 왜 정답일까?

제시된 자료는 고려 태조에 관련된 것이다.
태조는 고려를 건국하고 후삼국을 통일하였다. 호족과의 혼인 정책을 시행하고 사심관 제도를 통해 호족을 견제하였다. 북진 정책을 추진하였고 훈요 10조를 남겼다.

Why? 왜 오답일까?

② 고종 시기 흥선 대원군에 해당한다.
③ 발해 무왕에 해당한다.
④ 조선 성종에 해당한다.
⑤ 고려 예종에 해당한다.

---

07 고려 공민왕의 업적 · 정답률 72% | 정답 ⑤

(가) 국왕에 대한 설명으로 옳은 것은?

한국사 인물 카드 ·· 고려 시대
____(가)____
- 고려 제31대 왕(1351~1374)
- 주요 업적
  - 쌍성총관부를 공격하였다.
  - 변발 등 몽골풍을 금지하였다.
  - 신돈을 등용하고 전민변정도감을 설치하였다.

① 사비로 천도하였다.
② 대마도를 정벌하였다.
③ 호포제를 실시하였다.
④ 금관가야를 병합하였다.
⑤ 정동행성 이문소를 폐지하였다.

Why? 왜 정답일까?

제시된 자료는 고려 공민왕에 관련된 것이다.
공민왕은 반원 정책을 추진하여 몽골풍을 금지하고 정동행성이문소를 폐지하였으며, 쌍성총관부를 공격하여 영토를 회복하였다. 왕권 강화를 위해 전민변정도감을 설치하고 정방을 폐지하였다.

Why? 왜 오답일까?

① 백제 성왕에 해당한다.
② 조선 태조 및 세종에 해당한다.
③ 고종 시기 흥선 대원군에 해당한다.
④ 신라 법흥왕에 해당한다.

---

08 동학 농민 운동 · 정답률 41% | 정답 ③

밑줄 친 '그들'에 대한 설명으로 옳은 것은? [3점]

4월 그들의 세력이 왕성해지자 고부, 백산의 전투에서 관군이 패배하여 200여 명이 죽거나 다쳤다. …(중략)… 관군은 장성 황룡촌 전투에서도 패배하였다. 결국 그들은 27일에 전주성을 점령하였다.

① 북학론을 제기하였다.
② 빈공과에 응시하였다.
③ 집강소를 설치하였다.
④ 비변사를 장악하였다.
⑤ 고구려 부흥을 주장하였다.

Why? 왜 정답일까?

제시된 자료는 동학 농민 운동에 관련된 것이다.
동학 농민 운동은 고부 농민 봉기, 제1차 봉기, 전주 화약 체결, 제2차 봉기 순으로 전개되었다. 농민군은 제1차 봉기에서 강령과 격문을 발표하였고 황토현과 황룡촌에서 관군에 승리하였다. 이후 전주성을 점령한 뒤 정부와 전주 화약을 체결하고 전라도 각지에 집강소를 설치하였다.

Why? 왜 오답일까?

① 청의 발전된 모습을 보고 자극을 받은 일부 실학자와 지식인에 해당한다.
② 통일 신라 및 발해 유학생들에 해당한다.
④ 조선 후기 집권 붕당 및 세도 가문에 해당한다.
⑤ 고구려 유민에 해당한다.

---

09 몽골과의 항쟁 · 정답률 75% | 정답 ④

다음 자료를 활용한 탐구 활동으로 가장 적절한 것은? [3점]

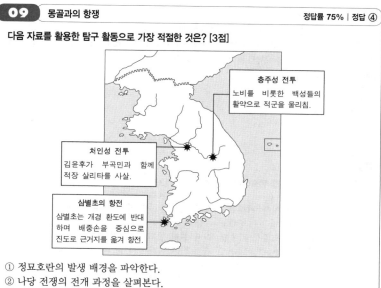

충주성 전투
노비를 비롯한 백성들의 활약으로 적군을 물리침.

처인성 전투
김윤후가 부곡민과 함께 적장 살리타를 사살.

삼별초의 항전
삼별초는 개경 환도에 반대하며 배중손을 중심으로 진도로 근거지를 옮겨 항전.

① 정묘호란의 발생 배경을 파악한다.
② 나당 전쟁의 전개 과정을 살펴본다.
③ 홍건적과 왜구의 침입 경로를 알아본다.
④ 몽골의 침입과 고려의 항쟁을 조사한다.
⑤ 서구 열강의 침략과 관련된 사건을 찾아본다.

Why? 왜 정답일까?

제시된 자료는 몽골의 침입에 대한 고려의 항쟁과 관련된 것이다.
몽골은 고려에 보낸 사신이 피살된 사건을 구실로 침입하였다. 이에 고려는 강화도 천도, 처인성 전투, 충주성 전투 등을 통해 항쟁하였다. 삼별초는 개경 환도에 반대하여 진도, 제주도로 근거지를 옮겨 가며 항전하였다.

---

10 조선 후기 상품 화폐 경제 · 정답률 68% | 정답 ⑤

(가)에 들어갈 내용으로 가장 적절한 것은? [3점]

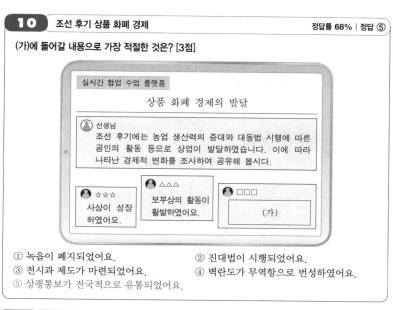

실시간 협업 수업 플랫폼
상품 화폐 경제의 발달

선생님: 조선 후기에는 농업 생산력의 증대와 대동법 시행에 따른 공인의 활동 등으로 상업이 발달하였습니다. 이에 따라 나타난 경제적 변화를 조사하여 공유해 봅시다.

☆☆☆ 사상이 성장하였어요.
△△△ 보부상의 활동이 활발하였어요.
□□□ ____(가)____

① 녹읍이 폐지되었어요.
② 진대법이 시행되었어요.
③ 전시과 제도가 마련되었어요.
④ 벽란도가 무역항으로 번성하였어요.
⑤ 상평통보가 전국적으로 유통되었어요.

Why? 왜 정답일까?

제시된 자료는 조선 후기의 상품 화폐 경제 발달에 관련된 것이다.
조선 후기에는 모내기법이 확대되고 광작이 유행하였으며 상품 작물을 재배하는 상업적 농업이 활발해졌다. 또한 상업 발달로 사상이 성장하였으며, 상평통보가 전국적으로 유통되었다.

Why? 왜 오답일까?

① 통일 신라 신문왕에 해당한다.
② 고구려에 해당한다.
③, ④ 고려에 해당한다.

---

11 고려의 문화 · 정답률 46% | 정답 ②

다음 승려가 활동한 국가에서 있었던 사실로 옳은 것은?

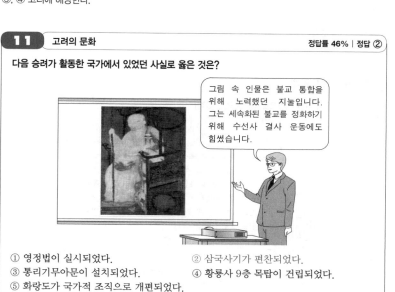

그림 속 인물은 불교 통합을 위해 노력했던 지눌입니다. 그는 세속화된 불교를 정화하기 위해 수선사 결사 운동에도 힘썼습니다.

① 영정법이 실시되었다.
② 삼국사기가 편찬되었다.
③ 통리기무아문이 설치되었다.
④ 황룡사 9층 목탑이 건립되었다.
⑤ 화랑도가 국가적 조직으로 개편되었다.

Why? **왜 정답일까?**

제시된 자료는 불교 통합과 개혁에 힘쓴 승려 지눌에 관련된 내용이다.
고려 무신 집권기에 활동한 지눌은 타락한 불교계를 비판하며 수선사 결사를 주도하였다. 고려 시대에는 김부식의 삼국사기, 일연의 삼국유사 등 여러 역사서가 편찬되었다.

Why? **왜 오답일까?**

①, ③ 조선에 해당한다.
④, ⑤ 신라에 해당한다.

---

12 임진왜란   정답률 49% | 정답 ③

다음 상황이 나타난 시기를 연표에서 옳게 고른 것은? [3점]

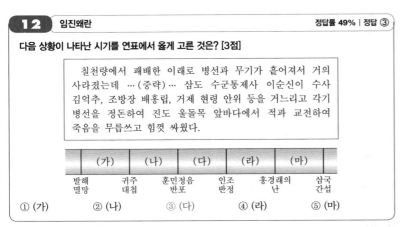

칠천량에서 패배한 이래로 병선과 무기가 흩어져서 거의 사라졌는데 … (중략) … 삼도 수군통제사 이순신이 수사 김억추, 조방장 배흥립, 거제 현령 안위 등을 거느리고 각기 병선을 정돈하여 진도 울돌목 앞바다에서 적과 교전하여 죽음을 무릅쓰고 힘껏 싸웠다.

	(가)	(나)	(다)	(라)	(마)	
발해 멸망		귀주 대첩	훈민정음 반포	인조 반정	홍경래의 난	삼국 간섭

① (가)   ② (나)   ③ (다)   ④ (라)   ⑤ (마)

Why? **왜 정답일까?**

제시된 자료는 임진왜란 당시 이순신이 활약한 명량 해전과 관련된 것이다.
1592년 일본의 부산진 점령으로 시작된 임진왜란은 수군과 의병의 활약, 명의 지원 등으로 전세가 역전되었고, 도요토미 히데요시의 사망으로 1598년 일본군이 철수하면서 끝이 났다. 발해 멸망은 926년, 귀주 대첩은 1019년, 훈민정음 반포는 1446년, 인조반정은 1623년, 홍경래의 난은 1811년, 삼국 간섭은 1895년이다.

---

13 독립 협회   정답률 76% | 정답 ⑤

(가)에 들어갈 내용으로 가장 적절한 것은?

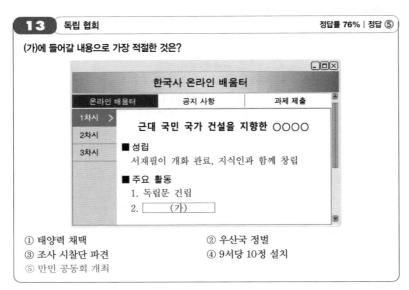

한국사 온라인 배움터

| 온라인 배움터 | 공지 사항 | 과제 제출 |

1차시
2차시
3차시

근대 국민 국가 건설을 지향한 ○○○○

■ 성립
서재필이 개화 관료, 지식인과 함께 창립

■ 주요 활동
1. 독립문 건립
2. (가)

① 태양력 채택   ② 우산국 정벌
③ 조사 시찰단 파견   ④ 9서당 10정 설치
⑤ 만민 공동회 개최

Why? **왜 정답일까?**

제시된 자료는 근대 국민 국가 건설을 지향한 독립 협회와 관련된 것이다.
독립 협회는 서재필이 개화 관료, 지식인과 함께 창립하여 독립문 건립, 만민 공동회 개최 등을 진행하였다. 관민 공동회를 통해 결의된 헌의 6조는 고종에게 건의되어 중추원 관제의 개정에 영향을 주었다.

Why? **왜 오답일까?**

① 을미개혁에 해당한다.
② 신라 지증왕에 해당한다.
③ 개항 이후 조선 정부에 해당한다.
④ 통일 신라에 해당한다.

---

14 강화도 조약   정답률 54% | 정답 ③

밑줄 친 '조약'에 대한 설명으로 옳은 것은? [3점]

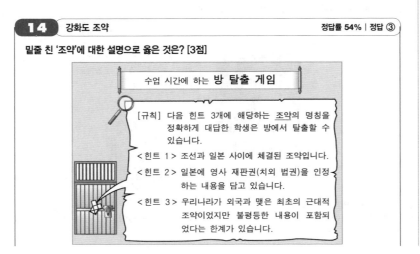

수업 시간에 하는 **방 탈출 게임**

[규칙] 다음 힌트 3개에 해당하는 조약의 명칭을 정확하게 대답한 학생은 방에서 탈출할 수 있습니다.

< 힌트 1 > 조선과 일본 사이에 체결된 조약입니다.
< 힌트 2 > 일본에 영사 재판권(치외 법권)을 인정하는 내용을 담고 있습니다.
< 힌트 3 > 우리나라가 외국과 맺은 최초의 근대적 조약이었지만 불평등한 내용이 포함되었다는 한계가 있습니다.

① 청일 전쟁의 결과로 체결되었다.
② 조선책략 유포에 영향을 받았다.
③ 운요호 사건을 계기로 맺어졌다.
④ 최혜국 대우 조항을 포함하였다.
⑤ 일본 공사관에 경비병 주둔을 허용하였다.

Why? **왜 정답일까?**

제시된 자료는 강화도 조약과 관련된 것이다.
조선과 일본은 운요호 사건을 계기로 1876년 강화도 조약을 체결하였다. 강화도 조약은 조선이 외국과 맺은 최초의 근대적 조약이자, 불평등 조약이었다. 이 조약으로 조선은 일본의 영사 재판권과 해안 측량권 허용 등을 인정하였고, 부산 외 2개 항구를 개항하였다.

Why? **왜 오답일까?**

① 시모노세키 조약에 해당한다.
② 조미 수호 통상 조약에 해당한다.
④ 조미 수호 통상 조약 등에 해당한다.
⑤ 제물포 조약에 해당한다.

---

15 임오군란   정답률 77% | 정답 ④

다음 대화의 주제가 된 사건으로 옳은 것은?

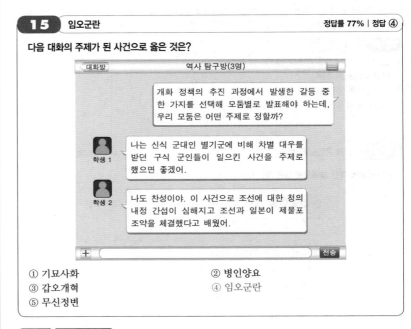

대화방   역사 탐구방(3명)

개화 정책의 추진 과정에서 발생한 갈등 중 한 가지를 선택해 모둠별로 발표해야 하는데, 우리 모둠은 어떤 주제로 정할까?

학생 1: 나는 신식 군대인 별기군에 비해 차별 대우를 받던 구식 군인들이 일으킨 사건을 주제로 했으면 좋겠어.

학생 2: 나도 찬성이야. 이 사건으로 조선에 대한 청의 내정 간섭이 심해지고 조선과 일본이 제물포 조약을 체결했다고 배웠어.

① 기묘사화   ② 병인양요
③ 갑오개혁   ④ 임오군란
⑤ 무신정변

Why? **왜 정답일까?**

제시된 자료는 임오군란과 관련된 것이다.
임오군란은 신식 군대인 별기군에 비해 차별 대우를 받던 구식 군인들이 일으킨 사건이다. 청은 군란의 책임을 물어 흥선 대원군을 자국으로 압송하였고, 민씨 세력이 다시 권력을 잡았다. 조선은 일본과 제물포 조약을 체결하여 일본 공사관 경비병의 주둔을 허용하였다.

---

16 병자호란   정답률 67% | 정답 ①

교사의 질문에 대한 학생의 답변으로 가장 적절한 것은? [3점]

지도는 군신 관계를 요구하며 조선을 침입했던 청나라 군대의 이동 경로를 보여줍니다. 이 전쟁의 영향에 대해 발표해 볼까요?

① 북벌론이 대두되었어요.
② 척화비가 건립되었어요.
③ 천리장성이 축조되었어요.
④ 권문세족이 성장하였어요.
⑤ 팔만대장경이 제작되었어요.

Why? **왜 정답일까?**

제시된 자료는 병자호란과 관련된 것이다.
후금이 국호를 청으로 바꾸고 조선에 군신 관계를 요구하자, 조선 조정은 척화론과 주화론으로 나뉘어 대립하였다. 조선이 청의 요구를 거절하자 청은 조선을 침략하였다. 인조는 남한산성에 고립된 채 항전하였지만 결국 삼전도에서 항복하고 청과 군신 관계를 맺었다. 병자호란 이후 조선에서는 청을 정벌하여 명에 대한 의리를 지키자는 북벌론이 대두되었다.

---

17 조선 정조의 업적   정답률 73% | 정답 ②

(가) 국왕에 대한 설명으로 옳은 것은?

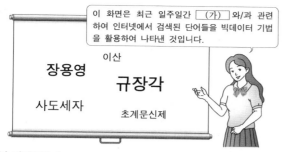

이 화면은 최근 일주일간 [가] 와/과 관련하여 인터넷에서 검색된 단어들을 빅데이터 기법을 활용하여 나타낸 것입니다.

이산
장용영
규장각
사도세자
초계문신제

① 균역법을 마련하였다.
② 탕평책을 실시하였다.
③ 홍범 14조를 반포하였다.
④ 위화도 회군을 단행하였다.
⑤ 기철 등 친원 세력을 제거하였다.

Why? 왜 정답일까?

제시된 자료는 정조와 관련된 것이다.
조선 제22대 왕인 정조는 탕평책 실시, 초계문신제를 활용한 인재 육성, 규장각 개편, 장용영 설치, 수원 화성 건설 등의 업적을 남겼다.

Why? 왜 오답일까?

① 조선 영조에 해당한다.
③ 조선 고종에 해당한다.
④ 고려 말 이성계에 해당한다.
⑤ 고려 공민왕에 해당한다.

---

18 대한 제국 · 정답률 72% | 정답 ①

밑줄 친 '황국'에 대한 설명으로 옳은 것은?

경운궁에서 시작하여 환구단까지 길가 좌우로 각 대대 군사들이 질서정연하게 배치되었다. 순검들도 몇백 명이 벌여서서 황국의 위엄을 나타내었다. …(중략)… 고종 황제가 탄 가마 앞에는 태극 국기가 먼저 지나갔고, 황제는 황룡포에 면류관을 쓰고 금으로 채색한 가마를 탔다.

① 광무개혁을 추진하였다.
② 노비안검법을 시행하였다.
③ 22담로에 왕족을 파견하였다.
④ 9주 5소경 체제를 정비하였다.
⑤ 명과 후금 사이에서 중립 외교를 실시하였다.

Why? 왜 정답일까?

제시된 자료는 대한 제국과 관련된 것이다.
일본이 을미사변으로 조선에 영향력을 다시 행사하자, 위협을 느낀 고종은 러시아 공사관으로 거처를 옮겼다. 1년 후 경운궁으로 환궁한 고종은 대한 제국을 수립하였다. 대한 제국은 연호를 광무로 정하고 일련의 개혁을 추진하였는데, 이를 광무개혁이라 한다.

Why? 왜 오답일까?

② 고려에 해당한다.
③ 백제에 해당한다.
④ 통일 신라에 해당한다.
⑤ 조선에 해당한다.

---

19 조선 사림 세력 · 정답률 77% | 정답 ④

(가) 세력에 대한 설명으로 옳은 것은? [3점]

[가] 의 성장과 붕당의 형성

성종 때 3사에 진출하여 훈구 세력을 견제하면서 공론을 주도했어.

대부분 도덕과 의리를 바탕으로 하는 왕도 정치를 강조했어.

선조 때 중앙 정치의 주도권을 잡고 붕당을 형성했어.

① 사출도를 다스렸다.
② 화백 회의에 참여하였다.
③ 서경 천도를 주장하였다.
④ 서원과 향약을 기반으로 세력을 확대하였다.
⑤ 도병마사와 식목도감에서 국가 중대사를 논의하였다.

Why? 왜 정답일까?

제시된 자료는 조선의 정치 세력인 사림과 관련된 것이다.

사림은 대부분 도덕과 의리를 바탕으로 하는 왕도 정치를 강조하였다. 성종은 훈구 세력을 견제하기 위해 사림을 적극적으로 등용하였다. 이들은 주로 3사에 진출하여 훈구 세력을 비판하였다. 서원과 향약을 기반으로 향촌 사회에서 꾸준히 세력을 확대하였고, 그 결과 선조 때 중앙 정계의 주도권을 장악하였다.

Why? 왜 오답일까?

① 여러 가(加)들에 해당한다.
② 신라 진골에 해당한다.
③ 묘청 등에 해당한다.
⑤ 고려 시대에 해당한다.

---

20 갑신정변 · 정답률 73% | 정답 ①

(가) 사건에 대한 설명으로 옳은 것은? [3점]

우리는 이곳 우정총국의 개국 축하연을 이용하여 [가] 을/를 일으켰습니다. 이후 개혁 정강을 마련하여 내각 중심의 자주 국가를 수립하고자 하였습니다.

① 급진 개화파가 주도하였다.
② 태학 설립의 계기가 되었다.
③ 삼국 통일에 영향을 주었다.
④ 임술 농민 봉기로 이어졌다.
⑤ 구본신참의 원칙을 표방하였다.

Why? 왜 정답일까?

제시된 자료는 갑신정변과 관련된 것이다.
갑신정변은 김옥균 등 급진 개화파가 우정총국 개국 축하연을 이용하여 일으킨 사건이다. 이후 개혁 정강을 마련하여 내각 중심의 자주 국가를 수립하고자 하였으나, 청의 개입으로 3일 만에 실패로 끝났다.

• 정답 •
01 ④ 02 ③ 03 ③ 04 ① 05 ② 06 ④ 07 ③ 08 ④ 09 ⑤ 10 ③ 11 ② 12 ② 13 ③ 14 ④ 15 ①
16 ④ 17 ⑤ 18 ⑤ 19 ① 20 ⑤

01 청동기 시대   정답률 46% | 정답 ④

(가) 시대에 대한 설명으로 가장 적절한 것은?

> ○○ 박물관 테마 전시
> – 한국 최초의 환호* 유적, 검단리 –
>
>
> <발굴 현장>
>
>
> 반달 돌칼   고인돌
> <유물·유적>
>
> 이번 전시에서는 환호를 주제로 검단리에 살았던 사람들의 일상 생활을 복원하였다. 검단리에서는 (가) 시대의 대표적인 유물과 유적인 반달 돌칼, 민무늬 토기, 고인돌 등이 출토되었다.
>
> * 환호 : 방어를 위해 마을을 둘러싸게 설치된 구덩이

① 주로 동굴과 막집에서 살았다.
② 철제 농기구로 농사를 지었다.
③ 동맹이라는 제천 행사가 열렸다.
④ 계급이 분화되고 국가가 출현하였다.
⑤ 농경이 시작되고 정착 생활을 하였다.

Why? 왜 정답일까?
자료는 청동기 시대와 관련된 것이다.
청동기 시대에는 잉여 생산물이 늘어나 사유 재산과 계급이 발생하고 국가가 출현하였다. 대표적인 유물과 유적으로는 반달 돌칼, 민무늬 토기, 고인돌 등이 있다.

Why? 왜 오답일까?
① 구석기 시대에 해당한다.
② 철기 시대에 해당한다.
③ 고구려에 해당한다.
⑤ 신석기 시대에 해당한다.

02 삼국의 발전과 항쟁   정답률 81% | 정답 ③

밑줄 친 '이곳'을 지도에서 옳게 고른 것은?

> 고구려 장수왕의 군대가 쳐들어와 궁성을 공격하니, 개로왕이 죽고 문주왕이 즉위하였다. 문주왕은 고구려군을 피해 이곳으로 도읍을 옮겼다. 이곳은 성왕이 사비로 도읍을 옮길 때까지 64년 간 백제의 수도였다.

① (가)   ② (나)   ③ (다)   ④ (라)   ⑤ (마)

Why? 왜 정답일까?
자료는 백제의 웅진 천도와 관련된 것이다.
5세기 고구려 장수왕은 평양으로 천도하고, 남진 정책을 추진하였다. 고구려는 백제의 수도 한성을 점령하였고, 백제는 웅진으로 천도하였다. 이후 백제는 성왕 때 사비로 천도하였다.

03 고려와 여진의 관계   정답률 71% | 정답 ③

(가) 인물에 대한 설명으로 옳은 것은?

> ○ (가) 이/가 아뢰기를, "신이 적에게 패배한 까닭은 그들은 기병이고 우리는 보병이기 때문입니다." … (중략) … 말을 가진 자는 신기군, 말이 없는 자는 신보군, 승려 중 선발된 자는 항마군으로 삼았다.
> ○ (가) 이/가 동북 9성을 완성하였다. 의주성, 통태성, 평융성의 3성을 쌓아 함주, 영주, 웅주, 길주, 복주, 공험진과 함께 9성으로 삼았다.
>
> – 『고려사절요』 –

① 살수에서 수를 물리쳤다.
② 삼정이정청을 설치하였다.
③ 별무반을 이끌고 여진을 정벌하였다.
④ 서역을 순례하고 왕오천축국전을 지었다.
⑤ 유교 이념을 바탕으로 한 시무 28조를 올렸다.

Why? 왜 정답일까?
자료는 윤관의 여진 정벌과 관련된 것이다.
12세기 초 여진은 고려의 국경을 자주 침범하였다. 고려는 윤관의 건의로 별무반을 편성하여 여진을 정벌하고, 동북 9성을 쌓았다. 별무반은 여진을 상대하기 위해 신기군(기병), 신보군(보병), 항마군(승병) 등으로 구성되었다.

Why? 왜 오답일까?
① 고구려 을지문덕에 해당한다.
② 조선 철종에 해당한다.
④ 통일 신라 혜초에 해당한다.
⑤ 고려 최승로에 해당한다.

04 후삼국 시대   정답률 65% | 정답 ①

다음 상황이 전개된 시기를 연표에서 옳게 고른 것은? [3점]

> 궁예가 북원에서 하슬라로 들어올 때 무리가 6백여 명에 이르니 스스로 장군이라 일컬었다. 30여 성을 차지하고 송악에 도읍하였으며, 효공왕 5년에 스스로 왕을 칭하였다.

	(가)	(나)	(다)	(라)	(마)
	삼국 통일	고려 건국	귀주 대첩	이자겸의 난	무신 정변	위화도 회군

① (가)   ② (나)   ③ (다)   ④ (라)   ⑤ (마)

Why? 왜 정답일까?
자료는 궁예의 후고구려 건국과 관련된 것이다.
신라 말 견훤과 궁예가 지방에서 독자적 세력을 이루어 나라를 세우면서 후삼국 시대가 시작되었다. 견훤은 완산주(전주)에 도읍을 정하고 후백제(900), 궁예는 송악(개성)에 도읍을 정하고 후고구려(901)를 세웠다. 918년 왕건이 궁예를 제거하고, 고려를 건국하였다. 삼국 통일은 676년, 고려 건국은 918년, 귀주 대첩은 1019년, 이자겸의 난은 1126년, 무신 정변은 1170년, 위화도 회군은 1388년이다.

05 발해의 문화   정답률 75% | 정답 ②

(가) 국가에 대한 설명으로 옳은 것은? [3점]

> (가) 은/는 고구려의 전통을 계승하고, 당의 문물을 수용하여 문화를 발전시켰다. 수도였던 상경을 비롯한 (가) 의 옛 도시에는 아래와 같은 유물과 유적이 남아있다.
>
>
> 이불병좌상
>
>
> 정효 공주 묘지석
>
>
> 영광탑

① 녹읍을 폐지하였다.
② 대조영이 건국하였다.
③ 사심관 제도를 시행하였다.
④ 조사 시찰단을 파견하였다.
⑤ 중앙군으로 9서당을 두었다.

Why? 왜 정답일까?
자료는 발해 문화의 특징 및 대표적인 유물과 유적에 관련된 것이다. 대조영이 건국한 발해는 고구려의 전통을 계승하고, 당의 문물을 수용하여 문화를 발전시켰다. 문왕은 왕권을 뒷받침하기 위해 불교를 적극 장려하였다.

Why? 왜 오답일까?
①, ⑤ 통일 신라 ③ 고려 ④ 조선에 해당한다.

06 신라의 불교 문화
정답률 65% | 정답 ④

(가) 국가에 대한 설명으로 옳은 것은?

역사 동아리 답사 안내문

○ 주제 : (가) 의 수도 경주에서 꽃핀 불교 문화
○ 기간 : 2022년 6월 ○○일 ~ 6월 ○○일
○ 답사 장소

분황사 모전 석탑
불국사
황룡사지
석굴암
경주시

① 경국대전을 반포하였다.
② 도병마사를 설치하였다.
③ 전국을 8도로 나누었다.
④ 화백 회의를 운영하였다.
⑤ 22담로에 왕족을 파견하였다.

Why? 왜 정답일까?

자료는 신라의 불교 문화와 관련된 것이다.
신라는 중앙 집권 체제를 정비하는 과정에서 불교를 수용하였으며, 신라 왕실의 보호 속에서 다양한 불교 문화가 발전하였다. 화백 회의는 국가의 중대사를 결정하는 신라의 귀족 회의였다.

Why? 왜 오답일까?

①, ③ 조선 ② 고려 ⑤ 백제에 해당한다.

07 고려 광종의 업적
정답률 71% | 정답 ③

밑줄 친 '왕'이 실시한 정책으로 옳은 것은? [3점]

한국사 신문
○○○년 ○○월 ○○일

관리 선발에 새로운 제도가 도입되다.

왕은 공신과 호족을 누르고 왕권을 강화할 방법을 고민하였다. 이에 중국에서 귀화한 쌍기의 건의를 받아들여 과거제를 실시하기로 하였다. 이로써 유교적 소양과 능력을 갖춘 관리가 왕권을 뒷받침하고, 공신과 호족의 역할은 약화될 것으로 보인다.

① 균역법을 시행하였다.
② 화랑도를 개편하였다.
③ 노비안검법을 시행하였다.
④ 쌍성총관부를 공격하였다.
⑤ 의정부 서사제를 실시하였다.

Why? 왜 정답일까?

자료는 고려 광종의 과거제 시행과 관련된 것이다.
광종은 즉위 후 과거제와 노비안검법을 시행하였다. 과거제를 통해 유교적 소양을 갖춘 관리를 등용하고 공신과 호족의 힘을 약화시켰다. 노비안검법은 본래 양인이었으나 불법적으로 노비가 된 사람을 조사해 다시 양인으로 해방한 법이다.

Why? 왜 오답일까?

① 조선 영조 등 ② 신라 진흥왕 ④ 고려 공민왕 ⑤ 조선 세종, 성종 등에 해당한다.

08 고려의 불교 발전
정답률 62% | 정답 ④

(가)에 들어갈 내용으로 가장 적절한 것은? [3점]

<한국사 모둠 활동 안내>

○ 탐구 주제 : (가)
○ 모둠별 탐구 활동
　- 1모둠 : 교종과 선종의 특징을 비교한다.
　- 2모둠 : 해동 천태종의 창시 목적을 파악한다.
　- 3모둠 : 정혜쌍수와 돈오점수의 의미를 조사한다.

① 조선의 성리학 발전
② 고대 천신 신앙의 역할
③ 삼국 시대 도교의 확산
④ 고려의 불교 통합 노력
⑤ 신라 말 풍수지리설의 유행

Why? 왜 정답일까?

고려 불교계는 여러 교단과 종파로 분열되어 있었다. 의천은 해동 천태종을 창시하고 교관겸수를 내세워 교종을 중심으로 선종을 통합하려 하였다. 하지만 의천이 죽은 뒤 교단은 다시 분열되었다. 지눌은 불교를 개혁하기 위해 수선사를 중심으로 결사 운동을 펼쳤다. 그리고 정혜쌍수와 돈오점수를 내세워 선종을 중심으로 교종을 포용하는 사상 체계를 정립하였다.

09 고려의 사회 모습
정답률 76% | 정답 ⑤

(가) 신분에 대한 설명으로 옳은 것은?

○ 만적 등이 북산에 올라 (가) 들을 모아 놓고 "장수와 재상이 될 수 있는 사람이 어찌 따로 있겠는가. 때가 오면 누구나 할 수 있는 것이다."라고 하였다.

○ 신돈이 "권세가들이 토지와 백성을 빼앗아 모두 차지하였다. 전민변정도감을 두어 이를 바로 잡고자 한다."라고 하였다. 이에 권세가들이 빼앗았던 토지를 주인에게 돌려주고 억울하게 (가) 이/가 된 백성을 원래 신분으로 되돌리니, 백성들이 기뻐하였다.

① 고려에서는 백정으로 불렸다.
② 유향소에서 수령을 보좌하였다.
③ 조세, 공납, 역의 의무를 지녔다.
④ 대를 이어 음서와 공음전의 특권을 누렸다.
⑤ 재산으로 여겨 매매, 상속의 대상이 되었다.

Why? 왜 정답일까?

자료는 고려 시대 노비와 관련된 것이다. 고려 시대의 신분은 양인과 천인으로 구분되는데, 천인의 대다수는 노비였다. 노비는 재산으로 취급되어 매매, 상속의 대상이었다.

Why? 왜 오답일까?

① 고려 농민 ② 조선 사족 ③ 양인 ④ 고려 귀족에 해당한다.

10 세종의 업적
정답률 57% | 정답 ③

밑줄 친 '왕'에 대한 설명으로 옳은 것은? [3점]

○ 정초가 왕의 명을 받아 지은 삼강행실도 서문에 "충신, 효자, 열녀의 이야기를 기록하고, 그림과 시로 칭찬하였습니다. 부모가 살아서는 효도하고, 죽어서는 정성을 다하니 이는 권할 만한 일입니다."라고 하였다.

○ 왕이 친히 28자를 만들었는데, 초성·중성·종성으로 나누어 합한 후에 글자를 이루었다. 이 글자는 비록 간단하지만 모든 소리를 다 표기할 수 있으니, 이를 훈민정음이라 불렀다.

① 태양력을 채택하였다.
② 우산국을 정벌하였다.
③ 4군 6진 지역을 개척하였다.
④ 12목에 지방관을 파견하였다.
⑤ 정복한 지역에 순수비를 세웠다.

Why? 왜 정답일까?

자료의 밑줄 친 왕은 세종이다.
세종은 의정부서사제를 실시하였고, 훈민정음을 창제하였으며, 『삼강행실도』를 편찬하였다. 또한, 여진족을 정벌하여 4군 6진 지역을 개척하고 왜구의 근거지인 쓰시마섬을 정벌하였다.

Why? 왜 오답일까?

① 조선 고종 ② 신라 지증왕 ④ 고려 성종 등 ⑤ 신라 진흥왕에 해당한다.

11 갑신정변
정답률 45% | 정답 ②

(가) 사건에 대한 설명으로 옳은 것은? [3점]

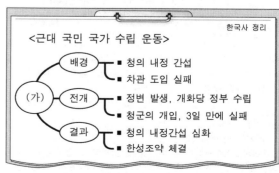

<근대 국민 국가 수립 운동>
한국사 정리

(가)
- 배경
　- 청의 내정 간섭
　- 차관 도입 실패
- 전개
　- 정변 발생, 개화당 정부 수립
　- 청군의 개입, 3일 만에 실패
- 결과
　- 청의 내정간섭 심화
　- 한성조약 체결

① 나·당 동맹을 체결하는 배경이 되었다.
② 문벌 폐지 등의 개혁 정강이 발표되었다.
③ 신라에서 불교가 공인되는 결과를 낳았다.
④ 평안도 지역 차별에 대한 반발로 일어났다.
⑤ 비변사가 국정 운영의 중심이 되는 계기가 되었다.

자료는 갑신정변과 관련된 것이다. 갑신정변은 1884년에 김옥균 등 급진 개화파가 우정총국 개국 축하연을 이용하여 일으킨 사건이다. 급진 개화파는 개혁 정강을 통해 문벌 폐지와 인민 평등권 확립, 지조법 개혁 등을 주장하였다. 그러나 이들의 개혁은 청군의 개입으로 3일 만에 실패로 끝났다.

① 신라의 통일 과정에 해당한다.
③ 이차돈의 순교에 해당한다.
④ 홍경래의 난에 해당한다.
⑤ 임진왜란에 해당한다.

---

12 위정척사 운동 정답률 72% | 정답 ②

(가) 인물에 대한 설명으로 옳은 것은? [3점]

① 북벌 운동을 추진하였다.
② 위정척사 운동을 전개하였다.
③ 조선의 중립국화를 주장하였다.
④ 삼별초의 대몽 항쟁을 이끌었다.
⑤ 대동법의 확대 실시를 건의하였다.

자료는 최익현과 관련된 것이다.
19세기 후반 서구 열강의 침략이 거세지자 최익현 등 보수 유생들은 성리학적 질서를 수호하려는 위정척사 운동을 전개하였다. 최익현은 강화도 조약이 체결된 전후 시기에 왜양일체론을 내세우며 개항을 반대하였고, 단발령이 내려지자 거세게 반발하였다. 또한, 을사의병 때 쓰시마섬에 포로로 잡혀가 순국하였다.

① 조선 효종 등에 해당한다.
③ 유길준, 부들러 등에 해당한다.
④ 배중손, 김통정 등에 해당한다.
⑤ 김육 등에 해당한다.

---

13 조선 정치 운영의 변화 정답률 79% | 정답 ③

다음 자료를 활용한 탐구 주제로 가장 적절한 것은?

o 연산군 4년 유자광이 "김일손이 사초에 넣은 「조의제문」은 세조가 단종의 왕위를 빼앗은 일을 비방한 것입니다. 김일손을 엄히 처벌하십시오."라고 말하였다.
o 조광조가 반정 공신 중 자격 없는 자의 위훈을 삭제하자, 훈신들이 "조광조가 당파를 만들어 높은 관직을 독차지하고 임금을 속였습니다."라고 상소를 올렸다. 이에 중종은 조광조와 그 일파를 죽이거나 귀양을 보냈다.

① 독립 협회의 활동   ② 세도 정치의 영향
③ 훈구와 사림의 대립   ④ 서경 천도 운동의 전개
⑤ 팔만대장경판의 제작 배경

자료는 무오사화, 기묘사화와 관련된 것이다.
사림은 성종 때부터 중앙에 진출하여 훈구를 비판하며 성장하였다. 그 결과, 훈구와 사림의 대립이 심해져 여러 차례 사화가 발생하였고, 사림은 큰 타격을 입었다. 이후 사림은 서원과 향약을 기반으로 향촌에서 세력을 확대하였다.

---

14 동학 농민 운동 정답률 70% | 정답 ④

(가), (나) 시기 사이에 있었던 사실로 옳은 것은?

(가) 고부의 동학 지도자에게 격문을 전달하여 … (중략) … 다음과 같이 결의한다.
    1. 고부성을 격파하고 조병갑의 목을 베어 매달 것.
    1. 군수에게 아부하여 백성을 침탈한 탐관오리를 엄벌할 것.
(나) 일본 군대가 밤에 경복궁에 쳐들어와 임금을 핍박하고 … (중략) … 우리 동학도가 의병을 일으켜 일본을 물리치고 사직을 보전하려 한다.

① 태학이 설립되었다.
② 홍문관이 설치되었다.
③ 삼국사기가 편찬되었다.
④ 전주 화약이 체결되었다.
⑤ 대한국 국제가 반포되었다.

자료는 동학 농민 운동과 관련된 것이다.
(가)는 고부 농민 봉기, (나)는 2차 농민 봉기 때의 격문이다. 고부 농민 봉기 이후 1차 농민 봉기를 일으킨 농민군은 황토현과 황룡촌에서 관군을 물리치고 전주성을 점령하였다. 농민군은 정부와 전주 화약을 맺고 해산하였으며, 이후 전라도 각지에 집강소를 설치하여 폐정 개혁을 실시하였다.

① 고구려에 해당한다.
② 조선 성종에 해당한다.
③ 고려에 해당한다.
⑤ 대한 제국에 해당한다.

---

15 강화도 조약 정답률 67% | 정답 ①

밑줄 친 '조약'에 대한 설명으로 옳은 것은? [3점]

운요호 사건 이후 강화도에서 진행된 일본 대신과의 협상은 어떻게 되었는가?

명에 따라 일본과 협상하여 조약을 체결했습니다. 비록 대등한 내용은 아니나, 우리의 요구도 반영하였습니다.

① 영사 재판권이 포함되어 있다.
② 청 상인의 내륙 진출이 허용되었다.
③ 강동 6주 지역을 획득하는 결과를 낳았다.
④ 교역품에 관세를 부과하는 계기가 되었다.
⑤ 청·일 군대가 조선에서 철수하는 배경이 되었다.

자료는 강화도 조약과 관련된 것이다.
조선과 일본은 운요호 사건을 계기로 1876년 강화도 조약을 체결하였다. 강화도 조약은 조선이 외국과 맺은 최초의 근대적 조약이자, 불평등 조약이었다. 이 조약으로 조선은 일본의 영사 재판권과 해안 측량권 등을 인정하였고, 부산 외 2개 항구를 개항하였다.

② 조·청 상민 수륙 무역 장정(1882)에 해당한다.
③ 서희의 외교 담판에 해당한다.
④ 조미수호통상조약(1882) 등에 해당한다.
⑤ 톈진 조약(1885)에 해당한다.

---

16 정조의 업적 정답률 59% | 정답 ④

(가) 왕에 대한 설명으로 옳은 것은?

o (가) 은/는 역대 왕의 글과 그림을 모셔둘 곳이 없다 하여 궁궐 안에 규장각을 설치하고 … (중략) … 왕의 초상을 규장각의 주합루에 봉안하였다.
o (가) 은/는 초계문신제를 시행하였다. 나이 37세 이하인 신하를 뽑아 매달 경전을 토론하고 열흘에 한 번 시험을 보게 하여 성적에 따라 상과 벌을 주었다.

① 과전법을 시행하였다.   ② 교정도감을 설치하였다.
③ 금관가야를 병합하였다.   ④ 수원 화성을 건설하였다.
⑤ 홍범 14조를 반포하였다.

자료는 조선 정조와 관련된 것이다.
정조는 탕평책을 실시하고 규장각을 설치하였으며, 관리를 재교육하는 초계문신제를 시행하였다. 또한, 친위 부대인 장용영을 설치하고 수원 화성을 건설하였다.

---

17 조선 후기 경제 상황   정답률 54% | 정답 ⑤

(가)에 들어갈 내용으로 옳은 것은? [3점]

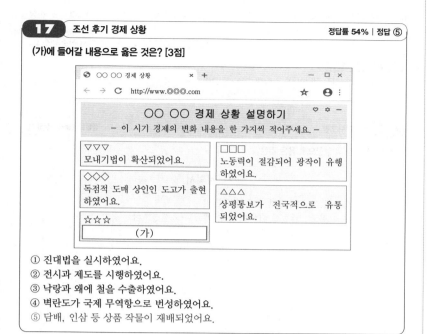

○○ ○○ 경제 상황 설명하기
― 이 시기 경제의 변화 내용을 한 가지씩 적어주세요. ―

▽▽▽ 모내기법이 확산되었어요.

□□□ 노동력이 절감되어 광작이 유행하였어요.

◇◇◇ 독점적 도매 상인인 도고가 출현하였어요.

△△△ 상평통보가 전국적으로 유통되었어요.

☆☆☆ (가)

① 진대법을 실시하였어요.
② 전시과 제도를 시행하였어요.
③ 낙랑과 왜에 철을 수출하였어요.
④ 벽란도가 국제 무역항으로 번성하였어요.
⑤ 담배, 인삼 등 상품 작물이 재배되었어요.

Why? 왜 정답일까?
조선 후기에는 농업 생산력 증가를 바탕으로 상품 화폐 경제가 발달하여 농업, 수공업, 상업, 광업 등 여러 분야에서 다양한 변화가 나타났다. 모내기법이 확산되면서 광작 현상이 나타났으며, 담배와 인삼 등 상품 작물 재배도 활발해졌고, 화폐의 수요가 늘어나 상평통보가 전국적으로 유통되었다.

Why? 왜 오답일까?
① 고구려 ②, ④ 고려 ③ 변한, 가야에 해당한다.

---

18 아관 파천   정답률 76% | 정답 ⑤

(가) 사건이 끼친 영향으로 가장 적절한 것은?

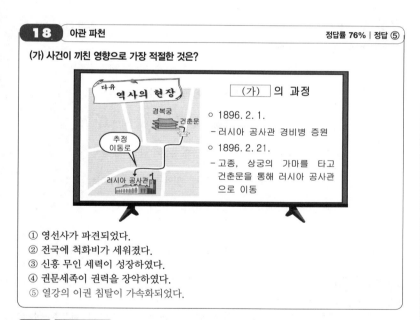

다큐 역사의 현장

(가) 의 과정

○ 1896. 2. 1.
- 러시아 공사관 경비병 증원
○ 1896. 2. 21.
- 고종, 상궁의 가마를 타고 건춘문을 통해 러시아 공사관으로 이동

① 영선사가 파견되었다.
② 전국에 척화비가 세워졌다.
③ 신흥 무인 세력이 성장하였다.
④ 권문세족이 권력을 장악하였다.
⑤ 열강의 이권 침탈이 가속화되었다.

Why? 왜 정답일까?
자료는 아관 파천과 관련된 것이다.
일본이 을미사변으로 조선에 대한 영향력을 되찾자, 위협을 느낀 고종은 러시아 공사관으로 거처를 옮겼다. 이후 조선에 대한 러시아의 영향력이 커지고 열강의 이권 침탈이 심화되자, 독립 협회는 고종의 환궁을 요구하고 이권 수호 운동을 전개하였다. 이에 고종은 1년 만에 경운궁으로 환궁한 후 대한 제국을 수립하였다.

---

19 병자호란   정답률 79% | 정답 ①

(가)에 들어갈 내용으로 옳은 것은?

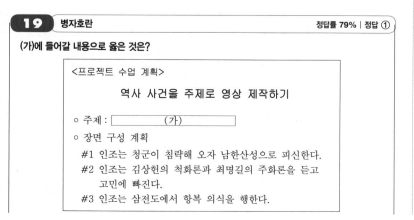

<프로젝트 수업 계획>

역사 사건을 주제로 영상 제작하기

○ 주제 : (가)

○ 장면 구성 계획
#1 인조는 청군이 침략해 오자 남한산성으로 피신한다.
#2 인조는 김상헌의 척화론과 최명길의 주화론을 듣고 고민에 빠진다.
#3 인조는 삼전도에서 항복 의식을 행한다.

① 병자호란의 과정
② 임오군란의 배경
③ 임진왜란의 결과
④ 안시성 전투의 의의
⑤ 청·일 전쟁의 영향

Why? 왜 정답일까?
자료는 병자호란과 관련된 것이다.
후금이 국호를 청으로 바꾸고 조선에 군신 관계를 요구하자, 조선 조정은 척화론과 주화론으로 나뉘어 대립하였다. 조선이 청의 요구를 거절하자, 청은 조선을 침략하였다. 인조는 남한산성에 고립된 채 항전하였지만 결국 삼전도에서 항복하고 청과 군신 관계를 맺었다.

---

20 신미양요   정답률 86% | 정답 ⑤

(가) 사건에 대한 설명으로 옳은 것은? [3점]

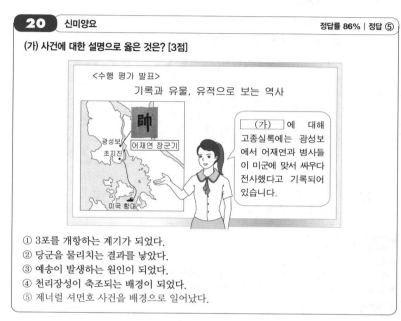

<수행 평가 발표>
기록과 유물, 유적으로 보는 역사

광성보, 초지진, 어재연 장군기, 미국 함대

(가) 에 대해 고종실록에는 광성보에서 어재연과 병사들이 미군에 맞서 싸우다 전사했다고 기록되어 있습니다.

① 3포를 개항하는 계기가 되었다.
② 당군을 물리치는 결과를 낳았다.
③ 예송이 발생하는 원인이 되었다.
④ 천리장성이 축조되는 배경이 되었다.
⑤ 제너럴 셔먼호 사건을 배경으로 일어났다.

Why? 왜 정답일까?
자료는 신미양요와 관련된 것이다.
미국은 제너럴 셔먼호 사건을 구실로 통상을 요구하였으나 거절당했다. 미국 함대는 강화도를 침략하여 초지진과 덕진진을 함락하고 광성보를 공격하였다. 어재연이 이끄는 부대가 광성보에서 항전하였으나 패배하였다.

Why? 왜 오답일까?
① 조선에 해당한다.
② 나·당 전쟁에 해당한다.
③ 붕당 간의 대립에 해당한다.
④ 고구려, 고려에 해당한다.

• 정답 •

01 ② 02 ① 03 ③ 04 ① 05 ④ 06 ④ 07 ③ 08 ⑤ 09 ① 10 ⑤ 11 ⑤ 12 ③ 13 ① 14 ⑤ 15 ④ 16 ② 17 ③ 18 ② 19 ② 20 ⑤

---

01 신석기 시대
정답률 87% | 정답 ②

(가) 시대에 대한 설명으로 옳은 것은?

암사동 유적 선사 마을로 오세요!

(가) 체험 스쿨

◆ 운영 프로그램 ◆
1. 움집 모형 만들기
2. 고기잡이 체험하기
3. 가락바퀴로 실 뽑기
4. 빗살무늬 토기 만들기

① 고인돌을 축조하였다.
② 농경과 목축을 시작하였다.
③ 철제 농기구를 사용하였다.
④ 지방에 경당을 설치하였다.
⑤ 8조법으로 사회 질서를 유지하였다.

Why? 왜 정답일까?

자료는 신석기 시대와 관련된 것이다.
신석기 시대의 사람들은 농경과 목축을 시작하였고, 강이나 바다에서 고기잡이를 하였으며, 움집을 짓고 정착 생활을 하였다. 도구로는 간석기와 빗살무늬 토기 등을 만들어 사용하였다.

Why? 왜 오답일까?

① 청동기 시대, ③ 철기 시대, ④ 고구려, ⑤ 고조선에 해당한다.

---

02 신라 촌락 문서
정답률 85% | 정답 ①

(가)에 들어갈 내용으로 옳은 것은?

탐구 활동 보고서

1학년 ○반 이름 □□□

○ 탐구 주제 : 신라 촌락 문서로 본 농민 지배
○ 탐구 자료

이 문서에는 서원경(충북 청주) 부근에 있는 4개 촌락의 이름과 각 촌락의 둘레, 호구(戶口) 수, 말과 소의 수, 토지의 종류와 면적, 뽕나무·가래나무·잣나무의 수 등이 기록되어 있다.

○ 탐구 결과
신라는 이 문서를 바탕으로 인구와 경제 상황을 정확하게 파악하여 _____(가)_____

① 세금을 징수하였다.
② 화폐를 발행하였다.
③ 사창제를 실시하였다.
④ 전시과를 운영하였다.
⑤ 균역법을 시행하였다.

Why? 왜 정답일까?

자료는 신라 촌락 문서(민정 문서)와 관련된 것이다.
일본 도다이사 쇼소인(정창원)에서 발견된 이 문서는 촌주가 호구와 경제 상황 등을 3년에 한 번씩 상세히 조사해 기록한 것이다. 이를 통해 신라는 지방의 농민을 통제하고 세금을 거두었음을 알 수 있다.

---

03 삼국의 발전과 항쟁
정답률 65% | 정답 ③

(가), (나) 시기 사이에 있었던 사실로 옳은 것은? [3점]

(가) 장수왕은 수도를 국내성에서 평양으로 옮기고 남진 정책을 추진하였다.
(나) 진흥왕은 한강 유역을 차지하고 함경도 지역까지 진출하였다.

① 홍경래가 난을 일으켰다.
② 신라가 당과 동맹을 맺었다.
③ 백제가 웅진으로 천도하였다.
④ 대조영이 발해를 건국하였다.
⑤ 최승로가 시무 28조를 건의하였다.

Why? 왜 정답일까?

자료는 삼국의 발전과 항쟁에 관련된 사실이다.
(가) 5세기 고구려 장수왕은 평양으로 천도하고 남진 정책을 추진하였다. 고구려는 백제의 수도 한성을 점령하였고 백제는 웅진으로 천도하였다.
(나) 6세기 신라 진흥왕은 한강 유역을 차지하고 대가야를 정복하였으며 함경도 지역까지 진출하였다.

Why? 왜 오답일까?

① 조선 순조, ② 신라 진덕여왕, ④ 발해 고왕, ⑤ 고려 성종에 해당한다.

---

04 병자호란
정답률 69% | 정답 ①

밑줄 친 '전쟁'의 영향으로 옳은 것은?

답사 계획서

○ 날짜 : 2021년 ○○월 ○○일
○ 경로 : 남한산성(수어장대, 행궁) → 삼전도비
○ 목적 : 청의 침입으로 시작된 전쟁의 흔적을 살펴보고, 이 전쟁이 당시 조선에 끼친 영향에 대해 생각해 본다.

① 북벌론이 제기되었다.
② 개경으로 환도하였다.
③ 수신사를 파견하였다.
④ 삼국 간섭이 일어났다.
⑤ 9서당과 10정을 편성하였다.

Why? 왜 정답일까?

자료의 '전쟁'은 병자호란이다.
인조반정으로 집권한 서인 세력은 친명배금 정책을 실시하였다. 후금이 국호를 청으로 바꾸고 군신 관계를 요구하였으나 조선은 이를 거부하였다. 이에 청이 침입하자 인조는 남한산성으로 피난해 항전하였으나 결국 삼전도에서 청 태종에게 항복하였다. 이후 조선에서는 군사력을 키워 청에 당한 치욕을 씻고 명에 대한 의리를 지키자는 북벌론이 등장하였다.

---

05 천신 신앙
정답률 91% | 정답 ④

(가)에 들어갈 내용으로 옳은 것은?

고대 사회의 종교와 사상

1. _____(가)_____

○ 개념 : 하늘을 신격화하여 최고의 신으로 믿음
○ 역할
 - 지배 집단이 자신의 조상을 하늘과 연결시켜 통치의 정당성을 확보함
 - 국가 차원의 제천 행사를 열어 지배층의 권위를 과시함
○ 사례 : 혁거세의 건국 이야기, 수로의 건국 이야기, 부여의 영고, 고구려의 동맹 등

① 실학
② 불교
③ 성리학
④ 천신 신앙
⑤ 풍수지리설

Why? 왜 정답일까?

자료는 천신 신앙과 관련된 것이다.
고구려인은 시조 주몽이 천제의 자손이며 물의 신 하백의 외손이라고 주장하여 고구려가 천손국임을 내세웠다. 또 신라의 시조 혁거세는 밝은 빛으로 세상을 다스린다는 뜻인 불구내라고 불렸다. 이는 신라인이 혁거세를 천신으로 인식하였음을 보여 준다. 가야인 역시 시조 수로를 천신의 자손으로 인식하였다.

---

06 공민왕의 개혁 정치
정답률 65% | 정답 ④

(가)에 들어갈 내용으로 가장 적절한 것은?

○ 학습 주제 : 공민왕의 개혁 정치
○ 학습 활동 : 육각형 카드에 공민왕의 개혁 내용을 적고 관련 있는 단어 카드끼리 분류해 보세요.

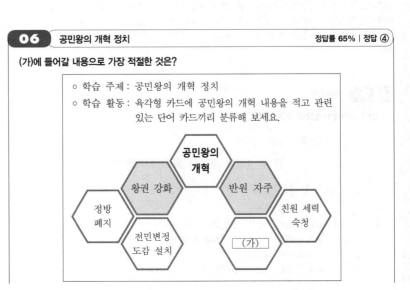

공민왕의 개혁 / 왕권 강화 / 반원 자주 / 정방 폐지 / 친원 세력 숙청 / 전민변정도감 설치 / (가)

① 장용영 운영　　　　　② 위화도 회군
③ 동북 9성 축조　　　　④ 쌍성총관부 공격
⑤ 군국기무처 설치

Why? 왜 정답일까?
자료는 공민왕의 개혁 정책을 정리한 것이다.
14세기 말 원·명 교체기에 공민왕은 반원 자주 정책과 왕권 강화 정책을 추진하였다. 반원 자주 정책으로는 기철 등 친원 세력 숙청, 정동행성 이문소 폐지, 쌍성총관부 공격, 관제 복구, 몽골풍 폐지 등이 있다. 왕권 강화 정책으로는 권문세족을 약화시키고자 신진 사대부를 등용하였고, 정방을 폐지하여 인사권을 장악하였다. 또한 신돈을 등용하여 전민변정도감을 설치해 억울하게 노비가 된 자를 풀어 주고 토지를 원래 주인에게 돌려주었다.

---

07 묘청의 서경 천도 운동　　　　정답률 62% | 정답 ③

(가)에 들어갈 주장으로 가장 적절한 것은? [3점]

묘청 / 김부식 / 대화궁에 벼락이 쳤습니다. 서경이 좋은 곳이라면 하늘이 이렇게 할 리가 없습니다. / 서경 / 동해 / 개경 / 황해

① 제주도로 근거지를 옮겨 항쟁해야 합니다.
② 명과 후금 사이에서 중립 외교를 해야 합니다.
③ 황제의 칭호를 사용하고 금을 정벌해야 합니다.
④ 천리장성을 쌓아 당의 침입에 대비해야 합니다.
⑤ 러시아의 남하를 막기 위해 미국과 수교해야 합니다.

Why? 왜 정답일까?
묘청 등 서경 세력은 풍수지리설을 근거로 서경 천도를 주장하고 칭제건원과 금 정벌을 내세웠다. 그러나 김부식 등 개경 세력은 서경 천도에 반대하는 입장을 보였다. 묘청 등이 서경에서 반란을 일으키자 김부식이 관군을 이끌고 진압하였다.

---

08 고려 태조 왕건의 정책　　　　정답률 79% | 정답 ⑤

밑줄 친 '왕'에 대한 설명으로 옳은 것은?

○ 왕이 포정전에서 즉위하니 국호를 고려라 하고 연호를 고쳐 천수(天授)라 하였다.
○ 발해국의 세자 대광현이 수만 명의 무리를 거느리고 들어오자, 왕은 그에게 성과 이름을 하사하였다.

① 집현전을 설치하였다.
② 별무반을 조직하였다.
③ 경국대전을 완성하였다.
④ 교육입국 조서를 반포하였다.
⑤ 호족 세력과 혼인 관계를 맺었다.

Why? 왜 정답일까?
자료는 『고려사』에 나오는 태조 왕건의 고려 건국과 발해 유민 수용과 관련된 것이다.
태조 왕건은 호족 통합 정책으로 호족 세력과 혼인 관계를 맺었고, 성씨를 내렸으며, 기인 제도와 사심관 제도를 실시하였다. 그리고 고구려 계승 의식을 표방하여 서경을 중시하였으며, 발해 유민을 받아들이고 거란을 배척하였다.

Why? 왜 오답일까?
① 조선 세종, ② 고려 숙종, ③ 조선 성종, ④ 조선 고종에 해당한다.

---

09 고려 사회의 모습　　　　정답률 52% | 정답 ①

(가) 국가에서 있었던 사실로 옳은 것은? [3점]

강동 6주를 확보한 (가) 의 사회 모습을 말해볼까? / 자녀에게 재산을 균등하게 분배하였고, 여성도 호주가 될 수 있었어. / 향·부곡·소라는 특수 행정 구역이 존재하였어.

① 직역이 없는 농민을 백정이라 불렀다.
② 여러 가(加)가 사출도를 다스렸다.
③ 공명첩을 발급하였다.
④ 단발령을 실시하였다.
⑤ 공인이 등장하였다.

Why? 왜 정답일까?
고려의 신분 구조는 귀족, 중류, 양인, 천인으로 나뉘며, 양인은 직역을 담당하는 정호와 직역이 없는 백정으로 나뉘었는데 백정의 대부분은 농민이었다. 당시 여성의 지위는 사회적으로 남성과 대등한 위치에 있었다. 여성이 호주가 될 수 있었고, 이혼과 재혼이 가능하였다. 호적에도 아들과 딸 구분 없이 태어난 순서대로 기록하였고, 자녀에게 재산을 균등하게 분배하여 상속하였다. 또 사위가 처가에서 살기도 하였고, 음서의 혜택을 사위와 외손자에게도 적용하였다.

---

10 세종의 업적　　　　정답률 47% | 정답 ⑤

(가) 왕의 업적으로 옳은 것은? [3점]

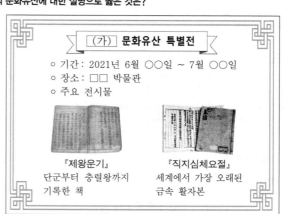

한국사 신문
조선, 압록강과 두만강까지 국경을 넓히다!
(가) 은/는 압록강과 두만강 유역의 여진족을 정벌하여 4군과 6진을 완성하였다. 이로써 조선의 국경선이 압록강과 두만강까지 확대되었다. 앞으로 정부는 넓어진 땅을 지키기 위해 남쪽 지역의 백성들을 이곳으로 이주시킬 계획이라고 한다.

① 태학을 설립하였다.
② 훈요 10조를 남겼다.
③ 과거제를 도입하였다.
④ 사심관 제도를 시행하였다.
⑤ 의정부 서사제를 실시하였다.

Why? 왜 정답일까?
자료의 (가) 왕은 조선 세종이다.
세종은 왕권과 신권의 조화를 위해 의정부 서사제를 실시하였고, 집현전을 확대하였으며, 훈민정음을 창제하였다. 또 여진족을 정벌하여 4군과 6진 지역을 개척하고 왜구의 근거지인 쓰시마를 정벌하였다.

Why? 왜 오답일까?
① 고구려 소수림왕 ②, ④ 고려 태조 ③ 고려 광종에 해당한다.

---

11 고려의 문화유산　　　　정답률 54% | 정답 ⑤

(가) 국가의 문화유산에 대한 설명으로 옳은 것은?

(가) 문화유산 특별전
○ 기간 : 2021년 6월 ○○일 ~ 7월 ○○일
○ 장소 : □□ 박물관
○ 주요 전시물

『제왕운기』 단군부터 충렬왕까지 기록한 책 / 『직지심체요절』 세계에서 가장 오래된 금속 활자본

① 경복궁이 중건되었다.
② 불국사가 만들어졌다.
③ 상경성이 건설되었다.
④ 무령왕릉이 축조되었다.
⑤ 삼국유사가 편찬되었다.

Why? 왜 정답일까?
자료는 고려 시기에 편찬된 『제왕운기』와 『직지심체요절』이다.
『제왕운기』는 이승휴가 단군의 건국 이야기부터 고려 충렬왕까지 기록한 책이다. 『직지심체요절』은 세계에서 가장 오래된 금속 활자본으로 세계 기록 유산에 등재되었다. 고려 시기 일연이 쓴 『삼국유사』에는 불교 관련 설화와 단군 이야기가 기록되어 있다.

Why? 왜 오답일까?
① 조선, ② 신라, ③ 발해, ④ 백제에 해당한다.

---

12 정조의 탕평책　　　　정답률 79% | 정답 ③

다음 가상 드라마에서 볼 수 있는 장면으로 가장 적절한 것은? [3점]

> **드라마 '정약용' 기획안**
>
> ○ 기획 의도 : 정약용의 일생을 통해 조선 후기 시대
> 상을 살펴본다.
> ○ 등장 인물 : 정약용, 정조, 채제공, 심환지 등
> ○ 줄거리
> 　정약용은 거중기를 활용하여 수원에 화성을 건설
> 하는 등 정조의 개혁 정책들을 실현하기 위해 많은
> 활약을 한다. 그러나 정조의 죽음 이후 천주교를
> 믿었다는 이유로 전라도 강진에서 18년간 유배
> 생활을 하게 된다.

① 빈공과에 응시하는 6두품
② 정사암 회의에 참여하는 귀족
③ 규장각에서 학문을 연구하는 학자
④ 을미사변에 반발하여 의병을 일으키는 유생
⑤ 한산도 앞바다에서 일본군과 싸우는 조선 수군

Why? 왜 정답일까?

정조는 영조의 뒤를 이어 탕평책을 실시하여 왕권을 강화하고자 하였다. 이를 위해 왕실 도서관인 규장각을 설치하여 초계문신제를 실시하고 수원에 화성을 건설하였으며, 친위 부대인 장용영을 설치하였다.

Why? 왜 오답일까?

① 신라, ② 백제, ④ 조선 고종, ⑤ 조선 선조에 해당한다.

---

13 대동법　　　　　　　　정답률 74% | 정답 ①

밑줄 친 '이 법'을 실시한 배경으로 가장 적절한 것은? [3점]

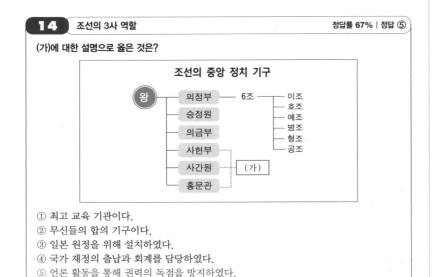

> 자네 들었나? 이제 우리 고을에서도 이 법이 실시된다지?
>
> 그렇다네. 공물로 바치던 특산물 대신 쌀이나 옷감 등으로 낼 수 있다네.

① 방납의 폐단
② 권문세족의 성장
③ 조선책략의 유포
④ 홍건적과 왜구의 침입
⑤ 진골 귀족들의 왕위 다툼

Why? 왜 정답일까?

특산물을 바치는 공납은 관청과 결탁한 방납업자들의 횡포로 인해 백성에게 많은 부담이 되었다. 이를 해결하기 위해 조선 정부에서는 대동법을 실시하였다. 대동법은 특산물 대신에 토지 1결당 쌀 12두를 내게 하였는데 지역에 따라 옷감이나 돈으로도 낼 수 있었다. 대동법 실시 이후 정부에 필요한 물건들을 납품하는 공인이 등장하였다.

---

14 조선의 3사 역할　　　　　정답률 67% | 정답 ⑤

(가)에 대한 설명으로 옳은 것은?

조선의 중앙 정치 기구

```
왕 ── 의정부 ── 6조 ── 이조
     승정원           호조
     의금부           예조
     사헌부           병조
     사간원           형조
     홍문관 ── (가)    공조
```

① 최고 교육 기관이다.
② 무신들의 합의 기구이다.
③ 일본 원정을 위해 설치하였다.
④ 국가 재정의 출납과 회계를 담당하였다.
⑤ 언론 활동을 통해 권력의 독점을 방지하였다.

Why? 왜 정답일까?

자료의 (가)는 3사이다. 조선의 3사는 사헌부, 사간원, 홍문관이었다. 사헌부는 관리의 부정·비리를 감찰하였고 사간원은 국왕의 정치를 비판하였으며 홍문관은 경연을 담당하며 왕의 자문에 응하였다. 이러한 3사의 활동은 결과적으로 국왕이나 대신들의 권력 독점을 방지하는 역할을 하였다.

---

15 신미양요　　　　　　　　정답률 59% | 정답 ④

다음 사건이 일어난 시기를 연표에서 옳게 고른 것은? [3점]

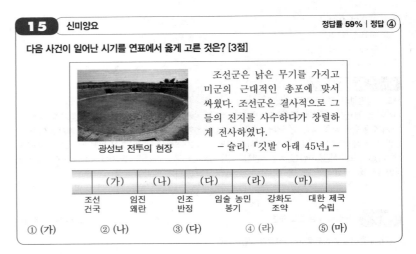

> 조선군은 낡은 무기를 가지고 미군의 근대적인 총포에 맞서 싸웠다. 조선군은 결사적으로 그들의 진지를 사수하다가 장렬하게 전사하였다.
> – 슐리, 『깃발 아래 45년』 –

광성보 전투의 현장

	(가)		(나)		(다)		(라)		(마)	
조선 건국		임진 왜란		인조 반정		임술 농민 봉기		강화도 조약		대한 제국 수립

① (가)　② (나)　③ (다)　④ (라)　⑤ (마)

Why? 왜 정답일까?

자료는 신미양요(1871)와 관련된 것이다.
미국은 제너럴 셔먼호 사건을 구실로 통상 조약 체결을 요구하였으나 흥선대원군은 이를 거부하였다. 그러자 미국은 강화도를 침략하여 초지진과 덕진진을 함락하고 광성보를 공격하였다. 어재연이 이끄는 부대가 광성보에서 결사 항전하였으나 전력의 열세로 패배하였다. 조선 건국은 1392년, 임진왜란은 1592년, 인조반정은 1623년, 임술 농민 봉기는 1862년, 강화도 조약은 1876년, 대한 제국 수립은 1897년에 해당한다.

---

16 정부의 개화정책　　　　　정답률 53% | 정답 ②

밑줄 친 '아문'이 운영된 시기의 정책으로 옳은 것은?

> 의정부에서 아문(衙門)을 설치하는 일에 대한 규정을 마련하여 아뢰었다.
> 一. 아문의 칭호는 통리기무아문으로 한다.
> …(중략)…
> 一. 이 아문은 국가의 중요 사무를 통솔하고 대신 중에서 총리를 삼아 일을 총괄하게 한다.
> – 『고종실록』 –

① 국학을 설립하였다.
② 별기군을 창설하였다.
③ 22담로를 설치하였다.
④ 초계문신제를 운영하였다.
⑤ 6조 직계제를 시행하였다.

Why? 왜 정답일까?

자료는 통리기무아문 설치에 관한 규정이다. 강화도 조약 체결 이후 정부는 개화정책을 추진하기 위해 1880년에 통리기무아문을 설치하고 그 아래에 12사를 두었으며, 5군영을 2영으로 통·폐합하고 신식 군대인 별기군을 창설하였다. 그리고 청에 영선사를, 일본에는 조사시찰단을 파견하였다.

Why? 왜 오답일까?

① 신라 신문왕, ③ 백제 무령왕, ④ 조선 정조, ⑤ 조선 태종·세조 시기에 해당한다.

---

17 동학 농민 운동　　　　　정답률 75% | 정답 ③

(가), (나) 시기 사이에 있었던 사실로 옳은 것은? [3점]

> (가) 고부 군수 조병갑은 농민들을 강제 동원하여 만석보를 쌓은 뒤 물세를 징수하고, 갖은 죄목을 씌워 농민들을 괴롭혔다. 이에 전봉준은 사발통문을 돌려 사람들을 모아 고부 관아를 점령하고 만석보를 무너뜨렸다.
>
> (나) 일본은 경복궁을 점령하고 청·일 전쟁을 일으켰다. 이에 동학 농민군은 일본을 몰아내기 위해 다시 봉기하였다. 그러나 우금치 전투에서 최신식 무기를 가진 일본군에게 결국 패하고 말았다.

① 현량과를 실시하였다.
② 청해진을 설치하였다.
③ 집강소를 운영하였다.
④ 천태종을 창시하였다.
⑤ 쓰시마를 정벌하였다.

Why? 왜 정답일까?

자료는 동학 농민 운동의 전개 과정에 관련된 것이다.
(가)는 고부 농민 봉기, (나)는 2차 봉기 때의 우금치 전투이다. 고부 농민 봉기 이후 1차 봉기를 일으킨 농민군은 황토현과 황룡촌에서 관군을 물리치고 전주성을 점령하였다. 이후 농민군은 정부와 전주 화약을 맺어 전라도에 집강소를 설치하고 폐정 개혁을 실시하였다.

---

18 광무개혁　　　　　　　　정답률 48% | 정답 ②

다음 규정을 마련한 정부의 정책으로 옳은 것은? [3점]

지계아문 규정

제1조 지계아문은 한성부와 13도의 각 부와 군의 산림, 토지, 전답, 가옥의 지계를 정리하기 위하여 임시로 설치한다.

제11조 산림, 토지, 전답, 가옥 소유주가 지계를 발급받지 않았다가 적발되었을 때는 벌금을 물리고 지계를 발급한다.

지계

－『대한 제국 관보』－

① 탕평책을 시행하였다.　　　② 원수부를 설치하였다.
③ 과전법을 실시하였다.　　　④ 도병마사를 운영하였다.
⑤ 9주 5소경 체제를 완성하였다.

Why? 왜 정답일까?

자료는 대한 제국 당시 근대적 토지 제도 수립 과정에서 만들어진 지계아문 규정에 관한 것이다. 1897년 고종은 황제라 칭하고 국호를 대한 제국으로 정했으며 연호를 광무라 하고 광무개혁을 추진하였다. 광무개혁 중에 원수부를 설치하고 대한국 국제를 반포하였으며 근대적 토지 소유 증명서인 지계를 발급하였다.

19　갑신정변　　정답률 72% | 정답 ②

밑줄 친 '이 사건'으로 옳은 것은?

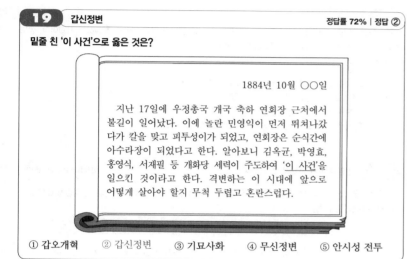

1884년 10월 ○○일

지난 17일에 우정총국 개국 축하 연회장 근처에서 불길이 일어났다. 이에 놀란 민영익이 먼저 뛰쳐나갔다가 칼을 맞고 피투성이가 되었고, 연회장은 순식간에 아수라장이 되었다고 한다. 알아보니 김옥균, 박영효, 홍영식, 서재필 등 개화당 세력이 주도하여 '이 사건'을 일으킨 것이라고 한다. 격변하는 이 시대에 앞으로 어떻게 살아야 할지 무척 두렵고 혼란스럽다.

① 갑오개혁　② 갑신정변　③ 기묘사화　④ 무신정변　⑤ 안시성 전투

Why? 왜 정답일까?

자료는 갑신정변과 관련된 가상 일기이다.
갑신정변은 1884년에 김옥균 등 급진개화파가 우정총국 개국 축하연을 이용하여 정변을 일으킨 사건이다. 급진 개화파는 개혁 정강을 발표하고 문벌 폐지를 통한 인민 평등권 확립, 지조법 개혁 등을 주장하였다. 그러나 갑신정변은 청군의 개입과 일본의 배신으로 3일 만에 끝났다.

Why? 왜 오답일까?

① 정부가 주도한 근대적 개혁이다.
③ 조광조의 개혁에 반발하여 일어난 사화이다.
④ 고려 의종의 실정과 무신에 대한 차별에 반발하여 일어난 정변이다.
⑤ 당에 맞서 싸운 고구려의 항쟁에 해당한다.

20　독립 협회　　정답률 90% | 정답 ⑤

다음 자료를 활용한 탐구 활동으로 가장 적절한 것은? [3점]

독립문가

우리 조선 신민들은 독립가를 들어보오
병자지수 설치하고 자주독립 좋으시고
독립문을 지은 후에 독립가를 불러보세
…(중략)…
연주문'을 쇄파하고 독립문이 높아지네
우리 성주 수만세요 우리 창생 화합이라
오백년래 좋은 일은 독립문이 좋으시고
－『독립신문』(1896.7.16.)－
• 연주문: 영은문의 별칭

① 팔관회를 실시한 이유를 파악한다.
② 임오군란의 발생 배경을 찾아본다.
③ 사림이 향약을 보급한 목적을 살펴본다.
④ 삼별초가 전개한 대몽항쟁 과정을 조사한다.
⑤ 만민 공동회를 개최한 단체의 활동을 알아본다.

Why? 왜 정답일까?

자료는 『독립신문』에 실린 '독립문가'이다.
미국에서 돌아온 서재필이 정부의 지원을 받아 독립신문을 창간하고 독립 협회를 조직하였다. 독립 협회는 독립문을 건립하였고, 만민 공동회를 개최하여 러시아의 절영도 조차 요구를 저지하였으며, 의회 설립 운동을 통해 헌의 6조를 고종에게 건의하여 중추원 관제를 반포하기에 이르렀다.

• 정답 •

01 ③ 02 ③ 03 ② 04 ③ 05 ③ 06 ① 07 ③ 08 ① 09 ⑤ 10 ① 11 ④ 12 ④ 13 ④ 14 ① 15 ④
16 ⑤ 17 ② 18 ⑤ 19 ② 20 ⑤

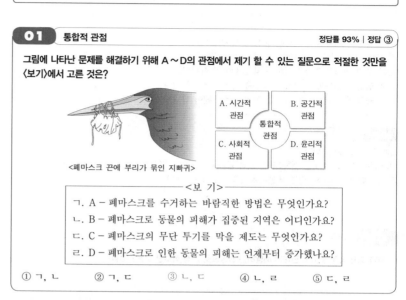

01　통합적 관점　　정답률 93% | 정답 ③

그림에 나타난 문제를 해결하기 위해 A~D의 관점에서 제기 할 수 있는 질문으로 적절한 것만을 〈보기〉에서 고른 것은?

<페마스크 끈에 부리가 묶인 지빠귀>

A. 시간적 관점	B. 공간적 관점
통합적 관점	
C. 사회적 관점	D. 윤리적 관점

〈보 기〉

ㄱ. A – 폐마스크를 수거하는 바람직한 방법은 무엇인가요?
ㄴ. B – 폐마스크로 동물의 피해가 집중된 지역은 어디인가요?
ㄷ. C – 폐마스크의 무단 투기를 막을 제도는 무엇인가요?
ㄹ. D – 폐마스크로 인한 동물의 피해는 언제부터 증가했나요?

① ㄱ, ㄴ　② ㄱ, ㄷ　③ ㄴ, ㄷ　④ ㄴ, ㄹ　⑤ ㄷ, ㄹ

Why? 왜 정답일까?

그림에는 폐마스크로 인한 동물의 피해가 나타나 있다.
ㄴ. 공간적 관점에서는 폐마스크로 인해 피해가 집중된 지역을 찾아볼 수 있다.
ㄷ. 사회적 관점에서는 폐마스크로 인한 피해를 방지하기 위한 제도를 모색할 수 있다.

Why? 왜 오답일까?

ㄱ. 마스크의 바람직한 수거 방법은 윤리적 관점과 관련이 있다.
ㄹ. 동물 피해의 증가 시점은 시간적 관점과 관련이 있다.

02　기후와 인간 생활과의 관계　　정답률 87% | 정답 ③

다음은 두 기후 지역의 전통 가옥을 나타낸 것이다. (가), (나) 기후 지역의 상대적 특성을 그래프로 나타낼 때, A, B에 들어갈 항목으로 옳은 것은? [3점]

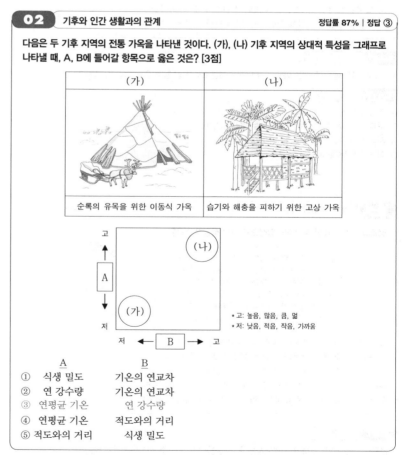

(가)	(나)
순록의 유목을 위한 이동식 가옥	습기와 해충을 피하기 위한 고상 가옥

* 고: 높음, 많음, 큼, 멂
* 저: 낮음, 적음, 작음, 가까움

	A	B
①	식생 밀도	기온의 연교차
②	연 강수량	기온의 연교차
③	연평균 기온	연 강수량
④	연평균 기온	적도와의 거리
⑤	적도와의 거리	식생 밀도

Why? 왜 정답일까?

(가)는 순록을 유목하는 한대 기후 지역, (나)는 고온 다습한 열대 기후 지역이다.
덥고 습한 열대 기후 지역의 전통 가옥은 개방적 구조의 고상 가옥이 나타나고, 연중 기온이 낮은 한대 기후 지역에서는 전통적인 순록 유목 생활과 유목을 위한 이동식 가옥이 나타난다.
한대 기후 지역은 열대 기후 지역보다 연 강수량이 적고, 연평균 기온이 낮으며 식생 밀도도 낮다.
한편, 한대 기후 지역은 열대 기후 지역보다 연교차가 크며, 고위도에 분포하므로 적도와의 거리가 멀다.

03　시대에 따른 행복의 기준　　정답률 85% | 정답 ②

다음의 대화에서 (가)에 들어갈 내용으로 가장 적절한 것은?

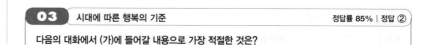

① 감각적 쾌락을 추구하는 삶을 살아야 합니다.
② 이성의 기능을 발휘하여 지혜를 얻어야 합니다.
③ 부와 권력을 최우선시하는 삶을 살아야 합니다.
④ 인간의 본능에 충실하여 욕구를 만족시켜야 합니다.
⑤ 공동체와 관계없이 사적인 이익을 추구해야 합니다.

Why? 왜 정답일까?

을은 아리스토텔레스이다.
아리스토텔레스는 행복을 철학이라는 지적 활동을 통해 얻는 것이라고 보았다. 인간에게만 있는 이성의
기능을 발휘하여 지혜를 얻을 때 행복에 이를 수 있다는 것이다.

---

04 지역 조사 과정 정답률 64% | 정답 ③

지역 조사 과정 중 (가) 단계에 해당하는 활동으로 가장 적절한 것은? [3점]

조사 목적 → 조사 주제 선정 → 지리 정보 수집 → 지리 정보 분석
조사 지역 선정
실내 조사 (가)
분석·자료 정리
도표·주제도 작성
조사 보고서 작성 ← 토의

① ○○ 지역의 교통량과 상권 변화를 주제로 정한다.
② 수집한 자료를 유형별로 분류하고 시각적으로 표현한다.
③ ○○ 지역의 시청을 방문하여 담당자와 면담을 실시한다.
④ 도서관에서 교통량과 상권 변화에 관한 문헌을 조사한다.
⑤ 교통량과 상권 변화에 대한 ○○ 지역 답사 일정을 수립한다.

Why? 왜 정답일까?

지역 조사 과정 중 (가)단계는 야외 조사 단계로 설문조사, 사진 촬영, 면담 등이 이루어지는 단계이다.

Why? 왜 오답일까?

① 조사 주제 선정 단계이다.
② 자료를 정리하고 분석하는 지리 정보 분석 단계이다.
④ 지리 정보 수집 중 실내 조사 단계이다.
⑤ 실내 조사 단계이다.

---

05 행복한 삶의 기준 정답률 95% | 정답 ③

행복의 기준에 대한 강연자의 입장으로 가장 적절한 것은?

21세기에도 먹을 것이 부족한 지역에서는 음식을 얻으면 행복을 느낄 것이고, 민주주의가 실현되지 않은 국가에서는 정치적 자유를 누릴 때 행복을 느낄 것입니다. 또한 전쟁이 발생한 지역에서는 평화가 행복의 기준이 될 수 있습니다.

① 행복의 기준은 자신이 처해 있는 환경과 무관하다.
② 모든 사람에게 행복의 기준은 획일적으로 적용된다.
③ 지역 여건에 따라 행복의 기준은 다양하게 나타난다.
④ 시대적 상황과 무관하게 행복의 객관적 기준은 동일하다.
⑤ 진정한 행복은 현세(現世)가 아닌 내세(來世)에서 실현된다.

Why? 왜 정답일까?

강연자는 먹을 것이 부족한 지역에서는 풍족한 음식이, 민주주의가 실현되지 않은 국가에서는 정치적
자유가, 전쟁이 발생한 지역에서는 평화가 행복한 삶을 위한 기준이라는 사례를 제시한다. 행복의 기준은
지역 여건의 영향을 받아 다양하게 나타난다.

Why? 왜 오답일까?

④ 제시문은 같은 시대에 다양한 지역의 행복의 기준을 나타내고 있으므로 시대적 상황에 따른 행복의
기준과는 관계가 없다.

---

06 정보 사회 특징 정답률 94% | 정답 ①

자료를 통해 추론할 수 있는 사회의 일반적인 변화 내용으로 가장 적절한 것은?

<매체별 뉴스 이용률 추이>

● 인터넷 뉴스 이용률 ○ 종이 신문 이용률
(한국언론진흥재단, 2022)

① 쌍방향 통신매체의 영향력이 증가할 것이다.
② 개인 정보 유출에 의한 사생활 침해 빈도가 감소할 것이다.
③ 재택근무의 축소로 가정과 직장의 분리가 뚜렷해질 것이다.
④ 익명성을 악용한 사이버 범죄의 발생 가능성이 낮아질 것이다.
⑤ 시·공간의 제약으로 전자 상거래 관련 업종이 쇠퇴할 것이다.

Why? 왜 정답일까?

자료는 정보 사회의 특징을 보여준다. 정보 사회는 지식과 정보가 부가 가치를 창출하는 사회이다. 정보
사회에서는 쌍방향 통신 매체의 영향력이 증가한다.

Why? 왜 오답일까?

② 개인 정보 유출로 인한 사생활 침해 빈도가 늘어날 것이다.
③ 재택근무 확산으로 가정과 직장의 분리가 약화될 것이다.
④ 익명성을 악용한 사이버 범죄의 발생 가능성은 높아질 것이다.
⑤ 시·공간의 제약이 감소하여 전자 상거래의 이용이 증가할 것이다.

---

07 인권 확장의 역사적 전개 과정 정답률 54% | 정답 ③

다음은 인권 확장의 역사적 전개 과정에서 발표된 문서의 일부이다. 이에 대한 옳은 설명만을 <보기>에서 고른 것은? [3점]

(가)	(나)
권리 장전 (1689년) 1. '국왕은 의회의 동의 없이 법의 효력을 정지하거나 법의 집행을 정지할 수 있는 권력이 있다.'는 주장은 위법이다. 4. 국왕의 대권을 구실로 의회의 승인 없이 … (중략) … 국왕이 쓰기 위한 금전을 징수하는 것은 위법이다.	인간과 시민의 권리 선언 (1789년) 제1조 인간은 자유롭게, 그리고 평등한 권리를 가지고 태어난다. 제2조 모든 정치적 결사의 목적은 인간의 자연적이고 침해할 수 없는 권리를 보존하는 데 있다. 제3조 모든 주권 원칙은 국민에게 있다.

<보기>
ㄱ. (가)는 사회권이 명시된 최초의 문서이다.
ㄴ. (나)는 천부 인권과 국민 주권의 원리를 반영하고 있다.
ㄷ. (가)와 (나)는 모두 계몽사상의 영향을 받았다.
ㄹ. (가)는 (나)와 달리 사회 계약설을 근거로 하고 있다.

① ㄱ, ㄴ ② ㄱ, ㄷ ③ ㄴ, ㄷ ④ ㄴ, ㄹ ⑤ ㄷ, ㄹ

Why? 왜 정답일까?

(가)는 명예혁명, (나)는 프랑스 혁명 과정에서 발표된 문서의 일부이다.
(나)의 제1조를 통해 천부 인권 사상을 파악할 수 있고, 제3조를 통해 국민 주권의 원리를 찾아볼 수 있다.
(가)와 (나)는 모두 계몽사상의 영향을 받았다.

Why? 왜 오답일까?

ㄱ. 사회권이 명시된 최초의 문서는 바이마르 헌법이다.
ㄹ. (가)와 (나)는 모두 사회계약설의 영향을 받았다. 사회계약설은 사회나 국가가 자유롭고 평등한 개인들
의 합의나 계약으로 발생했다는 학설이다.

---

08 건조 기후 지역 정답률 93% | 정답 ①

자료는 어느 지역 여행기의 일부이다. 이 기후 지역 주민들의 전통적인 생활 모습에 대한 설명으로 옳은 것은?

모래 언덕을 뜨겁게 달군 강렬한 햇볕과 숨을 들이쉴 때마다 들어오는 모래 알갱이……. 밤하늘을 수놓은 별은 총총 빛났고, 서늘한 밤공기가 텐트 안으로 들어왔다. 그렇게 사막의 밤은 저물었다.

#사막투어 #낙타 #지구별여행

① 오아시스 주변에서 대추야자를 재배한다.
② 계절풍 기후를 이용하여 쌀과 차를 재배한다.
③ 땔감을 구하기 어려워 날고기를 주로 섭취한다.
④ 풍부한 침엽수를 이용해 통나무집을 짓고 산다.
⑤ 이동식 화전 농업을 통해 카사바 등을 재배한다.

Why? 왜 정답일까?
자료의 여행지역은 건조 기후 지역이다. 대추야자를 재배하는 오아시스 농업은 건조 기후 지역의 특징이다.

Why? 왜 오답일까?
② 온대 및 열대 기후 지역의 특징이다.
③ 한대 기후 지역의 특징이다.
④ 냉대 기후 지역의 특징이다.
⑤ 열대 기후 지역의 특징이다.

---

09 행복한 삶을 위한 태도   정답률 93% | 정답 ⑤

(가), (나)에서 공통적으로 강조하는 행복한 삶을 위한 자세로 가장 적절한 것은?

> (가) 고대 그리스 철학자 소크라테스는 "반성하지 않는 삶은 살 가치가 없다."라고 하였다. 그는 자신의 삶을 끊임없이 돌아보고 무지(無知)를 깨달아 도덕적인 삶을 사는 것이 행복이라고 주장하였다.
>
> (나) 고등학생 ○○은 사회적으로 인정받는 직업과 자신이 원하는 직업 사이에서 고민하였다. 이후 자신이 소중히 여기는 가치를 인식하고, 자신에게 진정으로 행복감을 주는 직업을 선택하기로 하였다.

① 세속적 성공을 도덕적인 가치보다 우선시해야 한다.
② 개인의 행복보다 타인의 요구를 먼저 고려해야 한다.
③ 육체적인 쾌락을 정신적인 만족감보다 중시해야 한다.
④ 삶에 필요한 도구적 가치를 우선적으로 추구해야 한다.
⑤ 삶을 스스로 점검하고 성찰하는 태도를 함양해야 한다.

Why? 왜 정답일까?
(가)는 반성하고 성찰하는 삶의 태도를 중시하는 소크라테스의 주장이고, (나)는 자신이 소중히 여기는 가치를 찾아가며 직업을 고민하는 성찰을 통해 행복한 삶을 추구하는 내용의 사례이다. 따라서 (가), (나)는 행복하기 위해서 성찰하는 삶의 태도를 공통적으로 강조하고 있다.

---

10 산업화, 도시화에 따른 변화   정답률 71% | 정답 ①

그래프는 우리나라의 산업별 종사자 비중과 도시 인구 비율 변화를 나타낸 것이다. 1960년과 비교한 2020년의 상대적 특성으로 옳은 것은?

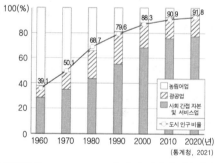

(통계청, 2021)

① 직업의 종류가 다양하다.
② 촌락 인구의 비율이 높다.
③ 토지 이용의 집약도가 낮다.
④ 1차 산업 종사자 비중이 높다.
⑤ 개인주의적 가치관이 약화된다.

Why? 왜 정답일까?
자료는 우리나라 산업구조 고도화와 도시 인구 비율 증가를 표현한 것이다.
산업구조 고도화로 직업의 종류가 다양해진다. 도시 인구 비율 증가로 도시화율이 높아짐을 알 수 있다.

Why? 왜 오답일까?
② 촌락 인구의 비율이 낮다.
③ 토지 이용의 집약도는 높아진다.
④ 1차 산업 종사자 비중은 감소한다.
⑤ 개인주의 가치관이 확산된다.

---

11 지형과 인간 생활 관계   정답률 48% | 정답 ④

(가)에 들어갈 내용으로 옳은 것은? [3점]

> 수업 주제 : 카르스트 지형의 형성과 주민 생활
>
> · 사례 지역: 중국 구이린 베트남 할롱 베이
> · 형성 과정: ___(가)___ 형성된다.
> · 주민 생활: 지형을 활용한 관광업 종사자 비율이 높다.

① 빙하에 의해 기반암이 깎이는 과정에서
② 용암이 급격하게 식어 수축되는 과정에서
③ 파랑에 의해 운반된 모래가 쌓이는 과정에서
④ 빗물과 지하수에 의해 석회암이 녹는 과정에서
⑤ 바람이 운반한 모래가 기반암을 깎는 과정에서

Why? 왜 정답일까?
자료는 카르스트 지형의 사례와 특징에 관한 것으로 카르스트 지형은 석회암이 지하수나 빗물에 녹아서 (용식) 형성된다.

---

12 환경 문제의 피해 추론   정답률 92% | 정답 ④

자료를 통해 파악할 수 있는 환경 문제가 심화될 경우 예상 되는 변화로 가장 적절한 것은? [3점]

<북극해 빙하 분포 면적의 변화>

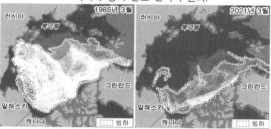

* 표시된 빙하는 형성된 지 3년 이상 된 것임.

① 북극해의 해수 염도가 높아질 것이다.
② 동아시아의 겨울철 지속 기간이 길어질 것이다.
③ 한반도의 침엽수림 분포 면적이 확대될 것이다.
④ 남태평양 해안 저지대의 침수 위험이 증가할 것이다.
⑤ 알프스산맥에 분포하는 만년설 범위가 확대될 것이다.

Why? 왜 정답일까?
자료의 북극해 빙하 분포 면적이 축소된 것으로 보아 지구 온난화의 영향이 있음을 알 수 있다. 지구 온난화 현상이 심화되면 빙하가 녹아 해수면이 상승하게 되므로 남태평양의 해안 저지대는 침수 위험이 증가할 것이다.

Why? 왜 오답일까?
① 빙하가 녹으면 북극해의 해수 염도가 낮아질 것이다.
② 동아시아의 겨울철 지속기간은 짧아질 것이다.
③ 한반도의 침엽수림 분포 면적은 축소될 것이다.
⑤ 알프스산맥의 만년설의 분포 범위가 축소될 것이다.

---

13 자연재해 특징   정답률 93% | 정답 ④

자료는 (가), (나)의 이동 경로를 나타낸 것이다. 이에 대한 옳은 설명만을 <보기>에서 고른 것은? (단, (가), (나)는 각각 태풍, 황사 중 하나임.)

(가)의 이동 경로

주요 발생 시기: 7~9월

(나)의 이동 경로

주요 발생 시기: 3~4월 · 발원지

<보 기>
ㄱ. (가)는 지형적 요인에 의해 발생한다.
ㄴ. (가)는 주로 강풍과 폭우를 동반한다.
ㄷ. (나)는 열대 해상에서 발생하여 고위도로 이동한다.
ㄹ. (나)로 인해 호흡기 질환과 같은 신체적 피해가 발생한다.

① ㄱ, ㄴ   ② ㄱ, ㄷ   ③ ㄴ, ㄷ   ④ ㄴ, ㄹ   ⑤ ㄷ, ㄹ

Why? 왜 정답일까?
(가)는 태풍, (나)는 황사이다. 태풍과 황사는 모두 기후적 요인에 의해 발생하고, 태풍은 열대 해상에서 발생하여 고위도로 이동하며, 주로 강풍과 폭우를 동반한다. 황사는 중국 내륙이나 몽골의 건조 지역에서 발생한 흙먼지가 편서풍을 타고 날아오는 현상이다. 봄철에는 황사 발생이 잦아 호흡기 질환이 유발된다.

---

14 지역 변화   정답률 81% | 정답 ①

지도는 어느 지역의 토지 이용 변화를 나타낸 것이다. (가)시기와 비교한 (나)시기의 상대적 특성을 그림의 A~E에서 고른 것은? [3점]

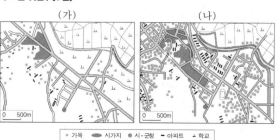

■ 가옥 ▲ 시가지 ● 시·군청 ▬ 아파트 ▲ 학교

13회

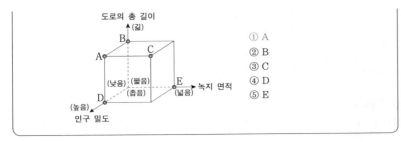

도로의 총 길이
(긺)

① A
② B
③ C
④ D
⑤ E

Why? 왜 정답일까?

가옥과 아파트 등 주거 면적의 확대로 인구 증가 현상을 파악할 수 있고, 이에 따라 인구 밀도가 높아졌음을 알 수 있다. 그리고 도로의 총 길이가 증가하였고, 시가지 및 아파트 등의 면적이 증가함에 따라 녹지 면적은 감소되었음을 알 수 있다.

---

15 현대 사회의 확장된 인권   정답률 92% | 정답 ④

표는 현대 사회의 인권 (가), (나)와 관련된 사례를 나타낸 것이다. 이에 대한 옳은 설명만을 〈보기〉에서 고른 것은? (단, (가), (나)는 각각 주거권, 환경권 중 하나임.) [3점]

인권	사 례
(가)	프랑스 파리의 일부 청년들은 9m² 크기의 '하녀방(Chambre de bonne)'에 살고 있다. 이는 소설 소공녀의 세라가 하녀로 전락했을 때 머문 다락방과 비슷하다고 붙여진 별명이다. 이 방은 엘리베이터나 화장실도 없고 주택이나 아파트 건물의 꼭대기 층에 있다. 여름에 옥탑방 온도는 40℃까지 올라간다. 파리도 런던과 마찬가지로 소득 대비 임대료가 비싼 도시 중 하나이다. – ○○ 신문, ○월 ○일 –
(나)	◇◇ 지역 산업단지에서 화석연료 대량 사용으로 대기 오염이 심각하게 발생하였고, 이와 관련된 사망자가 약 500명에 이른다고 △△ 환경단체연합이 밝혔다. 이 단체는 호흡기 질환 등으로 인한 사회적 손실을 금액으로 환산하면 2022년 기준 약 3조 원에 이를 것으로 추산했다. 또한 화석연료에 계속 의존할 경우, 대기오염 물질로 인한 누적 사망자가 2050년에는 2만여 명까지 증가할 것이라고 주장하였다. – □□ 신문, □월 □일 –

〈보 기〉
ㄱ. (가)는 (나)와 달리 천부 인권적 성격을 가진다.
ㄴ. (가)와 (나)는 모두 현대 사회에서 확장된 인권이다.
ㄷ. (가)의 사례에서 쾌적한 주거환경이 보장되고 있음을 알 수 있다.
ㄹ. (나)의 사례를 통해 과거에 비해 환경권이 더 강조될 것으로 예상할 수 있다.

① ㄱ, ㄴ   ② ㄱ, ㄷ   ③ ㄴ, ㄷ   ④ ㄴ, ㄹ   ⑤ ㄷ, ㄹ

Why? 왜 정답일까?

(가)는 주거권, (나)는 환경권이다.
주거권은 쾌적하고 안정적인 주거환경에서 인간다운 주거 생활을 할 권리이다. 환경권은 건강하고 쾌적한 생활에 필요한 모든 조건이 충족된 환경을 누릴 수 있는 권리이다. 두 인권은 모두 현대 사회에서 확장된 인권이다. (나)의 사례를 통해 환경권의 중요성이 강조될 것임을 예상할 수 있다.

Why? 왜 오답일까?

ㄱ. 천부 인권적 성격이 강하게 나타나는 인권은 자유권과 평등권이다.
ㄷ. (가)의 사례를 통해 쾌적한 주거환경 보장이 어려움을 파악할 수 있다.

---

16 환경 문제 원인과 해결 방안   정답률 87% | 정답 ⑤

자료와 관련된 문제를 해결하기 위한 각 주체의 노력으로 옳은 것만을 〈보기〉에서 고른 것은?

〈환경 위기 시계〉

위험

2000년 2005년 2010년 2015년 → 2020년
8:56 9:05 9:19 9:27   9:47

• 환경 위기 시계: 지구환경 파괴에 대한 위기감을 표현한 것으로 12시에 가까울수록 지구 환경이 극도로 위험해짐을 나타냄.

〈보 기〉
ㄱ. 정부는 환경 관련 국제 협약을 탈퇴한다.
ㄴ. 시민 단체는 친환경 제품을 인증하는 법률을 제정한다.
ㄷ. 소비자는 친환경 제품을 사용하여 에너지를 절약한다.
ㄹ. 기업은 노후 생산 시설을 정비하는 친환경 경영을 실천한다.

① ㄱ, ㄴ   ② ㄱ, ㄷ   ③ ㄴ, ㄷ   ④ ㄴ, ㄹ   ⑤ ㄷ, ㄹ

Why? 왜 정답일까?

제시된 그림은 환경 위기 시계를 시간순으로 나타낸 것으로 이를 통해 환경 문제의 심각성을 파악할 수 있다. 따라서 환경 문제를 해결하기 위해 기업은 노후 생산 시설을 정비하여 친환경 경영을 실천하고, 소비자는 환경 마크가 부착된 친환경 제품을 사용하여 에너지를 절약한다.

Why? 왜 오답일까?

ㄱ. 정부는 환경 보호를 위해 환경 관련 국제 협약을 준수한다.
ㄴ. 시민 단체는 친환경 제품 인증을 위한 법률을 제정할 수 없다.

---

17 생태 중심주의 자연관   정답률 96% | 정답 ②

다음 글의 관점에 부합하는 진술에만 모두 '√'를 표시한 학생은? [3점]

자연을 인간의 이익을 위한 대상으로만 평가해서는 안 되며, 생태계 내의 모든 존재는 그 자체로 존중받아야 한다. 인간과 자연은 공존하는 관계에 있으므로 생태계를 도덕적으로 대우해야 한다.

진술 \ 학생	갑	을	병	정	무
생태계 전체는 하나의 유기체이다.	√	√		√	
인간과 자연은 동등하지 않으며 위계 관계에 있다.	√			√	√
인간은 자연과 조화를 이루며 더불어 살아가는 존재이다.			√	√	√
자연은 있는 그대로가 아닌 인간을 위한 도구적 가치만을 지닌다.			√	√	√

① 갑   ② 을   ③ 병   ④ 정   ⑤ 무

Why? 왜 정답일까?

제시문은 인간 중심주의 자연관과 대조되는 생태 중심주의 자연관에 대한 내용이다. 생태 중심주의 자연관은 생태계 전체를 하나의 유기체로 보고 인간을 자연의 일부로 여긴다.

Why? 왜 오답일까?

인간 중심주의 자연관은 인간과 자연을 이분법적으로 보고, 인간을 자연보다 우월한 존재로 여긴다. 또한 인간 중심주의 자연관에서는 자연을 인간을 위한 도구적 대상으로만 본다.

---

18 교통 발달에 따른 공간 변화   정답률 96% | 정답 ⑤

(가)에 들어갈 학생의 답변으로 가장 적절한 것은?

교사 : 서울 – 춘천 고속 국도, 경춘선 복선 전철, 도시 간 특급 열차(ITX)의 개통으로 서울 – 춘천 간 교통 수단이 확충되었습니다. 두 지역에 나타날 수 있는 변화에 대해 의견을 나눠볼까요?

학생 : ＿＿＿＿＿ (가) ＿＿＿＿＿

① 서울의 대학 병원 기능이 약화됩니다.
② 물류의 평균 이동 시간이 증가합니다.
③ 여가를 즐길 공간의 범위가 축소됩니다.
④ 서울에서 춘천을 찾는 관광객이 감소합니다.
⑤ 서울 – 춘천 간 통근·통학 비율이 증가합니다.

Why? 왜 정답일까?

교통 수단이 확충되면 서울에서 춘천을 찾는 관광객과 서울–춘천 간 통근·통학 비율은 증가한다. 또한 대학 병원 기능은 서울로 집중되는 경향이 있다. 인구, 물자의 평균 이동 시간이 감소하고, 여가를 즐길 공간의 범위는 확대된다.

---

19 기후와 인간 생활   정답률 81% | 정답 ②

다음은 학생의 탐구 활동 계획서이다. (가), (나)에 대한 답변으로 옳은 것은? [3점]

탐구 목표	지리적 관점으로 미술 작품을 분석할 수 있다.	
작품명	커피(Coffee) 작가	칸디도 포르티나리
탐구 작품	(이미지)	
탐구 활동	·작품 속 사람들은 무엇을 하고 있는가? ········ 커피콩 수확 ·작품 속 작물은 주로 어떤 기후에서 재배되는가? ···· (가) ·작품 속 농업 방식은 무엇인가? ···················· (나)	

(가)   (나)
① 열대 기후   이동식 화전 농업
② 열대 기후   플랜테이션 농업

③ 건조 기후   오아시스 농업
④ 건조 기후   플랜테이션 농업
⑤ 온대 기후   오아시스 농업

Why? 왜 정답일까?

커피는 열대 기후에서 잘 자라는 작물로서, 주로 상업적인 목적으로 재배되는 플랜테이션 작물이다. 플랜테이션은 선진국의 기술과 자본, 현지의 기후 특성과 원주민의 노동력을 이용해 상업적인 작물을 재배하는 농업 방식이다.

---

20 인권 확장의 전개 과정 분석   정답률 84% | 정답 ⑤

다음 자료에 대한 분석으로 옳은 것은? [3점]

> 표는 ○○시 「학생 인권 실태 조사」에서 '학생이 동의하지 않은 개인정보가 공개되고 있는가?'라는 항목에 대한 조사 결과이다. 단, 조사 대상인 중학생의 수와 고등학생의 수는 두 시기 각각 동일하며, 무응답이나 복수 응답은 없다.
>
> (단위: %)

연도	2015년				2019년			
응답 구분	전혀 그렇지 않다	그렇지 않다	그렇다	매우 그렇다	전혀 그렇지 않다	그렇지 않다	그렇다	매우 그렇다
중학생	43.6	34.8	15.7	5.9	40.0	48.7	6.7	4.6
고등학생	32.7	42.8	18.5	6.0	38.2	51.9	7.8	2.1

① 2019년이 2015년보다 '전혀 그렇지 않다'에 응답한 중학생의 수가 많다.
② 2019년이 2015년보다 '그렇지 않다'에 응답한 중학생의 비율이 낮다.
③ 2015년과 비교하여 2019년의 '그렇다' 응답 비율 감소 폭은 고등학생보다 중학생이 크다.
④ 2015년이 2019년보다 '매우 그렇다'에 응답한 고등학생의 수가 적다.
⑤ 2015년 대비 2019년의 '매우 그렇다' 응답 비율은 중학생이 고등학생보다 높다.

Why? 왜 정답일까?

2015년 대비 2019년의 '매우 그렇다' 응답 비율은 중학생은 78%[=(4.6/5.9)×100]이며, 고등학생은 35%[=(2.1/6.0)×100]로 중학생이 고등학생보다 높게 나타난다.

Why? 왜 오답일까?

두 시기 모두 중학생과 고등학생의 수가 각각 동일하므로 응답한 학생의 비율을 통해 해당 응답을 한 학생 수를 비교할 수 있다. 따라서 ① '전혀 그렇지 않다'에 응답한 중학생 수는 감소하였다.
② '그렇지 않다'에 응답한 중학생 비율은 2019년 48.7%이고 2015년이 34.8%로 2015년이 낮다.
③ '그렇다' 응답 비율 감소 폭은 중학생은 9%포인트, 고등학생은 10.7%포인트로 고등학생이 더 크다.
④ '매우 그렇다'에 응답한 고등학생 수는 2015년이 2019년보다 많다.

• 정답 •

01 ③ 02 ⑤ 03 ③ 04 ⑤ 05 ① 06 ⑤ 07 ② 08 ② 09 ④ 10 ⑤ 11 ④ 12 ⑤ 13 ② 14 ④ 15 ③
16 ① 17 ④ 18 ① 19 ⑤ 20 ④

---

01 윤리적 관점   정답률 96% | 정답 ③

밑줄 친 ㉠을 바탕으로 〈사례〉와 관련한 내용을 탐구하고자 한다. 탐구 활동으로 가장 적절한 것은?

> 세상을 바라보는 관점에는 시간적, 공간적, 사회적, 윤리적 관점이 있다. 이들 네 가지 중 ㉠ ○○적 관점에서는 사회에서 발생하는 다양한 현상을 도덕적 가치 판단과 규범적 방향성에 초점을 두고 바라본다.
>
> <사례>
> 서아프리카의 카카오 농장주들은 초콜릿의 원료가 되는 카카오를 조금이라도 저렴하게 생산하고자 싼값에 아동을 고용하고 있다. 이 과정에서 아동을 학대하는 일이 벌어지기도 한다.

① 아동 노동의 역사와 시대적 배경 파악하기
② 아동 노동이 발생한 지역의 자연환경 조사하기
③ 아동 인권 보호를 위한 올바른 가치관 탐색하기
④ 아동을 학대한 농장주의 법적 처벌 절차 확인하기
⑤ 아동 인권 침해가 빈번한 지역의 사회구조 분석하기

Why? 왜 정답일까?

제시문의 사례는 서아프리카의 아동 노동 문제를 나타낸 것이다.
㉠은 '윤리적 관점'이므로 '아동 인권 보호를 위한 올바른 가치관 탐색하기'가 탐구 활동으로 적절하다.

---

02 산업 사회와 정보 사회의 특징   정답률 82% | 정답 ⑤

그림은 A, B 사회의 일반적인 특징을 비교한 것이다. 이에 대한 설명으로 옳은 것은? (단, A, B는 각각 산업 사회, 정보 사회 중 하나임.) [3점]

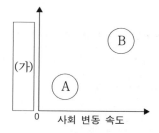

* 0에서 멀어질수록 그 정도가 높음.

① A는 지식과 정보가 가장 중요한 생산 요소이다.
② B는 산업 구조에서 1차 산업이 차지하는 비중이 가장 높다.
③ A는 B에 비해 인간관계를 맺는 방식이 다양하다.
④ B는 A에 비해 정치 참여의 기회가 축소되었다.
⑤ (가)에는 '쌍방향 매체의 활용 정도'가 들어갈 수 있다.

Why? 왜 정답일까?

A는 산업 사회, B는 정보 사회이다.
정보 사회에서는 산업 사회보다 '쌍방향 매체의 활용 정도'가 높다.

Why? 왜 오답일까?

① 지식과 정보는 정보 사회에서 가장 중요한 생산 요소이다.
② 정보 사회는 산업 구조에서 1차 산업이 차지하는 비중이 가장 낮다.
③ 인간 관계를 맺는 방식은 정보 사회가 산업 사회보다 다양하다.
④ 정치 참여 기회는 정보 사회가 산업 사회보다 확대되었다.

---

03 행복한 삶을 위한 태도   정답률 91% | 정답 ③

(가), (나)에서 공통적으로 강조하는 삶의 태도로 가장 적절한 것은?

> (가) 만족할 줄 모르는 것보다 더 큰 재앙은 없고, 얻기만 바라는 욕심보다 더 큰 허물은 없다. 그래서 만족할 줄 아는 데에서 얻는 만족이야말로 영원한 만족이다.
>
> (나) 우리는 자연적이고 필수적인 욕구를 최소한으로 추구하는 소박한 삶을 살아야 한다. 결핍으로 인한 고통이 제거된다면, 단순한 음식에서도 큰 만족감을 얻을 수 있다.

① 노동을 통한 물질적 풍요를 추구해야 한다.
② 사회에서 성공하여 높은 지위를 획득해야 한다.
③ 지나친 욕구를 절제하여 검소하게 생활해야 한다.
④ 모든 욕구를 제거하고 자연의 이치를 탐구해야 한다.
⑤ 권력 획득을 위해 정치 활동에 적극적으로 참여해야 한다.

---

04 지역 조사 과정   정답률 96% | 정답 ⑤

'공공 기관 이전에 따른 ○○군의 변화'를 주제로 지역 조사를 하고자 한다. (가), (나) 단계에 해당하는 활동으로 옳은 것만을 〈보기〉에서 있는 대로 고른 것은?

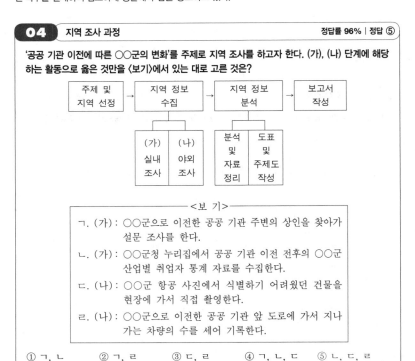

주제 및 지역 선정 → 지역 정보 수집 → 지역 정보 분석 → 보고서 작성

(가) 실내 조사 / (나) 야외 조사

분석 및 자료 정리 / 도표 및 주제도 작성

<보 기>

ㄱ. (가): ○○군으로 이전한 공공 기관 주변의 상인을 찾아가 설문 조사를 한다.
ㄴ. (가): ○○군청 누리집에서 공공 기관 이전 전후의 ○○군 산업별 취업자 통계 자료를 수집한다.
ㄷ. (나): ○○군 항공 사진에서 식별하기 어려웠던 건물을 현장에 가서 직접 촬영한다.
ㄹ. (나): ○○군으로 이전한 공공 기관 앞 도로에 가서 지나가는 차량의 수를 세어 기록한다.

① ㄱ, ㄴ   ② ㄱ, ㄹ   ③ ㄷ, ㄹ   ④ ㄱ, ㄴ, ㄷ   ⑤ ㄴ, ㄷ, ㄹ

Why? 왜 정답일까?

지역 조사 과정 중 (가) 실내 조사에는 인터넷 검색, 문헌 등을 통한 자료 수집 활동이 포함된다. (나) 야외 조사에는 조사 지역을 직접 방문하여 실시하는 관찰 및 기록, 실측, 촬영, 설문 조사 활동 등이 포함된다.

Why? 왜 오답일까?

ㄱ. 공공 기관 주변의 상인을 찾아가 설문 조사를 하는 것은 야외 조사에 해당한다.

---

05 생태 중심주의 자연관   정답률 92% | 정답 ①

다음 글의 입장에 부합하는 진술에만 모두 '√'를 표시한 학생은? [3점]

인간과 자연은 상호 의존적인 존재이다. 인간은 생명 공동체의 평범한 구성원으로서 공동체 자체를 존중해야 한다. 이는 인간의 바람직한 대지 이용을 오직 경제적 문제로만 생각하지 말아야 함을 의미하며, 도덕적 고려의 범위를 동물, 식물, 토양, 물까지 확대 적용하는 것이다. 어떤 것이 생명 공동체의 온전성, 안정성, 아름다움의 보전에 이바지한다면 그것은 옳고, 그렇지 않다면 그르다.

진술 \ 학생	갑	을	병	정	무
인간은 생명 공동체의 안정과 균형에 기여해야 한다.	√	√		√	
인간은 자연으로부터 분리된 존재이며, 자연보다 우월한 존재이다.			√	√	√
자연은 그 자체로 가치를 지니며, 인간은 생명 공동체의 한 구성원이다.	√		√		√
인간 이외의 모든 존재는 인간의 행복과 복지를 위한 도구에 불과하다.			√		√

① 갑   ② 을   ③ 병   ④ 정   ⑤ 무

Why? 왜 정답일까?

제시문은 인간과 자연의 상호 의존성을 강조하는 생태 중심주의 자연관이다.
생태 중심주의 자연관에서는 자연이 인간의 이익과 무관하게 가치를 지니기에 자연의 어떠한 존재도 인간을 위한 도구로만 간주해서는 안 된다고 본다. 또한 인간은 자연으로부터 분리된 존재가 아니며, 인간은 생명 공동체의 평범한 구성원으로서 생명 공동체의 안정과 균형에 기여해야 한다고 본다.

---

06 건조 기후 지역   정답률 87% | 정답 ⑤

다음 자료는 현지에서 촬영한 영화의 장면들이다. (가) 지역에 대한 설명으로 옳은 것만을 〈보기〉에서 고른 것은? [3점]

<(가) 지역에서 촬영한 영화 장면>

#20 일상에서 벗어나 사막으로 여행을 떠난 주인공 / #21 모래 언덕에 앉아 피라미드를 보던 중 / #22 운명의 여인을 만나게 되는데…

<보 기>

ㄱ. 침엽수림이 넓게 분포한다.
ㄴ. 주민들은 전통적으로 순록을 유목한다.
ㄷ. 흙으로 벽을 두껍게 만든 전통 가옥이 나타난다.
ㄹ. 오아시스 주변에서 농사를 짓는 주민을 볼 수 있다.

① ㄱ, ㄴ   ② ㄱ, ㄷ   ③ ㄴ, ㄷ   ④ ㄴ, ㄹ   ⑤ ㄷ, ㄹ

Why? 왜 정답일까?

제시된 자료의 (가)는 건조 기후 지역으로 열기를 피하기 위해 흙으로 벽을 두껍게 만든 전통 가옥이 나타난다. 또한 오아시스 주변에서 농사를 짓는 주민을 볼 수 있다.

Why? 왜 오답일까?

ㄱ. 침엽수림은 냉대 기후 지역에서 주로 나타난다.
ㄴ. 전통적으로 순록을 유목하는 지역은 한대 기후 지역이다.

---

07 윤리적 성찰과 실천의 중요성   정답률 82% | 정답 ②

다음 가상 편지를 쓴 사람이 강조하는 내용으로 가장 적절한 것은?

○○에게

행복한 삶을 위해서는 의식주가 어느 정도 충족되어야 한다는 자네의 의견에 공감하네. 경제적 풍요로움은 삶을 윤택하게 하는 데 도움이 되기 때문일세. 그러나 물질적인 요소에 얽매여 바람직한 삶에 대한 숙고와 인간으로서 마땅히 행해야 할 바를 결코 잊어서는 안 되네. 공자는 예(禮)가 아니면 보지도 말며, 듣지도 말며, 말하지도 말며, 움직이지도 말라고 하셨네. 자네가 공자의 가르침을 되새기며 진정으로 행복한 삶이 어떠한 삶인지 고민해 보기 바라네. … (후략).

① 명예와 부의 축적은 행복한 삶의 궁극적 목표이다.
② 윤리적 성찰과 실천은 행복한 삶의 핵심을 이룬다.
③ 정치적으로 안정되지 않으면 행복한 삶이 불가능하다.
④ 질 높은 정주 환경은 행복한 삶의 유일한 선결 조건이다.
⑤ 경제적 안정이 보장되면 행복한 삶은 필연적으로 실현된다.

Why? 왜 정답일까?

가상 편지를 쓴 사람은 바람직한 삶에 대한 윤리적 성찰과 실천이 행복한 삶의 핵심임을 밝히고 있다. 즉 행복한 삶을 위해서는 의식주가 어느 정도 충족되어야 하지만, 윤리적 삶에 대한 성찰과 도덕적 실천이 있어야만 진정한 행복이 가능하다고 본다.

---

08 정보화에 따른 생활 변화   정답률 73% | 정답 ②

그래프는 온라인쇼핑의 판매 매체별 거래액 변화를 나타낸 것이다. 이에 대한 분석 및 추론으로 옳은 것만을 〈보기〉에서 고른 것은? (단, 온라인쇼핑은 모바일쇼핑과 인터넷쇼핑으로만 구분함.) [3점]

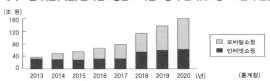

(조 원) 160 / 120 / 80 / 40 / 2013 2014 2015 2016 2017 2018 2019 2020 (년) □ 모바일쇼핑 ■ 인터넷쇼핑 (통계청)

<보 기>

ㄱ. 택배 산업의 성장이 동반되었을 것이다.
ㄴ. 상품을 구매할 때 시공간의 제약이 커졌을 것이다.
ㄷ. 2017년에는 모바일쇼핑 거래액이 인터넷쇼핑 거래액보다 많다.
ㄹ. 온라인쇼핑 거래액에서 인터넷쇼핑 거래액이 차지하는 비중은 2020년이 2015년보다 높다.

① ㄱ, ㄴ   ② ㄱ, ㄷ   ③ ㄴ, ㄷ   ④ ㄴ, ㄹ   ⑤ ㄷ, ㄹ

Why? 왜 정답일까?

온라인쇼핑이 지속적으로 증가하면서 판매자와 구매자 간 상품 운송을 담당하는 택배 산업이 동반 성장하였을 것으로 추론할 수 있다. 2017년은 모바일쇼핑 거래액이 인터넷쇼핑 거래액보다 많다.

Why? 왜 오답일까?

ㄴ. 언제 어디서든 자신이 원하는 상품을 구매할 수 있는 온라인쇼핑이 점차 증가하였으므로 상품 구매 활동의 시공간적 제약이 줄었다고 추론할 수 있다.
ㄹ. 2015년에 비해 2020년 인터넷쇼핑 거래액은 증가하였으나, 온라인쇼핑 거래액에서 인터넷 쇼핑 거래액이 차지하는 비중은 감소하였다.

---

09 기후와 인간 생활과의 관계   정답률 54% | 정답 ④

다음 자료는 여행 중인 두 학생이 주고받은 휴대전화 문자 내용이다. 밑줄 친 ㉠~㉤에 대한 설명으로 옳지 않은 것은? [3점]

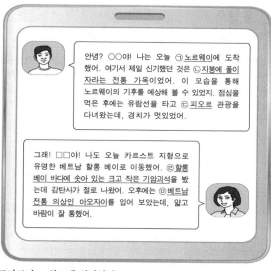

① ㉠은 베트남보다 고위도에 위치한다.
② ㉡은 추운 겨울에 보온성을 높이는 데 도움이 된다.
③ ㉢은 빙하의 침식으로 형성된 골짜기에 바닷물이 들어와 만들어졌다.
④ ㉣은 지하 깊은 곳의 마그마가 지표로 분출하여 형성되었다.
⑤ ㉤은 고온 다습한 기후에 적합한 옷이다.

노르웨이는 냉대 기후가 나타나는 국가로 열대 기후가 나타나는 베트남보다 고위도에 위치한다. 지붕에 풀이 자라는 노르웨이의 전통 가옥은 겨울철에 보온성이 뛰어나다. 피오르는 빙하의 침식으로 형성된 골짜기에 바닷물이 들어와 생긴 협만이다.
베트남의 할롱 베이에는 석회암 용식에 의한 탑 카르스트가 나타난다. 아오자이는 통풍이 잘 되는 베트남의 전통 의상으로 고온 다습한 기후에 적합하다.

④ ㉣은 화산 지형에 대한 설명이다.

---

10 인권의 특징 　　　　　　　　정답률 72% | 정답 ③

다음 자료에서 게임 규칙에 따라 말을 이동시켰을 때, 말의 최종 위치로 옳은 것은? (단, 말의 최종 위치는 A ~ E 중 한 칸임.)

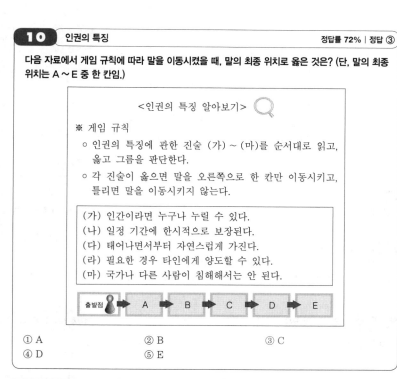

<인권의 특징 알아보기>

※ 게임 규칙
○ 인권의 특징에 관한 진술 (가) ~ (마)를 순서대로 읽고, 옳고 그름을 판단한다.
○ 각 진술이 옳으면 말을 오른쪽으로 한 칸만 이동시키고, 틀리면 말을 이동시키지 않는다.

(가) 인간이라면 누구나 누릴 수 있다.
(나) 일정 기간에 한시적으로 보장된다.
(다) 태어나면서부터 자연스럽게 가진다.
(라) 필요한 경우 타인에게 양도할 수 있다.
(마) 국가나 다른 사람이 침해해서는 안 된다.

출발점 → A → B → C → D → E

① A
② B
③ C
④ D
⑤ E

(가) ~ (마) 진술에서 인권의 특징에 대한 옳은 진술은 (가), (다), (마)이므로 오른쪽으로 세 칸 이동한 C가 말의 최종 위치가 된다.

인권은 일정 기간에만 보장되는 것이 아니라 영구히 보장되는 권리이다. 또한, 인권은 양도할 수 없다.

---

11 인권 확장의 역사적 전개 과정 　　　정답률 92% | 정답 ④

다음 자료에 대한 옳은 설명만을 〈보기〉에서 고른 것은? [3점]

(가) 〈바이마르 헌법〉	(나) 〈인종 차별 철폐 협약〉
제109조 모든 국민은 법률 앞에 평등하다. 남녀는 원칙적으로 국민으로서의 동일한 권리를 가지며 의무를 진다.	제1조 1. ㉠인종 차별은 인종, 피부색 등에 근거를 둔 어떠한 구별, 배척, 제한 또는 우선권을 말하며, …
제111조 모든 국민은 전 국가 내에서 이전의 자유를 가진다.	제2조 2. 협약 체결국은 … 사회적, 경제적, 문화적 등에 있어서 특정 인종 집단 또는

제159조 노동 조건 및 거래 조건의 유지 및 개선을 위한 결사의 목적은 누구에게 대하여도 또한 어떠한 직업에 대하여도 보장한다.

개인의 적절한 발전과 보호를 보증하는 특수하고 구체적인 조치를 취하여 이들에게 완전하고 평등한 인권과 기본적 자유의 향유를 보장토록 한다.

────〈보 기〉────
ㄱ. ㉠은 후천적 차이에 의한 불평등이다.
ㄴ. (가)는 사회권이 문서에 명시된 최초의 헌법이다.
ㄷ. (가)와 달리 (나)에는 합리적인 이유 없이 차별받지 않을 권리가 반영되어 있다.
ㄹ. (가), (나) 모두 국가 권력의 간섭에서 벗어나 자유롭게 생활할 수 있는 권리가 반영되어 있다.

① ㄱ, ㄴ
② ㄱ, ㄷ
③ ㄴ, ㄷ
④ ㄴ, ㄹ
⑤ ㄷ, ㄹ

(가)의 바이마르 헌법은 사회권이 명시된 최초의 헌법이다. (가), (나) 모두 국가 권력의 간섭에서 벗어나 자유롭게 생활할 수 있는 자유권이 반영되어 있다.

ㄷ. (가), (나) 모두 합리적인 이유 없이 차별받지 않을 권리인 평등권이 반영되어 있다.

---

12 자연재해의 특징 　　　　　　　정답률 86% | 정답 ⑤

다음은 어떤 자연재해를 대비한 개인 안전 점검표의 일부이다. 이 자연재해에 대한 설명으로 가장 적절한 것은?

점검 항목	예	아니요
○ ○○ 피해를 예방하기 위해 크고 무거운 물건을 선반에 올려 두지 않고, 선반은 벽에 단단히 고정시켜 두십니까?	☐	☐
○ ○○이 발생하면 문틀이 틀어져 문이 안 열리게 되는 경우가 있으므로, 문을 열어서 출구를 확보해 두어야 한다는 사실에 대해서 알고 있습니까?	☐	☐
○ 번화가(빌딩가)에서는 떨어지는 물체(유리 파편, 간판 등)가 가장 위험하므로 우선 갖고 있는 소지품으로 머리를 보호하면서 건물과 떨어진 넓은 장소로 대피하거나, 대형 건물 안으로 대피하는 방법에 대해서 알고 있습니까?	☐	☐

(국민재난안전포털)

① 열대 해상에서 발생하며 강풍과 폭우를 동반한다.
② 신속한 제설 작업으로 교통 혼란을 줄일 수 있다.
③ 무더위로 인한 일사병과 열사병을 유발할 수 있다.
④ 오랫동안 비가 오지 않아 각종 용수가 부족해진다.
⑤ 내진 설계 기준을 강화함으로써 피해를 줄일 수 있다.

제시된 자료에서 설명하는 자연재해는 지진으로 건물의 내진 설계 기준을 강화함으로써 피해를 줄일 수 있다.

① 태풍 ② 대설 ③ 폭염 ④ 가뭄에 대한 설명이다.

---

13 정보 사회 문제점 　　　　　　　정답률 94% | 정답 ②

(가), (나) 사례에 해당하는 정보 사회의 문제점으로 가장 적절한 것은?

(가) 인터넷, 스마트 기기를 이용한 비대면 금융 거래가 보편화되면서 오프라인 점포 수를 줄이는 금융 기관이 많아지고 있다. 이에 따라 인터넷과 모바일을 활용한 금융 거래에 익숙하지 않은 노년층이 불편함을 겪고 있다.

(나) 인터넷상에서 '신상털기'가 무분별하게 이뤄지면서 사건 당사자의 안전을 위협하거나 심리적 고통을 야기하기도 한다.

	(가)	(나)
①	정보 격차	인터넷 중독
②	정보 격차	사생활 침해
③	저작권 침해	인터넷 중독
④	저작권 침해	사생활 침해
⑤	인터넷 중독	저작권 침해

제시문 (가)는 정보 격차, (나)는 사생활 침해 사례이다.

---

14 환경 문제 원인과 해결 방안 　　　　정답률 36% | 정답 ④

다음은 학생 필기 내용의 일부이다. ㉠ ~ ㉤ 중 옳지 않은 것은?

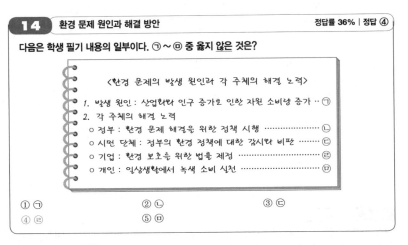

〈환경 문제의 발생 원인과 각 주체의 해결 노력〉

1. 발생 원인 : 산업화와 인구 증가로 인한 자원 소비량 증가 ‥ ㉠
2. 각 주체의 해결 노력
　○ 정부 : 환경 문제 해결을 위한 정책 시행 ·············· ㉡
　○ 시민 단체 : 정부의 환경 정책에 대한 감시와 비판 ······· ㉢
　○ 기업 : 환경 보호를 위한 법률 제정 ·············· ㉣
　○ 개인 : 일상생활에서 녹색 소비 실천 ·············· ㉤

① ㉠　　②㉡　　③㉢
④㉣　　⑤㉤

Why? 왜 정답일까?

환경 보호를 위한 법률 제정은 기업의 해결 노력이 아니다.

Why? 왜 오답일까?

환경 문제 해결을 위한 기업의 노력으로는 신재생 에너지 사용 확대, 노후화된 생산 시설 정비, 친환경 상품 개발 등이 있다.

---

15 지역에 따른 기후 및 인간 생활 　　　　정답률 52% | 정답 ③

그림은 지도에 표시된 A ~ C 지역을 질문에 따라 구분한 것이다.
(가), (나)에 들어갈 질문으로 옳은 것을 〈보기〉에서 고른 것은? [3점]

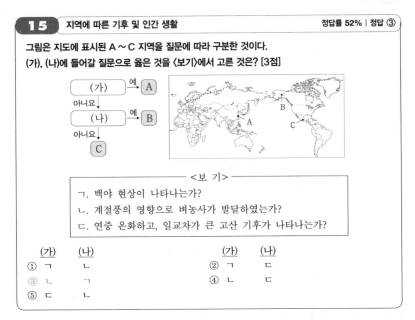

〈보 기〉

ㄱ. 백야 현상이 나타나는가?
ㄴ. 계절풍의 영향으로 벼농사가 발달하였는가?
ㄷ. 연중 온화하고, 일교차가 큰 고산 기후가 나타나는가?

	(가)	(나)		(가)	(나)
①	ㄱ	ㄴ	②	ㄱ	ㄷ
③	ㄴ	ㄱ	④	ㄴ	ㄷ
⑤	ㄷ	ㄴ			

Why? 왜 정답일까?

A는 계절풍의 영향으로 벼농사가 발달한 온대 기후 지역에 해당한다. B는 고위도에 위치하여 백야 현상이 나타난다. C는 저위도에 위치하지만 해발 고도가 높아, 연중 온화하고 일교차가 큰 고산 기후가 나타난다.

---

16 도시화, 산업화에 따른 공간 변화 　　　　정답률 92% | 정답 ①

그래프는 우리나라 ○○시의 용도별 토지 면적 변화를 나타낸 것이다. 1995년과 비교한 2019년의 상대적 특징을 그림의 A ~ E에서 고른 것은? (단, ○○시의 연도별 총면적은 유의미한 차이가 없음.) [3점]

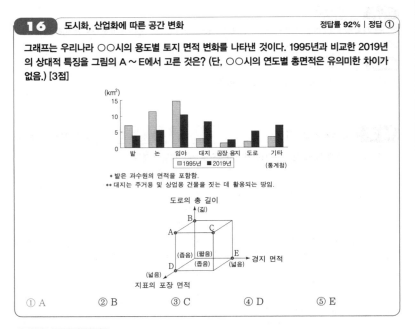

* 밭은 과수원의 면적을 포함함.
** 대지는 주거용 및 상업용 건물을 짓는 데 활용되는 땅임.

① A　　② B　　③ C　　④ D　　⑤ E

Why? 왜 정답일까?

제시된 자료의 지역은 1995년에 비해 2019년에 밭, 논, 임야의 면적은 줄어들고, 대지, 공장 용지, 도로의 면적은 늘어났다. 이에 따라 도로의 총 길이는 길어지고 지표의 포장 면적은 넓어졌지만, 경지 면적은 좁아졌다.

---

17 행복한 삶의 조건 　　　　정답률 86% | 정답 ④

다음 글의 입장에서 지지할 내용으로 적절한 것만을 〈보기〉에서 고른 것은?

기근의 원인을 홍수와 가뭄에서 찾는 사람들이 있지만, 실제로 많은 국가에서는 그와 같은 자연재해를 겪고도 기근이 일어나지 않았다. 왜냐하면, 민주적 선거가 이뤄지고 정부에 대한 비판과 언론의 자유가 보장된 국가는 굶주림의 고통을 방지하고자 신속하고 체계적으로 대응했기 때문이다.

〈보 기〉

ㄱ. 기근을 피할 수 있는 국가는 없다.
ㄴ. 민주주의 국가는 굶주림의 고통에 적극적으로 대처한다.
ㄷ. 사회 안전망이 갖추어지면 홍수와 가뭄이 발생하지 않는다.
ㄹ. 시민의 활발한 정치 참여는 정부의 기근 방지 노력에 기여한다.

① ㄱ, ㄴ　　② ㄱ, ㄷ　　③ ㄴ, ㄷ　　④ ㄴ, ㄹ　　⑤ ㄷ, ㄹ

Why? 왜 정답일까?

제시문은 홍수나 가뭄 같은 자연재해 자체는 피할 수 없을지라도, 민주주의 국가에서는 홍수나 가뭄으로 인한 굶주림의 고통이 나타나지 않았다고 본다. 왜냐하면, 민주적 선거가 이루어지고 정부에 대한 비판과 언론의 자유가 보장되는 국가에서는 굶주림의 고통을 방지하기 위해서 적극적으로 노력했기 때문이다.

---

18 현대사회에서 확장된 인권 　　　　정답률 94% | 정답 ①

밑줄 친 ㉠에 대한 옳은 설명만을 〈보기〉에서 고른 것은?

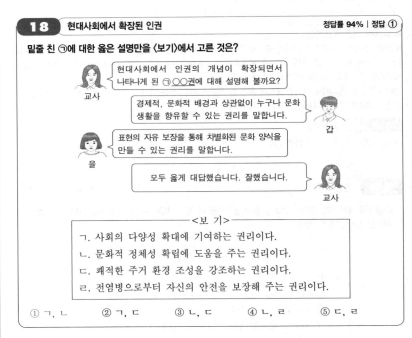

교사 : 현대사회에서 인권의 개념이 확장되면서 나타나게 된 ㉠○○권에 대해 설명해 볼까요?

갑 : 경제적, 문화적 배경과 상관없이 누구나 문화생활을 향유할 수 있는 권리를 말합니다.

을 : 표현의 자유 보장을 통해 차별화된 문화 양식을 만들 수 있는 권리를 말합니다.

교사 : 모두 옳게 대답했습니다. 잘했습니다.

〈보 기〉

ㄱ. 사회의 다양성 확대에 기여하는 권리이다.
ㄴ. 문화적 정체성 확립에 도움을 주는 권리이다.
ㄷ. 쾌적한 주거 환경 조성을 강조하는 권리이다.
ㄹ. 전염병으로부터 자신의 안전을 보장해 주는 권리이다.

① ㄱ, ㄴ　　② ㄱ, ㄷ　　③ ㄴ, ㄷ　　④ ㄴ, ㄹ　　⑤ ㄷ, ㄹ

Why? 왜 정답일까?

㉠은 문화권이다. 문화권은 사회의 다양성 확대에 기여하며, 각 사회 구성원들의 문화적 정체성 확립에 도움을 준다.

Why? 왜 오답일까?

ㄷ. 쾌적한 주거 환경 조성을 강조하는 권리는 주거권이다.
ㄹ. 전염병으로부터 자신의 안전을 보장해 주는 권리는 안전권에 해당한다.

---

19 환경 문제의 종류와 특징 　　　　정답률 36% | 정답 ⑤

다음 자료는 세미나 개최 안내 포스터이다. (가)에 대한 설명으로 옳은 것은? [3점]

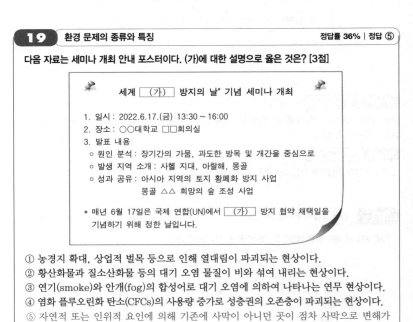

세계 (가) 방지의 날* 기념 세미나 개최

1. 일시 : 2022.6.17.(금) 13:30 ~ 16:00
2. 장소 : ○○대학교 □□회의실
3. 발표 내용
　○ 원인 분석 : 장기간의 가뭄, 과도한 방목 및 개간을 중심으로
　○ 발생 지역 소개 : 사헬 지대, 아랄해, 몽골
　○ 성과 공유 : 아시아 지역의 토지 황폐화 방지 사업
　　　　　　　몽골 △△ 희망의 숲 조성 사업

* 매년 6월 17일은 국제 연합(UN)에서 (가) 방지 협약 채택일을 기념하기 위해 정한 날입니다.

① 농경지 확대, 상업적 벌목 등으로 인해 열대림이 파괴되는 현상이다.
② 황산화물과 질소산화물 등의 대기 오염 물질이 비와 섞여 내리는 현상이다.
③ 연기(smoke)와 안개(fog)의 합성어로 대기 오염에 의하여 나타나는 연무 현상이다.
④ 염화 플루오린화 탄소(CFCs)의 사용량 증가로 성층권의 오존층이 파괴되는 현상이다.
⑤ 자연적 또는 인위적 요인에 의해 기존에 사막이 아니던 곳이 점차 사막으로 변해가는 현상이다.

Why? 왜 정답일까?

(가)는 사막화로, 장기간의 가뭄과 과도한 방목 및 개간으로 기존에 사막이 아니던 곳이 점차 사막으로 변해가는 현상이다.

Why? 왜 오답일까?

① 열대림 파괴 ② 산성비 ③ 스모그 ④ 오존층 파괴에 대한 설명이다.

---

20 정보 사회에서 나타난 쟁점　　정답률 52% | 정답 ④

갑, 을의 입장에 대한 설명으로 옳은 것만을 〈보기〉에서 있는 대로 고른 것은? [3점]

> 갑 : 정보 사회에서는 개인이 자신의 정보가 포털 사이트 등을 통해 타인에게 알려지길 원하지 않을 경우, 자신의 정보를 통제할 수 있는 '잊힐 권리'가 보장되어야 한다.
>
> 을 : 정보 사회에서는 누구나 자유롭게 정보에 접근할 수 있어야 하고, 공동체에 유익하거나 사람들이 알아야 할 정보라면 삭제를 금지할 수 있는 '알 권리'가 보장되어야 한다.

<보 기>

ㄱ. 갑은 개인에게 자신의 정보에 대한 삭제권이 주어져야 한다고 본다.
ㄴ. 갑은 개인 정보 유출로부터 인권을 보호할 수 있는 장치가 마련되어야 한다고 본다.
ㄷ. 을은 공동체의 이익을 위한 정보는 열람 가능해야 한다고 본다.
ㄹ. 을은 자신의 정보 공개 여부에 대한 모든 권한은 자신에게 있어야 한다고 본다.

① ㄱ, ㄴ　　　② ㄱ, ㄹ　　　③ ㄷ, ㄹ
④ ㄱ, ㄴ, ㄷ　　　⑤ ㄴ, ㄷ, ㄹ

Why? 왜 정답일까?

갑은 원하지 않는 자신의 정보를 삭제할 수 있는 '잊힐 권리'가 보장되어야 한다고 본다. 반면, 을은 사람들이 알아야 할 정보라면 삭제를 금지할 수 있는 '알 권리'가 보장되어야 한다고 본다.

15회 | 2021학년도 6월 학력평가 | 정답과 해설 |　**고1 통합사회**

・정답・

01 ⑤ 02 ③ 03 ③ 04 ⑤ 05 ① 06 ② 07 ④ 08 ⑤ 09 ③ 10 ② 11 ④ 12 ⑤ 13 ④ 14 ② 15 ④
16 ① 17 ③ 18 ① 19 ③ 20 ④

01 통합적 관점　　정답률 94% | 정답 ⑤

다음 사례와 관련하여 A ~ D의 관점에서 탐구할 수 있는 적절한 활동만을 〈보기〉에서 고른 것은?

> 최근 ○○ 지역에서 공공시설인 화장장 건립을 둘러싸고 갈등이 심해지고 있다. 장례 문화의 변화로 인해 화장장 건립의 필요성이 증가했지만, 건립 예정지 주민들은 유해 물질로 인한 피해를 입는다며 반발하고 있다.

A: 시간적 관점　　B: 공간적 관점
↓　　통합적 관점　　↓
C: 사회적 관점　　D: 윤리적 관점

<보 기>

ㄱ. A: 화장장 건립의 입지 조건 조사하기
ㄴ. B: 연도별 화장 비율의 변화 조사하기
ㄷ. C: 화장장 건립 예정지 주민을 위한 보상 제도 알아보기
ㄹ. D: 갈등 해결을 위한 바람직한 시민 태도 알아보기

① ㄱ, ㄴ　　　② ㄱ, ㄷ　　　③ ㄴ, ㄷ
④ ㄴ, ㄹ　　　⑤ ㄷ, ㄹ

Why? 왜 정답일까?

제시된 사례는 화장장 건립을 둘러싼 갈등에 관한 것이다.
ㄷ. 화장장 건립 예정지 주민을 위한 보상 제도는 사회적 관점, ㄹ. 갈등 해결을 위해 갖추어야 할 바람직한 시민 태도는 윤리적 관점으로 탐구할 수 있다.

Why? 왜 오답일까?

ㄱ. 화장장 건립의 입지 조건 조사는 공간적 관점, ㄴ. 연도별 화장 비율의 변화 조사는 시간적 관점의 탐구 활동에 해당한다.

---

02 고산 지역의 특성　　정답률 72% | 정답 ③

밑줄 친 '이 지역'의 특성으로 옳은 것은? [3점]

#페루 #쿠스코 #하늘도시 #세계문화유산

쿠스코

〈판초를 입은 원주민과 알파카〉

이 지역은 연중 봄과 같이 온화하지만 아침, 저녁으로 쌀쌀하여 일교차가 큰 편입니다. 그래서 원주민들은 보온을 위해 알파카나 라마의 털로 만든 판초를 즐겨 입습니다.

① 고위도에 위치한다.
② 열대림이 넓게 분포한다.
③ 해발 고도가 높은 곳이다.
④ 바다와 가까워서 어업에 유리하다.
⑤ 계절풍의 영향으로 벼농사가 발달한다.

Why? 왜 정답일까?

쿠스코는 저위도의 고산 지역에 위치한다.
이곳은 연평균 기온이 15℃ 내외로 연중 봄과 같이 온화한 기후가 나타난다.

Why? 왜 오답일까?

② 해발 고도가 높아 열대림 발달에 불리하다.
④ 해발 고도가 높은 내륙 지역에 위치하여 바다와의 거리가 멀다.
⑤ 계절풍은 중위도 대륙 동안의 온대 기후 지역에서 주로 나타난다.

---

03 행복한 삶을 위한 태도　　정답률 94% | 정답 ③

그림은 어느 사상가와 나눈 가상 대화이다. (가)에 들어갈 내용으로 가장 적절한 것은? [3점]

① 모든 욕구를 부정하는 삶을 살아야 합니다.
② 부와 명예만을 획득하도록 노력해야 합니다.
③ 과도한 욕심을 버리는 절제된 태도를 지녀야 합니다.
④ 정신적인 쾌락이 아닌 육체적인 쾌락만을 추구해야 합니다.
⑤ 몸의 고통이 계속되어도 경쟁에 집착하는 태도를 지녀야 합니다.

Why? 왜 정답일까?

그림의 사상가는 에피쿠로스이다.
에피쿠로스는 행복한 삶을 위해 육체적이고 일시적인 쾌락을 추구하는 것이 아니라 정신적이고 지속적인 쾌락을 추구해야 함을 강조하였다. 또한 과도한 욕심을 버리고 절제된 삶을 살아갈 것을 주장하였다.

---

04 인간과 자연의 관계 정답률 96% | 정답 ⑤

인간과 자연의 관계에 대한 강연자의 입장으로 가장 적절한 것은?

> 토양에서 식물이 자라고 동물은 그 식물을 먹고 그들의 배설물은 토양의 영양분이 되는 것처럼, 여러 고리로 연결된 자연은 하나의 유기적인 전체입니다. 인간도 자연의 평범한 구성원 중 하나로서 자연 속 다른 존재들과 유기적 관계를 맺으며 살아갑니다.

① 인간은 자연보다 우월한 존재이다.
② 인간과 자연은 서로 관계없는 별개의 존재이다.
③ 자연은 인간의 풍요로운 삶을 위한 도구에 불과하다.
④ 자연의 가치는 인간의 경제적 이익에 따라 평가된다.
⑤ 인간을 포함한 자연 전체의 조화와 균형을 고려해야 한다.

Why? 왜 정답일까?

강연자는 생태 중심주의 입장에서 인간과 자연의 관계를 말하고 있다. 생태 중심주의는 인간과 자연이 각각 독립적으로 존재할 수 없고 서로 끊임없이 영향을 주고받는 관계에 있다고 본다. 즉 생태 중심주의는 도덕적 고려의 범위를 개별 생명체가 아닌 생태계 전체로 보아야 한다는 전체론 혹은 전일론적 입장을 취하고 있다.

Why? 왜 오답일까?

①, ③, ④ 인간 중심주의에 해당한다.

---

05 행복의 기준 정답률 95% | 정답 ①

(가)에 들어갈 내용으로 가장 적절한 것은?

> 중세에는 종교적 절대자나 군주의 뜻을 따르는 데 개인의 행복이 있다고 여겼다. 근대에 들어 산업화가 시작되면서 물질적 기반을 확보하고 개인의 권리를 보장 받는 것이 행복의 중요한 기준이라고 보았다. 오늘날에는 물질적 풍요 외에도 자신이 부여한 삶의 가치와 심리적 만족감 등이 중시되고 있다. 결론적으로 행복의 기준은 [(가)]

① 시대적 상황에 따라 다르게 나타난다.
② 지역을 초월하여 보편타당하게 정해진다.
③ 타인과의 비교를 통해 절대적으로 결정된다.
④ 의식주 등 기본적 욕구와 상관없이 정해진다.
⑤ 소수 지배자의 통치 목적을 실현하기 위해 정해진다.

Why? 왜 정답일까?

행복의 기준은 시대나 지역적 상황과 여건에 따라 다르게 나타날 수 있다.
중세에는 종교적 절대자나 군주의 뜻에 대한 순응, 근대에는 물질적 기반 확보와 인권 보장, 현대에는 개인의 주관적 만족감 등 행복의 기준이 다르게 나타난다.

---

06 도시 문제와 해결 방안 정답률 74% | 정답 ②

다음은 학생 필기 내용의 일부이다. (가) ~ (마)에 들어갈 내용으로 적절하지 않은 것은?

> ★ 도시 문제와 해결 방안
> 1. 발생 원인 | [(가)]
> 2. 문제점과 해결 방안

문제점	해결 방안	
	개인적 차원	사회적 차원
수질 오염	샴푸, 세제 등의 사용 자제	(나)
교통 체증	(다)	(라)
사회적 유대감 약화	이웃을 배려하는 태도 함양	(마)

① (가) – 인구와 기능의 과도한 도시 집중
② (나) – 생활 오·폐수 배출 및 처리 기준 완화
③ (다) – 버스, 지하철 등 대중교통 수단의 이용
④ (라) – 승용차 요일제 실시 및 혼잡통행료 부과
⑤ (마) – 마을 공동체 회복을 위한 지원 정책 시행

Why? 왜 정답일까?

도시 문제는 단기간에 많은 인구와 기능이 도시로 집중되면서 생겨난다. 도시 문제 해결을 위해서는 개인적, 사회적 차원의 여러 노력이 필요하다.
수질 오염 문제 해결을 위해 일상생활에서 오염 물질 배출을 자제하고, 정화 시설의 설치, 오염 물질 배출량 규제 등을 실시한다.
교통 체증 문제를 해결하기 위해서 대중 교통 이용, 승용차 요일제 실시 등이 필요하다.
사회적 유대감 약화 문제 해결을 위해서는 마을 공동체 회복을 위한 다양한 지원 정책을 사회적 차원에서 수립하고 있다.

---

07 인권의 의미 정답률 68% | 정답 ④

밑줄 친 ⊙ ~ ⊜에 대한 옳은 설명만을 〈보기〉에서 있는 대로 고른 것은? [3점]

> 과거에는 신분제에 따른 차별에서 벗어나거나 정치적 권리를 보장받는 것 등과 관련된 ⊙인권이 강조되었다. 현대 사회에서는 사회·경제적 환경이 변화하면서 ⊙주거권, ⊜문화권, 안전권, 환경권 등 다양한 분야에서의 인권이 중시되고 있다. 또한 국가와 개인의 관계를 넘어서 국제적 연대와 협력을 중시하는 ⊜연대권도 강조되고 있다.

〈보 기〉
ㄱ. 자유권, 평등권은 ⊙에 해당한다.
ㄴ. 층간 소음 피해 구제 방안은 ⊙의 보장과 관련 있다.
ㄷ. ⊜은 재난, 사고의 위험으로부터 안전을 보장 받을 권리이다.
ㄹ. 인종, 국적 등과 관계없이 인도주의적 구제를 받을 권리는 ⊜에 해당한다.

① ㄱ, ㄴ ② ㄱ, ㄷ ③ ㄷ, ㄹ
④ ㄱ, ㄴ, ㄹ ⑤ ㄴ, ㄷ, ㄹ

Why? 왜 정답일까?

시민 혁명 이후 자유권과 평등권 등의 인권이 강조되었다. 그리고 현대 사회의 다양하고 복잡한 변화로 인하여 사회권의 영역이 확장되면서 주거권, 문화권, 안전권, 환경권 등의 보장에 대한 요구가 많아지고 있다.

Why? 왜 오답일까?

ㄷ. 안전권에 대한 설명이다. 문화권은 계층, 민족, 문화적 배경에 상관없이 누구나 문화 생활에 참여하고, 자신의 문화적 정체성을 유지할 권리이다.

---

08 행복한 삶의 조건 정답률 95% | 정답 ⑤

교사의 질문에 적절한 답변을 한 학생만을 고른 것은? [3점]

① 갑, 을 ② 갑, 병 ③ 을, 병
④ 을, 정 ⑤ 병, 정

Why? 왜 정답일까?

행복한 삶을 실현하기 위해서는 안락하고 쾌적한 인간다운 삶을 위한 질 높은 정주 환경, 시민의 참여가 보장되는 민주주의의 실현, 삶의 질을 유지할 수 있는 경제적 안정, 바람직한 삶에 대한 성찰을 바탕으로 한 도덕적 실천이 필요하다.

Why? 왜 오답일까?

갑. 질 높은 정주 환경은 자연환경과 인문 환경적 요소를 모두 고려해야 한다.
을. 권위주의적 정치문화에서는 시민들의 자유롭고 적극적인 의사 표현이 어렵다.

09 화산 지형과 관련된 경관
정답률 70% | 정답 ③

다음은 여행 안내서의 일부이다. (가)에 들어갈 옳은 내용만을 〈보기〉에서 고른 것은? [3점]

뉴질랜드 북섬, 타우포 여행 안내

지구가 살아 있다는 증거! 마그마가 지각의 갈라진 틈을 뚫고 분출하여 형성된 지형과 관련된 다양한 경관들을 만나 보세요.

[추천 장소 1]

분화구가 함몰된 후 물이 고여 형성된 타우포 호수

[추천 장소 2]
(가)

〈보 기〉

ㄱ.
석회암이 물에 녹아 만들어진 기암괴석

ㄴ.
최대 20m 높이로 솟아오르는 간헐천

ㄷ.
땅속의 열에너지로 전력을 생산하는 발전소

ㄹ.
빙하의 침식과 해수면 상승으로 형성된 피오르

① ㄱ, ㄴ ② ㄱ, ㄷ ③ ㄴ, ㄷ
④ ㄴ, ㄹ ⑤ ㄷ, ㄹ

Why? 왜 정답일까?

뉴질랜드 북섬은 환태평양 조산대에 위치하여 지각이 불안정하기 때문에 지진과 화산 활동이 활발한 지역이다.
이 지역에서는 뜨거운 물과 증기 등이 일정한 간격을 두고 주기적으로 분출하는 간헐천, 땅속의 열에너지를 이용한 지열 발전소를 볼 수 있다.

10 태풍의 특성
정답률 91% | 정답 ②

다음은 어느 자연재해에 대한 긴급 재난 문자의 일부이다. 이 자연재해에 대한 설명으로 옳은 것은?

오늘 저녁부터 내일 새벽 사이 우리나라를 통과할 예정이니, 텔레비전이나 라디오 등으로 진로 및 도달 시간을 확인하시기 바랍니다.

많은 비와 강풍이 예상되니 창틀, 간판 등을 미리 단단하게 고정하고 외출을 자제해 주시기 바랍니다.

현재 직접적 영향으로 강한 비와 바람이 발생 중입니다. 상습 침수 지역 주민들은 안전한 곳으로 대피하기 바랍니다.

① 대기 중 미세 먼지 농도를 상승시킨다.
② 열대 저기압이 이동할 때 주로 발생한다.
③ 우리나라에서는 한랭건조한 겨울에 나타난다.
④ 두 지각판이 분리되는 경계에서 발생 빈도가 높다.
⑤ 해저 지진으로 발생한 거대한 파도가 육지로 밀려오는 현상이다.

Why? 왜 정답일까?

제시된 자료의 자연재해는 태풍이다.
태풍은 적도 부근의 해상에서 발생하여 중위도 쪽으로 이동하는 열대 저기압으로, 강한 바람과 많은 비를 동반한다.

Why? 왜 오답일까?

① 황사의 특성이다.
③ 태풍은 우리나라의 여름철에 주로 발생한다.
④ 두 지각판이 분리되는 경계에서 지진이 자주 발생한다.
⑤ 지진해일(쓰나미)에 대한 설명이다.

11 기후와 인간 생활의 관계
정답률 71% | 정답 ④

(가) ~ (다)에 해당하는 지역을 지도의 A ~ E에서 고른 것은? [3점]

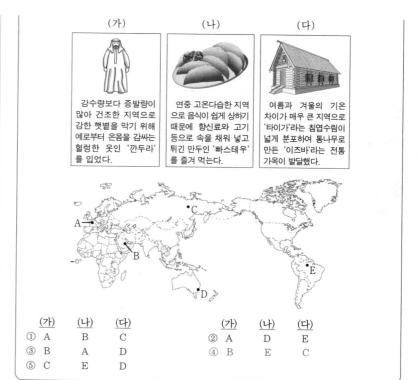

(가)
강수량보다 증발량이 많아 건조한 지역으로 강한 햇볕을 막기 위해 예로부터 온몸을 감싸는 헐렁한 옷인 '깐두라'를 입었다.

(나)
연중 고온다습한 지역으로 음식이 쉽게 상하기 때문에 향신료와 고기 등으로 속을 채워 넣고 튀긴 만두인 '빠스테우'를 즐겨 먹는다.

(다)
여름과 겨울의 기온 차이가 매우 큰 지역으로 '타이가'라는 침엽수림이 넓게 분포하여 통나무로 만든 '이즈바'라는 전통 가옥이 발달했다.

	(가)	(나)	(다)		(가)	(나)	(다)
①	A	B	C	②	A	D	E
③	B	A	D	④	B	E	C
⑤	C	E	D				

Why? 왜 정답일까?

(가) 건조 기후 지역, (나) 열대 기후 지역, (다) 냉대 기후 지역이다.
지도의 A. 프랑스의 파리로 온대 기후 지역, B. 사우디아라비아의 리야드로 건조 기후 지역, C. 러시아의 야쿠츠크로 냉대 기후 지역, D. 오스트레일리아의 시드니로 온대 기후 지역, E. 브라질의 마나우스로 열대 기후 지역이다. 따라서 (가)는 B, (나)는 E, (다)는 C에 해당한다.

12 환경 문제 해결을 위한 노력
정답률 87% | 정답 ⑤

환경 문제 해결을 위한 (가), (나)의 활동만을 〈보기〉에서 고른 것은? (단, (가), (나)는 각각 정부, 시민 단체 중 하나임.) [3점]

과도한 일회용 플라스틱 포장재를 제조업체나 유통업체에 반납하는 '플라스틱 어택(Plastic Attack)' 운동이 우리 사회에 변화를 불러오고 있다. 환경 문제에 관심을 가진 사람들이 자발적으로 조직한 (가) 은/는 길거리에 버려진 일회용 컵을 주워 해당 매장에 반납하고 일회용품 사용 규제를 촉구하는 서명 운동을 진행하였다. 이에 (나) 은/는 일회용 컵 보증금제를 2022년 6월부터 부활시키는 등 자원 재사용과 재활용 촉진을 위한 제도를 마련하겠다고 밝혔다.

〈보 기〉

ㄱ. (가)는 환경과 관련된 법을 만들고 집행한다.
ㄴ. (나)는 이윤 추구를 위해 친환경 상품을 생산·유통한다.
ㄷ. (가)는 여론을 형성하여 (나)의 환경 정책 결정 과정에 영향을 미친다.
ㄹ. (가), (나)는 환경 보호 실천 방안 등에 관한 홍보 및 교육 활동을 한다.

① ㄱ, ㄴ ② ㄱ, ㄷ ③ ㄴ, ㄷ
④ ㄴ, ㄹ ⑤ ㄷ, ㄹ

Why? 왜 정답일까?

(가)는 시민 단체, (나)는 정부이다.
시민 단체는 기업, 정부 등의 환경오염 유발 행위를 감시하거나 사회 전반의 환경 보호 의식을 높일 수 있는 환경 운동 등을 전개한다.
정부는 환경오염 물질을 배출하는 사업자나 소비자를 처벌하거나 분담금을 부과하는 등 법과 제도를 마련하여 이를 시행한다.

Why? 왜 오답일까?

ㄱ. 정부, ㄴ. 기업의 활동에 해당한다.

13 교통 발달에 따른 지역 변화
정답률 90% | 정답 ④

다음 신문 기사를 바탕으로 예상할 수 있는 지역 변화로 적절하지 않은 것은? [3점]

○○ 신문

중부 내륙, 본격적 고속 열차 시대 열려

2021년 1월, 서울 청량리역과 안동역 사이에 고속 열차 노선이 개통되었다. 최대 시속 260km의 고속 열차가 원주, 영주 등 8개 역을 거치면서 중부 내륙 지역에도 고속 철도 시대가 열리게 되었다. 청량리에서 안동까지 무궁화호 열차로 3시간 54분 걸리던 이동 시간이 2시간 3분으로 크게 단축되었다.

① 지역 간 접근성이 향상될 것이다.
② 주민들의 일상생활 범위가 확대될 것이다.
③ 철도의 여객 수송 분담률이 증가할 것이다.
④ 경제 활동의 시·공간적 제약이 커질 것이다.
⑤ 신규 정차역 주변에 새로운 상권이 형성될 것이다.

Why? 왜 정답일까?

고속 열차 노선이 개통됨에 따라 지역 간 이동 시간이 감소하고 접근성이 향상되어 경제 활동의 시·공간적 제약이 줄어든다. 또한 여객의 철도 이용이 증가하고 새로운 상권이 형성될 수 있다.

---

14 한대 기후 지역의 인간 생활 정답률 88% | 정답 ②

다음 자료의 (가)에 들어갈 내용으로 가장 적절한 것은?

'세상의 끝'이라는 의미의 야말반도는 짧은 여름철에만 푸른 땅이 드러나며 1년 중 약 9개월은 얼어 있는 수많은 호수가 있다. 이 지역의 주민들은 호수의 얼음을 깨서 식수로 사용하기도 하고, ____(가)____ 하며 생활하였다. 그러나 최근에는 천연가스 개발로 인해 철도와 도로가 생기면서 다양한 변화를 겪고 있다.

① 오아시스 주변에서 대추야자를 수확
② 고기와 가죽을 얻기 위해 순록을 유목
③ 이동식 경작을 통해 카사바, 얌 등을 재배
④ 낙타를 타고 무리 지어 이동하면서 물자를 운반
⑤ 지면에서 올라오는 열기를 피하기 위해 고상 가옥에서 거주

Why? 왜 정답일까?

야말반도는 고위도에 위치한 한대 기후 지역이다.
이 지역은 연평균 기온이 낮아 농업 활동에 불리해 순록을 유목하며 고기와 가축을 얻는 주민들의 생활 모습을 볼 수 있다.

Why? 왜 오답일까?

①, ④ 건조 기후 ③, ⑤ 열대 기후 지역의 생활 모습이다.

---

15 인권의 발전 과정 정답률 92% | 정답 ④

(가), (나)에 대한 옳은 설명만을 〈보기〉에서 고른 것은?

(가) 프랑스 인권 선언(1789)

제1조 인간은 태어나면서부터 자유로우며 평등한 권리를 가진다.
제17조 소유권은 신성불가침의 권리이므로 법에서 규정한 공공의 필요에 의해 명백히 요구되는 때 이외에는 누구도 박탈할 수 없다.

(나) 세계 인권 선언(1948)

제1조 모든 사람은 태어날 때부터 자유롭고 존엄하며 평등하다.
제22조 모든 사람에게는 사회의 일원으로서 사회 보장을 요구할 권리가 있다. …
제26조 ① 모든 사람에게는 교육을 요구할 권리가 있다.

〈보 기〉

ㄱ. (가)는 사유 재산 제도를 부정하고 있다.
ㄴ. (나)의 인권 범위에는 사회권이 포함되어 있다.
ㄷ. (나)로 인해 국가의 필요에 따라 임의로 인권을 제한할 수 있게 되었다.
ㄹ. (가), (나) 모두에서 천부 인권이 나타나 있다.

① ㄱ, ㄴ ② ㄱ, ㄷ ③ ㄴ, ㄷ ④ ㄴ, ㄹ ⑤ ㄷ, ㄹ

Why? 왜 정답일까?

ㄴ. 세계 인권 선언 제22조, 제26조에 사회권이 규정되어 있다.
ㄹ. 프랑스 인권 선언 제1조, 세계 인권 선언 제1조에 천부 인권이 나타난다.

Why? 왜 오답일까?

ㄱ. 프랑스 인권 선언 제17조에 소유권을 신성불가침의 권리로 규정하고 있다.
ㄷ. 인권은 누구도 빼앗거나 무시할 수 없는 불가침의 권리이다.

---

16 정보 사회의 문제점 정답률 95% | 정답 ①

다음 사례를 통해 공통적으로 추론할 수 있는 정보 사회의 문제점으로 가장 적절한 것은?

○ 코로나19로 인한 '사회적 거리 두기'로 등교 수업이 제한되면서 비대면 원격 수업이 늘어나고 있다. 정보화 기기와 인터넷이 마련되어 있는 학생들에 비해 그렇지 못한 소외 계층 가정의 학생들은 수업에 참여하기 어려워졌다.
○ 무인 주문 기계를 활용하는 식당이나 매장이 늘어나고 있다. 기기 조작에 능숙한 젊은 세대에 비해 노인 세대 등 기기 조작을 어려워하는 사람들은 주문에 불편함을 겪고 있다.

---

① 정보 접근 및 이용에서 격차가 발생하고 있다.
② 타인의 지적 재산권 침해 현상이 심화되고 있다.
③ 허위 정보의 유포로 인한 사회적 혼란이 증대되고 있다.
④ 개인 정보 유출로 인한 사생활 침해 문제가 확산되고 있다.
⑤ 정보화 기기에 대한 과도한 의존으로 인해 인터넷 중독 문제가 심각해지고 있다.

Why? 왜 정답일까?

두 사례 모두 서로 다른 사회·경제적 차원에서 나타나는 정보 격차의 문제를 보여준다.

---

17 우리나라의 도시화와 산업화 특성 정답률 36% | 정답 ③

그래프는 우리나라의 도시화율과 산업별 취업자 현황을 나타낸 것이다. 1970년과 비교한 2015년의 상대적 특성으로 옳지 않은 것은? [3점]

① 도시 인구 비율이 높다.
② 직업의 분화 정도가 높다.
③ 이촌 향도 현상이 활발하다.
④ 도시의 시가지 면적이 넓다.
⑤ 3차 산업 종사자 비율이 높다.

Why? 왜 정답일까?

우리나라는 1960년대 이후 산업화가 시작되면서 이촌향도 현상이 나타나 도시 인구가 증가하는 도시화가 진행되었다. 이로 인해 도시의 시가지 면적이 넓어졌다. 또한 3차 산업 등 서비스 산업의 종사자 비율이 증가하면서 사람들은 다양한 직업에 종사하게 되었다.

---

18 지구 온난화의 특성 정답률 85% | 정답 ①

그림이 공통적으로 다루고 있는 환경 문제에 대한 설명으로 옳지 않은 것은?

남극의 얼음이 녹아서 제가 살 곳이 없어요.

너무 뜨거워져서 지구가 힘들어요.

① 대기 오염 물질이 빗물과 결합하여 내리는 현상이다.
② 해수면이 상승하여 저지대의 침수 위험성이 높아진다.
③ 이산화 탄소 등 온실가스 배출량 증가가 주요 원인이다.
④ 전 지구적으로 이상 기후 현상의 발생 빈도를 증가시킨다.
⑤ 문제 해결을 위한 국제 협력으로 파리 기후 협약이 체결되었다.

Why? 왜 정답일까?

지구 온난화는 화석 연료 사용의 증가에 따라 이산화탄소 등의 온실가스 배출량이 늘어나 지구의 평균 기온 상승이 가속화되는 현상이다.
이로 인해 세계 곳곳에서 각종 기상 이변이 발생하여 가뭄, 홍수 등 자연재해가 증가하고 피해 규모가 커지고 있다. 국제 사회는 2015년에 파리 기후 협약을 체결하는 등 문제 해결을 위해 노력하고 있다.

---

19 지역 조사 과정 정답률 84% | 정답 ③

그림은 지역 조사 과정을 나타낸 것이다. A~C 단계에서 실시하는 활동을 〈지역 조사 계획서〉의 ㄱ~ㄷ에서 고른 것은?

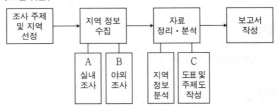

〈지역 조사 계획서〉

○ 조사 주제 : ○○시 마을 기업 운영 이후 지역 변화

○ 주요 활동 계획

ㄱ. 마을 기업 설립이 지역에 미친 영향을 주민과의 면담을 통해 조사한다.
ㄴ. 연도별 마을 기업 설립 현황 등과 관련된 문헌 및 통계 자료를 수집한다.
ㄷ. 수집한 시기별 지역 총생산 자료를 막대 그래프로 표현한다.

Why? 왜 정답일까?

지역 조사는 일반적으로 조사 주제 및 지역 선정 → 실내 조사 및 야외 조사를 통한 지역 정보 수집 → 수집된 자료의 정리·분석 → 보고서 작성의 순서로 이루어진다.

ㄱ. 면담 조사는 야외 조사(B), ㄴ. 문헌 및 통계 자료 수집은 실내 조사(A), ㄷ. 막대 그래프 작성은 자료의 정리·분석 단계에서 실시한다.

20 인권 의식 관련 통계 자료 분석
정답률 83% | 정답 ④

다음 자료에 대한 옳은 분석만을 〈보기〉에서 고른 것은? [3점]

연구자 갑은 A와 B지역의 주민 각각 1,000명씩, 총 2,000명을 대상으로 '인권 의식 실태 조사'를 실시하였다. 표는 '국내 체류 외국인에게 기본적인 사회 보장을 해주어야 한다.' 항목에 대한 조사 결과를 나타낸 것이다. 단, 무응답이나 복수 응답은 없었다.

(단위 : %)

지역	A 지역			B 지역		
응답 성별	그렇다	보통이다	그렇지 않다	그렇다	보통이다	그렇지 않다
남성	49	29	22	65	20	15
여성	48	30	22	67	19	14

〈보 기〉

ㄱ. A 지역 응답자의 절반 이상이 '그렇다'에 응답하였다.
ㄴ. '그렇지 않다'에 응답한 사람은 A 지역이 B 지역보다 많다.
ㄷ. A 지역이 B 지역보다 국내 체류 외국인에 대한 사회 보장 정책 수립에 긍정적이다.
ㄹ. 응답 항목별 비율에서 지역별 차이는 성별 차이보다 크다.

① ㄱ, ㄴ　　② ㄱ, ㄷ　　③ ㄴ, ㄷ　　④ ㄴ, ㄹ　　⑤ ㄷ, ㄹ

Why? 왜 정답일까?

ㄴ. A 지역 응답자의 22%인 220명이 '그렇지 않다'에 응답하였다. B지역에서 '그렇지 않다'에 응답한 사람의 비율은 14% 초과 15% 미만으로 A 지역보다 작다.

Why? 왜 오답일까?

ㄱ. A지역에서는 48% 초과 49% 미만의 응답자가 '그렇다'에 답하였다.
ㄷ. A 지역보다 B 지역 응답자가 해당 설문 항목에 긍정적으로 답하였다.

• 정답 •

01 ④ 02 ③ 03 ② 04 ⑤ 05 ⑤ 06 ⑤ 07 ① 08 ① 09 ② 10 ④ 11 ① 12 ③ 13 ③ 14 ② 15 ⑤ 16 ⑤ 17 ② 18 ② 19 ③ 20 ④

01 DNA 구조
정답률 58% | 정답 ④

그림은 2중 나선 구조인 DNA의 일부를 나타낸 것이다.

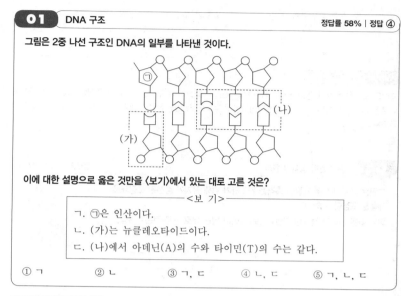

이에 대한 설명으로 옳은 것만을 〈보기〉에서 있는 대로 고른 것은?

〈보 기〉

ㄱ. ㉠은 인산이다.
ㄴ. (가)는 뉴클레오타이드이다.
ㄷ. (나)에서 아데닌(A)의 수와 타이민(T)의 수는 같다.

① ㄱ　　② ㄴ　　③ ㄱ, ㄷ　　④ ㄴ, ㄷ　　⑤ ㄱ, ㄴ, ㄷ

Why? 왜 정답일까?

ㄴ. (가)는 염기, 당, 인산이 1:1:1로 결합한 뉴클레오타이드이다.
ㄷ. (나)에서 아데닌(A)은 타이민(T)과 상보적으로 결합하므로 아데닌(A) 수와 타이민(T) 수는 같다.

Why? 왜 오답일까?

ㄱ. ㉠은 당이다.

02 태양계와 지구의 형성 과정
정답률 69% | 정답 ③

다음은 태양계와 지구가 형성되는 과정의 일부를 나타낸 것이다.

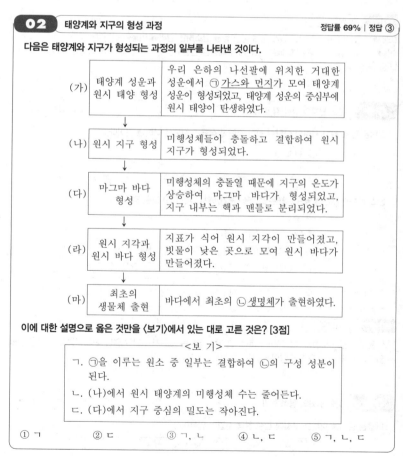

(가)	태양계 성운과 원시 태양 형성	우리 은하의 나선팔에 위치한 거대한 성운에서 ㉠가스와 먼지가 모여 태양계 성운이 형성되었고, 태양계 성운의 중심부에 원시 태양이 탄생하였다.
(나)	원시 지구 형성	미행성체들이 충돌하고 결합하여 원시 지구가 형성되었다.
(다)	마그마 바다 형성	미행성체의 충돌열 때문에 지구의 온도가 상승하여 마그마 바다가 형성되었고, 지구 내부는 핵과 맨틀로 분리되었다.
(라)	원시 지각과 원시 바다 형성	지표가 식어 원시 지각이 만들어졌고, 빗물이 낮은 곳으로 모여 원시 바다가 만들어졌다.
(마)	최초의 생물체 출현	바다에서 최초의 ㉡생명체가 출현하였다.

이에 대한 설명으로 옳은 것만을 〈보기〉에서 있는 대로 고른 것은? [3점]

〈보 기〉

ㄱ. ㉠을 이루는 원소 중 일부는 결합하여 ㉡의 구성 성분이 된다.
ㄴ. (나)에서 원시 태양계의 미행성체 수는 줄어든다.
ㄷ. (다)에서 지구 중심의 밀도는 작아진다.

① ㄱ　　② ㄷ　　③ ㄱ, ㄴ　　④ ㄴ, ㄷ　　⑤ ㄱ, ㄴ, ㄷ

Why? 왜 정답일까?

ㄱ. ㉠을 이루는 원소들의 결합으로 생성된 다양한 물질 중 일부는 생명체의 구성 성분이 된다.
ㄴ. 원시 태양계에서 미행성체들이 충돌하여 결합하면서 원시 행성을 형성하므로 미행성체의 수는 점차 줄어든다.

Why? 왜 오답일까?

ㄷ. 마그마 바다 형성 단계에서 밀도가 큰 물질이 지구 중심부로 가라앉으므로 지구 중심의 밀도는 커진다.

03 우주론
정답률 82% | 정답 ②

그림은 프레드 호일이 주장한 우주의 모형을 모식적으로 나타낸 것이다.

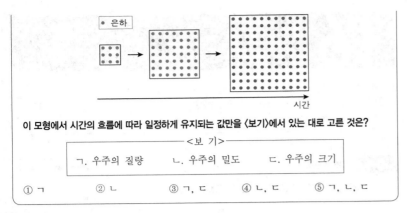

• 은하

→ → → 시간

이 모형에서 시간의 흐름에 따라 일정하게 유지되는 값만을 〈보기〉에서 있는 대로 고른 것은?

<보 기>
ㄱ. 우주의 질량   ㄴ. 우주의 밀도   ㄷ. 우주의 크기

① ㄱ   ② ㄴ   ③ ㄱ, ㄷ   ④ ㄴ, ㄷ   ⑤ ㄱ, ㄴ, ㄷ

Why? 왜 정답일까?

프레드 호일은 우주가 팽창하면서 생기는 빈 공간에 물질이 계속 만들어진다고 주장하였다. 그의 주장에 따르면 시간이 흐름에 따라 우주가 팽창하면서 우주의 크기와 질량이 증가하고 우주의 밀도는 일정하게 유지된다.

---

04 충격 완화 장치의 원리   정답률 69% | 정답 ⑤

그림은 깨지기 쉬운 제품의 충격을 완화하기 위해 공기가 충전된 포장재로 제품을 포장한 모습이다.
이와 같은 원리가 적용된 것만을 〈보기〉에서 있는 대로 고른 것은? [3점]

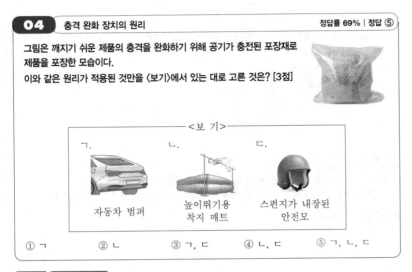

<보 기>
ㄱ.   ㄴ.   ㄷ.

자동차 범퍼   높이뛰기용 착지 매트   스펀지가 내장된 안전모

① ㄱ   ② ㄴ   ③ ㄱ, ㄷ   ④ ㄴ, ㄷ   ⑤ ㄱ, ㄴ, ㄷ

Why? 왜 정답일까?

포장재는 충격을 받는 시간을 길게 하여 평균 힘을 감소하는 원리를 이용한 것이다.
자동차 범퍼, 높이뛰기용 착지 매트, 스펀지가 내장된 안전모는 충돌 시간을 길게 하여 받는 힘의 크기를 감소시키는 예이다.

---

05 탄소 원자의 화학 결합 방식   정답률 82% | 정답 ⑤

그림은 탄소 원자 사이의 다양한 화학 결합 방식을 모형으로 나타낸 것이다.

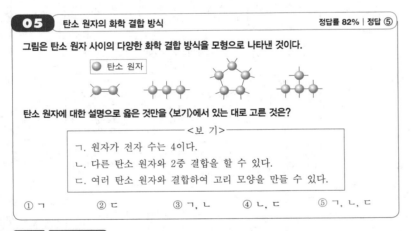

● 탄소 원자

탄소 원자에 대한 설명으로 옳은 것만을 〈보기〉에서 있는 대로 고른 것은?

<보 기>
ㄱ. 원자가 전자 수는 4이다.
ㄴ. 다른 탄소 원자와 2중 결합을 할 수 있다.
ㄷ. 여러 탄소 원자와 결합하여 고리 모양을 만들 수 있다.

① ㄱ   ② ㄷ   ③ ㄱ, ㄴ   ④ ㄴ, ㄷ   ⑤ ㄱ, ㄴ, ㄷ

Why? 왜 정답일까?

탄소 원자의 원자가 전자 수는 4이다. 탄소 원자는 다른 탄소 원자와 단일 결합, 2중 결합, 3중 결합을 할 수 있으며 사슬 모양, 고리 모양의 골격을 형성할 수 있다.

---

06 화학 결합의 형성 원리   정답률 65% | 정답 ⑤

다음은 공기를 이루는 물질에 관한 원격 수업의 일부이다.

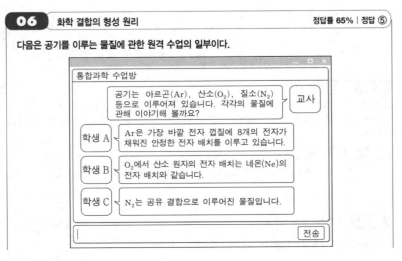

통합과학 수업방
공기는 아르곤(Ar), 산소(O_2), 질소(N_2) 등으로 이루어져 있습니다. 각각의 물질에 관해 이야기해 볼까요? | 교사

학생 A | Ar은 가장 바깥 전자 껍질에 8개의 전자가 채워진 안정한 전자 배치를 이루고 있습니다.

학생 B | O_2에서 산소 원자의 전자 배치는 네온(Ne)의 전자 배치와 같습니다.

학생 C | N_2는 공유 결합으로 이루어진 물질입니다.

전송

교사의 질문에 답변한 내용이 옳은 학생만을 있는 대로 고른 것은?

① A   ② C   ③ A, B
④ B, C   ⑤ A, B, C

Why? 왜 정답일까?

학생 A. 아르곤(Ar)은 3주기 18족 원소이므로 가장 바깥 전자 껍질에 8개의 전자가 채워진 안정한 전자 배치를 이룬다.
학생 B. 산소 분자(O_2)에서 산소 원자의 전자 배치는 2주기 18족인 네온(Ne)의 전자 배치와 같다.
학생 C. 질소(N_2)는 비금속 원소 사이의 결합으로 이루어진 공유 결합 물질이다.

---

07 자유 낙하 운동   정답률 57% | 정답 ①

그림은 질량이 각각 5kg, 1kg인 물체 A와 B를 수평면으로부터 같은 높이에서 동시에 가만히 놓은 것을 나타낸 것이다. A와 B가 수평면에 도달할 때까지 A가 B보다 큰 물리량만을 〈보기〉에서 있는 대로 고른 것은? (단, 물체의 크기와 공기 저항은 무시한다.)

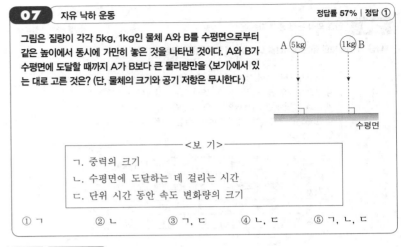

A (5kg)   (1kg) B

수평면

<보 기>
ㄱ. 중력의 크기
ㄴ. 수평면에 도달하는 데 걸리는 시간
ㄷ. 단위 시간 동안 속도 변화량의 크기

① ㄱ   ② ㄴ   ③ ㄱ, ㄷ   ④ ㄴ, ㄷ   ⑤ ㄱ, ㄴ, ㄷ

Why? 왜 정답일까?

ㄱ. 중력의 크기는 질량에 비례하므로 A가 B보다 크다.

Why? 왜 오답일까?

ㄴ. 수평면으로부터의 높이가 같으므로 낙하 시간은 A와 B가 같다.
ㄷ. 같은 가속도로 운동하므로 단위 시간 동안 속도 변화량의 크기는 A와 B가 같다.

---

08 물질의 화학 결합   정답률 58% | 정답 ①

다음은 일상생활에서 사용하는 제품과 이와 관련된 물질에 대한 자료이다.

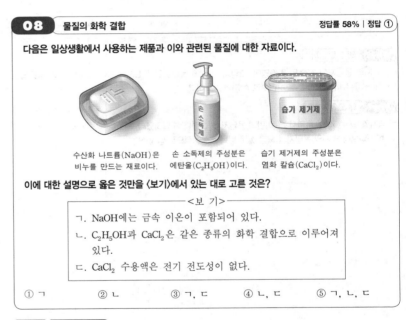

수산화 나트륨(NaOH)은 비누를 만드는 재료이다. | 손 소독제의 주성분은 에탄올(C_2H_5OH)이다. | 습기 제거제의 주성분은 염화 칼슘($CaCl_2$)이다.

이에 대한 설명으로 옳은 것만을 〈보기〉에서 있는 대로 고른 것은?

<보 기>
ㄱ. NaOH에는 금속 이온이 포함되어 있다.
ㄴ. C_2H_5OH과 $CaCl_2$은 같은 종류의 화학 결합으로 이루어져 있다.
ㄷ. $CaCl_2$ 수용액은 전기 전도성이 없다.

① ㄱ   ② ㄴ   ③ ㄱ, ㄷ   ④ ㄴ, ㄷ   ⑤ ㄱ, ㄴ, ㄷ

Why? 왜 정답일까?

ㄱ. 수산화 나트륨(NaOH)은 금속 양이온인 Na^+을 포함하고 있다.

Why? 왜 오답일까?

ㄴ. 에탄올(C_2H_5OH)은 공유 결합 물질이고, 염화 칼슘($CaCl_2$)은 이온 결합 물질이다.
ㄷ. 염화 칼슘($CaCl_2$)은 칼슘 이온(Ca^{2+})과 염화이온(Cl^-)이 결합한 이온 결합 물질로 수용액 상태에서는 이온이 자유롭게 이동할 수 있으므로 전기 전도성이 있다.

---

09 우주의 탄생과 진화 과정   정답률 56% | 정답 ②

그림 (가)는 우주의 탄생과 진화의 과정을, (나)의 ⊙과 ⓒ은 각각 A와 B 시기에 해당하는 우주의 일부를 순서 없이 나타낸 것이다.

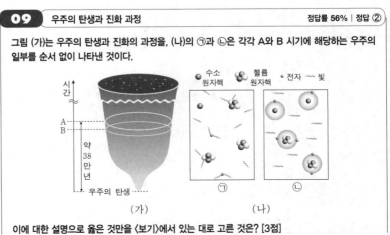

시간 | 수소 원자핵 헬륨 원자핵 전자 빛

A
B

약 38만년

우주의 탄생

(가)   (나) ⊙   ⓒ

이에 대한 설명으로 옳은 것만을 〈보기〉에서 있는 대로 고른 것은? [3점]

─── <보 기> ───

ㄱ. ㉠은 A 시기에 해당한다.

ㄴ. A 시기 이후에 우주 배경 복사의 파장은 점차 길어졌다.

ㄷ. B 시기에 빛과 물질이 분리되어 우주는 투명해졌다.

① ㄱ　　　② ㄴ　　　③ ㄱ, ㄷ　　　④ ㄴ, ㄷ　　　⑤ ㄱ, ㄴ, ㄷ

Why? 왜 정답일까?

빅뱅 이후 약 3분이 지났을 때 헬륨 원자핵이 만들어졌고, 약 38만 년이 지났을 때 수소 원자와 헬륨 원자가 만들어져 빛과 물질이 분리되었다.

ㄴ. A시기 이후 우주 배경 복사의 파장은 점차 길어졌다.

Why? 왜 오답일까?

ㄱ. ㉠은 B 시기에 해당한다.

ㄷ. 빛과 물질이 분리되어 우주가 투명해진 것은 A시기이다.

---

10 물체의 운동　　　정답률 60% | 정답 ④

그림은 질량이 동일한 물체 A와 B를 수평면으로부터 같은 높이에서 수평 방향으로 각각 속력 v_A, v_B로 동시에 던졌더니, A와 B가 포물선 경로를 따라 운동한 모습을 나타낸 것이다. 물체는 수평 방향으로 각각 d, $3d$만큼 이동하였다.

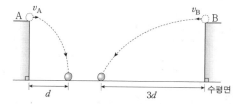

이에 대한 설명으로 옳은 것만을 〈보기〉에서 있는 대로 고른 것은? (단, 물체의 크기와 공기 저항은 무시한다.) [3점]

─── <보 기> ───

ㄱ. 낙하하는 동안 A와 B에 작용하는 힘의 방향은 서로 같다.

ㄴ. 수평면에 도달하는 순간 연직 방향의 속력은 A가 B보다 작다.

ㄷ. v_B는 v_A의 3배이다.

① ㄱ　　　② ㄴ　　　③ ㄷ　　　④ ㄱ, ㄷ　　　⑤ ㄴ, ㄷ

Why? 왜 정답일까?

ㄱ. 낙하하는 동안 A와 B에 작용하는 힘의 방향은 연직 아래 방향이다.

ㄷ. 수평면으로부터의 높이가 같으므로 낙하 시간은 A와 B가 같다. 수평 방향으로는 등속 직선 운동하므로 v_B는 v_A의 3배이다.

Why? 왜 오답일까?

ㄴ. A와 B의 중력 가속도는 같으므로 수평면에 도달하는 순간 연직 아래 방향의 속력은 A와 B가 서로 같다.

---

11 화학 결합의 형성 원리　　　정답률 68% | 정답 ①

그림은 원자 A ~ C의 전자 배치를 모형으로 나타낸 것이다.

　　　A　　　　　B　　　　　C

이에 대한 설명으로 옳은 것만을 〈보기〉에서 있는 대로 고른 것은? (단, A ~ C는 임의의 원소 기호이다.) [3점]

─── <보 기> ───

ㄱ. BA는 이온 결합 물질이다.

ㄴ. 공유하는 전자쌍의 수는 C_2가 A_2의 2배이다.

ㄷ. B와 C가 화학 결합할 때 전자는 C에서 B로 이동한다.

① ㄱ　　　② ㄷ　　　③ ㄱ, ㄴ

④ ㄱ, ㄷ　　　⑤ ㄴ, ㄷ

Why? 왜 정답일까?

A는 산소(O), B는 마그네슘(Mg), C는 염소(Cl)이다.

ㄱ. BA는 산화 마그네슘(MgO)으로 금속 원소와 비금속 원소가 결합한 이온 결합 물질이다.

Why? 왜 오답일까?

ㄴ. 공유하는 전자쌍의 수는 산소(O_2)가 2이고 염소(Cl_2)는 1이다.

ㄷ. 마그네슘(Mg)과 염소(Cl)가 화학 결합할 때, Mg은 전자를 잃어 마그네슘 이온(Mg^{2+})이 되고, Cl는 전자를 얻어 염화 이온(Cl^-)이 된다.

---

12 원소 주기율표　　　정답률 70% | 정답 ③

표는 18족 원소를 제외한 원자 A ~ C에 대한 자료이다.

원자	A	B	C
원자가 전자 수		1	
전자가 들어 있는 전자 껍질 수	1	3	
전자 수	㉠		7

이에 대한 설명으로 옳은 것만을 〈보기〉에서 있는 대로 고른 것은? (단, A ~ C는 임의의 원소 기호이다.) [3점]

─── <보 기> ───

ㄱ. ㉠은 1이다.

ㄴ. A와 B는 같은 족 원소이다.

ㄷ. B와 C는 전자가 들어 있는 전자 껍질 수가 같다.

① ㄱ　　　② ㄷ　　　③ ㄱ, ㄴ　　　④ ㄴ, ㄷ　　　⑤ ㄱ, ㄴ, ㄷ

Why? 왜 정답일까?

A는 수소(H), B는 나트륨(Na), C는 질소(N)이다.

ㄱ. A는 18족 원소가 아닌 1주기 원소이므로 H이고 전자 수는 1이다.

ㄴ. A와 B는 원자가 전자 수가 1이므로 같은 족 원소이다.

Why? 왜 오답일까?

ㄷ. B와 C는 각각 3주기와 2주기 원소이므로 전자가 들어 있는 전자 껍질 수는 서로 다르다.

---

13 생명체와 지각을 구성하는 원소　　　정답률 72% | 정답 ③

그림 (가)와 (나)는 사람과 지각을 구성하는 원소의 질량비를 순서 없이 나타낸 것이다. ㉠ ~ ㉢은 각각 규소, 산소, 수소 중 하나이다.

　　　(가)　　　　　　　(나)

이에 대한 설명으로 옳은 것만을 〈보기〉에서 있는 대로 고른 것은?

─── <보 기> ───

ㄱ. 사람을 구성하는 원소의 질량비를 나타낸 것은 (나)이다.

ㄴ. 규산염 사면체의 구성 원소는 ㉠과 ㉡이다.

ㄷ. ㉢은 산소이다.

① ㄱ　　　② ㄷ　　　③ ㄱ, ㄴ

④ ㄴ, ㄷ　　　⑤ ㄱ, ㄴ, ㄷ

Why? 왜 정답일까?

㉠은 산소(O), ㉡은 규소(Si), ㉢은 수소(H)이다.

ㄱ. (가)는 지각을 구성하는 원소의 질량비를, (나)는 사람을 구성하는 원소의 질량비를 나타낸 것이다.

ㄴ. 규산염 광물은 규소 원자 1개와 산소 원자 4개가 결합한 규산염(Si-O)사면체를 기본 골격으로 한다.

Why? 왜 오답일까?

ㄷ. ㉢은 수소이다.

---

14 스펙트럼　　　정답률 40% | 정답 ②

그림은 고온 고밀도의 광원에서 나온 빛을 분광기로 관찰하는 과정을 모식적으로 나타낸 것이다. 스펙트럼 ㉠은 방출 스펙트럼과 흡수 스펙트럼 중 하나이다.

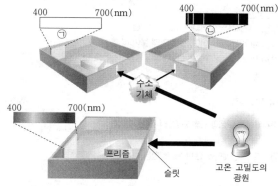

이에 대한 설명으로 옳은 것만을 〈보기〉에서 있는 대로 고른 것은? (단, 수소 기체 이외에 다른 기체는 없으며, 빛은 슬릿을 통해서만 분광기 내부로 들어간다.) [3점]

─── <보 기> ───

ㄱ. ㉠은 수소 기체 방전관에서 나온 빛의 스펙트럼과 같다.

ㄴ. ㉠과 ㉡에 나타나는 선의 위치는 같다.

ㄷ. 태양에서 나온 빛이 태양의 대기를 통과하여 나타나는 스펙트럼의 종류는 ㉡과 같다.

① ㄱ　　　② ㄴ　　　③ ㄱ, ㄷ

④ ㄴ, ㄷ　　　⑤ ㄱ, ㄴ, ㄷ

Why? 왜 정답일까?

ㄴ. ㉠에 나타나는 흡수선과 ㉡에 나타나는 방출선의 위치는 같다.

Why? 왜 오답일까?

ㄱ. ㉠은 흡수 스펙트럼, ㉡은 방출 스펙트럼이다. 수소 기체 방전관에서 나온 빛의 스펙트럼은 방출 스펙트럼이다.

ㄷ. 태양에서 나온 빛이 태양의 대기를 통과하여 나타나는 스펙트럼의 종류는 ㉠과 같다.

---

15 신소재 분류   정답률 62% | 정답 ⑤

그림은 우리 주변에서 볼 수 있는 신소재를 분류한 것이다. A ~ C는 각각 그래핀, 초전도체, 탄소 나노 튜브 중 하나이다.

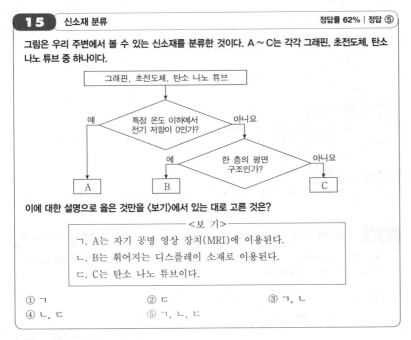

이에 대한 설명으로 옳은 것만을 〈보기〉에서 있는 대로 고른 것은?

— < 보 기 > —

ㄱ. A는 자기 공명 영상 장치(MRI)에 이용된다.

ㄴ. B는 휘어지는 디스플레이 소재로 이용된다.

ㄷ. C는 탄소 나노 튜브이다.

① ㄱ   ② ㄷ   ③ ㄱ, ㄴ

④ ㄴ, ㄷ   ⑤ ㄱ, ㄴ, ㄷ

Why? 왜 정답일까?

ㄱ. A는 초전도체이며, 자기 공명 영상 장치(MRI)에 이용된다.

ㄴ. B는 그래핀이며, 휘어지는 디스플레이 소재로 이용된다.

ㄷ. C는 탄소 나노 튜브이다.

---

16 단백질의 형성 과정 및 원리   정답률 73% | 정답 ⑤

그림은 단위체의 결합으로 단백질이 형성되는 과정을 나타낸 것이다.

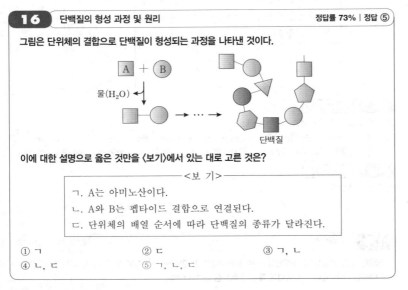

이에 대한 설명으로 옳은 것만을 〈보기〉에서 있는 대로 고른 것은?

— < 보 기 > —

ㄱ. A는 아미노산이다.

ㄴ. A와 B는 펩타이드 결합으로 연결된다.

ㄷ. 단위체의 배열 순서에 따라 단백질의 종류가 달라진다.

① ㄱ   ② ㄷ   ③ ㄱ, ㄴ

④ ㄴ, ㄷ   ⑤ ㄱ, ㄴ, ㄷ

Why? 왜 정답일까?

ㄱ. A와 B는 단백질을 구성하는 단위체인 아미노산이다.

ㄴ. A와 B의 결합은 펩타이드 결합이며, 결합할 때 물이 빠져나온다.

ㄷ. 아미노산의 종류, 수, 배열 순서에 따라 단백질의 종류가 달라진다.

---

17 별의 진화 과정   정답률 60% | 정답 ②

그림은 어느 주계열성의 탄생과 진화 과정을 나타낸 것이다.

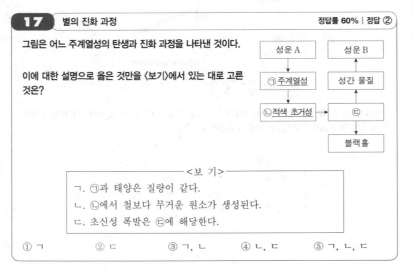

이에 대한 설명으로 옳은 것만을 〈보기〉에서 있는 대로 고른 것은?

— < 보 기 > —

ㄱ. ㉠과 태양은 질량이 같다.

ㄴ. ㉡에서 철보다 무거운 원소가 생성된다.

ㄷ. 초신성 폭발은 ㉢에 해당한다.

① ㄱ   ② ㄷ   ③ ㄱ, ㄴ   ④ ㄴ, ㄷ   ⑤ ㄱ, ㄴ, ㄷ

Why? 왜 정답일까?

ㄷ. 적색 초거성은 초신성 폭발 후 블랙홀이 될 수 있다.

Why? 왜 오답일까?

ㄱ. 태양 정도의 질량을 가진 별은 적색 초거성이 될 수 없다.

ㄴ. 철보다 무거운 원소는 ㉢과정에서 생성된다.

---

18 생명체를 구성하는 물질   정답률 59% | 정답 ②

표는 생명체를 구성하는 물질 A ~ C의 특징을 나타낸 것이다. A ~ C는 각각 단백질, 탄수화물, 핵산 중 하나이다.

특징　　　　　　　　물질	A	B	C
탄소 화합물이다.	○	㉠	○
유전 정보를 저장하고 전달한다.	○	×	×
포도당, 녹말 등의 형태로 존재한다.	×	×	○

(○ : 있음, × : 없음)

이에 대한 설명으로 옳은 것만을 〈보기〉에서 있는 대로 고른 것은? [3점]

— < 보 기 > —

ㄱ. ㉠은 '×'이다.

ㄴ. A는 핵산이다.

ㄷ. 효소와 호르몬의 주성분은 C이다.

① ㄱ   ② ㄴ   ③ ㄱ, ㄷ

④ ㄴ, ㄷ   ⑤ ㄱ, ㄴ, ㄷ

Why? 왜 정답일까?

ㄴ. A는 핵산, B는 단백질, C는 탄수화물이다.

Why? 왜 오답일까?

ㄱ. 핵산, 단백질, 탄수화물은 모두 탄소 화합물이므로 ㉠은 '○'이다.

ㄷ. 단백질은 대부분의 호르몬과 효소의 주성분이다.

---

19 알칼리 금속의 성질   정답률 66% | 정답 ③

다음은 나트륨(Na)의 성질을 알아보기 위한 실험이다.

[실험 과정 및 결과]

(가) 물기가 없는 유리판에 Na을 올려놓고 칼로 자른 후 단면을 살펴보았더니, 은백색 광택이 곧 사라졌다.

(나) 물이 들어 있는 비커에 쌀알 크기의 Na을 넣었더니, 격렬하게 반응하였다.

(다) (나)의 비커에 들어 있는 ㉠수용액에 페놀프탈레인 용액 2 ~ 3 방울을 떨어뜨렸더니, 붉은색으로 변하였다.

이에 대한 설명으로 옳은 것만을 〈보기〉에서 있는 대로 고른 것은? [3점]

— < 보 기 > —

ㄱ. Na은 공기 중의 산소와 반응한다.

ㄴ. Na은 물에 닿지 않도록 보관해야 한다.

ㄷ. ㉠은 산성이다.

① ㄱ   ② ㄷ   ③ ㄱ, ㄴ

④ ㄴ, ㄷ   ⑤ ㄱ, ㄴ, ㄷ

Why? 왜 정답일까?

ㄱ. (가)에서 나트륨(Na) 단면의 광택이 사라진 것은 Na이 공기 중의 산소와 반응했기 때문이다.

ㄴ. Na이 물과 격렬하게 반응한 것으로 보아 물에 닿지 않도록 보관해야 한다.

Why? 왜 오답일까?

ㄷ. (다)에서 페놀프탈레인 용액을 떨어뜨렸을 때 ㉠이 붉은색으로 변한 것으로 보아 ㉠은 염기성이다.

---

20 운동량과 충격량의 관계   정답률 39% | 정답 ④

그림 (가)는 질량이 5kg인 정지해 있는 물체에 수평면과 나란한 방향으로 힘 F가 작용하는 것을, (나)는 힘 F의 크기를 시간에 따라 나타낸 것이다.

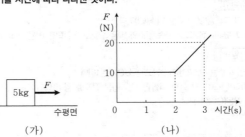

이에 대한 설명으로 옳은 것만을 〈보기〉에서 있는 대로 고른 것은? (단, 모든 마찰과 공기 저항은 무시한다.) [3점]

Why? 왜 정답일까?

ㄴ. 1초인 순간 물체의 운동량의 크기는 10kg·m/s이고, 2초인 순간 물체의 운동량의 크기는 20kg·m/s
이다.
ㄷ. 0 ~ 3초까지 물체가 받은 충격량의 크기는 35N·s이므로 3초일 때 물체의 속력은 7m/s이다.

Why? 왜 오답일까?

ㄱ. 힘−시간 그래프 아랫부분의 면적은 충격량의 크기를 의미한다. 물체가 받은 충격량의 크기는 0 ~ 2초
까지가 20N·s, 2 ~ 3초까지가 15N·s이다.

• 정답 •

01 ② 02 ⑤ 03 ⑤ 04 ④ 05 ① 06 ③ 07 ④ 08 ② 09 ④ 10 ② 11 ④ 12 ⑤ 13 ⑤ 14 ⑤ 15 ③
16 ① 17 ③ 18 ① 19 ③ 20 ①

01   그래핀의 특성   정답률 74% | 정답 ②

다음은 신소재 A에 대한 과학 탐구 보고서의 일부이다.

┌─────────────────────────────────────┐
탐구 주제 : 신소재 A의 특성

○ 전기가 잘 통하는 성질이 있다.
○ 강도가 높으면서도 휘거나 구부릴 수 있다.
○ 디스플레이의 전극 소재로 주목받고 있다.
○ (㉠) 원자가 육각형 형태로 배열되어
 평면을 이루는 구조이다.
 A
└─────────────────────────────────────┘

A와 ㉠으로 가장 적절한 것은?

    A   ㉠
① 그래핀   산소
② 그래핀   탄소
③ 초전도체   규소
④ 초전도체   산소
⑤ 초전도체   탄소

Why? 왜 정답일까?

A는 전기가 잘 통하는 성질이 있고, 흑연의 한 층만 벗겨 내어 탄소 원자들이 육각형 형태로 배열된 평면
구조이며, 투명하여 디스플레이의 전극 소재로 사용될 수 있는 그래핀이다. ㉠은 탄소이다.

02   중력의 영향을 받는 물체의 운동   정답률 78% | 정답 ⑤

다음은 물체 A ~ C의 운동에 대한 설명이다.

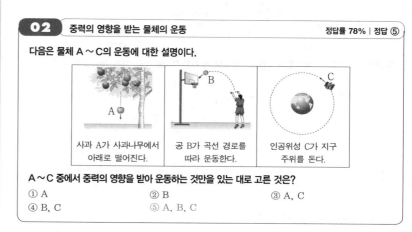

사과 A가 사과나무에서   공 B가 곡선 경로를   인공위성 C가 지구
아래로 떨어진다.   따라 운동한다.   주위를 돈다.

A ~ C 중에서 중력의 영향을 받아 운동하는 것만을 있는 대로 고른 것은?

① A   ② B   ③ A, C
④ B, C   ⑤ A, B, C

Why? 왜 정답일까?

A는 중력을 받아 아래로 떨어지고, 비스듬히 던져진 B는 중력을 받아 곡선 경로를 따라 운동하며, C는
중력을 받아 지구 주위를 돈다.

03   빅뱅 이후의 과정   정답률 74% | 정답 ⑤

그림은 빅뱅 이후 초기 우주에서부터 태양계가 형성되기까지의 과정 중 일부를 나타낸 것이다.

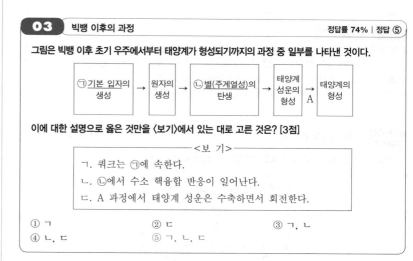

이에 대한 설명으로 옳은 것만을 〈보기〉에서 있는 대로 고른 것은? [3점]

┌─────────<보 기>─────────┐
ㄱ. 쿼크는 ㉠에 속한다.
ㄴ. ㉡에서 수소 핵융합 반응이 일어난다.
ㄷ. A 과정에서 태양계 성운은 수축하면서 회전한다.
└──────────────────────────┘

① ㄱ   ② ㄷ   ③ ㄱ, ㄴ
④ ㄴ, ㄷ   ⑤ ㄱ, ㄴ, ㄷ

Why? 왜 정답일까?

ㄱ. 기본 입자에는 쿼크와 전자 등이 있다.
ㄴ. 별(주계열성) 내부에서는 수소 핵융합 반응이 일어난다.
ㄷ. A 과정에서 태양계 성운은 서서히 수축하면서 회전하여 태양계를 형성하였다.

04   스펙트럼   정답률 91% | 정답 ④

그림은 태양의 스펙트럼과 원소 ㉠, ㉡의 방출 스펙트럼을 나타낸 것이다.

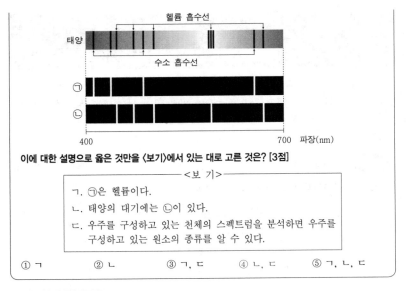

이에 대한 설명으로 옳은 것만을 〈보기〉에서 있는 대로 고른 것은? [3점]

──── 〈보 기〉 ────
ㄱ. ⊙은 헬륨이다.
ㄴ. 태양의 대기에는 ⓛ이 있다.
ㄷ. 우주를 구성하고 있는 천체의 스펙트럼을 분석하면 우주를 구성하고 있는 원소의 종류를 알 수 있다.

① ㄱ　　② ㄴ　　③ ㄱ, ㄷ　　④ ㄴ, ㄷ　　⑤ ㄱ, ㄴ, ㄷ

Why? 왜 정답일까?

ㄴ. 태양의 스펙트럼에 나타난 헬륨 흡수선의 위치와 ⓛ의 방출선의 위치가 같으므로 ⓛ은 헬륨이다. 태양의 대기에 의해 태양의 스펙트럼에 흡수선이 나타나므로 태양의 대기에는 헬륨이 있다.
ㄷ. 원소마다 스펙트럼에 나타나는 선의 위치가 모두 다르므로, 우주를 구성하고 있는 천체의 스펙트럼을 분석하면 우주를 구성하고 있는 원소의 종류를 알 수 있다.

Why? 왜 오답일까?

ㄱ. 태양의 스펙트럼에 나타난 수소 흡수선의 위치와 ⊙의 방출선의 위치가 같으므로 ⊙은 수소이다.

---

05 우주론　　정답률 95% | 정답 ①

다음은 우주론에 대한 두 과학자의 서로 다른 주장이다.

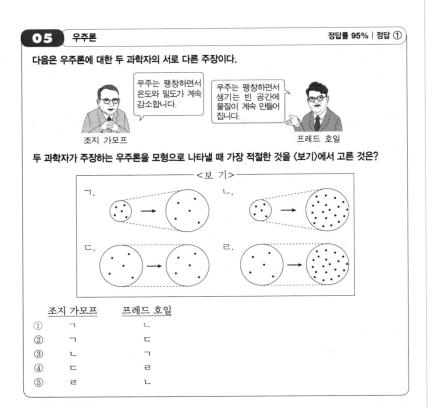

두 과학자가 주장하는 우주론을 모형으로 나타낼 때 가장 적절한 것을 〈보기〉에서 고른 것은?

	조지 가모프	프레드 호일
①	ㄱ	ㄴ
②	ㄱ	ㄷ
③	ㄴ	ㄱ
④	ㄷ	ㄴ
⑤	ㄹ	ㄴ

Why? 왜 정답일까?

조지 가모프는 우주는 팽창하면서 우주의 온도와 밀도가 감소한다고 주장하였다. 따라서 조지 가모프가 주장하는 우주론에 가장 적절한 모형은 ㄱ이다. 프레드 호일은 우주는 팽창하고 있지만, 빈 공간에 새로운 물질이 만들어지면서 우주의 온도와 밀도가 일정하다고 주장하였다.
따라서 프레드 호일이 주장하는 우주론에 가장 적절한 모형은 ㄴ이다.

---

06 별의 탄생과 진화 과정　　정답률 74% | 정답 ③

그림은 별의 탄생과 진화의 순환 과정 일부를 단계별로 나타낸 것이다.

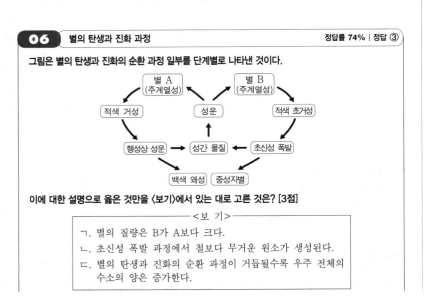

이에 대한 설명으로 옳은 것만을 〈보기〉에서 있는 대로 고른 것은? [3점]

──── 〈보 기〉 ────
ㄱ. 별의 질량은 B가 A보다 크다.
ㄴ. 초신성 폭발 과정에서 철보다 무거운 원소가 생성된다.
ㄷ. 별의 탄생과 진화의 순환 과정이 거듭될수록 우주 전체의 수소의 양은 증가한다.

① ㄱ　　② ㄴ　　③ ㄱ, ㄷ　　④ ㄴ, ㄷ　　⑤ ㄱ, ㄴ, ㄷ

Why? 왜 정답일까?

ㄱ. 초신성 폭발 과정을 거쳐 중성자별로 진화하는 별 B의 질량은 백색 왜성으로 진화하는 별 A의 질량보다 크다.
ㄴ. 철보다 무거운 원소는 초신성 폭발 과정에서 만들어진다.

Why? 왜 오답일까?

ㄷ. 별의 진화 과정에서 수소는 핵융합 반응을 거쳐 무거운 원소가 되므로 별의 탄생과 진화의 순환 과정이 거듭될수록 우주 전체의 수소의 양은 감소한다.

---

07 원소의 생성과 물질의 기원　　정답률 62% | 정답 ④

그림 (가)는 어느 별의 진화 과정에서 중심부의 핵융합 반응이 끝난 직후 별의 내부 구조를, (나)는 지구를 구성하는 원소의 질량비를 나타낸 것이다. ⊙ ~ ©은 각각 규소, 산소, 철 중 하나이다.

이에 대한 설명으로 옳은 것만을 〈보기〉에서 있는 대로 고른 것은?

──── 〈보 기〉 ────
ㄱ. ⊙은 규소이다.
ㄴ. 별의 진화 과정에서 ⓛ은 ©보다 먼저 만들어졌다.
ㄷ. 별의 진화 과정에서 생성된 물질들의 일부는 지구를 형성하는 재료가 되었다.

① ㄱ　　② ㄴ　　③ ㄱ, ㄷ　　④ ㄴ, ㄷ　　⑤ ㄱ, ㄴ, ㄷ

Why? 왜 정답일까?

별의 중심부로 갈수록 무거운 원소로 이루어져 있으므로, ⊙은 산소, ⓛ은 규소, ©은 철이다.
ㄴ. 별 내부에서는 핵융합 반응으로 점점 더 무거운 원소가 차례로 만들어지고, 가장 마지막에 만들어지는 것은 철이다. 따라서 ⓛ(규소)은 ©(철)보다 먼저 만들어졌다.
ㄷ. 별의 진화 과정에서 탄소, 산소, 규소, 철 등의 여러 물질들이 만들어졌고 그 중 일부는 지구를 형성하는 재료가 되었다.

Why? 왜 오답일까?

ㄱ. ⊙은 산소이다.

---

08 원소의 주기성　　정답률 69% | 정답 ②

그림은 주기율표의 일부를 나타낸 것이다.

	1족	2족	13족	14족	15족	16족	17족
2주기	A			B			C
3주기		D				E	

이에 대한 설명으로 옳은 것만을 〈보기〉에서 있는 대로 고른 것은? (단, A ~ E는 임의의 원소 기호이다.) [3점]

──── 〈보 기〉 ────
ㄱ. 원자가 전자 수는 A와 C가 같다.
ㄴ. 전자가 들어 있는 전자 껍질 수는 B와 C가 같다.
ㄷ. D와 E가 화학 결합할 때 전자는 E에서 D로 이동한다.

① ㄱ　　② ㄴ　　③ ㄷ　　④ ㄱ, ㄴ　　⑤ ㄴ, ㄷ

Why? 왜 정답일까?

A는 Li(리튬), B는 C(탄소), C는 F(플루오린), D는 Mg(마그네슘), E는 S(황)이다.
ㄴ. 주기율표에서 같은 주기의 원소들은 전자가 들어 있는 전자 껍질 수가 같다. B와 C는 2주기 원소이므로 전자가 들어 있는 전자 껍질 수는 2로 같다.

Why? 왜 오답일까?

ㄱ. 1족인 A(Li)의 원자가 전자 수는 1, 17족인 C(F)의 원자가 전자 수는 7이다.
ㄷ. D(Mg)와 E(S)가 화학 결합할 때 전자는 금속 원소인 D(Mg)에서 비금속 원소인 E(S)로 이동한다.

---

09 알칼리 금속의 성질　　정답률 78% | 정답 ④

다음은 학생 A가 같은 족의 세 금속 리튬(Li), 나트륨(Na), 칼륨(K)의 성질을 알아보기 위해 수행한 실험이다.

[가설]
　　　　　⊙

[실험 과정]
(가) Li, Na, K을 각각 칼로 자른 후 단면의 변화를 관찰한다.
(나) Li, Na, K을 쌀알 크기로 잘라 물이 든 3개의 비커에 각각 넣고 변화를 관찰한다.

(다) (나)의 비커에 페놀프탈레인 용액을 각각 2 ~ 3방울 떨어뜨리고 변화를 관찰한다.

[실험 결과]
○ (가)에서 모든 금속에서 단면의 광택이 사라졌다.
○ (나)에서 모든 금속은 물과 잘 반응했다.
○ (다)에서 모든 수용액은 붉은색으로 변했다.

[결론]
○ 가설은 옳다.

학생 A의 결론이 타당할 때, 이에 대한 설명으로 옳은 것만을 〈보기〉에서 있는 대로 고른 것은?

─── 〈보 기〉───
ㄱ. (가)에서 금속은 산소와 반응한다.
ㄴ. (다)에서 수용액은 산성이다.
ㄷ. '같은 족의 금속 원소들은 화학적 성질이 비슷하다.'는 ⊙으로 적절하다.

① ㄱ　　② ㄷ　　③ ㄱ, ㄴ　　④ ㄱ, ㄷ　　⑤ ㄴ, ㄷ

Why? 왜 정답일까?

ㄱ. 세 금속 Li, Na, K은 산소와 반응하여 단면의 광택이 사라진다.
ㄷ. 같은 족 원소인 알칼리 금속(Li, Na, K)은 산소와 반응하여 단면의 광택이 사라지고, 물과 잘 반응하며, 수용액은 염기성이 되므로 화학적 성질이 비슷하다.

Why? 왜 오답일까?

ㄴ. 수용액이 페놀프탈레인 용액과 반응하여 붉은색으로 변하므로 수용액은 염기성이다.

---

10 사람과 지각의 구성 원소 비교　　정답률 64% | 정답 ②

그림 (가)와 (나)는 사람과 지각을 구성하는 원소의 질량비를 순서 없이 나타낸 것이다. ⊙ ~ ⓒ은 각각 규소, 산소, 탄소 중 하나이다.

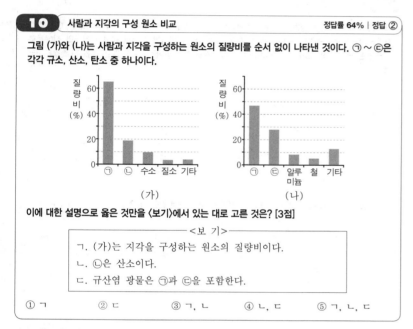

(가)　　　　　(나)

이에 대한 설명으로 옳은 것만을 〈보기〉에서 있는 대로 고른 것은? [3점]

─── 〈보 기〉───
ㄱ. (가)는 지각을 구성하는 원소의 질량비이다.
ㄴ. ⓒ은 산소이다.
ㄷ. 규산염 광물은 ⊙과 ⓒ을 포함한다.

① ㄱ　　② ㄷ　　③ ㄱ, ㄴ　　④ ㄴ, ㄷ　　⑤ ㄱ, ㄴ, ㄷ

Why? 왜 정답일까?

사람과 지각을 구성하는 원소의 질량비가 가장 큰 ⊙은 산소이다. 사람을 구성하는 물질은 주로 물과 탄소 화합물이므로 ⓒ은 탄소이고, 지각에는 규산염 광물이 많으므로 ⓒ은 규소이다.
ㄷ. 규산염 광물은 ⊙(산소)과 ⓒ(규소)을 포함한다.

Why? 왜 오답일까?

ㄱ. (가)는 사람, (나)는 지각을 구성하는 원소의 질량비이다.
ㄴ. ⓒ은 탄소이다.

---

11 공유 결합 물질과 이온 결합 물질　　정답률 72% | 정답 ④

표는 물질 (가) ~ (다)에 대한 자료이다. (가) ~ (다)는 각각 염화 나트륨($NaCl$), 염화 칼슘($CaCl_2$), 포도당($C_6H_{12}O_6$) 중 하나이다.

물질	(가)	(나)	(다)
고체 상태에서의 전기 전도성	없음	없음	없음
수용액 상태에서의 전기 전도성	없음	있음	⊙

이에 대한 설명으로 옳은 것만을 〈보기〉에서 있는 대로 고른 것은?

─── 〈보 기〉───
ㄱ. (가)는 포도당이다.
ㄴ. (나)는 이온 결합 물질이다.
ㄷ. ⊙은 '없음'이다.

① ㄱ　　② ㄴ　　③ ㄷ　　④ ㄱ, ㄴ　　⑤ ㄴ, ㄷ

Why? 왜 정답일까?

ㄱ. (가)는 고체 상태와 수용액 상태에서 모두 전기 전도성이 없으므로 공유 결합 물질인 포도당이다.
ㄴ. (나)는 고체 상태에서는 전기 전도성이 없지만, 수용액 상태에서는 전기 전도성이 있으므로 이온 결합 물질이다.

Why? 왜 오답일까?

ㄷ. (다)는 염화 나트륨과 염화 칼슘 중 하나이고, 이들은 모두 이온 결합 물질이므로 수용액 상태에서 전기 전도성이 있다. 따라서 ⊙은 '있음'이다.

---

12 탄소 원자의 결합 방식　　정답률 74% | 정답 ⑤

다음은 탄소 원자의 다양한 결합 방식에 대한 온라인 수업 내용 중 일부이다.

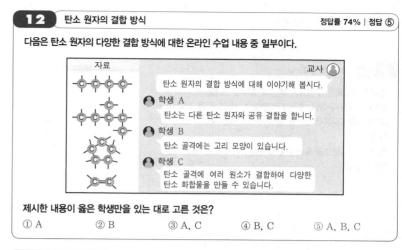

제시한 내용이 옳은 학생만을 있는 대로 고른 것은?

① A　　② B　　③ A, C　　④ B, C　　⑤ A, B, C

Why? 왜 정답일까?

A. 탄소 원자와 탄소 원자는 서로 공유 결합을 한다.
B. 탄소 골격에는 사슬 모양, 가지 모양, 고리 모양, 단일 결합, 2중 결합, 3중 결합 등이 있다.
C. 탄소 골격에 H, N, O 등이 결합하여 다양한 탄소 화합물을 만들 수 있다.

---

13 단백질이 만들어지는 원리　　정답률 84% | 정답 ⑤

다음은 다양한 단백질이 만들어지는 원리를 알아보는 탐구 활동이다.

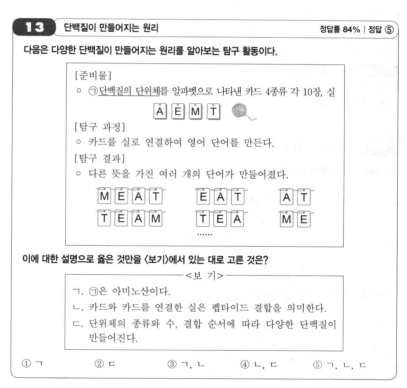

이에 대한 설명으로 옳은 것만을 〈보기〉에서 있는 대로 고른 것은?

─── 〈보 기〉───
ㄱ. ⊙은 아미노산이다.
ㄴ. 카드와 카드를 연결한 실은 펩타이드 결합을 의미한다.
ㄷ. 단위체의 종류와 수, 결합 순서에 따라 다양한 단백질이 만들어진다.

① ㄱ　　② ㄷ　　③ ㄱ, ㄴ　　④ ㄴ, ㄷ　　⑤ ㄱ, ㄴ, ㄷ

Why? 왜 정답일까?

ㄱ. 단백질의 단위체는 아미노산이다.
ㄴ. 아미노산과 아미노산 사이의 결합은 펩타이드 결합이므로 카드와 카드를 연결한 실은 펩타이드 결합을 의미한다.
ㄷ. 단위체 카드의 종류와 수, 연결 순서를 달리하여 다른 뜻을 가진 여러 개의 단어가 만들어지듯이 단백질을 구성하는 아미노산의 종류와 수, 결합 순서에 따라 다양한 단백질이 만들어진다.

---

14 생명체를 구성하는 물질　　정답률 63% | 정답 ⑤

그림은 생명체를 구성하는 물질 A ~ C의 공통점과 차이점을 나타낸 것이다. A ~ C는 각각 단백질, 탄수화물, 핵산 중 하나이다.
이에 대한 설명으로 옳은 것만을 〈보기〉에서 있는 대로 고른 것은?

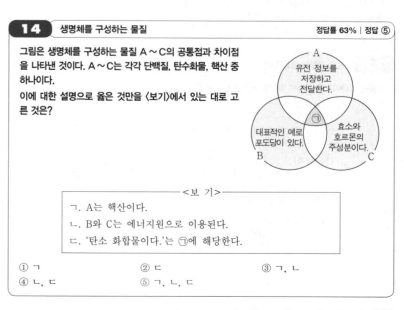

─── 〈보 기〉───
ㄱ. A는 핵산이다.
ㄴ. B와 C는 에너지원으로 이용된다.
ㄷ. '탄소 화합물이다.'는 ⊙에 해당한다.

① ㄱ　　② ㄷ　　③ ㄱ, ㄴ
④ ㄴ, ㄷ　　⑤ ㄱ, ㄴ, ㄷ

---

15 DNA의 구조   정답률 68% | 정답 ③

그림은 생명체를 구성하는 핵산의 일부를 모형으로 나타낸 것이다. G는 구아닌, T는 타이민이고, ㉠과 ㉡은 각각 A(아데닌)와 C(사이토신) 중 하나이며, (가)는 핵산의 단위체이다.

이에 대한 설명으로 옳은 것만을 〈보기〉에서 있는 대로 고른 것은? [3점]

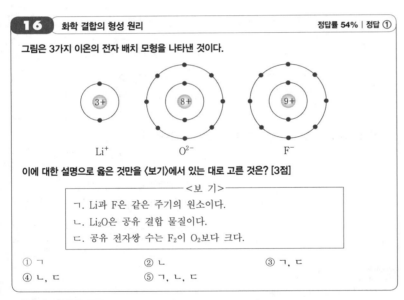

―― 〈보 기〉――
ㄱ. 이 핵산은 DNA이다.
ㄴ. (가)는 뉴클레오타이드이다.
ㄷ. ㉠은 A(아데닌), ㉡은 C(사이토신)이다.

① ㄱ   ② ㄷ   ③ ㄱ, ㄴ
④ ㄴ, ㄷ   ⑤ ㄱ, ㄴ, ㄷ

---

16 화학 결합의 형성 원리   정답률 54% | 정답 ①

그림은 3가지 이온의 전자 배치 모형을 나타낸 것이다.

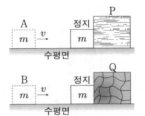

Li^+ O^{2-} F^-

이에 대한 설명으로 옳은 것만을 〈보기〉에서 있는 대로 고른 것은? [3점]

―― 〈보 기〉――
ㄱ. Li과 F은 같은 주기의 원소이다.
ㄴ. Li_2O은 공유 결합 물질이다.
ㄷ. 공유 전자쌍 수는 F_2이 O_2보다 크다.

① ㄱ   ② ㄴ   ③ ㄱ, ㄷ
④ ㄴ, ㄷ   ⑤ ㄱ, ㄴ, ㄷ

---

17 공유 결합의 형성 원리   정답률 79% | 정답 ③

다음은 스타이로폼 공으로 화합물 모형을 만드는 탐구 활동이다.

[탐구 과정]
(가) C(탄소), N(질소), O(산소)가 각각 새겨진 스타이로폼 공을 1개씩 준비한다.
(나) (가)의 공에 H(수소)가 새겨진 스타이로폼 공을 이쑤시개로 연결하여, C, N, O가 각각 Ne(네온)과 같은 전자 배치를 갖는 화합물 모형 ㉠~㉢을 만든다.
(다) 각 모형에 사용된 공의 종류와 개수를 확인한다.

[탐구 결과]
ㅇ 만들어진 화합물 모형

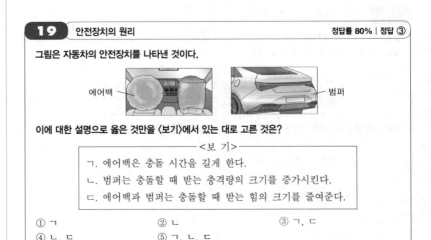

ㅇ 각 모형에 사용된 공의 종류 및 개수

화합물 모형	㉠		㉡		㉢	
공의 종류	Ⓒ	Ⓗ	Ⓝ	Ⓗ	Ⓞ	Ⓗ
공의 개수	1	a	1	b	1	c

이에 대한 설명으로 옳은 것만을 〈보기〉에서 있는 대로 고른 것은? [3점]

―― 〈보 기〉――
ㄱ. 이쑤시개는 공유 전자쌍을 의미한다.
ㄴ. ㉠은 메테인(CH_4) 모형이다.
ㄷ. $b < c$이다.

① ㄱ   ② ㄷ   ③ ㄱ, ㄴ
④ ㄴ, ㄷ   ⑤ ㄱ, ㄴ, ㄷ

---

18 운동량과 충격량의 관계   정답률 47% | 정답 ①

그림은 마찰이 없는 수평면에서 일정한 속력으로 직선 운동하는 물체 A, B가 장애물 P, Q에 각각 충돌하여 정지한 모습을, 표는 물체가 충돌한 순간부터 정지할 때까지 걸린 시간 t와 장애물로부터 받은 평균 힘의 크기 $F_{평균}$을 나타낸 것이다. A와 B의 질량은 m으로 같고, 충돌 전 속력은 v로 같다.

물체	t	$F_{평균}$
A	t_0	F_0
B	㉠	$\frac{1}{3}F_0$

이에 대한 설명으로 옳은 것만을 〈보기〉에서 있는 대로 고른 것은? [3점]

―― 〈보 기〉――
ㄱ. 충돌 전 A의 운동량의 크기는 mv 이다.
ㄴ. 충돌하는 동안, A가 P로부터 받은 충격량의 크기는 B가 Q로부터 받은 충격량의 크기보다 크다.
ㄷ. ㉠은 t_0보다 작다.

① ㄱ   ② ㄴ   ③ ㄱ, ㄷ
④ ㄴ, ㄷ   ⑤ ㄱ, ㄴ, ㄷ

---

19 안전장치의 원리   정답률 80% | 정답 ③

그림은 자동차의 안전장치를 나타낸 것이다.

에어백   범퍼

이에 대한 설명으로 옳은 것만을 〈보기〉에서 있는 대로 고른 것은?

―― 〈보 기〉――
ㄱ. 에어백은 충돌 시간을 길게 한다.
ㄴ. 범퍼는 충돌할 때 받는 충격량의 크기를 증가시킨다.
ㄷ. 에어백과 범퍼는 충돌할 때 받는 힘의 크기를 줄여준다.

① ㄱ   ② ㄴ   ③ ㄱ, ㄷ
④ ㄴ, ㄷ   ⑤ ㄱ, ㄴ, ㄷ

Why? 왜 오답일까?

ㄴ. 범퍼는 충돌할 때 받는 충격량의 크기를 변화시키지 않는다.

---

20 수평 방향으로 던진 물체의 운동   정답률 73% | 정답 ①

다음은 중력을 받는 물체의 운동에 대한 실험이다.

[실험 과정]

(가) 그림과 같이 수평면으로부터 일정한 높이에 쇠구슬 발사 장치를 고정한다.

(나) 쇠구슬을 수평 방향으로 발사한 후, 쇠구슬의 운동을 0.1초 간격으로 촬영하여 수평 방향 구간 거리 R과 연직 방향 구간 거리 H를 측정한다.

(다) 쇠구슬을 발사하는 속력만을 다르게 하여 (나)를 반복한다.

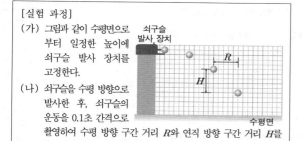

[실험 결과]

과정	시간(s)	0 ~ 0.1	0.1 ~ 0.2	0.2 ~ 0.3
(나)	R(m)	0.25	0.25	0.25
	H(m)	0.05	0.15	0.25
(다)	R(m)	0.40	0.40	0.40
	H(m)	0.05	0.15	0.25

이에 대한 설명으로 옳은 것만을 〈보기〉에서 있는 대로 고른 것은? (단, 쇠구슬의 크기 및 공기 저항은 무시한다.) [3점]

<보 기>

ㄱ. 쇠구슬에 작용하는 중력의 방향은 연직 아래 방향이다.

ㄴ. 쇠구슬을 발사한 속력은 (나)에서가 (다)에서보다 크다.

ㄷ. 쇠구슬이 발사된 순간부터 수평면에 도달할 때까지 걸린 시간은 (나)에서가 (다)에서보다 크다.

① ㄱ   ② ㄴ   ③ ㄱ, ㄷ
④ ㄴ, ㄷ   ⑤ ㄱ, ㄴ, ㄷ

Why? 왜 정답일까?

ㄱ. 일정한 시간 간격마다 연직 방향의 구간 거리가 증가하므로 쇠구슬의 연직 아래 방향의 속력은 증가한다. 따라서 쇠구슬에 작용하는 중력의 방향은 연직 아래 방향이다.

Why? 왜 오답일까?

ㄴ. 같은 시간 동안 수평 방향으로 이동하는 거리는 (다)에서가 (나)에서보다 크므로 쇠구슬을 발사한 속력은 (다)에서가 (나)에서보다 크다.

ㄷ. (나)와 (다)에서 같은 시간 동안 연직 방향의 구간 거리가 같으므로 쇠구슬이 발사된 순간부터 수평면에 도달할 때까지 걸린 시간은 (나)와 (다)에서 같다.

18회 | 2021학년도 6월 학력평가   고1 통합과학

· 정답 ·

01 ② 02 ④ 03 ⑤ 04 ⑤ 05 ④ 06 ① 07 ⑤ 08 ② 09 ③ 10 ③ 11 ⑤ 12 ① 13 ② 14 ② 15 ①
16 ④ 17 ④ 18 ③ 19 ③ 20 ②

---

01 중력   정답률 59% | 정답 ②

다음은 지구로부터 받는 중력에 대한 학생 A ~ C의 대화이다.

학생 A: 질량이 작을수록 물체가 받는 중력의 크기는 커.

학생 B: 지구 중심으로부터의 거리에 관계없이 물체가 받는 중력의 크기는 일정해.

학생 C: 달의 공전은 중력에 의해 나타나는 현상이야.

제시한 내용이 옳은 학생만을 있는 대로 고른 것은?

① A   ② C   ③ A, B   ④ B, C   ⑤ A, B, C

Why? 왜 정답일까?

학생 C : 달의 공전은 중력에 의해 나타나는 현상이다.

Why? 왜 오답일까?

학생 A : 질량이 클수록 물체가 받는 중력의 크기는 커진다.

학생 B : 지구 중심으로부터의 거리가 멀수록 물체가 받는 중력의 크기는 작아진다.

---

02 생명체의 구성 물질   정답률 73% | 정답 ④

표는 인체를 구성하는 물질 (가) ~ (다)에 대한 자료이다. (가) ~ (다)는 각각 단백질, 탄수화물, 핵산 중 하나이다.

물질	내용
(가)	대표적인 예로 녹말이 있다.
(나)	유전 정보를 저장하고 전달한다.
(다)	물질대사를 조절하는 효소의 주성분으로 근육, 항체를 구성한다.

이에 대한 설명으로 옳은 것만을 〈보기〉에서 있는 대로 고른 것은? [3점]

<보 기>

ㄱ. (가)는 단백질이다.

ㄴ. RNA는 (나)에 해당한다.

ㄷ. (다)의 구성 원소에는 수소(H)가 있다.

① ㄱ   ② ㄷ   ③ ㄱ, ㄴ   ④ ㄴ, ㄷ   ⑤ ㄱ, ㄴ, ㄷ

Why? 왜 정답일까?

(가)는 탄수화물, (나)는 핵산, (다)는 단백질이다.

ㄴ. 핵산에는 DNA와 RNA가 있다.

ㄷ. 단백질의 구성 원소에는 수소(H)가 있다.

Why? 왜 오답일까?

ㄱ. (가)는 탄수화물이다.

---

03 핵산의 구조와 기능   정답률 83% | 정답 ⑤

그림 (가)와 (나)는 DNA와 RNA 모형을 순서 없이 나타낸 것이다.

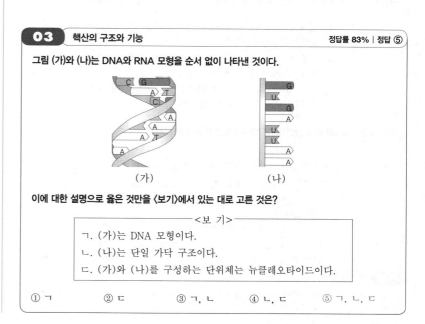

(가)   (나)

이에 대한 설명으로 옳은 것만을 〈보기〉에서 있는 대로 고른 것은?

<보 기>

ㄱ. (가)는 DNA 모형이다.

ㄴ. (나)는 단일 가닥 구조이다.

ㄷ. (가)와 (나)를 구성하는 단위체는 뉴클레오타이드이다.

① ㄱ   ② ㄷ   ③ ㄱ, ㄴ   ④ ㄴ, ㄷ   ⑤ ㄱ, ㄴ, ㄷ

ㄱ. (가)는 DNA 모형이고, (나)는 RNA 모형이다.
ㄴ. DNA는 이중 나선 구조, RNA는 단일 가닥 구조이다.
ㄷ. DNA와 RNA의 단위체는 모두 뉴클레오타이드이다.

---

04 신소재(초전도체)의 성질　　　　정답률 69% | 정답 ⑤

그림은 자석 위에 떠 있는 초전도체 A를 나타낸 것이다.
이에 대한 설명으로 옳은 것만을 〈보기〉에서 있는 대로 고른 것은?

A

─〈보 기〉─
ㄱ. A의 전기 저항은 0이다.
ㄴ. A에 전류가 흐를 때 전기 에너지 손실이 없다.
ㄷ. 이 현상을 자기 부상 열차에 활용할 수 있다.

① ㄱ　　　　② ㄷ　　　　③ ㄱ, ㄴ
④ ㄴ, ㄷ　　　　⑤ ㄱ, ㄴ, ㄷ

초전도체 A가 자석 위에 떠 있으므로 초전도 현상이 일어나고 있다.
ㄱ. 임계온도 이하에서 A의 전기 저항은 0이다.
ㄴ. 전기 저항이 0이므로 전류가 흐르더라도 A에서 소모되는 전기 에너지는 없다.
ㄷ. 초전도 현상을 자기 부상 열차에 활용할 수 있다.

---

05 전자 배치와 화학적 성질　　　　정답률 85% | 정답 ④

그림은 원자 A ~ C의 전자 배치를 모형으로 나타낸 것이다.

A　　　　　　B　　　　　　C

이에 대한 설명으로 옳은 것만을 〈보기〉에서 있는 대로 고른 것은? (단, A ~ C는 임의의 원소 기호이다.)

─〈보 기〉─
ㄱ. A는 C보다 전자를 잃기 쉽다.
ㄴ. B의 원자가 전자 수는 7이다.
ㄷ. B와 C가 화학 결합할 때 B는 전자를 얻는다.

① ㄱ　　　　② ㄷ　　　　③ ㄱ, ㄴ
④ ㄴ, ㄷ　　　　⑤ ㄱ, ㄴ, ㄷ

ㄴ. B의 원자가 전자 수는 7이다.
ㄷ. B와 C가 화학 결합할 때 C의 전자 1개가 B로 이동하여 이온 결합을 형성한다.

ㄱ. A는 첫 번째 전자 껍질에 전자가 2개 있는 헬륨(He)으로 비활성 기체이다. C는 세 번째 전자 껍질에 전자가 1개 있는 나트륨(Na)으로 헬륨(He)보다 전자를 잃기 쉽다.

---

06 우주론이 확립되는 과정　　　　정답률 55% | 정답 ①

다음은 우주론이 확립되는 과정에서 중요한 역할을 한 과학자 A ~ C에 대한 설명이다.

　○ A : 현재 우주를 이루고 있는 기본적인 입자들은 빅뱅 직후에 만들어졌다고 주장하였다.
　○ B : 우주가 팽창하면서 생기는 빈 공간에서 새로운 물질이 계속 만들어진다고 주장하였다.
　○ C : 통신 실험을 하던 중 빅뱅 우주론을 지지하는 결정적인 증거인 우주 배경 복사를 발견했다.

이에 대한 설명으로 옳은 것만을 〈보기〉에서 있는 대로 고른 것은?

─〈보 기〉─
ㄱ. A는 우주의 온도가 점점 낮아진다고 설명하였다.
ㄴ. B는 우주의 밀도가 점점 작아진다고 설명하였다.
ㄷ. C가 발견한 우주 배경 복사는 우주의 온도가 약 2.7K일 때 생성되었다.

① ㄱ　　② ㄴ　　③ ㄱ, ㄴ　　④ ㄴ, ㄷ　　⑤ ㄱ, ㄴ, ㄷ

ㄱ. A는 빅뱅 우주론을 주장하였으며, 이에 따라 우주의 온도는 매우 높은 온도에서 점점 낮은 온도로 변한다고 설명하였다.

ㄴ. B는 우주가 팽창하면서 생기는 빈 공간에서 새로운 물질이 지속적으로 생성되므로 우주의 밀도는 일정하게 유지된다고 설명하였다.
ㄷ. C는 우주 배경 복사를 발견하였으며, 우주 배경 복사는 우주의 온도가 약 3,000K일 때 생성되었고 우주가 계속 팽창하면서 현재 약 2.7K로 관측된다.

---

07 이온 결합 물질과 공유 결합 물질　　　　정답률 62% | 정답 ⑤

그림은 물질 (가) ~ (다)의 모형을 나타낸 것이다.

(가)　　　　　(나)　　　　　(다)

이에 대한 설명으로 옳은 것만을 〈보기〉에서 있는 대로 고른 것은?

─〈보 기〉─
ㄱ. (가)는 공유 결합 물질이다.
ㄴ. (나)의 수용액은 전기 전도성이 있다.
ㄷ. (나)에서 나트륨 이온(Na^+)은 (다)와 같은 전자 배치를 갖는다.

① ㄱ　　② ㄷ　　③ ㄱ, ㄴ　　④ ㄴ, ㄷ　　⑤ ㄱ, ㄴ, ㄷ

ㄱ. H_2O은 공유 결합 물질이다.
ㄴ. NaCl은 이온 결합 물질이므로 수용액은 전기 전도성이 있다.
ㄷ. NaCl에서 나트륨 이온(Na^+)의 전자 배치는 Ne와 같다.

---

08 규산염 광물 구조　　　　정답률 68% | 정답 ②

다음은 규산염 광물의 결합 방식에 대한 탐구 활동이다.

[탐구 과정]
(가) 도면과 끈을 이용하여 규산염 사면체(Si-O 사면체) 모형을 만든다.

끈　⇒　Si-O 사면체 모형
도면　　　　Si-O 사면체 모형

(나) Si-O 사면체 모형을 규칙성이 있도록 연결한다.

[탐구 결과]
○ ⊙사슬 모양으로 연결된 구조와 ⓒ사슬 모양 2개가 연결된 구조가 만들어졌다.

　　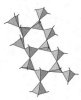

사슬 모양으로　　　사슬 모양 2개가
연결된 구조　　　　연결된 구조

이에 대한 설명으로 옳은 것만을 〈보기〉에서 있는 대로 고른 것은? [3점]

─〈보 기〉─
ㄱ. 흑운모는 ⊙과 같은 결합 구조로 되어 있다.
ㄴ. Si-O 사면체 사이에 공유하는 산소(O)의 수는 ⊙이 ⓒ보다 많다.
ㄷ. Si-O 사면체가 다양한 형태로 결합하여 규산염 광물이 만들어진다.

① ㄱ　　② ㄷ　　③ ㄱ, ㄴ　　④ ㄴ, ㄷ　　⑤ ㄱ, ㄴ, ㄷ

⊙은 단사슬 구조, ⓒ은 복사슬 구조이다.
ㄷ. Si-O사면체가 다양한 형태로 결합하여 규산염 광물이 만들어진다.

ㄱ. 흑운모는 판상 구조이다.
ㄴ. Si-O 사면체 사이에 공유하는 산소(O)의 수는 복사슬 구조가 단사슬 구조보다 많다.

---

09 알칼리 금속의 성질 탐구하기　　　　정답률 70% | 정답 ③

다음은 학생 A가 알칼리 금속을 석유에 넣어 보관해야 하는 이유를 알아보기 위해 수행한 탐구 활동이다.

[가설]

⬜ㄱ 은 물, 산소와 반응하기 쉬울 것이다.

[탐구 과정]

(가) 물기 없는 유리판 위에 ⬜ㄱ 을 올려놓고 칼로 자른 후 단면을 관찰한다.

(나) 비커에 물을 $\frac{1}{3}$ 정도 넣고 쌀알 크기의 ⬜ㄱ 조각을 넣은 후 물과 반응하는 모습을 관찰한다.

[탐구 결과]

○ (가)에서 단면의 광택이 사라졌다.

○ (나)에서 ⬜ㄴ 기체가 발생하였다.

[결론]

가설이 타당하므로, ⬜ㄱ 은 석유에 넣어 보관해야 한다.

학생 A의 탐구 결과가 사실과 일치하고 결론이 타당할 때, 이에 대한 설명으로 옳은 것만을 〈보기〉에서 있는 대로 고른 것은? [3점]

<보 기>

ㄱ. 리튬은 ⬜ㄱ으로 적절하다.

ㄴ. ⬜ㄴ은 산소이다.

ㄷ. 석유는 알칼리 금속이 물, 산소와 접촉하는 것을 막아줄 수 있다.

① ㄱ   ② ㄴ   ③ ㄱ, ㄷ   ④ ㄴ, ㄷ   ⑤ ㄱ, ㄴ, ㄷ

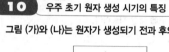

Why? 왜 정답일까?

ㄱ. 리튬은 알칼리 금속이다.

ㄷ. 알칼리 금속은 물, 산소와 반응하므로 석유에 넣어 물, 산소의 접촉을 차단해야 한다.

Why? 왜 오답일까?

ㄴ. 알칼리 금속이 물과 반응하면 수소 기체가 발생한다.

---

10   우주 초기 원자 생성 시기의 특징   정답률 45% | 정답 ③

그림 (가)와 (나)는 원자가 생성되기 전과 후의 우주의 일부를 각각 나타낸 것이다.

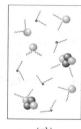 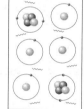

○ : 양성자
● : 중성자
∘ : 전자
〜 : 빛

(가)   (나)

이에 대한 설명으로 옳은 것만을 〈보기〉에서 있는 대로 고른 것은? [3점]

<보 기>

ㄱ. 우주의 온도는 (가)일 때가 (나)일 때보다 높다.

ㄴ. (나) 초기에 우주로 퍼져 나간 빛은 현재 우주 배경 복사로 관측된다.

ㄷ. 우주에 존재하는 수소 원자핵과 헬륨 원자핵의 질량비가 일정하게 고정된 시기는 (나) 이후이다.

① ㄱ   ② ㄷ   ③ ㄱ, ㄴ   ④ ㄴ, ㄷ   ⑤ ㄱ, ㄴ, ㄷ

Why? 왜 정답일까?

ㄱ. 빅뱅 이후 우주는 계속 팽창하여 온도가 지속적으로 낮아지므로, 우주의 온도는 (가)일 때가 (나)일 때보다 높다.

ㄴ. (나) 초기에 우주로 퍼져 나간 빛은 현재 약 2.7K의 우주 배경 복사로 관측된다.

Why? 왜 오답일까?

ㄷ. 원자핵이 생성된 (가) 시기에 수소 원자핵과 헬륨 원자핵의 질량비는 3:1로 일정하게 고정되었다.

---

11   충격량과 운동량의 변화   정답률 65% | 정답 ⑤

다음은 충격량에 대한 탐구 활동이다.

[탐구 과정]

(가) <그림 1>과 같이 빨대 A의 끝 부분에 구슬을 넣고, 수평으로 강하게 불 때와 약하게 불 때 구슬이 날아가는 거리를 측정한다.

<그림 1>

(나) <그림 2>와 같이 A에 구슬을 입과 가까운 부분에 넣고, 수평으로 불 때 구슬이 날아가는 거리를 측정한다.

<그림 2>

(다) A의 길이를 반으로 자른 빨대 B에 구슬을 입과 가까운 부분에 넣고, (나)와 같은 세기로 수평으로 불 때 구슬이 날아가는 거리를 측정한다.

[탐구 결과]

○ (가)에서 빨대를 강하게 불 때 구슬이 더 멀리 날아간다.

○ (나)에서가 (다)에서보다 구슬이 더 멀리 날아간다.

이에 대한 설명으로 옳은 것만을 〈보기〉에서 있는 대로 고른 것은?

<보 기>

ㄱ. (가)에서 구슬이 받은 충격량의 크기는 강하게 불 때가 약하게 불 때보다 크다.

ㄴ. (나)와 (다)를 통해 구슬이 힘을 받은 시간에 따른 충격량의 크기를 비교할 수 있다.

ㄷ. 구슬이 받은 충격량의 크기는 (나)에서가 (다)에서보다 크다.

① ㄱ   ② ㄷ   ③ ㄱ, ㄴ   ④ ㄴ, ㄷ   ⑤ ㄱ, ㄴ, ㄷ

Why? 왜 정답일까?

물체에 작용하는 충격량은 물체에 작용하는 힘과 힘이 작용하는 시간의 곱이다.

ㄱ. 빨대를 강하게 불 때, 구슬이 받은 힘의 크기가 크기 때문에 구슬이 받은 충격량도 커서 더 멀리 날아간다.

ㄴ. (나)와 (다)에서 빨대의 길이가 다르므로 변인은 구슬이 힘을 받은 시간이다.

ㄷ. (나)가 (다)보다 힘을 받은 시간이 길기 때문에 구슬이 받은 충격량도 커서 더 멀리 날아간다.

---

12   수평 방향으로 던진 물체의 운동   정답률 75% | 정답 ①

그림은 같은 높이에서 수평 방향으로 던진 두 물체 A와 B의 위치를 일정한 시간 간격으로 나타낸 것이다.

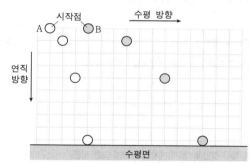

시작점에서 수평면에 도달할 때까지, A와 B의 운동에 대한 설명으로 옳은 것만을 〈보기〉에서 있는 대로 고른 것은? (단, 물체의 크기와 공기 저항은 무시한다.) [3점]

<보 기>

ㄱ. A와 B에 작용하는 힘의 방향은 서로 같다.

ㄴ. 수평 방향의 속력은 A가 B보다 크다.

ㄷ. 연직 방향의 가속도 크기는 A가 B보다 크다.

① ㄱ   ② ㄷ   ③ ㄱ, ㄴ   ④ ㄴ, ㄷ   ⑤ ㄱ, ㄴ, ㄷ

Why? 왜 정답일까?

ㄱ. 물체는 중력을 받아 연직 방향으로 속력이 일정하게 증가하는 등가속도 운동을 한다.

Why? 왜 오답일까?

ㄴ. A가 같은 시간 동안 수평 방향으로 이동한 거리가 작으므로 수평 방향의 속력은 A가 B보다 작다.

ㄷ. 연직 방향으로 중력을 받으므로 A와 B의 가속도는 중력 가속도로 크기가 같다.

---

13   공유 결합 물질   정답률 71% | 정답 ②

그림은 산소(O_2)와 암모니아(NH_3)분자를 화학 결합 모형으로 나타낸 것이다.

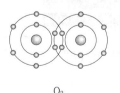 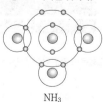

O_2 NH_3

이에 대한 설명으로 옳은 것만을 〈보기〉에서 있는 대로 고른 것은? [3점]

<보 기>

ㄱ. NH_3는 이온 결합 물질이다.

ㄴ. 질소(N)와 산소(O)는 같은 주기 원소이다.

ㄷ. 공유하는 전자쌍 수는 NH_3가 O_2보다 적다.

① ㄱ   ② ㄴ   ③ ㄱ, ㄷ   ④ ㄴ, ㄷ   ⑤ ㄱ, ㄴ, ㄷ

18회

Why? 왜 정답일까?

ㄴ. 질소(N)와 산소(O)는 모두 2주기 원소이다.

Why? 왜 오답일까?

ㄱ. NH₃는 공유 결합 물질이다.
ㄷ. 공유하는 전자쌍 수는 NH₃가 3, O₂가 2이므로 NH₃가 O₂보다 많다.

---

14 단백질 형성 원리 　　　　정답률 64% | 정답 ②

그림은 단백질을 구성하는 단위체 A와 B 사이의 결합 과정을 모식적으로 나타낸 것이다.

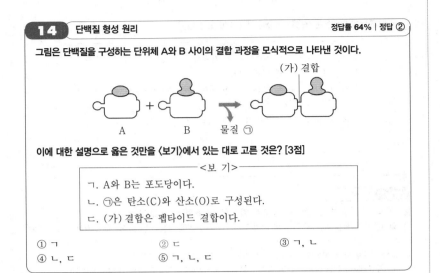

이에 대한 설명으로 옳은 것만을 〈보기〉에서 있는 대로 고른 것은? [3점]

― 〈보 기〉 ―
ㄱ. A와 B는 포도당이다.
ㄴ. ㉠은 탄소(C)와 산소(O)로 구성된다.
ㄷ. (가) 결합은 펩타이드 결합이다.

① ㄱ　　　② ㄷ　　　③ ㄱ, ㄴ
④ ㄴ, ㄷ　　　⑤ ㄱ, ㄴ, ㄷ

Why? 왜 정답일까?

ㄷ. (가) 결합은 펩타이드 결합이다.

Why? 왜 오답일까?

ㄱ. 단백질을 구성하는 단위체는 아미노산이다.
ㄴ. ㉠은 물(H₂O)이므로 수소(H)와 산소(O)로 구성된다.

---

15 탄소 화합물의 결합 방식 　　　　정답률 53% | 정답 ①

그림 (가) ~ (다)는 서로 다른 탄소 골격의 형태를 나타낸 것이다.

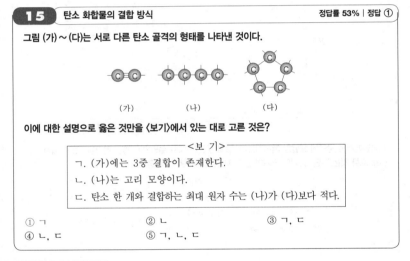

이에 대한 설명으로 옳은 것만을 〈보기〉에서 있는 대로 고른 것은?

― 〈보 기〉 ―
ㄱ. (가)에는 3중 결합이 존재한다.
ㄴ. (나)는 고리 모양이다.
ㄷ. 탄소 한 개와 결합하는 최대 원자 수는 (나)가 (다)보다 적다.

① ㄱ　　　② ㄴ　　　③ ㄱ, ㄷ
④ ㄴ, ㄷ　　　⑤ ㄱ, ㄴ, ㄷ

Why? 왜 정답일까?

ㄱ. (가)에는 3중 결합이 존재한다.

Why? 왜 오답일까?

ㄴ. (나)는 사슬 모양이다.
ㄷ. 탄소 한 개와 결합하는 최대 원자 수는 (나)와 (다)가 4개로 같다.

---

16 스펙트럼을 통한 원소 확인 과정 　　　　정답률 82% | 정답 ④

그림 (가)는 백열전구, (나)는 수소 기체 방전관, (다)는 헬륨 기체 방전관에서 나온 빛의 스펙트럼이다.

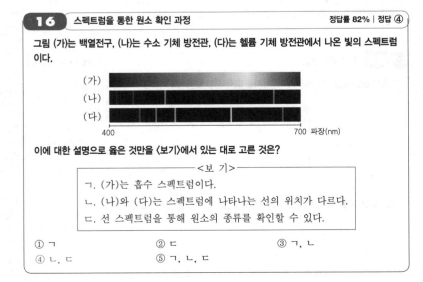

이에 대한 설명으로 옳은 것만을 〈보기〉에서 있는 대로 고른 것은?

― 〈보 기〉 ―
ㄱ. (가)는 흡수 스펙트럼이다.
ㄴ. (나)와 (다)는 스펙트럼에 나타나는 선의 위치가 다르다.
ㄷ. 선 스펙트럼을 통해 원소의 종류를 확인할 수 있다.

① ㄱ　　　② ㄷ　　　③ ㄱ, ㄴ
④ ㄴ, ㄷ　　　⑤ ㄱ, ㄴ, ㄷ

Why? 왜 정답일까?

ㄴ. (나)와 (다)는 서로 다른 기체의 스펙트럼이므로 선의 위치가 다르게 나타난다.
ㄷ. 선 스펙트럼에서 선의 위치를 통해 원소의 종류를 확인할 수 있다.

Why? 왜 오답일까?

ㄱ. (가)는 모든 파장 영역에서 연속적인 색의 띠가 나타나는 연속 스펙트럼이다.

---

17 별의 질량에 따른 핵융합 반응 　　　　정답률 82% | 정답 ④

그림은 중심부의 핵융합 반응이 끝난 두 별 (가)와 (나)의 내부 구조를 나타낸 것이다.

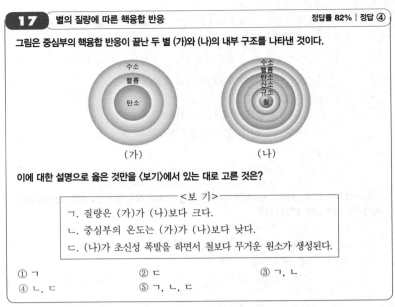

이에 대한 설명으로 옳은 것만을 〈보기〉에서 있는 대로 고른 것은?

― 〈보 기〉 ―
ㄱ. 질량은 (가)가 (나)보다 크다.
ㄴ. 중심부의 온도는 (가)가 (나)보다 낮다.
ㄷ. (나)가 초신성 폭발을 하면서 철보다 무거운 원소가 생성된다.

① ㄱ　　　② ㄷ　　　③ ㄱ, ㄴ
④ ㄴ, ㄷ　　　⑤ ㄱ, ㄴ, ㄷ

Why? 왜 정답일까?

ㄴ. 철은 탄소보다 무거우므로 중심부의 온도는 (나)가 (가)보다 높다.
ㄷ. 질량이 큰 별은 모든 핵융합 반응이 끝난 후 초신성 폭발이 일어나는데, 이 과정에서 철보다 무거운 원소가 생성된다.

Why? 왜 오답일까?

ㄱ. 별의 질량이 클수록 핵융합 반응에 의해 더 무거운 원소가 생성될 수 있다.

---

18 원소의 주기적 성질 　　　　정답률 56% | 정답 ③

다음은 주기율표의 빗금 친 부분에 위치하는 원소 A ~ E에 대한 자료이다.

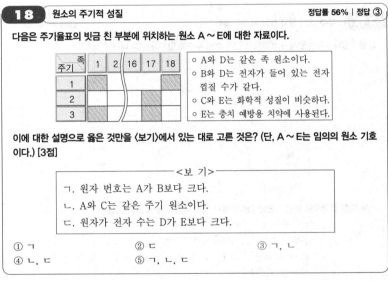

○ A와 D는 같은 족 원소이다.
○ B와 D는 전자가 들어 있는 전자 껍질 수가 같다.
○ C와 E는 화학적 성질이 비슷하다.
○ E는 충치 예방용 치약에 사용된다.

이에 대한 설명으로 옳은 것만을 〈보기〉에서 있는 대로 고른 것은? (단, A ~ E는 임의의 원소 기호이다.) [3점]

― 〈보 기〉 ―
ㄱ. 원자 번호는 A가 B보다 크다.
ㄴ. A와 C는 같은 주기 원소이다.
ㄷ. 원자가 전자 수는 D가 E보다 크다.

① ㄱ　　　② ㄷ　　　③ ㄱ, ㄴ
④ ㄴ, ㄷ　　　⑤ ㄱ, ㄴ, ㄷ

Why? 왜 정답일까?

A, B, C, D, E는 각각 Na, He, Cl, H, F 이다.
ㄱ. 원자 번호는 A(Na)는 11, B(He)는 2이므로 A가 B보다 크다.
ㄴ. A(Na)와 C(Cl)는 모두 3주기 원소이다.

Why? 왜 오답일까?

ㄷ. 원자가 전자 수는 D(H)는 1, E(F)는 7이므로 D가 E보다 작다.

---

19 태양계와 지구가 형성되는 과정 　　　　정답률 61% | 정답 ③

다음은 태양계와 지구가 형성되는 과정의 일부를 설명한 것이다.

(가) 태양계 성운 형성 : 우리 은하의 나선팔에 위치한 거대한 성운에서 가스와 먼지가 모여 태양계 성운이 형성되었다.

(나) 원시 행성계 형성 : 미행성체가 충돌하고 결합하여 원시 지구와 같은 원시 행성들이 형성되었다.

(다) 원시 지구의 진화 : 미행성체의 충돌열 때문에 지구의 온도가 상승하여 마그마 바다가 형성되었다. 이후 지구 표면 온도는 점차 낮아졌다.

이에 대한 설명으로 옳은 것만을 〈보기〉에서 있는 대로 고른 것은? [3점]

― 〈보 기〉 ―
ㄱ. (가)의 태양계 성운은 주로 수소와 헬륨으로 구성되어 있다.
ㄴ. (나)에서 원시 행성계는 수소와 헬륨이 고르게 분포하였다.
ㄷ. (다)에서 규소, 산소 등 가벼운 물질은 떠올라 맨틀과 지각을 형성한다.

126　고1·6월 학력평가 [리얼 오리지널]　　　　　[문제편 p.143]

① ㄱ　　　　　　② ㄴ　　　　　　③ ㄱ, ㄷ
④ ㄴ, ㄷ　　　　　⑤ ㄱ, ㄴ, ㄷ

Why? 왜 정답일까?
ㄱ. 태양계 성운은 주로 우주에 가장 많이 존재하는 원소인 수소와 헬륨으로 구성되어 있다.
ㄷ. 원시 지구는 미행성 충돌열로 인해 마그마 바다가 형성되었고 밀도차 분리가 일어났다. 이 과정에서 무거운 물질인 철과 니켈 등은 가라앉아 핵을 이루고 가벼운 물질인 규소와 산소 등은 떠올라 맨틀과 지각을 형성한다.

Why? 왜 오답일까?
ㄴ. 태양 활동에 의해 태양 주변에 있는 수소, 헬륨과 같은 가벼운 기체들은 태양에서부터 먼 곳으로 이동하여 원시 지구 궤도 주변에서는 희박하다.

---

20 운동량 변화량 해석　　　정답률 37% | 정답 ②

그림 (가)는 수평한 얼음판에 질량 60kg인 선수 A와 질량 40kg인 선수 B가 각각 6m/s, 2m/s의 속력으로 운동하는 모습을 나타낸 것이다. 그림 (나)는 B의 속력을 시간에 따라 나타낸 것으로, 2초일 때 A는 B를 밀었다. 밀기 전후에 두 선수의 운동방향은 같다.

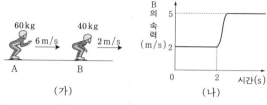
(가)　　　　　　　　(나)

이에 대한 설명으로 옳은 것만을 〈보기〉에서 있는 대로 고른 것은? (단, 모든 마찰은 무시한다.) [3점]

<보 기>
ㄱ. 밀면서 받은 충격량의 크기는 A가 B보다 작다.
ㄴ. 밀기 전후 B의 운동량 변화량의 크기는 120kg·m/s이다.
ㄷ. 밀고 난 후 A의 속력은 3m/s이다.

① ㄱ　　　　　　② ㄴ　　　　　　③ ㄱ, ㄷ
④ ㄴ, ㄷ　　　　　⑤ ㄱ, ㄴ, ㄷ

Why? 왜 정답일까?
ㄴ. B의 운동량 변화량은 $40 \times (5-2) = 120$kg·m/s이다.

Why? 왜 오답일까?
ㄱ. A와 B 사이에 작용하는 힘은 작용·반작용 관계이므로 밀면서 주고받은 충격량의 크기는 같다.
ㄷ. x를 A의 나중 속력이라고 할 때, A의 운동량 변화량은 $60 \times (6-x) = 120$kg·m/s이다. $x=4$이므로 밀고 난 후 A의 속력은 4m/s이다.

[문제편 p.144]

• 정답 •

01 ①	02 ①	03 ④	04 ⑤	05 ⑤	06 ①	07 ④	08 ②	09 ④	10 ④	11 ③	12 ②	13 ①	14 ④	15 ②
16 ④	17 ③	18 ②	19 ①	20 ⑤	21 ⑤	22 ⑤	23 ②	24 ③	25 ⑤	26 ①	27 ⑤	28 ⑤	29 ①	30 ③
31 ②	32 ⑤	33 ③	34 ②	35 ③	36 ①	37 ⑤	38 ①	39 ②	40 ②	41 ④	42 ③	43 ④	44 ③	45 ④

★ 표기된 문항은 [등급을 가르는 문제]에 해당하는 문항입니다.

[01~03] 화법

01 말하기 전략의 이해　　　정답률 89% | 정답 ①

강의자의 말하기 전략으로 적절하지 않은 것은?

✔ ① 강의 내용의 출처를 밝혀 신뢰성을 높이고 있다.
　이 강의에서 강의자는 무대의 개념을 밝히면서, 무대의 종류인 원형 무대, 프로시니엄 무대, 돌출 무대에 대해 강의를 하고 있다. 그런데 이러한 강의 내용과 관련한 출처는 밝히지 않고 있다.

② 강의 중 질문을 하며 청중의 반응을 확인하고 있다.
　강연자는 '여러분들은 연극이나 콘서트 같은 공연을 좋아하시나요?', '그런데 '프로시니엄'은 무슨 뜻일까요?'처럼 강연 중 청중에게 질문을 한 뒤 청중의 반응을 확인하며 강의를 진행하고 있다.

③ 중심 화제의 개념을 정의하여 청중의 이해를 돕고 있다.
　2문단에서 중심 화제인 무대의 개념을 정의하여 청중의 이해를 돕고 있다.

④ 중심 화제를 하위 개념으로 나누고 예를 들어 설명하고 있다.
　2문단에서 형태에 따라 원형 무대, 프로시니엄 무대, 돌출 무대가 있음을 언급하고, 이어서 각각을 나누어 설명하면서 각각의 무대에 대한 예(아레나,연극과 뮤지컬 무대, 패션쇼 무대)를 들어 설명하고 있다.

⑤ 시각 자료를 활용하여 강의 내용을 효과적으로 전달하고 있다.
　각 무대의 사진 자료를 제시하여 강의 내용을 효과적으로 전달하고 있다.

02 강의 내용의 적용　　　정답률 74% | 정답 ①

강의 내용을 고려할 때 〈보기〉의 '한국 탈판'의 무대 형태로 가장 적절한 것은?

<보 기>
'한국 탈판'은 서구 근대극 무대와 달리 '객석과 무대를 갈라놓는 뚫린 벽'이 없고, 노는 자(공연자)와 보는 자(관객)가 한 호흡을 이루는 한국적 무대 형태이다. 노는 자와 보는 자가 함께 소통하기도 하고, 보는 자가 공연에 직접 참여하기도 하는 민중놀이의 놀이판인 것이다.

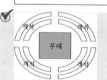
✔ ①
〈보기〉를 볼 때, '한국 탈판'의 무대는 모든 면에서 객석과 접촉할 수 있으며 관객과 공연자의 소통이 원활하게 일어날 수 있는 원형 무대가 가장 적절하다.

②
무대 일부가 돌출되어 있고 객석이 삼면 혹은 반원형으로 배치되어 무대를 둘러싸고 있는 형태이므로 돌출 무대에 해당한다.

③
무대 일부가 돌출되어 있고 객석이 삼면 혹은 반원형으로 배치되어 무대를 둘러싸고 있는 형태이므로 돌출 무대에 해당한다.

④
무대의 한 면만 볼 수 있게 객석이 배치되어 있으므로 프로시니엄 무대에 해당한다.

⑤
무대 일부가 돌출되어 있고 객석이 삼면 혹은 반원형으로 배치되어 무대를 둘러싸고 있는 형태이므로 돌출 무대에 해당한다.

03 청중의 듣기 활동 이해　　　정답률 90% | 정답 ④

다음은 학생이 강의를 들으며 떠올린 생각이다. 이를 바탕으로 학생의 듣기 활동을 이해한 내용으로 가장 적절한 것은?

지난번 우리 학생회가 주최한 축제 무대가 프로시니엄 무대였구나. 공연 기획사에서 다양한 무대 장치를 사용할 수 있는 장점이 있다고 했고, 우리도 학생들이 집중하기에 적합하다고 판단해서 그런 무대 형태로 결정했지. 그런데 학생들은 공연자와 가까이에서 소통할 수 없어서 아쉬워했어. 내년부터는 다양한 무대 장치를 사용하는 것이 다소 어렵더라도, 공연자와 학생들이 직접적으로 소통할 수 있도록 돌출 무대를 설치하는 게 좋겠어.

① 설문 자료를 바탕으로 중심 화제의 가치를 판단하고 있다.
　강연 내용에서 확인할 수 없는 내용이다.

② 강의를 통해 새롭게 알게 된 사실에 의문을 제기하고 있다.
　강연 내용에서 확인할 수 없는 내용이다.

③ 강의 내용을 구조적으로 파악하여 전체 내용을 정리하고 있다.
　강연 내용에서 확인할 수 없는 내용이다.

✔ ④ 강의 내용에 대해 자신이 이해한 것을 구체적 상황에 적용하고 있다.
　강의를 들은 후 학생은 이해한 내용을 자신이 경험한 '학교 축제'라는 구체적인 상황에 적용하고 있다.

⑤ 강의 내용 중에서 사실과 다른 부분에 대해 비판적으로 평가하고 있다.
　강연 내용에서 확인할 수 없는 내용이다.

19회

04 대화 참여자의 말하기 방식 파악   정답률 90% | 정답 ⑤

대화의 흐름을 고려할 때, ㉠ ~ ㉤에 대한 설명으로 적절하지 않은 것은?

① ㉠ : 자신이 던진 질문과 관련하여 상대방의 이해를 돕기 위해 구체적인 예를 제시하는 발화이다.
   ㉠은 태양과 지구의 예를 제시하여 별이 어떤 것인지를 알려 주는 발화이다. 따라서 ㉠은 자신이 던진 질문과 관련하여 학생 2의 이해를 돕기 위한 예시이므로 적절하다.

② ㉡ : 상대방이 한 질문에 대해 배경지식을 바탕으로 답을 하는 발화이다.
   학생 1이 계절에 따라 잘 보이는 별자리가 다르다는 거 알고 있냐고 질문하자, 학생 2는 ㉡처럼 자신이 읽은 책의 내용을 언급하며 답을 하고 있으므로 적절하다.

③ ㉢ : 상대방이 한 말을 근거로 한 자신의 추측이 맞는지 확인하기 위한 발화이다.
   북반구의 별자리 이름의 유래와 관련한 학생 1의 말을 듣고 학생 2는 남반구 별자리 이름에 대한 자신의 추측이 맞는지 확인하기 위해 질문하고 있으므로 적절하다.

④ ㉣ : 상대방의 관심사를 언급하며 자신의 제안에 대한 동의를 이끌어 내기 위한 발화이다.
   학생 1은 학생 2가 천체 물리학에 관심을 가지고 있음을 언급하고 있다. 이는 천체 연구 자율 동아리를 함께 만들자는 자신의 제안에 대한 동의를 이끌어 내기 위한 발화이므로 적절하다.

✔️ ⑤ ㉤ : 상대방의 말을 듣고 추가 질문을 통해 구체적인 설명을 요청하는 발화이다.
   ㉤은 학생 1이 천체 연구 자율 동아리의 부원 모집을 블로그를 통해서 모집하자는 제안을 하고 있는 발화이다. 이를 상대방에게 구체적인 설명을 요청하는 발화로 보는 것은 적절하지 않다.
   그리고 '우리도 그렇게 하는 건 어때?'는 상대방에게 질문을 던지는 발화가 아니라 상대방의 동의를 요구하는 것에 해당하므로 적절하지 않다.

---

05 대화 참여자의 문제 해결 방법 파악   정답률 80% | 정답 ⑤

[A]에 대한 이해로 가장 적절한 것은?

① 학생 1은 학생 2와 달리 상대방이 제안한 방안에 대한 자신의 이해가 정확한지 확인하고 있다.
   학생 1과 학생 2 모두 상대방이 제안한 방안에 대해 자신이 정확하게 이해했는지 확인하는 말은 하지 않고 있다.

② 학생 2는 학생 1과 달리 물음의 형식으로 자신이 제안한 방안의 타당성을 강조하고 있다.
   학생 1과 학생 2 모두 물음의 형식을 활용하여 상대방이 제안한 방식의 문제점을 지적하거나 대안을 제시하고 있지만, 자신들이 제안한 방안의 타당성을 강조하지는 않고 있다.

③ 학생 1은 자신이 제안한 방안의 장단점을, 학생 2는 상대방이 제안한 방안의 장단점을 설명하고 있다.
   학생 1은 자신이 제안한 방안의 장점만 언급하고 있을 뿐 단점은 언급하지 않고, 학생 2는 상대방이 제안한 방안의 단점을 지적할 뿐 장점은 언급하지 않고 있다.

④ 학생 1과 학생 2는 모두 상대방의 말을 듣고 자신이 제안한 방안을 일부 수정하고 있다.
   학생 1과 학생 2는 모두 상대방의 제안에 대한 자신의 생각을 표출하며 대안을 제시하고 있을 뿐, 자신이 기존에 제안한 방안을 수정하고 있지는 않다.

✔️ ⑤ 학생 1과 학생 2는 모두 상대방이 제안한 방안의 문제점을 지적한 후 이에 대한 대안을 언급하고 있다.
   학생 1은 학생 2가 별과 우주를 깊이 있게 이해하기 위해 전문 서적을 함께 읽고 공부하자는 제안에 다른 부원들이 이해하기 힘들 수 있으니까 교양서적을 함께 읽고 공부하자는 대안을 제시하고 있다.
   그리고 학생 2는 정기적으로 천문대에 가서 별자리를 관측하자는 학생 1의 제안에 대해 천문대가 학교에서 가깝지 않기 때문에 가기가 쉽지 않다는 점을 언급하면서 학교 운동장에서 별자리를 관측할 것을 제안하고 있다.

---

06 조건에 맞게 글쓰기   정답률 73% | 정답 ①

다음은 (나)를 바탕으로 만든 '별바라기' 블로그이다. '작성 방법'을 고려할 때, 댓글 내용으로 적절하지 않은 것은? [3점]

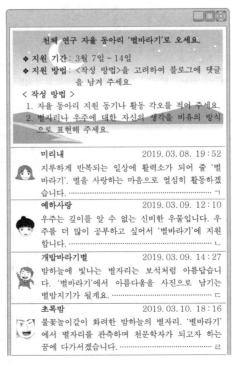

✔️ ㄱ : 지루하게 반복되는 일상에 활력소가 되어 줄 '별바라기'. 별을 사랑하는 마음으로 열심히 활동하겠습니다.
   '작성 방법'의 조건에 따라 '댓글'을 보면, ㄱ에는 동아리에 대한 자신의 생각이 나타날 뿐 별자리나 우주에 대한 생각을 비유적으로 표현한 부분은 나타나지 않으므로 적절하지 않다.

② ㄴ : 우주는 깊이를 알 수 없는 신비한 우물입니다. 우주를 더 많이 공부하고 싶어서 '별바라기'에 지원합니다.
   우주를 더 많이 공부하고 싶다는 언급을 통해 동아리 지원 동기를 확인할 수 있고, 우주에 대해 깊이를 알 수 없는 신비한 우물이라고 자신의 생각을 비유의 방식으로 표현하고 있다.

③ ㄷ : 밤하늘에 빛나는 별자리는 보석처럼 아름답습니다. '별바라기'에서 아름다움을 사진으로 남기는 별밤지기가 될게요.
   별자리의 아름다움을 사진을 찍어 남기겠다는 활동 각오를 드러내고 있고, 별자리가 보석처럼 아름답다고 표현하고 있다.

④ ㄹ : 불꽃놀이같이 화려한 밤하늘의 별자리. '별바라기'에서 별자리를 관측하며 천문학자가 되고자 하는 꿈에 다가서겠습니다.
   천문학자가 되려는 꿈에 다가서기 위해 동아리에 지원한다는 언급을 통해 지원 동기를 확인할 수 있고, 별자리를 불꽃놀이 같이 화려하다고 말하고 있으므로 직유법을 사용하고 있다.

⑤ ㅁ : 세상에서 가장 아름다운 미술관은 우주입니다. 우주의 아름다움을 '별바라기'와 함께 찾아가고 싶어요.
   우주의 아름다움을 찾기 위해 동아리에 지원한다는 언급을 통해 지원 동기를 확인할 수 있고, 우주를 세상에서 가장 아름다운 미술관이라 하고 있으므로 은유법을 사용하고 있다.

---

07 작문 계획의 반영 여부 파악   정답률 88% | 정답 ④

[B]를 고려할 때, (나)에 반영된 내용으로 적절하지 않은 것은?

① 자율 동아리를 어떤 목적으로 만들었는지를 밝혀 주자는 의견에 따라, 밤하늘의 아름다움을 느끼고 별자리와 우주에 대해 공부하기 위해 자율 동아리를 만들었다는 내용을 담았다.
   (나)의 1문단에서 밤하늘의 아름다움을 느끼며, 별자리와 우주에 대해 공부하기 위해 동아리를 만들었다는 내용을 확인할 수 있다.

② 자율 동아리에서 누구를 모집하는지를 밝혀 주자는 의견에 따라, 천문학과 우주에 관심을 가졌거나 별을 좋아하는 친구들은 누구나 지원할 수 있다는 내용을 담았다.
   (나)의 2문단에서 천문학, 우주에 관심 있는 친구뿐만 아니라 별을 좋아하는 친구라면 누구나 동아리에 지원할 수 있다는 내용을 확인할 수 있다.

③ 자율 동아리에서 어떤 활동을 할 것인지를 밝혀 주자는 의견에 따라, 독서와 별자리 관측을 하고, 사진전을 열 계획이라는 내용을 담았다.
   (나)의 2문단에서 추천 도서를 함께 읽고 이야기하기, 별자리 관측하기, 사진전 열기 등의 활동 계획이 기술되어 있음을 확인할 수 있다.

✔️ ④ 자율 동아리 활동의 의미를 강조하자는 의견에 따라, 관심사를 자유롭게 공부하는 과정에서 진로를 탐색할 수 있다는 내용을 담았다.
   (나)의 3문단에서는 동아리 활동이 별자리와 우주에 대해 공부하고 다양한 활동을 할 수 있기 때문에 학창 시절의 소중한 추억이 될 것이라 말하고 있다. 이를 통해 자율 동아리 활동의 의미를 강조하는 의견이 반영되었음을 알 수 있다. 하지만 동아리 활동이 진로 탐색에 도움이 될 것이라는 내용은 언급되고 있지 않으므로 적절하지 않다.

⑤ 자율 동아리에 지원하는 방법을 소개하자는 의견에 따라, QR 코드를 찍거나 인터넷 주소를 직접 입력하여 방문한 블로그에서 지원할 수 있다는 내용을 담았다.
   (나)의 3문단에서 QR 코드를 스마트폰으로 찍거나 인터넷 주소창에 블로그 주소를 직접 입력하는 방식으로 블로그를 방문하여 동아리에 지원할 수 있다는 내용을 확인할 수 있다.

---

08 글쓰기 전략 파악   정답률 87% | 정답 ②

'학생의 초고'에 대한 설명으로 가장 적절한 것은?

① 새로운 이론들을 비교하며 주제를 부각하고 있다.

✔️ ② 질문의 방식을 활용하여 독자의 관심을 끌고 있다.
   1문단의 '여러분은 학교에서 얼마나 많은 시간을 보내고 있는지 생각해 본 적이 있습니까?'와 4문단의 '높은 천장이 학생들의 창의력을 향상시키는 데 도움이 된다는 사실을 아십니까?'를 보면 질문의 방식을 활용하고 있다. 이러한 방식은 독자들의 관심을 끄는 효과가 있으므로 적절하다.

③ 용어의 개념을 정의하며 현상에 대해 설명하고 있다.

④ 자료의 출처를 언급하며 내용의 신뢰성을 높이고 있다.

⑤ 관용 표현을 사용하여 상황의 심각성을 드러내고 있다.

---

09 자료 활용 방안의 적절성 파악   정답률 86% | 정답 ④

〈보기〉는 '학생의 초고'를 보완하기 위해 추가로 수집한 자료이다. 이를 활용할 방안으로 적절하지 않은 것은? [3점]

〈보 기〉
(가) 통계 자료 및 설문 조사 분석 자료
1. 고등학교 학생 1인당 학교 실내 건물 면적(㎡)

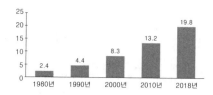

2. 쉬는 시간 활용에 대한 설문 조사 분석 자료

A고등학교 학생들을 상대로 조사한 '쉬는 시간에 주로 어디에 있나요?'라는 질문에 '교실 등 실내'라고 답한 학생이 73%, '운동장 등 실외'라고 답한 학생이 27%였음. '교실 등 실내'라고 답한 학생들에게 그 이유를 물은 결과 '교실에서 운동장까지 내려가기 너무 멀어서'라는 답변이 57%로 가장 높은 비율을 차지함.

(나) 신문 기사

천장의 높이와 창의력 사이에 상관관계가 있다는 연구 결과가 발표되었다. 조운 메이어스─레비 교수의 연구에 의하면 각각 2.4미터, 2.7미터, 3미터의 천장이 있는 공간에서 학생들에게 시험을 보게 한 결과, 3미터 천장의 공간에서 시험을 본 학생들이 낮은 천장의 공간에서 시험을 본 학생들에 비해 창의적 문제를 2배나 더 많이 해결한 것으로 나타났다.

(다) 전문가 인터뷰

학생들은 하루의 대부분을 교실이나 복도 등 주로 실내에서 생활하는 경우가 많습니다. '지식은 책에서 배우고, 지혜는 자연에서 배운다.'라는 말이 있습니다. 학생들이 학교에서 자주 실외로 나가 바깥 풍경을 만날 수 있도록 공간을 개선할 필요가 있습니다.

① (가)-1을 학생들이 학교에서 사용하는 실내 건물 면적이 늘어났다는 내용의 보충 자료로 활용한다.
(가)-1을 2문단의 학생들이 사용하는 실내 건물 면적은 점점 늘어났다는 내용을 보충하는 자료로 활용할 수 있다.

② (가)-2를 학교의 고층화로 인해 학생들이 쉬는 시간에도 주로 교실에서 지내게 된다는 내용을 뒷받침하는 자료로 활용한다.
(가)-2를 활용하여 3문단의 학교의 고층화로 인해 학생들이 쉬는 시간을 활용하는 데 제약이 생겨 주로 교실에 지내게 된다는 내용을 뒷받침하는 자료로 활용할 수 있다.

③ (나)를 교실 천장의 높이가 학생들의 창의력 향상에 영향을 준다는 내용의 근거 자료로 활용한다.
(나)를 4문단의 높은 천장이 학생들의 창의력을 향상시키는데 도움이 된다는 사실에 대한 내용의 근거 자료로 활용할 수 있다.

☑ ④ (가)-1과 (나)를 학교 실내 건물의 활용도를 높이는 것보다 천장 높이를 개선하는 것이 더 시급함을 밝히는 추가 자료로 활용한다.
(가)-1에서 학교 실내 건물 면적의 증가에 대한 내용을 확인할 수 있고, (나)에서 천장 높이에 대한 내용을 확인할 수 있다. 하지만 두 자료를 통해 학교 실내 건물의 활용도를 높이는 것과 천장 높이를 개선하는 것에 대한 비교는 확인할 수 없으므로 ④는 적절하지 않다.

⑤ (가)-2와 (다)를 교실에서 실외로 이동하는 시간을 줄이기 위한 공간 개선의 필요성을 강조하는 자료로 활용한다.
(가)-2와 (다)를 5문단의 학생들이 실외로 이동하는 시간을 줄여 학교의 고층화로 인해 생긴 문제점을 해결할 수 있도록 하는 공간 개선의 필요성을 강조하는 자료로 활용할 수 있다.

10 조건에 맞는 글쓰기　　　　　정답률 90% | 정답 ④

〈보기〉는 초고를 쓴 학생이 선생님에게 보낸 이메일의 일부이다. ⊙에 들어갈 내용으로 가장 적절한 것은?

─〈보 기〉─

선생님께서 조언해 주신 내용 중에서 '(　⊙　)'을 반영하여 초고의 마지막에 아래의 문단을 추가하였습니다.

프랑스는 공간이 생활에 미치는 영향을 중요하게 여깁니다. 그래서 다양한 공간 디자인의 학교 건축물을 만들고 그 속에서 학생들이 인성과 창의성을 키우며 자라나게 합니다. 우리도 공간과 생활의 관계를 생각해 학교 건물의 변화를 위해 노력한다면, 학생들의 학교생활에 긍정적인 변화가 일어나고 학생들의 창의적 사고력을 기르는 데에도 도움을 줄 수 있을 것입니다.

① 주장을 구체화하는 계획과 개선 방안을 요약할 것.
② 주장의 실현 가능성과 개선 방안의 문제점을 추가할 것.
③ 주장의 원인이 되는 배경과 개선 방안의 한계를 밝힐 것.
☑ ④ 주장을 강화하는 사례와 개선 방안의 기대 효과를 포함할 것.
〈보기〉를 보면, 학교 건물의 공간을 개선해야 한다는 주장을 프랑스의 사례를 들어 강화하고 있고, 학생들의 학교생활에 긍정적인 변화를 가져올 수 있을 것이라는 개선 방안의 기대 효과를 제시하고 있다. 따라서 이러한 내용을 담은 ④가 적절하다.
⑤ 주장에 대한 예상 반응과 개선 방안의 긍정적 결과를 제시할 것.

[11~15] 문법

11 문장 성분과 서술어 자릿수의 이해　　　정답률 57% | 정답 ③

〈보기〉는 국어사전의 일부이다. 윗글을 바탕으로 @ ~ @를 이해한 것으로 적절한 것은?

─〈보 기〉─

듣다01 [-따] {들어, 들으니, 듣는[든-]}
「동사」
[1]【…을】
사람이나 동물이 소리를 감각 기관을 통해 알아차리다.
¶ 나는 숲에서 새소리를 @ 듣는다.
[2]【…에게 …을】
주로 윗사람에게 꾸지람을 맞거나 칭찬을 듣다.

¶ 그 아이는 누나에게 칭찬을 자주 ⓑ 듣는다.
[3]【…을 …으로】
어떤 것을 무엇으로 이해하거나 받아들이다.
¶ 그들은 고지식해서 농담을 진담으로 ⓒ 듣는다.

듣다02 [-따] {들어, 들으니, 듣는[든-]}
「동사」
【…에】
눈물, 빗물 따위의 액체가 방울져 떨어지다.
¶ 차가운 빗방울이 지붕에 ⓓ 듣는다.

① @는 세 자리 서술어이다.
@는 주어와 목적어를 필수적으로 요구하는 두 자리 서술어이다.

② ⓑ는 주어와 목적어만을 필수적으로 요구하는 서술어이다.
ⓑ는 주어와 목적어 외에 부사어를 필수적으로 요구하는 세 자리 서술어로, 부사어 '누나에게'를 생략할 경우 불완전한 문장이 된다.

☑ ③ ⓒ는 주어 외에 두 개의 문장 성분을 더 필요로 한다.
〈보기〉를 보면 ⓒ의 '듣는다'는 주어 이외에 '…을 … 으로'를 요구하고 있다. 즉 '듣는다'는 '그들은' 이외에 목적어 '농담을'과 부사어 '진담으로'를 더 필요로 한다. 따라서 '주어 외에 두 개의 문장 성분을 필요로 한다.'는 올바른 이해이다.

④ @와 ⓓ는 필요로 하는 문장 성분이 서로 같다.
@는 주어와 목적어를 필요로 하는 서술어이고, ⓓ는 주어와 부사어를 필요로 하는 서술어이므로, @와 ⓓ는 서로 다른 문장 성분을 필요로 하는 두 자리 서술어에 해당한다.

⑤ ⓑ와 ⓓ는 의미에 차이가 있지만 서술어 자릿수는 같다.
ⓑ와 ⓓ는 사전적 의미가 서로 다르므로 동음이의어에 해당한다. 그리고 ⓑ는 주어, 목적어, 부사어를 필요로 하는 세 자리 서술어이고, ⓓ는 주어, 부사어를 필요로 하는 두 자리 서술어에 해당한다.

12 필수적 부사어의 이해　　　　　정답률 67% | 정답 ②

밑줄 친 부분이 ⊙에 해당되지 않는 것은?

① 그 아이는 매우 영리하게 생겼다.
주어진 글을 보면 필수적 부사어가 생략될 경우 불완전한 문장이 됨을 알 수 있다. 이렇게 볼 때, '영리하게'를 생략하였을 경우 의미가 불완전한 문장이 되므로, 필수적 부사어에 해당한다.

☑ ② 승윤이는 통나무로 식탁을 만들었다.
주어진 글을 보면 필수적 부사어가 생략될 경우 불완전한 문장이 됨을 알 수 있다. 하지만 '통나무로'의 경우 '만들었다'의 재료를 의미하는 부사어로, 이를 생략하여도 문장이 성립하므로 필수적 부사어가 아니다.

③ 이 지역의 기후는 벼농사에 적합하다.
주어진 글을 보면 필수적 부사어가 생략될 경우 불완전한 문장이 됨을 알 수 있다. 이렇게 볼 때, '벼농사에'를 생략하였을 경우 의미가 불완전한 문장이 되므로 필수적 부사어에 해당한다.

④ 나는 이 일을 친구와 함께 의논하겠다.
주어진 글을 보면 필수적 부사어가 생략될 경우 불완전한 문장이 됨을 알 수 있다. 이렇게 볼 때, '친구와'를 생략하였을 경우 의미가 불완전한 문장이 되므로 필수적 부사어에 해당한다.

⑤ 작년에 부모님께서 나에게 큰 선물을 주셨다.
주어진 글을 보면 필수적 부사어가 생략될 경우 불완전한 문장이 됨을 알 수 있다. 이렇게 볼 때, '나에게'를 생략하였을 경우 의미가 불완전한 문장이 되므로 필수적 부사어에 해당한다.

13 음운의 변동의 이해　　　　　정답률 68% | 정답 ①

〈보기〉의 (ㄱ)과 (ㄴ)에 나타나는 음운 변동으로 적절한 것은? [3점]

─〈보 기〉─

음운 변동은 한 음운이 다른 음운으로 바뀌는 '교체', 원래 있던 음운이 없어지는 '탈락', 없던 음운이 추가되는 '첨가', 두 개의 음운이 합쳐져서 하나가 되는 '축약'으로 분류할 수 있다.
단어에 따라 아래 예와 같이 한 단어에서 두 가지 음운 변동이 일어나는 경우도 있다.

(예) 물약 → [물냑] → [물략]
　　　　　　(ㄱ)　　(ㄴ)

　　(ㄱ)　　　　(ㄴ)
☑ ① 첨가　　　　교체
'물약'에서 '[물냑]'이 되면서 없던 음운인 'ㄴ'이 추가되었다. 이는 앞말이 자음으로 끝나고 뒷말의 첫 음절이 모음 '이, 야, 여, 요, 유'로 시작하는 경우에는 뒷말의 초성 자리에 'ㄴ'이 첨가되어 '니, 냐, 녀, 뇨, 뉴'로 발음되는 'ㄴ' 첨가에 해당한다. 그리고 '[물냑]'이 '[물략]'이 되는 것은 'ㄴ'이 앞이나 뒤에 오는 유음 'ㄹ'의 영향으로 'ㄹ'로 바뀌는 현상인 유음화에 해당한다. 이는 한 음운이 다른 음운으로 바뀌는 교체에 해당한다.

② 첨가　　　　탈락
③ 탈락　　　　교체
④ 교체　　　　첨가
⑤ 교체　　　　축약

● 문법 필수 개념

■ 음운의 변동
① 뜻 : 어떤 형태소가 다른 형태소와 결합할 때 그 환경에 따라 발음이 달라지는 현상
② 종류

구분	음운 현상	음운 변동의 종류
교체(交替)	어떤 음운이 음절의 끝에서 다른 음운으로 바뀌는 현상	음절의 끝소리 규칙, 음운의 동화, 된소리되기 등
축약(縮約)	두 음운이 하나의 음운으로 줄어드는 현상	거센소리되기, 음절 축약 등
탈락(脫落)	두 음운 중 어느 하나가 없어지는 현상	'ㅎ' 탈락, 'ㄹ' 탈락, 'ㅡ' 탈락 등

| 첨가(添加) | 원래 없던 소리가 끼어드는 현상 | 사잇소리 현상 등 |

---

14 품사에 따른 띄어쓰기의 이해 　　　　정답률 58% | 정답 ④

다음은 수업의 일부이다. 이를 참고할 때, 띄어쓰기가 바르게 된 문장은?

> **학생** : 선생님, '뿐'은 앞말에 붙여 쓰는 경우도 있고 띄어 쓰는 경우도 있던데 어떻게 띄어 써야 하나요?
> **선생님** : 품사에 따라 띄어쓰기가 달라져요. '나에게는 너뿐이야.'에서처럼 '너'라는 체언 뒤에 붙여서 한정의 뜻을 나타낼 때의 '뿐'은 조사이기 때문에 앞말에 붙여 써야 해요. 그런데 '그녀는 조용히 웃을 뿐이었다.'에서의 '뿐'은 체언을 수식하는 관형어 '웃을' 뒤에 붙어서 '따름'이라는 뜻을 나타내는 의존 명사이기 때문에 앞말과 띄어 써야 해요.
> **학생** : '뿐'과 같이 띄어쓰기가 달라지는 예가 더 있나요?
> **선생님** : 대표적인 예로 '대로, 만큼'이 있어요.

① 아는대로 모두 말하여라.
　'아는대로'에서 '대로'는 '아는'이라는 용언의 관형사형 뒤에서 '어떤 모양이나 상태와 같이'를 뜻하는 의존 명사이므로 앞말과 띄어 써야 한다.

② 마음이 약해질대로 약해졌다.
　'약해질대로'에서 '대로'는 '약해질'이라는 용언의 관형사형 뒤에서 '어떤 상태가 매우 심하다는 뜻을 나타내는 말'을 뜻하는 의존 명사이므로 앞말과 띄어 써야 한다.

③ 모든 것이 자기 생각 대로 되었다.
　'생각 대로'에서 '대로'는 '생각'이라는 체언 뒤에서 '앞에 오는 말에 근거하거나 달라짐이 없음'을 뜻하는 조사이므로 앞말에 붙여 써야 한다.

☑ 손님들은 먹을 만큼 충분히 먹었다.
　선생님의 말을 통해, '뿐, 대로, 만큼'은 체언 뒤에 붙어서 한정을 나타낼 때에는 붙여 써야 하고, 체언을 수식하는 관형어 뒤에 쓰일 때는 의존 명사이기 때문에 띄어 써야 함을 알 수 있다. '먹을 만큼'에서 '만큼'은 '먹을'이라는 용언의 관형사형 뒤에서 '앞의 내용에 상당한 수량이나 정도임을 나타내는 말'을 뜻하는 의존 명사이므로 앞말과 띄어 써야 한다.

⑤ 그 사람은 말 만큼은 누구보다 앞선다.
　'말 만큼'에서 '만큼'은 '말'이라는 체언 뒤에서 '앞말과 비슷한 정도나 한도임'을 뜻하는 조사이므로 앞말에 붙여 써야 한다.

★★★ 등급을 가르는 문제!

15 사전의 활용 　　　　정답률 56% | 정답 ②

〈보기〉는 단어를 학습하기 위해 활용한 사전 자료이다. 이에 대한 탐구 내용으로 옳지 <u>않은</u> 것은?

> ──〈 보 기 〉──
> **어리다¹** 「동사」
> ㉠【 …에 】눈에 눈물이 조금 괴다.
> 　¶ 갑순이의 두 눈에 어느덧 눈물이 어리고 있었다.
> ㉡【 …에 】어떤 현상, 기운, 추억 따위가 배어 있거나 은근히 드러나다.
> 　¶ 밤을 새우고 난 그의 얼굴에 피로한 기색이 어렸다.
>
> **어리다²** 「형용사」
> ㉠ 나이가 적다. 10대 전반을 넘지 않은 나이를 이른다.
> 　¶ 나는 어린 시절을 시골에서 보냈다.
> ㉡ 생각이 모자라거나 경험이 적거나 수준이 낮다.
> 　¶

① '어리다¹'과 '어리다²'는 모두 다의어이다.
　'어리다¹'과 '어리다²'는 각각 한 단어가 두 가지 이상의 의미를 가지고 있으므로 '다의어'이다.

☑ '어리다¹'은 목적어가 필요한 동사이다.
　'어리다¹'은【 …에 】의 문장 구조를 취하고 있으므로, 문장 구조상 '필수 부사어'를 필요로 한다.

③ '어리다¹'과 '어리다²'는 동음이의 관계에 있다.
　'어리다¹'과 '어리다²'는 형태는 같지만 서로 다른 의미를 지니고 있으므로 동음이의 관계에 있다.

④ '어리다¹'의 ㉡에 해당하는 또 다른 용례로, '입가에 미소가 어리다.'를 추가할 수 있다.
　'입가에 미소가 어리다.'의 '어리다'는 '어리다¹'의 ㉡의 의미로 사용되고 있다.

⑤ '어리다²'의 ㉡에 들어갈 예로, '저의 어린 소견을 경청해 주셔서 고맙습니다.'와 같은 문장을 들 수 있다.
　'어린 소견'의 '어린'은 '어리다²'의 ㉡의 의미로 사용되고 있다.

● 문법 필수 개념

■ 동음이의어
두 개 이상의 낱말이 우연히 소리만 같을 뿐 전혀 다른 뜻으로 사용되는 경우에 이 낱말들을 동음이의어라 한다.
[예문]
(1) 은결이는 배를 타고 강을 건넜다.
(2) 종길이는 과수원에서 배를 땄다.
(3) 창석이는 밥을 많이 먹어서 배가 부르다.
(1)의 배는 '강이나 바다에서 타는 배'를 뜻하고, (2)의 '배'는 '먹는 배'를, (3)의 '배'는 사람의 몸에 있는 배를 뜻한다. 이들 세 낱말은 소리가 같지만 서로 다른 뜻을 가진다.

★★ 문제 해결 꿀~팁 ★★

▶ 많이 틀린 이유는?
〈보기〉에 제시된 사전 자료에 대한 정확한 이해, 즉 '어리다'의 ㉠, ㉡에 제시된【 …에 】가 의미하는 것을

정확히 이해하지 못해 적절하지 않은 것으로 판단하여 오답률이 높았던 것으로 생각된다. 또한 ㉠, ㉡에 제시된 각 예문을 세심하게 파악하지 못한 것도 적절하지 않다고 판단한 요인이라 여겨진다.

▶ 문제 해결 방법은?
〈보기〉에 제시된 사전 자료를 파악하는 문제의 경우 단순히 단어의 사전적 의미뿐만 아니라, 어휘 외적으로 제시된 품사의 표시나 활용 및 사례 등에 주의를 기울여야 한다. 이 문제에서도 '어리다¹'이【 …에 】의 문장 구조를 취하고 있으므로, 문장 구조상 '필수 부사어'를 필요로 함을 이해해야 한다. 또한 예문을 보더라도 목적어가 사용되지 않고 있으므로 목적어가 필요한 동사라는 진술이 적절하지 않음도 알 수 있다. 이처럼 사전 자료가 제시될 때에는 주어진 어휘와 관련된 품사 및 활용, 활용 예문을 유의해서 살펴봐야 한다.

▶ 오답인 ③을 많이 선택한 이유는?
③을 적절하지 않다고 여긴 이유는 '동음이의 관계'에 대한 개념의 정확한 이해가 선행되지 않았거나, '어리다¹'과 '어리다²'가 사전에 별도의 표제어로 제시된, 즉 형태는 같지만 서로 다른 의미를 지닌 관계에 있다는 사실을 간과했기 때문으로 보인다. '동음이의 관계'는 말 그대로 형태는 동일하지만 서로 다른 의미를 지닌 관계를 지닌 단어들을 드러낸 것으로, '어리다¹'과 '어리다²' 역시 '어리다'라는 형태는 동일하지만 그 의미(품사 역시 다름)는 각기 달라 동음이의 관계에 있음을 알 수 있다.

[16~45] 독서·문학

16~20 갈래 복합

(가) 작자 미상, 「잠노래」

> **감상** 이 작품은 이른 새벽부터 한밤중까지 이어지는 여성의 고된 일상을 잠과의 씨름으로 형상화한 민요로, 밤 새워 바느질하는 삶의 고달픔을 드러내고 있다.
> 이 작품에서는 잠을 의인화하여 작중 청자로 설정하고, 염치없이 자신을 찾아와 괴롭히는 것에 대해 원망조의 넋두리를 늘어놓는 형식을 취하고 있다.
> 잠을 참으며 일해야 하는 **삶의 고달픔을 해학을 통해 풀어 내는 민중의 모습**을 발견할 수 있다.
> **주제** 밤낮으로 일해야 하는 삶의 고달픔

(나) 작자 미상, 「귓도리 저 귓도리~」

> **감상** 이 작품은 **귀뚜라미에 감정을 이입**하여 사랑하는 임과 이별한 여인의 외로움을 드러내고 있다.
> 긴 소리, 짧은 소리로 슬프게 우는 귀뚜라미 소리에 대한 **청각적 심상을 활용하여 화자의 외로움을 효과적으로 표현**하고 있다.
> **주제** 독수공방의 외로움

> **현대어 풀이**
> 귀뚜라미 저 귀뚜라미, 불쌍하다 저 귀뚜라미
> 　어찌된 귀뚜라미가 지는 달, 새는 밤에 긴 소리, 짧은 소리, 마디마다 슬픈 소리로 저 혼자 계속 울어, 사창 안의 얕은 잠을 알뜰하게 깨우는구나.
> 　두어라, 제가 비록 미물이지만 독수공방하고 있는 나의 뜻을 알아 줄 이는 저 귀뚜라미뿐인가 하노라.

(다) 이옥, 「어부」

> **감상** 이 작품은 **물 속 물고기의 세계를 통해 현실을 비판하고 있는 고전 수필**이다.
> 이 작품에서 작가는 용을 군주, 큰 물고기를 조정의 신하, 그다음 큰 물고기를 서리·아전, 한 자 못 되는 물고기를 백성에 비유하여 **올바른 국가 경영의 도를 밝히고** 있다.
> 또한 작가는 약자를 괴롭히는 강자, 즉 **백성들을 괴롭히는 관리들을 잘 다스리는 것이 중요함을 강조**하고 있다.
> **주제** 올바른 국가 경영의 도

---

16 작품의 공통점 파악 　　　　정답률 54% | 정답 ④

(가)~(다)의 공통점으로 가장 적절한 것은?

① 대상의 부재로 인한 그리움의 심정을 드러내고 있다.
　(나)에서는 대상의 부재로 인한 그리움을 엿볼 수 있지만, (가)와 (다)에서는 드러나지 않는다.

② 현실의 어려움을 극복하려는 의지적 태도를 보이고 있다.
　(나)의 외로움을 현실의 어려움이라고 볼 수는 있으나, 이를 극복하려는 의지적 태도는 찾아볼 수 없다. 또한 (가), (다)에서 현실의 어려움을 극복하려는 의지적 태도를 찾아볼 수 없다.

③ 이상과 현실의 괴리에 대해 절망적인 심경을 표출하고 있다.
　(가)~(다) 모두 이상과 현실의 괴리는 나와 있지 않다.

☑ 부정적인 현재 상황에 대해 탄식하는 태도를 드러내고 있다.
　(가)에서 화자는 잠이 쏟아지지만 일을 해야 하는 상황에 힘들어 하며 탄식하고 있고, (나)에서 화자는 독수공방하는 자신의 처지에 외로움을 느끼며 탄식하고 있다. 그리고 (다)에서도 작가는 관리들이 백성을 괴롭히는 현실에 안타까움을 느끼며 탄식하고 있으므로 적절하다.

⑤ 일상생활과 관련된 사물의 속성에서 삶의 교훈을 이끌어 내고 있다.
　(가)의 바늘이나 (나)의 사창을 일상생활과 관련된 사물이라고 볼 수는 있으나, 이것의 속성을 통해 교훈을 드러내지는 않고 있다.

---

17 표현상 특징 파악 　　　　정답률 56% | 정답 ③

(가), (나)에 대한 설명으로 적절한 것은?

① (가)와 달리 (나)는 동일한 시어의 반복을 통해 운율을 형성하고 있다.
　(가)와 (나) 모두 동일한 시어의 반복으로 운율을 형성하고 있다.

② (나)와 달리 (가)는 청각적 심상을 통해 계절감을 드러내고 있다.
　(나)의 귀뚜라미가 가을을 드러낸다고 볼 수 있으나, (가)의 원망 소리가 계절감을 드러낸다고 보기는 어렵다.

☑ (가)와 (나)는 모두 시간적 배경을 통해 시적 상황을 구체화하고 있다.
　(가)의 황혼이나 밤, (나)의 지는 달 새는 밤은 시간적 배경을 나타내고, 이를 통해 시적 상황을 구체화하고 있다.

④ (가)와 (나)는 모두 설의적 표현을 통해 시적 의미를 강조하고 있다.
(가)의 '자심하뇨'를 설의적 표현으로 볼 수도 있으나, (나)에는 설의적 표현이 나와 있지 않다.

⑤ (가)와 (나)는 모두 색채의 대비를 통해 표현 효과를 높이고 있다.
(가)와 (나) 모두 색채 대비는 나와 있지 않다.

---

18 시어의 기능 파악   정답률 54% | 정답 ②

ⓐ, ⓑ에 대한 이해로 가장 적절한 것은?

① ⓐ는 화자의 목적을 이루기 위한 보조적 수단이다.
화자의 목적이 빨리 일을 끝내는 것이라고 봤을 때, ⓐ는 오히려 일을 빨리 끝내는 것을 방해하는 것이라 할 수 있다.

✔② ⓑ는 외부적 요인으로 인해 방해 받고 있다.
'귓도리'가 '여왼 잠'을 '살뜰히도 깨우는구나'에서 화자의 '여왼 잠(ⓑ)'을 귀뚜라미라는 외부적 요인이 방해하고 있음을 알 수 있다.

③ ⓐ와 달리 ⓑ는 화자가 현실로부터 벗어나기 위한 행위이다.
(가)와 (나)는 모두 잠을 통해 현실로부터 벗어나려는 모습은 보이지 않는다.

④ ⓑ와 달리 ⓐ는 화자의 고통을 해소시키고 있다.
ⓐ는 화자로 하여금 더욱 힘들게 한다는 점에서 고통을 가중시키는 것이지, 고통을 해소시킨다고는 볼 수 없다.

⑤ ⓐ와 ⓑ는 모두 화자가 거부하는 대상이다.
ⓐ는 화자가 거부한다고 볼 수 있으나, ⓑ는 화자가 거부한다고 보기 어렵다.

★★★ 등급을 가르는 문제!

19 시구의 함축적 의미 파악   정답률 49% | 정답 ①

㉠ ~ ㉤을 감상한 내용으로 적절하지 않은 것은?

✔① ㉠ : 화자와 상반된 처지에 있는 사람이 '잠'에게 불만을 드러내고 있다.
㉠의 '원망소래'는 화자와 상반된 처지에 있는 사람이 잠에게 건네는 불만이 아니라, 화자가 잠에게 드러내는 불만에 해당한다.

② ㉡ : 쉬지도 못하고 밤늦게까지 일을 해야 하는 화자의 고달픈 삶이 나타나 있다.
밤에 잠도 자지 못하고 낮에 다 못 끝낸 일을 마저 해야 한다는 점에서 고달픈 삶이라고 볼 수 있다.

③ ㉢ : '잠'을 의인화하여 잠이 쏟아지는 화자의 현재 상황을 해학적으로 표현하고 있다.
잠이 쏟아져 괴로운 화자의 상황을, 잠이 이 눈 저 눈 왔다 갔다 하며 요상한 수를 피운다고 해학적으로 표현하고 있다.

④ ㉣ : 화자의 내면적 슬픔을 '귓도리'의 울음소리를 통해 간접적으로 드러내고 있다.
화자가 슬프기 때문에 귀뚜라미의 소리도 슬프게 들리는 것으로 볼 수 있다.

⑤ ㉤ : 혼자 살아가는 자신의 외로운 처지를 알아주는 유일한 대상이 '귓도리'라는 화자의 인식이 드러나 있다.
'내 뜻 알 이는 너뿐'이라고 하였는데, 이때 '너'는 귀뚜라미이다.

★★ 문제 해결 꿀~팁 ★★

▶ 많이 틀린 이유는?
작품에 드러난 화자의 처지와 상황, 심리 등을 구절과 연결하지 못하고 구절 자체만 이해하여 오답률이 높았던 것으로 보인다. 또한 구절의 전후 문맥과 연결하여 이해하지 못한 것도 오답률이 높았던 원인으로 보인다.

▶ 문제 해결 방법은?
화자의 처지와 심리 등을 먼저 파악한 뒤, 이와 구절을 연결하여 이해하여야 한다. (가)의 경우 화자는 아낙네로서 할 일이 많아 잠조차 제대로 자지 못한 고달픈 생활을 하고 있다. 이러한 상황에서 화자는 시적 대상인 '잠'이 오는 것에 대해 원망하고 있는 것이다. 따라서 ㉠은 자꾸만 찾아오는 '잠'에 대해 화자가 원망하고 있으므로 ①이 잘못된 것이라 할 수 있다. 마찬가지로 ②, ③의 경우도 이와 연관하여 이해하면 쉽게 이해할 수 있을 것이다.
한편 ③의 '해학적으로 표현'이 사용하지 않았다고 여긴 학생들도 있었는데, 이는 '잠'을 의인화하여 '잠'이 눈썹 속에 숨거나 눈알로 솟아온다고 하면서, '잠'이 이 눈과 저 눈으로 왕래한다고 표현하고 있는데, 이는 '잠'의 행동을 통해 웃음을 유발한다고 볼 수 있으므로 해학적으로 표현하였다고 볼 수 있다.

---

20 외적 준거에 따른 작품의 감상   정답률 67% | 정답 ⑤

〈보기〉를 바탕으로 (다)를 감상한 내용으로 적절하지 않은 것은? [3점]

〈보 기〉
「어부」는 국가의 상황을 물속의 세계에 빗대어, 군주를 '용'에, 여러 신하를 '큰 물고기'에, 백성을 '작은 물고기'에 빗대어 현실 세계를 비판하고 있다. 글쓴이는 나라의 근본은 '작은 물고기'인 백성이므로 백성들을 수탈하는 '큰 물고기', 즉 관리들을 잘 다스리는 것이 군주로서 해야 할 가장 중요한 일임을 강조하고 있다.

① 용이 큰 물결을 일어나게 하여 물고기를 덮어 주는 것은 백성을 어질게 살피는 군주의 모습으로 볼 수 있군.
사람들이 물고기를 다 잡을까 걱정하여 물을 덮어 물고기를 가려 주는 것이므로 적절하다.

② 교룡과 악어가 작은 물고기를 잡아먹는 것은 백성을 수탈하는 관리들의 모습으로 볼 수 있군.
작은 물고기를 백성, 교룡과 악어를 관리로 비유하므로 적절하다.

③ 작은 물고기가 없으면 용이 군주가 될 수 없다고 하는 것은 나라의 근본이 백성에게 있다는 글쓴이의 인식을 보여 주는군.
작은 물고기가 없이는 용이 군주가 될 수 없다고 했으며, 〈보기〉에서 나라의 근본은 백성이라고 했으므로 적절하다.

④ 작은 물고기를 해치는 족속을 물리치는 것이 용의 도리라고 하는 것은 군주가 해야 할 가장 중요한 일이 관리를 잘 다스리는 일임을 말해 주는군.
백성을 괴롭히는 관리를 잘 다스리는 것이 가장 중요하다고 했으므로 적절하다.

✔ 사람들이 사람에게도 큰 물고기가 있는 줄을 알지 못한다고 하는 것은 관리들의 수탈에 적극적으로 저항하지 않는 백성의 태도를 비판하는 것이군.
사람들이 사람에게도 큰 물고기가 있는 줄을 알지 못한다고 하는 것은 관리들이 백성들을 괴롭히는 현실에 대한 안타까움을 드러내는 것이므로 적절하지 않다.

21~24 사회

박정호, 「고급 커피의 가격은 어떻게 결정되는가」

해제 이 글은 최고급 커피 생두 가격이 '경매'에 의해 결정된다는 것을 언급하며 '경매'가 가격 결정 방식으로 사용되는 이유와 종류를 설명하고 있다.
경매를 통한 가격 결정 방식은 수요자들이 해당 재화의 가치를 정확히 평가할 수 있고 수요자와 판매자의 숫자가 극단적으로 불일치할 때 유용한 방법임을 언급하면서, 입찰 방식의 공개 여부에 따라 **공개 구두 경매와 밀봉 입찰 경매로 구분됨**을 드러내고 있다.
공개 구두 경매는 다시 낮은 가격에서 시작되는 오름 경매 방식인 **영국식 경매**와 높은 가격부터 시작되는 내림 경매 방식인 **네덜란드식 경매**가 있다.
밀봉 입찰 경매는 낙찰자가 지불하는 금액을 어떻게 결정하느냐에 따라 **최고가 밀봉 경매와 차가 밀봉 경매**로 구분된다.

주제 가격 결정 방식으로 사용되는 경매의 이해

문단 핵심 내용

1문단	커피 생두의 가치를 결정하는 가장 수월한 방법인 '경매'
2문단	경매를 통한 가격 결정 방식을 사용하는 이유
3문단	입찰 방식의 공개 여부에 따른 구분과 공개 구두 경매인 영국식 경매
4문단	공개 구두 경매인 네덜란드식 경매
5문단	경매자들의 응찰가를 알 수 없는 밀봉 입찰 경매

---

21 세부 정보 파악   정답률 83% | 정답 ⑤

윗글의 '경매'에 대한 설명으로 적절하지 않은 것은?

① 재화의 가치를 정확하게 평가할 수 없을 때 주로 쓴다.
1문단의 해당 재화의 가치를 정확히 가늠할 수 없을 때 경매가 주로 사용된다는 것에서 알 수 있다.

② 오름 경매 방식에서는 최고가를 제시한 사람에게 낙찰된다.
3문단에서 오름 경매 방식은 '영국식 경매'로, 가장 높은 가격을 제시했을 때 낙찰자가 됨을 알 수 있다.

③ 수요자가 재화의 가치를 서로 다르게 평가할 때 주로 쓴다.
1문단의 해당 재화의 가치를 서로 다르게 평가할 때 경매가 주로 사용된다는 것에서 알 수 있다.

④ 구매자와 판매자의 수가 극단적으로 불일치할 때 유용하다.
2문단에서 경매는 구매자와 판매자의 숫자가 극단적으로 불일치할 때 가격을 결정하는 유용한 방법이라고 하고 있으므로 적절하다.

✔⑤ 내림 경매 방식은 구매자가 입찰금액을 제시해 경매가 시작된다.
4문단에서 내림 경매 방식은 '네덜란드식 경매'로 판매자가 높은 가격부터 제시하여 경매가 시작되는 것이지 구매자가 입찰액을 제시해 시작하는 것이 아님을 알 수 있다.

---

22 글의 내용 추론   정답률 81% | 정답 ⑤

㉠과 ㉡에 대한 이해로 적절하지 않은 것은? [3점]

① ㉠은 경매에 참여한 사람이 경쟁자가 제시한 입찰 금액을 알 수 있다.
3문단에서 ㉠은 공개 구두 경매이므로 경쟁자가 제시한 입찰 금액을 알 수 있다.

② 희소성이 있는 최고급 생두는 ㉠의 방식을 통해 가격을 결정하는 대표적 품목이다.
3문단에서 ㉠방식을 통해 가격이 결정되는 대표적 품목으로 최고급 생두를 제시하고 있다.

③ ㉡ 방식에서 낙찰 가격은 경매에서 최초로 제시된 금액보다 높아질 수 없다.
4문단을 보고 추리할 수 있다. ㉡은 판매자가 제시한 높은 가격부터 점점 낮추는 방식이므로 낙찰 가격이 최초 제시된 금액보다 높아질 수 없다.

④ ㉠과 ㉡ 모두 경매에 나온 재화의 낙찰 가격을 알 수 있다.
3문단에서 ㉠과 ㉡은 모두 공개 구두 경매이므로 낙찰 가격을 알 수 있다.

✔⑤ 경매에 참가한 사람이 다수일 경우 ㉠과 ㉡ 모두 가장 먼저 응찰한 사람이 낙찰자가 된다.
㉠영국식 경매로 가장 높은 가격을 제시한 사람이, ㉡은 네덜란드식 경매로 가장 먼저 입찰에 참가한 사람이 낙찰자가 된다.

---

23 구체적 사례에 적용   정답률 89% | 정답 ②

윗글을 바탕으로 할 때, 〈보기〉의 ㉠ ~ ㉣에 들어갈 내용으로 적절한 것은?

〈보 기〉
'밀봉 입찰 경매'로 진행되는 경매에 A, B, C 세 사람이 각각 10만 원, 8만 원, 6만 원으로 입찰에 참가하였다. 이 경매가 '최고가 밀봉 경매'라면 낙찰자는 (㉠)이며 낙찰자가 지불할 금액은 (㉡)이다. '차가 밀봉 경매'라면 낙찰자는 (㉢)이며 낙찰자가 지불할 금액은 (㉣)이다.

	㉠	㉡	㉢	㉣
①	A	10만 원	A	10만 원
✔②	A	10만 원	A	8만 원

최고가 밀봉 경매는 응찰자 중 가장 높은 가격을 적어 냈을 때 낙찰이 되고 낙찰자는 자신이 적어 낸 금액을 지불한다. 차가 밀봉 경매는 최고가 밀봉 경매와 동일하게 최고가를 적어 낸 사람에게 낙찰되지만 낙찰자가 지불하는 금액은 자신이 적어 낸 금액이 아니라 두 번째로 높은 금액이다.

이를 〈보기〉에 적용한다면 다음과 같다. '최고가 밀봉 경매'라면 낙찰자는 최고가를 입찰한 A(㉠)가 되고 낙찰가는 A가 적어 낸 가격인 10만 원(㉡)이 된다. 한편 '차가 밀봉 경매'라면 낙찰자는 '최고가 밀봉 경매'와 마찬가지로 A(㉢)가 된다. 그러나 낙찰가는 A가 제시한 10만 원이 아니라 B가 제시한 8만 원(㉣)이다. 왜냐 하면 응찰자가 적어 낸 금액 중 두 번째로 높은 금액이 8만 원이기 때문이다.

③ A   8만 원   B   10만 원
④ B   8만 원   B   6만 원
⑤ B   8만 원   C   6만 원

---

24 단어의 사전적 의미 파악   정답률 90% | 정답 ③

ⓐ~ⓔ의 사전적 의미로 적절하지 않은 것은?

① ⓐ : 목표나 기준에 맞고 안 맞음을 헤아려 봄.
② ⓑ : 자극에 빠르게 반응을 보이거나 쉽게 영향을 받음.
✓③ ⓒ : 어떠한 것을 받아들임.
    ⓒ '지불'의 사전적 의미는 '돈을 내어줌. 또는 값을 치름'이다. '어떠한 것을 받아들임'은 '수용'의 뜻이다.
④ ⓓ : 그러함과 그러하지 아니함.
⑤ ⓔ : 일정한 기준에 따라 전체를 몇 개로 갈라 나눔.

25~27 현대 소설

박민규, 「그렇습니까? 기린입니다」

【감상】 이 작품은 지하철 푸시맨 아르바이트를 하는 '나'와 기린이 되어 버린 아버지의 모습을 통해 후기 자본주의 사회의 모습을 드러내고 있다.
'나'의 일터인 **지하철 역사**는 무한 반복되는 자본주의 일상의 상징이다. 반복되는 자본주의 일상 속에서 시급 3,000원의 아르바이트를 하는 '나'는 그것을 '나만의 산수'라고 규정한다. 이 같은 '나'의 태도는 개인적 노력과 성실만으로는 더 이상 계층 간 이동이 불가능해진 신자유주의 경제 시스템의 모순을 보여주고 있다.
이 작품에서 제시되는 아버지의 '실종'이 무한 반복되는 자본주의적 일상에 대한 거부라는 측면에서 '나'가 환상 속에서 보게 되는 '**기린의 모습**'은 다분히 상징적인 의미를 지닌다. 초식동물인 '기린'이 되어버린 '아버지'의 모습은 약육강식이 지배하는 자본주의적 체제의 비정함에 대한 비판이자 그러한 체제로부터 벗어나고자 하는 욕망을 보여 준다.
【주제】 현대 자본주의 경제 시스템에 대한 비판과 그것에 속박되어 살아가는 현대인의 모습
【작품 줄거리】 '나'는 여러 일터를 전전하며 '알바'를 하는 상업계 고등학생이다. '나'는 '코치 형'의 소개로 지하철 푸시맨이 된다. 다른 '알바'에 지장을 주지 않으면서도 돈을 더 벌 수 있다는 이유에서였다. 나는 그것을 '나의 산수'이며 인간에게는 누구나 '자신만의 산수'가 있다고 생각한다. 청소 일을 하던 어머니가 쓰러지자 '나'는 학기 중에도 푸시맨 '알바'를 계속한다. 그러던 중 회사에서 출근하는 아버지를 만나게 된다. '나'는 자신의 눈동자가 아버지의 '젯빛 눈빛'과 같은 색이라는 사실을 깨닫는다. 어느 날 아버지가 갑자기 사라진다. 백방으로 아버지를 찾아 나서지만 행방은 묘연하기만 하다. 아버지의 실종 후 어머니는 병원에서 퇴원하고 할머니는 요양원으로 보내진다. 이 와중에도 '나'는 새벽 '푸시맨 알바'를 계속한다. 그러던 중 역사 벤치에서 잠깐 졸던 나는 플랫폼 지붕 부근에 떠 있는 이상한 얼굴 하나를 발견한다. '나'는 환상 속에서 그 모습이 '기린'같다고 생각한다. '나'는 '기린'이 아버지라고 생각한다. 기린에게 다가간 '나'는 집안의 근황을 들려주고 '아버지가 맞다.'는 한마디만 해달라고 기린에게 부탁한다. 그러자 기린은 "그렇습니까? 기린입니다."라고 말한다.

---

25 작품 공간의 상징적 의미 이해   정답률 56% | 정답 ⑤

ⓐ와 ⓑ에 대한 이해로 적절하지 않은 것은?

① ⓐ는 아버지의 초라한 삶이 나타나는 공간이다.
    '나'는 어머니의 심부름으로 처음 가본 아버지의 사무실ⓐ에서 초라하게 일하는 아버지의 모습을 보고 충격을 받는 모습에서 ⓐ는 아버지의 초라한 삶이 나타나는 공간이라고 이해할 수 있다.
② ⓐ에서 본 아버지의 모습은 '나'가 정신적으로 성장하는 계기가 된다.
    '나'는 어머니의 심부름으로 처음 가본 아버지의 사무실ⓐ에서 초라하게 일하는 아버지의 모습을 보고 충격을 받고 이로 인해 또래의 다른 친구들과 달리 아르바이트를 하며 아버지를 돕는다. 즉, 아버지의 모습이 '나'가 정신적으로 성장하는 계기가 되었다고 이해할 수 있다.
③ ⓑ는 현실적 요소와 환상적 요소가 뒤섞인 공간이다.
    전철역(ⓑ)에는 '나'가 아르바이트를 하는 현실적 모습과 '기린'이 되어 버린 아버지의 환상적 모습이 섞여 있다.
④ ⓐ와 ⓑ는 각각 아버지와 '나'가 서로에게 자신의 삶을 보여주는 공간이다.
    사무실(ⓐ)에서 '나'는 아버지가 힘들게 일하는 모습을 보고 있고, 전철역(ⓑ)에서 아버지는 지하철 푸시맨 아르바이트를 하고 있는 '나'의 모습을 보고 있다.
✓⑤ ⓐ에서의 아버지와는 달리 ⓑ에서의 '나'는 자신이 처한 현실에 절망감을 느끼고 있다.
    ⓐ (아버지의 사무실)에서 아버지는 시급 3,500원의 급료를 받으며 나이 드신 어머니와 자식을 부양하며 묵묵히 일을 하는 한 집안의 가장이다. '나' 또한 어린 나이에 아르바이트를 하며 열심히 돈을 모으고 있다. 즉 '나'는 자신이 처한 현실에서 절망하지 않고 최선을 다한다고 볼 수 있다.

---

26 작품 구절의 문맥적 의미 파악   정답률 71% | 정답 ①

㉠~㉤에 대한 이해로 적절한 것은?

✓① ㉠ : 아버지가 사라진 후에야 아버지의 행동이 평소와 달랐음을 '나'가 알아차린 것으로 볼 수 있다.
    아버지가 사라진 당일에 아버지는 평소와는 달리 '나'에게 다음 번 지하철을 타자고 한다. 경찰은 '나'에게 그런 적이 처음이냐고 물어보고 '나'는 처음이라고 대답하며 그때는 아버지가 힘들어서 그런 행동을 했을 것이라고 생각한다. 이로 보아 '나'가 아버지가 사라진 후에야 아버지의 행동이 예전과 달랐음을 알아차린 것으로 볼 수 있다.
② ㉡ : 경찰이 '나'의 아버지의 실종에 대해 큰 관심을 두고 있다는 것을 알 수 있다.

경찰은 아버지의 실종에 대해 '나'에게 형식적인 질문과 위로를 하고 있다. 이로 볼 때 경찰은 아버지의 실종에 큰 관심을 두고 있지 않다.
③ ㉢ : 병원비가 줄었다는 사실보다는 어머니의 병세가 호전되었다는 것에 기뻐하는 '나'의 심리가 나타나 있다.
    어머니의 의식이 돌아 왔다는 사실보다 더 이상 병원비를 내지 않아도 된다는 사실에 안도하고 있는 '나'의 심리가 드러나 있다.
④ ㉣ : 이전보다 집안의 경제 사정이 나아졌다는 사실에 대한 '나'의 자부심이 드러나 있다.
    남들과 경제적으로 비슷한 삶을 영위할 수 있다는 사실에 대해 스스로 위로하고 있는 '나'의 심리가 드러나 있다.
⑤ ㉤ : '나'를 외면하는 아버지의 냉정한 태도에 대한 원망의 심리가 드러나 있다.
    '기린은 이쪽을 쳐다보지도 않는데, 나는 혼자 울고 있었다.'에서 아버지가 '나'를 외면한다고 볼 수 있으나 아버지의 냉정한 태도에 대한 원망의 심리는 드러나지 않는다.

★★★ **등급을 가르는 문제!**
27 외적 준거에 따른 작품 감상   정답률 54% | 정답 ⑤

〈보기〉는 윗글을 쓴 작가의 말이다. 〈보기〉를 바탕으로 윗글을 감상한 내용으로 적절하지 않은 것은? [3점]

─〈보 기〉─
우리는 살벌한 현실 속에서 살아가고 있습니다. 현실의 무게에 짓눌려 자신만의 '산수'조차 감당하지 못하고 현실로부터 도피하는 '아버지'의 모습은 어쩌면 이 땅 모든 아버지의 또 다른 내면의 욕망인지도 모릅니다. 현실이 더욱 팍팍해지면 자신이 감당해야 하는 삶의 무게는 점점 무거워집니다. 또 인간은 마치 짐짝처럼 '푸시맨'이 밀면 밀리는 대로 구겨지듯 그저 전동차 안으로 들어갑니다. 그 혼잡한 곳에 들어가야 현실과 연결될 수 있음을 알기에 스스로 인간이기를 포기하고 짐짝처럼 머리를 들이밀고 몸을 쑤셔 넣어야 하는 것입니다. 이 무한 경쟁의 시대에 적응하지 못한 자는 아무도 신경 쓰지 않는 '기린'으로 살아갑니다.

① '아버지'가 사라진 것은 자신이 져야 할 현실의 무게를 감당하지 못하고 현실로부터 도피한 것으로 볼 수 있군.
    아버지가 사라진 것은 자신이 책임이 져야 할 현실의 무게를 감당하지 못하고 현실로부터 도피한 것으로 볼 수 있다.
② '아버지'의 가출로 인해 '나'가 집안에서 해야 할 일이 많아진 것은 '나'가 감당해야 하는 삶의 무게가 더 무거워졌다는 것을 의미하는군.
    '나'가 아버지가 실종된 이후 밀린 임금을 받아내고, 할머니를 '사랑의 집'에 보내고, 경찰서와 병원을 부지런히 오갔다는 내용을 통해 '나'가 집안일을 감당하고 있음을 알 수 있다. 이는 〈보기〉에 언급된 것처럼 감당해야 할 삶의 무게가 더 무거워졌음을 드러내는 것이라 할 수 있다.
③ 플랫폼에서 '나'가 발견한 '기린'은 경쟁의 시대에 적응하지 못하고 누구의 관심도 받지 못하는 '아버지'의 모습을 상징적으로 나타내고 있군.
    플랫폼에서 발견한 '기린'을 '나'는 아버지로 생각하고 있다. 그런데 이 기린은 누구의 주목도 받지 못한다. 이는 자본주의 경쟁의 시대에서 살아남지 못하고 아무도 신경 쓰지 않는 '아버지'의 모습을 상징적으로 나타내고 있다고 볼 수 있다.
④ 전동차 안으로 밀리는 대로 짐짝처럼 들어가는 '아버지'의 모습에서 어쩔 수 없이 현실 속으로 들어가야만 하는 현대인의 모습을 발견할 수 있군.
    '나'가 미는 대로 전동차 안으로 밀려들어가는 아버지의 모습은 어쩔 수 없이 현실 속으로 들어가야만 하는 현대인의 모습을 드러낸다고 할 수 있다.
✓⑤ 마흔다섯의 나이에 시간당 삼천오백 원을 받는 '아버지'와 어린 나이에 아르바이트를 하며 돈을 모으는 '나'의 모습은 자신만의 산수조차 감당하지 못하는 현실을 보여주고 있군.
    전철역에서 아르바이트를 하며 열심히 돈을 모으고 있는 '나'는 자신만의 산수를 최대한 감당하고자 하는 모습을 보여 주고 있다.

★★ **문제 해결 꿀~팁** ★★

▶ 많이 틀린 이유는?
⑤를 적절하다고 여겨 오답이 많았는데, '나'의 모습과 아버지의 모습과 '산수'와의 관계를 정확히 파악하지 못했기 때문으로 보인다. 또한 아버지와 '나'의 모습을 언급한 내용이 작품 내용과 맞다고 판단하여 '자신만의 산수를 감당하지 못'한다는 내용을 도외시하여 적절하다고 판단하였던 것으로 보인다.
▶ 문제 해결 방법은?
핵심 단어는 '산수'인데, 〈보기〉 내용을 바탕으로 할 때 '산수'는 세상을 살아가기 위한 방식이다. 아버지는 현실로부터 도피하고 있으므로 자신만의 '산수'를 감당하지 못하고 있다. 하지만 '나'는 어린 나이에도 전철역에서 아르바이트를 하며 열심히 돈을 모으고 있고, 집안일을 혼자서 해 나가고 있다는 점에서 '나'는 자신만의 산수를 최대한 감당하고자 하는 모습을 보여 준다. 따라서 '나'가 자신의 '산수'를 감당하지 못한다는 것은 적절하지 않다. 여기에서 주의할 점은 ⑤번처럼 선택지의 일부 내용이 작품 내용과 일치하지만 일부 내용은 다르게 진술될 수 있다는 점이다. 즉 아버지의 경우는 맞지만 '나'의 경우는 맞지 않게 진술되어 있음을 파악할 수 있어야 한다.
▶ 오답인 ②를 많이 선택한 이유는?
②를 적절하지 않다고 판단한 학생들이 많았는데, 이는 작품 내용을 정확히 이해하지 못했기 때문으로 보인다. 즉 '나'가 아버지가 실종된 이후 밀린 임금을 받아내고, 할머니를 '사랑의 집'에 보내고, 경찰서와 병원을 부지런히 오갔던 작품 내용을 통해 '나'가 집안일을 감당하고 있음을 알 수 있다. 그리고 이러한 '나'가 할 일들이 많아진 것은 어린 나이에도 불구하고 〈보기〉에 언급된 것처럼 감당해야 할 삶의 무게가 더 무거워졌음을 드러내는 것이라 할 수 있다.

28~31 인문

한덕웅 외, 「사회심리학」

【해제】 이 글은 휴리스틱의 의미와 다양한 휴리스틱에 대한 소개를 통해 휴리스틱에 의한 인간의 판단과 추론을 설명한 글이다.
대표성 휴리스틱은 특정 사건이 전형적인 사례와 닮은 정도에 따라 추론하는 경향을 말하고, **회상 용이성 휴리스틱**은 특정 사건과 관련된 사례를 마음속에 떠올리기 쉬운 정도에 따라 추론하는 경향이다. 그리고 **시뮬레이션 휴리스틱**은 특정 사건에 대해 그 사건의 발생에서부터 결과에 이르는 과정을 상상하는 것이다.

이 글은 이러한 **휴리스틱**이 잘못된 판단으로 이어질 수도 있지만, **경험에 기반하여 답을 찾는 가장 효율적인 방법**이라 제시하면서, 이러한 **휴리스틱이 인간이 쓰고 싶지 않아도 거의 자동적으로 작용**함을 언급하고 있다.

주제 휴리스틱의 이해와 종류

문단 핵심 내용

1문단	휴리스틱의 의미 및 종류
2문단	대표성 휴리스틱의 이해
3문단	회상 용이성 휴리스틱의 이해
4문단	시뮬레이션 휴리스틱의 이해
5문단	경험에 기반하여 답을 찾는 효율적인 방법인 휴리스틱

---

28 글의 세부 정보 파악   정답률 89% | 정답 ⑤

윗글의 내용과 일치하지 않는 것은?

① 일상생활 속에서 사람들은 과거 경험을 바탕으로 어림짐작을 하게 된다.
1문단에서 '과거 경험을 바탕으로 어림짐작'하는 것이 휴리스틱이라고 하였으므로 적절하다.

② 사람들은 충격적인 경험을 충격적이지 않은 경험보다 더 쉽게 회상한다.
3문단에서 '충격적이거나 극적인 사례들을 더 쉽게 회상한다.'고 하였으므로 적절하다.

③ 휴리스틱에 따른 판단은 사실에 부합하는 판단일 수도 있고 그렇지 않을 수도 있다.
5문단에서 '휴리스틱은 종종 판단 착오를 낳기도 하지만, 경험에 기반하여 답을 찾는 효율적인 방법'이라고 하였으며, 2, 3, 4문단에서 각각 대표성 휴리스틱과 회상 용이성 휴리스틱, 시뮬레이션 휴리스틱이 판단 착오를 낳게 되는 경우에 대해 언급하였으므로 적절하다.

④ 가상적인 상황을 반복하여 상상하면 마치 그 상황이 실제 사실인 것처럼 느껴질 수 있다.
4문단에서 '가상적 장면을 자꾸 머릿속에 떠올리다 보면, 그 용의자가 정말 범인인 것처럼 생각하게 된다.'고 하였으므로 적절하다.

☑ 다른 사람의 입장이 되어 가상적인 상황을 생각함으로써 정확하고 객관적인 판단을 내릴 수 있다.
4문단에서 경찰관이 다른 사람 즉 용의자의 입장이 되어 가상적인 상황을 생각하는 예가 제시되었다. 이 경우 상상이 반복될수록 상상한 장면이 사실처럼 느껴지게 되고, 그 결과 용의자를 섣불리 범인이라고 단정 짓는 오류를 범할 수도 있으므로 적절하지 않다.

---

29 중요 개념의 이해   정답률 58% | 정답 ①

㉠의 의미를 가장 잘 나타내고 있는 것은?

☑ 인간은 세상의 수많은 일들을 판단할 때 가능하면 노력을 덜 들이려는 경향이 있다.
5문단에서 '휴리스틱은 우리가 쓰고 싶지 않아도 ~ 판단을 쉽게 만들어 준다.'고 나와있다. 즉, 인간은 늘 시간과 노력을 들여 합리적인 사고를 하는 것이 아니라 휴리스틱에 따라 자동적으로 사고하며 인지적 노력을 절약하는 경향이 있음을 알 수 있다.

② 인간은 주변 세계에 의미를 부여하고 앞으로 일어날 일을 예측하려는 욕구를 가지고 있다.
인간이 주변 세계에 의미를 부여하고 앞으로 일어날 일을 예측하려는 욕구를 가지고 있다는 내용은 제시되어 있지 않다.

③ 인간은 과학적이고 체계적으로 정보를 처리하여 정확하고 객관적인 판단을 하려는 경향이 있다.
1문단의 '판단을 할 때마다 ~ 정보를 처리하는 것도 부담이 된다.'에서 정보 수집과 처리에 필요한 시간과 노력을 아끼고자 하는 경향을 알 수 있다. 인간이 과학적이고 체계적으로 정보를 처리하여 정확하고 객관적인 판단을 하는 데에는 시간과 노력이 필요하므로 '인지적 구두쇠'의 개념과는 거리가 멀다.

④ 인간은 판단에 필요한 정보나 판단하기 위한 시간이 부족하기 때문에 휴리스틱을 의도적으로 사용한다.
5문단에서 '휴리스틱은 우리가 쓰고 싶지 않아도 거의 자동적으로 개입한다.'고 하였으므로 휴리스틱을 의도적으로 사용한다고 보기는 어렵다.

⑤ 인간은 일상생활 속에서 판단이나 결정을 할 때 가능한 모든 대안의 장점과 단점을 분석하여 결론을 도출한다.
5문단에서 휴리스틱은 '수많은 대안 중 순식간에 몇 가지 혹은 단 한 가지의 대안만을 남겨'라고 한 데서 인간이 일상생활 속 판단에서 가능한 모든 대안을 고려하는 것은 아님을 알 수 있다.

---

30 구체적 사례에의 적용   정답률 55% | 정답 ③

다음은 휴리스틱과 관련된 실험 내용이다. 윗글로 보아 〈보기〉의 ㉡에 들어갈 내용으로 가장 적절한 것은?

〈보 기〉

한 심리학 실험에서 연구자들은 사람들에게 '영미는 31세로 감성적이며 새로운 곳에 대한 호기심이 많은 여성이다. 대학에서 국어국문학을 전공하였고 사진 동아리에서 꾸준히 활동하였다.'라는 정보를 제시한 후, 영미가 현재 어떤 모습일지 A와 B 중 가능성이 높은 순서대로 배열하도록 하였다.

A. 영미는 은행원이다.
B. 영미는 여행 블로그를 운영하는 은행원이다.

B는 A의 부분집합이므로, 적어도 B보다 A일 가능성이 높다. 그러나 대부분의 사람들은 A보다 B일 가능성이 더 높다고 판단했다. 이에 대해 연구자들은 대표성 휴리스틱이 이러한 판단을 유도한 것이라고 보았다. 사람들이 (㉡) 보고, B의 '영미는 여행 블로그를 운영'에 주목했기 때문이라는 것이다.

---

① 최근에 여행 블로그가 유행하고 있다는 점을 고려해
여행 블로그가 유행하고 있는 것을 판단할 필요는 없다.

② 대표적인 여행 블로그는 어떤 특징이 있는지 판단해
여행 블로그의 특징에 대해 판단할 필요는 없다.

☑ 영미가 은행원보다는 여행 블로그 운영자에 더 어울린다고
객관적 확률로는 B가 A보다 발생할 확률이 낮음에도 불구하고 사람들은 영미에 관한 정보를 바탕으로 B가 A보다 발생할 가능성이 높다고 응답하였다. 이는 영미에 관한 정보가 '여행 블로그를 운영하는' 사람의 전형적인 정보와 유사하기 때문에 일어난 판단 착오이다.
'영미가 은행원보다 여행 블로그 운영자에 더 어울린다고' 판단한 것은 영미의 특징이 여행 블로그 운영자의 전형적인 속성과 겹치는지 판단한 것이라 볼 수 있다. 즉 A보다 B일 가능성이 더 높다고 대답한 사람들은 어떤 대상이 특정 집단에 속할 가능성을 판단할 때, 그 대상이 특정 집단의 전형적인 이미지와 얼마나 닮았는지에 따라 판단한 것이다.

④ 가고 싶은 장소를 여행 블로그에서 검색했던 경험을 떠올려
질문에 대답한 사람들이 개인적으로 여행 블로그를 검색한 경험은 영미가 어떤 사람일지에 관한 판단에 영향을 주기 어렵다.

⑤ 영미가 은행원이 되어 고객들에게 친절하게 대하는 모습을 상상해
사람들이 영미가 B일 가능성을 더 높이 평가한 것은 영미가 은행원일 가능성을 높이 평가해서가 아니라 영미가 여행 블로그를 운영하는 사람일 가능성을 높이 평가했기 때문이다. 이러한 판단은 영미의 은행원으로서의 모습을 상상하는 것과 직접적인 관계가 없다.

---

31 어휘의 문맥적 의미 파악   정답률 71% | 정답 ②

ⓐ와 가장 유사한 의미로 사용된 것은?

① 김 씨는 오십이 넘어 늦게 아들을 보았다.
'어떤 관계의 사람을 얻거나 맞다.'라는 의미로 사용되었다.

☑ 나는 날씨가 좋을 것으로 보고 세차를 했다.
ⓐ는 '대상을 평가하다.'라는 의미로 사용되었다. 이와 가장 유사한 의미로 사용된 것은 '나는 날씨가 좋을 것으로 보고 세차를 했다.'의 '보고'이다.

③ 그녀는 남편이 사업에 실패할까 봐 걱정했다.
'앞말이 뜻하는 상황이 될 것 같아 걱정하거나 두려워함을 나타내는 말'이라는 의미로 사용되었다.

④ 다른 사람의 흠을 보는 것은 좋지 못한 습관이다.
'남의 결점 따위를 들추어 말하다.'라는 의미로 사용되었다.

⑤ 그는 보던 신문을 끊고 다른 신문을 새로 신청했다.
'책이나 신문 따위를 읽다.'라는 의미로 사용되었다.

32~34 현대시

(가) 신경림, 「우리 동네 느티나무들」

감상 이 작품은 우리 동네 느티나무들에서 발견하는 서로 의존하면서 상생하는 **공동체적 삶의 모습**을 형상화한다.
느티나무들은 함께 자라면서 때로는 '시새우고 토라지고 다투'기도 하지만 '아픈 곳을 만져도 주고 끌어안기도 하고 기대기도 하'며, 늙어서는 '세월에 굵고 터진 상처'를 '긴 혀로 핥아주기도' 한다. 또한 느티나무들은 오랜 삶의 결정체라 할 수 있는 '아름다운 이야기들'을 '온 고을'에 뿌려 풍요로운 경험과 지혜를 모든 생명들과 함께 나누고 있다.
이처럼 오랜 세월을 함께 하며 공생하고 나누는 모습에 대한 묘사를 통해 작가는 **공동체적 가치에 대한 지향**을 드러내고 있다고 볼 수 있다.

주제 느티나무를 통해 깨달은 공동체적 삶의 자세

이 시의 특징

• 느티나무를 인격적으로 표현하여 친근감을 주고 있음.
• 열거법을 활용하여 느티나무의 삶을 보여 주고 있음.
• 촉각적 심상을 사용하여 공동체 의식을 효과적으로 표현해 주고 있음.
• 어미 '~고'와 '~는'을 반복하여 리듬감을 주고 있음.

(나) 이준관, 「구부러진 길」

감상 이 작품은 '구부러진 길'의 의미를 반복적으로 변주하면서 자연 그대로의 삶, 공동체적 삶의 가치에 대한 지향을 보여 주고 있다고 볼 수 있다.
'구부러진 길'과 그것의 변주라 할 수 있는 '구부러진 하천'은 '민들레', '감자를 심는 사람', '어머니의 목소리', '물고기', '들꽃', '별', '산 등 자연과 인간이 한데 어우러져 살아가는 장소'이다.
아울러 '구부러진 길'은 '구부러진 삶', '구부러진 길 같은 사람'으로 변주되어 세월의 질곡을 고스란히 안고 가는 삶, '가족'과 '이웃'을 함께 품고 가는 삶의 의미를 보여 주고 있다.

주제 공동체적 삶의 가치에 대한 지향

이 시의 특징

• 시어의 반복과 변주된 시구의 반복을 통해 주제 의식을 형성함.
• 단정적 종결 어미를 사용하여 화자의 생각을 강조해 줌.
• 직유법을 사용하여 대상을 구체적으로 표현함.
• '구부러진 길'과 '구부러진 길 같은 사람'을 대칭적으로 드러내어 시상을 전개하고 있음.

---

32 작품의 표현상 특징 파악   정답률 73% | 정답 ⑤

(가)와 (나)의 표현상의 특징에 대한 설명으로 가장 적절한 것은?

① (가)와 (나)는 모두 시간의 흐름을 따라 시상을 전개하고 있다.
(가)에서는 느티나무가 나고 자라 늙어가는 시간의 흐름을 찾을 수 있으나 (나)에서는 이러한 시상 전개를 찾을 수 없다.

② (가)와 (나)는 모두 화자가 대상에 말을 건네는 방식으로 친근한 분위기를 만들고 있다.

(가), (나) 모두 독백 형식으로 시상을 전개하고 있다.

③ (가)는 역설적 표현으로, (나)는 반어적 표현으로 의미를 강조하고 있다.
(가)에서는 역설적 표현으로 의미를 강조하지 않고 있고, (나) 역시 반어법으로 의미를 강조하지는 않고 있다.

④ (가)는 시각적 심상을 중심으로, (나)는 청각적 심상을 중심으로 대상을 묘사하고 있다.
(가)에서는 느티나무들의 모습을 시각적으로 형상화하고 있다. (나)에서는 일부 청각적 심상이 쓰였다고 할 수 있지만, 이것을 중심으로 대상을 묘사하고 있다고 할 수는 없다.

✓ (가)는 특정 어미의 반복을 통해, (나)는 특정 시어들의 반복을 통해 리듬감을 살리고 있다.
(가)에서는 느티나무들이 자라는 모습을 표현한 '재재발거리고 떠들어 쌓고 ~ 기대기도 하고' 등에서 어미 '~고'를 반복하고 있고, '자라서는'과 '닳았다가는'에서는 '~는'을 반복하여 리듬감을 살리고 있다.
(나)에서는 시적 흐름을 따라 '구부러진 길', '~ 수 있다', '품고', '좋다' 등의 시구나 시어들이 반복되면서 리듬감을 살리고 있다.

---

33 외적 준거에 따른 작품의 감상   정답률 83% | 정답 ③

〈보기〉를 참조하여 (가)와 (나)를 감상한 내용으로 적절하지 않은 것은? [3점]

─〈보 기〉─
자연의 순리를 파괴하고 건설된 현대 문명사회는 과도한 경쟁과 강자에 의한 약자 지배가 심화되고 있다. 그러나 자연의 다양한 생명들은 생겨난 그대로의 모습으로 조화를 이루고 있으며, 서로 의존하면서 하나의 생명 공동체를 이룬다. 문학은 이러한 자연의 모습에서 현대 문명사회의 문제들을 극복할 수 있는 대안으로서의 삶의 원리와 인간형을 성찰하고 있는데, (가)와 (나)는 이러한 관점에서 살펴볼 수 있다.

① (가)의 '산비알에 돌밭에 저절로 나서'는 생겨난 그대로의 모습으로 존재하는 자연을 형상화한 것으로 볼 수 있다.
(가)의 '산비알에 돌밭에 저절로 나서'는 〈보기〉의 '생겨난 그대로의 모습으로' 존재하는 자연의 모습을 나타낸 것으로 볼 수 있다.

② (가)의 '아픈 곳은 만져도 주고 / 끌어안기도 하고 기대기도 하고'에서는 서로 의존하면서 살아가는 공생의 원리를 찾아 볼 수 있다.
(가)의 '시든 잎 생기면 서로 떼어주고 ~ 세월에 곪고 터진 상처는 / 긴 혀로 핥아주기도 하다가' 부분에서는 〈보기〉의 '조화를 이루고 있으며, 서로 의존하면서 하나의 생명 공동체를 이룬' 공동체의 모습을 확인할 수 있다.

✓ (가)의 '우리 동네 늙은 느티나무들'은 강자에 의한 약자 지배가 심화되면서 다양성이 훼손된 자연 공동체를 상징적으로 보여준다고 할 수 있다.
〈보기〉는 자연의 모습에서 현대 문명사회의 문제들을 극복할 수 있는 대안적 원리를 성찰한다는 관점에서 작품을 감상할 것을 요구하고 있다. '강자에 의한 약자 지배가 심화'됨은 〈보기〉에서 제시한 현대 문명사회의 문제들 중의 하나로 볼 수 있다. 또한 (가)에서 '우리 동네 느티나무들'의 삶을 '자연 공동체'로 볼 수도 있다. 그러나 그것을 현대 문명사회로 인해 다양성이 훼손된 것으로 판단할 단서를 찾을 수는 없다.

④ (나)의 '구부러진 길'은 '민들레', '사람', '들꽃' 등의 다양한 생명이 조화를 이루는 생명 공동체의 원리를 발견하는 공간으로 볼 수 있다.
(나)의 '구부러진 길'은 '민들레, 사람, 어머니, 들꽃' 등의 다양한 생명체들이 '별, 산' 등의 자연과 어우러져 조화를 이루며 살아가는 공간으로 형상화되어 있다.

⑤ (나)의 '가족을 품고 이웃을 품고 가는 / 구부러진 길 같은 사람'은 과도한 경쟁으로 생겨난 현대 문명사회의 문제들을 극복할 수 있는 대안으로서의 인간형으로 볼 수 있다.
(나)의 '가족을 품고 이웃을 품고 가는 / 구부러진 길 같은 사람'은 조화와 공생의 가치를 구현하고 있는 인간으로 볼 수 있다는 점에서 〈보기〉의 '과도한 경쟁과 강자에 의한 약자 지배가 심화되'는 현대 문명사회의 문제들을 극복하기 위한 대안적 인간형으로 해석할 수 있다.

---

34 시어들의 의미 파악   정답률 81% | 정답 ②

[A]의 시적 맥락을 고려할 때, ⓐ와 ⓑ에 대한 이해로 가장 적절한 것은?

① ⓐ는 '흙투성이 감자'의 긍정적 의미와 어울리고, ⓑ는 '구부러진 삶'의 부정적 측면과 어울린다.
시적 맥락으로 보아 '흙투성이 감자'나 '구부러진 삶'에서 부정적 의미를 찾기는 어렵다.

✓ ⓐ는 ⓑ와 더불어 '반듯한 길 쉽게'와 의미상 대비를 이루며 '흙투성이 감자'의 이미지와 어울린다.
[A]에서 화자는 '구부러진 길처럼 살아온 사람'이 좋다고 말한다. 여기서 '구부러진 길처럼 살아온 사람'은 '반듯한 길 쉽게 살아온 사람'과 대비가 되고 있다. 이어서 '구부러진 길처럼 살아온 사람'은 '울퉁불퉁 살아온 사람', '구불구불 살아온 삶'으로 변주되고 있다. 이러한 시적 흐름을 고려할 때, '울퉁불퉁'과 '구불구불'은 '반듯한 길 쉽게'와 의미상 대비를 이루고, 비유적 표현인 '흙투성이 감자'의 이미지와는 어울리고 있음을 알 수 있다.

③ ⓐ는 ⓑ와 더불어 '흙투성이 감자'의 이미지를 강화하면서 '구부러진 삶'에 대한 비관적 인식을 드러낸다.
'울퉁불퉁'과 '구불구불'은 '흙투성이 감자'의 이미지와 연관되어 있지만 '구부러진 삶'에 대한 비관적 인식은 찾을 수 없다.

④ ⓐ는 '구부러진 길처럼 살아온 사람'의 내면을 드러내고, ⓑ는 '반듯한 길 쉽게 살아온 사람'의 내면을 드러낸다.
시적 맥락으로 볼 때 '반듯한 길'과 '구부러진 길'은 의미상 대비를 이루고 있으며, 그에 대해 화자는 '구부러진 길처럼 살아온 사람', '구부러진 삶'이 '좋다'고 한다. 따라서 ⓐ는 '구부러진 길처럼 살아온 사람'의 내면을 드러내고 있다고 볼 수 있지만, ⓑ는 '반듯한 길 쉽게 살아온 사람'의 내면을 드러낸다고 볼 수 없다.

⑤ ⓐ는 '반듯한 길'을 소극적으로 수용하는 태도를 반영하고, ⓑ는 '구부러진 길'을 적극적으로 예찬하는 태도를 반영한다.
시적 맥락으로 볼 때 '반듯한 길'과 '구부러진 길'은 의미상 대비를 이루고 있으며, 그에 대해 화자는 '구부러진 길처럼 살아온 사람', '구부러진 삶'이 '좋다'고 말하고 있다. 따라서 ⓐ는 '반듯한 길'을 소극적으로 수용하는 태도를 반영하고 있다는 이해는 적절하지 않다.

백성혜, 「계와 주위」

해제 이 글은 계와 주위, 경계의 개념을 설명하고, 계를 다시 주위와 에너지나 물질의 교환이 모두 일어나지 않는 고립계, 주위와 물질 교환 없이 에너지 교환만 일어나는 닫힌계, 주위와 물질 및 에너지 교환이 모두 일어나는 열린계로 나누어 제시하고 있다.
그리고 열역학 제1법칙에 따르면 우주의 에너지 총량은 일정하므로, 계와 주위의 에너지 합 또한 일정하다는 점과 주위와 계 사이에 에너지 교환이 있다면, 계의 에너지가 감소할 때 주위의 에너지는 증가하며, 계의 에너지가 증가할 때 주위의 에너지는 감소하게 된다는 점을 설명하고 있다.
또한 가상의 실험을 통해 계와 주위의 에너지 교환, 초기 상태와 최종 상태, 경로 등을 설명하고 있다. 다만, 어떤 계의 변화가 일어나는 경로는 초기 상태에서 최종 상태로 진행하면서 거치는 일련의 상태들로 이루어져 있으며, 이 두 상태를 연결하는 경로는 무한히 많다는 점도 밝히고 있다.

주제 주위와 물질 및 에너지 교환 여부에 따른 계의 이해

문단 핵심 내용

1문단	계의 의미 및 종류
2문단	계와 주위의 에너지 합이 일정한 우주
3문단	열역학적 변수들이 같은 계들의 상태
4문단	같은 상태에 있을 경우 에너지가 같은 두 개의 계
5문단	초기 상태에서 최종 상태에 이르는 경로가 다른 두 개의 계

---

35 글의 세부 내용 파악   정답률 83% | 정답 ③

윗글의 내용과 일치하지 않는 것은?

① 열역학적 변수들이 같은 두 계는 같은 상태에 있다.
3문단에서 계의 에너지는 온도, 압력, 부피 등의 열역학적 변수에 의해 결정되므로, 열역학적 변수들이 같은 계들은 같은 상태에 있다고 제시되어 있다.

② 열역학 제1법칙에 따르면 우주의 에너지 총량은 일정하다.
2문단에서 열역학 제1법칙에 따르면 우주의 에너지 총량이 일정하므로, 계와 주위의 에너지 합도 일정하다고 제시되어 있다.

✓ 열린계에서는 주위와 물질 교환 없이 에너지 교환만 일어난다.
1문단에서 과학에서 관심을 갖는 대상을 '계'라고 설명한 후, 이를 다시 고립계, 닫힌계, 열린계로 나눌 수 있다고 밝히고 있다. 그리고 고립계는 주위와 에너지나 물질의 교환이 모두 일어나지 않는 계, 닫힌계는 주위와 물질 교환 없이 에너지 교환만 일어나는 계, 열린계는 주위와 물질 및 에너지 교환이 모두 일어나는 계라고 설명하고 있다. 따라서 열린계가 아니라 닫힌계이다.

④ 어떤 계가 초기 상태에서 최종 상태로 진행하면서 거칠 수 있는 경로는 무한히 많다.
5문단에서 어떤 계의 변화가 일어나는 경로는 초기 상태에서 최종 상태로 진행하면서 거치는 일련의 상태로 이루어져 있으며, 이 두 상태를 연결하는 경로는 무한히 많다고 제시되어 있다.

⑤ 계와 주위 사이에 에너지 교환이 일어날 때 계의 에너지가 증가하면 주위의 에너지는 감소한다.
2문단에서 계와 주위 사이에 에너지 교환이 있다면, 계의 에너지가 감소할 때 주위의 에너지는 증가하며, 계의 에너지가 증가할 때 주위의 에너지는 감소하게 된다고 제시되어 있다.

---

36 구체적인 사례에의 적용   정답률 69% | 정답 ①

윗글을 바탕으로 〈보기〉를 이해한 내용으로 가장 적절한 것은?

─〈보 기〉─
물이 담긴 수조에 절반 정도 잠기도록 놓인 비커 속 물에 진한 황산을 넣어서 묽은 황산 용액을 만들면, 묽은 황산 용액은 물론 비커 주위의 수조 속 물의 온도까지 높아진다. 이는 황산이 이온으로 되면서 열이 방출되고, 이 열이 수조 속 물에도 전달되기 때문이다.

✓ 묽은 황산 용액이 만들어지는 과정은 발열 과정으로, 이 과정과 관련된 열은 −Q로 표시되겠군.
2문단에서 계와 주위 사이에 에너지 교환이 일어날 때, 계의 에너지가 증가하면 +로 표시하며, 계가 열을 방출하는 과정은 발열 과정이라고 제시되어 있다. 그리고 발열 과정에 관련된 열은 −Q로 나타낼 수 있다고 밝히고 있다. 따라서 묽은 황산 용액이 만들어지는 과정은 발열 과정으로 볼 수 있으며, 이 과정과 관련된 열은 −Q로 표시할 것이다.

② 진한 황산을 넣은 물은 주위와 물질 및 에너지 교환이 일어나는 고립계에 해당하겠군.
비커의 물에 진한 황산을 넣었으며, 그로 인해 만들어진 묽은 황산 용액에서 열이 방출되었으므로, 물질 및 에너지 교환이 일어났다고 할 수 있다. 하지만 고립계는 주위와 에너지나 물질의 교환이 모두 일어나지 않는 계라고 제시되어 있다.

③ 비커 속 물의 에너지와 수조 속 물의 에너지는 모두 감소했겠군.
황산이 이온으로 되면서 방출된 열로 비커 속 물의 온도가 높아졌으며, 이 열이 수조 속 물에도 전달되어 비커 속 물의 에너지나 수조 속 물의 에너지가 모두 증가했다.

④ 묽은 황산 용액은 수조 속의 물로부터 에너지를 흡수했겠군.
황산이 이온으로 되면서 열이 방출되고, 이 열이 수조 속 물에도 전달되어 수조 속의 물은 묽은 황산 용액으로부터 에너지를 흡수했다.

⑤ 비커 속의 물과 수조 속의 물은 모두 경계에 해당하겠군.
경계는 계와 주위 사이를 의미하므로, 비커 속의 물이나 수조 속의 물은 경계라고 하기 어렵다.

---

37 내용에 따른 자료의 이해   정답률 54% | 정답 ⑤

〈보기〉는 [가]를 그래프로 표시한 것이다. 〈보기〉를 참고하여 [가]를 이해한 내용으로 적절하지 않은 것은? [3점]

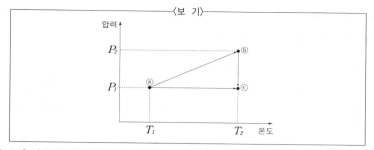

〈보 기〉

압력

P_2 ⓐ ⓑ

P_1 ⓐ ⓒ

T_1　T_2 온도

① A의 경우 ⓐ 상태에서 ⓒ 상태가 되는 경로에서 실린더 속 기체의 부피가 증가한다.
A의 경우 실린더를 가열하여 실린더 속 기체의 온도가 T_1에서 T_2가 되도록 하면, 온도가 높아짐에 따라 실린더 속 기체의 부피는 증가하게 된다고 제시되어 있으므로 적절하다.

② B의 경우 ⓐ 상태에서 ⓑ 상태가 되는 경로에서 온도가 점차 높아진다.
B의 경우 피스톤을 고정하여 기체의 부피를 일정하게 하고, 실린더를 가열하여 실린더 속 기체의 온도가 T_1에서 T_2가 되는 동안 실린더 속 기체의 압력이 P_1에서 P_2로 증가한다고 제시되어 있으므로 적절하다.

③ B의 경우 ⓑ 상태에서 ⓒ 상태가 되는 경로에서 실린더 속 기체의 부피가 증가한다.
B의 경우 온도가 T_2인 상태를 유지하면서 고정시켰던 피스톤을 풀면 실린더 속 기체의 압력이 P_1이 될 때까지 기체의 부피는 증가하게 된다고 설명되어 있으므로 적절하다.

④ ⓐ 상태에서 실린더 속 기체의 내부 에너지는 A의 경우와 B의 경우가 같을 것이다.
두 계가 같은 상태일 때, 두 계가 할 수 있는 실린더 속 기체의 내부 에너지도 같다고 할 수 있으므로 적절하다.

☑ ⓒ 상태에서 실린더 속 기체의 내부 에너지는 A의 경우보다 B의 경우가 클 것이다.
[가]에 따르면, A는 T_1, P_1인 초기 상태에서 T_2, P_1인 최종 상태가 되었고, B는 T_1, P_1인 초기 상태에서 T_2, P_2인 상태를 거쳐 T_2, P_1인 최종 상태가 되었다고 할 수 있다. A와 B는 최종 상태가 T_2, P_1로 같은 상태에 있으므로, A의 B의 실린더 속 기체의 내부 에너지는 서로 같다고 할 수 있다. 한편, 그래프에서 ⓒ는 A 경우와 B 경우의 최종 상태라 할 수 있으므로, 같은 상태이다. 그러므로 실린더 속 내부 기체의 내부 에너지도 같을 것이다.

---

38 단어의 문맥적 의미 이해　　정답률 91% | 정답 ①

문맥을 고려할 때 ⊙과 바꾸어 쓰기에 가장 적절한 것은?

☑ 동일한
'열역학적 변수들이 같은 계들은 같은 '상태'에 있다고 할 수 있다.'는 문장에서, 문맥을 고려할 때 '같은'은 '서로 다르지 않고 하나이다.'라는 의미이므로, '어떤 것과 비교하여 똑같다.'라는 의미의 '동일하다'와 문맥적 의미가 같다.

② 동반한
'동반하다'는 '일을 하거나 길을 가는 따위의 행동을 할 때 함께 짝을 하다.' 혹은 '어떤 사물이나 현상이 함께 생기다.'라는 의미이다.

③ 동화한
'동화하다'는 '성질, 양식(樣式), 사상 따위가 다르던 것이 서로 같아지다.'라는 의미이다.

④ 균일한
'균일하다'는 '한결같이 고르다.'라는 의미이다.

⑤ 유일한
'유일하다'는 '날수가 많다. 또는 오랫동안이다.'라는 의미이다.

39~42 고전 소설

작자 미상, 「신유복전」

감상 이 작품은 조선 시대 **신유복의 영웅적 일대기**를 잘 보여 주고 있는 고전 소설로, **아내가 남편을 출세시키는 내용**이라는 고전 소설에서 찾아볼 수 없는 독특한 구상을 지니고 있다. 그리고 **주인공 신유복이 청병 원수가 되어 명나라를 구한다는 내용은 우리나라의 국력을 중국에 과시하려는 민족적인 긍지와 자주 독립 정신을 표현한 것**이라 할 수 있다.
작자는 신유복의 입을 통해, 변방 호국을 격파하고 명나라를 위기에서 구출함으로써 조선국의 위력을 세계에 빛내야 한다고 주장하고 있는 것이다. 후반의 영웅담을 제외하면 대체적으로 **모든 사건이 현실적으로 표현**되어 있으며, 전기성(傳奇性)이나 우연성을 찾아볼 수 없다는 점에서 독특하다. 요컨대, 이 작품은 걸인의 신유복에 대한 여주인공 경패의 희생적인 사랑과 남주인공 신유복의 영웅적인 행동을 통해 우리 민족의 능력과 위력을 보인 작품이라 할 수 있다.

주제 신유복의 영웅적 일대기

작품 줄거리 주인공 신유복은 전라도 무주에서 신 진사의 유복자로 태어난다. 5세에 어머니마저 잃고 고아가 되어 시비 춘매에 의해 양육되나, 9세에 춘매마저 죽어 사방으로 유랑, 걸식하는 신세가 된다. 그러다가 경상도 상주 땅에 이르러 우연히 상주 목사를 만난다.
목사는 그의 비범함을 알고, 호방 이성을 불러 사위를 삼게 한다. 이성은 목사의 엄명 때문에 마지못해 유복을 데려오나, 온 식구가 그를 내쫓으려고 한다. 그러나 셋째 딸 경패가 유복과 혼인하겠다고 나서자, 온 가족은 두 사람을 쫓아 내고 만다. 이들은 뒷산 기슭에 움집을 짓고 걸식하며 산다. 하루는 경패가 유복에게 수학하기를 권하여 7년을 기한으로 수학에 응하기 위해 상경한다. 7년 후 유복은 과거에 응하기 위해 상경한다. 과장에서 두 동서를 만나 갖은 모욕을 당하지만, 결국 유복은 장원으로 급제하고 두 동서는 낙방한다. 유복은 수원 부사가 되어 상주로 내려가, 전날 자기와 아내를 천대하던 장인·장모와 처형·동서들을 은혜로 대접하였고 이들은 전날의 푸대접을 뉘우친다.
유복은 그 길로 고향을 찾아가서 선영에 성묘·치제하고, 수원에 부임하여 선정을 베푼다. 조정에서 신 부사의 선정을 듣고 병조판서를 제수한다. 이때 명나라는 변방의 오랑캐들이 침공하자 우리나라에 원병을 청한다. 유복은 청병 대장으로 명나라에 들어가 명군과 아군을 연합한 대원수가 되어 호군을 격파하고, 우리의 위력을 중원에 과시한다. 신 원수는 명나라 황제로부터 위국공의 책봉을 받고 회군한다.

---

39 서술상의 특징 파악　　정답률 37% | 정답 ②

윗글의 서술상 특징으로 가장 적절한 것은?

① 순간적으로 장면을 전환하여 사건의 환상적 면모를 부각하고 있다.
이 글의 서술상 특징에 해당하지 않는다.

☑ 서술자가 등장인물이나 사건에 대한 자신의 생각을 직접 드러내고 있다.
'유복은 활달한 영웅이요, 처녀 역시 여자 중의 군자였다.', '고어에 흥이 다하면 ~ 곤궁 속에 던져두겠는가.' 등에서 알 수 있듯이 인물이나 사건에 대해 서술자가 직접 자신의 생각을 드러내고 있으므로 적절하다.

③ 장면마다 서술자를 달리 설정하여 사건의 전모를 명확히 드러내고 있다.
이 글의 서술상 특징에 해당하지 않는다.

④ 시대적 배경에 대한 요약적 설명을 통해 사건의 인과 관계를 드러내고 있다.
이 글의 서술상 특징에 해당하지 않는다.

⑤ 인물의 외양을 과장되게 묘사하여 부정적 인물에 대한 풍자를 드러내고 있다.
이 글의 서술상 특징에 해당하지 않는다.

★★문제 해결 꿀~팁★★

▶ 많이 틀린 이유는?
선택지에 제시된 서술상 특징의 의미를 정확히 파악하지 못하여 오답률이 높았던 것으로 보인다.
▶ 문제 해결 방법은?
선택지에 제시된 서술상 특징 내용을 정확히 이해하면서, 이 내용의 유무 여부를 작품을 통해 일일이 확인할 수 있어야 한다. ⑤의 선택지인 '서술자가 등장인물이나 사건에 대한 자신의 생각을 직접 드러내고'가 무엇인지 이해해야 한다. 이 말은 서술자가 등장인물이나 사건에 대해 평가를 내리는 '편집자적 논평'이 제시되어 있는지를 확인하라는 것이므로, 이러한 '편집자적 논평'이 제시되어 있는지 확인하면 된다.
한편 고전 소설은 거의 대부분이 서술자가 작품 외에 존재하여 인물이나 사건에 대한 서술자의 생각이 반영되어 있다는 것은 반드시 알아두도록 한다.
▶ 오답인 ④를 많이 선택한 이유는?
④번 문제를 적절하다고 선택하여 오답률이 높았던 가장 큰 이유는, '시대적 배경'을 '시간적 배경'과 혼동하여 시간적 배경이 제시된 앞부분을 보고서 적절하다고 판단한 것 같다.
그런데 시대적 배경은 '고려 시대, 조선 시대' 등 특정 시대를 가리키는 것이므로, 이를 알았으면 시대적 배경에 대해 요약적 설명이 없으므로 바로 잘못되었음을 알 수 있었을 것이다.

---

40 말하기 방식의 적절성 판단　　정답률 56% | 정답 ②

[A]와 [B]에 나타난 인물의 말하기에 대한 설명으로 적절하지 않은 것은?

① [A]에서 경패는 옛글을 인용하여 상대방의 각성을 촉구하고 있다.
경패가 '옛글에 ~ 하였으니'라고 말하는 데서 확인할 수 있다.

☑ [A]에서 경패는 상대방의 동정심에 호소해 자신의 결정을 따르도록 유도하고 있다.
[A]는 경패가 남편 신유복에게 글공부를 할 것을 강력하게 설득하는 내용으로, 경패가 동정심에 호소하여 유복으로 하여금 자신의 결정을 따르도록 하는 말하기는 나타나지 않는다.

③ [A]에서 경패는 설의적 물음을 구사하여 자신의 의중을 상대방에게 드러내고 있다.
경패가 '문필을 ~ 바라겠습니까?'라고 말하는 데서 확인할 수 있다.

④ [B]에서 유복은 자신의 현재 처지를 들어 답답한 심경을 토로하고 있다.
유복이 '내 어려서 ~ 어쩌겠소.'라고 말하는 데서 확인할 수 있다.

⑤ [B]에서 유복은 상대방이 처하게 될 상황을 우려하여 행동에 나서기를 주저하고 있다.
유복이 '또한 ~ 말이요?'라고 말하는 데서 확인할 수 있다.

---

41 속담을 통한 이해의 적절성 파악　　정답률 62% | 정답 ④

⊙에 나타난 '경패'의 마음을 속담으로 표현할 때, 가장 적절한 것은?

① '선무당이 사람 잡는다'라고 어설픈 행동을 마구 일삼아 낭군을 곤경에 빠뜨리려 했군.
'선무당이 사람 잡는다.'는 '서투른 사람이 잘하는 체하다가 일을 그르친다.'라는 뜻의 속담이다.

② '믿는 도끼에 발등 찍힌다'라고 낭군이 철석같이 믿었던 사람들인데 도리어 배신하고 괴로움을 주었군.
'믿는 도끼에 발등 찍힌다.'는 '믿는 사람에게서 배신당한다.'라는 뜻의 속담이다.

③ '달면 삼키고 쓰면 뱉는다'라고 베풀어 준 은혜도 모르고 낭군이 어려울 때 헌신짝처럼 도리를 저버렸군.
'달면 삼키고 쓰면 뱉는다.'는 '사리에 옳고 그름을 돌보지 않고, 자기 비위에 맞으면 취하고 싫으면 버린다.'라는 뜻의 속담이다.

☑ '동냥은 못 줘도 쪽박은 깨지 마라'라고 도움을 주지는 못할망정 낭군을 곤란한 지경에 처하게 만들었군.
⊙은 유복이 원강 대사 밑에서 공부를 마치고 과거를 볼 때 생긴 일에 대한 경패의 반응을 나타낸 것이다. 유복은 어렵게 과거 시험을 보게 되는데, 글을 쓸 장소가 없어서 때마침 과거를 보러 온 유소현, 김평에게 도움을 청한다. 이렇게 도움을 청하러 온 유복에게 유소현, 김평은 소리를 지르며 내쫓는 등 많은 사람들 앞에서 모욕을 준다. 경패는 이러한 이야기를 몰래 엿듣고 매우 분노하면서 유소현, 김평에 대해 ⊙과 같이 분노하는 마음을 표현하고 있다.
따라서 ⊙과 같은 경패의 마음은 '요구를 들어주기는커녕 방해만 한다.'라는 뜻의 '동냥은 못 줘도 쪽박은 깨지 마라'와 같은 속담을 떠올릴 수 있다.

⑤ '닭 잡아먹고 오리발 내민다'라고 얕은꾀로 자신들의 이익을 취하고도 낭군에게 아무 잘못이 없는 척했군.
'닭 잡아먹고 오리발 내민다.'는 '옳지 못한 일을 저질러 놓고 엉뚱한 수작으로 속여 넘기려 한다.'라는 뜻의 속담이다.

〈보기〉를 바탕으로 윗글을 정리할 때, ⓐ ~ ⓔ에 대한 설명으로 적절하지 <u>않은</u> 것은? [3점]

〈보 기〉

「신유복전」은 하늘에서 내려온 적강(謫降)의 인물인 유복의 일대기를 다룬 영웅담이다. 이 소설에는 쫓겨난 여성이 남편을 출세시키는 이야기인 '쫓겨난 여인 발복(發福) 설화'가 수용되어 있다. 이 소설은 대체로 아래와 같은 기본 구조를 바탕으로 서사가 전개된다.

적강을 한 남성 주인공이 태어남.   ···· ⓐ

⬇

비천한 처지의 남성 주인공이 뛰어난 품성을 지닌 여성 주인공과 인연을 맺음.   ···· ⓑ

⬇

주인공들이 친지에 의해 쫓겨나 고난을 겪음.   ···· ⓒ

⬇

여성 주인공의 뜻에 따라 남성 주인공이 수학(修學)함.   ···· ⓓ

⬇

남성 주인공이 시험을 통과해 입신출세함.   ···· ⓔ

① ⓐ : 규성이 무주 땅에 떨어져서 영웅이 난 줄 알았다는 원강 대사의 말에서 유복이 적강의 인물임이 제시된다.
ⓐ는 과거에 규성이 무주 땅에 떨어져 영웅이 난 줄 짐작하였다는 원강 대사가 말하는 내용에서 확인할 수 있다.

② ⓑ : 떠돌아다니는 처지였던 유복이 여자 중의 군자인 경패와 부부가 되어 서로 사랑하며 살아간다.
ⓑ는 신유복이 유리걸식하다가 경패와 혼인하게 되고 밥을 빌어서 음식을 나눠 먹는 등 서로 사랑하며 살아가는 데서 확인할 수 있다.

☑ ⓒ : 호장 부부에 의해 쫓겨나고 인근 동리 사람들에게조차 외면을 당하여 움집에서 곤궁하게 살아간다.
이 글에서 ⓒ는 신유복과 경패가 호장 부부에 의해 쫓겨나서 곤궁하게 살아가는 이야기로 나타난다. 이 과정에서 신유복과 경패는 인근 동리 사람들의 도움으로 생계를 이으며 움집이나마 마련해 곤궁하게 살아가므로 적절하지 않다.

④ ⓓ : 이십이 될 때까지는 절에서 내려오지 말라는 경패의 뜻에 따라 유복이 원강 대사에게 글을 배운다.
ⓓ는 경패가 신유복에게 글을 읽어 성공해야 한다며 팔 년을 공부하여 이십이 되거든 절에 내려오라는 뜻으로 신유복이 원강 대사 밑에서 글을 배우게 하는 데서 확인할 수 있다.

⑤ ⓔ : 유복이 과거 시험에서 뛰어난 실력을 발휘하여 장원 급제하고 전하의 명령으로 대궐에 입시하게 된다.
ⓔ는 신유복이 과거 시험에서 '만장 중의 제일'일 만큼 뛰어난 글을 써서 대궐로 입시하게 되는 데서 확인할 수 있다.

43~45 **예술**

최은규, 「지휘자의 음악 해석」

해제 이 글은 지휘자의 '음악 해석'에 대해 설명하고 있다. '음악 해석'은 작곡가의 악보를 지휘자와 오케스트라가 소리로 바꾸는 과정에서 이루어지는데, 지휘자의 관점에 따라 같은 악보라도 서로 다르게 연주될 수 있음을 언급하면서, 음악 해석을 가능하게 하는 것이 '악보의 불완전성' 때문임을 밝히고 있다.
그리고 베토벤의 교향곡이 지휘자의 관점에 따라 얼마나 다르게 연주될 수 있는지, 지휘자 토스카니니와 푸르트벵글러의 지휘를 구체적 사례로 들어 이해시키고 있다.
그러면서 지휘자와 오케스트라의 연주의 관점이 다른 것이 '다름'을 허용하는 것이라 하면서, 이러한 '다름'이 지닌 의의를 언급하여 지휘자의 음악 해석이 중요하다는 점을 말하고 있다.

주제 지휘자의 음악 해석

문단 핵심 내용

1문단	작곡가의 악보를 소리로 바꾸는 과정에서 이루어지는 '음악 해석'
2문단	다양한 음악 해석을 가능하게 하는 '악보의 불완전성'
3문단	지휘자의 관점에 따라 다르게 연주되는 사례
4문단	지휘자 토스카니니의 지휘 방식
5문단	지휘자 푸르트벵글러의 지휘 방식
6문단	연주에서 '다름'을 허용하는 것이 지니는 의의

윗글의 논지 전개 방식으로 가장 적절한 것은?

① 화제의 변천 과정을 역사적으로 살펴보고 있다.
음악 해석에 대한 변천 과정을 역사적으로는 살펴보고 있지 않다.

② 낯선 개념을 익숙한 대상에 빗대어 설명하고 있다.
음악 해석이라는 개념을 다른 대상에 빗대어서 설명하지는 않고 있다.

③ 다양한 관점을 소개하면서 절충안을 모색하고 있다.
다양한 관점을 소개하면서 절충안을 모색하고 있는 방법은 사용되지 않았다.

☑ 구체적인 사례를 들어 화제에 대한 이해를 돕고 있다.
이 글은 중심 화제인 음악 해석을 설명하기 위해 토스카니니와 푸르트벵글러의 구체적 사례를 제시하여 화제에 대한 독자의 이해를 돕고 있다.

⑤ 대상에 대한 서로 다른 관점의 장·단점을 비교하고 있다.
대상에 대한 장·단점을 비교하여 설명하는 방식은 사용되지 않았다.

'음악 해석'에 대한 이해로 적절하지 <u>않은</u> 것은?

① 동일한 곡이라도 지휘자마다 연주자에게 다른 요구를 할 수 있다.
2문단에서 동일한 곡이라도 지휘자의 음악 해석에 따라 연주가 다를 수 있다고 했다.

② 악보를 통해 작곡가의 의도를 연주자에게 완벽하게 전달하기는 어렵다.
2문단의 '작곡가가 아무리 악보를 정교하게 그린다 해도 작곡가는 연주자들에게 자신이 의도한 음악을 정확하게 전달해 낼 수 없다.'에서 악보를 통해 작곡가의 의도를 연주자에게 완벽하게 전달하기는 어려움을 알 수 있다.

☑ 작곡가가 악보에 자신의 의도를 정확하게 담았다면 음악 해석은 불필요하다.
2문단에서 작곡가가 아무리 악보를 정교하게 그린다 해도 작곡가는 연주자들에게 완벽하게 자신이 의도한 음악을 정확하게 전달할 수 없다고 했다. 이로 인해 다양한 음악 해석이 발생한다고 했으므로 음악 해석이 불필요하다는 진술은 적절하지 않다.

④ 음악 해석은 지휘자나 연주자가 작곡가의 악보를 소리로 재현할 때 이루어진다.
1문단의 '지휘자와 오케스트라가 작곡가의 악보를 소리로 바꾸는 과정에서 '음악 해석'이라는 것이 이루어진다.'에서 음악 해석은 지휘자나 연주자가 작곡가의 악보를 소리로 재현할 때 이루어짐을 알 수 있다.

⑤ 지휘자는 동작이나 표정을 통해 연주자들에게 자신이 해석한 음악의 느낌을 전달한다.
1문단에서 지휘자는 동작이나 표정을 통해 연주를 이끌어 낸다고 했다.

윗글을 바탕으로 〈보기〉에 대해 보인 반응으로 적절하지 <u>않은</u> 것은? [3점]

〈보 기〉

베토벤 당시의 호른으로는 재현부에서 C장조로 낮아진 제2주제의 팡파르를 연주할 수 없었다. 그래서 베토벤은 자신의 「교향곡 5번」 1악장 재현부에서 제2주제 팡파르를 호른과 음색이 가장 유사한 목관 악기인 바순으로 연주하도록 했다. 그러나 19세기에 관악기의 개량이 이루어지면서 어떤 음이든 연주할 수 있는 호른이 널리 보급되었다. 그러자 어떤 지휘자는 베토벤 「교향곡 5번」 1악장의 재현부에서 제2주제 팡파르를 호른으로 연주해야 한다고 주장했다. 하지만 어떤 지휘자들은 베토벤이 악보에 적어 놓은 그대로 바순의 연주를 고집했다.

① 베토벤은 당시 악기의 한계 때문에 자신이 의도한 바를 정확하게 구현하지 못했겠군.
〈보기〉에서 '베토벤 당시의 호른으로는 재현부에서 C장조로 낮아진 제2주제의 팡파르를 연주할 수 없었다. 그래서 베토벤은 자신의 「교향곡 5번」 1악장 재현부에서 제2주제 팡파르를 호른과 음색이 가장 유사한 목관 악기인 바순으로 연주하도록 했다.'고 했으므로 베토벤은 당시 악기의 한계 때문에 자신이 의도한 바를 정확하게 구현하지 못했다고 본 것은 적절한 반응이다.

② 토스카니니는 베토벤이 악보에 적어 놓은 그대로 바순으로 연주하는 데 동조했겠군.
토스카니니는 악보에 충실한 지휘자이므로 악보에 적어 놓은 그대로 바순으로 연주하는데 동조했을 것이다.

③ 자신의 음악 해석에 따라 호른이나 바순 이외의 악기로 연주하는 지휘자도 있을 수 있겠군.
윗글에서 "악보의 불완전성'은 다양한 음악 해석을 가능하게 하고 '여러 가지 '다름'을 허용하는 것이야말로 클래식 음악을 더욱 생동감 넘치는 현재의 음악으로 재현하는 원동력이 된다'고 말하고 있다. 이를 〈보기〉에서 베토벤이 당시의 호른으로는 재현부에서 C장조로 낮아진 제2주제의 팡파르를 연주할 수 없어 호른과 음색이 가장 유사한 목관 악기인 바순으로 연주했다는 것과 연계해서 생각하면 자신의 음악 해석에 따라 호른이나 바순 이외의 악기로 연주하는 지휘자도 있을 수 있다고 보는 것은 적절한 반응이다.

☑ 호른으로 연주를 해야 한다고 주장한 지휘자들은 악보에 충실한 음악 해석을 중요시했겠군.
악보에 충실한 음악 해석을 중요시한 지휘자들은 베토벤이 악보에 적어 놓은 그대로 바순으로 연주해야 한다고 주장했을 것이다.

⑤ 윗글의 글쓴이는 바순과 호른 중 어떤 악기로 연주해도 그 지휘자의 연주가 틀렸다고는 생각하지 않겠군.
글쓴이는 지휘자의 음악적 해석이 중요하다고 했다. 그리고 틀린 음을 연주하는 것 이외에는 틀린 것이 없다고 했으므로 적절한 반응이다.

•정답•

01 ② 02 ① 03 ④ 04 ⑤ 05 ④ 06 ③ 07 ④ 08 ① 09 ② 10 ③ 11 ③ 12 ① 13 ⑤ 14 ③ 15 ⑤
16 ④ 17 ④ 18 ③ 19 ⑤ 20 ① 21 ⑤ 22 9 23 7 24 3 25 24 26 12 27 50 28 24 29 11 30 16

★ 표기된 문항은 [등급을 가르는 문제]에 해당하는 문항입니다.

---

01 복소수의 계산   정답률 93% | 정답 ②

❶ $(-2+4i)-3i$ 의 값은? (단, $i=\sqrt{-1}$ 이다.) [2점]

① $-2-i$ ② $-2+i$ ③ $3-i$ ④ $3+i$ ⑤ $2i$

STEP 01 복소수의 계산으로 ❶을 계산하여 값을 구한다.

$(-2+4i)-3i=-2+(4-3)i=-2+i$

---

02 다항식의 계산   정답률 94% | 정답 ①

두 다항식 **❶** $A=3x^2+4x-2$, $B=x^2+x+3$ 에 대하여 $A-B$를 간단히
하면? [2점]

① $2x^2+3x-5$ ② $2x^2+3x-3$ ③ $2x^2+3x-1$
④ $2x^2-3x+3$ ⑤ $2x^2-3x+5$

STEP 01 ❶에서 다항식의 계산으로 $A-B$를 정리한다.

$A-B=(3x^2+4x-2)-(x^2+x+3)=2x^2+3x-5$

---

03 인수정리   정답률 91% | 정답 ④

x 에 대한 다항식 **❶** x^3+ax-8 이 $x-1$ 로 나누어떨어지도록 하는 상수 a 의
값은? [2점]

① 1   ② 3   ③ 5   ④ 7   ⑤ 9

STEP 01 인수정리에 의해 ❶에 $x=1$을 대입한 값이 0이 되도록 하는 a의 값을
구한다.

$P(x)=x^3+ax-8$ 이라 하자.
$P(x)$ 가 $x-1$ 로 나누어떨어지므로
$P(1)=0$ 이다.
$P(1)=1+a-8=0$ 이다.
따라서 $a=7$ 이다.

●핵심 공식

▶ 인수정리
x에 대한 다항식 $f(x)$가 $x-\alpha$로 나누어떨어지기 위한 필요충분조건은 $f(\alpha)=0$이다.
다항식 $f(x)$를 $x-\alpha$로 나눈 나머지가 0이다.
$\Leftrightarrow f(\alpha)=0$
$\Leftrightarrow f(x)=(x-\alpha)Q(x)$
$\Leftrightarrow$ 다항식 $f(x)$는 $(x-\alpha)$를 인수로 갖는다.

---

04 항등식의 성질   정답률 93% | 정답 ⑤

모든 실수 x 에 대하여 등식
   ❶ $x^2+5x+a=(x+4)(x+b)$
가 성립할 때, $a+b$의 값은? (단, a, b 는 상수이다.) [3점]

① 1   ② 2   ③ 3   ④ 4   ⑤ 5

STEP 01 항등식의 성질에 의하여 ❶에 $x=-4$를 대입하여 a를 구한 후 ❶의 좌변을
인수분해하여 b를 구한 다음 $a+b$의 값을 구한다.

x 에 대한 항등식이므로 $x=-4$ 를 대입하면
$16-20+a=0$ 이므로 $a=4$ 이다.
$x^2+5x+4=(x+4)(x+1)$ 이므로 $b=1$ 이다.
따라서 $a+b=5$ 이다.

다른 풀이

$(x+4)(x+b)=x^2+(4+b)x+4b$ 이다.
$x^2+5x+a=x^2+(4+b)x+4b$ 의 양변의 계수를 비교하면

$5=4+b$, $a=4b$ 이다.
따라서 $b=1$, $a=4$ 이므로
$a+b=5$ 이다.

---

05 조립제법   정답률 92% | 정답 ④

다음은 조립제법을 이용하여 다항식 x^3-3x^2+5x-5 를 $x-2$ 로 나누었을
때, 나머지를 구하는 과정을 나타낸 것이다.

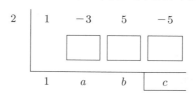

위 과정에 들어갈 세 상수 a, b, c 에 대하여 abc 의 값은? [3점]

① -6 ② -5 ③ -4 ④ -3 ⑤ -2

STEP 01 조립제법에 의하여 빈칸에 알맞은 수와 a, b, c 를 구한 후 abc의 값을
구한다.

조립제법에 의하여

$$\begin{array}{c|rrrr} 2 & 1 & -3 & 5 & -5 \\ & & 2 & -2 & 6 \\ \hline & 1 & -1 & 3 & 1 \end{array}$$

$a=-1$, $b=3$, $c=1$ 이므로
$abc=-3$ 이다.

---

06 절댓값을 포함한 일차부등식   정답률 89% | 정답 ③

부등식 **❶** $|x-3|\leq 2$ 를 만족시키는 모든 정수 x 의 값의 합은? [3점]

① 13   ② 14   ③ 15   ④ 16   ⑤ 17

STEP 01 ❶의 부등식을 풀어 만족하는 모든 정수 x의 값을 구한 후 합을 구한다.

부등식 $|x-3|\leq 2$ 를 풀면
$-2\leq x-3\leq 2$, $1\leq x\leq 5$ 이다.
부등식을 만족시키는 정수 x 의 값은
1, 2, 3, 4, 5 이다.
따라서 모든 정수 x 의 값의 합은
$1+2+3+4+5=15$ 이다.

●핵심 공식

▶ 절댓값 기호를 포함한 일차부등식
절댓값 기호를 포함한 부등식은 다음의 성질을 이용하여
절댓값 기호를 없앤 후 부등식을 푼다.
(1) $|a|=\begin{cases} a\ (a\geq 0) \\ -a\ (a<0) \end{cases}$
(2) $0<a<b$에 대하여
   ① $|x|<a \Rightarrow -a<x<a$
   ② $|x|>a \Rightarrow x>a$ 또는 $x<-a$
   ③ $a<|x|<b \Rightarrow a<x<b$ 또는 $-b<x<-a$

---

07 인수분해   정답률 91% | 정답 ④

그림과 같이 한 변의 길이가 $a+6$인 정사각형 모양의 색종이에서 한 변의
길이가 a인 정사각형 모양의 색종이를 오려내었다. 오려낸 후 남아 있는 ◻
모양의 색종이의 넓이가 $k(a+3)$일 때, 상수 k의 값은? [3점]

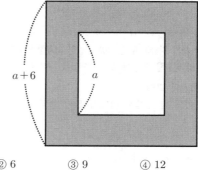

① 3   ② 6   ③ 9   ④ 12   ⑤ 15

STEP 01 남아 있는 색종이의 넓이를 구한 후 인수분해하여 k의 값을 구한다.

한 변의 길이가 $a+6$인 정사각형 모양의 색종이의 넓이는 $(a+6)^2$이다.
한 변의 길이가 a인 정사각형 모양의 색종이를 오려낸 후 남아 있는 □ 모양의
색종이의 넓이는
$(a+6)^2 - a^2 = (a+6+a)(a+6-a) = 6(2a+6) = 12(a+3)$ 이다.
따라서 $k=12$이다.

---

08 고차다항식의 인수분해 정답률 80% | 정답 ①

다항식 ❶ $x^4 + 7x^2 + 16$ 이
$$(x^2+ax+b)(x^2-ax+b)$$
로 인수분해 될 때, 두 양수 a, b에 대하여 $a+b$의 값은? [3점]
① 5 　② 6 　③ 7 　④ 8 　⑤ 9

STEP 01 ❶을 완전제곱식과 합차공식을 이용하여 인수분해 하여 a, b를 구한 후
$a+b$의 값을 구한다.

다항식 $x^4 + 7x^2 + 16$을 인수분해하면
$$\begin{aligned} x^4 + 7x^2 + 16 &= (x^4 + 8x^2 + 16) - x^2 \\ &= (x^2+4)^2 - x^2 \\ &= (x^2+x+4)(x^2-x+4) \end{aligned}$$
이므로 $a=1$, $b=4$이다.
따라서 $a+b=5$이다.

---

09 다항식의 곱셈 정답률 89% | 정답 ②

❶ $2016 \times 2019 \times 2022 = 2019^3 - 9a$ 가 성립할 때, 상수 a의 값은? [3점]
① 2018 　② 2019 　③ 2020 　④ 2021 　⑤ 2022

STEP 01 ❶에서 2019를 치환한 후 양변을 비교하여 a의 값을 구한다.

$k=2019$라 하면
$$\begin{aligned} 2016 \times 2019 \times 2022 &= (k-3)k(k+3) \\ &= k^3 - 9k = 2019^3 - 9 \times 2019 \end{aligned}$$ 이다.
따라서 $a=2019$이다.

---

10 이차방정식과 이차함수 정답률 77% | 정답 ③

이차함수 ❶ $y = x^2 + 5x + 2$의 그래프와 직선 $y = -x + k$가 서로 다른 두
점에서 만나도록 하는 정수 k의 최솟값은? [3점]
① -10 　② -8 　③ -6 　④ -4 　⑤ -2

STEP 01 ❶을 성립하도록 두 식을 연립한 이차방정식의 판별식을 이용하여 k의
범위를 구한 후 정수 k의 최솟값을 구한다.

이차함수 $y = x^2 + 5x + 2$의 그래프와
직선 $y = -x + k$가 서로 다른 두 점에서 만나려면 이차방정식
$x^2 + 5x + 2 = -x + k$는 서로 다른 두 실근을 가져야 한다.
이차방정식 $x^2 + 6x + 2 - k = 0$의 판별식 $D > 0$ 이어야 하므로
판별식 $D = 6^2 - 4(2-k) = 28 + 4k > 0$ 에서 $k > -7$이다.
따라서 정수 k의 최솟값은 -6이다.

---

11 이차함수와 직선의 위치 관계 정답률 79% | 정답 ③

이차함수 ❶ $y = -2x^2 + 5x$의 그래프와 직선 $y = 2x + k$가 적어도 한
점에서 만나도록 하는 실수 k의 최댓값은? [3점]
① $\dfrac{3}{8}$ 　② $\dfrac{3}{4}$ 　③ $\dfrac{9}{8}$ 　④ $\dfrac{3}{2}$ 　⑤ $\dfrac{15}{8}$

STEP 01 ❶을 만족하기 위하여 두 함수를 연립한 이차함수의 판별식을 구하여 판별식
$D \geq 0$ 임을 이용하여 k의 범위를 구한 후 k의 최댓값을 구한다.

이차함수 $y = -2x^2 + 5x$의 그래프와
직선 $y = 2x + k$가 적어도 한 점에서 만나기 위해 방정식
$$-2x^2 + 5x = 2x + k$$
$$2x^2 - 3x + k = 0$$
의 판별식을 D라 할 때, $D \geq 0$ 이어야 한다.
$$D = (-3)^2 - 4 \times 2 \times k \geq 0$$

이므로 실수 k의 최댓값은 $\dfrac{9}{8}$이다.

● 핵심 공식

▶ 이차함수와 이차방정식

포물선 $y = ax^2 + bx + c$ (단, $a \neq 0$)의 그래프와
직선 $y = mx + n$의 위치 관계
두 방정식을 연립한 이차방정식 $ax^2 + bx + c = mx + n$의 판별식을 D라 하면,
(1) $D > 0$: 두 점에서 만난다.
(2) $D = 0$: 접한다.
(3) $D < 0$: 만나지 않는다.

---

12 다항식의 곱셈공식 정답률 75% | 정답 ①

❶ $x - y = 3$, $x^3 - y^3 = 18$ 일 때, $x^2 + y^2$의 값은? [3점]
① 7 　② 8 　③ 9 　④ 10 　⑤ 11

STEP 01 ❶에 곱셈공식을 이용하여 xy를 구한 후, 곱셈공식을 이용하여 $x^2 + y^2$의
값을 구한다.

$(x-y)^3 = x^3 - 3x^2y + 3xy^2 - y^3$ 이므로
$x^3 - y^3 = (x-y)^3 + 3xy(x-y)$ 이다.
$x-y = 3$, $x^3 - y^3 = 18$을 대입하면
$18 = 27 + 9xy$ 이므로
$xy = -1$이다.
따라서 $x^2 + y^2 = (x-y)^2 + 2xy = 3^2 - 2 = 7$이다.

다른 풀이

$$\begin{aligned} x^3 - y^3 &= (x-y)(x^2 + xy + y^2) \\ &= (x-y)\{(x-y)^2 + 3xy\} \end{aligned}$$ 이다.
$x - y = 3$, $x^3 - y^3 = 18$을 대입하면
$18 = 3 \times (9 + 3xy)$ 이므로
$xy = -1$이다.
따라서 $x^2 + y^2 = (x-y)^2 + 2xy = 3^2 - 2 = 7$이다.

● 핵심 공식

▶ 곱셈공식

(1) $(a \pm b)^2 = a^2 \pm 2ab + b^2$ (복부호동순)
(2) $(a+b)(a-b) = a^2 - b^2$
(3) $(x+a)(x+b) = x^2 + (a+b)x + ab$
(4) $(ax+b)(cx+d) = acx^2 + (ad+bc)x + bd$
(5) $(a \pm b)^3 = a^3 \pm 3a^2b + 3ab^2 \pm b^3$ (복부호동순)
(6) $(a \pm b)(a^2 \mp ab + b^2) = a^3 \pm b^3$ (복부호동순)
(7) $(a+b+c)(a^2+b^2+c^2-ab-bc-ca) = a^3+b^3+c^3-3abc$

▶ 곱셈공식의 변형

(1) $a^2 + b^2 = (a+b)^2 - 2ab = (a-b)^2 + 2ab$
(2) $a^3 \pm b^3 = (a \pm b)^3 \mp 3ab(a \pm b)$ (복부호동순)
(3) $a^2 + b^2 + c^2 = (a+b+c)^2 - 2(ab + bc + ca)$

---

13 복소수의 연산 정답률 82% | 정답 ⑤

두 복소수 ❶ $\alpha = \dfrac{1-i}{1+i}$, $\beta = \dfrac{1+i}{1-i}$ 에 대하여 ❷ $(1-2\alpha)(1-2\beta)$의 값은?
(단, $i = \sqrt{-1}$ 이다.) [3점]
① 1 　② 2 　③ 3 　④ 4 　⑤ 5

STEP 01 ❶에 각각 분모의 켤레복소수를 분자와 분모에 곱하여 정리하고 ❷에
대입하여 값을 구한다.

$\alpha = \dfrac{1-i}{1+i} = \dfrac{(1-i)^2}{(1+i)(1-i)} = \dfrac{-2i}{2} = -i$ 이고
$\beta = \dfrac{1+i}{1-i} = \dfrac{(1+i)^2}{(1-i)(1+i)} = \dfrac{2i}{2} = i$ 이다.
따라서
$$\begin{aligned} (1-2\alpha)(1-2\beta) &= (1+2i)(1-2i) \\ &= 1 - 4i^2 = 5 \end{aligned}$$ 이다.

14 다항식의 활용 정답률 86% | 정답 ③

망원경에서 대물렌즈 지름의 길이를 구경이라 하고 천체로부터 오는 빛을 모으는
능력을 집광력이라 한다. 구경이 D(mm)인 망원경의 집광력 F는 다음과 같은
관계식이 성립한다.

❶ $F=kD^2$ (단, k는 양의 상수이다.)
❷ 구경이 40인 망원경 A의 집광력은 구경이 x인 망원경 B의 집광력의
2배일 때, x의 값은? [4점]

① $10\sqrt{2}$　　　② $15\sqrt{2}$　　　③ $20\sqrt{2}$
④ $25\sqrt{2}$　　　⑤ $30\sqrt{2}$

STEP 01　❶에 ❷를 대입하여 두 망원경의 집광력을 각각 구한 후 ❷를 이용하여 x의
값을 구한다.

망원경 A의 구경을 D_1, 집광력을 F_1,
망원경 B의 구경을 D_2, 집광력을 F_2라 하자.
$D_1=40$, $D_2=x$이므로
$F_1=kD_1^2=1600k$이고
$F_2=kD_2^2=kx^2$이다.
망원경 A의 집광력 F_1은 망원경 B의 집광력 F_2의 2배이므로
$F_1=2F_2$이다.
$1600k=2kx^2$이므로 $x^2=800$이다.
따라서 $x>0$이므로 $x=20\sqrt{2}$이다.

15 이차방정식 정답률 63% | 정답 ⑤

그림과 같이 ❶ 유리수 a, b에 대하여 두 이차함수 $y=x^2-3x+1$과
$y=-x^2+ax+b$의 그래프가 만나는 두 점을 각각 P, Q라 하자.
❷ 점 P의 x좌표가 $1-\sqrt{2}$일 때, $a+3b$의 값은? [4점]

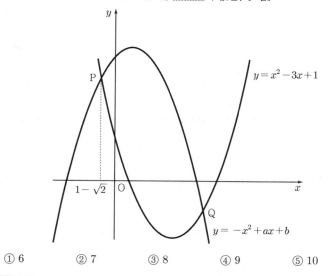

① 6　　　② 7　　　③ 8　　　④ 9　　　⑤ 10

STEP 01　두 이차함수를 연립한 후 ❶에 의하여 ❷에서 점 Q의 좌표를 구한 다음 근과
계수의 관계에 의하여 a, b를 구하고 $a+3b$의 값을 구한다.

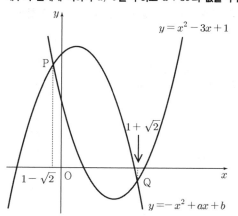

이차함수 $y=-x^2+ax+b$의 그래프와
이차함수 $y=x^2-3x+1$의 그래프의 교점의 x좌표는 이차방정식
$-x^2+ax+b=x^2-3x+1$
$2x^2-(3+a)x+1-b=0$의 두 실근이다.
a, b는 유리수이므로 한 근이 $1-\sqrt{2}$이면
나머지 한 근은 $1+\sqrt{2}$이다.
따라서 $2x^2-(3+a)x+1-b=0$의

두 근을 α, β라 하면 근과 계수의 관계에 의해
$\alpha+\beta=\dfrac{3+a}{2}=2$, $a=1$
$\alpha\beta=\dfrac{1-b}{2}=-1$, $b=3$
이므로 $a+3b=10$이다.

● **핵심 공식**

▶ 이차방정식의 근과 계수의 관계
이차방정식 $ax^2+bx+c=0$ (단, $a\neq0$)의 두 근을
α, β라고 하면, $\alpha+\beta=-\dfrac{b}{a}$, $\alpha\beta=\dfrac{c}{a}$

16 근과 계수의 관계 정답률 73% | 정답 ④

이차방정식 ❶ $x^2+x-1=0$의 서로 다른 두 근을 α, β라 하자. 다항식
$P(x)=2x^2-3x$에 대하여 ❷ $\beta P(\alpha)+\alpha P(\beta)$의 값은? [4점]
① 5　　② 6　　③ 7　　④ 8　　⑤ 9

STEP 01　❶에서 근과 계수의 관계를 이용하여 $\alpha+\beta$, $\alpha\beta$를 각각 구한 후 ❷를
정리하고 $\alpha+\beta$, $\alpha\beta$를 대입하여 값을 구한다.

이차방정식 $x^2+x-1=0$의 서로 다른 두 근이 α, β이므로
근과 계수의 관계에 의해
$\alpha+\beta=-1$, $\alpha\beta=-1$이다.
따라서
$\beta P(\alpha)+\alpha P(\beta)$
$=\beta(2\alpha^2-3\alpha)+\alpha(2\beta^2-3\beta)$
$=2\alpha\beta(\alpha+\beta)-6\alpha\beta$
$=2\times(-1)\times(-1)-6\times(-1)$
$=8$이다.

17 이차함수의 그래프의 최대 최소 정답률 57% | 정답 ④

❷ 직선 $y=-\dfrac{1}{4}x+1$이 y축과 만나는 점을 A, x축과 만나는 점을 B라
하자. ❶ 점 $P(a,b)$가 점 A에서 직선 $y=-\dfrac{1}{4}x+1$을 따라 점 B까지
움직일 때, ❸ a^2+8b의 최솟값은? [4점]

① 5　　② $\dfrac{17}{3}$　　③ $\dfrac{19}{3}$　　④ 7　　⑤ $\dfrac{23}{3}$

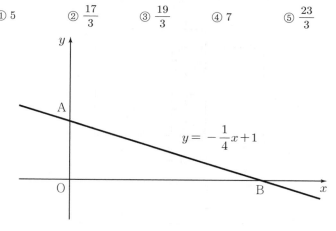

STEP 01　❶에 의해 점 $P(a, b)$를 직선 $y=-\dfrac{1}{4}x+1$에 대입한 후 다시 ❸에
대입하여 표준형으로 바꾸고 ❷에서 A, B를 구한 후 a의 범위를 구한 것을 이용하여
최솟값을 구한다.

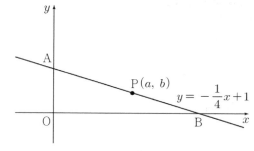

점 $P(a, b)$는 직선 $y=-\dfrac{1}{4}x+1$ 위의 점이므로

$b = -\dfrac{1}{4}a + 1$ 이다.

$b = -\dfrac{1}{4}a + 1$ 을 주어진 식에 대입하면

$$a^2 + 8b = a^2 + 8\left(-\dfrac{1}{4}a + 1\right)$$
$$= a^2 - 2a + 8$$
$$= (a-1)^2 + 7$$

이다.

그런데 $A(0, 1)$, $B(4, 0)$ 이므로 $0 \le a \le 4$ 이다.

따라서 $a = 1$ 일 때, $a^2 + 8b$ 의 최솟값은 7 이다.

다른 풀이

$a = -4b + 4$ 를 주어진 식에 대입하면

$$a^2 + 8b = (-4b+4)^2 + 8b$$
$$= 16b^2 - 32b + 16 + 8b$$
$$= 16b^2 - 24b + 16$$
$$= 16\left(b^2 - \dfrac{3}{2}b + \dfrac{9}{16}\right) + 7$$
$$= 16\left(b - \dfrac{3}{4}\right)^2 + 7$$

이다.

그런데 $A(0, 1)$, $B(4, 0)$ 이므로 $0 \le b \le 1$ 이다.

따라서 $b = \dfrac{3}{4}$ 일 때, $a^2 + 8b$ 의 최솟값은 7 이다.

●핵심 공식

▶ 이차함수의 최댓값과 최솟값

정의역이 $\{x | \alpha \le x \le \beta\}$ 로 주어진 이차함수는 최댓값과 최솟값을 모두 가지며, 최댓값과 최솟값은 이차함수의 그래프를 이용하여 구할 수 있다. 이때, $x = \alpha$, $x = \beta$, 꼭짓점의 값을 대입하여 구할 수 있다.

---

18 연립이차방정식 정답률 69% | 정답 ③

한 변의 길이가 a 인 정사각형 ABCD와 한 변의 길이가 b 인 정사각형 EFGH 가 있다. 그림과 같이 네 점 A, E, B, F 가 한 직선 위에 있고 ❶ $\overline{EB} = 1$, $\overline{AF} = 5$ 가 되도록 두 정사각형을 겹치게 놓았을 때, 선분 CD 와 선분 HE 의 교점을 I 라 하자. ❷ 직사각형 EBCI 의 넓이가 정사각형 EFGH 의 넓이의 $\dfrac{1}{4}$ 일 때, b 의 값은? (단, $1 < a < b < 5$) [4점]

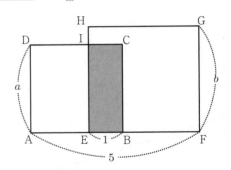

① $-2 + \sqrt{26}$　② $-2 + 3\sqrt{3}$　③ $-2 + 2\sqrt{7}$
④ $-2 + \sqrt{29}$　⑤ $-2 + \sqrt{30}$

STEP 01 ❶, ❷에서 각각 a, b에 관한 방정식을 세운 후 ❶을 ❷에 대입하여 b의 값을 구한다.

$\overline{AB} = a$, $\overline{EF} = b$ 이고 $\overline{AF} = 5$, $\overline{EB} = 1$ 이므로
$a + b = 6$, $a = 6 - b$ 이므로 ...... ㉠
직사각형 EBCI 의 넓이는 a, 정사각형 EFGH 의 넓이는 b^2 이므로
$a = \dfrac{1}{4}b^2$ ...... ㉡
이다.
㉠을 ㉡에 대입하면
$6 - b = \dfrac{1}{4}b^2$ 이므로 $b^2 + 4b - 24 = 0$ 이다.

그러므로 $b = -2 \pm 2\sqrt{7}$ 이다.
$b > 1$ 이므로
$b = -2 + 2\sqrt{7}$ 이다.

---

19 사차방정식 정답률 68% | 정답 ⑤

다음은 x 에 대한 방정식
$$(x^2 + ax + a)(x^2 + x + a) = 0$$
의 근 중 서로 다른 허근의 개수가 2 이기 위한 실수 a 의 값의 범위를 구하는 과정이다.

(1) $a = 1$ 인 경우
　주어진 방정식은 $(x^2 + x + 1)^2 = 0$ 이다.
　이 때, 방정식 $x^2 + x + 1 = 0$ 의 근은
　　$x = \dfrac{-1 \pm \sqrt{\boxed{(가)}}\, i}{2}$
　(단, $i = \sqrt{-1}$ 이므로 방정식 $(x^2 + x + 1)^2 = 0$ 의 서로 다른 허근의 개수는 2 이다.

(2) $a \ne 1$ 인 경우
　방정식 $x^2 + ax + a = 0$ 의 근은 $x = \dfrac{-a \pm \sqrt{\boxed{(나)}}}{2}$ 이다.
　(i) $\boxed{(나)} < 0$ 일 때, 방정식 $x^2 + x + a = 0$ 은 실근을 가져야 하므로 실수 a 의 값의 범위는
　　$0 < a \le \dfrac{1}{4}$ 이다.
　(ii) $\boxed{(나)} \ge 0$ 일 때, 방정식 $x^2 + x + a = 0$ 은 허근을 가져야 하므로 실수 a 의 값의 범위는
　　$a \ge \boxed{(다)}$ 이다.

따라서 (1)과 (2)에 의하여 방정식 $(x^2 + ax + a)(x^2 + x + a) = 0$ 의 근 중 서로 다른 허근의 개수가 2 이기 위한 실수 a 의 값의 범위는
　$0 < a \le \dfrac{1}{4}$ 또는 $a = 1$ 또는 $a \ge \boxed{(다)}$
이다.

위의 (가), (다)에 알맞은 수를 각각 p, q 라 하고, (나)에 알맞은 식을 $f(a)$ 라 할 때, $p + q + f(5)$ 의 값은? [4점]
① 8　② 9　③ 10　④ 11　⑤ 12

STEP 01 근의 공식에 의해 (가), (나)를 구한다.

(1) $a = 1$ 인 경우
　주어진 방정식은 $(x^2 + x + 1)^2 = 0$ 이다.
　이 때, 방정식 $x^2 + x + 1 = 0$ 의 근은 근의 공식에 의해
　　$x = \dfrac{-1 \pm \sqrt{\boxed{3}}\, i}{2}$ (단, $i = \sqrt{-1}$)이므로
　방정식 $(x^2 + x + 1)^2 = 0$ 의 서로 다른 허근의 개수는 2 이다.

(2) $a \ne 1$ 인 경우
　방정식 $x^2 + ax + a = 0$ 의 근은 근의 공식에 의해
　　$x = \dfrac{-a \pm \sqrt{\boxed{a(a-4)}}}{2}$ 이다.

STEP 02 판별식을 이용하여 a의 범위를 구하여 (다)를 구한다. p, q, $f(a)$를 찾아 $p + q + f(5)$ 의 값을 구한다.

(i) $\boxed{a(a-4)} < 0$ 일 때,
　방정식 $x^2 + x + a = 0$ 은 실근을 가져야 하므로
　이차방정식 $x^2 + x + a = 0$ 의 판별식을 D 라 하면
　　$D = 1 - 4a \ge 0$ 에서 $a \le \dfrac{1}{4}$
　$a(a-4) < 0$ 에서 $0 < a < 4$
　따라서 만족하는 실수 a 의 값의 범위는 $0 < a \le \dfrac{1}{4}$ 이다.

(ii) $\boxed{a(a-4)} \ge 0$ 일 때,
　방정식 $x^2 + x + a = 0$ 은 허근을 가져야 하므로
　이차방정식 $x^2 + x + a = 0$ 의 판별식을 D 라 하면
　　$D = 1 - 4a < 0$ 에서 $a > \dfrac{1}{4}$
　$a(a-4) \ge 0$ 에서 $a \le 0$, $a \ge 4$
　따라서 만족하는 실수 a 의 값의 범위는 $a \ge \boxed{4}$ 이다.

따라서 (1)과 (2)에 의하여 방정식 $(x^2 + ax + a)(x^2 + x + a) = 0$ 의 근 중 서로 다른 허근의 개수가 2 이기 위한 실수 a 의 값의 범위는

$0 < a \leq \dfrac{1}{4}$ 또는 $a = 1$ 또는 $a \geq \boxed{4}$ 이다.

따라서 $p = 3$, $f(a) = a(a-4)$, $q = 4$ 이므로

$p + q + f(5) = 3 + 4 + 5 = 12$ 이다.

●핵심 공식

▶ **이차방정식 $ax^2 + bx + c = 0$의 풀이**

(1) 인수분해가 되면 인수분해하여 해를 구한다.

(2) 인수분해가 되지 않으면 완전제곱으로 변형하거나 근의 공식을 사용하여 해를 구한다.

근의 공식 $x = \dfrac{-b \pm \sqrt{b^2 - 4ac}}{2a}$

(3) 판별식 $D = b^2 - 4ac$ 를 이용한 근의 개수 판별

① $b^2 - 4ac > 0 \leftrightarrow$ 서로 다른 두 실근

② $b^2 - 4ac = 0 \leftrightarrow$ 한 개의 중근

③ $b^2 - 4ac < 0 \leftrightarrow$ 실근이 없다

★★★ **등급을 가르는 문제!**

20 연립부등식 정답률 31% | 정답 ①

x 에 대한 연립부등식

❶ $\begin{cases} x^2 - a^2 x \geq 0 \\ x^2 - 4ax + 4a^2 - 1 < 0 \end{cases}$

을 ❷ 만족시키는 정수 x 의 개수가 1 이 되기 위한 모든 실수 a 의 값의 합은? (단, $0 < a < \sqrt{2}$) [4점]

① $\dfrac{3}{2}$ ② $\dfrac{25}{16}$ ③ $\dfrac{13}{8}$ ④ $\dfrac{27}{16}$ ⑤ $\dfrac{7}{4}$

STEP 01 ❶의 부등식을 각각 푼다.

$x^2 - a^2 x = x(x - a^2) \geq 0$ 에서 $x \leq 0$ 또는 $x \geq a^2$ 이고

$x^2 - 4ax + 4a^2 - 1 = \{x - (2a-1)\}\{x - (2a+1)\} < 0$

에서 $2a - 1 < x < 2a + 1$ 이다.

STEP 02 $2a - 1$의 범위를 고려하여 a의 범위를 나누어 ❷를 만족하는 a의 값을 구하여 합을 구한다.

$0 < a < \sqrt{2}$ 이므로 $-1 < 2a - 1 < 2$ 이다.

따라서 $2a - 1$의 위치에 따라 a의 범위를 나누면 다음과 같다.

i) $-1 < 2a - 1 < 0$, $0 < a < \dfrac{1}{2}$ 일 때

연립부등식의 해는 $-1 < 2a - 1 < x \leq 0$ 또는 $a^2 \leq x < 2a + 1 < 2$인데

$0 < a^2 < \dfrac{1}{4}$ 이고 $1 < 2a + 1 < 2$ 이므로

$x = 0, 1$의 2개 정수해가 존재한다.

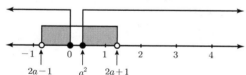

ii) $2a - 1 = 0$, $a = \dfrac{1}{2}$ 일 때

연립부등식의 해는 $\dfrac{1}{4} = a^2 \leq x < 2a + 1 = 2$ 이므로

$x = 1$ 의 1 개 정수해가 존재한다.

iii) $0 < 2a - 1 < 1$, $\dfrac{1}{2} < a < 1$ 일 때

연립부등식의 해는 $a^2 \leq x < 2a + 1$ 인데 $\dfrac{1}{4} < a^2 < 1$ 이고

$2 < 2a + 1 < 3$이므로

$x = 1, 2$ 의 2개 정수해가 존재한다.

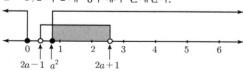

iv) $2a - 1 = 1$, $a = 1$ 일 때

연립부등식의 해는 $1 = a^2 = 2a - 1 < x < 2a + 1 = 3$이므로 $x = 2$ 의 1 개 정수해가 존재한다.

v) $1 < 2a - 1 < 2$, $1 < a < \sqrt{2}$ 일 때

연립부등식의 해는 $a^2 \leq x < 2a + 1$ 인데

$1 < a^2 < 2$이고 $3 < 2a + 1 < 1 + 2\sqrt{2} < 4$이므로

$x = 2, 3$ 의 2개 정수해가 존재한다.

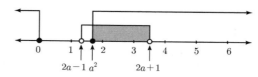

그러므로 i) ~ v)에 의해 $a = \dfrac{1}{2}$ 또는 $a = 1$일 때, 1개 정수해가 존재한다.

따라서 모든 실수 a 의 값의 합은 $\dfrac{1}{2} + 1 = \dfrac{3}{2}$ 이다.

★★ 문제 해결 꿀~팁 ★★

▶ **문제 해결 방법**

연립부등식을 먼저 풀어야 한다.

$x^2 - a^2 x = x(x - a^2) \geq 0$에서 $0 < a < \sqrt{2}$ 이므로 $x \leq 0$ 또는 $x \geq a^2$이다. 만약 a의 범위가 주어지지 않았다 하더라고 $a^2 \geq 0$이므로 해는 같다.

한편 $x^2 - 4ax + 4a^2 - 1$처럼 항이 4개 또는 5개인 이차식의 인수분해는 x에 대한 다항식으로 봤을 때 상수항 즉, x가 없는 항을 먼저 인수분해한 후 전체식을 인수분해하는 것이 일반적이다.

상수항인 $4a^2 - 1 = (2a-1)(2a+1)$ 이고 $(2a-1) + (2a+1) = 4a$, $2a - 1 < 2a + 1$이므로 $x^2 - 4ax + 4a^2 - 1 = \{x - (2a-1)\}\{x - (2a+1)\} < 0$를 풀면 $2a - 1 < x < 2a + 1$ 이다. 이제 a의 범위를 나누어 연립부등식을 만족하는 정수해의 개수가 1인지를 확인해야 하는데 $0 < a < \sqrt{2}$ 이므로 $-1 < 2a - 1 < 2$이다. $2a - 1$의 위치에 따라 정수해가 달라지므로 $2a - 1$을 기준으로 a의 범위를 나누어야 한다. $2a - 1 = k_n$이라 하면 k_n의 위치에 따라 다음과 같이 5가지의 경우로 범위를 나누어야 한다.

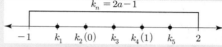

각 범위에 따라 수직선에서 $2a+1$은 $2a-1$보다 2만큼 큰 위치에 있으면 되고 a^2의 범위를 구하여 수직선에 위치를 정한 후 연립부등식을 만족하는 정수해가 1개인지를 확인하여 만족하는 실수 a를 구하면 된다.

그런데 문제에서 a의 범위를 구하라는 것이 아니라 a의 값을 구하라 하였다. 이 말은 a가 범위로 나오는 것이 아니라 값이 나온다는 뜻이므로 $-1 < 2a - 1 < 2$에서 $2a - 1$이 정수일 때 즉, $2a - 1 = 0$ 또는 1일때만 확인하여도 될 것이다.

이처럼 문제에서 힌트를 얻어 풀이과정을 생략할 수도 있는 경우가 종종 있으므로 문제를 꼼꼼히 읽는 습관을 들이는 것이 좋다.

★★★ **등급을 가르는 문제!**

21 이차방정식과 이차함수의 관계 정답률 29% | 정답 ⑤

두 이차함수

❶ $f(x) = (x - a)^2 - a^2$,

$g(x) = -(x - 2a)^2 + 4a^2 + b$

가 다음 조건을 만족시킨다.

(가) 방정식 $f(x) = g(x)$ 는 서로 다른 두 실근 α, β 를 갖는다.

(나) $\beta - \alpha = 2$

〈보기〉에서 옳은 것만을 있는 대로 고른 것은? (단, a, b 는 상수이다.) [4점]

〈보기〉

ㄱ. $a = 1$ 일 때, $b = -\dfrac{5}{2}$

ㄴ. $f(\beta) - g(\alpha) \leq g(2a) - f(a)$

ㄷ. $g(\beta) = f(\alpha) + 5a^2 + b$ 이면 $b = -16$

① ㄱ ② ㄱ, ㄴ ③ ㄱ, ㄷ
④ ㄴ, ㄷ ⑤ ㄱ, ㄴ, ㄷ

STEP 01 ㄱ. ❶에 $a = 1$을 대입한 후 두 식을 연립하고 근과 계수의 관계를 이용하여 조건 (나)를 만족하도록 하는 b의 값을 구하여 참 거짓을 판별한다.

ㄱ. $a = 1$이므로

$f(x) = (x-1)^2 - 1 = x^2 - 2x$ 이고

$g(x) = -(x-2)^2 + 4 + b = -x^2 + 4x + b$ 이다.

(가)에서 $x^2 - 2x = -x^2 + 4x + b$, $2x^2 - 6x - b = 0$ 이다.

(나)에서 $\beta = \alpha + 2$ 이므로

이차방정식 $2x^2 - 6x - b = 0$은 두 근 α, $\alpha + 2$ 를 갖는다.

이차방정식의 근과 계수의 관계에 의해

$\alpha + (\alpha + 2) = 3$, $\alpha(\alpha + 2) = -\dfrac{b}{2}$ 이다.

$\alpha+(\alpha+2)=3$ 에서 $\alpha=\frac{1}{2}$ 이고

$\alpha(\alpha+2)=-\frac{b}{2}$ 에서 $-\frac{b}{2}=\frac{1}{2}\times\frac{5}{2}$ 이다.

따라서 $b=-\frac{5}{2}$ 이다.   ∴ 참

STEP 02 ㄴ. 보기의 양변의 식의 의미를 파악하고 **❶**의 그래프의 개형을 그려 참 거짓을 판별한다.

ㄴ. $f(x)=(x-a)^2-a^2$ 이므로

$f(x)$ 의 최솟값은 $f(a)=-a^2$ 이다.

$g(x)=-(x-2a)^2+4a^2+b$ 이므로

$g(x)$ 의 최댓값은 $g(2a)=4a^2+b$ 이다.

(가)에 의해 $f(\alpha)=g(\alpha)$, $f(\beta)=g(\beta)$ 이므로

두 이차함수 $f(x)$, $g(x)$ 의 그래프는 서로 다른 두 점에서 만난다.

두 이차함수 $f(x)$, $g(x)$ 의 그래프가 서로 다른 두 점에서 만나므로

$g(2a)>f(a)$ 이다.

따라서 서로 다른 두 점에서 만나는 경우는

$a<0$, $a=0$, $a>0$ 인 세 가지 경우로 나누어 생각할 수 있다. (다음 그림은 a 의 부호에 따른 예이다.)

(ⅰ) $a<0$ 인 경우

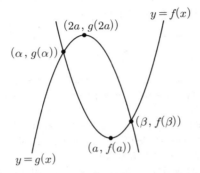

$f(\beta)-g(\alpha)=f(\beta)-f(\alpha)<g(2a)-f(a)$ 이다.

(ⅱ) $a=0$ 인 경우

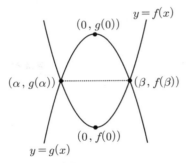

$f(\beta)-g(\alpha)=f(\beta)-f(\alpha)<g(2a)-f(a)$ 이다.

(ⅲ) $a>0$ 인 경우

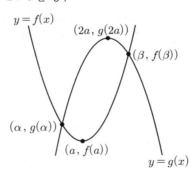

$f(\beta)-g(\alpha)=f(\beta)-f(\alpha)\leq g(2a)-f(a)$ 이다.

따라서 (ⅰ), (ⅱ), (ⅲ)에 의해 주어진 부등식은 성립한다.   ∴ 참

STEP 03 ㄷ. 조건을 만족하는 **❶**의 그래프의 개형을 그려 a 를 구한 뒤 b 의 값을 구하여 참 거짓을 판별한다.

ㄷ. $g(\beta)=f(\alpha)+5a^2+b$ 에서 $g(\beta)=f(\beta)$ 이므로

$f(\beta)-f(\alpha)=5a^2+b$ 이다.

$g(2a)-f(a)=4a^2+b-(-a^2)=5a^2+b$ 이므로

$f(\beta)-f(\alpha)=g(2a)-f(a)$

이다.   ··· ㉠

㉠을 만족하기 위해서는 두 이차함수의 그래프의 교점은 두 이차함수의 그래프의 꼭짓점이어야 한다.

(ⅰ) $a<0$ 인 경우

    ㄴ의 (ⅰ)에 의해 ㉠을 만족하지 않는다.

(ⅱ) $a=0$ 인 경우

    ㄴ의 (ⅱ)에 의해 ㉠을 만족하지 않는다.

(ⅲ) $a>0$ 인 경우

    $a>0$ 이므로 $a<2a$ 가 된다.

    $\alpha=a$, $\beta=2a$ 이므로

    $\beta-\alpha=2a-a=2$ 이고 $a=2$ 이다.

    따라서 $f(x)=(x-2)^2-4$, $g(x)=-(x-4)^2+b+16$ 이다.

    이차함수 $g(x)$ 의 그래프가 이차함수 $f(x)$ 의 그래프의 꼭짓점

    $(2,-4)$ 를 지나야 하므로 $-4=-(-2)^2+b+16$ 이고 $b=-16$ 이다.

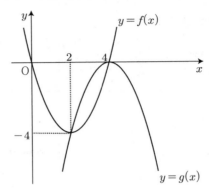

따라서 (ⅰ), (ⅱ), (ⅲ)에 의해 $b=-16$ 이다.   ∴ 참

따라서 ㄱ, ㄴ, ㄷ은 모두 참이다.

다른 풀이

ㄱ. 방정식 $f(x)=g(x)$ 에서

$2x^2-6ax-b=0$ 의 두 근이 α , β 이므로

$\alpha+\beta=3a$ 이고 $\alpha\beta=-\frac{b}{2}$ 이다.

$(\beta-\alpha)^2=(\alpha+\beta)^2-4\alpha\beta$ 이므로

$2^2=(3a)^2-4\times\left(-\frac{b}{2}\right)$, $9a^2+2b=4$ ······ ㉠

$a=1$ 을 ㉠에 대입하면 $9+2b=4$, $b=-\frac{5}{2}$ 이다.   ∴ 참

ㄴ. $f(x)=(x-a)^2-a^2$ 이므로

$f(x)$ 의 최솟값은 $f(a)=-a^2$ 이다.

$g(x)=-(x-2a)^2+4a^2+b$ 이므로

$g(x)$ 의 최댓값은 $g(2a)=4a^2+b$ 이다.

따라서 $f(x)\geq -a^2=f(a)$ ······ ㉠

이고 $g(x)\leq 4a^2+b=g(2a)$ ······ ㉡

이다.

㉠에서 $-f(\alpha)\leq -f(a)$

㉡에서 $g(\beta)\leq g(2a)$ 이다. 그러므로

$f(\beta)-g(\alpha)=g(\beta)-f(\alpha)\leq g(2a)-f(a)$ 이다.   ∴ 참

ㄷ. $g(\beta)=f(\alpha)+5a^2+b$ 에서

$g(\beta)-f(\alpha)=5a^2+b$ 이다.

ㄴ에 의해

$g(\beta)-f(\alpha)=f(\beta)-g(\alpha)\leq g(2a)-f(a)=5a^2+b$

이므로 $\beta=2a$ 이고 $\alpha=a$ 이다.

(나)에서 $\beta=\alpha+2$ 이므로

$2a=a+2$, $a=2$ 이다.

ㄱ에서 $\alpha\beta=-\frac{b}{2}$ 이므로 $b=-4a^2$ 이다.

따라서 $b=-16$ 이다.   ∴ 참

● 핵심 공식

▶ 이차방정식의 근과 계수의 관계

이차방정식 $ax^2+bx+c=0$ (단, $a\neq 0$)의 두 근을 α , β 라고 하면

$$\alpha+\beta=-\frac{b}{a},\ \alpha\beta=\frac{c}{a}$$

★★ 문제 해결 꿀~팁 ★★

▶ 문제 해결 방법

ㄱ은 $f(x)$ 와 $g(x)$ 에 $a=1$ 을 대입하고 두 식을 연립하면 $2x^2-6x-b=0$. 조건 (나)에서 $\beta=\alpha+2$ 이므로

$\alpha+\beta=2\alpha+2=3$, $\alpha=\frac{1}{2}$ 이고 $\alpha\beta=\frac{1}{2}\times\frac{5}{2}=-\frac{b}{2}$, $b=-\frac{5}{2}$. 이처럼 두 식 $f(x)$ 와 $g(x)$ 를 연립하고 조건 (나)와 근과 계수의 관계를 이용하면 쉽게 해결할 수 있다. ㄴ은 양

변의 식의 의미를 파악해서 그래프를 이용하여 풀이하는 것이 가장 수월하다. α, β는 두 그래프의 교점이므로 $f(\alpha)=g(\alpha)$ 이고 $f(\beta)-g(\alpha)$는 두 교점의 y좌표의 차를 의미하며, $g(2a)=4a^2+b$는 $g(x)$의 최댓값, $f(a)=-a^2$이 $f(x)$의 최솟값이므로 ㄴ의 의미는 두 함수의 최댓값과 최솟값의 차와 두 그래프의 교점의 y좌표의 차의 대소관계를 비교하라는 것이다. 기울기의 부호가 다른 두 이차함수의 그래프가 어떠한 경우로 서로 다른 두 점에서 만나더라도 두 교점의 y좌표의 차는 최댓값과 최솟값의 차보다 작거나 같다. 해설의 풀이처럼 일일이 대칭축의 위치에 따라 그래프를 그려보지 않더라도 쉽게 짐작할 수 있을 것이다.

ㄷ 역시 식의 의미를 파악하는 것이 문제풀이의 핵심이다. $f(\beta)-g(\alpha)=5a^2+b$=최댓값과 최솟값의 차. 즉, 두 그래프의 교점이 두 그래프의 꼭짓점이다. 이를 만족하도록 그래프를 그리면 a, b를 쉽게 구할 수 있다. 이렇듯 식의 의미를 파악하는 것은 문제풀이에 큰 영향을 미친다. 식을 식으로만 보지 않고 의미를 파악하는 훈련은 꼭 필요한 과정이므로 꾸준히 연습하기 바란다.

---

22 다항식의 계산   정답률 86% | 정답 9

다항식 ❶ $(x+3)^3$ 을 전개한 식에서 x^2의 계수를 구하시오. [3점]

STEP 01 ❶을 전개한 후 x^2의 계수를 구한다.

$(x+3)^3=x^3+9x^2+27x+27$ 이므로
x^2의 계수는 9 이다.

● 핵심 공식

▶ 곱셈공식
(1) $(a\pm b)^2=a^2\pm 2ab+b^2$
(2) $(a+b)(a-b)=a^2-b^2$
(3) $(x+a)(x+b)=x^2+(a+b)x+ab$
(4) $(ax+b)(cx+d)=acx^2+(ad+bc)x+bd$
(5) $(x\pm a)(x\pm b)(x\pm c)=x^3\pm(a+b+c)x^2+(ab+bc+ca)x\pm abc$
(6) $(a+b+c)^2=a^2+b^2+c^2+2(ab+bc+ca)$
(7) $(a\pm b)^3=a^3\pm 3a^2b+3ab^2\pm b^3$
(8) $(a\pm b)(a^2\mp ab+b^2)=a^3\pm b^3$
(9) $(a+b+c)(a^2+b^2+c^2-ab-bc-ca)=a^3+b^3+c^3-3abc$
(10) $(a^2+ab+b^2)(a^2-ab+b^2)=a^4+a^2b^2+b^4$

---

23 이차방정식의 판별식   정답률 87% | 정답 7

x에 대한 이차방정식 ❶ $x^2-2x+a-6=0$ 이 중근을 갖도록 하는 상수 a의 값을 구하시오. [3점]

STEP 01 ❶이 중근을 갖도록 ❶에서 판별식을 이용하여 a의 값을 구한다.

이차방정식 $x^2-2x+a-6=0$ 이 중근을 가지므로
판별식 $D=(-2)^2-4(a-6)=0$ 이다.
따라서 $a=7$ 이다.

---

24 연립부등식   정답률 77% | 정답 3

연립부등식
❶ $\begin{cases} 2x+1<x-3 \\ x^2+6x-7<0 \end{cases}$
의 해가 $\alpha<x<\beta$ 일 때, $\beta-\alpha$ 의 값을 구하시오. [3점]

STEP 01 ❶의 연립부등식을 풀어 해를 구한 후 $\beta-\alpha$의 값을 구한다.

부등식 $2x+1<x-3$ 의 해는 $x<-4$ 이고
$x^2+6x-7=(x-1)(x+7)<0$ 의 해는 $-7<x<1$ 이므로
연립부등식의 해는 $-7<x<-4$ 이다.
따라서 $\alpha=-7$, $\beta=-4$ 이므로
$\beta-\alpha=-4-(-7)=3$ 이다.

---

25 이차방정식의 해   정답률 65% | 정답 24

이차방정식 ❶ $x^2+4x-3=0$ 의 두 실근을 α, β라 할 때,
❷ $\dfrac{6\beta}{\alpha^2+4\alpha-4}+\dfrac{6\alpha}{\beta^2+4\beta-4}$ 의 값을 구하시오. [3점]

STEP 01 ❶에서 $\alpha^2+4\alpha-4$, $\beta^2+4\beta-4$ 를 구한 후 ❷에 대입하고 근과 계수의 관계를 이용하여 값을 구한다.

이차방정식 $x^2+4x-3=0$ 의 두 근이 α, β 이므로
$\alpha^2+4\alpha-3=0$, $\beta^2+4\beta-3=0$ 이 성립한다. 따라서
$\alpha^2+4\alpha-4=-1$, $\beta^2+4\beta-4=-1$ 이므로
$\dfrac{6\beta}{\alpha^2+4\alpha-4}+\dfrac{6\alpha}{\beta^2+4\beta-4}=-6(\beta+\alpha)$ 이다.
근과 계수의 관계에 따라 $\alpha+\beta=-4$ 이므로
$\dfrac{6\beta}{\alpha^2+4\alpha-4}+\dfrac{6\alpha}{\beta^2+4\beta-4}=-6(\alpha+\beta)=24$ 이다.

● 핵심 공식

▶ 이차방정식의 근과 계수의 관계
이차방정식 $ax^2+bx+c=0$ (단, $a\neq 0$)의 두 근을
α, β라고 하면, $\alpha+\beta=-\dfrac{b}{a}$, $\alpha\beta=\dfrac{c}{a}$

---

26 복소수의 성질   정답률 70% | 정답 12

실수 a에 대하여 복소수 $z=a+2i$ 가 ❶ $\bar{z}=\dfrac{z^2}{4i}$ 을 만족시킬 때, a^2의 값을 구하시오. (단, $i=\sqrt{-1}$ 이고, $\bar{z}$ 는 z의 켤레복소수이다.) [4점]

STEP 01 z, $\bar{z}$ 를 ❶에 대입한 후 정리하여 a^2의 값을 구한다.

$\bar{z}=\dfrac{z^2}{4i}$ 에서 $4i\bar{z}=z^2$ 이다.
$z=a+2i$ 이면 $\bar{z}=a-2i$ 이므로
$4i\bar{z}=z^2$ 에 대입하면
$4i(a-2i)=(a+2i)^2$, $4ai+8=a^2+4ai-4$ 이다.
따라서 $a^2-12=0$ 이므로
$a^2=12$ 이다.

---

27 이차함수의 성질   정답률 35% | 정답 50

❶ 최고차항의 계수가 a $(a>0)$ 인 이차함수 $f(x)$ 가 다음 조건을 만족시킨다.

> (가) 직선 $y=4ax-10$ 과 함수 $y=f(x)$ 의 그래프가 만나는 두 점의 x 좌표는 1과 5이다.
> (나) $1\leq x\leq 5$ 에서 $f(x)$ 의 최솟값은 -8 이다.

$100a$ 의 값을 구하시오. [4점]

STEP 01 ❶과 조건 (가)에 의해 근과 계수의 관계를 이용하여 $f(x)-4ax+10$의 식을 세운 후 $f(x)$를 구한다.

이차함수 $y=f(x)$ 의 그래프와
직선 $y=4ax-10$ 의 교점의 x 좌표가 1, 5이므로
이차방정식 $f(x)=4ax-10$ 의 두 실근은 1, 5이다.
$f(x)$ 의 이차항의 계수가 a 이므로
이차방정식의 근과 계수의 관계에 의해
$f(x)-4ax+10=a(x^2-6x+5)$
로 둘 수 있다.

STEP 02 $f(x)$를 표준형으로 바꾼 후 조건 (나)를 이용하여 a를 구한다.

$f(x)=ax^2-6ax+5a+4ax-10$
$\quad\quad=ax^2-2ax+5a-10$
$\quad\quad=a(x-1)^2+4a-10$ 이다.
한편, $a>0$ 이고 $1\leq x\leq 5$ 에서
$f(x)$ 의 최솟값이 -8 이므로 $f(1)=-8$ 이다.
$f(1)=4a-10=-8$ 에서 $a=\dfrac{1}{2}$ 이다.
따라서 $100a=50$ 이다.

● 핵심 공식

정의역이 $\{x|\alpha\leq x\leq\beta\}$로 주어진 이차함수는 최댓값과 최솟값을 모두 가지며, 최댓값과 최솟값은 이차함수의 그래프를 이용하여 구할 수 있다. 이때, $x=\alpha$, $x=\beta$, 꼭짓점의 값을 대입하여 구할 수 있다.

28 인수정리   정답률 33% | 정답 24

두 이차다항식 $P(x)$, $Q(x)$가 다음 조건을 만족시킨다.

> (가) 모든 실수 x에 대하여 $2P(x)+Q(x)=0$이다.
> (나) $P(x)Q(x)$는 x^2-3x+2로 나누어 떨어진다.

❶ $P(0)=-4$일 때, $Q(4)$의 값을 구하시오. [4점]

STEP 01 조건 (가)를 조건 (나)에 이용하고 인수정리에 의해 미지수를 이용하여 $P(x)$를 놓는다.

(가)에서 $Q(x)=-2P(x)$이므로 $P(x)Q(x)=-2\{P(x)\}^2$이다.

(나)에 의해 $-2\{P(x)\}^2$을
x^2-3x+2로 나누었을 때의 몫을 $A(x)$라 하면
$-2\{P(x)\}^2=(x^2-3x+2)A(x)$이고
$\{P(x)\}^2=(x-1)(x-2)\left\{-\dfrac{1}{2}A(x)\right\}$이다.

$P(x)$는 이차다항식이고
$\{P(x)\}^2$이 $x-1$과 $x-2$를 인수로 가지므로
$P(x)$도 $x-1$과 $x-2$를 인수로 가진다.
그러므로
$P(x)=a(x-1)(x-2)$,
$Q(x)=-2a(x-1)(x-2)$ $(a\neq 0$인 실수$)$라 하자.

STEP 02 ❶을 이용하여 $P(x)$, $Q(x)$를 구한 다음 $Q(4)$의 값을 구한다.

$P(0)=2a=-4$에서 $a=-2$이므로
$P(x)=-2(x-1)(x-2)$,
$Q(x)=4(x-1)(x-2)$이다.
따라서 $Q(4)=4\times 3\times 2=24$이다.

> **★★ 문제 해결 꿀~팁 ★★**
>
> ▶ 문제 해결 방법
> 조건 (가)에서 두 다항식 $P(x)$와 $Q(x)$의 관계를 알려 주었으므로 결국 두 식 중 하나만 구하면 되는 문제이다. $Q(x)=-2P(x)$를 조건 (나)에 대입하고 인수정리에 의해 조건 (나)를 정리하면 $\{P(x)\}^2=(x-1)(x-2)\left\{-\dfrac{1}{2}A(x)\right\}$이고 $\{P(x)\}^2$이 $x-1$과 $x-2$를 인수로 가지므로 $P(x)$도 $x-1$과 $x-2$를 인수로 가지고 $P(x)=a(x-1)(x-2)$라 할 수 있다. $P(0)=-4$이므로 $a=-2$. 이제 $-2P(4)$를 구하면 된다. 인수정리에 대한 기본적인 개념이 정리되어 있으면 수월하게 해결할 수 있는 문제이다.

29 이차함수의 최대, 최소   정답률 20% | 정답 11

$-2\leq x\leq 5$에서 정의된 이차함수 $f(x)$가 ❶ $f(0)=f(4)$,
❷ $f(-1)+|f(4)|=0$을 만족시킨다. 함수 ❸ $f(x)$의 최솟값이 -19일 때, $f(3)$의 값을 구하시오. [4점]

STEP 01 ❶에서 $f(x)$의 대칭축을 구하고 $f(x)$의 그래프의 방향에 따른 그래프의 개형을 그려 ❷를 만족하는 그래프를 찾는다.

$f(0)=f(4)$이므로 이차함수 $f(x)$의 대칭축은
$x=2$이다.
$f(x)=a(x-2)^2+b$ $(a,\ b$는 상수, $a\neq 0)$라 하자.
이차함수 $f(x)$의 대칭축이 $x=2$이므로
$f(-1)\neq f(4)$이다.
따라서 $f(-1)+|f(4)|=0$에서
$f(-1)=f(4)=0$은 성립하지 않으므로
$f(-1)=-|f(4)|<0$이고
$|f(-1)|=|f(4)|$ ······ ㉠
이다.
(i) $a>0$인 경우

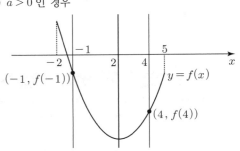

$f(4)<f(-1)<0$이 되어 ㉠을 만족시키지 않는다.
(ii) $a<0$인 경우

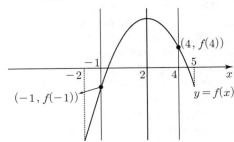

㉠에서 $f(-1)<0$이므로 $f(4)>0$이다.

STEP 02 ❷와 ❸을 이용하여 a, b의 값을 구한 후 $f(3)$의 값을 구한다.

$f(-1)+|f(4)|=0$에서
$f(-1)+f(4)=13a+2b=0$ ······ ㉡
이다.
$a<0$이므로 $-2\leq x\leq 5$에서 함수 $f(x)$의 최솟값은
$f(-2)=16a+b=-19$ ······ ㉢
이다.
㉡과 ㉢을 연립하면 $a=-2$, $b=13$이다.
따라서 $f(x)=-2(x-2)^2+13$이므로
$f(3)=11$이다.

> **★★ 문제 해결 꿀~팁 ★★**
>
> ▶ 문제 해결 방법
> $f(0)=f(4)$에서 이차함수 $f(x)$의 대칭축은 $x=2$이다. 그러므로 $f(x)=a(x-2)^2+b$라 할 수 있다.
> $f(-1)+|f(4)|=0$에서 $f(-1)\neq f(4)$이므로 $|f(-1)|=|f(4)|$이고 $f(-1)<0$, $f(4)>0$이다.
> 이제 이차함수의 그래프의 방향에 따라 그래프의 개형을 그려 조건을 만족하는 그래프를 찾아야 한다. 이렇게 몇 가지 조건이 주어진 상황에서 그래프를 그려서 문제를 풀이하는 것이 훨씬 효율적이다. 그래프를 그려보면 기울기가 양수인 경우는 $f(4)<f(-1)<0$이므로 조건을 성립하지 않는다. 기울기가 음수인 경우에 조건을 만족한다. 조건을 만족하는 그래프를 찾았으므로 중요한 고비는 모두 넘겼다. 다음으로는 $f(-1)+|f(4)|=0$과 $f(x)$의 최솟값 $f(-2)=-19$. 두 조건을 이용하여 a, b를 구하면 된다.
> 주어진 조건을 만족하도록 이차함수의 그래프의 개형을 그리는 연습을 충분히 해야 한다.

30 곱셈 공식의 활용   정답률 21% | 정답 16

선분 AB를 지름으로 하는 반원이 있다. 그림과 같이 호 AB 위의 점 P에서 선분 AB에 내린 수선의 발을 Q라 하고, 선분 AQ와 선분 QB를 지름으로 하는 반원을 각각 그린다. ❶ 호 AB, 호 AQ 및 호 QB로 둘러싸인 ⌒ 모양 도형의 넓이를 S_1, ❷ 선분 PQ를 지름으로 하는 반원의 넓이를 S_2라 하자. ❸ $\overline{AQ}-\overline{QB}=8\sqrt{3}$이고 $S_1-S_2=2\pi$일 때, ❹ 선분 AB의 길이를 구하시오. [4점]

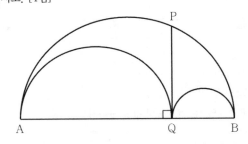

STEP 01 $\overline{AQ}$, $\overline{QB}$를 각각 미지수로 놓고 ❶을 구한다.

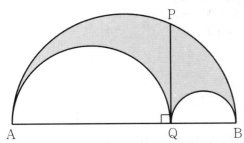

$\overline{AQ}=x$, $\overline{QB}=y$라 하자.
$S_1=\dfrac{\pi}{2}\left(\dfrac{x+y}{2}\right)^2-\dfrac{\pi}{2}\left(\dfrac{x}{2}\right)^2-\dfrac{\pi}{2}\left(\dfrac{y}{2}\right)^2=\dfrac{\pi}{4}xy$이다.

$\triangle$AQP $\backsim$ $\triangle$PQB 이므로

$\overline{AQ} : \overline{PQ} = \overline{PQ} : \overline{BQ}$

이다. 따라서

$\overline{PQ}^2 = \overline{AQ} \times \overline{BQ} = xy$ 이다.

그러므로

$S_2 = \dfrac{\pi}{2}\left(\dfrac{\overline{PQ}}{2}\right)^2 = \dfrac{\pi}{8}xy$ 이다.

STEP 03 ❸의 두 식과 곱셈공식을 이용하여 ❹를 구한다.

$S_1 - S_2 = \dfrac{\pi}{8}xy = 2\pi$ 에서 $xy = 16$ 이고

$\overline{AQ} - \overline{QB} = 8\sqrt{3}$ 에서 $x - y = 8\sqrt{3}$ 이므로

$$\begin{aligned}(\overline{AB})^2 &= (\overline{AQ} + \overline{QB})^2 \\ &= (x+y)^2 \\ &= (x-y)^2 + 4xy \\ &= 192 + 64 = 256\end{aligned}$$ 이다.

따라서 $\overline{AB} = 16$ 이다.

다른 풀이

$\angle APB = 90^\circ$ 이므로

$\overline{AP}^2 + \overline{BP}^2 = (x+y)^2$ ……①

$\angle AQP = 90^\circ$, $\angle PQB = 90^\circ$ 이므로

$\overline{PQ}^2 = \overline{AP}^2 - x^2 = \overline{BP}^2 - y^2$ ……②

①에서 $\overline{AP}^2 = (x+y)^2 - \overline{BP}^2$을 ②에 대입하면

$2\overline{BP}^2 = (x+y)^2 + y^2 - x^2 = 2xy + 2y^2$이므로

$\overline{BP}^2 = xy + y^2$ ……③

③을 ②에 대입하면 $\overline{PQ}^2 = xy$이다.

●핵심 공식

▶ 곱셈공식

(1) $(a \pm b)^2 = a^2 \pm 2ab + b^2$ (복부호동순)

(2) $(a+b)(a-b) = a^2 - b^2$

(3) $(x+a)(x+b) = x^2 + (a+b)x + ab$

(4) $(ax+b)(cx+d) = acx^2 + (ad+bc)x + bd$

(5) $(a \pm b)^3 = a^3 \pm 3a^2b + 3ab^2 \pm b^3$ (복부호동순)

(6) $(a \pm b)(a^2 \mp ab + b^2) = a^3 \pm b^3$ (복부호동순)

(7) $(a+b+c)(a^2+b^2+c^2-ab-bc-ca)$
$\quad = a^3 + b^3 + c^3 - 3abc$

▶ 곱셈공식의 변형

(1) $a^2 + b^2 = (a+b)^2 - 2ab = (a-b)^2 + 2ab$

(2) $a^3 \pm b^3 = (a \pm b)^3 \mp 3ab(a \pm b)$ (복부호동순)

(3) $a^2 + b^2 + c^2 = (a+b+c)^2 - 2(ab+bc+ca)$

★★ 문제 해결 꿀~팁 ★★

▶ 문제 해결 방법

먼저 S_1과 S_2를 구해야 하는데 두 반원의 지름이나 반지름을 미지수로 잡는 것이 편하다. $\overline{AQ} = x$, $\overline{QB} = y$ 라 하고 S_1을 구한 후 삼각형의 닮음을 이용해도 좋고 다른 풀이처럼 피타고라스의 정리를 이용해도 좋다. $\overline{PQ}$를 구하려면 보조선을 그리는 게 우선이다. $\overline{PQ}$를 한 변으로 하는 두 개의 직각삼각형을 각각 그릴 수 있어야 이 문제를 해결할 수 있다.

도형문제에서 보조선을 어떻게 그리느냐가 문제를 푸는 핵심이 되는 경우가 많은데 구하려는 선분을 한 변으로 하는 직각삼각형이나 정삼각형을 그리는 것은 자주 쓰이는 방법이다. $\overline{PQ}$를 구한 후 S_2를 구하고 문제에서 주어진 조건을 이용하면 $xy = 16$, $x - y = 8\sqrt{3}$를 얻을 수 있다.

구하려는 것이 $(x+y)^2$이므로 곱셈공식을 이용하면 답을 구할 수 있다.

• 정답 •

01 ② 02 ③ 03 ① 04 ⑤ 05 ④ 06 ④ 07 ⑤ 08 ④ 09 ③ 10 ③ 11 ② 12 ① 13 ④ 14 ④ 15 ②
16 ① 17 ⑤ 18 ① 19 ⑤ 20 ④ ★21 ④ 22 ⑤ ★23 ⑤ ★24 ② 25 ④ 26 ⑤ 27 ④ 28 ③ 29 ② 30 ④
★31 ① 32 ④ 33 ③ ★34 ⑤ 35 ③ 36 ② 37 ② ★38 ④ 39 ④ 40 ① 41 ② ★42 ④ 43 ⑤ 44 ④ 45 ②

★ 표기된 문항은 [등급을 가르는 문제]에 해당하는 문항입니다.

---

01 | 특별 행사 안내 | 정답률 87% | 정답 ②

다음을 듣고, 여자가 하는 말의 목적으로 가장 적절한 것을 고르시오.

① 개관 시간 연장을 알리려고
☑ 작가 초청 행사를 안내하려고
③ 사진 촬영 자제를 당부하려고
④ 미술 강좌 회원을 모집하려고
⑤ 전시 장소 변경을 공지하려고

W : Good afternoon.
안녕하세요.
I'm the director of the Modern Gallery.
Modern Gallery의 관장입니다.
I hope you are enjoying the exhibition of the works of Steve Kim, the world-famous photographer.
여러분께서 세계적으로 유명한 사진작가인 Steve Kim의 작품 전시회를 즐기고 계시기를 바랍니다.
Today, there will be a special event for our visitors.
오늘, 저희 방문객들을 위한 특별 행사가 있을 예정입니다.
We invited Steve Kim to the gallery to meet his fans and share his ideas about photography and life.
저희는 Steve Kim이 팬들을 만나 사진과 삶에 대한 생각을 나눌 수 있도록 그를 갤러리에 초대했습니다.
It will be a great opportunity to meet the artist in person.
예술가를 직접 만나는 것은 훌륭한 기회가 될 것입니다.
The event will start at three p.m. in the Design Hall and last for about an hour.
본 행사는 오후 3시에 Design Hall에서 시작되어 한 시간 정도 계속될 것입니다.
If you're interested, please come to the hall and be seated before the event begins.
관심이 있으시다면, 행사가 시작하기 전에 홀에 오셔서 착석해 주십시오.
For more information, you can get a pamphlet at the reception desk.
더 많은 정보를 원하신다면, 안내 데스크에서 팸플릿을 가져가시기 바랍니다.
Thank you.
고맙습니다.

Why? 왜 정답일까?

담화에서 여자는 특별 행사를 위해 사진작가인 Steve Kim을 갤러리에 초대하였다(We invited Steve Kim to the gallery to meet his fans and share his ideas about photography and life.)고 이야기한다. 따라서 여자가 하는 말의 목적으로 가장 적절한 것은 ② '작가 초청 행사를 안내하려고'이다.

● director ⓝ 감독, 책임자
● opportunity ⓝ 기회
● last ⓥ 계속되다, 지속되다
● world-famous 세계적으로 유명한
● in person 직접, 몸소
● reception desk 안내 데스크

---

02 | 새우 섭취의 긍정적 영향 | 정답률 88% | 정답 ③

대화를 듣고, 남자의 의견으로 가장 적절한 것을 고르시오.

① 다양한 영양소의 섭취는 성장에 필수적이다.
② 식품 구매 시 영양 성분의 확인이 필요하다.
☑ 새우를 섭취하는 것은 건강에 도움이 된다.
④ 체중 관리는 균형 잡힌 식단에서 비롯된다.
⑤ 음식을 조리할 때 위생 관리가 중요하다.

M : Brenda, my uncle bought a shrimp pizza. Help yourself.
Brenda, 우리 삼촌이 새우 피자를 사 오셨어. 많이 먹어.
W : Oh! But I don't like shrimp.
오! 난 그런데 새우를 좋아하지 않아.
M : Really? Do you have an allergy to shrimp?
그래? 너 새우 알레르기가 있니?
W : No. I've heard shrimp is a little high in cholesterol. So, I think it isn't good for our health.
아니. 난 새우가 콜레스테롤이 조금 높다고 들었어. 그래서 나는 그게 우리 건강에 좋지 않다고 생각해.
M : Hmm, that's a misunderstanding about shrimp.
흠, 그건 새우에 대한 오해야.
W : You mean eating shrimp has a positive effect on health?
네 말은 새우를 먹으면 건강에 긍정적인 영향이 있다는 거야?
M : Of course. It can increase your level of good cholesterol.
물론이지. 그것은 좋은 콜레스테롤 수치를 증가시킬 수 있어.
W : Oh, I didn't know that.
오, 난 그건 몰랐어.
M : Eating shrimp can give us vitamins and minerals. Plus, shrimp is low-calorie.
새우를 먹는 것은 우리에게 비타민과 무기질을 줄 수 있어. 더구나 새우는 칼로리가 낮아.
W : Then it might be good to add shrimp to my diet.
그럼 내 식단에 새우를 첨가하는 것이 좋을지도 모르겠네.
M : Sure. It would be helpful to your health.
물론이지. 네 건강에 도움이 될 거야.
W : I guess I didn't know much about shrimp. I'll give it a try.
내가 새우에 대해 잘 몰랐나 봐. 시도해 볼게.

Why? 왜 정답일까?

'You mean eating shrimp has a positive effect on health? / Of course.'와 'It would be helpful to your health.'에서 남자는 새우를 먹는 것이 건강에 긍정적인 영향을 준다고 생각하고 있음을 알 수 있으므로, 남자의 의견으로 가장 적절한 것은 ③ '새우를 섭취하는 것은 건강에 도움이 된다.'이다.

- **misunderstanding** ⓝ 오해
- **add A to B** A를 B에 첨가하다
- **give it a try** 시도하다, 한번 해 보다
- **have an effect on** ~에 영향을 미치다
- **diet** ⓝ 식사, 식단

---

03 병결 관련 통화 | 정답률 89% | 정답 ①

대화를 듣고, 두 사람의 관계를 가장 잘 나타낸 것을 고르시오.

☑ 교사 – 학부모
② 의사 – 환자
③ 간병인 – 보호자
④ 상담사 – 학생
⑤ 편집장 – 신문 기자

[Telephone Rings.]
[전화벨이 울린다.]

W : Hello. This is Monica Jones.
여보세요. Monica Jones입니다.

M : Hello. This is John Lewis, Sally's father.
여보세요. 저는 Sally의 아빠인 John Lewis입니다.

W : Hello, Mr. Lewis. Has Sally gotten any better?
안녕하세요, Lewis 씨. Sally가 좀 나아졌나요?

M : Yes. She doesn't have a high fever anymore.
네. 이제 고열은 없어요.

W : Glad to hear that.
그렇다니 기쁘군요.

M : But the doctor said that Sally needs to stay home this week.
하지만 의사 선생님이 이번 주에는 Sally가 집에 있어야 한다네요.

W : I see. Do you think she'll come to school next Monday?
알겠어요. 다음 주 월요일에는 Sally가 학교에 나올 수 있을까요?

M : I think so. But, Sally's worried that she won't be able to submit her school newspaper article on time.
그럴 것 같습니다. 하지만, Sally는 학교 신문 기사를 제때 내지 못할까봐 걱정을 하고 있어요.

W : Oh, please tell her not to worry about it. The newspaper editor is also taking my class, so I'll talk to him.
오, 걱정하지 말라고 전해주세요. 신문 편집장이 제 수업을 듣고 있으니, 제가 이야기할게요.

M : Thank you so much.
정말 감사합니다.

Why? 왜 정답일까?

대화에서 남자는 자신이 Sally라는 학생의 부모임을 밝히고(This is John Lewis, Sally's father.), 여자는 Sally가 학교에 올 수 있는지를 확인하며 자신이 교사임을 드러낸다(Do you think she'll come to school next Monday?). 따라서 두 사람의 관계로 가장 적절한 것은 ① '교사 — 학부모'이다.

- **get better** (몸이) 나아지다
- **submit** ⓥ 제출하다
- **on time** 제때, 제 시간에
- **fever** ⓝ 열, 열병
- **article** ⓝ 기사
- **editor** ⓝ 편집장, 편집자

---

04 과학의 날 행사 사진 | 정답률 86% | 정답 ⑤

대화를 듣고, 그림에서 대화의 내용과 일치하지 않는 것을 고르시오.

M : Mom, this is a picture from Science Day.
엄마, 이건 과학의 날 행사 사진이에요.

W : Let me see. 「The woman wearing glasses must be your science teacher.」①의근거 일치
보자. 안경을 쓰고 있는 여자 분이 너희 과학 선생님이시겠구나.

M : Yes, she is. She helped me a lot. 「Do you see the rocket next to the flower pot?」②의근거 일치
네, 맞아요. 그녀는 저를 많이 도와주셨어요. 화분 옆에 로켓이 보이세요?

W : Oh, it looks fantastic! Who made it?
오, 근사해 보인다! 누가 만들었니?

M : I made it myself. I received a lot of good comments about it.
제가 직접 만들었어요. 그것에 대해 많은 호평을 받았어요.

W : Good job. 「What are the two pictures on the wall?」③의근거 일치
잘했어. 벽에 사진 두 점은 뭐니?

M : They are pictures of great scientists.
위대한 과학자들의 사진이에요.

W : I see. 「And there is a robot in front of the window.」④의근거 일치
그렇구나. 그리고 창문 앞에 로봇이 하나 있네.

M : Yeah, my class put all the parts of the robot together.
네, 저희 반 친구들이 그 로봇의 모든 부품을 조립했어요.

W : Sounds great. 「I can see a star-shaped clock on the table, too.」⑤의근거 불일치
멋지구나. 탁자 위에 별 모양 시계도 보여.

M : My teacher showed us how to make it with a 3D-printer, and it was very exciting.
저희 선생님이 저희에게 3D 프린터로 그것을 만드는지 보여주셨어요. 정말 신났어요.

W : You must've had a great time.
분명 멋진 시간을 보냈겠구나.

Why? 왜 정답일까?

대화에서는 탁자 위에 별 모양 시계가 있다고 하는데(I can see a star-shaped clock on the table, too.), 그림에는 시계가 하트 모양이다. 따라서 그림에서 대화의 내용과 일치하지 않는 것은 ⑤이다.

- **flower pot** 화분
- **put together** ~을 조립하다
- **star-shaped** ⓐ 별 모양의
- **comment** ⓝ 의견
- **part** ⓝ 부품

---

05 깜짝 파티 준비 | 정답률 91% | 정답 ④

대화를 듣고, 남자가 여자에게 부탁한 일로 가장 적절한 것을 고르시오.

① 음식 만들기
② 꽃 사러 가기
③ 친구 초대하기
☑ 거실 청소하기
⑤ 식료품 구입하기

W : Dad, where are you going?
아빠, 어디 가세요?

M : I'm going to the grocery store. We're having a surprise party this evening.
식료품 가게에 간단다. 우린 오늘 저녁에 깜짝 파티를 할 거야.

W : Really? Is it a special day today?
진짜요? 오늘 특별한 날이에요?

M : Yes. Mom was promoted at work, so we're going to celebrate.
응. 네 엄마가 직장에서 승진을 해서, 축하를 할 거야.

W : Oh, good for her. I'm sure she'll love the party.
오, 잘됐네요. 엄마는 분명 파티를 좋아할 거예요.

M : I hope so. I'm thinking of making steak and seafood pasta for dinner.
그러길 바라. 저녁으로 스테이크랑 해산물 파스타를 만들까 생각 중이란다.

W : Sounds perfect. Will there be any guests?
완벽한 것 같아요. 혹시 손님도 오시나요?

M : Yes. I invited a couple of our friends.
응. 우리 친구 몇 명을 초대했어.

W : Good. I also want to help. Shall I go buy some flowers for the dinner table?
좋아요. 저도 돕고 싶어요. 저녁 식탁에 둘 꽃을 가서 좀 사올까요?

M : No. I'll do that. Can you clean the living room instead?
아냐. 내가 하마. 대신 거실을 청소할 수 있겠니?

W : Sure. I'll make it neat and tidy before you come back.
물론이죠. 아빠 오시기 전에 깔끔하고 깨끗하게 해 둘게요.

M : Thanks. That's very kind of you.
고맙다. 정말 착하구나.

Why? 왜 정답일까?

대화에서 남자는 아내의 승진을 축하하기 위해 깜짝 파티를 준비하려 한다며 딸인 여자에게 거실 청소를 부탁하고 있다(Can you clean the living room instead?). 따라서 남자가 여자에게 부탁한 일로 가장 적절한 것은 ④ '거실 청소하기'이다.

- **grocery store** 식료품 가게
- **at work** 직장에서, 일터에서
- **a couple of** 두엇의, 몇몇의
- **tidy** ⓐ 깨끗한, 깔끔한
- **promote** ⓥ 승진하다
- **celebrate** ⓥ 축하하다, 기념하다
- **neat** ⓐ 깔끔한, 정돈된

---

06 아들을 위해 야구 용품 사기 | 정답률 85% | 정답 ④

대화를 듣고, 남자가 지불할 금액을 고르시오.

① $15
② $30
③ $48
☑ $54
⑤ $60

W : Hello. Can I help you?
안녕하세요. 도와드릴까요?

M : Yes. I want to buy a baseball bat for my son. He is 11 years old.
네. 전 제 아들을 위해 야구 방망이를 사고 싶어요. 그 애는 11살이에요.

W : How about this baseball bat? It's the most popular. It's 30 dollars.
이 야구 방망이는 어떠세요? 제일 인기 있는 것이에요. 30달러입니다.

M : Okay. I'll take one bat. Do you also have baseball gloves?
알겠습니다. 하나를 살게요. 야구 글러브도 있나요?

W : Sure. How about this glove? It's soft and comfortable.
물론이죠. 이 글러브는 어떠세요? 부드럽고 편합니다.

M : How much is it?
얼마죠?

W : It's 15 dollars.
15달러입니다.

M : Hmm... That's reasonable. I'll buy two gloves.
흠... 적당하네요. 글러브 두 개를 살게요.

W : Okay. Don't you need any safety balls for children? They are light and soft.
알겠습니다. 아이들용 안전구가 좀 필요하지 않으신가요? 가볍고 부드러워요.

M : I think I've got all I need. Can I use this coupon?
제가 필요한 건 다 산 것 같네요. 제가 이 쿠폰을 쓸 수 있나요?

W : Of course. Then you can get 10% off the total price.
물론이죠. 그럼 총 가격에서 10퍼센트를 할인받으실 수 있어요.

M : Great. I'll use the coupon and pay by credit card.
훌륭해요. 전 이 쿠폰을 쓰고 신용 카드로 지불할게요.

Why? 왜 정답일까?

대화에 따르면 남자는 30달러짜리 야구 방망이를 한 개, 15달러짜리 야구 글러브를 두 개 산 후, 총 가격에서 10퍼센트를 할인받았다. 이를 식으로 나타내면 '(30+15×2)×0.9=54'이므로, 남자가 지불할 금액은 ④ '$54'이다.

- **baseball bat** 야구용 배트
- **comfortable** ⓐ 편한
- **safety** ⓝ 안전(성)
- **soft** ⓐ 부드러운
- **reasonable** ⓐ (가격이) 적당한

---

07 주말 일정 이야기하기 | 정답률 84% | 정답 ⑤

대화를 듣고, 여자가 남자와 함께 뮤지컬을 보러 갈 수 없는 이유를 고르시오.

① 표를 구하지 못해서
② 회사에 출근해야 해서

[문제편 p.173]

③ 해외여행을 가기로 해서　　　　④ 다른 친구를 만나기로 해서
✓⑤ 부모님과 주말을 보내야 해서

M : Hi, Jane. I got two free tickets for the musical *Lion King*. Can you go with me this Saturday?
안녕, Jane. 난 *Lion King* 뮤지컬 공짜 티켓을 받았어. 나랑 이번 주 토요일에 갈 수 있어?
W : I'd love to, but I don't think I can.
정말 그러고 싶은데, 못 갈 것 같아.
M : Do you have to work that day?
그날 일해야 되는 거야?
W : No, it's not about work.
아니, 일 때문이 아냐.
M : Then, why not? I thought you were a big fan of musicals.
그럼, 왜 안 돼? 난 네가 뮤지컬을 무척 좋아하는 줄 알았는데.
W : Of course, I am. But my parents are coming all the way from Canada to see me.
당연히 그렇지. 그런데 우리 부모님이 날 보러 캐나다에서 먼 길을 오실 거야.
M : Oh, that's great. When did you last see them?
오, 정말 잘됐다. 언제 마지막으로 뵀어?
W : Two years ago. So I think I need to spend this weekend with them.
2년 전에. 그래서 이번 주말에는 부모님과 있어야 할 것 같아.
M : Okay. No problem. I'll find someone else to go with me then.
알았어. 괜찮아. 그럼 널 갈 다른 사람 찾아보지 뭐.

Why? 왜 정답일까?

대화에서 남자는 여자에게 뮤지컬을 함께 보러 가자고 제안하는데 여자는 부모님이 캐나다에서 오셔서 부모님과 함께 주말을 보내야 한다(So I think I need to spend this weekend with them.)고 이야기한다. 따라서 여자가 남자와 함께 뮤지컬을 보러 갈 수 없는 이유로 적절한 것은 ⑤ '부모님과 주말을 보내야 해서'이다.

- **free** ⓐ 공짜의, 무료의
- **spend** ⓥ (시간을) 보내다
- **be a big fan of** ~을 무척 좋아하다
- **else** ⓐⓓ 다른

08　고교생 대상 진로 캠프 추천하기　　정답률 80% | 정답 ④

대화를 듣고, Career Vision Camp에 관해 언급되지 <u>않은</u> 것을 고르시오.
① 참가 대상　　　② 등록 비용　　　③ 지원 마감일
✓④ 기념품　　　⑤ 행사 장소

[Door knocks.]
[문을 노크하는 소리가 난다.]
M : Can I come in, Ms. Wilson?
들어가도 될까요, Wilson 선생님?
W : Sure, come on in. [Pause] Oh, Peter. I was waiting for you to come. How's your career search going?
물론이지, 들어오렴. [잠시 멈춤] 오, Peter. 난 네가 오기를 기다리고 있었어. 네 진로 탐색은 어떻게 되어 가니?
M : I'm still trying to find some information about my future career.
제 미래 직업에 관한 정보를 아직 좀 찾고 있어요.
W : Good. So I'd like to recommend the Career Vision Camp to you.
좋아. 그래서 나는 네게 Career Vision Camp를 추천할까 해.
M : Okay. 「I heard that the camp is only for high school students.」Is that right? ①의근거 일치
그렇군요. 전 그 캠프가 고등학생만을 위한 것이라 들었어요, 맞나요?
W : Yes. It'll be helpful. 「Plus, there's no registration fee.」 ②의근거 일치
응. 도움이 될 거야. 게다가 등록 비용이 없어.
M : Great. 「Hmm, can you tell me when the application deadline is?」③의근거 일치
훌륭해요. 흠, 지원 마감일이 언제인지 말씀해 주실 수 있나요?
W : It's December 14th. You should hurry since it's first come, first served.
12월 14일이야. 선착순이기 때문에 서둘러야 한다.
M : I see. I will apply for the camp as soon as possible.
알겠어요. 가급적 빨리 캠프에 지원할게요.
W : 「It'll be held at the Lincoln Center near school.」You can get there easily. ⑤의근거 일치
이건 학교 근처인 Lincoln Center에서 열린단다. 넌 그곳에 쉽게 갈 수 있어.
M : Okay. Thank you.
알겠습니다. 고맙습니다.

Why? 왜 정답일까?

대화에서 남자와 여자는 Career Vision Camp의 참가 대상, 등록 비용, 지원 마감일, 행사 장소를 언급하였다. 따라서 언급되지 않은 것은 ④ '기념품'이다.

Why? 왜 오답일까?

① 'I heard that the camp is only for high school students.'에서 '참가 대상'이 언급되었다.
② 'Plus, there's no registration fee.'에서 '등록 비용'이 언급되었다.
③ 'It's December 14th.'에서 '지원 마감일'이 언급되었다.
⑤ 'It'll be held at the Lincoln Center near school.'에서 '행사 장소'가 언급되었다.

- **career search** 진로 탐색
- **application deadline** 지원 마감일
- **apply** ⓥ 지원하다
- **registration fee** 등록 비용
- **first come, first served** 선착순

09　독후감 대회 개최 안내　　정답률 82% | 정답 ③

Book Review Contest에 관한 다음 내용을 듣고, 일치하지 <u>않는</u> 것을 고르시오. [3점]
① 독서의 달을 기념하는 행사이다.
② 학생들은 누구나 참여할 수 있다.
✓③ 지정 도서에 대한 독후감을 작성해야 한다.
④ 독후감은 이달 말까지 제출해야 한다.
⑤ 우수작 세 편은 학교 잡지에 실릴 것이다.

W : Good morning, Central High School.
안녕하세요, Central High School 학생 여러분.
This is Kathy Miller, the school librarian.
학교 도서관 사서인 Kathy Miller입니다.

「In order to celebrate this year's reading month, our school is going to hold a Book Review Contest.」①의근거 일치
올해의 독서의 달을 기념하기 위해, 우리 학교는 독후감 경진대회를 개최할 예정입니다.
「All students are invited to participate in the contest.」②의근거 일치
학생 분들은 누구나 대회에 참여하실 수 있습니다.
「You can write a review on any type of book, but the review must be your own original work.」③의근거 불일치
어떤 종류의 책이든 독후감을 쓰실 수 있는데, 독후감은 본인의 독창적인 작품이어야 합니다.
You can download a form from our school website.
학교 웹 사이트를 통해 서식을 내려 받으실 수 있습니다.
「Reviews should be submitted through e-mail by the end of this month.」④의근거 일치
독후감은 이달 말까지 이메일로 제출되어야 합니다.
「The best three works will be selected and published in our school magazine.」⑤의근거 일치
우수작 세 편이 선정되어 학교 잡지에 실릴 것입니다.
For more details, please visit the school website.
더 자세한 사항을 보시려면, 학교 웹 사이트를 방문해 주세요.
Thank you.
고맙습니다.

Why? 왜 정답일까?

'You can write a review on any type of book, but the review must be your own original work.'에서 어떤 종류의 책이든 독후감을 쓸 수 있다는 말을 통해 지정 도서가 없다는 점을 유추할 수 있으므로, Book Review Contest에 관한 내용과 일치하지 않는 것은 ③ '지정 도서에 대한 독후감을 작성해야 한다.'이다.

Why? 왜 오답일까?

① 'In order to celebrate this year's reading month, our school is going to hold a Book Review Contest.'의 내용과 일치한다.
② 'All students are invited to participate in the contest.'의 내용과 일치한다.
④ 'Reviews should be submitted through e-mail by the end of this month.'의 내용과 일치한다.
⑤ 'The best three works will be selected and published in our school magazine.'의 내용과 일치한다.

- **librarian** ⓝ 사서
- **participate in** ~에 참가하다
- **submit** ⓥ 제출하다
- **publish** ⓥ (신문이나 잡지에) 싣다, 출판하다
- **celebrate** ⓥ 기념하다, 축하하다
- **original** ⓐ 독창적인
- **through** prep ~을 통해

10　전기면도기 사기　　정답률 91% | 정답 ③

다음 표를 보면서 대화를 듣고, 여자가 구입할 전기면도기를 고르시오.

Electric Shaver

	Model	Price	Battery Life	Waterproof	Color
①	A	$55	20 minutes	×	black
②	B	$70	40 minutes	×	white
✓③	C	$85	60 minutes	○	black
④	D	$90	70 minutes	○	white
⑤	E	$110	80 minutes	○	black

M : Katie, what are you doing with your smartphone?
Katie, 스마트폰으로 뭐 하고 있어?
W : I'm searching for an electric shaver for my dad's birthday. Will you help me find a good one?
난 우리 아빠 생신을 위해 전기면도기를 찾아보고 있어. 내가 좋은 걸 찾도록 도와줄래?
M : Sure. Let me see... [Pause] How about this one?
물론이지. 어디 보자... [잠시 멈춤] 이거 어때?
W : Well, that's too expensive. 「I can't spend more than $100.」근거1 Price 조건
음, 그건 너무 비싸. 난 100달러 이상 쓸 수 없어.
M : Okay. 「And I think a 20-minute battery life is too short to use conveniently.」근거2 Battery Life 조건
알겠어. 그리고 내 생각에 20분짜리 배터리 수명은 편하게 쓰기에는 너무 짧아.
W : I think so, too. It needs frequent charging.
나도 그렇게 생각해. 그건 잦은 충전을 필요로 하지.
M : You're right. 「Does it need to be waterproof?」근거3 Waterproof 조건
네 말이 맞아. 그것이 방수가 되어야 할까?
W : Of course. He shaves in the shower every morning.
물론이지. 아빠는 매일 샤워 중에 면도를 하셔.
M : Then we have only two options left. Which color do you think is better?
그럼 우리에겐 두 가지 선택권만 남았네. 어떤 색이 더 나은 것 같아?
W : 「Dad likes black, so I'll buy the black one.」근거4 Color 조건
아빠는 검은색을 좋아하시니까, 난 검은색을 사겠어.
M : I think it's a nice choice.
좋은 선택인 것 같아.

Why? 왜 정답일까?

대화에 따르면 여자는 가격이 100달러를 넘지 않으면서, 배터리 수명이 20분보다 길고, 방수 기능이 있는 검은색 전기면도기를 구입하려고 한다. 따라서 여자가 구입할 전기면도기는 ③ 'C'이다.

- **search** ⓥ 찾다
- **battery life** 배터리 수명
- **charge** ⓥ 충전하다
- **waterproof** ⓐ 방수의
- **electric shaver** 전기면도기
- **conveniently** ⓐⓓ 편리하게
- **frequent** ⓐ 잦은, 빈번한

11　새로 연 레스토랑에 대해 이야기하기　　정답률 82% | 정답 ②

대화를 듣고, 여자의 마지막 말에 대한 남자의 응답으로 가장 적절한 것을 고르시오.
① I've never been there. - 난 저기 가 본 적이 없어.
✓② I really liked the food. - 음식이 정말 좋았어.

③ It sounds like a good idea. - 좋은 생각인 것 같아.
④ I didn't eat breakfast today. - 난 오늘 아침을 안 먹었어.
⑤ It wasn't open last weekend. - 지난 주말에는 안 열었더라.

W : Hey, look! There's an Italian restaurant over there.
　저기 봐! 저기 이탈리아 레스토랑이 생겼네.
M : It's newly opened. Last weekend I had lunch there with my friends.
　거기 새로 열었어. 지난주에 친구들하고 거기서 점심을 먹었지.
W : Really? What did you think of it?
　진짜? 어땠는데?
M : I really liked the food.
　음식이 정말 좋았어.

Why? 왜 정답일까?

대화에서 여자는 남자에게 새로 생긴 이탈리아 레스토랑에서 식사를 했다는 얘기를 듣고 어떻게 생각하는지(What did you think of it?) 묻고 있으므로, 이에 대한 남자의 응답으로 가장 적절한 것은 ② '음식이 정말 좋았어.'이다.

● What do you think of ~? ~은 어떠니?

---

12 대중교통을 이용하여 출근하기　정답률 82% | 정답 ①

대화를 듣고, 남자의 마지막 말에 대한 여자의 응답으로 가장 적절한 것을 고르시오.
✔ Okay. I'll take the subway then. - 알겠어요. 그럼 난 지하철을 탈게요.
② No. I didn't take your umbrella. - 아니요, 난 당신 우산을 안 가져갔어요.
③ Right. It was too much work. - 맞아요. 그건 너무 많은 일이었어요.
④ Yes. It will rain tomorrow. - 네. 내일은 비가 올 거예요.
⑤ Sorry. I can't drive a car. - 미안해요. 난 운전을 할 수 없어요.

M : Honey, look out the window. It's raining a lot.
　여보, 창밖을 봐요. 비가 많이 오고 있어요.
W : Yeah, I think it might be dangerous to drive to work.
　그러게요. 내 생각엔 운전해서 출근하는 게 위험할지도 모르겠어요.
M : You're right. You'd better use public transportation today.
　당신 말이 맞아요. 오늘 당신은 대중교통을 이용하는 게 좋겠어요.
W : Okay. I'll take the subway then.
　알겠어요. 그럼 난 지하철을 탈게요.

Why? 왜 정답일까?

남자는 밖에 비가 많이 온다며 여자에게 대중교통을 이용해 출근할 것을 권하고 있으므로(You'd better use public transportation today.), 여자의 응답으로 가장 적절한 것은 ① '알겠어요. 그럼 난 지하철을 탈게요.'이다.

● public transportation 대중교통

---

13 친구의 신발을 바꿔 신고 온 여자　정답률 85% | 정답 ④

대화를 듣고, 남자의 마지막 말에 대한 여자의 응답으로 가장 적절한 것을 고르시오. [3점]
Woman :
① I told her a scary story. - 그 애한테 무서운 이야기를 해 주었어.
② I said goodbye to her mother. - 그 애의 어머니께 작별 인사를 했어.
③ I asked her to do the homework. - 숙제를 하라고 요청했어.
✔ I apologized for my silly mistake. - 내 바보 같은 실수에 대해 사과했지.
⑤ I thanked her for helping me study. - 내 공부를 도와주어서 고맙다고 했어.

W : Chris, a funny thing happened to me yesterday.
　Chris, 어제 나한테 웃긴 일이 있었어.
M : Oh, really? Tell me about it.
　오, 정말? 얘기해 줘.
W : After school I visited Mina's house to do homework with her. Then I came back home before dinner.
　학교 끝나고 Mina네 집에 숙제를 같이 하러 갔었어. 그런 다음 저녁 먹기 전에 집에 돌아왔거든.
M : Well, I don't see why that's funny.
　음, 그게 왜 웃긴지 모르겠는데.
W : Hey, I'm not finished yet. While I was having dinner, I got a phone call from Mina.
　이봐, 아직 안 끝났어. 저녁을 먹다가 나는 Mina에게 전화를 받았어.
M : What did she say?
　그 애가 뭐래?
W : She said my shoes were still in her house!
　내 신발이 아직 자기 집에 있다는 거야!
M : Oh, what happened?
　오, 무슨 일이 일어난 거야?
W : By mistake, I came home wearing her shoes instead of mine. Her shoes looked almost the same as mine.
　실수로 난 내 신발 대신 그 애의 신발을 신고 온 거야. 그 애 신발이 내 것이랑 거의 똑같아 보였거든.
M : No doubt you were very embarrassed. So, what did you say to Mina?
　의심할 것도 없이 굉장히 당황했겠구나. 그래서, Mina한테는 뭐라고 했어?
W : I apologized for my silly mistake.
　내 바보 같은 실수에 대해 사과했지.

Why? 왜 정답일까?

대화에서 여자는 친구인 Mina의 집에 갔다가 신발을 바꾸어 신고 온 이야기(By mistake, I came home wearing her shoes instead of mine.)를 하고 있다. 이에 남자는 여자가 이러한 실수에 대해 Mina에게 뭐라고 했는지(So, what did you say to Mina?) 묻고 있으므로, 남자의 마지막 말에 대한 여자의 응답으로 가장 적절한 것은 ④ '내 바보 같은 실수에 대해 사과했지.'이다.

● visit ⓥ 가다, 방문하다, 체류하다
● instead of ~ 대신에
● by mistake 실수로
● embarrassed ⓐ 당황한, 민망한

---

14 결혼식 축가 부탁하기　정답률 88% | 정답 ④

대화를 듣고, 여자의 마지막 말에 대한 남자의 응답으로 가장 적절한 것을 고르시오.
Man : _____
① You're welcome. I'm glad that you really enjoyed the gift.
　천만에. 난 네가 정말로 선물을 좋아해준 게 기뻐.
② Don't worry about that. Everyone can learn from mistakes.
　그건 걱정하지 마. 모두는 실수를 통해 배울 수 있어.
③ Yeah, I've sung the song. I want to sing in harmony now.
　응, 난 그 노래를 불러봤어. 이제 화음을 넣어 부르고 싶어.
✔ Okay, I'll sing for you. I hope you won't expect too much.
　알겠어, 널 위해 노래할게. 네가 너무 많이 기대하지는 않길 바라.
⑤ I don't think so. It's not easy to choose a wedding ring.
　난 그렇게 생각 안 해. 결혼반지를 고르는 것은 쉽지 않아.

M : Hi, Emily! How are your wedding preparations going?
　안녕, Emily! 네 결혼 준비는 어떻게 돼 가?
W : They're going well so far. I reserved a wedding hall and ordered invitation cards.
　지금까지는 잘되고 있어. 난 결혼식장을 예약하고 청첩장을 주문했어.
M : Good. Everything's almost settled. It's on the first Saturday of July, right?
　좋네. 모든 게 거의 정해졌구나. 7월 첫 번째 토요일이지, 맞지?
W : Yes. Can you come?
　응. 올 수 있니?
M : Of course. Is there anything that I can help you with?
　물론이지. 뭐라도 내가 도와줄 건 없니?
W : Actually, I haven't decided who'll sing at the wedding. So, would you sing for me?
　사실, 난 결혼식에서 누가 노래를 부를지 정하지 못했어. 그러니, 네가 날 위해 노래해 줄래?
M : I'd love to, but I've never done anything like that before.
　그러고 싶은데, 난 그런 걸 전에 해본 적이 없어.
W : I heard you singing at the college song festival, so I know you're a good singer.
　난 네가 대학 노래 축제에서 노래하는 것을 들어서 네가 노래를 잘하는 걸 알아.
M : Thanks, but I'm afraid I may not sing well enough to do so at a wedding.
　고마워, 하지만 난 내가 결혼식에서 노래를 할 정도로 충분히 노래를 잘하는 건 아닌 것 같아.
W : Oh, please! I'm sure it would be the best wedding gift. I'd look forward to it.
　오, 제발! 분명 그건 최고의 결혼 선물이 될 거야. 기대돼.
M : Okay, I'll sing for you. I hope you won't expect too much.
　알겠어, 널 위해 노래할게. 네가 너무 많이 기대하지는 않길 바라.

Why? 왜 정답일까?

축가를 부탁하는 여자의 말에 남자가 망설이자 여자는 최고의 결혼 선물이 될 것이라며 남자를 거듭 설득한다(Oh, please! I'm sure it would be the best wedding gift. I'd look forward to it.). 따라서 남자의 응답으로 가장 적절한 것은 ④ '알겠어, 널 위해 노래할게. 네가 너무 많이 기대하지는 않길 바라.'이다.

● preparation ⓝ 준비
● wedding hall 예식장
● settle ⓥ 해결하다
● wedding ring 결혼반지
● reserve ⓥ 예약하다
● invitation card 초대장
● sing in harmony 화음을 넣어 노래하다

---

15 동생을 생일 파티에 데리고 가도 되는지 묻기　정답률 70% | 정답 ②

다음 상황 설명을 듣고, Julie가 Eric에게 할 말로 가장 적절한 것을 고르시오. [3점]
Julie : _____
① That's great. I've always wanted to meet your parents.
　그거 아주 좋다. 난 항상 너희 부모님을 뵙고 싶었어.
✔ Sure, you can bring him. The more people, the better.
　물론이지, 동생을 데려와도 돼. 사람이 많을수록 더 좋아.
③ Please don't bring anything. I'll get everything ready.
　부디 아무것도 가져오지 마. 모든 것을 내가 준비할게.
④ Never mind. Let's have dinner together another time.
　신경 쓰지 마. 다른 때 저녁을 함께 먹자.
⑤ Thank you for the invitation. I'll be there on time.
　초대해줘서 고마워. 제 시간에 갈게.

W : Julie's going to throw a birthday party this Friday evening.
　Julie는 이번 주 금요일 저녁 생일 파티를 열 것이다.
　She invites her friend Eric to the party.
　그녀는 친구 Eric을 파티에 초대한다.
　Eric wants to accept her invitation, but he has a problem.
　Eric은 그녀의 초대를 받아들이고 싶은데, 문제가 있다.
　His parents will go out for dinner on Friday, so his eight-year-old brother will have to stay home alone if he goes out.
　그의 부모님이 금요일 저녁에 외식을 하실 것이어서, 그가 외출을 하면 8살짜리 남동생이 집에 혼자 있어야 한다.
　Eric can't leave him alone, so he asks Julie if he can come to the party with his brother.
　Eric은 동생을 혼자 둘 수가 없어서, Julie에게 자기 남동생을 데려가도 되는지 묻는다.
　Julie wants to say it's okay because she'd like to have more guests at the party.
　Julie는 파티에 손님을 더 부르고 싶기 때문에 괜찮다고 말하고 싶다.
　In this situation, what would Julie most likely say to Eric?
　이 상황에서, Julie는 Eric에게 뭐라고 말할 것인가?
Julie : Sure, you can bring him. The more people, the better.
　물론이지, 동생을 데려와도 돼. 사람이 많을수록 더 좋아.

Why? 왜 정답일까?

Julie의 생일 파티에 초대를 받은 Eric은 자신이 외출하면 집에 홀로 남을 동생을 걱정하여 동생을 파티에 데려가고 싶어 하는데, 이에 Julie는 손님이 많을수록 더 좋다고 생각하여 괜찮다고 답하려 한다(Julie wants to say it's okay because she'd like to have more guests at the party.). 따라서 Julie가 Eric에게 할 말로 가장 적절한 것은 ② '물론이지, 동생을 데려와도 돼. 사람이 많을수록 더 좋아.'이다.

● throw a party 파티를 열다
● leave ⓥ 남겨두다
● invitation ⓝ 초대(장)

16-17 기후 변화로 인해 사라질 위험에 처한 음식

M : Hello, everyone. Last class we learned about the dangers of climate change.

안녕하세요, 여러분. 지난 수업에서 우리는 기후 변화의 위험에 대해 배웠습니다.

『Today, I'll tell you about some foods that might disappear because of climate change.』 16번의 근거

오늘은 기후 변화로 인해 사라질지도 모르는 음식에 대해 이야기하겠습니다.

『First of all, 70 percent of the world's coffee could disappear by 2080 due to climate change.』 17번 ①의 근거 일치

우선 기후 변화 때문에 2080년이면 세계 커피의 70퍼센트가 사라질 수도 있습니다.

In Africa, the amount of coffee produced has dropped by more than 50 percent.

아프리카에서는 커피 생산량이 50퍼센트 이상 떨어졌습니다.

『Secondly, avocados are also in danger.』 17번 ②의 근거 일치

둘째로, 아보카도 또한 위험에 처해 있습니다.

It usually takes 72 gallons of water to make just one pound of avocados.

아보카도는 단 1파운드를 생산하기 위해서는 보통 72갤런의 물이 필요합니다.

Climate change in California has resulted in a lack of water, so the avocado plants aren't producing enough fruit.

캘리포니아에서의 기후 변화는 물 부족을 초래했고, 그래서 아보카도 나무는 충분한 열매를 맺지 못하고 있습니다.

『Thirdly, warmer temperatures affect apple trees, too.』 17번 ③의 근거 일치

셋째로, 더 따뜻해진 기온은 사과나무에도 영향을 미칩니다.

To grow properly, apple trees need a certain period of cold weather.

사과나무는 제대로 자라기 위해서 일정 기간의 추운 날씨를 필요로 합니다.

Lack of cold weather time leads to lower apple production.

추운 날씨의 부족은 사과 생산량을 감소시킵니다.

『Finally, the unstable climatic conditions through crop season are causing a decrease in strawberry production in Florida.』 17번 ④의 근거 일치

마지막으로, 작물 제철 동안 불안정한 기후 조건은 플로리다의 딸기 생산량 감소를 야기하고 있습니다.

Specifically, hotter-than-normal weather has delayed the flowering and production of strawberries.

특히 보통보다 더운 날씨는 딸기의 개화와 생산을 지연시켰습니다.

Now, let me show you some slides about this issue.

이제, 이 문제에 대한 슬라이드를 좀 보여드리겠습니다.

- climate change 기후 변화
- result in ~을 낳다, 야기하다
- properly ad 제대로, 적절히
- production n 생산
- crop season 작물 제철
- delay v 지연시키다
- at risk 위험에 처한
- disappear v 사라지다
- affect v 영향을 미치다
- lead to ~을 야기하다
- unstable a 불안정한
- specifically ad 특히
- flowering n 개화

16 주제 파악   정답률 90% | 정답 ①

남자가 하는 말의 주제로 가장 적절한 것은?

☑ foods at risk due to climate change – 기후 변화 때문에 위험에 처한 음식들
② reasons why sea temperatures rise – 바다 수온이 상승하는 이유
③ animals and plants in the water – 물속의 동식물
④ requirements of growing crops – 작물을 키우는 데 있어 필수사항들
⑤ ways to solve global warming – 지구 온난화를 해결할 방법들

Why? 왜 정답일까?

'Today, I'll tell you about some foods that might disappear because of climate change.'에서 남자는 기후 변화로 인해 사라질지도 모르는 음식들에 관해 이야기하겠다고 하므로, 남자가 하는 말의 주제로 가장 적절한 것은 ① '기후 변화 때문에 위험에 처한 음식들'이다.

17 언급 유무 파악   정답률 90% | 정답 ⑤

언급된 음식이 아닌 것은?

① coffee – 커피
② avocados – 아보카도
③ apples – 사과
④ strawberries – 딸기
☑ coconuts – 코코넛

Why? 왜 정답일까?

담화에서 남자는 기후 변화로 인해 사라질 위험에 처한 음식의 예로서 커피, 아보카도, 사과, 딸기를 언급하였다. 따라서 언급되지 않은 음식은 ⑤ '코코넛'이다.

Why? 왜 오답일까?

① 'First of all, 70 percent of the world's coffee could disappear by 2080 due to climate change.'에서 '커피'가 언급되었다.
② 'Secondly, avocados are also in danger.'에서 '아보카도'가 언급되었다.
③ 'Thirdly, warmer temperatures affect apple trees, too.'에서 '사과'가 언급되었다.
④ 'Finally, the unstable climatic conditions through crop season are causing a decrease in strawberry production in Florida.'에서 '딸기'가 언급되었다.

18 새로운 수영 코치 부임 안내   정답률 89% | 정답 ①

다음 글의 목적으로 가장 적절한 것은?

☑ 새로운 수영 코치를 소개하려고
② 수영 강좌의 폐강을 통보하려고
③ 수영 코치의 퇴임식을 공지하려고
④ 수영부의 대회 입상을 축하하려고
⑤ 수영의 건강상 이점을 홍보하려고

Dear Parents,

학부모님께,

As you know, / Sandy Brown, our after-school swimming coach for six years, / retired from coaching last month.

아시다시피, / 6년간 저희 학교 방과 후 수영 코치였던 Sandy Brown이 / 지난달에 코치 직에서 은퇴했습니다.

So, / Virginia Smith, / who swam for Bredard Community College and has won several awards in national competitions, / has been named the school's new swimming coach.

그래서, / Virginia Smith가 / Bredard Community 대학 수영 선수였고 / 국내 대회에서 수차례 입상한 / 학교의 새로운 코치로 임명되었습니다.

This is her first job as a coach, / and she is going to start working from next week.

그녀는 이번에 처음으로, 코치가 되었으며, / 다음 주부터 근무를 시작할 예정입니다.

She will teach her class in the afternoons, / and continue with our summer program.

그녀는 오후에 수업을 할 예정이며, / 여름 프로그램을 이어서 진행할 것입니다.

By promoting the health benefits of swimming, / she hopes / that more students will get healthy through her instruction.

수영의 건강상 이득을 증진시킴으로써, / 그녀는 희망합니다. / 강습을 통해 더 많은 학생들이 건강해지기를

Sincerely, // Fred Wilson

Fred Wilson 드림

Principal, Riverband High School

Riverband 고등학교 교장

학부모님께,

아시다시피, 6년간 저희 학교 방과 후 수영 코치였던 Sandy Brown이 지난달에 코치 직에서 은퇴했습니다. 그래서, Bredard Community 대학 수영 선수였고 국내 대회에서 수차례 입상한 Virginia Smith가 학교의 새로운 코치로 임명되었습니다. 그녀는 이번에 처음으로 코치가 되었으며, 다음 주부터 근무를 시작할 예정입니다. 오후에 수업을 할 예정이며, 여름 프로그램을 이어서 진행할 것입니다. 수영의 건강상 이득을 증진시킴으로써, 그녀는 강습을 통해 더 많은 학생들이 건강해지기를 희망합니다.

Riverband 고등학교 교장
Fred Wilson 드림

Why? 왜 정답일까?

첫 두 문장에서 기존 코치의 은퇴로 인해 새 코치가 영입되었다(So, Virginia Smith, ~ has been named the school's new swimming coach.)는 내용을 안내하므로, 글의 목적으로 가장 적절한 것은 ① '새로운 수영 코치를 소개하려고'이다.

- retire from ~에서 은퇴하다
- national ⓐ 국가의
- name ⓥ 임명하다, 지명하다, 명명하다
- health ⓝ 건강, 보건, 건전
- instruction ⓝ 강습, 교육, 지시, 방법
- several ⓐ 여럿의
- competition ⓝ 대회, 경쟁
- promote ⓥ 증진하다, 촉진하다
- hope ⓥ ~을 희망하다, 바라다, 생각하다 ⓝ 희망

구문 풀이

3행 So, / Virginia Smith, [who swam for Bredard Community College and has won several awards in national competitions], has been named the school's new swimming coach.
주격 관계대명사 ← 동사1(과거)
동사2(현재완료)
「be named + 명사 : ~라고 명명되다」

19 아무도 없는 동굴에 고립된 Rowe   정답률 87% | 정답 ⑤

다음 글에 드러난 Rowe의 심경 변화로 가장 적절한 것은?

① delighted → grateful
   기쁜   고마워하는
② disappointed → ashamed
   실망한   부끄러운
③ indifferent → regretful
   무관심한   후회하는
④ bored → frightened
   지루한   겁에 질린
☑ excited → desperate
   신난   필사적인

Rowe jumps for joy / when he finds a cave / because he loves being in places / where so few have ventured.

Rowe는 기쁨에 폴짝 뛴다. / 동굴을 발견하고 / 그가 장소에 있는 것을 좋아하기 때문에 / 거의 아무도 탐험하지 않은

At the entrance / he keeps taking photos with his cell phone / to show off his new adventure later.

동굴 입구에서 / 그는 휴대폰으로 사진을 계속 찍는다. / 나중에 그의 새로운 모험을 뽐내기 위해

Coming to a stop on a rock / a few meters from the entrance, / he sees the icy cave's glittering view.

바위 위에 멈추어 서서, / 동굴 입구로부터 몇 미터 떨어진 / 그는 얼음 동굴의 빛나는 광경을 본다.

He says, "Incredibly beautiful!" / stretching his hand out to touch the icy wall.

그는 "믿을 수 없을 정도로 아름답군!"이라고 말한다. / 얼음으로 된 벽을 만지기 위해 손을 뻗으면서

Suddenly, his footing gives way / and he slides down into the darkness.

갑자기 그는 발을 헛디뎌 / 어둠 속으로 미끄러져 들어간다.

He looks up and sees a crack of light / about 20 meters above him.

그는 위를 올려다보고 틈의 빛을 본다. / 대략 20미터 위에 있는

'Phone for help,' he thinks.

'전화로 도움을 요청해야지,'라고 그는 생각한다.

But he realizes / there's no service this far underground.

하지만 그는 깨닫는다. / 이렇게 깊은 지하에서는 (통화) 서비스가 되지 않는다는 것을

He tries to move upward but he can't.

그는 위로 올라가려고 하지만 올라갈 수 없다.

He calls out, "Is anyone there?"

그는 "거기 누구 있나요?"라고 외친다.

There's no answer.

응답이 없다.

Rowe는 거의 아무도 탐험하지 않는 장소에 있는 것을 좋아하기 때문에 동굴을 발견하고 기쁨에 폴짝 뛴다. 동굴 입구에서 그는 나중에 그의 새로운 모험을 뽐내기 위해 휴대폰으로 사진을 계속 찍는다. 동굴 입구로부터 몇 미터 떨어진 바위 위에 멈추어 서서, 그는 얼음 동굴의 빛나는 광경을 본다. 그는 얼음으로 된 벽을 만지기 위해 손을 뻗으면서 "믿을 수 없을 정도로 아름답군!"이라고 말한다. 갑자기 그는 발을 헛디뎌 어둠 속으로 미끄러져 들어간다. 그는 위를 올려다보고 대략 20미터 위에 있는 틈의 빛을 본다. '전화로 도움을 요청해야지,'라고 그는 생각한다. 하지만 그는 이렇게 깊은 지하에서는 (통화) 서비스가 되지 않는다는 것을 깨닫는다. 그는 위로 올라가려고 하지만 올라갈 수 없다. 그는 "거기 누구 있나요?"라고 외친다. 응답이 없다.

Why? 왜 정답일까?

글 중간의 Suddenly를 기점으로 상황이 반전되므로, 심경 변화의 힌트를 앞뒤에서 하나씩 찾아야 한

다. 'Rowe jumps for joy when he finds a cave because he loves being in places where so few have ventured.'에서 인적이 드문 동굴을 발견한 Rowe가 기뻐한다는 내용이 나온데 이어, 마지막 네 문장에서는 갑자기 발을 헛딛던 Rowe가 전화도 되지 않고 위로 올라갈 수도 없으며 도움도 구할 수 없는 어둠 속에 혼자 갇힌다는 내용이 나온다. 따라서 Rowe의 심경 변화로 가장 적절한 것은 ⑤ '신난 → 필사적인'이다.

- cave ⓝ 동굴
- glittering ⓐ 반짝이는
- stretch out ~을 내밀다, 뻗다
- give way 무너지다, 내려앉다
- desperate ⓐ 필사적인, 절박한, (상황이) 절망적인
- venture ⓥ 탐험하다
- incredibly ⓐⓓ (너무 좋아서) 믿을 수 없게
- footing ⓝ 발을 디딤, 딛고 선 자리
- slide down 미끄러지다

구문 풀이

1행 Rowe jumps for joy when he finds a cave / because he loves being in
　　　　　　　　　　　　　　　시간 접속사　　　　　　　　이유 접속사
places [where so few have ventured].
선행사　관계부사　주어　　자동사

---

20 언어 놀이의 주도성을 아이들에게 줄 필요성　　정답률 84% | 정답 ①

다음 글에서 필자가 주장하는 바로 가장 적절한 것은?
☑ ① 아이들이 언어 놀이를 주도하게 하라.
② 아이들의 질문에 즉각적으로 반응하라.
③ 아이들에게 다양한 언어 자극을 제공하라.
④ 대화를 통해 아이들의 공감 능력을 키워라.
⑤ 언어 놀이를 통해 자녀와의 관계를 회복하라.

Language play is good / for children's language learning and development, / and therefore we should strongly encourage, / and even join in their language play.
언어 놀이는 유익하다, / 아이들의 언어 학습과 발달에 / 그러므로 우리는 (아이들의 언어 놀이에) 강력하게 장려하고 / 나아가 그들의 놀이에 참여해야 한다.
However, the play must be owned by the children.
하지만, 그 놀이는 아이들에 의해 주도되어야 한다.
If it becomes another educational tool / for adults to use to produce outcomes, / it loses its very essence.
놀이가 또 다른 교육적 도구가 되어버린다면, / 어른들이 결과물을 내기 위해 쓰는, / 놀이는 바로 그 본질을 잃게 될 것이다.
Children need to be able to delight / in creative and immediate language play, / to say silly things and make themselves laugh, / and to have control over the pace, timing, direction, and flow.
아이들은 즐거워하고, / 창의적이고 즉각적인 언어 놀이 안에서 / 바보 같은 말을 하며 웃기도 하고, / 속도와 타이밍, 방향, 흐름을 통제할 수 있어야 한다.
When children are allowed to develop their language play, / a range of benefits result from it.
아이들이 언어 놀이를 발전시키도록 허용할 때, / 광범위한 이점이 생겨난다.

언어 놀이는 아이들의 언어 학습과 발달에 유익하며, 그러므로 우리는 아이들의 언어 놀이를 강력하게 장려하고 나아가 그들의 놀이에 참여해야 한다. 하지만, 그 놀이는 아이들에 의해 주도되어야 한다. 놀이가 어른들이 결과물을 내기 위해 쓰는 또 다른 교육적 도구가 되어버린다면, 놀이는 바로 그 본질을 잃게 될 것이다. 아이들은 창의적이고 즉각적인 언어 놀이 안에서 즐거워하고, 바보 같은 말을 하며 웃기도 하고, 속도와 타이밍, 방향, 흐름을 통제할 수 있어야 한다. 아이들이 언어 놀이를 발전시키도록 허용할 때, 광범위한 이점이 생겨난다.

Why? 왜 정답일까?
첫 두 문장에서 언어 학습 및 발달에 유익한 언어 놀이를 아이들 스스로에 의해 '주도'될 수 있도록 하라(However, the play must be owned by the children.)고 말하고, 글의 후반부에서는 이 내용을 구체적으로 풀어서 설명하고 있다. 따라서 필자가 주장하는 바로 가장 적절한 것은 ① '아이들이 언어 놀이를 주도하게 하라.'이다.

- development ⓝ 발달
- own ⓥ 주도하다, 소유하다
- outcome ⓝ 결과
- delight ⓥ 많은 기쁨을 주다
- direction ⓝ 방향, 지시, 길, 목표
- benefit ⓝ 이익, 혜택
- encourage ⓥ 장려하다, 격려하다
- educational ⓐ 교육적인
- essence ⓝ 본질
- immediate ⓐ 즉각적인, 즉시의
- a range of 광범위한, 넓은

구문 풀이

1행 Language play is good for children's language learning and development,
　　　　　　　　　　　　　　　　　　　「be good for + 명사 : ~에 유익하다」
/ and therefore we should strongly encourage, and even join in their language
　접속부사(그러므로)　　조동사　　　　　동사원형1　　　　　　　동사원형2
play.

---

21 아리스토텔레스가 본 미덕　　정답률 62% | 정답 ④

밑줄 친 at the "sweet spot"이 다음 글에서 의미하는 바로 가장 적절한 것은? [3점]
① at the time of a biased decision – 편향된 결정의 시점에
② in the area of material richness – 물질적 풍요의 영역에
③ away from social pressure – 사회적 압력에서 벗어나서
☑ ④ in the middle of two extremes – 양 극단의 중간에
⑤ at the moment of instant pleasure – 즉각적인 기쁨의 순간에

For almost all things in life, / there can be too much of a good thing.
인생의 거의 모든 것에는, / 좋은 것에도 지나침이 있을 수 있다.
Even the best things in life / aren't so great in excess.
심지어 인생에서 최상의 것도 / 지나치면 그리 좋지 않다.
This concept has been discussed / at least as far back as Aristotle.
이 개념은 논의되어 왔다. / 적어도 아리스토텔레스 시대만큼 오래전부터
He argued / that being virtuous means finding a balance.
그는 주장했다. / 미덕이 있다는 것은 균형을 찾는 것을 의미한다고

For example, / people should be brave, / but if someone is too brave / they become reckless.
예를 들어, / 사람들은 용감해져야 하지만, / 만약 어떤 사람이 너무 용감하다면 / 그 사람은 무모해진다.
People should be trusting, / but if someone is too trusting / they are considered gullible.
사람들은 타인을 신뢰해야 하지만, / 만약 어떤 사람이 너무 신뢰한다면 / 그들은 잘 속아 넘어가는 사람으로 여겨진다.
For each of these traits, / it is best to avoid both deficiency and excess.
이러한 각각의 특성에 있어, / 부족과 과잉 둘 다를 피하는 것이 최상이다.
The best way is / to live at the "sweet spot" / that maximizes well-being.
최상의 방법은 / '최고의 상황'에 머무르는 것이다. / 행복을 극대화하는
Aristotle's suggestion is / that virtue is the midpoint, / where someone is neither too generous nor too stingy, / neither too afraid nor recklessly brave.
아리스토텔레스의 의견은, / 미덕이란 중간 지점이라는 것이다. / 누군가 너무 관대하지도 너무 인색하지도 않고, / 너무 두려워하지도 너무 무모하게 용감하지도 않은

인생의 거의 모든 것에는, 좋은 것에도 지나침이 있을 수 있다. 심지어 인생에서 최상의 것도 지나치면 그리 좋지 않다. 이 개념은 적어도 아리스토텔레스 시대만큼 오래전부터 논의되어 왔다. 그는 미덕이 있다는 것은 균형을 찾는 것을 의미한다고 주장했다. 예를 들어, 사람들은 용감해져야 하지만, 만약 어떤 사람이 너무 용감하다면 그 사람은 무모해진다. 사람들은 타인을 신뢰해야 하지만, 만약 어떤 사람이 너무 신뢰한다면 그들은 잘 속아 넘어가는 사람으로 여겨진다. 이러한 각각의 특성에 있어, 부족과 과잉 둘 다를 피하는 것이 최상이다. 최상의 방법은 행복을 극대화하는 '최고의 상황'에 머무르는 것이다. 아리스토텔레스의 의견은, 미덕이란 누군가 너무 관대하지도 너무 인색하지도 않고, 너무 두려워하지도 너무 무모하게 용감하지도 않은 중간 지점이라는 것이다.

Why? 왜 정답일까?
밑줄 친 부분의 앞뒤의 문장인 '~ it is best to avoid both deficiency and excess.'와 '~ virtue is the midpoint, ~'에서 부족하지도 넘치지도 않는 지점, 즉 중간 지점이 미덕임을 언급하므로, 밑줄 친 부분이 의미하는 바로 가장 적절한 것은 ④ '양 극단의 중간에'이다.

- as far as back ~만큼 오래전부터
- virtuous ⓐ 도덕적인, 고결한
- trusting ⓐ 사람을 믿는
- deficiency ⓝ 부족, 결핍
- maximize ⓥ 극대화하다
- virtue ⓝ 미덕, 덕목
- generous ⓐ 관대한
- recklessly ⓐⓓ 무모하게, 개의치 않고
- argue ⓥ 언쟁을 하다, 주장하다
- reckless ⓐ 무모한
- trait ⓝ 특성
- sweet spot 가장 좋은 점, 최고의 상황
- suggestion ⓝ 제안, 의견
- midpoint ⓝ 중간, 중심점
- stingy ⓐ (특히 돈에) 인색한
- biased ⓐ 편향된

구문 풀이

9행 Aristotle's suggestion is that virtue is the midpoint, / where someone is
　　　　　　　　　　　　　접속사(~것)　　　　　　선행사　　관계부사
neither too generous nor too stingy, neither too afraid nor recklessly brave.
「neither + A + nor + B : A도 B도 아닌」

---

22 자기가 가진 것의 가치를 잊고 사는 사람들　　정답률 74% | 정답 ④

다음 글의 요지로 가장 적절한 것은?
① 새로움을 추구하는 삶이 가치 있다.
② 작은 행복이 모여서 큰 행복이 된다.
③ 즐거움은 어느 정도의 고통을 수반한다.
☑ ④ 익숙함이 소중한 것의 가치를 잊게 한다.
⑤ 결과보다 과정에 집중하는 삶이 행복하다.

If you walk into a room / that smells of freshly baked bread, / you quickly detect the rather pleasant smell.
여러분이 방에 들어가면, / 갓 구운 빵 냄새가 나는 / 여러분은 꽤 기분 좋은 그 냄새를 바로 알아차린다.
However, / stay in the room for a few minutes, / and the smell will seem to disappear.
하지만, / 몇 분 동안 그 방에 있어라, / 그러면 냄새가 사라지는 듯할 것이다.
In fact, / the only way to reawaken it / is to walk out of the room and come back in again.
사실, / 이를 다시 일깨우는 유일한 방법은 / 방을 나갔다가 다시 들어가는 것이다.
The exact same concept / applies to many areas of our lives, / including happiness.
정확히 똑같은 개념이 / 우리 삶의 많은 영역에 적용되는 / 행복을 포함해서
Everyone has something to be happy about.
모두에게는 행복을 느끼는 무언가가 있다.
Perhaps / they have a loving partner, / good health, / a satisfying job, / a roof over their heads, / or enough food to eat.
아마 / 그들에게는 사랑하는 파트너가 있을 것이다. / 건강, / 만족감을 주는 직업, / 보금자리, / 또는 먹을 충분한 양식이
As time passes, however, / they get used to what they have / and, just like the smell of fresh bread, / these wonderful assets disappear from their consciousness.
하지만 시간이 흐르면서, / 사람들은 자기가 가진 것에 익숙해지고, / 마치 갓 구운 빵 냄새와 마찬가지로, / 이 경이로운 자산들은 의식 속에서 사라지고 만다.
As the old proverb goes, / you never miss the water / till the well runs dry.
오랜 격언처럼, / 여러분은 결코 물을 그리워하지 않는다. / 우물이 마르기 전에는

갓 구운 빵 냄새가 나는 방에 들어가면, 여러분은 꽤 기분 좋은 그 냄새를 바로 알아차린다. 하지만, 몇 분 동안 그 방에 있으면, 냄새가 사라지는 듯할 것이다. 사실, 이를 다시 일깨우는 방법은 방을 나갔다가 다시 들어가는 것이다. 정확히 똑같은 개념이 행복을 포함해서 우리 삶의 많은 영역에 적용된다. 모두에게는 행복을 느끼는 무언가가 있다. 아마 사랑하는 파트너나 건강, 만족감을 주는 직업, 보금자리, 먹을 충분한 양식이 있을 것이다. 하지만 시간이 흐르면서, 사람들은 자기가 가진 것에 익숙해지고, 마치 갓 구운 빵 냄새와 마찬가지로, 이 경이로운 자산들은 의식 속에서 사라지고 만다. 오랜 격언처럼, 우물이 마르기 전에는 결코 물을 그리워하지 않는다.

Why? 왜 정답일까?
갓 구운 빵 냄새를 처음 맡으면 그 냄새를 알아차리지만 시간이 지나면 익숙해져서 더 이상 의식하지 못하는 것과 마찬가지로, 처음에는 생각하면 행복함을 느끼던 소중한 것도 시간이 지나면 의식 속에서 사라진다는 것(As time passes, however, they get used to what they have and, ~ these wonderful assets disappear from their consciousness.)이 글의 주된 내용이다. 따라서 글의 요지로 가장 적절한 것은 ④ '익숙함이 소중한 것의 가치를 잊게 한다.'이다.

- **freshly** ⓐ 갓, 신선하게
- **rather** ⓐ 꽤, 다소
- **disappear** ⓥ 사라지다, 없어지다
- **reawaken** ⓥ 다시 일깨우다
- **perhaps** ⓐ 아마, 어쩌면
- **asset** ⓝ 자산
- **run dry** (물 등이) 마르다, 말라붙다
- **detect** ⓥ 알아차리다, 감지하다
- **pleasant** ⓐ 기분 좋은, 유쾌한
- **in fact** 사실은
- **concept** ⓝ 개념
- **satisfying** ⓐ 만족감을 주는, 만족스러운
- **consciousness** ⓝ 의식

구문 풀이

8행 접속사(~하면서, ~함에 따라)
As time passes, however, / they get used to what they have / and, (just like
접속부사(하지만) ~에 익숙해지다 관계대명사(~것) 바로 ~처럼
the smell of fresh bread), these wonderful assets disappear from their consciousness.
자동사(사라지다)

---

23 지난 날씨에 관해 알려주는 나무의 나이테   정답률 73% | 정답 ⑤

다음 글의 주제로 가장 적절한 것은?

① use of old trees to find direction – 방향을 찾기 위해 오래된 나무 이용하기
② traditional ways to predict weather – 날씨를 예측하는 전통적인 방법들
③ difficulty in measuring a tree's age – 나무의 나이를 측정하는 어려움
④ importance of protecting local trees – 지역 나무들을 보호하는 일의 중요성
✓ tree rings suggesting the past climate – 과거의 기후를 알려주는 나이테

If you've ever seen a tree stump, / you probably noticed / that the top of the stump had a series of rings.
만약 여러분이 나무 그루터기를 본 적이 있다면, / 아마도 보았을 것이다. / 그루터기의 꼭대기 부분에 일련의 나이테가 있는 것을

These rings can tell us / how old the tree is, / and what the weather was like / during each year of the tree's life.
이 나이테는 우리에게 말해 줄 수 있다. / 그 나무가 몇 살인지, / 날씨가 어떠했는지를 / 그 나무가 매해 살아오는 동안

Because trees are sensitive to local climate conditions, / such as rain and temperature, / they give scientists some information / about that area's local climate in the past.
나무는 지역적 기후 조건에 민감하므로, / 비와 온도 같은 / 그것은 약간의 정보를 과학자에게 제공해 준다. / 과거의 그 지역 기후에 대한

For example, / tree rings usually grow wider in warm, wet years / and are thinner in years / when it is cold and dry.
예를 들어, / 나이테는 보통 온화하고 습한 해에는 폭이 더 넓어지고 / 해에는 더 좁아진다. / 춥고 건조한

If the tree has experienced stressful conditions, / such as a drought, / the tree might hardly grow at all / during that time.
만약 나무가 힘든 기후 조건을 경험하게 되면, / 가뭄과 같은 / 나무가 거의 성장하지 못할 수 있다. / 그러한 기간에는

Very old trees in particular / can offer clues / about what the climate was like / long before measurements were recorded.
특히 매우 나이가 많은 나무는 / 단서를 제공해 줄 수 있다. / 기후가 어떠했는지에 대한 / 관측이 기록되기 훨씬 이전에

만약 여러분이 나무 그루터기를 본 적이 있다면, 아마도 그루터기의 꼭대기 부분에 일련의 나이테가 있는 것을 보았을 것이다. 이 나이테는 그 나무가 몇 살인지, 그 나무가 매해 살아오는 동안 날씨가 어떠했는지를 우리에게 말해 줄 수 있다. 나무는 비와 온도 같은 지역적 기후 조건에 민감하므로, 그것은 과거의 그 지역 기후에 대한 약간의 정보를 과학자에게 제공해 준다. 예를 들어, 나이테는 보통 온화하고 습한 해에는 폭이 더 넓어지고 춥고 건조한 해에는 더 좁아진다. 만약 나무가 가뭄과 같은 힘든 기후 조건을 경험하게 되면, 그러한 기간에는 나무가 거의 성장하지 못할 수 있다. 특히 매우 나이가 많은 나무는 관측이 기록되기 훨씬 이전에 기후가 어떠했는지에 대한 단서를 제공해 줄 수 있다.

Why? 왜 정답일까?

'These rings can tell us how old the tree is, and what the weather was like during each year of the tree's life.'에서 나무의 나이테는 나무의 나이뿐 아니라 나무가 살아온 동안 과거의 날씨가 어떠했는가에 대한 정보를 알려준다는 핵심 내용이 제시되므로, 글의 주제로 가장 적절한 것은 ⑤ '과거의 기후를 알려주는 나이테'이다.

- **sensitive** ⓐ 민감한, 예민한
- **climate** ⓝ 기후
- **stressful** ⓐ 스트레스가 많은, 짜증나는
- **hardly** ⓐ 거의 ~할 수가 없다
- **clue** ⓝ 단서, 증거
- **direction** ⓝ 방향
- **predict** ⓥ 예측하다
- **protect** ⓥ 보호하다, 지키다
- **local** ⓐ 지역의
- **temperature** ⓝ 온도
- **drought** ⓝ 가뭄
- **in particular** 특히
- **measurement** ⓝ 측정, 관측
- **traditional** ⓐ 전통적인
- **measure** ⓥ 측정하다, 재다

구문 풀이

10행 Very old trees in particular can offer clues about what the climate was like
주어   동사   목적어   「what + 주어 + be like : ~이 어떤지」
long before measurements were recorded.
~하기 오래 전에

★★★ 등급을 가르는 문제!

24 양봉 장소에 대한 고정 관념 반박   정답률 43% | 정답 ②

다음 글의 제목으로 가장 적절한 것은?

① The Best Season for Honey Harvest in Cities – 도시에서 꿀 수확을 하기 가장 좋은 계절
✓ Myth and Truth about Where to Keep Bees – 어디서 벌을 기를 것인가에 대한 통념과 진실
③ How Can We Overcome Fear of Bees? – 벌에 대한 공포를 어떻게 극복할 수 있나?
④ Benefits of Bee Farming on Nature – 자연에서 양봉업을 하는 것의 이점
⑤ Bee Farming: Not an Easy Job – 양봉업: 쉬운 일이 아니다

Many people suppose / that to keep bees, / it is necessary to have a large garden in the country; / but this is a mistake.
많은 사람들은 생각한다. / 벌을 키우기 위해서는 / 시골에 큰 정원을 갖고 있을 필요가 있다고 / 하지만 이는 잘못된 판단이다.

Bees will, of course, do better / in the midst of fruit blossoms in May / and white clovers in June / than in a city / where they have to fly a long distance / to reach the open fields.

물론, 벌들은 (꿀 만들기를) 더 잘한다. / 5월의 과일나무 꽃이 한창일 때 / 그리고 6월의 흰토끼풀이 / 도시에서보다 / 그들이 먼 거리를 날아가야 하는 / 탁 트인 벌판에 다다르기 위해서

However, / bees can be kept with profit / even under unfavorable circumstances.
하지만, / 벌들은 이익을 낼 수 있다. / 적합하지 못한 환경에서도

Bees do very well in the suburbs of large cities / since the series of flowers in the gardens of the villas / allow a constant supply of honey / from early spring until autumn.
벌들은 대도시의 교외 지역에서도 (꿀 만들기를) 아주 잘 해내는데 / 주택 정원에 있는 일련의 꽃들이 / 지속적인 꿀 공급을 해 주기 때문이다. / 초봄부터 가을까지

Therefore, / almost every person / — except those who are seriously afraid of bees — / can keep them profitably and enjoyably.
그러므로, / 거의 모든 사람들은 / 벌을 심하게 무서워하는 사람들을 제외한 / 이윤을 내며 즐겁게 벌을 기를 수 있다.

많은 사람들은 벌을 키우기 위해서는 시골에 큰 정원을 갖고 있을 필요가 있다고 생각한다. 하지만 이는 잘못된 판단이다. 물론, 벌들은 탁 트인 벌판에 다다르기 위해 먼 거리를 날아가야 하는 도시에서보다 5월의 과일나무 꽃과 6월의 흰토끼풀이 한창일 때 (꿀 만들기를) 더 잘한다. 하지만, 벌들은 적합하지 못한 환경에서도 이익을 낼 수 있다. 벌들은 대도시의 교외 지역에서도 (꿀 만들기를) 아주 잘 해내는데 주택 정원에 있는 일련의 꽃들이 초봄부터 가을까지 지속적인 꿀 공급을 해 주기 때문이다. 그러므로, 특히 벌을 심하게 무서워하는 사람들을 제외한 거의 모든 사람들은 이윤을 내며 즐겁게 벌을 기를 수 있다.

Why? 왜 정답일까?

흔히 사람들은 양봉이 큰 정원이나 너른 벌판에서 하기 좋다고 생각하지만, 사실은 적합하지 못한 환경에서도 양봉을 충분히 잘 할 수 있다(However, bees can be kept with profit even under unfavorable circumstances.)는 내용의 글이다. 따라서 글의 제목으로 가장 적절한 것은 ② '어디에서 벌을 기를 것인가에 대한 통념과 진실'이다.

- **in the midst of** 한창일 때, ~ 가운데
- **distance** ⓝ 거리
- **unfavorable** ⓐ 적합하지 못한, 불리한
- **constant** ⓐ 지속적인, 끊임없는
- **seriously** ⓐ 심하게, 진지하게
- **profitably** ⓐ 이윤을 내며, 유리하게
- **blossom** ⓝ (특히 과수의) 꽃
- **open** ⓐ 탁 트인, 너른
- **circumstance** ⓝ 환경, 상황
- **supply** ⓝ 공급 ⓥ 공급하다
- **afraid** ⓐ 두려워하는

구문 풀이

2행 Bees will, (of course), do better / in the midst of fruit blossoms in May
조동사 삽입구 동사원형 └ 비교급
and white clovers in June than in a city [where they have to fly a long distance /
~보다   관계부사   완전한 문장
to reach the open fields].
부사적 용법(~하기 위해)

★★ 문제 해결 꿀~팁 ★★

▶ 많이 틀린 이유는?
but과 however 앞뒤로 통념을 반박하는 구조의 글이다. 특히 통념을 설명하는 부분의 구문이 까다로워 문장 단위의 정확한 독해가 이루어지지 않았다면 단어만 보고 ④를 고르기 쉬운 문제였다.

▶ 문제 해결 방법은?
제목 문제는 일단 본문에서 반복되는 내용을 찾고 이를 적절한 말로 압축해 나타낸 선택지를 답으로 골라야 한다. but과 however 앞뒤 문장에서 각각 '사람들은 벌을 시골에서 키워야 하는 줄로 알지만, 실은 꼭 그럴 필요가 없다'는 큰 내용이 반복되는데 이를 ②에서는 '통념과 반박'이라는 말로 요약하고 있다. '통념=시골에서 벌을 키워야 한다고 생각하는 것, 반박=도시 등에서 키워도 됨'임을 파악하는 것이 풀이의 관건이다.

---

25 중국과 인도의 스마트폰 평균 가격   정답률 82% | 정답 ④

다음 도표의 내용과 일치하지 않는 것은?

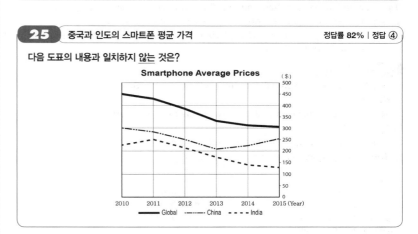

Smartphone Average Prices

The above graph shows / the smartphone average prices in China and India / between 2010 and 2015, / compared with the global smartphone average price / during the same period.
위의 그래프는 보여준다. / 중국과 인도의 스마트폰 평균 가격을 / 2010년과 2015년 사이 / 전 세계 스마트폰 평균 가격과 비교하여 / 같은 기간의

① The global smartphone average price / decreased from 2010 to 2015, / but still stayed the highest among the three.
전 세계 스마트폰 평균 가격은 / 2010년부터 2015년까지 하락했지만, / 여전히 셋 중 가장 높게 머물렀다.

② The smartphone average price in China / dropped between 2010 and 2013.
중국의 스마트폰 평균 가격은 / 2010년과 2013년 사이에 하락했다.

③ The smartphone average price in India / reached its peak in 2011.
인도의 스마트폰 평균 가격은 / 2011년에 최고점에 도달했다.

✓ From 2013, China and India took opposite paths, / with China's smartphone average price going down / and India's going up.
2013년부터 중국과 인도는 정반대의 모습을 보여, / 중국의 스마트폰 평균 가격은 하락했고 / 인도의 스마트폰 평균 가격은 상승하였다.

⑤ The gap / between the global smartphone average price / and the smartphone average price in China / was the smallest in 2015.
차이는 / 전 세계 스마트폰 평균 가격과 / 중국의 스마트폰 평균 가격의 / 2015년에 가장 적었다.

위의 그래프는 2010년과 2015년 사이 중국과 인도의 스마트폰 평균 가격을 같은 기간의 전 세계 스마트폰 평균 가격과 비교하여 보여준다. ① 전 세계 스마트폰 평균 가격은 2010년부

터 2015년까지 하락했지만, 여전히 셋 중 가장 높게 머물렀다. ② 중국의 스마트폰 평균 가격은 2010년과 2013년 사이에는 하락했다. ③ 인도의 스마트폰 평균 가격은 2011년에 최고점에 도달했다. ④ 2013년부터 중국과 인도는 정반대의 모습을 보여, 중국의 스마트폰 평균 가격은 하락했고 인도의 스마트폰 평균 가격은 상승하였다. ⑤ 전 세계 스마트폰 평균 가격과 중국의 스마트폰 평균 가격의 차이는 2015년에 가장 적었다.

Why? 왜 정답일까?

도표에 따르면 중국과 인도의 스마트폰 가격이 2013년부터 정반대의 방향으로 변화한 것은 맞지만, 가격이 상승한 국가는 중국이며 하락한 국가는 인도이다. 따라서 도표의 내용과 일치하지 않는 것은 ④이다.

- **average** ⓐ 평균의
- **reach one's peak** 정점에 달하다
- **compared with** ~과 비교하여
- **opposite** ⓐ 정반대의

---

26 Nauru 국가 소개   정답률 85% | 정답 ⑤

Nauru에 관한 다음 글의 내용과 일치하지 않는 것은?
① 솔로몬 제도로부터 북동쪽에 위치해 있다.
② 공식 수도는 없으나 Yaren에 정부 건물이 있다.
③ 면적이 세계에서 세 번째로 작은 국가이다.
④ 원주민은 12개의 부족으로 구성되어 있다.
☑ 모국어가 있어 다른 언어는 사용하지 않는다.

Nauru is an island country / in the southwestern Pacific Ocean.
Nauru는 섬나라이다. / 남서부 태평양에 있는
『It is located about 800 miles / to the northeast of the Solomon Islands; / its closest neighbor is the island of Banaba, / some 200 miles to the east.』 ①의근거 일치
이는 800마일 정도 떨어진 곳에 위치해 있다. / 솔로몬 제도로부터 북동쪽으로 / 여기서 가장 가까운 섬은 Banaba 섬이다. / 동쪽으로 200마일 가량 떨어진
『Nauru has no official capital, / but government buildings are located in Yaren.』 ②의근거 일치
Nauru는 공식 수도가 없지만, / 정부 건물은 Yaren에 위치해 있다.
『With a population of about 10,000, / Nauru is the smallest country in the South Pacific / and the third smallest country by area in the world.』 ③의근거 일치
1만 명 정도 되는 인구가 있는 / Nauru는 남태평양에서 가장 작은 나라이고 / 면적으로는 세계에서 세 번째로 작은 나라이다.
『The native people of Nauru consist of 12 tribes, / as symbolized by the 12-pointed star on the Nauru flag, / and are believed to be a mixture / of Micronesian, Polynesian, and Melanesian.』 ④의근거 일치
Nauru의 원주민은 12개 부족으로 구성되어 있고, / 국기에 12개의 꼭짓점이 있는 별로 나타나듯이 / 혼합으로 여겨진다. / 미크로네시아인, 폴리네시아인, 말레이시아인의
『Their native language is Nauruan, / but English is widely spoken / as it is used for government and business purposes.』 ⑤의근거 불일치
이들의 모국어는 Nauru 어인데 / 영어도 널리 쓰여서 / 이것이 행정 및 사업적 목적으로 이용된다.

Nauru는 남서부 태평양에 있는 섬나라이다. 이는 솔로몬 제도로부터 북동쪽으로 800마일 정도 떨어진 곳에 위치해 있다. 여기서 가장 가까운 섬은 동쪽으로 200마일 가량 떨어진 Banaba 섬이다. Nauru는 공식 수도가 없지만, 정부 건물은 Yaren에 위치해 있다. 1만 명 정도 되는 인구가 있는 Nauru는 남태평양에서 가장 작은 나라이고 면적으로는 세계에서 세 번째로 작은 나라이다. Nauru의 원주민은 국기에 12개의 꼭짓점이 있는 별로 나타나듯이 12개 부족으로 구성되어 있고, 미크로네시아인, 폴리네시아인, 말레이시아인의 혼합으로 여겨진다. 이들의 모국어는 Nauru 어인데 영어도 널리 쓰여서 행정 및 사업적 목적으로 이용된다.

Why? 왜 정답일까?

'Their native language is Nauruan, but English is widely spoken as it is used for government and business purposes.'에서 Nauru의 모국어는 Nauru 어인데 영어 또한 행정 및 사업적 목적으로 많이 쓰인다고 이야기하므로, Nauru에 관한 글의 내용과 일치하지 않는 것은 ⑤ '모국어가 있어 다른 언어는 사용하지 않는다.'이다.

Why? 왜 오답일까?

① 'It is located about 800 miles to the northeast of the Solomon Islands; ~'의 내용과 일치한다.
② 'Nauru has no official capital, but government buildings are located in Yaren.'의 내용과 일치한다.
③ '~, Nauru is ~ the third smallest country by area in the world.'의 내용과 일치한다.
④ 'The native people of Nauru consist of 12 tribes, ~'의 내용과 일치한다.

- **close** ⓐ 가까운
- **capital** ⓝ 수도
- **consist** ⓥ 되어(이루어져) 있다
- **symbolize** ⓥ 나타나다, 상징하다
- **native language** 모국어
- **official** ⓐ 공식적인
- **population** ⓝ 인구
- **tribe** ⓝ 부족
- **mixture** ⓝ 혼합
- **purpose** ⓝ 목적

구문 풀이

7행 The native people of Nauru consist of 12 tribes, / <u>as</u> symbolized by the 접속사(~대로 / ~듯이) 12-pointed star on the Nauru flag, / and are believed to be a mixture of 자동사(~로 구성되다) (they are 생략) ~라고 여겨지다 Micronesian, Polynesian, and Melanesian.

---

27 여름 캠프 안내   정답률 87% | 정답 ④

Summer Camp 2019에 관한 다음 안내문의 내용과 일치하는 것은?
① 참가 연령 제한이 없다.
② 야외 프로그램은 운영되지 않는다.
③ 할인된 가격은 100달러이다.
☑ 기상 조건에 관계없이 프로그램이 진행될 것이다.
⑤ 이메일을 통해 등록을 할 수 없다.

Summer Camp 2019
Summer Camp 2019(여름캠프 2019)

This is a great opportunity / for developing social skills and creativity!
이 캠프는 훌륭한 기회입니다! / 사교 기술과 창의력을 발달시키기 위한
Period & Participation
기간 & 참가
July 1 – 5 (Monday – Friday)
7월 1일 ~ 5일(월요일 ~ 금요일)
『8 – 12 year olds (maximum 20 students per class)』 ①의근거 불일치
8세 ~ 12세(한 반당 최대 20명)
Programs
프로그램
Cooking
요리
『Outdoor Activities (hiking, rafting, and camping)』 ②의근거 불일치
야외 활동(하이킹, 래프팅, 그리고 캠핑)
Cost
비용
Regular: $100 per person
일반 가격: 1인당 100달러
『Discounted: $90 / (if you register by June 15)』 ③의근거 불일치
할인 가격: 90달러 / (6월 15일까지 등록 시)
Notice
알림
『The programs will run / regardless of weather conditions.』 ④의근거 일치
프로그램은 진행될 것입니다. / 기상 조건에 관계없이
『To sign up, / email us at summercamp@standrews.com.』 ⑤의근거 불일치
등록하시려면, / summercamp@standrews.com으로 이메일을 보내주세요.
For more information, / visit our website: www.standrews.com.
더 많은 정보가 필요하다면, / 우리 웹 사이트(www.standrews.com)를 방문해 주세요.

Summer Camp 2019

이 캠프는 사교 기술과 창의력을 발달시키기 위한 훌륭한 기회입니다!

기간 및 참가
• 7월 1일 ~ 5일(월요일 ~ 금요일)
• 8세 ~ 12세(한 반당 최대 20명)

프로그램
• 요리
• 야외 활동(하이킹, 래프팅, 그리고 캠핑)

비용
• 일반 가격: 1인당 100달러
• 할인 가격: 90달러(6월 15일까지 등록 시)

알림
• 프로그램은 기상 조건에 관계없이 진행될 것입니다.
• 등록하시려면, summercamp@standrews.com으로 이메일을 보내주세요.

더 많은 정보가 필요하다면, 우리 웹 사이트(www.standrews.com)를 방문해 주세요.

Why? 왜 정답일까?

'The programs will run regardless of weather conditions.'에서 프로그램은 기상 조건에 관계없이 진행된다고 하므로, 안내문의 내용과 일치하는 것은 ④ '기상 조건에 관계없이 프로그램이 진행될 것이다.'이다.

Why? 왜 오답일까?

① '8 – 12 year olds (maximum 20 students per class)'에서 참가 연령은 8 ~ 12세로 제한된다고 하였다.
② 'Outdoor Activities (hiking, rafting, and camping)'에서 하이킹, 래프팅, 캠핑 등의 야외 프로그램이 제공된다고 하였다.
③ 'Regular: $100 per person / Discounted: $90 (if you register by June 15)'에서 100달러가 정규 가격이며 할인가는 90달러라고 하였다.
⑤ 'To sign up, email us at summercamp@standrews.com.'에서 등록하려면 안내된 주소로 이메일을 보내달라고 하였다.

- **develop** ⓥ 발달시키다
- **maximum** ⓐ 최대의
- **sign up** 등록하다, 참가하다
- **social skill** 사교 기술
- **regardless of** ~에 관계없이

---

28 박물관 가족 활동 소개   정답률 82% | 정답 ③

Family Activities at the Basque Museum에 관한 다음 안내문의 내용과 일치하지 않는 것은?
① 주중과 주말 운영 시간이 다르다.
② 보물찾기 활동은 하루에 세 번 진행한다.
☑ 역사 책 만들기 활동은 주중에만 운영한다.
④ 모든 활동은 예약이 필수이다.
⑤ 어린이들은 성인과 함께 와야 한다.

Family Activities at the Basque Museum
Basque 박물관에서의 가족 활동
Whether you are a new or regular visitor, / this is your guide to the family activities / coming up at the Basque Museum.
귀하가 신규 관람객이든 정기 관람객이든, / 이것은 가족 활동에 대한 안내입니다. / Basque 박물관에서 있을
Dates & Hours
날짜 & 시간
June 1 – 30
6월 1 ~ 30일
『Weekdays: 9:00 a.m. – 5:00 p.m.
평일: 오전 9:00 ~ 오후 5:00
Weekends: 10:00 a.m. – 6:00 p.m.』 ①의근거 일치
주말: 오전 10:00 ~ 오후 6:00

Activities
활동
『Treasure Hunt
보물찾기
Age 5+, lasts 30 minutes, 3 times a day』 ②의 근거 일치
5세 이상, 30분 소요, 하루 3번
『Making History Books
역사 책 만들기
For kids of all ages, weekends only』 ③의 근거 불일치
모든 연령대 아이들, 주말만 가능
Notices
공지사항
All activities are free, / donations are welcome.
모든 활동은 무료이며 / 기부금을 환영합니다.
『Reservations are required for all activities.』 ④의 근거 일치
모든 활동은 예약이 필수입니다.
『Children must be accompanied by an adult.』 ⑤의 근거 일치
아이들은 성인과 함께 오셔야 합니다.

Basque 박물관에서의 가족 활동

신규 관람객 및 정기 관람객 분들께 Basque 박물관에서 있을 가족 활동에 대해 알려드립니다.

■ 날짜 및 시간
• 6월 1 ~ 30일
• 평일: 오전 9:00 ~ 오후 5:00
• 주말: 오전 10:00 ~ 오후 6:00

■ 활동
• 보물찾기
 − 5세 이상, 30분 소요, 하루 3번
• 역사 책 만들기
 − 모든 연령대 아이들, 주말만 가능

■ 공지사항
• 모든 활동은 무료이며 기부금을 환영합니다.
• 모든 활동은 예약이 필수입니다.
• 아이들은 성인과 함께 오셔야 합니다.

Why? 왜 정답일까?

'• Making History Books / – For kids of all ages, weekends only'을 통해 역사 책 만들기는 주중이 아닌 주말에만 가능하다는 것을 알 수 있으므로, Family Activities at the Basque Museum에 관한 안내문의 내용과 일치하지 않는 것은 ③ '역사 책 만들기 활동은 주중에만 운영한다.'이다.

Why? 왜 오답일까?

① '• Weekdays: 9:00 a.m. – 5:00 p.m. / • Weekends: 10:00 a.m. – 6:00 p.m.'의 내용과 일치한다.
② '• Treasure Hunt / – Age 5+, lasts 30 minutes, 3 times a day'의 내용과 일치한다.
④ 'Reservations are required for all activities.'의 내용과 일치한다.
⑤ 'Children must be accompanied by an adult.'의 내용과 일치한다.

● regular ⓐ 상시의, 규칙적인
● reservation ⓝ 예약
● donation ⓝ 기부(금)
● accompany ⓥ ~와 동반하다

구문 풀이

1행 Whether you are a new or regular visitor, / this is your guide to the family
접속사(~이든 아니든)   ~에 대한 안내
activities [coming up at the Basque Museum].
        현재분사(있을, 다가오는)

---

29 약점 파악의 중요성   정답률 59% | 정답 ②

다음 글의 밑줄 친 부분 중, 어법상 틀린 것은? [3점]

Are you honest with yourself / about your strengths and weaknesses?
당신은 스스로에게 솔직한가? / 자신의 강점 및 약점에 관해
Get to really know ① yourself / and learn what your weaknesses are.
진정 자신을 알고 / 단점이 무엇인지 파악하라.
Accepting your role in your problems / ✔ means / that you understand the solution lies within you.
문제에 있어 자신의 역할을 받아들이는 것은 / 뜻한다. / 자신 안에 해결책이 있다는 것을 안다는 것을
If you have a weakness in a certain area, / get educated / and do ③ what you have to do / to improve things for yourself.
특정 분야에 약점이 있다면, / 교육을 받고 / 해야 할 일을 해라. / 스스로 상황을 나아지게 하기 위해
If your social image is terrible, / look within yourself / and take the necessary steps to improve ④ it, TODAY.
만일 당신의 사회적 이미지가 심히 나쁘다면, / 자신을 들여다보고 / '당장 오늘' 그 이미지를 나아지게 하기 위해 필요한 조치를 취하라.
You have the ability / to choose how to respond to life.
당신은 능력이 있다. / 삶에 어떻게 반응할 것인지를 선택할
Decide today to end all the excuses, / and stop ⑤ lying to yourself / about what is going on.
오늘 모든 변명을 끝내기로 결심하고 / 스스로에게 거짓말하는 일을 관둬라. / 상황이 어떻게 돌아가는가에 대해
The beginning of growth comes / when you begin to personally accept responsibility for your choices.
성장의 시작은 온다. / 당신이 선택에 대한 책임을 직접 지기 시작할 때

자신의 강점 및 약점에 관해 스스로에게 솔직한가? 진정 자신을 알고 단점이 무엇인지 파악하라. 문제에 있어 자신의 역할을 받아들이는 것은 자신 안에 해결책이 있다는 것을 안다는 뜻이다. 특정 분야에 약점이 있다면, 교육을 받고 스스로 상황을 나아지게 하기 위해 해야 할 일을 해라. 만일 당신의 사회적 이미지가 심히 나쁘다면, 자신을 들여다보고 '당장 오늘' 그

이미지를 나아지게 하기 위해 필요한 조치를 취하라. 당신은 삶에 어떻게 반응할 것인지를 선택할 능력이 있다. 오늘 모든 변명을 끝내기로 결심하고 상황이 어떻게 돌아가는가에 대해 스스로에게 거짓말하는 일을 관둬라. 성장의 시작은 당신이 선택에 대한 책임을 직접 지기 시작할 때 온다.

Why? 왜 정답일까?

주어가 동명사구인 'Accepting ~'이므로 동사는 단수로 써야하고, 이에 따라 복수동사인 mean을 means로 바꾸어야 한다. 어법상 틀린 것은 ②이다.

Why? 왜 오답일까?

① 명령문에서 동사원형 앞에 생략된 주어는 You이다. 따라서 명령문의 목적어로 you가 나오면 반드시 재귀대명사인 yourself로 쓴다.
③ 앞에 선행사가 없고 뒤에 'have to do'의 목적어가 없는 불완전한 절이 나오므로 관계대명사 what을 쓴 것은 적절하다.
④ 맥락상 대명사가 'social image'라는 단수 명사를 받으므로 it을 쓴 것은 적절하다.
⑤ 타동사 stop은 동명사 목적어와 함께 쓰일 때 '~하기를 관두다, 멈추다'라는 뜻이다. 'stop + to부정사(~하기 위해 멈추다)'와 구별해 둔다.

● strength ⓝ 강점
● accept ⓥ 받아들이다, 수용하다
● certain ⓐ 특정한
● social ⓐ 사회의, 사회적인
● respond to ~에 응답하다
● growth ⓝ 성장
● responsibility ⓝ 책임
● weakness ⓝ 약점
● role ⓝ 역할
● improve ⓥ 나아지게 하다, 향상시키다
● necessary ⓐ 필요한
● excuse ⓝ 변명
● personally ⓐⓓ 직접, 개인적으로

구문 풀이

3행 Accepting your role in your problems means that you understand the
        주어(동명사)   동사(단수) 접속사 (접속사 that 생략)
solution lies within you.
        자동사(~에 있다)

---

30 합리적인 선택에 혼란을 주는 선택 항목 과잉   정답률 57% | 정답 ④

다음 글의 밑줄 친 부분 중, 문맥상 낱말의 쓰임이 적절하지 않은 것은?

The overabundance of options in today's marketplace / gives you more freedom of choice.
오늘날 시장에서 선택 항목의 과잉은 / 여러분에게 더 많은 선택의 자유를 준다.
However, / there may be a price to pay / in terms of happiness.
그러나 / 치러야 할 대가가 있을 것이다. / 행복의 관점에서
According to research / by psychologists David Myers and Robert Lane, / all this choice often makes people ① depressed.
연구에 따르면 / 심리학자 David Myers와 Robert Lane의 / 모든 이런 선택은 자주 사람들을 우울하게 만든다.
Researchers gave some shoppers 24 choices of jams to taste / and others only 6 choices.
연구자들은 일부 쇼핑객들에게는 맛볼 잼 24개의 잼을 주었고 / 다른 사람들에게는 단 6개만 맛볼 것을 주었다.
Those who had ② fewer choices / were happier with the tasting.
더 적은 선택 항목을 가진 사람들이 / 맛볼 때 더 행복해했다.
Even more surprisingly, / the ones with a smaller selection / purchased jam 31% of the time, / while those with a wider range of choices / only purchased jam 3% of the time.
훨씬 더 놀랍게도, / 더 적은 선택 사항을 가진 사람들 중에서는 / 그 당시 31%가 잼을 구매했던 반면 / 더 넓은 범위의 선택 사항을 가진 사람들 중 / 당시 3%만이 잼을 구매한 반면
The ironic thing about this is / that people nearly always say / they want ③ more choices.
이에 관해 아이러니한 점은 / 사람들이 거의 항상 말한다는 것이다. / 더 많은 선택 항목을 원한다고
Yet, the more options they have, / the more ✔ paralyzed they become.
그러나 더 많은 선택 항목을 가질수록 / 그들은 더 마비된다.
Savvy restaurant owners provide fewer choices.
사리에 밝은 레스토랑 사장들은 더 적은 선택 항목을 제공한다.
This allows customers to feel more relaxed, / ⑤ prompting them to choose easily / and leave more satisfied with their choices.
이는 고객들이 더 편안함을 느끼게 하고, / 그들이 쉽게 고르도록 촉진한다. / 그리고 자신의 선택에 더 만족한 상태로 남도록

오늘날 시장에서 선택 항목의 과잉은 더 많은 선택의 자유를 준다. 그러나 행복의 관점에서 치러야 할 대가가 있을 것이다. 심리학자 David Myers와 Robert Lane의 연구에 따르면 모든 이런 선택은 자주 사람들을 ① 우울하게 만든다. 연구자들은 일부 쇼핑객들에게는 24개의 잼을 맛보게 했고 다른 사람들에게는 단 6개만 맛보게 했다. ② 더 적은 선택 항목을 가진 사람들이 맛볼 때 더 행복해했다. 훨씬 더 놀랍게도, 더 넓은 범위의 선택 사항을 가진 사람들 중 오직 당시 3%가 잼을 구매한 반면, 더 적은 선택 사항을 가진 사람들 중에서는 그 당시 31%가 잼을 구매했다. 아이러니한 점은 사람들이 거의 항상 ③ 더 많은 선택 항목을 원한다고 말한다는 것이다. 그러나 더 많은 선택 항목을 가질수록 그들은 더 ④ 안도한다(→ 마비된다). 사리에 밝은 레스토랑 사장들은 더 적은 선택 항목을 제공한다. 이는 고객들이 더 편안함을 느끼게 하고, 그들이 쉽게 고르고 선택에 더 만족하도록 ⑤ 촉진한다.

Why? 왜 정답일까?

'The overabundance of options in today's marketplace gives you more freedom of choice. However, there may be a price to pay in terms of happiness.'에서 선택 항목이 많은 것은 자유를 주는 반면 행복의 측면에서는 대가를 치른다고 말하므로, ④의 경우처럼 더 많은 선택 항목을 가진 사람들은 '안도'와는 반대로 'paralyzed(마비된, 불안한)'한 기분을 느끼게 될 것이다. 따라서 문맥상 적절하지 않은 어휘는 ④이다.

● overabundance ⓝ 과잉, 지나치게 풍부함
● depressed ⓐ 우울한
● surprisingly ⓐⓓ 놀랍게도
● relieved ⓐ 안도한
● prompt ⓥ 촉진하다
● in terms of ~의 관점에서
● researcher ⓝ 연구자
● purchase ⓥ 구매하다
● savvy ⓐ 사리에 밝은
● satisfied ⓐ 만족한

구문 풀이

10행 The ironic thing about this is [that people nearly always say they want
         주어   동사 접속사(~것)   (접속사 that 생략)
more choices].

31 창의력의 위기 | 정답률 31% | 정답 ①

다음 빈칸에 들어갈 말로 가장 적절한 것을 고르시오. [3점]

☑ unrivaled – 경쟁할 상대가 없는 ② learned – 학습되는 ③ universal – 보편적이지

④ ignored – 무시되지 ⑤ challenged – 도전받지

Creativity is a skill / we usually consider uniquely human.
창의력은 능력이다. / 우리가 일반적으로 인간만이 고유하게 가지고 있다고 간주하는

For all of human history, / we have been the most creative beings on Earth.
인류 역사를 통틀어, / 우리는 지구상에서 가장 창의적인 존재였다.

Birds can make their nests, / ants can make their hills, / but no other species on Earth / comes close to the level of creativity / we humans display.
새는 둥지를 틀 수 있고, / 개미는 개미탑을 쌓을 수 있지만, / 지구상의 어떤 다른 종도 / 창의력 수준에 가까이 도달하지는 못한다. / 우리 인간이 보여주는

However, just in the last decade / we have acquired the ability / to do amazing things with computers, / like developing robots.
하지만, 불과 지난 10년 만에 / 우리는 능력을 습득하였다. / 컴퓨터로 놀라운 것을 할 수 있는 / 로봇 개발처럼

With the artificial intelligence boom of the 2010s, / computers can now recognize faces, / translate languages, / take calls for you, / write poems, / and beat players / at the world's most complicated board game, / to name a few things.
2010년대의 인공 지능의 급속한 발전으로 / 컴퓨터는, / 이제 얼굴을 인식하고, / 언어를 번역하고, / 여러분을 대신해 전화를 받고, / 시를 쓸 수 있으며 / 선수들을 이길 수 있다. / 세계에서 가장 복잡한 보드게임에서 / 몇 가지를 언급하자면

All of a sudden, / we must face the possibility / that our ability to be creative is not unrivaled.
갑작스럽게, / 우리는 가능성에 직면해야 할 것이다. / 우리의 창의력이 경쟁할 상대가 없지 않게 되는

창의력은 우리가 일반적으로 인간만이 고유하게 가지고 있다고 간주하는 능력이다. 인류 역사를 통틀어, 우리는 지구상에서 가장 창의적인 존재였다. 새는 둥지를 틀 수 있고, 개미는 개미탑을 쌓을 수 있지만, 지구상의 어떤 다른 종도 우리 인간이 보여주는 창의력 수준에 가까이 도달하지는 못한다. 하지만, 불과 지난 10년 만에 우리는 로봇 개발처럼 컴퓨터로 놀라운 것을 할 수 있는 능력을 습득하였다. 2010년대의 인공 지능의 급속한 발전으로 컴퓨터는, 몇 가지를 언급하자면, 이제 얼굴을 인식하고, 언어를 번역하고, 여러분을 대신해 전화를 받고, 시를 쓸 수 있으며 세계에서 가장 복잡한 보드게임에서 선수들을 이길 수 있다. 갑작스럽게, 우리는 우리의 창의력이 경쟁할 상대가 없지 않게 되는 가능성에 직면해야 할 것이다.

Why? 왜 정답일까?

빈칸 앞의 문장에서 컴퓨터는 얼굴 인식, 언어 번역, 전화 응대, 시 창작, 보드게임 경기 등 기존에 인간만의 영역으로 여겨졌던 다양한 활동을 할 수 있게 되었다고 언급하는 것으로 보아, 빈칸이 포함된 문장은 그간 인간만의 능력으로 간주되어 왔던 창의력도 컴퓨터의 능력에 포함될지도 모른다는 의미를 나타내야 한다. 따라서 빈칸에 들어갈 말로 가장 적절한 것은 ① '경쟁할 상대가 없지'이다.

- creativity ⓝ 창조성, 독창성
- nest ⓝ 둥지
- display ⓥ 드러내다, 내보이다
- translate ⓥ 번역하다
- complicated ⓐ 복잡한
- face ⓥ 직면하다
- universal ⓐ 일반적인, 보편적인
- uniquely ⓐⓓ 고유하게
- come close to ~에 근접하다
- artificial intelligence 인공 지능
- poem ⓝ 시
- to name a few things 몇 가지만 보더라도
- unrivaled ⓐ 경쟁할 상대가 없는

구문 풀이

3행 Birds can make their nests, ants can make their hills, but no other species ←부정 주어
on Earth comes close to the level of creativity [(that) we humans display].
동사(단수)　　　　　　　　　생략(목적격 관계대명사)

10행 All of a sudden, we must face the possibility [that our ability to be creative
타동사　　목적어　　동격 접속사　　　형용사적 용법
is not unrivaled].

★★ 문제 해결 꿀~팁 ★★

▶ 많이 틀린 이유는?
빈칸에 직접 대응시킬 주제문이 없고 추상적인 내용을 다루어 까다로운 지문이다. 최다 오답인 ④는 인공 지능의 발달로 인해 인간의 창의력이 '무시되지' 않을 가능성이 있다는 뜻인데, 이 글은 컴퓨터가 인간의 창의력을 따라잡을 수도 있다는 내용을 주로 다루고 있어 주제와 무관한 선택지이다. ⑤는 주제와 상충한다.

▶ 문제 해결 방법은?
글 중간에 역접의 연결어가 나오므로 전반부보다는 후반부에 무게를 실어 독해한다. 특히 빈칸이 마지막 문장에 있으므로 바로 앞의 예문을 읽고 이를 토대로 일반화된 결론을 추론해야 한다.

32 Minor County의 소비 지역화 운동 | 정답률 69% | 정답 ②

다음 빈칸에 들어갈 말로 가장 적절한 것을 고르시오. [3점]

① work out regularly – 규칙적으로 운동하도록

☑ spend money locally – 그 지역에서 돈을 쓰도록

③ drive their cars safely – 차를 안전하게 운전하도록

④ treat strangers nicely – 낯선 사람을 친절하게 대하도록

⑤ share work equally – 일을 똑같이 나누도록

In 1995, / a group of high school students in Miner County, South Dakota, / started planning a revival.
1995년, / South Dakota 주 Miner County에 사는 한 무리의 고교생들이 / 부흥을 계획하기 시작했다.

They wanted to do something / that might revive their dying community.
그들은 무언가를 하고 싶었다. / 죽어가는 자기네 지역 사회를 되살릴 수 있는

Miner County had been failing for decades.
Miner County는 몇 십 년간 침체되고 있었다.

Farm and industrial jobs had slowly dried up, / and nothing had replaced them.
농장 및 산업 일자리가 천천히 줄어들었고 / 이를 대체하는 것은 없었다.

The students started investigating the situation.
학생들은 상황을 조사하기 시작했다.

학생들은 상황을 조사하기 시작했다.

One finding in particular disturbed them.
특히 한 가지 결과가 그들의 마음을 불편하게 했다.

They discovered / that half of the residents had been shopping outside the county, / driving an hour to Sioux Falls / to shop in larger stores.
그들은 알아냈다. / 주민의 절반이 자기들 지역 바깥에서 쇼핑을 해 오고 있었다는 것을 / Sioux Falls로 한 시간을 운전해 가서, / 더 큰 가게에서 장을 보려고

Most of the things / that could improve the situation / were out of the students' control.
대부분의 일들이 / 상황을 나아지게 할 수 있는 / 학생들의 통제력을 벗어나 있었다.

But they did uncover one thing / that was very much in their control: / inviting the residents to spend money locally.
하지만 그들은 한 가지 것을 진정 알아냈는데, / 자신들이 아주 많이 통제할 수 있는 / 주민들이 그 지역에서 돈을 쓰도록 요청하는 것이었다.

They found their first slogan: / Let's keep Miner dollars in Miner County.
그들은 첫 번째 표어를 찾았다. / Miner의 돈을 Miner County 안에 두자.

1995년, South Dakota 주 Miner County에 사는 한 무리의 고교생들이 부흥을 계획하기 시작했다. 그들은 죽어가는 자기네 지역 사회를 되살릴 수 있는 무언가를 하고 싶었다. Miner County는 몇 십 년간 침체되고 있었다. 농장 및 산업 일자리가 천천히 줄어들었고 이를 대체하는 것은 없었다. 학생들은 상황을 조사하기 시작했다. 특히 한 가지 결과가 그들의 마음을 불편하게 했다. 그들은 주민의 절반이 더 큰 가게에서 장을 보려고 Sioux Falls로 한 시간을 운전해 가서, 자기들 지역 바깥에서 쇼핑을 해 오고 있었다는 것을 알아냈다. 상황을 나아지게 할 수 있는 대부분의 일들이 학생들의 통제력을 벗어나 있었다. 하지만 그들은 자신들이 통제할 수 있는 한 가지 것을 진정 알아냈는데, 주민들이 그 지역에서 돈을 쓰도록 요청하는 것이었다. 그들은 첫 번째 표어를 찾았다. (그것은) Miner의 돈을 Miner County 안에 두자(였다).

Why? 왜 정답일까?

글 중간에서 마을의 침체 이유를 조사한 결과 학생들은 주민들이 외부 지역에서 쇼핑을 하는 것이 문제임을 파악했다고 하는데, 이를 해결하기 위한 대책은 마지막 문장의 표어 내용대로 사람들이 지역 내부에서 돈을 쓰도록 하는 것(Let's keep Miner dollars in Miner County.)이었다. 따라서 빈칸에 들어갈 말로 가장 적절한 것은 ② '그 지역에서 돈을 쓰도록'이다.

- revival ⓝ 부흥, 부활, 회복
- industrial ⓐ 산업의
- replace ⓥ 대체하다
- in particular 특히
- out of control 통제력을 벗어난
- invite ⓥ 부탁하다, 요청하다
- dying ⓐ 죽어가는
- dry up 줄어들다, 고갈되다, 말라붙다
- investigate ⓥ 조사하다, 수사하다
- disturb ⓥ (마음을) 불편하게 하다, 방해하다
- uncover ⓥ 알아내다, 적발하다
- slogan ⓝ 표어, 슬로건

구문 풀이

6행 They discovered that half of the residents had been shopping outside the
　　　　　　　접속사　　　　　　　　　동사(과거완료 진행)
county, / driving an hour to Sioux Falls to shop in larger stores.
분사구문(~하면서)

33 고요와 정적에서 비롯되는 창작 | 정답률 49% | 정답 ③

다음 빈칸에 들어갈 말로 가장 적절한 것을 고르시오.

① organize their ideas – 생각을 정리하는

② interact socially – 사회적으로 상호 작용하는

☑ stop thinking – 생각을 멈추는

④ gather information – 정보를 모으는

⑤ use their imagination – 상상력을 활용하는

The mind is essentially a survival machine.
생각은 본질적으로 생존 기계이다.

Attack and defense against other minds, / gathering, storing, and analyzing information / — this is what it is good at, / but it is not at all creative.
다른 생각에 대해 공격하고 수비하는 것 / 정보를 수집하고 저장하고 분석하며 / 이것은 생각이 잘 하는 것이지만, / 전혀 창의적이지는 않다.

All true artists create / from a place of no-mind, / from inner stillness.
모든 진정한 예술가들은 창작을 한다. / 생각이 없는 상태, / 즉 내적인 고요함 속에서

Even great scientists have reported / that their creative breakthroughs / came at a time of mental quietude.
심지어 위대한 과학자들조차도 말했다. / 그들의 창의적인 돌파구는 / 정신적 정적의 시간에서 생겨났다고

The surprising result of a nationwide inquiry / among America's most famous mathematicians, including Einstein, / to find out their working methods, / was that thinking "plays only a subordinate part / in the brief, decisive phase of the creative act itself."
전국적인 조사의 놀라운 결과는 / 아인슈타인을 포함한 미국의 가장 유명한 수학자들 대상의 / 그들의 작업 방식을 알아내기 위한 / " 생각이 단지 부수적인 역할만 할 뿐이다."라는 것이었다. / "창의적인 행동의 짧고 결정적인 단계에서"

So I would say / that the simple reason / why the majority of scientists are *not* creative / is not because they don't know how to think, / but because they don't know how to stop thinking!
그래서 나는 말하고 싶다. / 단순한 이유는 / 대다수의 과학자들이 창의적이지 않은 / 그들이 생각하는 방법을 몰라서가 아니라 / 생각을 멈추는 방법을 모르기 때문이라고

생각은 본질적으로 생존 기계이다. 정보를 수집하고 저장하고 분석하며 다른 생각에 대해 공격하고 수비하는 것 — 이것은 생각이 잘 하는 것이지만, 전혀 창의적이지는 않다. 모든 진정한 예술가들은 생각이 없는 상태, 즉 내적인 고요함 속에서 창작을 한다. 심지어 위대한 과학자들조차도 그들의 창의적인 돌파구는 정신적 정적의 시간에서 생겨났다고 말했다. 아인슈타인을 포함한 미국의 가장 유명한 수학자들을 대상으로 그들의 작업 방식을 알아내기 위한 전국적인 조사의 놀라운 결과는 생각이 "창의적인 행동의 짧고 결정적인 단계에서 단지 부수적인 역할만 할 뿐이다."라는 것이었다. 그래서 나는 대다수의 과학자들이 창의적이지 않은 단순한 이유는 그들이 생각하는 방법을 몰라서가 아니라 생각을 멈추는 방법을 모르기 때문이라고 말하고 싶다.

Why? 왜 정답일까?

'All true artists create from a place of no-mind, from inner stillness. Even great scientists have reported that their creative breakthroughs came at a time of mental quietude.'에서 예술가와 과학자 모두 내적인 고요함 또는 마음의 정적 속에서 창작을 하고 창의적인 돌파구를 찾는다고 이야기하므로, 빈칸 또한 '고요, 정적'과 같은 의미를 나타내야 한다. 따라서 빈

칸에 들어갈 말로 가장 적절한 것은 ③ '생각을 멈추는'이다.

- **essentially** [ad] 본질적으로
- **gather** [v] 모으다, 수집하다
- **analyze** [v] 분석하다
- **breakthrough** [n] 돌파구
- **inquiry** [n] 조사, 연구
- **brief** [a] 짧은
- **phase** [n] 단계
- **organize** [v] 정리하다, 체계화하다
- **imagination** [n] 상상력
- **defense** [n] 방어
- **storing** [n] 저장
- **stillness** [n] 고요함
- **nationwide** [a] 전국적인
- **method** [n] 방법
- **decisive** [a] 결정적인
- **majority** [n] 다수, 대부분
- **socially** [ad] 사회적으로

구문 풀이

10행 So I would say that the simple reason [why the majority of scientists are
not creative] is not because they don't know how to think, but because they
don't know how to stop thinking.
(접속사 / 주어 / 동사 / not + A + but + B : A가 아니라 B)

★★★ 등급을 가르는 문제!

34 오늘날 마케팅 산업의 과제   정답률 45% | 정답 ⑤

다음 빈칸에 들어갈 말로 가장 적절한 것을 고르시오. [3점]
① guide people to be wise consumers – 사람들이 현명한 소비자가 되도록 인도하는가
② reduce the cost of television advertising – 텔레비전 광고의 비용을 줄이는가
③ keep a close eye on the quality of products – 제품의 질에 대해 주시하는가
④ make it possible to deliver any goods any time – 언제든 어떤 재화를 배달하는 것을 가능하게 하는가
⑤ win the battle for broadcast advertising exposure – 방송 광고 노출 전쟁에서 승리하는가

One real concern in the marketing industry today is / how to win the battle for broadcast
advertising exposure / in the age of the remote control and mobile devices.
오늘날 마케팅 산업에서 한 가지 실질적인 관심사는 / 어떻게 방송 광고 노출 전쟁에서 승리하는가이다. / 리모컨과 휴대 장비의 시대에
With the growing popularity of digital video recorders, / consumers can mute, / fast-
forward, / and skip over commercials entirely.
디지털 영상 녹화기의 인기가 증가하면서 / 소비자들은 광고의 소리를 줄이거나, / 광고를 빨리 감거나, / 아예 건너뛰어 버릴 수 있다.
Some advertisers are trying to adapt to these technologies, / by planting hidden coupons /
in frames of their television commercials.
일부 광고주들은 이러한 기술에 적응하려고 노력 중이다. / 숨겨진 쿠폰을 심어두어 / 텔레비전 광고 프레임 속에
Others are desperately trying / to make their advertisements more interesting and
entertaining / to discourage viewers from skipping their ads; / still others are simply giving
up on television advertising altogether.
다른 광고주들은 절박하게 노력 중이고, / 광고를 더 흥미롭고 재미있게 만들기 위해 / 시청자들이 광고를 건너뛰지 못하게 하기 위해
/ 또 다른 광고주들은 완전히 텔레비전 광고를 포기해 버린다.
Some industry experts predict / that cable providers and advertisers / will eventually be
forced to provide incentives / in order to encourage consumers to watch their messages.
몇몇 산업 전문가들은 예측한다. / 케이블 공급자와 광고주들이 / 결국에는 어쩔 수 없이 인센티브를 제공하게 될 것이라고 / 그들의
메시지를 소비자들이 보게 하기 위해서
These incentives may come / in the form of coupons, / or a reduction in the cable bill / for
each advertisement watched.
이러한 인센티브는 나타날 것이다. / 쿠폰의 형태로 / 또는 케이블 요금의 절감 형태로 / 시청되는 매 광고마다

오늘날 마케팅 산업에서 한 가지 실질적인 관심사는 리모컨과 휴대 장비의 시대에 어떻게 방
송 광고 노출 전쟁에서 승리하는가이다. 디지털 영상 녹화기의 인기가 증가하면서 소비자들
은 광고의 소리를 줄이거나, 광고를 빨리 감거나, 아예 건너뛰어 버릴 수 있다. 일부 광고주
들은 텔레비전 광고 프레임 속에 숨겨진 쿠폰을 심어두어 이러한 기술에 적응하려고 노력 중
이다. 다른 광고주들은 시청자들이 광고를 건너뛰지 못하게 하기 위해 광고를 더 흥미롭고
재미있게 만들기 위해 절박하게 노력 중이고, 또 다른 광고주들은 완전히 텔레비전 광고를
포기해 버린다. 몇몇 산업 전문가들은 케이블 공급자와 광고주들이 결국에는 그들의 메시지
를 소비자들이 보게 하기 위해서 어쩔 수 없이 인센티브를 제공하게 될 것이라 예측한다. 이
러한 인센티브는 쿠폰, 또는 광고를 한 번 볼 때마다 케이블 요금을 절감해주는 형태로 나타
날 것이다.

Why? 왜 정답일까?

빈칸 뒤의 문장에 따르면 오늘날 디지털 영상 녹화기의 인기가 증가하면서 사람들은 원하는 대로 광고의
소리를 줄이거나, 광고를 빨리 감거나, 아예 건너뛸 수 있게 되었는데, 이 때문에 광고주들은 쿠폰을 심어
두거나 광고를 더 재미있게 만드는 등의 노력을 기울여 소비자들로 하여금 광고를 보게 하려고 한다.
(Some advertisers are trying to adapt to these technologies, by planting hidden
coupons in frames of their television commercials. Others are desperately trying
to make their advertisements more interesting and entertaining to discourage
viewers from skipping their ads;). 따라서 빈칸에 들어갈 말로 가장 적절한 것은 이러한 노력의
목적을 적절하게 요약한 ⑤ '방송 광고 노출 전쟁에서 승리하는가'이다.

- **concern** [n] 관심사, 걱정
- **remote** [a] 원격의
- **mute** [v] ~의 소리를 줄이다
- **commercial** [n] 광고 [a] 상업의
- **advertiser** [n] 광고주
- **plant** [v] 놓다, 두다
- **entertaining** [a] 재미있는, 즐거움을 주는
- **altogether** [ad] 아예, 완전히
- **eventually** [ad] 결국
- **in the form of** ~의 형태로
- **industry** [n] 산업
- **popularity** [n] 인기
- **skip over** ~을 건너뛰다, ~을 묵과하다
- **entirely** [ad] 아예, 전부, 전적으로
- **adapt to** ~에 적응하다
- **desperately** [ad] 절박하게, 간절하게
- **give up on** ~을 포기하다
- **predict** [v] 예측하다
- **incentive** [n] 장려책

구문 풀이

7행 Others are desperately trying to make their advertisements more interesting
(try to + 동사원형: ~하려고 노력하다 / 목적어 / 목적격 보어)
and entertaining to discourage viewers from skipping their ads; / still others are
(부사적 용법(~하기 위해) / discourage A from + 동명사: A가 ~하지 못하게 하다)
simply giving up on television advertising altogether.
(~을 포기하다)

[문제편 p.178]

▶ 많이 틀린 이유는?
본문 중 그대로 빈칸에 대응될 말이 없고, 예시를 읽고 요약해야 한다는 점에서 어려운 문제였다. 최
다 오답인 ②는 '광고주의 비용 절감'을 언급하는데, 이는 지문 마지막 부분에서 광고주들이 소비자들
로 하여금 광고를 계속 보게 하기 위해서 '케이블 비용을 깎아준다'는 내용을 잘못 이해한 것이다. 이
는 광고주 입장에서의 비용 절감이라기보다는 소비자 입장에서 누리는 혜택이라고 볼 수 있다.
▶ 문제 해결 방법은?
흔히 예시는 주제문을 잘 이해한 경우라면 건너뛰어도 무방할 때가 많지만 이 문제는 유일한 주제문에
빈칸이 있고 나머지가 예시이기 때문에 예문들을 잘 읽어야 한다. 본격적으로 광고주에 대한 세부 내
용을 말하는 'Some advisers ~, Others ~' 부분을 읽어 적절히 요약한 말을 빈칸에 넣도록 한다.

35 맥락에 의미가 좌우되는 단어들   정답률 79% | 정답 ③

다음 글에서 전체 흐름과 관계 없는 문장은?

Words like 'near' and 'far' / can mean different things / depending on where you are / and
what you are doing.
'near'과 'far' 같은 단어들은 / 여러 가지를 의미할 수 있다. / 여러분이 어디에 있는지와 / 무엇을 하고 있는지에 따라
If you were at a zoo, / then you might say you are 'near' an animal / if you could reach out
/ and touch it through the bars of its cage.
만약 여러분이 동물원에 있다면, / 여러분은 그 동물이 '가까이'에 있다고 말할지도 모른다. / 여러분이 손을 뻗어 / 동물 우리의 창살
사이로 동물을 만질 수 있다면
① Here the word 'near' means an arm's length away.
여기서 'near'이라는 단어는 팔 하나만큼의 길이를 의미한다.
② If you were telling someone / how to get to your local shop, / you might call it 'near' /
if it was a five-minute walk away.
여러분이 누군가에게 말해주고 있는 경우 / 동네 가게에 가는 방법을 / 그것을 '가까이'라고 말할 수도 있을 것이다. / 만약 그 거리가
걸어서 5분 거리라면
③ It seems that you had better walk to the shop / to improve your health.
당신은 그 가게로 걸어가는 것이 좋을 것 같다. / 당신의 건강을 향상시키기 위해
④ Now the word 'near' means much longer / than an arm's length away.
이제 'near'이라는 단어는 훨씬 더 긴 것을 의미한다. / 팔 하나만큼의 길이보다
⑤ Words like 'near', 'far', 'small', 'big', 'hot', and 'cold' / all mean different things / to
different people at different times.
'near', 'far', 'small', 'big', 'hot', 그리고 'cold'와 같은 단어들은 / 모두 다른 것을 의미한다. / 다른 때에 다른 사람들에게

'near'과 'far' 같은 단어들은 여러분이 어디에 있는지와 무엇을 하고 있는지에 따라 여러 가지
를 의미할 수 있다. 만약 여러분이 동물원에 있고, 동물 우리의 창살 사이로 손을 뻗어 동물
을 만질 수 있다면 여러분은 그 동물이 '가까이'에 있다고 말할지도 모른다. ① 여기서 'near'
이라는 단어는 팔 하나만큼의 길이를 의미한다. ② 여러분이 누군가에게 동네 가게에 가는
방법을 말해주고 있는 경우 만약 그 거리가 걸어서 5분 거리라면 그것을 '가까이'라고 말할
수도 있을 것이다. ③ 당신은 건강을 향상시키기 위해 그 가게로 걸어가는 것이 더 좋을 것
같다. ④ 이제 'near'이라는 단어는 팔 하나만큼의 길이보다 훨씬 더 긴 것을 의미한다.
⑤ 'near', 'far', 'small', 'big', 'hot', 그리고 'cold'와 같은 단어들은 모두 다른 때에 다른 사람
들에게 다른 것을 의미한다.

Why? 왜 정답일까?

첫 문장이 주제문으로, 단어의 의미는 맥락에 따라 좌우될 수 있다는 내용을 제시하고 있다. ①, ②, ④에
서 예시와 함께 부연이 이어진 뒤, ⑤는 주제와 같은 결론을 내리며 글을 맺고 있다. 반면 ③은 ②에서 언
급된 shop에만 초점을 두어 근거리에 있는 가게는 건강을 위해 걸어 가야 한다는 내용을 다룬다. 따라
서 전체 흐름과 관계없는 문장은 ③이다.

- **depending on** ~에 따라
- **arm's length** 팔을 뻗으면 닿는 (가까운) 거리
- **reach out** (잡으려고 손을) 뻗다
- **improve** [v] 개선되다, 나아지다

구문 풀이

2행 If you were at a zoo, / then you might say you are 'near' an animal if you
(「If + 주어 + were ~, 주어 + 조동사 과거형 + 동사원형」: 가정법 과거)
could reach out and touch it through the bars of its cage.

36 작가가 되고 싶었던 Charles Dickens   정답률 65% | 정답 ②

주어진 글 다음에 이어질 글의 순서로 가장 적절한 것을 고르시오.
① (A) – (C) – (B)
② (B) – (A) – (C)
③ (B) – (C) – (A)
④ (C) – (A) – (B)
⑤ (C) – (B) – (A)

In early 19th century London, / a young man named Charles Dickens / had a strong desire
to be a writer.
19세기 초반 런던, / Charles Dickens라는 이름의 젊은이는 / 작가가 되려는 강한 열망을 갖고 있었다.
But everything seemed to be against him.
하지만 모든 것이 그에게 불리한 것 같았다.
(B) He had never been able to attend school / for more than four years.
그는 학교에 다닌 적이 없었다. / 4년 이상
His father had been in jail / because he couldn't pay his debts, / and this young man often
knew the pain of hunger.
그의 아버지는 감옥에 있었고, / 그가 자기 빚을 갚지 못했기에 / 이 젊은이는 자주 배고픔의 고통을 알았다.
(A) Moreover, / he had so little confidence / in his ability to write / that he mailed his
writings secretly at night to editors / so that nobody would laugh at him.
더구나, / 그는 자신감이 너무 없어서 / 자신의 글재주에 / 그는 밤에 몰래 편집자들에게 자신의 글을 우편으로 보냈다. / 그 누구도
자신을 비웃지 못하도록
Story after story was refused.
작품마다 거절을 당했다.
(C) But one day, / one editor recognized and praised him.
하지만 어느 날, / 한 편집장이 그를 알아보고 칭찬해 주었다.
The praise / that he received from getting one story in print / changed his whole life.
칭찬은 / 하나의 이야기를 출판하여 그가 얻은 / 그의 일생을 바꾸어 놓았다.

His works have been widely read / and still enjoy great popularity.
그의 작품들은 널리 읽히게 되었고 / 여전히 엄청난 인기를 누린다.

19세기 초반 런던, Charles Dickens라는 이름의 젊은이는 작가가 되려는 강한 열망을 갖고 있었다. 하지만 모든 것이 그에게 불리한 것 같았다.

(B) 그는 4년 이상 학교에 다닌 적이 없었다. 그의 아버지는 빚을 갚지 못해 감옥에 있었고, 이 젊은이는 자주 배고픔의 고통을 알았다.

(A) 더구나, 그는 자신의 글재주에 자신감이 너무 없어서 그 누구도 자신을 비웃지 못하도록 밤에 몰래 편집자들에게 자신의 글을 우편으로 보냈다. 작품들마다 거절을 당했다.

(C) 하지만 어느 날, 한 편집장이 그를 알아보고 칭찬해 주었다. 하나의 이야기를 출판하여 그가 얻은 칭찬은 그의 일생을 바꾸어 놓았다. 그의 작품들은 널리 읽히게 되었고 여전히 엄청난 인기를 누린다.

Why? 왜 정답일까?

Charles Dickens는 작가가 되고자 했지만 상황이 그에게 불리했다는 내용의 주어진 글 뒤에는 구체적으로 그의 불리한 조건을 묘사한, 즉 그의 교육 및 가정이 모두 불우했음을 이야기한 (B), 이어서 그가 스스로의 글재주에도 자신 없어 했다는 내용의 (A)가 차례로 나오는 것이 적절하다. '하지만' 결국 그가 작가로서 성공을 거두게 되었다는 내용의 (C)는 마지막에 나오는 것이 자연스럽다. 따라서 주어진 글 다음에 이어질 글의 순서로 가장 적절한 것은 ② '(B) – (A) – (C)'이다.

- **desire** ⓝ 열망, 갈망
- **secretly** ⓐⓓ 몰래
- **jail** ⓝ 교도소
- **recognize** ⓥ 알아보다, 인정하다
- **whole** ⓐ 전체의
- **confidence** ⓝ 자신감, 믿음
- **refuse** ⓥ 거절하다
- **debt** ⓝ 빚, 부채
- **praise** ⓥ 칭찬하다
- **widely** ⓐⓓ 널리

구문 풀이

4행 Moreover, / he had so little confidence in his ability to write that he mailed
접속부사(첨가) 「so + 형용사 + that + 주어 + 동사 : 너무 ~해서 …하다」
his writings secretly at night to editors / so that nobody would laugh at him.
~하도록   ~을 비웃다

---

37 패턴을 찾는 인간의 특성 정답률 50% | 정답 ②

주어진 글 다음에 이어질 글의 순서로 가장 적절한 것을 고르시오. [3점]

① (A) – (C) – (B)
② (B) – (A) – (C) ✓
③ (B) – (C) – (A)
④ (C) – (A) – (B)
⑤ (C) – (B) – (A)

The next time you're out under a clear, dark sky, / look up.
다음에 여러분이 맑고 어두운 하늘 아래에 있을 때 / 위를 올려다볼 때

If you've picked a good spot for stargazing, / you'll see a sky full of stars, / shining and twinkling / like thousands of brilliant jewels.
만약 여러분이 별을 보기에 좋은 장소를 골랐다면, / 여러분은 별로 가득한 하늘을 보게 될 것이다. / 빛나고 반짝거리는 / 수천 개의 광채가 나는 보석처럼

(B) But this amazing sight of stars / can also be confusing.
하지만 이 놀라운 별들의 광경은 / 또한 혼란스러울 수도 있다.

Try and point out a single star to someone.
어떤 사람에게 별 하나를 가리켜 보라.

Chances are, that person will have a hard time / knowing exactly which star you're looking at.
아마 그 사람은 어려울 것이다. / 여러분이 어떤 별을 보고 있는지를 정확하게 알기

(A) It might be easier / if you describe patterns of stars.
그것은 더 쉬워질 수도 있다. / 만약 여러분이 별의 패턴을 묘사한다면

You could say something like, / "See that big triangle of bright stars there?"
여러분은 말을 할 수 있을 것이다. / "저기 큰 삼각형을 이루는 밝은 별들이 보이세요?"와 같은

Or, "Do you see those five stars / that look like a big letter W?"
혹은, "저 다섯 개의 별이 보이세요? / 대문자 W처럼 보이는"

(C) When you do that, / you're doing exactly what we all do / when we look at the stars.
여러분이 그렇게 하면, / 여러분은 우리 모두가 하는 것을 정확하게 하고 있는 것이다. / 우리가 별을 바라볼 때

We look for patterns, / not just so that we can point something out to someone else, / but also because that's what we humans have always done.
우리는 패턴을 찾는다. / 다른 사람에게 어떤 것을 가리켜 보여주기 위해서뿐만 아니라, / 그렇게 하는 것이 우리 인간이 항상 해왔던 것이기도 하기 때문에

다음에 여러분이 맑고 어두운 하늘 아래에 있을 때 위를 올려다보아라. 만약 여러분이 별 보기에 좋은 장소를 골랐다면, 수천 개의 광채가 나는 보석처럼 빛나고 반짝거리는 별로 가득한 하늘을 보게 될 것이다.

(B) 하지만 이 놀라운 별들의 광경은 또한 혼란스러울 수도 있다. 어떤 사람에게 별 하나를 가리켜 보라. 아마 그 사람은 여러분이 어떤 별을 보고 있는지를 정확하게 알기 어려울 것이다.

(A) 만약 여러분이 별의 패턴을 묘사한다면 그것은 더 쉬워질 수도 있다. "저기 큰 삼각형을 이루는 밝은 별들이 보이세요?"와 같은 말을 할 수 있을 것이다. 혹은, "대문자 W처럼 보이는 저 다섯 개의 별이 보이세요?"라고 말할 수도 있을 것이다.

(C) 여러분이 그렇게 하면, 여러분은 우리가 별을 바라볼 때 우리 모두가 하는 것을 정확하게 하고 있는 것이다. 우리는 다른 사람에게 어떤 것을 가리켜 보여주기 위해서뿐만 아니라, 그렇게 하는 것이 우리 인간이 항상 해왔던 것이기도 하기 때문에 패턴을 찾는다.

Why? 왜 정답일까?

밤하늘 가득한 별을 바라보라는 내용으로 시작하는 주어진 글 뒤에는, 어떤 사람에게 별 하나를 가리킨다면 정확히 어떤 별인지 파악하기 어려울 것이라는 내용의 (B), 이때 별의 일정한 패턴을 묘사하면 이해를 도울 수 있다는 내용의 (A), 이렇듯 패턴을 찾는 것이 인간 행동의 특징이라는 결론을 내리는 (C)가 차례로 이어지는 것이 자연스럽다. 따라서 글의 순서로 가장 적절한 것은 ② '(B) – (A) – (C)'이다.

- **spot** ⓝ 특정한 곳
- **twinkle** ⓥ 반짝거리다
- **describe** ⓥ 묘사하다
- **stargazing** ⓝ 별 보기
- **brilliant** ⓐ 눈부신, 훌륭한
- **amazing** ⓐ 놀라운

- **sight** ⓝ 보기, 봄
- **point out** 가리키다
- **exactly** ⓐⓓ 정확히
- **confuse** ⓥ 혼란시키다, 혼란스럽게 만들다
- **chances are that** ~할 가능성이 있다

구문 풀이

9행 Chances are, that person will have a hard time knowing exactly which
~할 가능성이 있다   「have a hard time + 동명사 : ~하는 데 어려움이 있다」
star you're looking at.   의문형용사(어떤)

★★★ 등급을 가르는 문제!

38 어린이와 함께 음악을 즐기는 것 정답률 40% | 정답 ④

글의 흐름으로 보아, 주어진 문장이 들어가기에 가장 적절한 곳을 고르시오.

Music appeals powerfully to young children.
음악은 어린 아이들에게 강력하게 어필한다.

① Watch preschoolers' faces and bodies / when they hear rhythm and sound / — they light up and move eagerly and enthusiastically.
미취학 어린들의 얼굴과 몸을 살펴보아라. / 그들이 리듬과 소리를 들을 때 / 그들은 밝아지고 열렬히 열정적으로 움직인다.

② They communicate comfortably, / express themselves creatively, / and let out all sorts of thoughts and emotions / as they interact with music.
그들은 편안하게 의사소통하고, / 창의적으로 자신을 표현하고, / 모든 생각과 감정을 분출해 낸다. / 그들이 음악과 상호작용하면서

③ In a word, / young children think / music is a lot of fun, / so do all you can / to make the most of the situation.
한마디로, / 어린 아이들은 생각하므로, / 음악이 아주 재미있다고 / 당신이 할 수 있는 모든 것을 하라. / 이 상황을 최대로 활용하기 위해

☑ Throw away your own hesitation / and forget all your concerns / about whether you are musically talented / or whether you can sing or play an instrument.
망설임을 버리고 / 걱정을 모두 잊어라. / 당신이 음악적으로 재능이 있는가 / 혹은 노래를 하거나 악기를 연주할 수 있는가에 대한

They don't matter / when you are enjoying music with your child.
그것들은 중요하지 않다. / 당신이 아이와 함께 음악을 즐길 때

⑤ Just follow his or her lead, / have fun, / sing songs together, / listen to different kinds of music, / move, dance, and enjoy.
그저 아이의 리드를 따라가며, / 즐기고, / 함께 노래하고, / 다양한 종류의 음악을 들으며, / 움직이고 춤추고 즐겨라.

음악은 어린 아이들에게 강력하게 어필한다. ① 미취학 어린이들이 리듬과 소리를 들을 때 그들의 얼굴과 몸을 살펴보아라. 밝아지고 열렬히 열정적으로 움직인다. ② 음악과 상호작용 하면서 그들은 편안하게 의사소통하고, 창의적으로 자신을 표현하고, 모든 생각과 감정을 분출해 낸다. ③ 한마디로, 어린 아이들은 음악이 아주 재미있다고 생각하므로, 이 상황을 최대로 활용하기 위해 당신이 할 수 있는 모든 것을 하라. ④ 망설임을 버리고 당신이 음악적으로 재능이 있는가 혹은 노래를 하거나 악기를 연주할 수 있는가에 대한 걱정을 모두 잊어라. 그것들은 당신이 아이와 함께 음악을 즐길 때 중요하지 않다. ⑤ 그저 아이의 리드를 따라가며, 즐기고, 함께 노래하고, 다양한 종류의 음악을 들으며, 움직이고 춤추고 즐겨라.

Why? 왜 정답일까?

④ 앞의 문장에서 언급한 'all you can'에 대한 예시가 주어진 문장에서 제시되고 있다. 또한 ④ 뒤의 문장에서는 주어진 문장에서 예로 든 다양한 '걱정'을 They로 받으며 이것들이 아이들과 음악을 즐길 때 그다지 중요하지 않다는 점을 언급한다. 따라서 주어진 문장이 들어가기에 가장 적절한 곳은 ④이다.

- **hesitation** ⓝ 망설임, 주저함
- **appeal to** ~에 어필하다, ~에 호소하다
- **light up** (안색이) 밝아지다
- **enthusiastically** ⓐⓓ 열정적으로
- **comfortably** ⓐⓓ 편안하게
- **creatively** ⓐⓓ 창의적으로
- **make the most of** ~을 최대한 활용하다
- **talented** ⓐ 재능이 있는
- **preschooler** ⓝ 미취학 아동
- **eagerly** ⓐⓓ 열렬히
- **communicate** ⓥ 의사소통하다
- **express** ⓥ 나타내다, 표현하다
- **interact with** ~와 상호작용하다
- **matter** ⓥ (사건, 일 등이) 중요하다

구문 풀이

9행 In a word, / young children think music is a lot of fun, / so do all you can
한 마디로(요약)   (접속사 that 생략)   명령문   목적어
to make the most of the situation.
부사적 용법(~하기 위해)

★★ 문제 해결 꿀~팁 ★★

▶ 많이 틀린 이유는?
대명사의 쓰임에 유의하지 않으면 자칫 오답을 고르기 쉬운 문제였다. ④에 주어진 문장을 넣지 않는다면 ④ 뒤의 They는 'young children'일 수밖에 없는데, 이렇게 되면 '어린 아이들은 당신이 아이와 함께 음악을 즐길 때 중요하지 않다'라는 의미상 모순이 생기고 만다. 문법적으로도 matter는 주로 사물 주어를 취하여 '(어떤 일이나 사안이) 중요하다'라는 뜻으로 쓰인다는 점을 기억해 둔다.

▶ 문제 해결 방법은?
주어진 문장에 역접의 연결사가 있으면 본문 중 흐름 반전의 포인트를 잡아 주어진 문장을 넣으면 되지만, 이 문제에서 본문은 하나의 논지만을 일관되게 말하고 있다. 이 경우는 대명사가 풀이에 절대적 힌트를 제공하므로, '단수 명사-단수 대명사, 복수 명사-복수 대명사'의 연결고리를 하나씩 체크하며 꼼꼼하게 독해하도록 한다.

---

39 할 수 없는 일에 대해 말하는 기술 정답률 50% | 정답 ④

글의 흐름으로 보아, 주어진 문장이 들어가기에 가장 적절한 곳을 고르시오. [3점]

Whenever you say what you can't do, / say what you can do.
여러분이 할 수 없는 것을 말할 때마다, / 여러분이 할 수 있는 것을 말하라.

This ends a sentence on a positive note / and has a much lower tendency / to cause someone to challenge it.
이것은 긍정적인 어조로 문장을 마무리하는 것이고 / 경향을 훨씬 더 낮춘다. / 누군가의 이의 제기를 불러일으킬

① Consider this situation / — a colleague comes up to you / and asks you to look over some figures with them / before a meeting they are having tomorrow.
이 상황을 생각해 보아라. / 한 동료가 여러분에게 다가와서 / 자신들과 일부 수치를 검토해 보자고 요청하는 / 내일 회의를 하기 전에

② You simply say, / 'No, I can't deal with this now.'
여러분은 그저 말한다. / '아니요, 저는 지금 이것을 처리할 수 없어요.'

여러분은 그저 말한다. / '안 돼요, 지금은 이 일을 할 수 없어요.'라고

③ This may then lead to them insisting / how important your input is, / increasing the pressure on you / to give in.
이것은 그들에게 주장하게 만들 수도 있어서, / 여러분의 참여가 얼마나 중요한지를 / 여러분에 대한 압박을 증가시킨다. / (여러분이) 양보하도록(그 요청을 들어줄 수밖에 없도록)

☑ Instead of that, say to them, / 'I can't deal with that now / but what I can do is / I can ask Brian to give you a hand / and he should be able to explain them.'
그 대신, 그들에게 말해보라. / '저는 지금 그 일을 할 수 없지만 / 제가 할 수 있는 것은 / Brain에게 당신을 도와주라고 부탁하는 것이고 / 그러면 그가 그 수치를 설명해 줄 수 있을 것 같아요.'라고

Or, 'I can't deal with that now / but I can find you in about half an hour / when I have finished.'
혹은, '저는 지금 그 일을 할 수 없지만 / 약 30분 뒤에 당신을 찾아 갈게요. / 제 일이 끝나면'

⑤ Either of these types of responses / are better than ending it with a negative.
이런 형태의 대답들 중 어느 것이라도 / 부정적인 어조로 그 상황을 끝내는 것보다 더 낫다.

여러분이 할 수 없는 것을 말할 때마다, 여러분이 할 수 있는 것을 말하라. 이것은 긍정적인 어조로 문장을 마무리하는 것이고 누군가의 이의 제기를 불러일으킬 경향을 훨씬 더 낮춘다. ① 한 동료가 여러분에게 다가와서 내일 회의를 하기 전에 일부 수치를 검토해 보자고 요청하는 상황의 대화를 생각해 보아라. ② 여러분은 그저 '안 돼요, 지금은 이 일을 할 수 없어요.'라고 말한다. ③ 이것은 그들에게 여러분의 참여가 얼마나 중요한지를 주장하게 만들 수도 있어서, 여러분이 그 요청을 들어줄 수밖에 없도록 압박을 증가시킨다. ④ 그 대신, '저는 지금 그 일을 할 수 없지만 Brain에게 당신을 도와주라고 부탁할 수는 있고 그러면 그가 그 수치를 설명해 줄 수 있을 것 같아요.'라고 그들에게 말해보라. 혹은, '저는 지금 그 일을 할 수 없지만 약 30분 뒤에 제 일이 끝나면 당신을 찾아 갈게요.' ⑤ 이런 형태의 대답들 중 어느 것이라도 부정적인 어조로 그 상황을 끝내는 것보다 더 낫다.

Why? 왜 정답일까?

④ 앞의 두 문장은 동료가 어떤 일을 부탁할 때 그저 할 수 없다고만 말하면 도리어 동료로 하여금 일을 도와줄 필요성이 있음을 더 피력하게 만들어 결국에는 부탁을 들어줄 수밖에 없는 상황에 처할 수 있음을 언급하고 있다. 이에 대한 조언으로서 Instead of that으로 시작하는 주어진 문장은 무엇을 해줄 수 있는지를 언급할 것을 제안하고, ④ 뒤의 문장은 '혹은' 지금은 아니더라도 나중에 다시 찾아가겠다는 여지를 남길 것을 제안하고 있다. 따라서 주어진 문장이 들어가기에 가장 적절한 곳은 ④이다.

- instead of ~ 대신에
- explain ⓥ 설명하다
- note ⓝ 어조
- challenge ⓥ 이의를 제기하다, 도전하다
- figure ⓝ 수치
- input ⓝ 참여, 투입
- pressure ⓝ 압박, 압력
- give a hand 도와주다
- sentence ⓝ 문장
- tendency ⓝ 성향, 경향
- colleague ⓝ 동료
- insist ⓥ 주장하다, 고집하다
- increase ⓥ 상승시키다

구문 풀이

4행 This ends a sentence on a positive note and has a much lower tendency
   동사1   동사2
to cause someone to challenge it.
형용사적 용법 「cause + 목적어 + to부정사」: ~이 …하도록 야기하다」

40 요리에 대한 자신감 여부와 식습관 사이의 연관성 정답률 58% | 정답 ①

다음 글의 내용을 한 문장으로 요약하고자 한다. 빈칸 (A)와 (B)에 들어갈 말로 가장 적절한 것은?

	(A)		(B)
☑	cooking 요리	……	various 다양한
②	cooking 요리	……	specific 특정한
③	tasting 맛보기	……	organic 유기농의
④	dieting 다이어트	……	healthy 건강한
⑤	dieting 다이어트	……	exotic 이국적인

According to an Australian study, / a person's confidence in the kitchen / is linked to the kind of food / that he or she tends to enjoy eating.
호주의 한 연구에 따르면, / 한 사람이 부엌에서 보이는 자신감은 / 음식의 종류와 연관되어 있다. / 그 사람이 즐겨 먹는 경향이 있는

Compared to the average person, / those who are proud of the dishes they make / are more likely to enjoy eating vegetarian food and health food.
보통 사람들과 비교했을 때, / 자기가 만든 음식에 자부심을 갖는 사람들은 / 채식과 건강식을 더 즐겨 먹는 경향이 있었다.

Moreover, / this group is more likely than the average person / to enjoy eating diverse kinds of food: / from salads and seafood to hamburgers and hot chips.
더구나, / 이 집단은 보통 사람들에 비해 더 ~한 경향이 있었다. / 다양한 종류의 음식을 더 즐겨먹는 / 샐러드와 해산물부터 햄버거와 감자튀김에 이르기까지

In contrast, / people who say "I would rather clean than make dishes." / don't share this wide-ranging enthusiasm for food.
반대로, / "요리하느니 차라리 설거지를 할게."라고 말하는 사람들은 / 음식에 대한 이러한 광범위한 열정을 공유하지 않았다.

They are less likely than the average person / to enjoy different types of food.
그들은 보통 사람들보다 덜 / 다양한 요리를 즐기는

In general, / they eat out less than the average person / except for when it comes to eating at fast food restaurants.
일반적으로, / 그들은 보통 사람보다 외식을 덜 한다. / 패스트 푸드 점에서 먹는 경우를 제외하는

➡ In general, / people who are confident in (A) cooking / are more likely to enjoy (B) various foods / than those who are not.
일반적으로, / 요리에 자신이 있는 사람들은 / 다양한 음식을 더 즐기는 경향이 있다. / 그렇지 않은 사람들보다

호주의 한 연구에 따르면, 한 사람이 부엌에서 보이는 자신감은 그 사람이 즐겨 먹는 경향이 있는 음식의 종류와 연관되어 있다. 보통 사람들과 비교했을 때, 자기가 만든 음식에 자부심을 갖는 사람들은 채식과 건강식을 더 즐겨 먹는 경향이 있었다. 더구나, 이 집단은 보통 사람들에 비해 샐러드와 해산물부터 햄버거와 감자튀김에 이르기까지 다양한 종류의 음식을 더 즐겨먹는 경향이 있었다. 반대로, "요리하느니 차라리 설거지를 할게."라고 말하는 사람들은 음식에 대한 이러한 광범위한 열정을 공유하지 않았다. 그들은 보통 사람들보다 다양한 요리를 덜 즐기는 경향이 있었다. 일반적으로, 그들은 패스트 푸드 점에서 먹는 경우를 제외하고는 보통 사람보다 외식을 덜 한다.

➡ 일반적으로, (A) 요리에 자신이 있는 사람들은 그렇지 않은 사람들보다 (B) 다양한 음식을 더 즐기는 경향이 있다.

Why? 왜 정답일까?

첫 문장에서 요리에 대한 자신감과 식습관 사이에는 연관성이 있다고 말하는데, 이어지는 두 문장에서는 그 구체적인 내용으로서 요리에 자부심을 보이는 사람들의 경우에는 채식 및 건강한 음식을 더 선호할 뿐 아니라 다양한 음식을 더욱 즐겨먹는 경향이 있음(Moreover, this group is more likely than the average person to enjoy eating diverse kinds of food ~)을 이야기한다. 따라서 빈칸 (A)와 (B)에 들어갈 말로 가장 적절한 것은 ① '(A) cooking(요리), (B) various(다양한)'이다.

- be linked to ~와 연관되다
- vegetarian ⓐ 채식의, 채식주의의
- in contrast 그에 반해서
- enthusiasm ⓝ 열정
- except for ~을 제외하고
- average ⓝ 평균의, 보통의
- diverse ⓐ 다양한
- wide-ranging 광범위한
- eat out 외식하다

구문 풀이

3행 Compared to the average person, / those [who are proud of the dishes
   ~와 비교할 때   지시대명사(~한 사람들)   주격 관계대명사 ~을 자랑스러워하다
they make] are more likely to enjoy eating vegetarian food and health food.
   더 ~할 경향이 있다   (목적격 관계대명사 생략)

41-42 광고 속 통계 수치의 신뢰도

「Many advertisements cite statistical surveys.
많은 광고는 통계 조사를 인용한다.

But we should be (a) cautious / because we usually do not know / how these surveys are conducted.」 41번의 근거
하지만 우리는 신중해야 한다. / 보통 모르기 때문에 / 이러한 조사들이 어떻게 실시되는지를

For example, / a toothpaste manufacturer once had a poster / that said, "More than 80% of dentists recommend Smiley Toothpaste."
예를 들면, / 한 치약 제조업체가 예전에 포스터를 올렸다. / "80%가 넘는 치과의사들이 Smiley Toothpaste를 추천합니다."라고 적혀 있는

This seems to say / that most dentists (b) prefer Smiley Toothpaste to other brands.
이것은 말하는 것처럼 보인다. / 대부분의 치과의사들이 다른 브랜드보다 Smiley Toothpaste를 선호한다고

But it turns out / that the survey questions allowed the dentists / to recommend more than one brand, / and in fact / another competitor's brand was recommended / just as often as Smiley Toothpaste!
하지만 드러난다! / 그 조사 항목이 치과의사들에게 허용했다는 것이 / 한 가지 이상의 브랜드를 추천하도록 / 그리고 실제로 / 또 다른 경쟁업체의 브랜드도 많이 추천되었다는 것이 / Smiley Toothpaste만큼

No wonder / the UK Advertising Standards Authority ruled in 2007 / that the poster was (c) misleading / and it could no longer be displayed.
당연히도 / 2007년에 영국 Advertising Standards Authority는 결정을 내렸고 / 그 포스터가 잘못된 정보를 준다고 / 그것은 더 이상 게시될 수 없었다.

A similar case concerns a well-known cosmetics firm / marketing a cream / that is supposed to rapidly reduce wrinkles.
유명 화장품 회사의 경우도 유사하다. / 크림을 판매하는 / 주름을 빠른 속도로 줄여 준다는

But the only evidence provided is / that "76% of 50 women agreed."
그러나 주어진 유일한 증거라고는 / "50명의 여성 중 76%가 동의했다."라는 것뿐이다.

「But what this means is / that the evidence is based on just the personal opinions / from a small sample / with no objective measurement of their skin's condition.
하지만 이것이 의미하는 것은 / 그 증거가 개인적 의견에 근거한다는 것이다. / 소수의 표본에서 얻은 / 피부 상태에 대한 객관적인 측정이 없었던

Furthermore, / we are not told / how these women were selected.」 42번의 근거
게다가, / 우리는 알 수 없다 / 이 여성들이 어떻게 선별되었는지

Without such information, / the "evidence" provided is pretty much (d) useless.
그런 정보 없이는 / 주어진 "증거"는 아주 쓸모가 없다.

Unfortunately, / 「such advertisements are quite typical, / and as consumers / we just have to use our own judgment / and (e) avoid taking advertising claims too seriously.」 41번의 근거
불행하게도, / 그러한 광고들은 아주 전형적이고, / 소비자로서 / 우리가 스스로 판단해야 하며 / 광고의 주장을 너무 진지하게 받아들이는 것을 피해야 한다.

많은 광고는 통계 조사를 인용한다. 하지만 우리는 보통 이러한 조사들이 어떻게 실시되는지를 모르기 때문에 (a) 신중해야 한다. 예를 들면, 한 치약 제조 업체가 예전에 "80%가 넘는 치과의사들이 Smiley Toothpaste를 추천합니다."라고 적혀 있는 포스터를 올렸다. 이것은 대부분의 치과의사들이 다른 브랜드보다 Smiley Toothpaste를 (b) 선호한다고 말하는 것처럼 보인다. 하지만 그 조사 항목이 치과의사들에게 한 가지 이상의 브랜드를 추천할 수 있게 했다는 것과, 실제로 또 다른 경쟁업체의 브랜드도 Smiley Toothpaste만큼 많이 추천되었다는 것이 드러난다! 당연히도 2007년에 영국 Advertising Standards Authority는 그 포스터가 (c) 잘못된 정보를 준다고 결정을 내렸고 그것은 더 이상 게시될 수 없었다. 주름을 빠른 속도로 줄여 준다는 크림을 판매하는 유명 화장품 회사의 경우도 유사하다. 그러나 주어진 유일한 증거라고는 "50명의 여성 중 76%가 동의했다."라는 것뿐이다. 하지만 이것이 의미하는 것은 그 증거가 피부 상태에 대한 객관적인 측정이 없었던 소수의 표본에서 얻은 개인적 의견에만 근거한다는 것이다. 게다가, 우리는 이 여성들이 어떻게 선별되었는지 알 수 없다. 그런 정보 없이는 주어진 "증거"는 아주 (d) 유용하다(→ 쓸모가 없다). 불행하게도, 그러한 광고들은 아주 전형적이고, 소비자인 우리가 스스로 판단해야 하며 광고의 주장을 너무 진지하게 받아들이는 것을 (e) 피해야 한다.

- cite ⓥ 들다, 인용하다
- cautious ⓐ 조심스러운, 신중한
- toothpaste ⓝ 치약
- recommend ⓥ 추천하다
- turn out 판명되다, 밝혀지다
- misleading ⓐ 오해할 소지가 있는
- similar ⓐ 비슷한, 유사한
- rapidly ⓐd 빨리, 급속히
- evidence ⓝ 증거
- quite ⓐd 꽤, 상당히
- avoid ⓥ 회피하다, 모면하다
- seriously ⓐd 심각하게, 진심으로
- statistical ⓐ 통계적인
- conduct ⓥ 수행하다, 행동을 하다
- manufacturer ⓝ 제조 회사
- prefer ⓥ 선호하다
- rule ⓥ 결정하다, 판결하다
- display ⓥ 진열하다, 전시하다
- concern ⓥ ~에 관련되다
- wrinkle ⓝ 주름
- objective ⓐ 객관적인
- typical ⓐ 전형적인
- claim ⓝ 주장
- reliable ⓐ 믿을만한, 신뢰할만한

6행 But it turns out that the survey questions allowed the dentists
　　　　　　　~임이 판명되다 접속사　　주어1　　　동사1
to recommend more than one brand, and in fact another competitor's brand
목적격 보어　　　　　　　　　　　　　　　　주어2
was recommended just as often as *Smiley Toothpaste*!
동사2　　　　　　　원급 비교(~만큼 …한)

---

41 제목 파악　　　　　　　　　정답률 57% | 정답 ②

윗글의 제목으로 가장 적절한 것은?

① The Link between Advertisements and the Economy – 광고와 경제의 연관성
☑ Are Statistical Data in Advertisements Reliable? – 광고 속 통계 데이터가 신뢰할 만한가?
③ Statistics in Advertisements Are Objective! – 광고 속 통계 자료들은 객관적이다!
④ The Bright Side of Public Advertisements – 대중 광고의 긍정적인 면
⑤ Quality or Price, Which Matters More? – 질과 가격, 무엇이 더 중요한가?

Why? 왜 정답일까?

첫 두 문장인 'Many advertisements cite statistical surveys. But we should be cautious because we usually do not know how these surveys are conducted.'에서 많은 광고가 통계 조사를 인용하지만 그 조사가 진행된 과정에 대해 소비자는 보통 잘 모르고 있기 때문에 정보의 신빙성을 판단함에 있어 주의가 필요하다는 내용을 주제로 제시하므로, 글의 제목으로 가장 적절한 것은 ② '광고 속 통계 데이터가 신뢰할 만한가?'이다.

★★★ 등급을 가르는 문제!

42 어휘 추론　　　　　　　　　정답률 43% | 정답 ④

밑줄 친 (a) ~ (e) 중에서 문맥상 낱말의 쓰임이 적절하지 않은 것은?

① (a)　　② (b)　　③ (c)　　☑ (d)　　⑤ (e)

Why? 왜 정답일까?

'But what this means is that the evidence is based on just the personal opinions from a small sample with no objective measurement of their skin's condition. Furthermore, we are not told how these women were selected.'에서 화장품 광고에서 통계 수치를 제시할 때 보통 소비자인 우리는 표본의 객관성이나 선별 과정 등에 관해 자세히 알 수 없다는 내용이 언급되고 있다. 이에 비추어 볼 때, 이 광고에서 제시된 통계 데이터는 '믿을 만하지 않다'는 것이 예시의 결론임을 알 수 있다. 따라서 문맥상 낱말의 쓰임이 적절하지 않은 것은 ④ '(d)'이다.

★★ 문제 해결 꿀~팁 ★★

▶ 많이 틀린 이유는?
최다 오답인 (c)를 제치는 데 있어서는 '~ it could no longer be displayed.'가 가장 큰 힌트이다. 포스터가 더 이상 게시되지 못한 까닭은 포스터에 포함된 정보가 부적절했기 때문임을 유추할 수 있으므로, (c)의 misleading은 맥락상 적절하다.

▶ 문제 해결 방법은?
장문 어휘 문제에서는 밑줄 문장의 전후 맥락 파악이 가장 중요하다. (d) 또한 앞의 두 문장을 주의 깊게 읽어 맥락을 파악하면 쉽게 답임을 알 수 있다.

43-45 쿠칭에 도착한 날 있었던 일

(A)

It was evening / when I landed in Kuching, Malaysia.
저녁이었다. / 내가 말레이시아 쿠칭에 도착했을 때는
I felt alone and homesick.
나는 외로움과 향수를 느꼈다.
「I was a 19-year-old Dubai-raised kid / away from home for the first time / to start my university studies in mechanical engineering.」 45번 ①의 근거 일치
나는 두바이에서 자란 19살짜리 아이였다. / 처음으로 집을 멀리 떠나 온, / 기계공학을 대학에서 공부하기 위해
I took my luggage / and headed to the airport exit.
나는 내 짐을 들고 / 공항 출구로 향했다.
I looked around / and found my driver / waiting for me in front of (a) his gray van / with the name of my university on it.
나는 주위를 둘러보고 / 내 기사를 찾았다. / 그의 회색 밴 앞에서 나를 기다리는 / 내 대학교 이름이 쓰인

(D)

As we left the airport, / he began talking about the city and its people.
우리가 공항을 떠날 때 / 그는 그 도시와 그곳 사람들에 대해 이야기해 주었다.
「As I loved driving very much, / we moved onto talking about cars and driving in Kuching.」 45번 ④의 근거 일치
내가 운전하는 것을 아주 좋아했기에 / 우리는 차와 쿠칭에서의 운전에 대한 이야기로 넘어갔다.
"Never make Kuching people angry," (e) he warned.
"쿠칭 사람들을 화나게 하지 말아요." 그가 경고했다.
"No road rage. Very dangerous!"
"운전 중 분노는 안 돼요. 굉장히 위험해요!"
「He then went on to list his experiences of road rage / and advised me to drive very cautiously.」 45번 ⑤의 근거 일치
그런 다음 그는 운전 중 분노에 대한 자신의 경험을 이어서 늘어놓으며 / 내게 아주 조심해서 운전하라고 당부했다.
A bit later, / the car behind started to flash its lights at us.
조금 후, / 뒤에 있던 차가 우리 쪽으로 라이트를 비추기 시작했다.

(C)

This continued more aggressively / and my driver started to panic.
이것은 점점 공격적으로 지속되었고 / 기사는 허둥대기 시작했다.
Honks and more flashes followed, / so (c) he pulled the van over to the roadside.
경적과 더 많은 불빛이 뒤따랐고, / 그는 갓길에 밴을 세웠다.
My heart was pounding / as the man from the car approached us.
내 심장은 쿵쾅거렸다. / 뒤차에서 내린 남자가 우리에게 다가올 때

As he reached my window, / I lowered it / and then looked down at (d) his hands / to see that he was holding my wallet.
그가 내 창문에 다가섰을 때, / 나는 창문을 내려 / 그의 손을 내려다보고는 / 그가 내 지갑을 들고 있다는 것을 알았다.
「I had left it in the airport / and realized he had been trying to return it to me / ever since we had left the airport.」 45번 ③의 근거 불일치
나는 그것을 공항에 두고 왔고, / 줄곧 그가 내게 그것을 돌려주려고 했다는 것을 깨달았다. / 우리가 공항을 떠난 이후로

(B)

With a sigh of relief, / I took my wallet and thanked him.
안도의 한숨과 함께, / 나는 지갑을 받았고 그에게 고마워했다.
I could imagine a horrible scenario / if he had not returned it.
나는 끔찍한 시나리오를 떠올릴 수 있었다. / 그가 지갑을 돌려주지 않았더라면 어땠을지
The man welcomed me to Kuching and drove away.
그는 내가 쿠칭에 온 것을 환영하는 운전을 해서 멀어져 갔다.
As my driver dropped me off, / (b) he smiled / and wished me luck with my university studies.
내 기사는 나를 내려주면서, / 그는 미소를 짓고는 / 내게 대학 공부에 행운을 빌어 주었다.
「Thanks to the kindness of these strangers, / the initial doubt / I had had about my decision to study away from home / was replaced with hope and excitement.」 45번 ②의 근거 일치
이 낯선 사람들의 친절 덕택으로, / 처음의 의구심은 / 집에서 멀리 떠나 공부를 해야겠다던 나의 결심에 대해 내가 가졌던 / 희망과 흥분으로 바뀌었다.

(A)

내가 말레이시아 쿠칭에 도착했을 때는 저녁이었다. 나는 외로움과 향수를 느꼈다. 나는 기계공학을 대학에서 공부하기 위해 처음으로 집을 멀리 떠나 온, 두바이 출신의 19살짜리였다. 나는 짐을 들고 공항 출구로 향했다. 주위를 둘러보고 나는 내 대학교 이름이 쓰인 (a) 그의 회색 밴 앞에서 나를 기다리는 기사를 찾았다.

(D)

공항을 떠나면서 그는 그 도시와 그곳 사람들에 대해 이야기해 주었다. 내가 운전하는 것을 아주 좋아했기에 우리는 차와 쿠칭에서의 운전에 대한 이야기로 넘어갔다. "쿠칭 사람들을 화나게 하지 말아요." (e) 그가 경고했다. "운전 중 분노는 안 돼요. 굉장히 위험해요!" 그런 다음 그는 운전 중 분노에 대한 자신의 경험을 이어서 늘어놓으며 내게 아주 조심해서 운전하라고 당부했다. 조금 후, 뒤에 있던 차가 우리 쪽으로 라이트를 비추기 시작했다.

(C)

이것은 점점 공격적으로 지속되었고 기사는 허둥대기 시작했다. 경적과 더 많은 불빛이 뒤따랐고, (c) 그는 갓길에 밴을 세웠다. 뒤차에서 내린 남자가 우리에게 다가올 때 내 심장은 쿵쾅거렸다. 그가 내 창문에 다가섰을 때, 나는 창문을 내려 (d) 그의 손을 내려다보고는 그가 내 지갑을 들고 있다는 것을 알았다. 나는 그것을 공항에 두고 왔고, 우리가 공항을 떠난 이후로 줄곧 그가 내게 그것을 돌려주려고 했다는 것을 깨달았다.

(B)

안도의 한숨과 함께, 나는 지갑을 받았고 그에게 고마워했다. 그가 지갑을 돌려주지 않았더라면 어땠을지 끔찍한 시나리오를 떠올릴 수 있었다. 그는 내가 쿠칭에 온 것을 환영하는 운전을 해서 멀어져 갔다. 나를 내려주면서, (b) 기사는 미소를 짓고는 내게 대학 공부에 행운을 빌어 주었다. 이 낯선 사람들의 친절 덕택으로, 집에서 멀리 떠나 공부를 해야겠다던 나의 결심에 대한 처음의 의구심은 희망과 흥분으로 바뀌었다.

● homesick ⓐ 향수를 느끼는
● luggage ⓝ 짐, 수하물
● horrible ⓐ 끔찍한, 무서운
● aggressively ⓐⓓ 공격적으로
● honk ⓝ (자동차의) 경적
● cautiously ⓐⓓ 조심해서, 조심스럽게
● mechanical engineering 기계 공학
● relief ⓝ 안도, 안도감
● initial ⓐ 처음의, 초기의
● panic ⓥ 허둥대다, 겁에 질려 어쩔 줄 모르다
● pound ⓥ (심장이) 쿵쾅거리다, 방망이질 치다

구문 풀이

(A) 2행 I was a 19-year-old Dubai-raised kid away from home for the first time /
　　　　　복합형용사(-로 연결)
to start my university studies in mechanical engineering.
부사적 용법(~하기 위해)

(C) 4행 As he reached my window, / I lowered it and then looked down at his
　　　　접속사(~할 때)　　　　동사1(과거)　　　　　　동사2(과거)
hands / to see that he was holding my wallet.
~하게 되다(결과) ∟접속사

(D) 5행 He then went on to list his experiences of road rage / and advised me
　　　　　　　동사1(이어서 ~하다)　　　　　　　　　　　　　　동사2 목적어
to drive very cautiously.
목적격 보어(to부정사)

---

43 글의 순서 파악　　　　　　　정답률 60% | 정답 ⑤

주어진 글 (A)에 이어질 내용을 순서에 맞게 배열한 것으로 가장 적절한 것은?

① (B) – (D) – (C)　　　　② (C) – (B) – (D)
③ (C) – (D) – (B)　　　　④ (D) – (B) – (C)
☑ (D) – (C) – (B)

Why? 왜 정답일까?

쿠칭 공항에 처음 내려 외로움을 느끼던 필자가 이동하기 위해 기사를 찾았다는 내용의 (A) 뒤에는, 기사가 쿠칭에서는 운전을 조심해야 한다고 당부했고 곧이어 뒤차로부터 라이트 세례를 받기 시작했다는 내용의 (D), 알고 보니 뒤차 사람은 내가 공항에 놓고 온 지갑을 돌려주러 쫓아온 것이었다는 내용의 (C), 기사까지 포함하여 낯선 사람들의 친절 덕택에 유학 결정에 기대감을 품게 되었다는 내용의 (B)가 차례로 이어지는 것이 적절하다. 따라서 주어진 글 (A)에 이어질 내용을 순서에 맞게 배열한 것으로 가장 적절한 것은 ⑤ '(D) – (C) – (B)'이다.

---

44 지칭 추론　　　　　　　　　정답률 54% | 정답 ④

밑줄 친 (a) ~ (e) 중에서 가리키는 대상이 나머지 넷과 다른 것은?

① (a)　　② (b)　　③ (c)　　☑ (d)　　⑤ (e)

Why? 왜 정답일까?

(a), (b), (c), (e)는 'my driver', (d)는 'the man from the car behind'를 나타낸다. (a) ~ (e) 중에서 가리키는 대상이 나머지 넷과 다른 것은 ④ '(d)'이다.

---

45 세부 내용 파악   정답률 57% | 정답 ③

윗글의 'I'에 관한 내용으로 적절하지 **않은** 것은?
① 기계 공학을 공부하려고 집을 떠나왔다.
② 처음에는 유학 결정에 대해 의구심을 가졌다.
☑ 지갑을 자동차에 두고 내렸다.
④ 운전하는 것을 매우 좋아했다.
⑤ 조심스럽게 운전하라는 충고를 들었다.

Why? 왜 정답일까?

'I had left it in the airport and I realized he had been trying to return it to me ever since we had left the airport.'에서 필자는 공항에 지갑을 두고 왔었다는 사실을 확인할 수 있으므로, 'I'에 관한 내용으로 적절하지 않은 것은 ③ '지갑을 자동차에 두고 내렸다.'이다.

Why? 왜 오답일까?

① 'I was a 19-year-old Dubai-raised kid away from home for the first time to start my university studies in mechanical engineering.'의 내용과 일치한다.
② '~ the initial doubt I had had about my decision to study away from home ~'의 내용과 일치한다.
④ 'As I loved driving very much, ~'의 내용과 일치한다.
⑤ 'He ~ advised me to drive very cautiously.'의 내용과 일치한다.

MEMO

REAL
2024 리얼 오리지널 BOOK LIST

545만권 베스트셀러 2006~2023 누적 판매

[예비 고1·고1] Line-up

예비 [고1] 전과목

• 반 배치고사+3월 전국연합 모의고사 [30회]
고등학교 첫 시험 반 배치고사 및 고1 3월 학력평가 대비 실전 연습
반배치고사 [국어·수학·영어] 9회+3월 학력평가 [전과목] 18회+3월 실전 모의고사 [국어·수학·영어] 3회

• 3월 전국연합 학력평가 4개년 모의고사 [24회]
중학교 전과정 총정리 및 고1 3월 학력평가 대비 실전 연습
최신 4개년 고1 3월 전국연합 학력평가 [전과목] 21회+고1 3월 대비 실전 모의고사 [국어·수학·영어] 3회

예비 [고1] 국어·수학·영어

• 반 배치고사+3월·6월 전국연합 모의고사 [11회]
국어 – 반 배치고사 기출 3회+3월 학력평가 4회+3월 실전 모의고사 1회+6월 학력평가 3회
수학 – 반 배치고사 기출 3회+3월 학력평가 4회+3월 실전 모의고사 1회+6월 학력평가 3회
영어 – 반 배치고사 기출 3회+3월 학력평가 4회+3월 실전 모의고사 1회+6월 학력평가 3회

※ 반 배치고사와 3월 학력평가(중학교 과정) 및 6월 학력평가(고1 1학기 과정)까지 대비할 수 있는 교재 구성

[고1] 6월·9월 [전과목]

• 6월 전국연합 학력평가 3개년 모의고사 [21회]
고1 6월 전국연합 학력평가 대비 및 학교시험 1학기 기말고사 대비
최신 3개년 고1 6월 전국연합 학력평가 [전과목] 18회+고1 6월 대비 실전 모의고사 [국어·수학·영어] 3회

• 9월 전국연합 학력평가 3개년 모의고사 [21회]
고1 9월 전국연합 학력평가 대비 및 학교시험 2학기 중간고사 대비
최신 3개년 고1 9월 전국연합 학력평가 [전과목] 18회+고1 9월 대비 실전 모의고사 [국어·수학·영어] 3회

[고1] 통합사회·통합과학

• 전국연합 학력평가 5개년 모의고사 [42회]
한권의 책속에 고1 통합사회·통합과학을 함께 수록한 기출 문제집
최신 5개년 학력평가 통합사회 20회+통합과학 20회+고1 3월 대비 실전 모의고사 2회 [총 42회]

※ 고1 내신 대비 필수 과목 통합사회·통합과학을 학교 학습 진도에 맞추어 3월·6월·9월·11월 5회분씩 구성

[고1] 국어·수학·영어

• 전국연합 학력평가 3개년 모의고사 [16회]
국어 – 최신 3개년 학력평가 기출 12회+고1 3월·6월·9월·11월 대비 실전 모의고사 4회 [총 16회]
수학 – 최신 3개년 학력평가 기출 12회+고1 3월·6월·9월·11월 대비 실전 모의고사 4회 [총 16회]
영어 – 최신 3개년 학력평가 기출 12회+고1 3월·6월·9월·11월 대비 실전 모의고사 4회 [총 16회]

※ 고1 학력평가 및 학교내신 중간·기말고사를 대비해 월별 실전 모의고사까지 풀어 볼 수 있는 프리미엄 구성

[고1] 국어·영어 Light

• 전국연합 학력평가 3개년 모의고사 Light [12회]
국어 – 최신 3개년 전국연합학력평가 기출 모의고사 [총 12회]
영어 – 최신 3개년 전국연합학력평가 기출 모의고사 [총 12회]

※ 최신 3개년 학력평가 3월·6월·9월·11월 기출문제를 학습 부담 없이 가볍게 풀어 볼 수 있는 라이트 구성

[고1] 영어 독해·영어 듣기

• 전국연합 학력평가 5개년 기출문제집 영어 독해 [20회]
영어 영역 [독해 28문항]을 회차별로 구성 & 학교내신 대비 필수 교재
최신 5개년 고1 전국연합 학력평가 영어 독해 20회 [어휘 리뷰 TEST+회차별 영단어 LIST 제공]

• 전국연합 학력평가 6개년 기출문제집 영어 듣기 [24회]
영어 영역 [듣기 17문항]을 회차별로 구성 & 전국 영어듣기 능력평가 및 학력평가 대비
최신 6개년 고1 전국연합 학력평가 영어 듣기 24회 [리스닝 딕테이션 TEST+회차별 영단어 LIST 제공]

Believe in yourself and show us what you can do!

자신을 믿고 자신의 능력을 당당히 보여주자.

리얼 오리지널 | 6월 학력평가 모의고사 + 기말고사 21회 [고1 전과목]

발행처 수능 모의고사 전문 출판 입시플라이 **발행일** 2024년 3월 11일 **등록번호** 제 2017-0022호
홈페이지 www.ipsfly.com **대표전화** 1566-9939 **구입문의** 02-433-9975 **내용문의** 02-433-9979 **팩스** 02-433-9905
발행인 조용규 **편집책임** 양창열 김유 이혜민 임명선 김선영 **물류관리** 김소희 이혜리 **주소** 서울특별시 중랑구 용마산로 615 정민빌딩 3층

※ 페이지가 누락되었거나 파손된 교재는 구입하신 곳에서 교환해 드립니다. ※ 발간 이후 발견되는 오류는 입시플라이 홈페이지 정오표를 통해서 알려드립니다.